EXCEL
엑셀 2016
매크로 & VBA
바이블

회사에서 필요한 코드는 모두 있다!

엑셀 자동화의 거의 모든 것

BIBLE

한빛미디어

지은이 최준선

현재 마이크로소프트사의 엑셀 MVP로, 엑셀 강의 및 기업 업무 컨설팅과 집필 활동을 활발히 하고 있습니다. 네이버 엑셀 대표 카페인 '엑셀..하루에 하나씩(http://cafe.naver.com/excelmaster)'에서 체계적인 교육 프로그램인 '엑셀 마스터 과정'을 운영하고 있습니다. 주요 저서로는 《엑셀 함수&수식 바이블》(한빛미디어, 2015), 《엑셀 2013 바이블》(한빛미디어, 2013), 《회사에서 바로 통하는 엑셀 실무 데이터 분석》(한빛미디어, 2012), 《회사에서 바로 통하는 엑셀 2010 함수 이해&활용》(한빛미디어, 2012), 《엑셀 매크로&VBA 바이블》(한빛미디어, 2012), 《엑셀 2010 바이블》(한빛미디어, 2011) 등이 있습니다.

엑셀 2016 매크로&VBA 바이블

초판 1쇄 발행 2016년 3월 8일
초판 5쇄 발행 2019년 7월 1일

지은이 최준선 / **펴낸이** 김태헌
펴낸곳 한빛미디어(주) / **주소** 서울시 서대문구 연희로2길 62 한빛미디어(주) IT출판사업부
전화 02-325-5544 / **팩스** 02-336-7124
등록 1999년 6월 24일 제25100-2017-000058호 / **ISBN** 978-89-6848-267-0 13000

총괄 전태호 / **책임편집** 배윤미 / **기획** 배윤미 / **편집** 신꽃다미 / **진행** 유희현
디자인 김미현 / **전산편집** 오정화
영업 김형진, 김진불, 조유미 / **마케팅** 송경석, 김나예, 이행은 / **제작** 박성우, 김정우

이 책에 대한 의견이나 오탈자 및 잘못된 내용에 대한 수정 정보는 한빛미디어(주)의 홈페이지나 아래 이메일로
알려주십시오. 잘못된 책은 구입하신 서점에서 교환해 드립니다. 책값은 뒤표지에 표시되어 있습니다.
한빛미디어 홈페이지 www.hanbit.co.kr / **이메일** ask@hanbit.co.kr / **자료실** www.hanbit.co.kr/src/2267

Published by HANBIT Media, Inc. Printed in Korea
Copyright © 2016 최준선 & HANBIT Media, Inc.
이 책의 저작권은 최준선과 한빛미디어(주)에 있습니다.
저작권법에 의해 보호를 받는 저작물이므로 무단 복제 및 무단 전재를 금합니다.

지금 하지 않으면 할 수 없는 일이 있습니다.
책으로 펴내고 싶은 아이디어나 원고를 메일(writer@hanbit.co.kr)로 보내주세요.
한빛미디어(주)는 여러분의 소중한 경험과 지식을 기다리고 있습니다.

머리말

매크로, 필요한데 너무 어렵다!

엑셀에는 피벗을 비롯해 사용자의 업무를 손쉽게 처리할 수 있는 다양한 기능이 제공되고 있습니다. 다만 한 번에 원하는 결과를 얻지 못하는 경우가 많아 사용자는 결과물을 얻기 위해 꽤 여러 번의 프로세스를 거쳐야 합니다. 이러한 번거로운 프로세스를 간편하게 줄이기 위해 엑셀에서는 매크로로 사용자가 원하는 결과를 바로 얻을 수 있도록 지원합니다. 엑셀 매크로는 만능 열쇠와 같지만, 매크로를 사용하려면 VBA라는 프로그래밍 언어를 따로 학습해야 한다는 점에서 사용자에게 큰 부담이기도 합니다.

우리는 살아가면서 수많은 언어를 경험하고 학습합니다. 기계를 조작하는 데 필요한 프로그래밍 언어는 개발자의 전유물이라고 생각하기 쉽습니다. 하지만 이제는 사용자들도 간단한 언어를 배우지 않으면 기계를 능동적으로 사용할 수 없습니다. 기계를 수동적으로 다룰 수밖에 없다면 매우 불편한 환경에서 업무를 해야 할 것입니다. 시대가 바뀌면서 사용자에게 더 많은 업무 능력을 요구하는 것이 가혹하게 느껴질 수도 있겠지만 매크로는 사용자 업무 환경을 극적으로 개선하고 불필요한 업무를 없앨 수 있도록 도와줍니다. 매크로를 사용할 수 있다면 업무에서 비효율적인 부분을 제거하고 본인이 원하는 업무에 좀 더 많은 시간을 할애할 수 있습니다.

다만 사용자가 얻는 게 큰 만큼 VBA는 그 이상의 노력을 요구합니다. 이것은 VBA가 어려운 언어이기 때문이 아니라 프로그래밍이란 개념 자체가 익숙하지 않기 때문입니다. 저 역시 문과인 경영학과 출신으로 학부 때는 컴퓨터 프로그래밍과는 인연이 없었습니다. 직장 생활을 하면서 혼자 독학으로 프로그래밍을 익혔는데, 너무 힘들었던 것 중 하나가 제대로 개념을 잡기가 쉽지 않았다는 것과 제대로 참고할 만한 국내 서적이 없었다는 것입니다.

《엑셀 2016 매크로&VBA 바이블》은 이렇게 해서 출간하게 된 책입니다. 회사 생활에서, 또 제가 운영하는 커뮤니티에 올라온 질문을 10년 넘게 접하고 해결했던 경험을 바탕으로 매크로와 VBA의 기본 개념 및 실무에서 자주 겪게 되는 상황에 대한 해답을 쉽게 찾을 수 있도록 구성했습니다. 이 책은 소설이나 수필이 아니므로 처음부터 끝까지 한 번에 읽을 수는 없을 것입니다. 그러나 몇 번씩 반복해서 학습하다 보면 어느새 필요한 매크로를 개발할 수 있는 수준에 도달할 수 있습니다. 매번 마음만 먹고 도전을 미뤄왔다면 이 책이 여러분의 든든한 안내자가 될 것으로 확신합니다.

이전 책에 비해 뭐가 바뀐 걸까?

이 책은 엑셀 2010 버전을 기준으로 출간되어 독자 여러분의 큰 사랑을 받았던 《엑셀 매크로&VBA 바이블》을 크게 개정한 책입니다. 이전 책에서 소개하지 않은 리본 메뉴 편집, 엑셀 이외의 오피스 프로그램을 제어하는 방법 등이 추가되었고, 이전과 동일한 부분도 좀 더 실무에 가까운 예제로 모두 변경했습니다. 2012년 처음 이 책을 구상하고 집필하는 데는 10개월 정도가 걸렸는데 아이러니하게도 이번 개정 작업에는 1년이 넘게 걸렸습니다. 좀 더 오랫동안 독자 여러분에게 사랑을 받는 책이 될 수 있도록 아낌없이 정성을 쏟았습니다. 프로그램으로 치면 이 책은 버그를 수정하는 업데이트라기보다는 '버전 업'에 해당한다고 자신합니다. 앞으로도 가볍게 책을 내는 것이 아니라 여러분에게 더 좋은 책을 소개할 수 있도록 노력하겠습니다.

독학이 힘들다면 함께 공부하면 됩니다.

책에 많은 정보가 있다 해도 잘 활용하지 못하면 쓸모없는 자료에 불과합니다. 혼자서 공부할 때 겪게 되는 다양한 문제를 해결하기 위해 저는 '엑셀..하루에 하나씩(http://cafe.naver.com/excelmaster)' 카페를 운영하고 있습니다. 2004년부터 운영하고 있으니 꽤 많은 시간이 흘렀는데, 그동안 하루도 빠짐없이 다양한 사람들의 고민을 듣고 함께 고민해 왔습니다. 주변에 도움을 줄 사람이 없다면 커뮤니티를 방문해 다른 독자와 함께 공부하면서 잘 이해되지 않는 부분은 추가로 설명을 들을 수 있습니다. 실무에 적용하면서 생기는 다양한 문제 또한 저와 다른 회원들을 통해 해결 방법에 대한 조언을 얻을 수 있습니다.

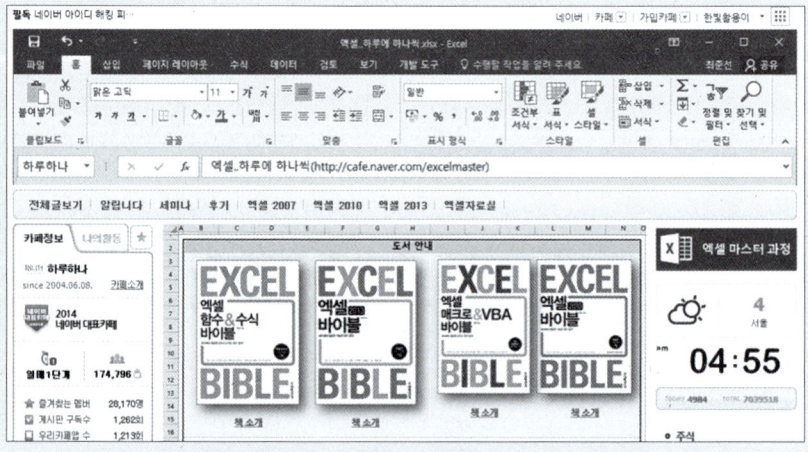

엑셀.. 하루에 하나씩 (http://cafe.naver.com/excelmaster)

또한 카페에서는 이 책에 수록한 내용 이외에도 엑셀에 대한 다양한 추가 강좌를 제공하며, 독학으로 어려움을 겪는 독자 여러분을 위해 '엑셀 마스터' 과정과 같은 오프라인 세미나도 운영하고 있습니다. 공부를 하고자 하는 독자 여러분이라면 카페를 이용해 효과적으로 실력을 향상시킬 수 있을 것입니다.

감사의 인사

이 책을 믿고 선택해 준 독자 여러분에게 먼저 감사의 인사를 전합니다. 그리고 책이 발간되기까지 많은 수고를 아끼지 않은 담당 편집자 배윤미 과장과 한빛미디어 출판사 관계자 여러분 모두 고생하셨습니다. 그리고 항상 집안을 떠들썩하게 만들어 주는 사랑하는 하나, 하얀, 하운이와 아이 기르고 내조하느라 늘 잠이 부족한 아내 동영에게도 사랑과 감사의 인사를 남깁니다.

2016년 2월 **최준선**

이 책의 구성

SECTION
엑셀 매크로&VBA를 이용한 자동화 실무에서 다루는 프로그래밍 방법을 체계적으로 설명할 수 있도록 구성했습니다. 프로그래밍 문법부터 업무에 바로 응용해서 사용할 수 있는 다양한 실무 활용 예제까지 다루었습니다.

PLUS
엑셀 매크로&VBA 기능을 학습할 때 꼭 알아야 할 내용을 해당 부분에서 바로 확인할 수 있도록 정리했습니다. 본문에서 다루는 내용을 확장하거나 다른 방식으로 접근하는 방법을 설명합니다.

VBA 함수 이해하기
꼭 알아야 할 VBA 함수의 작성 방법 및 구성을 상세한 설명과 함께 익힐 수 있습니다.

SendKeys 메서드로 자동 로그인 작업하기 172

앞의 예제를 통해 SendKeys 메서드를 활용하는 방법에 대한 감을 대략 잡을 수 있었을 겁니다. SendKeys 메서드는 VBA에서 제어하지 못하는 프로그램을 제어하려고 할 때 자주 사용되며, 계산기 프로그램 외에 웹 브라우저를 제어하는 데에도 자주 활용됩니다. 이번에는 특정 웹 사이트의 로그인을 자동으로 처리하는 매크로를 개발하는 방법에 대해 알아보겠습니다.

예제 파일 PART 03 \ (Application) SendKeys 메서드 II.xlsm

CreateObject 함수

엑셀에서 외부 프로그램을 사용하려면 Shell 함수 또는 해당 프로그램의 라이브러리를 참조해야 합니다. Shell 함수를 사용하는 방법은 SECTION 171(552쪽)에서 진행했으므로 이번에는 해당 프로그램의 라이브러리를 참조하는 방법을 사용해 보겠습니다.

> **Plus⁺ 라이브러리(LIBRARY)**
> 해당 프로그램을 제어할 수 있도록 제공되는 프로그램 컬렉션, 개체 및 구성원을 제공하는 모듈로, 필요할 때마다 선택해 사용할 수 있습니다.

외부 프로그램의 라이브러리를 참조해 작업하는 방법은 두 가지인데, 매크로를 개발하기 전에 라이브러리를 먼저 참조하는 방식을 '초기 바인딩'이라고 하고, 매크로 내에서 코드를 사용해 원하는 라이브러리를 참조하는 방식을 '후기 바인딩'이라고 합니다. '후기 바인딩' 방식을 사용하려면 해당 라이브러리나 개체 모델에 대한 이해가 필요하지만, 사용자가 일일이 필요한 라이브러리를 참조할 필요가 없어 편리합니다.

매크로가 실행될 때 필요한 라이브러리를 참조하려면 CreateObject 함수 또는 GetObject 함수를 사용할 수 있어야 합니다. 라이브러리를 직접 참조하는 CreateObject 함수의 구문은 다음과 같습니다.

> **CREATEOBJECT** (class, servername)
> ❶ class
>   참조할 응용 프로그램 이름과 개체 타입을 appname.objecttype 구문으로 전달합니다.
> ❷ servername
>   개체를 작성할 네트워크 서버의 이름입니다.

556 / PART 03 | 엑셀 프로그램 주요 개체

Addins 속성을 사용해 추가 기능 설치하기 — 173

엑셀에는 분석 도구나 해 찾기와 같은 다양한 추가 기능 파일이 제공되며, 사용자가 필요에 맞게 원하는 추가 기능을 설치해 사용할 수도 있습니다. 분석 도구나 해 찾기와 같은 추가 기능을 매크로로 설치해 사용하려면 Application 개체의 Addins 속성을 이용해 추가 기능을 의미하는 Addins 컬렉션을 조작하는 방법을 알아야 합니다. 이번에는 Addins 컬렉션을 이용해 추가 기능을 자동으로 설치(또는 삭제)하는 방법에 대해 알아보겠습니다.

예제 파일 : PART 03 \ (Application) Addins 속성.xlsm

사용할 수 있는 추가 기능 확인

사용할 수 있는 추가 기능을 검색하려면 다음과 같은 매크로를 사용하면 됩니다.

```
Sub 추가기능확인()
    Dim 추가기능 As AddIn                          ①
    For Each 추가기능 In Application.AddIns         ②
        Debug.Print 추가기능.Title                  ③
    Next
End Sub
```

엑셀 매크로&VBA 코드
예제로 다룬 코드를 수록했습니다. 코드를 이해하는 데 필요한 상세한 설명까지 함께 담았습니다.

① Addin 형식의 '추가기능' 개체변수를 선언합니다.
② For Each … Next 순환문을 사용해 전체 추가 기능을 하나씩 '추가기능' 변수에 할당하면서 ③의 명령을 반복해 실행합니다.
③ Debug 개체는 직접 실행 창으로, Print 메서드를 이용하면 직접 실행 창에 원하는 값을 출력할 수 있습니다. '추가기능' 변수에 할당된 추가 기능의 Title 속성 값을 반환합니다. Title 속성은 추가 기능을 실행할 때 열리는 대화상자에 표시되는 추가 기능의 제목입니다. 매크로가 실행되면 직접 실행 창에 다음과 같은 결과가 반환됩니다.

LINK
본문을 학습할 때 추가로 알아야 하는 내용이 어느 섹션에 포함되어 있는지 안내합니다.

TIP
이론 설명이나 실습 중 혼동하기 쉬운 부분을 정리했습니다. 참고하면 유용한 정보, 알고 넘어가면 좋을 참고 사항을 소개합니다.

CONTENTS

머리말   003
이 책의 구성   006

PART 01   매크로 기초

CHAPTER 01   환경 설정 및 프로그래밍 기초 지식

001 매크로와 VBA 이해하기   026
002 매크로 사용 통합 문서(XLSM)   027
003 리본 메뉴에 [개발 도구] 탭 표시하기   029
004 엑셀의 보안 수준 이해하기   030
005 신뢰할 수 있는 문서 이해하기   031
006 신뢰할 수 있는 위치 등록해 사용하기   033

CHAPTER 02   매크로 기록기

007 매크로 기록기를 사용해 매크로 기록하기   036
008 기록된 매크로의 코드 확인 및 코드 수정 방법   041
009 파일이 열리거나 닫힐 때 자동 실행되는 매크로 기록하기   047
010 바로 가기 키를 이용해 기록된 매크로 실행하기   050
011 상대 참조로 매크로 기록하기   052
012 여러 파일에서 사용 가능한 매크로 기록하기   057
013 개인용 매크로 통합 문서 삭제하기   059
014 양식 컨트롤(또는 도형)에 매크로 연결해 사용하기   061
015 리본 메뉴에 매크로 등록해 사용하기   064

CHAPTER 03   Visual Basic 편집기

016 VB 편집기의 구성   068

017 프로젝트 탐색기 창 이해하기 · · · · · · 071
018 개체 내보내기/가져오기 · · · · · · 073
019 속성 창 이해하기 · · · · · · 075
020 코드 창 이해하기 · · · · · · 079
021 직접 실행 창 이해하기 · · · · · · 081
022 VB 편집기의 '편집기' 옵션 이해하기 · · · · · · 083
023 VB 편집기의 코드 창에서 사용하면 좋은 글꼴 · · · · · · 086
024 VB 편집기에서 알아두면 유용한 단축키 · · · · · · 088
025 VB 편집기의 편집 도구 모음 사용하기 · · · · · · 090
026 VBProject 개체에 암호를 지정해 코드를 보호하는 방법 · · · · · · 091

PART 02 VBA 배우기

CHAPTER 04 엑셀의 개체 모델

027 엑셀의 개체 모델 이해하기 · · · · · · 096
028 개체와 컬렉션 구분하기 · · · · · · 098
029 개체의 구성원 이해하기 · · · · · · 101
030 개체에 빠르게 접근하기 · · · · · · 107
031 With 문을 이용해 동일한 개체에 여러 명령을 한 번에 전달하기 · · · · · · 111

CHAPTER 05 Sub 프로시저

032 Sub 프로시저 이해하기 · · · · · · 114
033 주석 이해하고 활용하기 · · · · · · 117
034 프로시저를 작업 단위별로 나눠 개발하기 · · · · · · 120
035 변수 이해하기 · · · · · · 122
036 상수 이해하기 · · · · · · 128

037 개체변수 이해하기 … 130
038 배열변수 이해하기 … 133
039 동적 배열변수 이해하기 … 136
040 Type 문을 사용하는 사용자 정의 데이터 형식 이해하기 … 140
041 Private, Public 문을 사용하는 변수의 사용 범위 이해하기 … 142
042 Static 문으로 선언하는 정적변수 이해하기 … 145

CHAPTER 06 판단문

043 If 문을 이용한 판단문 구성하기 … 148
044 And, Or, Not 연산자를 이용해 다중 조건 처리하기 … 152
045 IIf 함수를 사용해 판단 작업 처리하기 … 154
046 GoTo 문을 이용해 원하는 줄의 명령 실행하기 … 156
047 ElseIf 절을 이용해 다중 조건 처리하기 … 159
048 Switch 함수를 사용해 판단 작업 처리하기 … 161
049 Select Case 문을 이용해 판단문 구성하기 … 163

CHAPTER 07 순환문

050 For … Next 문을 이용한 순환문 구성하기 … 168
051 Step 키워드를 이용한 순환문 구성하기 … 171
052 불필요한 행을 삭제하는 순환문 구성하기 … 174
053 Do … Loop 문을 이용한 순환문 구성하기 … 177
054 중첩된 For 문을 Do 문을 활용해 탈출하기 … 180
055 For Each … Next 문을 이용한 순환문 구성하기 … 184
056 동적 배열을 순환하는 For Each … Next 문 구성하기 … 187
057 Wait 메서드를 사용해 시간 지연시키기 … 190

CHAPTER 08 Function 프로시저

058 Function 프로시저를 이용해 사용자 정의 함수 만들기 … 194
059 생략 가능한 인수를 사용하는 사용자 정의 함수 만들기 … 196
060 인수의 개수가 정해지지 않은 사용자 정의 함수 만들기 … 200

061 적절한 오류 값을 반환하는 사용자 정의 함수 만들기	204
062 사용자 정의 함수의 재계산 방법 이해하기	208
063 ByRef, ByVal 키워드를 이용한 매개변수 유형 이해하기	210
064 함수 마법사에 사용자 정의 함수 표시하기	213
065 사용자 정의 함수에 간략한 도움말 추가하기	215
066 추가 기능 파일 만들어 배포하기	217
067 추가 기능 해제 및 파일 삭제하기	220

CHAPTER 09 에러 처리와 프로시저 속도 빠르게 하기

068 에러 발생 상황 및 처리 방법 이해하기	224
069 에러 발생 상황의 유형별 정리	226
070 에러가 발생한 원인과 문제 해결 방법	230
071 중단점 설정해 에러 발생 원인 찾기	236
072 On Error 문을 이용한 에러 제어 방법	238
073 On Error 문을 이용한 코드 최적화 방법	245
074 엑셀의 기능을 이용한 프로시저 처리 속도 증진 방법	248
075 엑셀 옵션을 이용한 프로시저 처리 속도 증진 방법	252

CHAPTER 10 VBA 내장 함수

076 MsgBox 함수를 이용한 메시지 창 표시하기	256
077 InputBox 함수를 이용해 값 입력 받아 처리하기	261
078 InputBox 메서드로 매크로 작업 범위 선택하기	265
079 MsgBox와 InputBox 대화상자의 크기 조정하기	269
080 Left, Mid, Right 함수로 문자열 잘라내기	271
081 InStr, InStrRev 함수로 문자 위치 확인하기	273
082 입력된 값이 있는지 확인하는 IsEmpty, Len 함수	276
083 Replace 함수를 사용해 값 수정하기	279
084 Asc, Chr 함수로 문자를 숫자처럼 사용하기	282
085 Val, Str 함수로 데이터 형식 변환하기	286
086 Int, Fix, CInt 함수로 데이터 형식 변환하기	288

087 Format 함수를 사용해 값 변환하기 … 291

088 Date, Time, Now 함수로 오늘 날짜와 현재 시각 알아내기 … 295

089 DateSerial, DateValue 함수로 날짜 값 변환 및 계산하기 … 297

090 DateAdd 함수로 일정 기간 전/후의 날짜 값 계산하기 … 299

091 DatPart 함수로 상위 날짜 단위(연, 분기, 월) 반환하기 … 302

092 DateDiff 함수로 근속 기간 구하기 … 306

093 Timer 함수로 시간 측정하기 … 310

094 Array 함수를 사용해 배열에 값 전달하기 … 313

095 Split 함수로 셀 값을 구분 문자로 구분해 배열에 저장하기 … 316

096 Join 함수로 배열 내 값을 연결해 반환하기 … 319

097 워크시트 함수를 VBA에서 사용하기 … 322

098 Application 개체와 WorksheetFunction 개체를 이용한 워크시트 함수 사용 방법의 차이 이해하기 … 326

PART 03 엑셀 프로그램 주요 개체

CHAPTER 11 셀, 범위를 지정하는 Range 개체

099 Range 개체의 주요 구성원 이해하기 … 330

100 다양한 범위 참조 방법 … 333

101 CurrentRegion 속성을 이용해 연속된 동적 범위 참조하기 … 338

102 End 속성을 이용해 떨어진 동적 범위 참조하기 … 340

103 SpecialCells 속성을 이용해 조건에 맞는 범위 참조하기 … 343

104 Offset, Resize 속성을 이용해 범위 조정하기 … 346

105 Value와 Text, Formula 속성의 차이를 이해하고 사용하기 … 349

106 Formula와 FormulaArray 속성을 이용해 수식 입력하기 … 351

107 NumberFormat 속성을 이용해 셀 값의 표시 형식 변경하기 … 354

108 Copy, Cut, Paste 메서드를 이용해 셀 값을 복사(이동)하기 — 357

109 PasteSpecial 메서드를 이용해 복사된 셀 일부만 복사하기 — 360

110 Transpose 함수를 사용해 행, 열 바꿔 복사하기 — 364

111 CopyPicture 메서드로 그림 복사하기 — 368

112 선택 범위를 캡처해 이미지 파일로 저장하기 — 371

113 Clear, Delete 메서드를 이용한 셀 구성 요소 지우기 — 375

114 사용하지 않는 빈 열(또는 행) 삭제하기 — 379

115 Insert 메서드를 이용해 셀 삽입하기 — 381

116 ClearHyperlinks 메서드로 전체 하이퍼링크 삭제하기 — 385

117 Merge, UnMerge 메서드로 병합 쉽게 하기 — 388

118 병합된 셀과 일반 셀 값 비교하기 — 391

119 Find 메서드를 이용해 원하는 값이 있는 위치 찾아 작업하기 — 395

120 Find 메서드를 이용해 다중 조건을 모두 만족하는 값 위치 찾기 — 399

121 Replace 메서드를 이용해 값을 찾아 바꾸기 — 402

122 Interior 속성을 이용해 특정 위치에 원하는 서식 적용하기 — 405

123 Border 속성을 이용해 원하는 테두리 서식 설정하기 — 408

124 Width와 Height 속성을 이용해 셀 크기 조정하기 — 412

125 TextToColumns 메서드를 이용해 셀 값 나눠 입력하기 — 415

126 RemoveDuplicates 메서드를 이용해 중복 값 삭제하기 — 418

127 엑셀 표(ListObject)로 변환하기 — 421

128 엑셀 표 범위 참조하기 — 424

129 엑셀 표에 새 데이터 추가하기 — 426

CHAPTER 12 엑셀 작업의 중심인 시트 개체

130 시트 개체의 주요 구성원 이해하기 — 430

131 Activate와 Select 메서드를 이용해 시트 선택하기 — 432

132 Name 속성을 이용해 시트 이름 변경하기 — 434

133 Add 메서드를 사용해 새 워크시트 삽입하기 — 437

134 Delete 메서드를 이용해 시트 삭제하기 — 441

135 Add, Delete 메서드를 이용해 목차 시트 만들기 — 444

136 Copy, Move 메서드를 이용해 워크시트를 필요한 위치로 옮기기 447

137 Move 메서드를 이용해 워크시트를 이름 순으로 정렬하기 450

138 워크시트를 시트 탭 색상 별로 정렬하기 452

139 Visible 속성을 이용해 워크시트를 숨기거나 표시하기 455

140 Protect와 UnProtect 메서드를 이용해 워크시트를 보호하거나 보호 해제하기 458

141 UsedRange 속성을 이용해 워크시트의 사용 범위 확인하기 462

142 FormulaHidden 속성을 이용해 워크시트 내 수식을 모두 숨기기 464

143 ScrollArea 속성을 이용해 워크시트의 선택 범위 제한하기 467

144 PrintOut 메서드를 이용해 필요한 워크시트만 인쇄하기 469

145 특정 표의 항목별로 인쇄하기 473

146 PageSetup 속성을 이용해 머리글, 바닥글 설정하기 475

147 한 장에 맞춰 인쇄하고 머리글 행을 반복 출력하기 479

CHAPTER 13 엑셀 작업 단위의 중심, 파일을 다루는 Workbook 개체

148 Workbook 개체의 주요 구성원 이해하기 482

149 Open 메서드를 이용해 파일 열기 484

150 GetOpenFileName 메서드를 이용해 파일을 선택해 열기 489

151 여러 파일을 선택하고 한 번에 열기 492

152 GetOpenFilename 메서드를 사용할 때 기본 폴더 설정하기 494

153 Dir 함수로 특정 폴더 내 파일을 하나로 통합하기 497

154 FormulaArray 속성을 이용해 닫힌 파일에서 데이터 가져오기 501

155 작업할 폴더를 대화상자에서 선택하기 503

156 컴퓨터의 주요 폴더 경로 알아내기 505

157 Close 메서드를 이용해 파일 닫기 508

158 Add 메서드를 이용해 빈 파일 새로 만들기 511

159 Save, SaveAs 메서드를 이용해 파일 저장하기 514

160 SaveCopyAs 메서드로 일별 백업 파일 만들기 518

161 대괄호([ ])가 포함된 폴더에 파일 저장하기 520

162 XLS 파일을 XLSX나 LSM 형식으로 자동 전환하기 522

163 워크시트를 개별 파일로 생성하기 525

164 PDF 파일로 저장하기	530
165 PDF 파일 열기	532
166 OpenText 메서드로 텍스트 파일을 열어 엑셀로 저장하기	534
167 공유된 통합 문서 관리하기	537
168 파일의 유효 기간을 설정해 스스로 삭제되는 코드 구성하기	542

CHAPTER 14 엑셀 프로그램(Application)

169 Application 개체의 주요 구성원	546
170 최근에 사용한 통합 문서 목록에서 사용하지 않는 파일 제거하기	548
171 SendKeys 메서드를 이용해 계산기 프로그램 제어하기	552
172 SendKeys 메서드로 자동 로그인 작업하기	556
173 Addins 속성을 사용해 추가 기능 설치하기	560
174 Evaluate 메서드를 이용해 계산식의 계산 결과를 반환하기	563
175 Intersect 메서드로 두 범위의 교집합 범위 확인하기	566
176 선택한 개체를 Selection 속성을 이용해 구분하기	569
177 프로시저 호출한 개체를 Caller 속성으로 확인하기	573
178 Goto 메서드를 이용해 원하는 위치로 빠르게 이동하기	577
179 Run 메서드를 활용해 다른 파일의 매크로 실행하기	581
180 Dialogs 속성을 이용해 엑셀의 기본 대화상자를 호출하기	584
181 '찾기 및 바꾸기' 대화상자를 호출해 사용하기	587
182 인쇄할 프린터를 골라 인쇄하기	591
183 상태 표시줄을 이용해 진행 상황 표시하기	593
184 ESC 키를 눌러 매크로 실행 중단하기	597
185 엑셀 설정을 기본 값으로 초기화하기	600

CHAPTER 15 리본 인터페이스

186 리본 메뉴의 각 탭을 선택하기	604
187 리본 메뉴를 숨기거나 표시하기	606
188 리본 메뉴의 명령 컨트롤하기	610
189 단축 메뉴에 원하는 명령 추가해 사용하기	613

190 사용하지 않는 [추가 기능] 탭 삭제하기	617
191 Custom UI Editor 프로그램 사용하기	619
192 리본 메뉴의 새 탭 추가하기	621
193 리본 메뉴에 등록된 명령 아이콘 이미지 변경하기	627
194 리본 메뉴의 탭, 그룹 조정하기	631
195 사용자 그룹을 보다 다양하게 설정하기	638
196 리본 메뉴를 제어해 원하는 명령을 비활성화하기	643
197 리본 메뉴에 한글 이름 사용하기	646

CHAPTER 16 이벤트(Event)

198 이벤트 프로시저의 생성 방법 이해하기	652
199 Worksheet 개체의 주요 이벤트 프로시저 이해하기	655
200 다른 시트로 이동한 횟수를 집계하는 이벤트 프로시저 만들기	657
201 셀을 선택할 때마다 동작하는 이벤트 프로시저 만들기	660
202 유효성 검사가 설정된 범위로 복사 제한하기	663
203 유효성 검사 목록에서 선택한 목록을 제외하고 표시하기	666
204 선택된 셀 위치를 보다 분명하게 표시하기	670
205 연결 목록에서 상위 목록 수정할 때 하위 목록 초기화하기	676
206 특정 범위 내 셀 값을 수정하지 못하게 하기	679
207 셀에 입력된 값을 자동으로 누적해 집계하기	681
208 표에서 머리글을 더블클릭하면 열 자동 정렬하기	687
209 Workbook 개체의 이벤트 이해하기	691
210 Workbook_Open 이벤트와 Auto_Open 매크로 이해하기	694
211 파일을 닫을 때 자동으로 저장하는 이벤트 활용하기	697
212 특정 작업을 하지 않으면 파일을 닫지 못하도록 설정하기	699
213 작업한 파일을 자동으로 메일 발송하기	702
214 파일을 저장할 때마다 백업 파일을 자동으로 생성하기	705
215 인쇄할 때 자동으로 페이지 끝에 실선 넣기	707
216 NewSheet 이벤트를 활용해 이전 서식 복사해 쓰기	711
217 시트 이동할 때 이전 시트와 동일한 위치 표시하기	715

218 이벤트 우선순위 이해하기 718
219 전체 파일에 적용할 수 있는 Application 개체의 이벤트 생성하기 720
220 클래스 모듈을 이용해 Application 개체 이벤트 생성하기 725
221 OnTime 이벤트로 특정 시각에 지정한 매크로를 동작하기 729
222 OnTime 이벤트로 일정 간격으로 매크로 반복 실행하기 732
223 OnKey 이벤트를 활용해 단축키로 매크로 실행하기 734

CHAPTER 17 사용자 정의 폼

224 사용자 정의 폼 이해하기 738
225 개발된 폼 실행하고 닫기 740
226 도구 상자의 Active-X 컨트롤의 역할 이해하기 742
227 도구 상자에 새 Active-X 컨트롤 추가하기 744
228 컨트롤의 공통 속성 및 이벤트 이해하기 746
229 CommandButton 컨트롤 사용하기 749
230 Label 컨트롤 사용하기 752
231 Label 컨트롤에 하이퍼링크 설정하기 756
232 TextBox 컨트롤 사용하기 759
233 TextBox 컨트롤에 숫자 서식 지정하기 762
234 TextBox 컨트롤에 암호 입력하기 766
235 TextBox 컨트롤에 여러 줄 입력하기 769
236 ComboBox 컨트롤 사용하기 772
237 범위 내 고유 항목만 ComboBox 컨트롤에 표시하기 776
238 두 개의 ComboBox 컨트롤 연결하기 779
239 ComboBox 컨트롤에서 선택된 항목에 따라
　　TextBox 컨트롤에 필요한 값 참조하기 784
240 ListBox 컨트롤 사용하기 787
241 ListBox 컨트롤에서 여러 항목을 동시에 선택해 작업하기 791
242 ListBox 컨트롤 항목을 키워드 검색하기 796
243 두 개의 ListBox 컨트롤에서 서로 항목을 주고받기 800
244 ListBox 컨트롤의 항목을 정렬하는 방법 806

245	ListBox 컨트롤의 항목을 위/아래로 한 칸씩 이동하기	810
246	CheckBox 컨트롤 사용하기	816
247	OptionButton 컨트롤 사용하기	819
248	Frame 컨트롤을 이용해 OptionButton 컨트롤을 그룹으로 묶어 사용하기	822
249	ScrollBar, SpinButton 컨트롤 사용하기	825
250	Image 컨트롤 사용하기	828
251	RefEdit 컨트롤을 이용해 범위 참조하기	833
252	RefEdit 컨트롤의 참조 단추 대신 엑셀 참조 단추 사용하기	836
253	TreeView 컨트롤 I – 컨트롤 등록 및 폼 구성	841
254	TreeView 컨트롤 II – 컨트롤 설정	844
255	TreeView 컨트롤 III – 다른 컨트롤과의 연동	848
256	TreeView 컨트롤 IV – 추가 속성 익히기	852
257	ListView 컨트롤 I – 등록 및 폼 구성	857
258	ListView 컨트롤 II – 컨트롤 설정	859
259	ListView 컨트롤 III – 정렬	863
260	ListView 컨트롤 IV – 표 연동	865
261	MonthView 컨트롤 I – 라이브러리 등록	868
262	MonthView 컨트롤 II – 폼 및 컨트롤 구성	871
263	MonthView 컨트롤 III – 날짜 선택해 입력하기	874
264	MonthView 컨트롤 IV – 단축 메뉴에서 폼 호출하기	876
265	폼의 삽입된 컨트롤의 글꼴 설정을 한 번에 설정하기	880
266	여러 컨트롤의 위치를 손쉽게 맞추는 방법	883
267	컨트롤의 탭 순서 조정하기	885
268	단축키를 이용해 특정 컨트롤로 빠르게 이동하기	887
269	엑셀 창 없이 폼만 표시하기	890
270	폼을 닫는 방법을 제한하거나 응용하기	893

CHAPTER 18 실무 활용 폼

271	입력 폼 만들기 I – 폼 구성	898
272	입력 폼 만들기 II – 폼 초기화 작업과 폼 실행하기	901

273 입력 폼 만들기 Ⅲ - 입력 기능 개발하기	904
274 데이터 검색/편집 폼Ⅰ - 폼 구성	910
275 데이터 검색/편집 폼Ⅱ - 검색 폼 기능 개발하기	913
276 데이터 검색/편집 폼Ⅲ - 편집 폼 기능 개발하기	919
277 작업 진행 표시(Label 컨트롤) 폼Ⅰ - 폼 구성	924
278 작업 진행 표시(Label 컨트롤) 폼Ⅱ - 시트 분할 매크로	927
279 작업 진행 표시(Label 컨트롤) 폼Ⅲ - 폼 연동	931
280 작업 진행 표시(Progress 컨트롤) 폼Ⅰ - 폼 구성	935
281 작업 진행 표시(Progress 컨트롤) 폼Ⅱ - 통합 매크로	938
282 작업 진행 표시(Progress 컨트롤) 폼Ⅲ - 폼 연동	941
283 차트 표시 폼Ⅰ - 폼 구성	945
284 차트 표시 폼Ⅱ - 폼 초기화 및 차트 생성	948
285 차트 표시 폼Ⅲ - 폼 완성	954
286 마법사 폼Ⅰ - 폼 구성	957
287 마법사 폼Ⅱ - 페이지별 컨트롤 구성	959
288 마법사 폼Ⅲ - 기본 컨트롤 기능 개발하기	961
289 마법사 폼Ⅳ - 마법사 폼으로 그림 삽입하기	968

PART 04 자주 사용하는 기능 컨트롤하기

CHAPTER 19 차트, 스파크라인

290 차트 개체 모델 이해하기	976
291 차트 생성하기	978
292 차트 종류 변경하기	984
293 생성된 차트를 원하는 위치에 표시하기	987
294 차트 삭제하기	989

CONTENTS

295 차트의 원본 범위 수정하기 — 992
296 필터 기능을 이용해 원하는 계열(또는 항목)만 표시하기 — 995
297 차트 제목 설정하기 — 999
298 범례를 원하는 방식으로 설정하기 — 1003
299 차트의 Y축을 원하는 값 범위로 설정하기 — 1008
300 차트의 데이터 레이블 설정하기 — 1013
301 데이터 레이블에 다른 범위 내 셀 값을 표시하기 — 1018
302 꺾은선 그래프의 최대/최저점 표시하기 — 1024
303 보조 축 사용하는 이중 축(콤보형) 차트 만들기 — 1028
304 평균선 표시하기 — 1031
305 차트를 이미지로 저장하기 — 1034
306 차트를 원하는 위치로 정렬하기 — 1037
307 차트의 이벤트 활용하기 — 1043
308 마우스 커서가 위치한 꺾은선형의 그래프만 굵게 표시하기 — 1047
309 스파크라인 추가하기 — 1050

CHAPTER 20 피벗테이블

310 피벗 테이블 보고서 만들기 — 1056
311 여러 개의 분석용 피벗 테이블 보고서 생성하기 — 1060
312 관계 설정해 피벗 테이블 생성하기 — 1066
313 슬라이서 창을 이용하는 피벗 테이블 보고서 만들기 — 1074
314 피벗 테이블 항목 정렬하기 — 1081
315 값 영역 필드의 요약 기준이 개수인 것을 합계로 변경하기 — 1085
316 원본 표에서 삭제된 항목 중 피벗 테이블에 계속해서 표시되는 항목 제거하기 — 1088
317 피벗 테이블을 자동으로 새로 고치기 — 1091
318 피벗 테이블 보고서 내의 다양한 범위 참조하기 — 1095
319 피벗 테이블 표시 형식을 원본 표와 동기화하기 — 1100
320 전체 피벗 테이블의 필터 조건 동기화시키기 — 1104
321 피벗 테이블 단계별로 보호하기 — 1107

CHAPTER 21 기타 유용한 기능 조작 방법

322 자동 필터의 아래 화살표 단추를 원하는 열에만 표시하기 — 1114

323 자동 필터로 선택된 항목 새 시트로 옮기기 — 1118

324 자동 필터가 설정된 특정 열의 항목별 시트 생성하기 — 1121

325 자동 필터로 추출된 표에 원하는 값 붙여 넣기 — 1125

326 자동 필터가 설정된 열을 색상으로 표시하기 — 1129

327 고급 필터를 이용해 대용량 데이터 검색 시스템 만들기 — 1133

328 표의 머리글을 더블클릭하면 해당 열 정렬하기 — 1138

329 워크시트 정렬하기 — 1141

330 조건부 서식의 수식 조건을 수정하기 — 1145

331 서로 다른 표에 동일한 데이터 막대 효과 적용하기 — 1148

332 사용하지 않는 셀 스타일 삭제하기 — 1150

333 내 PC의 자동 고침 목록을 다른 PC와 동기화하기 — 1153

334 전체 메모를 한 번에 원하는 방식으로 변경하기 — 1156

335 원하는 위치에 도형을 이용해 표시하기 — 1163

336 목표값 찾기를 이용해 계산 결과 수정하기 — 1170

337 이벤트 프로시저를 생성(또는 삭제)하는 매크로 만들기 — 1174

338 모듈 자동 업데이트하기 — 1179

339 파일 내 VBA 코드와 VBA 개체를 한 번에 삭제하기 — 1183

PART 05 기타 유용한 개발 방법론

CHAPTER 22 텍스트 파일 및 레지스트리

340 텍스트 파일에서 필요한 정보를 확인하기 — 1188

341 텍스트 파일을 엑셀로 가져오기 — 1193

342 표 데이터를 텍스트 파일로 내보내기 — 1197

343 텍스트 파일에서 조건에 맞는 데이터만 추려 새 텍스트 파일 만들기 … 1205

344 표 데이터를 한 행씩 텍스트 파일로 저장하기 … 1208

345 특정 폴더 내 텍스트 파일을 엑셀 파일로 합치기 … 1212

346 특정 폴더 내 하위 폴더를 모두 검색해 작업하기 … 1215

347 매크로 실행 결과를 로그 파일에 기록하기 … 1221

348 엑셀에서 레지스트리에 데이터 기록하고 사용하는 방법 … 1224

CHAPTER 23 ADO

349 외부 엑셀 파일 연결하기 … 1232

350 액세스 데이터 가져오기 … 1235

351 다른 엑셀 파일의 데이터 가져오기 … 1240

352 다른 파일의 지정한 범위 데이터만 가져오기 … 1244

353 레코드셋을 제대로 닫는 방법 … 1248

354 SQL을 사용해 조건에 맞는 데이터만 가져오기 … 1250

355 외부 데이터를 엑셀 표로 가져오기 … 1255

356 조건에 맞는 데이터만 쉼표(,)로 연결해 반환 받기 … 1259

357 SQL 문으로 데이터를 요약해 가져오기 … 1262

358 액세스 데이터베이스를 연결해 피벗 테이블로 바로 분석하기 … 1266

359 SQL로 다른 엑셀 파일의 데이터 수정하기 … 1269

360 SQL로 다른 엑셀 파일에 데이터 추가하기 … 1275

361 SQL로 액세스 데이터베이스에 데이터 추가하기 … 1281

362 SQL로 여러 시트의 데이터를 데이터베이스로 통합하기 … 1285

363 SQL문을 사용해 액세스의 불필요한 데이터 삭제하기 … 1289

CHAPTER 24 오피스의 다른 프로그램 제어

364 SendMail 메서드를 이용해 현재 파일을 메일로 발송하기 … 1294

365 아웃룩의 보안 메시지 창이 나타나지 않도록 설정하는 방법 … 1298

366 특정 시트만 첨부 파일로 아웃룩을 이용해 메일 발송하기 … 1301

367 엑셀에 작성된 일정을 아웃룩에 자동 등록하기 … 1305

368 중복 일정 등록 방지와 일정 삭제하기 … 1309

369 생성된 차트를 파워포인트의 원하는 슬라이드 위치에 삽입하기   1314

370 엑셀 표와 구조가 동일한 파워포인트 표에 데이터 바로 쓰기   1319

371 엑셀 문서를 파워포인트 문서로 변환하기   1323

372 엑셀 파일을 지정된 형식에 맞게 워드 문서로 변환하기   1329

373 엑셀 표와 구조가 동일한 워드 표에 데이터 바로 쓰기   1335

FAQ. 매크로에 대해 자주 묻는 질문   1339

PART 01

엑셀 2016 매크로 & VBA 바이블

매크로 기초

엑셀의 매크로(Macro)는 엑셀 사용자라면 누구나 배우고 싶어하는 기능일 것입니다. 하지만 매크로를 능숙하게 다룰 수 있는 사용자는 매우 제한적인데, 이것은 매크로가 VBA(Visual Basic for Applications) 프로그래밍 언어를 사용해 만들어야 하기 때문입니다. VBA 언어는 프로그래밍 언어이고, 인간의 언어처럼 유연하지 못하기 때문에 컴퓨터가 이해할 수 있도록 정확한 문법을 사용해야 합니다. 따라서 매크로를 사용하기 위해서는 VBA라는 언어를 체계적으로 학습할 필요가 있습니다.

이 PART에서는 매크로 기능을 사용할 때 반드시 이해하고 있어야 하는 엑셀 기능, 예를 들면 리본 메뉴에 [개발 도구] 탭을 표시하는 방법, 매크로 기록기를 활용하는 방법, VB 편집기 사용 방법 등에 대해 자세하게 알아보겠습니다.

CHAPTER

01

환경 설정 및
프로그래밍 기초 지식

CHAPTER 01에서는 엑셀 매크로와 VBA의 개념을 명확하게 구별하여 파악하고, 매크로 개발에 필요한 엑셀의 주요 환경을 설정하는 방법에 대해 알아보겠습니다. 즉, 매크로 개발에 필요한 [개발 도구] 탭을 표시하는 방법, 매크로 저장 파일 형식, 매크로 보안 수준에 대해 이해하고, 신뢰할 수 있는 문서와 위치에 대해 알아보면서 매크로 개발에 자연스럽게 입문할 수 있도록 돕습니다.

매크로와 VBA 이해하기

001

매크로(Macro)는 오피스 프로그램 안에서 실행할 수 있는 별도의 실행 명령이고, VBA(Visual Basic for Applications)는 매크로를 개발하는 데 사용되는 프로그래밍 언어입니다. 엑셀 사용자들이 이 두 용어를 혼용하는 경우가 많으므로 그 차이를 분명히 이해하고 넘어가도록 하겠습니다.

예제 파일 없음

매크로(Macro)는 1990년에 배포된 엑셀 3.0 버전부터 제공되었습니다. 이때는 현재와 같은 수준 높은 프로그래밍 언어는 아니었고 간단한 작업을 처리하는 배치 파일 형태의 스크립트 기능 정도가 제공되었으며, XLM이라는 매크로 함수를 이용해 개발했습니다. 하지만 1993년에 배포된 엑셀 5.0 버전에 VBA가 장착되면서 매크로는 큰 폭의 발전을 이루었습니다.

엑셀이 계속 업그레이드되듯 VBA 역시 지속적으로 업그레이드(VBA는 엑셀을 포함한 오피스 프로그램에 내장되지만, 프로그램 업그레이드는 개별적으로 이뤄집니다.)되는데, 1997년에 배포된 엑셀 97 버전에서 유저 폼과 클래스 모듈 등이 추가되면서 현재와 같은 개발 구조를 갖게 되었습니다.

현재, VBA는 VSTO(Visual Studio Tools for Office)라는 새로운 프로그래밍 언어와 경쟁을 벌이고 있습니다. VSTO는 오피스에 포함된 프로그래밍 언어가 아니라 MS가 제공하는 프로그래밍 개발 툴인 Visual Studio에 포함된 것으로, Visual Studio에서 사용할 수 있는 다양한 프로그래밍 언어(Visual Basic .NET 또는 Visual C# .NET)를 이용해 오피스 기반 응용 프로그램을 제어하는 역할을 합니다.

VSTO는 VBA에 비해 더 다양한 방법으로 오피스 프로그램을 제어(리본 메뉴 컨트롤, 작업 창 개발, COM 추가 기능 개발, 보안 등)할 수 있는 장점이 있지만, VSTO를 활용하기 위해서는 엑셀 이외에도 Visual Studio에 포함된 Visual Basic 또는 Visual C와 같은 별도의 프로그래밍 언어를 학습해야 하는 단점도 있습니다.

그에 비해 VBA는 VSTO에 비해 기능은 부족하지만 상대적으로 학습 시간이 짧고 공개된 다양한 코드를 활용해 업무를 자동화할 수 있다는 점이 장점입니다.

그러므로 Visual Basic이나 C 등의 언어가 낯설지 않은 사용자라면 VSTO가 좀 더 매력적일 수 있겠으나, 그렇지 않은 사용자라면 개인의 업무 자동화라는 측면에서 여전히 VBA가 매력적인 도구일 것입니다.

이 책에서는 엑셀 프로그램을 사용하는 일반 사용자가 선택할 수 있는 가장 강력한 도구인 VBA 언어의 문법과 코드 개발 방법론을 통해 다양한 업무 자동화 사례를 설명합니다.

매크로 사용 통합 문서(XLSM)

마이크로소프트 오피스 2007 버전부터 파일 관리 방식이 달라졌는데, 그중 VBA를 사용하려는 사용자가 반드시 알아야 하는 것은 파일 저장 형식에 관한 것입니다. 엑셀 2007부터는 문서에 매크로가 포함되어 있으면 반드시 'Excel 매크로 사용 통합 문서'로 저장해야 하며, 이 경우 파일 확장자는 XLSM이 됩니다. 매크로가 포함된 파일을 기본 파일 형식인 'Excel 통합 문서'로 저장하면 파일에 포함된 매크로가 삭제되므로 주의해야 합니다.

예제 파일 없음

파일을 처음 저장할 때

01 파일을 처음 저장하면, 백스테이지 뷰의 '다른 이름으로 저장' 페이지가 표시됩니다. 컴퓨터에 저장하려면 [이 PC]를 클릭하고 〈찾아보기〉 버튼을 클릭합니다.

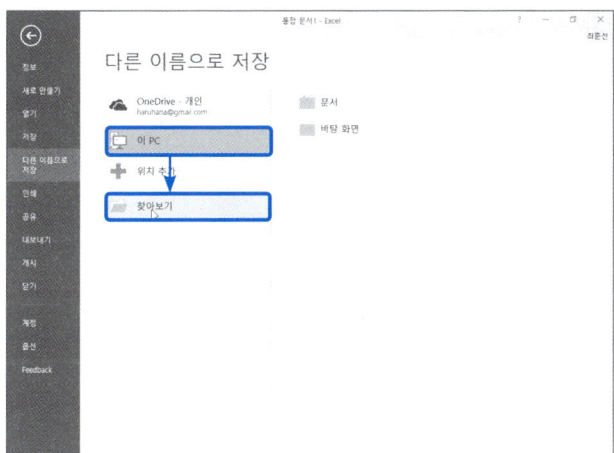

02 '다른 이름으로 저장' 대화상자가 표시되면, 저장할 경로와 파일 이름을 원하는 대로 설정하고, '파일 형식' 옵션의 값을 'Excel 매크로 사용 통합 문서'로 선택한 후 〈저장〉 버튼을 클릭합니다.

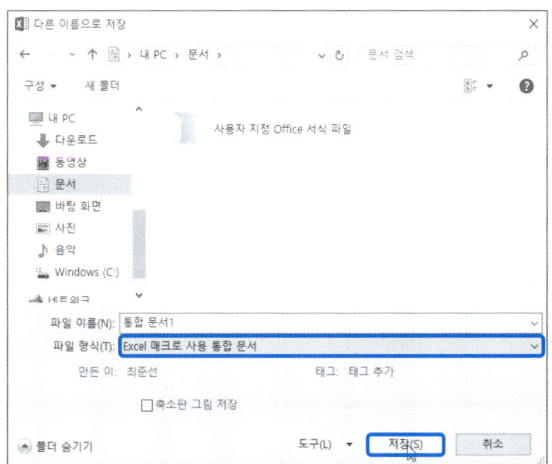

Excel 통합 문서(XLSX)로 저장했다가 매크로를 개발할 경우

매크로가 포함되어 있지 않은 문서에 나중에 매크로를 포함시키고 [저장] 명령(🖫)을 클릭하면 다음과 같은 경고 메시지 창이 나타납니다. 매크로가 포함되어 있으니 〈아니오〉 버튼을 클릭해 Excel 매크로 사용 통합 문서로 저장하라는 말입니다.

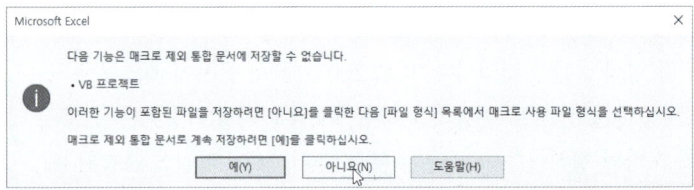

〈아니오〉 버튼을 클릭하면 백스테이지뷰의 '다른 이름으로 저장' 페이지가 열립니다. 앞에서 설명한 방법을 참고해 Excel 매크로 사용 통합 문서로 저장합니다.

이때 주의해야 할 점은 파일을 Excel 매크로 사용 통합 문서로 저장하면 같은 폴더에 이름이 동일한 파일이 두 개가 된다는 것입니다. 그러므로 이 경우 원본 관리를 위해, 이전에 저장했던 Excel 통합 문서 파일은 삭제하는 것이 좋습니다.

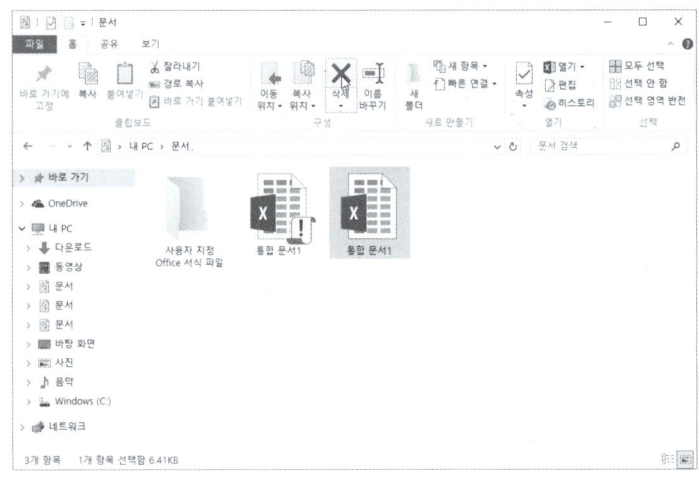

> **TIP** 이 화면은 윈도우 8.1의 탐색기 화면이며, 다른 버전의 윈도우에서는 삭제할 파일을 선택하고 Delete 키를 누릅니다.

Plus⁺ 파일 아이콘으로 'Excel 통합 문서'와 'Excel 매크로 사용 통합 문서' 구분하기

윈도우 탐색기는 파일 확장자를 표시하지 않는 경우가 많습니다. 확장자가 표시되지 않으면 어떤 파일이 'Excel 통합 문서'이고 어떤 파일이 'Excel 매크로 사용 통합 문서'인지 알 수 없는데, 이 경우는 다음과 같이 파일 아이콘으로 구분하면 됩니다.

Excel 통합 문서	Excel 매크로 사용 통합 문서

리본 메뉴에 [개발 도구] 탭 표시하기

003

매크로를 사용하려면 리본 메뉴에 숨겨져 있는 [개발 도구] 탭을 표시해야 합니다. 엑셀 2007부터 인터페이스가 리본 메뉴로 변경되면서 매크로 기록 및 개발과 관련한 명령이 [개발 도구] 탭에 제공됩니다. 그런데 기본적으로 이 탭은 리본 메뉴에 표시되지 않으므로 사용자가 설정을 변경해야 합니다.

> 예제 파일 없음

01 리본 메뉴에서 [파일]-[옵션] 명령을 클릭합니다.

02 'Excel 옵션' 대화상자에서 '리본 사용자 지정' 범주를 선택하고 오른쪽 탭 리스트에서 '개발 도구'를 선택한 다음 〈확인〉버튼을 클릭합니다.

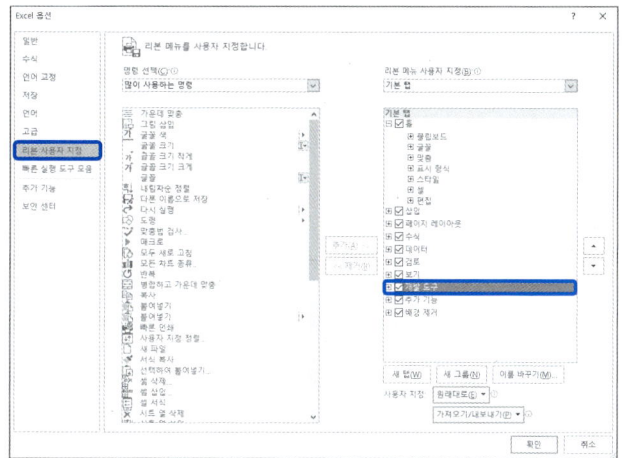

03 다음과 같이 리본 메뉴에 [개발 도구] 탭이 표시됩니다.

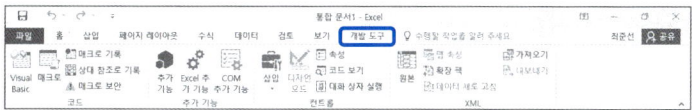

> **TIP** [개발 도구] 탭의 명령 중 [코드], [추가 기능], [컨트롤] 그룹에서 제공하는 명령을 가장 많이 사용합니다.
>
> **TIP** [추가 기능] 그룹의 명령은 엑셀 2010 버전부터 리본 메뉴에 추가된 것으로, 엑셀 2007 버전에서는 'Excel 옵션' 대화상자에 포함되어 있습니다.

엑셀의 보안 수준 이해하기

004

매크로가 포함된 파일이라 해서 무조건 매크로를 사용할 수 있는 것은 아니며, 파일을 열 때 '보안 경고' 메시지 줄에서 매크로 사용 여부를 확인해 줘야 합니다. 이 설정은 엑셀의 보안 설정에 따라 다양한 방식으로 나타나므로, 엑셀의 보안 설정에 대해 이해해 둘 필요가 있습니다.

예제 파일 없음

01 리본 메뉴의 [개발 도구] 탭-[코드] 그룹-[매크로 보안] 명령(🔺)을 클릭합니다.

02 '매크로 보안' 대화상자가 표시되면, [매크로 설정]과 [개발자 매크로 설정] 그룹의 옵션이 다음 화면과 같은지 확인하고 〈확인〉 버튼을 클릭합니다.

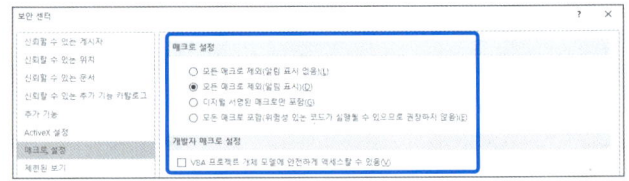

TIP '모든 매크로 제외(알림 표시)' 옵션이 기본 값입니다.

매크로 설정 옵션

매크로 설정	설명
모든 매크로 제외(알림 표시 없음)	신뢰할 수 있는 위치에 있는 파일을 제외하고 모든 매크로를 실행할 수 없습니다.
모든 매크로 제외(알림 표시)	매크로가 포함된 파일을 열면 '보안 경고' 메시지 줄이 표시되고, 〈콘텐츠 사용〉 버튼을 클릭해야 파일에 포함된 매크로를 사용할 수 있습니다.
디지털 서명된 매크로만 포함	'모든 매크로 제외(알림 표시)' 설정과 동일하지만 디지털 서명된 매크로만 실행할 수 있습니다.
모든 매크로 포함	'보안 경고' 메시지 줄을 표시하지 않고 모든 매크로를 사용할 수 있습니다.

기본 값인 '모든 매크로 제외(알림 표시)' 옵션을 사용할 것을 권장하며, '모든 매크로 포함' 옵션은 매크로 바이러스나 보안 관련 문제로 권장하지 않습니다.

개발자 매크로 설정 옵션

개발자 매크로 설정	설명
VBA 프로젝트 개체 모델에 안전하게 액세스할 수 있음	이 설정은 개발자가 VBA를 이용해 VBAProject 개체 모델에 접근할 수 있도록 하기 위한 것으로, 초보일 경우에는 도움이 되지 않는 옵션이므로 사용하지 않는 것이 좋습니다.

신뢰할 수 있는 문서 이해하기

'신뢰할 수 있는 문서'란 매크로가 포함되었거나 ActiveX 컨트롤을 사용한 파일 또는 외부 파일과 연결된 파일 중에서 '보안 경고' 메시지 줄이 표시되지 않은 채 바로 열어 사용할 수 있는 파일을 의미합니다. 이 설정은 사용자가 매크로를 보다 쉽게 사용할 수 있도록 엑셀 2010 버전부터 추가된 기능입니다.

예제 파일 PART 01 \ 신뢰할 수 있는 문서.xlsx

01 예제 파일을 열면 화면과 같은 '보안 경고' 메시지 줄이 표시됩니다. 매크로를 사용하려면 〈콘텐츠 사용〉 버튼을 클릭합니다.

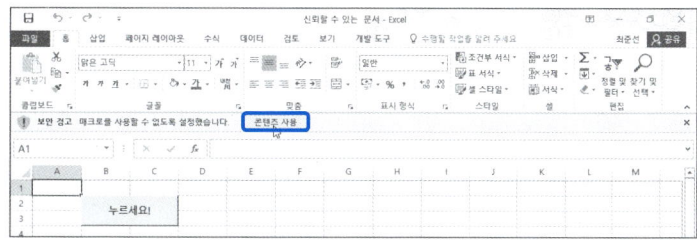

02 〈누르세요!〉 버튼을 클릭하면 다음과 같은 메시지 창이 나타납니다.

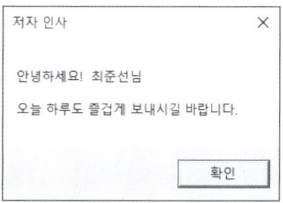

TIP 메시지 창에 나타나는 이름은 오피스를 설치할 때 입력한 사용자 이름입니다.

LINK MsgBox 함수의 사용 방법은 256쪽에서 자세하게 설명합니다.

메시지 창이 나타나지 않는다면

만약 **01** 과정에서 〈콘텐츠 사용〉 버튼을 클릭하지 않으면 다음과 같은 경고 메시지 창이 표시됩니다.

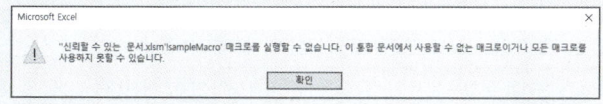

이 경우 〈확인〉 버튼을 클릭하고 '보안 경고' 메시지 줄의 〈콘텐츠 사용〉 버튼을 클릭합니다. 만약 '보안 경고' 메시지 줄이 나타나지 않으면 리본 메뉴의 [파일]-[정보] 메뉴를 클릭하고 '보안 경고' 옵션을 클릭한 후 [모든 콘텐츠 사용] 메뉴를 선택하면 됩니다.

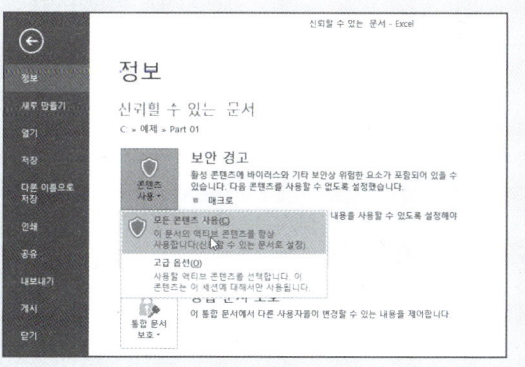

03 파일을 닫은 후 다시 열면 **01** 과정과는 달리 '보안 경고' 메시지 줄이 나타나지 않습니다. 이것은 파일이 '신뢰할 수 있는 문서'로 분류되었기 때문입니다. 엑셀 2010 버전부터는 사용자가 '보안 경고' 메시지 줄의 〈콘텐츠 사용〉 버튼을 클릭하면 해당 파일의 매크로 사용을 항상 허용하겠다는 의미로 받아들이며, 이렇게 허용된 파일을 '신뢰할 수 있는 문서'로 구분합니다.

04 '신뢰할 수 있는 문서'와 관련된 설정을 확인하려면 리본 메뉴의 [개발 도구] 탭–[코드] 그룹–[매크로 보안] 명령(🔺)을 클릭합니다.

05 '보안 센터' 대화상자에서 '신뢰할 수 있는 문서' 범주를 선택하고 오른쪽의 옵션을 확인합니다.

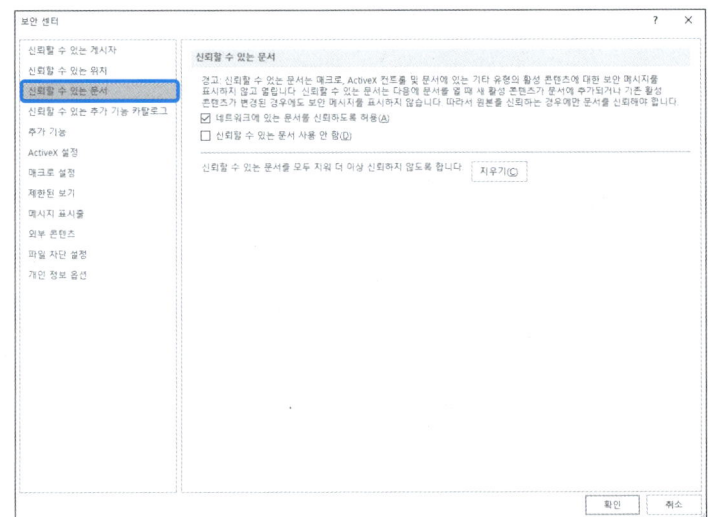

'신뢰할 수 있는 문서' 옵션

옵션	설명
네트워크에 있는 문서를 신뢰하도록 허용	네트워크 공유 폴더에 있는 파일도 '신뢰할 수 있는 문서'로 인식되도록 처리하는 옵션으로, 내 PC에 있는 파일만 신뢰할 수 있는 문서로 분류하려면 이 옵션의 체크를 해제합니다.
신뢰할 수 있는 문서 사용 안 함	이 옵션에 체크하면 신뢰할 수 있는 문서 기능을 사용하지 않게 되어 2007 버전처럼 파일을 열 때마다 매번 '보안 경고' 메시지 줄이 표시됩니다.
〈지우기〉 버튼	기존에 '신뢰할 수 있는 문서'로 분류된 파일 리스트를 모두 삭제합니다. 이렇게 하면 '신뢰할 수 있는 문서' 리스트가 초기화되어 파일을 처음 열 때처럼 매크로가 포함된 모든 파일에 '보안 경고' 메시지 줄이 나타납니다.

신뢰할 수 있는 위치 등록해 사용하기

006

매크로 통합 문서 파일을 열 때 표시되는 '보안 경고' 메시지 줄은 사용자의 주의를 환기시키는 역할을 하지만 번거로운 것도 사실입니다. 2010 버전부터는 처음 파일을 열 때만 '보안 경고' 메시지 줄이 표시되지만, 이것도 불편하다면 엑셀에 등록해 놓은 업무용 폴더 내 파일을 열 때 '보안 경고' 메시지 줄이 표시되지 않도록 할 수 있습니다. 업무용 폴더를 등록할 위치를 '신뢰할 수 있는 위치'라고 하며, 이 기능은 2007 버전부터 제공됩니다.

예제 파일 없음

01 엑셀에 등록된 '신뢰할 수 있는 위치'를 확인하려면 리본 메뉴의 [개발 도구] 탭-[코드] 그룹-[매크로 보안] 명령(⚠)을 클릭하고, '보안 센터' 대화상자에서 '신뢰할 수 있는 위치' 범주를 선택합니다.

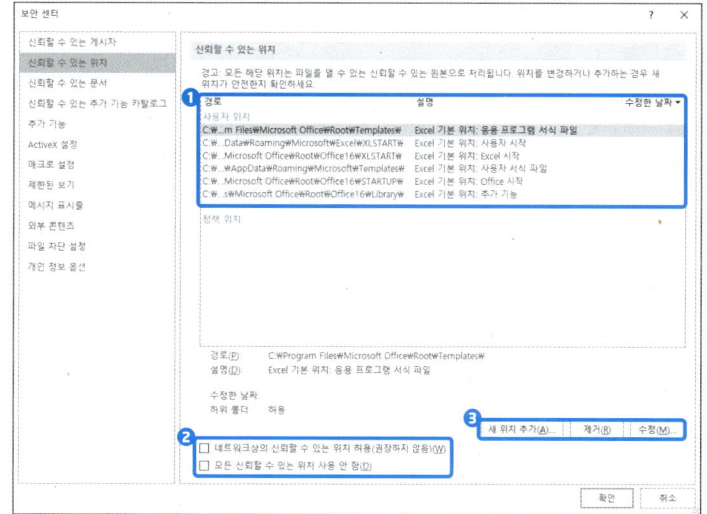

'신뢰할 수 있는 위치' 설정 방법

❶ 신뢰할 수 있는 위치
'신뢰할 수 있는 위치'로 등록된 경로와 설명을 확인할 수 있는데, 처음에는 엑셀 프로그램에서 사용하는 기본 경로만 나타납니다. 기본 경로를 삭제하면 불필요한 '보안 경고' 메시지 줄이 나타날 수 있습니다.

❷ 옵션
- 네트워크상의 신뢰할 수 있는 위치 허용(권장하지 않음)
  네트워크상의 공유 폴더를 신뢰할 수 있는 위치로 등록할 수 있도록 하는 옵션으로, 이 옵션에 체크되어 있지 않으면 네트워크상의 공유 폴더를 신뢰할 수 있는 위치에 등록할 수 없습니다.

- 모든 신뢰할 수 있는 위치 사용 안 함
  신뢰할 수 있는 위치 기능 자체를 사용하지 않습니다.

❸ 명령 버튼
- 〈새 위치 추가〉
  새로운 신뢰할 수 있는 위치를 등록할 때 클릭합니다.

- 〈제거〉
  기존에 등록된 신뢰할 수 있는 위치를 삭제합니다. 위 리스트에서 삭제할 위치를 선택하고 클릭하면 됩니다.

- 〈수정〉
  기존에 등록된 신뢰할 수 있는 위치 경로를 다른 위치로 수정합니다.

02 〈새 위치 추가〉 버튼을 클릭하면 '신뢰할 수 있는 Microsoft Office 위치' 대화상자가 표시됩니다. 〈찾아보기〉 버튼을 클릭해 업무용 폴더를 선택하고 '이 위치의 하위 폴더도 신뢰할 수 있음' 옵션에 체크한 후 〈확인〉 버튼을 클릭합니다.

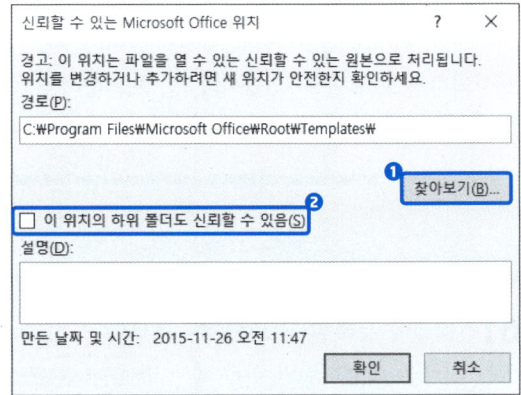

'신뢰할 수 있는 Microsoft Office 위치' 대화상자 설정 방법

❶ 〈찾아보기〉 버튼
사용자의 업무용 폴더를 등록할 수 있는 버튼으로, 클릭하면 '찾아보기' 대화상자가 표시되며, 이곳에서 등록할 업무용 폴더(최상위)를 선택하고 〈확인〉 버튼을 클릭합니다.

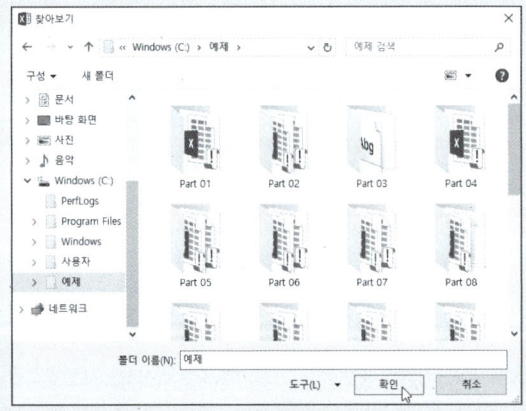

❷ '이 위치의 하위 폴더도 신뢰할 수 있음' 옵션
  ❶에서 선택한 폴더의 하위 폴더 파일도 신뢰할 수 있는지 선택하는 옵션으로, 업무용 폴더를 선택한 경우에는 체크하는 것이 좋습니다.

CHAPTER
02

매크로 기록기

엑셀에는 사용자의 동작을 기록해서 매크로를 만들 수 있는 매크로 기록기가 있습니다.
매크로 기록기는 VBA를 학습하지 않고도 원하는 매크로를 기록해 사용할 수 있는 방법을 지원하며,
기록된 매크로를 분석하면 엑셀의 다양한 구성 요소를 어떻게 컨트롤할 수 있는지 배울 수 있어
매크로를 공부하려는 사용자들에게 많은 도움이 되는 기능입니다.
다양한 매크로 기록기의 사용 방법에 대해 자세하게 알아보겠습니다.
차근차근 따라 하면서 잘 이해하고 넘어가도록 합니다.

매크로 기록기를 사용해 매크로 기록하기 007

매크로 기록기는 사용자의 동작을 기록해 매크로를 생성하는 기능입니다. 스마트폰의 녹음 기능을 연상하면 이해하기 쉬울 것 같습니다. 매크로 기록기를 이용하는 중간에 불필요한 동작을 하면 나중에 매크로를 실행할 때 역시 해당 동작이 실행되므로, 어떤 순서로 작업을 진행할지 계획을 세운 후 기록하는 것이 좋습니다.

예제 파일 PART 01 \ 매크로 기록기.xlsx

매크로 기록기 사용 과정

다음과 같은 순서로 매크로를 기록합니다.

- 1단계 : [개발 도구] 탭-[코드] 그룹-[매크로 기록] 명령 클릭
- 2단계 : '매크로 기록' 대화상자 설정
- 3단계 : 기록하려는 동작 수행
- 4단계 : [개발 도구] 탭-[코드] 그룹-[기록 중지] 명령 클릭

'매크로 기록' 대화상자

❶ 매크로 이름
기록할 매크로의 이름으로, 기억하기 쉬운 단어를 입력합니다. 참고로 Space Bar 키를 누를 때 입력되는 공백 문자(" ")는 사용할 수 없으며 공백 문자는 밑줄(_)이나 마침표(.)로 대체합니다.

❷ 바로 가기 키
단축키를 이용해 매크로를 실행하려고 할 때 사용할 바로 가기 키를 지정합니다. 'Ctrl+영문자'로 지정할 수 있으며, 엑

셀 내부 단축키(Ctrl+S, Ctrl+P 등)와 동일한 키를 지정하면 엑셀 내부 단축키가 무시되고 매크로가 우선 실행되므로 주의해야 합니다.

❸ 매크로 저장 위치
매크로를 저장할 위치를 지정합니다. 다음 세 가지 중에서 하나를 선택할 수 있습니다.

구분	설명
현재 통합 문서	현재 파일에 매크로를 저장합니다.
새 통합 문서	새 파일을 만들고 해당 파일에 매크로를 저장합니다.
개인용 매크로 통합 문서	모든 파일에서 사용할 수 있는 매크로를 저장합니다.

LINK 개인용 매크로 통합 문서에 대한 자세한 사용 방법은 57쪽을 참고합니다.

❹ 설명
저장될 매크로에 대한 간략한 설명을 입력합니다. 입력된 내용은 '매크로' 대화상자에서 매크로를 실행할 때 확인할 수 있으며, VB 편집기의 코드 창에 주석으로 기록됩니다.

매크로 기록기를 이용한 매크로 기록/활용 방법

매크로 기록기는 별도의 설정이 없으면 기본적으로 항상 동일한 위치(예를 들어 A1:A10 범위에서 작업을 기록하면 항상 A1:A10 범위만 동작합니다. 참고로 범위만 동일하면 되므로 매크로를 기록하지 않은 다른 시트에서도 정상 동작합니다.)에서 동작합니다. 그러므로 동일한 서식을 사용하는 여러 파일에 적용할 매크로를 기록하고 사용하는 데 적합합니다.

01 예제를 열면 화면과 같은 표를 확인할 수 있습니다. 매번 동일한 양식의 표를 외부에서 받아 작업하는데 H열의 주문일이 yyyy.mm.dd 형식으로 입력되어 있어 올바른 날짜 형식(yyyy-mm-dd)으로 변환하는 작업이 필요한 경우, 매크로 기록기로 변환 과정을 기록하고 사용해 보겠습니다.

거래ID	고객	제품	단가	수량	판매	주문일
10321	신영상사 ㈜	현진 커피 밀크	14,000	12	168,000	2016.01.01
10322	원창 ㈜	유림 옥수수	10,000	10	100,000	2016.01.01
10323	동양 통상 ㈜	대관령 특제 버터	35,000	5	175,000	2016.01.01
10324	경성 트레이딩 ㈜	유미 건조 다시마	19,000	9	171,000	2016.01.02
10325	정금 상사 ㈜	유림 사과 통조림	42,000	40	1,680,000	2016.01.02
10326	협우 상사 ㈜	유림 훈제 대합조개 통조림	8,000	10	80,000	2016.01.05
10327	베네디스 유통 ㈜	유림 사과 통조림	42,000	35	1,249,500	2016.01.05
10328	삼화 상사 ㈜	한성 루이지애나 특산 후추	17,000	15	216,750	2016.01.05
10329	서주 무역 ㈜	신성 시리얼	17,000	6	96,900	2016.01.05
10330	태강 교역 ㈜	한성 통밀가루	16,000	15	228,000	2016.01.05

TIP 매크로 기록기는 반복적인 업무를 기록하는 기능이므로, 사용자가 엑셀의 기능을 잘 활용할수록 효과적으로 사용할 수 있습니다.

02 날짜 형식을 변환하는 과정을 기록하기 위해, [개발 도구] 탭-[코드] 그룹-[매크로 기록] 명령(🔘)을 클릭합니다.

TIP 리본 메뉴의 [개발 도구] 탭 이외에 엑셀 창 하단의 상태 표시줄에 있는 [매크로 기록] 명령(🔘)을 클릭해도 됩니다.

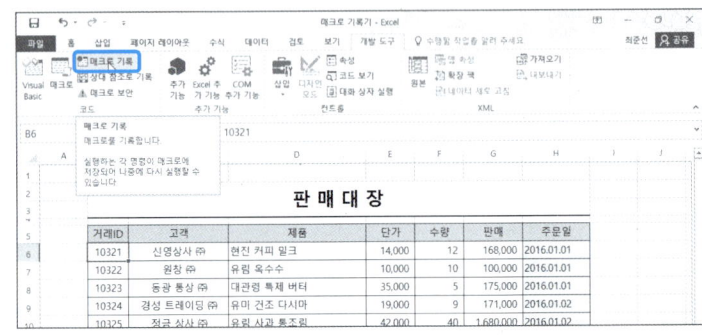

03 '매크로 기록' 대화상자가 표시되면 '매크로 이름'에 '날짜변환'을 입력한 후 다른 옵션은 변경하지 않고 〈확인〉 버튼을 클릭합니다.

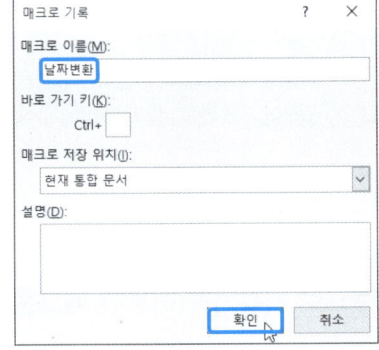

> **Plus⁺ '매크로 기록기' 주의 사항**
>
> 매크로 기록기를 사용하다 보면 '매크로 저장 위치' 옵션이 '개인용 매크로 통합 문서'로 되어 있을 수 있는데, 그런 경우에는 화면과 같이 '현재 통합 문서'로 변경해야 합니다.
>
> **LINK** '개인용 매크로 통합 문서'에 대한 설명은 57쪽을 참고합니다.

04 지금부터 진행하는 동작은 매크로 기록기에 의해 기록됩니다. 날짜 데이터가 입력되어 있는 H6:H15 범위를 선택한 다음 [홈] 탭-[편집] 그룹-[찾기 및 선택] 명령을 클릭하고 [바꾸기] 메뉴를 선택합니다.

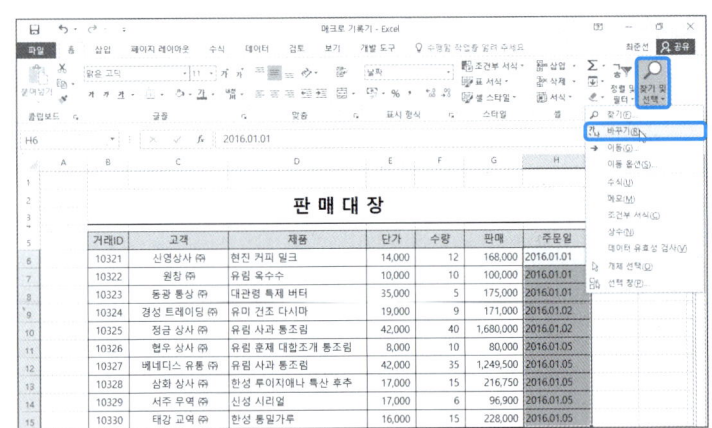

TIP [바꾸기] 기능은 선택 범위의 값 중 일부를 변경(이번에는 마침표(.)를 하이픈(-)으로 변경합니다.)할 수 있어 데이터 변환 작업에 자주 사용됩니다.

TIP 매크로 기록기는 선택 범위(H6:H15)를 기억하므로, 데이터가 추가되면 인식하지 못합니다. 이 경우 편법으로 추가될 범위를 미리 예상하여 선택 범위를 넉넉히 잡아두는 방법이 있습니다. 예제의 경우 H6:H100 정도 범위를 선택하고 작업하면 됩니다.

05 '찾기 및 바꾸기' 대화상자가 표시되면 '찾을 내용'에는 마침표(.)를 입력하고 '바꿀 내용'에는 하이픈(-)을 입력한 다음, 〈모두 바꾸기〉 버튼을 클릭합니다.

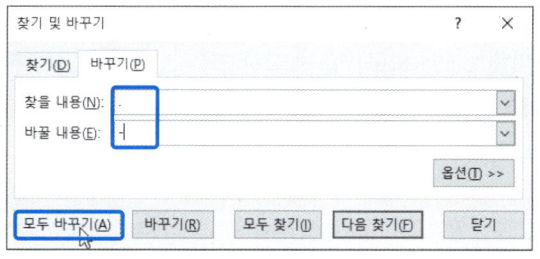

06 20개 항목이 변경되었다는 안내 창이 나타나고 H6:H15 범위의 날짜가 yyyy-mm-dd 형식으로 변경됩니다. 〈확인〉 버튼을 클릭한 후 '찾기 및 바꾸기' 대화상자에서 〈닫기〉 버튼을 클릭합니다.

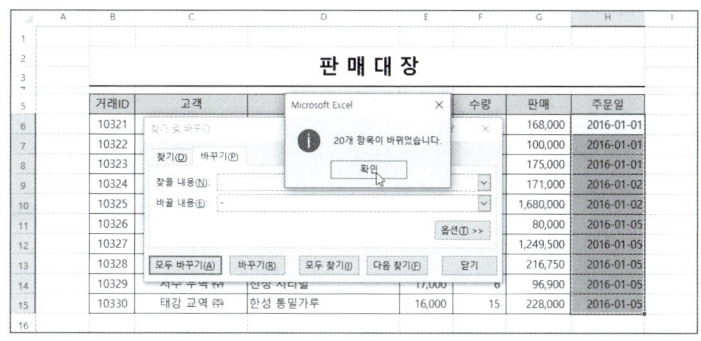

07 매크로 기록을 종료하기 위해, [개발 도구] 탭-[코드] 그룹-[기록 중지] 명령(■)을 클릭합니다.

TIP 엑셀 창 하단의 상태 표시줄에서 [기록 중지] 명령(■)을 클릭해도 됩니다.

08 매크로가 올바로 기록됐는지 테스트하기 위해 지금까지 했던 작업을 취소합니다. 빠른 실행 도구 모음의 [실행 취소] 명령(↶)을 클릭하면 H6:H15 범위의 날짜 데이터가 원래 값으로 복원됩니다.

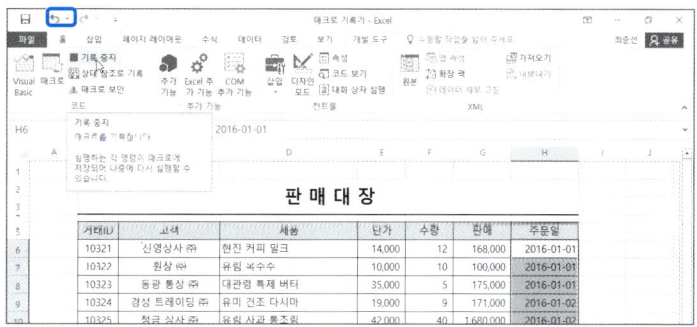

09 기록된 매크로를 실행하기 위해 [개발 도구] 탭-[코드] 그룹-[매크로] 명령(□)을 클릭합니다.

LINK 매크로를 실행하는 다양한 방법은 61쪽에서 소개합니다.

10 '매크로' 대화상자가 표시되면 '날짜변환' 매크로를 선택하고 〈실행〉 버튼을 클릭합니다. H6:H15 범위에 입력된 날짜의 형식이 yyyy-mm-dd으로 변경됩니다.

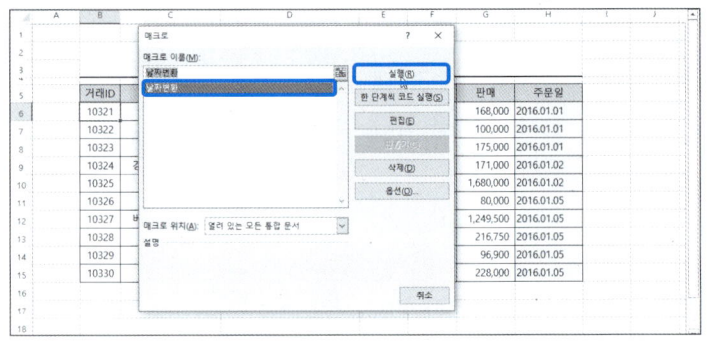

TIP '매크로' 대화상자는 이렇게 매크로를 실행할 때보다는 〈삭제〉 버튼을 클릭해 잘못 기록된 매크로를 삭제하는 용도로 더 많이 사용됩니다.

기록된 매크로의
코드 확인 및 코드 수정 방법

008

매크로 기록기는 사용자의 동작을 VBA로 번역해 기록합니다. 언어 번역 기능을 사용해 영어 등의 외국어를 한국어로 번역해 본 분들은 알겠지만, 이런 번역 과정을 통해 얻은 문장은 실제 사용하는 언어보다 매끄럽지 못한 것이 사실입니다. 매크로 기록기로 얻은 코드 역시 동작은 되지만 비효율적인 부분이 많습니다. 그러므로 VBA를 본격적으로 학습하기 이전에 매크로 기록기로 얻은 코드를 조금 더 자연스런 코드로 수정하는 방법에 대해 알아보겠습니다.

예제 파일 PART 01 \ 코드 수정.xlsx

매크로 기록기로 매크로를 기록하고 코드 확인하기

매크로 기록기는 사용자의 동작을 하나씩 VBA 언어로 번역해 별도의 모듈에 저장합니다. 매크로를 기록하고 저장된 코드를 확인하는 방법은 다음과 같습니다.

01 예제를 열면 다음과 같은 표가 있습니다. C5:C7 범위에 직원 데이터를 입력하고, F6:H6 범위에 가로 방향으로 복사해 붙여 넣는 작업을 매크로 기록기로 기록하고 코드를 확인해 보겠습니다.

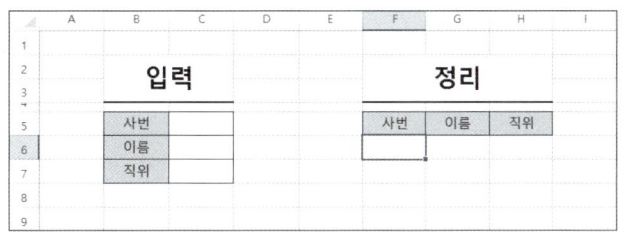

02 매크로 기록을 위해 [개발 도구] 탭-[코드] 그룹-[매크로 기록] 명령(🔲)을 클릭합니다. '매크로 기록' 대화상자가 표시되면 '매크로 이름'에 '데이터입력'을 입력하고 〈확인〉 버튼을 클릭합니다.

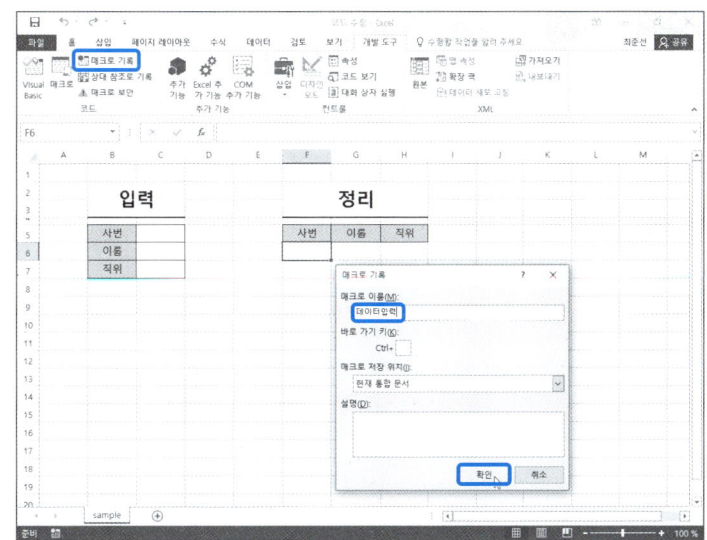

03 화면을 참고해 C5셀부터 C7셀까지 데이터를 순서대로 입력합니다.

04 입력된 데이터를 F6:H6 범위로 옮기기 위해, C5:C7 범위를 선택하고 복사(Ctrl+C)한 다음, F6셀을 선택하고 [홈] 탭-[클립보드] 그룹-[붙여넣기] 명령의 아래 화살표를 클릭한 다음 [바꾸기] 옵션(📋)을 선택합니다.

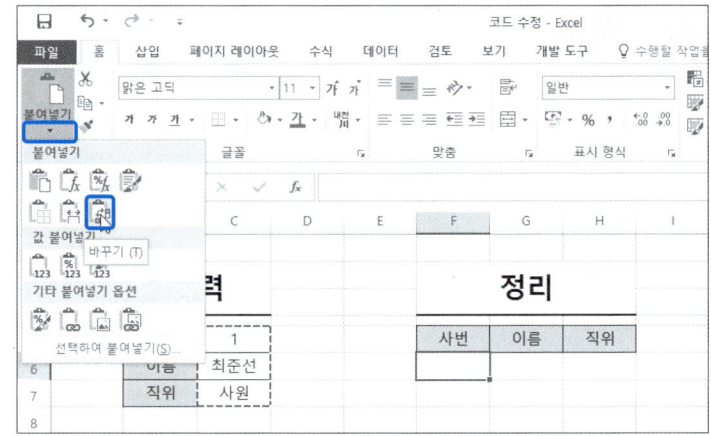

05 C5:C7 범위의 행 방향 데이터가 F6:H6 범위에 열 방향 데이터로 복사된 것을 확인할 수 있습니다. C5:C7 범위의 복사 모드를 해제하기 위해 Esc 키를 누릅니다.

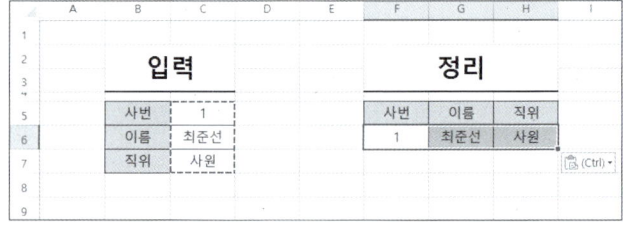

> **TIP** 복사 모드는 셀(또는 범위)을 복사할 때 선택 범위의 테두리가 깜빡이는 상태를 의미하며, 이 상태에서 다른 위치로 [붙여넣기] 명령을 실행해 데이터를 복사할 수 있습니다.

06 [개발 도구] 탭-[코드] 그룹-[기록 중지] 명령(■)을 클릭해 매크로 기록을 중단합니다.

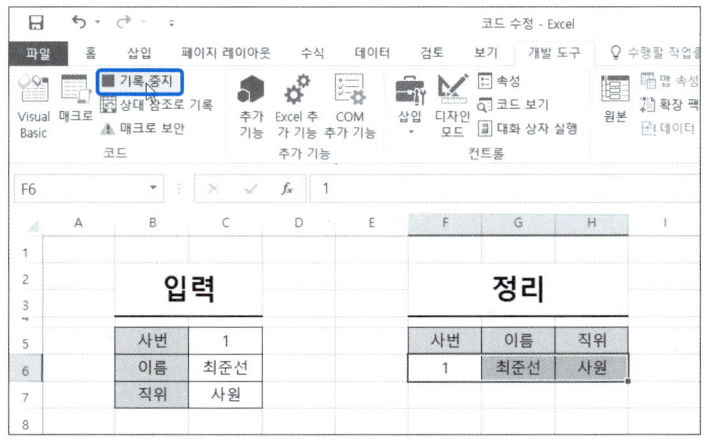

07 기록된 매크로 코드를 보기 위해, [개발 도구] 탭-[코드] 그룹-[Visual Basic] 명령()을 클릭합니다.

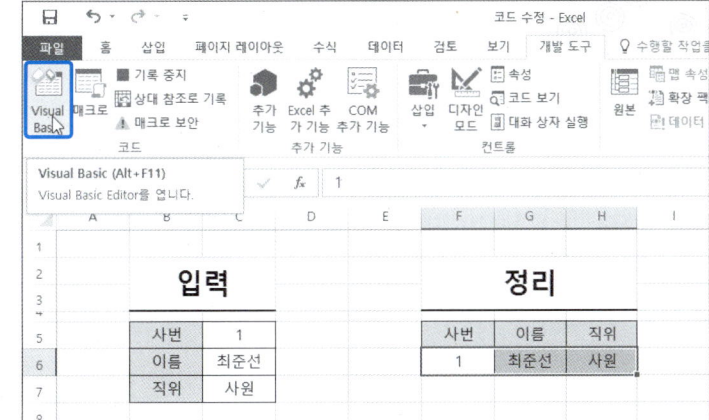

TIP [Visual Basic] 명령을 클릭하는 대신 단축키 Alt + F11 을 눌러도 됩니다.

08 VB 편집기가 열리면 왼쪽 상단의 프로젝트 탐색기 창에서 '모듈' 폴더를 확장하고 Module1을 더블클릭합니다.

TIP 화면에서 보이는 코드 한 줄이 사용자의 동작 하나를 의미합니다.

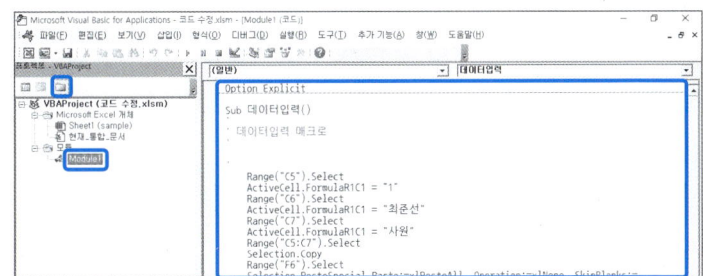

```
Sub 데이터입력()                                    ①
'
' 데이터입력 매크로
'

    Range("C5").Select                              ②
    ActiveCell.FormulaR1C1 = "1"                    ③
    Range("C6").Select
    ActiveCell.FormulaR1C1 = "최준선"
    Range("C7").Select
    ActiveCell.FormulaR1C1 = "사원"
    Range("C5:C7").Select                           ④
    Selection.Copy                                  ⑤
    Range("F6").Select                              ⑥
    Selection.PasteSpecial Paste:=xlPasteAll, Operation:=xlNone, SkipBlanks:= _    ⑦
        False, Transpose:=True                      ⑧
    Application.CutCopyMode = False                 ⑨

End Sub
```

❶ 02 과정에서 '매크로' 대화상자에 입력한 매크로 이름입니다.

❷ C5셀을 선택합니다.

❸ C5셀에 1값을 입력합니다.

❹ C5:C7 범위를 선택합니다.

❺ 선택된 범위를 복사합니다.

❻ F6셀을 선택합니다.

❼ 이 줄은 [선택하여 붙여넣기] 명령을 기록한 것인데, 내용이 길어 두 줄로 기록됩니다. 코드 맨 마지막에 밑줄(_)이 기존 코드에서 한 칸 떨어진 위치에 입력되어 있는데, 밑줄(_)은 긴 코드를 여러 줄에 걸쳐 입력할 수 있도록 해 주는 역할을 하며, 줄 연속 문자(또는 줄 연결 문자)라고 합니다.

❽ ❼번과 이어진 하나의 명령으로, 선택된 위치에 [선택하여 붙여넣기] 명령의 '바꾸기' 옵션을 이용해 붙여 넣습니다.

❾ Esc 키를 눌러 복사 모드를 해제합니다.

기록된 코드를 효율적인 코드로 수정하는 몇 가지 방법

매크로 기록기로 기록된 코드를 보면 반복적인 부분이 몇 군데 있습니다. 반복되는 코드를 수정하는 방법은 다음과 같습니다.

첫째, Select로 끝나고 다음 줄에서 Selection으로 시작하는 부분을 찾습니다.

```
대상.Select
Selection.명령
```

매크로 기록기로 기록할 때는 항상 명령을 실행할 셀(또는 범위)을 선택하는데, 이것을 그대로 기록하면 항상 Select 명령으로 끝이 나고, 다음 줄은 선택한 개체(Selection)에 원하는 명령을 실행하게 됩니다. 기록된 코드에서 찾아보면 다음 부분입니다.

```
Range("C5:C7").Select
Selection.Copy
Range("F6").Select
Selection.PasteSpecial Paste:=xlPasteAll, Operation:=xlNone, SkipBlanks:= _
    False, Transpose:=True
```

VBA로 직접 명령을 입력할 때는 굳이 셀(또는 범위)을 선택하지 않고 바로 명령을 내릴 수 있기 때문에, Select로 끝나고 Selection으로 시작하는 두 줄은 Select, Selection을 없애고 다음과 같이 한 줄로 변경할 수 있습니다.

```
대상.명령
```

그러므로 기록된 코드를 다음과 같이 수정할 수 있습니다.

```
Range("C5:C7").Copy
Range("F6").PasteSpecial Paste:=xlPasteAll, Operation:=xlNone, SkipBlanks:= _
    False, Transpose:=True
```

둘째, Select로 끝나고 다음 줄에서 ActiveCell로 시작하는 부분을 찾습니다.

```
대상.Select
ActiveCell.명령
```

셀을 하나만 선택했을 때는 Selection 대신 ActiveCell이란 표현이 나타납니다. 그러므로 Select, Selection 명령과 동일하게 한 줄로 처리할 수 있습니다. 기록된 코드에서 찾아보면 다음 부분입니다.

```
Range("C5").Select
ActiveCell.FormulaR1C1 = "1"
Range("C6").Select
ActiveCell.FormulaR1C1 = "최준선"
Range("C7").Select
ActiveCell.FormulaR1C1 = "사원"
```

기록된 코드를 다음과 같이 수정할 수 있습니다.

```
Range("C5").FormulaR1C1 = "1"
Range("C6").FormulaR1C1 = "최준선"
Range("C7").FormulaR1C1 = "사원"
```

셋째, FormulaR1C1 명령을 찾아 Value로 변경합니다. FormulaR1C1 명령은 셀에 특정 값을 입력하는 동작을 의미하는데, 여기서 R1C1은 예전에 많이 사용하던 Lotus 1-2-3 프로그램의 셀 주소 지정 방법입니다. FormulaR1C1 명령 역시 Lotus 1-2-3 프로그램과의 호환을 위해 제공되는 것으로, 실제 코드를 개발할 때는 FormulaR1C1 대신 Value 속성을 사용합니다.

기록된 코드에서 FormulaR1C1 명령을 Value로 수정하면 다음과 같습니다.

```
Range("C5").Value = "1"
Range("C6").Value = "최준선"
Range("C7").Value = "사원"
```

TIP Value를 생략하고 Range("C5")와 같이 사용해도 됩니다. 생략하면 Value 명령을 생략한 것으로 받아들이기 때문입니다. 하지만 특정 코드에서는 Value가 생략되면 제대로 값이 입력되지 않으므로 습관적으로 Value를 붙여 쓰는 것이 좋습니다.

설명된 부분을 모두 수정한 전체 코드는 다음과 같습니다.

```
Sub 데이터입력()
'
' 데이터입력 매크로
'

    Range("C5").Value = "1"
    Range("C6").Value = "최준선"
    Range("C7").Value = "사원"
    Range("C5:C7").Copy
    Range("F6").PasteSpecial Paste:=xlPasteAll, Operation:=xlNone, SkipBlanks:= _
        False, Transpose:=True
    Application.CutCopyMode = False

End Sub
```

TIP 이렇게 수정해 사용하면 기록된 원 소스 코드에 비해 훨씬 간결하고 이해하기 쉬워집니다.

파일이 열리거나 닫힐 때 자동 실행되는 매크로 기록하기

매크로를 기록할 때 특정 이름으로 지정하면, 직접 실행하지 않아도 파일이 열릴 때(또는 닫힐 때) 해당 매크로가 자동으로 실행되도록 할 수 있습니다. 이렇게 설정한 매크로를 더 이상 자동 실행되게 하지 않으려면 반드시 이름을 변경해야 합니다.

예제 파일 PART 01 \ 자동 실행.xlsx

자동 실행되는 매크로

다음은 자동으로 실행되는 매크로 이름의 예입니다. 이런 매크로를 사용한 것은 5.0 버전 이전의 매크로 함수로 매크로를 만들 때 제공되었던 방식이며, 현재는 하위 버전 호환성을 위해 사용됩니다. 이런 작업이 필요한 경우에는 Workbook_Open 이벤트나 Workbook_BeforeClose 이벤트를 활용하는 것이 더 좋습니다.

매크로 이름	설명
Auto_Open	파일이 열릴 때 자동으로 실행됩니다.
Auto_Close	파일이 닫힐 때 자동으로 실행됩니다.

LINK Workbook_Open 이벤트는 694쪽에서, Workbook_BeforeClose 이벤트는 697쪽에서 설명합니다.

파일을 자동 저장하는 매크로 기록하기

파일을 저장하지 않고 닫아 본 경험이 있는 분들에게 유용한 매크로입니다. 파일을 닫을 때 자동으로 저장 명령이 동작하므로 따로 파일을 저장하지 않아도 되어 유용합니다.

01 예제 파일을 열면 다음 화면과 같은 주간업무계획 서식을 확인할 수 있습니다. 이 서식에 내용을 기록하고 닫을 때 사용자가 [저장] 명령을 실행하지 않아도 파일이 자동으로 저장되는 매크로를 기록해 보겠습니다.

02 [개발 도구] 탭-[코드] 그룹-[매크로 기록] 명령(🔲)을 클릭합니다. '매크로 기록' 대화상자가 나타나면 '매크로 이름'에 'Auto_Close'를 입력하고 〈확인〉 버튼을 클릭합니다.

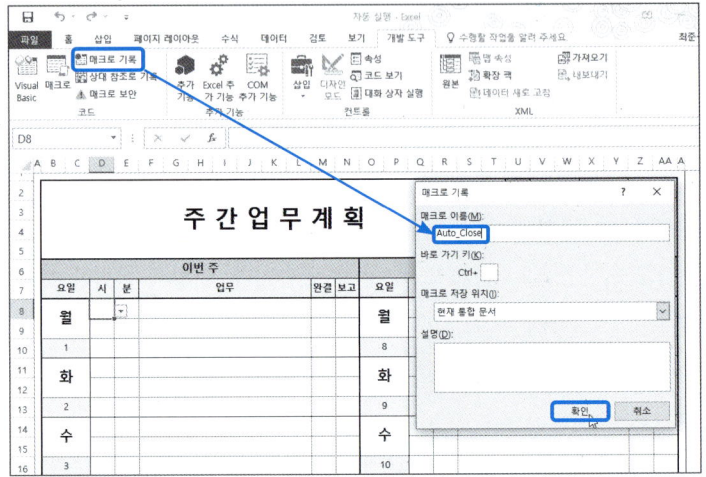

03 이제부터 진행하는 동작이 매크로로 기록됩니다. 빠른 실행 도구 모음의 [저장] 명령(🔲)을 클릭해 파일을 저장합니다.

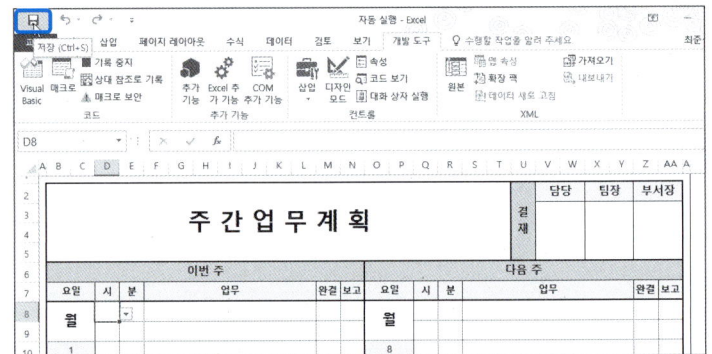

04 [개발 도구] 탭-[코드] 그룹-[기록 중지] 명령(🔲)을 클릭해 매크로 기록을 중단합니다.

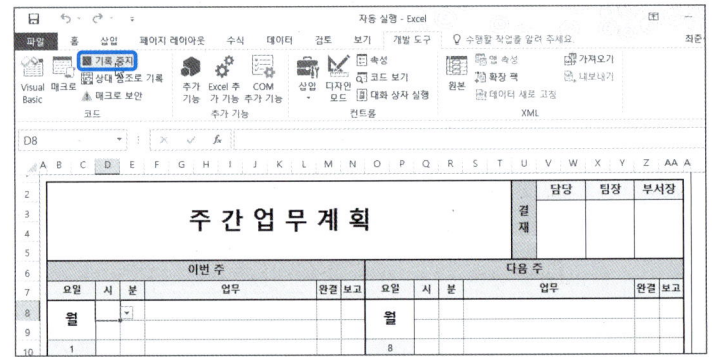

05 주간업무계획 서식에 적당한 내용을 기록한 다음, 엑셀 창 우측 상단에 있는 창 닫기 단추(☒)를 클릭해 파일을 닫습니다.

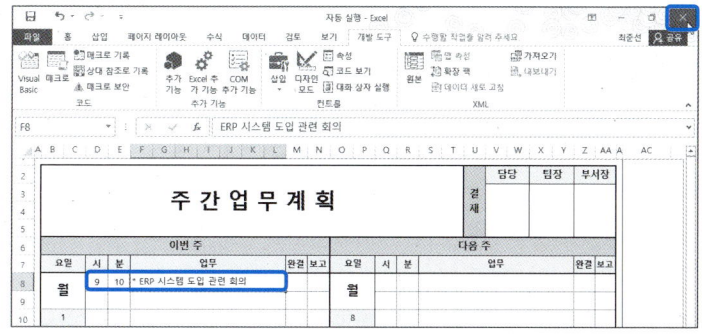

TIP 기록한 내용이 있기 때문에 일반적으로는 파일을 닫을 때 저장 여부를 묻는 메시지 창이 나타나야 하지만 나타나지 않고 파일이 그대로 닫힙니다. 앞에서 기록한 Auto_Close 매크로가 동작해 파일을 닫기 전에 저장 작업이 자동으로 이뤄졌기 때문입니다.

06 닫힌 파일을 다시 열어 보면 **05** 과정에서 기록한 내용이 저장된 것을 확인할 수 있습니다.

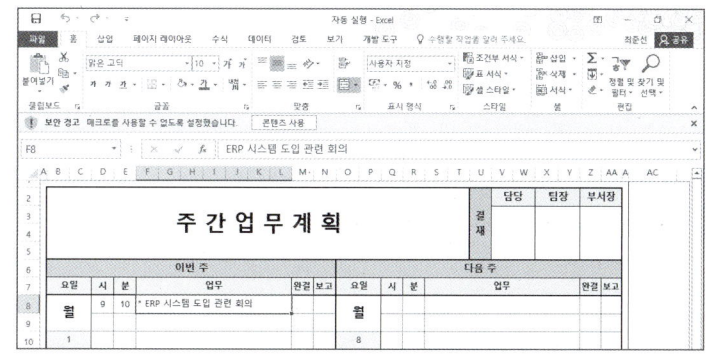

바로 가기 키를 이용해 기록된 매크로 실행하기 010

각 매크로에는 바로 가기 키를 지정할 수 있으며, 이 바로 가기 키를 누르는 것만으로 해당 매크로를 실행할 수 있습니다. 바로 가기 키를 지정할 때는 엑셀에 기본적으로 내장된 단축키와 중복되지 않도록 주의해야 합니다. 만약 엑셀의 내장 단축키와 매크로에 지정된 바로 가기 키가 같을 경우에는 매크로가 우선 실행되기 때문에 의도하지 않은 결과를 얻을 수 있습니다.

예제 파일 없음

매크로 기록기로 기록할 때 바로 가기 키를 지정하는 방법

매크로 기록기를 이용해 새 매크로를 기록할 경우, '매크로 기록' 대화상자의 '바로 가기 키'에서 지정할 수 있습니다.

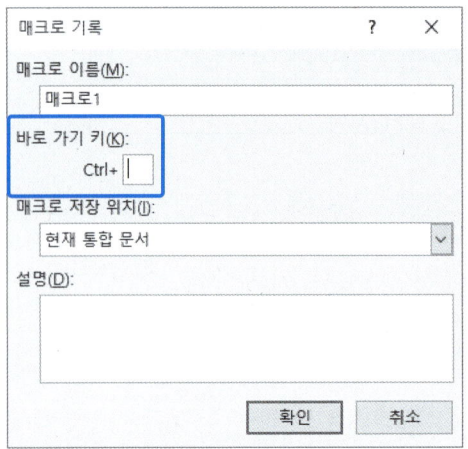

> **Plus⁺** 바로 가기 키 설정
>
> '매크로 기록' 대화상자의 '바로 가기 키' 입력 상자에 영문자를 입력하면, Ctrl과 영문자 조합의 단축키가 설정됩니다. 영어 소문자를 입력하면 Ctrl+영문자 단축키가 되며, 영어 대문자를 입력하면 Ctrl+Shift+영문자 단축키가 됩니다.

바로 가기 키를 설정할 때, 다음과 같은 엑셀의 내장 단축키와 중복되지 않도록 주의합니다.

단축키	설명	단축키	설명
Ctrl+A	연속된 데이터 범위 선택	Ctrl+P	'인쇄' 대화상자 호출
Ctrl+B	굵은 글꼴 서식 적용	Ctrl+R	오른쪽 채우기 명령 실행
Ctrl+C	복사	Ctrl+S	저장

Ctrl+D	아래로 채우기 명령 실행		Ctrl+O	'열기' 대화상자 호출
Ctrl+E	빠른 채우기		Ctrl+T	'표 만들기' 대화상자 호출
Ctrl+F	'찾기' 대화상자 호출		Ctrl+U	밑줄 글꼴 서식 적용
Ctrl+G	'이동' 대화상자 호출		Ctrl+V	붙여 넣기
Ctrl+H	'바꾸기' 대화상자 호출		Ctrl+W	현재 파일 창 닫기
Ctrl+I	기울임꼴 글꼴 서식 적용		Ctrl+X	잘라내기
Ctrl+K	'하이퍼링크' 대화상자 호출		Ctrl+Y	마지막 실행 명령 반복 실행
Ctrl+N	새 엑셀 파일 생성		Ctrl+Z	실행 취소

TIP 내장 단축키에 할당되지 않은 영문자는 J, L, M, Q입니다.

매크로를 기록한 다음 바로 가기 키를 지정하거나 수정하는 방법

이미 기록한 매크로에도 바로 가기 키를 할당할 수 있으며, 할당했던 바로 가기 키를 수정할 수도 있습니다.

01 [개발 도구] 탭-[코드] 그룹-[매크로] 명령(□)을 클릭하거나 단축키 Alt+F8을 누릅니다.

02 '매크로' 대화상자에서 바로 가기 키를 지정할 매크로를 선택하고 〈옵션〉 버튼을 클릭합니다.

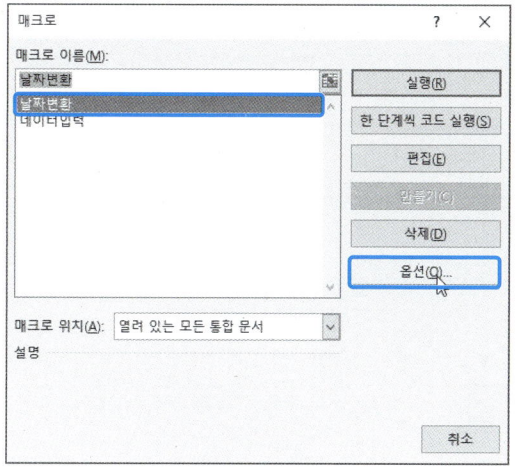

03 '매크로 옵션' 대화상자가 표시되면 '바로 가기 키' 부분에 Ctrl+영문자 조합의 바로 가기 키를 설정하고 〈확인〉 버튼을 클릭합니다.

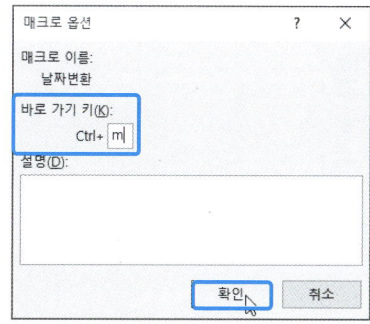

상대 참조로 매크로 기록하기

011

앞에서 설명한 방법으로 기록한 매크로는 항상 동일한 위치에서만 동작하므로 표의 위치가 다르거나 데이터가 변경(추가 또는 삭제)되면 사용할 수가 없습니다. 하지만 매크로를 상대 참조 방식으로 기록하면, 항상 선택된 위치를 기준으로 상대적인 위치에서 매크로가 동작하므로 좀 더 다양한 방법으로 활용할 수 있습니다.

예제 파일 PART 01 \ 상대참조.xlsx

매크로 기록기 사용 과정

다음과 같은 순서로 매크로를 기록합니다.

- 1단계 : [개발 도구] 탭-[코드] 그룹-[매크로 기록] 명령 클릭
- 2단계 : '매크로 기록' 대화상자 설정
- 3단계 : [개발 도구] 탭-[코드] 그룹-[상대 참조로 기록] 명령 클릭
- 4단계 : 기록하려는 동작 수행
- 5단계 : [개발 도구] 탭-[코드] 그룹-[기록 중지] 명령 클릭
- 6단계 : [개발 도구] 탭-[코드] 그룹-[상대 참조로 기록] 명령 클릭

> **Plus⁺** [상대 참조로 기록] 명령
>
> 상대 참조 방식으로 기록할 때 앞의 3단계에서 클릭한 [상대 참조로 기록] 명령은 1단계나 2단계보다 먼저 실행해도 됩니다. 또한 이 명령은 토글 버튼이어서 한 번 클릭하면 다시 클릭하기 전까지는 항상 눌린 채로 있으므로, 매크로 기록을 중단하는 5단계 이후에 다시 클릭해 설정을 취소해 놓는 것이 좋습니다.

상대 참조 방식의 매크로 기록/활용 방법

엑셀 수식을 사용해 보았다면, 상대 참조 방식을 사용한 수식을 복사했을 때 복사된 방향으로 셀 주소가 변경되는 것을 잘 알고 있을 것입니다. 매크로 기록기도 마찬가지로 선택된 위치에서의 상대 위치를 매크로로 기록해 동작합니다. 예를 들면 A1셀에서 매크로를 기록하고 A3셀로 이동하면, A1셀, A3셀과 같은 셀 주소가 매크로로 기록되지 않고 A1셀은 '현재 위치'로, A3셀은 '현재 위치에서 행 방향으로 2칸 아래'로 기록됩니다. 이런 방법을 이용하면 좀 더 다양한 방식으로 동작하는 매크로를 기록하고 사용할 수 있습니다.

01 예제 파일을 열면 화면과 같은 근태관리 표를 확인할 수 있습니다. E5:T6 범위에는 날짜 데이터가 두 행에 걸쳐 입력되어 있습니다. 머리글에 맞게 직원의 근태 내역도 두 행에 걸쳐 입력하도록 7행 아래에 빈 행을 삽입하고 표를 정리하는 작업을 매크로로 기록하고 사용해 보겠습니다.

TIP 상대 참조 방식으로 매크로를 기록할 때는 현재 선택되어 있는 셀의 위치가 매우 중요합니다. 화면을 보면 B7셀이 선택되어 있는데, B7셀은 첫 번째 직원의 자료 중 가장 왼쪽에 있는 셀입니다.

02 먼저 매크로로 기록할 과정을 순서대로 진행합니다. 직원 데이터 사이에 빈 행을 삽입하기 위해 8행을 선택하고, [홈] 탭-[셀] 그룹-[삽입] 명령()을 클릭합니다.

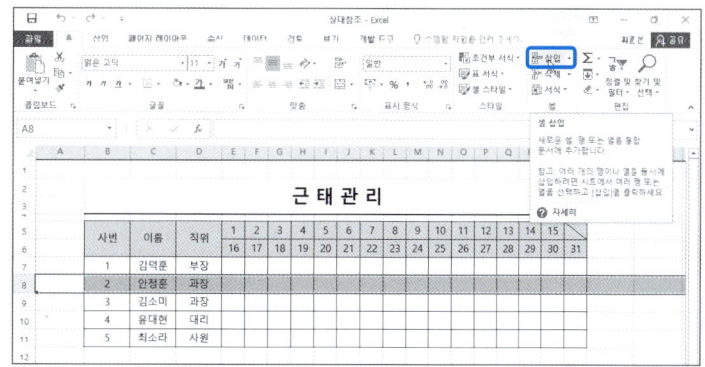

03 직원 데이터 범위와 삽입된 행을 포함한 두 행의 테두리를 지정합니다. B7:T8 범위를 선택하고 [홈] 탭-[글꼴] 그룹-[테두리] 명령의 화살표 단추를 클릭한 다음, [모든 테두리] 메뉴를 선택합니다.

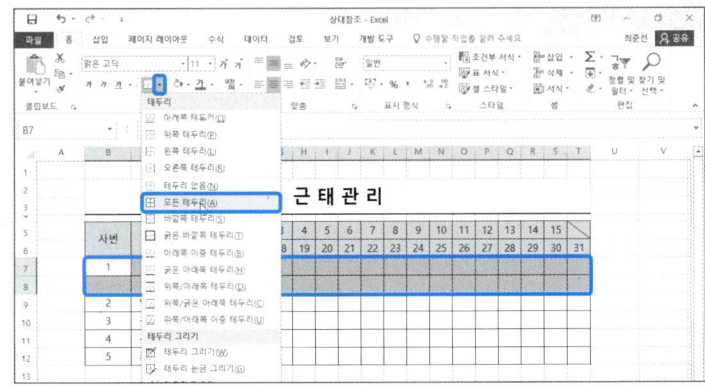

TIP 표 중간에 행을 삽입할 경우에는 테두리 설정이 자동으로 적용되지만, 표의 마지막 행 아래 부분에 삽입하면 테두리 설정이 적용되지 않으므로, 매크로로 기록할 때는 테두리를 설정하는 작업을 포함해야 합니다.

04 사번, 이름, 직위의 데이터 범위를 순서대로 병합합니다. 먼저 B7:B8 범위를 선택하고 [홈] 탭-[맞춤] 그룹-[병합하고 가운데 맞춤] 명령(圄)을 클릭합니다. 같은 방법으로 이름, 직위 데이터도 병합합니다.

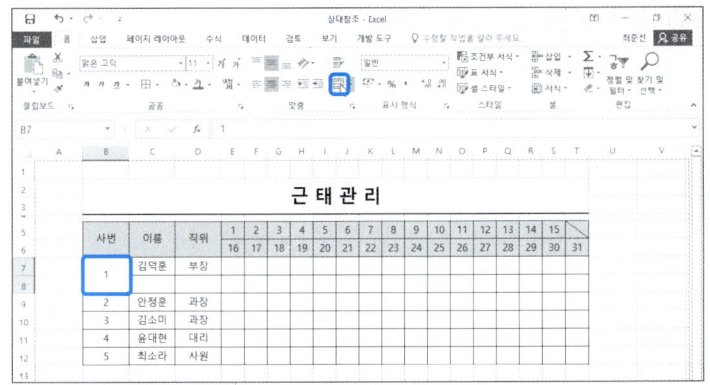

05 T7셀에 T5셀과 같은 사선 테두리 설정 작업을 진행합니다. T7셀을 선택하고 [홈] 탭-[글꼴] 그룹에 있는 [대화상자 표시] 아이콘(□)을 클릭합니다.

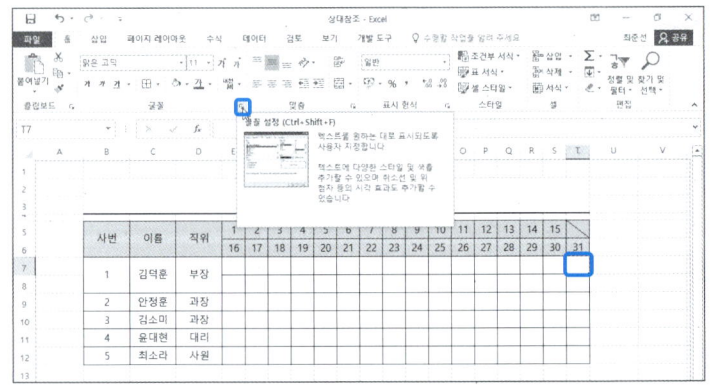

TIP [대화상자 표시] 아이콘 대신 단축키 Ctrl+1을 눌러 '셀 서식' 대화상자를 호출해도 됩니다.

06 '셀 서식' 대화상자가 표시되면 '테두리' 탭을 선택하고 왼쪽 상단에서 우측 하단 방향의 사선 버튼(◹)을 클릭한 후 〈확인〉 버튼을 클릭합니다.

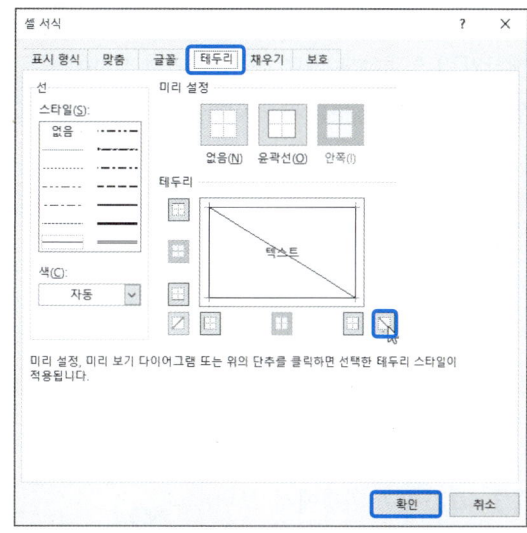

07 T7셀에 사선 테두리가 표시되면 B9셀로 이동합니다.

TIP B9셀은 다음 직원 데이터의 첫 번째 셀입니다.

08 작업 과정을 이해했다면, 다시 처음부터 진행하면서 매크로 기록하기 위해 빠른 실행 도구 모음의 [실행 취소] 명령(⤺)을 여러 번 클릭해 **02-07** 과정의 작업을 모두 취소합니다.

09 매크로 기록 작업을 시작합니다. B7셀을 선택하고, [개발 도구] 탭-[코드] 그룹-[매크로 기록] 명령(▦)을 클릭합니다.

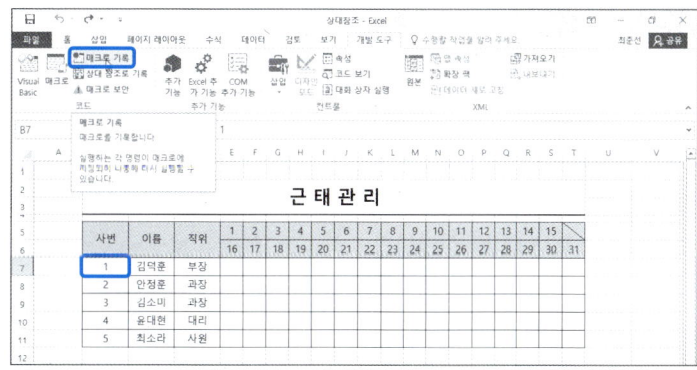

10 '매크로 기록' 대화상자가 표시되면 '매크로 이름'에 "표행삽입"을 입력하고 '바로 가기 키' 입력 상자에 영문자 "m"을 입력해 Ctrl+M을 누를 때 동작하도록 설정합니다. 그런 다음 〈확인〉 버튼을 클릭해 매크로를 기록합니다.

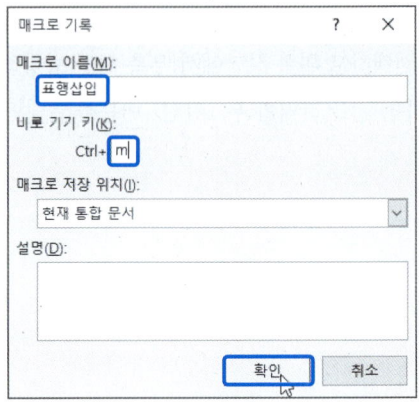

11 02-07 과정에서 보면, 매번 매크로가 실행될 위치가 달라져야 하므로, 상대 참조 방식으로 매크로를 기록해야 합니다. [개발 도구] 탭-[코드] 그룹-[상대 참조로 기록] 명령(■)을 클릭합니다.

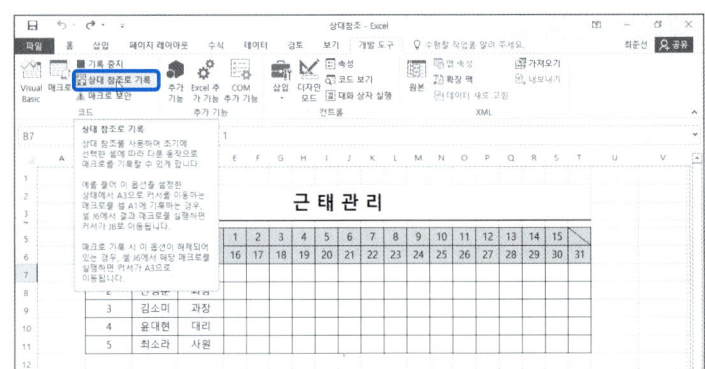

12 02-07 과정을 그대로 진행합니다.

13 모든 과정을 마쳤으면, [개발 도구] 탭-[코드] 그룹-[기록 중지] 명령(■)을 클릭해 매크로 기록을 중단합니다.

TIP 기록을 마친 후에는 [기록 중지] 명령의 아래에 있는 [상대 참조로 기록] 명령(■)을 다시 클릭해 선택을 해제합니다.

14 매크로 실행을 위해 바로 가기 키 Ctrl+M을 네 번 누르면 기록된 매크로가 네 번 실행되면서 다음과 같이 모든 직원 데이터가 두 행씩 깔끔하게 정리됩니다.

TIP 바로 가기 키 Ctrl+M은 10 과정에서 할당한 것입니다.

여러 파일에서 사용 가능한 매크로 기록하기

012

매크로 기록기로 기록한 매크로를 다른 파일에서도 사용하려면 '매크로 저장 위치'를 '개인용 매크로 통합 문서'로 설정해야 합니다. 그렇게 하면 매크로가 현재 파일이 아니라 개인용 매크로 통합 문서 파일에 저장됩니다. 매크로가 저장된 개인용 매크로 통합 문서는 엑셀을 실행할 때 백그라운드에서 자동으로 열리기 때문에, 다른 파일에서 매크로를 사용할 수 있습니다.

예제 파일 없음

개인용 매크로 통합 문서에 매크로 기록

[개발 도구] 탭-[코드] 코드-[매크로 기록] 명령(🔲)을 클릭하면 나타나는 '매크로 기록' 대화상자의 '매크로 저장 위치' 옵션을 '개인용 매크로 통합 문서'로 설정하고 매크로를 기록하면 매크로가 'Personal.xlsb' 파일(개인용 매크로 통합 문서)에 저장됩니다.

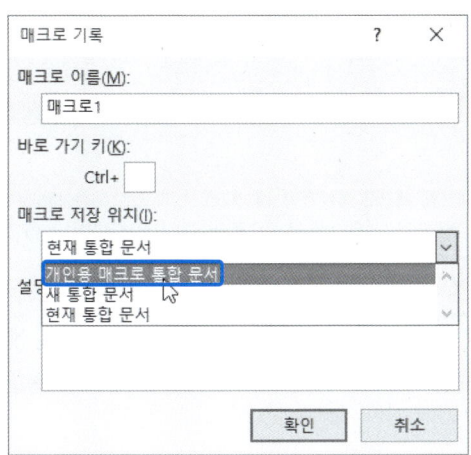

> **Plus⁺ 매크로 저장 위치**
>
> 매크로 저장 위치를 변경하면 변경된 설정이 계속 기억되어 이후에 매크로를 기록할 때 마지막 저장 위치가 가장 먼저 표시됩니다. 그러므로 매크로를 기록할 때 매크로 저장 위치를 반드시 확인해야 합니다.

개인용 매크로 통합 문서에 매크로를 기록하면 화면에는 문서가 표시되지 않지만 백그라운드에 파일이 생성됩니다. 그렇기 때문에 엑셀을 종료할 때 다음과 같은 메시지 창이 나타납니다. 이때 반드시 〈저장〉 버튼을 클릭해야 개인용 매크로 통합 문서가 저장됩니다.

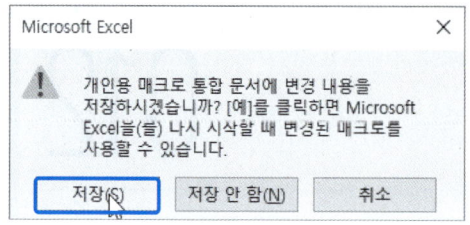

TIP 〈저장 안 함〉 버튼을 클릭하면 개인용 매크로 통합 문서가 저장되지 않아 기록된 매크로를 사용할 수 없습니다.

개인용 매크로 통합 문서에 등록된 매크로 실행

개인용 매크로 통합 문서에 저장된 매크로를 실행하려면, [개발 도구] 탭-[코드] 그룹-[매크로] 명령(□)을 선택하고 '매크로' 대화상자에 표시되는 개인용 매크로 통합 문서에 저장된 매크로를 선택한 다음 〈실행〉 버튼을 클릭하면 됩니다.

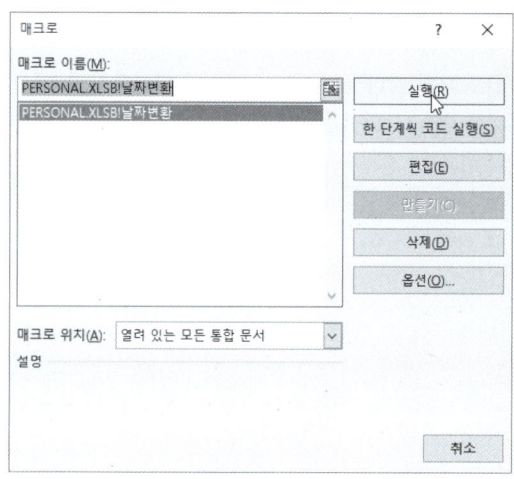

TIP 개인용 매크로 통합 문서 내 매크로는 '매크로' 대화상자에서 〈편집〉 버튼이나 〈삭제〉 버튼을 클릭해 편집이나 삭제 작업을 진행할 수 없습니다.

참고로 위 화면에서 확인할 수 있듯 개인용 매크로 통합 문서에 저장된 매크로는 매크로 이름 앞에 'PERSONAL.XLSB'이라는 파일 이름이 표시됩니다. 그러므로 매크로 이름만으로도 개인용 매크로 통합 문서에 존재하는 매크로인지 여부를 확인할 수 있습니다.

LINK '매크로' 대화상자에서 실행하지 않고 매크로를 양식 컨트롤이나 도형에 연결하는 방법은 61쪽을 참고합니다.

개인용 매크로 통합 문서 삭제하기

013

개인용 매크로 통합 문서에 매크로를 기록하면 엑셀을 실행할 때마다 항상 해당 파일이 백그라운드에서 열립니다. 개인용 매크로 통합 문서를 더 이상 사용하지 않으려면 저장된 폴더로 이동해 해당 파일을 삭제해야 합니다. 이번에는 개인용 매크로 통합 문서가 저장된 위치를 확인하고 이를 삭제하는 방법을 알아보겠습니다.

예제 파일 없음

개인용 매크로 통합 문서 저장 위치 확인

개인용 매크로 통합 문서가 저장된 폴더는 숨겨져 있으므로 먼저 해당 폴더의 위치를 반드시 확인해야 합니다. 다만 사용자 PC의 운영체제와 오피스 버전에 따라 폴더의 위치가 다를 수 있기 때문에 자신의 환경에 맞는 폴더 위치를 확인하는 방법을 알아야 합니다.

01 개인용 매크로 통합 문서가 저장된 위치를 확인하기 위해 [개발 도구] 탭-[코드] 그룹-[Visual Basic] 명령( )을 클릭해 VB 편집기를 실행합니다. 그런 다음, [보기]-[직접 실행 창] 메뉴(또는 Ctrl + G)를 클릭해 화면과 같이 직접 실행 창을 표시합니다.

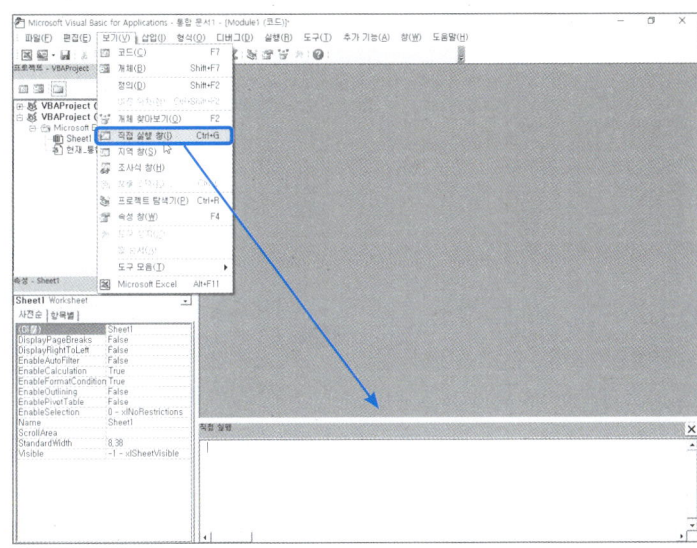

02 직접 실행 창에 다음 코드를 입력하고 Enter 키를 눌러 실행하면, 개인용 매크로 통합 문서가 저장된 폴더 경로를 확인할 수 있습니다. 반환된 폴더 경로를 마우스로 드래그하고 복사(Ctrl + C)해 놓습니다.

```
Print Application.StartUpPath
```

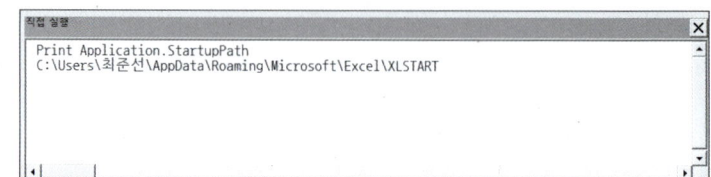

TIP Print 뒤에 코드를 입력할 때 Space Bar 를 눌러 한 칸 띄어쓰기를 해야 합니다.

개인용 매크로 통합 문서 삭제

01 개인용 매크로 통합 문서는 엑셀이 실행되고 있는 동안 열려 있는 상태이므로 지울 수 없습니다. 그러므로 이 작업을 하기 전에 엑셀을 반드시 종료합니다.

02 윈도우 탐색기를 실행하고, 복사해 둔 주소를 주소란에 붙여 넣은 다음 Enter 키를 누릅니다. 개인용 매크로 통합 문서가 있는 경로로 이동됩니다.

03 개인용 매크로 통합 문서 파일(PERSONAL.XLSB)을 선택하고 [홈] 탭-[구성] 그룹-[삭제] 명령을 클릭하거나 Delete 키를 눌러 삭제합니다.

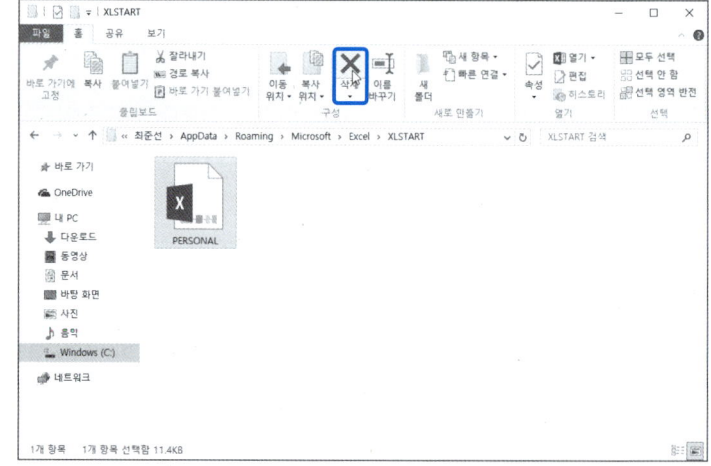

014 양식 컨트롤(또는 도형)에 매크로 연결해 사용하기

'매크로' 대화상자와 바로 가기 키를 사용해 매크로를 실행하는 방법을 먼저 알아보았지만, 가장 일반적인 매크로 실행 방법은 양식 컨트롤을 이용하는 것입니다. 양식 컨트롤은 사용하기는 편하지만 시각적인 효과를 줄 수 있는 부분은 제한되어 있어 문서를 꾸미고 싶어 하는 사람은 도형에 매크로를 연결해서 사용하기도 합니다. 이번에는 엑셀 내장 컨트롤인 양식 컨트롤이나 도형에 매크로를 연결하고 실행하는 방법을 알아보겠습니다.

예제 파일 없음

양식 컨트롤에 매크로 연결

양식 컨트롤을 사용하려면 [개발 도구] 탭-[컨트롤] 그룹-[삽입] 명령(🗔)을 클릭한 다음 [양식 컨트롤] 그룹에서 사용하려는 명령 아이콘을 선택하면 됩니다.

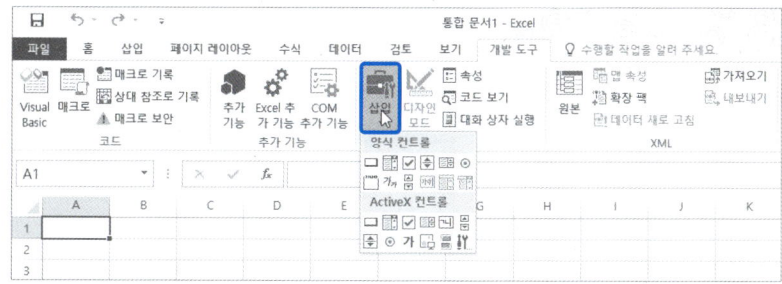

TIP 양식 컨트롤은 엑셀의 내장 컨트롤로 워크시트에서 주로 사용하며, ActiveX 컨트롤은 오피스 공용 컨트롤로 폼을 개발할 때 사용합니다.

양식 컨트롤에는 다음과 같은 12개의 컨트롤이 있습니다.

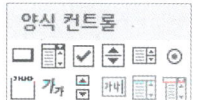

다음은 양식 컨트롤이 개별 컨트롤에 대한 설명입니다.

아이콘	이름	설명
▢	단추	가장 많이 사용되는 컨트롤로, 우리가 버튼으로 알고 있는 컨트롤이 바로 단추 컨트롤입니다. 버튼을 클릭해 연결된 매크로를 실행하려고 할 때 가장 많이 사용됩니다.
🗒	콤보 상자	텍스트 필드 컨트롤과 목록 상자 컨트롤이 결합된 형태의 컨트롤로, 아래 화살표를 클릭해 목록에서 값을 선택하거나 값을 직접 입력할 수 있습니다.
☑	확인란	'Excel 옵션' 대화상자에서 많이 볼 수 있는 컨트롤로, 특정 옵션을 선택하거나 해제하고자 할 때 주로 사용합니다.

	스핀 단추	셀 값을 증가시키거나 감소시킬 때 사용합니다.
	목록 상자	콤보 상자 컨트롤과 달리 목록을 숨기지 않고, 여러 옵션을 모두 펼쳐 표시하고 그중 하나를 선택할 수 있도록 할 때 사용합니다.
	옵션 단추	성별과 같은 여러 가지 선택 값 중 하나를 선택하도록 할 때 사용합니다.
	그룹 상자	서로 관련 있는 컨트롤을 하나로 묶어 표시할 때 사용하는데, 주로 옵션 단추 컨트롤과 함께 사용됩니다.
	레이블	읽기 전용 문자열을 입력하는 컨트롤로, 값을 입력하거나 고칠 수 있는 텍스트 필드 컨트롤과 달리 레이블에 입력된 문자열은 사용자가 고칠 수 없습니다.
	스크롤 막대	스핀 단추 컨트롤보다 넓은 범위의 값을 조정하고자 할 때 사용합니다.
	텍스트 필드	
	콤보 목록 – 편집	MS Excel 5.0 대화상자 시트에서 사용할 수 있는 컨트롤로, 워크시트에서는 사용할 수 없습니다.
	콤보 드롭 다운 – 편집	

01 양식 컨트롤 중에서 단추 컨트롤을 선택해 워크시트에 삽입하면 다음 그림처럼 '매크로 지정' 대화상자가 나타납니다. 여기에서 단추 컨트롤에 연결할 매크로를 선택하고 〈확인〉 버튼을 클릭합니다.

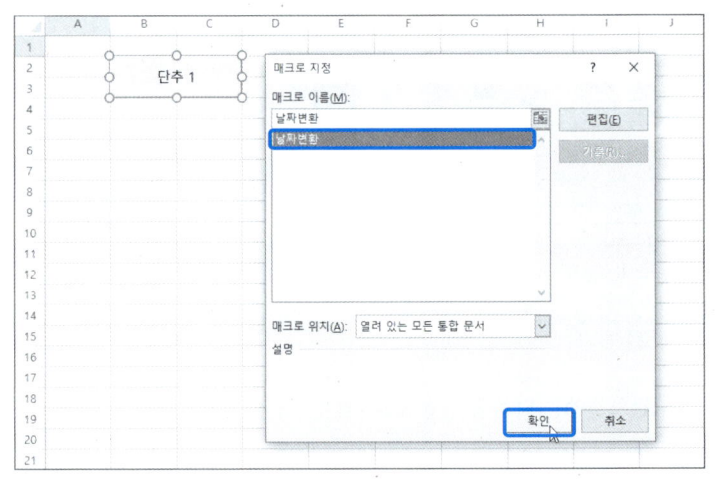

TIP 단추 컨트롤을 워크시트에 추가할 때 Alt 키를 누른 상태에서 드래그하면 셀 크기에 맞춰 크기가 조정됩니다.

02 단추 컨트롤의 문자열 '단추 1'을 원하는 이름으로 변경하고, 빈 셀을 클릭하면 설정이 완료됩니다. 이제 버튼을 클릭해 매크로를 실행할 수 있습니다.

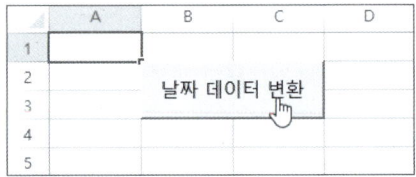

도형에 매크로 연결

01 도형은 모양이 다양하고 서식 명령을 이용해 원하는 방식으로 꾸미는 것이 가능해, 많은 사람들이 즐겨 사용합니다. 도형을 삽입하기 위해 [삽입] 탭-[일러스트레이트] 그룹-[도형] 명령( )을 클릭하고 원하는 도형을 선택합니다.

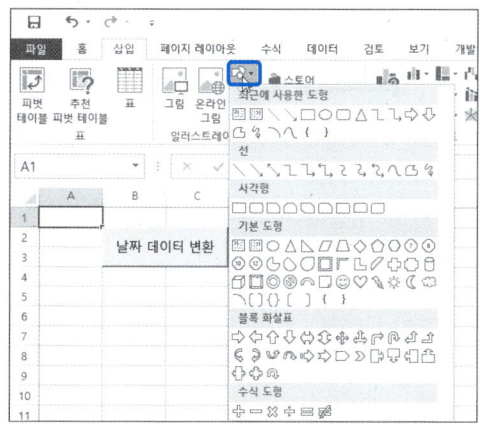

02 삽입한 도형이 선택된 상태에서 [서식] 탭-[도형 스타일] 그룹-[빠른 갤러리] 명령을 이용해 도형의 모양을 간편하게 꾸밉니다.

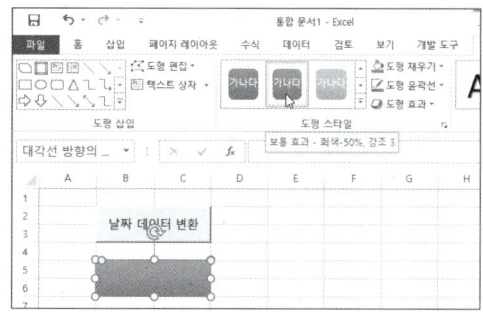

03 도형을 마우스 오른쪽 버튼으로 클릭한 다음 단축 메뉴에서 [매크로 지정] 메뉴를 선택합니다. 그러면 양식 컨트롤을 사용했을 때와 마찬가지로 '매크로 지정' 대화상자에서 연결할 매크로를 선택할 수 있습니다.

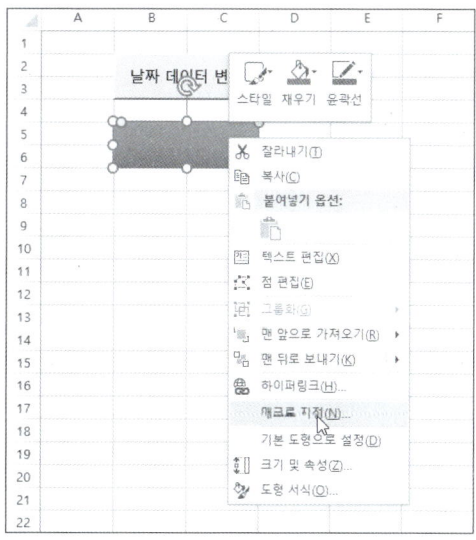

리본 메뉴에 매크로 등록해 사용하기

015

엑셀 2010 버전부터 사용자가 기록(또는 개발)한 매크로를 리본 메뉴나 빠른 실행 도구 모음에 등록해 사용할 수 있습니다. 리본 메뉴에 매크로를 등록하면 엑셀의 내장 명령처럼 사용할 수 있어 편리합니다. 리본 메뉴에 등록된 매크로는 다른 파일에서도 사용할 수 있어야 하므로 가급적 개인용 매크로 통합 문서(또는 추가 기능 파일)의 매크로를 사용하는 것이 좋습니다.

예제 파일 없음

01 리본 메뉴의 [파일] 탭-[옵션] 명령을 클릭하여 'Excel 옵션' 대화상자가 열리면 '리본 사용자 지정' 범주를 선택하고 '명령 선택' 콤보 상자에서 '매크로'를 선택합니다. 그러면 하위 리스트에 현재 사용 가능한 매크로가 모두 표시됩니다.

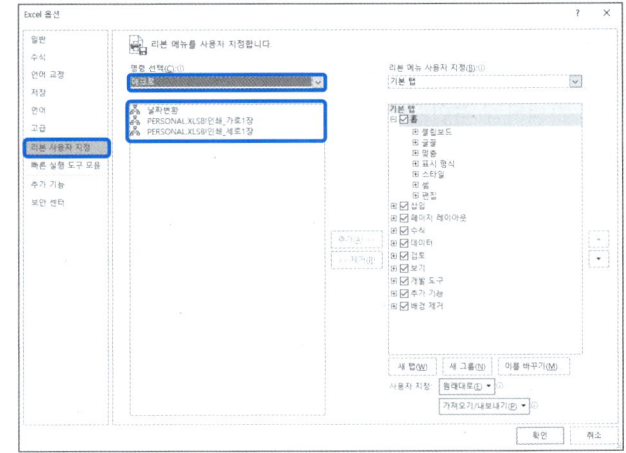

TIP 리스트에 표시된 매크로는 현재 열려 있는 모든 파일의 매크로입니다. 리본 메뉴에 등록하면 모든 파일에서 사용할 수 있어야 하므로, 'PERSONAL.XLSB'라고 표시된 개인용 매크로 통합 문서의 매크로를 등록하는 것이 좋습니다. 참고로 일반 파일의 매크로를 등록하면 리본 메뉴에서 매크로를 실행할 때, 매크로가 등록된 파일이 즉시 열립니다.

02 매크로를 등록할 새로운 리본 탭을 추가합니다. 리본 메뉴의 마지막 탭에 추가하기 위해, '기본 탭' 리스트에서 '개발 도구'를 선택하고 〈새 탭〉 버튼을 클릭합니다.

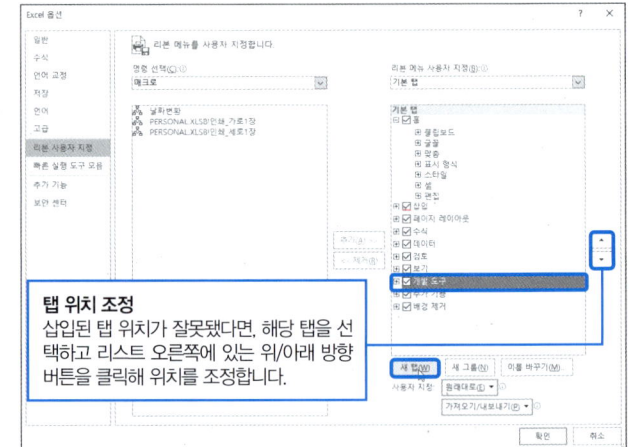

탭 위치 조정
삽입된 탭 위치가 잘못됐다면, 해당 탭을 선택하고 리스트 오른쪽에 있는 위/아래 방향 버튼을 클릭해 위치를 조정합니다.

TIP 〈새 탭〉 버튼을 클릭하면 선택한 탭의 아래에 새 탭이 추가됩니다. 그러므로 〈새 탭〉 버튼을 클릭하기 전에 탭이 삽입될 위치의 위에 있는 탭을 선택해야 합니다.

> **Plus⁺ 리본 메뉴의 기존 탭에 매크로 추가**
>
> 새 탭을 추가해 매크로를 등록하지 않고, 기존 리본 메뉴에 매크로를 추가할 수도 있습니다. 기존 리본 메뉴에 매크로를 추가하려면 **02** 과정을 생략하고, '기본 탭' 리스트에서 원하는 리본 탭의 확장(+) 단추를 클릭하여 매크로를 추가할 그룹을 선택한 다음 **03** 과정을 진행하면 됩니다.
>
> 기존 탭에 매크로를 추가할 때는 관련이 있는 그룹을 찾아 추가하는 것이 좋습니다. 예를 들어 이번과 같이 페이지 설정 작업과 관련한 매크로라면, [페이지 레이아웃]-[페이지 설정] 그룹에 추가하면 됩니다.

03 〈새 탭〉 버튼을 클릭하면 새 탭과 새 그룹이 리스트에 추가됩니다. 추가된 위치에 매크로를 등록하기 위해 왼쪽의 매크로 리스트에서 원하는 매크로를 선택하고 〈추가〉 버튼을 클릭합니다.

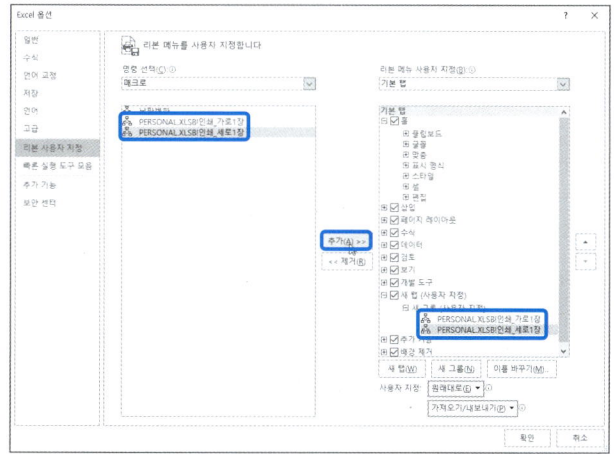

04 추가된 리본 탭의 이름을 변경합니다. '새 탭 (사용자 지정)' 항목을 선택하고 〈이름 바꾸기〉 버튼을 클릭하여 '이름 바꾸기' 대화상자가 표시되면 원하는 이름을 입력하고 〈확인〉 버튼을 클릭합니다.

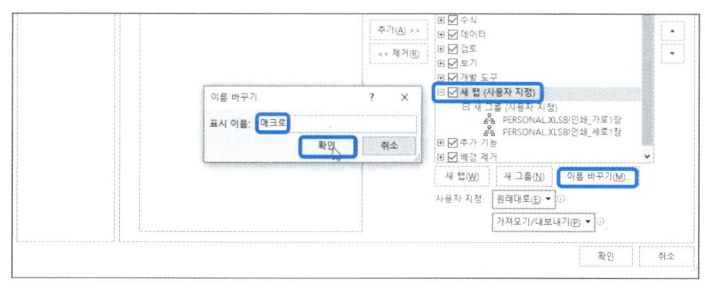

05 이번에는 그룹 이름을 변경해 봅니다. '새 그룹 (사용자 지정)' 항목을 선택하고 〈이름 바꾸기〉 버튼을 클릭하면 명령 아이콘을 선택할 수 있는 '이름 바꾸기' 대화상자가 표시됩니다. 원하는 그룹 아이콘을 선택하고 표시 이름을 수정한 다음 〈확인〉 버튼을 클릭합니다.

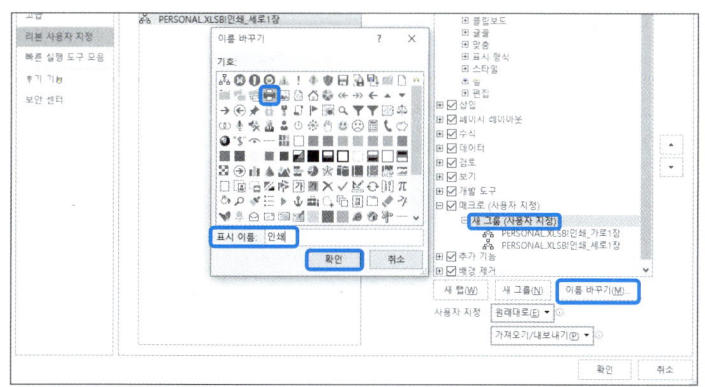

06 마지막으로 매크로 명령의 설정을 변경합니다. 추가된 매크로를 선택하고 〈이름 바꾸기〉 버튼을 클릭합니다. 원하는 명령 아이콘과 리본 메뉴에 표시될 이름을 입력한 다음 〈확인〉 버튼을 클릭합니다.

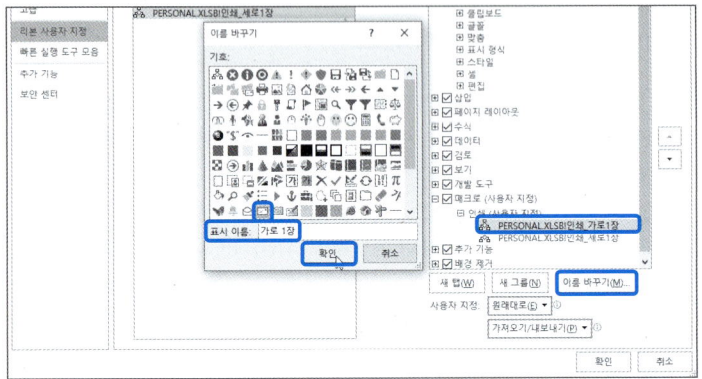

07 모든 작업을 마치면 다음 그림과 같은 결과를 얻게 됩니다. 더 이상 수정할 내용이 없다면 〈확인〉 버튼을 클릭해 작업을 종료합니다.

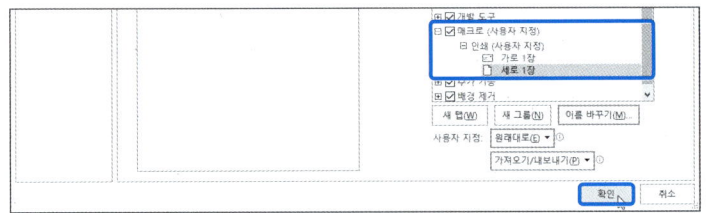

Plus⁺ 리본 메뉴 원래대로 초기화하기

변경된 리본 메뉴를 다시 원래 상태로 돌리려면 **07** 과정 화면에서 〈원래대로〉 버튼을 클릭하고 다음 메뉴 중 하나를 선택해 작업합니다.

- 선택한 리본 메뉴 탭만 다시 설정
  기존 리본 메뉴 탭을 수정한 경우, 해당 메뉴 탭만 선택하고 이 메뉴를 선택합니다.
- 모든 사용자 지정 다시 설정
  리본 메뉴 전체에서 사용자가 수정한 모든 설정을 초기화할 때 선택합니다.

---

08 리본 메뉴를 보면 **04** 과정에서 입력한 이름의 탭이 표시되어 있습니다. 해당 탭을 클릭하면 등록된 매크로의 그룹 이름과 명령 아이콘을 확인할 수 있습니다.

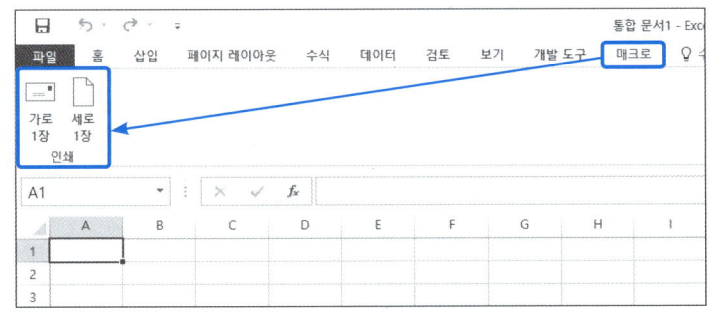

CHAPTER

03

Visual Basic 편집기

엑셀에서 매크로를 개발할 때는 Visual Basic Editor를 사용합니다.
Visual Basic Editor 또는 Visual Basic 편집기를 줄여서 VB 편집기 또는 VBE라고도 하는데,
이 책에서는 VB 편집기라고 부르겠습니다.
VB 편집기를 이용하면 매크로 개발에 도움이 되는 모듈, 폼, 클래스 모듈 등의 추가 개체를 사용할 수 있으며,
매크로 개발을 도와 주는 다양한 기능을 사용할 수 있습니다.

VB 편집기의 구성

016

VB 편집기는 여러 개의 창으로 구성되어 있는데, 이 창들에는 각각의 역할이 정해져 있습니다. 매크로를 잘 개발할 수 있으려면 VB 편집기를 구성하는 각 창의 역할을 잘 이해하고 있어야 합니다. 이번에는 VB 편집기를 구성하는 대표적인 창에 대해 알아보고, VB 편집기의 기본 설정 작업을 진행합니다.

예제 파일 없음

VB 편집기를 열려면 [개발 도구] 탭-[코드] 그룹-[Visual Basic] 명령(🗔)을 클릭하거나, 단축키 Alt + F11 을 누릅니다. 그러면 다음과 같은 화면을 확인할 수 있습니다.

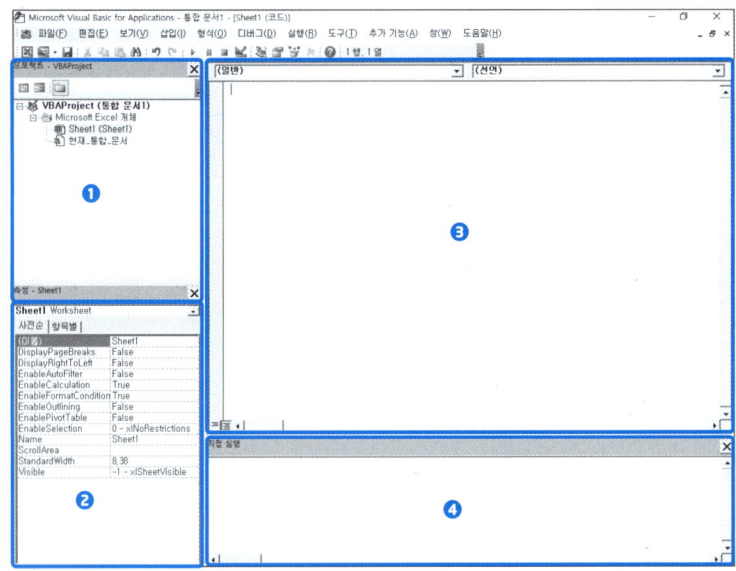

TIP VB 편집기를 처음 실행한 경우에는 위 화면에서 ❸, ❹ 영역의 창이 나타나지 않습니다.

❶ 프로젝트 탐색기 창
프로젝트(Project)는 모든 프로그래밍 언어에서 하나의 작업 단위를 가리키는 용어입니다. 엑셀과 같은 응용 프로그램에서는 작업 단위를 파일로 관리하므로, 엑셀에서는 프로젝트를 파일과 동일하게 이해해도 무방합니다. 프로젝트 탐색기 창은 엑셀 파일에서 사용되는 여러 개체를 폴더 방식으로 표시하는 창입니다. 이 창이 표시되지 않으면 [보기]-[프로젝트 탐색기] 메뉴를 선택합니다.

❷ 속성 창
프로젝트 탐색기 창에서 선택한 개체의 주요 속성(정보)을 표시하거나 수정할 수 있습니다. 속성 창이 표시되지 않으면 [보기]-[속성 창] 메뉴를 선택합니다.

❸ 코드 창
프로젝트 탐색기 창에서 표시되는 개체는 모두 개별 코드 창을 갖고 있습니다. 코드 창은 VBA 언어를 이용해 코드를 개발할 수 있는 편집기 창으로, 프로젝트 탐색기 창의 개체를 더블클릭하면 해당 개체의 코드 창이 표시됩니다.

❹ 직접 실행 창

VBA 언어로 코드를 입력해 실행하거나 여러 정보를 확인할 때 사용하는 창으로, 매크로를 개발할 때 상당히 유용합니다. 이 창이 표시되지 않으면 [보기]-[직접 실행 창] 메뉴를 선택합니다.

> **Plus⁺ 단축키** Alt + F11
>
> 단축키 Alt + F11 은 토글키로서, 어디에서 누르는지에 따라 실행 결과가 달라집니다. 엑셀 창에서 누르면 VB 편집기가 열리고, VB 편집기에서 누르면 엑셀 창으로 화면이 전환됩니다.

VB 편집기는 앞에서 본 것과 같이 여러 개의 창이 결합(도킹)된 상태로 표시되는데, 다음과 같이 창이 분리되어 표시되는 경우도 있습니다.

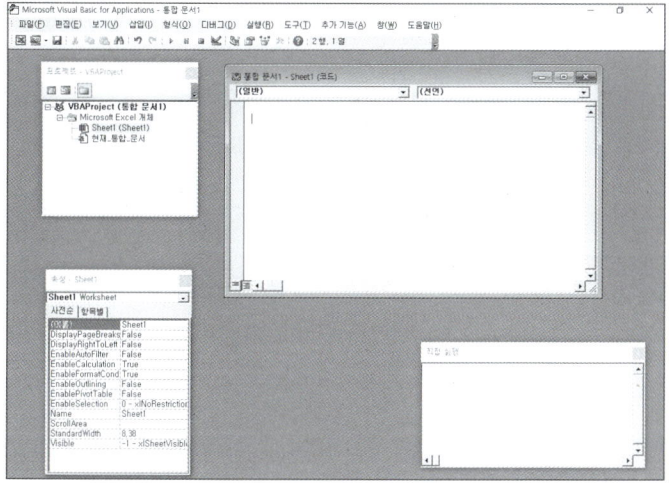

분리된 창을 다시 결합하려면 원래 위치로 드래그하면 됩니다. 예를 들어 위 화면에서 프로젝트 탐색기 창을 왼쪽 테두리 방향으로 드래그하면 화면과 같이 아래 방향으로 기다란 점선 테두리가 나타나는데, 이 상태에서 마우스 버튼에서 손을 떼면 창이 결합됩니다.

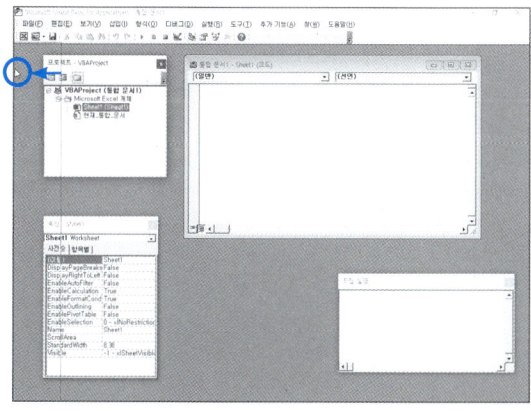 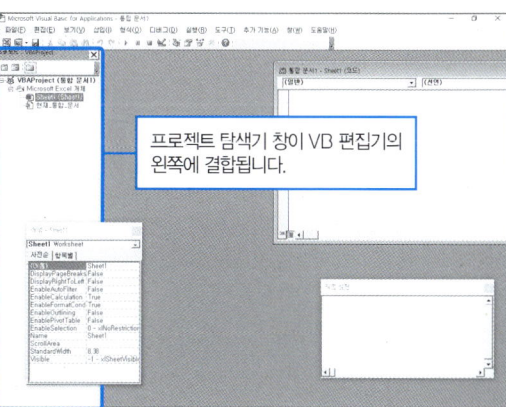

프로젝트 탐색기 창이 VB 편집기의 왼쪽에 결합됩니다.

만약 위와 같이 작업해도 창이 도킹되지 않는다면 [도구]-[옵션] 메뉴를 선택하고, '옵션' 대화상자의 '도킹' 탭을 클릭한 다음, 분리된 창의 확인란을 체크하고 〈확인〉 버튼을 클릭합니다.

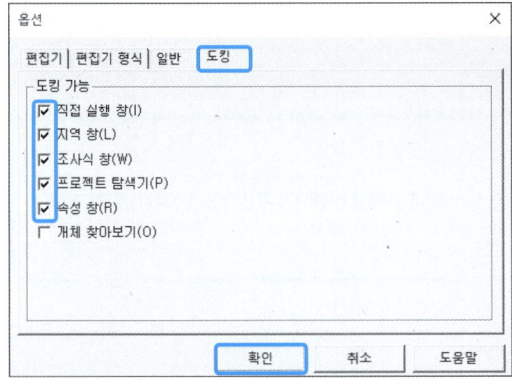

VB 편집기의 다른 창

VB 편집기에서는 앞에서 소개한 프로젝트 탐색기 창, 속성 창, 코드 창, 직접 실행 창 이외에도 지역 창, 조사식 창, 개체 찾아보기 창 등을 사용할 수 있습니다. 각 창의 역할은 다음과 같습니다.

- 지역 창 : 매크로를 한 줄씩 실행시킬 때, 각 변수의 값을 모니터링할 때 사용합니다.
- 조사식 창 : 지역 창과 같이 일일이 모니터링하지 않고, 특정 조건이 됐을 때로 바로 이동해 매크로의 동작 상태를 확인할 때 사용합니다.
- 개체 찾아보기 창 : 엑셀의 개체 모델에 따른 개체 및 구성원 정보를 검색하고자 할 때 사용합니다.

여기서 언급한 창에 대해서는 이 책의 다른 과정에서 좀 더 자세하게 설명합니다.

프로젝트 탐색기 창 이해하기

017

프로젝트 탐색기 창은 윈도우 탐색기와 같은 역할을 하는 창으로, 엑셀 파일에서 사용 중인 엑셀 개체(시트)와 VBA 개체(모듈, 폼, 클래스 모듈)를 트리 구조로 정리해 표시합니다. 프로젝트 탐색기 창에서 엑셀 개체는 추가/삭제할 수 없지만, VBA 개체는 자유롭게 추가/삭제할 수 있습니다. 이번에는 프로젝트 탐색기 창의 역할과 사용 방법에 대해 자세히 알아보겠습니다.

예제 파일 없음

프로젝트 탐색기 창은 열려 있는 모든 파일의 프로젝트를 트리 형태로 표시합니다. 아래 두 화면을 비교해 보면, 왼쪽 화면은 파일이 하나만 열려 있는 경우이며, 오른쪽 화면은 여러 개의 파일이 열려 있는 경우입니다.

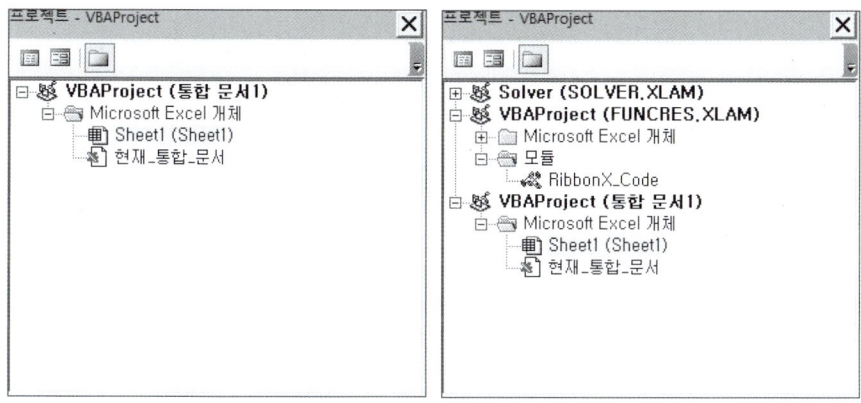

TIP 오른쪽 화면의 'Solver.xlam'은 '해 찾기' 추가 기능 파일이고, 'Funcres.xlam'은 '분석 도구' 추가 기능 파일입니다.

프로젝트 탐색기 창에 있는 명령 아이콘의 역할은 다음과 같습니다.

명령 아이콘	이름	설명
	코드 보기	선택한 개체의 코드 창을 표시합니다.
	개체 보기	코드 창에서 개체를 표시합니다.
	폴더 설정/해제	프로젝트 탐색기 창의 개체 표시를 폴더로 묶어 표시할지, 그냥 나열할지를 설정합니다. (기본값은 선택되어 있습니다.)

LINK '개체'는 엑셀의 구성 요소를 지칭하는 용어로, CHAPTER 04(95쪽)에서 자세하게 설명합니다.

프로젝트 탐색기 창에서는 'Microsoft Excel' 개체 폴더의 하위에 엑셀 창에서 추가한 시트와 '현재_통합_문서'(2007 버전까지는 ThisWorkbook으로 표시)를 하위 구성 요소로 표시합니다. 이렇게 기본으로 제공되는 개체 이외에 VBA에서 사용자가 추가할 수 있는 개체는 다음과 같습니다.

- **사용자 정의 폼**
  사용자와 커뮤니케이션을 위한 폼 개발에 사용되는 개체입니다. 사용자 정의 폼을 추가하려면 [삽입]-[사용자 정의 폼] 메뉴를 선택합니다.

- **모듈**
  표준 모듈이라고 하며, 엑셀 내의 모든 개체에서 사용할 수 있는 프로시저를 개발하고 코드를 저장합니다. 엑셀 창에서는 워크시트가 필수 개체이듯, VB 편집기에서는 모듈 개체가 워크시트와 같은 역할을 합니다. 표준 모듈을 추가하려면 [삽입]-[모듈] 메뉴를 선택합니다.

- **클래스 모듈**
  엑셀에서 제공하지 않는 별도의 기능을 구현하고자 할 때 사용합니다. 클래스 모듈을 추가하려면 [삽입]-[클래스 모듈]을 선택합니다.

LINK 프로시저는 프로그래밍 언어의 개발 단위로 113쪽에서 자세하게 설명합니다.

VBA에서 제공하는 개체를 [삽입] 메뉴에서 하나씩 추가하면 다음과 같은 화면을 확인할 수 있습니다.

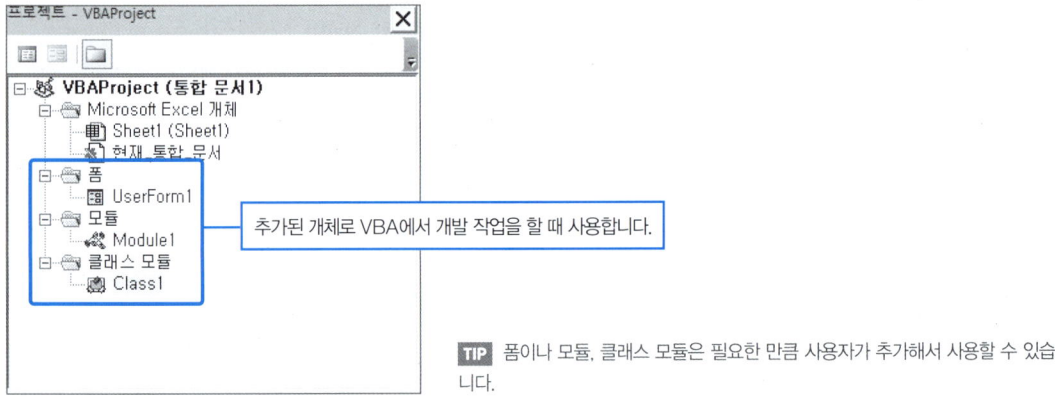

TIP 폼이나 모듈, 클래스 모듈은 필요한 만큼 사용자가 추가해서 사용할 수 있습니다.

프로젝트 탐색기 창의 개체를 정리하면 다음과 같습니다.

개체	설명
Sheet1 현재_통합_문서	엑셀 창에서 추가/삭제할 수 있는 개체로, 이벤트 프로시저와 같이 해당 개체 내에서만 동작 가능한 프로시저를 개발할 때 사용합니다.
사용자 정의 폼	폼 개발을 할 때 사용합니다.
모듈	엑셀의 모든 개체에서 사용할 수 있는 프로시저를 개발할 때 사용합니다.
클래스 모듈	엑셀에서 제공하지 않는 새로운 개체를 생성할 때 사용합니다.

개체 내보내기/가져오기   018

프로젝트 탐색기 창에 표시되는 개체(Excel, 폼, 모듈, 클래스 모듈)는 개별 파일로 내보낼 수 있으며, 저장된 파일을 가져와 추가할 수도 있습니다. 내보낸 개체 파일에는 해당 개체의 코드 창에서 개발한 코드가 포함되므로, 개발된 매크로를 백업하거나 다른 사용자에게 전달할 목적으로 이 기능을 사용하면 편리합니다.

예제 파일 없음

01 프로젝트 탐색기 창에서 내보낼 개체를 선택하고 [파일]-[파일 내보내기] 메뉴를 선택하거나 단축키 Ctrl + E 를 누릅니다.

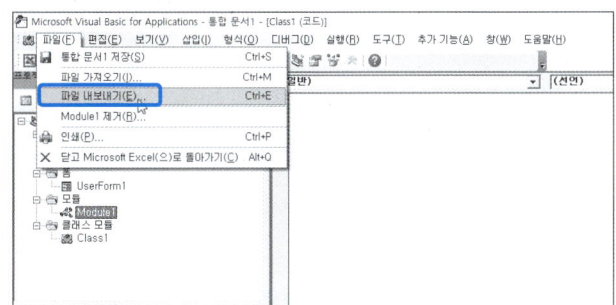

TIP 추가된 개체를 삭제하려면 개체가 선택된 상태에서 [파일]-['개체명' 제거] 메뉴를 선택합니다.

02 '파일 내보내기' 대화상자가 표시되면 개체를 내보낼 폴더를 선택하고, '파일 이름'을 원하는 이름으로 변경한 다음, 〈저장〉 버튼을 클릭합니다.

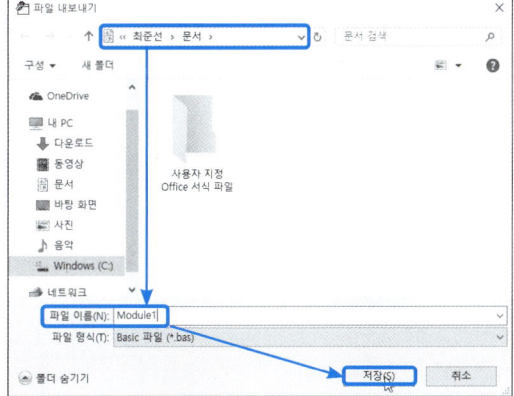

03 윈도우 탐색기에서 파일을 저장한 폴더로 이동해 보면, 다음과 같은 파일을 확인할 수 있습니다.

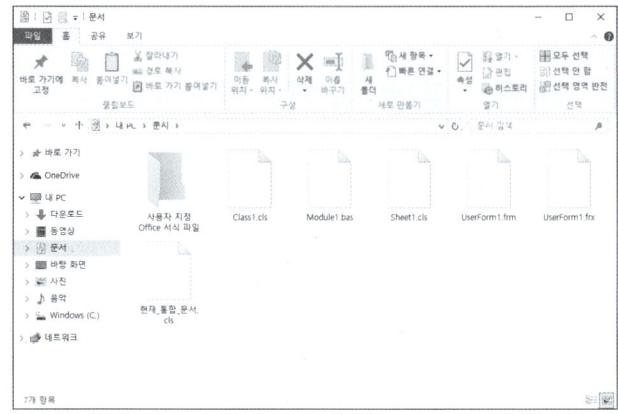

개체별로 저장 파일 형식을 살펴보면 다음과 같습니다.

폴더	개체	파일	비고
Microsoft Excel 개체	워크시트	개체명.cls	
	현재_통합_문서		
폼	사용자 정의 폼	개체명.frm 개체명.frx	frm 파일이 폼 개체가 저장되는 파일이며 frx 파일은 Image 컨트롤과 같은 이진수로 값을 저장하는 컨트롤의 정보를 저장하는 파일로, 두 개의 파일이 하나의 폼 개체를 의미합니다.
모듈	모듈	개체명.bas	
클래스 모듈	클래스 모듈	개체명.cls	

TIP Microsoft Excel 개체와 클래스 모듈 개체는 확장자가 cls로 같습니다.

이렇게 저장된 개체 파일을 다른 파일에서 사용하려면 해당 파일의 VB 편집기에서 [파일]-[파일 가져오기] 메뉴를 선택하거나 단축키 Ctrl+M 을 누르고 원하는 개체 파일을 선택한 다음 〈열기〉 버튼을 클릭하면 됩니다.

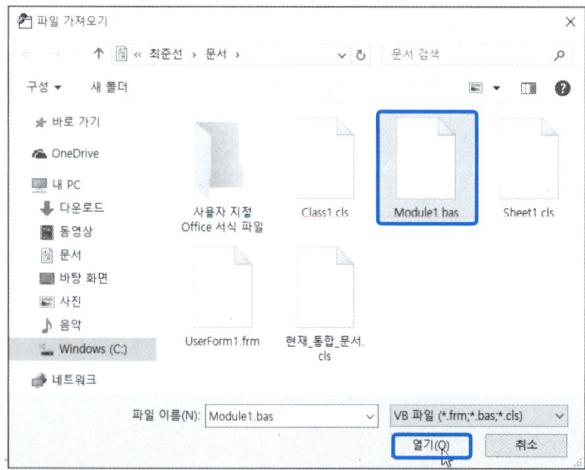

속성 창 이해하기 019

속성 창은 프로젝트 탐색기 창에서 선택한 개체(Excel 개체, 폼, 모듈, 클래스 모듈)의 정보를 표시하는 창입니다. 이런 정보를 VBA에서는 '개체의 속성'이라고 하므로, 속성을 표시한다는 의미에서 속성 창이라고 합니다. 속성 창에서는 해당 개체의 정보를 확인하거나 수정할 수 있습니다. 프로젝트 탐색기 창의 개체 중에서 모듈과 클래스 모듈은 순수하게 프로시저 개발에 사용되는 개체이므로 속성 창에 표시되는 정보가 적지만, 워크시트나 '현재_통합_문서' 그리고 사용자 정의 폼을 선택해 보면 다양한 정보가 표시되는 것을 확인할 수 있습니다.

예제 파일 없음

다음은 프로젝트 탐색기 창에서 'Sheet1' 개체를 선택했을 때의 속성 창 화면입니다.

속성 창에 표시되는 여러 항목은 영어로 구성되어 있어, 항목명만으로 어떤 정보인지 이해하기 쉽지 않습니다.

재미있는 예 하나를 통해 속성 창의 역할을 이해해 보겠습니다. 표시되는 항목을 보면 '(이름)'과 'Name'이 따로 있는데, 이 두 속성은 언뜻 잘 구분되지 않습니다. 두 속성의 오른쪽 입력란에는 모두 'Sheet1'이라고 되어 있으며, 프로젝트 탐색기 창에는 이름이 'Sheet1 (Sheet1)'으로 반복해서 표시되어 있습니다.

워크시트 개체는 엑셀 창에서 다루는 개체이며 워크시트의 이름은 보통 사용자가 시트 탭에서 수정하는데, 이 이름이 'Name'이고, 프로젝트 탐색기 창의 괄호 안 이름이 바로 'Name' 속성의 값입니다. 그리고 '(이름)'은 VBA에서 해당 개체가 생성될 때 붙이는 코드명(CodeName)입니다.

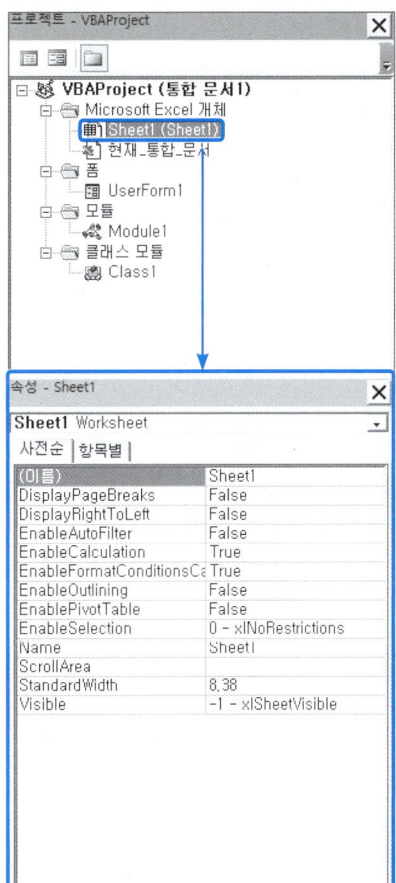

속성 창에서 'Name' 속성의 입력란 값을 'sample'로 변경하면, 프로젝트 탐색기 창과 엑셀 창 시트 탭의 이름이 변경되는 것을 확인할 수 있습니다.

이렇게 Microsoft Excel 개체 폴더의 하위에 있는 개체들은 두 개의 이름을 사용합니다. 사용자가 부여한 이름은 'Name' 속성이며, 프로그램에서 부르는 이름은 '(이름)' 속성으로 정확하게는 CodeName입니다.

이름을 아는 것이 왜 중요한지, 그리고 이름을 하나로 통일하지 않고 왜 이렇게 복잡하게 관리하는지 이해되지 않는 분이 많겠지만, 부를 수 있는 이름이 여러 가지인 것은 매우 편리한 장치입니다.

이런 점들은 뒤에서 코드를 작성하다 보면 잘 이해할 수 있게 될 것입니다.

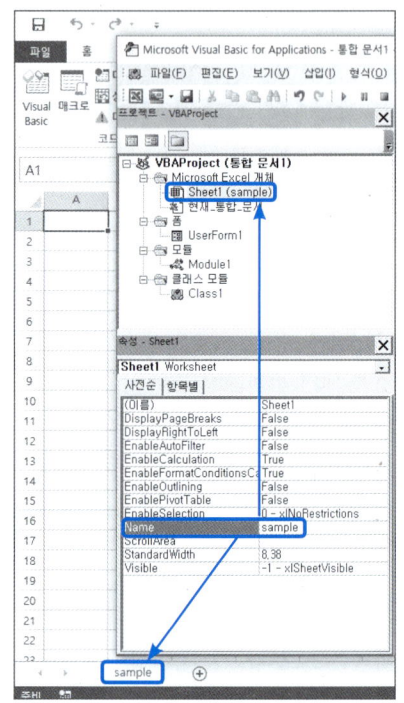

이렇듯 속성 창에서는 선택한 개체의 정보를 확인하고 수정하는 작업을 진행할 수 있습니다.

이번에는 다른 재미있는 속성 하나를 소개해 보겠습니다.

'Sheet1' 개체를 선택한 상태에서 속성 창의 마지막 항목을 보면 'Visible' 속성을 확인할 수 있습니다.

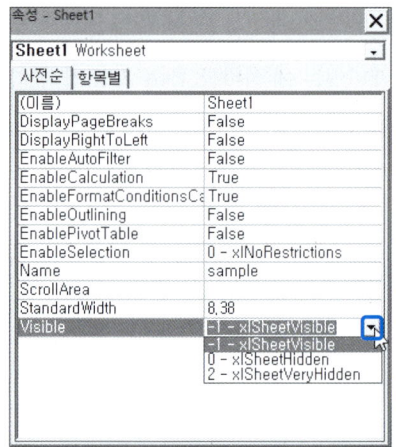

'Visible' 속성은 워크시트의 숨기기 명령에 따른 옵션을 표시해 주는 것입니다. 'Visible' 속성 창의 값은 각각 다음과 같은 역할을 합니다.

선택 값	설명
xlSheetVisible	숨기기 취소
xlSheetHidden	숨기기
xlSheetVeryHidden	숨기기(숨기기 취소 명령으로 취소할 수 없음)

엑셀 2013 버전부터는 빈 통합 문서에서 워크시트를 하나만 제공합니다. 워크시트가 하나만 있는 경우에는 [숨기기] 명령을 사용할 수 없으므로, 워크시트를 하나 더 삽입해야 'Visible' 속성을 확인할 수 있습니다. 바로 가기 키 Alt+F11을 눌러 엑셀 창으로 화면을 전환하고, 시트 탭에서 [새 시트] 아이콘(⊕)을 클릭해 빈 워크시트를 하나 더 삽입합니다.

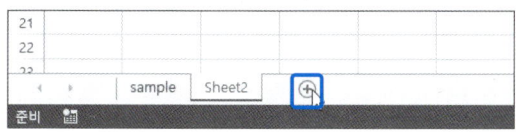

'sample' 시트 탭에서 마우스 오른쪽 버튼을 클릭한 다음 [숨기기] 메뉴를 선택하면 워크시트가 감춰집니다. 이 상태에서 'Sheet2' 시트 탭에서 마우스 오른쪽 버튼을 클릭하면 [숨기기 취소] 메뉴가 활성화된 것을 확인할 수 있습니다.

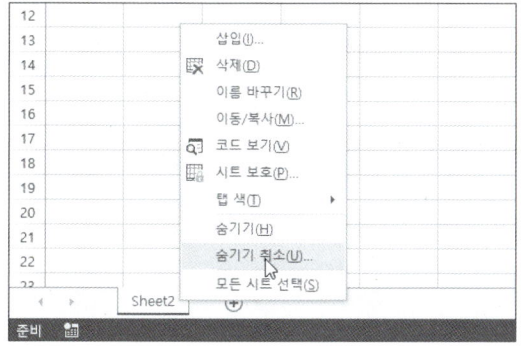

TIP [숨기기 취소] 메뉴가 활성화되어 있는 것만 확인하고, 클릭하지는 않습니다.

단축키 Alt+F11을 눌러 VB 편집기로 다시 전환하면, 프로젝트 탐색기 창에서 여전히 'Sheet1 (sample)' 시트를 확인할 수 있습니다. 이를 선택해 보면 속성 창의 'Visible' 속성이 xlSheetHidden 값으로 변경되어 있는 것을 볼 수 있습니다.

이 동작을 통해 'Visible' 속성이 엑셀 창에서 시트를 숨기는 명령과 숨기기를 취소하는 명령과 연동되어 있는 것을 확인할 수 있습니다.

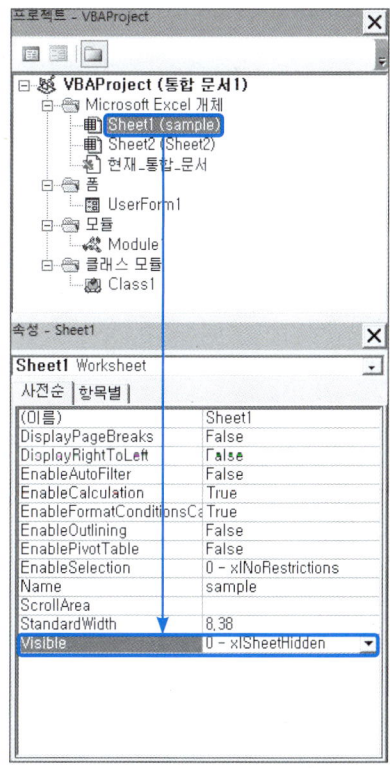

앞의 화면에서 'Visible' 속성의 값을 xlSheetVeryHidden으로 변경합니다. 단축키 Alt + F11 을 눌러 엑셀 창으로 전환한 다음, 'Sheet2' 시트 탭에서 마우스 오른쪽 버튼을 클릭해 보면 [숨기기 취소] 명령이 다음과 같이 비활성화된 것을 확인할 수 있습니다.

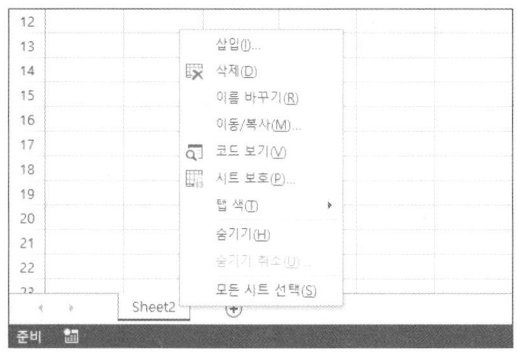

이 동작을 통해, 엑셀 창에서 제공되지 않는 여러 설정 작업을 VBA를 통해 처리할 수 있다는 사실을 이해할 수 있습니다.

그 외 '현재_통합_문서' 개체를 선택할 때의 속성 창은 왼쪽에서, 폼 개체를 선택했을 때의 속성 창은 가운데 화면에서, 마지막으로 모듈 개체를 선택했을 때의 속성 창은 오른쪽 화면에서 확인할 수 있습니다.

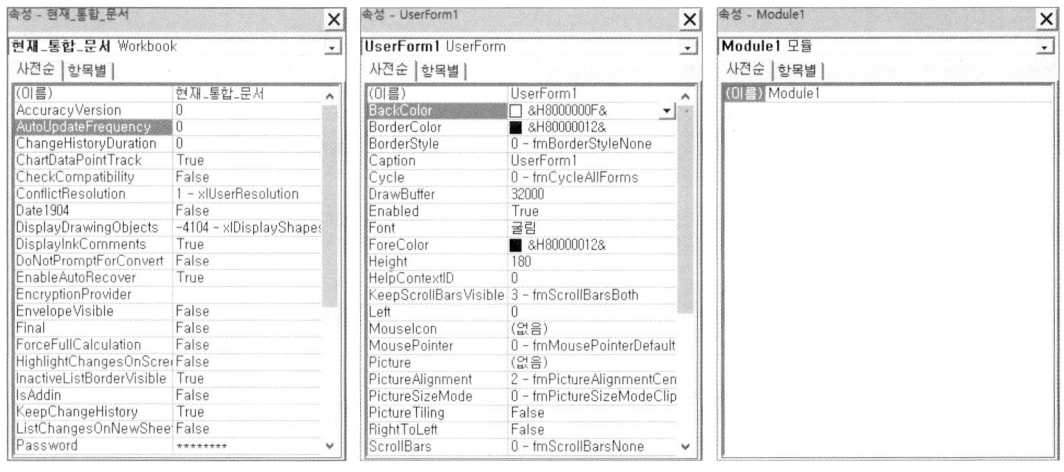

TIP '현재_통합_문서' 개체나 폼 개체의 속성 창에는 상당히 많은 속성이 표시되며, 이를 변경할 수 있습니다. 모듈(클래스 모듈) 개체는 '(이름)' 속성 정도만 변경할 수 있습니다.

코드 창 이해하기

020

코드 창은 프로젝트 탐색기 창의 개체에 보관할 코드의 편집기 창으로, 개체에 저장된 코드를 확인하거나 새로운 코드를 입력, 수정할 때 사용합니다. 코드 창은 프로젝트 탐색기 창의 개체마다 제공되는데, 잘못된 코드 창에 매크로를 개발할 경우에는 매크로가 제대로 동작하지 않을 수 있습니다. 그러므로 사용자의 목적에 맞는 개체의 코드 창을 선택하고 사용하는 것이 중요합니다. 이번에는 개체별 코드 창을 이용하는 방법과, 모든 코드 창의 공통적인 사용 방법에 대해 간략하게 설명하겠습니다.

예제 파일 없음

코드 창 열기

다음은 Module1 개체의 코드 창을 실행한 화면입니다.

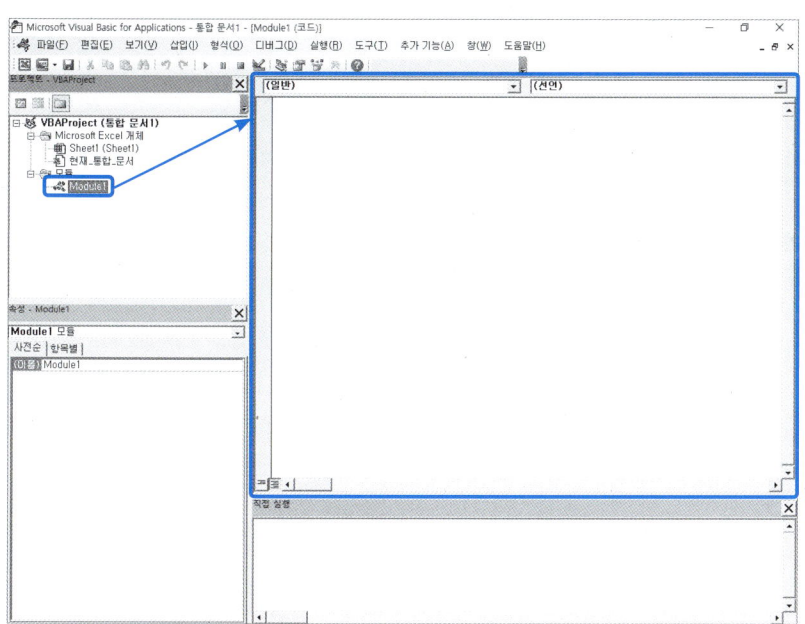

TIP 프로젝트 탐색기 창의 개체를 더블클릭하면 해당 개체의 코드 창이 오른쪽 화면에 표시됩니다.

모든 개체의 코드 창 구조는 동일하므로, 현재 코드 창이 어떤 개체의 코드 창인지를 확인하려면 VB 편집기 창의 제목 표시줄을 확인합니다. 위 화면의 제목 표시줄에는 다음과 같은 텍스트가 표시되어 있습니다.

```
Microsoft Visual Basic for Applications - 통합 문서1 - [Module1 (코드)]
```

위 텍스트 내용 중 대괄호([ ]) 안의 내용을 보면 어떤 개체의 코드 창인지 확인할 수 있습니다.

코드 창의 구성 및 역할

코드 창은 다음과 같이 네 개의 영역으로 나눠져 있습니다.

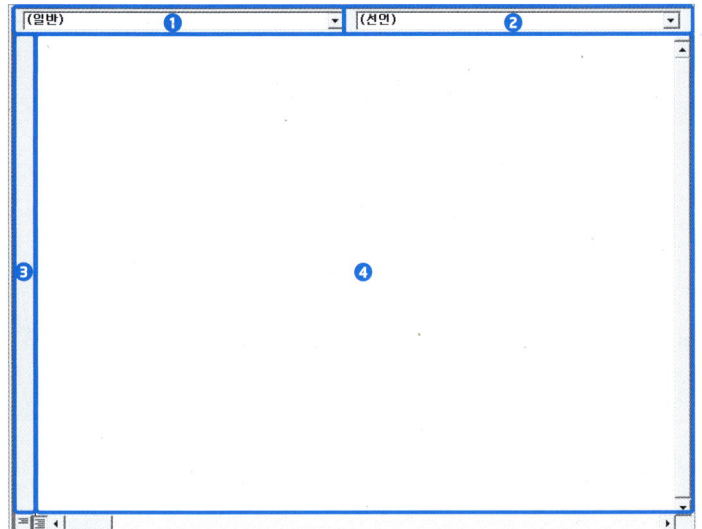

❶ 개체 목록
현재 코드 창에서 사용 가능한 개체를 선택할 수 있으며, 폼 개발이나 이벤트 개발에 주로 사용됩니다.

❷ 프로시저 목록
코드 창에 저장된 프로시저 또는 개체 목록에서 선택된 개체의 이벤트 프로시저를 선택할 때 사용합니다.

❸ 여백 표시줄
디버깅 모드일 때 현재 상황에 대한 정보를 표시하거나 설정할 수 있습니다. 다음은 개발자가 가장 빈번하게 확인할 수 있는 두 개의 아이콘에 대한 설명입니다.
●(중단점) : 프로시저를 실행할 때, 코드 실행이 중단될 위치를 지정한 경우에 표시됩니다.
➡(호출 스택 표식): 프로시저를 실행할 때, 에러가 발생한 경우 에러 발생 위치를 표시됩니다.

❹ 코드
프로시저를 개발하는 편집기 영역으로, 직접 VBA 코드를 입력하거나 공개된 다른 프로시저의 코드를 복사해 붙여 넣는 방법을 사용합니다. '프로시저'는 VBA 코드의 실행 단위를 의미하는데, 자세한 내용은 113쪽을 참고합니다. 일단 여기에서는 '프로시저'를 매크로라고 생각해도 됩니다.

021 직접 실행 창 이해하기

직접 실행 창은 코드 창에서 프로시저를 개발할 때 입력한 코드의 동작을 확인하고 싶은 경우 해당 코드를 직접 입력해 실행하고 결과를 확인할 수 있는 창입니다. 직접 실행 창에는 그 외에도 다양한 용도가 있는데, 예를 들면 엑셀 개체의 속성 값을 바로 확인하거나 프로시저 동작을 모니터링하는 용도로도 사용할 수 있습니다.

예제 파일 없음

직접 실행 창 사용 방법

직접 실행 창에 원하는 명령을 입력하면 해당 결과를 바로 얻을 수 있습니다. 예를 들어, 'Sheet1' 시트의 이름을 'sample'로 변경하려면 직접 실행 창에 다음과 같은 코드를 입력하고 Enter 키를 누릅니다.

```
Sheet1.Name = "sample"
```

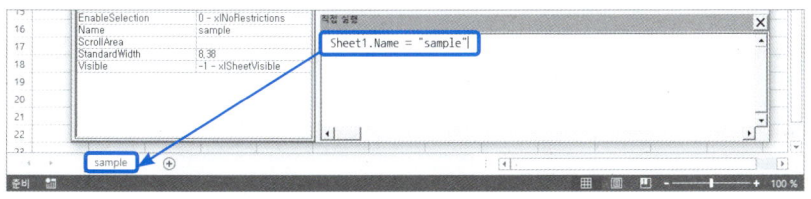

TIP VBA 명령은 개체의 이름을 알아야 하며, 개체의 이름과 속성을 마침표(.)로 연결하는 방법을 사용합니다.

만약 워크시트 이름을 직접 실행 창에서 확인하고 싶다면, 코드 앞에 Print 명령이나 물음표(?)를 사용하면 됩니다. 물음표(?)는 Print 명령의 단축 명령으로, 코드 실행 결과를 직접 실행 창에 출력하라는 의미입니다.

다음 코드를 입력하고 Enter 키를 누릅니다.

```
Print Sheet1.Name

또는

? Sheet1.Name
```

> **TIP** Print 명령을 사용할 때는 한 줄 띄어쓰기를 반드시 해야 하지만 단축 명령인 ?를 사용할 때는 ?Sheet1.Name과 같이 붙여 입력해도 됩니다. 하지만 가급적 띄어 쓰기를 할 것을 권장합니다.

그러면 직접 실행 창에 Sheet1 개체의 이름(Name)이 바로 아랫줄에 반환됩니다. 이렇게 직접 실행 창은 코드의 결과를 바로 바로 확인할 수 있기 때문에 편리합니다.

직접 실행 창 관리

직접 실행 창은 최대 200줄까지 사용할 수 있지만, 창 자체가 크기 때문에 코드를 계속해서 입력한다면 기존 코드들이 그대로 남아 너무 복잡합니다.

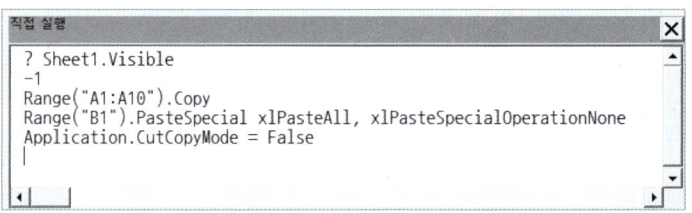

> **TIP** 기존에 입력된 코드가 맨 윗줄부터 순서대로 표시되며, 파일을 닫으면 초기화됩니다.

그러므로 필요한 경우에는 기존에 입력된 코드를 지웁니다. 코드를 빠르게 지우는 방법은 다음과 같습니다.

- **전체 삭제**
  단축키 Ctrl + A를 눌러 입력된 전체 코드를 선택하고 Delete 키를 눌러 삭제합니다.

- **한 줄 삭제**
  삭제할 줄에 커서를 놓고 단축키 Ctrl + Y를 누릅니다.

VB 편집기의 '편집기' 옵션 이해하기

022

VB 편집기는 엑셀 프로그램과는 별개의 프로그램이므로 Excel 옵션과는 별개의 옵션을 설정할 수 있습니다. VB 편집기는 코드 개발에 도움이 되는 다양한 옵션을 제공하는데, 그중 가장 중요한 것이 편집기 탭에서 제공되는 옵션입니다. 이번에는 VB 편집기의 '옵션' 대화상자의 '편집기' 탭에서 설정할 수 있는 옵션에 대해 알아보겠습니다.

예제 파일 없음

VB 편집기에서 [도구]-[옵션] 메뉴를 선택하면 '옵션' 대화상자가 열립니다. 여기서 '편집기' 탭의 '코드 설정' 그룹에 있는 다섯 개의 옵션을 이해하는 것이 중요합니다.

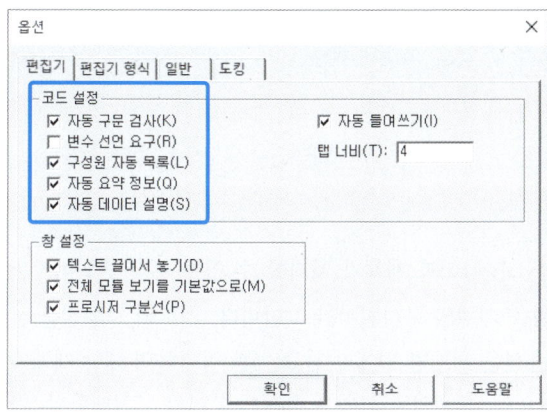

자동 구문 검사

코드 창에 작성 중인 코드의 구문을 검사해 잘못된 부분이 있으면 바로 표시해 주는 옵션으로, 개발자가 코드를 잘못 개발하는 것을 방지합니다.

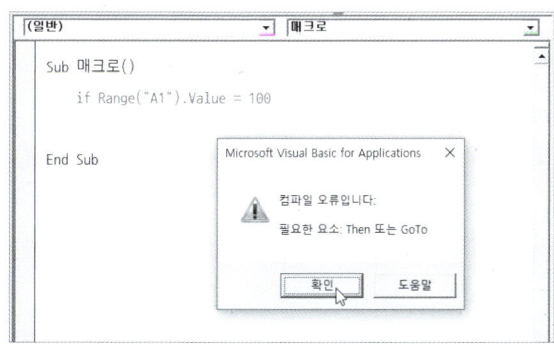

TIP IF 문을 사용할 때 조건 다음에 Then을 이용해 마무리를 해야 하는데, 바로 Enter 키를 눌러 줄을 바꾸면 상단에 작성된 코드에 문제가 있을 경우 에러 메시지 창이 나타납니다.

CHAPTER 03 | Visual Basic 편집기 / **083**

변수 선언 요구

변수(變數)는 프로그래밍을 할 때 필요한 값을 저장해 놓고 사용할 수 있는 메모리 영역을 의미하며, VBA 뿐만 아니라 모든 프로그래밍에서 매우 중요한 도구입니다. 거의 모든 프로그래밍 언어에서 변수는 선언(컴퓨터에게 사용하겠다고 알리는 행동)하고 사용하는 것이 일반적이지만, VBA에서는 선언하지 않고 사용할 수 있습니다. 이는 편리한 점일 것 같지만 오히려 코드를 이해하기 어렵게 만들고 에러가 발생할 가능성이 크므로 반드시 변수를 선언하고 사용하는 것이 좋습니다. 이 옵션은 변수 선언을 강제하는 옵션으로, 되도록이면 켜고 사용하는 것이 좋습니다.

이 옵션에 체크하고 엑셀을 종료한 다음 다시 실행하면 모든 코드 창 상단에 Option Explicit 문이 나타납니다. 이 문장이 바로 변수 선언을 강제하는 명령입니다.

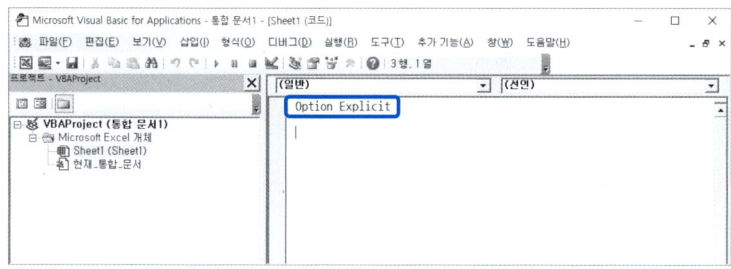

구성원 자동 목록

엑셀의 개체는 해당 개체의 정보를 담고 있는 속성(Property)과 개체가 처리할 수 있는 동작을 의미하는 메서드(Method)를 명령으로 갖고 있는데, 이런 명령을 개체의 구성원이라고 합니다. 개체의 구성원을 잘 이해하고 있어야 코드를 잘 구성할 수 있습니다. 이 옵션은 개체명 뒤에 마침표(.)를 입력하면 해당 개체에서 사용할 수 있는 구성원을 목록으로 표시하는 옵션으로, 개체의 구성원을 손쉽게 확인하고 선택할 수 있도록 해 줍니다.

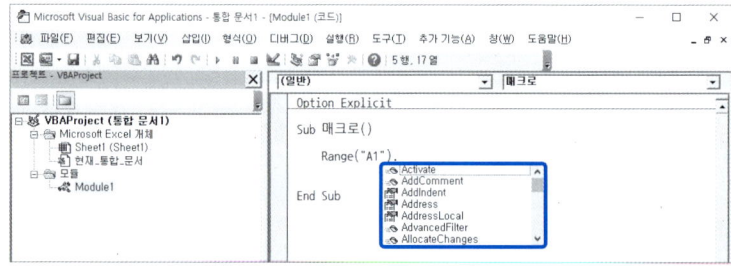

TIP 셀에서 수식을 작성할 때 '=S'라고 입력하면 S로 시작하는 함수명이 목록으로 표시되는 것을 떠올리면 이 옵션의 역할을 쉽게 이해할 수 있습니다.

자동 요약 정보

VBA 함수 또는 개체의 구성원을 사용할 때 설정해야 하는 매개 변수를 풍선 도움말로 표시하는 옵션입니다. 아래 화면을 참고합니다.

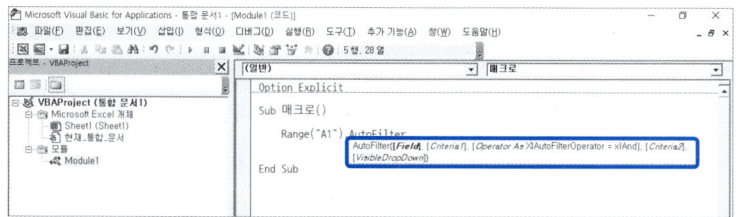

TIP 셀에서 수식을 작성할 때 함수 이름을 입력하면 함수의 인수 구성을 풍선 도움말로 표시하는 옵션과 역할이 같습니다.

자동 데이터 설명

코드를 개발하다 보면 예기치 못한 문제로 코드 수정 작업을 여러 차례 해야 하는 경우가 많습니다. 이때 에러가 발생되어 코드가 중단된 시점(디버깅 모드 or 중단 모드)에서 현재 변수에 저장된 값이나 속성 값을 확인할 수 있으면 문제를 파악하는 데 많은 도움을 얻을 수 있습니다. 이 옵션은 중단 모드에서 변수의 값이나 속성 값을 풍선 도움말로 표시하는 옵션입니다.

TIP 코드가 중단된 경우, 마우스 커서 위치의 속성 값이나 변수 값을 풍선 도움말로 표시합니다.

VB 편집기의 코드 창에서 사용하면 좋은 글꼴

023

엑셀의 기본 글꼴은 맑은 고딕이며 VB 편집기의 기본 글꼴은 돋움입니다. 셀에서는 다양한 글꼴 중에서 사용자의 입맛에 맞게 선택해 사용할 수 있지만, VB 편집기에서는 기본 글꼴 하나로 모든 코드를 표현합니다. 그런데 기본 글꼴인 돋움은 영문자 O와 숫자 0, 그리고 영문 대문자 I와 소문자 l, 숫자 1이 잘 구별되지 않아 코드를 작성할 때 혼동이 되며, 이는 에러를 발생시키는 원인이 됩니다. 코드 창에서는 문자 간의 구분이 명확한 글꼴을 사용하는 것이 좋습니다. 코드 작성에 적합한 글꼴을 설치하는 방법에 대해 알아보겠습니다.

예제 파일 없음

글꼴 설치 방법

VB 편집기의 글꼴을 변경하려면 사용할 글꼴을 먼저 구해야 합니다. 개발자들이 주로 많이 사용하는 글꼴은 다음과 같습니다.

- Bitstream Vera Sans Mono
- 나눔 고딕 코딩 (http://dev.naver.com/projects/nanumfont)

01 위에서 소개한 링크로 이동해 폰트를 다운로드하거나, 이 책에 부록으로 첨부된 파일을 이용해 글꼴을 설치합니다. Bitstream Vera Sans Mono(VeraMono.ttf)는 다음 경로에 복사하고, 나눔 고딕 코딩은 설치 파일을 실행하면 됩니다.

```
C:\Windows\Fonts
```

02 글꼴 설치가 끝나면 엑셀을 실행하고 단축키 Alt + F11 을 눌러 VB 편집기를 실행한 다음 [도구]-[옵션] 메뉴를 선택합니다. '옵션' 대화상자에서 '편집기 형식' 탭을 클릭하고 '글꼴' 목록에서 원하는 글꼴을 선택한 후 〈확인〉 버튼을 클릭합니다.

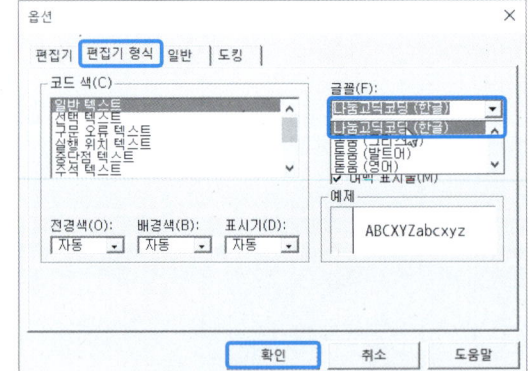

글꼴 선택

각 글꼴을 사용했을 때 표시되는 코드는 다음과 같습니다. 대문자 아이(I), 소문자 엘(l), 숫자 1을 가장 잘 구분할 수 있는 글꼴은 Bitstream Vera Sans Mono입니다. 세계적으로 가장 많은 개발자들이 선택하는 글꼴이지만, 한글 글꼴이 포함되어 있지 않기 때문에 한글 표현에 약점이 있습니다. 그렇기 때문에 일반적인 사용에는 네이버에서 배포하는 나눔 고딕 코딩 글꼴도 괜찮은 선택입니다.

기본 글꼴 (돋움)

```
Option Explicit
Sub 매크로()
    Dim i As Integer
    For i = 1 To 100
        Range("A1").Value = Range("A1").Value + i
    Next i
End Sub
```

Bitstream Vera Sans Mono

```
Option Explicit
Sub 매크로()
    Dim i As Integer
    For i = 1 To 100
        Range("A1").Value = Range("A1").Value + i
    Next i
End Sub
```

나눔 고딕 코딩

```
Option Explicit
Sub 매크로()
    Dim i As Integer
    For i = 1 To 100
        Range("A1").Value = Range("A1").Value + i
    Next i
End Sub
```

VB 편집기에서 알아두면 유용한 단축키 024

어떤 프로그램이든 자주 사용하는 명령이 있으며, 활용도가 높은 명령은 단축키로 실행하면 편리합니다. VB 편집기 역시 자주 사용하는 명령에 단축키가 지정되어 있으므로 이를 알아두면 편리하게 개발 작업을 진행할 수 있습니다. VB 편집기에서 사용할 수 있는 단축키를 소개합니다.

예제 파일 없음

VB 편집기에서 개별 창을 호출할 때 사용하는 단축키

단축키	설명
Ctrl + R	프로젝트 탐색기 창을 표시합니다.
F4	속성 창을 표시합니다.
F7	선택된 개체의 코드 창을 표시합니다.
Shift + F7	코드 창에서 폼 개체를 표시합니다.
Ctrl + G	직접 실행 창을 표시합니다.
F2	개체 찾아보기 창을 표시합니다.

코드 창 및 직접 실행 창에서 사용하는 단축키

단축키	설명
F1	현재 커서 위치의 개체 및 구성원에 대한 도움말을 표시합니다.
Ctrl + I	현재 커서 위치의 개체 및 구성원에 대한 풍선 도움말을 표시합니다.
Ctrl + Shift + I	현재 커서 위치의 항목에 대한 매개 변수 정보를 표시합니다.
Ctrl + J	현재 커서 위치의 개체에 대한 구성원 목록을 표시합니다.
Ctrl + Shift + J	현재 커서 위치의 매개 변수에 대한 상수 목록을 표시합니다.
Shift + F2	현재 커서 위치의 개체 및 구성원에 대한 개체 찾아보기 창을 엽니다.
Ctrl + F	'찾기' 대화상자를 표시합니다.
Ctrl + H	'바꾸기' 대화상자를 표시합니다.
F3	다음 찾기를 실행합니다.
Shift + F3	이전 찾기를 실행합니다.
F5	현재 커서 위치의 프로시저를 실행합니다.

키	설명
F8	현재 커서 위치의 프로시저를 한 행씩 실행합니다.
Ctrl + F8	커서 위치까지 코드를 실행합니다.
Shift + F8	프로시저 단위로 실행합니다.
F9	중단점을 설정하거나 해제합니다.
Ctrl + Shift + F9	모든 중단점을 한 번에 해제합니다.
Ctrl + ↓	다음 프로시저로 이동합니다.
Ctrl + ↑	이전 프로시저로 이동합니다.
Ctrl + Y	커서 위치의 한 행을 삭제합니다.
Ctrl + Delete	현재 위치에서 단어 끝까지 삭제합니다.
Ctrl + Break	코드 실행을 강제로 중단합니다.

TIP 프로시저에 대해서는 113쪽에서 자세하게 설명합니다. 아직 매크로와 동일하게 생각해도 그리 다르지 않습니다.

VB 편집기의
편집 도구 모음 사용하기

025

VB 편집기에는 기본적으로 표준 도구 모음 하나만 표시됩니다. 그러다 보니 VB 편집기에서 제공되는 기능이 부족해 보이기도 하고, 실제 작업을 하면서 필요한 기능을 찾는 것도 불편합니다. VB 편집기의 메뉴+도구 모음 인터페이스는 2003 이하 버전과 유사하며, 사용자가 필요하면 추가로 도구 모음을 메뉴 상단에 위치시킬 수 있습니다. 이번에는 코드 개발 작업에 도움이 되는 편집 도구 모음을 추가하고 사용하는 방법에 대해 알아보겠습니다.

예제 파일 없음

VB 편집기에서 편집 도구 모음을 추가하기 위해 [보기]-[도구 모음]-[편집] 메뉴를 선택합니다.

TIP 처음에는 편집 도구 모음은 어디에도 도킹되지 않고, VB 편집기에 떠 있는 상태로 표시됩니다.

도구 모음의 명령 아이콘은 다음과 같은 역할을 수행합니다.

명령 아이콘	이름	설명
	속성/메서드 목록	마침표(.) 왼쪽의 개체에서 사용할 수 있는 구성원 목록을 표시합니다.
	상수 목록	현재 사용 중인 내장 상수를 포함한 전체 내장 상수 목록을 표시합니다.
	요약 정보	선택한 개체의 구성원 또는 함수의 인수에 대한 정보를 표시합니다.
	매개 변수 정보	선택한 함수의 인수에 대한 정보를 표시합니다.
	단어 채우기	선택한 개체, 구성원, 상수 이름을 자동 채우기 기능으로 완성합니다.
	들여쓰기	선택한 코드를 다음 탭 위치로 이동합니다.
	내어쓰기	선택한 코드를 이전 탭 위치로 이동합니다.
	중단점 설정/해제	현재 행에 중단점을 설정하거나 해제합니다.
	주석 블록 설정	선택한 라인에 주석 문자(')를 삽입합니다.
	주석 블록 해제	선택한 라인의 주석 문자(')를 제거합니다.
	책갈피 설정/해제	현재 행에 책갈피를 설정하거나 해제합니다.
	다음 책갈피	다음 책갈피로 이동합니다.
	이전 책갈피	이전 책갈피로 이동합니다.
	모든 책갈피 지우기	설정된 모든 책갈피를 삭제합니다.

편집 도구 모음은 쓰임새가 많으므로 표준 도구 모음 오른쪽에 다음과 같이 도킹해 사용할 것을 권장합니다.

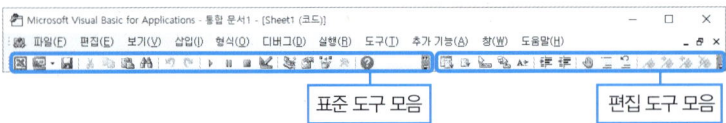

VBProject 개체에 암호를 지정해 코드를 보호하는 방법

026

엑셀 파일에 암호를 설정하는 것은 파일을 여는 권한과 관계가 있는데, 일단 파일을 열면 파일 내의 모든 데이터를 확인하고 편집할 수 있으며 코드도 모두 확인할 수 있습니다. 그렇기 때문에 필요한 경우에는 개발된 코드를 보호할 수 있는 방법 또한 제공합니다. 코드를 보호하려면 프로젝트 탐색기 창의 최상위 개체인 VBAProject 개체에 암호를 설정하면 됩니다.

예제 파일 없음

01 VB 편집기의 프로젝트 탐색기 창에서 VBAProject 개체를 마우스 오른쪽 버튼으로 클릭하고 단축 메뉴에서 [VBAProject 속성] 메뉴를 선택합니다.

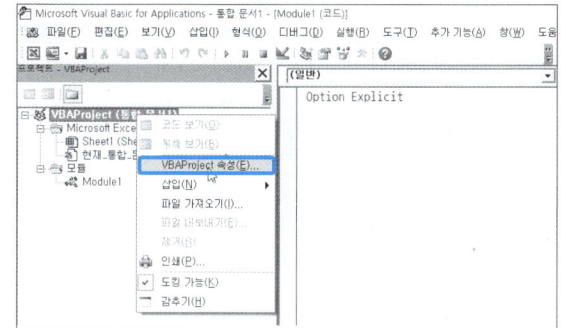

02 'VBAProject' 대화상자가 열리면 '보호' 탭을 클릭한 다음 '읽기 전용으로 프로젝트 잠금' 옵션에 체크합니다. '암호'와 '암호 확인'란에 동일한 암호를 반복해 입력하고 〈확인〉 버튼을 클릭합니다.

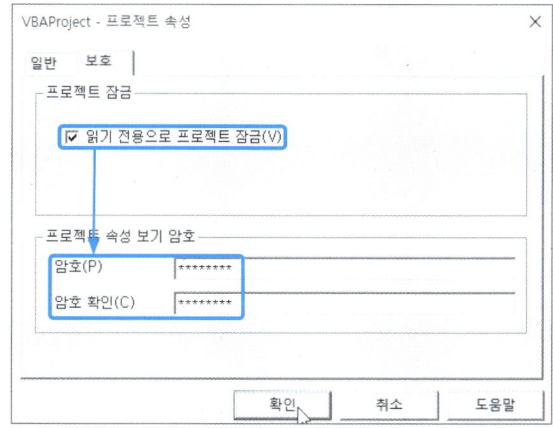

> **Plus⁺ 안전한 암호 설정 방법**
>
> 파일의 코드를 안전하게 보호하려면 암호를 영어 대/소문자와 숫자, 특수문자를 포함해 여덟 자리 이상으로 설정하는 것이 좋습니다. 예를 들어 안전한 암호는 다음과 같습니다.
> u@9Je5$!

03 파일을 저장하고 닫은 후 다시 엽니다. 단축키 Alt + F11 을 눌러 VB 편집기를 호출해 보면 프로젝트 탐색기 창의 개체 목록이 표시되지 않으며, 최상위 VBAProject 개체의 확장 단추(+)를 클릭하면 화면과 같이 암호를 묻는 창이 열립니다. **02** 과정에서 설정한 암호를 입력해야 프로젝트 탐색기 창의 개체가 이전처럼 트리 방식으로 표시되며, 개체를 더블클릭하면 개발된 코드를 확인할 수 있습니다.

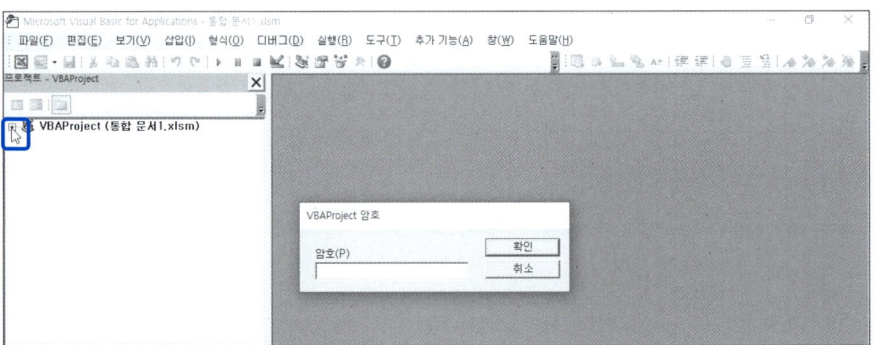

PART 02

엑셀 2016 매크로 & VBA 바이블

VBA 배우기

프로그래밍 언어인 VBA를 배우는 과정은 일반적인 언어를 학습하는 것과 유사합니다. 다만 프로그래밍 언어는 기계를 대상으로 하기 때문에 규칙이 매우 중요하고 문법을 철저하게 지켜야 합니다. 물론 예외적인 표현을 사용할 수 있는 부분도 있지만 인간의 언어에 비하면 미미한 정도이며, VBA를 제대로 다루기 위해서는 해당 문법을 올바로 이해하고 정확하게 적용하는 과정이 필요합니다. 그래서 이 책의 PART 02에서는 VBA 언어의 문법을 하나씩 소개하면서 사용자가 매크로 개발에 필요한 지식을 정확하게 이해할 수 있도록 돕고자 합니다.

VBA 문법에는 프로그래밍 언어를 접해 보지 못한 분이라면 분명히 어렵게 느낄 수 있는 부분이 많이 있습니다. 하지만 VBA는 몇 가지 문법만 이해하면 사용할 수 있는 가장 쉬운 수준의 프로그래밍 언어입니다. 정말로 어려워서라기보다는 낯설기 때문에 힘들게 느껴지는 것일 수도 있음을 상기하고 꾸준하게 학습해 이해의 폭을 넓혀 나간다면 다양한 매크로를 개발할 만한 실력을 쌓을 수 있을 것입니다.

CHAPTER

04

엑셀의 개체 모델

엑셀은 다양한 개체로 이루어져 있고, 그 개체들은 서로 종속 관계로 연결되어 있습니다.

이런 관계를 설명하는 것이 바로 개체 모델입니다.

개체 모델에 대해 쉽게 이해하려면 조립식 블록 완구인 레고(lego)를 떠올리는 것이 좋습니다.

프로그래밍은 레고의 다양한 블록으로 집이나 비행기 등의 모형을 만드는 과정과 유사한 점이 아주 많습니다.

VBA는 프로그래밍 언어이지만 독자적인 프로그램을 만들지는 않고

오피스 프로그램 내에서 필요한 명령을 만들 때 사용되므로,

VBA에서 제어해야 할 대상 프로그램이 어떻게 구성되어 있는지 제대로 이해하고 있어야

매크로를 쉽게 개발할 수 있습니다. CHAPTER 04에서는 엑셀의 개체 모델에 대해 자세하게 설명합니다.

엑셀의 개체 모델 이해하기 027

엑셀은 다양한 개체(Object)로 이루어져 있습니다. 개체란 하나의 구성 요소를 의미합니다. 예를 들면 엑셀이라는 프로그램(Application)도 개체이고, 이 개체에 속해 있는 파일(Workbook), 워크시트(Worksheet), 셀(Range)도 모두 개체입니다. 이런 개체가 어떻게 서로 연결되어 있는지 표시하는 것이 개체 모델(Object Model)입니다. 개체 모델은 개체 간의 관계를 이해하는 데 매우 중요한 역할을 하므로 VBA로 엑셀을 컨트롤하려면 이를 제대로 이해하고 있어야 합니다. 그런데 개체 모델은 매우 복잡하여 한 번에 모두 설명할 수는 없습니다. 여기서는 엑셀의 개체 모델에서 가장 중요한 뼈대 부분에 대해 알아보겠습니다.

예제 파일 없음

엑셀의 개체 모델에서 가장 중요한 핵심 부분은 다음과 같습니다.

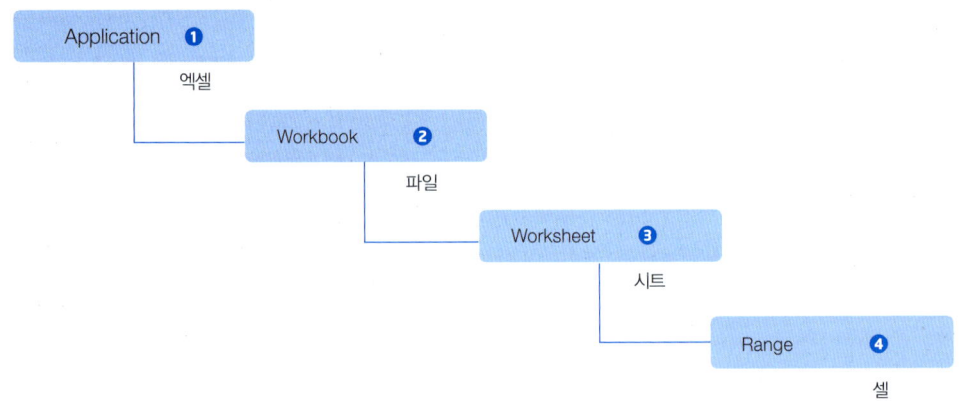

각 개체에 대한 설명은 아래 설명을 참고합니다.

❶ Application
Application은 프로그램을 의미하며, 여기서는 엑셀이 됩니다. VBA가 Visual Basic for Applications의 약어인데, 여기서 Applications는 VBA를 사용하는 모든 프로그램(오피스)을 의미합니다. 그러므로 Application 개체는 항상 해당 프로그램을 의미하는 최상위 개체입니다.

❷ Workbook
Workbook은 엑셀의 파일을 의미합니다. 엑셀 파일은 공식 용어로 통합 문서라고 하는데, 통합 문서를 영어로 표현한 것이 바로 Workbook입니다. Workbook 개체는 엑셀 프로그램에서만 사용할 수 있으며 Application 개체에 종속됩니다.

❸ Worksheet
Worksheet는 엑셀 파일의 워크시트를 의미합니다. 엑셀 파일에는 워크시트와 차트 시트를 추가할 수 있으므로 Worksheet 개체 외에도 차트 시트를 의미하는 Chart 개체가 별도로 존재합니다. 일반적으로 워크시트가 가장 많이 사용되는데 Chart 개체를 위 개체 모델에 추가하면 다음과 같습니다.

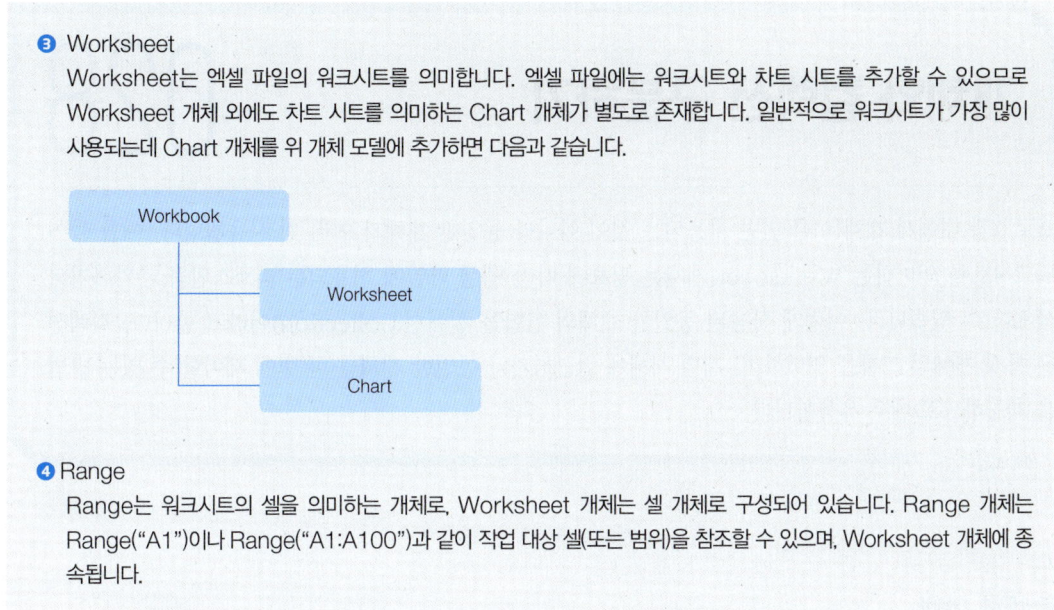

❹ Range
Range는 워크시트의 셀을 의미하는 개체로, Worksheet 개체는 셀 개체로 구성되어 있습니다. Range 개체는 Range("A1")이나 Range("A1:A100")과 같이 작업 대상 셀(또는 범위)을 참조할 수 있으며, Worksheet 개체에 종속됩니다.

이런 식으로 엑셀의 모든 개체는 다른 개체와 연결되며, 이런 종속 관계를 설명한 것이 개체 모델입니다.

위에서 예로 든 차트의 경우, 엑셀에서는 차트 시트보다는 워크시트 내에 삽입하는 경우가 많습니다. 워크시트에서 생성하는 차트 개체의 이름은 ChartObject입니다. 차트는 셀에 삽입(종속)되는 것이 아니라 셀 위에 떠서 존재하므로, Worksheet 개체에 종속됩니다. 그러므로 개체 모델에 ChartObject 개체를 추가하면 다음과 같이 정리할 수 있습니다.

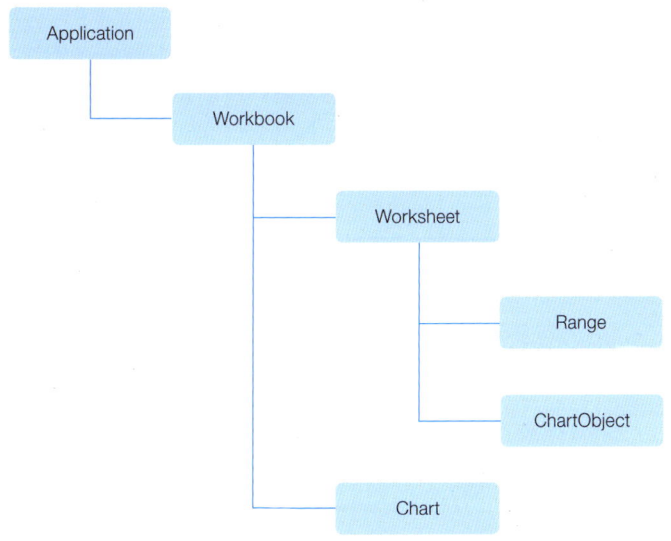

TIP 엑셀의 개체 모델은 매우 복잡하므로, 기본 뼈대에서 어떻게 관계가 형성되는지 이해하는 것이 중요합니다.

개체와 컬렉션 구분하기   028

프로그램 내에서 개체는 한 번만 사용되는 것이 아니라 동일한 개체가 여러 번 사용됩니다. 예를 들어 워크시트를 의미하는 Worksheet 개체는 필요에 따라 엑셀 파일에 허용되는 리소스만큼 추가하거나 삭제할 수 있습니다. 이렇게 사용된 동일한 개체의 집합을 컬렉션(Collection)이라고 합니다. 컬렉션은 특정 개체의 그룹을 의미하며, 개별 개체에 접근하거나 동일한 개체를 한 번에 제어할 수 있는 방법을 제공하므로 매우 유용합니다.

예제 파일 없음

컬렉션 이해

엑셀을 실행하고 빈 엑셀 파일을 하나 연 다음 시트 탭에서 [새 시트] 아이콘(⊕)을 두 번 클릭하면 다음 화면과 같이 총 세 개의 워크시트를 확인할 수 있습니다.

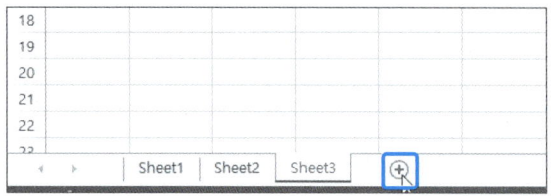

위 파일을 개체 모델로 보면, 다음 그림과 같이 하나의 Workbook 개체에 세 개의 Worksheet 개체가 있는 구조가 됩니다.

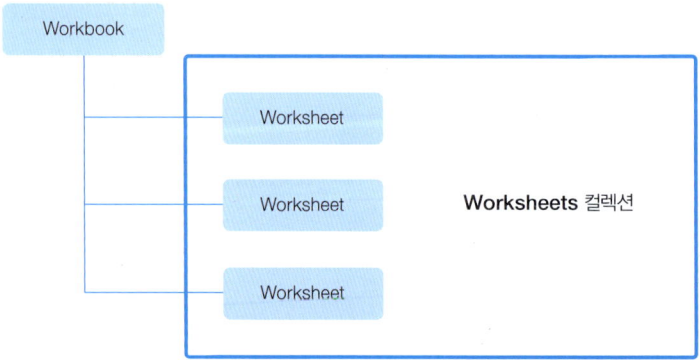

이렇게 세 개가 사용된 Worksheet 개체의 집합을 Worksheets 컬렉션이라고 합니다. 컬렉션은 사용 중인 개체들을 다루는 작업을 할 수 있습니다. 대표적인 예로 현재 사용 중인 워크시트의 수를 알기 위해서는 다음과 같은 코드를 VB 편집기의 직접 실행 창에 입력하고 Enter 키를 누릅니다.

```
? Worksheets.Count
```

그러면 화면과 같이 '3'이 반환됩니다. 현재 파일에서 사용 중인 Worksheet 개체가 세 개라는 의미입니다.

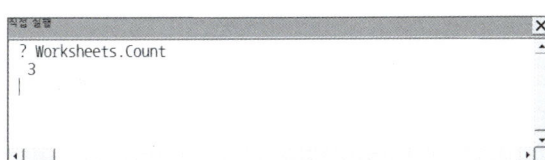

TIP Count 명령은 거의 모든 컬렉션에 사용할 수 있으며, 현재 사용중인 개체 수를 반환합니다.

Name을 이용해 컬렉션에서 작업할 대상 개체 지정

컬렉션은 개별 개체를 지정할 때도 사용할 수 있습니다. 예를 들어 Worksheet 개체가 세 개라면, 그중 작업 대상이 되는 Worksheet 개체를 지정할 때 컬렉션을 사용할 수 있습니다. 컬렉션에서 특정 개체를 지정할 때는 개체의 이름(Name)이나 인덱스 번호(Index)를 사용합니다. 여기서는 이름을 사용하는 방법에 대해 알아보겠습니다.

개체의 이름은 대부분 하나이지만, 상황에 따라 두 개가 될 수도 있습니다. 프로그램에서 부여한 이름은 CodeName, 사용자가 부여한 이름은 Name이라고 합니다. 컬렉션에서는 Name, 즉 사용자가 부여한 이름을 사용합니다. Worksheet 개체에서는 시트 탭에 표시되는 이름이 Name이며, 파일에서는 확장자가 포함된 파일 이름(A.xlsx)이 Name입니다.

예를 들어 이름이 'sample'인 워크시트 개체에 Worksheets 컬렉션을 이용해 접근할 때 사용하는 코드는 다음과 같습니다.

```
Worksheets("sample")
```

TIP 코드네임(Codename)을 알면 'Sheet1'과 같이 바로 이름을 불러 사용할 수 있습니다.

위 코드에서 확인할 수 있듯이 개체의 이름은 큰따옴표(")로 묶어서 전달해야 합니다. 다음 코드를 직접 실행 창에 순서대로 입력하고 Enter 키를 눌러 결과를 확인합니다.

```
Worksheets("Sheet1").Name = "sample"                    ①
Worksheets("sample").Visible = xlSheetHidden            ②
```

① 'Sheet1'인 시트의 이름을 'sample'로 변경합니다.

② 'sample' 시트를 숨깁니다. 여기서 사용된 xlSheetHidden은 Visible에 적용할 수 있는 명령 세 개 중 하나로, 워크시트를 숨기는 역할을 합니다.

LINK Visible 속성에 대한 설명은 455쪽에 자세하게 설명되어 있습니다.

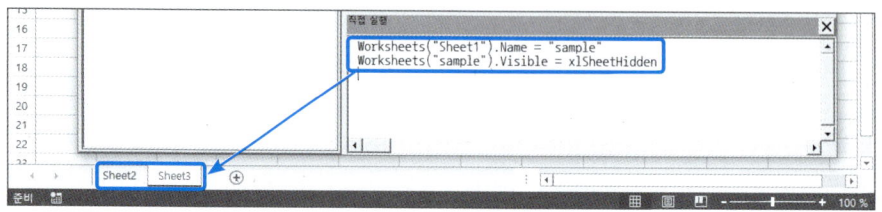

Visible은 [숨기기] 명령을 의미하는 것으로, Visible 속성 값을 xlSheetHidden으로 지정하면 워크시트가 숨겨지며, xlSheetVisible로 지정하면 워크시트가 다시 화면에 표시됩니다.

```
Worksheets("sample").Visible = xlSheetVisible
```

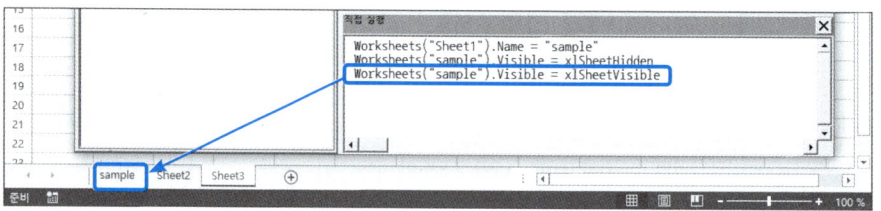

이렇게 컬렉션에서 개체의 이름을 사용해 개별 개체에 접근해 원하는 작업을 지시할 수 있습니다.

Index를 이용해 컬렉션에서 작업할 대상 개체 지정

컬렉션에서 개체에 접근할 때, 개체의 인덱스 번호를 사용할 수도 있습니다. 인덱스 번호는 1, 2, 3과 같은 일련번호를 의미합니다. Worksheet 개체에서의 인덱스 번호는 시트 탭의 왼쪽에서부터의 순서를 의미합니다. 그러므로 첫 번째 워크시트를 대상으로 작업하려면 다음과 같은 코드를 사용할 수 있습니다.

```
Worksheets(1)
```

인덱스 번호를 사용해 시트를 숨기고 표시하는 코드는 다음과 같습니다.

```
Worksheets(1).Visible = xlSheetHidden
Worksheets(1).Visible = xlSheetVisible
```

위 코드는 개체의 이름을 사용해 작성한 코드와 정확하게 동일합니다. Worksheet 개체에서 인덱스 번호를 사용할 때 주의할 점은 워크시트가 숨겨져 시트 탭에 표시되지 않는다 해도 번호는 순차적으로 매겨진다는 것입니다. 인덱스 번호는 숨김 여부와 상관 없이 시트 탭의 맨 왼쪽에서부터의 위치를 가리킵니다. 첫 번째 워크시트가 숨겨졌다면, 숨겨진 워크시트가 1번 워크시트입니다.

참고로 파일을 의미하는 Workbook 개체에는 파일을 연 순서로 인덱스 번호가 부여됩니다. 이름을 사용하는 방법과 인덱스 번호를 사용하는 방법은 각각 장단점이 있으므로 상황에 따라 선택해 사용합니다.

개체의 구성원 이해하기   029

개체에는 개체를 제어할 수 있는 다양한 명령이 제공됩니다. 명령은 성격에 따라 속성(Property)과 메서드(Method)로 구분되는데, 개체의 정보를 담고 있는 명령을 속성이라고 하고, 개체가 처리할 수 있는 작업은 메서드라고 하여 구분합니다. 또한 개체의 속성과 메서드, 아직 설명하지 않은 이벤트를 포함한 것을 개체의 구성원(Member)이라고 합니다. 우리가 만들 매크로는 개체의 정보를 읽고 변경하거나 개체가 처리할 수 있는 일을 직접 지시하는 방법을 사용해야 하므로, 개체의 구성원을 파악하는 것이 중요합니다. 그런데 엑셀의 개체는 매우 방대하고, 개체마다 수십 개에 달하는 구성원이 제공되므로, 이것을 모두 외워 사용하는 것은 불가능합니다. 그렇기 때문에 처음에는 도움말이나 개체 찾아보기 창을 이용해 자주 사용하는 개체의 구성원을 파악하고, 구성원이 어떤 역할을 하는지 파악하는 것이 좋습니다.

예제 파일   없음

도움말을 이용해 구성원 확인하기

VBA 도움말은 엑셀 2013 버전부터 MSDN 도움말로 통합되어, 도움말을 검색하면 MSDN 페이지로 바로 이동합니다. 다음은 도움말을 이용해 개체의 구성원 정보를 파악하는 방법입니다.

01 VB 편집기에서 [도움말]–[Microsoft Visual Basic for Applications 도움말] 메뉴를 선택합니다. 그러면 바로 웹 브라우저가 실행되면서 MSDN 도움말 페이지가 표시됩니다.

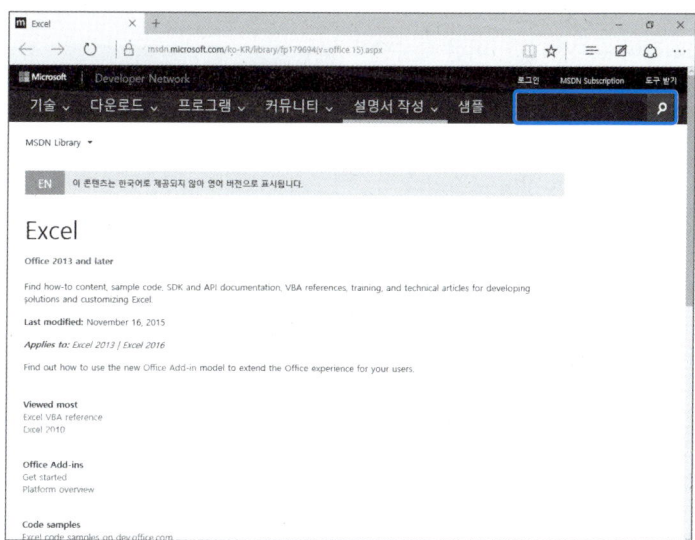

TIP   MSDN 페이지는 마이크로소프트 사의 정책에 의해 변경될 수 있으며, 아쉽게도 한글 정보보다 영어 정보가 더 많습니다.

TIP   윈도우 10을 사용하는 경우, 도움말이 바로 표시되지 않고 UAC 관련 오류가 발생하면 윈도우 제어판의 '사용자 계정' 설정에서 '사용자 계정 컨트롤 설정 변경' 옵션을 켜면(슬라이드를 위로 한 칸 올리면) 됩니다.

02 검색어 입력란에 키워드로 'Worksheet Members'를 입력해 검색한 다음, 검색되어 나온 'Worksheet Members' (Excel) 하이퍼링크를 클릭합니다.

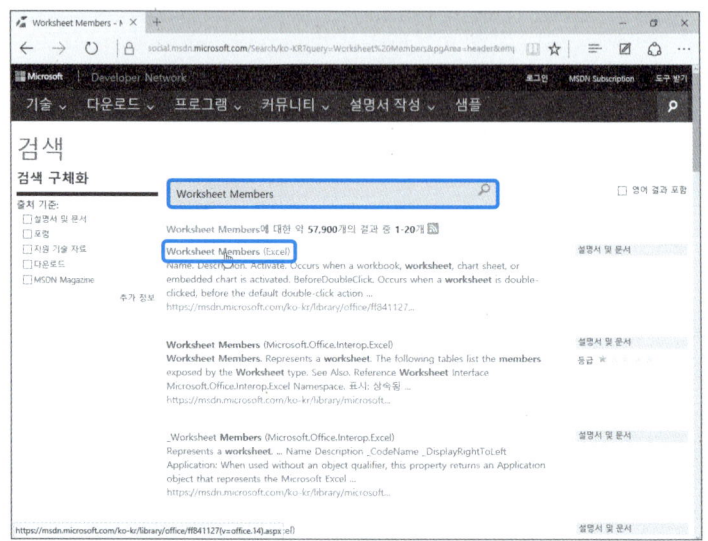

검색 키워드

MSDN 페이지에서 개체 구성원을 확인하기 위한 검색 키워드는 다음과 같습니다.

> 개체 Members

그러므로 Range, Workbook, Application 개체의 구성원에 대한 도움말을 검색하려면 앞 부분 키워드만 변경하고 검색하면 됩니다.

03 해당 개체의 구성원이 화면과 같이 표시됩니다. 이런 도움말은 화면으로 한 번 보는 것도 좋지만, 페이지를 인쇄해 전체 명령을 확인해 보는 것이 좋습니다.

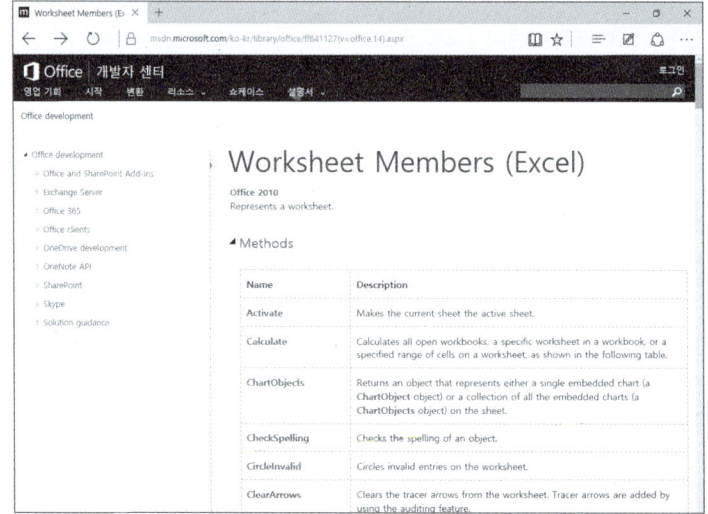

Plus⁺ VBA 한글 도움말은?

아쉽게도 VBA 한글 도움말은 아직 제공되지 않고 있습니다. 한글 도움말이 필요하다면 엑셀 2010 버전을 설치하여 2010 버전의 VBA 도움말을 참고하는 것이 편리합니다.

개체 찾아보기 창을 이용해 구성원 확인하기

전체 개체 구성원의 정보와 상세 도움말을 한눈에 파악할 때 도움말이 유용하다면, 코드를 개발하다가 기억이 나지 않는 개체 구성원 정보를 빠르게 확인해 보고자 할 때는 개체 찾아보기 창을 이용하면 편리합니다. 개체 찾아보기 창은 VB 편집기에서 [보기]-[개체 찾아보기] 메뉴를 선택하거나 단축키 F2를 눌러 엽니다.

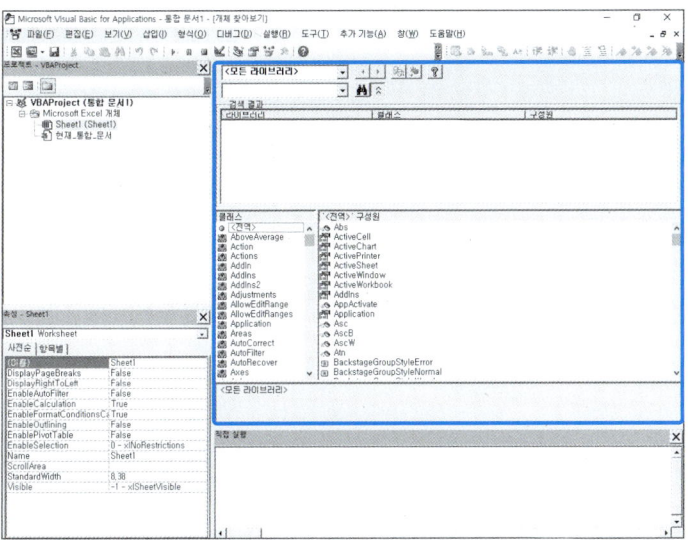

TIP 코드 창 영역에 개체 찾아보기 창이 표시됩니다.

개체 찾아보기 창에서 찾고 싶은 개체 이름을 입력하고 [검색] 아이콘()을 클릭해 검색합니다.

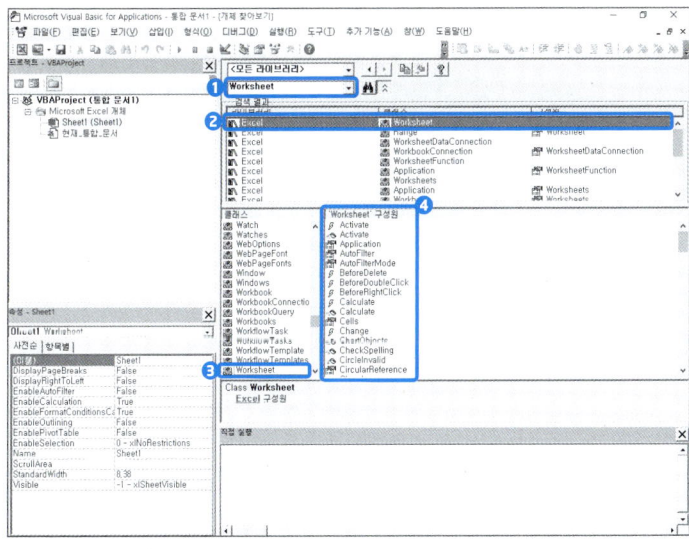

❶ 검색란
　검색할 개체 이름을 입력합니다.

❷ 검색 결과

검색란에 입력한 키워드에 해당하는 전체 개체의 검색 결과가 표시됩니다. 가장 유사한 것이 제일 상단에 표시되고 상단에 표시된 개체가 자동으로 선택되는데, 원하는 개체가 선택되어 있지 않다면 사용자가 원하는 개체를 선택합니다.

❸ 클래스

검색 결과에서 선택된 개체가 표시됩니다.

❹ 구성원

클래스에서 선택된 개체의 구성원이 모두 표시됩니다. 명령의 왼쪽에 있는 아이콘의 역할은 다음과 같습니다.

아이콘	이름	설명
𝒇	이벤트	특정 개체(Worksheet, Workbook)의 경우 발생하는 동작을 엑셀에서 감지할 수 있는데, 감지된 동작을 이벤트라고 하며, 이곳에 원하는 코드를 구성해 넣으면 해당 동작이 발생할 때 자동으로 코드가 실행됩니다. 이벤트에 대해서는 CHAPTER 16(651쪽)을 참고합니다.
📄	속성	개체의 정보
⬙	메서드	개체가 처리할 수 있는 동작

개체의 구성원을 이용하는 방법

확인된 구성원을 사용해 코드를 구성하는 방법은 다음과 같습니다.

```
개체.구성원
```

개체의 속성인 경우에는 속성의 값을 다음과 같은 방법으로 변경할 수 있습니다.

```
개체.속성 = 새 값
```

속성의 값을 확인하려면, 속성의 값을 반환할 위치를 지정해야 합니다.

```
대상 = 개체.속성 ──────❶
```

❶ 대상에 개체의 속성 값을 반환합니다.

다음은 이 방법으로 작성한 코드의 예입니다.

```
MsgBox Worksheets(1).Name                    ❶

또는

Range("A1").Value = 100                      ❷
```

❶ 첫 번째 시트의 이름을 메시지 창으로 표시합니다.

❷ A1셀의 값을 100으로 변경합니다.

개체의 메서드는 개체가 처리할 수 있는 일로, 구체적으로는 개체에서 어떤 동작을 처리하도록 실행할 수 있는 명령이라고 생각하면 됩니다. 보통 다음과 같은 두 가지 사용 방법이 있습니다.

```
개체.메서드

또는

개체.메서드 매개변수:=값
```

매개변수는 보통 메서드를 실행했을 때 선택할 수 있는 옵션 항목이라고 이해하면 좋습니다. 예를 들어 다음과 같이 셀을 삭제하면 삭제 후 작업을 지정하는 대화상자가 표시됩니다. 이를 코드로 구성한 것과 비교해 보면 감을 잡는 데 도움이 될 것입니다.

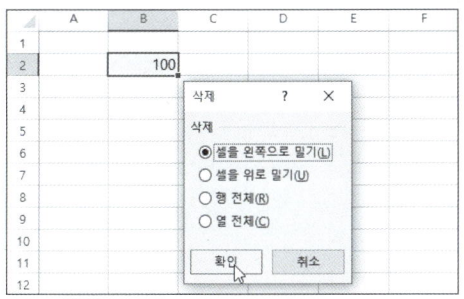

```
Range("B2").Delete Shift:=xlToLeft                    ❶
```

❶ B2셀을 삭제하면 왼쪽 셀이 해당 위치로 오도록 합니다. 이 코드에서 Shift는 매개변수이며, xlToLeft는 내장 상수로 '셀을 왼쪽으로 밀기' 옵션의 역할을 합니다.

위 화면에서 확인할 수 있듯이 우리가 특정 작업을 할 때 대화상자가 표시되고 해당 대화상자를 설정하는 작업이 필요했다면, 이것은 해당 개체의 메서드를 사용할 경우에도 별도의 옵션을 지정해야 한다는 의미입니다. 이때 옵션은 매개변수로 구분됩니다. 그러므로 매개변수에 원하는 동작에 맞는 옵션 값을 전달하는 방법으로 코드를 구성해야 합니다.

매개변수는 도움말이나 개체 찾아보기 창을 통해 쉽게 파악할 수 있으며, 매개변수의 위치만 맞으면 다음과 같이 매개변수 이름을 생략해도 됩니다.

```
Range("B2").Delete xlToLeft
```

하지만, 특정 옵션만 설정하는 방법을 사용하려면 반드시 매개변수 이름을 지정해 옵션을 설정해야 하며, 이때 반드시 매개변수 이름 뒤에 콜론(:)과 등호(=)을 입력해야 합니다. 예를 들어 찾기 명령의 경우는 옵션이 매우 다양한데, 다음과 같이 '찾기 및 바꾸기' 대화상자에서 두 개의 옵션을 설정했다면 코드는 다음과 같이 정확하게 매개변수를 지정해 입력하는 것이 좋습니다.

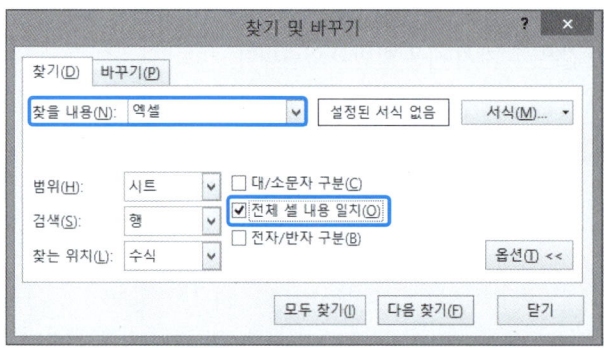

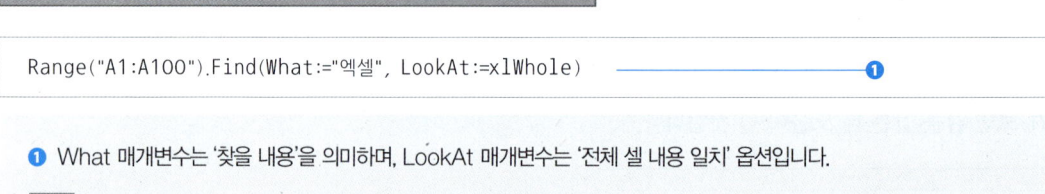

Range("A1:A100").Find(What:="엑셀", LookAt:=xlWhole) ──────────❶

❶ What 매개변수는 '찾을 내용'을 의미하며, LookAt 매개변수는 '전체 셀 내용 일치' 옵션입니다.

LINK Range 개체의 Find 메서드에 대한 자세한 설명은 395쪽을 참고합니다.

개체에 빠르게 접근하기

개체를 조작할 때는 개체 모델에 따라 접근하는 것이 정석입니다. 예를 들어 Range 개체에 접근하려면 Application → Workbook → Worksheet → Range의 순서로 접근해야 하지만, 상황에 따라서는 상위 개체를 생략할 수 있습니다. 상위 개체를 생략하면 코드가 짧아져 가독성이 높아지는 장점이 있지만, 생략된 개체를 정확하게 이해하고 있지 않으면 코드를 수정하기 어려운 단점이 있습니다. 그러므로 상황에 맞는 개체 접근 방법을 이해할 필요가 있으며, 긴 코드를 단축시켜 주는 단축 접근자가 무엇이고 정확하게 어떤 개체를 가리키는지 알아두어야 합니다.

예제 파일 PART 02 \ 단축 접근자.xlsx

개체 접근 방법

빈 파일을 하나 열었다고 가정할 때, 'Sheet1' 시트의 A1셀에 값을 입력하는 코드를 작성하려면 다음과 같이 구성하면 됩니다.

```
Application.Workbooks("통합 문서1.xlsx").Worksheets("Sheet1").Range("A1").Value = "엑셀"

또는

Application.Workbooks(1).Worksheets(1).Range("A1").Value = "엑셀"
```

위 코드는 매우 길어 비효율적이기 때문에, 줄여서 사용하는 경우가 많습니다. Application 개체는 엑셀 프로그램의 옵션을 변경하는 것이 아니라면 보통 생략합니다. 생략된 코드는 다음과 같습니다.

```
Workbooks("통합 문서1.xlsx").Worksheets("Sheet1").Range("A1").Value = "엑셀"
```

현재 파일에서 동작한다고 가정하면 Workbook 개체도 생략하고 다음과 같이 코드를 구성할 수 있습니다.

```
Worksheets("Sheet1").Range("A1").Value = "엑셀"
```

현재 시트에서 동작한다고 가정하면 Worksheet 개체 역시 생략할 수 있습니다.

```
Range("A1").Value = "엑셀"
```

글로벌 개체

원하는 개체에 접근하기 위해서는 상위 개체에서 하위 개체 순으로 접근해야 하는데, 하위 개체만 나타난 경우는 상위 개체가 생략된 것으로 이해해야 합니다. 모든 개체가 상위 개체를 생략할 수 있는 것은 아니며, 다음 개체만 상위 개체를 생략하고 사용할 수 있는데, 이런 개체를 글로벌 개체라고 합니다.

글로벌 개체	설명
Workbooks	사용 중인 파일의 집합인 Workbook 컬렉션 개체
Worksheets	사용 중인 워크시트의 집합인 Worksheet 컬렉션 개체
WorksheetFunction	VBA에서 사용할 수 있는 워크시트 함수 개체
Sheets	사용 중인 모든 시트(Worksheet, Chart)의 집합인 컬렉션 개체
Range	셀(또는 범위)을 의미하는 Range 개체
Cells	행 번호, 열 번호를 사용해 셀을 의미하는 Range 개체
Intersect	여러 범위가 겹치는 교집합 범위를 의미하는 Range 개체
Names	정의된 이름의 집합인 Name 컬렉션 개체
Charts	사용중인 차트의 집합인 Chart 컬렉션 개체

단축 접근자

엑셀은 자주 사용하는 주요 개체에 빠르게 접근할 수 있는 단축 접근자를 제공하고 있는데, 단축 접근자는 Application 개체의 속성으로 제공되며 다음과 같습니다.

단축 접근자	설명	개체 형식
ThisWorkbook	코드가 저장된 파일	Workbook
ActiveWorkbook	현재 화면에 표시된 파일	Workbook
ActiveWindow	현재 화면에 표시된 창	Window
ActiveSheet	현재 화면에 표시된 시트	Worksheet
ActiveChart	활성화된 차트	Chart
ActiveCell	활성화된 셀	Range
Selection	선택된 개체	Object

TIP Active 접두어가 붙은 단축 접근자는 사용자가 키보드로 문자를 입력했을 때 입력을 받는 대상 개체를 의미합니다.

단축 접근자는 자주 사용되기 때문에 활용 방법을 정확히 알아두어야 합니다. 다음 과정을 통해 단축 접근자의 개념을 파악해 보겠습니다.

01 예제 파일을 열고, 〈범위 선택〉 버튼을 클릭하면 화면과 같이 B5:K10 범위가 선택되는 것을 확인할 수 있습니다.

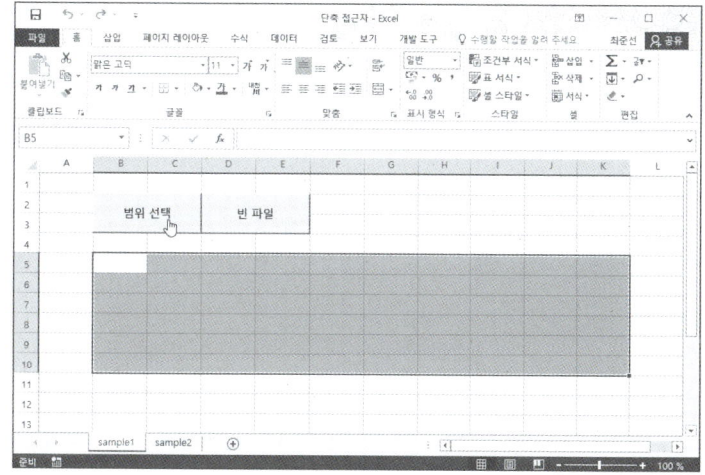

02 단축 접근자의 개념을 파악하기 위해 단축키 Alt + F11 을 누르고, 직접 실행 창에 다음 코드를 순서대로 입력해 결과를 확인합니다.

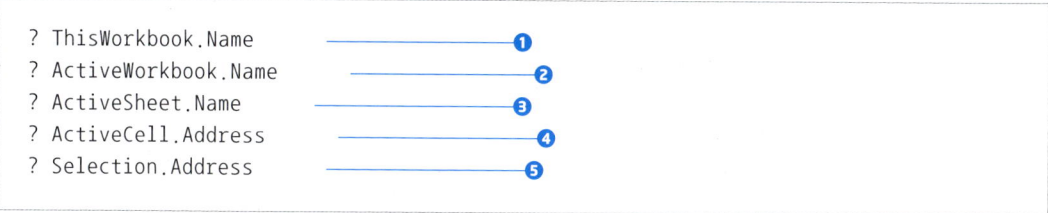

① ThisWorkbook은 현재 코드를 개발하는 파일을 의미하므로 예제 파일 이름인 '단축 접근자.xlsm'이 반환됩니다.

② ActiveWorkbook은 현재 화면에 표시된 파일인데, 예제를 진행 중이므로 ThisWorkbook과 동일한 예제 파일 이름인 '단축 접근자.xlsm'이 반환됩니다.

③ ActiveSheet는 현재 화면에 표시된 워크시트를 의미하며, 위 화면에서 볼 수 있는 것처럼 화면에 표시된 시트가 sample1이므로 'sample1'이 반환됩니다.

④ ActiveCell은 화면에 표시된 셀 중 키보드로 입력할 때 값이 입력되는 셀을 의미합니다. 화면을 보면 현재 B5:K10 범위가 선택되어 있고 선택된 범위의 첫 번째 셀인 B5셀의 색상만 흰색입니다. 이 셀이 활성 셀이며, Range 개체의 Address 속성은 셀 주소를 반환하므로 '$B$5'가 반환됩니다.

⑤ Selection은 현재 선택된 개체를 의미합니다. 엑셀 창에서 〈범위 선택〉 버튼을 클릭해 B5:K10 범위를 선택했으므로 Selection 개체는 Range("B5:K10")과 동일합니다. 그러므로 Address 속성은 '$B$5:$K$10'을 반환합니다.

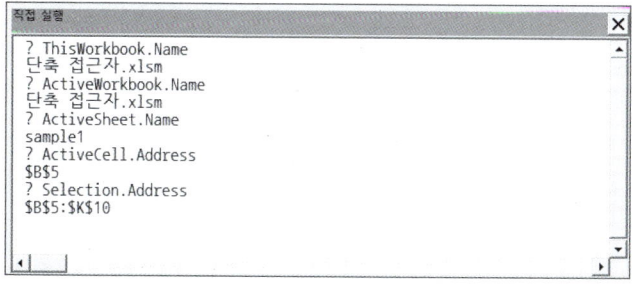

03 단축키 Alt+F11을 눌러 엑셀 창으로 전환한 다음, 〈빈 파일〉 버튼을 클릭하면 화면과 같이 빈 파일이 하나 열립니다.

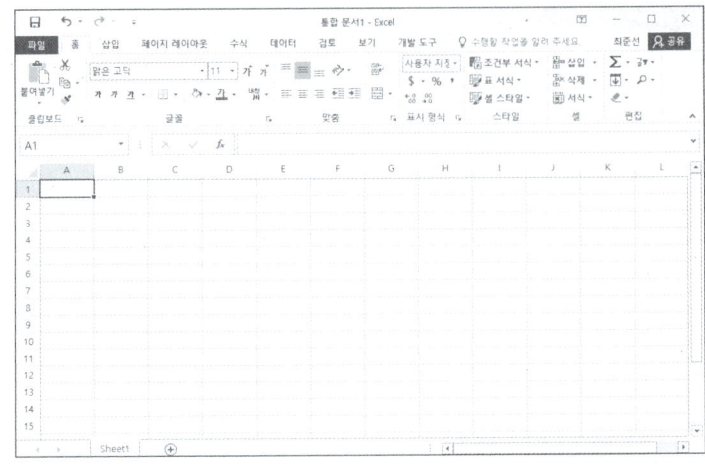

TIP 엑셀 2013 버전부터는 빈 파일에 워크시트가 하나만 제공됩니다. 파일 이름(통합 문서1)과 시트 이름(Sheet1), 그리고 셀 선택 위치를 잘 기억해 놓습니다.

04 그런 다음 다시 단축키 Alt+F11을 눌러 VB 편집기로 전환한 다음, Module1 개체를 선택하고 직접 실행 창에 **02**에서 입력한 명령을 다시 한 번 순서대로 입력해 결과를 확인합니다.

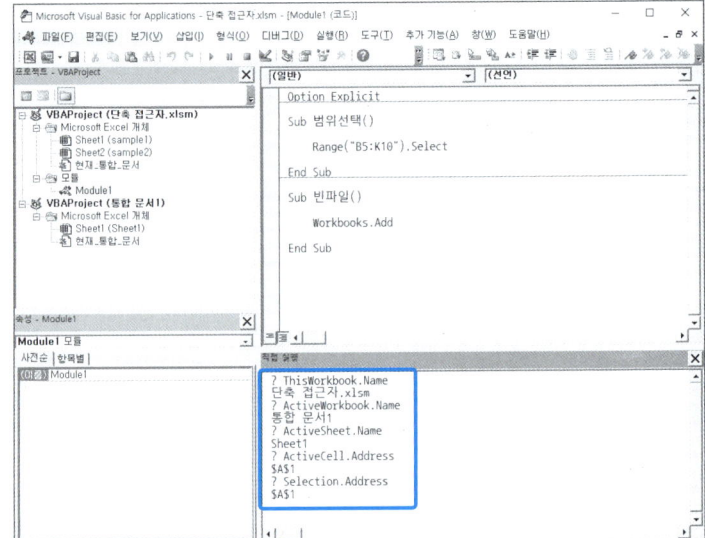

❶ ThisWorkbook은 현재 코드를 작성한 파일을 의미하므로 예제 파일 이름인 '단축 접근자.xlsm'이 반환됩니다.

❷ 〈빈 파일〉 버튼을 클릭해 새 파일을 하나 생성했으므로 열린 파일은 두 개가 되고, 새로 생성한 통합 문서가 화면에 표시되어 있으므로 ActiveWorkbook은 빈 통합 문서 파일이 되어 '통합 문서1'이 반환됩니다.

❸ ActiveSheet는 화면에 표시된 시트이므로 빈 통합 문서의 첫 번째 시트 이름인 'Sheet1'이 반환됩니다.

❹ ActiveCell은 빈 통합 문서 첫 번째 시트의 A1셀이 됩니다. 그러므로 Sheet1 시트 A1셀의 주소인 '$A$1'이 반환됩니다.

❺ Selection 역시 새로 추가된 빈 통합 문서의 A1셀이 선택된 상태이므로 ❹와 동일하게 '$A$1'이 반환됩니다.

With 문을 이용해 동일한 개체에 여러 명령을 한 번에 전달하기

031

VBA로 코드를 구성할 때 동일한 개체를 연속적으로 호출하는 경우가 있습니다. 이런 경우 동일한 개체를 매번 메모리에 로딩했다가 반환되는 과정이 반복되어 매크로 처리 속도가 떨어집니다. 이런 코드 구성은 비효율적이기 때문에 동일한 개체를 여러 번 호출해야 하는 경우에는 With 문을 사용해 한 번만 호출해 원하는 작업을 동시에 처리하는 방법을 사용할 필요가 있습니다.

예제 파일 없음

예를 들어 다음 코드는 Range("A1") 개체를 연속해서 호출해 주어진 명령을 처리합니다.

```
Range("A1").Value = 1000                    ①
Range("A1").NumberFormat = "#,###"          ②
```

❶ A1셀을 호출해 셀 값을 '1000'으로 입력합니다.

❷ A1셀을 호출하고 숫자 서식 코드를 '#,###'로 지정해 천 단위 구분 기호를 표시합니다.

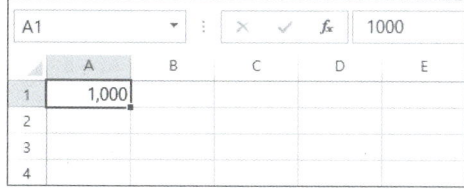

위에서 작성한 코드를 Range("A1") 개체를 한 번만 호출하는 방법으로 처리하려면 다음과 같이 수정합니다.

```
With Range("A1")                        ①
    .Value = 1000                       ②
    .NumberFormat = "#,###"             ③
End With                                ④
```

❶ With 문을 이용해 Range("A1") 개체를 호출합니다.

❷ A1셀의 값을 '1000'으로 입력합니다.

❸ 숫자 서식 코드를 '#,###'로 지정해 천 단위 구분 기호를 표시합니다.

❹ Range("A1") 개체에 할당된 메모리를 반환합니다.

With 문은 위에서 확인할 수 있듯이 다음과 같은 구문으로 이루어져 있습니다.

```
With 개체
    .구성원
    .구성원
End With
```

With 문을 사용하면 With 문 안에서 개체의 구성원을 여러 개 제어할 수 있으므로 개체를 반복해서 호출하지 않아도 됩니다. 이렇게 하면 코드가 효율적으로 동작하며 이해하기 쉬워지는 장점이 있으므로, 동일한 개체에 여러 개의 명령을 적용할 때는 With 문을 사용하는 것이 좋습니다.

CHAPTER

05

Sub 프로시저

엑셀과 같은 응용 프로그램에서 사용자가 만드는 별도의 실행 명령을 매크로라고 하는데, VBA와 같은 프로그래밍 언어에서는 하나의 실행 명령을 프로시저(Procedure)라고 합니다. 매크로나 프로시저는 어디에서 만드느냐에 따라 명칭이 다르다고 이해하면 되는데, VBA에서 만드는 프로시저의 종류가 매크로보다 다양하므로 프로시저를 매크로보다 좀 더 상위 분류 개념으로 이해하는 것이 좋습니다. 프로시저는 목적에 따라 다음과 같은 다양한 유형으로 만들 수 있으며, 매크로는 프로시저의 한 종류인 Sub 프로시저 형식으로 만듭니다.

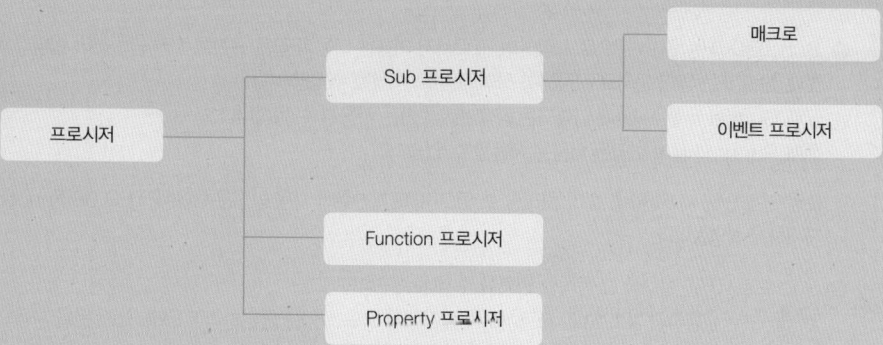

Sub 프로시저는 매크로와 이벤트를 개발할 때 사용하고, Function 프로시저는 함수와 같이 값을 반환하는 프로시저를 개발할 때 사용하며, Property 프로시저는 클래스 모듈에서 새 개체의 클래스를 설계할 때 사용합니다. 여기에서는 여러 프로시저 중에서 매크로를 만들 때 사용하는 Sub 프로시저에 대해 설명하며, 다른 프로시저는 CHAPTER 08(Function 프로시저), CHAPTER 16(이벤트)에서 각각 설명합니다.

Sub 프로시저 이해하기

032

Sub 프로시저는 VBA의 가장 일반적인 프로시저 형식으로, 매크로 기록기로 기록된 매크로는 모두 Sub 프로시저 형식으로 생성됩니다. Sub 프로시저는 하나 이상의 명령 줄로 구성되며, 순차적으로 명령을 실행하는 단순한 구조를 갖습니다. 이번에는 Sub 프로시저를 선언하고 사용하는 방법에 대해 알아보겠습니다.

예제 파일 없음

Sub 프로시저의 구문

Sub 프로시저의 구문은 다음과 같습니다.

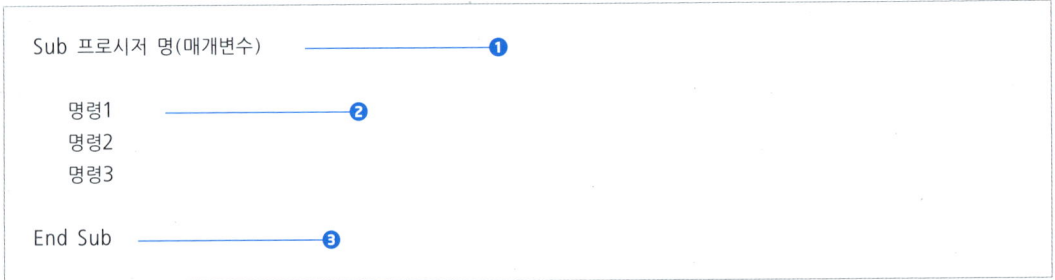

❶ Sub 프로시저는 Sub 문으로 시작하며, 프로시저 이름은 다음과 같은 규칙을 지켜 만들어야 합니다.
첫째, 한글 또는 영어 문자로 시작해야 하며, 숫자로 시작될 수 없습니다.
둘째, Spacebar를 누를 때 입력되는 공백 문자(" ")는 사용할 수 없습니다.
셋째, Range와 같이 할당된 이름은 사용할 수 없습니다.

또한 괄호 안에 매개변수를 받아 처리할 수 있으며, 매개변수의 사용 방법은 CHAPTER 08(Function 프로시저)에서 자세하게 설명합니다.

❷ Sub 프로시저를 실행할 때 동작할 명령을 순서대로 구성합니다.
명령을 모두 실행하지 않고 Sub 프로시저의 중간에서 코드 실행을 중단하려면 Exit Sub 문을 사용해 프로시저를 종료합니다.

❸ Sub 프로시저는 End Sub 문으로 종료하며, Sub 문으로 시작해서 End Sub로 끝나는 부분까지를 Sub 프로시저라고 하고, 이렇게 하나의 문이 시작해서 끝나게 되는 부분을 블록이라고 합니다.

Sub 프로시저의 예

Sub 프로시저를 직접 개발하기 위해 다음 과정을 따라 해 봅니다.

01 엑셀 프로그램을 실행해 빈 통합 문서 파일을 하나 만들고 단축키 Alt+F11을 눌러 VB 편집기를 호출합니다.

02 VB 편집기에서 [삽입]-[모듈] 메뉴를 선택해 새 Module 개체를 추가한 다음, Module1 개체의 코드 창에 다음 코드를 입력합니다.

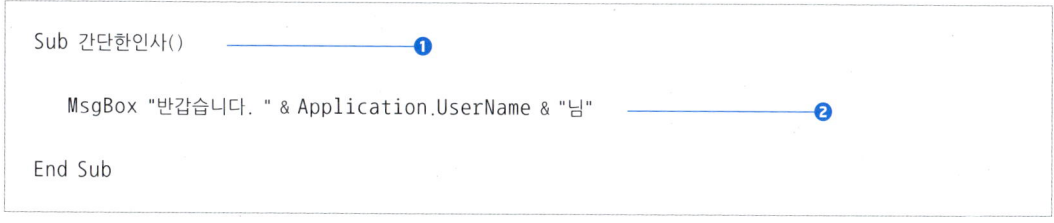

❶ Sub 문 다음에 프로시저 이름을 입력하고 Enter 키를 누르면 End Sub 명령은 자동으로 입력됩니다.

❷ MsgBox 함수는 메시지 창을 표시할 때 사용되는 함수로 자세한 사용 방법은 256쪽을 참고합니다. Application. UserName은 오피스를 설치할 때 입력한 사용자 이름입니다. 이렇게 하면 '반갑습니다.'로 시작하는 메시지 창이 화면에 표시됩니다.

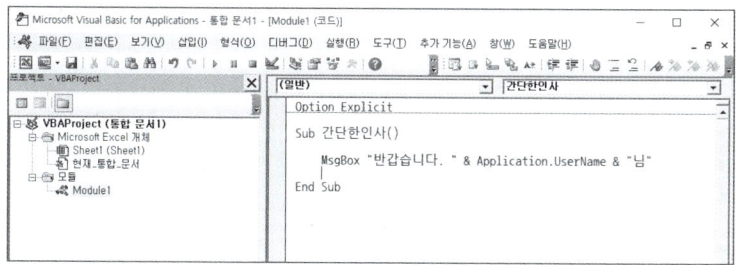

03 생성한 매크로(Sub 프로시저)를 실행하기 위해 표준 도구 모음의 [Sub/사용자 정의 폼 실행] 명령(▶)을 클릭하거나 단축키 F5를 누릅니다. 그러면 다음과 같은 실행 결과가 화면에 표시됩니다.

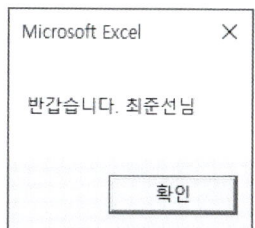

Plus⁺ SUB 프로시저의 실행

Sub 프로시저는 매크로이므로, 앞에서 설명한 매크로 실행 방법을 사용할 수 있습니다. Sheet1에서 양식 컨트롤의 단추 컨트롤이나 도형을 하나 삽입해 '간단한인사' Sub 프로시저를 연결해 실행할 수도 있습니다.

LINK 매크로 실행 방법은 61쪽을 참고합니다.

Sub 프로시저의 종료

Sub 프로시저는 입력된 명령을 위에서 아래로 순서대로 실행합니다. 하지만, 특정 상황이 될 때 중간에 명령 실행을 중단하도록 요청할 수 있는데, 이런 경우 Exit 명령을 사용합니다. Exit 명령은 뒤에 사용한 문의 블록을 빠져나가는 역할을 하므로, 다음과 같은 코드를 사용하면 Sub 프로시저 블록을 빠져나가 매크로가 종료됩니다.

```
Exit Sub
```

TIP Exit Sub 명령은 보통 If 문과 함께 쓰이며, 특정 상황에서 매크로를 종료하는 역할을 합니다.

위에서 사용한 예제에서, 주말(토, 일)에는 인사말이 나타나지 않도록 하려면 다음과 같이 코드를 구성할 수 있습니다.

```
Sub 간단한인사()

    If Weekday(Date, vbMonday) > 5 Then Exit Sub         ────────── ❶
    MsgBox "반갑습니다. " & Application.UserName & "님"

End Sub
```

❶ 이 코드를 이해하기 위해서는 다음의 함수 두 개를 이해해야 합니다.

- Weekday 함수는 워크시트 함수인 Weekday 함수와 동일하며, 요일 인덱스 번호를 반환합니다. 두 번째 인수가 vbMonday이므로 월요일부터 1, 2, 3, … 과 같은 번호를 반환합니다.

- Date 함수는 워크시트 함수인 Today 함수와 동일하게 오늘 날짜를 반환합니다.

그러므로 이 코드는 오늘 날짜의 요일 번호가 5를 초과(6, 7)하면 Exit Sub, 즉 Sub 프로시저를 종료하라는 의미입니다. Weekday 함수의 반환 값이 6, 7인 경우는 각각 토요일, 일요일인 경우로, 주말에는 다음 줄이 실행되지 않고 Sub 프로시저(매크로)가 종료됩니다.

주석 이해하고 활용하기

033

Sub 프로시저 내에는 실행할 명령어 이외에 코드 실행과는 무관한 설명 글을 입력해 놓을 수 있습니다. 이런 글을 주석이라고 합니다. 주석은 실행하려는 코드에 대해 설명해 놓거나 문제가 있어 보이는 특정 코드 줄을 잠시 실행되지 않도록 할 때 주로 사용합니다. 이번에는 주석을 활용하는 방법에 대해 알아보겠습니다.

예제 파일 PART 02\주석.xlsm

코드 설명

프로시저 안에서 코드의 동작을 설명하는 문장을 추가할 때 주석을 사용합니다. 작은따옴표(')를 먼저 입력하고 뒤에 설명 글을 입력하면 주석이 됩니다. 그러면 해당 줄은 녹색으로 표시되며 매크로가 실행되지 않습니다.

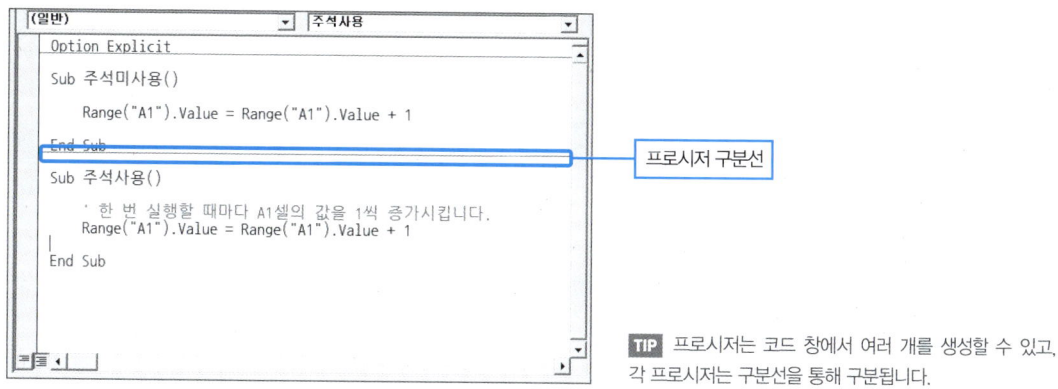

TIP 프로시저는 코드 창에서 여러 개를 생성할 수 있고, 각 프로시저는 구분선을 통해 구분됩니다.

코드 설명과 무관하게 전체 프로시저의 동작을 간략하게 설명하는 주석을 달아 놓으면 추후 프로시저를 관리하는 데 여러 모로 도움이 됩니다. 다음은 프로시저 선언과 동시에 프로시저 동작에 대한 전체 설명을 주석으로 달아 놓은 예입니다.

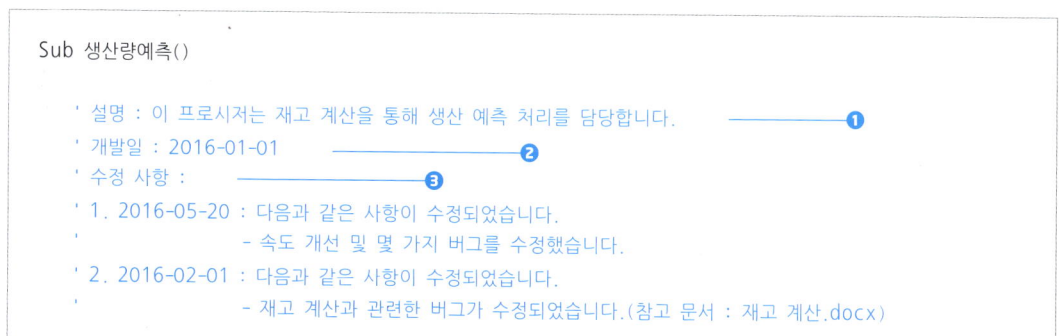

```
    '1단계 : 필요한 Raw 데이터를 sample 시트로 취합합니다.                    ④

    '2단계 : 취합된 데이터를 요약해 재고를 계산합니다.

    '3단계 : 계산된 재고를 이용해 생산량을 회귀분석으로 예측한 결과를 반환합니다.

End Sub
```

❶ 전체 매크로 동작에 대한 설명을 입력합니다.

❷ 최초 개발일을 기록합니다.

❸ 수정 사항이 발생할 때마다 날짜와 처리 내역을 간단하게 추가합니다.

❹ 코드 한 줄마다 주석을 달진 않지만, 전체 작업 과정을 단계별로 구분한 주석을 입력합니다.

코드 미 실행

주석은 설명을 다는 용도 이외에 특정 코드 줄을 실행하지 않을 때도 사용합니다. 이런 방법은 보통 프로시저를 완성하기 전/후에 특정 코드가 매크로 실행에 악영향을 주고 있는지 여부를 확인하고자 할 때 주로 사용합니다.

01 예제 파일을 열면, 왼쪽과 같은 화면이 나타납니다. 〈셀 값 증가〉 버튼을 세 번 클릭하면 오른쪽 화면과 같이 B2:B7 범위의 값이 1씩 증가합니다.

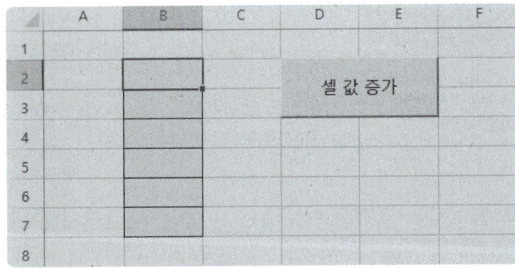

LINK 파일을 열 때 '보안 경고' 메시지 줄이 표시되면 〈콘텐츠 사용〉 버튼을 클릭해야 합니다. '보안 경고' 메시지 줄이 표시되지 않도록 하는 방법은 33쪽에서 설명합니다.

02 단축키 Alt+F11을 눌러 VB 편집기를 호출하고 Module1 개체의 코드 창에 입력된 코드를 확인합니다. B5:B7 범위의 값을 1씩 증가시키는 코드를 주석으로 처리하기 위해 Range("B5").Value = … 부분부터 세 줄을 마우스로 드래그해 선택한 다음, 편집 도구 모음의 [주석 블록 설정] 명령(🔲)을 클릭합니다.

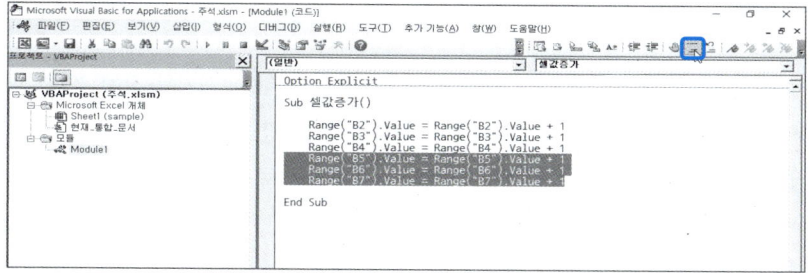

LINK 편집 도구 모음이 표시되어 있지 않다면 90쪽을 먼저 참고합니다.

03 그러면 화면과 같이 코드 세 줄이 주석으로 처리됩니다.

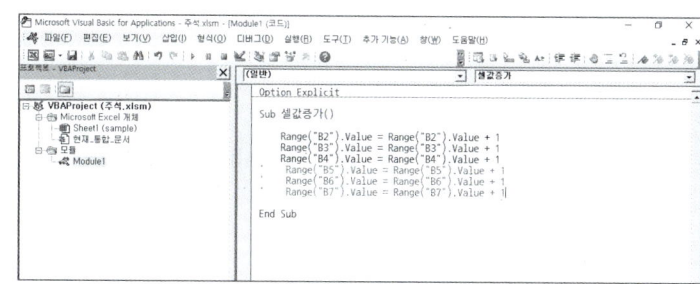

TIP 주석으로 처리할 코드 앞에 작은따옴표(')를 직접 입력해도 되지만, 여러 줄을 빠르게 주석으로 변경할 때는 이런 방법을 사용하는 것이 좋습니다.

04 단축키 Alt+F11을 눌러 엑셀 창으로 전환한 다음 〈셀 값 증가〉 버튼을 세 번 클릭하면, B2:B4 범위의 값은 1씩 증가하는데 B5:B7 범위의 값은 변화되지 않습니다.

프로시저를 작업 단위별로 나눠 개발하기 034

프로시저를 만들다 보면 코드가 너무 길어지는 경우가 종종 있습니다. 이 경우 프로시저를 작게 쪼갠 다음 순서대로 호출해 실행하는 방법을 사용하면 코드를 줄일 수 있습니다. 이 방법은 프로시저를 작업 단위별로 나눠 설계할 수 있다는 것을 의미합니다. 이렇게 하면 Sub 프로시저로 매크로를 개발할 때, 처리할 모든 작업을 하나의 프로시저에 구성하지 않고 여러 개의 프로시저로 나눠 개발할 수 있습니다. 이렇게 하면 프로시저 내에서 반복되는 코드를 별도의 프로시저로 빼낼 수 있어 코드 입력을 줄일 수 있으며, 프로시저를 모듈별로 구성할 수 있어 이해하기 쉬운 방향으로 개발 작업을 진행할 수 있습니다.

예제 파일 없음

다음은 매크로에서 다른 매크로를 호출하는 Call 문의 사용 예입니다.

```
Sub 매크로1()

    Call 매크로2                    ①
    MsgBox "모든 작업이 처리되었습니다."

End Sub

Sub 매크로2()

End Sub
```

① Call 문을 이용해 '매크로2'를 호출해 실행합니다. '매크로2'가 실행된 다음, 다시 '매크로1'로 돌아오며 Call 아랫줄의 명령이 실행되고 종료됩니다.

TIP Call 문을 생략하고 프로시저 이름만 입력해도 동일한 결과를 얻을 수 있습니다.

매개변수로 전달된 셀의 글꼴 색을 빨간색으로 지정하는 Sub 프로시저를 하나 개발합니다.

```
Sub 음수표시(셀 As Range)          ①

    셀.Font.Color = RGB(255, 0, 0)  ②

End Sub
```

❶ '음수표시' Sub 프로시저를 선언합니다. 이 매크로는 Range 개체 형식의 '셀' 변수를 매개변수로 전달 받아 동작합니다.

❷ '셀' 변수에 할당된 셀 범위의 글꼴 색을 RGB 함수를 사용해 빨간색으로 변경합니다.

앞의 매크로를 호출해 글꼴 색을 변경하는 매크로를 개발하려면 다음과 같은 코드를 입력합니다.

```
Sub 값체크()

    Dim 점검셀 As Range                          ❶

    Set 점검셀 = Range("A1")                     ❷
    If 점검셀.Value < 0 Then Call 음수표시(점검셀)    ❸

End Sub
```

❶ Range 개체 형식의 '점검셀' 변수를 선언합니다.

❷ '점검셀' 변수에 A1셀을 할당합니다.

❸ '점검셀' 변수에 할당된 셀 값이 0보다 작으면(음수이면) '음수표시' 매크로를 호출합니다. '음수표시' 매크로에 '점검셀' 개체변수에 할당된 셀을 전달합니다.

변수 이해하기   035

엑셀은 셀에 값을 저장하고 계산하는 작업을 진행하지만, VBA와 같은 프로그래밍 언어는 셀과 같은 공간이 없으므로 바로 메모리 영역을 사용해 값을 저장하고 사용합니다. 이때 프로그래밍 언어에서 값을 저장하기 위해 사용하는 메모리 영역을 변수라고 합니다. 변수는 프로시저를 개발하는 데 있어 값을 보관하고 사용하게 하는 기본 역할뿐만 아니라 속도를 개선하고 코드 관리를 쉽게 하는 등의 매우 중요한 역할을 수행하므로 잘 이해해야 합니다.

예제 파일 PART 02 \ 변수.xlsm

변수 선언

변수를 사용하는 두 가지 기본 동작은 선언과 저장입니다. 변수가 메모리 영역을 사용하겠다는 의사를 프로그램에게 밝히는 작업을 선언이라 하며, 선언 후 변수에 값을 저장하고 사용하면 됩니다. 변수를 선언할 때는 Dim 문을 사용하며, 선언된 변수에 값을 저장할 때는 Let 문(생략 가능)을 사용합니다. 다음은 변수 선언의 기본 구문입니다.

```
Dim 변수명 As 데이터형식        ❶

Let 변수명 = 값                ❷
```

❶ Dim 문을 사용해 변수를 선언합니다. 변수명은 메모리 영역에 사용자가 부여하는 이름으로, 프로시저 이름과 동일한 이름 규칙이 적용됩니다. 참고로 변수 이름은 주로 한글과 영어로 지정하는데, 초기에는 한글로 입력하는 것이 코드를 더 쉽게 이해할 수 있는 방법입니다.

As 데이터 형식은 변수에 저장할 값의 데이터 형식으로, 숫자, 텍스트, 논리값, 날짜 등의 데이터 종류에 따라 다양한 형식을 사용할 수 있으며, 각 데이터 형식은 메모리 영역을 얼마나 사용하느냐에 따라 달라집니다. 그러므로 정확한 데이터 형식을 지정하는 것이 무엇보다 중요하며, 변수 선언에서 사용할 수 있는 데이터 형식은 다음 표와 같습니다.

구분	데이터 형식	메모리 크기	값 범위
숫자	Byte	1byte	0 ~ 255
	Integer	2byte	−32,768 ~ 32,767
	Long	4byte	−2,147,483,648 ~ 2,147,483,647
	Single	4byte	음수 : −3.402823E38 ~ −1.401298E−45 양수 : 1.401298E−45 ~ 3.402823E38
	Double	8byte	음수 : −1.79769313486232E308 ~ −4.94065645841247E−324 양수 : 4.94065645841247E−324 ~ 1.79769313486232E308
	Currency	8byte	−922,337,203,685,477.5808 ~ 922,337,203,685,477.5807

	Decimal	14byte	정수 : +/-79,228,162,514,264,337,593,543,950,335 실수 : +/-7.9228162514264337593543950335
논리값	Boolean	2byte	True, False
날짜/시간	Date	8byte	100년 1월 1일 ~ 9999년 12월 31일
텍스트	String	10byte 이상	가변 길이는 약 2조, 고정 길이는 65,400
공통	Variant	16byte 이상	숫자는 Double과 동일, 텍스트는 String과 동일

❷ 선언된 변수에 값을 저장합니다. Let 문은 보통 생략하며, 변수는 값을 저장하고 난 다음에도 프로시저 내에서 여러 번 다른 값으로 변경될 수 있습니다.

TIP Dim은 차원(次元)을 의미하는 Dimension의 약어입니다.

변수의 데이터 형식

데이터 형식이란 데이터 값을 저장할 그릇이라고 생각하면 됩니다. 무엇을 담느냐에 따라 적합한 그릇을 사용해야 하듯이 각 데이터에 맞는 올바른 데이터 형식을 지정해야 합니다. 그릇의 크기보다 큰 값을 저장하려고 하면 OverFlow라는 에러 메시지가 나타납니다.

변수의 데이터 형식에 대해서는 다음 다이어그램을 참고합니다.

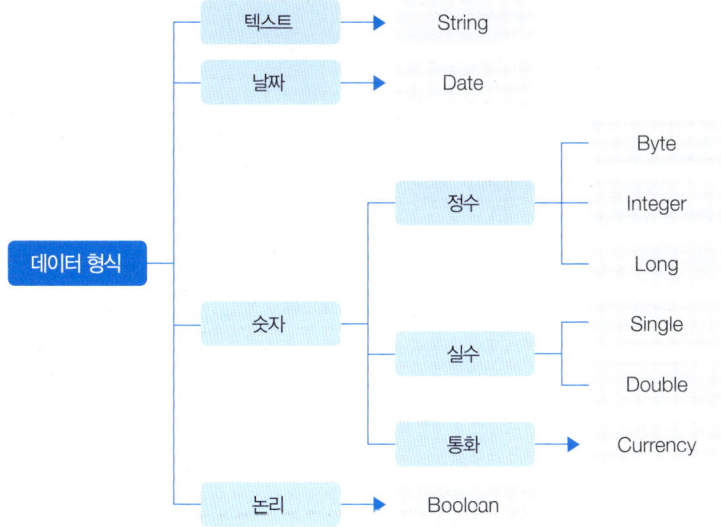

다음은 간단한 변수 선언 예입니다.

이름을 저장할 텍스트 형식의 변수를 선언하고 자신의 이름을 저장합니다.

```
Dim 프로그램 As String          ―――――――①

프로그램 = "엑셀"               ――――②
```

① 텍스트 값을 저장할 '프로그램' 변수를 String 형식으로 선언합니다.

② '프로그램' 변수에 자신의 이름을 저장합니다. 텍스트 값을 코드에서 사용할 때는 큰따옴표(")로 묶어 전달해야 합니다.

나이를 저장할 변수를 선언하고 자신의 나이를 저장합니다.

```
Dim 나이 As Byte               ――――――①

나이 = 30                      ――――――②
```

① 정수 값을 저장할 '나이' 변수를 Byte 형식으로 선언합니다.
   나이는 숫자 중에서도 정수이고, 제일 큰 값을 생각해도 200을 넘을 수 없으므로 Byte, Integer, Long 형식 중에서 Byte 형식으로 선언합니다.

② '나이' 변수에 자신의 나이를 저장합니다.

생년월일을 저장할 변수를 선언하고 자신의 나이를 저장합니다.

```
Dim 생년월일 As Date            ――――――①

생년월일 = #1/1/1985#           ――――②
```

① 날짜 값을 저장할 '생년월일' 변수를 Date 형식으로 선언합니다.

② '생년월일' 변수에 자신의 생일을 저장합니다. 날짜/시간 데이터는 # 기호 안에 m/d/yyyy 형식으로 저장해야 하는데, 보통 이렇게 입력하는 것이 힘들어 DateSerial 함수나 DateValue 함수를 많이 사용합니다.

```
생년월일 = DateSerial(1985, 1, 1)

또는

생년월일 = DateValue("1985-01-01")
```

LINK DateSerial, DateValue 함수는 297쪽을 참고합니다

참고로 다음과 같이 여러 개의 변수를 한 번에 선언하는 방법은 지원되지 않습니다.

```
Dim 변수1, 변수2, 변수3 As Integer
```
❶

❶ Dim 문을 이용해 변수를 선언할 때는 쉼표(,) 구분자를 이용해 여러 개의 변수를 선언할 수 있지만, 데이터 형식은 한 번에 정의할 수 없습니다. 위와 같이 선언하면 다음과 같이 선언한 것과 동일합니다.

```
Dim 변수1 As Variant
Dim 변수2 As Variant
Dim 변수3 As Integer
```

그러므로 변수 세 개를 모두 Integer 형식으로 선언하려면 다음과 같이 코드를 구성해야 합니다.

```
Dim 변수1 As Integer, 변수2 As Integer, 변수3 As Integer
```

01 예제 파일을 열면 다음 화면과 같은 표를 확인할 수 있습니다. C3셀에는 B3셀의 값에 150%를 곱한 금액이 반환되도록 되어 있으며, E:F열에는 매크로가 연결된 버튼이 두 개 삽입되어 있습니다.

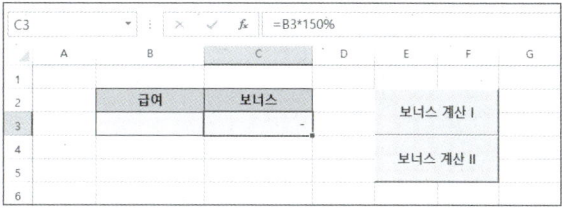

02 〈보너스 계산 I〉 버튼을 클릭하면 다음과 같은 입력 창이 표시됩니다. 급여를 300만 원이라고 가정하고 정확하게 숫자로 입력한 다음, 〈확인〉 버튼을 클릭합니다.

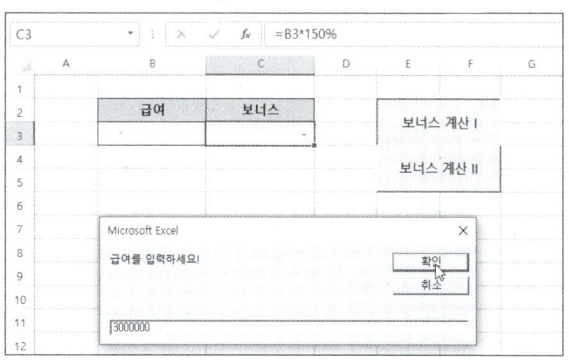

03 B3셀에는 입력한 값이, C3셀에는 입력한 값에 150%를 곱한 값이 표시되며, 메시지 창에 C3셀의 값이 표시됩니다. 〈확인〉 버튼을 클릭해 창을 닫습니다.

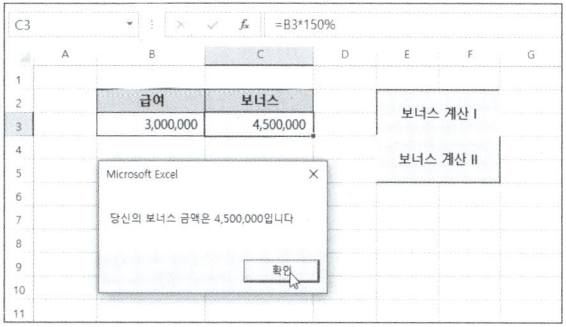

04 〈보너스 계산 II〉 버튼을 클릭하면 **02** 과정과 동일한 입력 창이 표시됩니다. 이번에는 급여를 400만 원으로 입력하고 〈확인〉 버튼을 클릭합니다.

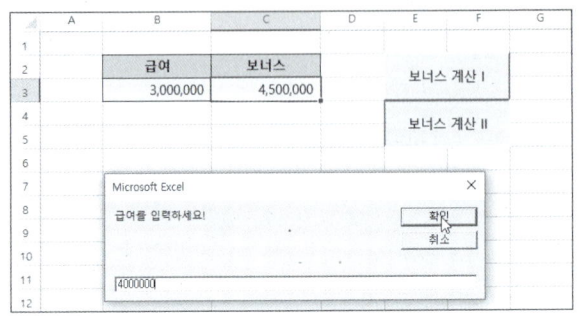

05 메시지 창에 400만 원의 1.5배인 600만 원이 표시됩니다. 그런데 B3:C3 범위에는 **04** 과정에서 입력한 값이 나타나지 않습니다. 〈확인〉 버튼을 클릭해 창을 닫습니다.

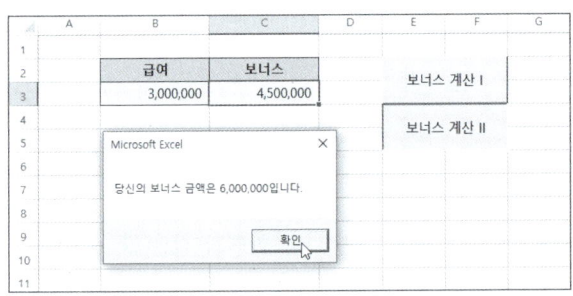

06 개발된 코드를 확인하기 위해 리본 메뉴의 [개발 도구] 탭-[코드] 그룹-[Visual Basic] 명령( )을 클릭하거나, 단축키 Alt + F11 을 누릅니다.

07 프로젝트 탐색기 창에서 Module1 개체를 더블클릭하면 Sub 프로시저로 선언된 매크로 두 개를 확인할 수 있습니다.

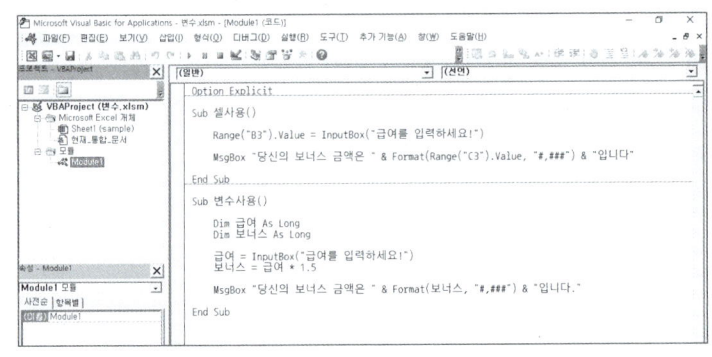

TIP '셀사용' 매크로는 〈보너스 계산 I〉 버튼에 연결되어 있고, '변수사용' 매크로는 〈보너스 계산 II〉 버튼에 연결되어 있습니다.

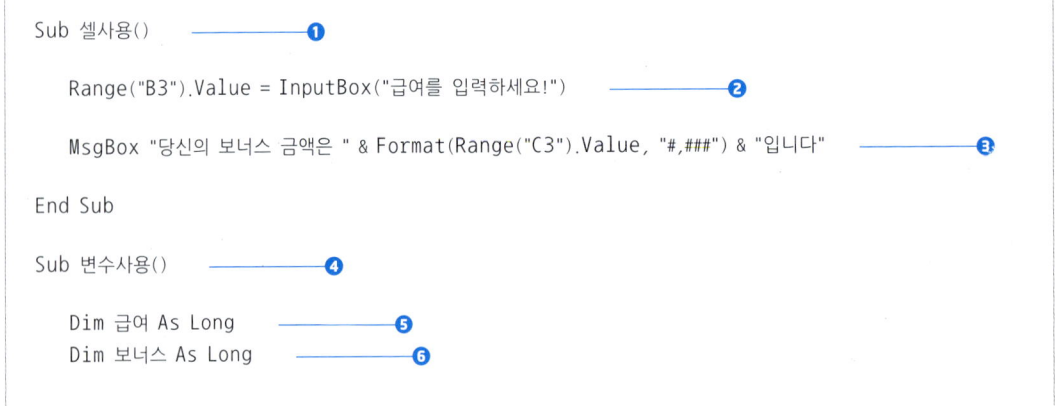

```
        급여 = InputBox("급여를 입력하세요!")        ———❼
        보너스 = 급여 * 1.5        ———❽

        MsgBox "당신의 보너스 금액은 " & Format(보너스, "#,###") & "입니다."        ———❾

End Sub
```

❶ '셀사용' 매크로를 Sub 프로시저로 선언합니다.

❷ B3셀에 InputBox 함수로 입력 받은 값을 저장합니다.

❸ MsgBox 함수를 사용해 C3셀의 값을 화면에 표시합니다.

❹ '변수사용' 매크로를 Sub 프로시저로 선언합니다.

❺ 급여 금액을 저장할 '급여' 변수를 Long 형식으로 선언합니다.

❻ 보너스 금액을 저장할 '보너스' 변수를 Long 형식으로 선언합니다.

❼ InputBox 함수로 입력 받은 값을 '급여' 변수에 저장합니다.

❽ '급여' 변수에 저장된 값에 1.5(150%)를 곱한 값을 '보너스' 변수에 저장합니다.

❾ MsgBox 함수를 사용해 '보너스' 변수의 값을 화면에 표시합니다.

LINK InputBox 함수는 261쪽에, MsgBox 함수는 256쪽에 설명되어 있습니다.

LINK Format 함수는 워크시트 함수인 Text 함수와 동일한 함수로, 291쪽에 자세하게 설명되어 있습니다.

[설명]
'셀사용' 매크로는 보너스 계산을 위해 B3, C3셀을 이용하지만, '변수사용' 매크로는 '급여'와 '보너스' 두 개의 변수를 사용해 보너스 계산 작업을 진행합니다. 변수를 사용하면 코드가 길어지지만, 셀을 거치지 않기 때문에 빠르게 결과를 돌려 받을 수 있고 코드의 가독성도 높아지므로, 가급적 변수를 사용해 코드를 구성하는 것이 좋습니다.

변수의 초기 값

데이터 형식을 지정해 선언할 때, 계산 가능한 형식인 날짜/시간, 숫자, 논리의 경우는 변수 선언과 동시에 해당 변수에 0 값이 저장됩니다. 그 외에 텍스트나 Variant 타입의 변수는 값을 저장할 때까지 비워져 있게 됩니다.

구분	데이터 형식	초기 값
숫자	Byte, Integer, Long, Single, Double, Currency, Decimal	0
논리값	Boolean	FALSE
날짜/시간	Date	12:00:00 AM
텍스트	String	" " 또는 Char(0)
공통	Variant	Empty

상수 이해하기　　036

상수(常數)는 변수(變數)처럼 값을 저장하기 위해 사용하는 메모리 영역입니다. 다만 변수와 달리 한번 저장된 값을 수정할 수는 없습니다. 변수와 상수 모두 한자 표기이므로, 한자로 의미를 이해하는 것이 빠릅니다. 변수는 변할 수 있는 수이고, 상수는 항상 일정한 수로 한번 정의하면 값을 변경할 수가 없습니다. 이 외에는 변수와 상수의 차이가 없으므로 프로시저 내에서 변하지 않는 특정 값을 저장해 사용할 때 상수를 사용하면 됩니다.

예제 파일 PART 02 \ 상수.xlsm

상수의 선언

다음은 상수를 선언하는 구문입니다.

```
Const 상수명 As 데이터형식 = 값            ①
```

❶ Const 문으로 상수를 선언하며, 선언과 동시에 값을 저장합니다.

실제 상수를 선언하는 사용 예는 다음과 같습니다.

```
Const 건강보험요율 As Single = 0.02995            ①
```

❶ 실수 값을 저장할 '건강보험요율' 상수를 Single 형식으로 선언하며, 2.995%(VBA에서는 %를 사용해 값을 전달할 수 없으므로 0.02995로 입력합니다.)를 저장합니다.

상수의 사용

상수는 선언과 동시에 값을 저장해 사용할 수 있으므로, 값이 변경될 필요가 없는 경우에는 변수보다 유용합니다. 다만 상수는 변수에 비해 활용도가 떨어지는데, 그 이유는 값이 변경될 수 없는 특정 상황에서만 사용할 수 있어 사용자를 이를 구분해야 하기 때문입니다. 그래서 습관적으로 변수만 사용하는 사용자가 많습니다.

01 예제 파일을 열면 화면과 같은 표를 확인할 수 있습니다. 〈건강보험료 계산〉 버튼을 클릭하면 D3셀에 건강보험료가 자동으로 계산됩니다.

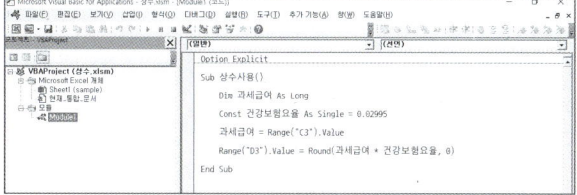

02 코드를 확인하기 위해 단축키 Alt + F11 을 눌러 VB 편집기를 호출한 다음, 프로젝트 탐색기 창에서 Module1 개체를 더블클릭합니다.

```
Sub 상수사용()                                    ①

    Dim 과세급여 As Long                          ②

    Const 건강보험요율 As Single = 0.02995        ③

    과세급여 = Range("C3").Value                  ④

    Range("D3").Value = Round(과세급여 * 건강보험요율, 0)   ⑤
End Sub
```

① '상수사용' 매크로를 Sub 프로시저로 선언합니다.

② Long 형식(숫자 데이터 형식 중에서 정수 형태로는 가장 큰 값을 담을 수 있는 데이터 형식)의 '과세급여' 변수를 선언합니다.

③ Single 형식의 '건강보험요율' 상수를 선언한 다음, 0.02995(2.995%) 값을 저장합니다. 상수로 선언하지 않고 변수로 선언하려면 다음과 같은 코드로 대체합니다.

```
Dim 건강보험요율 As Single

건강보험요율 = 0.02995
```

④ '과세급여' 변수에 C3셀의 값을 저장합니다.

⑤ '과세급여' 변수의 값과 '건강보험요율' 상수의 값을 곱해 건강보험료를 계산한 값을 D3셀에 입력합니다. 이때, Round 함수를 사용해 소수점 이하 값을 반올림합니다. Round 함수는 VBA 함수로, 워크시트 함수인 Round와 사용 방법이 동일합니다.

위와 같이 상수는 변수로 대체해 사용할 수 있지만 바뀌지 않는 값을 저장할 때는 변수보다 상수가 더 올바른 사용 방법입니다. 보통 영어로 변수나 상수 이름을 사용할 때 변수 이름은 대/소문자를 섞어 사용하고, 상수 이름은 항상 대문자를 사용해 변수와 구별합니다.

개체변수 이해하기 037

엑셀의 개체도 변수에 저장해 사용할 수 있으며, 개체가 저장된 변수를 개체변수라고 합니다. 개체변수의 경우, 개체를 저장한다는 표현보다는 개체를 할당한다는 표현을 많이 사용합니다. 개체변수를 사용하면 특정 개체를 원하는 변수로 조작할 수 있어 코드를 이해하기 쉽게 구성할 수 있고, 메모리에 개체가 올려져 동작하므로 프로시저의 처리 속도가 빨라지는 장점이 있습니다. 이번에는 개체변수를 사용하는 방법에 대해 알아보겠습니다.

예제 파일 PART 02 \ 개체변수.xlsm

개체변수의 선언

개체변수를 선언하고 변수에 개체를 할당(지정)하는 구문은 다음과 같습니다.

```
Dim 변수명 As 개체            ❶

Set 변수명 = 개체              ❷
```

❶ Dim 문으로 변수를 선언하며, As 절 뒤에 데이터 형식 대신 할당할 개체 형식을 사용합니다.
❷ 변수에 개체를 할당할 때는 Set 문을 사용하며, 데이터 형식 변수와 달리 Set 문은 생략할 수 없습니다.

다음은 파일을 변수에 할당하는 개체변수의 사용 예입니다.

```
Dim 작업파일 As Workbook              ❶

Set 작업파일 = Workbooks("재고.xlsx")   ❷
```

❶ 파일을 할당할 수 있는 '작업파일' 변수를 Workbook 형식으로 선언합니다.
❷ '작업파일' 변수에 열려 있는 파일 중 이름이 '재고.xlsx'인 파일을 할당합니다.

다음은 워크시트를 변수에 할당하는 개체변수의 사용 예입니다.

```
Dim 근태 As Worksheet                        ❶

Set 근태 = ThisWorkbook.Worksheet("근태")     ❷
```

❶ 시트를 할당할 수 있는 '근태' 변수를 Worksheet 형식으로 선언합니다.
❷ '근태' 변수에 현재 파일의 시트 중 '근태' 시트를 할당합니다.

다음은 셀 범위를 변수에 할당하는 개체변수의 사용 예입니다.

```
Dim 매출범위 As Range                    ❶

Set 매출범위 = Range("A1:A10")          ❷
```

❶ 셀 범위를 할당할 수 있는 '매출범위' 변수를 Range 형식으로 선언합니다.
❷ '매출범위' 변수에 A1:A10 범위를 할당합니다.

개체변수의 초기 값

선언된 개체변수는 변수에 개체가 할당될 때까지 비워져 있는데, 이 상태를 Nothing이라고 합니다. 개체변수가 Nothing인 경우는 선언은 됐지만 아직 개체가 할당되지 않은 상태이거나 개체변수가 비워진 상태를 의미합니다.

개체변수의 사용

SECTION 036에서 사용된 '상수.xlsm' 예제의 코드를 개체변수를 사용하도록 변경하면 다음과 같습니다.

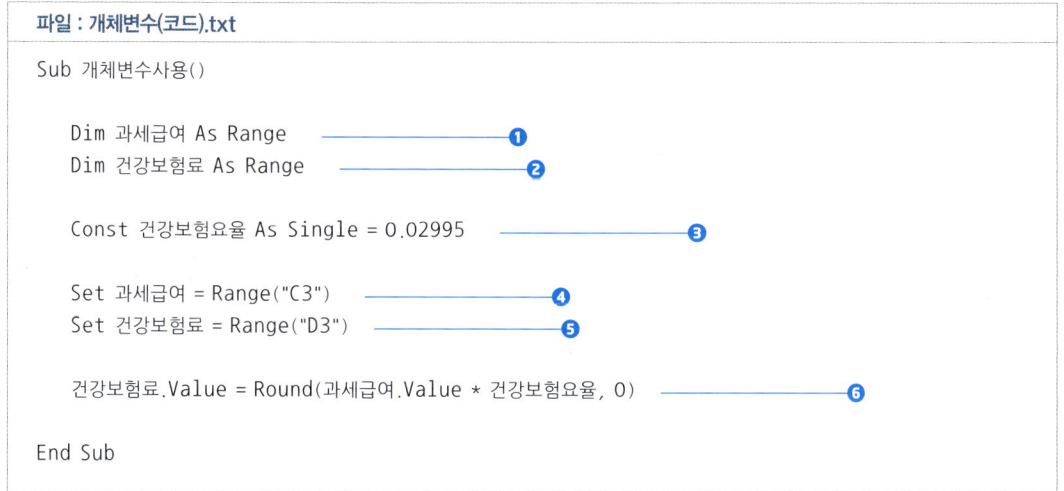

파일 : 개체변수(코드).txt

```
Sub 개체변수사용()

    Dim 과세급여 As Range                          ❶
    Dim 건강보험료 As Range                        ❷

    Const 건강보험요율 As Single = 0.02995         ❸

    Set 과세급여 = Range("C3")                     ❹
    Set 건강보험료 = Range("D3")                   ❺

    건강보험료.Value = Round(과세급여.Value * 건강보험요율, 0)   ❻

End Sub
```

❶ Range 형식의 '과세급여' 개체변수를 선언합니다.

❷ Range 형식의 '건강보험료' 개체변수를 선언합니다.

❸ Single 형식의 '건강보험요율' 상수를 선언하고 0.02995 값을 저장합니다.

❹ '과세급여' 개체변수에 C3셀을 할당합니다.

❺ '건강보험료' 개체변수에 D3셀을 할당합니다.

❻ '과세급여' 개체변수에 할당된 셀 값과 '건강보험요율' 상수에 저장된 값을 곱한 결과를 '건강보험료' 개체변수에 할당된 셀에 저장합니다. 이때 계산 결과를 이전과 동일하게 Round 함수를 이용해 소수점 위치에서 반올림합니다.

이 코드를 테스트해 보려면 다음 순서로 작업합니다.

01 예제 파일을 열고, 단축키 Alt + F11을 누른 다음, 프로젝트 탐색기 창에서 Module1 개체를 더블클릭합니다. 그러면 위 코드를 확인할 수 있습니다.

02 단축키 Alt + F11을 눌러 엑셀 창으로 전환한 다음, 〈건강보험료 계산〉 버튼을 클릭하면 이전과 동일한 결과가 D3셀에 반환되는 것을 확인할 수 있습니다.

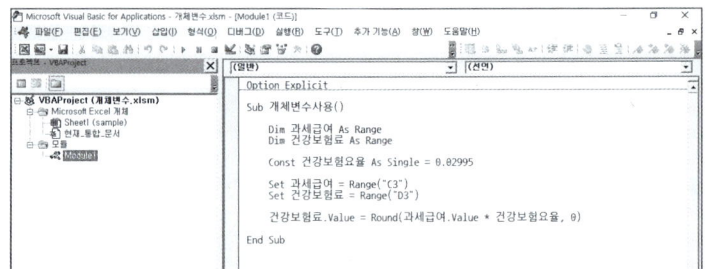

TIP 계산 결과가 올바른지 확인하려면 D3셀에 수식 '=C3*2.995%'를 입력해 결과를 확인합니다.

배열변수 이해하기

038

값을 저장할 수 있는 변수를 데이터 변수라고 합니다. 기존 변수에는 하나의 값만 저장할 수 있는데, 변수에 여러 개의 값을 순서대로 저장하려면 배열변수를 사용하면 됩니다. 배열변수는 변수를 여러 개 선언하지 않고, 하나의 변수에 여러 개의 값을 저장하고 사용할 수 있는 변수입니다. 데이터 변수와 유사하지만 선언과 사용 방법이 조금 다르므로 잘 이해하고 있어야 합니다.

예제 파일 PART 02 \ 배열변수.xlsm

배열변수 선언

배열변수를 선언할 때의 구문은 다음과 같습니다.

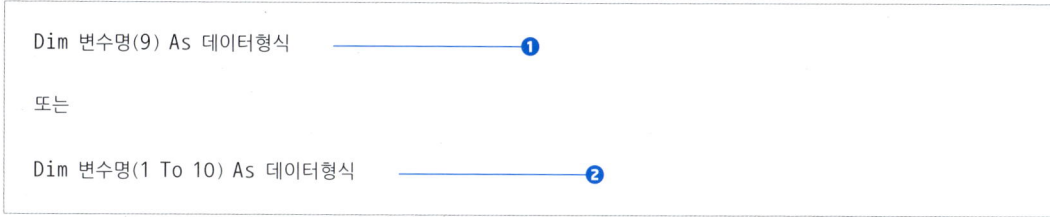

❶ 열 개의 값을 저장할 변수를 선언합니다. 배열변수는 괄호 안에 저장할 값의 개수를 입력하는데, 인덱스 번호가 0부터 시작하므로 저장할 개수보다 하나 적은 수로 선언해야 합니다.

❷ To 키워드를 이용해 인덱스 번호를 강제로 할당할 수 있습니다. To 키워드를 사용하지 않고 1부터 인덱스 번호를 시작하게 하려면 코드 창 상단에 다음과 같이 Option Base 1 명령을 입력하고 배열변수를 선언합니다.

```
Option Base 1

Sub 매크로1()

    Dim 변수명(10) As 데이터형식

End Sub
```

다음은 로또 당첨번호를 저장하는 배열변수를 선언하고 번호를 저장하는 코드의 예입니다.

Dim 로또(5) As Integer 로또(0) = 8 로또(1) = 21 로또(2) = 25 로또(3) = 39 로또(4) = 40 로또(5) = 44	Dim 로또(1 To 6) As Integer 로또(1) = 8 로또(2) = 21 로또(3) = 25 로또(4) = 39 로또(5) = 40 로또(6) = 44

저장된 로또 변수의 번호를 셀에 표시하려면 다음과 같은 코드를 사용합니다.

```
Range("A1:F1").Value = 로또          ①
```

① A1:F1 범위에 로또 배열변수에 저장된 값을 전달합니다. 이때 배열변수는 1×6 행렬(1개의 행과 6개의 열)로 열 방향으로 6개의 값이 저장되어 있으므로, Range 개체의 범위도 A1:F1과 같이 열 방향이어야 합니다. 만약 A1:A6과 같이 행 방향 범위라면 배열변수의 1×6 행렬을 6×1 행렬로 변경해야 하며, 이런 작업에는 워크시트 함수인 Transpose 함수를 사용합니다. 다음은 행 방향으로 저장하는 코드의 예입니다.

```
Range("A1:A6").Value = WorksheetFunction.Transpose(로또)
```

WorksheetFunction 개체는 VBA에서 워크시트 함수를 사용하기 위해 사용하는 개체로, 322쪽에서 자세하게 설명합니다.

01 예제 파일을 열면 화면과 같은 표를 볼 수 있습니다. 〈로또〉 버튼을 클릭하면 당첨번호를 확인할 수 있습니다.

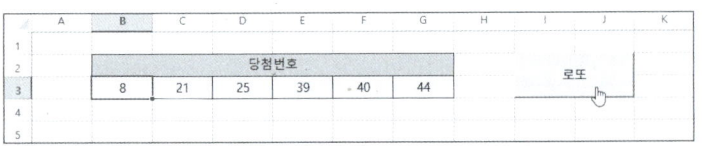

02 단축키 Alt+F11을 눌러 VB 편집기를 호출하고 Module1 개체의 코드 창을 살펴보면 다음 그림과 같습니다.

TIP To 키워드를 사용해 '로또' 배열변수를 인덱스 번호가 1부터 시작하도록 변경해 봅니다.

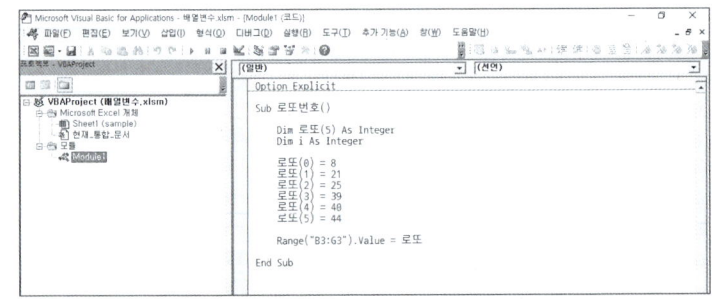

다차원 배열

배열변수는 기본적으로 1×n 행렬과 같이 열 방향으로만 데이터를 저장할 수 있으며, 이런 배열변수를 1차원 배열변수라고 합니다. VBA는 최대 60차원까지의 배열변수를 선언하고 사용할 수 있는데, 60차원은 너무 복잡해 사용하기가 오히려 어렵습니다. 엑셀은 워크시트가 2차원 행렬(R×C 행렬)이므로 배열변수 역시 2차원 배열변수를 가장 많이 사용합니다.

1차원 배열변수는 다음과 같은 범위에 순서대로 값을 저장한다고 생각하면 됩니다.

TIP 범위를 선택할 때 이름 상자를 보면 '1R×6C'라는 표현이 나타납니다. 이것은 1개의 행과 6개의 열을 사용하는 1×6 행렬을 의미하며, 배열변수로는 변수(5) 또는 변수(1 To 6)과 같습니다.

2차원 배열변수는 다음과 같은 범위에 순서대로 값을 저장한다고 생각하면 됩니다.

TIP 선택 범위는 이름 상자에서 확인할 수 있듯, 3×6 행렬입니다. 배열변수로는 변수(2, 5) 또는 변수(1 To 3, 1 To 6)과 같습니다.

다음은 100개의 로또 당첨번호를 저장할 수 있는 2차원 배열로 선언하고 사용하는 예입니다.

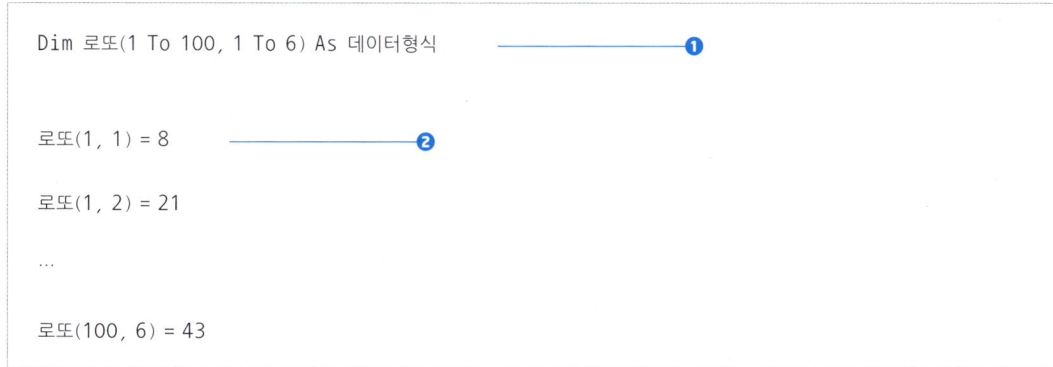

```
Dim 로또(1 To 100, 1 To 6) As 데이터형식 ────────❶

로또(1, 1) = 8 ────────❷

로또(1, 2) = 21

...

로또(100, 6) = 43
```

❶ 변수 선언은 동일하며, 차원은 쉼표(,) 연산자를 이용해 구분하고 선언합니다. 배열변수의 크기는 To 키워드를 사용하거나 저장할 개수에서 하나를 뺀 수로 크기를 선언합니다.

❷ 변수에 값을 저장할 때, 2차원 배열은 워크시트와 동일하게 변수 이름(행, 열)과 같은 위치에 값을 저장한다고 생각하며 작업합니다.

동적 배열변수 이해하기 039

배열변수는 선언과 동시에 저장할 값의 개수를 지정해야 하는데, 개수를 정확하게 모르는 경우에는 동적 배열변수를 사용하면 됩니다. 대부분의 데이터가 매크로를 실행할 때마다 개수가 계속 변동하므로, 저장할 값의 개수를 아는 경우보다 모르는 경우가 더 많습니다. 동적 배열변수는 배열변수에 저장될 값의 개수와 무관하게 사용할 수 있는 배열변수로, 필요하다면 코드 내에서 저장할 값의 개수를 따로 변경할 수 있습니다.

예제 파일 PART 02 \ 동적 배열변수.xlsm

동적 배열변수의 선언

동적 배열변수는 선언할 때 저장할 값의 개수를 지정하지 않고 ReDim 문을 이용해 배열의 크기(저장할 개수)를 조정합니다. 다음 구문을 참고합니다.

```
Dim 변수명() As 데이터형식           ①

...

ReDim 변수명(1 To 10)                ②
```

① 저장할 개수를 지정하지 않고 빈 괄호를 사용해 동적 배열변수로 선언합니다. 참고로 Dim 문을 사용해 배열변수를 선언할 때 값을 저장할 개수를 지정하면 ReDim 문으로 개수를 조정할 수 없습니다.
② 코드 진행 중간에 ReDim 문을 이용해 배열에 저장할 값의 개수를 10개로 설정합니다.

ReDim 문을 이용해 배열의 개수를 조정할 때, 배열변수에 이미 저장된 값이 있다면 기존 값이 삭제됩니다. 저장된 값을 삭제하지 않으려면 배열의 개수를 조정할 때 ReDim 문에 다음과 같이 Preserve 키워드를 사용합니다.

```
Dim 변수명() As 데이터형식

...

ReDim 변수명(1 To 10)

변수명(1) = 1                        ①

ReDim Preserve 변수명(1 To 100)      ②
```

❶ 10개의 값을 저장할 수 있는 변수의 첫 번째 요소에 1을 저장합니다.

❷ 변수에 저장할 개수를 10개에서 100개로 조정합니다. Preserve 키워드를 사용했으므로, ❶에서 저장한 값이 그대로 보존됩니다. Preserve 키워드를 사용하지 않으면 ❶에서 저장한 1은 삭제됩니다.

Preserve 키워드를 다차원 배열변수에서 사용할 때는 항상 마지막 차원에 저장할 개수만 변경할 수 있다는 데 주의해야 합니다. 즉, 2차원 배열변수를 동적 배열변수로 선언하고 저장할 값의 개수를 조정할 때 Preserve 키워드를 사용하면, 1차원에 저장할 개수는 조정할 수 없고 2차원에 저장할 값의 개수만 조정할 수 있습니다.

```
Dim 변수명() As 데이터형식

...

ReDim 변수명(1 To 10, 1 To 10)             ❶

변수명(1, 1) = 1                           ❷

ReDim Preserve 변수명(1 To 10, 1 To 100)   ❸
```

❶ ReDim 문을 이용해 10×10행렬로 100개의 값을 저장할 수 있는 2차원 배열변수로 조정합니다.

❷ 변수의 첫 번째 요소에 1을 저장합니다.

❸ ReDim 문을 이용해 변수의 크기를 10×100행렬, 즉 1000개의 값을 저장할 수 있는 2차원 배열변수로 재조정합니다. 이때 첫 번째 요소(변수명(1, 1))에 저장된 값은 보존됩니다. Preserve 키워드를 사용해 다차원 배열의 크기를 변경할 때는 마지막 차원의 크기를 조정할 수 있지만, 낮은 차원의 크기는 변경할 수 없습니다. 즉, 이번에 사용한 2차원 배열변수에서는 다음과 같이 1차원 배열의 개수를 조정하는 작업은 불가합니다.

```
ReDim Preserve 변수명(1 To 100, 1 To 10)
```

참고로 ReDim 문으로 크기를 조정하지 않고 한 번에 데이터를 넣는 방법을 사용할 수도 있는데, 그러려면 반드시 동적 배열변수는 Variant 형식으로 선언해야 합니다.

```
Dim Raw() As Variant           ❶

Raw = Range("A1:A100")         ❷
```

❶ Variant 형식의 'Raw' 동적 배열변수를 선언합니다. 괄호는 생략할 수 있습니다.

❷ 'Raw' 변수에 A1:A100 범위의 값을 한 번에 저장합니다. A1:A100 범위는 100×1 행렬이므로 다음과 같이 값을 저장할 개수를 조정한 것과 같습니다.

```
ReDim Raw(1 To 100, 1 To 1)
```

ReDim 문을 사용하지 않고 동적 배열변수에 값을 할당한 경우, 정확하게 몇 개의 값이 저장됐는지 확인하려면 배열변수의 첫 번째 인덱스 번호를 반환하는 LBound 함수와 마지막 인덱스 번호를 반환하는 Ubound 함수를 사용합니다.

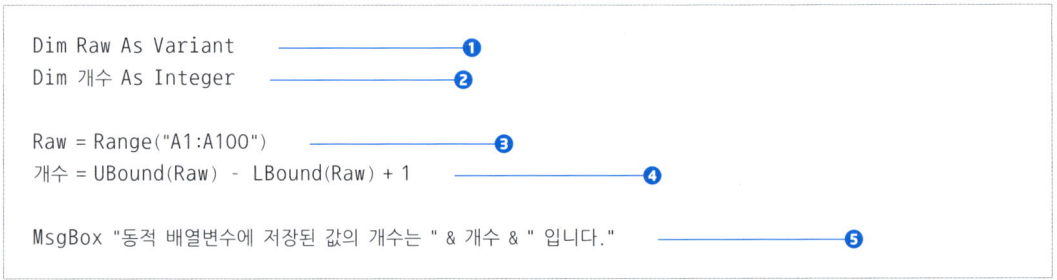

❶ Variant 형식의 Raw 변수를 선언합니다.

❷ Integer 형식의 '개수' 변수를 선언합니다.

❸ Raw 변수에 A1:A100 범위 내 값을 저장합니다. 이렇게 하면 Raw(1 To 100, 1 To 1) 배열변수가 됩니다.

❹ '개수' 변수에 Raw 변수에 저장된 값의 개수를 계산해 넣습니다. UBound 함수는 1차원 배열의 마지막 인덱스 번호를 반환하므로 100을 반환하며, LBound 함수는 첫 번째 인덱스 번호를 반환하므로 1을 반환합니다. 100에서 1을 빼고 1을 더하면 100이 됩니다. UBound 함수와 LBound 함수를 사용해 동적 배열변수에 저장된 값의 개수를 셀 때는 보통 이런 계산식을 만들어 사용하는 경우가 많습니다.

❺ MsgBox 함수를 사용해, '개수' 변수의 값을 화면에 표시합니다.

동적 배열변수의 사용 예

01 예제 파일을 열고, 〈마지막 신청자는?〉 버튼을 클릭하면 B열 마지막에 입력된 '정승화'가 메시지 창에 표시됩니다.

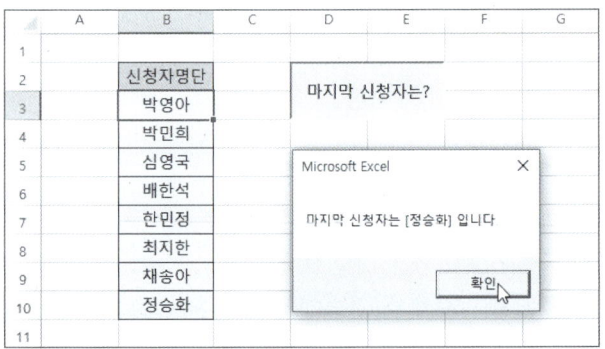

TIP B11셀에 자신의 이름을 입력하고 〈마지막 신청자는?〉 버튼을 다시 클릭해 메시지 창을 확인합니다.

02 작성된 코드를 확인하기 위해 단축키 Alt+F11을 누른 다음, VB 편집기에서 Module1 개체의 코드를 확인합니다.

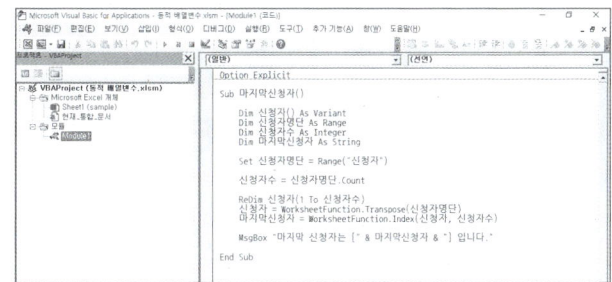

```
Sub 마지막신청자()

    Dim 신청자() As Variant                                    ❶
    Dim 신청자명단 As Range                                     ❷
    Dim 신청자수 As Integer                                     ❸
    Dim 마지막신청자 As String                                  ❹

    Set 신청자명단 = Range("신청자")                            ❺

    신청자수 = 신청자명단.Count                                 ❻

    ReDim 신청자(1 To 신청자수)                                 ❼
    신청자 = WorksheetFunction.Transpose(신청자명단)            ❽
    마지막신청자 = WorksheetFunction.Index(신청자, 신청자수)    ❾

    MsgBox "마지막 신청자는 [" & 마지막신청자 & "] 입니다."     ❿

End Sub
```

❶ Variant 형식의 '신청자' 동적 배열변수를 선언합니다.

❷ Range 형식의 '신청자명단' 개체변수를 선언합니다.

❸ 신청자 수를 센 값을 저장할 '신청자수' 변수를 Integer 형식으로 선언합니다.

❹ 마지막 신청자 이름을 저장할 '마지막신청자' 변수를 String 형식으로 선언합니다.

❺ '신청자명단' 개체변수에 '신청자' 이름으로 정의된 데이터 범위를 할당합니다. 엑셀 창에서 리본 메뉴의 [수식]-[정의된 이름]-[이름 관리자] 명령을 클릭하면 정의된 이름을 확인할 수 있습니다.

❻ '신청자수' 변수에 '신청자명단' 개체변수의 수를 저장합니다.

❼ ReDim 문을 사용해 '신청자' 변수의 크기를 조정합니다.

❽ '신청자' 동적 배열변수에 '신청자명단' 개체변수에 할당된 데이터 범위의 값을 저장합니다. 데이터는 B3:B10 범위(8×1 행렬)에 있고, 동적 배열변수는 1×8 행렬이므로, 행과 열을 바꿔 저장하기 위해 워크시트 함수인 Transpose 함수를 사용합니다.

❾ '마지막신청자' 변수에 워크시트 함수인 Index 함수를 사용해 '신청자' 동적 배열변수에서 '신청자수' 변수에 저장된 여덟 번째 값을 참조해 저장합니다.

❿ MsgBox 함수를 사용해 '마지막신청자' 변수에 저장된 텍스트 값을 화면에 표시합니다.

TIP 이 코드는 동적 배열변수의 활용에 대한 예제로, 아직 배우지 않은 부분 때문에 번거로운 방식으로 코드가 구성되어 있습니다. 동적 배열변수에 대한 감을 잡는 용도로 이해하도록 합니다.

Type 문을 사용하는 사용자 정의 데이터 형식 이해하기

040

VBA에서는 기본 데이터 형식 이외에 사용자가 자신이 원하는 방법으로 정의할 수 있는 사용자 정의 데이터 형식(User Defined Data Type)을 사용할 수 있습니다. 이 데이터 형식은 하나의 변수에 별도의 값을 저장할 수 있는 하위 변수를 추가할 수 있으며, Type 문을 이용해 선언합니다. 사용자 정의 데이터 형식은 반드시 코드 창 상단에 선언해야 한다는 점에 주의합니다.

예제 파일 PART 02 \ 사용자 정의 데이터 형식.xlsm

예를 들어 아래와 같은 직원 데이터를 '직원표'라는 사용자 정의 데이터 형식으로 선언하려면 오른쪽과 같은 코드를 입력합니다.

```
Type 직원표
    사번 As Integer
    이름 As String
    직위 As String
End Type
```

사용자 정의 데이터 형식으로 선언하고 사용한 코드 예제는 예제 파일의 Module1 개체의 코드 창에서 확인할 수 있습니다.

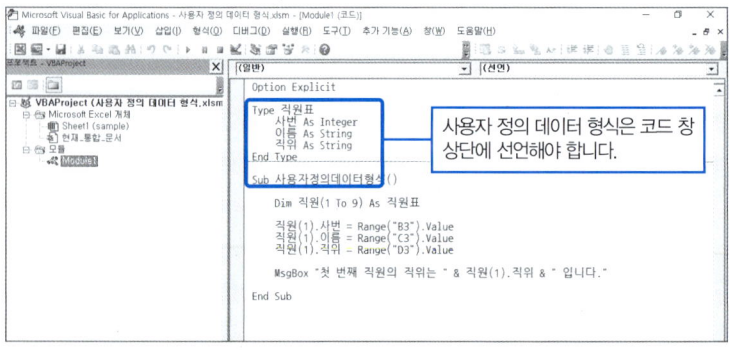

사용자 정의 데이터 형식은 코드 창 상단에 선언해야 합니다.

구성된 코드에 대한 설명은 다음을 참고합니다.

```
Type 직원표 ————————————①
    사번 As Integer
    이름 As String
    직위 As String
End Type

Sub 사용자정의데이터형식() ————————②

    Dim 직원(1 To 9) As 직원표 ————————③

    직원(1).사번 = Range("B3").Value ————————④
    직원(1).이름 = Range("C3").Value
    직원(1).직위 = Range("D3").Value

    MsgBox "첫 번째 직원의 직위는 " & 직원(1).직위 & " 입니다." ————⑤

End Sub
```

① Type 문을 이용해 '직원표' 데이터 형식을 선언합니다. '직원표' 데이터 형식에 다음과 같은 세 개의 하위 속성을 선언하여 세 개의 하위 속성 값을 저장할 수 있습니다.
  • 사번 : 정수 데이터 값을 갖는 integer 데이터 형식으로 선언합니다.
  • 이름 : 텍스트 데이터 값을 갖는 String 데이터 형식으로 선언합니다.
  • 직위 : 텍스트 데이터 값을 갖는 String 데이터 형식으로 선언합니다.
② '사용자정의데이터형식' 매크로를 Sub 프로시저로 선언합니다.
③ 아홉 개의 값을 저장할 수 있는 '직원' 배열변수를 '직원표' 사용자 정의 데이터 형식으로 선언합니다.
④ '직원' 배열변수에 값을 저장할 때, 하위 속성인 사번, 이름, 직위에 값을 하나씩 넣을 수 있습니다.
⑤ MsgBox 함수를 사용해 '직원' 배열변수의 첫 번째 인덱스 번호의 '직위' 속성 값을 메시지 창에 표시합니다.

사용자 정의 데이터 형식을 이용하면 동일한 형식을 사용하는 다른 변수에 하위 변수 값을 다음과 같이 한 번에 전달할 수 있습니다.

```
Type 퇴사직원
    사번 As Integer
    이름 As String
    직위 As String
End Type

퇴사직원(1) = 직원(3) ————————①
```

① 사용자 정의 데이터 형식인 '퇴사직원' 배열변수의 첫 번째 위치에 '직원' 배열변수의 세 번째 값을 일괄 복사합니다.

Private, Public 문을 사용하는 변수의 사용 범위 이해하기   041

프로시저 내에서 선언된 변수는 프로시저가 종료하면 변수에 할당된 메모리가 반환되므로 프로시저의 종료와 함께 생명을 다합니다. 이런 변수를 프로시저 범위 내에서만 사용할 수 있다고 해서 지역변수라고 합니다. 하지만 상황에 따라서는 여러 프로시저에서 같은 변수를 공유해 사용할 필요가 있는데, 그러려면 변수를 프로시저 밖의 코드 창 상단에 Private 문 또는 Public 문을 사용해 선언해야 합니다. 이런 변수를 전역변수라고 합니다. 지역변수의 사용 범위와 전역변수의 사용 방법에 대해 알아보겠습니다.

예제 파일 PART 02 \ 전역변수.xlsm

01 예제 파일을 열고, 단축키 Alt + F11 을 눌러 VB 편집기를 호출합니다. Module1 개체의 코드 창에서 다음 코드를 확인합니다.

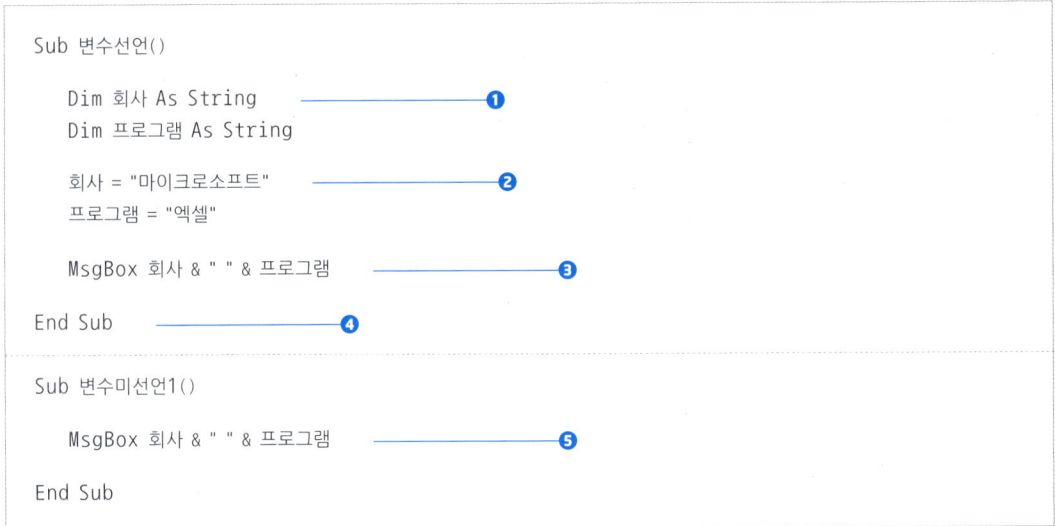

❶ '변수선언' 매크로 내에서 String 형식의 '회사' 변수와 '프로그램' 변수를 선언합니다.

❷ '회사' 변수와 '프로그램' 변수에 각각 텍스트를 저장합니다.

❸ MsgBox 함수를 사용해 '회사' 변수와 '프로그램' 변수의 값을 연결해 표시합니다. '변수선언' 매크로 영역에서 F5 키를 눌러 매크로를 실행하면 다음과 같은 메시지 창이 열립니다.

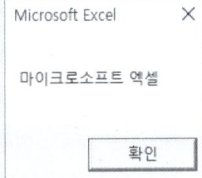

④ '변수선언' 매크로를 종료합니다. 그러면 '회사'와 '프로그램' 변수에 할당된 메모리가 반환되어 두 변수를 더 이상 사용할 수 없습니다.

⑤ '변수미선언1' 매크로에서 '회사'와 '프로그램' 변수의 값을 MsgBox 함수를 사용해 메시지 창에 표시하려고 합니다. '변수미선언1' 매크로 영역에서 F5 키를 눌러 매크로를 실행하면 다음과 같은 에러 메시지 창이 열립니다.

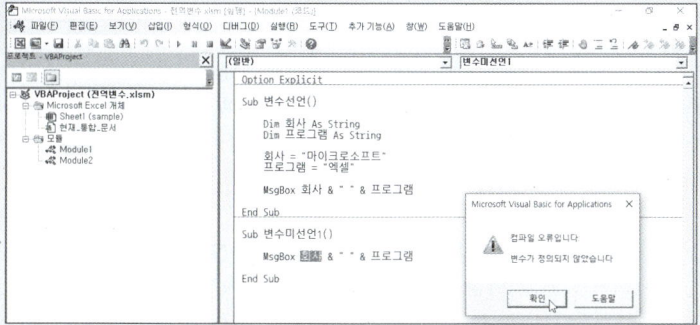

TIP 〈확인〉 버튼을 클릭하면 디버깅 상태가 되므로, 표준 도구 모음의 [재설정] 명령(■)을 클릭해 디버깅 상태를 해제합니다.

'회사'와 '프로그램' 두 변수는 '변수선언' 매크로가 종료되면 더 이상 사용할 수가 없으므로, '변수미선언1' 매크로에서 사용하려면 다시 선언하고 값을 저장한 다음 사용해야 합니다.

02 '변수선언'과 '변수미선언1' 매크로에서 모두 '회사'와 '프로그램' 변수를 사용하도록 하기 위해 변수 선언 부분을 '변수선언' 매크로에서 삭제하고, 코드 창 상단에 Private 키워드를 사용해 다음과 같이 선언합니다.

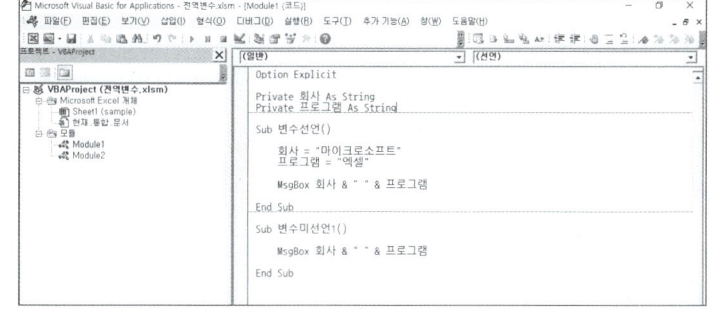

```
Private 회사 As String ─────────────①
Private 프로그램 As String


Sub 변수선언()

    Dim 회사 As String ─────────────②
    Dim 프로그램 As String

    회사 = "마이크로소프트"
    프로그램 = "엑셀"

    MsgBox 회사 & " " & 프로그램

End Sub

Sub 변수미선언2()
```

```
        MsgBox 회사 & " " & 프로그램

End Sub
```

❶ 코드 창 상단에 두 개의 변수를 Private 문으로 선언합니다. Private 문으로 선언된 변수는 같은 코드 창 내의 모든 프로시저가 공유해 사용합니다.

❷ '변수선언' 매크로 내부의 두 개의 변수 선언 코드를 삭제합니다. Private 키워드로 전역변수를 선언한 것과 이름을 동일하게 사용하므로, 두 변수를 선언하는 부분은 삭제되어야 합니다.

03 '변수선언'과 '변수미선언1' 매크로를 순서대로 실행하면 모두 에러 없이 메시지 창을 제대로 표시하는 것을 확인할 수 있습니다. 이때, 주의할 점은 매크로 실행 순서인데, '변수선언' 매크로에 변수에 값을 저장하는 부분이 있으므로, 항상 '변수선언' 매크로가 가장 처음에 실행되어야 합니다.

04 이번에는 Module2 개체의 코드 창을 더블클릭한 다음, '변수미선언2' 매크로를 실행합니다. 그러면 다음과 같은 에러 메시지 창이 나타납니다.

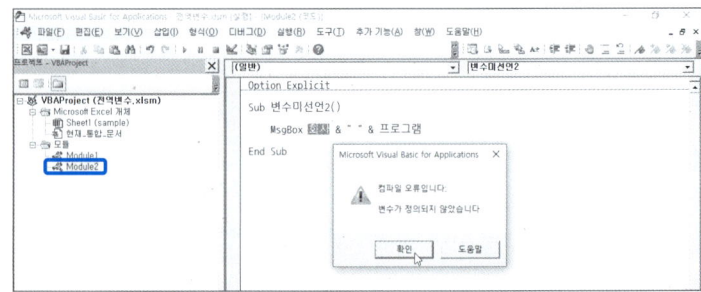

TIP 〈확인〉 버튼을 클릭하면 디버깅 상태가 되므로, 표준 도구 모음의 [재설정] 명령(■)을 클릭해 디버깅 상태를 해제합니다.

05 다시 Module1 개체의 코드 창을 연 다음, 코드 창 상단의 Private 문으로 선언된 변수를 Public 문으로 수정합니다.

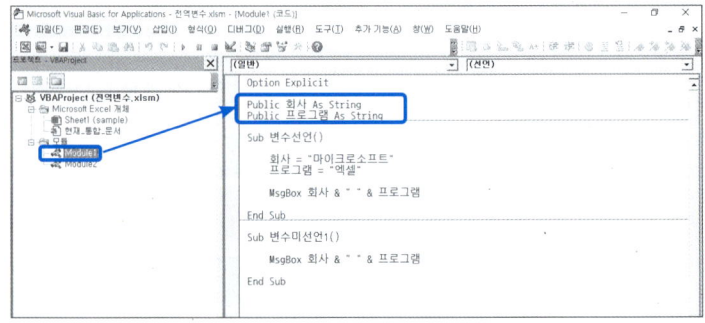

06 '변수선언', '변수미선언1', '변수미선언2' 매크로를 순서대로 실행하면 메시지 창에 모두 '마이크로소프트 엑셀'이라는 문자열이 반환되는 것을 확인할 수 있습니다.

TIP '변수선언' 매크로는 반드시 먼저 실행되어야 하며, '변수미선언1'과 '변수미선언2' 매크로는 실행 순서에 상관 없이 정상 동작합니다.

Static 문으로 선언하는 정적변수 이해하기

042

프로시저 내에서 선언된 변수가 프로시저가 끝나더라도 초기화되지 않고 그 값을 유지하도록 하려면 Static 문을 이용해 변수를 선언하면 됩니다. Static 문으로 선언된 변수를 정적변수라고 합니다. 정적변수는 Private, Public 문을 이용해 선언하는 전역변수와는 성격이 다릅니다. 정적변수는 전체 프로시저가 아닌 해당 프로시저 내에서만 사용되며, 프로시저가 종료되어도 파일을 닫을 때까지 변수에 할당된 메모리 공간이 유지되는 특징이 있습니다.

예제 파일 PART 02 \ 정적 변수.xlsm

정적변수는 Static 문으로 선언합니다.

```
Static 변수명 As 데이터형식
```

다음과 같은 코드를 실행해 보면 정적변수를 쉽게 이해할 수 있습니다.

```
Sub 정적변수테스트()
    Static 정적변수 As Integer          ①
    정적변수 = 정적변수 + 1              ②
    MsgBox 정적변수                     ③
End Sub                                ④
```

① Integer 형식의 '정적변수'를 선언합니다. 변수를 선언할 때 Static 문을 사용해 프로시저가 종료해도 변수가 초기화되지 않고 값을 보관하도록 합니다. 선언된 변수는 숫자 형식이므로 변수의 초기 값은 0입니다.

② '정적변수'의 값을 1씩 증가시킵니다.

③ MsgBox 함수를 사용해 '정적변수'의 값을 표시합니다.

④ 프로시저를 종료합니다. 프로시저가 종료되어도 '정적변수'에 할당된 메모리 영역을 반환하지 않습니다.

예제 파일을 열고, 〈정적변수 테스트〉 버튼을 클릭하면 메시지 창의 결과가 1씩 증가하는 것을 확인할 수 있습니다.

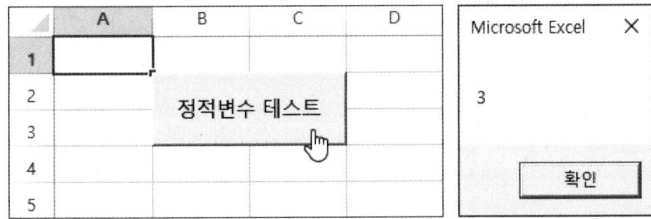

TIP 오른쪽은 〈정적변수 테스트〉 버튼을 세 번 클릭한 다음에 표시된 메시지 창 화면입니다.

파일을 닫고 다시 열면 정적 변수의 값이 초기화되어 다시 1부터 메시지 창에 표시됩니다.

CHAPTER

06

판단문

프로시저는 명령을 순차적으로 실행해 나가지만,
특정 명령은 실행 여부를 판단해 실행되거나 실행되지 않도록 할 수 있습니다.
이럴 때 사용하는 구문을 판단문 또는 조건문이라고 합니다.
VBA에서는 다양한 조건을 판단해 명령을 처리하도록 지시할 수 있는데,
이때 사용할 수 있는 대표적인 구문에는 If 문과 Select Case 문이 있습니다.

• If 문

가장 많이 사용되는 대표적인 판단문으로,
하나 또는 여러 개의 조건을 판단해 작업할 때 사용하며
사용 방법은 워크시트 함수인 If 함수와 매우 유사합니다.

• Select Case 문

특정 대상의 값이 여러 개로 분기되는 경우를 처리할 수 있는 판단문으로,
이 작업을 If 문으로 처리하면 매우 이해하기 어려운 코드가 되지만,
Select Case 문을 사용하면 이해하기 쉬워집니다.
프로그램을 사용할 때 특정 기능이 자동으로 동작하는 것처럼 느껴진 적이 있다면
이런 판단 작업을 하는 부분이 매우 복잡하게 설계되어 있는 것입니다.
여기서 설명하는 If 문과 Select Case 문의 사용 방법을 잘 이해하면,
보다 유연하게 동작하는 매크로를 개발할 수 있습니다.

If 문을 이용한 판단문 구성하기

043

If 문은 거의 모든 프로그래밍 언어에서 제공되며, 간단하게 조건을 판단해 True일 때와 False일 때를 처리하는 명령을 포함해 구성할 수 있습니다. 사람의 판단을 대체하는 프로시저를 개발하고자 할 때 가장 많이 사용되므로 반드시 이해하고 있어야 합니다. 이번에는 If 문을 이용해 조건을 처리해 동작하는 프로시저를 개발하는 방법에 대해 알아보겠습니다.

예제 파일 PART 02 \ If 문.xlsm

If 문의 구문

If 문의 구문은 다음과 같습니다.

```
If 조건 Then                    ❶
    '조건이 True인 경우에 처리할 명령
Else                            ❷
    '조건이 False인 경우에 처리할 명령
End If                          ❸
```

❶ '조건'은 True, False를 반환하는 조건식을 의미하며, '조건'이 True인 경우를 처리하는 명령을 아랫줄에 구성합니다. '조건'이 True일 때 한 가지 동작만 처리할 경우에는 ❷, ❸ 부분을 모두 생략하고 다음과 같이 구성할 수 있습니다.

```
If 조건 Then 처리명령
```

If 문을 사용할 때 조건을 여러 개 지정하려면 And, Or 연산자를 사용하면 됩니다. 다음은 조건1, 조건2를 모두 만족하는 경우를 If 문으로 구성한 예입니다.

```
If 조건1 And 조건2 Then
```

TIP And, Or 연산자를 사용하는 방법은 152쪽에서 자세하게 설명합니다.

❷ '조건'이 False일 때 처리할 명령을 아랫줄에 구성합니다. False인 경우를 처리하지 않으려면 Else 절을 구성하지 않아도 됩니다.

```
If 조건 Then
    명령1
    명령2
End If
```

❸ If 문을 종료합니다.

If 문의 사용 예

If 문을 이용하는 코드를 개발해 보겠습니다. 예제 파일을 열면 다음과 같은 표를 확인할 수 있습니다.

품번	품명	공급업체	단가	재고량	품절여부		품절
1	태양 100% 오렌지 주스	태양 식품	10,300	39			
2	태양 100% 레몬 주스	태양 식품	11,900	17			품절 제품
3	태양 체리 시럽	태양 식품	5,800	13			
4	신한 100% 복숭아 시럽	신한 식품	13,400	53			
5	신한 100% 파인애플 시럽	신한 식품	13,700	-			
6	대양 특선 블루베리 잼	대양 농산	14,600	120			
7	대양 특선 건과(배)	대양 농산	18,100	15			
8	대양 특선 딸기 소스	대양 농산	24,400	-			
9	북미산 상등육 쇠고기	서울 무역	54,200	29			
10	노르웨이산 연어알 조림	서울 무역	19,400	31			

F열의 재고량 값이 0인 경우 G열에 '품절' 표시를 하고, I열 하단에 품절된 제품명을 정리하는 수식을 If 함수를 사용해 작성하면 다음과 같습니다.

```
G3 : =IF(F3=0, "품절", "")
I6 : =IF(F3=0, C3, "")
```

TIP G열의 수식은 If 함수로 그대로 처리할 수 있지만, I열의 수식은 품절된 제품명을 순서대로 반환해야 하므로 If 함수를 사용한 수식만으로는 처리하기 어렵습니다. 하지만 VBA에서는 그렇게 처리할 수 있습니다.

위의 수식을 그대로 코드로 구성하면 다음과 같습니다.

```
Sub 품절처리()

    If Range("F3").Value = 0 Then                          ❶
        Range("G3").Value = "품절"                          ❷
        Range("I6").Value = Range("C3").Value              ❸
    End If

End Sub
```

❶ If 문을 이용해 F3셀(Range("F3"))의 값(Value 속성)이 0인지 여부를 판단해 True인 경우에만 ❷-❸의 코드를 실행합니다.

❷ ❶의 조건이 참(True)이면 G3셀의 값을 '품절'로 입력합니다. 셀에 텍스트 값을 전달할 때는 반드시 큰따옴표(")로 묶어야 하며, 소건이 참인 경우만 처리하려면 다음과 같이 한 줄로 구성할 수 있습니다.

```
If Range("F3").Value = 0 Then Range("G3").Value = "품절"
```

만약 If 함수를 사용한 수식처럼 조건이 거짓(False)일 때를 처리하려면 다음과 같이 코드를 구성합니다.

```
If Range("F3").Value = 0 Then
    Range("G3").Value = "품절"
Else
    Range("G3").Value = ""
End If
```

조건이 거짓일 때 처리하는 이유는 대부분 범위 내에 다른 값이 입력될 경우에 삭제하기 위해서입니다.

❸ I6셀에 C3셀의 값을 입력합니다.

위 코드에서 품절된 제품명을 I6셀 아래에 정상적으로 반환하도록 하려면 I6셀 주소에서 행 주소(6) 부분을 변수 값으로 증가시키는 방법을 사용합니다.

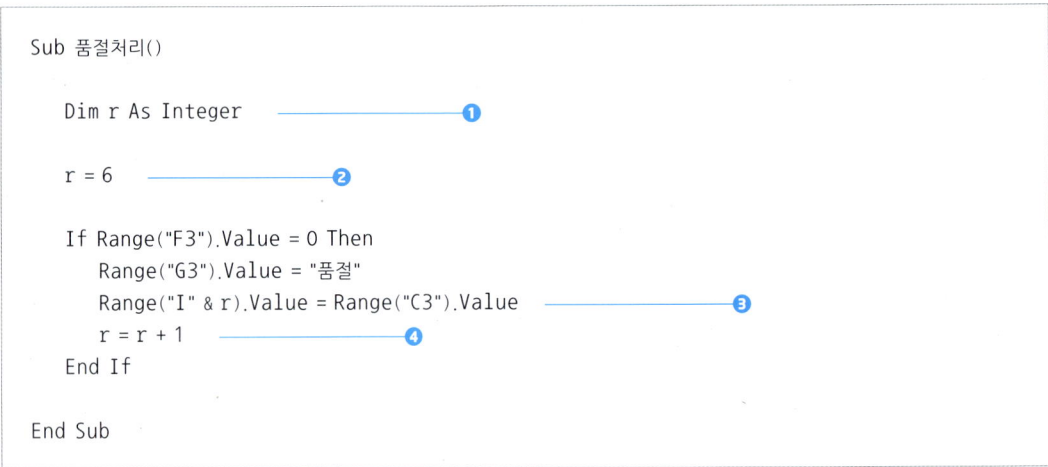

❶ 행 번호를 저장할 Integer 형식의 r 변수를 선언합니다.
❷ r 변수에 I열에 저장할 첫 번째 셀의 행 번호(6)를 저장합니다.
❸ If 문의 조건이 True인 경우 I열의 r 변수에 저장된 셀에 C3셀의 값을 저장합니다.
❹ If 문의 조건이 True인 경우 r 변수의 값을 1 증가시킵니다.

수식을 사용하는 경우는 처음 작성한 수식을 복사해 사용하는데, 코드를 개발할 때는 순환문(반복문)을 사용합니다. 순환문은 아직 배우지 않았으므로, 코드를 복사해 셀 주소를 바꿔 보면 다음과 같습니다.

```
Sub 품절처리()

    Dim r As Integer

    r = 6

    If Range("F3").Value = 0 Then
        Range("G3").Value = "품절"
        Range("I" & r).Value = Range("C3").Value
        r = r + 1
    End If

    If Range("F4").Value = 0 Then                    ❶
        Range("G4").Value = "품절"
        Range("I" & r).Value = Range("C4").Value
```

```
        r = r + 1
    End If

    ..................

    If Range("F12").Value = 0 Then
        Range("G12").Value = "품절"
        Range("I" & r).Value = Range("C12").Value
        r = r + 1
    End If

End Sub
```

❶ 바로 위의 If 문 부분을 복사한 다음, F3, G3, C3셀의 주소를 F4, G4, C4로 변경합니다. 아랫줄의 코드 역시 복사해 셀 주소만 변경했습니다.

위 매크로를 테스트하려면 예제 파일을 열고 〈품절〉 버튼을 클릭합니다. 코드가 긴 단점은 있지만, 이런 식으로 작업하면 수식을 프로시저의 코드 형태로 변경할 수 있습니다. 다만 이런 식으로 작성하면 입력이 많고 고치는 작업이 많아 효율적이지 못하기 때문에 CHAPTER 07에서 설명하는 순환문을 이용하는 방법을 주로 사용합니다.

And, Or, Not 연산자를 이용해 다중 조건 처리하기

044

If 문을 사용할 때 조건이 여러 개 있다면 And, Or 등의 연산자를 사용해 모든 조건을 만족하는 경우나 조건 중 하나만 만족하는 경우를 처리할 수 있습니다. 또한 조건과 반대되는 경우는 Not 연산자를 이용해 처리할 수 있습니다. And, Or, Not 연산자를 사용하는 방법은 If 문에서만이 아니라 다양한 조건을 처리하는 곳에서는 모두 사용할 수 있으므로, 활용 방법과 문제점 등을 잘 이해해 두어야 합니다.

> 예제 파일 없음

And 연산자

And 연산자를 이용해 If 문을 구성하는 방법은 다음과 같습니다.

```
If 조건1 And 조건2 Then                    ❶

    '조건1과 조건2가 True인 경우에 처리할 명령

End If
```

❶ 조건1과 조건2를 모두 판단한 후, 둘 다 True인 경우에 If 문의 명령을 실행합니다. 조건을 추가해야 한다면 And 연산자를 추가하여 다음과 같이 사용할 수 있습니다.

```
If 조건1 And 조건2 And 조건3 And … Then
```

위 코드도 나쁘지 않지만, 아래와 같이 If 문을 중첩 구성하면 좀 더 효율적입니다. And, Or 연산자는 지정된 조건 전체를 판단한 후 If 문 안의 명령을 실행하는데, 아래 코드는 위 코드 구성에 비해 복잡해 보이지만, 한 번에 조건을 하나씩만 판단하므로 더 효율적입니다. 예를 들어 첫 번째 조건인 조건1이 False라면 조건2는 판단하지 않고 바로 종료합니다.

```
If 조건1 Then

    If 조건2 Then

        '조건1과 조건2가 True인 경우에 처리할 명령

    End If

End If
```

Or 연산자

Or 연산자를 이용해 If 문을 구성하는 방법은 다음과 같습니다.

```
If 조건1 Or 조건2 Then

    '조건1이나 조건2가 True인 경우에 처리할 명령

End If
```

Or 연산자는 And 연산자와는 달리 여러 조건 중 하나만 True여도 If 문의 명령이 실행됩니다.

Not 연산자

Not 연산자를 이용해 If 문을 구성하는 방법은 다음과 같습니다.

```
If Not 조건 Then

    '조건이 False인 경우에 처리할 명령

End If
```

위 코드는 다음과 같이 조건이 True인 경우에는 처리할 작업이 없고, False인 경우만 처리하는 경우를 대체하는 용도로 자주 사용됩니다.

```
If 조건 Then

Else

    '조건이 False인 경우에 처리할 명령

End If
```

IIf 함수를 사용해 판단 작업 처리하기

045

워크시트의 If 함수와 동일한 함수가 VBA에도 제공되는데, 함수 이름은 IIf 함수입니다. 함수 이름에 I를 하나 더 붙인 이유는 VBA 문법 중에 이미 If 문이 있기 때문입니다. VBA에서 판단이 필요한 코드를 구성해야 하는 경우에는 보통 If 문을 사용하지만, 간단한 판단 결과를 반환하도록 할 때는 IIf 함수를 사용하기도 합니다. IIf 함수를 사용하는 방법을 알아보겠습니다.

예제 파일 PART 02 \ IIf 함수.xlsm

IIf 함수 구문

IIf 함수의 구문은 다음과 같습니다.

```
IIf( 조건, True일 때 반환할 값, False일 때 반환할 값 )
```

위 구문에서 확인할 수 있듯이 IIf 함수는 워크시트의 If 함수와 완전히 같습니다. 이 함수를 사용한 코드를 148쪽 'If 문.xlsm' 예제에 적용하면 다음과 같습니다.

```
Sub 품절처리()

    Dim r As Integer
    
    r = 6
    
    Range("G3").Value = IIf(Range("F3").Value = 0, "품절", "")
    Range("I" & r).Value = IIf(Range("F3").Value = 0, Range("C3").Value, "")
    r = r + 1

End Sub
```

IIf 함수 사용할 때 유의할 점

IIf 함수는 항상 두 번째와 세 번째 인수 값을 검사하기 때문에 두 번째 또는 세 번째에서 에러가 발생한다면 첫 번째 인수의 조건과 무관하게 에러가 발생합니다. IIf 함수를 사용할 때는 이 점에 조심해야 합니다. 예제 파일을 열면 화면과 같은 표를 확인할 수 있습니다.

	A	B	C	D	E	F	G	H
1								
2		총액	주문횟수	객단가		IIF 함수		
3		940,000	2					
4								
5								

TIP 〈IIF 함수〉 버튼을 클릭하면 D3셀에 객단가가 반환됩니다.

객단가가 총액을 주문횟수로 나눈 금액이라면, 객단가를 구하는 코드는 다음과 같이 구성할 수 있습니다.

```
Sub 객단가()

    Range("D3").Value = Range("B3").Value / Range("C3").Value ──────────❶

End Sub
```

❶ B3셀의 값을 C3셀의 값으로 나눈 결과를 D3셀에 반환합니다.

만약, 총액이 입금된 경우에만 객단가를 구하고자 한다면 IIf 함수를 사용해 다음과 같이 구성할 수 있습니다.

```
Sub 객단가()
                                                                        ❶
    Range("D3").Value = IIf(Range("B3").Value > 0, Range("B3").Value / Range("C3").Value, "")

End Sub
```

❶ IIF 함수를 사용해 B3셀의 값이 0보다 클 경우에만 계산된 결과를 반환하고, 0보다 작은 경우에는 빈 문자("")를 반환합니다.

TIP 이 코드가 예제 파일에 첨부되어 있습니다.

위의 코드는 문제가 없지만, IIf 함수의 두 번째 인수에 다음과 같이 불필요한 코드를 넣으면 B3셀에 값이 입력된 경우에도 에러가 발생합니다.

```
Sub 객단가()
                                                                        ❶
    Range("D3").Value = IIf(Range("B3").Value > 0, Range("B3").Value / Range("C3").Value, 1/0)

End Sub
```

❶ IIF 함수의 두 번째 인수에 불필요한 계산식인 '1/0'을 추가하면 두 번째 인수의 계산식을 계산할 수 없으므로 에러가 발생합니다.

그러므로 간단한 판단을 구할 때는 IIf 함수를 사용하더라도, 가급적 If 문을 사용해 코드를 구성하는 것이 좋습니다.

GoTo 문을 이용해 원하는 줄의 명령 실행하기

046

VBA의 프로시저 내 명령은 기본적으로 위에서 아래로 순차적으로 실행됩니다. 하지만 특정 조건에 따라 실행될 명령의 순서를 변경하고 싶다면 If 문 내에서 GoTo 문을 이용하면 됩니다. Goto 문은 If 문뿐 아니라 에러를 제어할 때 사용하는 On Error 문과도 함께 사용되는 경우가 많아 활용도가 높습니다. GoTo 문을 이용해 작업을 처리하는 방법에 대해 알아보겠습니다.

예제 파일 PART 02 \ GoTo 문.xlsm

GoTo 문의 구문

If 문에서 GoTo 문을 이용하려면 다음과 같은 구조를 설계해야 합니다.

❶ 매크로를 실행하면 명령1 → 명령2 → 명령3 순서로 실행됩니다.

❷ If 문을 사용해 조건이 True이면 GoTo 문을 이용해 레이블 위치로 이동하도록 합니다. 조건이 True인 경우에는 매크로가 명령1 → 명령3 순서로 실행됩니다.

❸ 레이블은 레이블 이름 뒤에 콜론(:)을 입력하면 되며, 레이블은 원하는 다른 문자열로 변경이 가능합니다.

GoTo 문은 If 문이나 On Error 문과 함께 쓰이는 것이 일반적인데, 프로시저 내 코드가 길 경우 흐름을 복잡하게 하는 단점이 있으므로 간단한 방식으로 사용하는 것은 괜찮지만 코드 실행 순서를 이리저리 변경하는 용도로는 사용하지 않는 것이 좋습니다.

GoTo 문의 사용 예

암호가 맞을 때까지 반복 실행하는 코드를 GoTo 문을 이용해 구성하면 다음과 같습니다.

```
Sub 암호확인1()

    Dim 암호 As String                          ①

암호입력:                              ②

    암호 = InputBox("암호를 입력하세요!")         ③
    If 암호 <> "1234" Then GoTo 암호입력          ④

    MsgBox "암호가 일치합니다."                   ⑤

End Sub
```

① 암호를 저장할 String 형식의 '암호' 변수를 선언합니다.

② GoTo 문으로 이동할 레이블 위치로, 레이블은 레이블 이름 뒤에 콜론(:)을 입력합니다.

③ InputBox 함수를 사용해 사용자에게 값을 입력 받아 '암호' 변수에 저장합니다.

> **LINK** InputBox 함수에 대해서는 261쪽을 참고합니다.

④ '암호' 변수의 값이 '1234'가 아니면 GoTo 문을 이용해 ② 위치의 레이블로 이동합니다.

⑤ 암호가 일치하면 MsgBox 함수를 사용해 일치했다는 메시지 창을 표시합니다.

> **LINK** MsgBox 함수에 대해서는 256쪽을 참고합니다.

이런 코드는 코드 진행이 위에서 아래로 내려오다가 다시 위로 올라가 시작하므로 코드가 길어질수록 이해하기가 쉽지 않습니다. 그러므로, 이런 경우는 GoTo 문보다 순환문을 이용하는 것이 일반적입니다. 순환문을 이용한 코드 예제는 다음과 같습니다.

```
Sub 암호확인2()

    Dim 암호 As String

    Do                                          ①

        암호 = InputBox("암호를 입력하세요!")

    Loop Until 암호 = "1234"                     ②

    MsgBox "암호가 일치합니다."

End Sub
```

❶ Do 문은 Do… Loop 순환문의 시작 문장으로 Loop로 끝납니다.

> **LINK** Do… Loop 순환문에 대해서는 177쪽을 참고합니다.

❷ 암호 변수에 저장된 값이 '1234'가 맞을 때까지 Do… Loop 순환문 내의 명령을 반복해서 실행합니다.

예제 파일을 열고 〈GoTo 문 예제〉 버튼과 〈순환문 예제〉 버튼을 클릭하고 '1234' 또는 다른 번호를 입력해 봅니다.

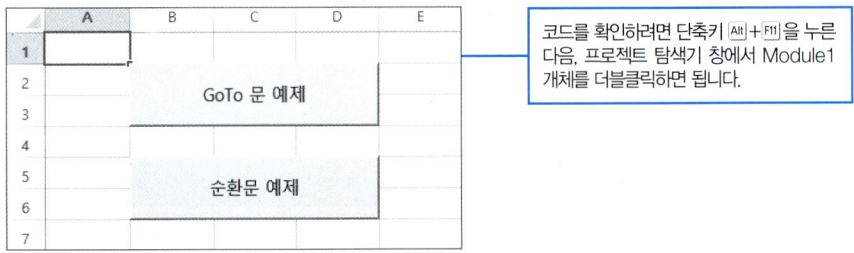

코드를 확인하려면 단축키 Alt + F11 을 누른 다음, 프로젝트 탐색기 창에서 Module1 개체를 더블클릭하면 됩니다.

ElseIf 절을 이용해 다중 조건 처리하기 047

워크시트 함수인 If 함수를 사용하다 보면, 함수 내에서 If 함수를 반복해 중첩하는 경우가 많아집니다. 이렇게 여러 번의 판단이 필요한 경우에는 IF 문에서 ELSEIF 절을 사용해 조건을 판단하는 작업을 진행할 수 있습니다. 그런데 이때 워크시트 함수인 IF 함수에서도 중첩을 통해 결과를 반환 받으면 수식이 복잡해지는 것과 같이 IF 문에서도 ELSEIF 절을 이용하면 코드가 이해하기 어려워지는 단점이 있으므로 주의해야 합니다.

예제 파일 PART 02 \ ElseIf 절.xlsm

ElseIf 절의 구문

ElseIf 절을 사용하는 If 문의 구문은 다음과 같습니다.

```
If 조건1 Then

    '조건1이 True인 경우에 처리할 명령

ElseIf 조건2 Then

    '조건1이 False이고, 조건2가 True인 경우에 처리할 명령

Else

    '조건1이 False이고, 조건2가 False인 경우에 처리할 명령

End If
```

ElseIf 절은 여러 번 사용해 여러 조건을 처리하는 구문을 완성할 수 있습니다. 하지만 한 번 정도는 그냥 사용해도 되지만, 두 번 이상 판단이 필요한 경우에는 If 문보다는 뒤에서 설명할 Select Case 문을 이용하는 것이 좋습니다.

ElseIf 절의 사용 예

ElseIf 절을 이용해 코드를 개발해 보겠습니다. 예제 파일을 열면 화면과 같은 표를 확인할 수 있습니다.

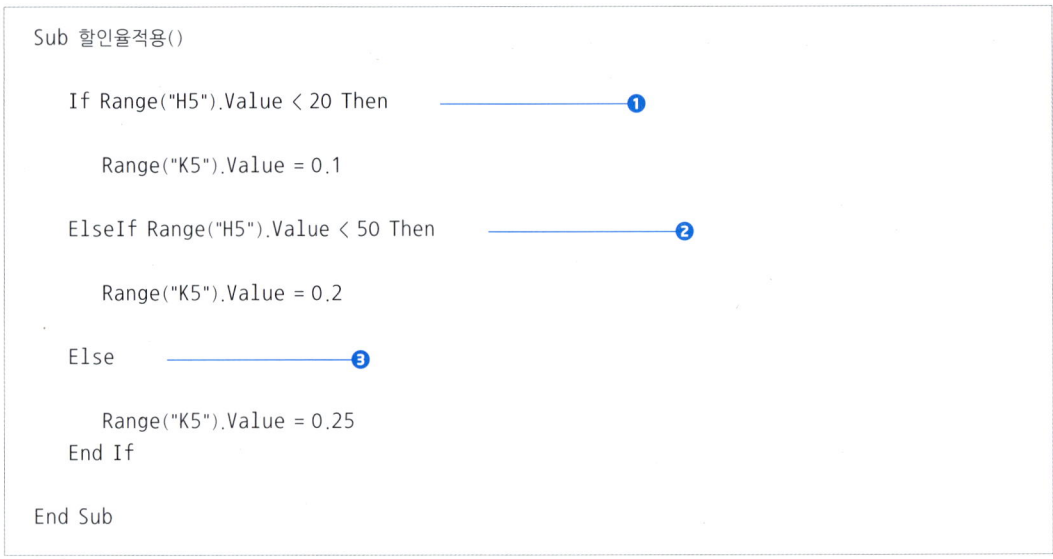

견적서에서 주문 수량에 따라 할인율을 차등 적용하고 싶은 경우, 할인율을 자동으로 입력하는 코드를 구성하면 다음과 같습니다.

```
Sub 할인율적용()

    If Range("H5").Value < 20 Then                    ❶

        Range("K5").Value = 0.1

    ElseIf Range("H5").Value < 50 Then                ❷

        Range("K5").Value = 0.2

    Else                                              ❸

        Range("K5").Value = 0.25
    End If

End Sub
```

❶ If 문을 이용해 H5셀의 값이 20 미만이면 K5셀의 값(할인율)으로 0.1(10%)을 입력합니다.

❷ ElseIf 절을 이용해 H5셀의 값이 50 미만(❶에서 20 미만을 처리했으므로, 이번에는 무조건 20 이상이 대상이 되므로 20 이상 50 미만 조건이 됩니다.)이면 K5셀의 값으로 0.2(20%)를 입력합니다.

❸ ❶, ❷ 조건이 모두 아니면(50 이상이면) K5셀의 값으로 0.25(25%)를 입력합니다.

앞에서와 마찬가지로 이 코드를 반복해서 참조할 셀 주소만 변경해 입력하면 전체 할인율을 입력하는 코드를 완성할 수 있습니다. 완성된 코드를 테스트하려면 〈ElseIf 절〉 버튼을 클릭합니다.

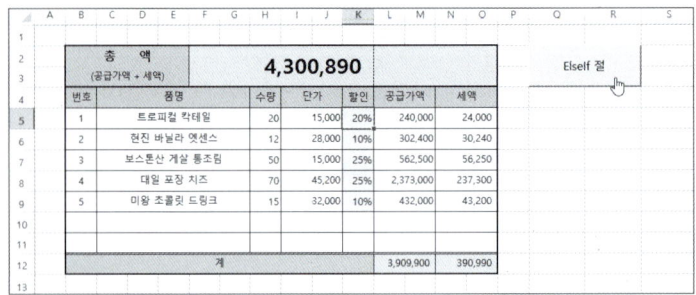

Switch 함수를 사용해 판단 작업 처리하기   048

Switch 함수는 다양한 조건에 부합되는 결과를 반환할 때 사용하는 함수입니다. If 문을 IIF 함수로 대체할 수 있듯이 ElseIf 절을 사용하는 If 문을 Switch 함수로 대체할 수 있습니다. Switch 함수는 ElseIf 절을 사용하는 If 문이나 뒤에서 배울 Select Case 문을 사용하는 것보다 간결하게 구성할 수 있다는 장점이 있지만, If 문이나 Select Case 문을 사용할 때보다 처리 속도가 떨어지는 단점이 있습니다.

예제 파일 PART 02 \ Switch 함수.xlsm

Switch 함수의 구문

Switch 함수의 구문은 다음과 같습니다.

```
Switch( 조건1, 조건1이 True일 때 반환할 값, 조건2, 조건2가 True일 때 반환할 값, _
        조건3, 조건3이 True일 때 반환할 값, …)
```

TIP Switch 함수도 IIf 함수처럼 모든 조건을 판단하므로, 앞의 조건을 만족하더라도 뒤의 조건에서 에러가 발생하면 에러가 발생합니다.

Switch 함수의 사용 예

160쪽 견적서 예제의 할인율을 적용하는 코드를 Switch 함수로 구성하면 다음과 같습니다.

```
Sub 할인율입력()

    Range("K5").Value = Switch(Range("H5").Value < 20, 0.1, _            ①
                               Range("H5").Value < 50, 0.2, _            ②
                               Range("H5").Value >= 50, 0.25)            ③

End Sub
```

① K5 셀의 값에 Switch 함수의 반환 값을 입력합니다.

TIP 줄 연속 문자(_)

코드를 구성하다 보면 한 줄에 입력하기에 너무 긴 경우가 있는데, 이 경우 코드를 여러 줄에 나눠 입력할 수 있습니다. 다음 줄에 계속해서 코드를 입력하고 싶으면 코드 마지막에 줄 연속 문자(_)를 입력하고 다음 줄에 계속 입력하면 됩니다. 이때 줄 연속 문자(_)는 코드에 붙여 입력하면 안 되고, Space Bar 를 눌러 한 칸 띄운 다음 입력해야 합니다.

❷ Switch 함수의 두 번째 조건은 H5셀의 값이 50 미만(❶에서 20 미만이 빠졌으므로, 20 이상 50 미만)인 경우로, 이 조건이 참이면 0.2를 반환합니다.

❸ Switch 함수의 세 번째 조건은 H5셀의 값이 50 이상인 경우로, 이 조건이 참이면 0.25를 반환합니다.

수정한 코드를 확인하려면 예제 파일을 열고 〈Switch 함수〉 버튼을 클릭합니다. 이전과 동일한 결과를 확인할 수 있습니다.

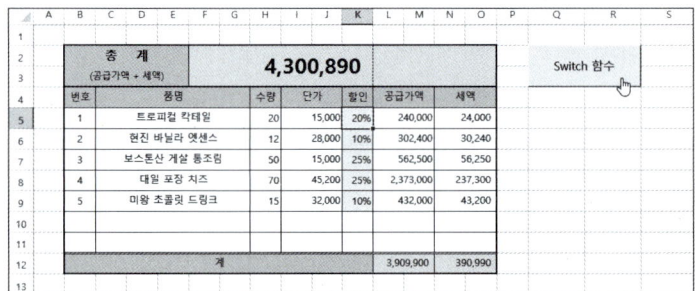

TIP 전체 코드는 단축키 Alt + F11 을 누르고, Module1 개체의 코드 창에서 확인할 수 있습니다.

Select Case 문을 이용해 판단문 구성하기 049

판단해야 할 조건이 많아지면 If 문은 효과적이지 않습니다. 효과적이지 않다는 것은 코드를 이해하기 쉽지 않다는 의미입니다. 이번에 설명할 Select Case 문은 대상의 값이 여러 개일 때 조건을 분기해 처리하는 방식이 효과적이기 때문에, ElseIf 절이나 Switch 함수를 사용하는 코드를 대체하는 목적으로 사용하면 좋습니다. Select Case 문을 이용해 판단문을 구성하는 방법에 대해 알아보겠습니다.

예제 파일 PART 02 \ Select Case 문.xlsm

Select Case 문의 구문

Select Case 문의 구문은 다음과 같습니다.

```
Select Case 대상

    Case 조건1
        '판단 대상의 조건1이 참(True)일 때 실행할 명령

    Case 조건2
        '판단 대상의 조건2가 참(True)일 때 실행할 명령

    Case Else
        '판단 대상의 조건1, 조건2가 모두 거짓(False)일 때 실행할 명령

End Select
```

Select Case 문을 제대로 구성하려면, Case 절의 다양한 사용 방법을 숙지해야 합니다. 다음은 대상의 값이 특정 값 하나와 일치하는지 확인하고자 할 때 사용하는 방법입니다.

```
Case 1            ❶
Case "품절"        ❷
```

❶ Select Case의 '대상'의 값이 1인 경우를 처리합니다.
❷ '대상'의 값이 '품절'인 경우를 처리합니다.

여러 개의 값 중 하나인지 확인하려면 쉼표(,) 연산자를 이용해 다음과 같이 구성합니다.

```
Case 1, 2         ❶
```

❶ '대상'의 값이 1 또는 2인 경우를 처리합니다.

일정 구간에 속해 있는지 확인하려면 To 키워드를 이용해 다음과 같이 구성합니다.

```
Case 1 To 10          ❶
```

❶ '대상'의 값이 1에서 10 사이인 경우를 처리합니다.

특정 조건과 비교하려면 비교 연산자와 Is 키워드를 이용해 다음과 같이 구성합니다.

```
Case Is > 5           ❶
```

❶ '대상'의 값이 5보다 큰 경우를 처리합니다.

쉼표(,) 연산자를 이용해 여러 개의 조건을 혼용해 구성할 수도 있습니다.

```
Case 1 To 10, Is > 30         ❶
```

❶ '대상'의 값이 1에서 10 사이에 속할 때와, 30을 초과하는 경우를 처리합니다. Case 절에서 쉼표(,) 연산자는 Or 조건과 동일합니다.

Select Case 문의 사용 예

161쪽 견적서 예제의 할인율을 처리하는 코드를 Select Case로 구성하면 다음과 같습니다.

```
Sub 할인율적용()

    Select Case Range("H5").Value          ❶

        Case Is < 20              ❷
            Range("K5").Value = 0.1
        Case 20 To 49             ❸
            Range("K5").Value = 0.2
        Case Else                 ❹
            Range("K5").Value = 0.25

    End Select

End Sub
```

❶ H5셀의 값으로 판단합니다.

❷ H5셀의 값이 20 미만이면 K5셀의 값으로 0.1(10%)을 입력합니다.
Case 절을 다음과 같이 구성할 수 있습니다.

```
Case 0 To 19
```

❸ H5셀의 값이 20에서 49(50 미만) 사이라면 K5셀의 값으로 0.2(20%)를 입력합니다.
Case 절을 다음과 같이 구성할 수 있습니다.

```
Case Is < 50
```

> **TIP** Is 키워드는 사용자가 입력하지 않으면 코드 창에 자동으로 입력됩니다.

❹ H5셀의 값이 나머지 경우(50 이상)라면 K5셀의 값으로 0.25(25%)를 입력합니다.

Select Case 문을 사용할 경우 코드를 이해하기는 쉽지만, 코드 줄이 많아지는 단점이 있습니다. 이 경우 줄 구분 문자(:)을 사용해 다음과 같이 구성할 수 있습니다.

```
Sub 할인율적용()

    Select Case Range("H5").Value

        Case Is < 20: Range("K5").Value = 0.1         ――❶
        Case 20 To 49: Range("K5").Value = 0.2
        Case Else: Range("K5").Value = 0.25

    End Select

End Sub
```

❶ Case 절의 조건 뒤에 콜론(:)을 입력한 다음, 한 칸 띄고 실행 명령을 바로 입력한 것을 확인할 수 있습니다. 이때 사용한 콜론(:)은 줄 구분 문자로, 해당 위치에서 줄이 구분된다고 이해하면 됩니다. 줄 구분 문자(:)는 짧은 여러 줄의 코드를 한 줄에 입력할 경우에 사용합니다.

For … Next 문을 이용한 순환문 구성하기

050

프로시저 내에서 특정 명령을 지정한 횟수만큼 반복해서 실행하고 싶다면 For … Next 순환문을 구성하면 됩니다. For … Next 문은 가장 간단하고 이해하기 쉬운 순환문으로, 순환문의 개념을 익히기에 적합합니다. For … Next 문을 이용해 필요한 횟수만큼 반복 실행하는 순환문을 구성하는 방법을 알아보겠습니다.

예제 파일 PART 02\For … Next 문.xlsm

For … Next 문의 구문

For … Next 문의 구문은 다음과 같습니다.

```
Dim 카운터 As 데이터형식          ❶

For 카운터 = 시작번호 To 끝번호    ❷

    '실행 명령                    ❸

Next 카운터                       ❹
```

❶ '카운터' 변수는 For … Next 순환문에서 반복 횟수를 지정하기 위해 사용하는 변수로, 정수 형식(Byte, Integer, Long)이어야 합니다. '카운터' 변수는 긴 단어보다는 짧은 단어, 예를 들면 i(index 의 약어)와 같은 이름을 많이 사용합니다.

❷ For 문에서는 '카운터' 변수를 시작 번호에서 끝 번호까지 순환하도록 구성합니다.

❸ 반복할 실행 명령을 순서대로 입력합니다. 코드 중간에서 순환문을 빠져 나가려면 Exit For 명령을 사용합니다.

❹ Next 문은 '카운터' 변수의 값을 1 증가시킵니다. 참고로 Next 다음의 '카운터' 변수는 생략하고 Next 문만 입력해도 됩니다.

For … Next 문의 사용 예

예제 파일을 열면, 화면과 같은 표를 확인할 수 있습니다.

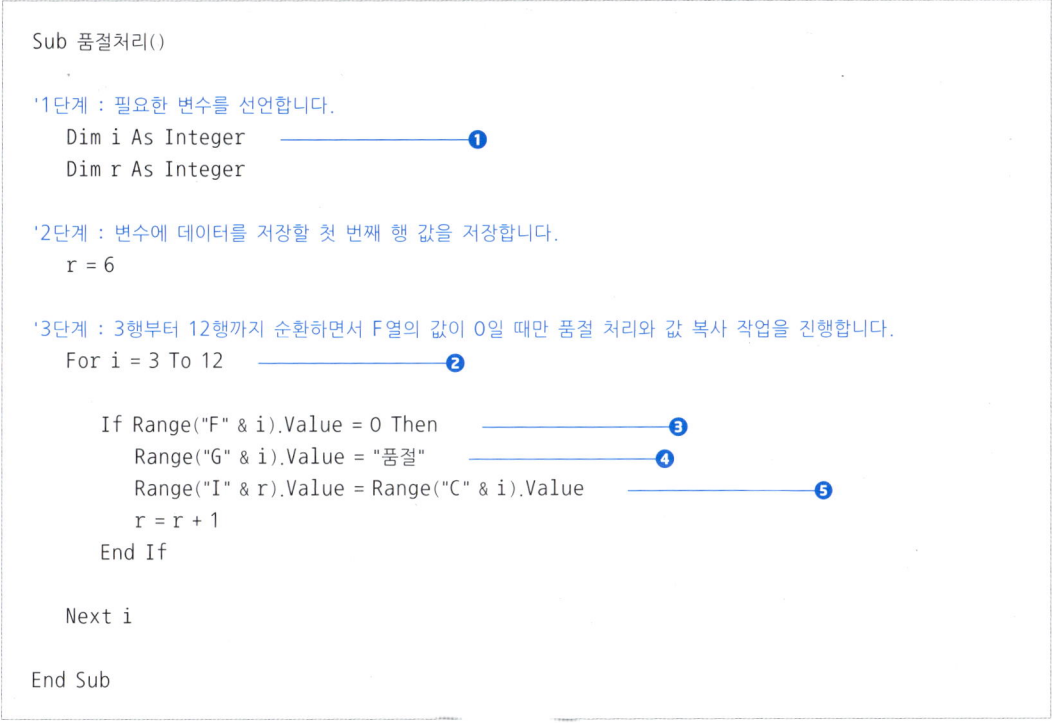

TIP 이 예제는 148쪽 'If 문.xlsm' 예제와 동일하며, For … Next 순환문으로 동작한다는 점만 다릅니다.

G열에 재고량이 0인 제품의 품절 여부를 표시하고, 품절된 제품명을 I열에 정리하는 코드를 For … Next 문을 이용해 구성하면 다음과 같습니다.

```
Sub 품절처리()

'1단계 : 필요한 변수를 선언합니다.
    Dim i As Integer                    ①
    Dim r As Integer

'2단계 : 변수에 데이터를 저장할 첫 번째 행 값을 저장합니다.
    r = 6

'3단계 : 3행부터 12행까지 순환하면서 F열의 값이 0일 때만 품절 처리와 값 복사 작업을 진행합니다.
    For i = 3 To 12                     ②

        If Range("F" & i).Value = 0 Then                    ③
            Range("G" & i).Value = "품절"                    ④
            Range("I" & r).Value = Range("C" & i).Value     ⑤
            r = r + 1
        End If

    Next i

End Sub
```

① For … Next 문에서 반복 횟수를 지정할 Integer 형식의 i 변수를 선언합니다.

② i 변수의 값을 3부터 12까지 1씩 증가하게 하면서 순환시킵니다. 이렇게 하면 총 10회 반복 실행이 되는데, 보통 횟수를 분명하게 하기 위해 1부터 1씩 증가하는 다음과 같은 패턴을 많이 사용합니다.

```
For i = 1 To 10
```

③ If 문을 설명할 때 Range("F3")와 같이 참조할 셀을 정확하게 지정했지만, 수식을 복사할 때처럼 셀 주소가 자동으로 변경되지는 않습니다. For … Next 순환문 안에서 자동으로 변경되도록 하려면 Range("F3")의 '3'이 순환문에서 바뀌도록 구성해야 하므로 Range("F" & i)와 같이 변경해야 합니다.

④ ❸과 동일하므로 Range("G3")은 Range("G" & i)로 변경합니다.

⑤ ❸, ❹와 마찬가지로 Range("C3")은 Range("C" & i)로 변경합니다.

위에서 완성한 코드를 'If 문.xlsm' 예제와 비교해 보면 매우 효율적인 코드로 보이지만, 구조를 보면 If 문이 반복해서 실행되는 점은 동일합니다. For … Next 문은 코드 입력을 줄이는 역할은 하지만 코드를 효율적으로 만들지는 않는다는 것을 알 수 있습니다.

Step 키워드를 이용한 순환문 구성하기

051

For … Next 순환문은 카운터 변수의 값을 1씩 증가시키면서 명령을 반복해서 실행합니다. 하지만 상황에 따라서는 2씩 증가하거나 1씩 감소하도록 구성할 수 있습니다. 이렇게 다양한 방식으로 For … Next 순환문을 구성할 때 Step 키워드를 이용합니다. 이번에는 Step 키워드를 이용해 For … Next 순환문을 구성하는 방법에 대해 알아보겠습니다.

예제 파일 PART 02 \ Step 키워드.xlsm

Step 키워드 구문

Step 키워드를 이용한 구문은 다음과 같습니다.

```
Dim 카운터 As 데이터형식

For 카운터 = 시작번호 To 끝번호 Step 간격          ❶

    '실행 명령

Next 카운터
```

❶ 간격은 카운터 변수의 값을 증가시키거나 감소시킬 값을 의미합니다. 예를 들어 다음은 i 변수를 2씩 증가시켜 1, 3, 5, …와 같이 변화시킵니다.

```
For i = 1 To 10 Step 2
```

Step 키워드의 값을 음수로 지정하면 값을 감소시킬 수 있습니다. 예를 들어 다음은 10, 9, 8, …과 같이 변화시킵니다.

```
For i = 10 To 1 Step -1
```

Step 키워드 사용 예

예제를 열고 〈▶〉 버튼을 클릭하면 각 연도의 매출이 I4:J4 범위에 집계됩니다.

TIP 코드는 단축키 Alt + F11 을 누른 다음 프로젝트 탐색기 창을 열고 Module1 개체의 코드 창에서 확인합니다.

화면의 〈▶〉 버튼에 연결된 매크로는 다음 코드로 구성되어 있습니다.

```
Sub 실적집계()

'1단계 : 필요한 변수를 선언합니다.
    Dim i As Integer                    ①
    Dim 전년합계 As Long                 ②
    Dim 금년합계 As Long                 ③

'2단계 : 4행부터 16행까지 두 칸 간격으로 순환하면서 필요한 값을 합칩니다.
    For i = 4 To 16 Step 2              ④

        전년합계 = 전년합계 + Range("D" & i).Value    ⑤
        금년합계 = 금년합계 + Range("E" & i).Value    ⑥

    Next i

'3단계 : 집계된 변수의 값을 원하는 위치에 입력합니다.
    Range("I4").Value = 전년합계         ⑦
    Range("J4").Value = 금년합계         ⑧

End Sub
```

① For … Next 순환문에서 횟수를 세는 역할을 하는 Integer 형식의 i 변수를 선언합니다.

② 전년도 매출 합계 값을 저장할 Long 형식의 '전년합계' 변수를 선언합니다.

③ 금년도 매출 합계 값을 저장할 Long 형식의 '금년합계' 변수를 선언합니다.

④ For … Next 순환문에서 i 변수가 4에서 16이 될 때까지 명령을 반복 실행하는데, Step 키워드 값이 2로 설정되어 있으므로 i 변수 값이 4, 6, 8, …, 16과 같이 증가합니다. 참고로 Step 키워드가 사용되지 않는 For … Next 순환문은 Step 1이 생략된 것입니다.

⑤ '전년합계' 변수에 Range("D" & i) 셀 값을 더해 저장합니다. 이렇게 하면 D4, D6, …, D16셀의 값이 '전년합계' 변수에 누적되어 집계됩니다.

⑥ '금년합계' 변수에 Range("E" & i) 셀 값을 더해 저장합니다.

⑦ I4셀에 '전년합계' 변수의 값을 입력합니다.

❽ J4셀에 '금년합계' 변수의 값을 입력합니다.

참고로 '전년합계', '금년합계' 변수는 합계 배열변수를 하나 선언해 다음과 같이 구성할 수도 있습니다.

```
Sub 실적집계()

    Dim i As Integer
    Dim 합계(1) As Long                    ❶
    For i = 4 To 16 Step 2

        합계(0) = 합계(0) + Range("D" & i).Value     ❷
        합계(1) = 합계(1) + Range("E" & i).Value

    Next i

    Range("I4:J4").Value = 합계           ❸

End Sub
```

❶ 두 개의 값을 저장할 수 있는 Long 형식의 '합계' 배열변수를 선언합니다.
❷ '합계' 배열변수의 0번 방에 D열의 값을 계속 더해 넣고, 1번 방에 E열의 값을 더합니다.
❸ I4:J4 범위에 '합계' 배열변수의 값을 저장합니다.

LINK 배열변수에 대해서는 133~139쪽에 자세하게 설명되어 있으므로, 이 코드가 잘 이해되지 않으면 해당 부분을 다시 참고합니다.

불필요한 행을 삭제하는 순환문 구성하기

052

표에서 불필요한 행을 삭제하는 작업을 순환문을 이용해 처리할 때는 주의할 점이 있습니다. 워크시트에서 셀을 삭제하거나 삽입하는 등의 작업을 하면 셀 위치가 변경되기 때문입니다. 예를 들어 5행을 삭제하면 기존의 6행이 5행이 됩니다. 반대로 5행에서 행을 삽입하면 기존 6행이 7행이 됩니다. 그러므로 행을 삭제하거나 삽입하는 동작을 순환문으로 처리하고 싶다면 아래에서 위 방향으로 순환하도록 코드를 개발해야 합니다.

예제 파일 PART 02 \ Step 키워드 – 삭제.xlsm

예제를 열면 'sample1' 시트에서 화면과 같은 표를 확인할 수 있습니다.

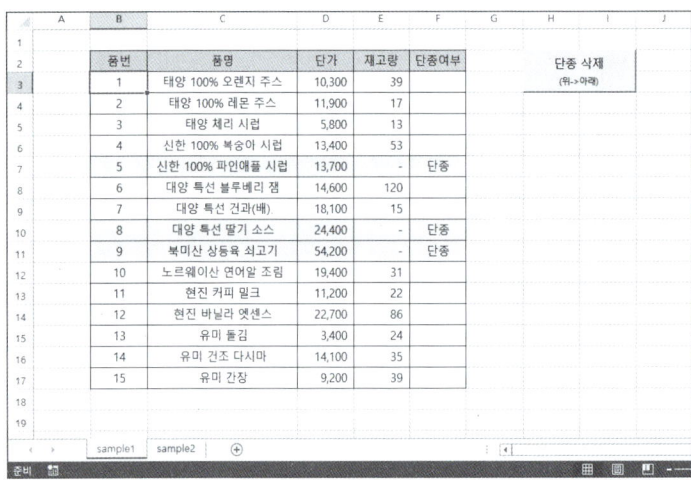

TIP 'sample1' 시트와 'sample2' 시트에는 동일한 표가 준비되어 있습니다. 코드 진행에 따른 차이를 설명하기 위한 것입니다.

위에서 아래 방향으로 삭제

'sample1' 시트의 〈단종 삭제〉 버튼에 연결된 매크로의 코드는 다음과 같습니다.

```
Sub 단종삭제_위아래()

    Dim i As Integer              ———①

    For i = 3 To 17               ———②

        If Range("F" & i).Value = "단종" Then  ———③
```

```
                Rows(i).Delete                    ————————————— ❹

            End If

    Next i

End Sub
```

❶ For … Next 순환문에서 반복할 횟수를 의미하는 Integer 형식의 i 변수를 선언합니다.

❷ i 변수의 값을 3에서 17까지 1씩 증가(Step 1)시키면서 순환문 내의 명령을 반복 실행합니다.

❸ If 문을 사용해 Range("F" & i) 셀 값이 '단종'인지 확인합니다.

❹ ❸의 조건이 True면 i 변수의 행을 Delete 메서드로 삭제합니다.

Rows는 Worksheet 개체의 속성으로 행 범위를 의미하는 Range 개체를 반환합니다. 그러므로 Rows(i)는 현재 시트에서 i 변수가 위치한 행 전체를 의미합니다.

LINK Rows 속성에 대한 자세한 설명은 CHAPTER 11(329쪽)을 참고합니다.

'sample1' 시트의 〈단종 삭제〉 버튼을 클릭해 매크로가 정상 동작하는지 확인합니다. 그러면 다음 화면과 같이 단종 제품들이 삭제되었지만 품번이 9인 제품은 삭제되지 않은 것을 확인할 수 있습니다.

품번	품명	단가	재고량	단종여부
1	태양 100% 오렌지 주스	10,300	39	
2	태양 100% 레몬 주스	11,900	17	
3	태양 체리 시럽	5,800	13	
4	신한 100% 복숭아 시럽	13,400	53	
6	대양 특선 블루베리 잼	14,600	120	
7	대양 특선 건과(배)	18,100	15	
9	북미산 상등육 쇠고기	54,200	-	단종
10	노르웨이산 연어알 조림	19,400	31	
11	현진 커피 밀크	11,200	22	
12	현진 바닐라 엣센스	22,700	86	
13	유미 돌김	3,400	24	
14	유미 건조 다시마	14,100	35	
15	유미 간장	9,200	39	

TIP 코드는 단축키 Alt + F11 을 눌러 프로젝트 탐색기 창을 열고 Module1 개체의 코드 창에서 '단종삭제_위아래' Sub 프로시저를 확인합니다.

아래에서 위 방향으로 삭제

9번 제품이 삭제되지 않은 이유는 8번 제품이 삭제되면서 10행에 있던 데이터가 9행으로 올라왔기 때문입니다. 그러므로 이런 문제를 해결하려면 다음과 같이 아래에서 위 방향으로 순환문을 구성해야 합니다.

```
Sub 단종삭제_아래위()

    Dim i As Integer

    For i = 17 To 3 Step -1 ─────────────①

        If Range("F" & i).Value = "단종" Then

            Rows(i).Delete

        End If

    Next i

End Sub
```

① 앞에서 구성한 프로시저와 동일하지만 For … Next 문의 i 변수를 1씩 감소하도록 변경했습니다. i 변수의 값이 17에서 3으로 감소하면 행을 삭제해도 삭제된 위치는 아래쪽 행이 끌어올려지기 때문에 참조할 위치가 변경되지 않습니다.

위 매크로의 실행 결과를 확인하려면 'sample2' 시트의 〈단종 삭제〉 버튼을 클릭해 봅니다. 모든 단종 제품이 제대로 삭제되는 것을 확인할 수 있습니다.

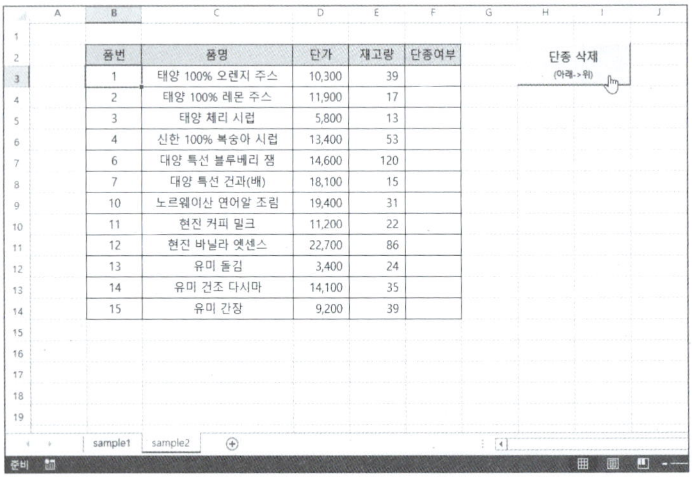

TIP 코드는 단축키 Alt + F11 을 눌러 프로젝트 탐색기 창을 열고 Module1 개체의 코드 창에서 '단종삭제_위아래' Sub 프로시저를 확인합니다.

이렇게 행을 삭제(또는 삽입)하는 동작을 순환문으로 구성할 때는 셀 위치가 달라질 수 있으므로, 달라진 위치와 무관하게 코드가 실행될 수 있도록 아래에서 위 방향으로 순환하도록 해야 합니다. 참고로 열을 삭제(또는 삽입)하는 동작을 처리하려면 오른쪽에서 왼쪽 방향으로 순환하도록 해야 합니다.

Do … Loop 문을 이용한 순환문 구성하기

053

For … Next 문이 반복 실행할 횟수를 지정해 동작시키는 순환문이라면, Do … Loop 문은 지정한 조건의 판단 결과에 따라 명령을 반복 실행하는 순환문입니다. Do … Loop 문은 Until과 While 두 가지 키워드를 사용해 조건을 판단하는데, Until은 조건이 True가 될 때까지 반복 실행하며, While은 조건이 True인 동안 반복 실행합니다.

예제 파일 PART 02 \ Do … Loop 순환문.xlsm

Do … Loop 문의 구문

Do … Loop 순환문의 구문은 다음과 같습니다.

```
Do While 조건              ❶

    '실행 명령

Loop        ❷
```

❶ Do … Loop 내의 명령을 조건이 참(True)인 동안 반복 실행합니다. While 키워드는 Until로 변경할 수 있으며, 그러면 조건이 참이 될 때까지 명령을 반복 실행하게 됩니다.

```
Do Until 조건
```

❷ Loop는 Do … Loop 문의 마지막 문장으로, Do 문 옆에 While이나 Until 키워드로 조건을 지정하지 않고 Loop 문 옆에 사용할 수 있습니다.

```
Do

    '실행 명령

Loop While 조건
```

이런 구성은 실행 명령을 반드시 한 번은 실행해야 하는 경우에 사용됩니다.

Do … Loop 문의 사용 예

예제 파일을 열어 다음과 같은 견적서를 확인합니다.

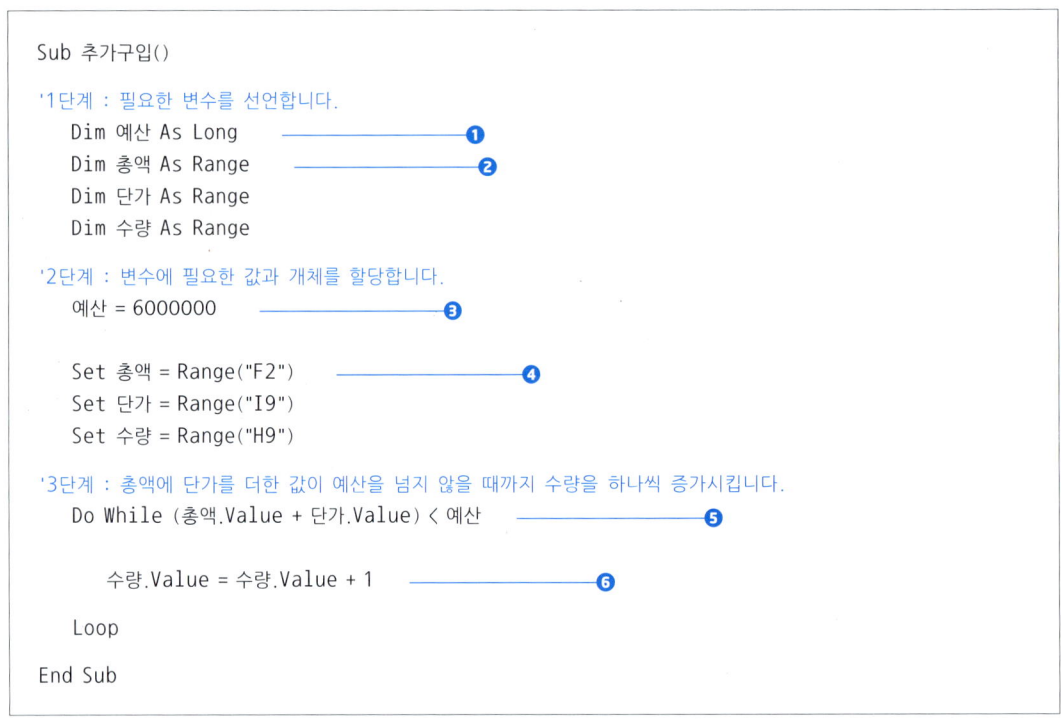

예산을 총 600만 원까지 사용해 제품을 구입한다고 가정할 때, 다섯 번째 제품을 몇 개 더 살 수 있는지 계산하는 프로시저를 순환문을 이용해 구성한다면 다음과 같은 매크로를 사용해야 합니다.

```
Sub 추가구입()

    '1단계 : 필요한 변수를 선언합니다.
        Dim 예산 As Long                    ———————— ①
        Dim 총액 As Range                   ———————— ②
        Dim 단가 As Range
        Dim 수량 As Range

    '2단계 : 변수에 필요한 값과 개체를 할당합니다.
        예산 = 6000000                      ———————— ③

        Set 총액 = Range("F2")              ———————— ④
        Set 단가 = Range("I9")
        Set 수량 = Range("H9")
    '3단계 : 총액에 단가를 더한 값이 예산을 넘지 않을 때까지 수량을 하나씩 증가시킵니다.
        Do While (총액.Value + 단가.Value) < 예산    ———————— ⑤

            수량.Value = 수량.Value + 1     ———————— ⑥

        Loop

End Sub
```

① 예산 금액을 저장하기 위해 Long 형식의 '예산' 변수를 선언합니다.

② 조작할 셀을 할당하기 위해 Range 형식의 '총액', '단가', '수량' 개체변수를 선언합니다.

③ '예산' 변수에 600만 원을 저장합니다.

④ '총액', '단가', '수량' 개체변수에 각각 F2, I9, H9셀을 할당합니다.

⑤ Do … Loop 순환문을 사용해 '총액' 개체변수에 할당된 셀 값과 '단가' 개체변수에 할당된 셀 값을 더한 값이 '예산' 변수의 값을 넘지 않는지 판단해 이 조건이 True인 동안 계속해서 순환합니다.

⑥ '수량' 개체변수에 할당된 셀 값을 1 증가시킵니다. 이렇게 하면 '수량' 개체변수에 할당된 H9셀의 값이 1씩 증가합니다.

이 매크로의 실행 결과를 확인하고 싶다면 예제 파일의 〈600만원〉 버튼을 클릭합니다.

중첩된 For 문을
Do 문을 활용해 탈출하기

054

For ··· Next 순환문은 필요에 따라 중첩해서 사용할 수 있는데, 이때 순환문을 빠져나가도록 구성하는 방법을 제대로 이해해야 합니다. For ··· Next 순환문을 중간에서 빠져나갈 때는 대개 Exit For 명령을 사용하는데, Exit For 명령을 사용하면 해당 명령이 속한 For ··· Next 순환문에서만 빠져나가게 됩니다. 중첩된 For ··· Next 문에서 사용할 경우, 내부의 For ··· Next 순환문에서는 빠져나가지만 상위 For ··· Next 순환문에 의해 다시 순환하므로 의도한 대로 동작이 진행되지 않습니다. 그러므로 중첩된 For ··· Next 순환문에서 빠져나가도록 할 때는 Do ··· Loop 문을 이용하는 것이 좋습니다.

예제 파일 PART 02 \ 중첩 For ··· Next 문.xlsm

예제 파일을 열면 화면과 같은 표를 확인할 수 있습니다. C3:N11 범위를 순환하면서 작업할 때, 셀 값이 1200이면 코드 실행을 중단하는 매크로를 개발합니다.

TIP 위 화면의 화살표 방향으로 순환하며, K6셀에서 멈추는 작업을 코드로 구성합니다.

Exit For 명령으로 중첩 For ··· Next 문 종료

오른쪽 첫 번째 버튼인 〈중첩 순환문 (Exit For로 탈출)〉 버튼에 연결된 매크로는 다음과 같은 코드로 구성되어 있습니다.

```
Sub Exit_For()

'1단계 : 필요한 변수를 선언합니다.
    Dim r As Integer          ——————①
    Dim c As Integer          ——————②

'2단계 : C3:N11 범위 내 셀 배경색을 투명하게 합니다.
    Range("C3:N11").Interior.Color = RGB(255, 255, 255)          ——————③
```

```
'3단계 : c 변수와 r 변수를 사용해 열은 3열(C)부터 14열(N)까지, 행은 3행부터 11행까지 순환합니다.
    For c = 3 To 14 ─────────────── ❹

        For r = 3 To 11 ─────────────── ❺

            If Cells(r, c).Value = 1200 Then ─────────────── ❻

                Exit For

            Else ─────────────── ❼

                Cells(r, c).Interior.Color = RGB(221, 235, 247)

            End If

        Next r

    Next c

End Sub
```

❶ 순환할 범위(C3:N11)의 행 번호를 저장할 Integer 형식의 r 변수를 선언합니다.

❷ 순환할 범위의 열 번호를 저장할 Integer 형식의 c 변수를 선언합니다.

❸ 기존 범위에 적용된 배경색을 흰색으로 설정합니다. (기존에 적용된 배경색을 초기화합니다.)
RGB 함수의 사용 방법은 754쪽에 자세하게 설명되어 있으며, 배경색을 적용하는 코드는 특정 셀의 배경색을 변경하는 동작을 매크로 기록기로 기록하면 쉽게 얻을 수 있습니다.

❹ For ⋯ Next 순환문에서 c 변수의 값을 3(C열)에서 14(N열)까지 1씩 증가시킵니다.

❺ 중첩된 For ⋯ Next 순환문에서 r 변수의 값을 3에서 11까지 1씩 증가시킵니다.
이렇게 하면 중첩된 순환문 안에서 C3, C4, C5, ⋯, D3, D4, D5, ⋯ 와 같이 셀을 순환하게 됩니다.

❻ Cells 속성에 r, c 변수 값을 전달해 지정된 셀의 값이 1200인지 판단해 판단 결과가 True면 다음 줄의 Exit For 명령을 사용해 For ⋯ Next 문을 빠져나가도록 구성합니다.

> **TIP** Cells 속성
>
> Range 개체를 이용해 작업할 셀을 지정하는 방법은 셀 주소(예를 들면 A1)를 사용하므로 행 위치를 변경하기는 쉽지만 열 위치를 변경하는 것은 쉽지 않습니다. 이것은 열 주소가 A, B, C, ⋯ 와 같은 영문으로 구성되기 때문입니다. 그렇기 때문에 Worksheet 개체의 Cells 속성이 제공되는데, Cells 속성은 인수로 행, 열 주소를 숫자로 받아 지정된 위치의 Range 개체를 반환합니다.
>
> 즉, Cells(1, 1)은 Range("A1")과 같으며, 이런 특성 때문에 For ⋯ Next 순환문 내에서는 Range 개체보다 더 자주 사용됩니다.
>
> **LINK** Cells 속성에 관한 설명은 333쪽에 더 자세하게 설명되어 있으니 해당 부분을 추가로 확인합니다.

❼ 셀 값이 1200이 아니라면 셀의 배경색을 연한 하늘색으로 설정합니다.

〈중첩 순환문 (Exit For로 탈출)〉 버튼을 클릭해 앞의 매크로를 실행하면 다음과 같은 결과를 얻을 수 있습니다.

위 화면을 보면 K6:K11 범위만 배경색이 변경되지 않은 것을 알 수 있습니다. 이것은 K6셀의 값이 1,200이기 때문에 Exit For 명령이 실행되면서 중첩된 내부 For … Next 순환문을 빠져나간 것을 표시합니다. 하지만 상위 For … Next 순환문이 다시 동작하면서 L:N열에는 배경색이 적용되었습니다. 이것으로 중첩된 순환문에서 Exit For 명령을 사용하면 두 개의 For … Next 순환문을 모두 빠져나가지는 않는 것을 이해할 수가 있습니다.

> **Plus⁺ EXIT SUB**
>
> 위 작업에서 Exit For 대신 Exit Sub 명령을 사용해 빠져나오면 되지 않을까 하고 생각했다면, 학습을 잘 하고 있는 것입니다. Exit Sub를 사용하면 프로시저가 종료되므로, 두 개의 For … Next 순환문을 빠져나올 수 있습니다. 하지만 Exit Sub 명령은 For … Next 순환문이 종료된 다음, 처리할 후속 작업이 없을 때에만 사용할 수 있습니다. For … Next 순환문을 종료하고 별도의 작업을 처리해야 하는 코드가 있는 경우, Exit Sub는 프로시저 자체를 종료하므로 사용할 수 없습니다.

Exit Do 명령으로 중첩 For … Next 문 종료

이런 경우, 중첩된 For … Next 순환문을 Do … Loop 순환문에 중첩시킨 다음, Exit Do로 순환문을 종료하도록 구성하면 됩니다. 〈중첩 순환문 (Exit Do로 탈출)〉 버튼에 연결된 매크로의 코드는 다음과 같습니다.

```
Sub Exit_Do()

    Dim r As Integer
    Dim c As Integer

    Range("C3:N11").Interior.Color = RGB(255, 255, 255)

    Do              ❶

        For c = 3 To 14
```

```
              For r = 3 To 11

                  If Cells(r, c).Value = 1200 Then

                      Exit Do  ─────────────── ❷

                  Else

                      Cells(r, c).Interior.Color = RGB(221, 235, 247)

                  End If

              Next r

          Next c

      Loop Until True  ─────────────── ❸

End Sub
```

❶ Do … Loop 순환문 안에 중첩된 For … Next 순환문을 구성합니다.

❷ 셀 값이 1,200이면 중첩된 For … Next 순환문을 중단시키기 위해 Exit Do 명령을 사용합니다. Do … Loop 순환문은 중첩된 For … Next 순환문보다 상위이므로, Do … Loop 순환문을 빠져나가도록 구성하면 중첩된 For … Next 순환문을 빠져나가게 됩니다.

❸ Do … Loop 순환문의 종료 조건은 Until True로, 정상적으로 Loop 문까지 오게 되면 무조건 Do … Loop 순환문이 종료되도록 구성합니다.

〈중첩 순환문 (Exit Do로 탈출)〉 버튼을 클릭해 매크로를 실행하면 다음 결과를 얻습니다.

위 화면에서 확인할 수 있듯, 정확하게 K6셀부터 더 이상 배경색이 적용되지 않습니다. 이것으로 해당 위치에서 정상적으로 중첩된 For … Next 순환문이 종료되었다는 것을 이해할 수 있습니다.

For Each … Next 문을 이용한 순환문 구성하기 055

For Each … Next 순환문은 For … Next 순환문과 유사하지만, 지정된 횟수만큼 반복하지 않고 컬렉션의 개체를 순환하거나 배열 내 요소를 하나씩 순환하면서 작업할 수 있습니다. For Each … Next 순환문은 개체나 배열을 대상으로 하며, 이런 작업은 For … Next 순환문보다 처리 속도가 빠릅니다. 엑셀의 모든 구성 요소를 개체라고 하며 개체는 컬렉션이라는 집합으로 묶여 관리되므로, For Each … Next 순환문은 매우 빈번하게 사용됩니다.

예제 파일 PART 02\For Each … Next 문.xlsm

For Each … Next 순환문의 구문

For Each … Next 순환문의 구문은 다음과 같습니다.

```
Dim 개체변수 As 개체형식          ❶

For Each 개체변수 In 컬렉션       ❷

    '실행 명령

Next
```

❶ For Each … Next 순환문에서 순환할 컬렉션의 개체변수를 선언합니다.
❷ 컬렉션의 개별 개체를 하나씩 개체변수에 할당하면서 순환합니다. 개체변수와 컬렉션 사이에는 In 키워드가 사용됩니다.

For Each … Next 순환문의 사용 예

예제 파일을 열면 '점수' 시트에서 다음과 같은 표를 확인할 수 있습니다. For Each … Next 순환문을 사용해 각 시트에서 부서명과 점수를 '점수' 시트의 표에 취합하는 코드를 개발해 보겠습니다.

각 시트를 열어 보면, 부서원들의 개별 점수가 나열되어 있고, 평균 점수가 D2셀에 계산되어 있습니다.

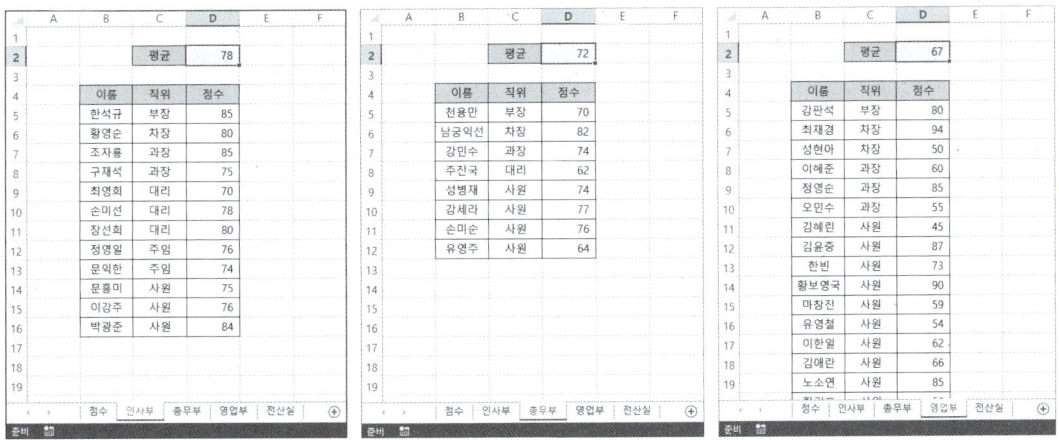

이 작업을 For Each … Next 순환문을 사용해 구성하면 다음과 같습니다.

```
Sub 점수취합()

    '1단계 : 필요한 변수를 선언합니다.
        Dim 시트 As Worksheet                     ❶
        Dim i As Integer                         ❷

    '2단계 : i 변수의 초기 값을 저장합니다.
        i = 6                                    ❸

    '3단계 : 현재 파일의 모든 워크시트를 순환하면서 부서명과 점수를 B:C열에 정리합니다.
        For Each 시트 In ThisWorkbook.Worksheets  ❹

            If 시트.Name <> "점수" Then            ❺

                Range("B" & i).Value = 시트.Name                ❻
                Range("C" & i).Value = 시트.Range("D2").Value   ❼

                i = i + 1                        ❽

            End If

        Next

End Sub
```

❶ 시트를 순환하면서 작업할 것이므로, Worksheet 형식의 '시트' 개체변수를 선언합니다.

❷ '점수' 시트에 부서명과 점수를 기록할 때 한 행씩 아래로 기록하기 위해 행 주소를 저장할 Integer 형식의 i 변수를 선언합니다.

❸ i 변수에 기록할 첫 번째 위치(B6)의 행 주소를 저장합니다.

❹ For Each … Next 순환문으로 현재 파일(ThisWorkbook)의 Worksheets 컬렉션을 순환하면서 하나씩 '시트' 변수에 할당하도록 구성합니다.

❺ '시트' 변수에 할당된 Worksheet 개체의 이름(Name)이 '점수'인지 여부를 판단합니다. '점수' 시트를 제외한 나머지 시트를 대상으로 작업해야 하기 때문입니다. 시트 이름을 직접 입력하지 않고 현재 시트를 제외하려면 코드를 다음과 같이 구성합니다.

```
If 시트.Name <> ActiveSheet.Name Then
```

❻ B열의 i번째 셀에 '시트' 개체변수에 할당된 Worksheet 개체의 이름을 입력합니다.

❼ C열의 i번째 셀에 '시트' 개체변수에 할당된 Worksheet 개체의 D2셀의 값을 입력합니다.

❽ 다음 시트의 점수를 기록할 때 바로 셀에 기록되도록 i 변수의 값을 1씩 증가시킵니다.

작성된 코드를 테스트해 보려면 '점수' 시트에서 〈점수 취합〉 버튼을 클릭합니다.

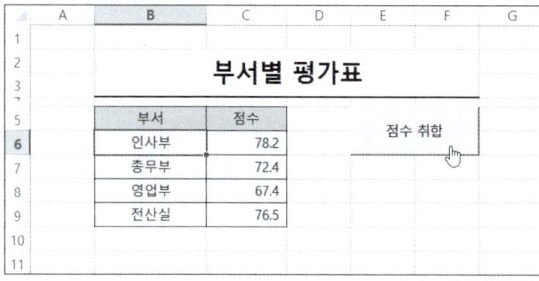

동적 배열을 순환하는 For Each … Next 문 구성하기

For Each … Next 문은 컬렉션의 개체를 순환하는 작업 이외에 배열의 요소를 순환해 작업하는 데 사용할 수 있습니다. 배열을 순환할 때는 보통 동적 배열변수에 저장된 값을 하나씩 변수에 저장해 사용하려는 목적을 가집니다. 참고로 배열을 순환하는 For Each … Next 문을 사용할 때는 반드시 변수의 데이터 형식이 Variant여야 한다는 점에 주의합니다.

예제 파일 PART 02 \ For Each … Next 문 – 배열.xlsm

배열을 사용하는 For Each … Next 순환문의 구문

배열을 순환하는 For Each … Next 순환문의 구문은 다음과 같습니다.

```
Dim 변수 As Variant            ❶

For Each 변수 In 배열          ❷

    '실행 명령

Next
```

❶ For Each … Next 순환문에서 사용할 '변수'를 Variant 형식으로 선언합니다.
❷ '배열'의 개별 요소를 하나씩 '변수'에 저장하면서 순환합니다.

배열을 사용하는 For Each … Next 순환문의 사용 예

예제를 열어 다음 표를 확인합니다. C2:H6 범위의 번호에서 C8:H8 범위의 당첨번호에 맞는 번호를 빨간색으로 표시하는 작업을 진행합니다.

	A	B	C	D	E	F	G	H	I	J	K	L
1												
2		번호 1	37	28	18	36	3	4		번호 확인		
3		번호 2	32	10	39	15	31	43				
4		번호 3	19	9	35	27	36	40				
5		번호 4	44	39	1	21	3	8				
6		번호 5	4	10	40	36	31	22				
7												
8		당첨번호	6	8	10	33	36	44				
9												
10												

〈번호 확인〉 버튼에 연결된 매크로 코드는 다음과 같습니다.

```
Sub 번호확인()

    '1단계 : 필요한 변수를 선언합니다.
        Dim 당첨번호 As Variant         ❶
        Dim 번호 As Variant             ❷
        Dim 내번호 As Range             ❸
        Dim 셀 As Range                 ❹

    '2단계 : 변수에 초기 값을 할당합니다.
        당첨번호 = Range("C8:H8").Value    ❺

        Set 내번호 = Range("C2:H6")       ❻

    '3단계 : For Each … Next 순환문을 중첩하면서 내 번호가 당첨번호에 있는지 확인합니다.
        For Each 셀 In 내번호             ❼

            For Each 번호 In 당첨번호     ❽

                If 셀.Value = 번호 Then   ❾

                    셀.Font.Color = RGB(255, 0, 0)   ❿

                    Exit For

                End If

            Next

        Next

End Sub
```

❶ 당첨번호를 저장할 Variant 형식의 '당첨번호' 변수를 선언합니다. Variant 형식으로 선언한 변수에는 여러 값을 저장할 수 있으며, 이 경우 배열변수가 됩니다. 그러므로 Variant 형식으로 선언한 변수는 따로 변수 이름 뒤에 괄호를 사용하지 않아도 됩니다.

❷ '당첨번호' 변수에 저장된 값을 하나씩 저장할 Variant 형식의 '번호' 변수를 선언합니다.

❸ 로또 번호가 입력된 범위를 할당할 Range 형식의 '내번호' 개체변수를 선언합니다.

❹ For Each … Next 순환문에서 사용할 Range 형식의 '셀' 개체변수를 선언합니다.

❺ '당첨번호' 변수에 C8:H8 범위의 값을 저장합니다. 이때 '당첨번호' 변수는 1×6 행렬의 배열변수가 됩니다.

❻ '내번호' 개체변수에 C2:H6 범위를 할당합니다.

❼ 내 번호가 당첨번호와 맞는지 확인하기 위해, For Each … Next 순환문으로 '내번호' 개체변수에 할당된 셀을 하나씩 '셀' 변수에 할당하면서 순환합니다. 이렇게 하면 한 번 순환할 때마다 C2:H6 범위의 셀이 하나씩 '셀' 변수에 할당됩니다.

❽ 내 번호를 당첨번호와 매칭하기 위해 하나씩 맞는지 확인해야 합니다. 당첨번호가 저장된 '당첨번호' 변수를 For Each

… Next 순환문으로 순환하면서 '번호' 변수에 값을 하나씩 저장합니다.

❾ '셀' 개체변수에 할당된 셀 값이 '번호' 변수에 저장된 값과 같은지 확인합니다. 같다면 내 번호가 당첨번호 중의 하나입니다.

❿ ❾ 조건이 True면 '셀' 개체변수에 할당된 셀의 글꼴 색을 빨강색으로 지정한 다음, Exit For 명령을 사용해 중첩된 배열변수를 순환하는 For Each … Next 순환문을 빠져나갑니다. 이렇게 하는 이유는 내 번호가 당첨번호와 맞다면, 다른 번호를 굳이 확인할 필요가 없기 때문입니다.

〈번호 확인〉 버튼을 클릭하면 다음과 같은 결과를 볼 수 있습니다.

	A	B	C	D	E	F	G	H	I	J	K	L
1												
2		번호 1	37	28	18	36	3	4				
3		번호 2	32	10	39	15	31	43		번호 확인		
4		번호 3	19	9	35	27	36	40				
5		번호 4	44	39	1	21	3	8				
6		번호 5	4	10	40	36	31	22				
7												
8		당첨번호	6	8	10	33	36	44				
9												
10												

Wait 메서드를 사용해 시간 지연시키기　057

순환문을 사용할 때는 순환 횟수나 처리할 작업이 많은 경우 파일이 (응답 없음) 현상으로 동작을 멈출 수 있다는 점에 주의해야 합니다. 이런 문제를 근원적으로 해결하는 방법은 순환문을 사용하지 않고 엑셀의 기능을 이용하는 것입니다. 그것이 여의치 않은 경우라면 순환문의 코드 실행을 중간에 잠시 멈추도록 구성하는 것이 좋습니다. 이런 경우 Application 개체의 Wait 메서드를 이용하면 됩니다. 순환문을 자주 사용하는 사용자라면 이 방법을 잘 이해해두면 좋습니다.

예제 파일 없음

Application 개체의 Wait 메서드 구문

Application 개체의 Wait 메서드는 매크로를 일시 중지시킬 때 사용하며 구문은 다음과 같습니다.

```
Application.Wait(Time)
```

Wait 메서드는 실행 중인 매크로를 지정된 Time 매개변수의 시간까지 일시 중지시킵니다.

❶ Time : 매크로를 다시 실행할 시간입니다.

Wait 메서드 사용 예

다음과 같이 A1:A100000 범위에 1000 값을 저장하는 순환문을 사용한다고 가정합니다.

```
Sub Wait_테스트()
    
    Dim 셀 As Range                    ❶
    
    For Each 셀 In Range("A1:A100000")  ❷
    
        With 셀                         ❸
            .Value = 1000
            .NumberFormat = "#,###"
        End With
    
    Next
    
End Sub
```

❶ 순환문에서 사용할 Range 형식의 '셀' 개체변수를 선언합니다.

❷ For Each … Next 문을 사용해 A1:A100000 범위의 셀을 하나씩 '셀' 개체변수에 할당하면서 순환합니다.

❸ With 문을 사용해 '셀' 개체변수에 할당된 셀의 값을 1000으로 입력하고, 천 단위 구분 기호(,)를 표시합니다.

위 순환문은 10만 개의 셀에 일일이 작업을 해야 하므로, (응답 없음) 현상이 나타날 가능성이 높습니다. (응답 없음) 현상이 나타나지 않도록 하려면 다음과 같이 Wait 메서드를 이용해 100번째 셀마다 3초간 쉬어가도록 구성합니다.

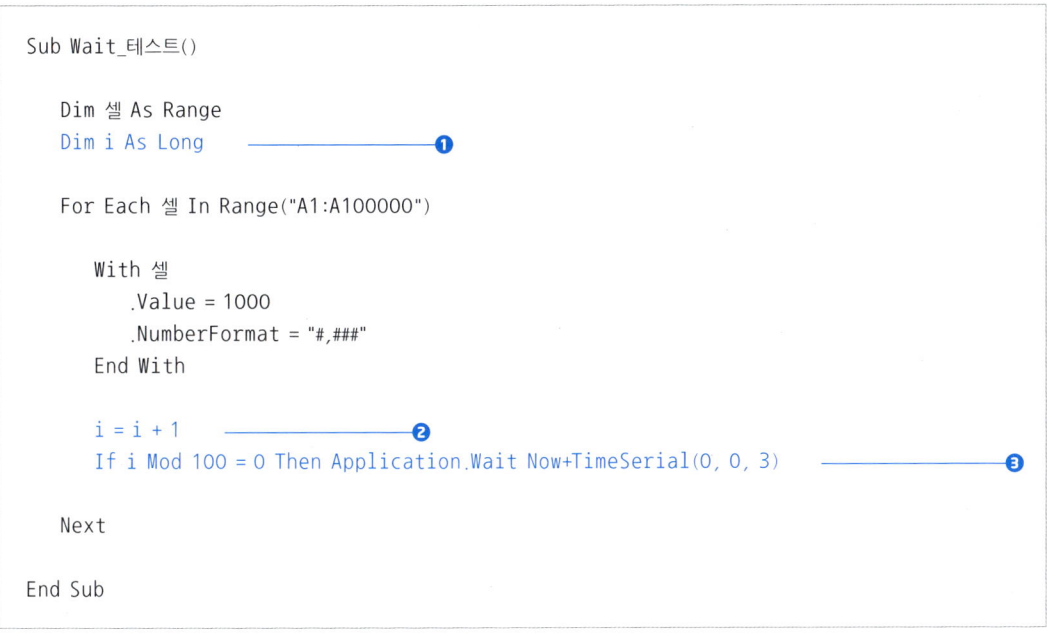

❶ 순환하는 횟수를 세기 위해, Long 형식의 i 변수를 선언합니다.

❷ 한 번 순환할 때마다 i 변수의 값을 1씩 증가시킵니다.

❸ i 변수의 값을 100으로 나눈 나머지가 0이 될 때(100번째 동작마다)마다 3초간 동작을 멈춥니다. Wait 메서드는 매크로 동작을 중지시키며, 매개변수에 지정된 Now+TimeSerial(0, 0, 3)은 현재 시간(Now)으로부터 3초 뒤(+TimeSerial(0, 0, 3))에 매크로 동작을 다시 실행하라는 의미입니다.

> **연산자 : Mod**
> Mod 연산자는 나눗셈의 나머지를 반환하는 연산자로, 워크시트 함수인 Mod 함수와 동일한 동작을 수행합니다.

> **함수 : Now**
> 워크시트 함수인 Now와 동일한 함수로 오늘 날짜와 현재 시간을 반환합니다.

함수 : TimeSerial
워크시트 함수인 Time과 동일한 함수로, 시, 분, 초에 해당하는 숫자 값을 받아, 시간 값을 반환하는 함수입니다. 구문은 다음과 같습니다.

```
TimeSerial(시, 분, 초)
```

CHAPTER

08

Function 프로시저

Function 프로시저는 Sub 프로시저와는 달리 계산 결과를 반환하는 특징이 있으며,
보통 엑셀에 제공되지 않는 함수를 사용자가 만들고자 할 때 사용합니다.
주로 긴 계산식이나 자주 사용하는 계산식을 Function 프로시저로 개발하며,
개발된 Function 프로시저는 여러 프로시저와 워크시트에서 사용할 수 있습니다.
참고로 Function 프로시저를 워크시트에서 사용하려면
반드시 Module 개체의 코드 창에서 개발해야 합니다.

Function 프로시저를 이용해 사용자 정의 함수 만들기 058

워크시트나 VBA에서 제공하는 함수는 매우 다양하지만 사용자가 필요로 하는 모든 함수가 있는 것은 아닙니다. 필요한 함수가 없다면 VBA의 Function 프로시저를 이용해 원하는 동작을 처리하는 사용자 정의 함수를 개발해 사용하면 됩니다. 프로시저의 반복적인 계산 부분이나 워크시트에서 제공되지 않는 함수를 개발할 때 유용합니다.

예제 파일 PART 02 \ Function 프로시저.xlsm

Function 프로시저의 구문

Function 프로시저의 구문은 다음과 같습니다.

```
Function 함수명(매개변수1 As 변수형식, 매개변수2 As 변수형식, …) As 데이터형식        ❶

    '실행 명령

    함수명 = 결과 값          ❷

End Function
```

❶ Function 프로시저를 선언합니다. Function 프로시저는 Sub 프로시저와는 달리 매개변수를 구성해 사용하는 것이 일반적이며, Function 프로시저의 끝에는 반환할 값의 데이터 형식을 As 데이터 형식 문으로 구성해야 합니다.

> **참고 : 매개변수**
> 매개변수는 프로시저를 호출할 때 해당 프로시저로 전달되는 값(또는 개체)이 저장될 변수입니다. 워크시트 함수를 예로 들면, 인수에 전달된 값이 저장되는 변수를 의미합니다. 그러므로 프로시저를 사용할 때 전달할 값이 있으면 그 값이 매개변수로 저장되어 전달된다고 생각하면 됩니다. 참고로 매개변수는 모든 프로시저(Sub와 Function 프로시저)에서 사용할 수 있습니다.

❷ 계산 결과를 Function 프로시저의 함수 이름으로 반환하는 부분으로, Function 프로시저에는 이 부분이 프로시저가 종료(End Function)되기 전에 반드시 존재해야 합니다.

Function 프로시저의 사용 예

나이를 계산하는 함수는 워크시트 함수로 제공되지 않습니다. 이를 사용자 정의 함수로 개발한다면 다음과 같은 Function 프로시저를 구성하면 됩니다.

```
Function 나이( 생년월일 As Date ) As Integer                    ①

    나이 = Year(Date) - Year(생년월일) + 1                      ②

End Function
```

① '나이' Function 프로시저를 선언합니다. '나이' 함수는 Date 형식의 '생년월일' 매개변수에 나이를 구할 사람의 생년월일 날짜 값을 전달 받아 나이를 계산한 다음, Integer 형식(나이는 숫자 중에서도 정수이고, 가장 큰 값이 200이 되기 어려우므로, Byte 형식으로 선언해도 됩니다.)의 숫자 값을 반환합니다.

② 나이 Function 프로시저에 계산식의 계산 결과를 반환합니다.

나이를 계산하는 식은 '=금년 – 출생연도+1'입니다. 계산 결과를 함수명인 '나이'에 반환하도록 구성합니다.

함수 : Year
워크시트 함수인 Year 함수와 동일한 함수로 날짜 값을 인수로 받아 연도에 해당하는 정수 값을 반환합니다. 구문은 다음과 같습니다.

```
Year( 날짜 )
```

함수 : Date
워크시트 함수인 TODAY 함수와 동일한 함수로 오늘 날짜를 반환합니다.

01 예제 파일을 열고, F3셀에 다음 수식을 입력한 후 F3셀의 채우기 핸들을 F7셀까지 드래그해 수식을 복사합니다.

```
=나이(E3)
```

TIP 화면 상의 결과는 2015년에 실행한 값이며, 이 값은 예제를 따라하는 연도에 따라 달라질 수 있습니다.

02 코드를 확인하려면 단축키 Alt+F11을 누르거나 [개발 도구] 탭-[코드] 그룹-[Visual Basic] 명령을 클릭한 다음, 프로젝트 탐색기 창에서 Module1 개체를 더블클릭해 코드 창을 확인합니다.

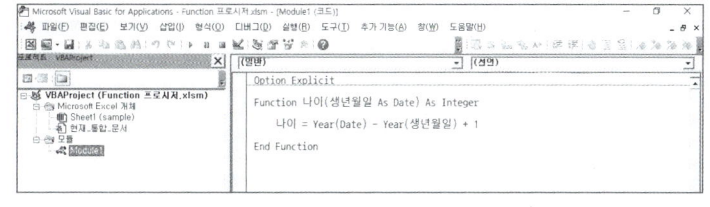

TIP 개발된 Function 프로시저를 워크시트에서 사용하려면 반드시 모듈 개체의 코드 창에 개발해야 합니다.

생략 가능한 인수를 사용하는 사용자 정의 함수 만들기

059

워크시트 함수의 인수 중에는 생략 가능한 인수가 있습니다. 예를 들면, SUMIF 함수는 세 번째 인수인 합계 범위(sum_range)를 생략하면 첫 번째 인수인 범위(range)에서 조건(criterior)을 만족하는 숫자 값의 합계를 반환합니다. Function 프로시저에서도 인수의 매개변수 앞에 Optional 키워드를 사용해 생략 가능한 인수를 구성할 수 있습니다. 이번에는 생략 가능한 인수를 사용하는 사용자 정의 함수를 구성하는 방법에 대해 알아보겠습니다.

예제 파일 PART 02\Optional 키워드.xlsm

Optional 키워드 : 기본값을 설정하지 않는 방식

Optional 키워드를 사용한 Function 프로시저의 구문은 다음과 같으며, 생략할 수 있는 매개변수에 값이 전달됐는지 여부는 IsMissing 함수로 판단할 수 있습니다.

```
Function 함수명 ( 매개변수1 As 변수형식, _
                Optional 매개변수2 As Variant ) As 데이터형식        ①

    If IsMissing(매개변수2) = True Then 매개변수2 = 기본값            ②


    함수명 = 계산결과

End Function
```

① 인수로 받은 값을 저장할 매개변수 중에서 생략 가능한 매개변수 앞에 Optional 키워드를 입력합니다. 참고로 Optional 키워드를 사용할 수 있는 매개변수는 Function 프로시저의 매개변수 중 항상 맨 뒤에 위치해야 하며, 데이터 형식은 Variant 형식으로 선언해야 합니다.

② Optional 키워드로 생략 가능하게 지정한 매개변수에 값이 전달됐는지 확인하기 위해 IsMissing 함수를 사용합니다. IsMissing 함수는 Variant 형식의 매개변수에 값이 전달됐는지 여부를 판단해 True, False로 반환하는 함수입니다. 그러므로 이번과 같이 매개변수에 값이 전달됐는지 여부를 확인해 원하는 작업을 구성하고 싶을 때 사용합니다.

Optional 키워드 : 기본값을 설정하는 방식

IsMissing 함수를 사용하지 않고 매개변수를 선언할 때 기본 값을 설정하려면 다음과 같은 방법으로 코드를 구성합니다.

```
Function 함수명 ( 매개변수1 As 변수형식, _
              Optional 매개변수2 As 데이터형식 = 기본값 ) As 데이터형식        ①

    함수명 = 계산결과

End Function
```

① Optional 키워드를 사용한 매개변수2에 원하는 기본값을 등호와 함께 바로 지정할 수 있습니다. 이렇게 하면 매개변수 2의 데이터 형식을 항상 Variant가 아닌 원하는 형식으로 선언해 사용할 수 있습니다.

Optional 키워드 사용 예

예제 파일을 열면 화면과 같은 견적서 표를 확인할 수 있습니다. 부가세 금액을 계산하는 사용자 정의 함수를 개발해 보겠습니다.

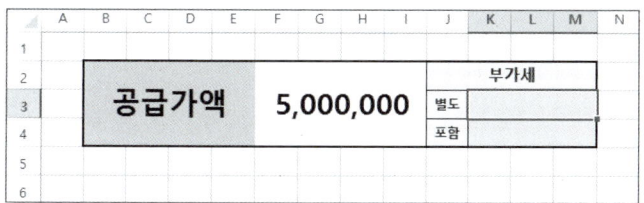

부가세 세율은 기본 10%입니다. 임의로 변경이 가능하도록 하려면 다음과 같은 부가세 Function 프로시저를 개발하면 됩니다.

```
Function 부가세(공급가액 As Long, Optional 부가세계산방식 As Variant) As Single    ①

    If IsMissing(부가세계산방식) Then 부가세계산방식 = "별도"                      ②

    Select Case 부가세계산방식                    ③

        Case "포함"                              ④

            부가세 = 공급가액 / 11

        Case "별도"                              ⑤

            부가세 = 공급가액 * 0.1

        Case Else                                ⑥

            부가세 = 0

    End Select
End Function
```

❶ '부가세' Function 프로시저를 선언합니다. 매개변수로는 '공급가액'과 '부가세계산방식' 두 가지를 사용합니다. '공급가액'은 Long 형식의 변수이고, '부가세계산방식'은 Variant 형식의 변수입니다. 또한 계산된 부가세 함수는 Single 형식의 실수 값을 반환하도록 구성했습니다. 만약 생략 가능한 인수인 '부가세계산방식' 매개변수에 Default 값을 지정하려면 다음과 같이 코드를 수정할 수 있습니다.

```
Function 부가세(공급가액 As Long, Optional 부가세계산방식 As String = "별도") As Single
```

코드를 이렇게 수정하면 ❷의 코드는 사용할 필요가 없습니다.

❷ IsMissing 함수를 사용해 '부가세계산방식' 매개변수의 값이 생략됐는지 확인하고, 생략됐다면 기본값으로 '별도' 값을 저장합니다.

❸ Select Case 문을 사용해 '부가세계산방식' 변수의 값에 따라 부가세 계산 방법을 달리합니다.

❹ '부가세계산방식' 변수의 값이 '포함'이면 부가세는 '공급가액' 변수의 값을 11로 나눠 반환합니다.

❺ '부가세계산방식' 변수의 값이 '별도'면 부가세는 '공급가액' 변수의 값을 0.1로 나눠 반환합니다.

❻ '부가세계산방식' 변수의 값이 '포함'이나 '별도'가 아니라면 부가세 함수에 0을 반환합니다.

개발된 Function 프로시저를 사용해 부가세를 계산하려면 K3셀에 다음 수식을 입력하고 K4셀까지 드래그해 복사합니다.

```
=부가세($F$2, J3)
```

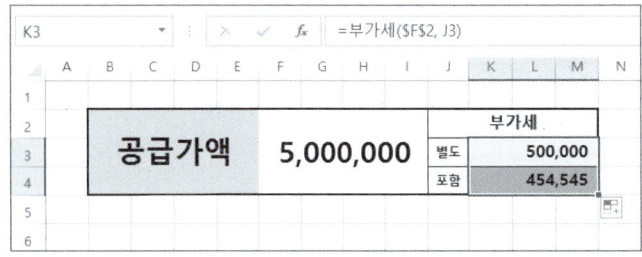

TIP 부가세 함수의 첫 번째 인수(공급가액)에는 F2셀의 값이, 두 번째 인수(부가세계산방식)에는 J3셀의 값이 각각 전달돼 계산됩니다.

만약 모두 별도 방식으로 계산하려면 부가세 함수의 두 번째 인수를 생략할 수 있습니다. K3셀의 수식을 다음과 같이 수정하고, K4셀까지 드래그해 복사합니다.

```
=부가세($F$2)
```

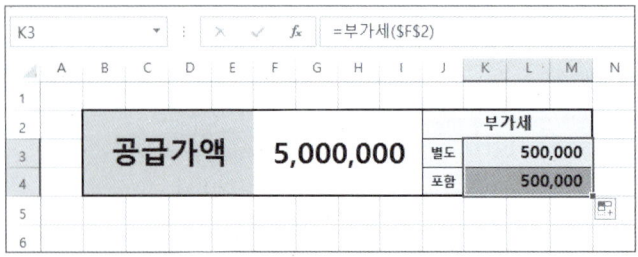

참고로 생략할 인수가 여러 개라면, 생략할 매개변수에 Optional 키워드를 모두 설정하면 됩니다.

```
Function 함수명 (매개변수1 As 변수형식, _
                Optional 매개변수2 As Variant, _
                Optional 매개변수3 As Variant) As 데이터형식
```

TIP Optional 키워드를 사용하는 매개변수는 반드시 뒤쪽에 위치해야 합니다.

이 경우 두 번째 매개변수만 값을 생략하고 사용하려면 다음과 같이 수식을 입력합니다.

=함수명(5000000, , 0.1) ──────────❶

❶ 두 번째, 세 번째 매개변수가 모두 생략 가능한데, 두 번째 매개변수의 값을 생략하려면 두 번째 인수를 생략하고 바로 세 번째 인수 값을 전달하면 됩니다.

개발된 Function 프로시저를 다른 프로시저에서 호출해 사용한다면, 다음과 같이 해당 매개변수 이름을 직접 입력해 구성할 수 있습니다.

함수명(매개변수1:=5000000, 매개변수3:=0.1) ──────────❶

❶ 원하는 매개변수에 직접 값을 전달할 때 사용하는 구문으로 매개변수 이름 뒤에 콜론(:) 연산자와 등호(=)를 입력하고 바로 값을 전달하면 됩니다.

매개변수:=값

인수의 개수가 정해지지 않은 사용자 정의 함수 만들기

워크시트 함수 중에는 SUM 함수와 같이 인수의 개수가 정해져 있지 않고 전달된 인수를 모두 합한 결과를 반환하는 함수가 있습니다. 이렇게 인수로 전달될 개수가 일정하지 않을 때, 매개변수를 개수만큼 선언하지 않고 동적 배열을 매개변수로 지정해 인수로 전달된 값을 모두 받아 처리하도록 할 수 있습니다. 이때, 동적 배열변수를 사용한다고 지정하는 명령이 ParamArray 키워드입니다.

예제 파일 PART 02\ParamArray 키워드.xlsm, ParamArray 키워드 (코드).txt

ParamArray 키워드

ParamArray 키워드를 사용하는 Function 프로시저의 구문은 다음과 같습니다.

```
Function 함수명 ( ParamArray 변수() As Variant ) As 데이터형식         ❶

    Dim 요소 As Variant

    For Each 요소 In 변수                          ❷
        '처리할 작업
    Next

    함수명 = 반환값

End Function
```

❶ '변수'를 Variant 형식의 동적 배열변수로 선언하고, '변수' 이름 앞에 ParamArray 키워드를 추가합니다. 이렇게 하면 인수로 전달된 값이 모두 배열에 저장됩니다.

❷ '변수'에 저장된 값을 '요소' 변수에 하나씩 저장해 순환하는 For Each … Next 문을 사용합니다.

ParamArray 키워드 사용 예

예제 파일을 열면 다음과 같은 화면을 확인할 수 있습니다. C열과 E열의 매출 값의 합계를 구하는 SUM 함수를 대체할 수 있는 사용자 정의 함수를 개발합니다.

	A	B	C	D	E	F
1						
2		총매출				
3						
4		담당	매출	담당	매출	
5		김찬진	2,151,000	김덕훈	5,456,000	
6		안정훈	2,581,000	오영수	2,578,000	
7		유가을	4,374,000	선하라	4,020,000	
8		윤대현	5,229,000	김소미	7,953,000	
9		최소라	6,663,000	한석규	3,176,000	
10						

Sum 함수를 대체할 Function 프로시저를 개발하려면 다음과 같이 구성합니다.

```
Function 합계(ParamArray 숫자() As Variant) As Double      ❶

    Dim 값 As Variant      ❷
    Dim 누계 As Double     ❸

    For Each 값 In 숫자    ❹

        If IsNumeric(값) Then 누계 = 누계 + 값    ❺

    Next

    합계 = 누계            ❻

End Function
```

❶ '합계' Function 프로시저를 선언합니다. '합계' 사용자 정의 함수는 Variant 형식의 '숫자' 배열변수에 인수로 전달된 모든 값을 저장하며, 계산 결과를 Double 형식의 값으로 반환합니다.

❷ For Each … Next 문에서 '숫자' 매개변수로 전달된 값을 하나씩 저장해 사용할 Variant 형식의 '값' 변수를 선언합니다. 동적 배열변수를 For Each … Next 순환문으로 처리할 것이기 때문에 데이터 형식은 반드시 Variant 형식이어야 합니다.

❸ '숫자' 배열변수로 전달된 값을 하나씩 더할 Double 형식의 '누계' 변수를 선언합니다.

❹ For Each … Next 문을 사용해 '숫자' 배열변수 값을 하나씩 '값' 변수에 저장합니다.

❺ IsNumeric 함수를 사용해 '값' 변수에 저장된 값이 숫자 값일 때만 '누계' 변수에 '값' 변수의 값을 누적하여 합산합니다.

> **함수 : IsNumeric**
>
> 워크시트 함수인 IsNumber 함수와 동일한 함수로, 인수로 전달된 값의 데이터 형식이 숫자인지 여부를 True, False로 반환합니다.

❻ '합계' Function 프로시저에 '누계' 변수의 값을 반환합니다.

개발된 합계 Function 프로시저가 제대로 동작하는지 확인하기 위해 D2:E3 병합 셀에 다음 수식을 입력합니다.

```
=합계(C5, C6, C7, C8, C9)
```

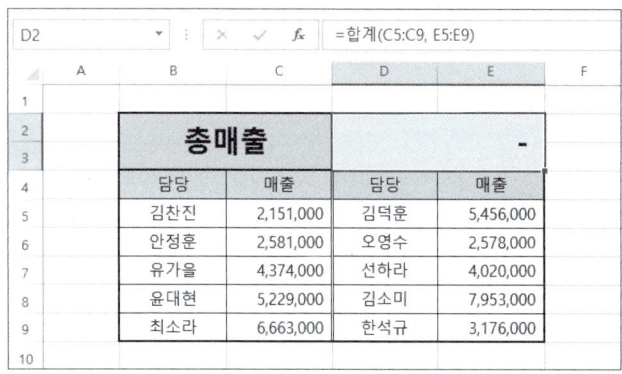

하지만, 위에서 개발한 '합계' Function 프로시저는 SUM 함수와 달리 다음과 같은 방법으로는 사용할 수 없습니다.

```
=합계( C5:C9, E5:E9 )
```

TIP 수식을 '=SUM(C5:C9, E5:E9)'으로 바꾸면 제대로 된 결과를 반환합니다.

위와 같이 범위가 전달되는 경우를 '합계' Function 프로시저에서 처리하도록 하려면 코드를 수정해야 합니다. 단축키 Alt + F11을 눌러 VB 편집기를 연 다음, 프로젝트 탐색기 창에서 Module1 개체를 더블클릭해 선택하고 코드 창의 '합계' 프로시저를 다음을 참고해 수정합니다.

파일 : ParamArray 키워드 (코드).txt

```
Function 합계(ParamArray 숫자() As Variant) As Double

    Dim 값 As Variant
    Dim 누계 As Double
    Dim 셀 As Range                          ①
    For Each 값 In 숫자

        If TypeName(값) = "Range" Then       ②
```

```
            For Each 셀 In 값                    ❸
                If IsNumeric(셀.Value) Then 누계 = 누계 + 셀.Value         ❹
            Next
        Else            ❺
            If IsNumeric(값) Then 누계 = 누계 + 값
        End If
    Next
    합계 = 누계
End Function
```

❶ '숫자' 매개변수에 범위가 전달된 경우에는 범위를 순환하면서 셀마다 값을 모두 더해야 합니다. 그러기 위해, For Each … Next 순환문에서 사용할 Range 형식의 '셀' 개체변수를 선언합니다.

❷ '값' 변수에 저장된 것이 범위(Range 개체)인지 확인하기 위해 TypeName 함수를 사용해 TypeName 함수의 반환 값이 'Range' 문자열인지 확인합니다.

> **함수 : TypeName**
>
> 인수로 전달된 데이터(또는 개체)의 변수 형식을 String 형식으로 반환하며, 반환된 값은 대/소문자를 구분하므로 주의합니다.

❸ ❷의 반환 값이 True면 셀(또는 범위)이 전달된 것이므로, 해당 범위를 순환하도록 For Each … Next 문을 사용해 '값' 변수에 저장된 Range 개체를 하나씩 순환하면서 '셀' 개체변수에 할당합니다.

❹ '셀' 개체변수에 할당된 값이 숫자인지 확인해, '누계' 변수에 '셀' 개체변수의 셀 값을 저장합니다.

❺ ❷의 반환 값이 'Range'가 아니라면 값이 전달된 것이므로 이전과 같이 '값' 변수의 값을 '누계' 변수에 누적해 합산합니다.

적절한 오류 값을 반환하는 사용자 정의 함수 만들기 061

엑셀 사용자라면 워크시트 함수를 사용할 때 수식에 문제가 있는 경우 #N/A, #DIV/0!와 같은 오류 값이 반환되는 것을 보았을 겁니다. Function 프로시저로 만드는 사용자 정의 함수도 상황에 따라 적절한 오류를 반환하도록 구성할 수 있습니다. 이렇게 하면 기존의 워크시트 함수처럼 사용자의 함수 구성 오류를 정확하게 전달할 수 있습니다. 이번에는 CVErr 함수를 사용해 오류 값을 반환하도록 사용자 정의 함수를 구성하는 방법에 대해 알아보겠습니다.

예제 파일 PART 02\CVErr 함수.xlsm

CVErr 함수

Function 프로시저에서 상황에 맞는 오류 값을 반환하도록 하려면 CVErr 함수를 사용합니다. 이 함수를 사용할 때는 Function 프로시저의 반환 데이터 형식이 반드시 Variant여야 한다는 점에 주의해야 합니다. 오류 값을 반환하도록 Function 프로시저를 구성하면 다음과 같습니다.

```
Function 함수명( 인수 As 변수형식 ) As Variant         ❶

    '실행 명령

    If 조건 Then
        함수명 = 반환 값
    Else
        함수명 = CVErr(오류번호)                       ❷
    End If

End Function
```

❶ Function 프로시저를 선언할 때 반환할 데이터 형식을 Variant로 설정합니다. 원래 반환할 값과 오류 값을 모두 반환할 수 있어야 하므로 반드시 Variant 형식이어야 합니다.

❷ 조건을 판단해 오류 값을 반환하는 경우라면 CVErr 함수를 사용해 오류 값이 반환되도록 설정합니다.

위 구문에서 보듯이 CVErr 함수는 전달된 오류 번호에 따른 오류 값을 반환합니다. 오류 번호는 다음과 같은 내장 상수를 사용할 수 있습니다.

내장 상수	오류 번호	반환될 오류 값	설명
xlErrDiv0	2007	#DIV/0!	나눗셈 연산에서 0으로 나눌 경우에 반환됩니다.
xlErrNA	2042	#N/A	지정된 범위에 찾는 값이 없는 경우에 반환됩니다.
xlErrName	2029	#NAME!	매개변수로 전달된 값을 알 수 없는 경우에 반환됩니다.
xlErrNull	2000	#NULL!	작업 대상 범위가 존재하지 않는 경우에 반환됩니다.
xlErrNum	2036	#NUM!	반환할 숫자가 너무 크거나 작은 경우에 반환됩니다.
xlErrRef	2023	#REF!	참조 위치가 삭제되어 더 이상 계산할 수 없는 경우에 반환됩니다.
xlErrValue	2015	#VALUE!	매개변수로 전달된 값의 데이터 형식이 잘못된 경우에 반환됩니다.

예를 들어 #N/A 오류를 반환하는 CVErr 함수의 사용 방법은 다음과 같습니다.

```
함수명 = CVErr(xlErrNA)

또는

함수명 = CVErr(2042)
```

CVErr 함수 사용 예

예제 파일을 열면 다음과 같은 표를 확인할 수 있습니다.

B2셀에 입력된 값을 B5:B14 범위에서 찾아, 동일한 값이 위치한 첫 번째 셀의 주소를 C2셀에 반환하도록 하려면, 다음과 같은 Function 프로시저를 구성할 수 있습니다.

```
Function 찾기(이름 As String, 명단 As Range) As Variant        ❶

    Dim 셀 As Range                              ❷
    Dim 검색결과 As Variant                        ❸

    검색결과 = CVErr(xlErrNA)                      ❹

    For Each 셀 In 명단                            ❺

        If 셀.Value = 이름 Then                    ❻

            검색결과 = 셀.Address(False, False)      ❼
            Exit For                              ❽

        End If

    Next

    찾기 = 검색결과                                 ❾

End Function
```

❶ '찾기' Function 프로시저를 선언합니다. '찾기' 함수는 String 형식의 '이름'과 Range 형식의 '명단' 매개변수에 값을 받아, '이름' 변수의 값을 '명단' 범위에서 찾은 결과를 Variant 형식의 값으로 반환합니다.

❷ '명단' 변수 범위를 순환하기 위해, For Each … Next 문에서 사용할 Range 형식의 '셀' 변수를 선언합니다.

❸ '이름' 변수의 값을 '명단' 범위에서 찾은 결과를 저장할 Variant 형식의 '검색결과' 변수를 선언합니다.

❹ '검색결과' 변수에 CVErr 함수를 사용해 #N/A 오류 값을 먼저 저장해 놓습니다. 이렇게 하는 이유는 찾는 과정을 순환문으로 처리하기 때문에 순환문에서 찾지 못하는 경우를 파악하기가 쉽지 않아 기본 값을 저장해 놓고, 찾은 경우에만 셀 주소가 반환되도록 하기 위해서입니다.

❺ For Each … Next 순환문을 사용해 '명단' 범위를 순환하면서 셀을 하나씩 '셀' 변수에 할당합니다.

❻ '셀' 변수에 저장된 값이 '이름' 변수의 값과 동일한지 판단합니다.

❼ ❻에서 판단 결과가 True면, '검색결과' 변수에 '셀' 변수의 주소(Address)를 저장합니다. Address 속성은 Range 개체의 셀 주소를 $A$1과 같은 절대참조 주소로 반환합니다. 절대참조 기호($)가 표시되지 않도록 하려면 Address 속성의 첫 번째와 두 번째 매개변수 값을 False로 전달하면 됩니다. 절대참조 기호가 표시되도록 하려면 코드를 다음과 같이 구성합니다.

```
검색결과 = 셀.Address
```

❽ 이름 위치를 찾았으므로 Exit For 문을 사용해 순환문을 종료합니다.

❾ '찾기' 함수에 '검색결과' 변수의 값을 반환합니다.

'찾기' 사용자 정의 함수를 테스트하기 위해 다음 각 셀에 순서대로 수식 및 값을 입력합니다.

- C2 : =찾기(B2, B5:B14)
- B2 : 최준선

각각 다음과 같은 결과를 확인할 수 있습니다.

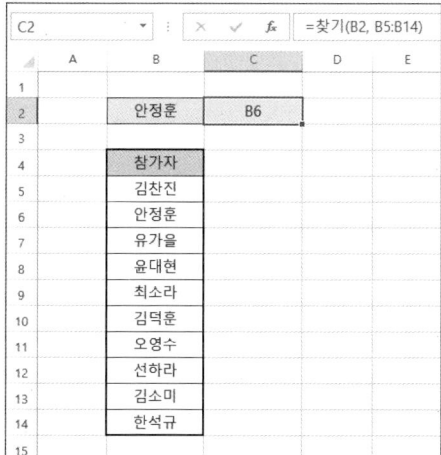

사용자 정의 함수의 재계산 방법 이해하기 062

Function 프로시저로 구성한 사용자 정의 함수를 워크시트에서 사용하다 보면, 재계산이 워크시트 함수와는 다르게 되는 경우가 있습니다. 엑셀에서 제공하는 워크시트 함수는 인수로 전달된 셀 값이 변경될 때와, Today 함수와 같이 인수가 없는 경우에는 다른 셀 값이 수정되거나 삽입/삭제 등으로 워크시트에 변화가 있을 때 수식이 재계산됩니다. 하지만 사용자 정의 함수는 매개변수로 전달되는 값(셀 값)이 변경되거나 삭제 등의 특정 동작이 있을 때만 재계산됩니다. 그러므로 사용자 정의 함수를 워크시트 함수와 동일하게 재계산되도록 하려면 별도의 설정 작업이 필요합니다.

예제 파일 PART 02 \ Volatile 속성.xlsm

워크시트 함수 중에는 현재 시각을 반환하는 함수가 없으므로 다음과 같은 계산식을 사용해 현재 시각을 얻을 수 있습니다.

```
=Now()-Today()
```

하지만 VBA에는 현재 시각을 반환하는 Time이라는 함수가 제공됩니다. 이 함수를 이용해 사용자 정의 함수를 개발하려면 다음과 같은 Function 프로시저를 구성할 수 있습니다.

```
Function 현재시간() As Date          ❶
    현재시간 = Time                    ❷
End Function
```

❶ '현재시간'이라는 함수명을 갖는 Function 프로시저를 선언합니다. 매개변수는 없으며, 반환 값은 Date 타입의 값입니다.

❷ '현재시간' Function 프로시저에 Time 함수의 결과를 반환합니다.

예제 파일을 열고, C3셀에 다음 수식을 입력하면 B3셀의 시간과 동일한 결과를 반환 받을 수 있습니다.

```
=현재시간()
```

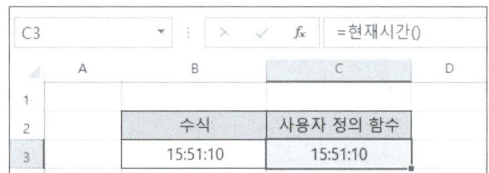

TIP B3셀에는 '=Now()-Today()' 수식이 입력되어 있는데, C3셀에 반환된 시각이 B3셀의 시각보다 1초 늦을 수도 있습니다. 이것은 Time 함수가 반환된 값이 셀에 나타날 때까지 시간이 조금 지연되기 때문입니다.

이제 빈 셀에 값을 입력해 보면, B3셀의 시각은 바뀌는데 C3셀의 시각은 바뀌지 않는 것을 확인할 수 있습니다.

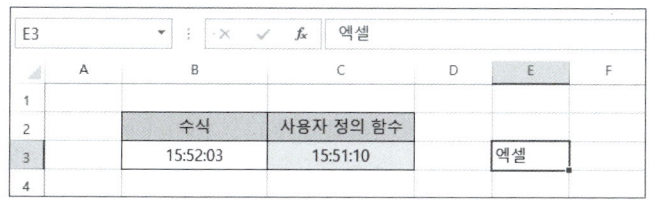

TIP 값을 입력하기 귀찮다면 수식 재계산 단축키인 F9를 눌러도 됩니다.

'현재시간' 사용자 정의 함수가 워크시트 함수처럼 동작하도록 하려면, 단축키 Alt + F11 을 누르고 프로젝트 탐색기 창에서 Module1 개체를 더블클릭한 후, 다음 코드를 추가합니다.

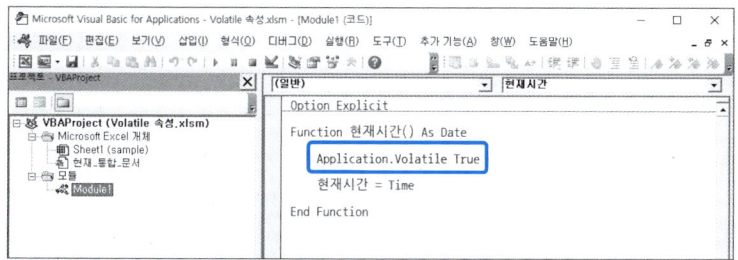

추가할 코드는 다음과 같습니다.

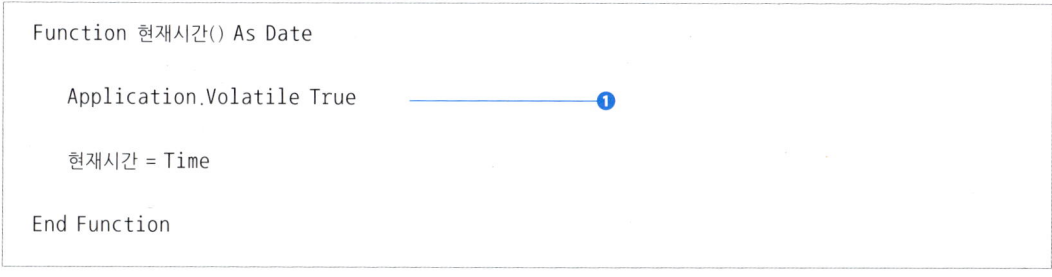

❶ Application 개체의 Volatile 메서드는 워크시트 함수처럼 계산하도록 설정합니다. True 값은 기본 값이므로 생략하고 Application.Volatile만 입력해도 됩니다.

코드 수정 작업을 마쳤으면, 단축키 Alt + F11 을 눌러 다시 엑셀 창으로 진환합니다. C3셀의 계산시이 다시 입력되도록 하기 위해 C3셀을 클릭하고 F2 키를 누른 다음 Enter 키를 눌러 수식을 재입력합니다. 그런 다음, 아무 셀에나 값을 입력해 보면 B3셀과 C3셀의 시각이 동시에 변하는 것을 확인할 수 있습니다.

ByRef, ByVal 키워드를 이용한 매개변수 유형 이해하기 063

프로시저에 매개변수를 이용해 값을 전달하는 방법에는 두 가지가 있습니다. 하나는 ByRef 키워드를 사용해 주소를 전달하는 방법이고, 다른 하나는 ByVal 키워드를 사용해 값을 전달하는 방법입니다. 이 키워드를 사용하지 않을 때는 모두 ByRef 키워드가 기본으로 적용됩니다. 이 두 가지 키워드를 사용하는 방법은 처음에는 이해하기 쉽지 않지만, 구분 자체는 크게 어렵지 않습니다. 이번에는 ByRef, ByVal 키워드를 사용해 매개변수에 값을 전달하는 방법을 알아보겠습니다.

예제 파일 PART 02\ByRef, ByVal 키워드.xlsm

두 키워드의 차이를 확인하기 위해 다음 프로시저를 먼저 확인합니다.

```
Sub By키워드()

    Dim 연도 As Integer                                       ①

    연도 = InputBox("당신의 출생연도를 YYYY 네자리 숫자로 입력해 주세요!")   ②

    Range("B4").Value = 연도                                  ③
    Range("C4").Value = 나이(연도)                             ④
    Range("D4").Value = 연도                                  ⑤

End Sub

Function 나이(ByRef 출생연도 As Integer) As Integer              ⑥

    나이 = Year(Date) - 출생연도 + 1                            ⑦
    출생연도 = 0                                              ⑧

End Function
```

❶ 나이를 계산하기 위해 네 자리 출생연도 값을 저장할 Integer 형식의 '연도' 변수를 선언합니다.

❷ '연도' 변수에 InputBox 함수를 사용해 출생연도를 입력 받아 저장합니다.

❸ B4셀에 '연도' 변수의 값을 입력합니다.

❹ C4셀에 '나이' 함수의 '연도' 변수를 전달하고 계산된 반환 값을 입력합니다.

'나이' 함수는 '출생연도' 매개변수로 인수를 저장하므로, '연도' 변수가 '출생연도'로 전달됩니다.
이때 전달 방식을 ByRef 키워드로 설정했으므로, '연도' 변수의 메모리 주소가 전달됩니다.

❺ D4셀에 '연도' 변수의 값을 다시 저장합니다. '연도' 변수는 ❺에서 ByRef 키워드에 의해 주소가 전달되었으므로 ❽에서 변경된 값이 반환됩니다.

❻ '나이' Function 프로시저를 선언합니다. Integer 형식의 '출생연도' 매개변수를 받아 계산 결과를 Integer 데이터 형식으로 반환합니다.

❼ '나이' Function 프로시저의 반환 값은 금년(Year(Date))에서 '출생연도' 매개변수의 값을 뺀 다음, 1을 더한 값을 반환합니다.

❽ '출생연도' 매개변수의 값을 0으로 저장합니다. 출생연도 매개변수는 '연도' 변수의 주소를 전달 받았으므로 실제는 '연도' 변수의 값이 0으로 바뀌게 됩니다.

위 프로시저의 결과를 확인하기 위해 예제 파일을 열고 〈매개변수 전달〉 버튼을 클릭합니다. 출생연도를 입력하는 대화상자가 나타나면 입력란에 '1985' 또는 자신의 출생연도를 입력하고 〈확인〉 버튼을 클릭합니다.

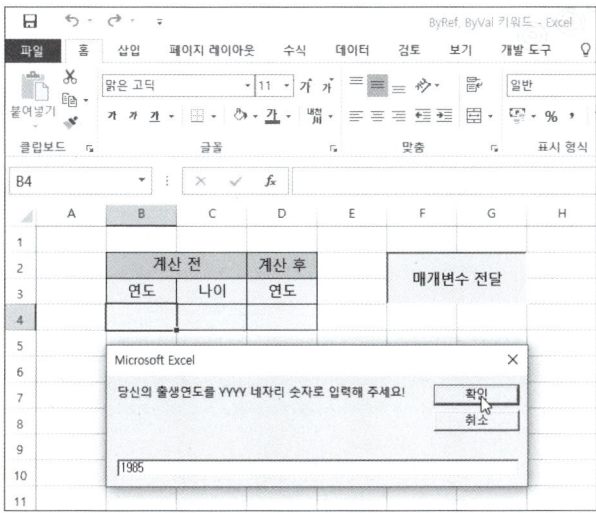

B4셀에는 입력한 출생연도가 나타나고, C4셀에는 나이가, D4셀에는 '연도' 변수의 값이 반환됩니다. D4셀의 값이 0이므로, '나이' Function 프로시저에서 '연도' 변수의 값이 변경된 것을 확인할 수 있습니다.

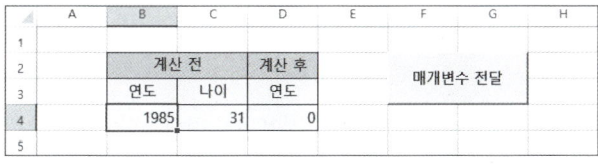

ByRef 키워드를 ByVal 키워드로 변경하고 동작을 확인합니다. 단축키 Alt+F11을 누른 다음, VB 편집기의 Module1 개체를 더블클릭하고 '나이' Function 프로시저의 '출생연도' 매개변수의 키워드를 ByRef에서 ByVal로 변경합니다.

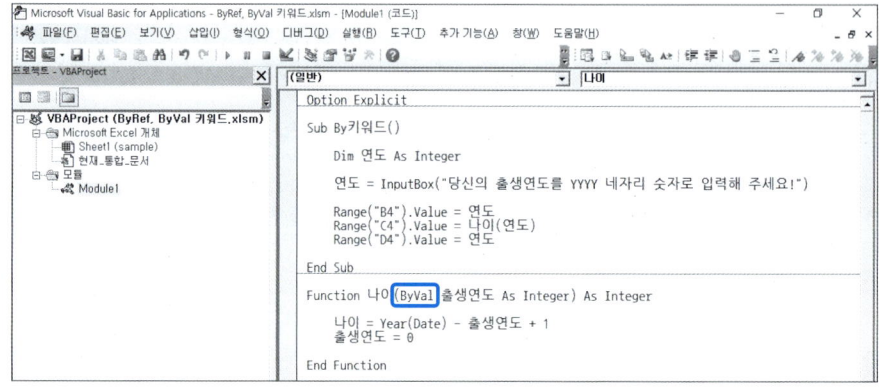

수정된 '나이' Function 프로시저는 다음과 같습니다.

```
Function 나이(ByVal 출생연도 As Integer) As Integer  ―――――――――●

    나이 = Year(Date) - 출생연도 + 1
    출생연도 = 0

End Function
```

● '출생연도' 매개변수에 ByVal 키워드를 적용하면, '출생연도' 변수에 전달된 '연도' 변수의 값만 복사본으로 전달됩니다. 이렇게 하면 '나이' 계산을 마친 다음 '출생연도' 변수의 값을 바꿔도 복사본의 값만 바뀌므로, Function 프로시저가 종료되면 '출생연도' 매개변수의 메모리도 반환됩니다. '연도' 변수의 값은 바뀌지 않습니다.

변경된 결과를 확인하려면 단축키 Alt + F11 을 누르고 〈매개변수 전달〉 버튼을 다시 클릭합니다.

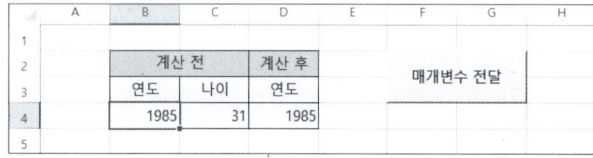

TIP B4:C4 범위는 이전과 동일하지만, D4셀의 값은 B4셀의 값과 정확하게 일치합니다.

대부분의 프로시저에서는 매개변수를 전달할 때 ByRef나 ByVal 키워드는 사용되지 않습니다. 기본 값은 ByRef로 전달된 변수의 주소가 전달되는 방식이므로, 매개변수를 통해 전달된 변수를 고칠 수 있습니다. 그러므로 전달된 변수의 값을 바꿀 수 없도록 하려면 프로시저를 개발할 때 매개변수에 ByVal 키워드를 적용해야 합니다.

함수 마법사에
사용자 정의 함수 표시하기   064

Function 프로시저를 이용해 개발한 사용자 정의 함수는 모두 '함수 마법사' 대화상자에서 확인할 수 있습니다. 기본적으로 사용자 정의 함수는 '사용자 정의' 범주에 포함됩니다. 하지만, 필요한 경우에는 개발된 사용자 정의 함수를 원하는 범주에 속하도록 할 수 있습니다. 이번에는 사용자 정의 함수의 범주를 설정하는 방법에 대해 알아보겠습니다.

예제 파일 PART 02 \ Function 프로시저 – 분류.xlsm

사용자 정의 함수를 개발한 후, 리본 메뉴의 [수식] 탭–[함수 라이브러리] 그룹–[함수 삽입] 명령(fx)을 클릭하거나 수식 입력줄 왼쪽의 [함수 삽입] 명령(fx)을 클릭하면 '함수 마법사' 대화상자가 표시됩니다. '범주 선택' 콤보 상자에서 [사용자 정의]를 선택하면, 개발된 사용자 정의 함수가 '함수 선택' 목록에 표시됩니다.

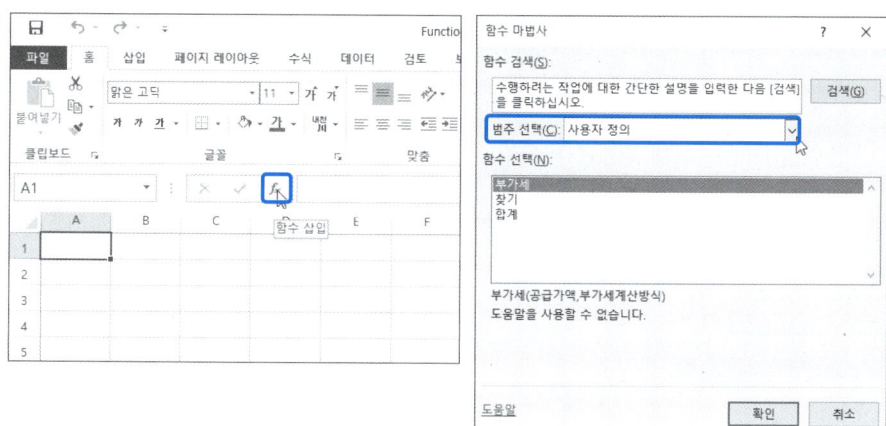

개발된 사용자 정의 함수를 원하는 범주에 속하도록 하려면 Application 개체의 MacroOptions 메서드를 이용합니다. MacroOptions 메서드를 사용하려면 다음과 같은 코드를 사용합니다.

```
Application.MacroOptions Macro:="프로시저명", Category:="범주명"
```

예를 들어 '합계' 사용자 정의 함수를 SUM 함수가 위치한 '수학/삼각'에 나타나도록 하려면 다음과 같은 Sub 프로시저를 생성해 실행하면 됩니다.

```
Sub 함수분류()
    Application.MacroOptions Macro:="합계", Category:="수학/삼각"
End Sub
```

TIP 위 매크로의 실행 코드(Application.MacroOptions 부분)는 직접 실행 창에서 간단하게 실행할 수 있습니다.

코드를 실행하고 다음과 같이 '범주 선택' 콤보 상자에서 [수학/삼각] 항목을 선택하면 '함수 선택' 목록의 맨 마지막에 '합계' 함수가 있는 것을 확인할 수 있습니다.

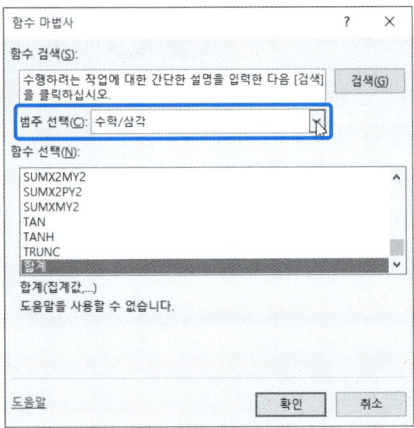

별도의 범주를 생성해 사용할 수도 있습니다. 예를 들어 '사용자 정의 : 집계/통계'와 같은 범주를 생성하려면 직접 Category 매개변수를 원하는 값으로 지정하면 됩니다.

```
Application.MacroOptions Macro:="합계", Category:="내 함수"
```

코드가 실행되면, '내 함수' 범주에서 '합계' 함수를 확인할 수 있습니다.

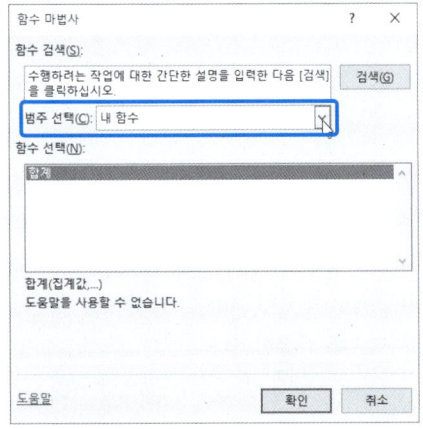

생성된 새로운 범주는 해당 범주 내의 함수가 존재하는 경우에는 계속 표시됩니다. 생성된 범주를 삭제하거나 새로운 범주로 옮기려면 MacroOptions 메서드를 이용해 다시 원하는 범주로 이동시키면 됩니다.

```
Application.MacroOptions Macro:="합계", Category:="사용자 정의"
```

이렇게 하면 기존의 '내 함수' 범주는 삭제되고, '합계' 사용자 정의 함수는 '사용자 정의' 범주에 나타나게 됩니다.

사용자 정의 함수에 간략한 도움말 추가하기 065

함수 마법사에서 사용자 정의 함수를 선택해 보면, 다른 워크시트 함수와는 달리 도움말이 나타나지 않습니다. 사용자 정의 함수를 좀 더 쉽게 사용할 수 있도록 함수 도움말을 추가할 수 있습니다. 다만, 함수의 도움말은 '함수 마법사'나 '함수 인수' 대화상자에서만 나타나며, 셀에서 수식을 입력할 때 보이는 풍선 도움말에는 나타나지 않습니다. 이 작업은 Application 개체의 MacroOptions 메서드를 이용하거나, '매크로' 대화상자를 이용해서 처리할 수 있습니다.

예제 파일 PART 02\Function 프로시저 – 도움말.xlsm

01 예제 파일을 열고, 리본 메뉴의 [개발 도구] 탭-[코드] 그룹-[매크로] 명령(□)을 클릭합니다.

02 '매크로' 대화상자가 표시되면, '매크로 이름' 입력 상자에 도움말을 추가할 사용자 정의 함수의 이름을 직접 입력한 다음 〈옵션〉 버튼을 클릭합니다.

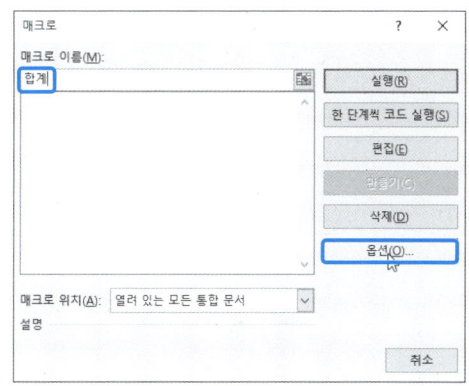

> **Plus⁺ 예제의 사용자 정의 함수**
>
> 예제 파일에는 '부가세', '찾기', '합계' 사용자 정의 함수가 포함되어 있습니다. 세 개 중에서 원하는 함수의 이름을 '매크로 이름' 입력 상자에 입력하면 됩니다.

03 '매크로 옵션' 대화상자가 표시되면 '설명' 항목에 다음과 같이 해당 함수에 대한 간략한 설명을 추가하고 〈확인〉 버튼을 클릭합니다.

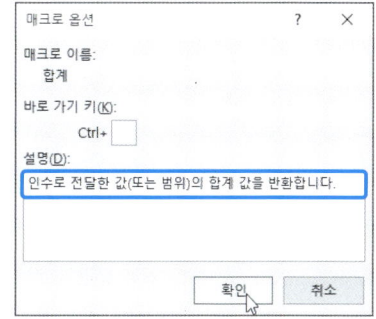

04 〈취소〉 버튼을 클릭해 '매크로' 대화상자를 닫습니다.

05 리본 메뉴의 [수식] 탭-[함수 라이브러리] 그룹-[함수 삽입] 명령(fx)을 클릭하거나, 수식 입력줄 왼쪽의 [함수 삽입] 명령(fx)을 클릭해 '함수 마법사' 대화상자를 엽니다. 설명을 달아 놓은 사용자 정의 함수를 선택하면, 목록 상자 하단에 해당 함수의 간략한 도움말이 표시되는 것을 확인할 수 있습니다.

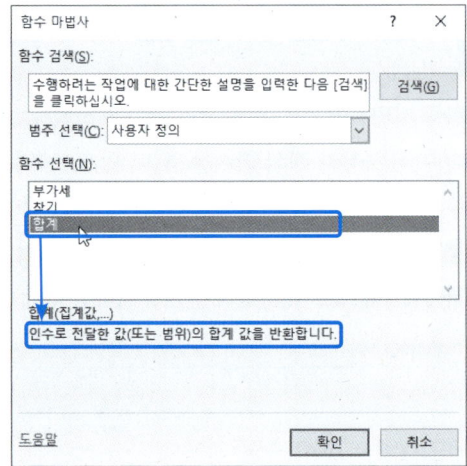

이 작업을 코드로 처리하려면 Application 개체의 MacroOptions 메서드를 이용해 구성할 수 있습니다. 다음 코드를 직접 실행 창에 입력하거나 Sub 프로시저를 선언해 개발하면 됩니다.

```
Application.MacroOptions Macro:="합계", Description:="인수로 전달한 값(또는 범위)의 합계 값을 반환
합니다."
```

추가 기능 파일 만들어 배포하기

Function 프로시저로 개발한 사용자 정의 함수 또는 Sub 프로시저로 개발한 매크로를 여러 파일에서 사용하거나 다른 사람에게 배포하려면, 프로시저가 저장된 파일을 추가 기능 파일로 만드는 것이 좋습니다. 추가 기능 파일을 만들어 배포하면, 필요한 경우 '추가 기능' 파일을 선택하기만 하면 개발된 프로시저를 사용할 수 있습니다. 추가 기능 파일을 만들고 사용하는 방법을 알아보겠습니다.

예제 파일 PART 02 \ 추가 기능.xlsm

추가 기능 파일 만들기

01 추가 기능으로 만들 파일을 하나 생성하고, 개발된 프로시저를 복사해 오거나 원하는 사용자 정의 함수 또는 매크로를 개발합니다.

TIP 따로 작업한 파일이 없으면 예제 파일을 열어 작업하면 됩니다. 예제 파일에는 '부가세', '찾기', '합계' 사용자 정의 함수가 포함되어 있습니다.

02 개발 작업이 완료됐으면, 추가 기능 파일의 이름과 설명을 추가하기 위해 리본 메뉴의 [파일] 탭-[정보] 명령을 클릭한 다음, [속성]-[고급 속성] 메뉴를 선택합니다.

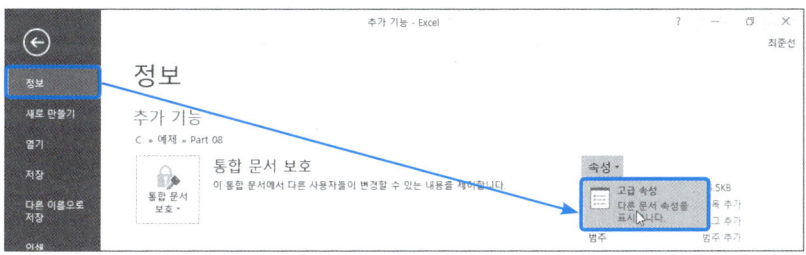

TIP 엑셀 2016 버전부터는 [속성] 하위의 [문서 창 표시] 메뉴가 제거되어 [고급 속성] 메뉴를 사용합니다.

03 '추가 기능 속성' 대화상자에 '제목'과 '메모' 항목의 값을 입력합니다. 참고로 '제목'은 추가 기능 파일의 이름이 되며, '메모'는 '추가 기능' 대화상자에서 해당 추가 기능을 선택할 때 하단에 표시되는 간략한 도움말입니다.

04 F12 키를 누르거나, 리본 메뉴의 [파일] 탭–[다른 이름으로 저장] 명령을 클릭한 다음, [이 PC]를 클릭하고 〈찾아보기〉 버튼을 클릭합니다. '다른 이름으로 저장' 대화상자가 표시되면 '파일 형식'을 'Excel 추가 기능(*.xlam)'으로 선택하고 '파일 이름'을 원하는 이름으로 수정한 다음 〈저장〉 버튼을 클릭합니다.

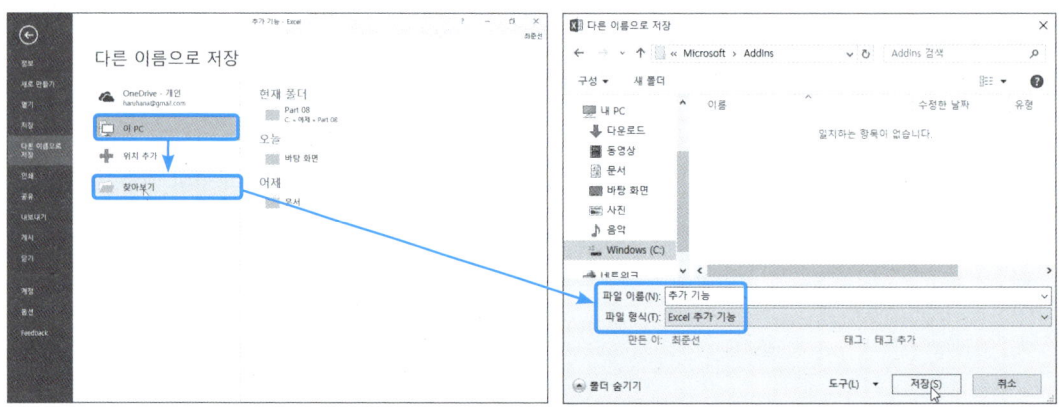

TIP '다른 이름으로 저장' 대화상자에서 '파일 형식'을 'Excel 추가 기능'으로 변경하면 상단의 저장 폴더 위치가 자동으로 변경됩니다. 이 경로는 추가 기능 파일의 기본 경로이므로 사용자가 임의로 변경하면 안 됩니다.

추가 기능 파일을 배포할 때의 경로

추가 기능 파일의 경로는 PC의 OS 버전에 따라 약간 다르게 나타나지만, 윈도우 7 이상 버전을 사용한다면 다음과 같습니다.

```
C:\Users\사용자명\AppData\Roaming\Microsoft\AddIns
```

그러므로 다른 사용자에게 추가 기능 파일을 배포하려면 파일을 복사하여 위 경로에 붙여 넣도록 하면 됩니다.

05 이렇게 하면 개발된 프로시저를 모두 포함하는 추가 기능 파일이 생성됩니다. 이제 예제 파일을 저장하지 않고 닫습니다.

추가 기능 설치하기

생성된 추가 기능 파일을 사용하려면 '추가 기능' 대화상자에서 해당 추가 기능을 선택해야 합니다.

01 빈 통합 문서 파일을 연 다음, 리본 메뉴의 [개발 도구] 탭–[추가 기능] 그룹–[추가 기능] 명령(⚙)을 클릭합니다.

02 '추가 기능' 대화상자가 표시되면 추가 기능 리스트에서 생성해 놓은 추가 기능을 체크하고 〈확인〉 버튼을 클릭합니다.

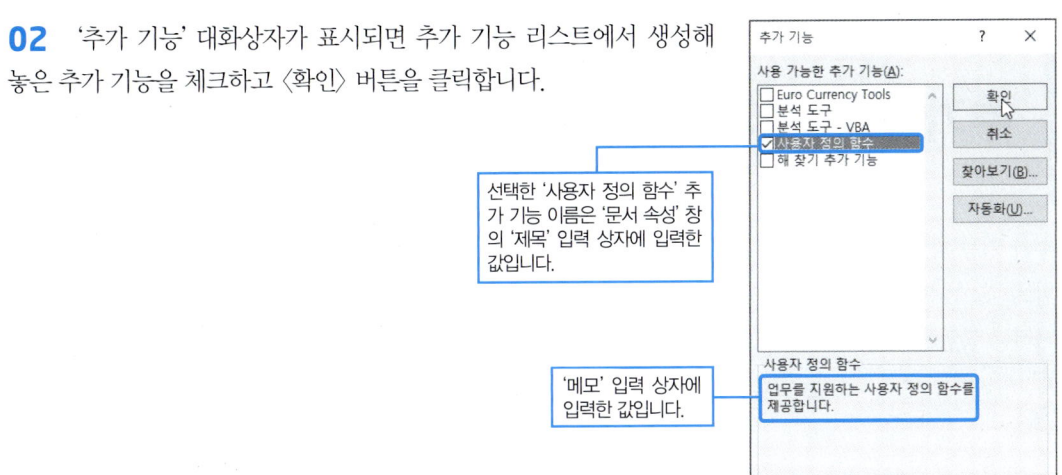

선택한 '사용자 정의 함수' 추가 기능 이름은 '문서 속성' 창의 '제목' 입력 상자에 입력한 값입니다.

'메모' 입력 상자에 입력한 값입니다.

03 이제 추가 기능 파일에 등록된 사용자 정의 함수나 매크로를 이용할 수 있습니다. 예제에 포함된 사용자 정의 함수를 사용할 수 있는지 확인하기 위해 수식 입력줄 왼쪽의 [함수 삽입] 명령(fx)을 클릭해 '함수 마법사' 대화상자를 열고, '범주 선택' 콤보 상자에서 '사용자 정의'를 선택합니다. 예제에 포함된 사용자 정의 함수를 확인할 수 있습니다.

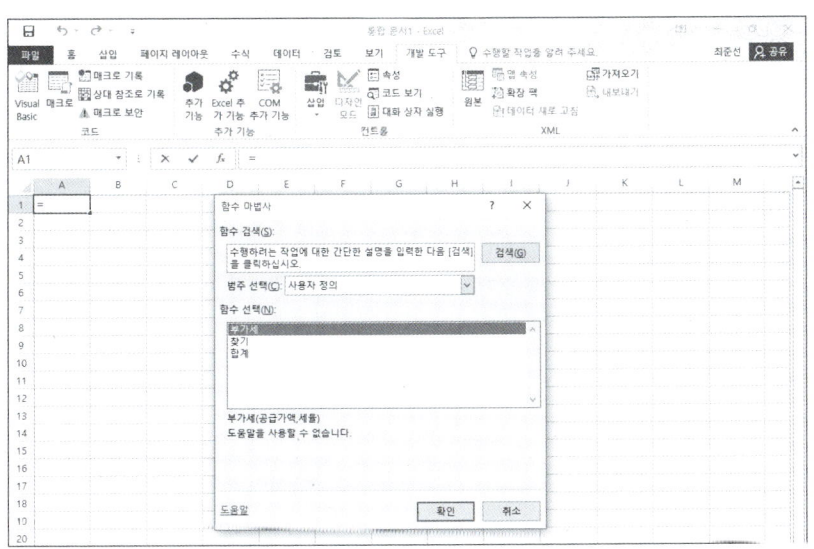

추가 기능 해제 및 파일 삭제하기 067

추가 기능 파일에는 새로운 함수 또는 매크로를 추가하거나 수정하는 것과 같은 작업이 빈번하게 발생할 수 있습니다. 이 경우 추가 기능 파일을 새로 배포하면 기존 추가 기능 파일을 닫고 파일을 새로 복사하는 작업을 해야 합니다. 또한 추가 기능을 더 이상 사용하지 않게 되면 파일을 삭제할 수도 있습니다. 이번에는 추가 기능을 업그레이드하거나 기존 추가 기능 파일을 삭제하는 방법에 대해 알아보겠습니다.

예제 파일 없음

01 빈 통합 문서 파일을 연 다음, 리본 메뉴의 [개발 도구] 탭-[추가 기능] 그룹-[추가 기능] 명령(⚙)을 클릭해 '추가 기능' 대화상자를 엽니다.

02 삭제할 추가 기능 파일의 체크를 해제한 다음 〈확인〉 버튼을 클릭해 대화상자를 닫습니다.

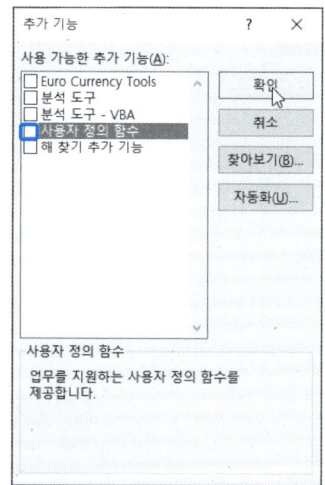

> **Plus⁺ 추가 기능 파일의 업그레이드**
>
> 기능을 업그레이드하기 위해서라면 이 과정까지 진행한 다음, 추가 기능 파일을 '추가 기능' 폴더에 덮어써도 됩니다.

03 다시 리본 메뉴의 [개발 도구] 탭-[추가 기능] 그룹-[추가 기능] 명령( )을 클릭해, '추가 기능' 대화상자를 호출한 다음, 〈찾아보기〉 버튼을 클릭합니다. '찾아보기' 대화상자에서 삭제할 추가 기능 파일을 마우스 오른쪽 버튼으로 클릭하고 [삭제] 메뉴를 선택합니다.

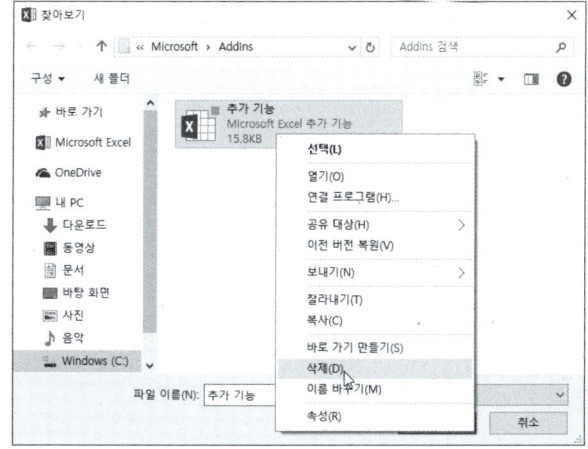

04 〈취소〉 버튼을 클릭해 '찾아보기' 대화상자를 닫고 '추가 기능' 대화상자에서 삭제한 추가 기능을 선택합니다. 목록에서 삭제할 것인지 묻는 메시지 창이 나타나면 〈예〉 버튼을 클릭합니다.

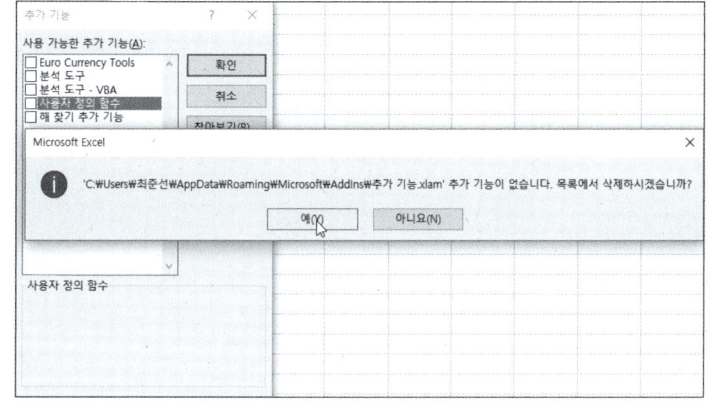

05 '추가 기능' 대화상자의 〈확인〉 버튼을 클릭해 닫습니다.

CHAPTER

09

에러 처리와
프로시저 속도 빠르게 하기

프로그래밍은 사람이 하는 것이다 보니

여러 가지 이유로 코드가 제대로 동작하지 않아 에러가 발생하기도 합니다.

에러가 발생하는 상황은 굉장히 다양하기 때문에

대부분의 프로시저는 에러를 제어할 수 있는 구문을 넣어 에러 상황을 통제합니다.

에러 상황을 통제하는 것은 에러 발생 상황 자체를 제어하는 목적 이외에

프로시저의 처리 속도를 높이는 용도로도 쓰입니다.

이 두 가지는 프로시저를 개발하는 데 있어 매우 중요한 역할을 합니다.

이번 장에서는 에러가 발생하는 상황을 통제하는 방법과

이를 이용해 속도를 높이는 방법에 대해 설명합니다.

에러 발생 상황 및 처리 방법 이해하기

068

완벽한 코드는 없으므로 에러(오류)는 언제든 발생할 수 있습니다. 그러므로 VBA 개발자는 에러가 발생되는 상황과 대처 방법을 반드시 잘 이해하고 있어야 합니다. 또한 에러는 그 종류가 매우 다양하기 때문에 개발자는 에러의 원인을 분석하고 파악하는 능력을 갖추어야 합니다. 하지만 이런 능력을 얻기까지는 시간과 경험이 필요하므로 여기서는 에러를 처리하는 일반적인 방법에 대해 알아보겠습니다.

예제 파일 PART 02 \ 에러 발생.xlsm

예제 파일을 열고 〈프로시저 실행〉 버튼을 클릭하면 다음과 같은 에러 메시지를 만나게 됩니다.

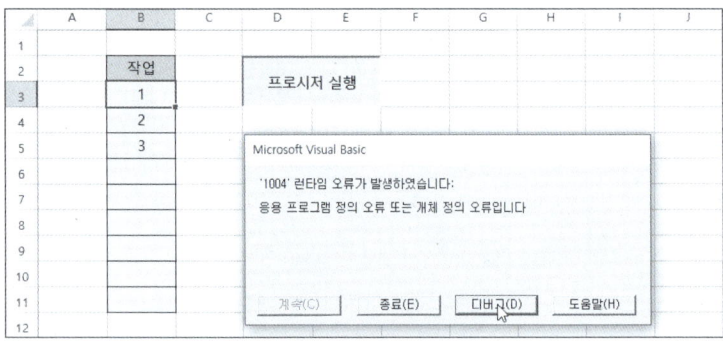

TIP 〈종료〉 버튼을 클릭하면 매크로 실행이 중단되고 에러 위치를 확인할 수 없으므로, 반드시 〈디버그〉 버튼을 클릭해 에러가 발생된 위치를 확인하는 것이 좋습니다.

에러 메시지 창의 내용은 에러 상황에 따라 달라질 수 있는데, 〈디버그〉 버튼을 클릭하면 VB 편집기가 열리면서 문제가 발생된 코드에 노란색 음영이 표시됩니다.

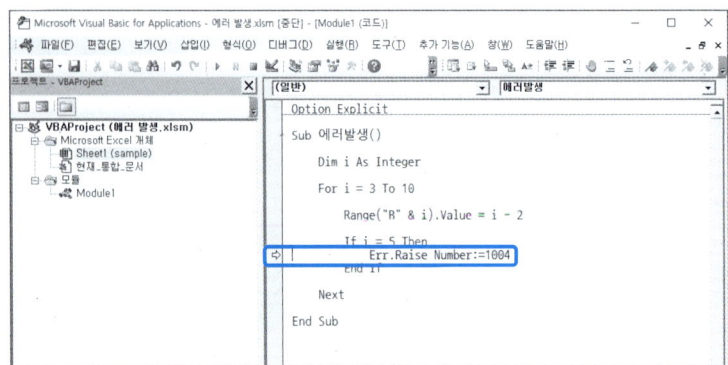

에러 발생 부분 이해하기

앞의 프로시저에서 에러가 발생한 부분의 코드는 다음과 같습니다.

```
Err.Raise Number:=1004                    ①
```

❶ Err 개체는 코드 상에서 발생하는 에러를 관리하는 개체로, Raise 메서드는 런타임 에러를 발생시키는 역할을 합니다. Raise 메서드의 Number 매개변수는 발생할 에러의 번호를 의미합니다.

1004 런타임 에러를 강제로 발생시키는 위 코드는 에러 발생 상황을 보여주기 위해 일부러 추가한 명령입니다.

〈디버그〉 버튼을 클릭했을 때 노란색으로 표시된 코드는 에러가 발생한 위치이지만, 에러 발생 원인이 해당 코드에만 있다는 의미는 아닙니다. 그 이전의 코드에 문제가 있어 해당 위치에서 에러가 발생했을 수도 있기 때문에 주의해야 합니다.

이렇게 프로시저가 중단된 상태를 프로시저 실행이 중단됐다는 의미에서 '중단' 상태라고 합니다. 이 상태를 해제하지 않으면 다른 프로시저를 실행할 수 없는데, 만약 이 상태에서 다른 프로시저를 실행하면 다음과 같은 에러 메시지 창이 나타납니다.

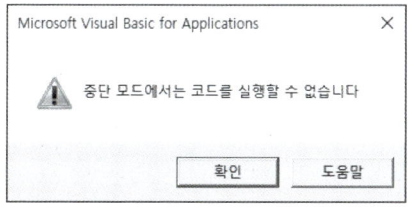

에러가 발생한 상황을 먼저 해결해야 하지만 에러의 발생 원인을 밝혀내려면 시간이 필요하므로, 다른 프로시저를 실행하기 위해서라도 일단 프로시저의 '중단' 상태를 먼저 해제해야 합니다. VB 편집기의 표준 도구 모음에서 [재설정] 명령(■)을 클릭하거나, [실행]-[재설정] 메뉴를 선택하면 됩니다.

에러 발생 상황의 유형별 정리

에러는 다양한 원인에 의해 발생하므로 모든 원인을 설명하기는 힘들지만, 에러가 발생되는 상황은 몇 가지 시점으로 나눠 설명할 수 있습니다. 프로시저를 실행할 때 발생되는 실행 시점 에러도 있고, 디자인 시점과 컴파일 시점에서도 에러가 발생할 수 있습니다. 이번에는 에러가 발생하는 시점에 대해 설명하고, 각 시점에서 에러의 원인을 파악하고 해결하는 방법에 대해 알아보겠습니다.

예제 파일 없음

에러는 개발자가 프로시저를 개발하는 동안, 다음과 같은 3단계 과정에서 발생할 수 있습니다.

디자인 시점 ➡ 컴파일 시점 ➡ 실행 시점

앞 단계에서 에러를 발견할 수 있다면 실행 시점의 에러를 최소화할 수 있으므로 각 단계별로 주의를 기울일 필요가 있습니다.

디자인 시점

코드 창에서 코드를 작성할 때 발생하는 에러로, 이 에러를 확인하려면 반드시 VB 편집기의 '자동 구문 검사' 옵션이 체크된 상태여야 합니다. 엑셀을 실행해 빈 파일을 열고 단축키 Alt + F11 을 눌러 VB 편집기를 연 후 [삽입]-[모듈] 메뉴를 선택하고 코드 창에 다음 코드를 입력합니다.

```
Sub 디자인시점()

    If Range("A1").Value > 1            ①

End Sub
```

① 이 줄의 코드를 입력하고 Enter 키를 누르면 에러가 발생합니다.

그러면 화면과 같이 에러 메시지 창이 나타나며, If 문의 끝에 Then 또는 GoTo 문이 추가되어야 함을 알려줍니다.

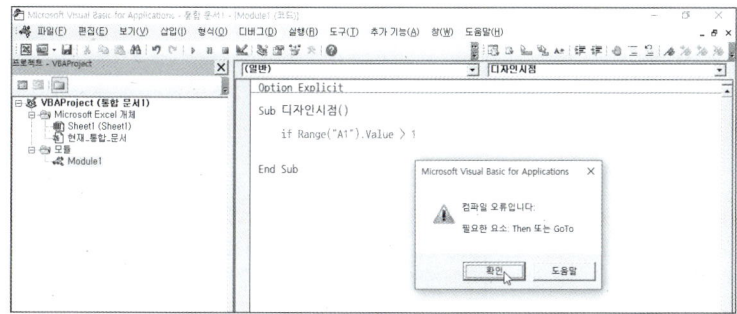

> **Plus⁺ 자동 구문 검사 옵션**
>
> 이 옵션은 VB 편집기의 기본 옵션으로, 설정이 해제되어 있으면 위와 같은 에러 메시지 창이 나타나지 않습니다. 만약 에러 메시지 창이 나타나지 않으면, 다음 과정을 참고합니다.
> ❶ VB 편집기의 [도구]-[옵션] 메뉴를 선택합니다.
> ❷ '옵션' 대화상자의 '편집기' 탭을 클릭하고 '자동 구문 검사' 옵션이 체크되어 있는지 확인합니다.

이와 같이 코드를 입력할 때 사용자가 VBA 구문에 맞지 않는 코드를 작성하면 에러 메시지 창을 통해 알려줍니다. 이렇게 코드를 입력하는 시점에 발생하는 에러를 디자인 시점 에러라고 합니다.

컴파일 시점

VBA를 포함한 모든 프로그래밍 언어는 사람은 이해할 수 있지만 정작 실행 주체인 컴퓨터는 이해할 수가 없습니다. 그렇기 때문에 컴퓨터가 이해할 수 있는 기계어로 VBA 코드를 번역하는 작업을 해야 하는데, 이 작업을 컴파일(Compile)이라고 합니다.

VBA에서 컴파일은 프로시저를 실행하는 순간 자동으로 이뤄지기 때문에 사용자는 신경 쓰지 않아도 됩니다. 하지만 컴파일 작업을 수동으로 진행해 에러가 발생하는지 여부를 미리 확인할 수 있습니다. 컴파일 시점 에러를 확인하려면 다음 과정대로 진행합니다.

01 VB 편집기의 코드 창에서 기존 코드를 모두 삭제하고 다음 코드를 입력합니다.

```
Sub 컴파일시점()

    MsgBox Msg:=Range("A1").Value            ❶

End Sub
```

❶ MsgBox 함수를 사용해 A1셀의 값을 메시지 창에 띄웁니다.

TIP 코드 작성 중에는 아무런 에러도 발생하지 않습니다.

02 실행 전에 컴파일을 해 에러 유무를 확인합니다. [디버그]-[VBAProject 컴파일] 메뉴를 선택하면 화면과 같은 에러 메시지 창이 열립니다.

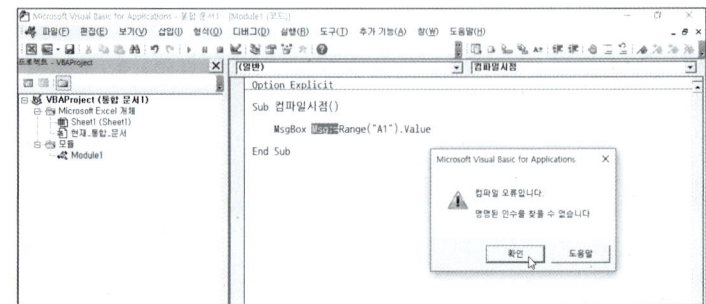

에러의 원인은 MsgBox 함수의 매개변수 이름인 Msg가 잘못된 것으로, Msg가 아니라 Prompt입니다. 에러를 해결하려면 코드를 다음과 같이 수정합니다.

```
MsgBox Prompt:=Range("A1").Value
```

이렇게 개발된 코드를 실행하기 전에 컴파일 과정을 거치면, 코드를 실행하기 전의 문법적인 오류는 거의 해결할 수 있습니다.

실행 시점

프로시저를 실행할 때 발생하는 에러를 모두 실행 시점 에러라고 합니다. 실행 시점 에러는 개발자가 가장 흔하게 접하게 되는 에러로, 문법적인 오류보다는 실행 프로세스의 논리적 모순에 의해 발생합니다. 실행 시점 에러를 확인하기 위해 다음 과정대로 진행합니다.

01 VB 편집기의 코드 창에서 기존 코드를 모두 삭제하고 다음 코드를 입력합니다.

```
Sub 실행시점()

    MsgBox Worksheets("sample").Range("A1").Value                    ❶

End Sub
```

❶ MsgBox 함수를 사용해 'sample' 워크시트의 A1셀의 값을 메시지 창에 표시합니다.

02 이 프로시저를 실행하기 전에 컴파일 과정을 거쳐 에러 발생 여부를 확인합니다. VB 편집기의 [디버그]-[VBAProject 컴파일] 메뉴를 선택합니다.

03 아무런 에러도 발생하지 않으면, 다음 세 가지 방법 중 하나를 선택해 프로시저를 실행합니다.

- F5 키를 눌러 프로시저를 실행합니다.
- VB 편집기의 [실행]-[매크로 실행] 메뉴를 선택합니다.
- VB 편집기의 표준 도구 모음에서 [Sub/사용자 정의 폼 실행] 명령(▶)을 클릭합니다.

04 그러면 다음과 같은 에러 메시지 창이 나타납니다. 〈디버그〉 버튼을 클릭하면 코드 부분에 노란색 음영이 표시되며, 프로시저 '중단' 상태에 들어가게 됩니다.

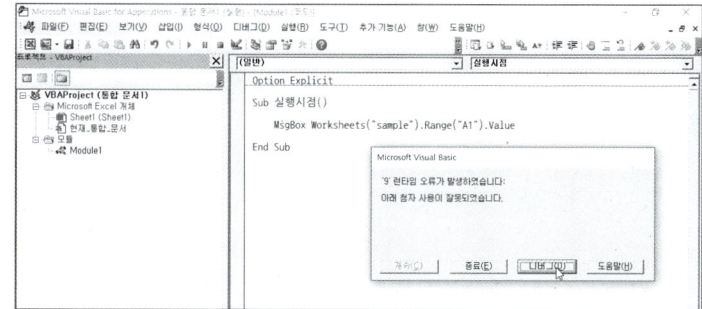

이 에러는 'sample' 워크시트가 존재하지 않기 때문에 발생하는 에러로, 시트 탭에서 워크시트 하나의 이름을 'sample'로 수정하거나 코드를 다음과 같이 존재하는 워크시트 이름으로 수정하면 해결할 수 있습니다.

```
MsgBox Worksheets("Sheet1").Range("A1").Value
```

이처럼 디자인 시점 → 컴파일 시점 → 실행 시점에서 각각 에러 발생 여부를 확인할 수 있습니다. 앞 단계에서 에러를 발견해 해결할 수 있다면 프로시저를 에러 없이 실행할 수 있으므로 각 단계별로 에러가 발생하는지 여부를 꼼꼼하게 체크하는 것이 좋습니다.

에러가 발생한 원인과 문제 해결 방법

070

에러가 발생하면 〈디자인〉 버튼을 클릭해 프로시저를 '중단' 상태로 만든 다음, 노란색 음영이 생긴 코드 부분을 확인해 문제를 해결해야 합니다. 하지만, 꼭 그 줄의 코드에만 문제가 있는 것은 아닐 수 있습니다. 프로시저의 코드는 맨 윗줄부터 순차적으로 실행되므로 에러가 발생한 코드에 문제가 없더라도 먼저 처리된 코드 또는 코드 구성상의 문제로 에러가 발생할 수 있기 때문입니다. 그렇기 때문에 에러가 발생한 상황을 해결하기 위해서는 프로시저를 단계별로 실행해 구체적으로 문제가 발생한 부분을 찾아 해결할 수 있어야 합니다.

예제 파일 PART 02 \ 단계별 실행.xlsm

에러가 발생되는 상황과 발생한 문제를 해결하는 과정을 경험해 보기 위해, 다음 순서로 작업을 진행합니다.

01 예제 파일을 열고 〈입력한 값을 거꾸로〉 버튼을 클릭하면 화면과 같은 에러 메시지 창이 열립니다. 〈디버그〉 버튼을 클릭해 문제가 발생한 부분을 확인합니다.

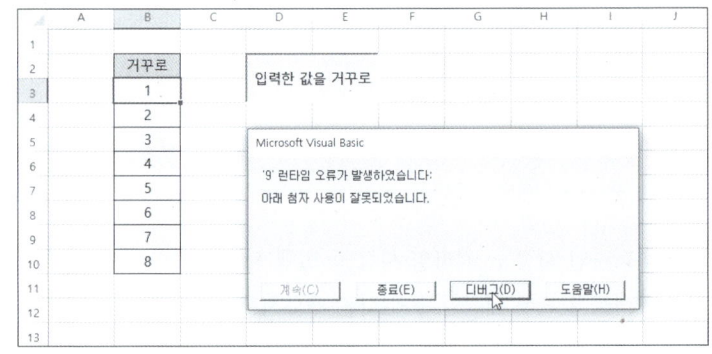

02 VB 편집기에서 다음 프로시저를 확인할 수 있습니다. '중단' 상태를 해제하기 위해 표준 도구 모음의 [재설정] 명령(■)을 클릭한 다음, 먼저 코드의 전체 구성을 파악하기 위해 코드 설명을 참고합니다.

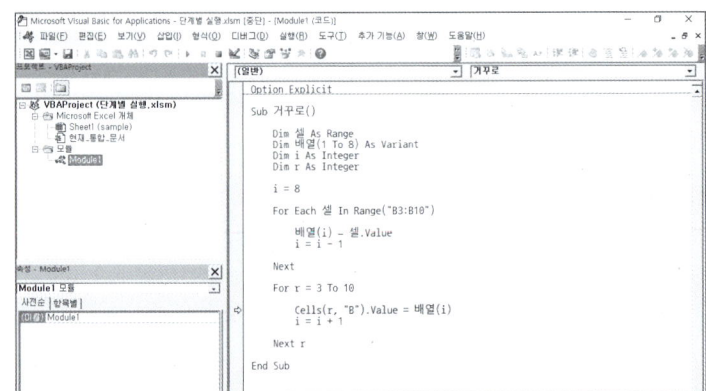

❶ For Each… Next 순환문에서 사용할 Range 형식의 '셀' 개체변수를 선언합니다.

❷ B3:B10 범위 내의 값을 저장할 수 있는 Variant 형식의 '배열' 변수를 선언합니다. '배열' 변수는 인덱스 번호가 1부터 시작하도록 To 키워드를 이용해 선언했습니다.

❸ 값이 저장된 배열의 인덱스 번호를 저장할 Integer 형식의 i 변수를 선언합니다.

❹ 반대 순서로 저장된 배열의 값을 셀에 반환할 때, For … Next 순환문에서 행 번호를 저장해 놓고 사용할 Integer 형식의 r 변수를 선언합니다.

❺ B3:B10 범위의 값을 순서대로, 배열의 마지막 위치부터 저장하도록 하면 B3:B10 범위의 값을 거꾸로 배열에 저장할 수 있습니다. 그러기 위해, i 변수의 값을 8(배열 변수에 저장할 마지막 개수)로 초기화합니다.

❻ B3:B10 범위의 셀을 하나씩 순환하도록 For Each… Next 순환문을 사용합니다. 이때 B3:B10 범위의 셀은 순서내로(B3, B4, B5, …) '셀' 변수에 하나씩 할당됩니다.

❼ '배열' 변수의 i번째 요소에 셀 값을 저장합니다. 이렇게 하면 순환문이 반복 실행되면서 B3, B4, B5, … 셀의 값이 배열(8), 배열(7), 배열(6)… 변수에 각각 저장됩니다. 배열의 인덱스 번호를 1씩 감소시키기 위해 바로 다음 줄에서 i 변수의 값을 1씩 빼서 저장합니다.

❽ '배열' 변수의 값을 B3:B10 범위에 전달하기 위해 For … Next 순환문을 사용합니다. For … Next 순환문은 r 변수의 값이 3에서 10까지 1씩 증가되면서 순환합니다.

❾ Cells 속성을 사용해 B3, B4, B5,… 셀에 '배열' 변수의 값을 순서대로 저장합니다. 저장하는 값은 '배열' 변수의 i 번째 요소 값으로, '배열' 변수의 값을 순서대로 읽어 값을 사용하기 위해 다음 줄에서 i 변수의 값을 1씩 증가시킵니다. 바로 이 줄에서 에러가 발생했습니다.

지역 창 이용해 문제 확인하기

에러가 발생한 원인을 파악하기 위해, 변수의 값을 확인할 수 있는 지역 창을 활용하는 방법에 대해 알아보겠습니다. 앞의 01-02 과정을 다시 진행하되, 02 과정의 [재설정] 명령은 클릭하지 않은 상태에서 [보기]-[지역 창] 메뉴를 선택합니다. 그러면 다음 화면과 같은 지역 창을 확인할 수 있으며, 지역 창에는 현재 프로시저 내에 있는 모든 변수의 값이 표시됩니다.

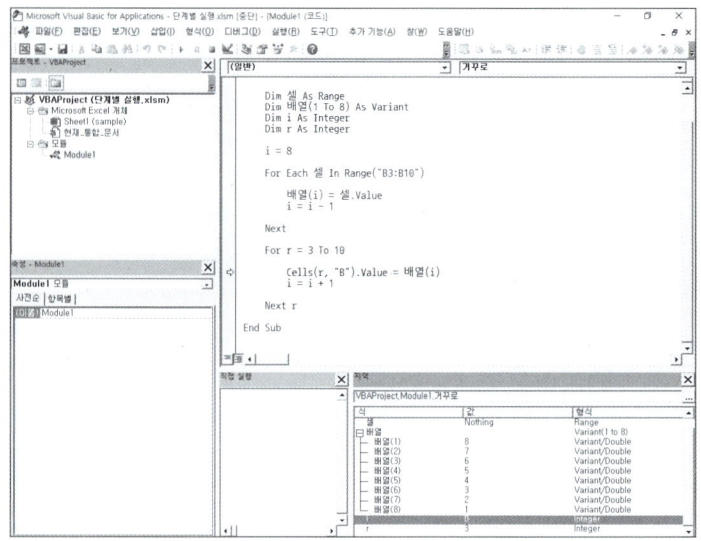

TIP 지역 창의 위치는 사용자마다 다를 수 있는데, 위 화면과 같이 직접 실행 창의 우측에 붙여 놓고 사용하는 것이 편합니다. 지역 창을 드래그해 직접 실행 창 우측에 도킹하면 됩니다.

지역 창을 보면, 에러가 발생했을 때 i 변수의 값이 0인 것을 확인할 수 있습니다. '배열' 변수는 1번부터 8번까지의 번호를 사용하도록 변수에서 선언했으므로, 0번을 사용할 수가 없어 에러가 발생했음을 알 수 있습니다. 다음의 코드 설명을 참고합니다.

```
Cells(r, "B").Value = 배열(i)                    ❶
```

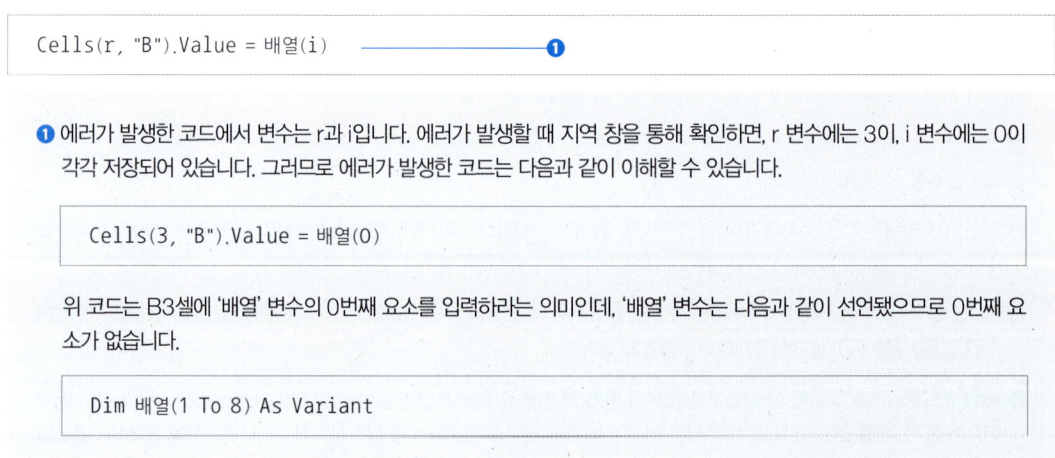

이처럼 지역 창을 사용하면 에러가 발생한 위치에서 모든 변수 내 값을 시각적으로 확인할 수 있어 편리합니다.

조사식 창 이용해 문제 확인하기

지역 창을 이용하는 방법 외에도 문제를 확인할 수 있는 방법은 여러 가지입니다. 이번에는 조사식 창을 이용하는 방법에 대해 알아보겠습니다. 어느 정도 숙달된 개발자들은 지역 창을 자주 사용하고, 초보 개발자들은 아래에서 소개하는 조사식 창을 이용하는 것이 에러 원인을 발견하는 데 좀 더 편리하니 상황에 맞게 사용하면 좋습니다.

01 지역 창을 닫고, 에러가 발생한 줄에서 i 변수 부분을 마우스로 드래그한 다음, 마우스 오른쪽 버튼을 클릭하고 [조사식 추가] 메뉴를 선택합니다.

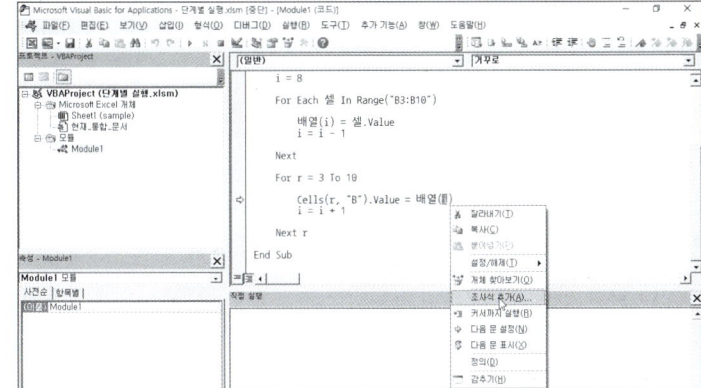

02 '조사식 추가' 대화상자가 열리고, '식' 입력 상자에는 앞에서 선택한 i 변수가 표시됩니다. 〈확인〉 버튼을 클릭해 대화상자를 닫으면 조사식 창이 화면에 표시됩니다. 지역 창과 마찬가지로 직접 실행 창 우측에 표시되도록 하고 사용하면 편리합니다.

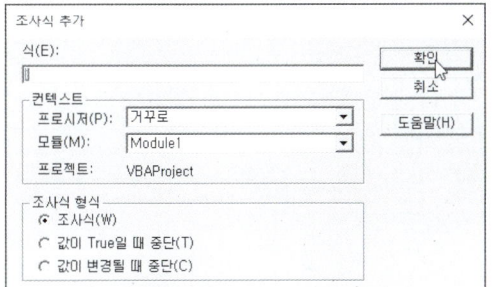

03 이제 표준 도구 모음의 [재설정] 명령(■)을 클릭해 '중단' 모드를 해제합니다.

04 프로시저를 단계별로 실행하기 위해 [디버그]-[한 단계씩 코드 실행] 메뉴를 선택하거나 F8 키를 눌러 한 줄씩 명령을 실행합니다.

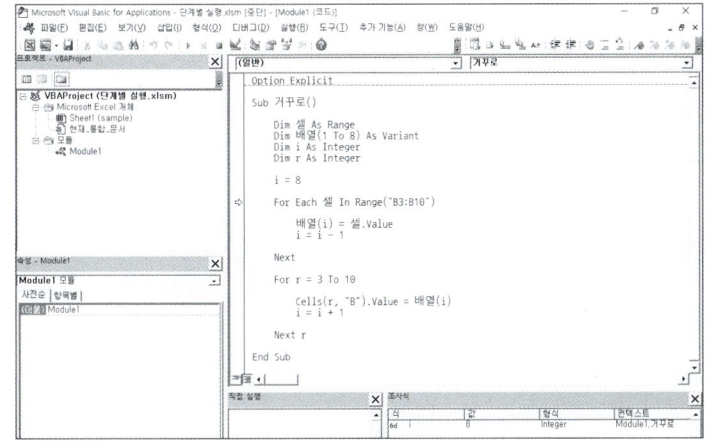

TIP 한 줄씩 코드를 실행할 때, 조사식 창을 보면 등록된 i 변수의 값이 어떻게 변하는지 확인할 수 있습니다.

05 F8 키를 계속 눌러 에러가 발생했던 줄로 이동했을 때 조사식 창의 i 변수의 값을 보면 0입니다. 이를 통해 '배열' 변수의 0번째 요소를 B3셀에 넣으려고 하는 것을 확인할 수 있습니다.

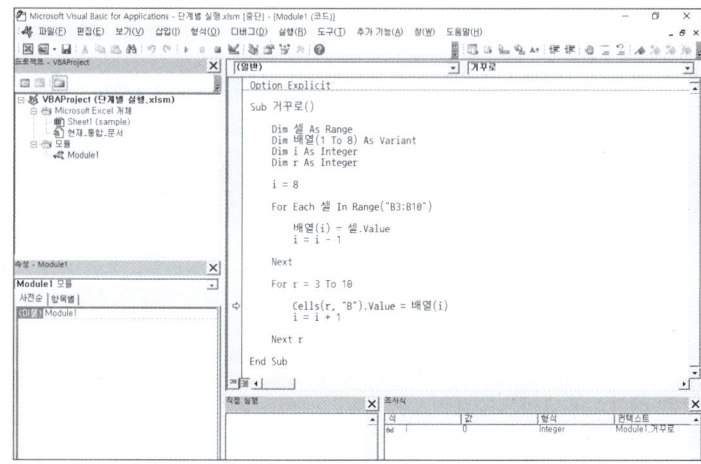

이렇게 조사식 창은 의심이 되는 식이나 변수를 등록해 놓고, F8 키로 한 줄씩 코드를 실행해 보면서 해당 변수의 값이 어떻게 변하는지 확인하고 문제를 찾으려고 할 때 사용됩니다.

코드 창에서 문제 확인하기

에러가 발생한 코드 줄에서 변수 위치에 마우스 커서를 위치시키면 풍선 도움말로 현재 변수의 값이 바로 표시됩니다.

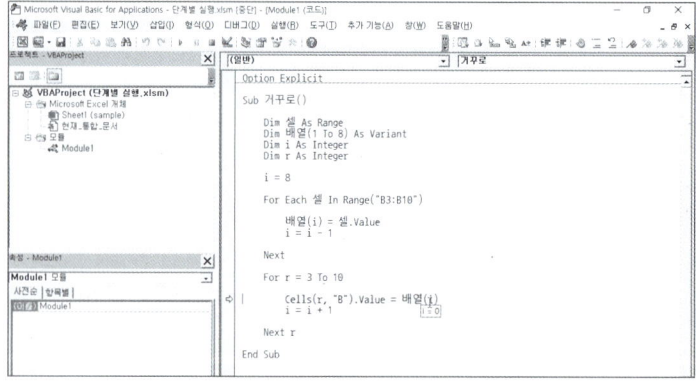

직접 실행 창에서 문제 확인하기

직접 실행 창을 이용해서 문제를 확인할 수도 있습니다. 직접 실행 창에 다음과 같은 코드를 입력하면 에러가 발생했을 때의 변수 값을 바로 확인할 수 있습니다.

```
? r, i
```

```
Option Explicit

Sub 거꾸로()

    Dim 셀 As Range
    Dim 배열(1 To 8) As Variant
    Dim i As Integer
    Dim r As Integer
    
    i = 8
    
    For Each 셀 In Range("B3:B10")
        배열(i) = 셀.Value
        i = i - 1
    Next
    
    For r = 3 To 10
        Cells(r, "B").Value = 배열(i)
        i = i + 1
    Next r

End Sub
```

TIP 직접 실행 창을 보면 에러가 발생한 위치의 변수인 r, i의 값이 바로 출력됩니다.

문제 해결하기

앞에서 여러 가지 도구를 이용해 에러가 발생한 원인을 파악했으므로 i 변수의 값이 1부터 시작되도록 다음 둘 중의 한 가지 방법으로 코드를 수정하면 됩니다.

해결 방법 1

```
    i = 1 ────────────────①

    For r = 3 To 10
    
        Cells(r, "B").Value = 배열(i)
        i = i + 1
    
    Next r
```

① For … Next 순환문을 시작하기 전에 i 변수의 값을 1로 저장해 실행합니다.

해결 방법 2

```
    For r = 3 To 10
    
        i = i + 1 ────────────────①
        Cells(r, "B").Value = 배열(i)
    
    Next r
```

① For … Next 순환문 안의 i 변수의 값을 1씩 증가시키는 부분을 셀에 값을 저장하기 이전에 실행되도록 순서를 변경합니다.

중단점 설정해
에러 발생 원인 찾기

071

프로시저를 한 줄씩 실행하면 에러를 찾을 때 유용하긴 하지만, 코드가 많고 복잡한 경우라면 한 줄씩 실행하는 과정 자체가 너무 지루할 수 있습니다. 이 경우 에러가 발생하지 않는 부분은 넘어가고 의심이 되는 부분만 집중해서 살펴볼 수 있습니다. 확인할 코드 부분의 코드 실행이 중단되도록 설정한 다음, 코드를 실행하면 됩니다.

예제 파일 PART 02 \ 중단점.xlsm

TIP 이 내용은 SECTION 070(230쪽)에서 이어지므로 앞의 내용을 먼저 참고합니다.

프로시저의 실행을 중단할 위치를 표시하려면, 코드 창에서 중단할 코드 줄의 여백 표시줄 부분을 클릭합니다. 그러면 아래 화면과 같이 해당 줄이 붉은 색으로 표시되고, 여백 표시줄에 중단점(●)이 나타납니다.

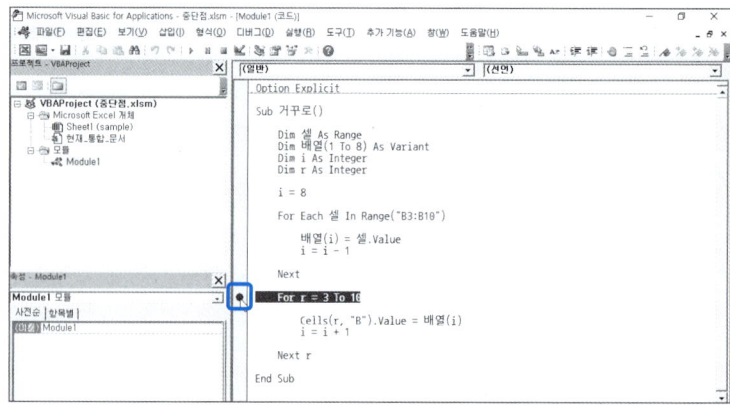

중단점이 설정된 프로시저를 실행합니다. 프로시저 내부에서 F5 키를 누르거나 또는 표준 도구 모음의 [매크로 실행] 명령(▶)을 클릭합니다. 그러면 다음 화면과 같이 중단점 위치에서 코드 실행이 중단되며, '중단' 모드에 들어가게 됩니다. 이 상태에서 F8 키를 눌러 코드를 한 줄씩 단계별로 실행해 문제 원인을 찾아 해결하는 작업을 하면 편리합니다.

중단점은 프로시저 내의 여러 곳에 동시에 설정할 수 있습니다. F5 키를 눌러 프로시저를 실행할 때마다 다음 중단점 위치에서 실행이 중단되고 '중단' 모드가 됩니다.

설정된 중단점을 해제하려면 여백 표시줄의 중단점(●)을 다시 한번 클릭하면 되고, 여러 개의 중단점을 한번에 해제하려면 [디버그]-[모든 중단점 지우기] 메뉴를 선택하거나 단축키 Ctrl + Shift + F9를 누르면 됩니다.

On Error 문을 이용한 에러 제어 방법 072

VBA는 에러가 발생할 때 제어할 수 있는 몇 가지 방법을 제공하고 있는데, 그중 대표적인 방법이 On Error 문을 사용하는 것입니다. 프로시저에 On Error 문을 사용한 코드가 존재하지 않으면 에러가 발생할 때 에러 메시지가 표시되면서 프로시저 실행이 중단됩니다. 하지만 표시된 에러 메시지는 일반 사용자가 이해하기 어렵기 때문에 개발된 프로시저의 동작을 신뢰하지 못하게 됩니다. 그러므로 개발자는 On Error 문을 사용해 발생할 수 있는 여러 가지 에러를 제어해 사용자가 좀 더 정확한 안내 메시지를 받을 수 있도록 하는 것이 좋습니다.

예제 파일 PART 02 \ On Error 문.xlsm

On Error 문

On Error 문은 다음과 같은 세 개의 명령을 이용해 에러를 제어합니다.

On Error 문	설명
On Error Goto 레이블	에러가 발생하면 지정한 레이블 위치로 이동합니다.
On Error Resume Next	발생된 에러를 무시하고 바로 다음 줄의 명령을 실행합니다.
On Error Goto 0	기존 On Error 문에 설정된 에러 처리 방법을 해제하며, 이후 문장에서 에러가 발생하면 에러 메시지 창을 표시합니다.

On Error Goto 레이블

On Error 문의 대표적인 구성으로, 전체 코드 중 어디에서 에러가 발생할지 모르는 경우에 사용합니다. 프로시저는 모두 위에서 아래로 순차적으로 실행되는데, On Error 문에 Goto 명령을 연결해, 에러가 발생할 때 해당 레이블 위치로 바로 이동시켜, 이동된 위치에서 에러를 제어하는 작업을 진행할 수 있습니다.

먼저 예제 파일을 열어 다음 화면을 확인합니다. 'sample' 시트의 C2, C4, C6셀에 각각 이름, 성별, 나이를 입력하고 〈저장〉 버튼을 클릭하면 입력된 데이터가 'date' 시트의 B2:D2 머리글 아래에 저장되도록 해보겠습니다.

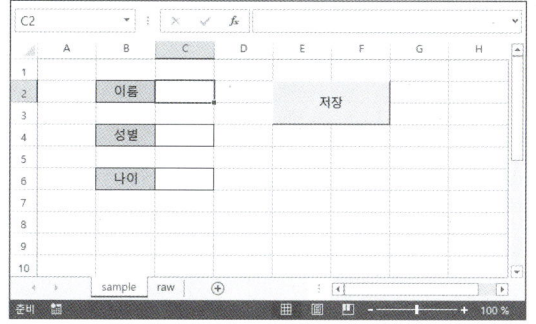
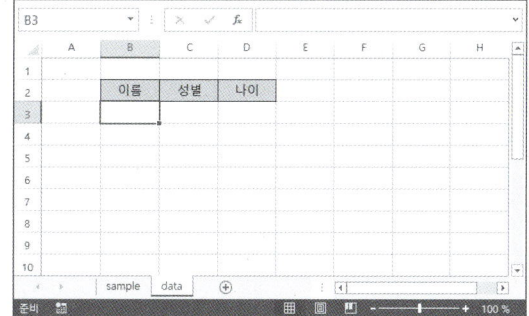

'sample' 시트의 〈저장〉 버튼에는 다음과 같은 프로시저가 연결되어 있습니다.

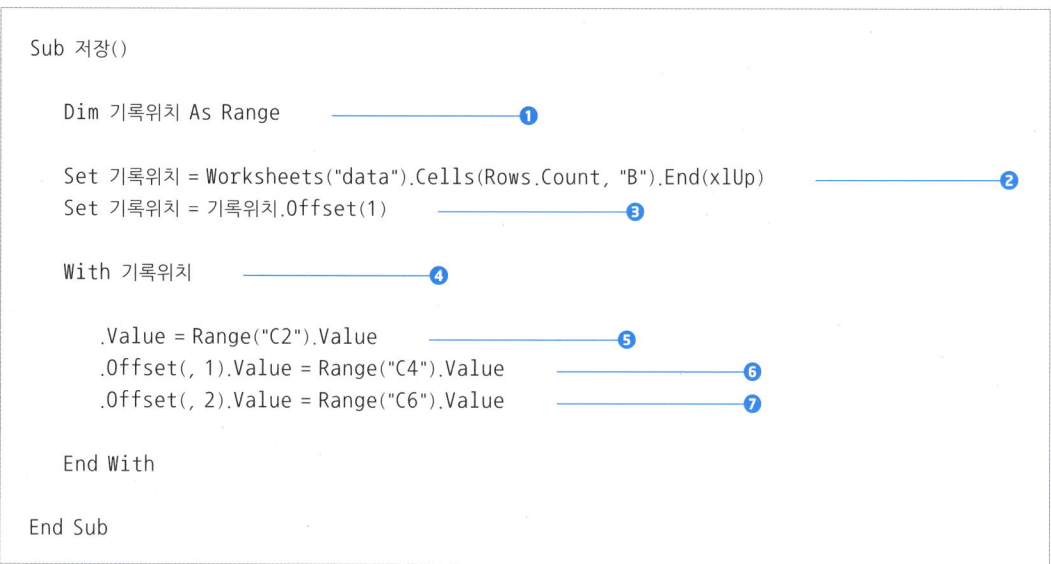

❶ 'data' 시트에서 데이터를 기록할 위치를 저장할 Range 형식의 '기록위치' 변수를 선언합니다.

❷ '기록위치' 변수에 'data' 시트의 B열에서 데이터가 마지막으로 입력된 위치(B2셀)를 할당합니다. 이런 위치 할당 방법은 340쪽에서 자세하게 설명합니다.

❸ '기록위치' 변수의 위치를 바로 아래 셀('data' 시트의 B3셀)로 재할당합니다.

❹ '기록위치' 변수에 할당된 위치를 중심으로 오른쪽 방향에 데이터를 입력하기 위해 With 문을 사용합니다.

❺ '기록위치' 변수에 할당된 위치에 C2셀의 값을 저장합니다.

❻ '기록위치' 변수의 오른쪽 첫 번째 셀('data' 시트의 C3셀)에 C4셀의 값을 저장합니다.

❼ '기록위치' 변수의 오른쪽 두 번째 셀('data' 시트의 D3셀)에 C6셀의 값을 저장합니다.

코드가 제대로 동작하는지 확인하기 위해, 'sample' 시트의 C2, C4, C6셀에 임의의 값을 입력하고 〈저장〉 버튼을 클릭한 다음 'data' 시트로 이동해 보면 입력된 값이 올바로 기록되는 것을 확인할 수 있습니다.

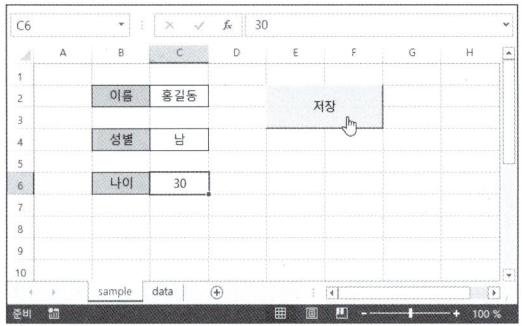
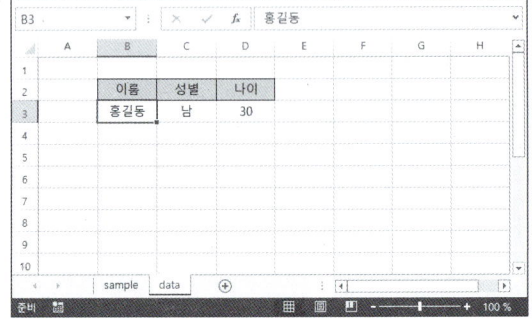

다시 문제를 발생시키기 위해, 'data' 시트의 이름을 'raw' 등으로 변경한 다음, 〈저장〉 버튼을 클릭해 보면 오른쪽 화면과 같은 에러 메시지 창이 표시됩니다. 〈종료〉 버튼을 클릭해 메시지 창을 닫습니다.

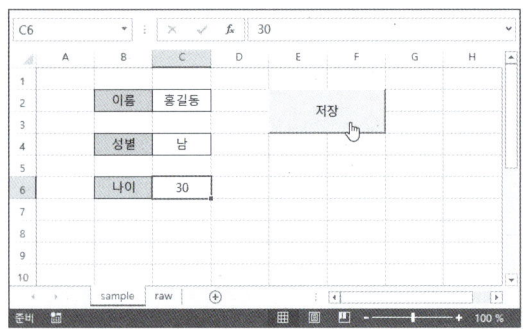
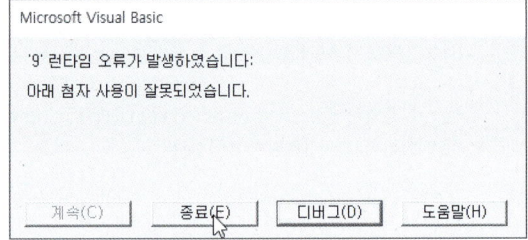

전체 코드 중 어디에서 에러가 발생할지 모른다고 가정하고, On Error Goto 레이블 명령을 이용해 에러를 제어한다면 다음과 같은 코드를 구성할 수 있습니다.

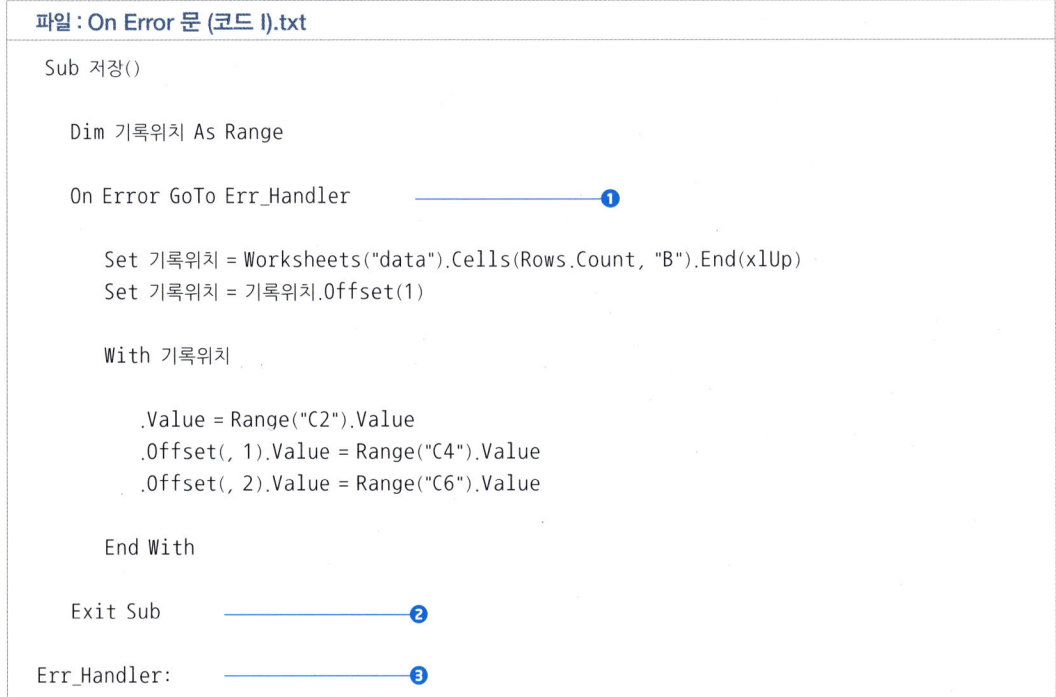

```
            MsgBox "알 수 없는 오류가 발생했습니다."                    ④

End Sub
```

① On Error 문을 사용해 에러가 발생하면 Err_Handler 레이블 위치(③)로 이동해 명령이 실행되도록 합니다. 이때 Err_Handler 레이블의 이름은 사용자가 원하는 다른 이름을 사용할 수 있으며, 레이블 이름을 수정하면 ③의 레이블 이름도 함께 수정해야 합니다.

② 위 전체 코드에서 에러가 발생하지 않았다면 Exit Sub 명령을 이용해 프로시저를 종료합니다. 레이블 이름 상단에서 Exit Sub 명령을 통해 프로시저를 종료하지 않으면, 코드가 정상 실행해도 레이블 이름 하단의 명령이 실행되므로, 사용자는 에러가 발생했다고 착각할 수 있습니다.

③ 에러가 발생할 때 이동할 위치입니다. 레이블 이름 뒤에 콜론(:)을 반드시 입력해야 레이블로 인식합니다.

④ 에러가 발생했을 때 처리할 작업으로, 메시지 창을 띄워 사용자에게 에러가 발생했음을 알립니다.

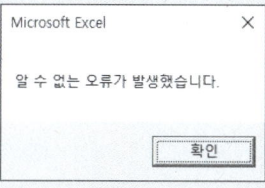

TIP 예제 파일에서 단축키 Alt + F11 을 누른 다음, 프로젝트 탐색기 창에서 Module1을 더블클릭하고 코드를 직접 수정해 봅니다.

이렇게 On Error Goto 레이블 명령은 에러가 어디에서 발생할지 모를 경우, 엑셀의 에러 메시지 창 대신 원하는 다른 메시지 창이나 동작으로 대체하려고 할 때 사용됩니다. 에러를 제어하기 위해 개발자가 가장 많이 사용하는 구문이기도 합니다.

On Error Resume Next와 On Error Goto 0

에러가 발생될 위치를 안다면, 사용자가 문제를 해결할 수 있도록 에러 메시지 창을 보다 구체적으로 구성할 수 있습니다. 그러기 위해서는 On Error Goto 레이블 명령보다는 On Error Resume Next 명령을 많이 사용합니다. On Error Resume Next 명령은 보통 특정 줄에서 에러가 발생하는 부분을 제어하기 위한 것이므로, 해당 명령이 끝나면 기존 On Error 문의 설정을 취소하는 On Error Goto 0 명령과 함께 사용하는 경우가 많습니다.

이번에 설명할 On Error Resume Next 명령은 에러 발생 자체를 무시하고 바로 다음 줄의 코드가 실행되도록 합니다. On Error Resume Next 명령을 사용하도록 앞에서 사용한 코드를 수정하면 다음과 같습니다.

파일 : On Error 문 (코드 II).txt

```
Sub 저장()

    Dim 기록위치 As Range

    On Error Resume Next ————————————①

        Set 기록위치 = Worksheets("data").Cells(Rows.Count, "B").End(xlUp) ————②

        If Err.Number <> 0 Then ————————③

            MsgBox "이 매크로는 'data' 시트가 필요합니다." ————④
            Exit Sub ————⑤

        End If

    On Error GoTo 0 ————————⑥

    Set 기록위치 = 기록위치.Offset(1)

    With 기록위치

        .Value = Range("C2").Value
        .Offset(, 1).Value = Range("C4").Value
        .Offset(, 2).Value = Range("C6").Value

    End With

End Sub
```

❶ On Error Resume Next 명령을 사용해, 에러가 발생해도 코드 실행이 중단되지 않고 바로 다음 줄의 코드가 실행되도록 합니다.

❷ '기록위치' 변수에 'data' 시트 B열의 마지막 입력 위치를 할당합니다.

❸ 에러가 발생되면 Err 개체가 활성화됩니다. Err 개체의 에러 번호를 반환하는 Number 속성의 값을 확인합니다. 모든 에러에는 에러 번호가 있으며, 0은 에러가 발생하지 않은 것을, 0이 아닌 것은 에러가 발생한 것을 의미합니다. 그러므로 이렇게 코드를 구성하면 에러가 발생했는지 여부를 확인할 수 있습니다.

❹ 에러가 발생할 경우 MsgBox 함수를 사용해 사용자에게 구체적인 에러 발생 내역을 전달합니다.

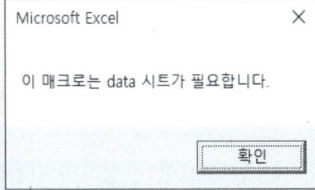

❺ 에러가 발생했으므로 프로시저를 종료합니다.

❻ On Error Resume Next는 에러가 발생해도 중단되지 않고 바로 다음 줄의 명령을 계속 실행하기 때문에 특정 줄의 명령에서 에러가 발생하는지 여부만 판단합니다. 이 작업은 ❷의 코드를 점검하면서 역할이 끝났으므로, 기존 On Error

문의 설정을 취소하지 않으면 이 줄 아래의 코드에서 에러가 발생했는지 여부는 파악할 수 없습니다. 그러므로 On Error Goto 0 명령을 이용해 ❶의 코드 설정을 취소합니다.

TIP 기존 코드를 수정해 결과를 직접 확인해 봅니다.

On Error Resume Next와 On Error Goto 레이블

On Error Goto 레이블과 On Error Resume Next 명령은 각각 제어해야 할 에러 상황이 분명합니다. On Error Reume Next는 에러가 발생할 위치를 알 때 사용하며, On Error Goto 레이블은 에러가 발생할 위치를 모를 때 사용합니다. 그러므로, 이 두 명령은 하나의 프로시저에서 함께 사용되기도 하는데, 기존 코드에 적용해 보면 다음과 같이 역할이 구분됩니다.

파일 : On Error 문 (코드 III).txt

```
Sub 저장()

    Dim 기록위치 As Range

    On Error Resume Next                    ❶

        Set 기록위치 = Worksheets("data").Cells(Rows.Count, "B").End(xlUp)

        If Err.Number <> 0 Then

            MsgBox "이 매크로는 'data' 시트가 필요합니다."
            Exit Sub

        End If

    On Error GoTo Err_Handler               ❷

        Set 기록위치 = 기록위치.Offset(1)

        With 기록위치

            .Value = Range("C2").Value
            .Offset(, 1).Value = Range("C4").Value
            .Offset(, 2).Value = Range("C6").Value

        End With

        Exit Sub

Err_Handler:                                ❸

    MsgBox "알 수 없는 오류가 발생했습니다."

End Sub
```

❶ On Error Resume Next 명령을 이용해 다음 줄에서 에러가 발생하는지 확인하고, 'data' 시트가 필요하다는 것을 사용자에게 알립니다.

❷ On Error Resume Next 명령에서 에러를 점검한 부분은 'data' 시트의 존재 유무입니다. 이 부분 외에도 사용자의 환경에 따라서는 이 프로시저를 실행할 때 생각지도 못한 에러가 발생할 수 있으므로, ❷ 아래의 코드를 실행할 때 에러가 발생하면 ❸ 위치로 바로 이동해 에러 메시지 창을 표시하도록 합니다.

❸ ❷의 코드에서 가리키는 레이블 위치로, 반드시 콜론(:)으로 끝나야 합니다.

TIP 기존 코드를 수정해 결과를 직접 확인해 봅니다. 워크시트 이름이 다른 경우에만 On Error Resume Next 명령에 의한 에러 메시지 창이 표시됩니다.

On Error 문을 이용한 코드 최적화 방법

073

사람은 논리적 모순에 빠질 때가 종종 있습니다. 그러므로 개발한 프로시저가 복잡할수록 완벽하게 동작하지 못하는 경우가 많아집니다. 그래서 VBA에서는 발생하는 에러를 On Error 문을 사용해 제어할 수 있는 방법을 제공하는데, 이를 이용하면 의외의 효율적인 결과를 얻을 수도 있습니다. 쉽게 설명하면 에러를 일부러 발생시켜 내가 원하는 동작을 처리하도록 할 수 있다는 것인데, 이는 에러 상황을 능동적으로 활용할 수 있다는 측면과 코드 개발의 다양성을 이해할 수 있다는 점에서 중요합니다. 이번에는 에러를 임의로 발생시켜 코드 개발에 효율성을 더하는 방법에 대해 알아보겠습니다.

예제 파일 없음

예를 들어 'A.xlsx' 파일로 작업을 하기 위해, 이 파일이 열려 있는지 여부를 먼저 확인해야 한다면, 열려 있는 파일을 모두 순환하는 다음과 같은 프로시저를 개발할 수 있습니다.

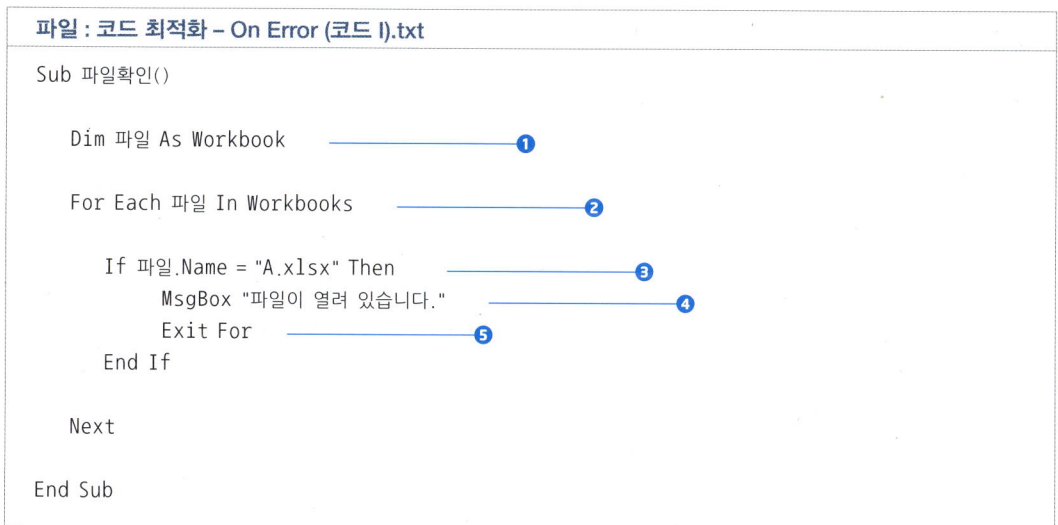

파일 : 코드 최적화 – On Error (코드 I).txt

```
Sub 파일확인()

    Dim 파일 As Workbook                    ①

    For Each 파일 In Workbooks              ②

        If 파일.Name = "A.xlsx" Then         ③
            MsgBox "파일이 열려 있습니다."      ④
            Exit For                        ⑤
        End If

    Next

End Sub
```

❶ Workbook 형식의 '파일' 개체변수를 선언합니다.

❷ For Each … Next 순환문을 이용해 Workbooks 컬렉션을 순환하면서 개체를 하나씩 '파일' 변수에 할당합니다. 이렇게 하면 한 번 순환할 때마다 열려 있는 파일이 하나씩 '파일' 변수에 할당됩니다.

❸ '파일' 변수의 Name 속성 값을 확인해 파일 이름이 확인하고 싶은 파일 이름(A.xlsx)과 같은지 여부를 확인합니다.

❹❸ 과정에서 판단한 결과가 True면, MsgBox 함수를 사용해 메시지 창을 띄웁니다.

❺ 'A.xlsx' 파일이 열려 있는 것을 확인했으므로, For Each … Next 순환문을 끝까지 진행하지 않고 Exit For 명령을 이용해 종료합니다.

위 방식의 코드는 정상적으로 동작하지만, 열려 있는 모든 파일을 하나씩 검사해야 하므로 파일이 많이 열려 있는 경우에는 처리 속도가 늦어집니다. 하지만, 이렇게 파일을 일일이 확인하지 않고 바로 변수에 파일을 할당하는 방법으로 파일이 열려 있는지 여부를 판단할 수 있습니다.

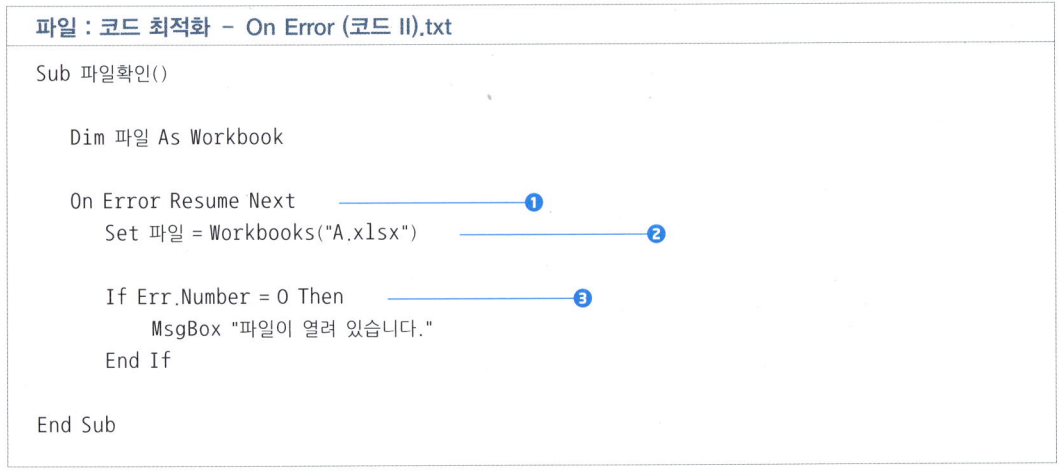

❶ On Error 문을 이용해 에러가 발생해도 멈추지 않고 바로 다음 줄의 명령이 실행(Resume Next)되도록 설정합니다.

❷ '파일' 변수에 'A.xlsx' 파일을 바로 할당합니다.

❸ Err 개체의 Number 속성 값이 0이면 에러가 발생하지 않은 것이므로 ❷의 코드에 문제가 없다는 의미입니다. 이것은 파일이 열려 있다는 것을 의미하므로 메시지 창을 띄웁니다.

위와 같은 방법으로 코드를 구성하면 순환문을 이용해 개체를 하나씩 확인하지 않고도 빠르게 해당 개체의 상태를 확인할 수 있습니다. 처리 속도를 높이고자 할 때 자주 사용하는 방법입니다.

이렇게 파일이 열려 있는지 확인하는 작업에는 Sub 프로시저보다는 Function 프로시저가 더 적합합니다. 인수로 파일 이름을 받아 열려 있는지 여부를 True, False로 되돌려 주는 사용자 정의 함수는 다음과 같이 구성해 개발하면 됩니다.

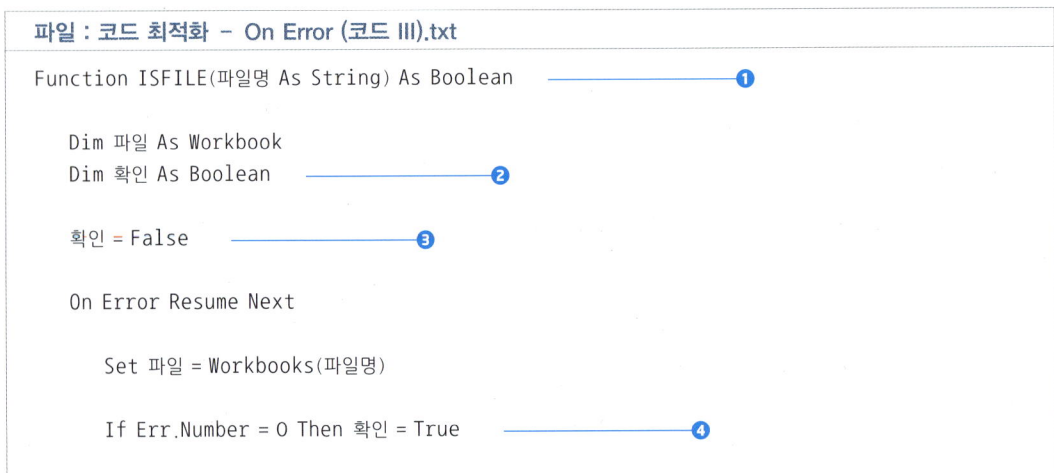

```
    ISFILE = 확인 ─────────────❺

End Function
```

❶ ISFILE Function 프로시저를 선언합니다. ISFILE 함수는 String 형식의 '파일명' 매개변수에 열려 있는지 확인하고 싶은 파일 이름을 받아, 열려 있는지 확인하여 결과를 True, False로 반환합니다.

❷ 열려 있는지 여부를 True, False로 저장할 Boolean 형식의 '확인' 변수를 선언합니다.

❸ '확인' 변수의 초기 값을 False로 저장합니다. 이 작업은 하지 않아도 ❷에서 선언과 동시에 False 값이 저장됩니다. 이해를 돕기 위해 넣어 놓은 것이므로 생략해도 정상적으로 동작합니다.

❹ 바로 윗줄에서 '파일' 변수에 '파일명' 매개변수로 받은 파일 이름을 '파일' 변수에 할당한 다음, 에러가 발생하지 않았다면 (Err 개체의 Number 속성 값이 0) '확인' 변수의 값을 True로 저장합니다.

❺ ISFILE 사용자 정의 함수에 '확인' 변수의 값을 반환합니다.

TIP 486쪽에서는 유사한 동작을 하는 ISFILEOPEN 함수를 설명합니다. 공부할 때 두 함수에 어떤 차이가 있는지 확인해 봅니다.

이제 다음과 같은 코드를 사용해 파일이 열려 있는지 여부를 확인할 수 있습니다.

```
If ISFILE("A.xlsx") = True Then

    '파일이 열려 있을 때 처리할 명령

Else

    '파일이 닫혀 있을 때 처리할 명령

End If
```

엑셀의 기능을 이용한 프로시저 처리 속도 증진 방법 074

빠르게 작업을 처리하는 코드를 개발하고자 한다면, VBA에서 제공하는 다양한 문법보다는 엑셀의 기능을 활용해 코드를 구성하는 것이 좋습니다. 엑셀의 내장 기능을 이용하는 코드가 훨씬 빠른 처리 결과를 보여주기 때문입니다. 매크로 개발에 사용되는 VBA는 엑셀을 제어하기 위해 제공되는 외부 도구라는 점과 개발된 매크로는 결국 엑셀에서 동작한다는 사실을 상기한다면 엑셀의 기능을 이용하는 방법이 VBA 문법으로 처리하는 방법보다 낫다는 사실을 이해할 수 있습니다. 그러므로 코드를 구성할 때는 항상 엑셀 자체 기능만으로 처리했던 방법을 기억하고, 그대로 구성하는 것이 가장 좋습니다.

예제 파일 PART 02 \ 처리 속도 I (내장 기능).xlsm

테스트 방법 이해

예제 파일을 열고 'sample1' 시트와 'sample2' 시트를 보면 동일한 표를 확인할 수 있습니다. 표에서 F열에 '취소' 값이 입력된 행을 삭제하는 코드를 'sample1' 시트에서는 순환문을, 'sample2' 시트에서는 자동 필터 기능을 이용하도록 개발해 비교합니다.

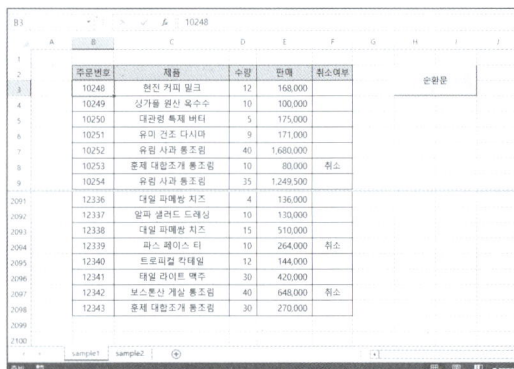 

VBA 구문을 활용한 방법

먼저 'sample1' 시트의 〈순환문〉 버튼에 연결된 프로시저는 다음과 같습니다.

```
Sub 프로시저_순환문()

    '1단계 : 필요한 변수를 선언합니다.
    Dim r As Integer            ❶
    Dim 마지막행 As Integer       ❷
    Dim 시작시간 As Date          ❸
```

```
'2단계 : 시작 시간을 기록합니다.
    시작시간 = Timer ─────────────── ④

'3단계 : 데이터가 입력된 마지막 행을 확인합니다.
    마지막행 = Range("B2").End(xlDown).Row ─────── ⑤

'4단계 : 행을 거꾸로 순환하면서, F열의 값이 '취소'일 때 행을 삭제합니다.
    For r = 마지막행 To 3 Step -1 ────────── ⑥

        If Cells(r, "F").Value = "취소" Then ─────── ⑦
            Rows(r).Delete
        End If

    Next r

'5단계 : 소요 시간을 메시지 창에 표시합니다.
    MsgBox "소요 시간 : " & Format(Timer - 시작시간, "0.0") & "초" ──── ⑧

End Sub
```

❶ For … Next 순환문에서 사용할 Integer 형식의 r 변수를 선언합니다.

❷ 순환할 마지막 행 번호를 저장할 Integer 형식의 '마지막행' 변수를 선언합니다.

❸ 프로시저 실행 시간을 기록할 Date 형식의 '시작시간' 변수를 선언합니다.

❹ '시작시간' 변수에 현재 시간을 Timer 함수로 받아 저장합니다. Timer 함수는 자정(12:00 AM) 이후 시간을 초 단위로 기록하므로, 소요 시간을 계산할 때 자주 사용합니다.

> **LINK** Timer 함수에 대한 자세한 설명은 310쪽을 참고합니다.

❺ '마지막행' 변수에 B열에 데이터가 입력된 마지막 셀(Range("B2").End(xlDown))의 행 번호(Row)를 저장합니다. 이 예제는 2098행까지 데이터가 입력되어 있으므로, '마지막행' 변수에는 2098이 저장됩니다.

> **LINK** End 속성에 대해서는 340쪽을 참고합니다.

❻ For … Next 순환문을 사용해 r 변수의 값을 '마지막행' 변수의 값부터 3(행)까지 1씩 감소시키면서 순환하도록 구성합니다.

❼ F열의 r 변수에 저장된 행 위치의 셀(F2098)의 값이 '취소'인지 판단합니다. For … Next 문을 순환하면서 셀이 한 칸씩 위로 올라가며 '취소' 인지 판단해, 셀 값이 '취소'이면 행을 삭제합니다.

❽ MsgBox 함수를 사용해 소요 시간을 메시지 창으로 반환합니다. 아래 소요 시간은 'sample1' 시트의 〈순환문〉 버튼을 클릭해 프로시저가 실행된 후 표시된 것으로, 소요 시간은 사용자 환경에 따라 다를 수 있습니다.

TIP 코드는 예제 파일에서 VB 편집기를 열어 '모듈1' 개체의 코드 창에서 확인할 수 있습니다.

엑셀의 내장 기능을 활용하는 방법

엑셀의 내장 기능을 이용해 동일한 작업을 하려면, 자동 필터를 이용해 '취소' 데이터만 추출한 다음 삭제하는 방법을 이용하면 됩니다. 자동 필터를 이용하도록 프로시저를 개발하면 다음과 같은 코드가 완성됩니다. 완성된 프로시저는 'sample2' 시트의 〈자동 필터〉 버튼에 연결되어 있습니다.

```
Sub 프로시저_내장기능()

'1단계 : 필요한 변수를 선언합니다.
    Dim 표 As Range                                   ❶
    Dim 시작시간 As Date                                ❷

'2단계 : 시작 시간을 기록합니다.
    시작시간 = Timer

'3단계 : 표 전체 범위에 자동 필터를 이용해 취소 데이터만 추출합니다.
    Set 표 = Range("B2").CurrentRegion                 ❸
    표.AutoFilter Field:=5, Criteria1:="취소"           ❹

'4단계 : 표 범위에서 머리글을 제외한 데이터 범위만 참조합니다.
    With 표
        Set 표 = .Offset(1).Resize(.Rows.Count - 1, .Columns.Count)   ❺
    End With

'5단계 : 표 데이터 범위에서 화면에서 보이는 셀만 모두 삭제합니다.
    On Error Resume Next                               ❻
        표.SpecialCells(xlCellTypeVisible).Delete Shift:=xlUp         ❼
    On Error GoTo 0

'6단계 : 표 범위를 다시 참조하고, 자동 필터를 해제합니다.
    Set 표 = Range("B2").CurrentRegion                 ❽
    표.AutoFilter                                      ❾

'7단계 : 소요 시간을 메시지 창에 표시합니다.
    MsgBox "소요 시간 : " & Format(Timer - 시작시간, "0.0") & "초"    ❿

End Sub
```

❶ 전체 표 범위를 할당할 Range 형식의 '표' 개체변수를 선언합니다.

❷ 이전과 마찬가지로 프로시저 소요 시간을 기록하기 위해 시작 시간을 기록해 놓을 Date 형식의 '시작시간' 변수를 선언하고 다음 줄에서 Timer 함수의 값을 저장해 놓습니다.

❸ '표' 변수에 B2셀부터 연속된 데이터 범위(B2셀에서 단축키 Ctrl + A 를 눌러 선택된 전체 범위)를 할당합니다.

❹ '표' 변수에 할당된 범위에 자동 필터를 설정하고, 다섯 번째 열(F열)의 값이 '취소'인 것을 추출합니다.

❺ '표' 변수에 할당된 범위를 조정합니다. 추출된 데이터를 삭제하기 위해 표의 2행부터 맨 아래 범위까지로 Offset과 Resize 속성을 이용해 범위를 조정합니다.

❻ 바로 다음 줄에서 '표' 변수에 할당된 범위 중 화면에 표시된 부분을 대상으로 작업하는데, 추출된 데이터가 존재하지 않으면 에러가 발생하므로 발생된 에러를 무시하고 동작하도록 On Error Resume Next 명령을 사용합니다.

❼ 추출된 데이터 범위만 삭제합니다. Delete 메서드의 Shift 매개변수의 값을 xlUp으로 조정하는 것은 '삭제' 대화상자에서 '셀을 위로 밀기' 옵션을 선택하는 것과 동일합니다.

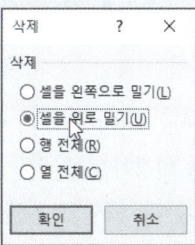

❽ 삭제된 데이터가 있으므로 '표' 변수의 범위를 B2셀의 연속된 데이터 범위로 재할당합니다.

❾ '표' 변수에 할당된 범위에 적용된 자동 필터를 해제합니다.

❿ MsgBox 함수를 사용해 전체 소요 시간을 메시지 창으로 표시합니다. 이 프로시저는 앞의 VBA 문법을 사용한 코드보다 빠르게 결과를 반환합니다.

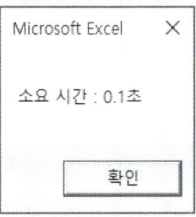

TIP 코드는 예제 파일에서 VB 편집기를 열어 '모듈1' 개체의 코드 창에서 확인할 수 있습니다.

엑셀 옵션을 이용한 프로시저 처리 속도 증진 방법 075

프로시저의 처리 속도를 높일 수 있는 가장 좋은 방법은 엑셀의 내장 기능을 이용하는 것이지만, 더 빠른 처리 결과를 원할 경우 엑셀 프로그램을 의미하는 Application 개체의 속성을 변경하는 방법을 함께 사용하면 좋습니다. 속성을 변경하는 것은 엑셀의 옵션을 변경하는 것과 동일한데, 엑셀의 옵션을 변경하면 프로시저가 동작할 때 불필요하게 발생하는 여러 작업을 처리하지 않도록 할 수 있어 더 빠른 처리 결과를 얻을 수 있습니다. 또한 파일 구성에 따라서는 매우 높은 효율을 얻을 수도 있습니다.

예제 파일 PART 02 \ 처리 속도 II (내장 속성).xlsm

엑셀의 '옵션' 대화상자의 설정은 대부분 Application 개체의 속성으로 제공됩니다. 이 중에서 프로시저의 처리 속도와 가장 밀접한 연관을 갖는 속성은 다음 세 가지입니다.

속성	기본 값	설명
Calculation	자동	수식 재계산을 자동으로 처리할지 수동으로 처리할지 결정합니다.
EnableEvents	True	이벤트 감시를 작동시킬지 중단할지 결정합니다.
ScreenUpdating	True	수정된 사항을 화면에 표시할지 여부를 결정합니다.

이 속성을 사용해 코드를 개발하면 다음과 같습니다.

```
Sub 프로시저()

    '변수 선언 및 저장 ———————————— ❶

    With Application
        .Calculation = xlCalculationManual ———————— ❷
        .EnableEvents = False ———————— ❸
        .ScreenUpdating = False ———————— ❹
    End With

    '실행 명령 ———————— ❺

    With Application
        .Calculation = xlCalculationAutomatic ———————— ❻
        .EnableEvents = True ———————— ❼
        .ScreenUpdating = True ———————— ❽
    End With

End Sub
```

❶ 프로시저 상단의 변수 선언 및 변수에 값을 저장하는 명령을 나열합니다.

❷ 엑셀의 수식 재계산 여부를 수동으로 변경합니다. 이 옵션은 리본 메뉴의 [수식] 탭-[계산] 그룹-[계산 옵션] 명령을 [수동]으로 변경하는 것과 동일합니다.

❸ 엑셀의 이벤트 감시(사용자 동작 모니터링)를 중단시킵니다.

❹ 매크로 실행에 의해 변경된 부분을 화면에 바로 표시하지 않도록 설정합니다.

❺ 프로시저에서 처리할 명령을 순서대로 나열합니다.

❻ 수식 재계산 여부를 자동으로 변경합니다.

❼ 이벤트 감시를 다시 시작합니다.

❽ 변경된 부분을 화면에 표시합니다.

다만 이 속성은 프로시저를 처음 개발할 때부터 사용하지 않고, 프로시저의 개발이 모두 끝나고 동작에 이상이 없는 것을 확인한 경우에 추가해 사용하는 것이 좋습니다. 이 속성을 처음부터 사용하면 프로시저의 동작을 눈으로 확인할 수 없어 문제가 발생할 경우 원인을 파악하기가 쉽지 않기 때문입니다.

이 속성을 적용한 결과를 확인하려면 예제 파일을 열고 'sample1' 시트에서 〈순환문 (속성 적용)〉 버튼을 클릭하여 소요 시간을 확인합니다.

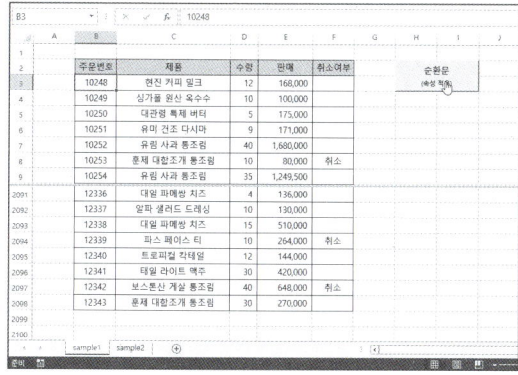
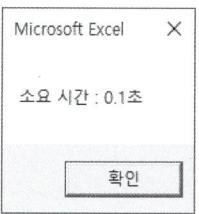

'sample2' 시트의 〈자동 필터 (속성 적용)〉 버튼도 클릭하여 소요 시간을 확인합니다.

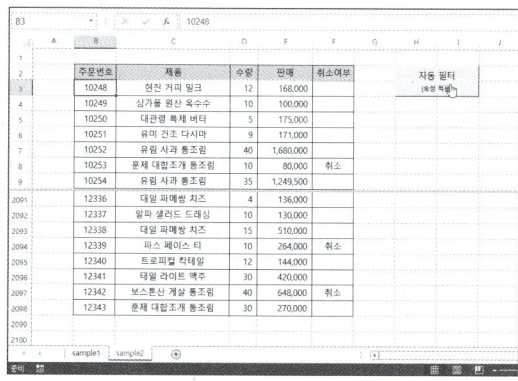
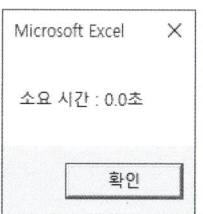

이전에 실행했을 때보다 시간이 약간 단축된 것을 확인할 수 있습니다. 수식이 많은 파일이거나 셀 값을 변경하는 과정이 많은 작업이라면 더 효율적인 결과를 얻을 수 있습니다. 코드 확인은 단축키 Alt+F11을 누른 다음, Module1 개체의 코드 창에서 확인할 수 있습니다.

CHAPTER

10

VBA 내장 함수

워크시트에서 SUM, VLOOKUP 등의 함수를 사용해 수식을 손쉽게 구성할 수 있는 것처럼,

VBA에서도 코드를 쉽게 작성할 수 있도록 미리 정의된 역할을 수행하는 함수가 제공됩니다.

셀에서 사용하는 함수를 워크시트 함수라고 하며,

VBA에서도 일부 함수는 WorksheetFunction 개체를 이용해 사용할 수 있습니다.

VBA 함수 중에는 워크시트 함수와 유사한 동작을 하는 함수도 있고, 이름이 다른 함수도 있으며,

워크시트 함수로는 제공되지 않는 함수도 있습니다.

그러므로 VBA 함수를 제대로 활용하려면 이런 부분을 잘 이해하고 있어야 합니다.

VBA 함수를 잘 이해하고 있다면 코드를 작성하는 데 많은 도움을 얻을 수 있습니다.

MsgBox 함수를 이용한 메시지 창 표시하기

076

사용자에게 전달할 내용이 있거나 사용자와 의사 소통이 필요한 경우에 MsgBox 함수를 사용할 수 있습니다. 이 함수는 다양한 인수 구성을 통해 여러 가지 메시지 창을 화면에 표시할 수 있어 개발자가 사용자와 간단한 소통을 하는 데 최적의 도구입니다. 이번에는 MsgBox 함수를 구성하고 사용하는 다양한 방법에 대해 알아보겠습니다.

예제 파일 없음

MsgBox 함수 구문

MsgBox 함수의 구문은 다음과 같습니다.

MsgBox (prompt, buttons, title, helpfile, context)

❶ prompt
메시지 창에 표시될 내용으로, 생략할 수 없습니다.

❷ buttons
생략 가능한 인수로, 메시지 창의 아이콘 유형 및 버튼 구성을 나타내는 값입니다.

❸ title
생략 가능한 인수로, 메시지 창의 제목 표시줄에 표시되는 내용입니다.

❹ helpfile
생략 가능하며, 메시지 창에서 F1 키를 눌렀을 때 표시할 도움말 파일의 이름을 전달합니다.

❺ context
helpfile 인수를 사용하면 context 인수도 반드시 사용해야 하며, 도움말 파일의 항목 번호를 지정합니다.

buttons 인수 구성

MsgBox 함수는 buttons 인수에 다음과 같은 내장 상수를 설정해 원하는 메시지 창을 화면에 표시할 수 있습니다.

구분	설명	내장 상수	값	화면
아이콘	중대 메시지	vbCritical	16	MsgBox "메시지 내용", vbCritical, "제목"
	질문(물음표)	vbQuestion	32	MsgBox "메시지 내용", vbQuestion, "제목"
	경고 메시지	vbExclamation	48	MsgBox "메시지 내용", vbExclamation, "제목"
	정보(느낌표)	vbInformation	64	MsgBox "메시지 내용", vbInformation, "제목"
버튼	확인	vbOKOnly	0	MsgBox "메시지 내용", vbOKOnly, "제목"
	확인, 취소	vbOKCancel	1	MsgBox "메시지 내용", vbOKCancel, "제목"
	중단, 다시 시도, 무시	vbAbortRetryIgnore	2	MsgBox "메시지 내용", vbAbortRetryIgnore, "제목"

동작		값
	내장 상수	
예, 아니오, 취소	vbYesNoCancel	3
예, 아니오	vbYesNo	4
다시 시도, 취소	vbRetryCancel	5

MsgBox "메시지 내용", vbYesNoCancel, "제목"

MsgBox "메시지 내용", vbYesNo, "제목"

MsgBox "메시지 내용", vbRetryCancel, "제목"

MsgBox 함수는 메시지 창에서 클릭한 버튼을 의미하는 다음과 같은 값을 반환합니다.

동작	반환	
	내장 상수	값
〈확인〉 클릭	vbOK	1
〈취소〉 클릭	vbCancel	2
〈중단〉 클릭	vbAbort	3
〈다시 시도〉 클릭	vbRetry	4
〈무시〉 클릭	vbIgnore	5
〈예〉 클릭	vbYes	6
〈아니오〉 클릭	vbNo	7

MsgBox 함수의 buttons 인수는 여러 개의 내장 상수를 함께 사용해 표시할 아이콘 유형과 버튼을 한 번에 설정할 수 있습니다. 예를 들어 다음 코드는 경고 메시지 아이콘과 〈확인〉, 〈취소〉 버튼을 함께 표시하게 합니다.

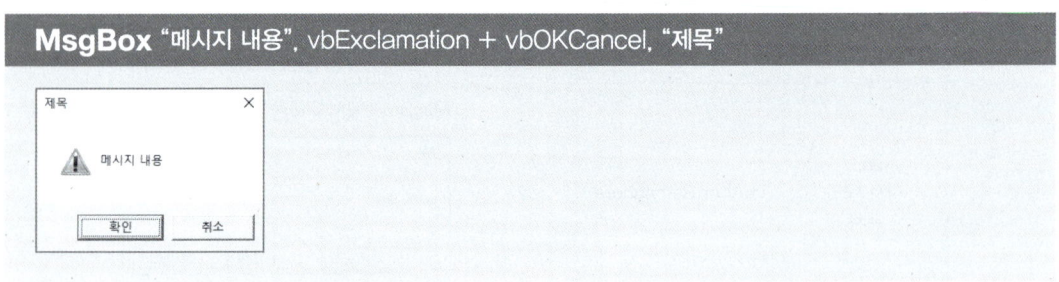

위 코드에서 vbExclamation과 vbOKCancel은 내장 상수로 각각 48과 1의 값을 갖습니다. 그러므로 위 코드는 다음과 같이 수정해도 됩니다.

```
MsgBox "메시지 내용", 49, "제목"
```

MsgBox 함수 사용 예

반환될 인수를 받아 처리하려면 다음과 같은 코드를 작성합니다.

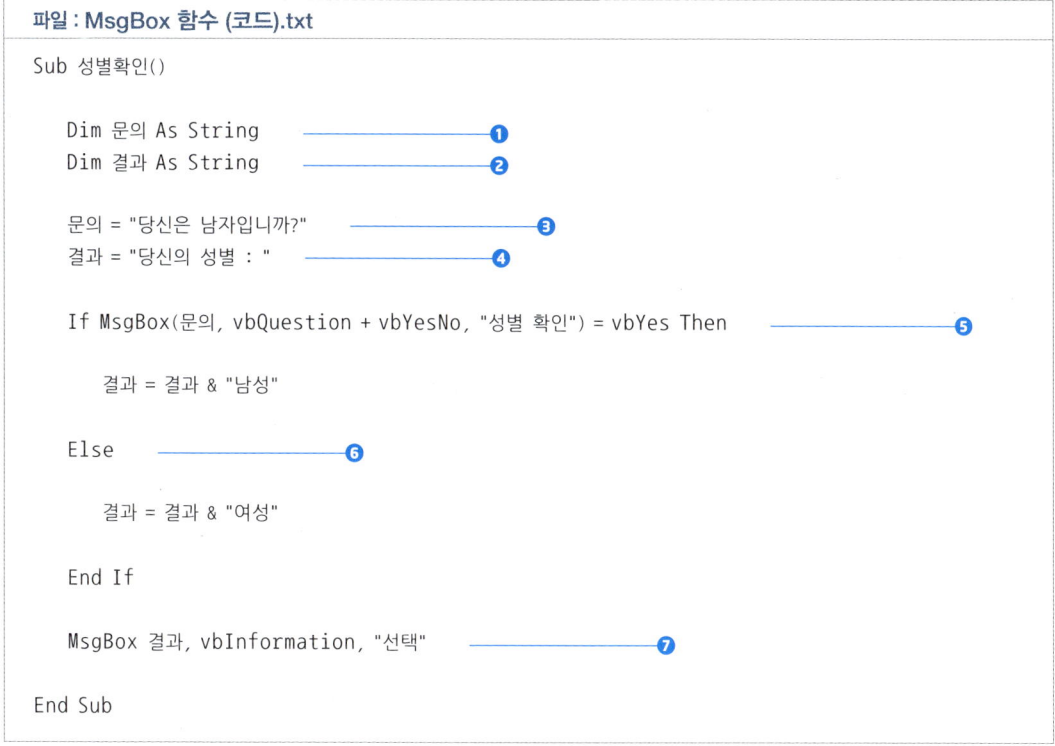

❶ 질문할 메시지 창에서 사용할 String 형식의 '문의' 변수를 선언합니다.

❷ 결과를 표시할 메시지 창에서 사용할 String 형식의 '결과' 변수를 선언합니다.

❸ '문의' 변수에 표시할 메시지 내용을 저장합니다.

❹ '결과' 변수에 표시할 메시지 내용 중 앞 부분을 저장합니다.

❺ MsgBox 함수를 사용해 '문의' 변수의 내용을 다음과 같이 표시한 다음 〈예〉 버튼을 클릭했는지 확인합니다. 〈예〉 버튼을 클릭했다면 다음 줄에서 '결과' 변수에 '남성' 문자열을 연결합니다.

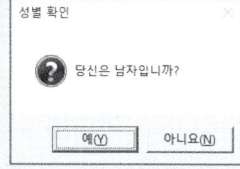

❻ 위 메시지 창에서 〈아니오〉 버튼을 클릭했다면 다음 줄에서 '결과' 변수에 '여성' 문자열을 연결합니다.

❼ MsgBox 함수를 사용해 '결과' 변수의 내용을 다음과 같이 표시합니다. 다음 화면은 ❺의 코드에서 〈예〉 버튼을 클릭했을 때의 결과입니다.

InputBox 함수를 이용해 값 입력 받아 처리하기   077

MsgBox 함수도 사용자와 커뮤니케이션을 할 수 있지만, 사용자가 입력한 값을 받아 작업하려면 InputBox 함수를 사용해야 합니다. InputBox 함수는 사용자가 값을 입력할 수 있는 대화상자를 표시하고 입력된 값을 되돌려 주는 방식으로 동작하므로, 간단하게 사용자의 값을 받아 동작하는 매크로를 개발하고자 할 때 유용합니다. 이번에는 InputBox 함수를 사용하는 방법에 대해 알아보겠습니다.

예제 파일 PART 02 \ InputBox 함수.xlsm

InputBox 함수 구문

InputBox 함수의 구문은 다음과 같습니다.

InputBox (prompt, [title], [default], [xpos], [ypos], [helpfile], [context])

❶ prompt
대화상자에 표시할 메시지로, 생략할 수 없습니다.

❷ title
대화상자의 제목 표시줄에 표시할 내용입니다.

❸ default
대화상자의 입력란에 값을 입력하지 않았을 때 사용할 기본 값입니다.

❹ xpos
대화상자의 표시 위치로, 엑셀 창 왼쪽에서 대화상자 좌측 테두리까지의 간격을 의미합니다.

❺ ypos
대화상자의 표시 위치로, 엑셀 창 맨 위에서 대화상자 상단 테두리까지의 간격을 의미합니다.

❻ helpfile
대화상자에서 F1 키를 눌렀을 때 표시할 도움말 파일의 이름을 전달합니다.

❼ context
helpfile 인수를 사용하면 context 인수도 반드시 사용해야 하며, 도움말 파일의 항목 번호를 지정합니다.

TIP 대괄호 안의 인수는 모두 생략할 수 있습니다.

InputBox 함수는 다음과 같이 사용할 수 있으며, 입력된 값을 반환할 위치를 지정해야 합니다.

```
변수 = InputBox("당신의 이름을 입력해 주세요!")    ❶
```

❶ 다음과 같은 대화상자가 표시되며, 입력된 값은 변수에 저장됩니다. 만약 〈취소〉 버튼을 클릭하거나, 창 닫기 단추를 클릭하면 InputBox 함수는 빈 문자(" ")를 반환합니다.

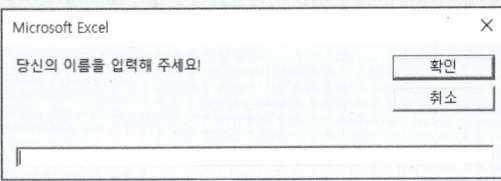

InputBox 함수 사용 예1 : 전화번호 입력

〈전화번호 입력〉 버튼을 클릭하면 전화번호를 입력 받는 창이 열리고, 그 전화번호가 B3셀에 입력되는 코드를 개발한다고 가정합니다.

〈전화번호 입력〉 버튼에 연결된 프로시저는 다음과 같습니다.

```
Sub InputBox함수_예제1()

    Dim 전화번호 As String                    ❶
    Dim 질의 As String                        ❷

    질의 = "전화번호를 입력하세요!"              ❸
    질의 = 질의 & vbCr & "전화번호 형식 (010-xxxx-xxxx)"

    전화번호 = InputBox(질의)                  ❹

    If 전화번호 <> "" Then Range("B3").Value = 전화번호   ❺

End Sub
```

❶ 사용자가 입력한 값을 저장할 String 형식의 '전화번호' 변수를 선언합니다.

❷ 입력할 대화상자 본문에 표시될 문자열을 저장할 String 형식의 '질의' 변수를 선언합니다.

❸ '질의' 변수에 대화상자 본문에 표시될 문자열을 저장합니다. vbCr은 줄 바꿈 문자(Carriage Return)를 의미하는 내장 상수로, 이번에는 줄을 나눠 문자열을 연결하기 위해 사용했습니다.

❹ InputBox 함수를 사용해 '질의' 변수에 저장된 내용을 본문에 표시하는 다음과 같은 대화상자를 화면에 출력한 다음, 사

용자가 입력한 값을 '전화번호' 변수에 저장합니다.

```
Microsoft Excel                                  ×
전화번호를 입력하세요!                          확인
전화번호 형식 (010-xxxx-xxxx)
                                                 취소
```

⑤ 대화상자에 입력된 값이 있는지 If 문으로 판단한 다음, 입력된 값이 있으면 B3셀에 '전화번호' 변수의 값을 입력합니다.

> TIP 이 코드는 예제 파일의 VB 편집기를 열고 Module1 개체의 코드 창에서 확인할 수 있습니다.

InputBox 함수 사용 예2 : 암호 입력

이번에는 암호를 입력 받는 작업을 InputBox 함수로 구현해 봅니다. 동일한 예제의 〈암호 입력〉 버튼을 클릭하면 암호(설정된 암호는 1234입니다.)를 묻고, 암호를 입력하지 않거나 암호를 틀리게 세 번 입력하면 자동으로 종료되는 프로시저를 개발합니다. 〈암호 입력〉 버튼에 연결된 프로시저는 다음과 같습니다.

```vba
Sub InputBox함수_예제2()

'1단계 : 필요한 변수를 선언하고, 본문에 표시할 내용을 변수에 저장합니다.
    Dim 암호 As String              ①
    Dim 질의 As String              ②
    Dim i As Integer                ③

    질의 = "암호를 입력하세요!"       ④

'2단계 : InputBox 함수를 사용해 암호를 세 번까지 입력 받아, 맞는지 확인합니다.
    Do    '                         ⑤

        암호 = InputBox(질의)        ⑥

        Select Case 암호             ⑦

            Case "1234"              ⑧

                MsgBox "암호가 일치합니다."
                Exit Sub

            Case ""                  ⑨

                MsgBox "암호를 입력하지 않아 종료합니다."
                Exit Sub

            Case Else                ⑩

                i = i + 1
```

```
        End Select

    Loop While i < 3 ─────────────── ⑪

'3단계 : 암호가 맞지 않으면 메시지 창을 표시합니다.
    MsgBox "암호가 3회 일치하지 않아 종료합니다." ─────── ⑫

End Sub
```

❶ 사용자가 입력한 값을 저장할 String 형식의 '암호' 변수를 선언합니다.

❷ 대화상자 본문에 표시될 문자열을 저장할 String 형식의 '질의' 변수를 선언합니다.

❸ 암호 입력 횟수를 셀 Integer 형식의 i 변수를 선언합니다.

❹ '질의' 변수에 대화상자 본문에 표시할 문자열을 저장합니다.

❺ Do … Loop 순환문을 사용해 암호를 세 번까지만 입력할 수 있도록 제한합니다.

조건은 ⑪에서 확인할 수 있듯이, i 변수의 값이 2일 때까지만 순환하도록 합니다. 2라는 숫자는 두 번 반복했다는 것을 의미하고, 한 번 더 순환하면 세 번이 되기 때문에 이렇게 설정한 것입니다. ⑪의 코드는 다음과 같이 입력해도 됩니다.

```
    Loop While i <= 2
```

❻ InputBox 함수를 사용해 아래와 같은 대화상자를 표시하며, 입력한 값을 '암호' 변수에 저장합니다.

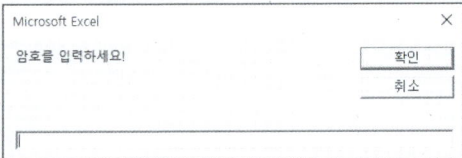

❼ '암호' 변수에 저장된 값에 따라 사용자의 동작을 유추할 수 있으므로, Select Case 문을 사용해 다음 세 경우를 판단합니다.

❽ 암호가 일치하면 MsgBox 함수로 안내 메시지를 띄우고 Exit 문을 이용해 Sub 프로시저를 종료합니다.

❾ '암호' 변수의 값이 빈 문자열(" ")이면 〈취소〉 버튼을 클릭했거나 대화상자에 값을 입력하지 않은 것이므로, MsgBox 함수로 안내 메시지를 띄우고 Exit Sub 명령으로 프로시저를 종료합니다.

❿ 그 외 경우는 암호를 잘못 입력한 경우이므로 i 변수의 값을 1씩 증가시킵니다. 이렇게 하면 입력 횟수를 i 변수 값을 통해 확인할 수 있습니다.

⑫ 프로시저가 앞에서 종료되지 않았다면 Do … Loop 순환문이 세 번 순환했다는 의미이므로, MsgBox 함수를 사용해 암호가 세 번 일치하지 않았다는 내용을 메시지 창으로 띄웁니다.

TIP 이 코드는 예제 파일에서 VB 편집기를 열고 Module1 개체의 코드 창에서 확인할 수 있습니다.

InputBox 메서드로 매크로 작업 범위 선택하기

078

InputBox 함수도 있지만, Application 개체의 메서드로 제공되는 InputBox도 있습니다. Application 개체의 InputBox 메서드는 InputBox 함수와 동일하게 사용자의 값을 입력 받아 사용할 수 있지만, 입력된 값을 반환하는 방법이 다릅니다. InputBox 함수는 대화상자에 입력한 값을 String 형식으로 반환하지만, Application 개체의 InputBox 메서드는 사용자가 입력한 값의 데이터 형식을 구분해 반환할 수 있습니다.

예제 파일 PART 02 \ InputBox 메서드.xlsm

Application.InputBox 메서드 구문

다음은 Application 개체의 InputBox 메서드에 대한 구문 설명입니다.

Application.InputBox (prompt, title, default, left, top, helpfile, helpcontextId, type)

❶ prompt
대화상자에 표시할 메시지로, 생략할 수 없습니다.

❷ title
대화상자의 제목 표시줄에 표시할 내용입니다. 기본값은 '입력'입니다.

❸ default
대화상자의 입력란에 값을 입력하지 않았을 때 사용할 기본 값입니다.

❹ left
대화상자의 표시 위치로, 엑셀 창 왼쪽에서 대화상자 좌측 테두리까지의 간격을 의미합니다.

❺ top
대화상자의 표시 위치로, 엑셀 창 맨 위에서 대화상자 상단 테두리까지의 간격을 의미합니다.

❻ helpfile
대화상자에서 F1 키를 눌렀을 때 표시할 도움말 파일의 이름을 전달합니다.

❼ helpcontextId
helpfile 인수를 사용하면 context 인수도 반드시 사용해야 하며, 도움말 파일의 항목 번호를 지정합니다

❽ type
InputBox 대화상자에서 반환할 데이터 타입을 의미합니다. type은 다음과 같은 값을 사용하는데, 둘 이상의 값을 사용할 수 있습니다.

Type	데이터
0	수식
1	숫자

Type	데이터
2	텍스트
4	논리값
8	셀 참조
16	오류값
64	배열

InputBox 메서드는 다음과 같이 사용할 수 있으며, InputBox 함수와 같이 입력 받은 값을 반환할 위치에 값을 전달합니다.

```
변수 = Application.InputBox(Prompt:="당신의 이름을 입력해 주세요!", Type:=2)  ──① 
```

① 다음과 같은 대화상자가 표시되며, 입력된 값은 변수에 저장됩니다. 만약 〈취소〉 버튼을 클릭하거나 창 닫기 단추를 클릭하면 InputBox 메서드는 False 값을 반환합니다.

Application.InputBox 메서드 예제

예를 들어, 인쇄할 표 범위를 InputBox 메서드를 이용해 전달 받아 인쇄 작업을 진행하려면 다음과 같이 프로시저를 구성하면 됩니다.

```
Sub Inputbox메서드_예제()

'1단계 : 필요한 변수를 선언합니다.
    Dim 선택범위 As Range         ──①
    Dim 메시지 As String          ──②
    Dim 제목 As String            ──③

'2단계 : 입력 상자에 표시할 문자열을 변수에 저장합니다.
    메시지 = "인쇄할 범위를 선택하세요!"   ──④
    제목 = "인쇄"                 ──⑤

'3단계 : 인쇄할 범위를 InputBox 메서드로 입력 받아 미리 보기 창을 표시합니다.
    On Error Resume Next         ──⑥
```

```
        Set 선택범위 = Application.InputBox(Prompt:=메시지, Title:=제목, Type:=8)         ❼

        If Err.Number <> 0 Then                    ❽

            MsgBox "범위를 선택하지 않아, 종료합니다."

        Else                        ❾

            선택범위.PrintOut Preview:=True

        End If

End Sub
```

❶ 인쇄할 범위를 할당할 Range 형식의 '선택범위' 개체변수를 선언합니다.

❷ 입력할 대화상자의 본문에 표시할 문자열을 저장할 String 형식의 '메시지' 변수를 선언합니다.

❸ 입력할 대화상자의 제목에 표시할 문자열을 저장할 String 형식의 '제목' 변수를 선언합니다.

❹ '메시지' 변수에 대화상자의 본문에 표시할 문자열을 저장합니다.

❺ '제목' 변수에 대화상자의 제목에 표시할 문자열을 저장합니다.

❻ 대화상자에서 〈취소〉 버튼을 클릭했을 때 에러가 발생할 수 있으므로, On Error Resume Next 명령을 사용해 에러가 발생해도 멈추지 않고 다음 줄 코드가 계속해서 진행되도록 합니다. 참고로 이 코드를 입력하지 않은 경우 ❼의 코드가 실행되면 다음과 같은 에러 메시지 창이 표시됩니다.

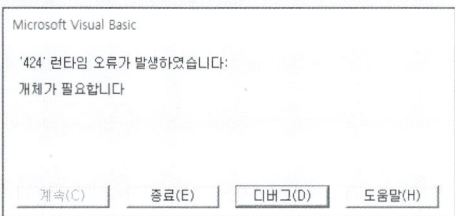

❼ Application 개체의 InputBox 메서드를 이용해 다음과 같은 대화상자를 화면에 표시합니다. 아래 대화상자의 입력 상자에 인쇄할 범위의 주소를 입력하거나, 인쇄하려는 범위를 마우스로 드래그해 범위를 선택합니다. 이렇게 선택된 범위는 '선택범위' 변수에 할당됩니다.

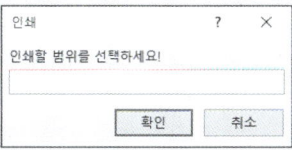

❽ Err 개체의 Number 속성 값이 0이 아니면 에러가 발생한 것으로, ❼의 코드에서 범위를 제대로 선택하지 않고 〈취소〉 버튼 등을 클릭한 것입니다. 그러므로 다음 줄에 MsgBox 함수를 사용해 안내 메시지를 출력합니다.

❾ 에러가 발생하지 않았다면 '선택범위' 변수에 범위가 할당된 것이므로 PrintOut 메서드를 이용해 선택된 범위를 인쇄합니다. 단 예제에서는 Preview 매개변수의 값을 True로 할당했으므로 인쇄 미리 보기 화면이 표시됩니다. 바로 인쇄하려면 Preview:=True 부분을 삭제합니다.

위 프로시저를 테스트해 보려면, 예제 파일을 열고 〈범위 인쇄〉 버튼을 클릭합니다.

	A	B	C	D	E	F	G	H	I	J
1										
2				영업사원 실적 집계표						
3										
4		영업사원	1사분기	2사분기	3사분기	4사분기		범위 인쇄		
5		김덕훈	23,302,000	37,062,850	48,914,100	55,531,500				
6		김소미	45,067,200	53,935,100	58,589,800	28,316,400				
7		김찬진	14,535,100	27,576,300	12,901,200	19,098,600				
8		선하라	25,765,100	26,291,100	50,831,450	21,278,900				
9		안정훈	15,122,050	23,903,450	22,040,250	7,844,150				
10		오영수	27,138,950	16,948,500	38,049,050	41,454,250				
11		유가을	14,636,250	14,976,400	34,176,450	13,716,250				
12		윤대현	18,681,150	44,533,300	93,741,250	46,078,000				
13		최소라	48,754,650	65,334,550	79,428,750	34,454,650				
14		총합계	233,002,450	310,561,550	438,672,300	267,772,700				
15										

MsgBox와 InputBox 대화상자의 크기 조정하기

079

MsgBox와 InputBox 함수를 사용할 때 표시되는 메시지 창(대화상자)의 크기를 조정하는 방법은 따로 제공되지 않습니다. 그래서 메시지 창을 더 크게 표시하거나 일정한 크기로 창을 표시하고자 하는 사용자라면 불편함을 느끼게 됩니다. 메시지 창의 크기는 기본적으로 prompt 인수에 전달되는 메시지 내용의 문자 개수에 맞게 자동 조정되므로, 문자열을 적절하게 조절하는 방법을 사용하면 창 크기를 조정할 수 있습니다.

예제 파일 없음

String 함수 구문

메시지 창의 크기를 조정하려면 먼저 특정 문자를 n회 반복해서 반환하는 String 함수를 사용할 수 있어야 합니다. String 함수의 구문은 다음과 같습니다.

String (number, character)

❶ number
character 인수에 전달된 문자를 반복할 횟수입니다.

❷ character
반복하려는 문자로 큰따옴표(")를 사용해 입력하거나 문자를 반환하는 계산식을 사용합니다.

MsgBox 대화상자의 크기 조정

다음은 기본 메시지 창을 표시하는 MsgBox 함수를 사용한 코드의 예입니다.

```
MsgBox Prompt:="안내 메시지입니다.", Title:="연습"                ❶
```

❶ 이 코드를 실행하면 다음과 같은 너비의 메시지 창이 화면에 표시됩니다.

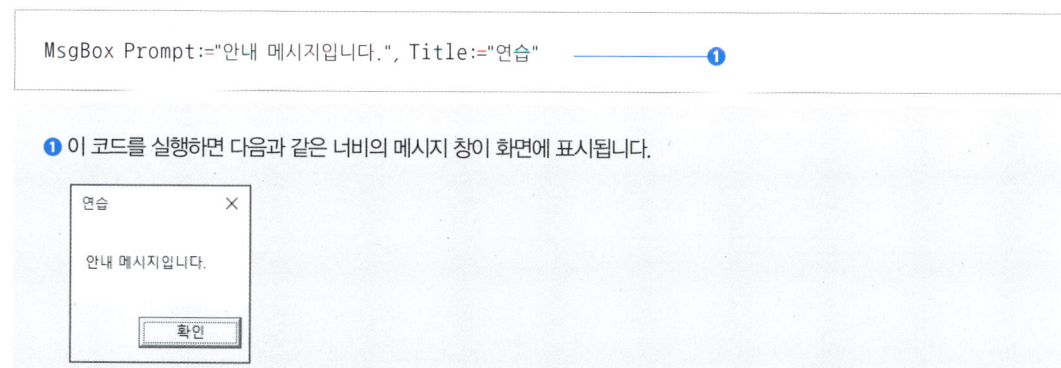

메시지 창의 가로 너비를 넓히려면 메시지 내용 우측에 String 함수를 사용해 다음과 같이 공백 문자를 추가로 표시합니다.

```
MsgBox Prompt:="안내 메시지입니다." & String(30, " "), Title:="연습"
```
❶

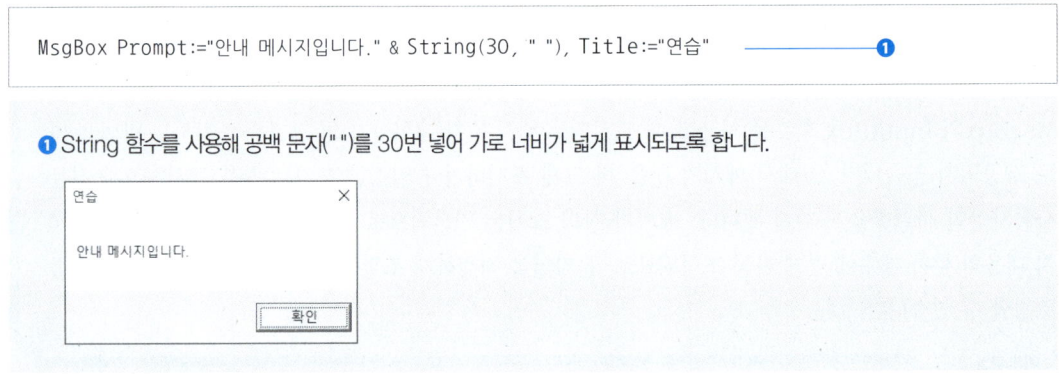

❶ String 함수를 사용해 공백 문자(" ")를 30번 넣어 가로 너비가 넓게 표시되도록 합니다.

메시지 창의 세로 너비를 넓히려면 줄 바꿈 문자(Carriage Return)를 String 함수의 두 번째 인수 부분에 사용하면 됩니다. 참고로 줄 바꿈 문자의 내장 상수는 vbCr입니다.

```
MsgBox Prompt:="안내 메시지입니다." & String(3, vbCr), Title:="연습"
```
❶

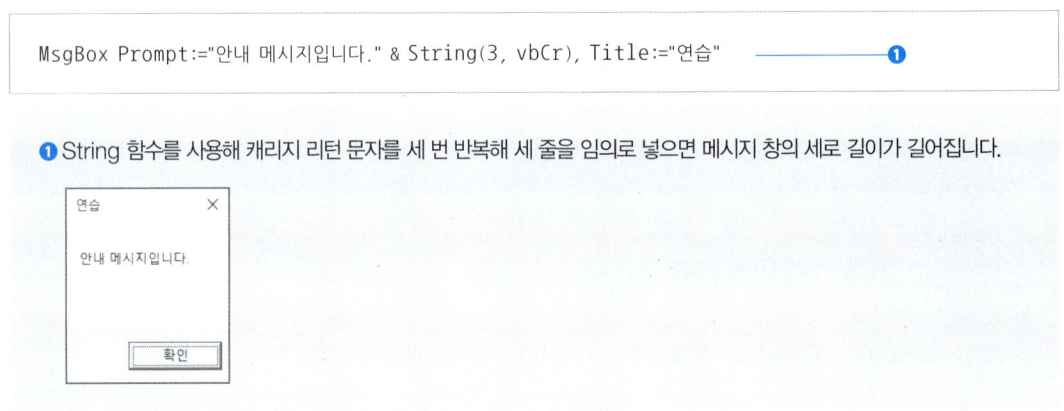

❶ String 함수를 사용해 캐리지 리턴 문자를 세 번 반복해 세 줄을 임의로 넣으면 메시지 창의 세로 길이가 길어집니다.

두 가지 효과를 모두 얻으려면 String 함수를 한 번 더 연결해 다음과 같이 사용하면 됩니다.

```
MsgBox Prompt:="안내 메시지입니다." & String(30, " ") & String(3, vbCr), Title:="연습"
```
❶

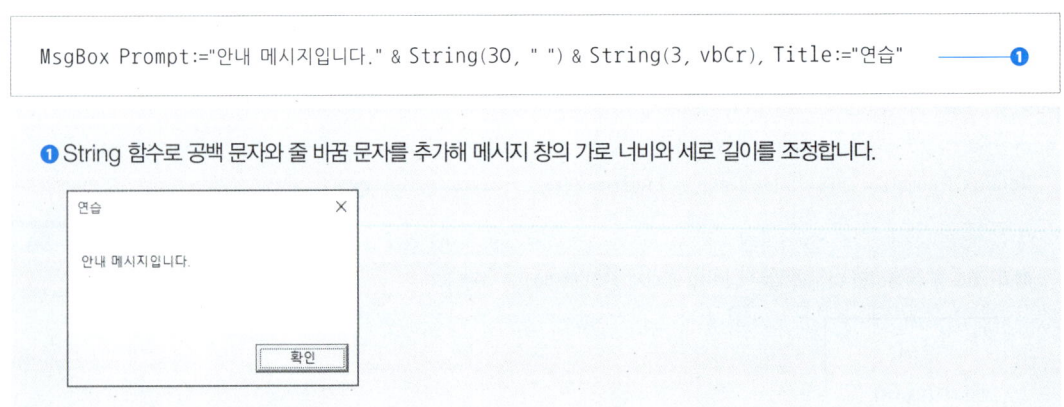

❶ String 함수로 공백 문자와 줄 바꿈 문자를 추가해 메시지 창의 가로 너비와 세로 길이를 조정합니다.

InputBox 함수와 Application 개체의 InputBox 메서드 역시 MsgBox 함수와 동일하게 prompt 인수 부분에 String 함수를 사용해 창 너비와 높이를 조정할 수 있습니다.

Left, Mid, Right 함수로 문자열 잘라내기

VBA에는 워크시트 함수처럼 셀 값을 분리하는 데 사용할 수 있는 Left, Mid, Right 함수가 제공됩니다. 사용 방법은 유사하지만, 워크시트 함수와는 다른 점이 몇 가지 있으므로 주의합니다. 이런 함수들은 셀 값(또는 문자열)을 잘라낼 때 아주 유용하지만, 그러기 위해서는 문자열을 다루는 여러 함수를 응용하는 방법을 잘 이해하고 있어야 합니다.

예제 파일 PART 02 \ Left, Mid, Right 함수.xlsx

Left, Mid, Right 함수 구문

Left 함수는 문자열의 왼쪽부터 오른쪽 방향으로 지정된 문자 개수만큼 잘라내는 함수로, 구문은 다음과 같습니다.

LEFT (string, number)

❶ string
   잘라낼 문자열입니다.

❷ number
   string(문자열)의 왼쪽에서 잘라낼 문자 개수입니다.

Right 함수는 Left 함수와 인수 구성이 동일하며, Left 함수가 문자열의 왼쪽(Left)에서부터 잘라낸다면, Right 함수는 문자열 오른쪽(Right)에서부터 잘라내는 부분만 다릅니다.

Mid 함수는 문자열의 시작 위치부터 오른쪽 방향으로 지정된 문자 개수만큼 잘라내는 함수로, 구문은 다음과 같습니다.

MID (string, start, length)

❶ string
   잘라낼 문자열입니다.

❷ start
   string(문자열)에서 잘라낼 첫 번째 문자 위치를 의미합니다.

❸ length
   string(문자열)의 start(시작 위치)에서부터 잘라낼 문자 개수를 의미합니다.

워크시트 함수와의 차이

Left, Mid, Right VBA 함수들이 워크시트 함수와 다른 점은, 워크시트 함수는 반환하는 값이 텍스트 형식이지만, VBA 함수는 Variant(가변형) 데이터 형식이라는 점입니다. 예를 들어, B3셀에 입력된 값이 '123'일 경우 워크시트 함수인 Left 함수로 한 개의 문자를 잘라 1과 비교하는 수식을 입력하면 반환 값이 FALSE가 됩니다.

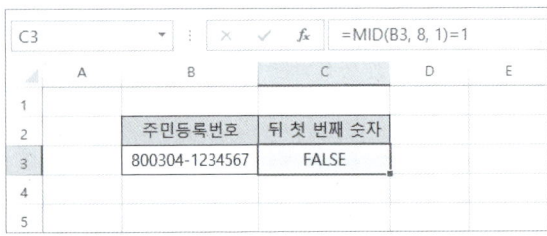

숫자 1과 텍스트 형식의 1은 다른 값으로, 워크시트 함수인 Left, Mid, Right는 모두 텍스트 형식으로 값을 반환합니다. 그러므로 위 수식이 True를 반환하도록 하려면 수식을 =Left(B3, 1)="1"과 같이 수정해야 합니다. 하지만 다음과 같은 동일한 구성의 VBA 코드는 True가 반환됩니다.

```
? Mid(Range("B3").Value, 8, 1) = 1
True
```

이것으로 VBA 함수는 잘린 문자의 형식에 맞는 값이 반환된다는 것을 확인할 수 있습니다. 또한 VBA의 Mid 함수의 경우 세 번째 인수인 문자 개수(length)는 생략 가능한 인수입니다. 이 인수를 생략하면 시작 위치(start)에서부터 끝까지 잘라낸 문자열이 반환됩니다.

```
? Mid(Range("B3").Value, 8)
1234567
```

워크시트 함수인 Mid 함수는 VBA의 Mid 함수처럼 세 번째 인수를 생략할 수는 없으며, 문자열을 끝까지 잘라내고 싶다면 다음과 같이 세 번째 인수 값을 크게 지정합니다.

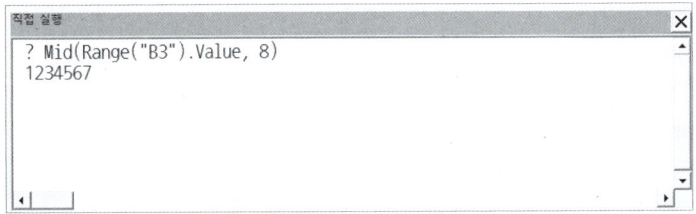

InStr, InStrRev 함수로 문자 위치 확인하기

081

문자열에서 특정 문자(열)의 위치를 찾고자 할 때, 워크시트 함수에서는 Find 또는 Search 함수를 사용하면 됩니다. VBA에서도 비슷한 동작을 하는 함수가 제공되는데, 바로 InStr 함수입니다. 이 함수들은 모두 문자열의 왼쪽에서부터 특정 문자(열)의 위치를 찾는데, VBA 함수에는 문자열의 오른쪽에서부터 특정 문자(열)의 위치를 찾는 InStrRev 함수도 제공합니다.

예제 파일 없음

InStr, InStrRev 함수 구문

InStr 함수는 문자열의 왼쪽부터 특정 문자(열)의 위치를 찾아주는 함수로, 구문은 다음과 같습니다.

INSTR (start, string1, string2, compare)

❶ start
문자열(string1)에서 찾을 문자(string2)를 찾기 시작할 위치를 의미합니다.

❷ string1
전체 문자열입니다.

❸ string2
찾을 문자(열)입니다.

❹ compare
문자(열)을 찾는 방법을 지정합니다. 생략하면 Option Compare 문의 설정 값에 따르지만 Option Compare 문 역시 지정되어 있지 않으면 Binary 방식으로 찾습니다.

InStrRev 함수는 문자열의 오른쪽부터 특정 문자(열)의 위치를 찾아주는 함수인데, InStr 함수와 구문이 다르므로 주의합니다.

INSTRREV (stringcheck, stringmatch, start, compare)

❶ stringcheck
전체 문자열입니다.

❷ stringmatch
찾을 문자(열)입니다.

❸ start
전체 문자열(stringcheck)에서 찾을 문자(stringmatch)를 찾기 시작할 위치로, 생략하면 1부터 찾습니다.

❹ compare

문자(열)를 찾는 방법을 지정합니다. 생략하면 Option Compare 문의 설정 값에 따르지만 Option Compare 문 역시 지정되어 있지 않으면 Binary 방식으로 찾습니다.

사용 예

InStr 함수는 전체 문자열에서 지정한 문자열의 위치를 찾아줍니다. 다음과 같은 코드를 VB 편집기의 직접 실행 창에 입력합니다.

```
? InStr(1, "마이크로소프트 엑셀", "엑셀")
 9
```

TIP '마이크로소프트 엑셀' 문자열에서 '엑셀' 문자열은 아홉 번째 위치에 있음을 알려줍니다.

만약 세 번째 인수 string2의 값이 두 번째 인수 string1에 없다면 0이 반환됩니다.

```
? InStr(1, "마이크로소프트 엑셀", "아웃룩")
 0
```

InStrRev 함수는 보통 찾을 문자(stringcheck)가 반복해서 나오는 경우에 마지막 문자 위치를 찾고자 할 때 사용합니다. 예를 들어 현재 파일의 전체 경로가 파일 변수에 저장되어 있다고 가정합니다.

```
파일 = "D:\업무 파일\금년\재무 회계\사업 계획\보고서.xlsx"
```

위 경로에서 파일 이름을 제외한 경로 부분과 파일 이름 부분만 잘라내려면 다음과 같은 코드를 사용합니다.

```
경로 = Left(파일, InStrRev(파일, "\"))         ❶
파일명 = Mid(파일, InStrRev(파일, "\")+1)      ❷
```

❶ '경로' 변수에 '파일' 변수에서 '\' 문자가 마지막으로 나타난 위치까지 잘라낸 값을 저장합니다. 'D:\업무 파일\금년\재무 회계\사업 계획\' 문자열이 '경로' 변수에 저장됩니다.

❷ '파일명' 변수에 '파일' 변수에서 '\' 문자가 마지막으로 나타난 위치부터 끝까지 잘라낸 값을 저장합니다. '보고서.xlsx' 문자열이 '파일명' 변수에 저장됩니다.

아무 파일이나 열고, VB 편집기의 직접 실행 창에 다음과 같은 코드를 넣어 보면 현재 파일의 경로를 확인할 수 있습니다.

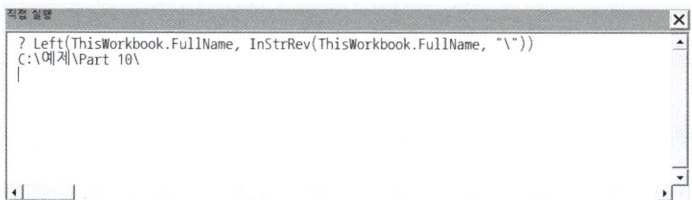

TIP 경로만 확인하려면 더 쉬운 방법을 사용할 수 있으므로 위 코드에서는 InStrRev 함수의 역할에만 집중합니다.

입력된 값이 있는지 확인하는 IsEmpty, Len 함수

082

변수에 저장된 값이 있는지, 또는 셀에 입력된 값이 있는지 확인하는 작업은 매우 빈번하게 실행하는 작업 중의 하나입니다. 이때 유용하게 사용할 수 있는 함수가 IsEmpty 함수와 Len 함수입니다. 이 함수들은 비어 있는지 여부를 판단하거나 문자열의 개수를 세는 역할을 하는데, 이 두 가지 방법을 이용해 값이 입력됐는지 여부를 확인할 수 있습니다.

> 예제 파일 없음

IsEmpty 함수

IsEmpty 함수는 인수로 받은 변수 또는 개체의 값이 빈(Empty) 상태인지를 확인해 True, False를 반환하며, Variant 형식의 값에만 유의미한 결과를 반환합니다.

ISEMPTY (expression)

❶ expression
   수식 또는 값이 저장된 변수 또는 개체를 의미합니다.

예를 들어 위 함수를 사용해 A1셀의 값이 입력되어 있는지 확인하려면 다음 코드를 사용합니다.

```
If IsEmpty(Range("A1").Value) = False Then          ❶
```

❶ IsEmpty 함수는 A1셀에 입력된 값이 있는지 확인해 True, False 값을 반환합니다. False 값이 반환되면 A1셀의 값이 Empty가 아니므로 입력된 값이 있다고 판단합니다.

워크시트 함수에서도 IS로 시작하는 여러 함수가 있듯이 VBA에서도 IS로 시작하는 몇 가지 함수가 제공됩니다. 아래의 함수는 모두 특정 판단의 결과를 True, False로 반환합니다.

함수	설명
IsArray	변수가 배열변수인지 여부를 판단합니다.
IsDate	계산식 또는 값이 날짜(또는 시간)로 변환 가능한지 여부를 판단합니다.
IsError	계산식에 에러가 발생하는지 여부를 판단합니다.
IsMissing	형식의 매개변수에 값이 전달됐는지 여부를 판단합니다.
IsNull	계산식이 유효한 데이터를 포함하는지 여부를 판단합니다.
IsNumeric	계산식이 숫자 값(또는 숫자로 변환이 가능한 값)인지 여부를 판단합니다.
IsObject	변수가 개체변수인지 여부를 판단합니다.

Empty, Null, " ", Nothing 구분

■ **Empty**

Empty는 변수가 초기화되지 않은 상태를 의미합니다. 즉, 변수를 선언하고 값이 아직 저장되지 않은 상태를 Empty라고 합니다. 프로시저가 컴파일(Compile)될 경우 숫자 형식의 변수는 0이, 텍스트 형식의 변수는 빈 문자열(" ")이 저장됩니다.

■ **Null**

Null은 Variant 형식의 변수에 유효한 데이터가 없음을 의미하며, Empty와는 의미가 다릅니다. 엑셀에서는 Null인 상태를 확인하기가 쉽지 않지만, Null을 강제로 할당할 수는 있습니다. 보통 이런 작업은 다른 프로그램(데이터베이스)과의 작업 때 자주 발생합니다. 다음은 Variant 형식 변수에 Null을 할당하는 코드입니다.

```
Dim 변수 As Variant

변수 = Null
```

■ **빈 문자열(" ")**

텍스트(String) 형식 변수를 선언한 다음 컴파일(Compile)하면(프로시저가 실행되면) 다른 값이 저장되기 전까지 해당 변수에 빈 문자열(" ")이 저장됩니다.

■ **Nothing**

개체 변수를 선언하고 아직 개체를 할당하지 않았다면 해당 변수는 어떤 개체와도 연관이 없음을 의미하는 Nothing 상태가 됩니다. 이 상태를 점검할 때는 등호를 사용하지 않고 Is 키워드를 사용해 다음과 같이 코드를 개발합니다.

```
Dim 테스트 As Range

If 테스트 Is Nothing Then
    MsgBox "변수에 아직 개체가 할당되지 않았습니다."
End If
```

위에서 사용한 예제와 같이 셀 값이 입력됐는지 여부는 빈 문자열(" ")과 비교하는 다음과 같은 코드를 사용해 판단할 수도 있습니다.

```
If Range("A1").Value <> "" Then        ❶
```

❶ A1셀의 값이 빈 문자열(" ")이 아니면 입력된 값이 있다고 판단할 수 있습니다.

Len 함수

Len 함수는 문자열의 문자 개수를 세는 함수로, 구문은 다음과 같습니다.

LEN (string)

❶ string
전체 문자열을 의미합니다.

Len 함수를 사용해 값이 입력됐는지 확인하려면, 다음과 같은 코드를 작성할 수 있습니다.

```
If Len(Range("A1").Value) > 0 Then          ❶
```

❶ Len 함수로 A1셀 값의 문자 개수를 세어 0보다 크면 값이 입력되었다고 판단할 수 있습니다. 이 코드는 다음과 같이 비교 연산자 부분을 생략할 수 있습니다.

```
If Len(Range("A1").Value) Then
```

Len 함수의 반환 값이 0이 아니면 모두 True와 마찬가지로 판단하므로 비교 연산자로 조건을 판단하는 부분을 생략할 수 있습니다.

Len 함수와 유사한 함수로 LenB 함수가 있습니다. 이 함수는 문자열 내의 문자 수를 바이트 수로 셉니다. 즉, 영어와 숫자, 특수 문자는 1Byte씩, 한글이나 한자 등의 문자는 2Byte로 셉니다. Len 함수보다 LenB 함수가 계산 속도가 더 빠르므로 값이 입력됐는지 여부만 판단할 경우에는 Len 함수 대신 LenB 함수를 다음과 같이 사용하는 것이 좋습니다.

```
If LenB(Range("A1").Value) Then
```

Replace 함수를 사용해 값 수정하기   083

값을 수정하고 싶을 때, Replace 함수를 사용할 수 있습니다. Replace 함수는 워크시트 함수인 Substitute 함수와 유사한 함수인데, Replace 함수는 한 번에 하나의 값만 수정할 수 있으며, 여러 범위의 값을 한 번에 수정하려는 경우라면 Range 개체의 Replace 메서드(바꾸기)를 사용합니다. 이번에는 Replace 함수를 이용해 값을 수정하는 방법에 대해 알아보겠습니다.

예제 파일 PART 02 \ Replace 함수.xlsm

LINK Replace 메서드를 이용해 값을 수정하는 방법은 402쪽을 참고합니다.

Replace 함수 구문

Replace 함수는 문자열에서 특정 문자(열)를 원하는 문자(열)로 변경하는 함수로 구문은 다음과 같습니다.

REPLACE (expression, find, replace, start, count, compare)

❶ expression
  전체 문자열

❷ find
  찾을 문자열

❸ replace
  대체할 문자열

❹ start
  전체 문자열(expression)에서 찾을 문자열(find)을 찾기 시작할 위치로, 생략하면 1로 설정됩니다.

❺ count
  찾을 문자열(find)이 여러 개 있을 때 몇 번째 문자열을 수정할지 여부를 결정합니다. 생략하면 –1로 설정되며 모든 find 값을 찾아 replace 값으로 수정합니다.

❻ compare
  문자(열)을 찾는 방법을 지정합니다. 생략하면 Option Compare 문의 설정 값에 따르지만 Option Compare 문 역시 지정되어 있지 않으면 Binary 방식으로 찾습니다.

Replace 함수는 다음과 같이 전체 텍스트에서 원하는 부분만 변경할 수 있습니다.

```
? Replace("마이크로소프트 엑셀", "엑셀", "아웃룩")
마이크로소프트 아웃룩
```

Replace 함수 예제

Replace 함수를 사용해 보기 위해 예제의 'sample' 시트를 엽니다. D3셀에서 원하는 시트를 선택하고 〈하이퍼링크 수정〉 버튼을 클릭한 다음 B3:B11 범위의 하이퍼링크를 클릭해 봅니다.

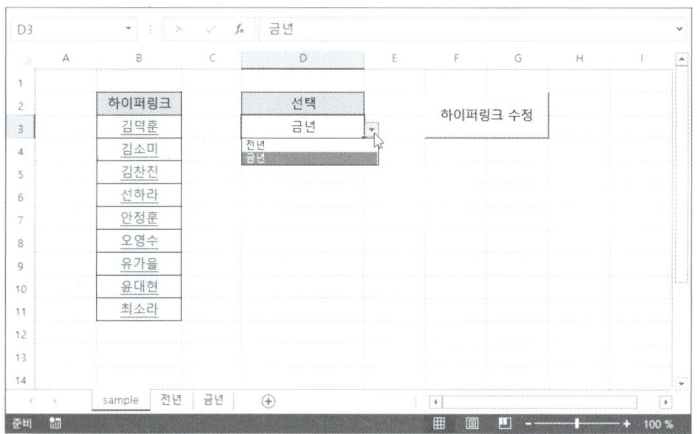

D3셀에는 유효성 검사가 설정되어 있어 '전년' 또는 '금년'을 목록에서 선택할 수 있습니다. B3:B11 범위의 하이퍼링크는 '전년' 시트나 '금년' 시트로 이동하도록 되어 있는데, D3셀에서 선택된 값에 따라 하이퍼링크로 이동할 시트가 '전년' 또는 '금년'으로 변경되도록 하는 매크로가 〈하이퍼링크 수정〉 버튼에 연결되어 있습니다. 〈하이퍼링크 수정〉 버튼에 연결된 매크로는 다음과 같습니다.

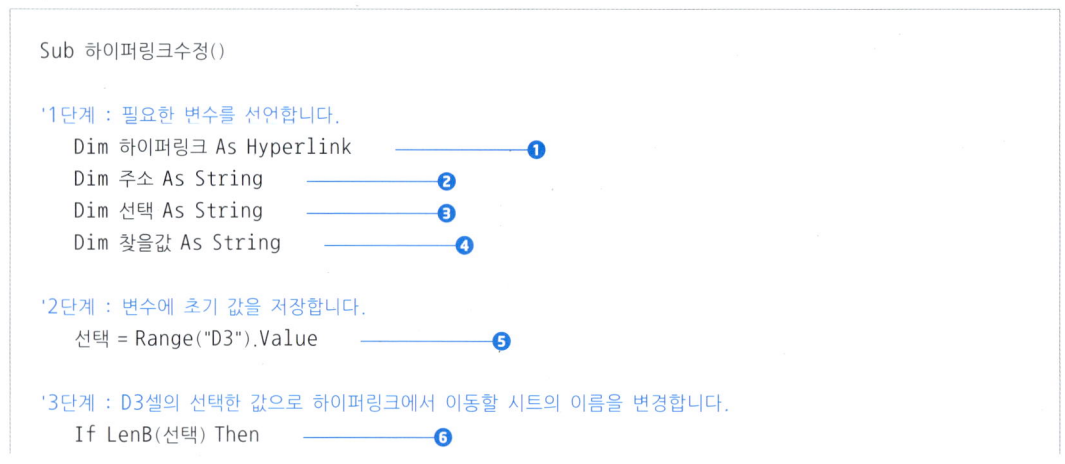

```
            찾을값 = IIf(선택 = "금년", "전년", "금년")              ──────❼

            For Each 하이퍼링크 In ActiveSheet.Hyperlinks          ──────❽

                주소 = 하이퍼링크.SubAddress              ──────❾
                주소 = Replace(주소, 찾을값, 선택)          ──────❿
                하이퍼링크.SubAddress = 주소              ──────⓫

            Next

        End If

End Sub
```

❶ 현재 시트의 개별 Hyperlink을 할당할 '하이퍼링크' 개체변수를 선언합니다.

❷ Hyperlink와 연결된 문서 내 위치를 저장할 String 형식의 '주소' 변수를 선언합니다.

❸ D3셀에서 선택한 값을 저장할 String 형식의 '선택' 변수를 선언합니다.

❹ 하이퍼링크 주소에서 수정할 값을 저장할 String 형식의 '찾을값' 변수를 선언합니다.

❺ '선택' 변수에 D3셀의 값을 저장합니다.

❻ '선택' 변수에 저장된 값이 있는지 LENB 함수를 사용해 판단하고, 값이 있는 경우에만 Hyperlink를 변경하는 작업을 진행합니다.

❼ '찾을값' 변수에 IIf 함수를 사용해, '선택' 변수의 값과 정반대의 값을 저장합니다.

❽ For Each … Next 순환문을 이용해 현재 워크시트(Activesheet)의 Hyperlink 컬렉션(Hyperlinks)을 순환하면서 '하이퍼링크' 변수에 하나씩 할당합니다.

❾ '주소' 변수에 Hyperlink 개체의 SubAddress 속성(하이퍼링크와 연결된 현재 문서 내 위치) 값을 저장합니다.

❿ Replace 함수를 사용해 '주소' 변수에 저장된 값에서 '찾을값' 변수의 값을 찾아 '선택' 변수의 값으로 변경하고 '주소' 변수에 다시 저장합니다. 이렇게 하면 '주소' 변수 값을 수정하게 됩니다.

⓫ '하이퍼링크' 개체변수에 할당된 Hyperlink의 SubAddress 속성을 변경된 '주소' 변수의 값으로 수정합니다. 이렇게 하면 하이퍼링크의 주소가 변경되어 선택된 시트로 이동할 수 있게 됩니다.

TIP 이 코드는 VB 편집기를 열고 Module1 개체의 코드 창에서 확인할 수 있습니다.

Asc, Chr 함수로 문자를 숫자처럼 사용하기 084

키보드로 입력할 수 있는 모든 문자는 컴퓨터에서는 모두 숫자인 문자 코드로 관리됩니다. 그러므로 문자에 할당된 문자 코드를 알아낼 때 사용하는 Asc 함수와 그와 반대로 문자 코드를 문자로 변환해 주는 Chr 함수를 적절하게 사용한다면 코드를 구성하는 다양한 방법을 이해할 수 있습니다. Asc 함수와 Chr 함수를 사용하는 방법에 대해 알아보겠습니다.

\ 예제 파일 PART 02 \ Asc, Chr 함수.xlsm

Asc, Chr 함수 구문

먼저 문자의 문자 코드를 반환하는 Asc 함수의 구문은 다음과 같습니다.

ASC (string)

❶ string
문자 코드로 변환할 문자로, 생략하면 런타임 오류가 발생합니다.

TIP 워크시트 함수 중에서는 Code 함수가 동일한 역할을 합니다.

문자 코드를 문자로 변환해 주는 Chr 함수의 구문은 다음과 같습니다.

CHR (charcode)

❶ charcode
변환하려는 문자 코드로, 표준 범위는 0~255 사이입니다.

TIP 워크시트 함수 중에서는 Char 함수가 동일한 역할을 합니다.

Asc, Chr 함수 예제

문자 코드를 확인하려면 다음과 같은 코드를 입력하고 실행해 봅니다.

```
Sub 문자코드()

    Dim i As Long

    For i = 0 To 255
```

```
        Cells(i + 1, "A").Value = i
        Cells(i + 1, "B").Value = Chr(i)

    Next i

End Sub
```

위 코드를 실행해 보려면 예제를 열고 〈문자 코드〉 버튼을 클릭합니다.

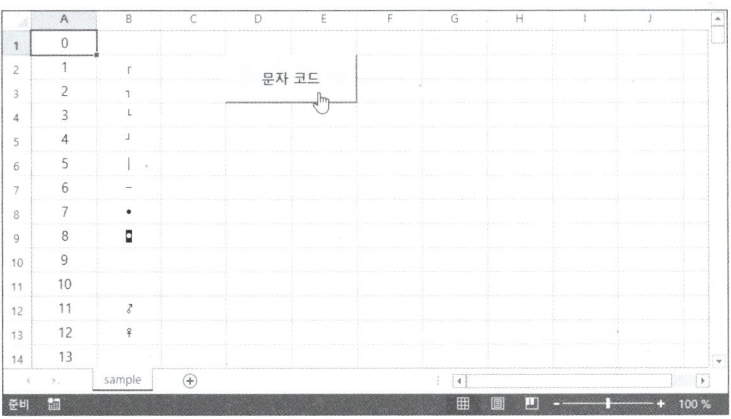

TIP 반환된 결과는 화면을 스크롤해서 모두 확인해 봅니다.

캐리지 리턴(Carrage Return)과 라인 피드(Line Feed)

다음은 VBA 코드에서 자주 사용되는 문자 코드로 그 용도를 기억해 놓으면 좋습니다.

문자 코드	내장 상수	의미
Chr(10)	vbLf	Line Feed 문자로, 커서를 한 줄 내리는 역할을 합니다.
Chr(13)	vbCr	Carrage Return 문자로, 커서를 현재 줄의 첫 번째 위치로 이동시킵니다.
	vbNewLine 또는 vbCrLf	Carrage Return 문자와 Line Feed 문자가 결합된 것으로, 커서를 현재 줄의 첫 번째 위치로 이동시킨 후 줄을 한 줄 내립니다.

원래 줄을 한 줄 내리는 동작은 vbNewLine 내장 상수의 설명에 쓰여 있듯, Carrage Return을 통해 커서를 현재 줄의 처음으로 옮긴 다음 Line Feed를 이용해 다음 줄로 내리는 동작이 이뤄집니다. (예전 타자기를 사용해 본 사용자들은 이런 동작을 잘 이해할 수 있지만, 컴퓨터만 사용해 본 사용자는 이 동작을 잘 구분하지 못합니다.) 예전 Dos에서는 줄 바꿈을 할 때 Carrage Return만 사용했고, Unix는 Line Feed를 이용해 줄을 바꾸는 작업을 처리했습니다. 하지만 Windows는 이 둘을 함께 사용하므로, 사용자는 상황에 맞게 두 문자를 구분해 사용해야 합니다.

Asc 함수를 사용하기 위해, A1셀부터 Z1셀까지 순환하는 코드를 구성하면 다음과 같습니다.

```
Dim c As Integer                    ①

For c = 1 To 26                     ②
    Cells(1, c).Value = "원하는 값"   ③
Next c
```

① 열 번호를 저장할 Integer 형식의 c 변수를 선언합니다.

② For … Next 순환문을 사용해 c 변수의 값을 1에서 26까지 1씩 증가시키면서 순환합니다.

③ Cells 속성을 사용해 c 변수의 값을 받아, 첫 번째 열부터 26번째 열의 첫 번째 셀에 '원하는 값' 값을 저장합니다.

위 코드는 문제는 없지만, 1, 2, 3, …과 같이 변하는 일련번호에 해당하는 열을 이해하기는 쉽지 않습니다. A~Z까지의 영문자를 바로 사용하려면 Asc 함수를 사용해 다음과 같이 코드를 변경할 수 있습니다.

```
Dim c As Integer

For c = Asc("A") To Asc("Z")            ①

    Cells(1, Chr(c)).Value = "원하는 값"   ②
Next c
```

① For … Next 순환문을 사용해 열 변수의 값을 'A' 문자의 문자 코드 값부터 'Z' 문자의 문자 코드 값까지 1씩 증가시키면서 순환합니다. 문자 코드 값을 얻기 위해 Asc 함수를 사용합니다.

② Cells 속성을 사용해 지정된 셀에 원하는 값을 저장합니다. 열 주소는 Chr 함수를 사용해 전달합니다.

TIP 이런 방식은 자주 사용되지는 않지만, Asc 함수와 Chr 함수의 역할을 이해하기에 유용합니다.

위 코드는 기존 코드보다는 좀 더 복잡하지만, A열부터 Z열로 변경된다는 사실은 쉽게 이해할 수 있습니다. 다만 열 주소는 Z열 다음부터는 AA로 변경되므로 Z열을 넘어갈 경우 위와 같이 영문자를 사용하는 것이 쉽지 않습니다. 이 경우에는 열 주소를 반환하는 별도의 사용자 정의 함수를 만들어 사용하면 좋습니다. 다음 코드를 참고합니다.

파일 : ColNo 사용자 정의 함수 (코드).txt
```
Function ColNo(열문자 As String) As Integer        ①

    ColNo = Cells(1, 열문자).Column                ②

End Function
```

① 열 문자를 열 번호로 변환하는 ColNo 사용자 정의 함수를 Fucntion 문을 사용해 선언합니다.

② ColNo 함수에 Cells 속성을 사용해 인수로 전달 받은 열 문자의 첫 번째 셀 열 번호를 반환합니다.

위 사용자 정의 함수를 사용해, 앞에서 작성한 순환문을 구성하면 다음과 같습니다.

```
Dim c As Integer

For c = ColNo("A") To ColNo("BXX")          ①

    Cells(1, c).Value = "원하는 값"           ②

Next c
```

① For … Next 순환문을 사용해 A열부터 BXX열까지 순환하도록 구성합니다. 이때 열 문자를 숫자로 변환하기 위해 ColNo 사용자 정의 함수를 사용합니다.

② Cells 속성의 두 번째 열 주소는 c 변수의 값을 Chr 함수를 이용해 문자로 변환하지 않고 그대로 사용하는데, 이유는 ColNo 사용자 정의 함수에서 열 번호를 제대로 반환하기 때문입니다.

만약 열 번호를 받아 열 문자를 반환하는 작업을 하려면 다음과 같은 사용자 정의 함수를 사용합니다.

파일 : ColLetter 사용자 정의 함수 (코드).txt

```
Function ColLetter(열번호 As Integer) As String          ①

    Dim 임시셀주소 As String                              ②

    임시셀주소 = Cells(1, 열번호).Address(False, False)    ③
    ColLetter = Left(임시셀주소, Len(임시셀주소) - 1)       ④

End Function
```

① 열 번호를 열 문자로 변환하는 ColLetter 사용자 정의 함수를 Function 문을 사용해 선언합니다.

② 셀 주소를 임시로 저장할 String 형식의 '임시셀주소' 변수를 선언합니다.

③ Cells 속성을 사용해 인수로 받은 '열번호' 매개변수에 저장된 열 번호의 첫 번째 셀 주소(Address)를 '임시셀주소' 변수에 저장합니다. 참고로 Address 속성은 Range 개체의 셀 주소를 반환하는 속성으로, 별도의 설정 없이 사용하면 $A$1과 같은 절대참조 방식의 셀 주소가 반환됩니다. 그렇기 때문에 첫 번째와 두 번째 매개변수에 False 값을 전달해 A1과 같은 상대참조 방식으로 셀 주소가 반환되도록 합니다.

④ Left 함수와 Len 함수를 사용해 행 주소를 제외한 열 주소만 잘라내 ColLetter 함수에 반환합니다.

Val, Str 함수로 데이터 형식 변환하기

085

Val 함수는 텍스트 형식의 숫자를 숫자 값으로 변환하는 함수이고, Str 함수는 숫자를 텍스트 값으로 변경하는 함수입니다. 이런 변환 작업은 엑셀에서 관리하는 데이터 형식에 맞는 작업을 진행해야 할 때 발생합니다. 예를 들어 정렬 작업을 할 때 숫자는 숫자 값 크기로 정렬을 하지만, 텍스트 값은 첫 번째 문자를 이용해 정렬을 합니다. 이번에는 Val, Str 함수를 사용해 데이터 형식을 변환하는 방법에 대해 설명합니다.

예제 파일 없음

Val, Str 함수 구문

Val 함수는 숫자가 포함된 텍스트 값에서 숫자 값을 반환할 때 사용하며, 구문은 다음과 같습니다.

VAL (string)

❶ string
  숫자 값이 포함된 문자열 값

Str 함수는 숫자 값을 텍스트 형식으로 변환할 때 사용하며, 구문은 다음과 같습니다.

STR (number)

❶ number
  텍스트 값으로 변환할 숫자 값

Val, Str 함수 예제

Val 함수는 숫자를 제외한 문자 중 소수점(.)만 숫자로 인식합니다. 엑셀 사용자가 흔하게 사용하는 천 단위 구분 기호(,)는 숫자로 인식하지 못합니다. 다음 코드를 직접 실행 창에 입력해 Val 함수의 동작을 정확하게 이해해 봅니다.

```
? Val("1234 EA")                    ①

? Val("1,234 EA")                   ②

? Val("12.34 EA")                   ③
```

❶ '1234 EA' 텍스트 값에서 숫자 부분인 1234가 반환됩니다.

❷ '1,234 EA' 텍스트 값에서 천 단위 구분 기호(,)는 숫자로 인식되지 않으므로 1과 234가 숫자인데 첫 번째 부분이 반환됩니다. 만약 전체 값을 반환 받고 싶다면 Replace 함수를 다음과 같이 사용합니다.

```
? Val(Replace("1,234 EA", ",", ""))
```

❸ '12.34 EA' 텍스트 값에서 소수점 기호(.)는 숫자로 인식되므로 12.34가 반환됩니다.

Str 함수는 숫자 값을 텍스트 형식으로 변환하기 위해, 숫자 값 바로 앞에 공백 문자를 하나 더 추가하는 방법을 사용합니다. 다음 코드를 직접 실행 창에 입력해 결과를 확인합니다.

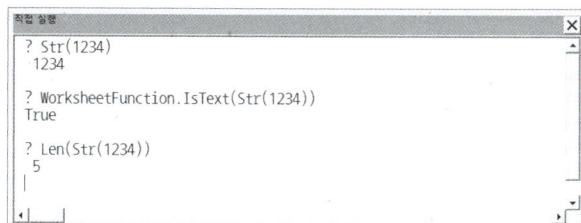

```
? Str(1234)                                      ①

? WorksheetFunction.IsText(Str(1234))            ②

? Len(Str(1234))                                 ③
```

❶ 1234 숫자를 텍스트 형식으로 반환합니다.

❷ 워크시트 함수인 IsText 함수를 사용해 변환된 값의 데이터 형식을 확인합니다. True 값이 반환됐으므로 텍스트 형식입니다.

❸ Len 함수를 사용해 Str 함수로 변환된 값의 문자 개수를 세어 보면 맨 앞에 공백 문자가 삽입되므로 눈으로 확인할 수 있는 1234 값보다 문자 개수가 1 증가된 결과를 확인할 수 있습니다.

Int, Fix, CInt 함수로 데이터 형식 변환하기

086

VBA는 워크시트의 셀에 비해 좀 더 세분화된 데이터 형식을 사용하므로, 상황에 따라 값을 적절한 데이터 형식으로 변환하는 작업이 필수적입니다. 이런 작업에 사용할 수 있는 다양한 함수가 제공되는데, 대표적인 데이터 형식 변환 함수는 C로 시작하는 함수들입니다. 이 함수를 적절하게 사용하면 서로 다른 데이터 형식을 자신이 원하는 형식으로 쉽게 변환할 수 있어 편리합니다.

예제 파일 없음

형식 변환 함수

대표적인 데이터 형식 변환 함수는 다음과 같습니다.

함수	설명
CBool	인수로 전달된 식(또는 값)을 판단해 0이 아닌 값은 True, 아니면 False를 반환합니다.
CDate	인수로 전달된 식(또는 값)을 Date 형식으로 변환합니다.
CByte	인수로 전달된 식(또는 값)을 Byte 형식으로 변환합니다.
CInt	인수로 전달된 식(또는 값)을 Integer 형식으로 변환하고, 소수점 이하는 반올림합니다.
CLng	인수로 전달된 식(또는 값)을 Long 형식으로 변환하고, 소수점 이하는 반올림합니다.
CLngLng	인수로 전달된 식(또는 값)을 -9,223,372,036,854,775,808에서 9,223,372,036,854,775,807 사이 값으로 변환합니다. 소수점 이하는 반올림되며 64bit 버전에서만 사용할 수 있습니다.
CLngPtr	인수로 전달된 식(또는 값)을 32bit 버전에서는 -2,147,483,648에서 2,147,483,647 사이, 64비트 시스템에서는 -9,223,372,036,854,775,808에서 9,223,372,036,854,775,807 사이 값으로 변환합니다. 소수점 이하는 모두 반올림됩니다.
CSng	인수로 전달된 식(또는 값)을 Single 형식으로 변환합니다.
CDbl	인수로 전달된 식(또는 값)을 Double 형식으로 변환합니다.
CCur	인수로 전달된 식(또는 값)을 Currency 형식으로 변환합니다.
CDec	인수로 전달된 식(또는 값)을 Decimal 형식으로 변환합니다.
CStr	인수로 전달된 식(또는 값)을 String 형식으로 변환합니다.
CVar	인수로 전달된 식(또는 값)을 Variant 형식으로 변환합니다.

LINK 데이터 형식의 값 범위는 122쪽을 참고합니다.

C로 시작되는 함수들의 구문은 모두 동일하며, CInt 함수의 구문은 다음과 같습니다.

CINT (expression)

❶ expression
   Integer 형식으로 변환할 값(또는 값을 갖는 식)

Int, Fix 함수 구문

형식 변환 함수 외에도 데이터 형식 변환에 자주 사용되는 함수로는 Int 함수와 Fix 함수가 존재합니다. Int 함수는 숫자의 정수 값만 반환 받고자 할 때 사용하며, 구문은 다음과 같습니다.

INT (number)

❶ number
정수로 변환할 숫자 값 또는 숫자 값을 반환하는 식으로, Double 데이터 형식까지의 숫자를 처리합니다.

Fix 함수 역시 Int 함수와 동일하게 숫자의 정수 값만 반환 받을 때 사용하며, 음수를 처리하는 방법만 Int 함수와 차이가 있습니다. 구문은 Int 함수와 동일합니다.

FIX (number)

❶ number
정수로 변환할 숫자 값 또는 숫자 값을 반환하는 식으로, Double 데이터 형식까지의 숫자를 처리합니다.

Int 함수와 Fix 함수의 차이

Int 함수와 Fix 함수는 모두 숫자 값에서 정수를 반환하지만, 음수 값을 처리하는 방식에는 차이가 있습니다. Int 함수는 소수점 이하 값이 존재할 경우에는 해당 값보다 작은 음수 값이 반환되는데, Fix 함수는 소수점 이하 값을 버린 결과를 반환합니다. 다음 직접 실행 창의 예제를 살펴보면 두 함수의 차이를 보다 분명하게 이해할 수 있습니다.

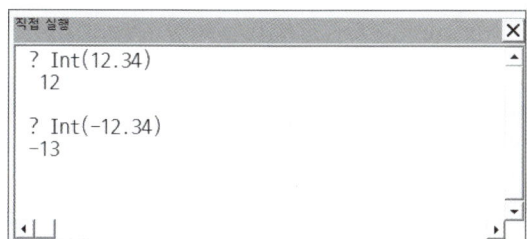 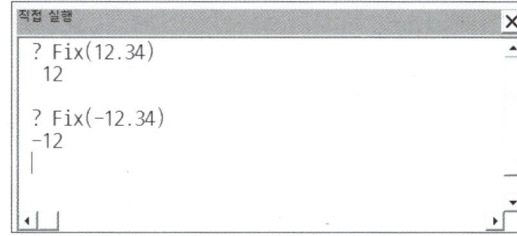

Int 함수와 CInt 함수의 차이

Int 함수와 CInt 함수는 이름이 비슷하여 유사한 동작을 하는 함수로 보이지만, 다른 함수입니다. 두 함수는 데이터를 다룰 수 있는 값에서 차이가 있는데, Int 함수는 Double 데이터 형식까지 처리할 수 있지만 CInt 함수는 Integer 데이터 형식만 다룰 수 있습니다.

아래 화면과 같은 두 가지 코드를 직접 실행 창에 입력해 보면 두 함수의 차이를 이해할 수 있습니다.

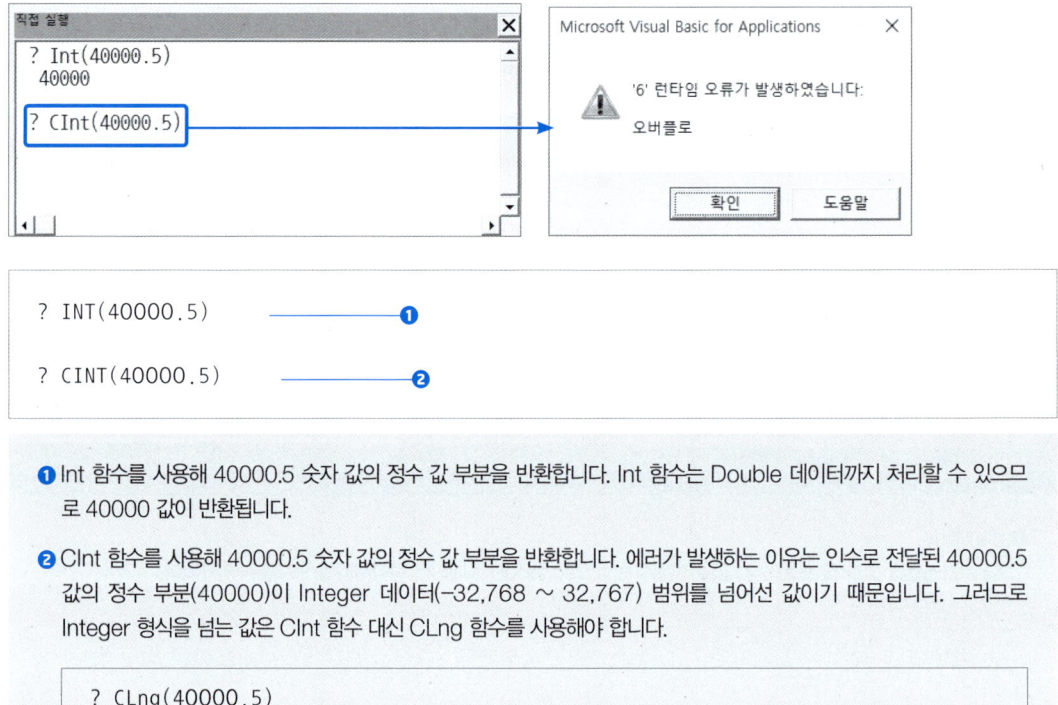

❶ Int 함수를 사용해 40000.5 숫자 값의 정수 값 부분을 반환합니다. Int 함수는 Double 데이터까지 처리할 수 있으므로 40000 값이 반환됩니다.

❷ CInt 함수를 사용해 40000.5 숫자 값의 정수 값 부분을 반환합니다. 에러가 발생하는 이유는 인수로 전달된 40000.5 값의 정수 부분(40000)이 Integer 데이터(-32,768 ~ 32,767) 범위를 넘어선 값이기 때문입니다. 그러므로 Integer 형식을 넘는 값은 CInt 함수 대신 CLng 함수를 사용해야 합니다.

```
? CLng(40000.5)
```

또한 CInt 함수는 Int 함수와는 달리 정수 값을 반환할 때 소수점 이하 값이 0.5이면 가장 가까운 짝수로 반올림하므로, 이런 점에도 주의해야 합니다.

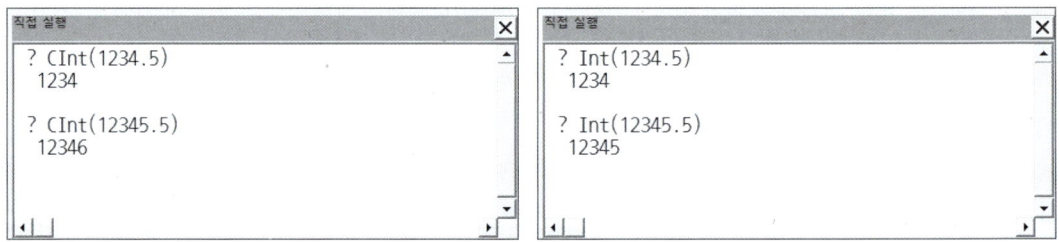

위 화면에서 CInt 함수의 일 자리 숫자 값을 주의 깊게 보면 4인 경우에는 소수점 이하 값을 버리지만, 5인 경우에는 6으로 반올림되는 것을 확인할 수 있습니다.

Format 함수를 사용해 값 변환하기

087

셀에 표시되는 값은 실제 저장된 값과 다를 수 있습니다. 셀에 저장된 값을 원하는 형태로 표시하려면 '셀 서식' 대화상자의 '표시 형식'을 이용하면 되는데, '표시 형식'에서 사용자가 선택한 형식은 지정된 코드 방식으로 변환이 되어 표시됩니다. 이때 사용된 코드를 서식 코드라고 하며, 서식 코드를 이용해 값을 변환할 수 있는 함수가 존재합니다. 이 함수를 사용하면 값 변환 작업을 보다 편리하게 할 수 있습니다. 서식 코드를 사용하는 함수는 워크시트 함수에서는 Text 함수이며, VBA 함수에서는 Format 함수입니다.

예제 파일 없음

Format 함수 구문

Format 함수는 서식 코드를 사용해 값을 변환하는 함수로 구문은 다음과 같습니다.

FORMAT (expression, format, firstdayofweek, firstweekofyear)

❶ expression
변환할 값(또는 값을 반환하는 식)을 의미합니다.

❷ format
서식 코드로, 큰따옴표(")를 사용해 묶어서 전달합니다.

❸ firstdayofweek
날짜 값을 변환할 때 사용할 수 있는 인수로, 한 주의 첫날을 지정하는 상수입니다.

내장 상수	값	설명
vbSunday	1	일요일 (Default)
vbMonday	2	월요일
vbTuesday	3	화요일
vbWednesday	4	수요일
vbThursday	5	목요일
vbFriday	6	금요일
vbSaturday	7	토요일

❹ firstweekofyear

날짜 값을 변환할 때 사용할 수 있는 인수로, 한 해의 첫 주를 지정하는 상수입니다.

내장 상수	값	설명
vbUseSystem	0	NLS API 설정을 사용합니다.
vbFirstJan1	1	1월 1일을 포함하는 주에서 시작하며, 기본 값입니다.
vbFirstFourDays	2	새해의 처음 4일을 포함하는 주에서 시작합니다.
vbFirstFullWeek	3	처음 한 주일(7일)을 포함하는 주에서 시작합니다.

숫자 값 변환

숫자 값을 원하는 형태로 변환하는 Format 함수의 사용 방법은 다음을 참고합니다.

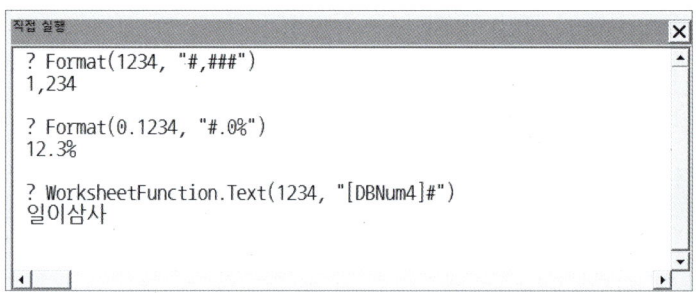

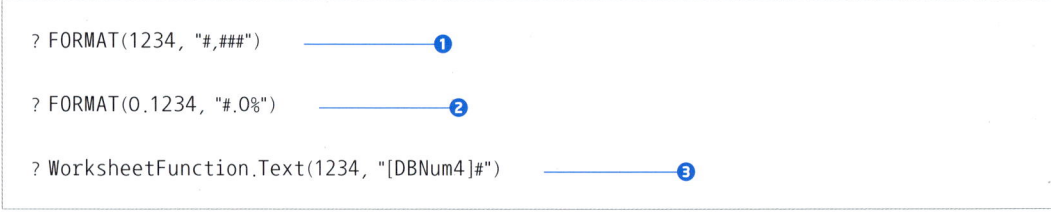

❶ 1234 값에 천 단위 구분 기호(,)를 표시합니다.

❷ 0.1234 값을 소수점 한 자리까지 백분율로 표시합니다.

❸ 1234 값을 한글로 표시합니다. Format 함수는 숫자를 한글로 변환하는 작업을 처리하지 못하므로 Worksheet Function 개체를 사용해 워크시트 함수인 Text 함수를 사용합니다. 서식 코드의 [DBNum4] 부분을 [DBNum1] ~ [DBNum3]으로 변경해 결과를 확인해 봅니다.

지정된 숫자 서식 코드 외에 다음과 같이 정의된 숫자 서식을 사용할 수 있습니다.

서식 이름	설명	Format(1234, "서식 이름") 반환
General Number	천 단위 구분 기호 없이 숫자 표시	1234
Currency	통화 기호와 천 단위 구분 기호 표시	₩1,234
Fixed	소수점 둘째 자리까지 표시	1234.00
Standard	천 단위 구분 기호와 소수점 둘째 자리까지 표시	1,234.00
Percent	백분율 스타일로 소수점 둘째 자리까지 표시	123400.00%
Scientific	지수 형식으로 표시	1.23E+03
Yes/No	0만 No, 나머지는 Yes	Yes
True/False	0만 False, 나머지는 True	True
On/Off	0만 Off, 나머지는 On	On

숫자 서식을 사용하는 몇 가지 예는 아래 화면에서 확인할 수 있습니다.

```
? Format(1234, "Currency")
\1,234

? Format(1234, "Standard")
1,234.00

? Format(1234, "Scientific")
1.23E+03
```

TIP Currency 서식을 이용할 때 통화 기호가 \로 나타나지 않는 것은 VB 편집기에 설정된 글꼴의 영향입니다.

날짜 값 변환

날짜/시간 값을 원하는 형태로 변환하는 Format 함수의 사용 방법은 다음을 참고합니다.

```
? Format(Date, "yyyy-mm-dd")
2015-11-28

? Format(Date, "aaa")
토

? Format(Time, "h:mm AM/PM")
12:56 PM
```

? Format(Date, "yyyy-mm-dd") ──────── ❶

? Format(Date, "aaa") ──────── ❷

? Format(Time, "h:mm AM/PM") ──────── ❸

❶ Date 함수는 오늘 날짜를 반환하는 함수이므로, 오늘 날짜를 yyyy-mm-dd 형식으로 변환합니다.

❷ aaa는 한글 요일을 의미하는 서식 코드로 월~일 값을 반환합니다.

❸ Time 함수는 현재 시간을 반환하는 함수로, h:mm AM/PM 형식으로 변환합니다.

지정된 날짜 서식 코드 외에 다음과 같이 정의된 날짜 서식을 사용할 수 있습니다.

서식 이름	설명	Format(Now, "서식 이름") 반환
General Date	날짜는 Short Date 형식으로, 시간은 Long Time 형식으로 반환	2014-01-01 오후 5:00:00
Long Date	yyyy년 mm월 dd일 aaaa 형식으로 반환	2014년 01월 01일 월요일
Medium Date	yy년 mm월 dd일 형식으로 반환	14년 01월 01일
Short Date	yyyy-mm-dd 형식으로 반환	2014-01-01
Long Time	AM/PM h:mm:ss 형식으로 반환	오후 5:00:00
Medium Time	AM/PM hh:mm 형식으로 반환	오후 05:00
Short Time	hh:mm 형식으로 반환	17:00

TIP 직접 실행 창에 Format 함수의 서식 이름을 사용해 입력해 봅니다.

텍스트 값 변환

텍스트 값을 처리하는 Format 함수의 사용 방법은 다음과 같습니다.

```
? Format("Excel", "@")
Excel

? Format("Excel", ">")
EXCEL

? Format("Excel", "<")
excel
```

```
? FORMAT("Excel")              ❶

? FORMAT("Excel", ">")         ❷

? FORMAT("Excel", "<")         ❸
```

❶ 서식 코드를 사용하지 않으면 값을 텍스트 형식으로 변환해 반환합니다.

❷ 서식 코드에 비교 연산자 '>'를 사용하면 영어 대문자로 변환한 값을 반환합니다.

❸ 서식 코드에 비교 연산자 '<'를 사용하면 영어 소문자로 변환한 값을 반환합니다.

Date, Time, Now 함수로 오늘 날짜와 현재 시각 알아내기

088

워크시트 함수 중에서 오늘 날짜를 반환하는 Today 함수, 오늘 날짜와 현재 시간을 반환하는 Now 함수와 유사한 함수가 VBA에도 제공됩니다. Today 함수와 같은 함수는 Date 함수이고, Now 함수는 이름이 동일합니다. 특이한 것은 VBA에는 현재 시간을 반환하는 Time 함수가 있다는 점입니다. 다만, Date, Time 함수는 워크시트에서 전혀 다른 동작을 하던 함수이므로 함수를 엑셀로 익힌 분들은 조금 혼동이 될 수 있으니 주의합니다.

예제 파일 없음

함수 소개

VBA 함수	워크시트 함수	설명
DATE	TODAY	오늘 날짜를 반환합니다.
TIME		현재 시각을 반환합니다.
NOW	NOW	오늘 날짜와 현재 시각을 반환합니다.

워크시트 함수와의 차이

첫째, VBA 함수는 인수가 없는 경우 워크시트 함수와는 달리 함수 뒤의 괄호를 생략해도 됩니다.

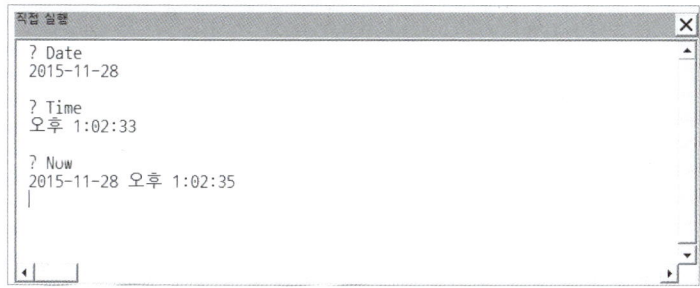

TIP 함수 반환 값은 코드를 입력하는 시점에 따라 달라질 수 있습니다.

둘째, 워크시트 함수인 Now 함수는 1/1000초까지 측정하지만, VBA 함수인 Time, Now 함수는 1/1000초를 측정할 수 없습니다.

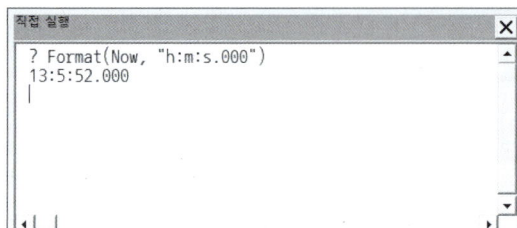
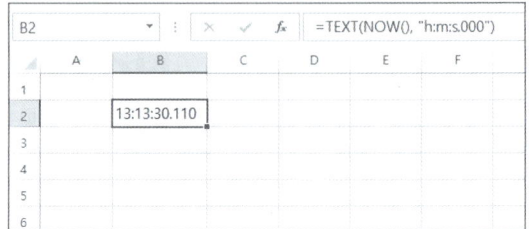

```
? Format(Now, "h:m:s.000")          ──────── ①

=TEXT(NOW(), "H:M:S.000")           ──────── ②
```

① Now 함수의 반환 값을 Format 함수를 사용해 h:m:s.000 형식으로 변환한 결과를 반환합니다. 뒤의 000은 1/1000초까지 표시하라는 서식 코드인데, 직접 실행 창에서 확인할 수 있듯이 VBA의 Now 함수의 경우 1/1000초 의 결과가 나타나지 않습니다. Now 함수 대신 Time 함수를 사용해도 동일한 결과를 반환 받을 수 있습니다. 참고로, 분을 의미하는 서식 코드 M은 VBA에서는 N으로 사용할 수 있으므로 이 코드는 다음과 같이 수정할 수 있습니다.

```
? Format(Now, "h:n:s.000")
```

```
직접 실행                                      ×
 ? Format(Now, "h:n:s.000")
 13:14:58.000
```

② 셀에서 Now 함수의 반환 값을 Text 함수를 사용해 h:m:s.000 형식으로 변환한 결과를 반환합니다. 직접 실행 창의 결과와는 달리 1/1000초까지 결과가 나타납니다.

DateSerial, DateValue 함수로 날짜 값 변환 및 계산하기

날짜는 연, 월, 일에 해당하는 정수를 지정한 구분 문자로 연결해 구성됩니다. 이런 특성에 맞게 연, 월, 일 값을 받아 날짜 값으로 변환하는 함수가 있는데, 이 함수가 바로 DateSerial 함수입니다. 또한 텍스트 데이터 형식의 날짜 값을 날짜 형식으로 변환하는 DateValue 함수도 제공됩니다.

예제 파일 없음

DateSerial, DateValue 함수 구문

DateSerial 함수는 연, 월, 일 값을 받아 날짜 값을 반환하는 함수로 구문은 다음과 같습니다.

DATESERIAL (year, month, day)

❶ year
연도를 의미하는 1900 ~ 9999 사이의 값을 반환합니다.

❷ month
월을 의미하는 1 ~ 12 사이의 값을 반환합니다.

❸ day
일을 의미하는 1 ~ 31 사이의 값을 반환합니다.

TIP 워크시트 함수인 Date 함수와 동일한 결과를 반환합니다.

DateValue 함수는 텍스트 형식의 날짜를 날짜 값으로 변환하는 함수로, 구문은 다음과 같습니다.

DATEVALUE (date)

❶ date
날짜 값으로 변환하려는 텍스트 형식의 값을 반환합니다.

TIP 워크시트 함수인 DateValue 함수와 동일한 결과를 반환합니다.

두 함수의 간단한 사용 방법은 아래 화면을 참고합니다.

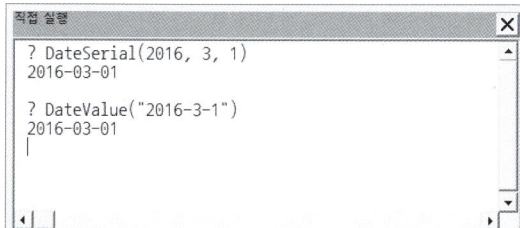

DateSerial 함수와 DateValue 함수의 차이

두 함수는 닮은 듯하면서도 닮지 않은 부분이 있습니다. 차이점은 다음 화면에서 확인할 수 있습니다.

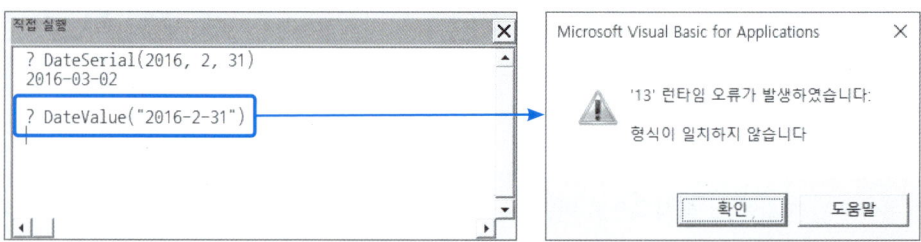

DateSerial 함수는 존재하지 않는 날짜 값이 인수로 전달되면(DateSerial(2016, 2, 31)) 날짜가 계속 이어진다는 전제로 후속 날짜를 계산해 반환하지만, DateValue 함수는 존재하지 않는 날짜 값이 인수로 전달되면 '13' 런타임 오류가 발생합니다. 이 차이는 별 것 아닌 것 같지만, DateSerial 함수의 이 특징을 이용한 날짜 계산을 통해 원하는 날짜 값을 얻을 수 있습니다.

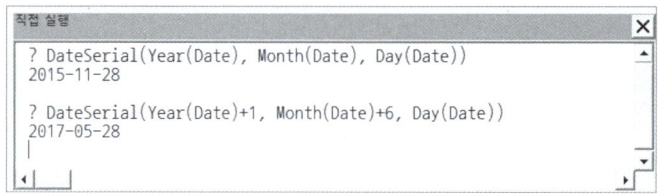

❶ Year, Month, Day 함수는 날짜 값에서 연, 월, 일을 각각 반환하는 함수입니다. Date 함수는 오늘 날짜를 반환하므로, DateSerial 함수에 Date 함수의 연, 월, 일을 전달하게 되어 오늘 날짜가 반환됩니다.

❷ ❶의 코드와 동일하지만, DateSerial 함수의 연, 월 부분에 각각 1과 6을 더해, 오늘 날짜로부터 1년 6개월 이후의 날짜를 반환합니다.

DateSerial 함수와 엑셀의 날짜 계산 오류

엑셀은 1900년 2월 29일을 정상 날짜처럼 인지하는 버그가 존재하지만, DateSerial 함수는 이 날짜를 정상 날짜로 인지하지 않습니다. 아래 화면을 살펴보면 워크시트 함수인 Date 함수는 1900년 2월 29일을 정상 날짜로 반환하지만 DateSerial 함수는 1900년 3월 1일을 반환하는 것을 확인할 수 있습니다.

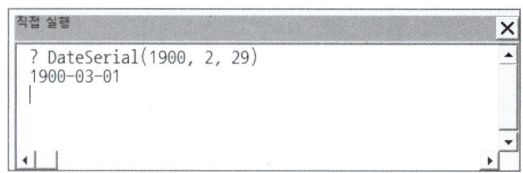
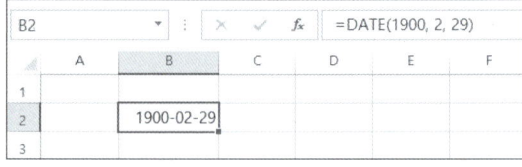

DateAdd 함수로 일정 기간 전/후의 날짜 값 계산하기

090

일정 기간 전/후의 날짜를 계산할 때, DateAdd 함수를 사용하면 편리하게 결과를 얻을 수 있습니다. 워크시트 함수의 EDate 함수와 유사한 함수입니다. DateSerial 함수를 사용하는 것보다 편리하게 날짜 계산 작업을 할 수 있으며, EDate 함수와는 달리 날짜뿐만 아니라 시간 값도 계산할 수 있습니다.

예제 파일 PART 02 \ DateAdd 함수.xlsm

DateAdd 함수 구문

DateAdd 함수는 기준일로부터 일정 기간 전/후의 날짜 값을 계산할 때 사용하는 함수로 구문은 다음과 같습니다.

DATEADD (interval, number, date)

❶ interval
일정 기간을 의미하는 서식 코드

서식 코드	설명
yyyy	연도
q	분기
m	월
y	일 일련번호로 1년 365일을 일련번호로 반환
d	일
w	요일
ww	주 일련번호로 1년 53주를 일련번호로 반환
h	시
n	분
s	초

❷ number
interval에서 고른 날짜 단위의 간격을 의미하는 숫자 값으로, 양수면 이후 날짜를, 음수면 이전 날짜를 계산합니다.

❸ date
기준일

```
직접 실행                                          ×
? DateAdd("yyyy", 1, #2016-1-1#)
2017-01-01

? DateAdd("q", 1, #2016-1-1#)
2016-04-01

? DateAdd("m", -3, #2016-1-1#)
2015-10-01

? DateAdd("n", 30, #9:00 AM#)
오전 9:30:00
```

? DateAdd("yyyy", 1, #2016-1-1#) ─────────────── ❶

? DateAdd("q", 1, #2016-1-1#) ─────────────── ❷

? DateAdd("m", -3, #2016-1-1#) ─────────────── ❸

? DateAdd("n", 30, #9:00 PM#) ─────────────── ❹

❶ 2016년 1월 1일부터 1년 후의 날짜를 반환합니다. 날짜/시간 값은 # 문자로 묶어 입력합니다.

❷ 2016년 1월 1일부터 1분기 후의 날짜를 반환합니다.

❸ 2016년 1월 1일부터 3개월 이전의 날짜를 반환합니다.

❹ 오후 9시로부터 30분 후의 시간을 반환합니다.

DateAdd 함수와 DateSerial 함수의 날짜 계산 차이

DateAdd 함수와 DateSerial 함수로 날짜 계산을 할 때 차이가 나는 부분은 달의 마지막 일을 계산할 때입니다. 다음 화면과 같은 코드를 직접 실행 창에 넣고 결과를 확인합니다.

```
직접 실행                                          ×
? DateAdd("m", 1, #2016-1-31#)
2016-02-29

? DateSerial(2016, 1+1, 31)
2016-03-02
```

? DateAdd("m", 1, #2016-1-31#) ─────────────── ❶

? DateSerial(2016, 1+1, 31) ─────────────── ❷

❶ 2016년 1월 31일부터 1개월 후의 날짜를 반환합니다. 2월의 마지막 일인 2016년 2월 29일이 반환됩니다.

❷ 2016년 1월 31일부터 1개월 후의 날짜를 반환합니다. DateSerial 함수는 DateAdd 함수와 달리 2월의 마지막 일 대신 2016년 3월 2일이 반환됩니다. DateSerial 함수는 달력 방식으로 날짜를 계산하는 것이 아니라, 날짜가 연속된다는 전제하에 날짜를 계산하므로, 2016년 2월 31일 위치(2/28, 2/29, 3/1(2/30), 3/2(2/31)에 해당하는 3월 2일이 반환되는 것입니다.

DatePart 함수로 상위 날짜 단위(연, 분기, 월) 반환하기 091

날짜나 시간 값의 일부나 날짜의 그룹 값을 반환 받고 싶다면 DatePart 함수를 사용하면 됩니다. DatePart 함수를 사용하면 날짜/시간 값을 지정된 서식 코드에 맞게 변환해 줍니다. 이 함수는 Format 함수를 사용해 날짜/시간 값을 변환하는 것과 유사한 결과를 얻을 수 있으므로, 상황에 따라 DatePart 함수나 Format 함수를 적절하게 사용하면 좋습니다.

> 예제 파일 없음

DatePart 함수 구문

DatePart 함수는 날짜 값의 단위 부분을 반환하는 함수로 구문은 다음과 같습니다.

DATEPART (interval, date, firstdayofweek, firstweekofyear)

❶ interval
반환할 날짜 단위를 의미하는 서식 코드

서식 코드	설명
yyyy	연도
q	분기
m	월
y	일 일련번호로 1년 365일을 일련번호로 반환
d	일
w	요일
ww	주 일련번호로 1년 53주를 일련번호로 반환
h	시
n	분
s	초

❷ date
날짜 값

❸ firstdayofweek
interval을 w(또는 ww)로 설정한 경우, 한 주의 첫날을 지정하는 상수

내장 상수	값	설명
vbSunday	1	일요일 (Default)
vbMonday	2	월요일
vbTuesday	3	화요일

vbWednesday	4	수요일
vbThursday	5	목요일
vbFriday	6	금요일
vbSaturday	7	토요일

❹ firstweekofyear
　interval을 w(또는 ww)로 설정한 경우, 한 해의 첫 주를 지정하는 상수

DatePart 함수를 사용해 자주 사용하는 날짜 단위를 반환 받는 방법은 다음과 같습니다.

❶ 2016년 7월 1일의 연도 값(2016)을 반환합니다.

❷ 2016년 7월 1일의 분기 값(3)을 반환합니다.

❸ 2016년 7월 1일의 월 값(7)을 반환합니다.

❹ 2016년 7월 1일의 주 일련번호 값(27)을 반환합니다.

❺ 2016년 7월 1일의 일 값(1)을 반환합니다.

❻ 2016년 7월 1일의 요일 인덱스 값(6, 금요일)을 반환합니다.

일반적인 서식 코드를 사용하는 방법 외에 자주 사용하는 월의 주차를 반환하고 싶다면 다음과 같이 DatePart 함수를 구성합니다.

```
직접 실행
? Date
2015-11-28
? DatePart("ww", Date) - DatePart("ww", Date-Day(Date)+1) + 1
 4
```

? Date ─────── ❶

? DatePart("ww", Date) - DatePart("ww", Date-Day(Date)+1) + 1 ─────── ❷

❶ Date 함수로 오늘 날짜를 확인합니다. 이 날짜는 코드를 입력한 날짜에 따라 다르게 반환됩니다.

❷ DatePart 함수로 월의 주차를 계산합니다. DatePart("ww", Date)는 오늘 날짜의 주 일련번호를 반환하고, DatePart("ww", Date-Day(Date)+1)는 오늘 날짜가 속한 월의 1일의 주 일련번호를 반환합니다. 그러므로 이 코드는 오늘 날짜의 주 일련번호에서 해당 월의 1일의 주 일련번호를 뺀 다음 1을 더합니다. 이렇게 하면 월의 주차를 계산할 수 있습니다.

DatePart 함수와 Format 함수

날짜의 경우는 DatePart 함수나, Year, Month, Day 함수를 사용해 Format 함수와 동일한 결과를 얻을 수 있습니다. 아래 코드를 참고합니다.

날짜/시간 단위	DatePart 함수	Format 및 기타 함수
연도	DatePart("yyyy", Date)	Format(Date, "yyyy")
		Year(Date)
분기	DatePart("q", Date)	Format(Date, "q")
월	DatePart("m", Date)	Format(Date, "m")
연의 주	DatePart("ww", Date)	Format(Date, "ww")
월의 주	DatePart("ww", Date) -	Format(Date, "ww") -
	DatePart("ww", Date-Day(Date)+1)+1	Format(Date-Day(Date)+1, "ww")+1
일	DatePart("d", Date)	Format(Date, "d")
		Day(Date)
요일	DatePart("w", Date)	Format(Date, "w")
		Format(Date, "aaa")

TIP 서식 코드는 대/소문자를 구분하지 않습니다.

이때 조심할 점은 요일 인덱스 번호를 반환하는 w 서식 코드와 aaa 서식 코드의 역할을 정확하게 구분하는 것입니다. w 서식 코드는 1~7 사이의 요일을 의미하는 인덱스 번호가 반환되며, aaa는 월~일의 요일 이름이 반환됩니다. 다만 aaa 서식 코드는 Format 함수에서만 사용할 수 있고, DatePart 함수에서는 사용할 수 없습니다.

DateDiff 함수로 근속 기간 구하기

VBA에서 두 날짜의 차이를 계산하려면 DateDiff 함수를 사용하면 됩니다. 워크시트 함수인 DateDif 함수를 알고 있다면 DateDiff 함수가 DateDif 함수와 유사한 역할을 하는 함수라는 것을 짐작할 수 있을 겁니다. 하지만 DateDiff 함수는 DateDif 함수와 계산 방법이 다르므로 사용에 주의해야 합니다.

예제 파일 PART 02 \ DateDiff 함수.xlsm

DateDiff 함수의 구문

DateDiff 함수는 두 날짜의 차이를 계산할 때 사용하는 함수로, 구문은 다음과 같습니다.

DATEDIFF (interval, date1, date2, firstdayofweek, firstweekofyear)

❶ interval
날짜 차이를 구할 단위를 의미하는 서식 코드

서식 코드	설명
yyyy	연도
q	분기
m	월
y	일 일련번호로 1년 365일을 일련번호로 반환
d	일
w	요일
ww	주 일련번호로 1년 53주를 일련번호로 반환
h	시
n	분
s	초

❷ date 1, date 2
날짜 계산에 사용하는 시작 날짜(date1)와 종료 날짜(date2) 값

❸ firstdayofweek
interval을 w(또는 ww)로 설정한 경우 한 주의 첫날을 지정하는 상수

내장 상수	값	설명
vbSunday	1	일요일 (Default)
vbMonday	2	월요일
vbTuesday	3	화요일

vbWednesday	4	수요일
vbThursday	5	목요일
vbFriday	6	금요일
vbSaturday	7	토요일

❹ firstweekofyear
  interval을 w(또는 ww)로 설정한 경우 한 해의 첫 주를 지정하는 상수

DateDiff 함수 예제

DateDiff 함수의 동작을 이해하기 위해, 다음 코드를 직접 실행 창에 입력해 결과를 확인합니다.

```
? DateDiff("yyyy", #2016-12-1#, #2017-3-31#)
 1
? DateDiff("m", #2016-1-1#, #2016-7-1#)
 6
? DateDiff("h", #9:00#, #18:00#)
 9
```

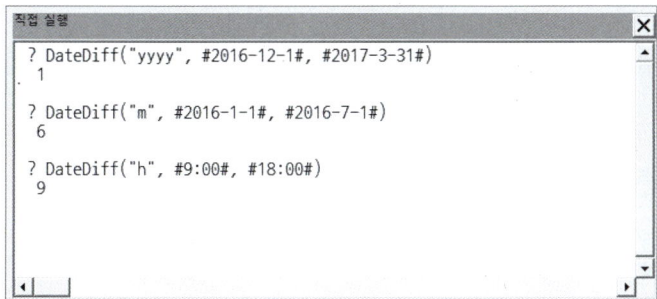

❶ 2016년 12월 1일부터 2017년 3월 31일 사이의 연(yyyy) 차이를 구합니다. 이 두 날짜는 1년이 지나지 않았지만 1 값이 반환됩니다. 워크시트 함수인 DateDif 함수와 달리, DateDiff 함수는 첫 번째 interval 인수로 지정된 연 부분만 빼기 연산을 하므로 2017에서 2016을 뺀 1 값이 반환되는 것입니다.

❷ 2016년 1월 1일과 2016년 7월 1일의 월(m) 차이를 구합니다. 월 차이 역시 두 날짜의 월 7과 1의 차이인 6 값을 반환합니다.

❸ DateDiff 함수는 워크시트 함수인 DateDif 함수와 달리 시간 차이를 구할 수 있습니다. 다만, 앞의 날짜 계산과 마찬가지로 interval 인수의 'h' 서식 코드에 맞게 18에서 9를 뺀 9 값을 반환합니다. 그러므로 아래 코드는 이번 계산과 완전히 동일한 결과를 반환합니다.

```
? DateDiff("h", #9:30#, #18:00#)
```

코드 실행 결과에서 확인할 수 있듯이 DateDiff 함수는 interval 인수의 값만 가지고 두 값의 차이를 계산하는 작업을 하므로 이 점을 정확하게 이해하고 사용해야 합니다.

DateDiff 함수로 근속 기간 계산

날짜 차이를 계산하는 함수를 이용해 가장 많이 하는 작업은 근속 기간을 구하는 것입니다. 예제 파일을 열고, 다음 표를 확인합니다.

E6:G6 범위에는 워크시트 함수인 DateDif 함수를 사용해 근속 기간을 계산하는 수식이 입력되어 있습니다. E7:G7 범위에 VBA 함수인 DateDiff 함수로 근속 기간을 계산해 넣는 작업을 하려면 다음과 같은 매크로를 개발해 사용합니다.

```
Sub 근속기간()

    '1단계 : 필요한 변수를 선언하고, 근속기간을 계산할 시작일, 종료일을 저장합니다.
        Dim 입사일 As Date                              ①
        Dim 기준일 As Date                              ②
        Dim 연 As Integer, 개월 As Integer, 일 As Integer    ③

        입사일 = Range("D6").Value                      ④
        기준일 = Range("J7").Value + 1                  ⑤

    '2단계 : 두 날짜의 연의 차이를 구해, '연' 변수에 저장합니다.
        연 = DateDiff("yyyy", 입사일, 기준일)             ⑥

        입사일 = DateSerial(Year(기준일), Month(입사일), Day(입사일))   ⑦

        If 입사일 > 기준일 Then                          ⑧
            입사일 = DateAdd("yyyy", -1, 입사일)
            연 = 연 - 1
        End If

    '3단계 : 두 날짜의 연의 차이를 구하고 남은 월의 차이를 구해 '개월' 변수에 저장합니다.
        개월 = DateDiff("m", 입사일, 기준일)              ⑨

        입사일 = DateSerial(Year(기준일), Month(기준일), Day(입사일))   ⑩

        If 입사일 > 기준일 Then                          ⑪
            입사일 = DateAdd("m", -1, 입사일)
            개월 = 개월 - 1
        End If

    '4단계 : 두 날짜의 연과 월의 차이를 구하고 남은 일의 차이를 구해 '일' 변수에 저장합니다.
        일 = Abs(DateDiff("d", 입사일, 기준일))          ⑫
```

```
'5단계 : 구한 값을 지정된 위치에 반환합니다.
    Range("E7").Value = 연            ⑬
    Range("F7").Value = 개월
    Range("G7").Value = 일

End Sub
```

❶ 입사일 날짜 값을 저장할 Date 형식의 '입사일' 변수를 선언합니다.

❷ 근속 기간을 구할 기준일 날짜 값을 저장할 Date 형식의 '기준일' 변수를 선언합니다.

❸ 근속 기간을 구한 값을 저장할 Integer 형식의 '연', '개월', '일' 변수를 선언합니다.

❹ '입사일' 변수에 D6셀 값을 저장합니다.

❺ J7셀 값에 1을 더한 값을 '기준일' 변수에 저장합니다. DateDiff 함수는 빼기 연산을 하므로 작업 일수를 세려면 '입사일'에서 1을 빼거나 '기준일'에 1을 더해야 합니다. 만약 J7셀에 입력된 값처럼 기준일이 없다면 오늘 날짜를 반환하는 Date 함수를 사용할 수 있습니다.

```
기준일 = Date + 1
```

❻ DateDiff 함수를 사용해 '입사일' 변수와 '기준일' 변수에 저장된 날짜 값의 연 차이를 구해 '연' 변수에 저장합니다.

❼ DateDiff 함수는 연의 차이를 계산하는 방법이 DateDif 워크시트 함수와 다르므로, 확실하게 1년이 넘었는지 알 필요가 있습니다. 두 날짜의 비교를 위해 '입사일' 변수에 저장된 날짜 값을 '기준일' 변수의 날짜 값 연도와 동일하게 변경해 같은 연도의 날짜로 만듭니다.

❽ '입사일' 변수의 값이 '기준일' 변수의 값보다 크면, 계산된 '연' 변수의 값에서 1을 빼야 합니다. 우선 '입사일' 변수에 저장된 날짜 값을 임의로 조정했으므로, 개월 차이를 계산할 때 계산이 제대로 진행되도록 '입사일' 변수에 저장된 날짜 값을 DateAdd 함수를 사용해 1년 전 날짜로 조정한 다음, '연' 변수에 저장된 값에서 1을 뺍니다. 이렇게 하면 두 날짜의 연 차이를 제대로 계산할 수 있습니다.

❾ DateDiff 함수를 사용해 '입사일' 변수와 '기준일' 변수에 저장된 날짜 값의 개월 수의 차이를 계산해 '개월' 변수에 저장합니다.

❿ 개월의 차를 계산한 결과가 올바른지 검증하기 위해 '입사일' 변수에 저장된 날짜 값을 '기준일' 변수의 날짜 값과 같은 연도, 같은 월로 조정합니다.

⓫ '입사일' 변수의 날짜 값이 '기준일' 변수의 날짜 값보다 크다면 '개월' 변수의 값에서 1을 더 빼야 합니다. 아래 두 줄의 코드를 통해 '입사일' 변수의 날짜 값을 1개월 이전으로 되돌리고, '개월' 변수의 값에서 1을 추가로 뺍니다.

⓬ '일' 변수의 DateDiff 함수를 사용해 '입사일' 변수와 '기준일' 변수에 저장된 날짜 값의 일의 차이를 계산해 저장합니다. 이때 절댓값을 반환하는 ABS 함수를 사용해 반환 값이 모두 양의 정수로 반환되도록 조정합니다.

⓭ E7:G7 범위에 순서대로 '연', '개월', '일' 변수의 값을 입력합니다.

Timer 함수로 시간 측정하기   093

특정 시점에서 시간이 얼마나 흘렀는지 계산하려고 할 때, 또는 작업 소요 시간을 측정해 표시하려고 할 때에는 현재 시간을 반환하는 Time 함수나 Now 함수를 변수에 저장해 놓고 계산해도 되지만, 자정 이후 시간을 초 단위로 반환하는 Timer 함수를 사용해도 됩니다. Timer 함수는 여러 가지 시간을 측정하는 코드에서 자주 사용되므로 사용 방법을 익혀 두면 여러모로 활용할 수 있는 곳이 많습니다.

예제 파일 PART 02 \ Timer 함수.xlsm

Timer 함수로 매크로의 처리 시간을 측정

Timer 함수는 매크로가 모든 동작을 수행하는 데 걸리는 시간을 측정할 때도 자주 사용됩니다. 아래 매크로는 A열 전체 셀 값을 'check' 값으로 입력하는 동작을 하며, 실행하면 소요된 시간이 반환됩니다.

```
Sub 시간측정()

'1단계 : 필요한 변수를 선언합니다.
    Dim 셀 As Range                         ❶
    Dim 시작시간 As Date, 종료시간 As Date    ❷

'2단계 : 시작 시간을 기록해 놓습니다.
    시작시간 = Timer        ❸

'3단계 : A열의 모든 셀에 check 값을 입력합니다.
    For Each 셀 In Columns(1).Cells          ❹

        셀.Value = "check"      ❺

    Next

'4단계 : 종료 시간을 기록하고, 3단계의 진행 시간을 메시지 창에 표시합니다.
    종료시간 = Timer        ❻

    MsgBox "작업 시간은 " & Format(종료시간 - 시작시간, "00.0") & "초 입니다."    ❼

'5단계 : 3단계에서 진행된 과정을 초기화합니다.
    Columns(1).ClearContents       ❽

End Sub
```

❶ 순환문에서 사용할 Range 형식의 '셀' 변수를 선언합니다.

❷ Date 형식의 '시작시간' 변수와 '종료시간' 변수를 선언합니다.

❸ 매크로에서 작업을 시작하기 전, '시작시간' 변수에 Timer 함수의 값을 저장합니다.

❹ For Each … Next 순환문을 사용해 첫 번째 열(Columns(1))의 모든 셀을 순환하면서 '셀' 변수에 하나씩 할당합니다. 이렇게 하면 A열의 전체 셀이 하나씩 '셀' 변수에 할당됩니다.

❺ '셀' 개체변수에 할당된 셀 값으로 'check'를 입력합니다.

❻ 작업이 끝났으면 '종료시간' 변수에 Timer 함수의 값을 저장합니다.

❼ MsgBox 함수를 사용해 작업 시간을 표시합니다. 작업 시간은 '종료시간' 변수에서 '시작시간' 변수의 값을 뺀 다음, Format 함수를 사용해 '00.0' 형식으로 반환되도록 합니다. 이 코드가 실행되면 다음과 같은 메시지 창이 나타납니다.

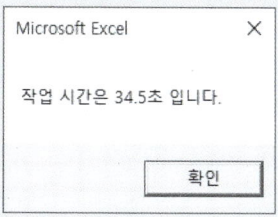

❽ 1번째 열(A열)의 값을 모두 지웁니다.

TIP 이 매크로는 예제 파일의 〈열 전체 체크〉 버튼을 클릭해 테스트해 볼 수 있습니다.

Timer 함수로 일정 시간을 지연시키는 방법

조금 오래 걸리는 작업을 처리할 시간을 벌거나 일정 시간을 지연시키고 싶을 때는 Timer 함수를 사용하면 됩니다. 다음 매크로는 '초' 매개변수에 지연할 초(second) 값을 입력 받아, 지정한 초 동안 시간을 지연시키는 역할을 합니다.

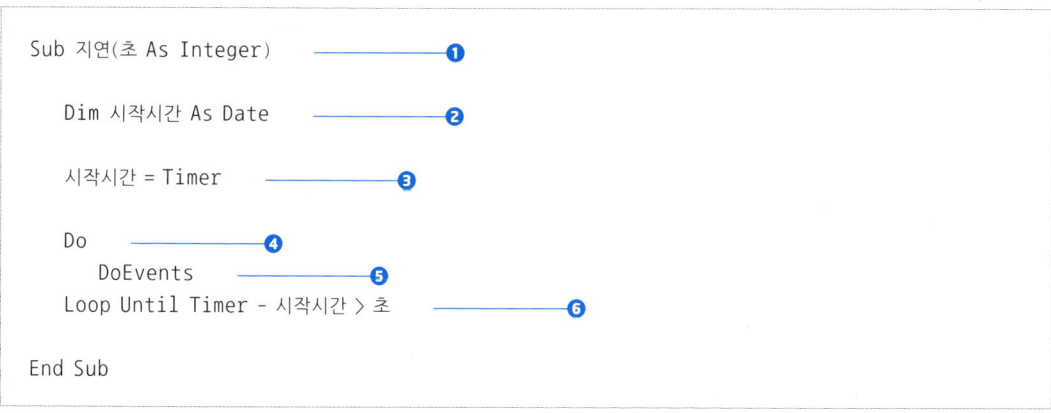

❶ '지연' 매크로를 Sub 프로시저로 선언합니다. '지연' 매크로는 '초' 매개변수에 전달된 시간(초)만큼 시간을 지연시킵니다.

❷ Date 형식의 '시작시간' 변수를 선언합니다.

❸ '시작시간' 변수에 Timer 함수의 반환 값을 저장합니다.

❹ Do … Loop 순환문을 이용해 ❺의 코드를 반복 실행합니다.

❺ DoEvents 함수를 호출합니다. 이 함수는 프로시저가 독자적으로 실행되어 다른 프로세스가 실행되지 못하는 것을 방지하기 위한 것으로, '응답 없음' 현상을 방지하거나 다른 이벤트 프로시저가 정상적으로 실행되도록 하려고 할 때 주로 사용합니다. 이번 매크로는 시간만 지연시킬 뿐 다른 동작은 처리하지 않으므로, Do … Loop 순환문의 조건이 만족될 때까지 그냥 순환합니다.

❻ Timer 함수에서 '시작시간' 변수의 값을 뺀 값이 '초' 매개변수에 전달된 값보다 크면 Do … Loop 순환문을 종료합니다.

TIP 이 매크로는 예제 파일의 VB 편집기를 열고 Module1 개체의 코드 창에서 확인할 수 있습니다.

위 매크로를 사용하려면 다른 매크로 내에서 다음과 같이 호출하면 됩니다.

```
Call 지연(3)        ❶
```

❶ 3초 동안 실행을 중단합니다. Call 문을 이용해 '지연' 매크로를 호출했으므로 매개변수에 전달된 인수 값을 괄호 안에 입력합니다. 또는 다음과 같이 호출해도 됩니다.

```
지연 3
```

Array 함수를 사용해 배열에 값 전달하기

094

여러 값을 배열변수에 한 번에 전달하거나, 범위에 값을 한 번에 전달할 때, 자동 필터 등과 같은 기능에 여러 개의 값을 조건으로 설정할 때 등의 작업에서 Array 함수를 사용하면 편리하게 코드를 구성할 수 있습니다. Array 함수는 인수로 전달한 값을 배열로 한 번에 전달하는 특징이 있어 코드를 간결하게 구성할 때 자주 사용됩니다.

예제 파일 PART 02 \ Array 함수.xlsm

Array 함수 구문

Array 함수는 인수로 전달된 여러 값을 배열로 담아 전달하는 함수로, 구문은 다음과 같습니다.

ARRAY (arglist)

❶ arglist
Array 함수에서 반환할 값을 순서대로 입력합니다.

Array 함수 예제 1 : 범위 내 값을 한 번에 전달

예제 파일을 열면 화면과 같은 표를 확인할 수 있습니다. 아래 표의 A11:E12 범위에 새로운 직원 데이터를 입력해야 한다고 가정합니다.

	A	B	C	D	E	F	G	H	I	J
1										
2		사번	이름	직위	입사일	핸드폰		신입사원		
3		1	김덕훈	부장	2001-05-14	010-3722-1234				
4		2	안정훈	과장	2005-10-17	010-4321-4222				
5		3	김소미	사원	2010-05-01	010-4102-1345		과장, 대리		
6		4	윤대현	대리	2014-04-01	010-6442-2313				
7		5	최소라	사원	2013-05-03	010-3444-1234				
8		6	김찬진	대리	2012-10-17	010-5951-2222				
9		7	오영수	사원	2014-01-02	010-7237-1123				
10		8	선하라	사원	2014-03-05	010-4115-1234				
11		9	유가을	사원	2013-11-15	010-5753-1234				
12										
13										
14										

데이터 입력 작업을 Array 함수를 사용해 처리하는 코드를 개발하려면 다음과 같이 구성하면 됩니다. 참고로 이 매크로는 〈신입사원〉 버튼에 연결되어 있습니다.

```
Sub 신입사원()

    Dim 기록위치 As Range                              ❶
    Dim 새직원() As Variant                            ❷

    Set 기록위치 = Cells(Rows.Count, "B").End(xlUp).Offset(1)    ❸

    새직원 = Array(10, Application.UserName, "대리", Date, "010-1234-5678")    ❹

    기록위치.Resize(1, 5) = 새직원                     ❺

End Sub
```

❶ 표의 데이터 입력 위치 중 첫 번째 셀을 할당할 Range 형식의 '기록위치' 개체변수를 선언합니다.

❷ 기록할 직원 데이터를 저장할 Variant 형식의 '새직원' 동적 배열변수를 선언합니다. Array 함수의 결과를 저장하려면 반드시 Variant 형식으로 선언해야 합니다.

❸ '기록위치' 변수에 B열의 데이터가 입력된 마지막 위치(B11셀)의 한 칸 아래 셀(B12)을 할당합니다.

❹ '새직원' 변수에 Array 함수를 사용해 순서대로 입력할 값을 쉼표(,) 구분자를 이용해 저장합니다. Array 함수의 두 번째 인수 Application.Username은 오피스 프로그램을 설치할 때 사용자 이름을 반환하므로, 표의 C12셀에는 오피스의 사용자 이름이 저장됩니다.

❺ '기록위치' 변수에 할당된 셀(B12)에서 행 방향으로 한 칸, 열 방향으로 다섯 칸 범위로 확장(B12:F12)한 다음, '새직원' 변수의 값을 전달합니다.

Array 함수 예제 2 : 자동 필터 내 필터 항목 전달

표에 자동 필터를 설정해 대리, 과장 직원 데이터만 추출할 때도 Array 함수를 이용해 작업할 수 있습니다. 아래 코드를 참고합니다.

```
Sub 필터()

    Dim 표 As Range                                   ❶
    Dim 필터조건() As Variant                         ❷

    Set 표 = Range("B2").CurrentRegion                ❸
    필터조건 = Array("대리", "과장")                  ❹

    표.AutoFilter Field:=3, Criteria1:=필터조건, Operator:=xlFilterValues    ❺

End Sub
```

❶ Range 형식의 '표' 개체 변수를 선언합니다.

❷ 추출할 조건을 저장할 Variant 형식의 '필터조건' 동적 배열변수를 선언합니다.

❸ '표' 개체변수에 B2셀에서 상하좌우 연속된 범위(Ctrl+A)를 할당합니다.

> **LINK** 이런 참조 방식은 313쪽에서 자세하게 설명합니다.

❹ '필터조건' 변수에 Array 함수를 사용해 '대리', '과장' 문자열을 배열로 저장합니다.

❺ '표' 변수에 할당된 범위에 자동 필터를 설정해, 세 번째 열(D열)의 조건을 '필터조건' 변수의 값으로 설정합니다.

이 매크로의 실행 결과는 다음과 같습니다.

사번	이름	직위	입사일	핸드폰		
					신입사원	
2	안정훈	과장	2005-10-17	010-4321-4222		
4	윤대현	대리	2014-04-01	010-6442-2313		
6	김찬진	대리	2012-10-17	010-5951-2222	과장, 대리	
10	최준선	대리	2015-11-28	010-1234-5678		

Split 함수로 셀 값을 구분 문자로 구분해 배열에 저장하기

워크시트에서 셀 값을 여러 셀로 분리하는 작업을 할 때 수식을 사용한다면 Left, Mid, Right, Find, Search, Len 함수 등을 사용합니다. 그런데 VBA에는 문자열을 구분 문자로 구분해 잘라낸 값을 1차원 배열로 반환해 주는 Split 함수가 제공됩니다. 이 함수를 이용하면 문자열을 구분하는 작업을 매우 쉽게 진행할 수 있어 편리합니다.

예제 파일 PART 02 \ Split 함수.xlsm

Split 함수 구문

Split 함수는 문자열을 구분 문자로 구분한 값을 1차원 배열에 담아 반환하는 함수로, 구문은 다음과 같습니다.

SPLIT (expression, delimiter, limit, compare)

❶ expression
분리할 문자열을 갖는 식입니다.

❷ delimiter
문자열을 잘라낼 기준이 되는 구분 문자로, 생략하면 공백 문자(" ")를 구분 문자로 이해합니다.

❸ limit
반환할 문자열의 수를 지정하며, 생략하면 모든 문자열을 반환합니다.

❹ compare
expression에서 delimiter를 찾을 때 문자열을 어떻게 비교해 찾을지 지정하는 옵션으로, 생략하면 Option Compare 문의 설정 값이나 바이너리 방식으로 비교합니다.

Split 함수 예제 : CSplit 사용자 정의 함수

워크시트 함수 중에는 문자열을 구분 문자로 구분해 반환하는 함수는 없습니다. Split VBA 함수를 사용해 워크시트에서 사용할 수 있는 사용자 정의 함수를 만든다면 다음과 같은 Function 프로시저를 개발해 사용할 수 있습니다.

```
Function CSplit(문자열 As String, n As Integer, Optional 구분문자 As String = " ") As Variant     ──❶

    Dim 임시보관 As Variant     ──❷
```

```
        임시보관 = Split(문자열, 구분문자)                    ❸

        CSplit = 임시보관(n - 1)                           ❹

End Function
```

❶ CSplit Function 프로시저를 선언합니다. CSplit 함수는 '문자열', n, '구분문자' 세 개의 매개변수에 인수를 받아 Variant 형식의 데이터를 반환합니다. 마지막 인수인 '구분문자' 매개변수는 Optional 키워드를 사용해 생략할 수 있으며, 생략된 경우에는 공백 문자(" ")가 기본 값으로 사용됩니다.

❷ 잘라낸 값을 저장할 Variant 형식의 '임시보관' 변수를 선언합니다.

❸ Split 함수를 사용해 '문자열' 매개변수의 값을 '구분문자' 매개변수의 값으로 구분한 1차원 배열을 '임시보관' 변수에 저장합니다.

❹ CSplit 함수에 '임시보관' 변수의 n 매개변수 값보다 1 작은 요소의 값을 반환합니다. 배열은 0부터 인덱스 번호를 사용하므로 세 번째 값을 반환하도록 하려면 3-1=2인 인덱스 번호의 값을 사용합니다. 즉, n 변수의 값에서 1을 빼야 합니다.

위 CSplit 사용자 정의 함수에서 '임시보관' 변수를 사용하지 않고 다음과 같이 구성할 수도 있습니다.

```
Function CSplit(문자열 As String, n As Integer, Optional 구분문자 As String = " ") As Variant

    CSplit = Split(문자열, 구분문자)(n - 1)                ❶

End Function
```

❶ Split 함수는 1차원 배열을 반환하므로, 바로 뒤에 괄호를 사용해 반환할 인덱스 값을 지정하면 해당 인덱스 위치의 값이 반환됩니다.

완성된 사용자 정의 함수를 사용해 주소를 잘라내는 작업을 하면 화면과 같은 결과를 얻을 수 있습니다. 예제를 열고 C2셀에 다음 수식을 입력한 다음, C2셀의 채우기 핸들(﹢)을 F2셀로 드래그하고 다시 8행까지 드래그합니다.

```
=CSplit($B2, COLUMN(A1))
```

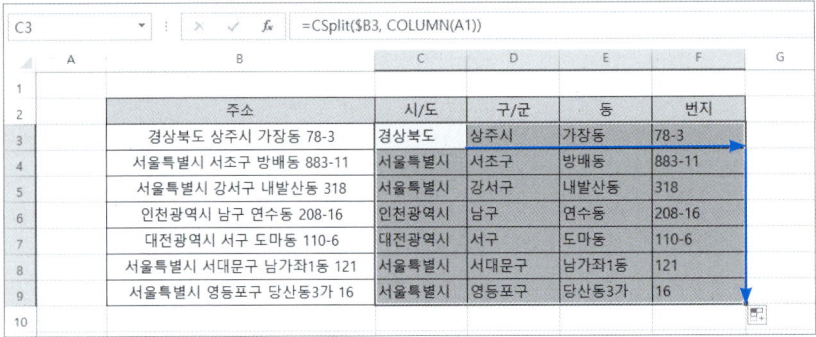

만약 구분 문자가 '/'라면 다음과 같이 수식을 수정하면 됩니다.

```
=CSplit($B2, COLUMN(A1), "/")
```

Join 함수로 배열 내 값을 연결해 반환하기

096

Split 함수가 구분 문자를 기준으로 셀 값의 문자열을 분리하는 역할을 한다면, 반대로 1차원 배열에 저장된 값을 하나로 연결해 주는 Join 함수도 있습니다. Join 함수는 구분 문자로 1차원 배열의 값을 하나로 연결하는 것이 가능한데, 전체 데이터에서 조건에 맞는 값을 하나로 연결해 반환 받고 싶을 때 사용하면 편리합니다.

예제 파일 PART 02 \ Join 함수.xlsm

Join 함수 구문

Join 함수는 1차원 배열의 값을 지정한 구분 문자로 연결하는 함수로, 구문은 다음과 같습니다.

> **JOIN** (sourcearray, delimiter)
>
> **❶ sourcearray**
> 연결할 문자열 값을 갖고 있는 1차원 배열
>
> **❷ delimiter**
> 문자열을 연결할 때 사용할 구분 문자로, 생략하면 공백 문자(" ")가 사용됩니다.

Join 함수 예제

예제 파일을 열면 화면과 같은 표를 확인할 수 있습니다. 직원명부 표를 참고해 직위별 정리 표에 직원 이름을 슬래시(/) 구분 문자를 사용해 정리해 보겠습니다.

	직원명부			직위별 정리	
사번	이름	직위		직위	이름
1	김덕훈	부장		부장	
2	안정훈	과장		과장	
3	김소미	사원		대리	
4	윤대현	대리		사원	
5	최소라	사원			
6	김찬진	대리			
7	오영수	사원			
8	선하라	사원			
9	유가을	사원			

이 경우, 연결된 값을 반환하는 다음과 같은 사용자 정의 함수를 개발할 수 있습니다.

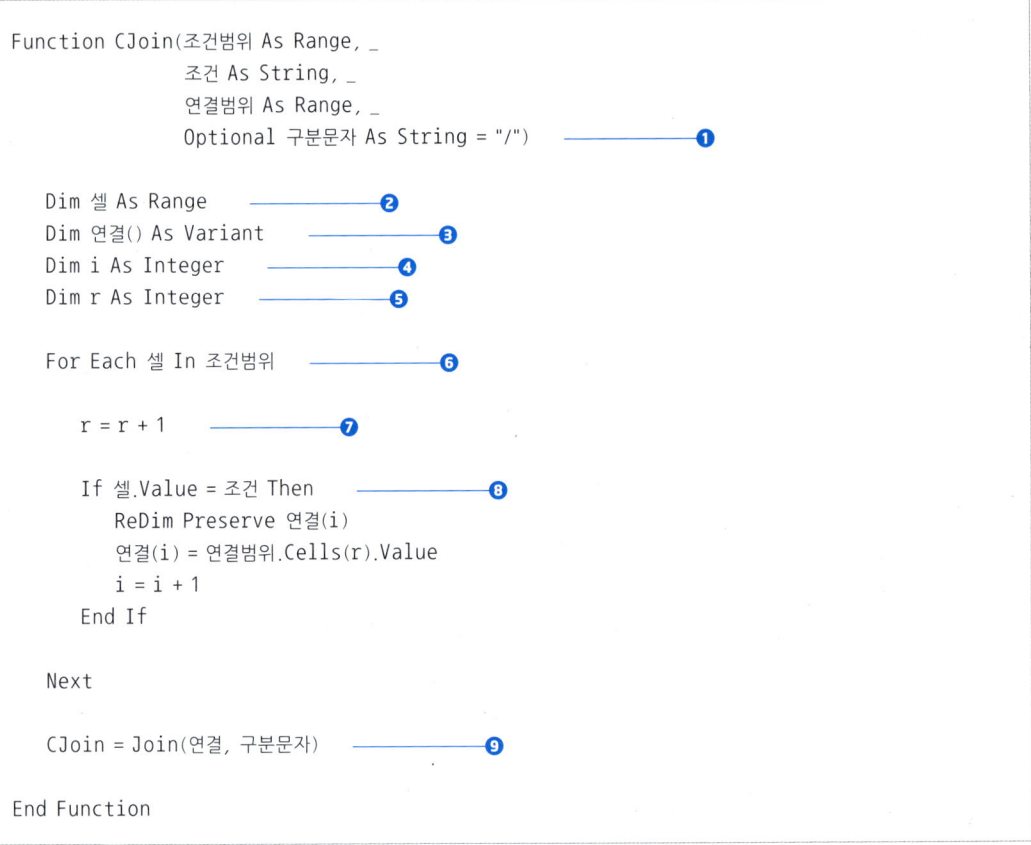

```
Function CJoin(조건범위 As Range, _
               조건 As String, _
               연결범위 As Range, _
               Optional 구분문자 As String = "/")        ❶

    Dim 셀 As Range                    ❷
    Dim 연결() As Variant               ❸
    Dim i As Integer                   ❹
    Dim r As Integer                   ❺

    For Each 셀 In 조건범위              ❻

        r = r + 1                      ❼

        If 셀.Value = 조건 Then          ❽
            ReDim Preserve 연결(i)
            연결(i) = 연결범위.Cells(r).Value
            i = i + 1
        End If

    Next

    CJoin = Join(연결, 구분문자)         ❾

End Function
```

❶ CJoin Function 프로시저를 선언합니다. CJoin 함수는 '조건범위', '조건', '연결범위', '구분문자'와 같은 네 개의 매개변수에 인수를 받아 Variant 형식의 데이터를 반환(반환할 데이터 형식을 지정하지 않으면 기본 값인 Variant 형식이 설정됩니다.)합니다. 마지막 '구분문자' 매개변수는 Optional 키워드를 사용해 생략할 수 있으며, 생략된 경우에는 슬래시(/)를 구분 문자로 사용합니다.

❷ ❻의 For Each ⋯ Next 순환문에서 사용할 Range 형식의 '셀' 변수를 선언합니다.

❸ 연결할 값을 저장해 놓을 Variant 형식의 '연결' 동적 배열변수를 선언합니다.

❹ 연결할 값을 저장할 배열 내 인덱스 번호를 관리할 Integer 형식의 i 변수를 선언합니다. i 변수는 숫자 변수이므로 선언과 동시에 0 값이 저장됩니다.

❺ 셀을 순환하는 횟수를 저장할 r 변수를 Integer 형식으로 선언합니다.

❻ For Each ⋯ Next 순환문을 이용해 '조건범위' 매개변수의 셀을 하나씩 순환하면서 '셀' 변수에 할당합니다.

❼ r 변수의 값을 1씩 증가시켜 순환하는 횟수를 저장합니다.

❽ '셀' 변수에 할당된 셀 값이 '조건' 매개변수의 값과 일치하는지 판단합니다. 일치하면 아래 동작을 순서대로 진행합니다.

  • Redim 문을 사용해 '연결' 동적 배열변수에 저장할 값의 개수를 i 변수에 맞게 조정합니다. 이때 Preserve 키워드를 사용해 '연결' 동적 배열변수에 저장된 값을 그대로 보관합니다.
  • '연결' 동적 배열변수에 '연결범위' 변수에 할당된 r번째 셀 값을 저장합니다.
  • i 변수의 값을 1 증가시킵니다.

❾ '연결' 동적 배열변수에 저장된 값을 Join 함수를 사용해 모두 연결하는데, '구분문자' 매개변수의 값을 사용해 값을 구분해 연결합니다. 그런 다음, 연결된 값을 CJoin 함수에서 반환합니다.

완성된 CJoin 함수를 사용해 결과를 반환 받으려면 G5셀에 다음 수식을 입력한 다음, G5셀의 채우기 핸들(田)을 G8셀까지 드래그해 복사합니다.

```
=CJoin($D$5:$D$13, F5, $C$5:$C$13)
```

직위	이름
부장	김덕훈
과장	안정훈
대리	윤대현/김찬진
사원	김소미/최소라/오영수/선하라/유가을

만약 구분 문자를 쉼표(,)로 설정하고 싶다면 수식을 다음과 같이 수정합니다.

```
=Cjoin($D$5:$D$13, F5, $C$5:$C$13, ",")
```

직위	이름
부장	김덕훈
과장	안정훈
대리	윤대현,김찬진
사원	김소미,최소라,오영수,선하라,유가을

워크시트 함수를 VBA에서 사용하기 097

VBA에서도 워크시트 함수를 추가로 사용할 수 있습니다. 워크시트 함수는 WorksheetFunction 개체를 통해 사용할 수 있는데, 워크시트에서 사용할 수 있는 모든 함수가 제공되지는 않으므로 원하는 함수를 사용할 수 있는지 여부를 확인할 수 있어야 하고 VBA에서 사용할 때의 참조 방식에 대해서도 잘 이해하고 있어야 합니다. 이번에는 워크시트 함수를 VBA에서 사용하는 방법과 주의할 내용에 대해 알아보겠습니다.

예제 파일 PART 02 \ WorksheetFunction 개체 I.xlsm

WorksheetFunction 개체 사용

VBA에서 사용할 수 있는 워크시트 함수를 확인하려면, 직접 실행 창 또는 코드 창에서 Worksheet Function 개체 이름 뒤에 마침표(.)를 입력합니다. 그러면 아래 화면과 같이 VBA에서 사용할 수 있는 함수가 목록에 표시됩니다.

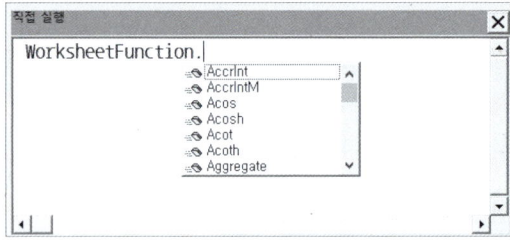

목록에 표시되는 함수는 ABC 순이며, 사용하려는 함수가 제공되는지 빠르게 확인하려면 사용할 함수 이름의 앞 몇 자를 입력해 보면 됩니다. 참고로 VBA 전체 함수는 VBA 명령 뒤에 마침표(.)를 눌러 표시되는 함수 목록을 확인하면 됩니다.

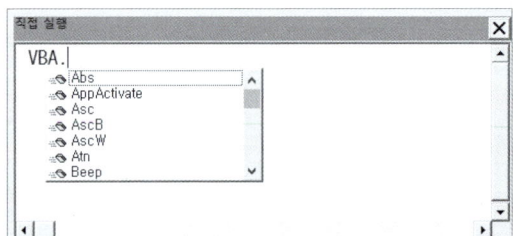

그러므로, VBA 함수를 우선 사용하고 VBA 함수에서 제공되지 않는 함수를 WorksheetFunction 개체를 이용해 워크시트 함수를 사용하는 순서로 생각하면 좋습니다.

Countif 함수 사용 예

워크시트 함수를 VBA에서 사용하면서 주의할 점은 범위를 참조할 때는 반드시 Range 개체를 이용해야 한다는 것입니다. 예제 파일의 다음 표에서 직위가 '사원'인 직원 수를 세는 작업을 하려면 직접 실행 창에 다음 코드를 입력합니다.

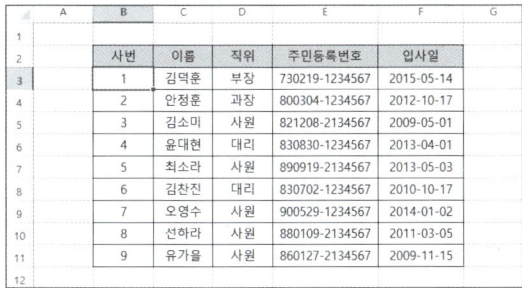
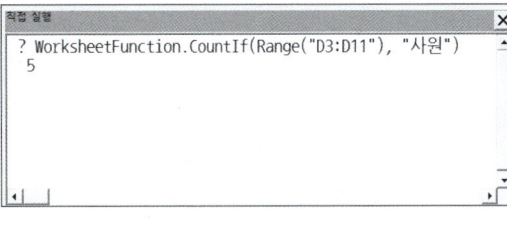

```
? WorksheetFunction.CountIf(Range("D3:D11"), "사원")        ①
```

① 셀에서 CountIf 함수를 사용할 때는 다음과 같은 수식을 사용합니다.

```
=CountIf(D3:D11, "사원")
```

Countif 함수와 같은 역할을 하는 VBA 전용 함수는 없으므로, 이 함수를 VBA에서 사용하려면 WorksheetFunction 개체를 이용하면 됩니다. VBA에서 CountIf 함수를 사용하려면, 위 코드와 같이 D3:D11 범위를 Range 개체를 이용해 참조해야 합니다. 참고로 WorksheetFunction 개체 대신, Application 개체 하위에 바로 함수 이름을 입력해도 됩니다.

```
? Application.CountIf(Range("D2:D10"), "사원")
```

이렇게 WorksheetFunction 개체 대신 Application 개체를 사용하는 방법은 과거에 WorksheetFunction 개체가 지원되지 않을 때 사용하던 방법으로, 현재는 두 방법이 혼용되어 사용되므로 두 방법 모두 이해하고 있어야 합니다. 이 방법의 차이는 SECTION 098(326쪽)에서 자세하게 설명합니다.

워크시트 함수에서 날짜 데이터 사용할 때 주의할 점

워크시트 함수에서 날짜 값을 사용해야 한다면 주의할 점이 있습니다. 예를 들어 예제의 F열에 입력된 입사일에서 '2015년 5월 14일'에 입사한 직원 데이터가 몇 번째 있는지 확인할 때는 Match 함수를 사용해 셀에 다음과 같은 수식을 입력할 수 있습니다.

```
=Match(Date(2015, 5, 14), F3:F11, 0)
```

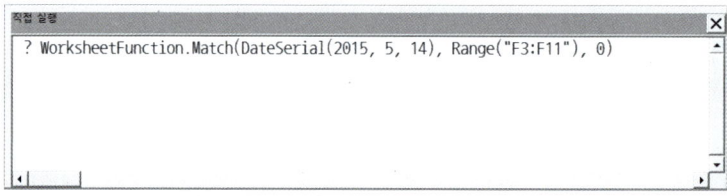

TIP 수식을 입력하면 해당 값이 F3:F11 범위의 첫 번째 셀에 있다는 결과가 F13셀에 반환됩니다.

그런데 위 수식을 그대로 직접 실행 창에 입력하면 에러가 발생합니다.

```
? WorksheetFunction.Match(DateSerial(2015, 5, 14), Range("F3:F11"), 0)
```

❶

❶ 워크시트의 Date 함수와 동일한 역할을 하는 VBA 함수는 DateSerial 함수입니다. 그러므로 위 수식은 F13셀에 입력된 Match 함수 수식과 완벽하게 동일한데, 입력하면 다음과 같은 에러 메시지 창이 나타납니다.

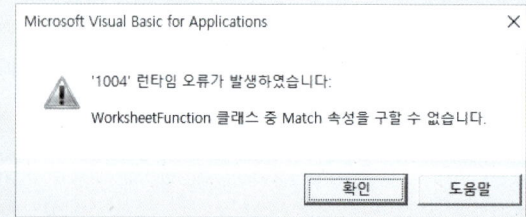

DateSerial 함수 대신 DateValue("2015-05-14")나 #2015-05-14#와 같이 입력해도 되는데, 결과는 동일한 에러가 발생합니다.

이런 문제가 발생하는 이유는 VBA에서 관리하는 데이터 형식이 워크시트에서 관리하는 데이터 형식보다 세밀하기 때문입니다. DateSerial이나 DateValue 등의 함수에서 반환하는 날짜 값은 Date 형식의 데이터인데, VBA에서는 시간까지 처리할 수 있는 Double 형식의 값(yyyy-mm-dd hh:nn:ss)을 반환합니다. 그렇기 때문에 이런 경우 정확하게 날짜 값 부분인 정수 값만 반환하도록 CLng 함수를 사용해 다음과 같이 형식을 변환해야 정확한 결과가 반환됩니다.

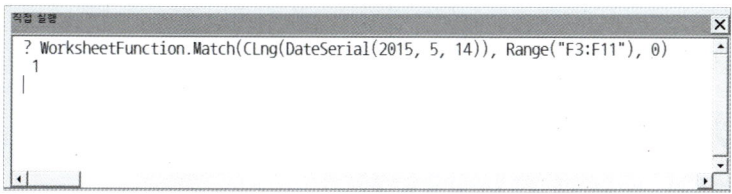

? WorksheetFunction.Match(CLng(DateSerial(2015, 5, 14)), Range("F3:F11"), 0) ———①

① CLng 함수는 인수로 전달된 값을 Long 형식의 값으로 변환하는 함수입니다. 이 함수를 사용해 Date 형식의 값을 정확하게 Long 형식으로 변환하면 시간 부분이 제외된 날짜 부분의 값만 얻을 수 있습니다.

Application 개체와 Worksheet Function 개체를 이용한 워크시트 함수 사용 방법의 차이 이해하기 098

VBA에서 Vlookup 함수나 Match 함수와 같은 워크시트 함수를 사용해 만든 코드를 인터넷이나 여러 책에서 보면 다양한 표현식이 사용된 것을 볼 수 있습니다. 그런데 이 차이를 명확하게 이해하는 분은 적은 것 같습니다. 워크시트 함수를 사용할 때의 표현식을 살펴보면 Application. WorksheetFunction.Vlookup이라고 사용하기도 하고, Application 개체를 생략하고 WorksheetFunction.Vlookup이라고 사용하기도 하며, WorksheetFunction 개체를 생략하고 Application.Vlookup이라고 사용하기도 합니다. 이것은 같은 명령을 여러 가지 방법으로 표현한 것이 아니라 명백한 차이가 있는 것이므로, 이 차이가 무엇인지 이해하고 있어야 상황에 맞게 효율적인으로 코드를 작성할 수 있습니다.

예제 파일 PART 02 \ WorksheetFunction 개체 II.xlsm

Application.WorksheetFunction.Vlookup과 WorksheetFunction.Vlookup의 차이

이 두 표현식은 동일합니다. Application은 엑셀 프로그램을 의미하는 개체로, 특정 개체의 경우는 생략하고 사용해도 되며, WorksheetFunction 개체는 상위 개체인 Application 개체를 생략하고 표현할 수 있으므로 이 둘의 차이는 없습니다.

WorksheetFunction.Vlookup과 Application.Vlookup의 차이

이 두 표현식은 차이가 있습니다. WorksheetFunction 개체는 VBA 초기 버전부터 제공된 것은 아닙니다. WorksheetFunction 개체가 제공되지 않을 때 워크시트 함수는 Application 개체 하위에서 바로 사용했으며, WorksheetFunction 개체가 제공되면서부터 이 개체의 하위 구성원으로 워크시트 함수를 사용할 수 있게 되었습니다.

이 두 방식은 워크시트 함수를 사용한다는 점에서는 동일하지만, 수식에서 #N/A와 같은 수식 오류가 발생할 경우의 처리 방식이 다릅니다. 예를 들어 Application.Vlookup에서는 찾는 값이 존재하지 않을 때 #N/A 오류와 유사한 오류 값을 반환하지만, WorksheetFunction.Vlookup에서는 1004 런타임 오류가 발생합니다.

정확하게 이해하기 위해 예제 파일을 열고 VB 편집기의 직접 실행 창에 다음 코드를 입력해 봅니다.

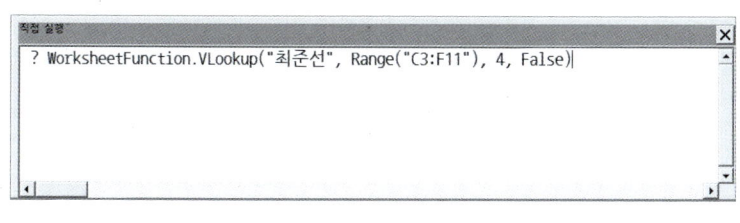

? WorksheetFunction.Vlookup("최준선", Range("C3:F11"), 4, False) ──────────❶

❶ Vlookup 함수를 사용해 표 범위(C3:F11)의 첫 번째 열(C3:C11)에서 '최준선' 이름을 찾아, 표의 네 번째 열 (F3:F11)의 값을 참조합니다. 다만 C3:C11 범위에는 '최준선' 이름이 존재하지 않아 #N/A 오류가 발생하는데, VBA 에서는 다음과 같은 경고 메시지 창을 반환합니다.

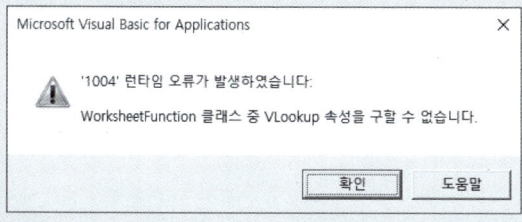

하지만, WorksheetFunction 개체를 이용하지 않고 Application 개체를 사용해 Vlookup 함수를 사용하면 다음과 같은 결과가 직접 실행 창에 반환됩니다.

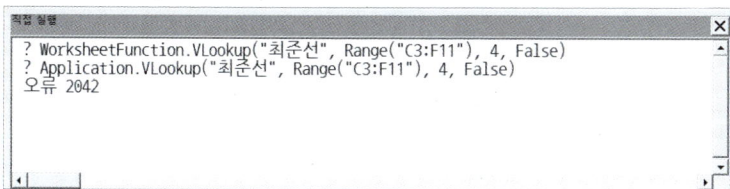

그래서 찾는 값이 있는지 없는지를 VBA 전용 함수인 IsError 함수로 쉽게 확인할 수 있습니다.

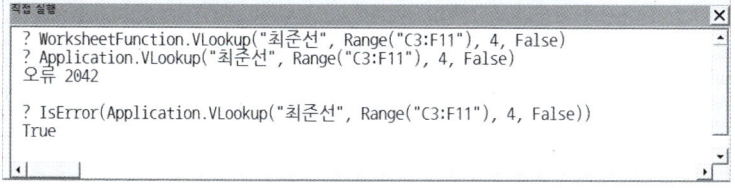

이렇게 Application.Vlookup의 경우는 IsError 함수로 오류가 발생했는지 여부를 쉽게 알 수 있지만, WorksheetFunction.Vlookup의 경우는 On Error 문을 이용해 에러를 제어해야 수식 오류가 발생한 경우를 처리할 수 있습니다. 그러니 수식 오류가 반환되는 워크시트 함수를 사용할 필요가 있고, 코드를 짧게 구성하고 싶다면 Worksheetfunction 개체를 이용하는 것보다는 Application 개체를 활용하는 것이 더 좋습니다.

LINK On Error 문을 사용하는 방법은 238쪽에서 자세하게 설명합니다.

PART 03

엑셀 2016 매크로 & VBA 바이블

엑셀 프로그램 주요 개체

VBA는 프로그래밍 언어 자체로만 보면 그렇게 어렵지는 않습니다. VBA의 모태가 되는 Visual Basic(VB)이 가장 배우기 쉬운 프로그래밍 언어이기도 하고, VBA는 VB에 비해서도 더 쉽습니다. VB에서 오피스를 제어하는 데 꼭 필요한 부분만 모아 구성한 것이 VBA이기 때문입니다. 그런데 VBA가 어렵게 느껴지는 이유는, 일반 사용자 입장에서 프로그래밍 언어를 접해 보지 못했기 때문이기도 하겠지만, 제어할 대상 프로그램(여기서는 엑셀)을 제대로 이해하고 있어야 한다는 전제가 깔려 있기 때문이기도 합니다. 3부에서는 엑셀 프로그램을 구성하고 있는 주요 개체를 이용해 원하는 작업을 처리하는 방법에 대해 소개하고자 합니다. 3부를 통해 VBA로 엑셀을 제어하는 실제적인 방법에 대해 이해할 수 있을 것입니다.

CHAPTER
11

셀, 범위를 지정하는 Range 개체

엑셀에서 가장 중요한 개체는 워크시트를 구성하고 있는 셀입니다.

모든 데이터를 보관하는 기본 단위가 셀이기 때문입니다.

엑셀은 셀을 Range라는 개체를 이용해 제어합니다.

Range 개체에는 사용자가 셀에서 작업하는 모든 방법을 처리할 수 있는 명령이 구성원으로 제공됩니다.

CHAPTER 11에서는 Range 개체를 이용해 셀을 제어하는 방법에 대해 소개합니다.

Range 개체의 주요 구성원 이해하기 099

Range 개체는 다른 개체와는 달리, Range 개체에 전달되는 셀 주소에 따라 하나의 셀 개체를 의미하기도 하고 여러 개의 셀 범위를 의미하는 컬렉션과 같은 역할을 하기도 합니다. 그러므로 개체와 컬렉션의 특성을 모두 갖는 아주 독특한 개체입니다. 데이터는 모두 셀에 존재하므로, 매크로를 개발하면 Range 개체를 다루는 작업이 매우 빈번하게 발생합니다. 그러므로 사용자는 Range 개체에서 제공되는 구성원이 무엇인지 잘 이해하고 활용할 수 있어야 합니다. Range 개체에서 자주 사용되는 구성원에 대해 알아보겠습니다.

예제 파일 없음

Range 개체의 주요 속성

구성원	설명	연관 기능
Address	셀(또는 범위)의 주소를 반환합니다.	ADDRESS 함수
Value	셀(또는 범위)의 값을 반환하거나 입력합니다.	
Formula	셀의 수식을 반환하거나 입력합니다.	
NumberFormat	셀의 표시 형식을 의미하는 서식 코드를 반환하거나 설정합니다.	셀 서식(圖)의 표시 형식
Columns	셀(또는 범위) 내의 열을 의미하는 열 범위 전체를 반환합니다.	
Column	셀의 열 번호를 반환합니다.	COLUMN 함수
Rows	셀(또는 범위) 내의 행을 의미하는 행 범위 전체를 반환합니다.	
Row	셀의 행 번호를 반환합니다.	ROW 함수
CurrentRegion	기준 위치에서 연속된 데이터의 범위를 반환합니다.	Ctrl + A
End	기준 위치에서 지정한 방향의 마지막 데이터 입력 위치를 반환합니다.	Ctrl + ↑ ↓ ← →
EntireColumn	셀이 속한 현재 열을 의미하는 열 전체 범위를 반환합니다.	
EntireRow	셀이 속한 현재 행을 의미하는 행 전체 범위를 반환합니다.	
SpecialCells	범위 내의 특정 조건을 만족하는 셀(또는 범위)을 반환합니다.	이동(→)
Offset	셀(또는 범위)에서 행, 열 방향으로 이동한 셀을 반환합니다.	OFFSET 함수
Resize	셀(또는 범위)에서 행, 열 방향으로 크기를 조정한 범위를 반환합니다.	

Range 개체의 주요 메서드

구성원	설명	연관 기능
Activate	셀을 활성화시킵니다.	
Select	셀(또는 범위)을 선택합니다.	

명령	설명	리본 메뉴
AutoFit	셀의 열 너비(또는 행 높이)를 자동 조정합니다.	
Clear	셀(또는 범위)의 값과 셀 서식을 모두 지웁니다.	지우기( )
ClearContents	셀(또는 범위)의 값만 지웁니다.	
ClearFormats	셀(또는 범위)의 서식만 지웁니다.	
Delete	셀(또는 범위)을 삭제합니다.	삭제( )
Insert	셀(또는 범위)을 삽입합니다.	삽입( )
Copy	셀(또는 범위)을 복사합니다.	복사( )
Cut	셀(또는 범위)을 잘라냅니다.	잘라내기( )
PasteSpecial	복사된 셀(또는 범위)의 일부를 붙여 넣습니다.	선택하여 붙여넣기( )
Merge	셀(또는 범위)을 병합합니다.	병합( )
UnMerge	병합된 셀(또는 범위)의 병합을 해제합니다.	
Find	조건을 만족하는 셀을 찾습니다.	찾기( )
FindNext	찾은 셀과 동일한 조건의 다음 셀을 찾습니다.	
FindPrevious	찾은 셀과 동일한 조건의 이전 셀을 찾습니다.	
Replace	조건을 만족하는 셀의 값을 변경합니다.	바꾸기( )
Count	선택한 범위의 개수를 반환합니다.	COUNTA 함수
PrintOut	선택한 범위를 인쇄합니다.	[파일]-[인쇄]
PrintPreview	선택한 범위를 미리 보기합니다.	

Range 개체의 전체 구성원 파악하기

위에 정리한 것 외에도 수많은 명령을 Range 개체에서 사용할 수 있습니다. 전체 구성원을 파악하려면 개체 찾아보기 창을 이용하는 것이 좋습니다. VB 편집기에서 F2 키를 누르거나 [보기]-[개체 찾아보기] 메뉴를 선택하면 다음과 같은 개체 찾아보기 창이 표시됩니다.

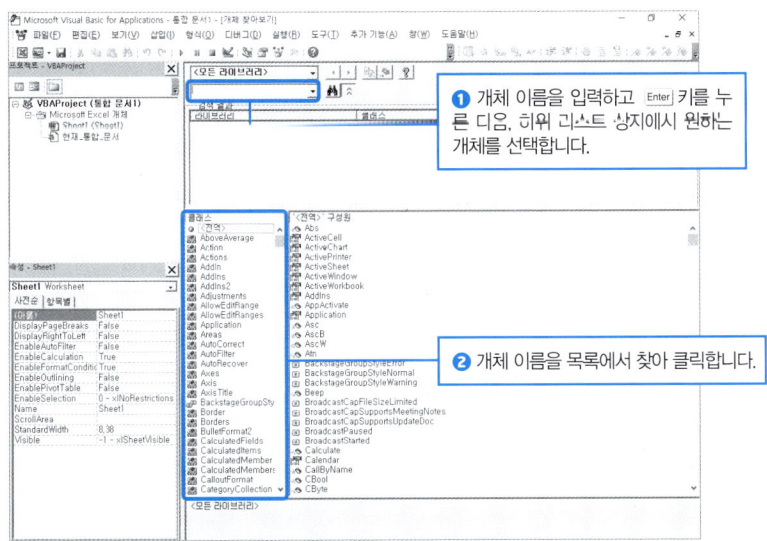

해당 개체의 구성원이 아래와 같이 표시됩니다.

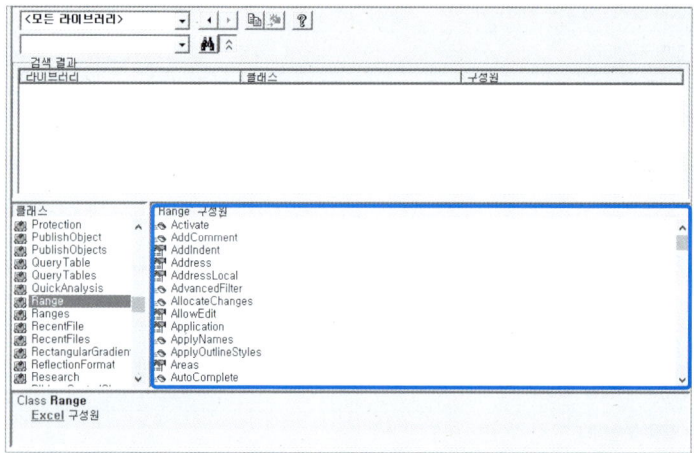

다양한 범위 참조 방법

100

Range 개체를 이용해 셀(또는 범위)을 참조하는 방법은 매우 다양합니다. 매크로를 구성할 때 작업할 대상 범위를 참조하는 것은 매우 중요한 작업 중 하나이므로, Range 개체를 사용하는 방법을 잘 이해해 두어야 합니다. Worksheet 개체에는 Range 개체를 반환하는 아주 특별한 Cells 속성이 하나 있는데, 셀(또는 범위)을 참조할 때 자주 사용되므로 이번 기회를 통해 사용 방법을 잘 익혀 보겠습니다.

예제 파일 PART 03 \ (Range) Areas 속성.xlsm

셀 하나를 참조

셀을 하나 참조할 때는 Range 개체 또는 Worksheet 개체의 Cells 속성을 사용합니다.

```
Range("A1")         ❶
Cells(1, 1)         ❷
Cells(1, "A")       ❸
```

❶ 참조할 셀 주소를 Range 개체에 전달합니다.

❷ Cells 속성은 행 번호(RowIndex), 열 번호(ColumnIndex)를 받아, 해당 위치의 Range 개체를 반환합니다. 구문은 다음과 같습니다.

```
Cells( RowIndex, ColumnIndex )
```

이렇게 Cells 속성 앞에 아무런 상위 개체를 지정하지 않으면 ActiveSheet가 생략된 것입니다. 그러므로 Cells(1, 1)은 현재 시트의 첫 번째 행과 첫 번째 열 위치인 A1셀을 의미합니다. Cells 속성은 Range 개체의 하위 속성으로 사용할 수 있습니다.

```
Range("C2:C10").Cells(1, 1)
```

위 코드는 C2:C10 범위의 첫 번째 행과 첫 번째 열 위치인 C2셀을 의미합니다. Cells 속성을 사용할 때, 열 인덱스 번호(ColumnIndex)는 생략하고 다음과 같이 사용할 수 있습니다. 이렇게 하면 C2:C10 범위 내의 행 방향 첫 번째 셀을 의미합니다.

```
Range("C2:C10").Cells(1)
```

❸ Cells 속성의 열 인덱스 번호(ColumnIndex)에는 숫자 대신 열 주소를 의미하는 텍스트 값을 전달할 수 있으며 이 경우도 A1셀을 참조합니다.

TIP 코드를 직접 입력해 보려면, 직접 실행 창에 위 코드 뒤에 Select 메서드를 이용해 Range("A1").Select와 같이 입력합니다.

Cells 속성은 행 번호와 열 번호를 숫자로 전달 받을 수 있어 For … Next 순환문에서 자주 사용되며, 그 외에도 여러 가지 사용 방법이 있습니다. 다른 방법들은 이 책에서 소개하는 여러 예제를 통해 좀 더 자세하게 이해할 수 있습니다.

연속된 범위를 참조

연속된 범위를 참조해 작업해야 할 때도 주로 Range 개체를 활용합니다.

❶ A1:A10 범위를 참조합니다.

❷ Range 개체 안에서 쉼표(,) 구분자를 이용해 셀 범위를 지정하면, 첫 번째 셀 주소는 표의 왼쪽 상단 셀을 의미하고 두 번째 셀 주소는 표의 오른쪽 하단 셀을 의미합니다. 두 주소를 연결하는 전체 범위를 반환하므로 이 경우도 역시 A1:A10 범위를 참조합니다. 의외로 많이 사용되는 방법으로, 수식에서 참조하는 방식과는 다르니 잘 이해해 두어야 합니다.

떨어진 범위를 참조

A1:A10과 C1:C10 범위와 같은 떨어진 범위를 한 번에 참조하려고 할 때는 큰따옴표 안에서 참조할 범위를 쉼표(,) 구분자로 구분하거나 Application 개체의 Union 메서드를 이용합니다.

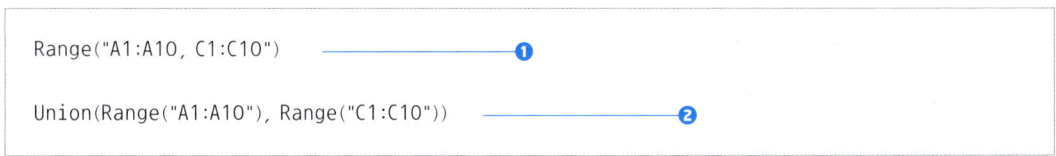

❶ Range 개체에서 떨어진 범위를 참조하도록 하려면 이처럼 큰따옴표(") 한 쌍 안에 참조할 범위를 쉼표(,) 구분자를 이용해 나열합니다. 이와 달리 Range("A1:A10", "C1:C10")로 입력하면 A1:C10의 연속된 범위가 대상이 됩니다.

❷ Application 개체의 Union 메서드는 인수로 전달된 여러 범위를 하나의 범위로 반환하므로, 떨어진 범위를 참조해야 하는 경우에 자주 사용합니다.

이렇게 떨어진 다중 범위를 참조해 작업해야 하는 경우, 떨어진 범위는 Areas 속성을 이용해 확인할 수 있습니다. Areas 속성은 떨어진 범위 내 하나의 연속된 범위를 Area 개체에 반환합니다. 만약 사용자가 선택한 범위가 떨어진 범위인지 연속된 범위인지를 확인하려면 다음과 같은 코드를 사용합니다.

```
Sub 선택확인()

'1단계 : 필요한 변수를 선언합니다.
    Dim 선택범위 As Range                        ①
    Dim 주소() As Variant, i As Integer          ②
    Dim 메시지 As String                          ③

'2단계 : 사용자가 선택한 범위를 인식해, 선택된 범위의 주소를 메시지 변수에 누적 기록합니다.
    If Selection.Areas.Count > 1 Then            ④

        For Each 선택범위 In Selection.Areas      ⑤
            ReDim Preserve 주소(i)                ⑥
            주소(i) = 선택범위.Address(False, False)  ⑦
            i = i + 1                            ⑧
        Next

        메시지 = "다중 범위를 선택했습니다."          ⑨
        메시지 = 메시지 & vbCr & vbCr              ⑩
        메시지 = 메시지 & Join(주소, vbCr)

    Else                                        ⑪

        If Selection.Count = 1 Then              ⑫

            메시지 = "셀 하나를 선택했습니다."

        Else                                    ⑬

            메시지 = "연속된 범위를 선택했습니다."

        End If

        메시지 = 메시지 & vbCr & vbCr
        메시지 = 메시지 & Selection.Address(False, False)   ⑭

    End If

'3단계 : 메시지 창을 이용해 선택 범위를 화면에 표시합니다.
    MsgBox 메시지                                ⑮

End Sub
```

❶ 떨어진 여러 범위를 선택했을 때 개별 범위를 할당할 Range 형식의 '선택범위' 변수를 선언합니다.

❷ 선택된 범위의 주소를 저장할 Variant 형식의 '주소' 동적 배열변수를 선언하고, 배열변수에 저장될 값의 개수를 세기 위한 Integer 형식의 i 변수를 선언합니다.

❸ 메시지 창에 표시할 내용을 기록할 String 형식의 '메시지' 변수를 선언합니다.

❹ 매크로를 실행하기 전에 특정 범위를 선택했다면 Selection은 선택된 Range 개체를 의미하므로, 각각의 선택 영역을 의미하는 Areas 컬렉션의 Count 속성을 이용해 떨어진 범위를 선택했는지 판단합니다.

❺ 떨어진 범위를 선택했다면 Selection.Areas를 For Each … Next 순환문으로 순환하면서 개별 범위를 '선택범위' 변수에 할당합니다. 이렇게 하면 A1:A10, C1:C10 범위를 선택했을 때, A1:A10 범위와 C1:C10 범위가 순환할 때 순서대로 '선택범위' 변수에 할당됩니다.

❻ '주소' 동적 배열변수에 저장할 값의 개수를 ReDim 문을 이용해 i 변수 크기만큼 조정합니다. 이때 Preserve 키워드를 사용했으므로, 이전에 저장된 값은 그대로 유지하면서 '주소' 변수에 저장될 값의 개수만 하나씩 크게 조정됩니다.

❼ 조정된 '주소' 변수의 i번째 요소로 '선택범위' 변수에 할당된 범위의 Address 속성 값을 저장합니다. 이렇게 하면 셀 주소가 저장되는데, Address 속성의 첫 번째, 두 번째 매개변수 값을 False로 지정하면 상대참조 방식(A1)의 주소가 저장되며, 이 부분을 생략하면 절대참조 방식($A$1)의 주소가 저장됩니다.

❽ i 변수의 값을 1씩 증가시킵니다.

❾ 메시지 창에 표시할 문자열을 '메시지' 변수에 저장합니다.

❿ '메시지' 변수에 저장된 문장 아래에 선택된 범위의 주소를 추가합니다. 기존 문자열 두 줄 아래에 주소를 표시하기 위해 '메시지' 변수에 vbCr 내장 상수를 두 번 연속해 연결합니다. 참고로 vbCr은 캐리지 리턴을 의미하는 내장 상수 값입니다. 그리고 범위 주소는 '주소' 동적 배열변수의 값을 Join 함수를 사용해 한 줄씩 구분해 연결합니다.

⓫ 만약 다중 범위가 선택되지 않았다면 다음 줄의 코드를 실행합니다.

⓬ Selection.Count는 선택된 범위의 셀이 한 개인지 판단해, 맞으면 '메시지' 변수에 셀 하나를 선택했다는 내용을 저장합니다.

⓭ 선택된 셀의 개수가 여럿이라면, '메시지' 변수에 연속된 범위를 선택했다는 내용을 저장합니다.

⓮ '메시지' 변수에 선택된 셀(또는 범위)의 주소를 연결합니다.

⓯ MsgBox 함수를 사용해 메시지 변수의 내용을 화면에 표시합니다.

위 코드를 테스트하기 위해 예제 파일을 열고, 범위를 다음과 같이 선택한 다음 〈범위를 선택하고 눌러 보세요!〉 버튼을 클릭합니다. 셀 하나를 선택했는지, 연속된 범위를 선택했는지, 아니면 다중 범위를 선택했는지에 따라 적절한 메시지 창이 표시됩니다.

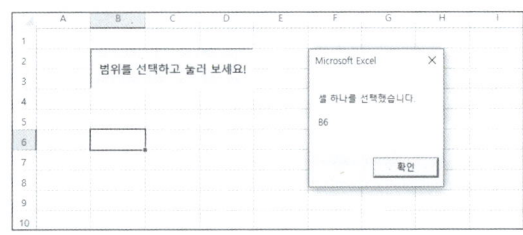
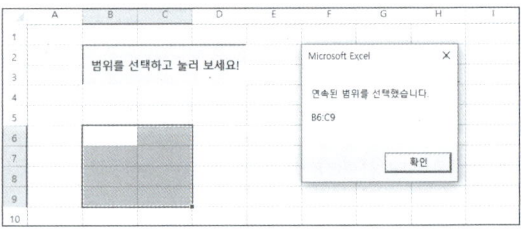
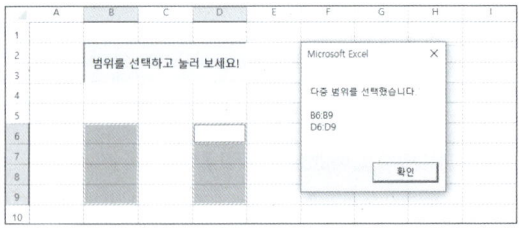

선택한 위치에 따라 메시지 창의 내용과 주소가 다르게 전달되는 것을 확인할 수 있습니다.

다른 워크시트의 범위를 참조

코드를 작성할 때 Range 개체부터 입력하면 Range 개체의 상위 개체는 모두 ActiveSheet가 됩니다. 다른 워크시트의 범위를 참조하려면 해당 워크시트를 반드시 지정해야 합니다. 다음은 Sheet1의 A1:A10 범위를 참조할 때 사용하는 코드입니다.

```
Worksheets("Sheet1").Range("A1:A10")     ①
Sheet1.Range("A1:A10")                   ②
Range("Sheet1!A1:A10")                   ③
```

❶ Worksheets 컬렉션을 이용해 Sheet1 시트의 A1:A10 범위를 참조합니다.

❷ Sheet1은 해당 워크시트의 Codename으로, 이 이름을 이용해 Sheet1 시트의 A1:A10 범위를 참조합니다.

❸ Range 개체의 주소에 워크시트 이름을 셀 주소와 ! 구분 문자를 연결해 입력하는 방법으로 Sheet1 시트의 A1:A10 범위를 참조합니다.

CurrentRegion 속성을 이용해 연속된 동적 범위 참조하기

101

개발된 매크로가 항상 정확한 범위를 참조해 동작하도록 하려면 표의 전체 범위(또는 일부분)를 참조하는 방법을 정확하게 이해해야 합니다. Range 개체에는 CurrentRegion이나 End 속성과 같이 필요한 전체 대상 범위를 항상 정확하게 인식할 수 있는 방법이 제공됩니다. 연속된 데이터 범위일 경우 CurrentRegion 속성을 사용하면 편리하게 표 전체 범위를 참조할 수 있습니다.

예제 파일 PART 03 \ (Range) CurrentRegion 속성.xlsm

CurrentRegion 속성으로 범위 참조

CurrentRegion 속성은 기준 셀에서 상하좌우로 연속된 데이터 범위를 Range 개체로 반환하는데, 이것은 워크시트에서 표 전체 범위를 선택하기 위해 단축키 Ctrl + A 를 누르는 동작과 같습니다.

예제 파일을 열면 아래와 같은 표를 확인할 수 있습니다.

연도	분기	김덕훈	김소미	김찬진	선하라	안정훈	오영수	유가을	윤대현	합계
				영업사원 실적						
전년	1사분기	281	623	478	573	244	130	294	485	3,108
	2사분기	804	997	485	350	534	355	281	455	4,261
	3사분기	417	747	256	1,010	188	584	211	1,216	4,629
	4사분기	912	663	485	423	370	586	225	1,081	4,745
요약		2,414	3,030	1,704	2,356	1,336	1,655	1,011	3,237	16,743
금년	1사분기	783	1,169	211	521	471	969	191	564	4,879
	2사분기	492	1,298	786	889	442	153	328	1,538	5,926
	3사분기	1,100	1,430	514	1,468	777	900	851	2,022	9,062
	4사분기	1,126	586	312	541	10	883	289	491	4,238
요약		3,501	4,483	1,823	3,419	1,700	2,905	1,659	4,615	24,105

위 화면에서 전체 표 범위를 선택하려면 다음 두 가지 코드를 사용할 수 있습니다.

```
Range("B5:L15")                          ❶

Range("B5").CurrentRegion                ❷
```

❶ B5셀부터 L15셀까지 표 전체 범위를 참조할 수 있지만, 데이터가 추가되거나 삭제되면 범위 주소(B5:L15)를 변경해야 합니다.

❷ B5셀에서 단축키 Ctrl + A 를 누른 것과 동일한 범위(B5:L15)를 참조합니다. 코드가 실행될 때마다 범위를 다시 인식하기 때문에 항상 전체 범위를 정확하게 인식할 수 있습니다.

TIP 위 코드를 확인하려면 뒤에 .Select 명령을 추가해 직접 실행 창에 입력해 봅니다.

정의된 이름을 사용해 옮겨진 표 위치를 인식

앞의 코드는 기준 셀인 B5셀의 좌측에 열을 새로 삽입하거나 상단에 행을 삽입한 경우에는 표 범위를 정상적으로 인식할 수 없습니다. 이런 경우에는 기준 셀을 이름으로 정의하고, 그 이름을 코드에서 사용하는 것이 좋습니다. 표 왼쪽 상단 첫 번째 셀인 B5셀을 이름으로 정의하려면, 아래 화면과 같이 B5셀을 선택하고 이름 상자에 원하는 이름을 다음과 같이 입력합니다.

그런 다음 셀 주소 대신 정의된 이름을 기준 셀로 사용합니다.

```
Range("start").CurrentRegion     ──────────①
```

❶ start로 정의된 이름 위치에서 단축키 Ctrl + A 를 눌러 인식할 수 있는 범위를 참조합니다.

이렇게 하면 A1셀의 좌측(또는 상단)에 열(또는 행)을 삽입해도 항상 정확한 범위를 인식하게 됩니다. 이렇게 표 전체 범위를 인식할 수 있다면, 표의 특정 열(또는 행)도 빠르게 인식할 수 있는데, 그러려면 열 범위를 반환하는 Columns나 행 범위를 반환하는 Rows 속성을 추가로 사용하면 됩니다.

```
Range("start").CurrentRegion.Columns(11)  ──────────①

Range("start").CurrentRegion.Rows(6)      ──────────②
```

❶ start로 이름 정의된 셀에서 연속된 범위(B5:L15) 내의 11번째 열(L5:L15) 범위를 참조합니다. 항상 마지막 열을 참조하도록 하려면 다음과 같은 코드를 사용합니다.

```
Dim 표 As Range
Dim 합계열 As Range

Set 표 = Range("start").CurrentRegion
Set 합계열 = 표.Columns(표.Columns.Count)
```

❷ start로 이름 정의된 셀에서 연속된 범위 내의 6번째 행(B10:L10) 범위를 참조합니다.

End 속성을 이용해 떨어진 동적 범위 참조하기

102

CurrentRegion 속성이 연속된 데이터 범위를 참조할 때 유용하다면, 중간에 빈 행이 있거나 빈 열이 추가되어 있는 경우에는 End 속성을 사용해 동적 범위를 참조할 수 있습니다. End 속성은 단축키 Ctrl + ↑ ↓ ← → 를 누른 것과 동일한 방법으로 데이터 범위를 참조하는데, 이 방법을 Range 개체와 결합하면 매우 효율적으로 범위를 참조할 수 있습니다.

예제 파일 PART 03 \ (Range) End 속성.xlsm

End 속성 구문

특정 셀에서 Ctrl + ↑ ↓ ← → 를 누르면 해당 방향의 데이터가 연속으로 입력된 마지막 셀 위치로 이동합니다. 이 동작을 그대로 구현한 것이 End 속성이므로, ↑ ↓ ← → 부분을 매개변수로 지정하게 되어 있습니다. 구문은 다음과 같습니다.

```
Range.End( Direction )
```

❶ Direction : End 속성은 Direction 매개변수를 이용해 상, 하, 좌, 우로 이동합니다. Direction 매개변수에는 다음과 같은 내장 상수 네 개를 사용할 수 있습니다.

Direction	값	방향
xlUp	-4162	상
xlDown	-4121	하
xlToLeft	-4159	좌
xlToRight	-4161	우

End 속성 예제

예제 파일을 열면 다음과 같은 표를 확인할 수 있습니다.

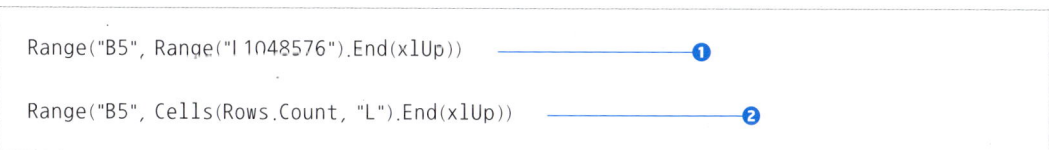

TIP 11행은 빈 행입니다.

CurrentRegion 속성을 사용하는 코드로는 표 전체 범위를 참조할 수 없습니다. 다음과 같은 코드를 사용하고 선택된 범위를 표시합니다.

```
Range("B5").CurrentRegion.Select
```

TIP 단축키 Ctrl + A 와 동일한 역할을 하는 CurrentRegion 속성만으로는 표 전체 범위를 선택할 수 없습니다.

이렇게 빈 행(또는 열)이 포함된 경우에는 End 속성을 사용해 표 전체 범위를 참조합니다.

```
Range("B5", Range("L1048576").End(xlUp))        ──────①

Range("B5", Cells(Rows.Count, "L").End(xlUp))   ──────②
```

① B5셀부터 L1048576셀(L열의 마지막 셀)에서 Ctrl + ↑ 을 눌러 이동한 셀(M열의 마지막 데이터 입력 위치이므로 L16셀이 됩니다.)까지의 범위(B5:L16)를 반환합니다.

② L열의 마지막 데이터 입력 위치를 Range("L1048576")과 같이 참조할 수는 있지만, 이렇게 하면 셀 주소를 항상 기억해야 하므로 좀 더 쉽게 처리하기 위해 Cells 속성을 사용합니다. Cells 속성의 첫 번째 인수인 Rows.Count는 상위 개체에 대한 표현이 없으므로 ActiveSheet.Rows.Count와 동일한 코드이며, 이것은 전체 행 수인 1048576 값을 반환합니다. 그러므로 Cells(Rows.Count, "L")은 Range("L1048576")과 동일한 셀을 가리킵니다. 이 방법은 매크로를 개발할 때 공식처럼 자주 사용되므로 잘 기억해 두면 좋습니다.

End 속성은 또한 표에서 특정 열의 데이터 범위만 선택할 때도 자주 사용됩니다. 예를 들어 예제의 표에서 L열의 합계 데이터 범위만 선택해야 한다면 다음과 같은 코드를 사용합니다.

```
Range("L6", Cells(Rows.Count, "L").End(xlUp))                    ●
```

● L6셀부터 L열의 마지막 셀에서 Ctrl+↑를 눌러 이동한 셀(L16)까지의 범위를 반환하는데, 이번 예제에서는 L6:L16 범위가 참조됩니다. 이처럼 머리글을 제외한 범위를 선택할 때도 자주 사용됩니다.

이렇게 End 속성은 CurrentRegion 속성에 비해 좀 더 세밀한 방식으로 범위를 참조하고자 할 때 자주 사용됩니다. 그런데, 이런 식으로 다른 워크시트를 참조할 때 다음과 같은 코드를 많이 사용하는데 이것은 올바른 코드가 아니므로 주의해야 합니다.

```
Worksheets("sample").Range("L6", Cells(Rows.Count, "L").End(xlUp))
```

위 코드는 다음과 같으므로 범위가 잘못 지정됩니다.

```
Worksheets("sample").Range("L6", ActiveSheet.Cells(Rows.Count, "L").End(xlUp))
```

그러므로, End 속성을 이용할 때, 다른 시트를 참조하고 싶다면 다음과 같이 구성해야 합니다.

```
Worksheets("sample").Range("L6", Worksheets("sample").Cells(Rows.Count, "L").End(xlUp))
```

위 코드를 간결하게 표시하고 싶다면 With 문이나 개체변수를 활용해야 합니다. With 문을 사용하는 코드는 다음과 같습니다.

```
With Worksheets("sample")
    .Range("L6", .Cells(Rows.Count, "L").End(xlUp))
End With
```

개체변수를 활용하는 코드는 다음과 같습니다.

```
Dim Raw As Worksheet

Set Raw = Worksheets("sample")

Raw.Range("L6", Raw.Cells(Rows.Count, "L").End(xlUp))
```

SpecialCells 속성을 이용해 조건에 맞는 범위 참조하기

103

엑셀에는 원하는 조건에 맞는 데이터가 입력된 셀로 빠르게 이동할 수 있도록 도와 주는 이동 기능이 있습니다. 이 기능에 해당하는 Range 개체의 구성원이 SpecialCells 속성입니다. 이 속성을 이용하면 전체 데이터에서 특정 조건에 맞는 데이터가 입력된 위치를 빠르게 참조할 수 있어, 원하는 범위 참조 작업을 보다 빠르게 처리할 수 있으므로 편리합니다.

예제 파일 PART 03 \ (Range) SpecialCells 속성.xlsm

SpecialCells 속성 구문

SpecialCells 속성은 다음과 같은 구문을 사용합니다.

```
Range.SpecialCells( Type, Value )
```

SpecialCells 속성은 Type과 Value 두 가지 매개변수에 값을 받아 해당 조건에 맞는 데이터 범위를 반환합니다. 매개변수의 구성을 정확하게 이해하기 위해서는 이동 기능의 대화상자 설정 부분과 연결하여 알아두는 것이 좋습니다.

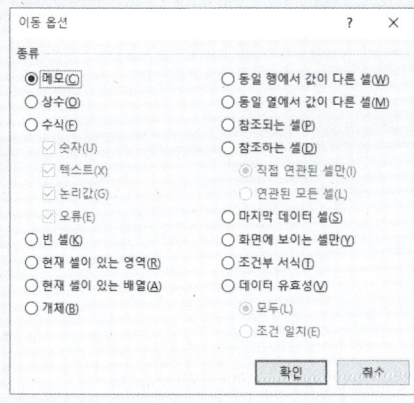

❶ Type : '이동 옵션' 대화상자의 옵션 단추 컨트롤이 Type 매개변수입니다. 다음 내장 상수를 사용합니다.

내장 상수	옵션
xlCellTypeComments	메모
xlCellTypeConstants	상수
xlCellTypeFormulas	수식
xlCellTypeBlanks	빈 셀
xlCellTypeLastCell	마지막 데이터 셀
xlCellTypeVisible	화면에 보이는 셀만
xlCellTypeAllFormatConditions	조건부 서식 (모두)

xlCellTypeSameFormatConditions	조건부 서식 (조건 일치)
xlCellTypeAllValidation	데이터 유효성 (모두)
xlCellTypeSameValidation	데이터 유효성 (조건 일치)

❶ Value : '이동 옵션' 대화상자의 확인란 컨트롤이 Value 매개변수입니다. 다음 내장 상수를 사용합니다.

내장 상수	설명
xlNumbers	숫자
xlTextValues	텍스트
xlLogical	논리값
xlErrors	오류

SpecialCells 속성 예제

예제 파일을 열면 다음 화면과 같은 표를 확인할 수 있습니다.

분류	김덕훈	김소미	김찬진	선하라	안정훈	오영수	유가을	윤대현	총합계
가공식품	24		51	15	21		36		147
곡류	4	6		22	10	9		23	74
과자류	45	145	51	110		15	95	58	519
유제품		116	192	19	117	1	30	108	583
육류	70	51		65	21			15	222
음료	96	103	75	156	75	5	48	95	653
조미료	30	70	24	66		60		102	352
해산물	12	132	85	120		40	85	84	558
총합계	281	623	478	573	244	130	294	485	3,108

빈 셀을 0으로

표의 빈 셀에 0 값을 채우는 코드는 다음과 같이 구성하면 됩니다.

```
Range("B5").CurrentRegion.SpecialCells(Type:=xlCellTypeBlanks).Value = 0         ❶
```

❶ B5셀에서 연속된 전체 범위 내에 SpecialCells 속성을 사용해 빈 셀만 반환하도록 한 다음, Value 속성을 이용해 0 값을 입력합니다.

TIP 이 코드는 예제의 〈빈 셀을 0으로〉 버튼에 연결되어 있습니다.

수식을 값으로

표의 수식을 값으로 변환하는 코드는 다음과 같이 구성하면 됩니다.

```
Sub 수식을값으로변환()

    Dim 수식범위 As Range                           ①
    Dim 셀 As Range                                 ②

    Set 수식범위 = Range("A1").CurrentRegion.SpecialCells(Type:=xlCellTypeFormulas)   ③

    For Each 셀 In 수식범위                          ④

        셀.Formula = 셀.Value                       ⑤

    Next

End Sub
```

① 수식이 입력된 전체 범위를 할당할 Range 형식의 '수식범위' 개체변수를 선언합니다.

② For Each … Next 순환문에서 사용할 Range 형식의 '셀' 개체변수를 선언합니다.

③ '수식범위' 변수에 B5셀에서 연속된 전체 범위(B5:K14)에서 SpecialCells 속성을 이용해 수식이 입력된 범위만 할당합니다.

④ For Each … Next 순환문을 사용해 '수식범위' 변수에 할당된 범위 내 셀을 하나씩 '셀' 변수에 할당하면서 순환합니다.

⑤ '셀' 개체변수에 할당된 셀의 Formula 속성에 Value 속성 값을 전달해 수식을 값으로 변환합니다.

TIP 이 매크로는 예제의 〈수식을 값으로〉 버튼에 연결되어 있습니다.

Offset, Resize 속성을 이용해 범위 조정하기

104

참조한 셀이나 범위에서 위치를 이동하거나 선택 범위를 조정해야 한다면 Offset이나 Resize 속성을 이용하면 됩니다. Offset 속성은 참조 범위를 행 방향이나 열 방향으로 이동할 때 사용하며 Resize 속성은 참조한 범위의 행과 열 개수를 조정할 때 사용합니다. 작업 대상 범위를 지정할 때 이 두 속성은 매우 빈번하게 사용되므로 사용 방법을 잘 이해해야 합니다.

\ 예제 파일 PART 03 \ (Range) Offset, Resize 속성.xlsm

Offset, Resize 구문

Offset 속성은 다음과 같은 구문을 사용합니다.

```
Range.Offset( RowOffset, ColumnOffset )
```

❶ RowOffset : 행 방향으로 이동할 셀 개수로, 양수면 아래 방향으로, 음수면 위 방향으로 이동합니다.

❷ ColumnOffset : 열 방향으로 이동할 셀 개수로, 양수면 오른쪽 방향으로, 음수면 왼쪽 방향으로 이동합니다.

TIP   Offset 속성은 워크시트 함수인 Offset 함수의 두 번째, 세 번째 인수와 사용 방법이 동일합니다.

Resize 속성은 다음과 같은 구문을 사용합니다.

```
Range.Resize( RowSize, ColumnSize )
```

❶ RowSize : 행 방향으로 확장할 셀 개수로, 생략하면 원 범위의 행 수를 그대로 유지합니다.

❷ ColumnSize : 열 방향으로 확장할 셀 개수로, 생략하면 원 범위의 열 수를 그대로 유지합니다.

TIP   Resize 속성은 워크시트 함수인 Offset 함수의 네 번째, 다섯 번째 인수와 사용 방법이 동일합니다.

Offset, Resize 예제

예제 파일을 열면 다음과 같은 표를 확인할 수 있습니다.

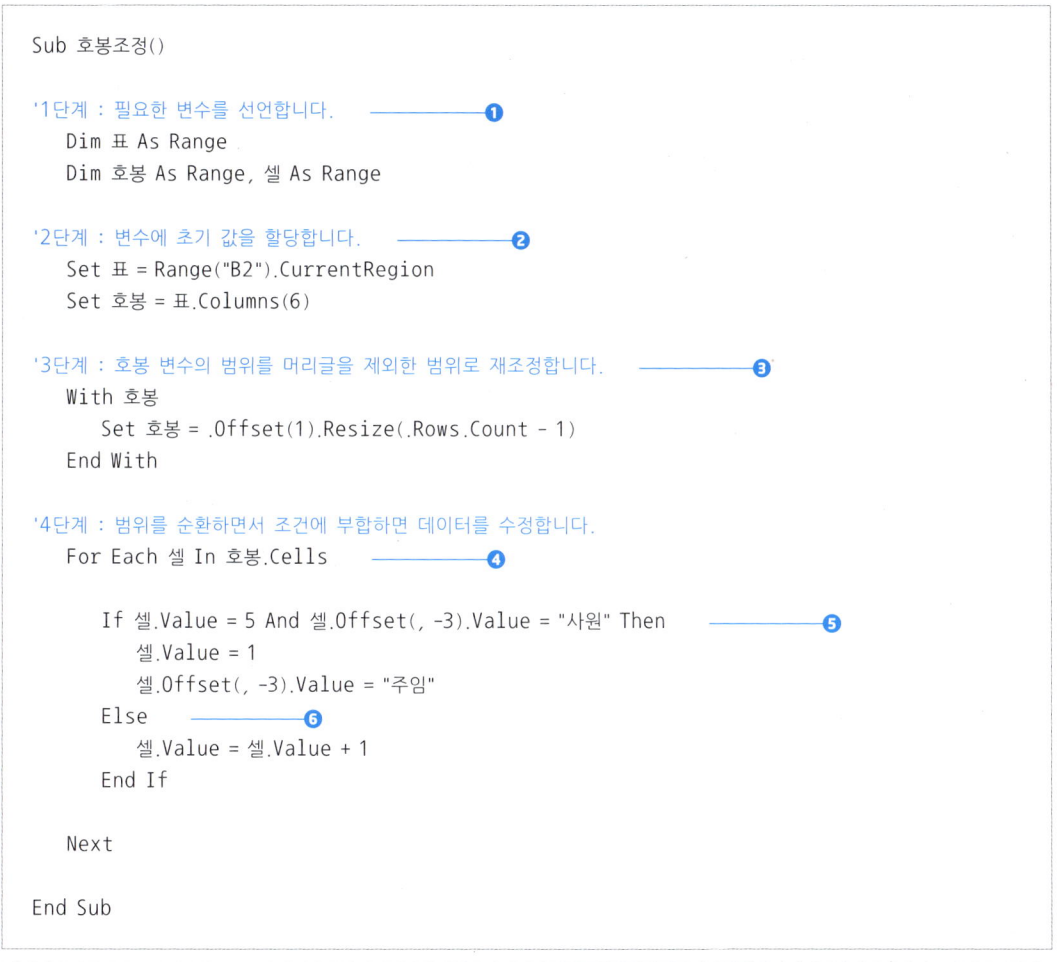

위 표에서 G열에 있는 호봉이 1년에 한 번씩 올라가고 사원의 최고 호봉은 5이며 사원 5호봉은 자동으로 주임 1호봉으로 직위가 상승한다고 가정하고 해당 작업을 처리하는 코드를 개발하면 다음과 같습니다.

```
Sub 호봉조정()

'1단계 : 필요한 변수를 선언합니다.  ──────── ①
    Dim 표 As Range
    Dim 호봉 As Range, 셀 As Range

'2단계 : 변수에 초기 값을 할당합니다.  ──────── ②
    Set 표 = Range("B2").CurrentRegion
    Set 호봉 = 표.Columns(6)

'3단계 : 호봉 변수의 범위를 머리글을 제외한 범위로 재조정합니다.  ──────── ③
    With 호봉
        Set 호봉 = .Offset(1).Resize(.Rows.Count - 1)
    End With

'4단계 : 범위를 순환하면서 조건에 부합하면 데이터를 수정합니다.
    For Each 셀 In 호봉.Cells  ──────── ④

        If 셀.Value = 5 And 셀.Offset(, -3).Value = "사원" Then  ──────── ⑤
            셀.Value = 1
            셀.Offset(, -3).Value = "주임"
        Else  ──────── ⑥
            셀.Value = 셀.Value + 1
        End If

    Next

End Sub
```

❶ 전체 표 범위를 할당할 '표' 변수와 G열만 할당할 '호봉' 변수, G열의 셀 하나씩 할당할 '셀' 변수를 Range 개체 형식으로 선언합니다.

❷ '표' 변수는 B2셀부터 연속된 범위를 할당하고, '호봉' 변수에는 '표' 변수에 할당된 여섯 번째 열(G열)을 할당합니다.

❸ '호봉' 변수에 할당된 범위는 G2:G11 범위인데, 작업에 필요한 범위는 머리글을 제외한 G3:G11입니다. 범위를 조정하기 위해, '호봉' 변수에 할당된 범위를 Offset 속성을 이용해 행 방향으로 한 칸 아래(G3:G12)로 이동시킵니다. 그런

다음, Resize 속성을 이용해 참조할 행 개수를 하나 줄입니다. 이렇게 하면 G3:G11 범위가 '호봉' 변수에 할당되어 머리글 범위만 생략할 수 있습니다. 이런 참조 방법은 자주 사용되므로 잘 기억해 두는 것이 좋습니다.

❹ For Each … Next 문을 이용해 '호봉' 변수의 셀 하나하나를 '셀' 개체변수에 할당하면서 작업합니다. 이때, '호봉' 변수에는 Columns 속성을 이용해 범위가 할당됐기 때문에 열 범위를 하나 참조하게 되어 셀을 하나씩 순환하도록 하려면 '호봉' 변수의 Cells 속성을 이용해야 합니다. 이렇게 Rows나 Columns 속성을 이용해 범위를 참조한 경우, 순환할 때는 반드시 Range 개체의 Cells 속성을 사용해 셀을 하나씩 순환하도록 지정해야 합니다.

❺ '셀' 변수에 할당된 셀 값이 5이고, 셀에서 왼쪽으로 세 칸 떨어진 위치(직위)의 값이 '사원'인지 판단합니다. 이 조건을 모두 만족하면 셀 값은 1로, 셀에서 왼쪽으로 세 칸 떨어진 위치의 값은 '주임'으로 변경합니다.

❻ ❺에서 판단한 조건이 맞지 않으면 '셀' 변수에 할당된 셀 값만 1 증가시킵니다. (호봉을 1씩 증가시킵니다.)

TIP 이 매크로는 예제 파일의 〈호봉 조정〉 버튼에 연결되어 있습니다.

Value와 Text, Formula 속성의 차이를 이해하고 사용하기

105

Range 개체에 제공되는 Value와 Text, Formula 속성의 역할을 혼동하는 분이 많은데, Value 속성은 말 그대로 셀에 저장된 값을 의미하며, Text 속성은 셀에 표시된 값, Formula 속성은 셀에 입력된 수식을 의미합니다. Range 개체의 값을 사용할 때 Value 속성을 이용하는 것이 일반적이지만, 상황에 따라 Text 또는 Formula를 사용할 때도 있으므로 세 가지 속성의 반환 값을 잘 구분해야 합니다.

예제 파일 PART 03 \ (Range) Value, Text, Formula 속성.xlsm

속성의 차이

속성	설명
Value	Range 개체의 기본 속성으로, 값을 반환하거나 변경할 수 있습니다.
Value2	Value 속성과 유사하나 Date와 Currency 형식을 사용하지 않아, 날짜 값의 경우 날짜 일련번호가 반환됩니다.
Text	Range 개체의 화면에 표시된 값을 반환합니다.
Formula	개체의 수식을 반환하거나 변경할 수 있습니다. 수식을 반환할 때 수식이 입력되지 않은 경우라면 개체의 값(Value)을 반환하고, 값이 입력되지 않은 경우라면 빈 문자("")를 반환합니다.

예제 이해하기

예제를 열면 아래와 같은 화면을 확인할 수 있습니다. B3셀에는 수식 =Date(2016, 7, 5)가 입력되어 있으며, 셀 서식을 요일까지 표시되도록 설정해 놓았습니다.

	A	B	C	D	E
1					
2		샘플			
3		2016년 7월 5일 화요일			
4					
5					

B3 fx =DATE(2016, 7, 5)

Value, Value2, Text, Formula 속성의 차이를 이해하기 위해 직접 실행 창에 다음 코드를 입력하고 결과를 확인합니다.

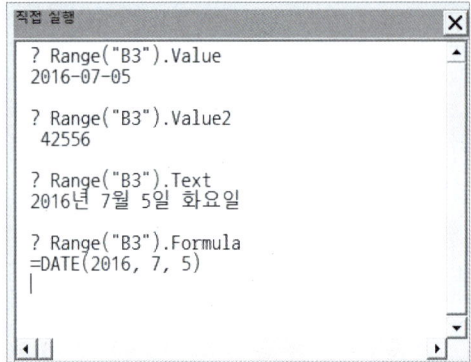

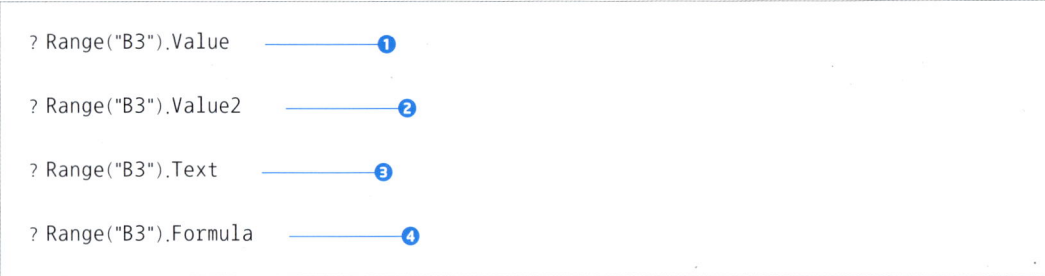

❶❷ B3셀의 값(저장된 값)을 반환합니다.

❸ B3셀의 값(표시된 값)을 반환합니다.

❹ B3셀의 수식을 반환합니다.

Formula와 FormulaArray 속성을 이용해 수식 입력하기

106

셀(또는 범위)에 입력된 수식을 확인하거나 수식을 코드로 입력해야 한다면 Formula 속성을 이용하면 됩니다. 단, 일반수식이 아닌 배열수식을 사용하고 싶다면 Formula 속성 대신 FormulaArray 속성을 이용해야 합니다. 이번에는 Formula, FormulaArray 속성을 이용해 셀에 직접 수식을 입력하는 방법에 대해 알아보겠습니다.

예제 파일 PART 03\(Range) Formula, FormulaArray 속성.xlsm

Formula, FormulaArray 속성

Formula 속성은 Range 개체의 수식을 반환하거나 입력하는 데 사용하며 사용 방법은 다음과 같습니다.

```
Range("B1").Formula = "=SUM(A1:A10)"         ❶
```

❶ B1셀에 수식 =SUM(A1:A10)을 입력합니다. 수식은 등호(=)로 시작해야 하므로 큰따옴표(") 안에 등호로 시작하는 계산식을 입력하면 됩니다.

FormulaArray 속성은 배열수식을 반환하거나 입력할 때 사용하며, 배열수식은 최대 255자까지의 문자로 구성됩니다. 참고로 VBA 도움말에는 R1C1 참조 스타일만 사용할 수 있다고 설명되어 있는데, A1 참조 스타일을 그대로 사용해도 문제없이 처리됩니다.

```
Range("C1").FormulaArray = "=MAX(IF(A1:A10=""엑셀"", B1:B10))"         ❶
```

❶ C1셀에 배열수식 =MAX(IF(A1:A10=엑셀, B1:B10))을 입력합니다. 셀에 배열수식을 입력할 때는 Ctrl + Shift + Enter 키를 이용하지만, VBA에서는 FormulaArray 속성을 사용합니다.

Formula, FormulaArray 속성 예제

예제 파일을 열면 다음과 같은 표를 확인할 수 있습니다.

	A	B	C	D	E	F	G	H	I	J
1										
2		사번	이름	직위	성별	근속년수		성별	근속년수	
3		1	김덕훈	부장	남	6		남		
4		2	안정훈	과장	남	10		여		
5		3	김소미	과장	여	5		평균		
6		4	윤대현	대리	남	1				
7		5	최소라	주임	여	3		수식 자동 입력		
8		6	김찬진	대리	남	4				
9		7	오영수	사원	남	2				
10		8	선하라	사원	여	2				
11		9	유가을	사원	여	1				
12										

I3:I5 범위에 성별에 따른 최대 근속연수와 평균 근속연수를 구하는 코드는 다음과 같습니다.

```
Sub 수식입력()

'1단계 : 필요한 변수를 선언합니다.
    Dim 성별범위 As String                    ❶
    Dim 근속범위 As String                    ❷
    Dim 성별 As String                        ❸
    Dim 수식범위 As Range, 셀 As Range         ❹

'2단계 : 변수에 초기 값을 설정합니다.
    With Range("E3", Range("E3").End(xlDown))  ❺
        성별범위 = .Address
        근속범위 = .Offset(0, 1).Address
    End With

    Set 수식범위 = Range("I3:I5")              ❻

'3단계 : I3:I5 범위를 순환하면서 수식을 입력합니다.
    For Each 셀 In 수식범위                    ❼

        If 셀.Offset(, -1).Value = "평균" Then  ❽

            셀.Formula = "=AVERAGE(" & 근속범위 & ")"

        Else                                  ❾

            성별 = 셀.Offset(, -1).Address
            셀.FormulaArray = "=MAX(IF(" & 성별범위 & "=" & 성별 & ", " & 근속범위 & "))"

        End If

    Next

End Sub
```

❶ 수식에 넣을 E3:E11 범위의 주소를 저장할 String 형식의 '성별범위' 변수를 선언합니다.

❷ 수식에 넣을 F3:F11 범위의 주소를 저장할 String 형식의 '근속범위' 변수를 선언합니다.

❸ 수식에 넣을 H3:H4 범위의 셀 주소를 저장할 String 형식의 '성별' 변수를 선언합니다.

❹ 수식을 넣을 범위를 순환할 때 사용할 Range 형식의 '수식범위'와 '셀' 개체변수를 선언합니다.

❺ 수식에서 사용할 E열과 F열의 데이터 범위 주소를 '성별범위'와 '근속범위' 변수에 저장하기 위해 With … End With 문을 사용해 E열의 데이터 범위를 잡고, 해당 열의 주소는 '성별범위' 변수에, 해당 열의 오른쪽 열(Offset(0, 1)) 주소는 '근속범위' 변수에 저장합니다.

❻ '수식범위' 개체변수에 I3:I5 범위를 할당합니다.

❼ '수식범위' 개체변수에 할당된 범위를 For Each … Next 순환문을 이용해 '셀' 개체변수에 하나씩 할당하면서 순환합니다.

❽ '셀' 개체변수에 할당된 셀의 왼쪽 셀(Offset(, -1))의 값이 '평균'이면 마지막 I5셀이므로, 해당 셀의 수식에 Formula 속성을 이용해 수식 =AVERAGE($F$3:$F$11)을 입력합니다.

❾ ❽ 조건이 False라면 I3:I4 범위 내 셀이므로, 성별에 따른 최대 근속연수를 산정합니다.

먼저 '성별' 변수에 '셀' 개체변수에 할당된 셀의 왼쪽 셀 주소를 저장합니다.

그런 다음, 셀에 FormulaArray 속성을 이용해 다음과 같은 배열수식을 입력합니다.

```
=MAX(IF($E$3:$E$11=$H$3, $F$3:$F$11))
```

위 매크로의 실행 결과를 확인하려면 〈수식 자동 입력〉 버튼을 클릭한 다음 I3:I5 범위에 입력되는 수식을 확인합니다.

NumberFormat 속성을 이용해 셀 값의 표시 형식 변경하기

107

엑셀은 셀에 저장된 값을 원하는 방식으로 표시할 수 있도록 '표시 형식' 기능을 제공합니다. 표시 형식을 변경하려면 Range 개체의 NumberFormat 속성을 이용하면 되는데, NumberFormat 속성은 서식 코드를 이용하기 때문에 사용자가 셀 값을 원하는 방식으로 표시하려면 서식 코드에 대해 잘 이해하고 있어야 합니다. 그리고 표시 형식은 셀 값을 직접 변경하지는 못하고, 표시되는 방법만 변경한다는 점에 주의해야 합니다.

예제 파일 없음

숫자 표시 형식 예제

NumberForamt 속성은 표시 형식을 변경할 수 있습니다. 다음은 숫자 값의 표시 형식을 변경하는 예입니다.

```
Range("A1").NumberFormat = "#,###"        ❶

Range("A1").NumberFormat = "0.00"         ❷

Range("A1").NumberFormat = "0.0%"         ❸
```

❶ A1셀의 숫자 값에 천 단위 구분 기호(,)를 넣어 표시합니다. 예를 들어 A1셀에 1234 값이 있으면 1,234로 표시됩니다.

❷ A1셀의 숫자 값을 소수점 둘째 자리까지 표시합니다. 예를 들어 A1셀에 12.345 값이 있으면 12.35로 표시됩니다. 이때, 표시되지 않는 부분은 반올림 처리됩니다.

❸ A1셀의 숫자 값을 소수점 첫째 자리까지 백분율 스타일로 표시합니다. 예를 들어 0.2345 값이 있으면 23.5%로 표시됩니다.

날짜/시간 표시 형식 예제

다음은 날짜/시간 값의 표시 형식을 변경하는 NumberFormat 속성의 사용 예입니다.

```
Range("A1").NumberFormat = "yyyy-mm-dd"   ❶

Range("A1").NumberFormat = "aaa"          ❷

Range("A1").NumberFormat = "m월"           ❸
```

```
Range("A1").NumberFormat = "h:mm am/pm"                    ④
```

① A1셀의 날짜 값을 yyyy-mm-dd 형식으로 표시합니다.

② A1셀의 날짜 값을 월~일까지의 요일 값으로 표시합니다.

③ A1셀의 날짜 값을 m월과 같이 표시합니다. 예를 들어 A1셀의 값이 2015-1-1이면 1월이 표시됩니다.

④ A1셀의 시간 값을 지정한 시간 형식으로 표시합니다. 예를 들어 A1셀의 값이 오후 6시이면 6:00 pm으로 표시됩니다.

텍스트 표시 형식 예제

다음은 텍스트 값의 표시 형식을 변경하는 NumberFormat 속성의 사용 예입니다.

```
Range("A1").NumberFormat = "■ @"        ①

Columns(1).NumberFormat = "@"           ②
```

① A1셀의 텍스트 값 앞에 ■ 머리글 기호를 모두 넣어 표시합니다.

② A열을 모두 텍스트 형식으로 지정합니다. 이후 입력되는 값은 모두 텍스트 값으로 인식됩니다. 예를 들어 이 코드를 입력한 다음에 A열에 001이나 1-1과 같은 값도 입력할 수 있습니다.

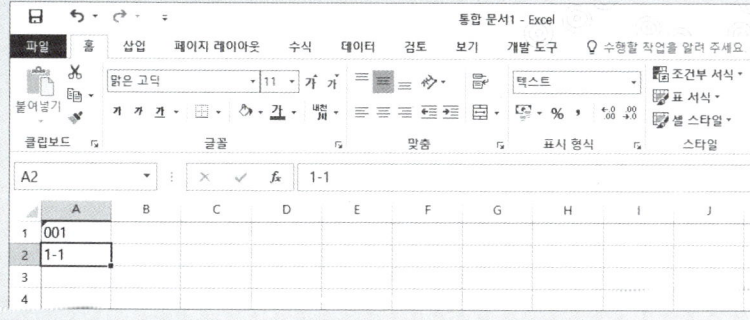

TIP 리본 메뉴의 [홈] 탭-[표시 형식] 그룹-[표시 형식] 명령이 '텍스트'로 변경되어, 입력한 값이 그대로 표시됩니다.

사용자 지정 숫자 서식 예제

다음은 사용자 지정 숫자 서식을 이용해 표시 형식을 변경하는 NumberFormat 속성의 사용 예입니다.

```
Range("A1").NumberFormat = "[빨강][>0]#,###;[파랑][<0]-#,###"   ①

Range("A1").NumberFormat = "#,###;-#,###;;@"   ②
```

① A1셀의 숫자 값이 0보다 크면 천 단위 구분 기호(,)를 표시하고 글꼴 색은 빨강으로 표시하며, 0보다 작으면 음수 기호(-)와 천 단위 구분 기호(,)를 표시하고 글꼴 색은 파랑으로 표시합니다.

② A1셀의 값이 양수면 천 단위 구분 기호(,)를 표시하며, 음수면 음수 기호(-)와 천 단위 구분 기호(,)를 표시하고 음수는 표시하지 않으며 텍스트 값은 그대로 표시합니다.

Plus⁺ 서식 코드를 쉽게 확인하고 사용하기

① 셀 서식을 변경할 셀을 선택합니다.
② 단축키 Ctrl+1을 눌러 '셀 서식' 대화상자를 호출한 다음, '표시 형식' 탭에서 원하는 서식을 지정하고 〈확인〉 버튼을 클릭해 닫습니다.
③ 다시 Ctrl+1을 눌러 '셀 서식' 대화상자의 '표시 형식' 탭에서 '사용자 지정' 범주를 선택하고 '형식' 란에 표시된 서식 코드를 복사해 사용합니다.

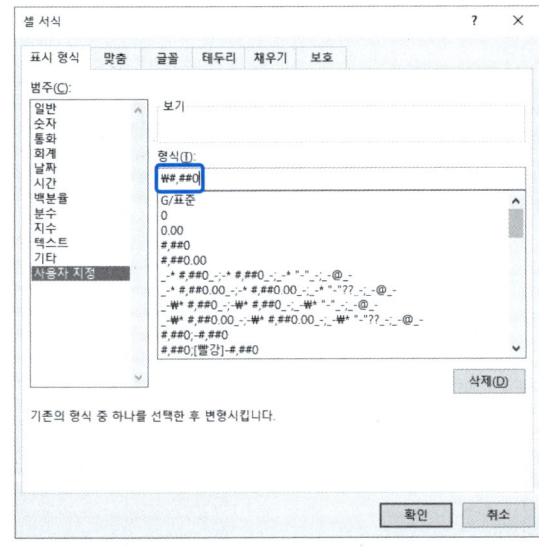

Copy, Cut, Paste 메서드를 이용해 셀 값을 복사(이동)하기

108

워크시트에서 가장 흔하게 발생하는 작업 중의 하나가 복사하여 붙여 넣기입니다. 이 작업은 빈번하게 발생하기도 하지만, 매크로 개발을 매우 효율적으로 진행할 수 있도록 도와 줍니다. 그러므로 매크로를 개발하려는 사용자는 반드시 셀을 복사하고 이동하는 방법을 제대로 숙지해야 합니다. 이번에는 복사, 잘라내기, 붙여넣기에 사용되는 Copy, Cut, Paste 메서드를 활용하는 방법에 대해 알아보겠습니다.

예제 파일 PART 03\(Range) Copy, Cut, Paste 메서드.xlsm

Copy, Cut 메서드 구문

Copy, Cut 메서드는 복사 작업과 잘라내기 작업을 한다는 점만 다르며, 구문은 동일합니다.

```
Range.Copy( Destination )        ❶
```

❶ Copy(또는 Cut)는 Destination 매개변수를 사용합니다. Destination이 생략되면 클립보드로 개체를 복사(또는 잘라내기)합니다.

다음은 B2셀을 D2셀로 복사하는 간단한 코드입니다.

```
Range("B2").Copy Destination:=Range("D2")        ❶
Range("B2").Cut Destination:=Range("D2")         ❷
```

❶ B2셀을 복사해서 D2셀에 붙여 넣습니다.
❷ B2셀을 잘라내서 D2셀에 붙여 넣습니다.

Paste 메서드

Destination 매개변수에 복사할 셀(또는 범위)을 생략하면 클립보드에 복사가 되고 복사 모드 상태가 됩니다. 복사 모드란 다음과 같이 복사된 셀(또는 범위)의 테두리가 굵은 점선으로 깜빡이고 있는 상태를 의미하며, 이 상태일 때만 원하는 위치에 붙여 넣는 작업을 할 수 있습니다.

	A	B	C	D	E
1					
2		사번	이름	직위	
3		1	김덕훈	부장	
4		2	안정훈	과장	
5		3	김소미	사원	

복사 모드인 상태에서 다른 위치로 여러 번 복사하고자 할 때는 Worksheet 개체의 Paste 메서드를 이용해야 합니다. Paste 메서드의 구문은 다음과 같습니다.

```
Worksheet.Paste( Destination, Link )        ❶
```

❶ 클립보드의 내용을 시트에 붙여 넣습니다. Destination 매개변수는 붙여 넣을 위치를 가리키는 Range 개체를 지정하고, Link 매개변수는 수식으로 참조된 결과를 반환할지 여부를 결정하는 옵션으로 True, False 값을 설정할 수 있으며 기본 값은 False입니다. 참고로 Link 매개변수를 True로 설정하면 Destination 매개변수를 사용할 수 없습니다.

참고로 Range 개체에는 [선택하여 붙여넣기] 명령을 의미하는 PasteSpecial 메서드만 제공됩니다. 다음은 Paste 메서드를 사용하는 코드의 예입니다.

```
Range("B3:D3").Copy                              ❶
ActiveSheet.Paste Destination:=Range("I3")       ❷
Application.CutCopyMode = False                  ❸
```

❶ B3:D3 범위를 복사합니다. 이때, 복사 모드가 설정됩니다.

❷ 클립보드에 복사된 데이터를 현재 워크시트의 I3셀에 붙여 넣습니다.

❸ 복사 모드를 해제합니다. 이 코드를 넣지 않으면 코드가 정상으로 동작해도 B3:D3 범위의 테두리가 계속 깜빡입니다.

Copy 메서드 예제

예제 파일을 열면 다음과 같은 표를 확인할 수 있습니다.

	A	B	C	D	E	F	G	H	I	J	K	L
1												
2		사번	이름	직위					사번	이름	직위	
3		1	김덕훈	부장		사원만 이동						
4		2	안정훈	과장								
5		3	김소미	사원								
6		4	윤대현	대리								
7		5	최소라	사원								
8		6	김찬진	대리								
9		7	오영수	사원								
10		8	선하라	사원								
11		9	유가을	사원								
12												

직위가 '사원'인 데이터만 오른쪽 표로 옮겨야 한다면 다음과 같은 코드를 개발해 사용합니다.

```
Sub 사원이동()

'1단계 : 필요한 변수를 선언하고, 변수 초기 값을 할당합니다.
    Dim 직위 As Range                           ❶
    Dim 셀 As Range                             ❷
    Dim 복사위치 As Range                        ❸

    Set 직위 = Range("D3", Cells(Rows.Count, "D").End(xlUp))     ❹

'2단계 : 범위를 순환하면서 사원 데이터를 필요한 위치에 복사합니다.
    For Each 셀 In 직위                         ❺

        If 셀.Value = "사원" Then                ❻

            Set 복사위치 = Cells(Rows.Count, "I").End(xlUp).Offset(1)    ❼

            Range(셀.Offset(, -2), 셀).Copy 복사위치                      ❽

        End If

    Next

End Sub
```

❶ D열의 직위가 입력된 범위를 할당할 Range 형식의 '직위' 개체변수를 선언합니다.

❷ 순환문에서 사용할 Range 형식의 '셀' 개체변수를 선언합니다.

❸ 복사할 위치를 할당할 Range 형식의 '복사위치' 변수를 선언합니다.

❹ '직위' 변수에 D3셀부터 D열의 마지막 셀(D11)까지의 범위를 할당합니다.

❺ For Each … Next 순환문을 사용해 '직위' 변수 내 셀을 하나씩 '셀' 변수에 할당하면서 순환합니다.

❻ '셀' 변수에 할당된 셀 값이 '사원'인지 판단합니다. '사원'이면 아래 두 줄의 코드를 실행합니다.

❼ '복사위치' 변수에 I열에서 데이터가 입력된 마지막 셀(I2)의 바로 아래 셀(I3)을 할당합니다.

❽ '셀' 변수의 **왼쪽** 두 번째 셀(B3)부터 '셀' 변수 위치까지의 범위를 '복사위치' 변수에 할당된 위치에 복사합니다. 복사할 범위는 다음과 같이 참조할 수도 있습니다.

```
셀.Offset(, -2).Resize(1, 3).Copy 복사위치
```

TIP 이 매크로는 예제 파일의 〈사원만 이동〉 버튼에 연결되어 있습니다.

PasteSpecial 메서드를 이용해 복사된 셀 일부만 복사하기 109

[선택하여 붙여넣기] 명령은 매우 빈번하게 사용되는 명령 중의 하나로, 클립보드로 복사된 내용 중 일부만 원하는 위치에 붙여 넣고자 할 때 사용합니다. [선택하여 붙여넣기] 명령은 값(또는 수식)만 복사하거나 서식만 복사하려는 경우에도 자주 사용하지만, 특정 셀 값을 간단한 연산을 통해 붙여 넣는 작업을 할 수도 있는 등 다양하게 활용할 수 있습니다. PasteSpecial 메서드가 [선택하여 붙여넣기] 명령을 처리하는 것이므로 [선택하여 붙여넣기] 명령을 자주 사용했던 사용자라면 반드시 이해하고 있어야 합니다.

예제 파일 PART 03 \ (Range) PasteSpecial 메서드 I.xlsm

PasteSpecial 메서드 구문

PasteSpecial 메서드의 구문은 다음과 같습니다.

```
Range.PasteSpecial( Paste, Operation, SkipBlanks, Transpose )
```

PasteSpecial 메서드는 네 개의 매개변수를 사용하는데, 다음과 같은 '선택하여 붙여넣기' 대화상자와 연동해 이해하는 것이 쉽습니다.

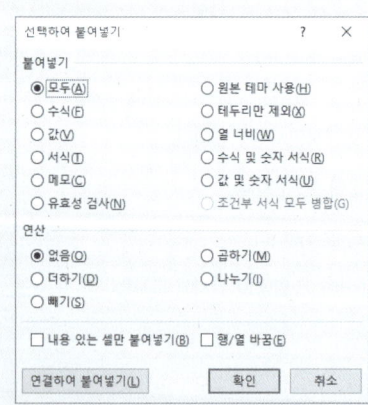

'선택하여 붙여넣기' 대화상자를 보면 '붙여넣기', '연산' 이렇게 그룹 두 개와 하위에 두 개의 확인란이 있는 것을 확인할 수 있습니다. 이것은 PasteSpecial 메서드의 다음 매개변수로 설정할 수 있습니다.

설명	매개변수
붙여넣기	Paste
연산	Operation
내용 있는 셀만 붙여넣기	SkipBlanks
행/열 바꿈	Transpose

❶ Paste : '선택하여 붙여넣기' 대화상자의 '붙여넣기' 그룹의 옵션으로, 다음 내장 상수를 사용합니다.

내장 상수	옵션
xlPasteAll	모두
xlPasteAllExceptBorders	테두리만 제외
xlPasteAllMergingConditionalFormats	조건부 서식 모두 병합
xlPasteAllUsingSourceTheme	원본 테마 사용
xlPasteColumnWidths	열 너비
xlPasteComments	메모
xlPasteFormats	서식
xlPasteFormulas	수식
xlPasteFormulasAndNumberFormats	수식 및 숫자 서식
xlPasteValidation	유효성 검사
xlPasteValus	값
xlPasteValuesAndNumberFormats	값 및 숫자 서식

❷ Operation : '선택하여 붙여넣기' 대화상자의 '연산' 그룹의 옵션으로 다음 내장 상수를 사용합니다.

내장 상수	옵션
xlPasteSpecialOperationAdd	더하기
xlPasteSpecialOperationDivide	나누기
xlPasteSpecialOperationMultiply	곱하기
xlPasteSpecialOperationNone	없음
xlPasteSpecialOperationSubtract	빼기

❸ SkipBlanks : '선택하여 붙여넣기' 대화상자의 '내용 있는 셀만 붙여넣기' 옵션입니다.

내장 상수	옵션
True	체크
False	체크 해제

❹ Transpose : '선택하여 붙여넣기' 대화상자의 '행/열 바꿈' 옵션입니다.

내장 상수	옵션
True	체크
False	체크 해제

PasteSpecial 메서드 예제

PasteSpecial 메서드는 클립보드에 있는 내용 중 일부를 붙여 넣을 수 있으므로 반드시 복사 모드 상태여야 합니다. PasteSpecial 메서드를 사용해 보기 위해 예제를 열면 화면과 같은 표를 확인할 수 있습니다.

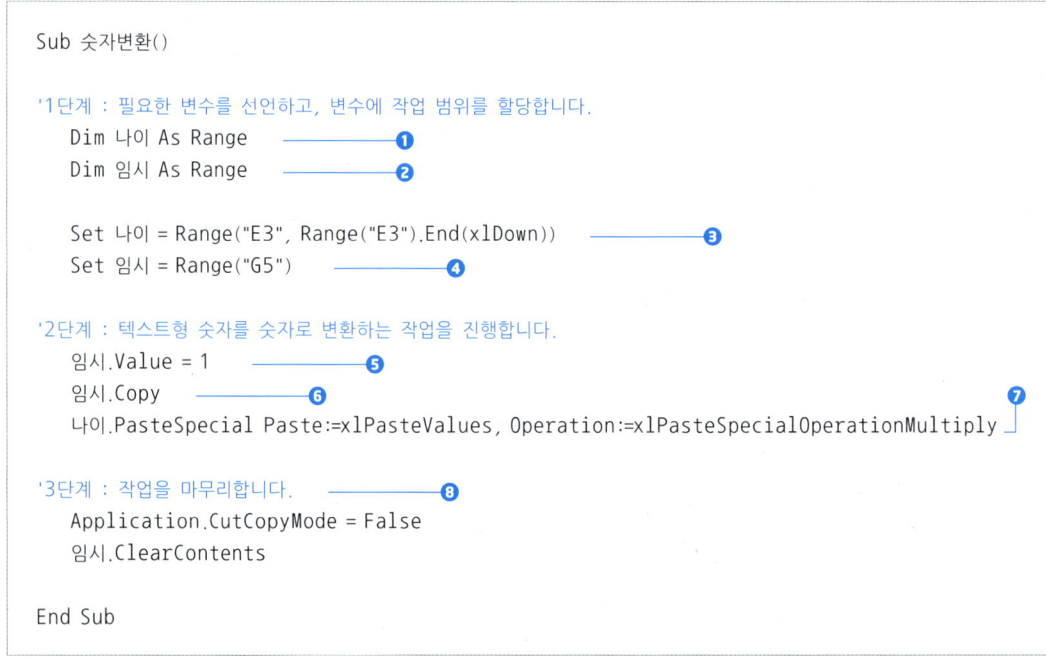

E열의 나이 평균을 G3셀에서 구했는데, 참조한 E3:E11 범위 내 값이 숫자가 아니라 텍스트형 숫자라면 계산 결과가 제대로 반환되지 않습니다. 이 문제를 해결하려면 E3:E11 범위의 값을 올바른 숫자로 변경하는 작업을 PasteSpecial 메서드를 이용해 다음과 같이 코드를 구성합니다.

```
Sub 숫자변환()

'1단계 : 필요한 변수를 선언하고, 변수에 작업 범위를 할당합니다.
    Dim 나이 As Range                                      ❶
    Dim 임시 As Range                                      ❷

    Set 나이 = Range("E3", Range("E3").End(xlDown))        ❸
    Set 임시 = Range("G5")                                 ❹

'2단계 : 텍스트형 숫자를 숫자로 변환하는 작업을 진행합니다.
    임시.Value = 1                                         ❺
    임시.Copy                                              ❻
    나이.PasteSpecial Paste:=xlPasteValues, Operation:=xlPasteSpecialOperationMultiply   ❼

'3단계 : 작업을 마무리합니다.                               ❽
    Application.CutCopyMode = False
    임시.ClearContents

End Sub
```

❶ 나이가 입력된 범위를 할당할 Range 형식의 '나이' 개체변수를 선언합니다.

❷ 숫자로 변환하기 위한 값을 저장할 셀을 할당할 Range 형식의 '임시' 개체변수를 선언합니다.

❸ '나이' 변수에 E3셀부터 E3셀에서 Ctrl+↓ 키를 눌러 이동한 위치(E11)까지의 범위를 할당합니다.

❹ '임시' 변수에 G5셀을 할당합니다. 여기서 G5셀은 아무 값도 입력되지 않은 셀로, 빈 셀이면 어디라도 상관 없습니다.

❺ '임시' 변수에 할당된 셀에 1값을 저장합니다.

❻ '임시' 변수에 할당된 셀을 복사합니다.

❼ 복사된 값을 '나이' 변수에 할당된 범위에 '값'만 '곱하기' 옵션을 사용해 선택하여 붙여 넣습니다. 이 과정에서 '나이' 변수의 값이 숫자로 변환됩니다.

❽ 복사 모드를 해제하고 '임시' 변수에 할당된 셀의 값을 지웁니다.

TIP 이 매크로는 예제의 〈올바른 데이터 형식으로 변환〉 버튼에 연결되어 있습니다.

> **Plus⁺ 텍스트형 숫자와 숫자 연산**
>
> 텍스트형 숫자란 셀에 입력된 값은 숫자로 인식될 수 있는 문자인데 데이터 형식은 텍스트로 인식되어 계산할 수 없는 값을 의미합니다. 이런 값을 숫자로 변경하는 가장 쉬운 방법은 텍스트형 숫자를 숫자와 연산(사칙연산)하는 방법입니다. 엑셀에서 텍스트형 숫자를 숫자와 연산하면 텍스트형 숫자가 자동으로 숫자로 변환됩니다. 이번 코드는 이 방법을 이용한 것입니다.

Transpose 함수를 사용해 행, 열 바꿔 복사하기

110

데이터를 옮기는 작업을 하다 보면, 행 방향 데이터를 열 방향으로 입력해야 하거나 또는 그 반대로 해야 하는 경우가 빈번하게 발생합니다. 이런 작업은 선택하여 붙여넣기(PasteSpecial) 명령의 행/열 바꿈(Transpose 매개변수) 옵션을 이용하거나 워크시트 함수인 Transpose 함수를 사용하여 진행하면 됩니다. 이 두 가지 방법을 모두 알아보겠습니다.

예제 파일 PART 03 \ (Range) PasteSpecial 메서드 II.xlsm

예제 파일을 열어 보면 'sample' 시트는 데이터를 행 방향(아래쪽)으로 입력할 수 있도록 구성되어 있고, 'data' 시트는 직원 데이터를 열 방향(오른쪽)으로 기록하도록 구성되어 있는 것을 확인할 수 있습니다.

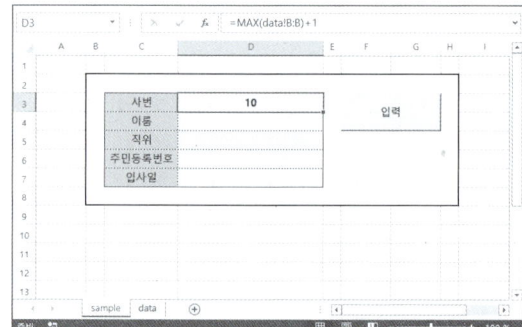

TIP 'sample' 시트의 D3셀에는 사번을 계산하기 위한 수식 =Max(data!B:B)+1이 입력되어 있습니다.

행/열 바꿈 : 선택하여 붙여넣기 기능

'sample' 시트의 〈입력〉 버튼에 연결할 매크로(Sub 프로시저)를 개발하는 작업을 진행합니다. 먼저 [선택하여 붙여넣기] 명령을 사용해 'sample' 시트에 입력된 값을 'data' 시트에 기록하는 작업을 처리하도록 다음과 같이 코드를 작성합니다.

```
Sub 입력_선택하여붙여넣기()

    '1단계 : 필요한 변수를 선언하고, 변수에 작업 범위를 할당합니다.
        Dim 입력범위 As Range          ❶
        Dim 추가위치 As Range          ❷

        Set 입력범위 = Range("D3:D7")   ❸
```

```
    '2단계 : 데이터 입력을 확인하고, 입력된 데이터를 'data' 시트에 붙여 넣습니다.
    If WorksheetFunction.CountA(입력범위) = 5 Then                    ❹
    
        Set 추가위치 = Worksheets("data").Cells(Rows.Count, "B").End(xlUp).Offset(1)    ❺
        
        입력범위.Copy           ❻
        
        With 추가위치           ❼
            .PasteSpecial Paste:=xlPasteValuesAndNumberFormats, Transpose:=True      ❽
            .Offset(-1).Resize(, 5).Copy          ❾
            .PasteSpecial Paste:=xlPasteFormats         ❿
        End With
        
        Application.CutCopyMode = False         ⓫
        
        입력범위.Offset(1).Resize(입력범위.Rows.Count - 1).ClearContents     ⓬
    
    Else           ⓭
    
        MsgBox "모든 값이 입력되지 않았습니다."
    
    End If

End Sub
```

❶ 'sample' 시트의 데이터를 입력할 범위를 할당할 Range 형식의 '입력범위' 개체변수를 선언합니다.

❷ 'data' 시트의 표에 데이터를 추가할 위치를 할당할 Range 형식의 '추가위치' 개체변수를 선언합니다.

❸ '입력범위' 개체변수에 D3:D7 범위를 할당합니다. 이번 매크로가 실행되는 위치가 'sample' 시트의 〈입력〉 버튼이므로 D3:D7 범위는 'sample' 시트 내 범위입니다.

❹ '입력범위' 개체변수에 할당된 범위(D3:D7) 내 셀 값이 모두 입력됐는지 확인하기 위해, 워크시트 함수인 CountA 함수를 사용해 입력된 값이 다섯 개인지 판단합니다. True면 아래 코드를 실행합니다.

❺ '추가위치' 개체변수에 'data' 시트 B열의 마지막 데이터 입력 위치(Cells(Rows.Count, "B").End(xlUp))에서 한 칸 아래 셀(Offset(1))을 할당합니다.

❻ '입력범위' 개체변수에 할당된 범위를 Copy 메서드를 이용해 복사합니다.

❼ '추가위치' 개체변수에 할당된 범위에 With … End With 문을 사용해 ❽-❾를 실행합니다.

❽ 복사된 '입력범위' 변수에 할당된 범위를 '추가범위' 개체변수에 할당된 범위에 PasteSpecial 메서드를 이용해 '값 및 숫자 서식' 그리고 '행/열 바꿈' 옵션을 적용하여 붙여넣습니다.

❾ 데이터를 추가한 다음, 표 서식을 일정하게 관리하기 위해 상단의 표 서식을 복사합니다. '추가범위' 개체변수에 할당된 바로 위 행을 선택하기 위해 .Offset(-1)로 바로 위 셀을 참조하고, .Resize(, 5)로 열 방향 다섯 개의 셀을 포함한 범위로 조정합니다. 그런 다음, Copy 메서드를 사용해 복사합니다.

❿ 클립보드에 복사된 내용 중에서 '서식' 옵션만 적용해 '추가범위' 개체변수에 할당된 범위에 붙여 넣어 표 서식을 유지합니다.

⓫ 복사 모드를 해제합니다.

⑫ 입력 범위에 할당된 범위에서 수식이 입력된 D3셀을 제외한 나머지 범위를 선택해 지웁니다. 이 코드는 간단하게 다음과 같이 구성해도 됩니다.

```
Range("D4:D7").ClearContents
```

⑬ ❹에서 판단한 결과가 False면 입력하지 않은 값이 있는 것이므로 MsgBox 함수를 사용해 사용자에게 안내 메시지를 전달하고 종료합니다.

TIP 이 매크로는 'sample' 시트의 〈입력〉 버튼에 연결되어 있습니다.

행/열 바꿈 : Transpose 함수

행/열을 바꿔 데이터를 전송할 때, 워크시트 함수인 Transpose 함수를 이용할 수 있습니다. 아래 코드는 앞서 개발한 '입력_선택하여붙여넣기' 매크로와 대부분 동일하며, 차이가 있는 부분은 글꼴에 색을 설정해 표시했습니다. 해당 부분 설명만 주의해서 참고합니다.

```
Sub 입력_Transpose()

    Dim 입력범위 As Range
    Dim 추가범위 As Range

    Set 입력범위 = Range("D3:D7")

    If WorksheetFunction.CountA(입력범위) = 5 Then

        Set 추가범위 = Worksheets("data").Cells(Rows.Count, "B").End(xlUp).Offset(1)

        With 추가범위                              ❶
            .Offset(-1).Resize(, 5).Copy           ❷
            With .Resize(, 5)                      ❸
                .PasteSpecial Paste:=xlPasteFormats                    ❹
                .PasteSpecial Paste:=xlPasteValuesAndNumberFormats     ❺
                .Value = WorksheetFunction.Transpose(입력범위)          ❻
            End With
        End With

        Application.CutCopyMode = False

        입력범위.Offset(1).Resize(입력범위.Rows.Count - 1).ClearContents

    Else

        MsgBox "모든 값이 입력되지 않았습니다."

    End If

End Sub
```

❶ '추가범위' 개체변수에 할당된 범위에 여러 개의 명령을 사용하기 위해 With … End With 문을 사용합니다.

❷ 표의 서식을 지정하기 위해, '추가범위'에 할당된 바로 위 행의 데이터 범위를 복사합니다.

❸ '추가범위' 변수에는 'data' 시트의 B열에 새로 추가될 셀 범위가 할당되어 있으므로, Resize 속성을 이용해 오른쪽 다섯 개 셀을 모두 포함하도록 범위를 조정하며, 아래 ❹-❻ 명령을 모두 처리하기 위해 With … End With 문을 중첩해 사용합니다.

❹ PasteSpecial 메서드를 이용해 클립보드에 복사된 내용 중에서 '서식' 옵션을 적용해 붙여 넣습니다. 데이터를 새로 추가하기 전에 위 행의 테두리와 배경색 등을 복사해 동일한 서식을 지정합니다.

❺ PasteSpecial 메서드를 이용해 클립보드에 복사된 내용 중에서 '값 및 숫자 서식' 옵션을 적용해 붙여 넣습니다. 값 및 숫자 서식(날짜 값 포함)이 설정됩니다.

❻ Transpose 워크시트 함수를 사용해 '입력범위' 변수에 할당된 범위 값을 행/열을 전환해 전달합니다.

이 매크로도 'sample' 시트의 〈입력〉 버튼에 연결해 실행이 제대로 되는지 확인합니다.

CopyPicture 메서드로 그림 복사하기   111

엑셀에는 그림으로 복사해서 붙여 넣는 방법이 제공되는데, 이 방법을 이용하면 열 너비가 다른 여러 개의 표를 하나의 워크시트에 표시하는 것이 가능해집니다. 이런 작업은 보통 열 너비가 다른 여러 개의 표를 하나의 시트에 구성하거나, 자동화 서식에 결재란을 추가하려고 할 때 발생합니다. 이런 작업이 필요한 경우에 Range 개체의 CopyPicture 메서드를 이용해 그림으로 복사하면 편리하게 업무를 해결할 수 있습니다.

예제 파일 PART 03 \ (Range) CopyPicture 메서드 I.xlsm

CopyPicture 메서드 구문

Range 개체의 CopyPicture 메서드는 다음과 같은 구문을 사용합니다.

```
Range.CopyPicture( Appearance, Format )
```

선택한 범위를 그림으로 복사하는 CopyPicture 메서드는 두 개의 매개변수를 사용하는데, 다음의 '그림 복사' 대화상자와 연계해 이해하는 것이 쉽습니다.

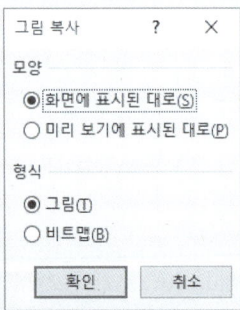

❶ Appearance : '그림 복사' 대화상자의 '모양' 옵션에 해당하며, 다음 내장 상수를 사용합니다.

내장 상수	설명
xlScreen	화면에 표시된 대로
xlPrinter	미리 보기에 표시된 대로

❷ Format : '그림 복사' 대화상자의 '형식' 옵션에 해당하며, 다음 내장 상수를 사용합니다.

내장 상수	설명
xlPicture	그림(벡터 형식) (PNG, WMF)
xlBitmap	비트맵(BMP, JPG, GIF)

CopyPicture 메서드 예제

예제 파일의 '견적서' 시트를 보면 다음과 같은 표가 있습니다.

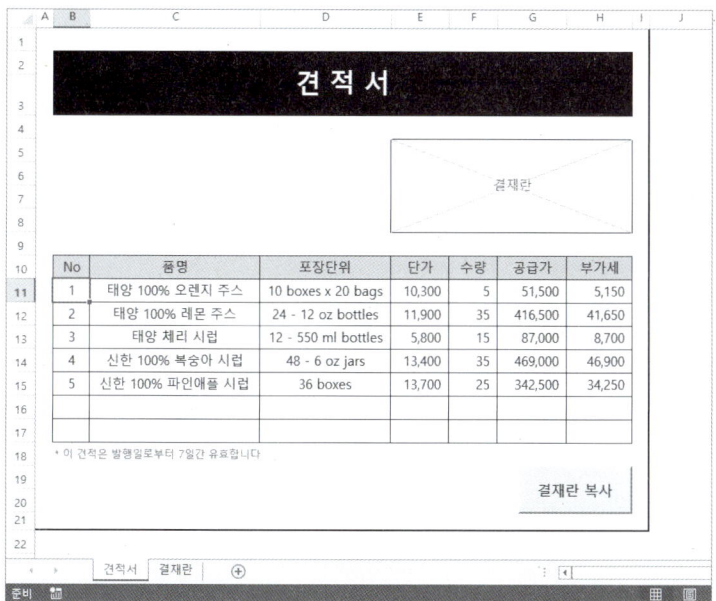

'결재란' 시트에는 다음과 같은 표가 있습니다.

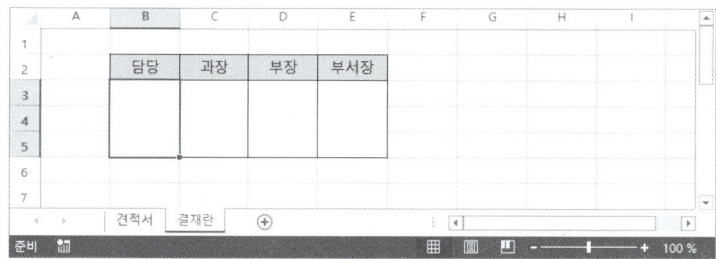

두 시트는 열 너비가 다르기 때문에 '결재란' 시트의 표를 '견적서' 시트로 옮기기 위해서는 그림으로 복사하는 작업을 진행해야 합니다. '결재란' 시트의 표를 복사해 '견적서' 시트의 E5:H8 범위에 그림으로 복사해 붙여 넣으려면 다음과 같은 코드를 작성합니다.

```
        ActiveSheet.Pictures(1).Delete
    On Error GoTo 0

'3단계 : 결재란을 새로 그림으로 붙여넣고, 결재란 위치와 크기를 E5:H8 병합 셀에 맞춥니다.
    결재란.CopyPicture Appearance:=xlScreen, Format:=xlBitmap        ⑥
    ActiveSheet.Paste Destination:=붙여넣을위치        ⑦

    With Selection        ⑧

        With .ShapeRange        ⑨
            .LockAspectRatio = msoFalse
            .Line.Visible = True
        End With

        .Width = 붙여넣을위치.MergeArea.Width        ⑩
        .Height = 붙여넣을위치.MergeArea.Height        ⑪

    End With

End Sub
```

❶ 결재란 표 범위를 할당할 Range 형식의 '결재란' 개체변수를 선언합니다.

❷ 결재란을 붙여 넣을 위치를 할당할 Range 형식의 '붙여넣을위치' 개체변수를 선언합니다.

❸ '결재란' 변수에 '결재란' 시트의 B2:E5 범위를 할당합니다.

❹ '붙여넣을위치' 변수에 현재 시트의 E5셀을 할당합니다.

❺ 기존 결재란 그림이 존재하면 삭제하기 위해 현재 시트의 첫 번째 그림을 삭제합니다. 만약 삭제할 그림이 없다면 에러가 발생하므로 에러가 발생해도 코드가 계속 진행되도록 바로 윗줄에 On Error Resume Next 명령과 아랫줄에 On Error Goto 0 명령을 사용합니다.

❻ '결재란' 변수에 할당된 범위를 CopyPicture 메서드를 사용해 그림으로 복사합니다.

❼ 복사된 그림을 '붙여넣을위치' 변수에 할당된 셀(E5)에 붙여 넣습니다.

❽ 복사된 그림은 선택되므로 그림에 여러 설정 작업을 하기 위해 With 문을 사용합니다.

❾ 그림 옵션을 설정하기 위해 ShapeRange 속성을 With 문에 설정한 다음, 복사된 그림을 E5:H8 범위에 맞추기 위해 '가로/세로 비율 고정' 옵션(LockAspectRatio)을 해제하고, 그림 테두리 선(Line)을 표시합니다.

❿ 그림의 가로 너비를 '붙여넣을위치' 변수에 할당된 셀의 병합된 범위(MergeArea) 너비에 맞춥니다.

⓫ 그림의 세로 길이를 '붙여넣을위치' 변수에 할당된 셀의 병합된 범위 길이에 맞춥니다.

TIP 이 매크로는 '견적서' 시트의 〈결재란 복사〉 버튼에 연결되어 있습니다.

선택 범위를 캡처해 이미지 파일로 저장하기

112

그림 복사, 붙여넣기 방법을 이용하면 선택한 범위를 그림으로 복사할 수 있습니다. 이 방법을 이용하면 특정 범위를 스크린 캡처해 이미지 파일로 저장할 수도 있습니다. 이 방법은 문서 전체를 다른 사람에게 전달할 필요 없이 필요한 부분만 이미지로 저장해 전달하고 싶은 경우에 유용하게 사용할 수 있습니다. 이번에는 선택된 범위를 캡처해서 이미지 파일로 만드는 방법에 대해 알아보겠습니다.

예제 파일 PART 03 \ (Range) CopyPicture 메서드 II.xlsm

Kill 함수

파일을 삭제할 때 사용하는 Kill 함수의 구문은 다음과 같습니다.

> **Kill** (pathname)
>
> ❶ pathname
> 삭제할 파일의 Fullname(경로+파일+확장자)으로 와일드 카드 문자(*, ?)를 사용할 수 있습니다.

TIP 파일만 삭제할 수 있으며, 폴더를 삭제하려면 RmDir 함수를 사용합니다.

Kill 함수는 닫혀 있는 파일만 삭제할 수 있으며, 열려 있는 파일을 삭제하려면 에러가 발생하니 주의가 필요합니다.

화면 캡처

예제 파일을 열면 다음과 같은 표를 확인할 수 있습니다. 급여 대장의 특정 부분을 별도의 이미지 파일로 저장하고 싶을 때 CopyPicture 메서드를 사용할 수 있습니다.

원하는 범위를 선택하고 선택된 범위를 이미지 파일로 저장하려면 다음 매크로를 개발합니다.

```
Sub 스크린캡처()

'1단계 : 필요한 변수를 선언합니다.
    Dim 선택범위 As Range                ①
    Dim 차트 As ChartObject              ②
    Dim 경로 As String                   ③
    Dim 파일 As String                   ④

'2단계 : 기존 이미지 파일이 있으면 삭제합니다.
    Application.ScreenUpdating = False   ⑤

    경로 = ThisWorkbook.Path & "\"       ⑥
    파일 = "ScreenCapture.jpg"           ⑦

    If Dir(경로 & 파일) <> "" Then Kill 경로 & 파일   ⑧

'3단계 : 선택된 범위를 그림으로 복사합니다.
    Set 선택범위 = Selection             ⑨

    선택범위.CopyPicture Appearance:=xlScreen, Format:=xlPicture   ⑩

'4단계 : 차트를 생성하고, 차트에 데이터를 붙여넣은 후, 이미지 파일로 저장합니다.
    Set 차트 = ActiveSheet.ChartObjects.Add(Left:=0, Top:=0, _
                    Width:=선택범위.Width, Height:=선택범위.Height)   ⑪

    With 차트                            ⑫

        .ShapeRange.Line.Visible = msoFalse   ⑬
        .Select                          ⑭
        With .Chart                      ⑮

            .Paste                       ⑯
            .Export Filename:=경로 & 파일   ⑰

        End With

        .Delete                          ⑱

    End With

    Application.ScreenUpdating = True    ⑲

End Sub
```

① 사용자가 선택한 범위를 할당할 Range 형식의 '선택범위' 개체변수를 선언합니다.

② 이미지로 저장하기 위해 생성할 차트를 할당할 ChartObject 형식의 '차트' 개체변수를 선언합니다.

③ 이미지를 저장할 경로를 저장할 String 형식의 '경로' 변수를 선언합니다.

❹ 이미지 이름을 저장할 String 형식의 '파일' 변수를 선언합니다.

❺ ❻의 아래에서 진행되는 과정(차트 생성, 삭제 등)을 화면에 표시하지 않도록 화면 갱신 옵션을 끕니다.

❻ '경로' 변수에 현재 파일(ThisWorkbook)의 경로를 경로 구분 문자(\)와 함께 저장합니다. 이렇게 하면 캡처된 이미지 파일이 현재 파일과 동일한 경로에 저장됩니다.

❼ '파일' 변수에 이미지 파일의 이름을 저장합니다.

❽ Dir 함수를 사용해 저장할 이미지 파일이 있는지 확인하고, 있으면 Kill 함수를 사용해 파일을 삭제합니다.

❾ 사용자가 선택한 범위를 '선택범위' 개체변수에 할당합니다.

❿ '선택범위' 개체변수에 할당된 범위를 그림으로 복사합니다.

⓫ 빈 차트를 '선택범위' 개체변수에 할당된 범위의 너비와 길이가 동일하게 생성한 다음 '차트' 개체변수에 할당합니다.

⓬ '차트' 개체변수에 할당된 차트에 여러 명령을 처리하기 위해 With 문으로 설정합니다.

⓭ '차트' 개체변수에 할당된 차트의 테두리 선을 표시하지 않습니다.

⓮ '차트' 개체변수에 할당된 차트를 선택합니다.

⓯ '차트' 개체변수에 할당된 차트의 Chart 부분에 여러 명령을 처리하기 위해 With 문을 설정합니다. ChartObject 개체는 차트를 표현하기 위한 도형이고, 그 안에 차트가 표시되는데, 표시되는 차트 부분이 바로 Chart 개체입니다.

⓰ Chart 개체에 복사된 그림을 붙여 넣습니다.

⓱ Chart 개체를 지정된 '경로'와 '파일' 변수의 이름으로 파일을 내보냅니다.

⓲ '차트' 개체변수에 할당된 차트를 삭제합니다.

⓳ ❺의 코드에서 해제한 화면 갱신 옵션을 다시 켭니다.

개발된 매크로를 테스트하려면 다음과 같이 이미지 파일로 저장할 범위(B5:P6)를 선택하고 〈화면 캡처〉 버튼을 클릭합니다.

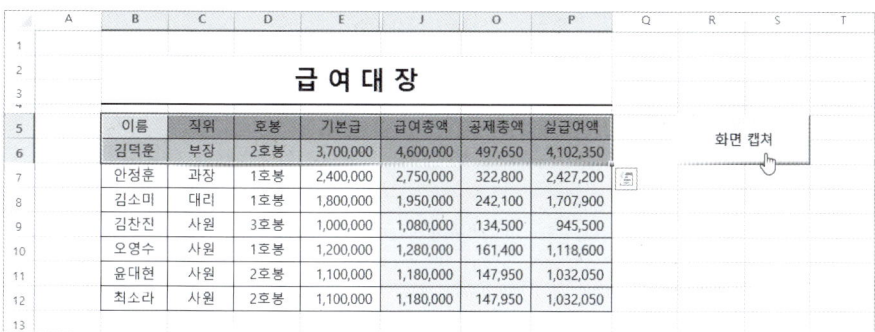

TIP 반드시 연속된 범위를 선택해야 합니다. 그러므로 떨어진 범위를 선택하려면 중간 범위를 숨기기 명령을 이용해 숨기고 작업합니다.

윈도우 탐색기로 예제 파일이 존재하는 폴더를 보면 선택된 범위의 이미지 파일이 저장된 것을 확인할 수 있습니다.

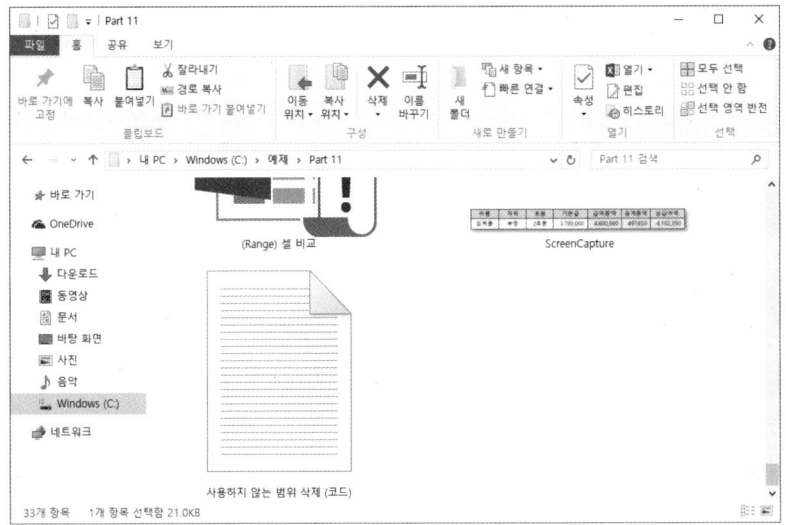

Clear, Delete 메서드를 이용한 셀 구성 요소 지우기

113

셀(또는 범위)의 값을 삭제할 필요가 있을 때, VBA에서는 Clear와 Delete 메서드를 사용할 수 있습니다. 이 두 메서드는 정확하게 구분해 사용할 필요가 있습니다. Clear 메서드는 셀의 구성원을 지우는데 사용하며, Delete 메서드는 셀 자체를 삭제할 때 사용합니다. 특히 Clear 메서드는 지우려는 구성원에 따라 ClearContents, ClearFormats와 같은 별도의 메서드가 제공됩니다.

예제 파일 PART 03 \ (Range) Clear, Delete 메서드.xlsm

Clear 메서드의 종류

Clear 메서드는 셀의 구성원을 지우는 데 사용할 수 있습니다. Clear는 아래와 같은 메서드로 셀 구성원 중 하나를 지울 수 있습니다.

메서드	설명
Clear	셀(또는 범위)의 값, 수식, 셀 서식을 모두 지웁니다.
ClearComments	셀(또는 범위)의 메모를 모두 지웁니다.
ClearContents	셀(또는 범위)의 값, 수식을 모두 지웁니다.
ClearFormats	셀(또는 범위)의 셀 서식을 모두 지웁니다.
ClearHyperlinks	셀(또는 범위)의 하이퍼링크를 모두 지웁니다. (엑셀 2010 버전부터 제공됩니다.)
ClearNotes	셀(또는 범위)의 메모 및 소리 메모를 모두 지웁니다.
ClearOutline	셀(또는 범위)의 윤곽선(테두리)을 모두 지웁니다.

Delete 메서드 구문

Delete 메서드는 리본 메뉴의 [홈] 탭 [셀] 그룹-[삭제]-[셀 삭제] 명령을 클릭한 것과 동일하게 작동하며, 셀 자체를 삭제하므로 삭제된 셀을 대체할 옵션을 지정할 수 있습니다. 아래는 Delete 메서드의 구문 설명입니다.

```
Range.Delete( Shift )
```

❶ Shift : 삭제된 셀을 대체할 방법을 의미하는 옵션으로, 다음 내장 상수를 사용합니다.

내장 상수	설명
xlShiftToLeft	셀을 왼쪽으로 밉니다.
xlShiftUp	셀을 위로 밉니다.

아래는 '셀 삭제' 명령을 이용할 때 나타나는 대화상자입니다. 해당 명령을 실행할 때의 코드는 다음과 같습니다.

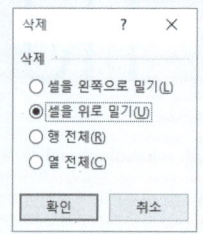

A1셀을 삭제하려고 할 때 '삭제' 대화상자의 옵션은 아래 코드와 동일한 역할을 합니다.

- 셀을 왼쪽으로 밀기 : Range("A1").Delete(Shift:=xlShiftToLeft)
- 셀을 위로 밀기 : Range("A1").Delete(Shift:=xlShiftUp)
- 행 전체 : Range("A1").EntireRow.Delete
- 열 전체 : Range("A1").EntireColumn.Delete

Clear와 Delete 메서드의 차이

Clear 메서드와 Delete 메서드의 차이를 확실하게 구분하기 위해, 예제를 열고 다음 명령을 직접 실행 창에 순서대로 입력해 결과를 확인합니다.

```
Range("C6:G6").Delete Shift:=xlShiftUp        ———❶
```

❶ C6:G6 범위를 삭제합니다. 삭제된 부분은 아래쪽 셀을 위쪽으로 끌어 올려 대체합니다.

Delete 메서드는 셀 자체를 삭제하므로, 표의 일부만 삭제할 경우에는 표의 서식이 깨지는 단점이 있습니다. 그러므로 Delete 메서드를 이용하려면 다음과 같이 표의 행(또는 열) 전체를 삭제하는 것이 좋습니다.

```
Rows(6).Delete Shift:=xlShiftUp        ———❶
```

❶ 6행을 삭제합니다.

다음 명령을 이용해 B6셀을 마저 삭제합니다.

```
Range("B6").Delete Shift:=xlShiftUp        ———①
```

① B6셀을 삭제합니다.

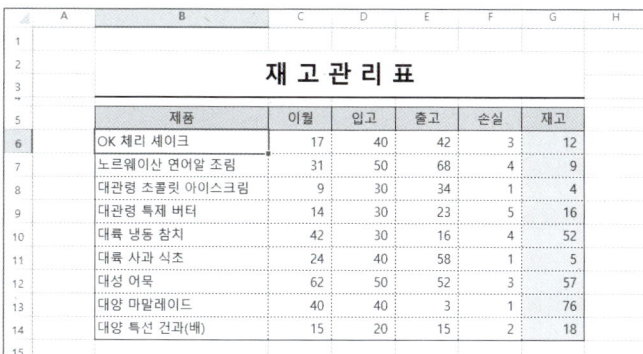

Clear 메서드는 셀의 구성원을 삭제합니다.

```
Range("C6:G6").ClearContents        ———①
```

① C6:G6 범위의 값만 지웁니다.

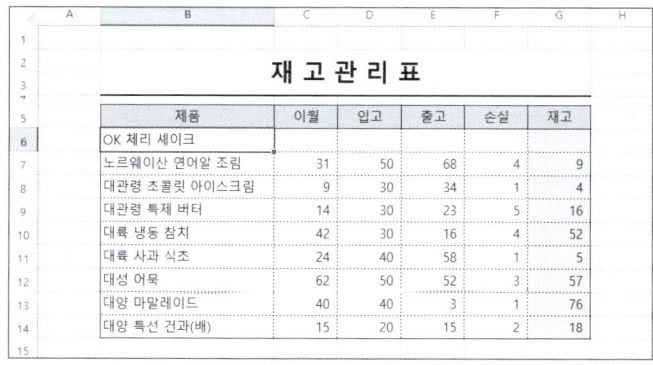

Clear 명령은 셀은 그대로 두고 구성원을 지우므로, 표의 구조를 유지하면서 구성원만 지울 때 유용하게 사용할 수 있습니다. 다음 두 개 명령도 마저 입력해 ClearContents 메서드와의 차이를 분명하게 이해해 둡니다.

```
Range("C7:G7").ClearFormats        ———①
```

① C7:G7 범위에 적용된 셀 서식을 모두 지웁니다.

	A	B	C	D	E	F	G	H
1								
2			재 고 관 리 표					
3								
4								
5		제품	이월	입고	출고	손실	재고	
6		OK 체리 셰이크						
7		노르웨이산 연어알 조림	31	50	68	4	9	
8		대관령 초콜릿 아이스크림	9	30	34	1	4	
9		대관령 특제 버터	14	30	23	5	16	
10		대륙 냉동 참치	42	30	16	4	52	
11		대륙 사과 식초	24	40	58	1	5	
12		대성 어묵	62	50	52	3	57	
13		대양 마말레이드	40	40	3	1	76	
14		대양 특선 건과(배)	15	20	15	2	18	
15								

```
Range("C8:G8").Clear         ①
```

❶ C8:G8 범위의 값과 셀 서식을 모두 지웁니다.

	A	B	C	D	E	F	G	H
1								
2			재 고 관 리 표					
3								
4								
5		제품	이월	입고	출고	손실	재고	
6		OK 체리 셰이크						
7		노르웨이산 연어알 조림	31	50	68	4	9	
8		대관령 초콜릿 아이스크림						
9		대관령 특제 버터	14	30	23	5	16	
10		대륙 냉동 참치	42	30	16	4	52	
11		대륙 사과 식초	24	40	58	1	5	
12		대성 어묵	62	50	52	3	57	
13		대양 마말레이드	40	40	3	1	76	
14		대양 특선 건과(배)	15	20	15	2	18	
15								

사용하지 않는 빈 열(또는 행) 삭제하기

114

엑셀 파일에 문제가 있다면 사용하지 않는 범위를 사용 중으로 잘못 인식하는 오류가 생길 수 있습니다. 이 경우 불필요하게 파일 사이즈가 커지는 문제가 있으므로, 이런 부분은 최대한 제대로 제거하는 것이 좋습니다. 이번에는 불필요한 행(또는 열)을 찾아 삭제하는 작업을 자동으로 진행하는 코드 개발 방법에 대해 알아보겠습니다.

예제 파일 없음

단축키 Ctrl + End 를 눌렀을 때 데이터가 입력된 마지막 셀이 아니라 표 우측의 빈 셀이 선택된다면 현재 파일에서 잘못된 영역이 사용 중이라는 의미입니다. 이번 작업은 이런 범위를 깔끔하게 삭제할 때 유용합니다. 다음과 같은 코드를 사용하면 됩니다.

```
Sub 사용하지않는범위삭제()

'1단계 : 필요한 변수를 선언하고, 변수에 작업 범위를 할당합니다.
    Dim 사용범위 As Range                        ❶
    Dim 삭제열 As Long, 삭제행 As Long            ❷
    Dim c As Long, r As Long                    ❸

    Set 사용범위 = ActiveSheet.UsedRange         ❹

'2단계 : 불필요한 열을 확인해 삭제합니다.
    For c = 사용범위.Columns.Count To 1 Step -1  ❺

        If WorksheetFunction.CountA(사용범위.Columns(c).EntireColumn) = 0 Then   ❻

            사용범위.Columns(c).EntireColumn.Delete
            삭제열 = 삭제열 + 1

        Else                ❼

            Exit For

        End If

    Next c

'3단계 : 불필요한 행을 확인해 삭제합니다.   ❽
    For r = 사용범위.Rows.Count To 1 Step -1

        If WorksheetFunction.CountA(사용범위.Rows(r).EntireRow) = 0 Then
```

```
              사용범위.Rows(r).EntireRow.Delete
              삭제행 = 삭제행 + 1

         Else

              Exit For

         End If

      Next r

   '4단계 : 작업 결과를 메시지 창에 표시합니다.
      If 삭제열 + 삭제행 > 0 Then          ⑨

         MsgBox "다음과 같이 삭제했습니다." & vbCr & vbCr & _
              "* 삭제된 열 수 : " & 삭제열 & " 열" & vbCr & _
              "* 삭제된 행 수 : " & 삭제행 & " 행"

      Else          ⑩

         MsgBox "삭제할 행(또는 열)이 존재하지 않습니다."

      End If

End Sub
```

❶ 워크시트 사용 범위를 할당할 Range 형식의 '사용범위' 개체변수를 선언합니다.

❷ 삭제한 열 수와 행 수를 저장할 Long 형식의 '삭제열', '삭제행' 변수를 선언합니다.

❸ For … Next 순환문에서 사용할 Long 형식의 c, r 변수를 선언합니다.

❹ '사용범위' 변수에 현재 시트의 전체 사용 범위를 할당합니다.

❺ For … Next 순환문을 사용해 '사용범위' 변수에 할당된 범위의 열을 오른쪽에서 왼쪽 방향으로 순환합니다.

❻ CountA 함수를 사용해 해당 열에 입력된 값이 없는지 판단해, 없는 경우 해당 열을 삭제하고 '삭제열' 변수의 값을 1씩 증가시킵니다.

❼ ❻에서 판단된 결과가 입력된 값이 있다면, 데이터가 입력된 마지막 열 위치이므로 Exit For 문을 사용해 For … Next 순환문을 종료합니다.

❽ ❺-❼ 과정과 동일하게 '사용범위' 변수에 할당된 범위의 행을 아래쪽에서 위쪽 방향으로 순환해, 해당 행에 데이터가 입력된 것이 없다면 삭제하고, 있다면 데이터가 입력된 마지막 행이므로 순환문을 종료합니다.

❾ '삭제열' 변수와 '삭제행' 변수에 저장된 값을 더해 0보다 크면 삭제한 열(또는 행)이 존재한다는 의미이므로 몇 개의 열(또는 행)을 삭제했는지 메시지 창에 표시합니다.

❿ '삭제열' 변수와 '삭제행' 변수의 값을 더해 0이면 삭제된 열(또는 행)이 존재하지 않는다는 의미이므로 메시지 창을 표시합니다.

Insert 메서드를 이용해 셀 삽입하기

115

Delete 메서드가 Range 개체를 삭제하는 역할을 한다면, Insert 메서드는 Range 개체를 새로 삽입하는 역할을 합니다. 표에 새로운 행(또는 열)을 삽입하는 작업을 자주 하게 된다면, Insert 메서드를 활용하는 방법을 잘 이해할 필요가 있습니다. [삽입], [복사한 셀 삽입] 명령에서 사용하는 Insert 메서드를 활용하는 방법에 대해 알아보겠습니다.

예제 파일 PART 03 \ (Range) Insert 메서드.xlsm

Insert 메서드 구문

Insert 메서드의 구문은 다음과 같습니다.

```
Range.Insert( Shift, CopyOrigin )
```

기준 셀(또는 범위) 위치에 새로운 셀(또는 범위)을 삽입합니다.

❶ Shift : 셀을 삽입할 때 기존 셀을 옮길 방향을 지정하며, 다음 내장 상수를 사용합니다.

내장 상수	설명
xlShiftToRight	셀을 오른쪽으로 밀기
xlShiftDown	셀을 아래로 밀기

❷ CopyOrigin : 매개변수는 '복사한 셀 삽입' 명령을 의미하며, True, False 값을 사용합니다. 이 매개변수를 True로 설정하면 삽입과 동시에 클립보드 내용이 붙여집니다.

Insert 메서드 예제

예제 파일을 열면 화면과 같은 표를 확인할 수 있습니다.

B열의 참석자 수만큼 행을 반복해서 삽입하는 작업을 한다면 다음과 같은 코드를 개발합니다.

```
Sub 행삽입_인원()

'1단계 : 필요한 변수를 선언하고, 변수에 작업 범위를 할당합니다.
    Dim r As Integer                              ❶
    Dim 마지막행 As Integer                         ❷
    Dim 참석인원 As Integer, 반복 As Integer         ❸

    마지막행 = Cells(Rows.Count, "B").End(xlUp).Row  ❹

'2단계 : 마지막 행부터 2행까지 거꾸로 순환하면서, 참석인원 수만큼 행을 삽입합니다.
    For r = 마지막행 To 2 Step -1                    ❺

        참석인원 = Cells(r, "B").Value               ❻

        If 참석인원 > 1 Then                         ❼

            For 반복 = 1 To 참석인원 - 1              ❽

                Cells(r, "A").Resize(, 6).Copy       ❾
                Cells(r, "A").Offset(1).Resize(, 6).Insert Shift:=xlShiftDown, CopyOrigin:=True   ❿

            Next

        End If

    Next

'3단계 : 복사 모드를 해제합니다.
    Application.CutCopyMode = False                 ⓫

End Sub
```

❶ For … Next 문에서 사용할 Integer 형식의 r 변수를 선언합니다.

❷ 표의 마지막 행 번호를 저장할 Integer 형식의 '마지막행' 변수를 선언합니다.

❸ B열의 참석인원 수를 저장할 Integer 형식의 '참석인원' 변수를 선언하고, 참석인원이 둘 이상일 경우 순환하면서 행을 삽입해야 하므로 순환문에서 사용할 Integer 형식의 '반복' 변수를 선언합니다.

❹ B열의 데이터가 입력된 마지막 셀의 행 번호를 '마지막행' 변수에 저장합니다.

❺ For … Next 문을 사용해 '행번호' 변수의 값을 '마지막행' 변수에 저장된 값부터 2까지 1씩 감소시키면서 순환합니다. 행을 삽입하면 현재 행의 아래에 새로운 행이 추가되므로, 행 위치가 달라지게 되어 아래에서 위 방향으로 순환시켜야 합니다.

❻ '참석인원' 변수에 B열의 인원 수를 저장합니다.

❼ '참석인원' 변수의 값이 2 이상인 경우에 행을 삽입해야 하므로, 2 이상인지 판단합니다.

❽ For … Next 순환문을 이용해 인원 수보다 1 적은 수만큼 순환합니다. 인원 수보다 1 적은 수만큼 순환하는 이유는 인원이 셋이면 2행을 새로 삽입해야 하기 때문입니다.

❾ 현재 행 범위(Cells(r, "A").Resize(, 6))를 Copy 메서드를 이용해 복사합니다.

❿ 현재 위치의 한 칸(Offset(1)) 아래에 행을 삽입합니다. 행이 삽입되면 원래 있던 셀은 아래쪽으로 밀어내고 (Shift:=xlShiftDown), 복사한 행 데이터를 붙여 넣습니다. CopyOrigin 옵션은 [복사된 셀 삽입] 명령을 사용하는 것과 동일합니다. 복사하지 않고 행 삽입만 하려면 CopyOrigin 매개변수 부분을 삭제합니다.

⓫ 복사 모드를 해제합니다.

위 매크로가 연결된 〈인원 수만큼 행 삽입〉 버튼을 클릭하면 다음 결과를 얻을 수 있습니다.

	A	B	C	D	E	F
1	신청 회사	참석인원	이름	부서	직위	연락처
2	신영상사 ㈜	3				
3	신영상사 ㈜	3				
4	신영상사 ㈜	3				
5	원창 ㈜	5				
6	원창 ㈜	5				
7	원창 ㈜	5				
8	원창 ㈜	5				
9	원창 ㈜	5				
10	동광 통상 ㈜	1				
11	경성 트레이딩 ㈜	3				
12	경성 트레이딩 ㈜	3				
13	경성 트레이딩 ㈜	3				
14	정금 상사 ㈜	1				
15						

A열의 각 회사명 사이에 빈 행을 하나씩 추가하려면 다음과 같은 코드를 개발하면 됩니다.

```
Sub 행삽입_회사()

    Dim r As Integer
    Dim 마지막행 As Integer
    Dim 아래셀 As Range                 ─────❶

    마지막행 = Cells(Rows.Count, "A").End(xlUp).Row

    For r = 마지막행 To 2 Step -1

        Set 아래셀 = Cells(r + 1, "A")   ─────❷

        If r <> 마지막행 Then            ─────❸

            If Cells(r, "A").Value <> 아래셀.Value Then   ─────❹

                Cells(r, "A").Offset(1).Resize(, 6).Insert Shift:=xlShiftDown

            End If

        End If

    Next

End Sub
```

❶ 바로 아래 셀의 회사명을 갖는 셀을 할당할 Range 형식의 '아래셀' 개체변수를 선언합니다.

❷ '아래셀' 변수에 현재 셀의 아래 셀을 할당합니다.

❸ 마지막 행에는 행을 삽입하지 않기 위해, r 변수의 값과 '마지막행' 변수의 값이 다른지 판단합니다.

❹ 회사명이 다를 때 행을 삽입하기 위해, 현재 셀 값과 '아래셀' 변수에 할당된 셀의 값이 다른지 확인해 행을 삽입합니다.

TIP 이 매크로는 〈회사마다 행 삽입〉 버튼에 연결되어 있습니다.

ClearHyperlinks 메서드로 전체 하이퍼링크 삭제하기

116

웹페이지에서 데이터를 복사해 오면 하이퍼링크가 남아 있는 경우가 많습니다. 엑셀 2010 버전부터는 전체 워크시트의 하이퍼링크를 간단하게 삭제할 수 있는 ClearHyperlinks 메서드가 있어 편리하지만, 이전 버전까지는 하이퍼링크를 하나씩 일일이 삭제해야 했습니다. 이번에는 버전을 인식해 하이퍼링크를 삭제하는 코드를 개발하는 방법에 대해 알아보겠습니다.

예제 파일 PART 03 \ (Range) ClearHyperlinks 메서드.xlsm

ClearHyperlinks 메서드

ClearHyperlinks 메서드는 지정된 범위의 하이퍼링크를 삭제하는 명령으로, 엑셀 2010 버전부터 제공되었습니다. 다음과 같이 사용할 수 있습니다.

```
Cells.ClearHyperlinks         ❶
```

❶ Cells 속성에 행 번호와 열 번호를 지정하지 않으면 셀 전체를 의미하는 Range 개체가 반환됩니다. 그러므로 이번 명령은 전체 셀에서 하이퍼링크를 삭제하는 명령이 됩니다. ClearHyperlinks 메서드는 엑셀 창의 [하이퍼링크 제거] 명령과 동일합니다. 다음은 하이퍼링크를 제거하기 위해 예제 파일에서 A2:A11 범위를 선택한 다음, 마우스 오른쪽 버튼을 클릭하여 [하이퍼링크 제거] 메뉴를 선택한 화면입니다.

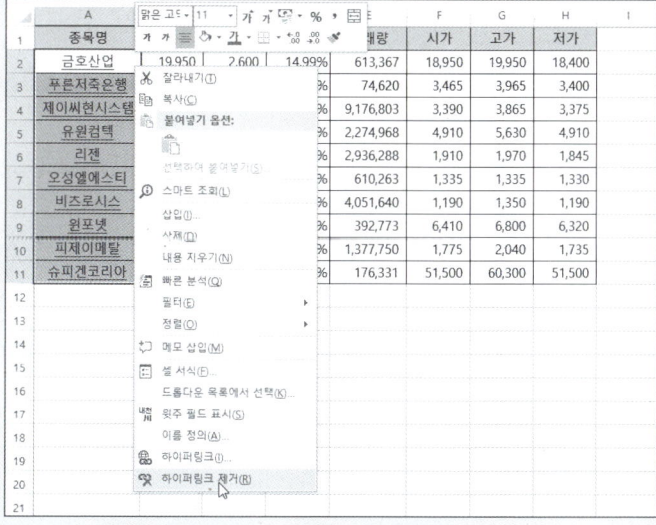

TIP [하이퍼링크 제거] 메뉴는 엑셀 2010 버전부터 제공됩니다.

이렇게 하이퍼링크가 설정된 위치를 알면, 다음과 같이 해당 범위를 지정해 ClearHyperlinks 메서드를 사용해도 됩니다.

```
Range("A2:A11").ClearHyperlinks
```

하지만 범위를 따로 지정하지 않고 이번과 같이 Cells.ClearHyperlinks 명령을 사용하는 것이 일반적입니다.

하이퍼링크 삭제

ClearHyperlinks 메서드는 엑셀 2010 버전부터 제공되므로, 현재 파일의 모든 워크시트 내 하이퍼링크를 삭제하려면 다음과 같이 버전을 구분해 동작하는 코드를 개발해 사용하면 됩니다.

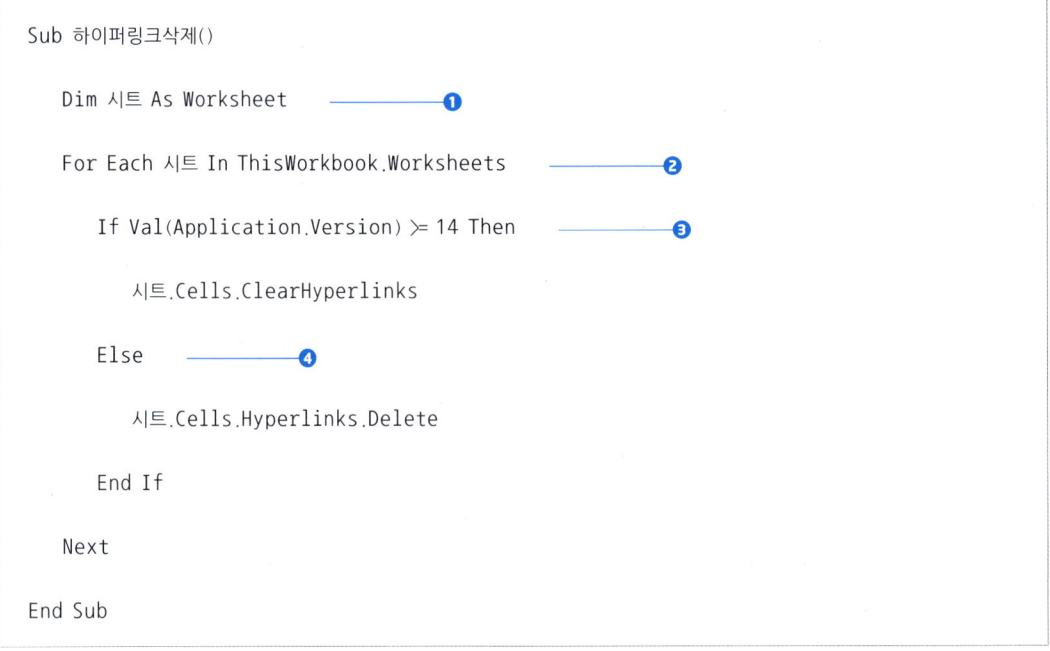

❶ For Each … Next 순환문에서 사용할 Worksheet 형식의 '시트' 변수를 선언합니다.

❷ For Each … Next 문을 이용해 현재 파일(ThisWorkbook)의 전체 워크시트(Worksheets)를 순환합니다. 순환할 때마다 워크시트를 하나씩 '시트' 개체변수에 할당합니다.

❸ 엑셀 버전이 2010 이상인지 확인하기 위해 Application 개체의 Version 속성을 확인합니다. Version 속성은 '14.0' 과 같은 String 형식의 값을 반환하므로, 이를 숫자로 변환하기 위해 Val 함수를 사용합니다. 그런 다음, 14 이상인지 판단하고 ClearHyperlinks 메서드를 사용해 하이퍼링크를 삭제합니다. 다음은 각 엑셀 버전의 반환 값입니다.

엑셀 버전	Version 속성의 반환 값
엑셀 2003	11.0
엑셀 2007	12.0
엑셀 2010	14.0
엑셀 2013	15.0
엑셀 2016	16.0

❹ 엑셀 버전이 14.0 이상이 아니면 2007 이하 버전에서 실행되는 것이므로 ClearHyperlinks 메서드를 사용하지 못합니다. Hyperlinks 속성을 이용해 전체 하이퍼링크 컬렉션을 반환 받은 다음, Delete 메서드로 삭제합니다.

하이퍼링크 주소를 반환하는 사용자 정의 함수

하이퍼링크가 걸린 셀을 참조하면 셀에 표시된 텍스트 값이 반환됩니다. 하이퍼링크로 연결된 주소를 반환 받고자 한다면 다음과 같은 사용자 정의 함수를 사용해야 합니다.

```
Function CHyperlink( 셀 As Range ) As String              ❶

    If 셀.Hyperlinks.Count > 0 Then                        ❷
        CHyperlink = 셀.Hyperlinks(1).Address              ❸
    End If

End Function
```

❶ 'CHyperlink' Function 프로시저를 선언합니다. CHyperlink 함수는 Range 형식의 '셀' 매개변수를 받아 해당 셀의 하이퍼링크 주소를 String 형식으로 반환합니다.

❷ '셀' 매개변수에 전달된 셀(또는 범위)의 하이퍼링크가 존재하는지 확인하기 위해 하이퍼링크 개수를 세어 하나 이상 있는지 판단합니다.

❸ '셀' 변수에 할당된 첫 번째 하이퍼링크의 주소를 CHyperlink 함수에 반환합니다.

이 함수를 사용해 예제 파일의 A13셀에 다음과 같은 수식을 넣으면 해당 셀의 하이퍼링크에 연결된 주소를 반환 받을 수 있습니다.

```
=CHyperlink(A2)
```

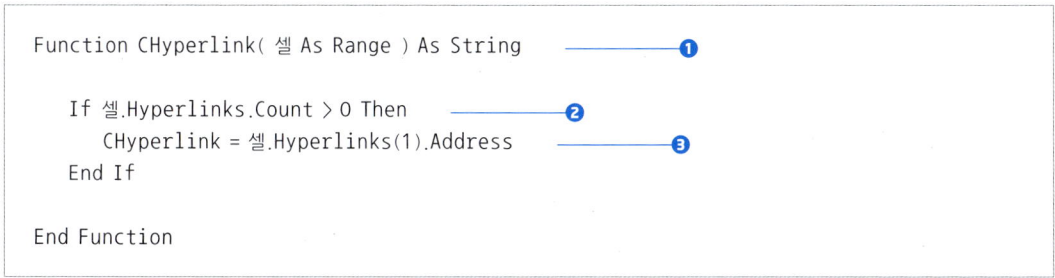

Merge, UnMerge 메서드로 병합 쉽게 하기

117

표를 깔끔하게 꾸미려고 한다면 병합 작업을 매우 자주 하게 됩니다. 병합 작업을 자동으로 처리하고 싶다면 Range 개체의 Merge와 UnMerge 메서드를 활용하는 매크로를 개발할 수 있어야 합니다. Merge 메서드는 병합할 때 사용하며, UnMerge 메서드는 병합을 해제할 때 사용합니다. 이 두 메서드를 잘 활용하려면 Range 개체에 병합된 셀이 포함되어 있는지 여부를 True, False로 확인해 주는 MergeCells 속성에 대해 잘 이해하고 있어야 합니다.

예제 파일 PART 03 \ (Range) Merge, UnMerge 메서드.xlsm

예제 파일을 열면 화면과 같은 표를 확인할 수 있습니다.

	A	B	C	D	E	F	G	H	I	J	K	L	M
1													
2		연	분기	월	TV	에어컨	세탁기	청소기	합계		선택 범위 병합		
3		2015년	1사분기	1월	50	176	203	43	472				
4				2월	94	192	73	379	738				
5				3월	137	255	202	151	745				
6			2사분기	4월	248	143	212	18	621				
7				5월	237	318	145	26	726				
8				6월	319	536	340	306	1,501				
9			3사분기	7월	230	304	64	305	903				
10				8월	36	168	117	417	738				
11				9월	151	275	75	288	789				
12			4사분기	10월	468	152	248	68	936				
13				11월	221	205	64	238	728				
14				12월	223	306	173	117	819				
15													

B3셀 수식: `=YEAR(TODAY()) & "년"`

TIP B3셀에는 수식 =YEAR(TODAY()) & "년"이 입력되어 있어 예제를 연 날짜의 연도가 표시됩니다.

위 표의 A:B열과 같이 빈 셀이 포함된 범위를 선택하면, 빈 셀을 자동으로 인식해 병합 작업을 자동으로 처리하는 매크로를 다음과 같이 개발합니다.

```
Sub 선택범위병합()

    '1단계 : 필요한 변수를 선언합니다.
        Dim 빈셀범위 As Range            ──①
        Dim 병합범위 As Range            ──②
        Dim i As Integer, 열수 As Integer ──③

    '2단계 : 빈 셀을 확인해 열별로 병합 작업을 진행합니다.
        If TypeName(Selection) = "Range" Then  ──④

            If Selection.Count > 1 Then  ──⑤
```

```
                    열수 = Selection.Columns.Count                          ⑥

                    For i = 1 To 열수                                        ⑦

                        Set 빈셀범위 = Selection.Columns(i).SpecialCells(xlCellTypeBlanks)   ⑧

                        If Not 빈셀범위 Is Nothing Then                      ⑨

                            If 빈셀범위.MergeCells = False Then               ⑩

                                For Each 병합범위 In 빈셀범위.Areas            ⑪

                                    With 병합범위.Offset(-1).Resize(병합범위.Count + 1)   ⑫
                                        .Merge
                                        .VerticalAlignment = xlCenter
                                        .HorizontalAlignment = xlCenter
                                    End With

                                Next

                            End If

                        End If

                    Next

                End If

            End If

        End Sub
```

❶ 선택된 범위에서 빈 셀의 범위를 할당할 Range 형식의 '빈셀범위' 개체변수를 선언합니다.

❷ 빈 셀 중에서 병합할 범위를 할당할 Range 형식의 '병합범위' 개체변수를 선언합니다.

❸ For … Next 순환문에서 사용할 Integer 형식의 i 변수와, 전체 선택 범위의 열 수를 저장할 Integer 형식의 '열수' 변수를 선언합니다.

❹ 사용자가 범위를 선택했는지 확인하기 위해, 선택된 개체(Selection)를 TypeName 함수에 전달해 반환 값이 'Range'인지 확인합니다. 이 경우에만 다음 줄의 코드를 실행합니다.

❺ 병합을 하려면 셀이 둘 이상 선택되어야 합니다. 선택된 개체(Selection)의 개체 수를 세어(Count) 1을 초과하는 경우에만 ❻-⑫의 코드를 실행합니다.

❻ '열수' 변수에 선택 범위의 전체 열 수를 저장합니다.

❼ For … Next 순환문으로, i 변수의 값을 1부터 '열수' 변수에 저장된 개수만큼 순환합니다. 이렇게 하면 선택 범위의 열을 하나씩 순환하면서 작업할 수 있습니다.

❽ '빈셀범위' 개체변수에 선택된 범위의 i번째 열에서 빈 셀이 포함된 범위만 할당합니다.

❾ '빈셀범위' 개체변수에 할당된 범위가 있는지 판단해 다음 코드를 진행합니다.

⑩ '빈셀범위' 개체변수에 할당된 범위 내 병합된 셀이 있는지 MergeCells 속성 값을 확인합니다. 병합된 셀이 없어야 병합 작업이 제대로 진행되므로 False인 경우에만 다음 코드를 진행합니다.

⑪ '빈셀범위' 개체변수에 할당된 범위는 연속된 범위뿐만이 아니라 떨어진 여러 위치가 될 수 있으므로 For Each … Next 순환문을 이용해 '빈셀범위' 개체변수의 선택 범위를 하나씩 '병합범위' 변수에 할당합니다.

⑫ '병합범위' 개체변수에 할당된 범위를 바로 위 셀을 포함하도록 조정한 다음, 조정된 범위를 병합하고, 가로와 세로를 모두 가운데로 맞춥니다.

위 매크로의 실행 결과를 확인하려면 병합할 셀들이 위치한 범위(예제에서는 B3:C14)를 선택하고 〈선택 범위 병합〉 버튼을 클릭하면 됩니다.

병합된 셀과 일반 셀 값 비교하기

118

병합된 셀과 일반 셀의 값을 비교해 동일한지 여부를 판단하는 작업은 엑셀의 일반적인 방법으로는 할 수 없으므로 VBA를 이용해 처리해야 합니다. 이번에는 사용자 정의 함수를 만들어, 병합된 셀 값과 일반 셀 값을 비교하는 방법에 대해 알아보겠습니다.

예제 파일 PART 03 \ (Range) 셀 비교.xlsm

예제를 열면 다음과 같은 표가 있습니다. D3셀에 입력된 수식으로는 B3:B5 병합 셀의 값과 C3:C5 범위의 합계가 동일한지 판단할 수 없습니다. D8셀에도 같은 수식이 입력되어 있지만 B8셀과 C8셀은 모두 병합된 셀이 아니므로 비교할 수 있는 것을 확인할 수 있습니다.

	A	B	C	D	E	F
1						
2		셀1	셀2	수식	VBA	
3			400,000	FALSE		
4		1,500,000	600,000	FALSE		
5			500,000	FALSE		
6		80,000	100,000	FALSE		
7		20,000		FALSE		
8		510,000	510,000	TRUE		
9		650,000	200,000	FALSE		
10			450,000	FALSE		
11						

TIP 병합되지 않은 셀은 같은 행의 값을 비교하고, 병합된 셀은 반대쪽 범위의 합계와 비교합니다. 즉, B3:B5 병합 셀은 C3:C5 범위의 합계 값과 비교합니다.

이렇게 병합된 셀 값과 일반 셀의 합계가 동일한지 판단하려면 다음과 같은 함수를 만들어 처리하면 편리합니다.

```
Function ISCOMPARE(셀1 As Range, 셀2 As Range) As Boolean          ❶

    '1단계 : 필요한 변수를 선언합니다.
        Dim 병합여부 As Boolean          ❷
        Dim 동일여부 As Boolean          ❸
        Dim 병합셀 As Range, 일반셀 As Range          ❹
        Dim 비교범위 As Range          ❺
        Dim 이동 As Integer          ❻

    '2단계 : 초기 설정 작업을 진행합니다.
        Application.Volatile True          ❼

        병합여부 = True          ❽
```

```
'3단계 : 매개변수로 전달된 셀1, 셀2 개체변수 중 병합된 셀이 어느 쪽인지 구분합니다.
    Select Case True                    ⑨

        Case 셀1.MergeCells             ⑩

            Set 병합셀 = 셀1.MergeArea
            Set 일반셀 = 셀2

        Case 셀2.MergeCells             ⑪

            Set 병합셀 = 셀2.MergeArea
            Set 일반셀 = 셀1

        Case Else                       ⑫

            병합여부 = False

    End Select

'4단계 : 병합이 되어 있는지 여부에 따라 값을 비교하고 비교 결과를 동일여부 변수에 저장합니다.
    If 병합여부 Then                    ⑬

        If 병합셀.Cells(1).Row = 일반셀.Row Then              ⑭

            Set 비교범위 = 일반셀.Resize(병합셀.Count)         ⑮

            If 병합셀.Cells(1).Value = WorksheetFunction.Sum(비교범위) Then    ⑯

                동일여부 = True

            End If

        Else                            ⑰

            이동 = 병합셀.Cells(1).Row - 일반셀.Row            ⑱

            Set 비교범위 = 일반셀.Offset(이동).Resize(병합셀.Count)    ⑲

            If 병합셀.Cells(1).Value = WorksheetFunction.Sum(비교범위) Then    ⑳

                동일여부 = True

            End If

        End If

    Else                                ㉑

        If 셀1.Value = 셀2.Value Then                        ㉒

            동일여부 = True
```

```
        End If

    End If

'5단계 : 동일여부 변수의 값을 함수에 반환합니다.
    ISCOMPARE = 동일여부                    ㉓

End Function
```

❶ ISCOMPARE 사용자 정의 함수를 선언합니다. ISCOMPARE 함수는 '셀1', '셀2' 매개변수에 비교할 셀 두 개를 전달 받아 값을 비교한 다음, 비교 결과를 True, False로 반환합니다. 참고로 '셀1'과 '셀2' 매개변수에 전달된 한쪽 셀이 병합 셀이면, 반대쪽 셀의 같은 크기 셀의 합계 값과 비교한 결과를 반환합니다.

❷ 인수로 전달된 '셀1', '셀2' 매개변수에 할당된 셀(또는 범위)이 병합되었는지 여부를 판단할 Boolean 형식의 '병합여부' 변수를 선언합니다.

❸ 두 값을 비교한 결과가 동일한지 여부를 판단한 결과를 저장할 Boolean 형식의 '동일여부' 변수를 선언합니다.

❹ '셀1', '셀2' 매개변수에 전달된 셀(또는 범위) 중 병합된 셀과 일반 셀을 구분해 할당할 Range 형식의 '병합셀'과 '일반셀' 개체변수를 선언합니다.

❺ Range 형식의 '비교범위' 개체변수를 선언합니다.

❻ Integer 형식의 '이동' 개체변수를 선언합니다.

❼ ISCOMPARE 함수가 워크시트 내 셀 값이 변경되면 함께 재계산되도록 설정합니다. Volatile 속성은 기본 값이 True 이므로, 이번 줄의 코드는 다음과 같이 입력해도 됩니다.

```
Application.Volatile
```

❽ '병합여부' 변수에 초기 값을 True로 저장합니다.

❾ Select Case 문을 사용해 병합된 셀을 판단합니다.

❿ '셀1' 매개변수에 할당된 셀이 병합된 셀이라면 '병합셀' 개체변수에 '셀1' 매개변수에 할당된 셀의 병합된 셀 범위를 모두 할당하고, '일반셀' 개체변수에 '셀2' 매개변수에 할당된 셀을 그대로 할당합니다.

⓫ '셀2' 매개변수에 할당된 셀이 병합된 셀이라면 '병합셀' 개체변수에 '셀2' 매개변수에 할당된 셀의 병합된 셀 범위를 모두 할당하고, '일반셀' 개체변수에 '셀1' 매개변수에 할당된 셀을 그대로 할당합니다.

⓬ 병합된 셀이 존재하지 않는다면, '병합여부' 변수의 값을 False로 변경합니다.

⓭ '병합여부' 변수의 값이 True면 ⓮-⓴의 코드를 실행합니다.

⓮ '병합셀' 개체변수에 할당된 셀 범위 중 첫 번째 셀의 행 번호와 '일반셀' 개체변수에 할당된 셀의 행 번호가 동일한 경우 ⓯-⓰의 코드를 실행합니다. 이는 병합된 셀의 첫 번째 행을 비교하는 부분으로, 예제에서는 B3, C3셀을 비교할 경우입니다.

⓯ '비교범위' 개체변수에 '일반셀' 개체변수에 할당된 셀 범위를 '병합셀'의 셀 개수만큼 증가시켜 할당합니다. 이렇게 하면 '일반셀' 변수에 할당된 셀 크기가 병합된 셀 개수와 동일한 범위가 '비교범위'에 할당됩니다. 즉, B3셀과 C3셀을 비교하면 '비교범위' 개체변수에는 C3:C5 범위가 할당됩니다.

⓰ '병합셀' 개체변수에 할당된 범위 중 첫 번째 셀 값과 '비교범위' 개체변수에 할당된 범위의 합계 값이 같은 경우 '동일여부' 변수의 값을 True로 저장합니다.

⑰ ⑭에서 판단한 결과가 False인 경우 ⑱-⑳의 코드를 실행합니다. 이는 병합된 셀의 두 번째 행 이후를 비교하는 부분으로, 예제에서 예를 들면 B4셀과 C4셀 또는 B5셀과 C5셀을 비교하는 경우입니다.

⑱ '이동' 변수에 '병합셀' 개체변수에 할당된 범위 중 첫 번째 셀의 행에서 '일반셀' 개체변수에 할당된 셀의 행 번호를 뺀 값을 저장합니다. 이렇게 하면 B4셀과 C4셀을 비교할 때는 -1 값이, B5셀과 C5 셀을 비교할 때는 -2 값이 저장됩니다.

⑲ '비교범위' 개체변수에 '일반셀' 개체변수에 할당된 셀에서 '이동' 변수에 저장된 값만큼 위 방향으로 이동한 다음, '병합셀' 개체변수에 할당된 범위의 셀 개수만큼 범위를 확장합니다.

⑳ '병합셀' 개체변수에 할당된 범위 중 첫 번째 셀 값과 '비교범위' 개체변수에 할당된 범위의 합계 값이 같은 경우에 '동일여부' 변수의 값을 True로 저장합니다.

㉑ ⑬의 판단이 False면 ㉒의 코드를 실행합니다. 참고로 이 경우는 병합된 셀이 없는 경우입니다.

㉒ '셀1' 매개변수에 할당된 셀 값과 '셀2' 매개변수에 할당된 셀 값을 비교해 같은 경우에만 '동일여부' 변수의 값을 True로 저장합니다.

㉓ ISCOMPARE 함수에 '동일여부' 변수의 값을 반환합니다.

개발된 ISCOMPARE 사용자 정의 함수를 사용하면, 다음과 같이 병합된 셀 값과 일반 셀 값의 합계가 동일한지 판단할 수 있습니다.

	A	B	C	D	E	F
1						
2		셀1	셀2	수식	VBA	
3			400,000	FALSE	TRUE	
4		1,500,000	600,000	FALSE	TRUE	
5			500,000	FALSE	TRUE	
6		80,000	100,000	FALSE	TRUE	
7		20,000		FALSE	TRUE	
8		510,000	510,000	TRUE	TRUE	
9		650,000	200,000	FALSE	TRUE	
10			450,000	FALSE	TRUE	

E3 =ISCOMPARE(B3, C3)

Find 메서드를 이용해 원하는 값이 있는 위치 찾아 작업하기

119

순환문을 이용하면 전체 범위의 셀을 모두 순환하면서 필요한 값이 어디에 있는지 확인할 수 있습니다. 하지만, 순환문은 모든 셀을 순환하기 때문에 작업 시간이 많이 소요되는 단점이 있습니다. 그렇기 때문에 내가 필요로 하는 값이 위치한 곳으로 빠르게 이동할 수 있는 코드 작성 방법을 알아두는 것이 좋습니다. 이럴 때 사용할 수 있는 명령이 [찾기] 명령이며, [찾기] 명령은 Range 개체의 Find 메서드로 제공됩니다. 이번에는 Find 메서드를 이용해 원하는 위치로 빠르게 이동하는 코드 작성 방법에 대해 알아보겠습니다.

예제 파일 PART 03 \ (Range) Find 메서드 I.xlsm

Find 메서드 구문

먼저 Range 개체의 Find 메서드의 구문은 다음과 같습니다.

```
Range.Find( What, After, LookIn, LookAt, _
            SearchOrder, SearchDirection, MatchCase, MatchByte, SearchFormat )
```

Find 메서드는 다양한 매개변수를 사용할 수 있는데, 다음의 '찾기 및 바꾸기' 대화상자의 옵션과 비교해 이해하는 것이 쉽습니다.

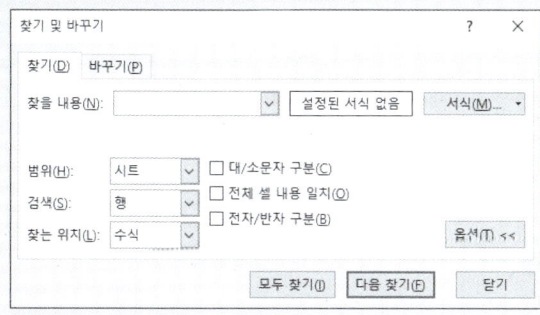

❶ What : '찾기 및 바꾸기' 대화상자의 '찾을 내용'에 입력할 값입니다.

❷ After : '찾기 및 바꾸기' 대화상자에서 검색을 시작할 기준 셀로, 생략하면 왼쪽 상단 첫 번째 셀부터 찾습니다.

❸ LookIn : '찾기 및 바꾸기' 대화상자의 '찾는 위치' 옵션으로, 다음 내장 상수를 사용합니다.

내장 상수	설명
xlFormula	수식(기본값)
xlValues	값
xlComments	메모

④ **LookAt** : '찾기 및 바꾸기' 대화상자의 '전체 셀 내용 일치' 옵션으로, 다음 내장 상수를 사용합니다.

내장 상수	설명
xlWhole	체크
xlPart	체크 해제(기본값)

⑤ **SearchOrder** : '찾기 및 바꾸기' 대화상자의 '검색' 옵션으로, 다음 내장 상수를 사용합니다.

내장 상수	설명
xlByRows	행(기본값)
xlByColumns	열

⑥ **SearchDirection** : '찾기 및 바꾸기' 대화상자의 '검색 방향' 옵션으로, 다음 내장 상수를 사용합니다.

내장 상수	설명
xlNext	다음(기본값)
xlPrevious	이전

⑦ **MatchCase** : '찾기 및 바꾸기' 대화상자의 '대/소문자 구분' 옵션으로, 다음 내장 상수를 사용합니다.

내장 상수	설명
True	체크
False	체크 해제(기본값)

⑧ **MatchByte** : '찾기 및 바꾸기' 대화상자의 '전자/반자 구분' 옵션으로, 다음 내장 상수를 사용합니다.

내장 상수	설명
True	체크
False	체크 해제(기본값)

⑨ **SearchFormat** : '찾기 및 바꾸기' 대화상자의 '찾을 내용' 우측에 있는 〈서식〉 버튼을 클릭하고 지정한 서식입니다.

FindNext, FindPrevious 메서드 구문

'찾기' 명령은 하나이지만, Range 개체에 제공되는 메서드는 Find, FindNext, FindPrevious로 세 개입니다. FindNext와 FindPrevious는 찾는 값의 다음 Range 개체나 이전 Range 개체를 찾으며, FindNext와 FindPrevious 메서드의 구문은 동일합니다.

```
Range.FindNext( After )
```

① **After** : FindNext 메서드는 Find 메서드로 찾은 조건과 동일한 다음 셀을 찾을 때 사용하며, After 매개변수는 Find 메서드로 찾은 셀을 의미하는 Range 개체를 지정하면 됩니다.

Find 메서드 예제 : 병합을 풀고 빈 셀의 값 자동으로 채우기

예제 파일을 열면 다음과 같은 표를 확인할 수 있습니다.

거래ID	고객	담당	제품	단가	수량	판매
10248	해바라기 백화점 ㈜	안정훈	현진 커피 밀크	14,000	12	168,000
			싱가풀 원산 옥수수	10,000	10	100,000
			대관령 특제 버터	35,000	5	175,000
10249	산타페 ㈜	김찬진	유미 건조 다시마	19,000	9	171,000
			유림 사과 통조림	42,000	40	1,680,000
10250	YH 무역 ㈜	최소라	훈제 대합조개 통조림	8,000	10	80,000
			유림 사과 통조림	42,000	35	1,249,500
			루이지애나 특산 후추	17,000	15	216,750
10251	삼왕 통상 ㈜	윤대현	신성 시리얼	17,000	6	96,900
			한성 통밀가루	16,000	15	228,000
			루이지애나 특산 후추	17,000	20	340,000
10252	삼양 상사 ㈜	최소라	대양 마말레이드	65,000	40	2,470,000
			한라 멜론 아이스크림	2,000	25	47,500
			대일 파메쌍 치즈	27,000	40	1,080,000

위 표에서 B:D열은 중복 값을 입력하지 않기 위해 병합되어 있는 것을 확인할 수 있습니다. 병합을 해제하고, 빈 셀에 모든 값을 채워 넣는 작업이 필요하면 다음 매크로를 개발해 사용하면 됩니다.

```
Sub 빈셀채우기()

'1단계 : 필요한 변수를 선언합니다.
    Dim 표 As Range            ①
    Dim 빈셀 As Range           ②

'2단계 : 표 전체 범위를 선택하고, 선택한 범위의 병합을 모두 해제합니다.
    Set 표 = Range("B2").CurrentRegion     ③
        표.UnMerge             ④

'3단계 : 빈 셀의 위치를 찾아 바로 위 셀의 값으로 채웁니다.
    Set 빈셀 = 표.Find(What:="")          ⑤

    If Not 빈셀 Is Nothing Then           ⑥

        Do              ⑦

            빈셀.Value = 빈셀.Offset(-1).Value      ⑧

            Set 빈셀 = 표.FindNext(After:=빈셀)     ⑨

        Loop Until 빈셀 Is Nothing        ⑩

    End If

End Sub
```

❶ 표 전체 범위를 할당할 Range 형식의 '표' 개체변수를 선언합니다.

❷ 표 전체 범위 중에서 빈 셀을 할당할 Range 형식의 '빈셀' 개체변수를 선언합니다.

❸ B2셀부터 연속된 데이터 범위를 '표' 개체변수에 할당합니다. 만약 전체 표 범위가 아니라 사용자가 지정된 범위로 제한하려면 매크로를 실행할 때 원하는 범위를 선택하게 하고, 이 코드를 다음과 같이 변경합니다.

```
Set 표 = Selection
```

❹ '표' 개체변수에 할당된 범위 내 병합 셀을 모두 해제합니다. 이 과정에서 빈 셀이 다수 나타나게 됩니다.

❺ '표' 개체변수에 할당된 범위에서 Find 메서드를 이용해 빈 문자("") 위치를 찾은 다음 '빈셀' 개체변수에 할당합니다. [찾기] 명령을 이용할 때 '찾을 내용'에 아무 값도 입력하지 않고 〈다음 찾기〉 버튼을 클릭하면 첫 번째 빈 셀의 위치가 찾아지는데, 이런 과정을 코드로는 이렇게 작성하면 됩니다.

❻ '빈셀' 개체변수에 할당된 셀이 있는지 판단합니다. '빈셀' 개체변수가 비어 있지 않다면 [찾기] 명령으로 찾은 셀이 있다는 의미입니다.

❼ [찾기] 명령으로 찾은 셀이 있다면, 빈 셀이 더 이상 없을 때까지 [찾기] 명령을 반복해야 하므로, Do … Loop 순환문을 사용해 반복합니다.

❽ '빈셀' 개체변수에 할당된 셀에 바로 위 셀의 값을 입력합니다.

❾ '빈셀' 개체변수에 FindNext 메서드를 이용해 다음 빈 셀을 할당합니다. 이 코드는 '찾기' 대화상자에서 〈다음 찾기〉 버튼을 클릭하는 것과 동일합니다.

❿ Do … Loop 순환문에서 다음 번 반복 작업을 진행하기 전에 Until 키워드 뒤의 조건을 판단하는데, '빈셀' 개체변수에 할당된 셀이 없는(Nothing) 경우에 순환문을 종료합니다.

TIP 이 매크로는 예제 파일의 〈빈 셀 채우기〉 버튼에 연결되어 있습니다.

Find 메서드를 이용해 다중 조건을 모두 만족하는 값 위치 찾기

120

Find 메서드는 한 번에 하나의 값 위치만 찾을 수 있습니다. 만약 여러 개의 조건을 모두 만족하는 위치를 찾으려면 Find 메서드를 이용해 첫 번째 조건에 맞는 위치를 찾은 다음, 찾은 위치의 좌, 우에 위치한 값이 두 번째 조건에 맞는 값인지 확인하는 작업을 진행하면 됩니다. 이런 방법을 사용하면 더 많은 조건도 모두 처리할 수 있습니다. 이번에는 Find 메서드를 이용해 여러 조건을 모두 만족하는 위치를 빠르게 찾는 방법에 대해 알아보겠습니다.

예제 파일 PART 03 \ (Range) Find 메서드 II.xlsm

예제 파일을 열면 '전년' 시트와 '금년' 시트에서 각각 다음과 같은 표를 확인할 수 있습니다.

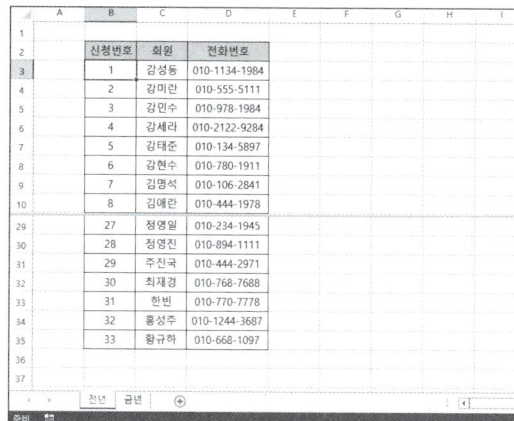 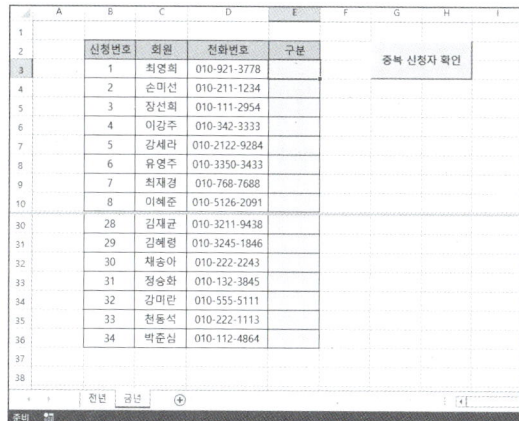

'금년' 시트에서 '전년' 시트의 신청자 리스트를 확인하여 이름과 전화번호가 모두 같은 경우 '중복'이라고 표시하는 작업을 코드로 개발하면 다음과 같습니다.

```
Sub 중복확인()

'1단계 : 필요한 변수를 선언합니다.
    Dim 전년 As Range                                       ❶
    Dim 금년 As Range, 셀 As Range                          ❷
    Dim 찾은셀 As Range, 첫번째셀주소 As String              ❸

'2단계 : 순환할 전체 범위와 값을 찾을 범위를 변수에 할당합니다.
    With Worksheets("전년")
        Set 전년 = .Range("C3", .Cells(Rows.Count, "C").End(xlUp))   ❹
    End With
```

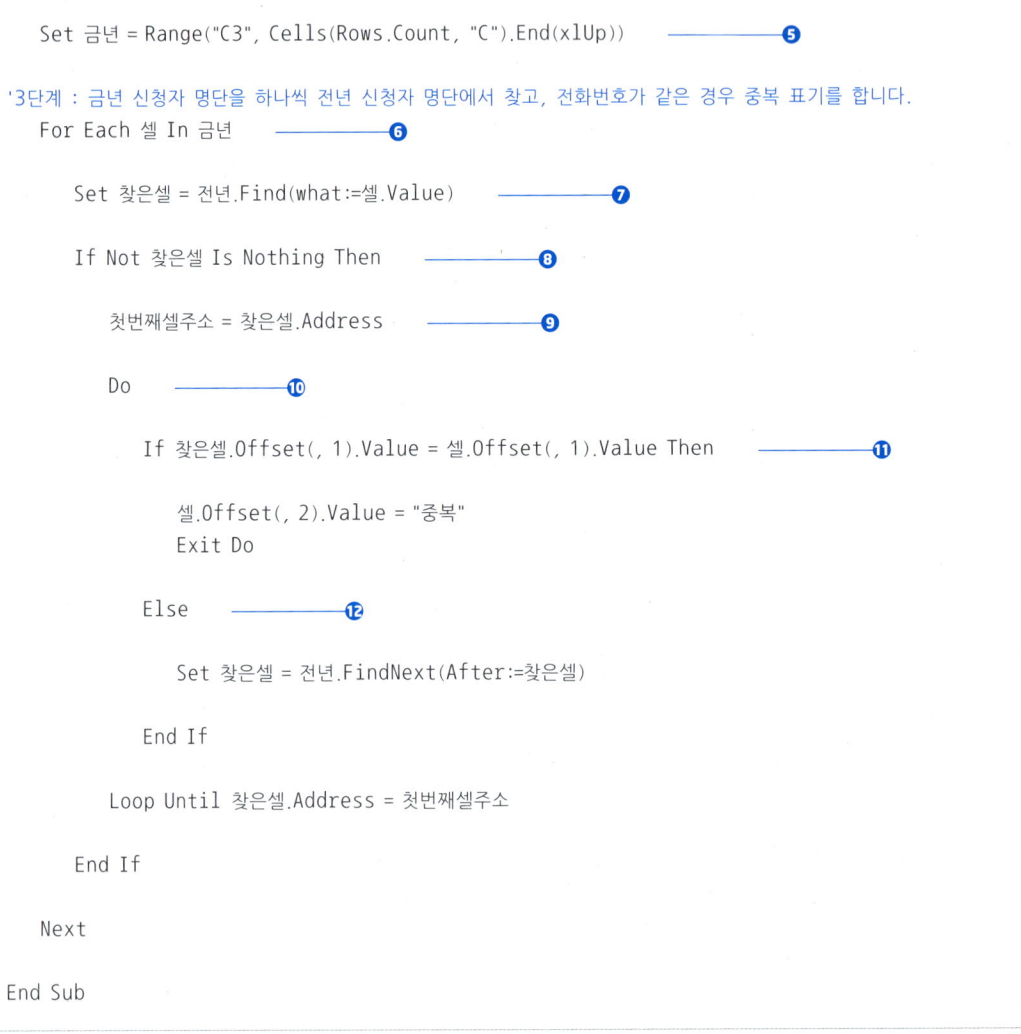

❶ '전년' 시트 C열의 이름 범위를 할당할 Range 형식의 '전년' 개체변수를 선언합니다.

❷ '금년' 시트 C열의 이름 범위를 할당할 Range 형식의 '금년' 개체변수와 '금년' 개체변수에 할당된 범위를 순환할 때 사용할 Range 형식의 '셀' 개체변수를 선언합니다.

❸ '찾기' 명령으로 찾은 위치를 할당할 Range 형식의 '찾은셀' 개체변수와 첫 번째로 찾은 셀의 주소를 저장할 String 형식의 '첫번째셀주소' 변수를 선언합니다.

❹ '전년' 변수에 '전년' 시트의 C3셀부터 C열의 마지막 데이터 입력 위치까지의 범위를 할당합니다.

❺ '금년' 변수에 현재 워크시트의 C3셀부터 C열의 마지막 데이터 입력 위치까지의 범위를 할당합니다.

❻ For Each … Next 순환문을 사용해 '금년' 변수에 할당된 범위 내 셀을 하나씩 '셀' 개체변수에 할당하면서 순환합니다.

❼ '전년' 개체변수에 할당된 범위에서 '셀' 개체변수에 할당된 셀 값을 찾아 '찾은셀' 개체변수에 할당합니다. 이러면 동일한 이름이 입력된 셀이 '찾은셀' 개체변수에 할당됩니다.

❽ '찾은셀' 개체변수에 할당된 셀이 있는지 판단하고, 셀이 있을 때만 아래 명령을 수행합니다.

❾ '찾기' 명령으로 첫 번째로 찾은 셀 주소를 '첫번째셀주소' 변수에 저장합니다. '찾기' 명령은 특정 값을 찾을 때 위에서 아래 방향으로 찾으며, 찾는 작업이 끝나면 다시 처음부터 찾기 시작합니다. 그러므로 이렇게 찾는 이름이 여러 개 있는 경

우에는 다음 찾은 위치가 첫 번째 셀 주소와 같은지 판단해 찾는 작업을 중단해야 하므로, 이번과 같이 셀 주소를 저장해 놓는 것이 필요합니다.

❿ Do … Loop 문을 이용해 찾는 작업을 반복합니다. Do … Loop 문의 조건은 Loop 문 오른쪽에 Until 키워드를 사용해 지정하며, '찾은셀' 변수의 주소와 '첫번째셀주소' 변수의 값이 같을 때 반복 작업을 종료합니다.

⓫ If 문을 사용해 '찾은셀' 개체변수에 할당된 셀(전년 신청자 이름)의 오른쪽 셀의 값과 '셀' 개체변수에 할당된 셀(금년 신청자 이름)의 오른쪽 셀의 값이 같은지 판단합니다. 판단 결과가 맞으면 '셀' 개체변수에 할당된 셀의 오른쪽 두 번째 셀(E열의 '구분'열)에 '중복' 값을 입력하고 Do … Loop 문을 빠져나갑니다.

⓬ 판단 결과가 틀리면, 동일한 이름이 다른 위치에 있는지 FindNext 메서드를 이용해 찾아 '찾은셀' 개체변수에 다시 할당한 다음, Do … Loop 순환문의 조건에 따라 반복해서 명령을 실행합니다.

TIP 이 매크로는 예제의 '금년' 시트의 〈중복 신청자 확인〉 버튼에 연결되어 있습니다.

Replace 메서드를 이용해 값을 찾아 바꾸기

121

'찾기 및 바꾸기' 대화상자에서 바꾸기 작업을 하면 하나의 시트뿐 아니라 전체 파일에서도 원하는 값을 찾아 손쉽게 변경하는 것이 가능합니다. 바꾸기 명령은 Range 개체의 Replace 메서드로 제공되는데, 이 메서드를 이용하면 전체 데이터에서 필요한 값을 빠르게 찾아 변경할 수 있어 편리합니다. 이번에는 Replace 메서드의 사용 방법과 Replace 메서드를 이용해 유령 문자를 포함한 불필요한 문자를 자동으로 삭제하는 방법에 대해 알아보겠습니다.

예제 파일 PART 03 \ Replace 메서드 (코드).txt

Replace 메서드 구문

Replace 메서드의 구문은 다음과 같습니다.

```
Range.Replace( What, Replacement, LookAt, _
               SearchOrder, MatchCase, MatchByte, SearchFormat, ReplacFormat )
```

Replace 메서드는 Find 메서드의 구문과 유사하며, Replcement와 ReplaceFormat 매개변수만 추가로 사용합니다. 다음은 '찾기 및 바꾸기' 대화상자에서 '바꾸기' 탭을 선택했을 때의 화면입니다.

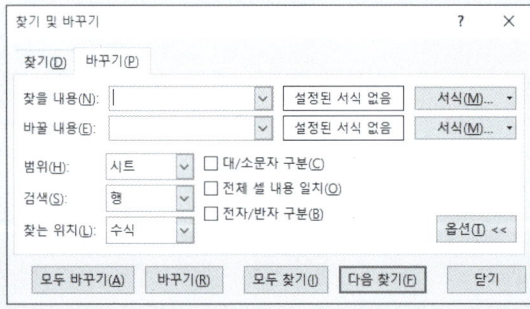

❶ Replacement : '찾기 및 바꾸기' 대화상자의 '바꿀 내용'에 입력할 값입니다.

❷ ReplaceFormat : '찾기 및 바꾸기' 대화상자의 '바꿀 내용' 우측에 있는 〈서식〉 버튼을 클릭하고 지정한 서식입니다.

Replace 메서드 예제

예제 파일을 열면 다음 표를 확인할 수 있습니다.

TIP I12셀에는 수식 =SUM(I3:I11)이 입력되어 있는데 결과가 반환되지 않았습니다. I열의 데이터가 제대로 된 숫자 값이 아님을 알 수 있습니다.

전체 표 범위에서 불필요한 문자를 삭제하려면 다음과 같은 매크로를 사용할 수 있습니다.

```
Sub 인쇄되지않는문자삭제하기()

    '1단계 : 필요한 변수를 선언합니다.
    Dim 작업범위 As Range              ①
    Dim 유령문자 As Variant            ②
    Dim 문자 As Variant                ③

    '2단계 : 변수에 작업할 범위와 삭제할 문자를 저장합니다.
    Set 작업범위 = ActiveSheet.UsedRange                    ④

    유령문자 = Array(ChrW(10), ChrW(13), ChrW(160))         ⑤

    '3단계 : 삭제할 문자를 하나씩 찾아 삭제합니다.
    For Each 문자 In 유령문자          ⑥

        작업범위.Replace What:=문자, Replacement:=""

    Next

End Sub
```

① 삭제할 문자가 포함된 전체 범위를 할당할 Range 형식의 '작업범위' 변수를 선언합니다.
② 삭제할 유령 문자를 저장할 Variant 형식의 '유령문자' 변수를 선언합니다. 이 변수를 Variant 형식으로 선언한 것은 ⑤의 Array 함수와 For Each … Next 순환문을 사용하기 위해서입니다.
③ 순환문에서 사용할 Variant 형식의 '문자' 변수를 선언합니다.
④ '작업범위' 변수에 현재 시트의 전체 사용 범위를 할당합니다.
⑤ '유령문자' 변수에 Array 함수를 사용해 다음 값을 배열로 저장합니다.

- ChrW(10) : 10번은 라인피드 문자의 Ascii 번호입니다. ChrW 함수는 지정된 Ascii 번호의 문자를 반환하는 Chr 함수와 동일하지만 유니코드 문자 셋을 사용한다는 점만 다릅니다.
- ChrW(13) : 13번은 캐리지리턴 문자를 의미합니다.
- ChrW(160) : 160번은 대표적인 유령문자로, 눈에 보이지 않습니다.

만약 표에 Alt + Enter 키를 누르고 줄을 바꿔 입력한 값이 있다면, 이 코드가 해당 줄 바꿈 문자를 모두 삭제하여 한 줄로 값이 표시됩니다. 이런 결과를 원하지 않는다면 ❹의 코드를 원하는 작업 범위로 변경하거나, 이번 코드에서 ChrW(10)과, ChrW(13)을 배열에 저장하지 않습니다.

❻ For Each … Next 문을 사용해 '유령문자' 변수 내 문자를 하나씩 '문자' 변수에 저장하면서 순환합니다.

❼ '바꾸기' 명령을 이용해 '작업범위' 변수에 할당된 범위에서 '문자' 변수에 저장된 값을 찾아 지웁니다.

TIP 이 매크로는 예제 파일의 〈유령 문자 삭제〉 버튼에 연결되어 있습니다.

Interior 속성을 이용해 특정 위치에 원하는 서식 적용하기

122

VBA를 이용해 원하는 위치에 글꼴 및 배경 서식을 적용해야 하는 경우, 서식을 적용할 범위를 정확하게 참조한 다음 Font와 Interior 속성을 이용해 설정할 수 있습니다. 글꼴 서식을 설정하는 방법은 엑셀 전체 버전에서 동일하게 사용할 수 있지만, 색상 서식의 경우는 엑셀 2007 버전부터 엑셀에서 다룰 수 있는 색상이 많아지면서 좀 더 다양한 설정 방법이 제공됩니다.

예제 파일 PART 03 \ (Range) Interior, Font 속성.xlsm

예제를 열면 화면과 같은 표를 확인할 수 있습니다. 이 표의 5행, 8행, 11행, 15행, 16행이 부분합 행인데, 이곳에 배경색과 글꼴 서식을 매크로를 이용해 적용해 보겠습니다.

	A	B	C	D	E	F	G	H	I	J
1										
2		분기	부서	판매수량	매출	평균할인율		표 서식		
3		1사분기	영업1부	4,616	98,779,250	4.50%				
4			영업2부	5,511	134,223,200	6.00%				
5		합계		10,127	233,002,450	5.25%				
6		2사분기	영업1부	6,044	150,024,400	6.30%				
7			영업2부	6,782	160,537,150	6.00%				
8		합계		12,826	310,561,550	6.15%				
9		3사분기	영업1부	7,974	215,645,850	5.40%				
10			영업2부	9,093	223,026,450	5.70%				
11		합계		17,067	438,672,300	5.55%				
12		4사분기	영업1부	6,256	170,006,500	5.80%				
13			영업2부	4,120	97,766,200	4.60%				
14			영업3부	2,450	58,137,600	4.70%				
15		합계		12,826	325,910,300	5.03%				
16		전체 합계		52,846	1,308,146,600	5.50%				
17										

부분합 서식을 적용하려면 먼저 서식을 적용할 범위를 정확하게 설정한 다음, 서식을 지정하는 작업을 진행하면 됩니다. 다음과 같은 코드를 개발해 작업할 수 있습니다.

```
Sub 표부분합서식()

'1단계 : 필요한 변수를 선언하고, 전체 작업 범위를 할당합니다.
    Dim 행머리글 As Range, 셀 As Range            ①

    Set 행머리글 = Range("B3", Cells(Rows.Count, "B").End(xlUp))     ②

'2단계 : 표 범위의 첫 번째 열을 순환하면서 부분합 행에 원하는 서식을 지정합니다.
    For Each 셀 In 행머리글              ③

        If InStr(1, 셀.Value, "합계") > 0 Then           ④

            With 셀.Resize(, 2)         ⑤
```

```
            With .Interior                          ❻
                .ThemeColor = xlThemeColorDark1
                .TintAndShade = -0.05
            End With

            .Font.Bold = True                       ❼

        End With

        With 셀.Offset(, 1).Resize(, 3).Interior    ❽
            .ThemeColor = xlThemeColorAccent2
            .TintAndShade = 0.8
        End With

    End If

  Next

End Sub
```

❶ 행 머리글이 입력된 전체 범위를 할당할 Range 형식의 '행머리글' 개체변수와 '셀' 개체변수를 선언합니다.

❷ '행머리글' 개체변수에 B3셀부터 B열의 마지막 데이터 입력 위치까지의 범위를 할당합니다.

❸ For Each … Next 순환문을 사용해 '행머리글' 개체변수에 할당된 범위 내 셀을 순환하면서 '셀' 개체변수에 하나씩 할당합니다.

❹ InStr 함수를 사용해 '셀' 개체변수에 할당된 셀의 값에 '합계' 문자열이 포함되어 있는지 판단합니다.

❺ 예제의 요약 행은 모두 B, C열이 병합되어 있으므로, 병합된 모든 셀에 동일한 서식을 지정하기 위해 Resize 속성을 이용해 열 방향의 두 개 셀을 모두 포함하도록 범위를 조정합니다.

❻ 조정된 범위의 Interior 속성을 이용해 서식을 지정합니다. Interior 속성은 Interior 개체를 반환하며, Interior 개체는 '셀 서식' 대화상자의 '채우기' 탭의 설정 작업을 하는 데 사용됩니다. Interior 속성을 이용해 배경색을 지정하기 위해 ThemeColor 속성과 TintAndShade 속성을 이용합니다.

• ThemeColor 속성은 아래 색상표의 첫 번째 줄의 색상을 의미하는 내장 상수를 사용합니다.

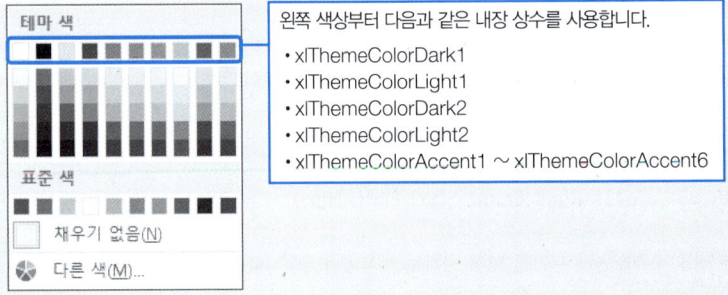

• TintAndShade 속성은 셀에 적용된 색상을 밝게 또는 어둡게 적용합니다. 색상표의 색상 위에 마우스 포인터를 가져가면 표시되는 풍선 도움말의 '5% 더 어둡게' 등의 값을 실수 값으로 입력합니다. 어둡게는 음수(-) 값으로, 밝게는 양수(+) 값으로 각각 설정합니다.

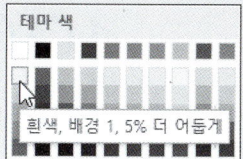

TIP 화면과 같은 경우는 -0.05 값이 TintAndShade 값이 됩니다.

적용할 색상의 RGB 값을 안다면 ThemeColor 속성과 TintAndShade 속성을 사용하지 않고 Color 속성을 이용해 다음과 같이 코드를 구성할 수 있습니다.

```
.Interior.Color = RGB(242, 242, 242)
```

❼ Font 속성은 Range 개체의 글꼴 설정을 할 때 사용하는 Font 개체를 반환합니다. Bold 속성은 '굵게' 명령을 의미하므로 이 속성 값을 True로 지정하면 글꼴로 굵게 표시됩니다.

❽ 요약 행의 숫자 값이 있는 부분(D:F열)에 별도의 서식을 지정하기 위해 Offset 속성과 Resize 속성을 사용해 범위를 조정합니다. 이때 주의할 부분은 열 방향으로 한 칸 이동하라는 의미의 Offset(, 1)인데, B, C열이 병합된 셀이므로 오른쪽으로 한 칸 이동한 셀은 C열이 아니라 D열의 셀이라는 것을 알아둡니다. 그런 다음, Interior 속성을 이용해 배경과 글꼴 설정 작업을 합니다. ThemeColor와 TintAndShade 속성이 아닌 Color 속성을 이용하도록 코드를 수정하면 다음과 같습니다.

```
.Interior.Color = RGB(242, 220, 219)
```

처리 결과를 직접 확인하기 위해 예제 파일의 〈표 서식〉 버튼을 클릭하면 다음과 같은 결과를 얻게 됩니다.

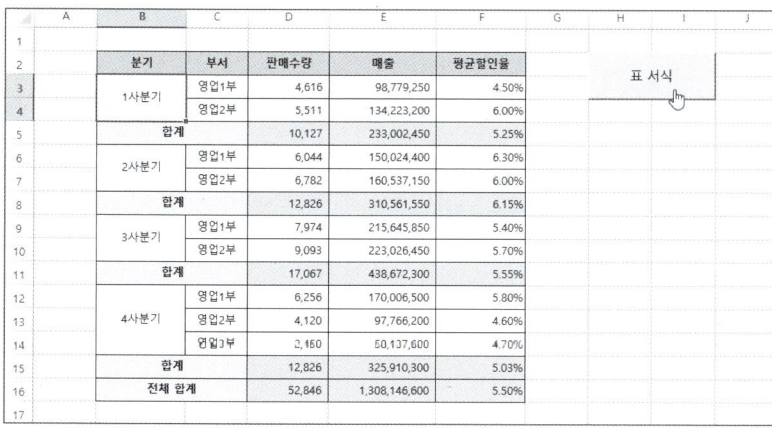

Border 속성을 이용해 원하는 테두리 서식 설정하기

123

셀(또는 범위)에 테두리 서식을 지정할 때는 Range 개체의 Borders 속성을 이용하면 됩니다. Borders 속성을 이용해 셀(또는 범위)의 테두리 선 스타일을 지정하는 작업은 표를 요약하거나 원하는 부분만 강조할 때 자주 사용됩니다. Borders 속성을 이용하는 방법은 작업 자체가 세분화되어 있는데, 세분화된 작업을 한 번에 처리하기 위해 BorderAround 메서드를 이용하기도 합니다.

예제 파일 PART 03\(Range) Borders, BorderAround.xlsm

Borders 속성 구문

Borders 속성은 Range 개체의 테두리 설정을 할 때 사용하며, 구문은 다음과 같습니다.

```
Range.Borders( Index )
```

❶ Index : 셀에서 지정할 테두리 위치를 의미하며, 다음 내장 상수를 사용합니다.

내장 상수	설명
xlEdgeTop	위쪽 테두리
xlEdgeBottom	아래쪽 테두리
xlEdgeLeft	왼쪽 테두리
xlEdgeRight	오른쪽 테두리
xlDiagonalDown	왼쪽 상단에서 오른쪽 하단으로 이어지는 사선
xlDiagonalUp	왼쪽 하단에서 오른쪽 상단으로 이어지는 사선
xlInsideHorizontal	범위 내 모든 가로 테두리
xlInsideVertical	범위 내 모든 세로 테두리

BorderAround 메서드 구문

BorderAround 메서드는 Range 개체의 외곽 테두리를 설정할 때 사용하며 구문은 다음과 같습니다.

```
Range.BorderAround( LineStyle, Weight, ColorIndex, Color, ThemeColor )
```

❶ LineStyle : 테두리 선의 스타일을 지정하며, 다음 내장 상수를 사용합니다.

내장 상수	설명
xlContinuous	실선
xlDash	파선
xlDashDot	파선과 점선이 교대로 나타나는 형태
xlDashDotDot	파선과 두 개의 점선이 교대로 나타나는 형태
xlDot	점선
xlDouble	이중선
xlLineStyleNone	선 없음
xlSlantDashDot	기울어진 파선

❷ Weight : 테두리 선의 두께를 지정하며, 다음 내장 상수를 사용합니다.

내장 상수	설명
xlHairline	가장 가는 실선
xlMedium	보통
xlThick	굵은 실선
xlThin	가는 실선

❸ ColorIndex : 테두리 선의 색을 색 번호로 지정하거나 다음 내장 상수를 사용합니다.

내장 상수	설명
xlColorIndexAutomatic	자동
xlColorIndexNone	색 없음

❹ Color : 테두리 선의 색상을 RGB 값으로 지정합니다.

❺ ThemeColor : 테두리 선의 색상을 색 테마의 색으로 지정합니다. Interior 속성의 ThemeColor 속성과 동일하므로 해당 속성의 내용을 참고합니다.

Borders, BorderAround 예제

예제를 열면 화면과 같은 표를 확인할 수 있습니다.

먼저 전체 테두리 설정을 하려면 직접 실행 창에 다음과 같이 입력합니다.

```
Range("B3").Borders.LineStyle=xlContinuous        ①
```

① Borders 속성을 이용해 B3셀에 모든 테두리 설정 작업을 진행합니다. Borders 속성에 Index 매개변수를 사용하지 않았으므로 상하좌우 테두리의 LineStyle(선 스타일)이 실선으로 설정됩니다.

BorderAround 속성을 이용해 B3셀에 테두리 설정 작업을 하려면 다음 코드를 순서대로 입력합니다.

```
Range("B3").Borders.LineStyle = xlNone
Range("B3").BorderAround LineStyle:= xlContinuous
```

첫 줄의 코드는 기존 테두리 설정을 지우는 역할을 하며, 두 번째 줄의 코드가 BorderAround 메서드를 이용해 테두리를 설정합니다. BorderAround 메서드는 LineStyle 매개변수를 사용해 실선으로 설정합니다.

전체 테두리 설정을 하지 않고 일부분에만 설정을 하려면 BorderAround 메서드는 사용하지 못하고, Borders 속성을 이용해야 합니다.

```
Range("D3").Borders(Index:=xlEdgeBottom).LineStyle=xlDouble        ①
```

① 테두리 중 일부를 설정하려면 BoderAround 메서드가 아닌 Borders 속성을 사용합니다. Index 매개변수의 값을 아래쪽 테두리를 의미하는 xlEdgeBottom으로 설정한 다음, LineStyle 속성을 이중 실선(xlDouble)으로 설정합니다. 이 코드를 입력하면 다음과 같은 결과를 얻을 수 있습니다.

테두리 전체에 서식을 지정하면서 선 스타일이나 두께 등을 한 번에 설정해야 한다면 BorderAround 메서드를 이용하는 것이 편리합니다. 아래 코드를 직접 실행 창에 입력하고 결과를 확인합니다.

```
Range("F3").BorderAround LineStyle:=xlContinuous, Weight:=xlThick        ①
```

❶ BoderAround 메서드를 사용해 F3셀의 테두리를 굵은 실선으로 설정합니다. 이렇게 여러 개의 설정을 한 번에 할 때는 BorderAround 메서드를 이용하는 것이 좋습니다. 이 코드를 실행하면 다음과 같은 결과를 얻을 수 있습니다.

이 코드를 Borders 속성을 이용해 작업하려면 다음과 같은 두 줄의 코드를 입력합니다.

```
Range("F3").Borders.LineStyle=xlContinuous
Range("F3").Borders.Weight=xlThick
```

Width와 Height 속성을 이용해 셀 크기 조정하기

124

셀(또는 범위)의 크기를 확인하려면 셀의 가로 너비를 의미하는 Width와 세로 길이를 의미하는 Height 속성을 잘 이해해야 합니다. 두 속성을 이용하면 셀(또는 범위)의 너비와 길이를 알아낼 수 있으며, 필요하면 ColumnWidth 속성과 RowHeight 속성을 이용해 열 너비와 행 길이를 조정할 수 있습니다. 참고로 하나의 셀만 단독으로 열 너비와 행 길이를 조정할 수는 없으므로 셀이 속한 열 너비 또는 행 길이 등을 조정해야 합니다.

예제 파일 PART 03 \ (Range) Width, Height 속성.xlsm

Width, ColumnWidth, Height, RowHeight 속성의 단위 이해하기

이 속성을 사용하려고 할 때는 먼저 Width, Height, ColumnWidth, RowHeight 속성의 단위가 모두 일치하는 것은 아니라는 점을 이해하고 있어야 합니다. Width, Height, RowHeight 속성은 '포인트' 단위를 사용하지만, ColumnWidth 속성은 기본 글꼴에서 숫자 0을 몇 개까지 입력할 수 있는지, 그 개수를 단위로 사용합니다. 이렇게 ColumnWidth 속성의 단위가 다른 속성의 단위와 다르기 때문에 단위를 일정하게 조정하는 작업이 쉽진 않습니다.

포인트와 센티미터의 관계

먼저 '포인트'라는 단위에 대해 이해할 필요가 있습니다. '포인트'를 우리가 흔히 사용하는 '센티미터'로 조정하려면 다음의 변환 방법을 알고 있어야 합니다.

> 1인치 = 2.54센티미터
>
> 1포인트 = 1/72인치
>
> 1포인트 = 2.54/72 = 0.03528센티미터

셀 크기 Cm 단위로 조정하기

위와 같은 내용을 참고로 열 너비와 행 높이를 각각 1cm로 VBA를 이용해 조정해 보겠습니다. 포인트는 단위 변환이 가능하지만, 별도의 단위를 사용하는 ColumnWidth는 단위 변환이 불가능하므로 포인트 대비 비율을 계산해 구하는 방법을 사용합니다.

ColumnWidth와 RowHeight 속성은 단위가 다르므로 100% 만족스러운 결과를 얻기는 쉽지 않지만, 근사치에 해당하는 결과를 얻으려면 다음과 같은 코드를 사용합니다.

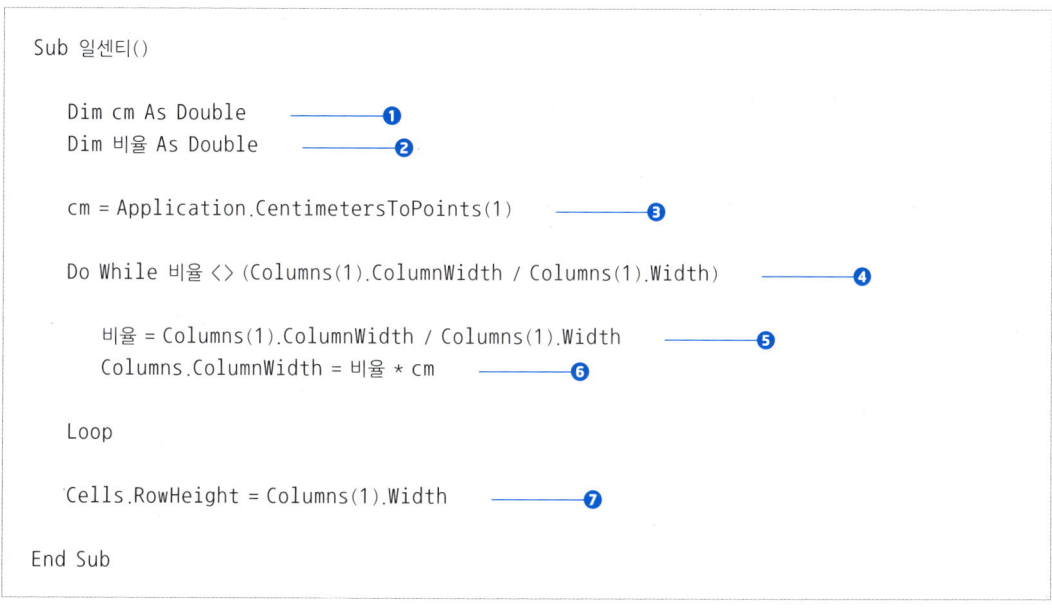

① 1cm를 Point 단위로 변환할 값을 저장할 Double 타입의 'cm' 변수를 선언합니다.

② ColumnWidth 속성 값을 Point 단위로 나눈 비율을 저장할 Double 타입의 '비율' 변수를 선언합니다.

③ Application 개체에는 CentimetersToPoints 메서드가 존재하는데, 이 메서드는 인수로 cm 값을 입력하면 Point 단위로 변환한 값을 반환합니다. 이 메서드를 이용해 'cm' 변수에 1cm에 해당하는 Point 값을 저장합니다. 이 코드는 다음과 같은 계산식으로 변환할 수도 있습니다.

```
cm = (1 / 2.54) * 72
```

④ Do … Loop 순환문을 사용해 열 너비를 조정하는 작업을 진행합니다. 조건은 While 키워드를 사용했으므로 비율 변수의 값이 첫 번째 열의 ColumnWidth 속성을 Width 속성으로 나눈 값과 다르면 계속 순환합니다. (한 번에 열 너비가 조정되지 않으므로 여러 번 조정해 가장 이상적인 너비로 조정합니다.)

⑤ '비율' 변수에 첫 번째 열의 ColumnWidth 속성을 Width 속성으로 나눈 값을 저장합니다.

⑥ 전체 열의 열 너비를 '비율' 변수에 저장된 값과 'cm' 변수에 저장된 Point 단위 값으로 곱한 결괏값으로 조정합니다.

⑦ Do … Loop 순환문을 이용해 열 너비를 조정했으면 전체 행 길이를 첫 번째 열의 Width 속성의 값과 동일하게 설정합니다.

매크로를 확인해 보기 위해 예제를 열고 〈열 너비, 행 높이를 1cm〉 버튼을 클릭하면 다음 화면과 같은 결과를 얻을 수 있습니다.

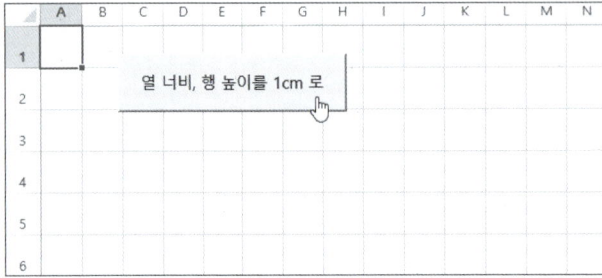

> **Plus⁺ 조정된 열 너비가 변환한 값과 일치하지 않는 이유**
>
> 조정된 열 너비는 엄밀히 말하면 1.01cm입니다. 결과가 이렇게 나온 이유는 Width, Height, RowHeight 속성의 Point 단위가 실제 값처럼 정밀하게 변경되지 않기 때문입니다.
>
> 아래 화면을 보면 1cm를 Point 단위로 변환한 값과, 조정된 열 너비의 Point 값이 일치하지 않는 것을 확인할 수 있습니다.
>
> ```
> ? Application.CentimetersToPoints(1)
>  28.3464566929134
>
> ? Range("A1").Width
>  28.5
> ```
>
> Point 단위로 크기를 조정할 수 있는 RowHeight 속성의 경우도 다음과 같은 코드를 이용해 속성 값을 Application 개체의 CentimetersToPoints 메서드의 반환 값과 일치시키려고 해도 정확하게 변경되지는 않습니다.
>
> ```
> Rows.RowHeight = Application.CentimetersToPoints(1)
> ```
>
> 그러므로 이런 작업은 가장 가까운 근사치를 구한다고 생각하고 작업하는 것이 좋습니다.

TextToColumns 메서드를 이용해 셀 값 나눠 입력하기

125

셀 값을 특정 문자로 구분해 열을 나눠 기록하고 싶다면 Left, Mid, Right, Instr 함수를 사용하는 것보다 Range 개체의 TextToColumns 메서드를 이용하는 것이 좋습니다. TextToColumns 메서드는 리본 메뉴의 [데이터] 탭-[데이터 도구] 그룹-[텍스트 나누기] 명령에 해당하는 것으로, 데이터를 특정 기준으로 분리해 다른 열로 나눠 기록할 때 사용합니다.

예제 파일 PART 03\(Range) TextToColumns 메서드.xlsm

TextToColumns 메서드 구문

TextToColumns 메서드는 리본 메뉴의 [데이터] 탭-[데이터 도구] 그룹-[텍스트 나누기] 명령을 동작시키며, 구문은 다음과 같습니다.

```
Range.TextToColumns( Destination, DataType, TextQualifier, ConsecutiveDelimiter,
                Tab, Semicolon, Space, Other, OtherChar, FieldInfo,
                DecimalSeparator, ThousandsSeparator, TrailingMinusNumbers)
```

❶ Destination : 분리한 값을 넣을 범위입니다.

❷ DataType : 여러 열로 분리할 방법을 결정하며, 다음과 같은 내장 상수를 사용합니다.

내장 상수	설명
xlDelimited	기본 값으로 구분 문자를 이용해 분리
xlFixedWidth	일정한 너비로 분리

❸ TextQualifier : 텍스트 값을 따옴표로 묶을지 여부를 결정하며, 다음과 같은 내장 상수를 사용합니다.

내장 상수	설명
xlTextQualifierNone	구분 기호 없음
xlTextQualifierSingleQuote	작은따옴표(')를 사용
xlTextQualifierDoubleQuote	큰따옴표(")를 사용

❹ ConsecutiveDelimiter : 구분 문자가 연속해서 나올 때 하나의 구분 문자로 처리할지 여부를 True, False로 지정하는데, True면 하나로 처리합니다.

❺ Tab : DataType 매개변수의 값이 xlDelimited일 때, 이 값이 True면 탭 문자가 구분 문자입니다.

❻ Semicolon : DataType 매개변수의 값이 xlDelimited일 때, 이 값이 True면 세미콜론 문자가 구분 문자입니다.

❼ Space : DataType 매개변수의 값이 xlDelimited일 때, 이 값이 True면 공백 문자가 구분 문자입니다.

❽ **Other** : DataType 매개변수의 값이 xlDelimited일 때, 이 값이 True면 OtherChar 매개변수의 전달된 값이 구분 문자입니다.

❾ **OtherChar** : Other 매개변수의 값이 True일 때, OtherChar 매개변수에 전달된 값이 구분 문자입니다.

❿ **FieldInfo** : 분리된 각 열의 필드 형식을 지정하는데, 다음과 같은 내장 상수를 사용합니다.

내장 상수	설명	내장 상수	설명
xlGeneralFormat	일반	xlMYDFormat	MYD 날짜 형식
xlTextFormat	텍스트	xlDYMFormat	DYM 날짜 형식
xlMDYFormat	MDY 날짜 형식	xlYDMFormat	YDM 날짜 형식
xlDMYFormat	DMY 날짜 형식	xlSkipColumn	열 생략
xlYMDFormat	YMD 날짜 형식	xlEMDFormat	EMD 날짜 형식

⓫ **DecimalSeparator** : 숫자 값에서 소수점을 의미하는 문자로, 기본 값은 마침표(.)입니다.

⓬ **ThousandsSeparator** : 숫자 값에서 천 단위 구분 기호를 의미하는 문자로, 기본 값은 쉼표(,)입니다.

⓭ **TrailingMinusNumbers** : 분리된 값에서 음수 문자(-)로 끝나는 숫자를 숫자로 인식할지 여부를 True, False로 지정하는데, True면 숫자로 인식합니다.

TextToColumns 메서드 예제

예제 파일을 열면 화면과 같은 표를 확인할 수 있습니다.

B열의 주소를 공백 문자로 분리해 C:E열로 나누는 코드를 TextToColumns 메서드를 이용해 개발하면 다음과 같습니다.

```
Sub 주소분리()

'1단계 : 필요한 변수를 선언하고, 작업 범위를 변수에 할당합니다.
    Dim 주소 As Range          ―――――❶
```

```
        Set 주소 = Range("C3", Cells(Rows.Count, "C").End(xlUp))          ②

    '2단계 : 텍스트 나누기 명령을 이용해 공백 문자 위치에서 열을 구분합니다.
        Application.DisplayAlerts = False          ③

            주소.TextToColumns Destination:=주소.Cells(1), _
                           DataType:=xlDelimited, _
                           Space:=True, _
                           FieldInfo:=Array(Array(1, 2), Array(2, 2), Array(3, 2), Array(4, 2))          ④

        Application.DisplayAlerts = True          ⑤

        Range("B2").CurrentRegion.EntireColumn.AutoFit          ⑥

End Sub
```

① 표에서 주소가 입력된 범위를 할당할 Range 형식의 '주소' 개체변수를 선언합니다.

② '주소' 개체변수에 C3셀부터 C열의 마지막 데이터 입력 셀까지의 범위를 할당합니다.

③ 경고 메시지 창을 표시하지 않도록 옵션을 변경합니다. 이 명령은 아랫줄의 TextToColumns 메서드를 사용할 때 표시되는 다음과 같은 메시지 창이 화면에 나타나지 않도록 하는 용도입니다.

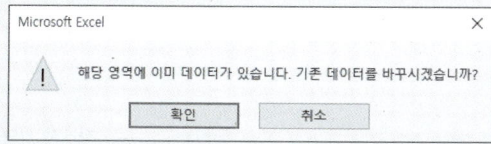

④ '주소' 개체변수에 할당된 범위에 TextToColumns 메서드를 이용해 주소를 각 열로 분리합니다. 코드가 길어 밑줄(_)을 이용해 코드를 네 줄로 나눠 기록했습니다. 이 코드에서 가장 이해하기 어려운 부분은 마지막 줄인 FieldInfo 매개변수의 설정 값입니다. FieldInfo 매개변수는 '텍스트 나누기' 마법사 대화상자의 세 번째 화면에서 분리된 열의 데이터 형식을 설정하는 역할을 하며, Array 함수를 사용해 (열 번호, 데이터 형식)과 같이 지정합니다. 그러므로 해당 부분은 잘려진 1~4열(C:F열)의 데이터 형식을 2로 설정하겠다는 의미가 됩니다. 숫자 2는 xlTextFormat 내장 상수의 값으로, 이 코드 부분은 다음과 같이 입력할 수 있습니다.

```
FieldInfo:=Array(Array(1, xlTextFormat), Array(2, xlTextFormat), Array(3, xlTextFormat), Array(4, xlTextFormat))
```

위와 같이 내장 상수를 사용하면 코드는 이해하기 쉽지만, 코드가 너무 길어지는 단점이 있으므로 상황에 따라 내장 상수나 숫자 값을 사용하면 됩니다. 내장 상수 값을 확인하려면 다음과 같이 해당 내장 상수를 직접 실행 창에 입력해 보면 됩니다.

```
? xlTextFormat
```

⑤ ③에서 설정한 DisplayAlerts 속성의 값을 다시 원래대로 복원합니다.

⑥ TextToColumns 메서드를 이용해 주소 값을 분리하면 열 너비가 일정하지 않으므로, B2셀에서 연속된 전체 데이터 범위의 열 너비를 자동 조정(AutoFit)합니다.

TIP 이 매크로는 예제 파일의 〈주소 분리〉 버튼에 연결되어 있습니다.

RemoveDuplicates 메서드를 이용해 중복 값 삭제하기 126

중복 데이터에서 고유 항목만 추출하고 싶은 경우가 종종 있습니다. 이런 경우 고급 필터를 사용할 수도 있지만, 엑셀 2007 버전부터는 리본 메뉴의 [데이터] 탭-[데이터 도구] 그룹-[중복된 항목 제거] 명령을 이용하는 것이 편리합니다. [중복된 항목 제거] 명령을 처리하는 Range 개체의 메서드가 바로 RemoveDuplicates 메서드입니다. 이번에는 이 메서드를 이용해 중복 값을 삭제하는 방법에 대해 알아보겠습니다.

예제 파일 PART 03 \ (Range) RemoveDuplicates 메서드.xlsm

RemoveDuplicates 메서드 구문

[중복된 항목 제거] 명령을 의미하는 RemoveDuplicates 메서드의 구문은 다음과 같습니다.

```
Range.RemoveDuplicates( Columns, Header )
```

❶ Columns : 중복된 값이 입력된 열의 인덱스 번호입니다. 여러 열에 중복 조건이 있는 경우에는 Array 함수를 사용해 중복 조건의 열 번호를 전달합니다.

❷ Header : 첫 번째 행에 열 머리글 값이 존재하는지 여부입니다. 다음과 같은 내장 상수를 사용할 수 있으며 생략하면 xlNo로 인식합니다.

내장 상수	설명
xlYes	열 머리글이 존재합니다.
xlNo	열 머리글이 존재하지 않습니다(기본값).
xlGuess	프로그램이 열 머리글 여부를 인식합니다.

RemoveDuplicates 메서드 사용 예제

여러 개 열의 값이 같을 때 중복된 데이터를 제거하려면 다음 코드를 사용합니다.

```
Range("A1").CurrentRegion.RemoveDuplicates Columns:=Array(2,3,5), Headers:=xlYes    ❶
```

❶ A1셀에서 연속된 데이터 범위에서 중복 조건을 제거하는데, 중복 조건은 2, 3, 5번째 열에 동일한 값이 있는지 판단하며, 표의 열 머리글이 있다고 판단합니다.

위 코드를 예제 파일의 'sample1' 시트에서 실행하면 왼쪽 화면에서 오른쪽 화면 결과를 얻을 수 있습니다.

하나의 열의 값이 같을 때 중복된 데이터를 제거하려면 다음 코드를 사용합니다.

```
Range("A1").CurrentRegion.RemoveDuplicates Columns:=2, Header:=xlGuess    ①
```

① A1셀에서 연속된 데이터 범위에서 중복 조건을 제거하는데, 중복 조건은 두 번째 열에 동일한 값이 있는지 판단하며, 표의 열 머리글 존재 여부는 프로그램에서 판단하도록 합니다.

위 코드를 예제 파일의 'sample2' 시트에서 실행하면 왼쪽 화면에서 오른쪽 화면 결과를 얻을 수 있습니다.

현재 표에서 중복된 데이터를 제거하지 않고 다른 위치로 옮겨 놓으려면, 해당 데이터를 특정 위치로 복사한 다음 중복된 데이터를 제거하면 됩니다. 예제에서는 B열의 고객 명단이 중복되므로 고유 명단만 별도 위치에 놓으려면 다음과 같은 코드를 사용합니다.

```
Sub 고유명단()

'1단계 : 필요한 변수를 선언하고, 원본 데이터 범위를 변수에 할당합니다.
    Dim 원본 As Range                              ①
    Dim 고객 As Range                              ②

    Set 원본 = Range("A1").CurrentRegion.Columns(2)    ③

'2단계 : 데이터를 원하는 위치로 복사합니다.
    원본.Copy Destination:=Range("J1")              ④
```

```
'3단계 : 복사된 데이터에서 중복을 제거합니다.
    Set 고객 = Range("J1").CurrentRegion ─────────── ❺

    고객.RemoveDuplicates Columns:=1, Header:=xlGuess ─────── ❻
    고객.EntireColumn.AutoFit ─────── ❼


End Sub
```

❶ 고객 데이터 범위를 할당할 Range 형식의 '원본' 개체변수를 선언합니다.

❷ 복사된 고객 범위를 할당할 Range 형식의 '고객' 개체변수를 선언합니다.

❸ '원본' 개체변수에 A1셀부터 연속된 데이터 범위에서 두 번째 열 범위를 할당합니다.

❹ '원본' 개체변수에 할당된 범위를 J1셀에 복사합니다.

❺ '고객' 개체변수에 J1셀부터 연속된 데이터 범위를 할당합니다.

❻ '고객' 개체변수에 할당된 범위에서 중복 값을 제거합니다.

❼ '고객' 개체변수에 할당된 범위의 첫 번째 셀이 속한 열 너비를 자동으로 조정합니다.

TIP 이 매크로는 예제 파일 'sample3' 시트의 〈고객〉 버튼에 연결되어 있습니다.

엑셀 표(ListObject)로 변환하기 127

엑셀 2003 버전부터 워크시트 내의 특정 표 범위를 별도 영역으로 인식할 수 있는 표 기능이 추가되었습니다. 이 기능을 엑셀 표라고 하는데, 엑셀 표는 Range 개체와는 별도인 ListObject 개체입니다. ListObject 개체는 Range 개체의 구성원이 아니라 Worksheet 개체의 구성원입니다. 이번에는 ListObject 개체를 활용해 엑셀 표를 등록해 사용하는 방법을 알아보겠습니다.

예제 파일 PART 03 \ (ListObjects) Add 메서드.xlsm

ListObjects.Add 메서드 구문

특정 표 범위를 엑셀 표로 변환하려면 ListObjects 컬렉션의 Add 메서드를 이용하며, 다음과 같은 구문을 사용합니다.

```
Worksheet.ListObjects.Add( SourceType, Source, LinkSource, XlListObject, HasHeaders, Destination, TableStyleName )
```

Add 메서드는 대부분의 컬렉션에서 개체를 새로 추가하는 데 사용하는 메서드로, ListObjects 컬렉션에서는 다음 여섯 개의 매개변수를 사용합니다.

❶ SourceType : 엑셀 표의 원본 타입을 의미하며, 다음과 같은 내장 상수를 사용합니다.

내장 상수	설명
xlSrcExternal	외부 데이터 원본
xlSrcRange	내부 범위
xlSrcXml	XML
xlSrcQuery	쿼리

❷ Source : 원본 범위입니다. SourceType 매개변수의 값이 xlSrcRange이면, 원본 표 범위를 Range 개체로 지정합니다.

❸ LinkSource : 외부 데이터와 연결되어 있는지 여부를 True, False로 지정합니다.

❹ XlListObjectHasHeaders : 열 머리글 인식 여부를 의미하며, 다음과 같은 내장 상수를 사용합니다.

내장 상수	설명
xlGuess	열 머리글 여부를 자동으로 인식
xlYes	열 머리글 포함
xlNo	열 머리글 미포함

❺ Destination : 외부 데이터를 연결할 때, ListObjects를 삽입할 왼쪽 상단 첫 번째 셀 위치를 지정합니다.

❻ TableStyleName : 표 스타일 이름을 지정합니다.

ListObjects.Add 메서드 예제

예제 파일을 열면 왼쪽 화면과 같은 표를 확인할 수 있습니다. 왼쪽의 표를 오른쪽 화면과 같이 엑셀 표로 변환해 보겠습니다.

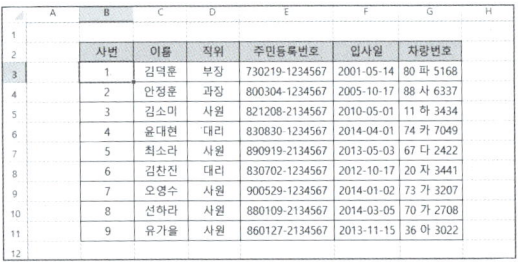 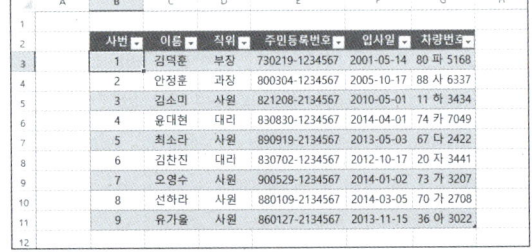

엑셀 표로 변환할 때는 다음과 같은 코드를 사용하면 됩니다.

```
Sub 표변환()

'1단계 : 필요한 변수를 선언하고, 작업 범위를 변수에 할당합니다.
    Dim 표 As Range                              ①
    Dim 엑셀표 As ListObject                     ②

    Set 표 = Range("B2").CurrentRegion           ③

'2단계 : 표 서식을 초기화합니다.
    With 표                                      ④
        .Interior.ColorIndex = xlColorIndexNone
        .Borders.LineStyle = xlLineStyleNone
    End With

'3단계 : 표를 엑셀 표로 등록합니다.
    Set 엑셀표 = ActiveSheet.ListObjects.Add(SourceType:=xlSrcRange, _
                                Source:=표, _
                                XlListObjectHasHeaders:=xlYes)    ⑤

'4단계 : 엑셀 표의 설정을 변경합니다.
    With 엑셀표                                  ⑥

        .Name = "직원명부"
        .TableStyle = "TableStyleMedium6"

        With .HeaderRowRange                     ⑦
            .Style = "표준"
            .HorizontalAlignment = xlCenter
        End With

    End With

End Sub
```

❶ 변환할 표 전체 범위를 할당할 Range 형식의 '표' 개체변수를 선언합니다.

❷ 변환한 엑셀 표를 할당할 ListObject 형식의 '엑셀표' 개체변수를 선언합니다.

❸ '표' 개체변수에 B2셀부터 연속된 데이터 범위를 할당합니다.

❹ '표' 개체변수에 할당된 범위의 서식을 초기화합니다. 배경색(.Interior.ColorIndex)을 '채우기 없음'으로 설정하고, 테두리 선 스타일(.Borders.LineStyle)을 '선 없음'으로 설정합니다.

❺ '표' 개체변수에 할당된 범위를 엑셀 표로 변환합니다. 변환할 때 XlListObjectHasHeaders 매개변수 값을 xlYes로 설정했으므로 첫 번째 행은 머리글로 설정됩니다. 이후 처리 작업을 쉽게 하기 위해, 변환된 엑셀 표를 '엑셀표' 개체변수에 할당합니다.

❻ '엑셀표' 개체변수에 할당된 엑셀 표의 이름을 '직원명부'로 설정하고 표 스타일을 '표 스타일 보통 6'으로 설정합니다. 표 스타일을 의미하는 'TableStyleMedium6'과 같은 값은 모두 알기가 쉽지 않으므로, 매크로 기록기를 이용해 원하는 표 스타일로 변경하는 작업을 기록한 다음 코드를 확인하는 방법이 가장 쉽습니다.

❼ 엑셀 표 머리글 범위(HeaderRowRange)의 표 스타일을 '표준'으로 변경하고, 머리글을 셀 가운데로 맞춰 표시합니다. '표준'으로 변경하지 않으면 글꼴 색이 검정으로 통일되는 문제가 있으며, '표준'으로 변경하면 머리글이 데이터 형식에 맞춰 표시되므로 셀 가운데로 맞추는 작업을 진행할 필요가 있습니다. 이 동작이 잘 이해되지 않으면 이 부분을 모두 주석으로 처리한 후 코드를 실행해 보기 바랍니다.

TIP 이 매크로는 예제의 〈엑셀 표로 변환〉 버튼에 연결되어 있습니다.

엑셀 표 범위 참조하기 128

엑셀 표는 구조적 참조라는 문법을 사용해 표 범위를 참조할 수 있도록 해 주므로, 엑셀 표로 변환된 표 범위를 참조할 때는 Range 개체를 다룰 때와는 다른 방법을 사용하기도 합니다. 엑셀 표는 일반적인 업무에서 가장 많이 사용되는 기능 중 하나이므로, 엑셀 표 내부 범위를 참조하는 방법을 제대로 이해할 필요가 있습니다. 이번에는 엑셀 표로 변환된 셀 범위를 참조하는 방법에 대해 알아보겠습니다.

예제 파일 PART 03 \ (ListObject) 범위 참조.xlsm

예제 파일을 열면 다음과 같은 엑셀 표가 있습니다. 리본 메뉴의 [디자인] 탭-[속성] 그룹의 [표 이름] 위치를 보면 표 이름이 '직원명부'인 것을 확인할 수 있습니다.

ListObject 개체를 이용한 범위 참조

엑셀 표는 ListObject 개체이므로, ListObject 개체의 다양한 구성원을 통해 표 범위를 참조할 수 있습니다. 다음 코드를 VB 편집기의 직접 실행 창에 입력해 엑셀 표의 어느 범위가 선택되는지 확인해 봅니다.

```
ActiveSheet.ListObjects("직원명부").Range.Select                 ❶
```

❶ '직원명부' 엑셀 표의 전체 범위(A1:F10)가 선택됩니다.

```
ActiveSheet.ListObjects("직원명부").HeaderRowRange.Select        ❶
```

❶ '직원명부' 엑셀 표의 머리글 범위(A1:F1)가 선택됩니다.

```
ActiveSheet.ListObjects("직원명부").DataBodyRange.Select ────────────── ❶
```

❶ '직원명부' 엑셀 표의 본문 범위(A2:F10)가 선택됩니다.

```
ActiveSheet.ListObjects("직원명부").ListColumns(4).Range.Select ────── ❶
```

❶ '직원명부' 엑셀 표의 네 번째 열 범위(D1:D10)가 선택됩니다.

```
ActiveSheet.ListObjects("직원명부").ListRows(3).Range.Select ────────── ❶
```

❶ '직원명부' 엑셀 표의 세 번째 행 범위(A4:F4)가 선택됩니다. 머리글은 행 범위로 취급하지 않으며, 행 범위는 HeaderRowRange라는 속성을 이용해 참조할 수 있다는 점에 주의해야 합니다.

Range 개체를 이용한 범위 참조

엑셀 표도 Range 개체의 일부이므로, Range 개체를 이용해 범위를 참조할 수 있습니다. 이때는 보통 엑셀 표의 구조적 참조 구문을 사용합니다.

```
Range("직원명부").Select ────────── ❶
```

❶ '직원명부' 엑셀 표 범위에서 머리글을 제외한 본문 범위(A2:F10)가 선택됩니다. 이 명령은 ActiveSheet.ListObjects("직원명부").DataBodyRange.Select와 동일합니다.

```
Range("직원명부[#All]").Select ────────── ❶
```

❶ '직원명부' 엑셀 표의 머리글 범위를 포함한 모든 범위(A1:F10)가 선택됩니다. 이 명령은 ActiveSheet.ListObjects("직원명부").Range.Select와 동일합니다.

```
Range("직원명부[입사일]").Select ────────── ❶
```

❶ '직원명부' 엑셀 표의 네 번째 열 범위(D2:D10)가 선택됩니다. 앞서 사용했던 Activesheet.ListObjects("직원명부").ListColumns(4).Range.Select와는 머리글 범위(D1)가 제외된다는 점이 다릅니다.

엑셀 표에 새 데이터 추가하기   129

엑셀 표에 새 데이터를 입력할 때는 여러 가지 고려할 사항이 있습니다. 데이터가 한 건도 없을 때와 있을 때의 입력 위치가 다르고, 요약 행이 있는지 여부에 따라 데이터를 입력해야 할 위치가 다릅니다. 이번에는 엑셀 표에 데이터를 추가할 때 입력 위치를 정확하게 참조하는 방법에 대해 알아보겠습니다.

예제 파일 PART 03 \ (ListObject) 데이터 추가.xlsm

데이터가 있는 엑셀 표에 새 데이터 추가

예제 파일을 열고 'sample1' 시트를 선택하면 아래 화면과 같은 엑셀 표를 확인할 수 있습니다.

사번	이름	직위	주민등록번호	입사일
1	김덕훈	부장	530219-1234567	2011-05-14
2	안정훈	과장	650304-1234567	2008-10-17
3	김소미	사원	781208-2123456	2005-05-01
4	윤대현	대리	730830-1234567	2009-04-01
5	최소라	사원	790919-2123456	2009-05-03
6	김찬진	대리	730702-1234567	2006-10-17
7	오영수	사원	800529-1234567	2010-01-02
8	선하라	사원	780109-2123456	2007-03-05
9	유가을	사원	760127-2123456	2005-11-15

기본 엑셀 표에 새 데이터를 입력하는 작업은 일반 표에서의 작업과 크게 다르지 않습니다. 다음과 같은 코드를 구성해 사용합니다.

```
Sub 데이터입력_사례1()

    Dim 입력위치 As Range                                ①

    Set 입력위치 = Cells(Rows.Count, "B").End(xlUp).Offset(1)    ②

    입력위치.Resize(, 5) = Array(10, "홍길동", "사원", "890101-1234567", "2015-01-01")    ③

End Sub
```

① 데이터 입력 위치를 할당할 Range 형식의 '입력위치' 개체변수를 선언합니다.
② '입력위치' 개체변수에 A열의 마지막 데이터 입력 셀(B11)의 바로 아래 셀(B12)을 할당합니다.

❸ '입력위치' 개체변수에 할당된 셀 위치를 오른쪽 5개 셀을 포함하는 범위(B12:F12)로 조정한 다음, Array 함수의 값을 입력합니다.

데이터가 없는 엑셀 표에 데이터 추가

'sample2' 시트를 선택하면 데이터가 하나도 없는 엑셀 표를 확인할 수 있습니다.

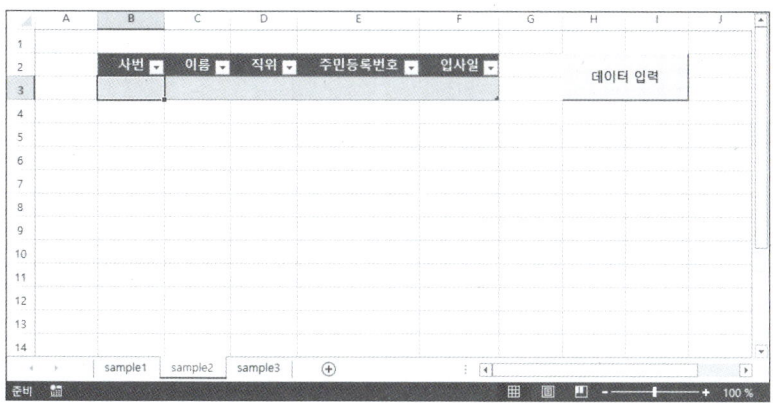

TIP 데이터가 입력되지 않은 엑셀 표에는 빈 행이 하나 있으며, 이 행에 데이터를 입력해야 합니다.

이렇게 데이터가 없는 경우를 가정해 엑셀 표에 새 데이터를 추가하려면 데이터 입력 위치를 다음과 같이 참조하고 입력해야 합니다.

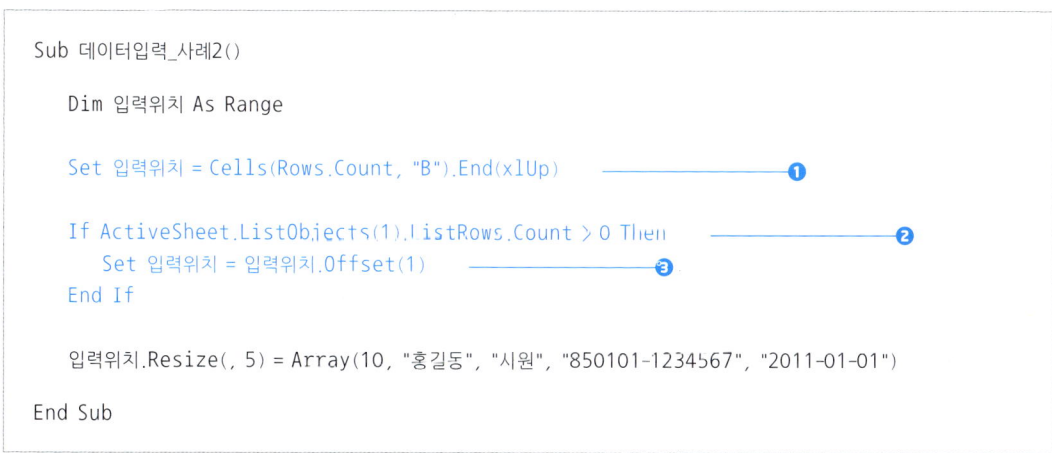

❶ '입력위치' 개체변수에 B열의 마지막 입력 셀(B3)을 할당합니다.

❷ 데이터 입력 여부를 확인하기 위해, 현재 워크시트의 첫 번째 엑셀 표의 행 개수(ListRows.Count)가 0을 초과하는지 판단합니다. 데이터가 입력된 경우에만 1, 2, 3, … 과 같은 데이터 행 수가 반환되므로, 0을 초과하면 입력된 데이터가 있다는 의미입니다.

❸ ❷의 판단 결과가 True면, '입력위치' 개체변수에 할당된 셀을 한 칸 아래 셀로 변경합니다.

시트 개체의 주요 구성원 이해하기 130

시트는 엑셀 파일의 주요 구성원으로, 우리가 필요로 하는 대부분의 업무가 시트 단위로 진행됩니다. 그러므로, VBA를 이용해 원하는 매크로를 개발하려면 시트를 제대로 제어할 수 있어야 합니다. 이번에는 시트 레벨에서 가장 많이 사용되는 주요 구성원에 대해 설명합니다. 참고로 컬렉션과 개체의 구성원에는 동일한 구성원(명령)이 존재하는 경우가 있는데, 이것은 해당 명령을 하나의 개체를 대상으로 처리하려고 하는지 또는 여러 개의 개체를 한 번에 작업하려고 하는지에 따라 구분됩니다.

예제 파일 없음

Sheets, Worksheets, Charts 컬렉션 구성원

구성원	설명	연관 기능
Add	컬렉션에 새 개체를 추가합니다.	[새 시트]
Delete	컬렉션 내의 모든 개체를 삭제합니다.	
Copy	컬렉션 내의 모든 개체를 다른 위치로 복사합니다.	[이동/복사]
Move	컬렉션 내의 모든 개체를 다른 위치로 이동합니다.	
PrintOut	컬렉션 내의 모든 개체를 인쇄합니다.	[파일]-[인쇄]
PrintPreview	컬렉션 내의 모든 개체의 인쇄 결과를 인쇄 미리 보기 창으로 확인합니다.	
Select	컬렉션 내의 모든 개체를 선택합니다.	
Count	컬렉션 내의 개체 수를 셉니다.	
Visible	컬렉션 내의 개체 표시 여부를 반환하거나 설정합니다.	[숨기기]

Worksheet 개체 구성원

구성원	설명	연관 기능
Activate	워크시트를 화면에 표시합니다.	
Name	워크시트의 이름을 반환하거나 설정합니다.	
Copy	워크시트를 다른 위치로 복사합니다.	[이동/복사]
Move	워크시트를 다른 위치로 이동합니다.	
Delete	워크시트를 삭제합니다.	[홈]-[셀]-[삭제]-[시트 삭제]
PrintOut	워크시트를 인쇄합니다.	[파일]-[인쇄]
PrintPreview	워크시트의 인쇄 결과를 인쇄 미리 보기 창으로 확인합니다.	
Protect	워크시트를 암호로 보호합니다.	[검토]-[변경 내용]-[시트 보호]

UnProtect	워크시트의 암호를 해제합니다.	[검토]-[변경 내용]-[시트 보호 해제]
Next	다음 워크시트 개체를 반환합니다.	
Previous	이전 워크시트 개체를 반환합니다.	
UsedRange	워크시트에서 사용된 범위를 Range 개체로 반환합니다.	
Visible	워크시트의 표시 여부를 반환하거나 설정합니다.	[숨기기]/[숨기기 취소]

Activate와 Select 메서드를 이용해 시트 선택하기

131

파일 내 특정 시트를 화면에 표시하고 싶다면 Activate 메서드나 Select 메서드를 사용할 수 있습니다. Activate 메서드는 보통 '활성화'라는 표현을 사용하며, 시트를 화면에 표시하는 역할을 합니다. Select 메서드는 '선택'이란 표현을 사용하며, 선택한 시트가 화면에 표시됩니다. Select 메서드는 하나의 시트뿐만 아니라 여러 개의 시트를 동시에 선택할 수도 있습니다. 이번에는 Activate와 Select 메서드의 차이를 통해 원하는 워크시트를 선택하는 방법에 대해 알아보겠습니다.

예제 파일 PART 03\(Worksheet) Activate, Select 메서드.xlsm

예제 파일을 열고, 아래 코드를 순서대로 VB 편집기의 직접 실행 창에 한 줄씩 입력하고 시트 탭을 확인해 어떤 워크시트가 선택되는지 확인해 봅니다.

```
Worksheets("Sheet2").Actviate         ❶

Worksheets("Sheet3").Select           ❷
```

❶ 'Sheet2' 시트가 화면에 표시됩니다. 현재 워크시트가 'Sheet2'가 아니면 'Sheet2' 시트를 화면에 표시하기 위해 'Sheet2' 시트가 선택되면서 해당 시트가 화면에 표시됩니다. 이 코드는 다음과 같이 변경해도 됩니다.

```
Sheets("Sheet2").Activate
```

❷ 'Sheet3' 시트를 선택합니다. 현재 워크시트가 'Sheet3'이 아니면 'Sheet3' 시트를 선택합니다. 이 과정에서 'Sheet3' 시트가 화면에 표시됩니다.

위 명령만으로는 Activate와 Select 메서드의 차이를 이해하기가 쉽지 않습니다. 둘의 차이를 보다 명확하게 하기 위해 아래 코드를 연속해서 직접 실행 창에 입력해 봅니다.

```
Worksheets(Array("Sheet1", "Sheet2")).Select     ❶

Worksheets("Sheet2").Activate                    ❷
```

❶ 'Sheet1', 'Sheet2' 시트를 동시에 선택합니다. 그러면 다음 화면과 같이 두 시트가 동시에 그룹으로 선택됩니다. 이렇게 Select 메서드는 동시에 여러 개의 시트를 선택할 수 있는데, 워크시트 이름은 Array 함수를 사용해 전달해야 합니다.

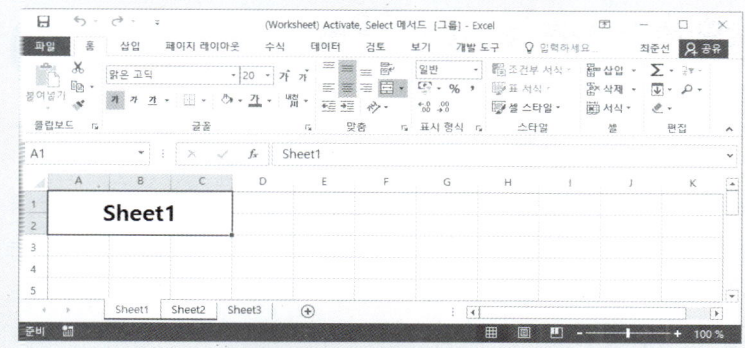

위 화면에서 확인할 수 있듯이, 여러 시트를 선택한다고 해도 한 번에 화면에 표시되는 시트는 하나뿐입니다. 이렇게 여러 시트를 동시에 선택할 때는 첫 번째 시트인 'Sheet1'이 ActiveSheet가 됩니다.

❷ 앞의 코드로 'Sheet1'과 'Sheet2' 워크시트가 그룹으로 선택되는데, Activate 메서드를 이용하면 화면에 표시되는 시트를 변경할 수 있습니다. 'Sheet2' 시트를 활성화하도록 명령을 실행하면 그룹이 해제되지 않으면서 화면에 표시되는 시트가 'Sheet1'에서 'Sheet2'로 변경됩니다.

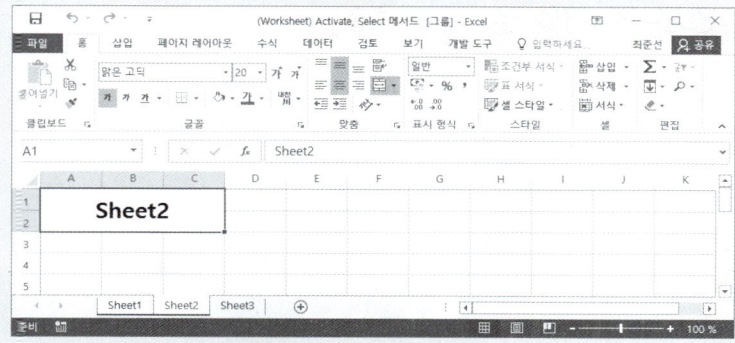

그룹을 해제하고 싶다면, 그룹으로 선택된 시트 내 특정 시트, 또는 그룹으로 설정되지 않은 다른 시트를 Select하면 됩니다.

```
Worksheets("Sheet3").Select
```

Name 속성을 이용해 시트 이름 변경하기 132

시트의 이름을 변경하거나, 이름을 이용해 원하는 워크시트를 선택할 수 있습니다. 이 경우 Name 속성을 사용할 수 있는데, 이름은 기존 이름과 동일한 이름으로 변경할 수 없으므로 이름을 변경할 때는 해당 이름의 시트가 존재하는지 여부를 반드시 판단해야 합니다. 이번에는 Name 속성을 이용해 시트 이름을 변경하는 방법에 대해 알아보겠습니다.

예제 파일 PART 03 \ (Worksheet) Name 속성.xlsm

Name 속성의 사용 예

시트의 이름은 Name 속성을 이용해 다음과 같이 변경합니다.

```
Worksheets("Sheet1").Name = "1월"        ❶
```

❶ Sheet1 시트의 이름을 '1월'로 변경합니다. 또는 간단하게 Sheets 컬렉션을 이용할 수도 있습니다.

```
Sheets("Sheet1").Name = "1월"
```

특정 이름의 시트가 존재하는지 확인하는 ISSHEET 사용자 정의 함수

시트 이름을 변경할 때 해당 이름을 갖는 시트가 이미 있다면 위 코드는 에러가 발생합니다. 그러므로 기존 워크시트가 존재하는지 확인해야 하는데, 이를 위해 다음과 같은 사용자 정의 함수를 개발해 사용할 수 있습니다.

```
Function ISSHEET( 시트명 As String ) As Boolean        ❶

    Dim 시트 As Worksheet                              ❷

    On Error Resume Next                               ❸

    Set 시트 = Worksheets(시트명)                        ❹

    ISSHEET = (Err.Number = 0)                         ❺

End Function
```

❶ 특정 워크시트가 존재하는지 확인할 수 있는 ISSHEET 사용자 정의 함수를 선언합니다. ISSHEET 함수는 확인할 시트 이름을 String 형식의 '시트명' 매개변수로 받아 해당 시트가 존재하는지 확인하고, 확인 결과를 Boolean 형식의 논리 값(True, False)으로 반환합니다.

❷ Worksheet 형식의 '시트' 개체변수를 선언합니다.

❸ On Error 문을 사용해 다음 코드에서 에러가 발생해도 중단하지 않고 다음 줄의 코드를 실행하도록 설정합니다.

❹ '시트' 개체변수에 Worksheets 컬렉션 중에서 '시트명' 변수에 저장된 이름과 동일한 시트를 할당합니다.

❺ ISSHEET 함수에 Err 개체의 에러 번호가 0인지 여부(True, False)를 반환합니다. 에러 번호가 0이면 ❹의 코드에서 에러가 발생하지 않은 것이므로 '시트명' 변수에 저장된 이름을 갖는 시트가 존재한다는 의미이며, 에러번호가 0이 아니면 '시트명' 변수에 저장된 이름을 갖는 시트가 존재하지 않는다는 의미입니다.

> **LINK** VBA의 에러를 제어하는 방법에 대해서는 238쪽에서 자세하게 설명하고 있으니 해당 부분을 추가로 참고합니다.

시트 이름 변경하기

개발된 사용자 정의 함수를 사용하여 시트 이름을 이번 달 이름(M월)으로 변경하는 매크로를 다음과 같은 코드로 구성합니다.

```
Sub 시트명변경()

'1단계 : 필요한 변수를 선언하고 값을 저장합니다.
    Dim 시트이름 As String                    ❶
    
    시트이름 = Format(Date, "M월")            ❷

'2단계 : 원하는 이름의 시트가 존재하는지 확인하고, 존재하지 않으면 시트를 새로 추가합니다.
    If ISSHEET(시트이름) = True Then          ❸
    
        MsgBox "[" & 시트이름 & "] 시트가 이미 존재합니다."
    
    Else                        ❹
    
        ActiveSheet.Name = 시트이름
    
    End If

End Sub
```

❶ 워크시트 이름을 저장할 String 형식의 '시트이름' 변수를 선언합니다.

❷ '시트이름' 변수에 이번 달을 'M월' 형식으로 저장합니다.

❸ ISSHEET 사용자 정의 함수를 사용해 '시트이름' 변수에 저장된 값과 동일한 워크시트가 있는지 판단해, 존재하면 해당 시트가 이미 존재한다는 메시지 창을 MsgBox 함수를 사용해 표시합니다.

> ❹ ❶의 판단 결과가 False면 해당 이름의 워크시트가 존재하지 않는 것이므로 현재 시트의 이름을 '시트이름' 변수에 저장된 값으로 변경합니다.

위 매크로는 예제 파일의 〈이번 달 이름으로 시트 명 변경〉 버튼에 연결되어 있습니다. 한 번 클릭하면 시트 이름이 자동으로 변경되며, 한 번 더 클릭하면 해당 이름의 시트가 존재한다는 메시지 창이 표시됩니다.

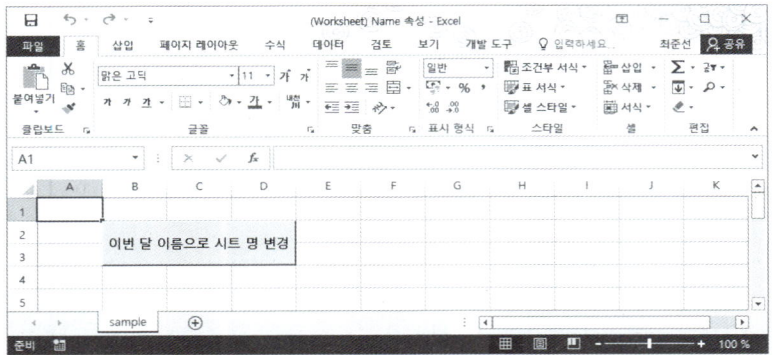

TIP 변경되는 시트 이름은 매크로를 실행하는 시점의 해당 월 이름이 됩니다.

Add 메서드를 사용해 새 워크시트 삽입하기

133

새 워크시트 삽입은 Worksheets 컬렉션이나 Sheets 컬렉션의 Add 메서드를 이용해 작업하면 됩니다. 그러면 새 워크시트를 삽입하거나 차트 시트를 추가할 수 있는데, 흥미로운 것은 Worksheets 컬렉션의 Add 메서드를 이용해 차트 시트를 추가할 수 있다는 점입니다. 이번에는 Add 메서드를 이용해 워크시트를 삽입하는 방법에 대해 알아보겠습니다.

예제 파일 PART 03 \ (Worksheets) Add 메서드.xlsm

Add 메서드 구문

Worksheets 컬렉션의 Add 메서드 구문은 다음과 같습니다.

```
Worksheets.Add( Before, After, Count, Type )         ①
```

❶ Before : 이 매개변수에 지정된 시트의 바로 앞에 시트를 추가합니다.

❷ After : 이 매개변수에 지정된 시트의 바로 뒤에 시트를 추가합니다.

❸ Count : 추가할 시트의 개수입니다. 생략하면 1로, 하나의 시트만 추가합니다.

❹ Type : 시트 형식을 지정합니다. 생략하면 xlWorksheet로 워크시트가 추가되며, 이 매개변수를 xlChart로 지정하면 차트 시트가 추가됩니다.

내장 상수	설명
xlWorksheet	워크시트
xlChart	차트 시트
xlDialogSheet	MS Excel 5.0 Dialog 시트
xlExcel4MacroSheet	MS Excel 4.0 Macro 시트
xlExcel4IntlMacroSheet	MS Excel 4.0 Macro 시트 (국제)

Add 메서드 사용 예

시트 탭의 제일 마지막 위치에 워크시트를 삽입하려면 다음과 같은 코드를 사용합니다.

```
Worksheets.Add After:=Worksheets(Worksheets.Count)         ①
```

❶ Add 메서드를 이용해 새 워크시트를 삽입하는데, After 매개변수에 마지막 워크시트 개체를 설정합니다. Worksheets.Count는 현재 워크시트 수를 의미하므로, 세 개가 존재할 경우는 After 매개변수에 Worksheets(3)이 전달되는 것과 동일합니다. 그러므로 이 코드는 항상 마지막 워크시트 뒤에 새 워크시트를 삽입합니다. 반대로 항상 맨 앞에 워크시트를 추가하려면 다음과 같은 코드를 사용합니다.

```
Worksheets.Add Before:=Worksheets(1)
```

삽입한 워크시트는 Sheet2, Sheet3, …과 같은 이름을 가지므로, 이름을 변경하려면 ActiveSheet를 이용합니다.

```
Worksheets.Add                        ❶
ActiveSheet.Name = "sample"           ❷
```

❶ 빈 워크시트를 하나 추가합니다. 워크시트가 추가되면 추가된 워크시트가 화면에 표시됩니다.
❷ 현재 워크시트의 이름을 'sample'로 변경합니다.

워크시트 삽입과 동시에 원하는 이름을 설정하려면 다음과 같은 코드를 사용할 수 있습니다.

```
Worksheets.Add.Name = "sample"        ❶
```

❶ Worksheets.Add 메서드를 사용하면 새로운 Worksheet 개체가 반환되므로, 바로 Name 속성을 이용해 원하는 이름으로 수정할 수 있습니다.

예제 파일을 열면 다음과 같은 화면을 확인할 수 있습니다. 시트 탭의 오른쪽으로 '1월'부터 '12'월까지의 시트를 순서대로 추가하는 매크로를 사용하고 싶다고 가정합니다. 단, 시트가 추가되면 Activesheet가 변경되므로, 항상 시트만 추가되고 화면은 'sample' 시트로 고정되도록 합니다.

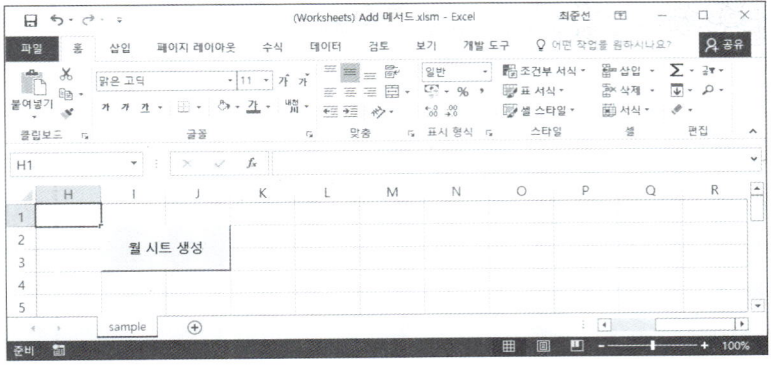

원하는 매크로를 개발하려면 다음과 같은 코드를 구성하면 됩니다.

```
Sub 월시트생성()

    '1단계 : 필요한 변수를 선언합니다.
        Dim 현재시트 As Worksheet                        ①
        Dim 마지막시트 As Worksheet                      ②
        Dim 마지막월 As Integer                          ③

    '2단계 : 현재 시트와 시트 탭의 맨 오른쪽 시트를 변수에 할당합니다.
        Set 현재시트 = ActiveSheet                       ④
        Set 마지막시트 = Worksheets(Worksheets.Count)    ⑤

    '3단계 : 기존 월 시트가 있으면 다음 월 시트를 추가하고, 없으면 1월부터 시트를 추가합니다.
        If Right(마지막시트.Name, 1) = "월" Then          ⑥

            마지막월 = Replace(마지막시트.Name, "월", "")

            If 마지막월 < 12 Then                         ⑦

                Worksheets.Add After:=Sheets(Sheets.Count)
                ActiveSheet.Name = 마지막월 + 1 & "월"

            End If

        Else                                             ⑧

            Worksheets.Add(After:=Sheets(Sheets.Count)).Name = "1월"

        End If

    '4단계 : 시트를 추가한 다음, 현재 시트를 다시 화면에 표시합니다.
        현재시트.Activate                                ⑨

End Sub
```

① 현재 화면의 시트를 할당할 Worksheet 형식의 '현재시트' 개체변수를 선언합니다.

② 삽입된 월 시트가 있는지 확인하기 위한 Worksheet 형식의 '마지막시트' 개체변수를 선언합니다.

③ 월은 12월까지 계속해서 증가해야 하므로, 현재 삽입된 마지막 월 값을 저장할 Integer 형식의 '마지막월' 변수를 선언합니다.

④ '현재시트' 개체변수에 ActiveSheet 단축 접근자를 사용해 현재 화면의 시트(sample)를 할당합니다.

⑤ '마지막시트' 개체변수에 Worksheets 컬렉션의 마지막(Worksheets.Count) 시트를 할당합니다.

⑥ '마지막시트' 개체변수에 할당된 시트 이름의 오른쪽 끝 글자가 '월'인지 판단해, '월'이 맞으면 '마지막월' 변수에 해당 시트 이름에서 '월' 문자를 삭제한 숫자를 저장합니다.

⑦ '마지막월' 변수에 저장된 값이 12(월) 미만인 경우에만 시트를 새로 추가(Worksheets.Add After:=Sheets (Sheets.Count))하고, 해당 시트 이름을 다음 달(마지막월 + 1)로 수정합니다. 여기에서 워크시트를 새로 추가할 때

After:= Sheets(Sheets.Count)라고 쓴 이유는 파일에 차트 시트가 존재해도 항상 마지막 위치(오른쪽 끝)에 워크시트를 삽입하기 위해서입니다.

❽ ❻의 코드에서 '마지막시트' 개체변수에 할당된 시트의 이름이 '월'로 끝나지 않으면 월 시트가 존재하지 않는 것이므로, 새 워크시트를 삽입하고 '1월'로 이름을 수정합니다.

❾ '현재시트' 개체변수에 할당된 시트를 화면에 표시합니다. 이렇게 해야 시트를 추가한 다음, 추가한 시트가 아니라 매크로를 실행한 시트를 계속해 표시할 수 있습니다.

TIP 이 매크로는 〈월 시트 생성〉 버튼에 연결되어 있습니다.

Delete 메서드를 이용해 시트 삭제하기

134

필요하지 않은 시트를 삭제할 때는 Worksheet 개체의 Delete 메서드를 이용하면 됩니다. Delete 메서드를 이용해 시트를 삭제하면 경고 메시지 창이 나타나는데, 이 메시지가 나타나지 않도록 해야 매크로가 보다 효율적으로 동작할 수 있습니다. 이번에는 불필요한 시트를 삭제할 때 알아두어야 하는 내용에 대해 알아보겠습니다.

예제 파일 없음

Delete 메서드의 이해

다음은 'Sheet1' 시트를 삭제하는 코드입니다.

```
Worksheets("Sheet1").Delete
```

파일 내 모든 워크시트를 한 번에 삭제하려면 워크시트 컬렉션에 Delete 메서드를 이용하면 됩니다.

```
Worksheets.Delete                ❶
```

❶ 현재 파일 내 모든 워크시트를 삭제합니다. 다만, 파일에는 시트가 최소 하나는 존재해야 하므로, 이 코드가 에러 없이 동작하려면 파일에 워크시트 외에 차트 시트와 같은 것이 하나라도 있어야 합니다. 만약 워크시트만 있는 파일에서 이 코드를 실행하면 다음과 같은 경고 메시지 창이 열립니다.

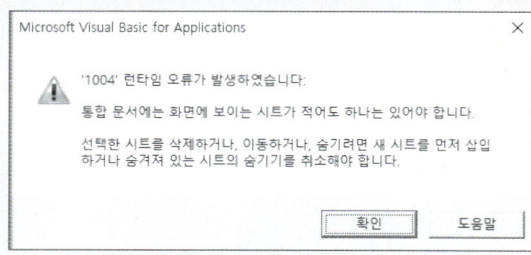

Delete 메서드와 경고 메시지 창

엑셀 2013 버전까지는 Delete 메서드를 이용하면 다음과 같은 경고 메시지 창이 표시됩니다.

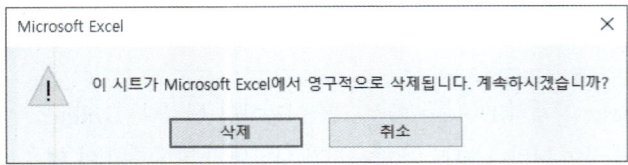

이런 메시지 창은 사용자가 수작업으로 시트를 삭제할 때도 나타나는데, 의미 없는 경고 메시지이므로 표시하지 않는 것이 좋습니다. Delete 메서드를 사용해 코드 줄의 앞, 뒤로 Application 개체의 DisplayAlerts 속성을 이용하면 경고 메시지 창이 표시되지 않도록 할 수 있습니다. 다음 코드를 참고합니다.

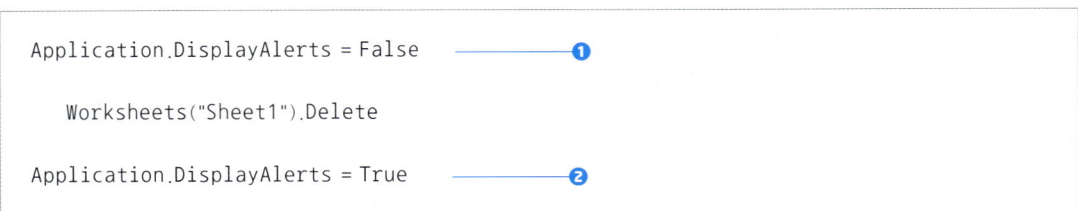

❶ Application 개체의 DisplayAlerts 속성은 경고 메시지 창을 표시할지 여부를 반환하거나 변경할 수 있는데, False로 지정하면 경고 메시지 창이 표시되지 않습니다. 경고 메시지 창이 표시되지 않을 때는 메시지 창의 기본 선택 버튼이 자동으로 실행됩니다. Delete 메서드를 사용할 때 표시되는 경고 메시지 창의 기본 값은 〈삭제〉 버튼이므로, 이 버튼이 자동으로 눌리는 것과 동일합니다.

❷ DisplayAlerts 속성은 변경하면 변경된 속성이 계속 적용되므로 프로시저가 끝난 다음에도 경고 메시지 창이 표시되지 않습니다. 그러므로 원하는 코드(Delete 메서드)가 경고 메시지 창 없이 실행됐다면 다시 원래 설정으로 복원해야 합니다. 그러므로 DisplayAlerts 속성을 사용하는 코드는 항상 이번과 같은 구조를 갖게 됩니다.

위와 같이 구성하면 경고 메시지 창이 표시되지 않고 시트가 삭제됩니다. 하지만 삭제할 시트(Sheet1)가 존재하지 않을 경우에는 Delete 메서드가 동작하지 못하므로 다음과 같은 에러가 발생합니다.

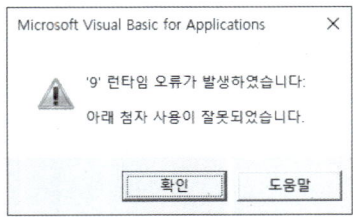

TIP 엑셀 2016 버전에서는 Delete 메서드를 사용할 때 경고 메시지 창이 표시되지 않기 때문에 이와 같은 코드 구성을 할 필요가 없지만, 하위 버전과의 호환성을 위해 이런 식으로 코드를 구성하는 것이 좋습니다.

이런 에러 메시지 창이 함께 표시되지 않도록 하려면 다음과 같은 On Error Resume Next 문을 사용해 워크시트가 존재할 때만 삭제하도록 합니다.

```
Or Error Resume Next ―――――――――❶

    Application.DisplayAlerts = False

        Worksheets("Sheet1").Delete

    Application.DisplayAlerts = True

Or Error Goto 0 ―――――――――❷
```

❶ On Error Resume Next 명령을 사용해 에러가 발생해도 다음 줄의 코드를 계속 실행하도록 합니다.

❷ On Error Resume Next 명령을 사용한 이후에는 다음 줄의 모든 명령에서 에러가 발생해도 그냥 무시하도록 합니다. Delete 메서드를 처리하는 동작이 끝나면 에러를 무시하도록 하면 원하는 동작이 제대로 이뤄지지 않을 수 있습니다. 그러므로 이번과 같이 On Error Goto 0 명령을 사용해, 앞에서 설정한 On Error 문의 설정을 취소합니다.

Add, Delete 메서드를 이용해 목차 시트 만들기

135

파일에 워크시트가 많고 시트를 이리 저리 옮겨야 하는 작업이 잦다면, 시트 탭의 첫 번째에 해당하는 시트로 빠르게 이동할 수 있는 목차 시트를 하나 만들어 놓으면 편리합니다. 다만, 이런 방법은 편리하기는 하지만 시트를 새로 생성하거나 삭제한 경우에는 다시 고쳐야 합니다. 이런 불편한 점을 해결하기 위해 매크로 기능이 존재하는 것이라고도 할 수 있습니다. 이번에는 목차 시트를 자동으로 생성하는 매크로에 대해 알아보겠습니다.

예제 파일 PART 03\(Worksheets) Add, Delete 메서드.xlsm

워크시트가 많고 복잡한 경우, 다음과 같은 목차 시트가 있다면 다른 시트로 이동하는 작업이 편리합니다. 이런 시트를 매크로를 이용해 생성해 보겠습니다.

아래 매크로는 예제 파일의 Module1 코드 창에 입력되어 있습니다. 파일을 연 후 단축키 Alt + F8 을 누르고, '목차시트' 매크로를 실행해 봅니다.

```
Sub 목차시트()

'1단계 : 필요한 변수를 선언합니다.
    Dim i As Long              ①
    Dim r As Long              ②
    Dim 목차범위 As Range       ③

'2단계 : 기존 목차 시트를 삭제합니다.   ④
    On Error Resume Next

        Application.DisplayAlerts = False
            Worksheets("목차").Delete
        Application.DisplayAlerts = True

    On Error GoTo 0
```

```
'3단계 : 새 워크시트를 맨 처음 위치에 삽입하고 '목차' 시트로 명명합니다.
    Worksheets.Add Before:=Worksheets(1)                    ❺
        ActiveSheet.Name = "목차"

'4단계 : 전체 시트를 순환하면서 목차를 만듭니다.
    For i = 1 To Sheets.Count                ❻

        r = i + 1                    ❼
        Set 목차범위 = Cells(r, "B").Resize(, 3)              ❽

        Cells(r, "B").Value = Sheets(i).Name              ❾

        If i = 1 Then              ❿

            목차범위.Borders(xlEdgeBottom).LineStyle = xlDouble

        Else              ⓫

            Cells(r, "C").Value = "--------"
            ActiveSheet.Hyperlinks.Add Anchor:= Cells(r, "D"), _
                            Address:= "", _
                            SubAddress:= "'" & Sheets(i).Name & "'!A1", _
                            TextToDisplay:= "클릭"

        End If

        With 목차범위              ⓬
            .HorizontalAlignment = xlCenter
            .Interior.ThemeColor = xlThemeColorDark1
            .Interior.TintAndShade = -0.05
        End With

    Next i

End Sub
```

❶ For … Next 순환문에서 사용할 Long 형식의 i 변수를 선언합니다.

❷ 목차를 기록할 행 번호를 저장할 Long 형식의 r 변수를 선언합니다.

❸ 목차를 구성한 범위를 할당할 Range 형식의 '목차범위' 개체변수를 선언합니다.

❹ 기존 목차 시트가 존재하면 이를 삭제합니다.

 LINK 시트를 삭제하는 코드에 대한 구체적인 설명은 SECTION 134(441쪽)를 참고합니다.

❺ 새 시트를 시트 탭 왼쪽에 하나 삽입하고, 시트 이름을 '목차'라고 설정합니다.

 LINK 시트를 삽입하는 코드에 대한 구체적인 설명은 SECTION 133(437쪽)를 참고합니다.

❻ For … Next 순환문을 사용해 현재 파일의 전체 시트 수(Sheets.Count)만큼 순환합니다.

❼ r 변수에 i 변수의 값에 1를 더한 값을 저장합니다. 1을 더하는 이유는 목차의 경우 2행(B2셀)부터 데이터를 기록하기 때문입니다.

❽ '목차범위' 개체변수에 B열의 r행 위치의 셀(B2셀부터 B3, B4, …)을 포함해 오른쪽 방향의 세 개 셀을 포함한 범위 (B2:D2부터 B3:D3, B4:D4, …)를 할당합니다.

❾ B열의 r행 위치의 셀에 Sheets 컬렉션의 i번째 시트의 이름을 저장합니다.

❿ 목차의 첫 번째 행과 두 번째 이후 행의 서식을 다르게 지정하기 위해 i 변수에 할당된 값이 1인지 여부를 판단합니다. 1이면 첫 번째 행을 의미하므로, '목차범위' 개체변수에 할당된 범위의 테두리 중 아래 테두리를 이중 실선으로 설정합니다.

⓫ ❿에서 판단한 결과가 False면 두 번째 행 이후를 의미합니다. 그러면 C열의 r행 위치의 셀에는 하이픈(-)을 넣어 삽입하고, D열의 r행 위치의 셀에는 하이퍼링크를 추가합니다. ActiveSheet.Hyperlinks.Add 코드가 하이퍼링크를 추가하는 구문으로, 정확한 구문은 다음을 참고합니다.

Hyperlinks.Add(Anchor, Address, SubAddress, ScreenTip, TextToDisplay)

- Anchor : 하이퍼링크를 삽입할 위치로, Range 또는 Shape 개체입니다.
- Address : 하이퍼링크의 주소로, 웹이나 이메일 주소 등을 문자열로 전달합니다.
- SubAddress : 하이퍼링크의 하위 주소로, 파일 등의 참조 위치를 문자열로 전달합니다.
- ScreenTip : 마우스 포인터를 하이퍼링크 위에 가져갈 때 표시될 스크린 팁 텍스트입니다.
- TextToDisplay : 하이퍼링크로 표시될 텍스트입니다. 이 값이 셀에 표시됩니다.

⓬ '목차범위' 개체변수에 할당된 범위에 '가운데 맞춤' 정렬하며, 배경색을 색상표 1열 2행 위치의 색으로 지정합니다.

LINK 배경색을 지정하는 자세한 방법은 406~407쪽을 참고합니다.

Copy, Move 메서드를 이용해 워크시트를 필요한 위치로 옮기기

136

현재 워크시트의 복사본을 만들거나, 다른 파일로 옮기거나, 시트 탭의 순서를 조정하려면 Worksheet 개체의 Copy 또는 Move 메서드를 이용하면 됩니다. 이렇게 워크시트를 컨트롤하는 작업을 빈번하게 처리해야 한다면 Copy와 Move 메서드의 활용 방법을 잘 이해해야 합니다.

예제 파일 없음

Copy, Move 메서드 구문

Copy 메서드는 워크시트를 복사하며, Move 메서드는 워크시트 위치를 옮깁니다. 동작의 차이는 있지만, 두 메서드의 구문은 동일합니다.

```
Worksheet.Copy( Before, After )
```

❶ Before : 이 매개변수에 지정한 워크시트 앞에 워크시트 복사본을 생성합니다.
❷ After : 이 매개변수에 지정한 워크시트 뒤에 워크시트 복사본을 생성합니다.

TIP Move 메서드를 사용하면 워크시트를 해당 위치로 이동합니다.

Copy, Move 메서드 사용 예

다음은 'Sheet1' 시트의 새 복사본을 'Sheet3' 시트의 뒤에 만드는 코드의 예입니다.

```
Worksheets("Sheet1").Copy After:= Worksheets("Sheet2")
```

❶ Copy 메서드를 이용해 'Sheet1' 시트를 'Sheet2' 시트의 오른쪽에 복사합니다. 그러면 아래 화면과 같이 'Sheet1' 시트의 복사본이 시트 탭의 맨 우측에 생성됩니다.

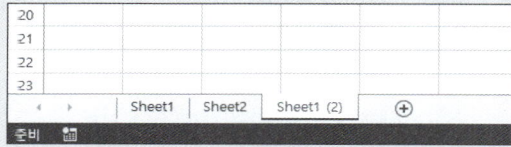

이 코드는 워크시트 이름이 'Sheet1', 'Sheet2'인 두 시트가 존재하는 파일에서 정상 동작합니다.

다음은 간단하게, 첫 번째 시트를 시트 탭의 마지막 위치로 옮기는 코드의 예입니다.

```
Worksheets(1).Move After:= Worksheets(Worksheets.Count)    ——①
```

① 첫 번째 워크시트를 현재 파일의 마지막 워크시트 오른쪽으로 옮깁니다. Worksheets.Count는 현재 파일의 워크시트 수로, 예를 들어 세 개라면 Worksheets(3)은 마지막 워크시트가 됩니다.

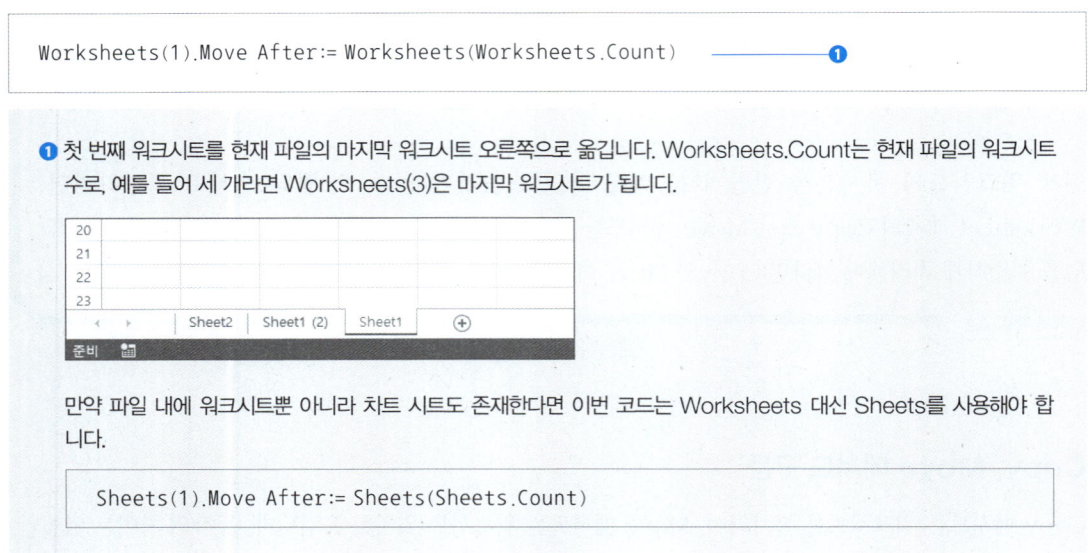

만약 파일 내에 워크시트뿐 아니라 차트 시트도 존재한다면 이번 코드는 Worksheets 대신 Sheets를 사용해야 합니다.

```
Sheets(1).Move After:= Sheets(Sheets.Count)
```

다른 파일로 복사본을 만들 수도 있는데, 이러려면 인수를 생략하거나 지정할 수 있습니다. 다음은 인수를 생략해 새 파일에 'Sheet1' 시트의 복사본을 만드는 코드의 예입니다.

```
Worksheets("Sheet1").Copy    ——①
```

① 'Sheet1' 시트를 복사합니다. 대상 위치가 지정되지 않으면 복사된 시트만 포함하는 새 파일이 생성됩니다.

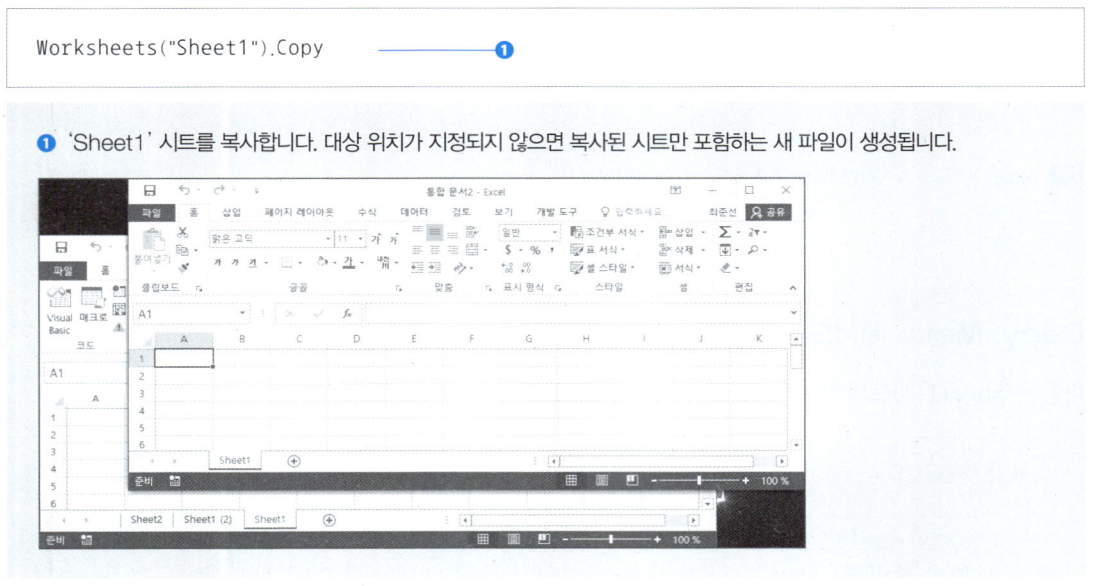

다음은 인수를 지정해 지정된 파일의 첫 번째 위치로 'Sheet1' 시트의 복사본을 만드는 코드의 예입니다.

```
Worksheets("Sheet2").Copy Before:= Workbooks("통합 문서2").Worksheets(1)    ——①
```

① 'Sheet2' 시트를 '통합 문서2' 파일의 첫 번째 워크시트 앞에 복사합니다.

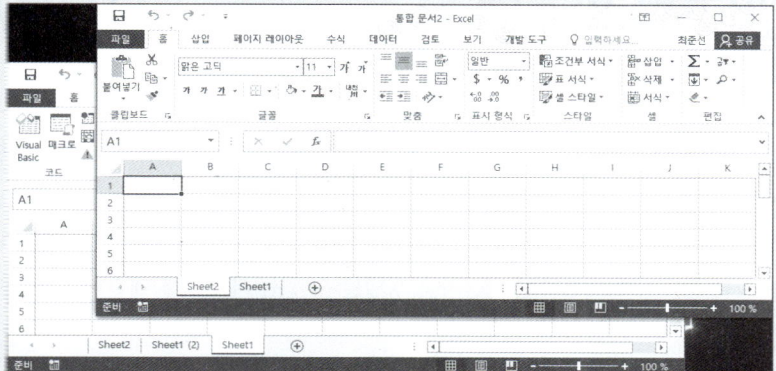

참고로 '통합 문서2'는 아직 저장하지 않은 파일 이름으로, 만약 저장했다면 다음과 같이 확장자를 포함해야 합니다.

```
Worksheets("Sheet2").Copy Before:= Workbooks("통합 문서2.xlsx").Worksheets(1)
```

Move 메서드를 이용해
워크시트를 이름 순으로 정렬하기

137

시트 탭의 순서를 워크시트 이름으로 정렬하고 싶은 경우가 종종 있지만, 엑셀에는 제공되는 기능이 없으므로 이런 작업은 항상 수작업으로 해야 했습니다. 하지만 워크시트 이름을 비교한 후 Move 메서드를 이용해 위치를 조정하는 매크로를 사용하면, 워크시트를 가나다 순(오름차순)으로 정렬할 수 있습니다. 이번에는 시트 탭의 순서를 워크시트 이름으로 오름차순 정렬할 수 있는 매크로를 개발하는 방법에 대해 알아보겠습니다.

예제 파일 PART 03 \ (Worksheet) Move 메서드 I.xlsm

예제를 열면 다음과 같이 시트 탭 순서가 정렬되지 않고 나열되어 있는 것을 확인할 수 있습니다.

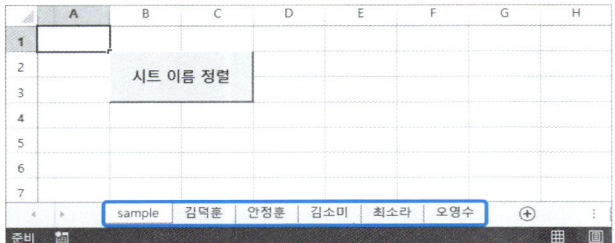

시트 탭의 순서를 오름차순(가나다 순)으로 정렬하려면 다음과 같은 매크로를 개발해 사용합니다.

```
Sub 시트정렬()

'1단계 : 필요한 변수를 선언합니다.
    Dim i As Integer, j As Integer          ❶
    Dim 시트수 As Integer                    ❷
    Dim 현재시트 As Worksheet                ❸

'2단계 : 변수에 초기 값을 할당합니다.
    Set 현재시트 = ActiveSheet               ❹
    시트수 = Sheets.Count                    ❺

'3단계 : 시트를 순환하면서, 시트 이름 순으로 탭 위치를 옮깁니다.
    For i = 2 To 시트수                      ❻

        For j = 1 To i - 1                  ❼

            If UCase(Sheets(j).Name) > UCase(Sheets(i).Name) Then    ❽

                Sheets(i).Move Before:=Sheets(j)                     ❾
```

```
            End If

        Next j

    Next i

'4단계 : 매크로를 실행한 시트(sample)를 다시 화면에 표시합니다.
    현재시트.Activate

Enc Sub
```

❶ 순환문에서 사용할 Integer 형식의 i, j 변수를 선언합니다.

❷ 전체 시트 수를 저장해 놓을 Integer 형식의 '시트수' 변수를 선언합니다.

❸ Worksheet 형식의 '현재시트' 개체변수를 선언합니다.

❹ '현재시트' 개체변수에 현재 화면에 표시된 시트를 할당합니다.

❺ '시트수' 변수에 현재 파일의 전체 시트 수를 저장합니다.

❻ For … Next 순환문을 사용해 i 변수의 값을 2부터 '시트수' 변수의 값만큼 순환합니다. 이 순환문으로 두 번째 시트부터 마지막 시트까지 순환할 수 있습니다.

❼ 중첩된 For … Next 순환문을 사용해 j 변수의 값을 1부터 i 변수 값보다 1 작은 수만큼 순환합니다. 이 순환문으로 첫 번째 시트부터 ❻의 순환문에서 순환하는 바로 이전(왼쪽) 시트까지 순환할 수 있습니다.

❽ j번째 시트 이름이 i번째 시트 이름보다 큰지 여부를 판단합니다. 오름차순 정렬은 작은 값부터 표시하는 방식이므로, j번째 시트 이름보다 i번째 시트 이름이 크면 순서를 변경해야 합니다. 이 과정에서 영문자를 모두 대문자로 변경하는 UCase 함수를 사용했는데, 컴퓨터에서는 영어 대문자가 소문자보다 큰 값이므로 이 함수를 사용하지 않으면 대문자로 명명된 시트가 오른쪽에 정렬이 됩니다. 그래서 대/소문자를 구분하지 않기 위해 UCase 함수를 사용해 모두 대문자로 변경한 다음 비교하도록 한 것입니다.

❾ i번째 시트 위치를 j번째 시트의 왼쪽(Before)으로 옮겨 놓습니다.

TIP 이 매크로는 예제 파일의 VB 편집기에서 Module1 개체의 코드 창을 열어 확인할 수 있습니다.

개발된 매크로를 테스트해 보기 위해, 〈시트 이름 정렬〉 버튼을 클릭하면 시트 탭 순서가 가나다 순으로 정렬됩니다.

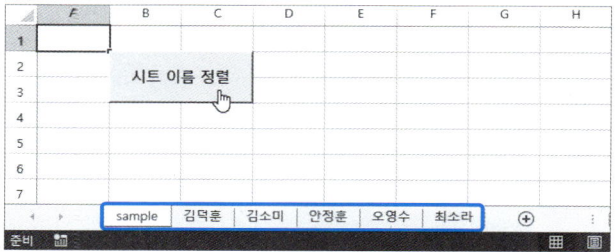

워크시트를 시트 탭 색상별로 정렬하기 138

시트 탭에는 사용자가 원하는 색상을 적용할 수 있습니다. 만약 시트 탭을 같은 색상별로 정렬해 표시하고 싶다면 어떻게 해야 할까요? 기본적으로 SECTION 137에서 사용한 방식과 유사한 매크로를 개발하면 되겠지만, 간단한 오름차순 정렬 방식이 아니기 때문에 기존 매크로와 차이가 발생합니다. 이번에는 시트 탭 색상으로 워크시트를 나열하는 방법에 대해 알아보겠습니다.

예제 파일 PART 03 \ (Worksheet) Move 메서드 II.xlsm

예제를 열면 다음과 같이 시트 탭이 여러 색상으로 구분되어 있음을 확인할 수 있습니다.

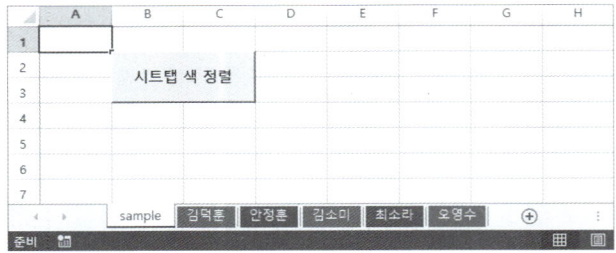

시트 탭의 순서를 먼저 표시된 색상 순으로 정렬하려면 다음과 같은 매크로를 개발해 사용합니다.

```
Sub 시트색상정렬()

'1단계 : 필요한 변수를 선언합니다.
    Dim i As Integer, j As Integer
    Dim iCnt As Integer                    ①
    Dim 시트수 As Integer
    Dim 기준색상 As Integer                 ②
    Dim 비교색상 As Integer                 ③
    Dim 현재시트 As Worksheet

'2단계 : 변수에 초기 값을 할당합니다.
    Set 현재시트 = ActiveSheet
    시트수 = Sheets.Count

'3단계 : 시트를 순환하면서 색상별로 시트를 옮깁니다.
    For i = 1 To 시트수 - 1                 ④

        기준색상 = Sheets(i).Tab.ColorIndex   ⑤

        For j = i + 1 To 시트수              ⑥
```

```
              비교색상 = Sheets(j).Tab.ColorIndex              ———————— ❼

          If 기준색상 = 비교색상 Then              ———————— ❽

              Sheets(j).Move After:= Sheets(i + iCnt)         ———————— ❾
              iCnt = iCnt + 1              ———— ❿

          End If

      Next j

      iCnt = 0              ———————— ⓫

  Next i

'4단계 : 매크로를 실행한 시트(sample)를 다시 화면에 표시합니다.
  현재시트.Activate

End Sub
```

❶ 동일한 색상의 시트를 저장할 Integer 형식의 iCnt 변수를 선언합니다.

❷ 현재 시트 탭 색상을 저장할 Integer 형식의 '기준색상' 변수를 선언합니다.

❸ 비교할 시트 탭 색상을 저장할 Integer 형식의 '비교색상' 변수를 선언합니다.

❹ For … Next 순환문을 사용해 i 변수의 값을 1부터 '시트수' 변수에 저장된 값보다 1 작은 값까지 순환합니다. 이렇게 하면 첫 번째 시트부터 마지막 시트의 왼쪽 시트까지 순환할 수 있습니다.

❺ '기준색상' 변수에 i번째 시트의 탭 색상을 저장합니다.

❻ 중첩된 For … Next 순환문을 사용해 j 변수의 값을 i 변수에 저장된 값보다 1 큰 값부터 '시트수' 변수에 저장된 값까지 순환합니다. 이렇게 하면 i+1번째 시트부터 마지막 시트까지 순환할 수 있습니다.

❼ '비교색상' 변수에 j번째 시트의 탭 색상을 저장합니다.

❽ '기준색상' 변수에 저장된 값과 '비교색상' 변수에 저장된 값이 동일한지 판단합니다.

❾ ❽의 판단 결과가 True면 j번째 시트의 위치를 i+iCnt번째 시트의 오른쪽(After)으로 옮깁니다. i는 현재 시트 탭의 위치이고 iCnt는 0이므로 처음에는 현재 시트 탭 위치를 의미하지만, 같은 색상의 탭이 여러 개이면 ❾의 코드 때문에 iCnt 변수의 값이 1씩 증가하므로, i+iCnt는 자연스럽게 이후 옮겨진 시트의 오른쪽으로 옮겨집니다. 이런 구분이 잘 이해되지 않는다면 이번 매크로에서 iCnt 변수 부분을 삭제한 다음 매크로를 동작시켜 봅니다.

❿ iCnt 변수의 값을 1 증가시킵니다. 이 코드는 ❽의 판단이 True일 때만 동작하므로 동일한 색상의 탭을 만날 때마다 iCnt 변수의 값은 0, 1, 2, 3, …과 같이 증가합니다.

⓫ 중첩된 For … Next 순환문이 끝나면 iCnt 변수의 값을 0으로 초기화합니다.

TIP SECTION 137(450~451쪽)의 코드와 중복되는 부분의 설명은 제외했습니다.

TIP 이 매크로는 예제 파일의 VB 편집기에서 Module1 개체의 코드 창을 열어 확인할 수 있습니다.

개발된 매크로를 테스트해 보기 위해, 〈시트탭 색 정렬〉 버튼을 클릭하면 시트 탭 순서가 색상별로 정렬됩니다.

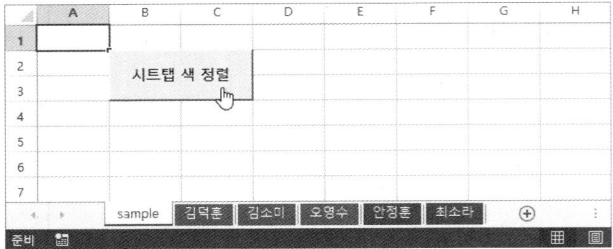

Visible 속성을 이용해 워크시트를 숨기거나 표시하기

139

워크시트를 숨기거나 표시하는 작업을 할 때는 Visible 속성을 사용합니다. '숨기기' 명령은 워크시트를 숨길 수는 있지만, '숨기기 취소' 명령을 이용하면 숨긴 시트를 누구나 표시할 수 있어 효율이 떨어집니다. 이와 달리 Visible 속성 값을 변경하면 엑셀의 '숨기기 취소' 명령을 비활성화하면서 시트를 숨기는 작업이 가능합니다. 이번에는 워크시트 개체의 Visible 속성 값을 변경해 워크시트를 숨기거나 표시하는 방법에 대해 알아보겠습니다.

예제 파일 PART 03 \ (Worksheet) Visible 속성.xlsm

Visible 속성

엑셀 파일의 시트 개체 표시 여부를 결정하는 Visible 속성은 다음과 같은 구문을 사용합니다.

```
Worksheets("Sheet1").Visible = 내장 상수        ①
```

① 이름이 'Sheet1'인 시트의 표시 여부를 결정합니다. Visible 속성은 다음과 같은 내장 상수를 사용할 수 있습니다.

내장 상수	값	설명
xlSheetVisible	-1	워크시트를 화면에 표시합니다.
xlSheetHidden	0	워크시트를 숨깁니다. 이 상수는 [숨기기 취소] 명령을 활성화합니다.
xlSheetVeryHidden	2	워크시트를 숨깁니다. 이 상수는 [숨기기 취소] 명령을 비활성화합니다.

Worksheets 컬렉션 대신 Sheets 컬렉션을 사용해도 되며, Chart 시트 역시 Charts 컬렉션을 이용해 시트 표시 여부를 설정할 수 있습니다.

```
Sheets("Sheet1").Visible = xlSheetHidden        ————————①
```
❶ 이름이 'Sheet1'인 시트를 숨깁니다.

xlSheetVisible 대신 True 값을 지정할 수 있으며, xlSheetHidden 대신 False 값을 지정할 수 있습니다.

```
Sheets("Sheet1").Visible = True        ————————①
```
❶ 이름이 'Sheet1'인 시트를 화면에 표시합니다.

참고로 True, False는 워크시트 내 셀에서는 1, 0과 동일하며, VBA에서는 -1, 0과 동일하므로 위와 같은 코드를 구성할 수가 있습니다. 참고로 내장 상수의 값을 확인하고 싶다면 직접 실행 창에 다음과 같이 입력해 보면 됩니다.

```
? True
? xlSheetVisible
```

Visible 속성 사용 예

다음은 현재 파일 내 모든 숨겨진 시트를 화면에 표시하는 매크로의 예입니다.

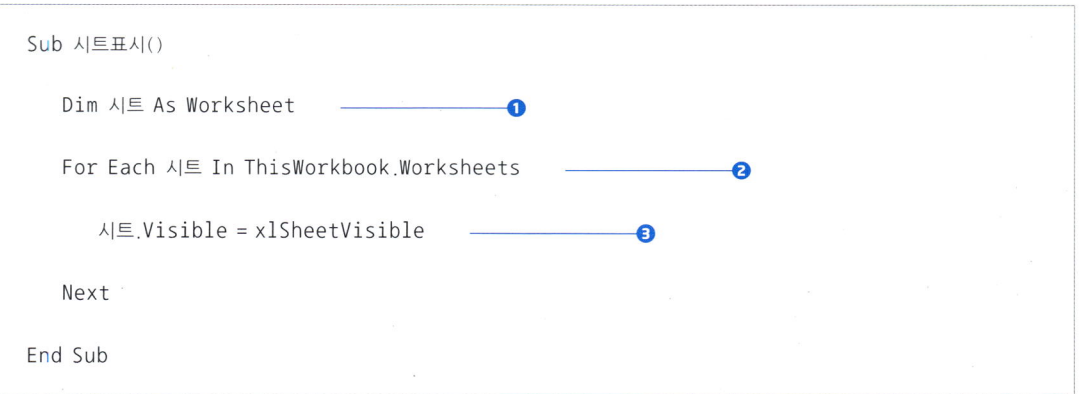

❶ 순환문에서 사용할 Worksheet 형식의 '시트' 변수를 선언합니다.

❷ For Each … Next 순환문을 사용해 현재 파일(ThisWorkbook)의 모든 시트(Worksheets)를 하나씩 '시트' 변수에 할당합니다. 만약 현재 파일이 아니라 화면에 표시된 파일을 대상으로 하려면 ThisWorkbook 대신 ActiveWorkbook으로 변경하거나 생략하면 됩니다.

```
ActiveWorkbook.Worksheets

또는

Worksheets
```

❸ '시트' 변수에 할당된 워크시트의 Visible 속성을 xlSheetVisible로 설정합니다. 이렇게 하면 모든 워크시트가 화면에 표시됩니다.

TIP   O 매크로는 예제 파일의 〈숨겨진 워크시트 모두 표시하기〉 버튼에 연결되어 있습니다.

Protect와 UnProtect 메서드를 이용해 워크시트를 보호하거나 보호 해제하기

140

특정 워크시트를 보호하거나 보호된 워크시트에서 매크로 작업을 진행하려면 Protect, UnProtect 메서드의 활용 방법을 잘 이해하고 있어야 합니다. Protect 메서드는 워크시트를 보호할 때 사용하며, 다양한 매개변수를 통해 보호된 워크시트에서 작업할 수 있는 부분을 설정할 수 있습니다. 이것은 '시트 보호' 대화상자의 모든 옵션이 Protect 메서드의 매개변수로 제공되기 때문입니다. 이번에는 Protect와 UnProtect 메서드를 활용해 시트를 보호하거나 보호 해제하는 방법에 대해 알아보겠습니다.

예제 파일 PART 03 \ (Worksheet) Protect, Unprotect 메서드.xlsm

Protect, UnProtect 메서드 구문

워크시트를 보호할 때 사용하는 Protect 메서드의 구문은 다음과 같습니다.

```
Worksheet.Protect( Password, DrawingObjects, Contents, Scenarios, UserInterfaceOnly,
                AllowFormattingCells, AllowFormattingColumns, AllowFormattingRows,
                AllowInsertingColumns, AllowInsertingRows, AllowInsertingHyperlinks,
                AllowDeletingColumns, AllowDeletingRows, AllowSorting,
                AllowFiltering, AllowUsingPivotTables )
```

❶ Password : 워크시트를 보호할 때 사용할 암호입니다.

❷ DrawingObjects : 개체 편집 여부로, True면 보호되며 기본 값은 True입니다.

❸ Contents : 잠긴 셀의 보호 여부로, True면 보호되며 기본 값은 True입니다.

❹ Scenarios : 시나리오 편집 여부로, True면 보호되며 기본 값은 True입니다.

❺ UserInterfaceOnly : 보호할 행위를 구분하는 옵션으로, True면 사용자가 직접 수정하는 행위만 보호하고, False면 사용자와 매크로에 의한 수정 행위를 모두 보호합니다. 기본 값은 False입니다.

❻ AllowFormattingCells : 셀 서식 허용 여부로, True면 변경할 수 있지만 기본 값은 False입니다.

❼ AllowFormattingColumns : 열 서식 허용 여부로, True면 변경할 수 있지만 기본 값은 False입니다.

❽ AllowFormattingRows : 행 서식 허용 여부로, True면 변경할 수 있지만 기본 값은 False입니다.

❾ AllowInsertingColumns : 열 삽입 여부로, True면 삽입할 수 있지만 기본 값은 False입니다.

❿ AllowInsertingRows : 행 삽입 여부로, True면 삽입할 수 있지만 기본 값은 False입니다.

⓫ AllowInsertingHyperlinks : 하이퍼링크 삽입 여부로, True면 삽입할 수 있지만 기본 값은 False입니다.

⓬ AllowDeletingColumns : 열 삭제 여부로, True면 삭제할 수 있지만 기본 값은 False입니다.

⑬ AllowDeletingRows : 행 삭제 여부로, True면 삭제할 수 있지만 기본 값은 False입니다.

⑭ AllowSorting : 정렬 기능의 사용 여부로, True면 사용할 수 있지만 기본 값은 False입니다.

⑮ AllowFiltering : 필터 설정 여부로, True면 사용할 수 있지만 기본 값은 False입니다.

⑯ AllowUsingPivotTables : 피벗 테이블 사용 여부로, True면 사용할 수 있지만 기본 값은 False입니다.

시트 보호를 해제하는 Unprotect 메서드의 구문은 다음과 같습니다.

```
Worksheet.Unprotect( Password )
```

❶ Password : 워크시트를 보호 해제할 때 사용할 암호입니다.

Protect, UnProtect 메서드의 사용 예

Protect, Unprotect 메서드의 사용 방법을 익히기 위해 몇 개의 코드를 예로 들어 보겠습니다. 예제를 열면 다음 화면을 확인할 수 있습니다.

시트를 암호로 보호하며, 매크로를 이용해 셀 값을 수정할 수는 있지만 사용자가 직접 수정할 수는 없도록 하려면 다음과 같은 매크로를 개발해 사용하면 됩니다.

```
Sub 시트보호_매크로허용()

    ActiveSheet.Protect Password:="1234", UserInterfaceOnly:=True        ─❶

End Sub
```

❶ 현재 시트를 보호하는데, 암호는 '1234'로 설정하고 UserInterfaceOnly 매개변수 값을 True로 설정해 매크로를 이용하면 값을 수정할 수 있도록 합니다.

TIP 이 매크로는 〈시트 보호 (UserInterfaceOnly)〉 버튼에 연결되어 있습니다.

예제에서 〈시트 보호 (UserInterfaceOnly)〉 버튼을 클릭한 다음, G4셀의 값을 직접 다른 값으로 수정해 봅니다. 그러면 다음과 같은 메시지 창이 열립니다.

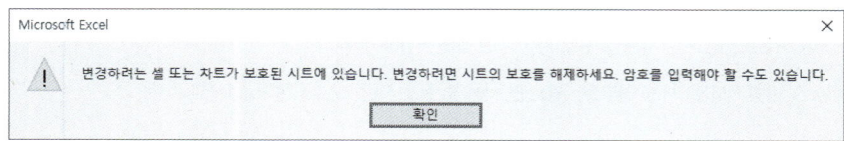

이렇게 시트를 보호한 다음에는 직접 셀 값을 수정할 수가 없습니다. 다만 시트를 보호할 때, UserInterfaceOnly 매개변수를 True로 설정했으므로 셀 값을 고치는 매크로는 사용할 수 있습니다. 다음과 같은 매크로로 셀 값을 수정해 봅니다.

```
Sub 값증가()

    Range("G4").Value = Range("G4").Value + 10        ―――❶

End Sub
```

❶ G4셀의 값을 10 증가시킵니다.

TIP 이 매크로는 〈G4셀 값 10씩 증가〉 버튼에 연결되어 있습니다.

예제에서 〈G4셀 값 10씩 증가〉 버튼을 클릭하면, G4:H6 병합 셀의 값이 10씩 증가하는 것을 확인할 수 있습니다.

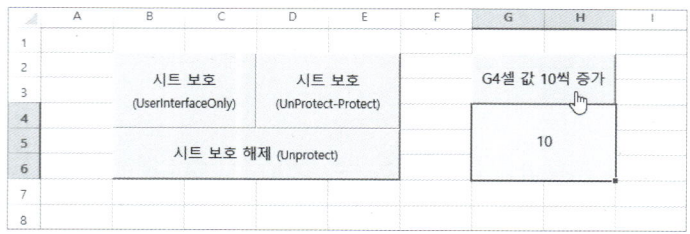

UserInterfaceOnly 매개변수를 사용할 때 조심할 점은, 일단 설정하면 파일을 닫을 때까지 설정이 유지되지만 파일을 닫고 다시 열면 설정이 초기화(False)되어 값을 고칠 수 없다는 것입니다. 확인을 위해 예제 파일을 저장하고 닫은 다음 다시 열고 〈G4셀 값 10씩 증가〉 버튼을 클릭해 보면 다음과 같은 메시지 창이 열립니다.

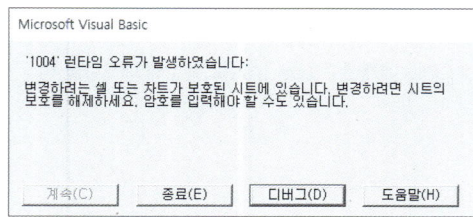

이를 통해 UserInterfaceOnly 매개변수는 파일을 닫고 다시 열면 초기화된다는 사실을 알 수 있습니다. 그러므로 UserInterfaceOnly 매개변수를 사용하는 것보다 다음과 같이 매크로를 구성하는 것을 권장합니다.

```
Sub 시트보호_값수정()

    ActiveSheet.Unprotect Password:= "1234"         ①

        Range("G4").Value = Range("G4").Value + 10  ②

    ActiveSheet.Protect Password:= "1234"           ③

End Sub
```

① 현재 시트의 보호를 해제합니다.
② I4셀의 값에 10을 더한 값을 I4셀에 저장합니다.
③ 현재 시트의 보호를 설정합니다.

TIP 이 매크로는 〈시트 보호(Unprotect-Protect)〉 버튼에 연결되어 있습니다.

예제에서 〈시트 보호 (UnProtect-Protect)〉 버튼을 클릭하면 에러 메시지 창 없이 G4:H6 병합 셀의 값이 10씩 증가하는 것을 확인할 수 있습니다. 시트 보호를 해제하려면 〈시트 보호 해제(Unprotect)〉 버튼을 클릭하면 됩니다.

UsedRange 속성을 이용해 워크시트의 사용 범위 확인하기

141

Worksheet 개체에는 사용중인 범위를 반환하는 UsedRange 속성이 있습니다. 이 속성을 이용하면 워크시트의 사용 범위를 빠르게 확인할 수 있어 편리합니다. Range 개체에도 연속된 데이터 범위를 반환하는 CurrentRegion 속성이 있지만, 이 속성은 하나의 표만 대상으로 합니다. 이와 달리 Worksheet 개체의 UsedRange 속성은 여러 개의 표 범위를 빠르게 확인할 수 있습니다.

예제 파일 PART 03 \ (Worksheet) UsedRange 속성.xlsm

예제를 열면 다음 화면과 같은 두 개의 표를 확인할 수 있습니다.

왼쪽의 직원 리스트 표 범위를 선택하려면 다음과 같은 코드를 사용합니다.

```
Range("B4").CurrentRegion.Select                ①
```

❶ B4셀에서 연속된 데이터 범위(Ctrl+A, B4:F13)를 선택합니다.

사용된 전체 범위를 선택하려면 다음과 같은 코드를 구성합니다.

```
ActiveSheet.UsedRange.Select ──────── ❶
```

❶ 현재 시트의 사용된 범위(B2:J14)를 모두 선택합니다.

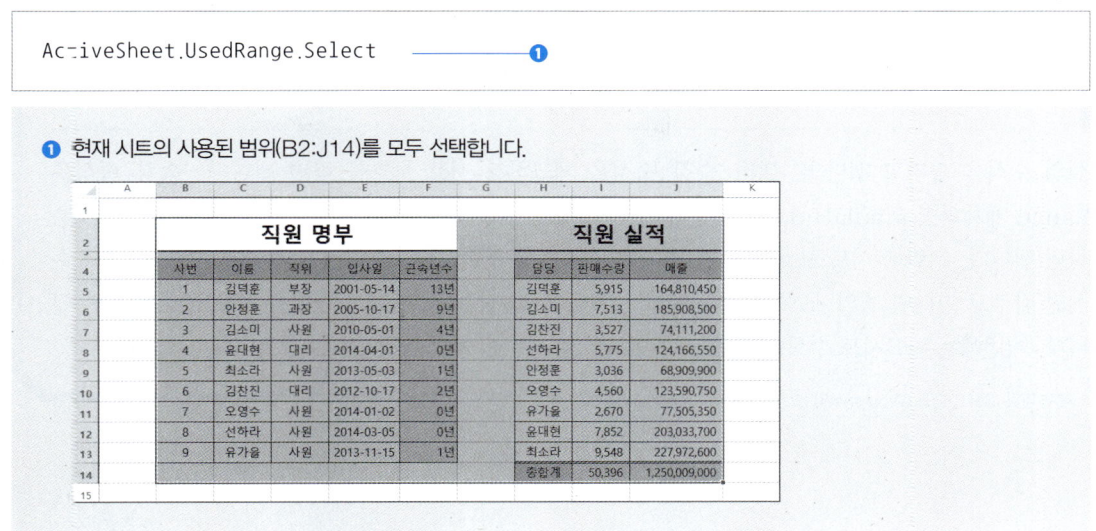

참고도 UsedRange 속성의 경우, 그림이나 도형이 위치한 영역은 사용 범위로 인식하지 않습니다.

FormulaHidden 속성을 이용해 워크시트 내 수식을 모두 숨기기

142

셀의 수식을 숨기고 싶다면, 셀의 '숨김' 속성을 체크하고 시트 보호를 하면 됩니다. '숨김' 속성은 Range 개체의 FormulaHidden 속성이고, 시트 보호는 Worksheet 개체의 Protect 메서드를 사용하면 됩니다. 그런데 시트 보호를 하면 셀 값을 수정하지 못합니다. 셀 값은 수정할 수 있도록 하고 수식만 감추고 싶다면 셀의 '보호' 속성을 체크 해제하고, '숨김' 속성만 체크한 다음 시트 보호를 하면 됩니다. 이번에는 워크시트 수식을 확인할 수 없도록 숨기는 방법에 대해 알아보겠습니다.

예제 파일 PART 03\(Worksheet) Protect, FormulaHidden.xlsm

예제의 F3셀을 클릭하면 수식 입력줄에서 해당 셀에서 사용된 수식을 확인할 수 있습니다.

TIP 표의 B3:B11 범위와 F3:F11 범위에는 수식이 입력되어 있습니다.

수식을 다른 사람이 확인하지 못하도록 숨기고 싶다면 다음과 같은 매크로를 사용하면 됩니다.

```
Sub 수식숨기기()

'1단계 : 필요한 변수를 선언합니다.
    Dim 수식범위 As Range          ①
    Dim 암호 As String             ②

'2단계 : 변수에 필요한 값을 저장하거나 할당합니다.
    암호 = "1234"                  ③
    
    On Error Resume Next           ④
    
    Set 수식범위 = ActiveSheet.UsedRange.SpecialCells(Type:=xlCellTypeFormulas)    ⑤
```

```
            If Not 수식범위 Is Nothing Then  ————————————————— ⑥

'3단계 : 전체 워크시트 설정을 초기화합니다.
                With ActiveSheet  ————————————— ⑦

                    .Unprotect Password:=암호
                    .Cells.Locked = False
                    .Cells.FormulaHidden = False

                End With

'4단계 : 셀 숨김 속성을 켜고 시트를 보호합니다.
                수식범위.FormulaHidden = True  ————————— ⑧
                ActiveSheet.Protect Password:=암호  ————— ⑨

            End If

End Sub
```

❶ 워크시트에서 수식을 사용한 범위를 할당할 Range 형식의 '수식범위' 개체변수를 선언합니다.

❷ 시트 보호에 사용할 암호를 저장할 String 형식의 '암호' 변수를 선언합니다.

❸ '암호' 변수에 원하는 암호를 설정합니다.

❹ On Error 문을 사용해 아래 코드에서 에러가 발생할 때, 다음 문장이 실행(Resume Next)되도록 설정합니다. 참고로 ❺의 코드에서 수식을 사용한 셀(또는 범위)이 없을 때 에러가 발생할 수 있습니다.

❺ '수식범위' 개체변수에 현재 시트의 전체 사용 범위(UsedRange)에서 수식을 사용한 범위만 할당합니다.

> **LINK** SpecialCells와 관련된 설명은 SECTION 103(343쪽)에서 참고합니다.

❻ '수식범위' 변수에 할당된 Range 개체가 존재할 때만 아래 코드를 진행합니다.

❼ 현재 시트(Activesheet)를 대상으로 다음 세 개의 작업을 진행합니다.
- 시트 보호가 되어 있으면 시트 보호를 해제(Unprotect)합니다.
- 셀 속성 중 잠금 속성(Locked)을 해제합니다. 이렇게 해야 시트 보호를 해도 셀 값을 수정할 수 있습니다. 만약 셀 값도 변경하지 않도록 하려면 이 줄의 코드를 삭제합니다.
- 셀 속성 중 숨김 속성(FormulaHidden)을 해제합니다.

❽ '수식범위' 변수에 할당된 범위의 셀 숨김 속성을 설정(True)합니다. 이 속성을 변경하고 시트 보호를 하면 수식이 입력된 셀의 수식이 수식 입력줄에 나타나지 않습니다.

❾ 현재 시트를 보호합니다.

> **TIP** 이 매크로는 예제의 〈수식 숨기기〉 버튼에 연결되어 있습니다.

예제의 〈수식 숨기기〉 버튼을 클릭하면, 수식이 입력된 셀을 선택해도 수식 입력줄에 수식이 나타나지 않습니다.

다시 수식을 표시하려면 다음 코드를 사용하는 프로시저를 하나 만들어 실행하거나, 리본 메뉴의 [검토] 탭-[변경 내용] 그룹-[시트 보호 해제] 명령을 클릭하고 암호를 '1234'로 입력합니다.

```
ActiveSheet.Unprotect Password:="1234"
```
❶

❶ 현재 시트에 설정된 시트 보호 명령을 해제합니다.

ScrollArea 속성을 이용해 워크시트의 선택 범위 제한하기

143

워크시트 전체에서 사용자가 선택할 수 있는 범위를 제한하려면 해당 워크시트의 ScrollArea 속성에 선택할 수 있는 범위의 주소를 설정해 놓으면 됩니다. 이런 작업은 특정 서식에서 사용자가 값을 수정할 수 있는 항목을 제한하기 위한 목적으로 자주 사용됩니다. 그런데 ScrollArea 속성에 설정된 범위는 파일을 닫고 다시 열면 해제(초기화)가 되어 버립니다. 그러므로 ScrollArea 속성을 설정하는 작업에서는 Workbook_Open 이벤트나 Auto_Open 매크로를 사용해야 합니다.

예제 파일 PART 03 \ (Worksheet) ScrollArea 속성.xlsm

다음은 ScrollArea 속성의 사용 예입니다.

```
Worksheets("Sheet1").ScrollArea = "A1:C10"     ①

Worksheets("Sheet1").ScrollArea = ""           ②
```

① 'Sheet1' 시트에서 A1:C10 범위만 선택할 수 있도록 제한합니다.

② 'Sheet1' 시트의 모든 셀을 선택할 수 있습니다.

예제를 열면 화면과 같은 표를 확인할 수 있습니다. C2셀에만 사용자가 이름을 입력할 수 있고, 나머지 부분은 선택하지 못하도록 설정해 보겠습니다.

	A	B	C	D	E	F	G	H	I	J
1										
2		이름			입사일	근속기간		C2셀만 선택		
3										
4								모든 셀 선택		
5		사번	이름	직위	입사일	근속기간				
6		1	김덕훈	부장	2001-05-14	13년 8개월				
7		2	안정훈	과장	2005-10-17	9년 3개월				
8		3	김소미	사원	2010-05-01	4년 8개월				
9		4	윤대현	대리	2014-04-01	0년 9개월				
10		5	최소라	사원	2013-05-03	1년 8개월				
11		6	김찬진	대리	2012-10-17	2년 3개월				
12		7	오영수	사원	2014-01-02	1년 0개월				
13		8	선하라	사원	2014-03-05	0년 10개월				
14		9	유가을	사원	2013-11-15	1년 2개월				
15										

TIP C2셀에 C6:C14 범위의 이름 중 하나를 입력하면 E3:F3 범위에 입사일과 근속기간이 표시됩니다.

사용자가 C2셀만 사용할 수 있도록 하려면 다음과 같은 매크로를 사용합니다.

```
Sub 특정셀()  ———————————— ❶

    ActiveSheet.ScrollArea = Range("C2").Address  ———— ❷

End Sub
```

❶ '특정셀' Sub 프로시저를 선언합니다. 앞에서 설명했듯이 매크로 내에 ScrollArea 속성을 사용할 경우, 파일을 닫고 다시 열면 해당 설정이 초기화되어 전체 셀을 선택할 수 있는 상태가 됩니다. 그러므로 파일이 열릴 때마다 실행되도록 하려면 프로시저 이름을 다음과 같이 수정합니다.

```
Sub Auto_Open()
```

예를 들어, 'sample' 워크시트의 사용 범위 이외의 다른 부분은 선택하지 못하도록 하려면 다음과 같이 코드를 수정하면 됩니다.

```
Sub Auto_Open()

    Worksheets("sample").ScrollArea = Worksheets("sample").UsedRange.Address

End Sub
```

❷ 현재 시트의 ScrollArea 속성에 C2셀의 주소를 전달해, 사용자가 선택할 수 있는 부분을 제한합니다.

예제 파일의 〈C2셀만 선택〉 버튼을 클릭해 보면, C2셀 이외의 다른 셀은 선택할 수 없다는 것을 확인할 수 있습니다. 다시 모든 셀을 선택하도록 하려면 다음과 같은 매크로를 사용합니다.

```
Sub 모든셀()

    ActiveSheet.ScrollArea = ""  ———————— ❶

End Sub
```

❶ 현재 시트의 ScrollArea 속성을 해제합니다.

TIP 이 매크로는 예제 파일의 〈모든 셀 선택〉 버튼에 연결되어 있습니다.

PrintOut 메서드를 이용해 필요한 워크시트만 인쇄하기

144

코드를 이용해 워크시트를 인쇄하려면 PrintOut 메서드를 이용하면 됩니다. PrintOut 메서드의 사용 방법은 Range 개체의 PrintOut 메서드와 동일합니다. 워크시트를 인쇄하는 다양한 방법을 적절하게 활용하려면 인쇄 작업이 어떻게 이뤄지는지 잘 이해하고 있어야 합니다. 이번에는 필요한 워크시트를 인쇄하는 코드 작성 방법에 대해 알아보겠습니다.

예제 파일 PART 03 \ (Worksheet) PrintOut, PrintPreview 메서드 (코드).txt

PrintOut, PrintPreview 메서드의 구문

[인쇄] 명령에 해당하는 PrintOut 메서드의 구문은 다음과 같습니다.

```
Worksheet.PrintOut( From, To, Copies, Preview, ActivePrinter, PrintToFile, Collate,
                    PrToFileName, IgnorePrintAreas )
```

❶ From : 인쇄할 시작 페이지 번호로, 생략하면 1페이지부터 인쇄합니다.

❷ To : 인쇄할 마지막 페이지 번호로, 생략하면 마지막 페이지까지 인쇄합니다.

❸ Copies : 인쇄 매수로, 생략하면 한 부씩 인쇄합니다.

❹ Preview : 미리 보기 화면을 표시할 여부를 설정하는 옵션으로, True면 인쇄하지 않고 미리 보기 창을 표시하며, False이거나 생략하면 바로 인쇄합니다.

❺ ActivePrinter : 인쇄할 기본 프린터로, 생략하면 컴퓨터에 연결된 기본 프린터에 인쇄합니다.

❻ PrintToFile : 파일로 인쇄할지 여부를 설정하는 옵션으로, True면 파일로 인쇄합니다.

❼ Collate : ❸ 매개변수의 인쇄 매수가 여러 부일 때, 이 옵션을 True로 설정하면 한 부를 모두 인쇄하고 다음 부의 첫 페이지를 인쇄합니다.

❽ PrToFileName : ❻ 매개변수의 옵션이 True일 때 사용하며, 저장할 파일 이름을 설정합니다.

❾ IgnorePrintAreas : True면 인쇄 영역을 무시하고 전체 페이지를 인쇄합니다.

[인쇄 미리 보기] 명령에 해당하는 PrintPreview 메서드의 구문은 다음과 같습니다.

```
Worksheet.PrintPreview( EnableChanges )                    ❶
```

❶ 페이지 설정 옵션을 변경할 수 있는지 여부를 설정하는 옵션으로, True면 변경할 수 있고, False거나 생략하면 변경할 수 없습니다.

PrintOut, PrintPreview 메서드의 사용 예

다음은 워크시트를 인쇄하는 간단한 코드 예입니다.

```
Worksheets("Sheet1").PrintOut                         ①

Worksheets("Sheet1").PrintOut From:=1, To:=3          ②

Worksheets("Sheet1").PrintOut Copies:=2               ③
```

① 'Sheet1' 시트를 인쇄합니다.
② 'Sheet1' 시트의 인쇄 페이지 중 1페이지부터 3페이지까지만 인쇄합니다.
③ 'Sheet1' 시트를 두 부씩 인쇄합니다.

여러 시트를 한 번에 인쇄하려면 Array 함수를 사용하면 됩니다.

```
Worksheets(Array("Sheet1", "Sheet3")).PrintOut        ①
```

① 'Sheet1', 'Sheet3' 시트를 인쇄합니다.

인쇄할 워크시트가 화면에 표시되는 문제 해결

엑셀 버전에 따라 워크시트를 인쇄하는 동작에서 차이가 나는 점이 있습니다. 2013 버전부터는 인쇄할 워크시트가 화면에 표시되지 않지만, 2010 버전까지는 워크시트를 인쇄하면 인쇄 전에 해당 시트가 활성화(Activate)되어 화면에 표시되었습니다.

2010 버전 이하의 엑셀에서 인쇄되는 페이지가 화면에 표시하지 않도록 하려면, PrintOut 메서드를 이용하기 전에 Application 개체의 ScreenUpdating 메서드를 이용해 화면을 새로 고치는 작업을 중지한 다음 인쇄하도록 코드를 구성하면 됩니다. 다음은 'sample' 시트를 인쇄하는 매크로의 구성 예입니다.

```
Application.ScreenUpdating = False                    ①

    Worksheets("sample").PrintOut

Application.ScreenUpdating = True                     ②
```

① 인쇄할 때, 'sample' 시트가 표시되는 것을 화면에 표시하지 않기 위해 ScreenUpdating 속성을 False로 변경합니다.
② ScreenUpdating 속성을 True로 변경해 화면을 새로 고칩니다.

숨겨진 시트를 인쇄하지 못하는 문제 해결

엑셀은 숨겨진 워크시트를 인쇄할 수 없으며, 숨겨진 워크시트를 인쇄하려고 하면 다음과 같은 에러 메시지 창이 열립니다.

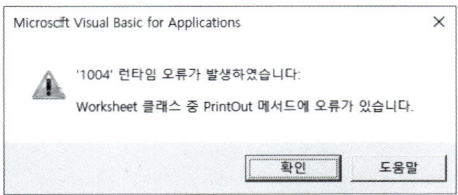

숨겨진 워크시트를 인쇄하고 싶다면, 먼저 Visible 속성을 변경해 워크시트를 화면에 표시하고 인쇄한 다음 다시 원래대로 숨겨 놓는 방법으로 진행해야 합니다. 다음은 현재 파일에서 숨겨진 도든 워크시트를 인쇄하는 매크로입니다.

파일 : (Worksheet) PrintOut, PrintPreview 메서드 (코드).txt

```
Sub 숨긴시트인쇄()

    Dim 시트 As Worksheet                                    ①
    Dim 이전설정 As Integer                                   ②

    Application.ScreenUpdating = False                       ③

    For Each 시트 In ThisWorkbook.Worksheets                 ④

        With 시트                                             ⑤

            If .Visible <> True Then                         ⑥

                이전설정 = .Visible                           ⑦
                .Visible = True                              ⑧
                .PrintOut                                    ⑨
                .Visible = 이전설정                           ⑩

            End If

        End With

    Next

    Application.ScreenUpdating = True                        ⑪

End Sub
```

❶ 순환문에서 사용할 Worksheet 형식의 '시트' 개체변수를 선언합니다.

❷ 시트의 숨김 속성 값을 저장해 놓을 Integer 형식의 '이전설정' 변수를 선언합니다.

❸ 매크로 진행 상태가 표시되지 않도록 하기 위해 ScreenUpdating 속성을 해제합니다. 이 설정을 하지 않으면, 매크로가 실행될 때 숨겨진 시트가 화면에 나타납니다.

❹ For Each … Next 순환문을 이용해 현재 파일(ThisWorkbook)의 전체 워크시트를 순환하면서 '시트' 변수에 하나씩 할당합니다.

❺ '시트' 개체변수에 할당된 워크시트에 작업할 내용이 많으므로 With 문을 사용합니다.

❻ 시트가 숨겨져 있는지 확인하기 위해 Visible 속성 값이 True인지 아닌지 확인합니다. True가 아니면 시트가 숨겨져 있는 것입니다.

❼ 시트를 숨기는 방법에는 xlSheetHidden과 xlSheetVeryHidden 두 가지 방법이 있으므로, 인쇄 후 다시 이전 설정으로 되돌리기 위해 현재 Visible 속성 값을 '이전설정' 변수에 저장해 놓습니다.

❽ 시트 숨기기 속성을 해제합니다.

❾ 시트를 인쇄합니다.

❿ 시트의 숨김 속성을 '이전설정' 변수에 저장된 값으로 변경합니다.

⓫ 엑셀 프로그램의 화면 갱신 속성을 다시 True로 변경합니다.

특정 표의 항목별로 인쇄하기

145

전체 워크시트가 아니라 원하는 표만 인쇄하려면 Range 개체의 PrintOut 메서드나 PrintPreview 메서드를 이용하면 됩니다. PrintOut, PrintPreview 메서드는 Workbook, Worksheet, Range 개체어 각각 제공되며, 어느 개체에서 사용하느냐에 따라 인쇄 범위가 달라집니다. 이번에는 워크시트에서 특정 표 범위만 인쇄하는 작업을 매크로로 처리하는 방법에 대해 알아보겠습니다.

예제 파일 PART 03 \ (Range) PrintOut, PrintPreview 메서드.xlsm

예제 파일을 열면 화면과 같은 표를 확인할 수 있습니다.

	A	B	C	D	E	F	G	H	I	J	K	L
1												
2		품번	품명	분류	단가	재고량		분류		분류별 인쇄		
3		1	태양 100% 오렌지 주스	유제품	10,300	39		가공 식품				
4		2	태양 100% 레몬 주스	음료	11,900	17		곡류				
5		3	태양 체리 시럽	조미료	5,800	13		과자류				
6		4	신한 100% 복숭아 시럽	조미료	13,400	53		유제품				
7		5	신한 100% 파인애플 시럽	조미료	13,700	-		육류				
8		6	대양 특선 블루베리 잼	조미료	14,600	120		음료				
9		7	대양 특선 건과(배)	가공 식품	18,100	15		조미료				
10		8	대양 특선 딸기 소스	조미료	24,400	6		해산물				
74		72	대관령 특제 버터	유제품	25,900	14						
75		73	원양 순 상어알	해산물	9,200	101						
76		74	서울 구이 김	가공 식품	5,900	4						
77		75	알파인 맥주	음료	4,400	125						
78		76	미왕 초콜릿 드링크	음료	11,100	57						
79		77	알파 샐러드 드레싱	조미료	7,500	32						
80												

위 화면에서 H3:H10 범위의 분류 항목 값을 조건으로, 해당 분류에 맞는 제품만 B2:F79 범위의 표에서 따로 추려 인쇄하는 작업을 하려면 다음과 같은 매크로를 사용하면 됩니다.

```
Sub 항목별인쇄()

    '1단계 : 필요한 변수를 선언합니다.
        Dim 표 As Range                              ①
        Dim 분류 As Range, 셀 As Range                ②

    '2단계 : 변수에 표 범위를 할당합니다.
        Set 표 = Range("B2").CurrentRegion            ③
        Set 분류 = Range("H3", Range("H3").End(xlDown))  ④

    '3단계 : 항목별로 필터링한 다음, 표를 인쇄합니다.
        For Each 셀 In 분류                           ⑤

            표.AutoFilter Field:=3, Criteria1:=셀.Value   ⑥
            표.PrintPreview                           ⑦
```

```
            Next

'4단계 : 자동 필터를 해제합니다.
    표.AutoFilter

End Sub
```

❶ 인쇄할 전체 표 범위를 할당할 Range 형식의 '표' 개체변수를 선언합니다.

❷ 분류 범위를 할당할 Range 형식의 '분류' 개체변수와 '셀' 개체변수를 선언합니다.

❸ '표' 개체변수에 B2셀부터 연속된 전체 데이터 범위(Ctrl+A), B2:F79)를 할당합니다.

❹ '분류' 개체변수에 H3셀부터 H3셀에서 아래 방향으로 데이터가 입력된 마지막 셀(이번 예제에서는 H10셀)까지의 범위를 할당합니다.

❺ For Each … Next 순환문을 이용해 '분류' 개체변수에 할당된 범위 내 셀을 하나씩 '셀' 개체변수에 할당하면서 순환합니다.

❻ '표' 개체변수에 할당된 범위에 자동 필터를 설정하고, 세 번째 열(분류 열)에 '셀' 개체변수에 할당된 셀 값을 조건으로 필터링합니다.

❼ '표' 개체변수에 할당된 범위를 PrintPreview 메서드를 이용해 인쇄 미리 보기 창에 표시합니다. ❻에서 자동 필터를 이용해 데이터를 추출했으므로 추출된 데이터만 인쇄 미리 보기 창에 나타납니다. 인쇄 미리 보기 대신 인쇄 작업을 하려면 PrintPreview 메서드를 PrintOut 메서드로 변경하면 됩니다.

```
    표.PrintOut
```

개발된 매크로를 실행해 보려면 예제의 〈분류별 인쇄〉 버튼을 클릭합니다. 그러면 아래와 같은 '인쇄 미리 보기' 창이 분류 항목별로 표시됩니다.

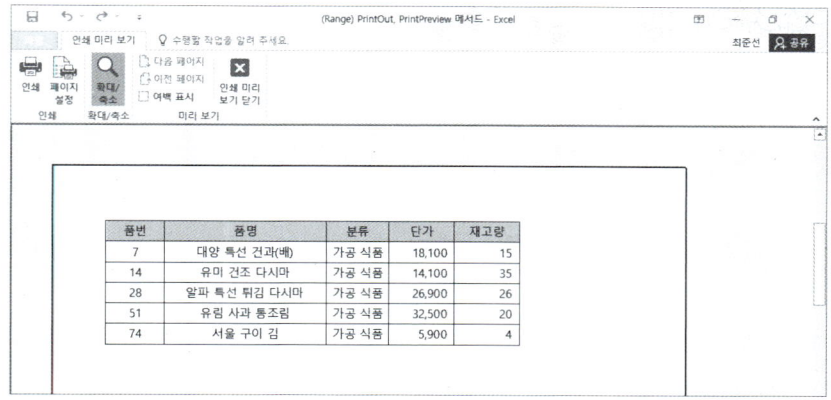

TIP 리본 메뉴의 [인쇄 미리 보기] 탭-[미리 보기] 그룹-[인쇄 미리 보기 닫기] 명령을 클릭해 창을 닫으면 분류 개수만큼 창이 반복해서 표시됩니다.

PageSetup 속성을 이용해 머리글, 바닥글 설정하기

146

인쇄할 페이지의 상단이나 하단에 파일 이름, 시트 이름, 페이지 번호 등 다양한 정보를 표시할 수 있습니다. 이런 작업은 머리글/바닥글 설정을 통해 할 수 있는데, 머리글/바닥글을 제어하려면 '페이지 설정' 작업을 의미하는 PageSetup 속성을 이해하고 있어야 합니다. PageSetup 속성은 PageSetup 개체를 반환하는 속성으로, '페이지 설정' 대화상자에서 설정하는 대부분의 작업을 모두 진행할 수 있습니다.

예제 파일 PART 03 \ (Worksheet) PageSetup 속성 I.xlsm

'페이지 설정' 대화상자 이해하기

'페이지 설정' 대화상자는 리본 메뉴의 [페이지 레이아웃] 탭-[페이지 설정] 그룹의 [대화상자 표시] 아이콘(□)을 클릭하면 열립니다. 인쇄할 페이지에 대한 다양한 설정 작업을 진행할 수 있으며, '머리글/바닥글' 탭에서 페이지 상단(또는 하단)에 원하는 정보를 삽입할 수도 있습니다.

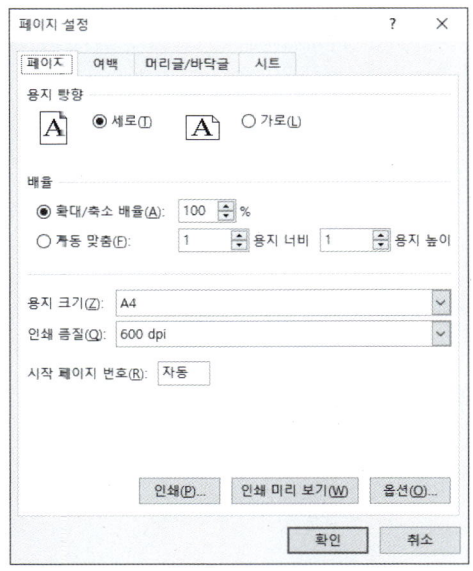
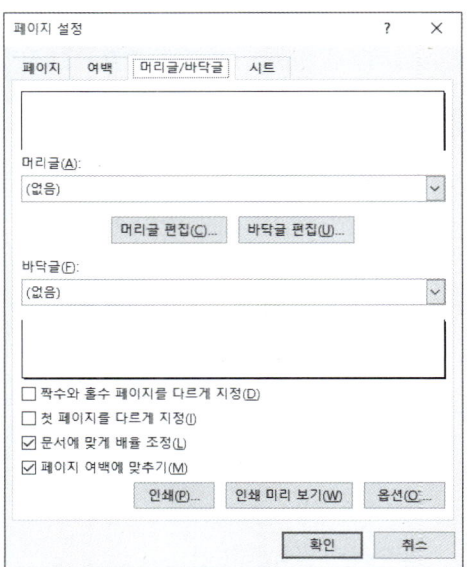

머리글/바닥글 설정 예

먼저 머리글 상단에 파일 이름을 삽입하는 코드는 다음과 같습니다.

```
Worksheets(1).PageSetup.CenterHeader = "&F"                    ❶
```

❶ 첫 번째 워크시트의 '페이지 설정' 대화상자의 머리글 가운데에 파일 이름(&F는 서식 코드입니다.)을 표시합니다. 이 명령을 실행하고, [인쇄 미리 보기] 명령을 실행하면 다음과 같은 화면을 확인할 수 있습니다.

```
Worksheets(1).PrintPreview
```

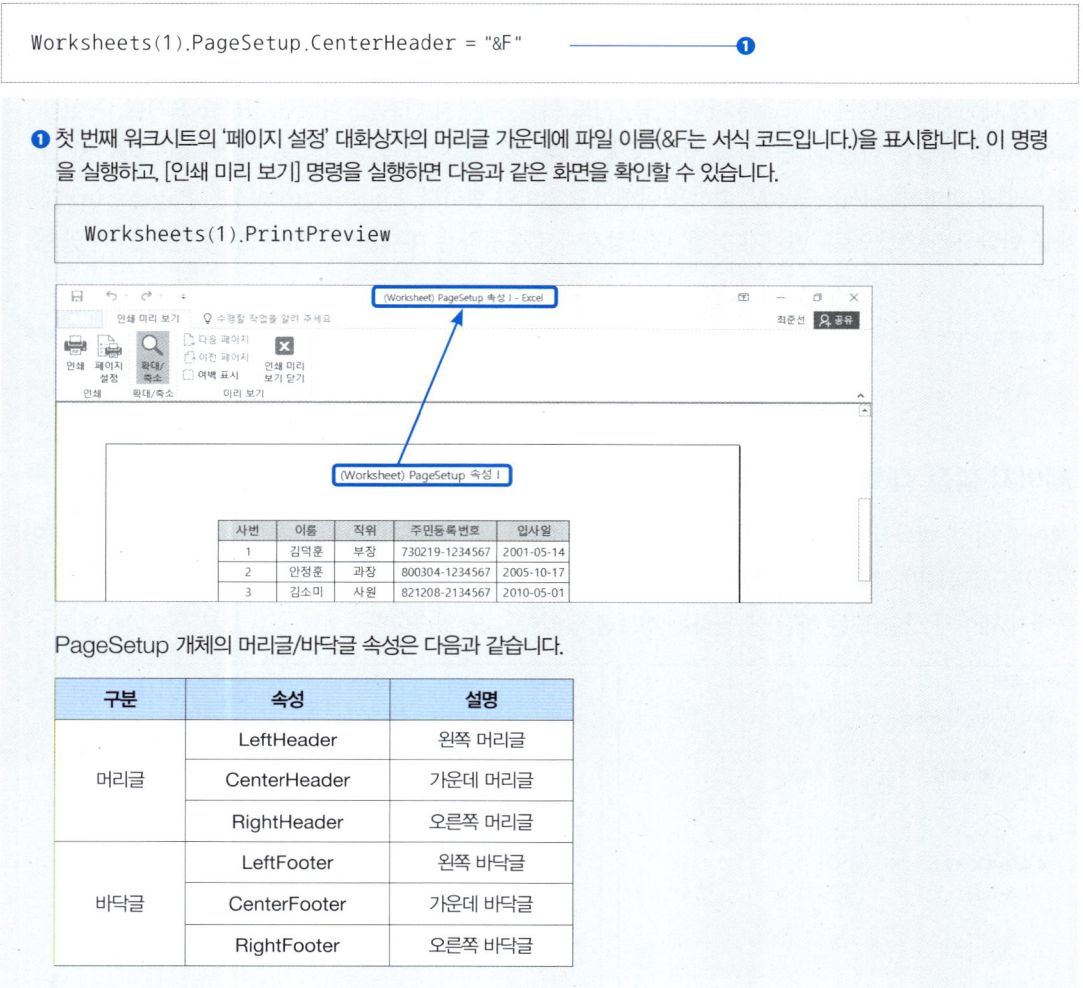

PageSetup 개체의 머리글/바닥글 속성은 다음과 같습니다.

구분	속성	설명
머리글	LeftHeader	왼쪽 머리글
	CenterHeader	가운데 머리글
	RightHeader	오른쪽 머리글
바닥글	LeftFooter	왼쪽 바닥글
	CenterFooter	가운데 바닥글
	RightFooter	오른쪽 바닥글

머리글/바닥글에 표시할 수 있는 서식 코드는 다음과 같습니다.

서식 코드	설명
&F	현재 파일의 이름을 반환합니다.
&A	현재 시트의 이름을 반환합니다.
&D	오늘 날짜를 반환합니다.
&T	현재 시간을 반환합니다.
&P	현재 페이지 번호를 반환합니다.
&N	전체 페이지 번호를 반환합니다.
&&	& 문자를 반환합니다.

위 코드를 잘 조합해 페이지 오른쪽 하단에 1/n과 같은 페이지 번호를 표시하려면 다음과 같은 코드를 사용합니다.

```
Worksheets(1).PageSetup.RightFooter = "&P" & "/" & "&N"         ❶
```

❶ 첫 번째 워크시트의 '페이지 설정'에서 우측 하단에 페이지 번호를 1/n 형식으로 표시합니다.

TIP 페이지 우측 하단에 페이지 번호가 1/n 형식으로 표시됩니다. (여기서 n은 전체 페이지를 의미합니다.)

날짜와 시간을 페이지 왼쪽 하단에 표시하되, 날짜를 윗줄에, 시간은 아랫줄에 표시하려면 다음과 같은 코드를 사용합니다.

```
Worksheets(1).PageSetup.LeftFooter = "&D" & vbCr & "&T"         ❶
```

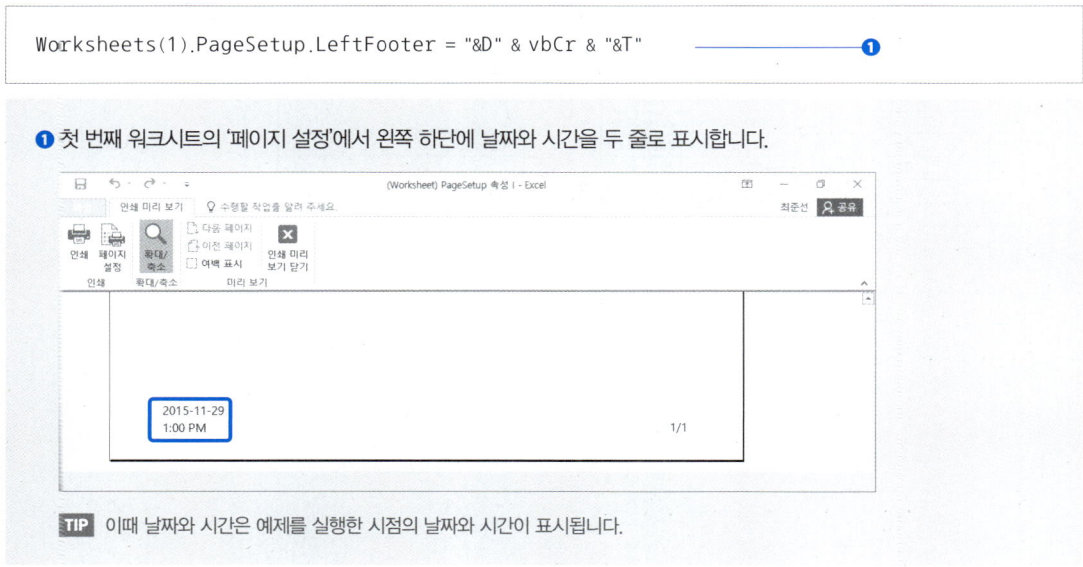

❶ 첫 번째 워크시트의 '페이지 설정'에서 왼쪽 하단에 날짜와 시간을 두 줄로 표시합니다.

TIP 이때 날짜와 시간은 예제를 실행한 시점의 날짜와 시간이 표시됩니다.

설정된 머리글/바닥글을 모두 삭제(초기화)하려면 다음과 같은 매크로를 사용합니다.

```
Sub 머리글바닥글_초기화()

    With ActiveSheet
```

```
        With .PageSetup    '                              ①

            .LeftHeader = ""
            .CenterHeader = ""
            .RightHeader = ""
            .LeftFooter = ""
            .CenterFooter = ""
            .RightFooter = ""

        End With

        .PrintPreview

    End With

End Sub
```

① 첫 번째 워크시트의 '페이지 설정'에서 각 머리글, 바닥글 속성을 모두 빈 문자(" ")로 대체합니다. (이렇게 하면 머리글/바닥글이 초기화됩니다.)

설명된 모든 매크로를 테스트하려면 예제를 열고 버튼을 순서대로 클릭해 봅니다.

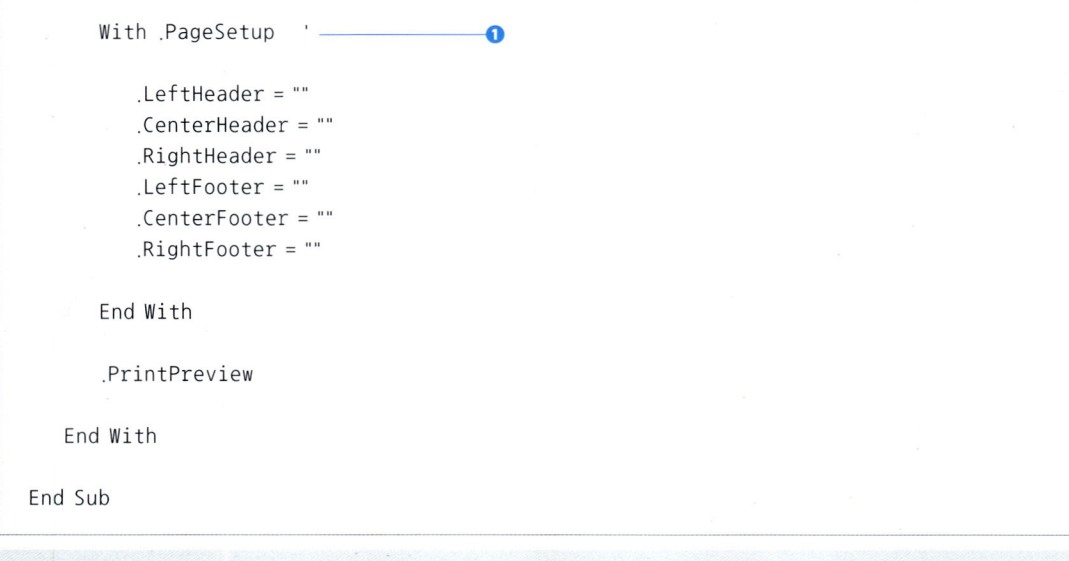

한 장에 맞춰 인쇄하고 머리글 행을 반복 출력하기

147

엑셀에서 인쇄 작업을 진행하다 보면 한 장에 맞춰 인쇄하는 것도 쉬운 일은 아닙니다. 또 표가 길면 두 번째 페이지부터는 머리글이 무엇인지 알 수 없어 불편하기도 합니다. 이런 경우 인쇄할 워크시트를 인쇄 용지에 맞게 자동으로 맞추는 기능이나 특정 행을 반복해서 페이지마다 출력하는 기능을 사용해 해결할 수 있습니다. 이번에는 이런 작업을 자동으로 처리하는 매크로를 개발하는 방법에 대해 알아보겠습니다.

예제 파일 PART 03 \ (Worksheet) PageSetup 속성 II.xlsm

예제 파일을 열고 리본 메뉴의 [보기] 탭-[통합 문서 보기] 그룹-[페이지 레이아웃] 명령을 클릭해 봅니다. 현재 시트를 인쇄하면 두 페이지에 걸쳐 인쇄가 된다는 것을 알 수 있습니다.

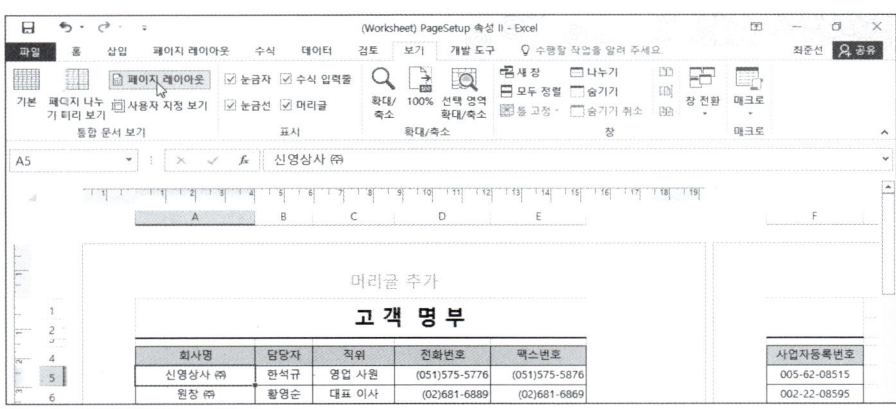

TIP 사업자등록번호 열이 두 번째 페이지에 출력됩니다.

이 경우 표의 페이지 너비는 한 페이지에 맞추고, 두 번째 페이지부터는 4행의 열 머리글이 반복해서 표시되도록 하려면 다음과 같은 매크로를 사용하면 됩니다.

```
Sub 한장에맞춰인쇄_첫페이지고정()

    With ActiveSheet ─────────── ❶

        With .PageSetup ─────────── ❷

            .Zoom = False ─────────── ❸
            .FitToPagesWide = 1 ─────────── ❹
            .PrintTitleRows = "$4:$4" ─────────── ❺

        End With
```

```
            .PrintPreview                    ⑥

        End With

End Sub
```

❶ With 문을 이용해 현재 워크시트에 여러 명령을 한 번에 처리합니다.

❷ With 문을 중첩해서 페이지 설정 옵션을 여러 개 조정합니다.

❸ 확대/축소 배율을 설정하는 Zoom 속성을 False로 설정합니다. Zoom 속성이 True로 설정되면 ❹의 페이지 너비를 자동으로 설정할 수 없으므로, 이 설정을 반드시 선행해야 합니다.

❹ 인쇄할 표를 인쇄할 용지의 가로 너비에 맞추도록 FitPagesWide 속성을 1페이지에 맞춥니다. 만약 한 장에 모두 인쇄 되도록 하려면, 세로 길이에 맞추도록 다음 코드를 한 줄 더 추가해야 합니다.

```
    .FitToPagesTall = 1
```

❺ 페이지마다 반복해서 인쇄할 행 주소(PrintTitleRows)를 4행으로 설정합니다.

❻ 인쇄 미리 보기 창을 이용해 결과를 표시합니다. 인쇄하려면 PrintPreview 메서드를 PrintOut 메서드로 변경하면 됩니다.

위 매크로의 실행 결과를 확인하려면 예제 파일을 열고 〈A4 한 장에 맞춰 인쇄〉 버튼을 클릭해 봅니다. 다음 화면과 같이 한 페이지 너비에 맞춰 인쇄가 되며 두 번째 페이지에도 열 머리글이 나타납니다.

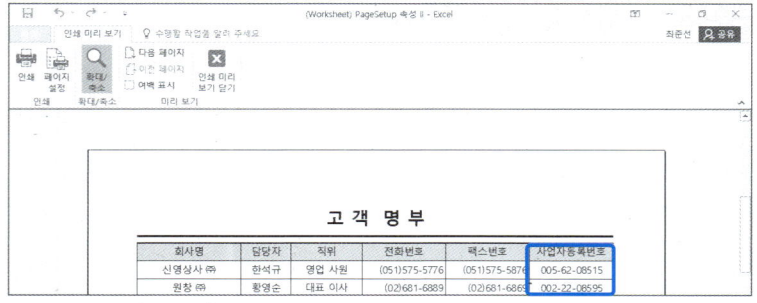

TIP 첫 번째 페이지에서는 인쇄할 표의 가로 너비가 인쇄 용지에 맞춰져 있는 것을 확인할 수 있습니다.

TIP 두 번째 페이지에서는 첫 번째 페이지의 머리글 행(4행)이 반복해서 나타나는 것을 확인할 수 있습니다.

CHAPTER

13

엑셀 작업 단위의 중심,
파일을 다루는 Workbook 개체

엑셀 프로그램에서 이루어지는 모든 작업은 파일 단위로 저장됩니다.
그러므로 여러 파일의 데이터를 처리하는 작업을 해야 한다면
엑셀 파일을 의미하는 Workbook 개체와 Workbooks 컬렉션에 대해 잘 이해하고 있어야 합니다.
그런데 이때 Workbooks 컬렉션은 열린 파일을 대상으로 한다는 점에 주의해야 합니다.
엑셀 파일을 다루는 매크로가 필요하다면 VBA를 이용해 파일을 열고, 닫고, 저장하는 등의 기본 작업뿐만 아니라,
열린 파일 내의 데이터 범위를 참조하고 조작하는 다양한 방법도 이해하고 있어야 합니다.
이런 작업에는 앞에서 언급한 Worksheet 개체나 Range 개체를 조작하는 방법이 사용되므로,
앞에서 배운 내용과 이번에 배울 내용을 잘 조합하고 응용할 필요가 있습니다.

CHAPTER 13에서는 Workbook 개체와 Workbooks 컬렉션을 이용해 작업 대상이 될 파일을 지정하고,
파일 간의 데이터를 주고받는 작업을 수행하는 매크로를 개발하는 방법을 알아보겠습니다.

Workbook 개체의 주요 구성원 이해하기 148

엑셀에서 작업한 내용은 모두 파일에 저장이 됩니다. VBA를 이용해 파일을 다루려면 엑셀의 파일을 의미하는 Workbook 개체와 Workbook 개체의 집합인 Workbooks 컬렉션에서 할 수 있는 작업은 무엇인지, Workbook 개체와 Workbooks 컬렉션의 역할은 어떻게 다른지 알고 있어야 합니다. 여기서는 우선 Workbooks 컬렉션과 Workbook 개체의 주요 구성원이 무엇이고 어떤 작업을 할 때 사용할 수 있는지 알아보겠습니다.

예제 파일 없음

Workbooks 컬렉션의 주요 구성원

Workbooks 컬렉션에서 공통적으로 사용할 수 있는 구성원은 다음과 같습니다.

구성원	설명	연관 기능
Add	새 파일을 하나 생성합니다.	[파일]-[새로 만들기]
Open	기존 파일을 엽니다.	[파일]-[열기]
OpenText	텍스트 파일을 엽니다.	[파일]-[열기]
Close	열려 있는 모든 파일을 닫습니다.	[파일]-[닫기]
Count	열려 있는 파일 수를 반환합니다.	

Workbook 개체의 주요 구성원

개별 파일을 의미하는 Workbook 개체의 주요 구성원은 다음과 같습니다.

구성원	설명	연관 기능
Activate	파일을 화면에 표시합니다.	[보기]-[창]-[창 전환]
Close	파일을 닫습니다.	[파일]-[닫기]
PrintOut	파일 전체를 인쇄합니다.	[파일]-[인쇄]
PrintPreview	파일 전체의 인쇄 내용을 인쇄 미리 보기 창을 이용해 파악합니다.	[파일]-[인쇄]
Save	파일을 저장합니다.	[파일]-[저장]
SaveAs	파일을 다른 이름으로 저장합니다.	[파일]-[다른 이름으로 저장]
Saved	저장이 완료됐는지 여부를 True, False로 반환합니다.	
BreakLink	연결된 파일을 끊어, 수식을 값으로 변경합니다.	[데이터]-[연결]-[연결 편집]
ChangeLink	연결된 파일의 위치를 변경합니다.	[데이터]-[연결]-[연결 편집]

FollowHyperlink	하이퍼링크를 연결합니다.	
HasVBProject	파일에 매크로가 포함되었는지 여부를 True, False로 반환합니다.	
FullName	파일의 전체 경로와 파일 이름을 반환합니다.	[파일]-[정보]
Name	확장자가 포함된 파일 이름을 반환합니다.	
Path	파일의 경로를 반환합니다.	

Open 메서드를 이용해 파일 열기 149

엑셀 파일을 열 때는 Workbooks 컬렉션의 Open 메서드를 이용하면 됩니다. 그런데 이때 파일이 존재하지 않거나 또는 동일한 이름의 파일이 열려 있다면 에러가 발생할 수 있습니다. 그러므로 매크로를 이용해 파일을 열고자 할 때는 열려고 하는 파일이 이미 열려 있지는 않은지 판단한 후 작업을 해야 에러가 발생하지 않는 코드를 만들 수 있습니다.

예제 파일 PART 03 \ (Workbooks) Open 메서드.xlsm

Open 메서드의 구문

파일을 열 때 사용하는 Workbooks 컬렉션의 Open 메서드 구문은 다음과 같습니다.

```
Workbooks.Open( FileName, UpdateLinks, ReadOnly, Format, Password, WriteResPassword,
            IgnoreReadOnlyRecommended, Origin, Delimiter, Editable, Notify,
            Converter, AddToMru, Local, CorruptLoad )
```

❶ FileName : 열고자 하는 파일의 경로 및 파일 이름입니다.

❷ UpdateLinks : 연결된 파일의 수식을 업데이트하는 인수를 설정합니다.

값	설명
0	업데이트를 하지 않고 메시지 창을 표시합니다.
3	자동으로 업데이트를 합니다.

❸ ReadOnly : 읽기 전용으로 파일을 엽니다.

❹ Format : 텍스트 파일을 열 때 구분 문자를 의미하는 옵션으로, 아래 값 중 하나를 사용합니다.

값	설명
1	탭
2	쉼표
3	공백
4	세미콜론
5	없음
6	사용자 지정 문자

❺ Password : 보호된 파일을 열 때 필요한 암호입니다.

❻ WriteResPassword : 쓰기 암호가 설정된 파일을 열 때 필요한 암호입니다.

❼ IgnoreReadOnlyRecommended : True면 읽기 전용으로 열 것을 권하는 안내 메시지 창이 표시됩니다.

❽ Origin : 텍스트 파일의 개행 문자를 다루는 옵션을 설정하며, 생략하면 현재 운영 체제가 선택됩니다.

❾ Delimiter : 텍스트 파일을 열 때, Format 매개변수 값이 6인 경우의 구분 문자입니다.

Open 메서드의 사용 예

다음은 가장 간단한 파일 열기 코드의 사용 예입니다.

```
Workbooks.Open FileName:="C:\작업폴더\Sample.xlsx"                    ❶
```

❶ C: 드라이브의 '작업폴더' 하위에 있는 'Sample.xlsx' 파일을 엽니다.

파일이 존재하는지 확인

위 코드는 파일이 존재할 때는 정상적으로 동작하지만 파일이 존재하지 않으면 다음과 같은 에러 메시지 창이 표시됩니다.

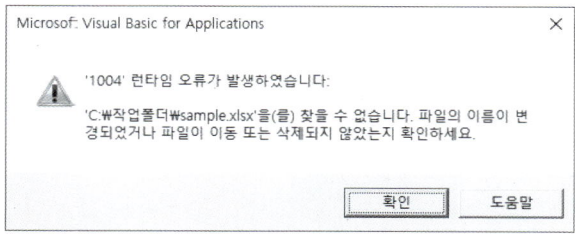

파일을 열기 전에 파일이 존재하는지 여부를 판단하려면 Dir 함수를 사용해야 합니다. Dir 함수는 인수로 전달된 위치의 파일 이름이나 폴더 이름을 반환하는 함수로, 구문은 다음과 같습니다.

```
Dir pathname, attributes )
```

❶ pathname : 파일 이름이나 폴더 이름

❷ attributes : pathname에서 지정한 파일(또는 폴더)의 속성을 설정

내장 상수	설명
vbNormal	일반 파일
vbReadOnly	읽기 전용 속성 파일
vbHidden	숨김 속성 파일

vbSystem	시스템 속성 파일
vbVolume	볼륨 레이블
vbDirectory	디렉토리(폴더)

TIP Dir 함수는 반환할 값이 없다면 빈 문자("")를 반환합니다.

Dir 함수를 사용해 파일이 존재하는지 여부를 판단하려면 다음과 같은 사용자 정의 함수를 만들어 사용하는 것이 좋습니다.

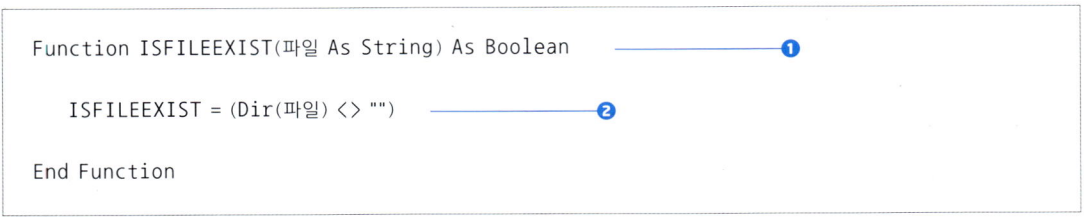

① IsFileExist 사용자 정의 함수를 선언합니다. 이 함수는 String 형식의 '파일' 변수에 확인하려는 파일의 FullName("C:\폴더\파일명.xlsx")을 받아, 파일이 존재하는지 확인해 True, False 값을 반환합니다.

② IsFileExist 함수에 Dir 함수로 '파일' 변수의 값을 전달해 반환하는 값이 빈 문자("")가 아닌지 판단한 결과를 반환합니다. 빈 문자("")가 아니면 파일이 존재하는 것이므로 IsFileExist 함수에 True 값이 반환됩니다.

TIP Function 프로시저는 반드시 모듈 개체의 코드 창에 넣고 사용해야 합니다.

파일이 열려 있는지 확인

개발된 ISFILEEXIST 함수를 사용하면 파일이 존재할 때만 열 수 있습니다. 하지만 열고자 하는 파일이 이미 열려 있는 경우도 있을 겁니다. 같은 폴더 내 파일을 다시 열려고 하면 파일이 다시 열리지만, 수정된 사항이 있다면 다음과 같은 메시지 창이 나타납니다.

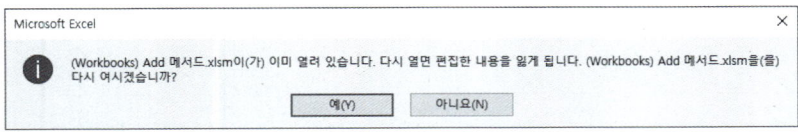

동일한 파일이 열려 있는지 확인하고 싶다면, 다음과 같은 사용자 정의 함수를 사용합니다.

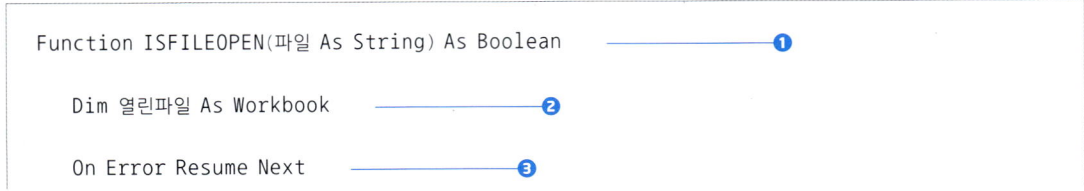

```
            Set 열린파일 = Workbooks(Dir(파일))                    ④

            ISFILEOPEN = (Err.Number = 0)                         ⑤
End Function
```

① sFileOpen 사용자 정의 함수를 선언합니다. 이 함수는 String 형식의 '파일' 변수에 열려 있는지 확인할 파일의 FullName을 전달 받아, 해당 파일이 열려 있는지 확인한 후 True, False 값을 반환합니다.

② Workbook 형식의 '열린파일' 개체변수를 선언합니다.

③ 에러가 발생해도 코드 실행이 중단되지 않고 다음 줄이 실행되도록 On Error 문을 설정합니다.

④ '파일' 변수의 값을 Dir 함수에 전달한 다음 반환 값을 Workbooks 컬렉션에 전달합니다. 이렇게 하면 해당 파일이 열려 있으면 '열린파일' 변수에 할당되며, 열려 있지 않으면 에러가 발생됩니다.

⑤ IsFileOpen 함수에 Err 개체의 Number 속성 값이 0인지 여부를 판단한 결과를 반환합니다. Err 개체의 Number 속성 값이 0이면 에러가 발생하지 않은 것으로, 이것은 ④의 코드에 문제가 없다는 의미이므로 파일이 열려 있다는 것을 알 수 있습니다.

파일을 여는 작업을 하려면 이 두 개의 사용자 정의 함수를 사용해 다음과 같이 코드를 진행하는 것이 좋습니다.

❶ String 형식의 '파일' 변수를 선언합니다.

❷ '파일' 변수에 B4셀의 값을 저장합니다.

❸ IsFileExist 함수에 '파일' 변수 값을 전달해 반환 값이 False인지 확인합니다. False면 파일이 존재하지 않는 것이므로, 아래 MsgBox 함수를 사용해 메시지 창을 표시하고 Sub 프로시저를 종료합니다.

❹ IsFileOpen 함수에 '파일' 변수 값을 전달해 반환 값이 True인지 확인합니다. True면 파일이 열려 있는 것이므로, 아래 MsgBox 함수를 사용해 메시지 창을 표시하고 매크로를 종료합니다.

❺ '파일' 변수에 저장된 파일을 엽니다.

위 매크로를 테스트하려면 예제를 엽니다. 그러면 같은 폴더의 예제 중 하나의 전체 경로와 파일 이름이 B4셀에 자동으로 입력됩니다. 〈파일 열기〉 버튼을 클릭하면 해당 예제 파일을 열 수 있습니다.

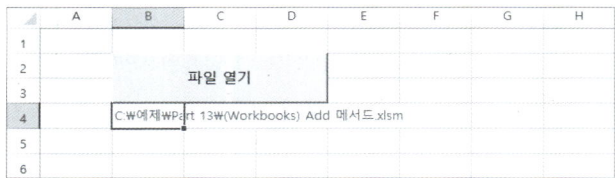

TIP B4셀에 표시되는 파일 이름은 사용자의 예제 폴더 경로에 따라 달라질 수 있습니다.

GetOpenFileName 메서드를 이용해 파일을 선택해 열기

150

'열기' 대화상자를 통해 파일을 열 수도 있습니다. '열기' 대화상자를 이용하려면 Application 개체의 GetOpenFilename 메서드를 이용하면 됩니다. 다만 주의할 점은 GetOpenFileName 메서드는 파일을 여는 역할이 아니라 선택한 파일의 전체 경로 및 파일 이름을 반환하는 역할을 한다는 것입니다. 파일을 여는 작업은 이 값을 반환 받아 Workbooks 컬렉션의 Open 메서드를 이용해 따로 진행해야 합니다.

예제 파일 PART 03 \ (Application) GetOpenFilename 메서드 I.xlsm

GetOpenFileName 메서드 구문

다음은 '열기' 대화상자를 사용할 수 있는 Application 개체의 GetOpenFilename 메서드의 구문 설명입니다.

```
Application.GetOpenFilename( FileFilter, FilterIndex, Title, ButtonText, MultiSelect )
```

❶ **FileFilter** : '열기' 대화상자에서 표시할 파일의 필터 조건을 의미하는 텍스트 값으로, 구성 예는 다음과 같습니다. 여러 개를 순서대로 나열해 사용할 수도 있습니다.

FileFilter 구성 예	대상
모든 파일 (*.*), *.*	모든 파일
엑셀 파일 (*.xls*), *.xls*	엑셀 파일
텍스트 파일 (*.txt; *.csv), *.txt; *.csv	텍스트 파일
추가 기능 파일 (*.xla*), *.xla*	추가 기능 파일
모듈 파일 (*.bas; *.frm), *.bas; *.frm	모듈 파일
엑셀 파일 (*.xls*), *.xls*, 텍스트 파일 (*.csv), *.csv	엑셀 파일, CSV 파일

❷ **FilterIndex** : FileFilter에서 구성한 필터 조건 목록을 여러 개 지정했을 때, 우선할 인덱스 번호입니다.

❸ **Title** : '열기' 대화상자의 제목 표시줄에 표시할 텍스트 값입니다.

❹ **ButtonText** : 매킨토시에서 사용할 수 있는 옵션으로, 윈도우에서는 사용할 수 없습니다.

❺ **MultiSelect** : True면 파일을 여러 개 선택할 수 있으며, 여러 개 선택하면 선택한 파일을 1차원 배열로 되돌립니다.

GetOpenFileName 메서드 사용 예

다음은 GetOpenFilename 메서드의 구성 예입니다.

```
Application.GetOpenFilename( FileFilter:="엑셀 파일 (*.xls*), *.xls*", Title:="작업 파일 선택" )   ①
```

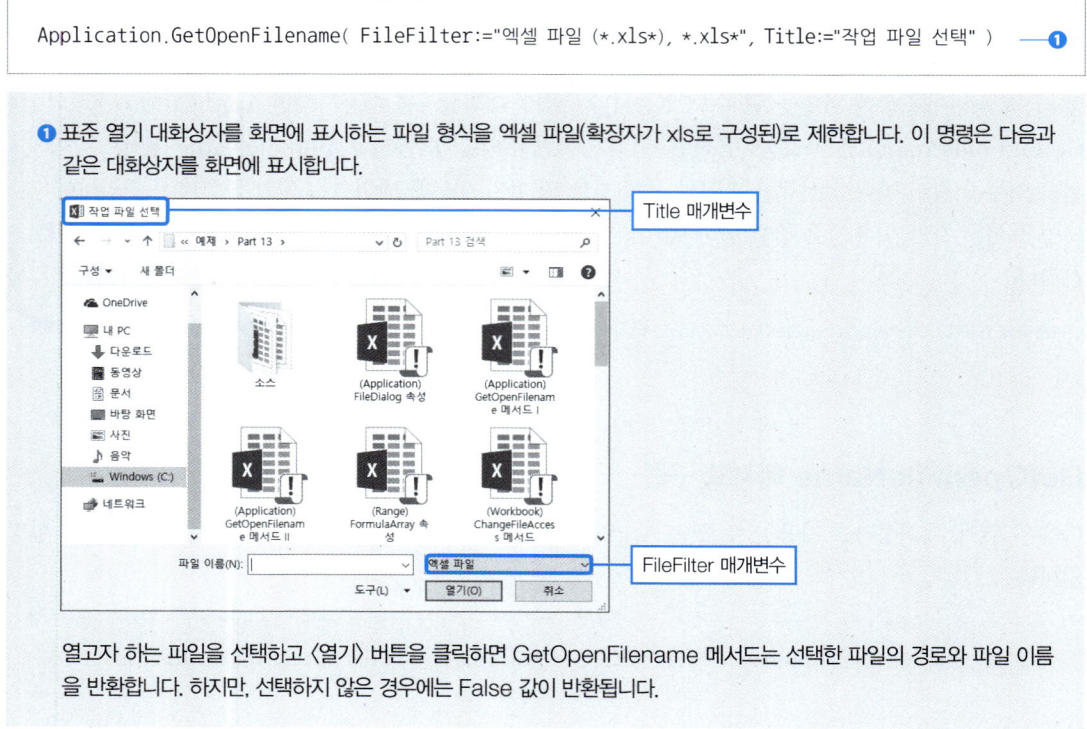

표준 열기 대화상자를 이용해 파일을 선택하고 여는 매크로를 사용하려면 다음과 같이 코드를 구성하면 됩니다.

```
    End If

End Sub
```

❶ Variant 형식의 '선택파일' 변수를 선언합니다. '선택파일' 변수에는 선택한 파일의 FullName을 저장하는데, GetOpenFilename 메서드를 사용할 경우, 파일 선택을 하지 않으면 False 값이 반환되므로, String 형식의 파일 이름과 Boolean 형식의 False 값이 모두 저장되어야 하므로 Variant 형식으로 선언합니다.

❷ String 형식의 '파일형식' 변수를 선언합니다.

❸ '파일형식' 변수에 GetOpenFilename 메서드의 FileFilter 매개변수에 전달할 파일 형식 값을 저장합니다.

❹ '선택파일' 변수에 GetOpenFilename 메서드의 반환 값을 저장합니다.

❺ '선택파일' 변수에 저장된 값이 False가 아닌지 판단합니다. False가 아니면 선택한 파일이 있다는 의미이므로, Workbooks.Open 메서드를 이용해 해당 파일을 엽니다.

❻ 선택한 파일이 없을 때는 MsgBox 함수를 사용해 안내 메시지를 표시합니다.

위 마크로를 실행해 보려면 예제 파일을 열고 〈작업할 파일을 선택하세요!〉 버튼을 클릭합니다.

여러 파일을 선택하고 한 번에 열기

151

GetOpenFilename 메서드의 MultiSelect 매개변수를 True로 설정하면 '열기' 대화상자에서 여러 개의 파일을 동시에 선택하는 것이 가능합니다. 이 경우, 선택한 모든 파일 이름이 저장된 배열이 반환됩니다. 그러므로 파일을 여러 개 선택하려면 GetOpenFilename 메서드의 반환 값을 Variant 형식의 변수에 저장한 다음, 배열인지 여부를 판단해 파일을 처리하는 작업을 진행할 수 있어야 합니다. 이번에는 GetOpenFilename 메서드를 사용해 여러 개의 파일을 선택하고 작업하는 방법에 대해 알아보겠습니다.

예제 파일 PART 03 \ (Application) GetOpenFilename 메서드 II.xlsm

파일을 여러 개 선택해 여는 매크로를 개발하려면 다음과 같은 코드를 구성합니다.

```
Sub 파일다중선택()

    Dim 선택파일 As Variant, 파일 As Variant            ❶
    Dim 파일형식 As String

    파일형식 = "엑셀 파일 (*.xls*), *.xls*"

    선택파일 = Application.GetOpenFilename(FileFilter:= 파일형식, _
                                        Title:="작업 파일 선택", _
                                        MultiSelect:=True)         ❷

    If IsArray(선택파일) = True Then                    ❸

        For Each 파일 In 선택파일                        ❹

            Workbooks.Open Filename:=파일               ❺

        Next

    Else

        MsgBox "파일을 선택하지 않았습니다."

    End If

End Sub
```

❶ Variant 형식의 '선택파일' 변수와 순환문에서 사용할 '파일' 변수를 선언합니다.
GetOpenFilename 메서드에서 MultiSelect 매개변수를 True로 설정하면 배열 값이 반환되므로, 이 값을 저장할 변수는 Variant 형식으로 선언해야 합니다.

❷ GetOpenFilename 메서드로 호출된 표준 열기 대화상자에서 선택된 파일의 FullName을 '선택파일' 변수에 저장합니다. MultiSelect 매개변수 값을 True로 설정해 파일을 동시에 여러 개 선택할 수 있습니다.

❸ MultiSelect 매개변수를 True로 설정하고 파일을 하나라도 선택하면 무조건 배열 값이 반환되므로, 파일이 선택되었는지 확인하기 위해 IsArray 함수를 사용해 '선택파일' 변수가 배열인지 판단합니다.

❹❸의 판단 결과가 True면 파일을 선택한 것이므로, For Each … Next 순환문을 사용해 '선택파일' 변수의 값을 하나씩 '파일' 변수에 저장합니다.

❺ '파일' 변수에 저장된 값을 참고해 Workbooks.Open 메서드를 이용하여 파일을 엽니다.

> **TIP** 이 매크로는 SECTION 150(489쪽) 예제의 코드를 수정한 것이므로, 해당 코드 설명을 먼저 참고합니다.

매크로의 결과를 확인하려면 예제를 열고 〈작업할 파일을 선택하세요!〉 버튼을 클릭한 다음, 파일을 여러 개 선택하고 〈열기〉 버튼을 클릭하거나, 아무 파일도 선택하지 않고 〈취소〉 버튼을 클릭해 동작을 확인해 봅니다.

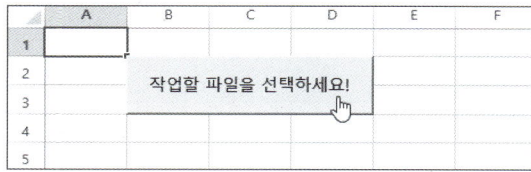
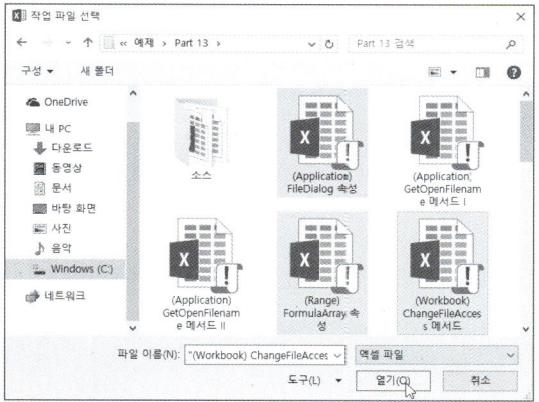

GetOpenFilename 메서드를 사용할 때 기본 폴더 설정하기 152

GetOpenFilename 메서드를 이용해 표준 열기 대화상자 창을 열면 폴더는 처음에는 기본 문서 폴더가 표시되며, 그 다음부터는 항상 마지막으로 선택했던 폴더가 표시됩니다. 그러므로 파일을 열 폴더로 이동하는 작업이 필요하게 됩니다. 표준 열기 대화상자가 표시될 때, 원하는 폴더가 표시되도록 하려면 GetOpenFilename 메서드를 사용하기 전에 현재 폴더를 원하는 폴더로 변경하는 작업을 해야 합니다. 이번에는 표준 열기 대화상자에서 원하는 폴더가 바로 표시되도록 설정하는 방법에 대해 알아보겠습니다.

예제 파일 PART 03 \ ChDrive, ChDir 함수 (코드).txt

필요한 함수

현재 폴더의 경로를 반환해 주는 CurDir 함수의 구문은 다음과 같습니다.

CurDir (drive)

❶ drive
지정한 드라이브 위치의 현재 폴더 경로를 반환합니다. 생략하면 현재 드라이브의 경로를 반환합니다.

드라이브를 변경할 수 있는 ChDrive 문의 구문은 다음과 같습니다.

ChDrive (drive)

❶ drive
변경할 드라이브 명으로 현재 폴더의 경로를 변경합니다.

폴더를 변경할 수 있는 ChDir 문의 구문은 다음과 같습니다.

ChDir (path)

❶ path
변경할 전체 경로로 현재 폴더의 경로를 변경합니다.

표준 열기 대화상자의 폴더 설정

표준 열기 대화상자의 기본 폴더를 변경하는 매크로는 다음과 같이 구성합니다.

파일 : ChDrive, ChDir 함수 (코드).txt

```
Sub 파일선택()

'1단계 : 필요한 변수를 선언하고 변수 초기 값을 설정합니다.
    Dim 현재폴더 As String                    ❶
    Dim 선택폴더 As String                    ❷
    Dim 선택파일 As Variant
    Dim 파일형식 As String
    
    현재폴더 = CurDir                         ❸
    선택폴더 = "C:\작업 폴더\"                 ❹
    파일형식 = "엑셀 파일 (*.xls*), *.xls*"

'2단계 : 현재 폴더를 변경합니다.
    ChDrive 선택폴더                          ❺
    ChDir 선택폴더                            ❻

'3단계 : 표준 열기 대화상자를 표시하고 파일을 선택합니다.
    선택파일 = Application.GetOpenFilename(FileFilter:=파일형식, Title:="작업 파일 선택")
    
    If 선택파일 <> False Then
    
        Workbooks.Open Filename:=선택파일
        
    Else
    
        MsgBox "파일을 선택하지 않았습니다."
        
    End If

'4단계 : 표준 열기 대화상자가 닫히면 현재 폴더를 다시 이전 폴더로 되돌립니다.
    ChDrive 현재폴더                          ❼
    ChDir 현재폴더                            ❽

End Sub
```

❶ String 형식의 '현재폴더' 변수를 선언합니다.

❷ String 형식의 '선택폴더' 변수를 선언합니다.

❸ 현재폴더 변수에 CurDir 함수의 반환 값인 현재 폴더 경로를 저장합니다. 이 작업은 표준 열기 대화상자를 닫은 후 다시 원래 폴더로 변경하기 위해 현재 폴더를 기록해 놓는 것입니다.

❹ '선택폴더' 변수에 원하는 폴더 경로를 저장합니다. 이 경로를 현재 파일의 경로로 변경하려면 코드를 다음과 같이 수정합니다.

```
선택폴더 = ThisWorkbook.Path & "\"
```

❺ ChDrive 문을 사용해 '선택폴더' 변수에 저장된 경로의 드라이브를 변경합니다. ChDir 문은 다른 드라이브의 폴더로 변경할 수 없기 때문에 반드시 ChDrive 문을 사용해 드라이브를 먼저 변경해야 합니다. ChDrive 문은 다음과 같이 드라이브 문자만 지정해 사용할 수 있습니다.

```
ChDrive "D"
```

❻ ChDir 문을 사용해 '선택폴더' 변수에 저장된 경로의 폴더로 변경합니다.

❼ 작업이 끝난 다음 현재 폴더를 이전 설정 값으로 복원합니다. ChDrive 문으로 '현재폴더' 변수에 저장된 경로의 드라이브로 변경합니다.

❽ ChDir 문으로 '현재폴더' 변수에 저장된 폴더로 현재 폴더를 변경합니다.

Dir 함수로 특정 폴더 내 파일을 하나로 통합하기

153

특정 폴더 내 파일을 모두 열어 작업하려면 GetOpenFileName 메서드보다는 Dir 함수를 사용해 폴더 내 파일을 모두 반환 받는 방법이 편리합니다. 폴더 내 파일을 모두 반환 받을 수 있다면, 작업할 파일을 일일이 선택하지 않아도 되기 때문입니다. 이번에는 Dir 함수를 사용해 지정한 폴더 내 파일을 순차적으로 열고, 파일에 있는 데이터를 현재 파일로 통합하는 매크로를 개발하는 방법에 대해 알아보겠습니다.

예제 파일 PART 03 \ Dir 함수 (통합).xlsm 소스 \ 통합 샘플 1.xlsx ~ 통합 샘플 3.xlsx

예제 폴더 하위의 '소스' 폴더를 탐색기로 확인해 보면, 다음과 같이 파일 세 개가 있습니다.

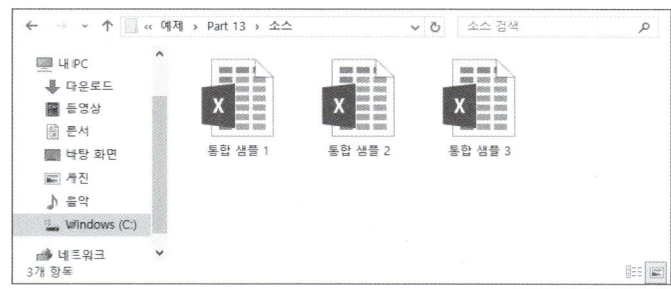

파일을 하나씩 열어 보면 각각 다음과 같은 데이터가 첫 번째 시트에 입력되어 있습니다.

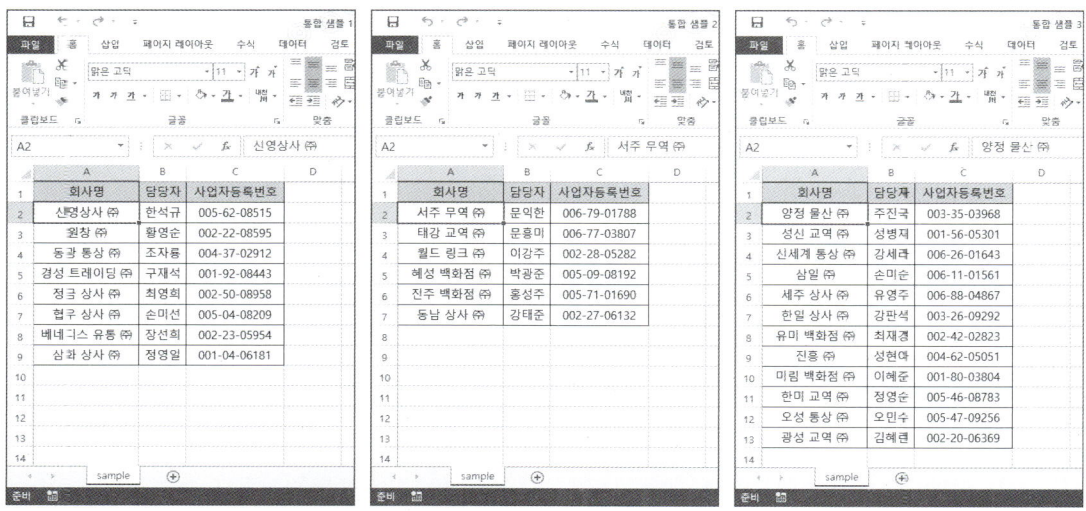

이 데이터들을 예제 파일의 B열 아래에 모두 통합하는 작업을 해 보겠습니다.

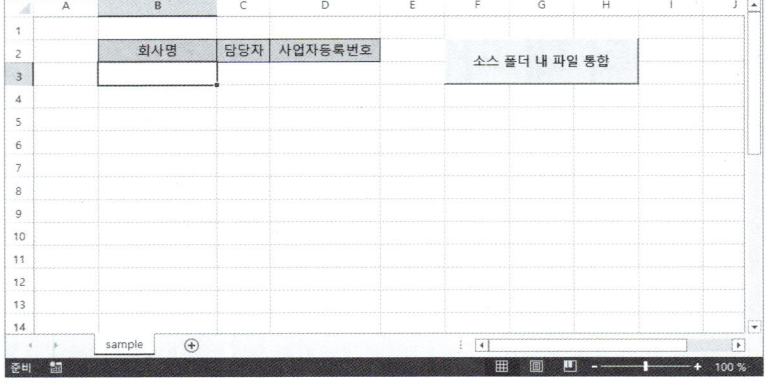

모든 파일을 열고 데이터를 복사해 오는 매크로를 개발하려면 다음 코드를 참고합니다.

```
Sub 파일통합()

'1단계 : 필요한 변수를 선언합니다.
    Dim 대상폴더 As String
    Dim 파일 As String
    Dim 통합시트 As Worksheet
    Dim 통합표 As Range
    Dim 작업파일 As Workbook
    Dim 복사범위 As Range
    Dim 복사위치 As Range

'2단계 : 변수에 초기 값을 저장합니다.
    대상폴더 = ThisWorkbook.Path & "\소스\"         ①
    파일 = Dir(대상폴더 & "*.xls*")                  ②

'3단계 : 파일을 열고 데이터를 가져옵니다.
    If 파일 <> "" Then                              ③

        Application.ScreenUpdating = False          ④

'3-1단계 : 데이터를 통합하기 전 현재 데이터를 지웁니다.
        Set 통합시트 = ActiveSheet                  ⑤
        Set 통합표 = Range("B2").CurrentRegion      ⑥

        With 통합표
            If .Rows.Count > 1 Then                 ⑦
                .Offset(1).Resize(.Rows.Count - 1).Delete Shift:=xlUp
            End If
        End With

'3-2단계 : 파일을 열고, 데이터를 현재 시트로 복사해 옵니다.
        Do                                          ⑧

            Set 작업파일 = Workbooks.Open(Filename:=대상폴더 & 파일)   ⑨
            Set 복사범위 = 작업파일.Worksheets(1).UsedRange             ⑩
```

```
            With 복사범위                         ⑪
                Set 복사범위 = .Offset(1).Resize(.Rows.Count - 1)
            End With

            Set 복사위치 = 통합시트.Cells(Rows.Count, "B").End(xlUp).Offset(1)    ⑫

            복사범위.Copy 복사위치              ⑬
            작업파일.Close SaveChanges:=False              ⑭

            파일 = Dir                ⑮

        Loop While 파일 <> ""                ⑯

        Application.ScreenUpdating = True              ⑰

    End If

End Sub
```

① '대상폴더' 변수에 현재 파일의 경로에 '\소스\' 문자열을 연결한 값을 저장합니다. 이렇게 하면 현재 파일이 저장된 경로의 '소스' 하위 폴더 경로를 '대상폴더' 변수에 저장할 수 있습니다.

② Dir 함수를 사용해 '대상폴더' 변수에 저장된 경로에 있는 파일 중 확장자가 xls로 시작하는 첫 번째 파일 이름을 '파일' 변수에 저장합니다.

③ '파일' 변수에 저장된 값이 빈 문자(" ")가 아닌 경우에만 아래 코드를 진행합니다. 빈 문자(" ")가 아니라면 파일 이름이 제대로 저장된 것입니다.

④ 이후 처리 과정이 화면에 표시되지 않도록 ScreenUpdating 속성을 False로 해제합니다. 이번 작업은 파일을 열고 닫는 동작을 하므로 진행 과정이 화면에 표시되면 화면 전환 작업이 반복되어 불편합니다.

⑤ '통합시트' 개체변수에 현재 시트를 할당합니다. 다른 파일을 열면 ActiveWorkbook과 ActiveSheet가 모두 열린 파일을 기준으로 변경되기 때문에 데이터를 붙여 넣을 위치를 판단하기 위해 변수에 현재 시트를 할당해 놓을 필요가 있습니다.

⑥ '통합표' 개체변수에 현재 시트의 B2셀부터 연속된 데이터 범위를 모두 할당합니다.

⑦ '통합표' 개체변수에 할당된 범위의 행이 한 개를 초과하는지 판단합니다. 행이 두 개 이상이면 머리글 행 이외에 이전에 통합된 데이터가 있다는 의미이므로, 바로 아래 행에서 두 번째 행 이후를 삭제합니다.

⑧ Do … Loop 순환문을 사용해 폴더 내 모든 파일을 순환하면서 작업합니다.

⑨ '작업파일' 개체변수에 '대상폴더'와 '파일' 변수의 값을 연결한 파일을 열어 할당합니다.

⑩ '복사범위' 개체변수에 '작업파일'에 할당된 파일의 첫 번째 시트에서 사용된 전체 범위를 할당합니다.

⑪ '복사범위' 개체변수에 할당된 범위를 첫 번째 행을 제외한 데이터 범위로 변경합니다. .Offset(1)은 기존 범위를 한 행 아래로 내리는데, 이렇게 하면 머리글 행이 범위에서 제외되지만 아래에 불필요한 행이 하나 더 잡히게 됩니다. 그러므로 .Resize(.Rows.Count, - 1) 명령으로 전체 범위에서 기존 행 개수보다 하나 작은 범위로 재설정합니다. 이렇게 하면 항상 머리글 행 범위를 제외한 데이터 범위만 설정할 수 있습니다.

⑫ '복사위치' 개체변수에 '통합시트' 변수에 할당된 시트 B열의 마지막 셀에서 Ctrl + ↑를 누른 셀의 바로 아래 셀을 할당합니다. 이 위치가 데이터가 새로 기록되어야 할 첫 번째 셀입니다.

⑬ '복사범위' 개체변수에 할당된 범위를 복사해 '복사위치' 변수에 할당된 셀에 붙여 넣습니다.

⑭ '작업파일' 개체변수에 할당된 파일을 닫습니다. 이때, 변경 부분이 있어도 저장하지 않고 닫습니다.

⑮ '파일' 변수에 다음 엑셀 파일의 이름을 저장합니다. Dir 함수는 지정된 폴더에 찾은 파일이 여러 개이면 순서대로 파일 이름을 전달합니다. ❷에서 첫 번째 조건에 맞는 파일 이름을 반환했으므로, 이번에는 다음 파일 이름을 전달 받고 Do … Loop 순환문으로 순환하면서 모든 파일 이름을 돌려 받습니다.

⑯ '파일' 변수의 값이 빈 문자(" ")가 아니라면 Do … Loop 순환문 내의 명령을 반복해서 실행합니다.

⑰ 모든 작업이 끝났다면, 새로 고쳐 변경된 결과를 화면에 표시합니다.

예제 파일의 〈소스 폴더 내 파일 통합〉 버튼을 클릭하면 매크로가 동작하면서 소스 폴더 내 모든 파일의 첫 번째 시트에 있는 데이터를 통합합니다.

	A	B	C	D	E	F	G	H	I
1									
2		회사명	담당자	사업자등록번호		소스 폴더 내 파일 통합			
3		신영상사 ㈜	한석규	005-62-08515					
4		원창 ㈜	황영순	002-22-08595					
5		동광 통상 ㈜	조자룡	004-37-02912					
6		경성 트레이딩 ㈜	구재석	001-92-08443					
23		유미 백화점 ㈜	최재경	002-42-02823					
24		진흥 ㈜	성현아	004-62-05051					
25		미림 백화점 ㈜	이혜준	001-80-03804					
26		한미 교역 ㈜	정영순	005-46-08783					
27		오성 통상 ㈜	오민수	005-47-09256					
28		광성 교역 ㈜	김혜린	002-20-06369					
29									
30									

FormulaArray 속성을 이용해 닫힌 파일에서 데이터 가져오기

154

다른 파일에서 필요한 데이터를 가져오는 작업을 하려면 파일을 열고 닫는 동작을 해야 합니다. 파일을 열지 않고 데이터를 가져올 수도 있는데, 그러려면 Range 개체의 FormulaArray 속성을 이용할 수 있어야 합니다. FormulaArray 함수는 배열수식을 입력할 때 사용하는 속성인데, 파일을 열지 않고 데이터를 가져올 수 있습니다. 단, 데이터를 가져올 파일의 시트와 데이터 범위가 명확해야 합니다. 또한 수식으로 데이터를 가져오게 되므로, 데이터를 가져온 다음 수식을 다시 값으로 변환하는 과정이 필요합니다. 이번에는 FormulaArray 속성을 이용해 닫힌 파일에서 데이터를 가져오는 매크로를 개발하는 방법에 대해 알아보겠습니다.

예제 파일 PART 03 \ (Range) FormulaArray 속성.xlsm 소스 \ 통합 샘플 1.xlsx ~ 통합 샘플 3.xlsx

예제 파일을 열면 다음 화면과 같은 표를 확인할 수 있습니다.

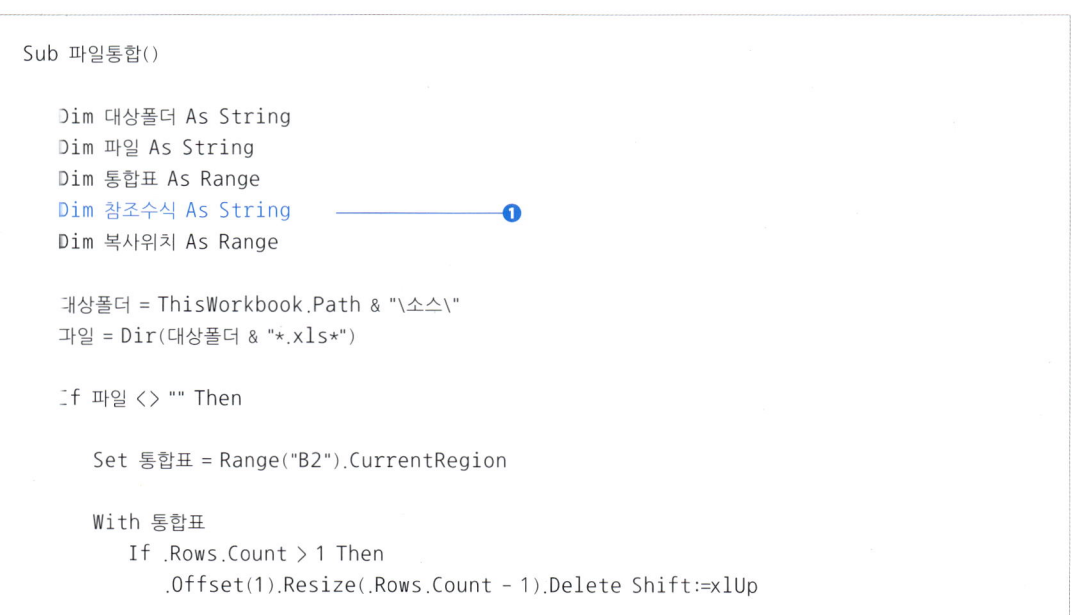

TIP 이 예제는 SECTION 153(497쪽) 예제와 동일합니다.

파일을 열지 않고 데이터를 가져오려면 다음과 같은 매크로를 개발해 사용하면 됩니다.

```
Sub 파일통합()

    Dim 대상폴더 As String
    Dim 파일 As String
    Dim 통합표 As Range
    Dim 참조수식 As String                    ①
    Dim 복사위치 As Range

    대상폴더 = ThisWorkbook.Path & "\소스\"
    파일 = Dir(대상폴더 & "*.xls*")

    If 파일 <> "" Then

        Set 통합표 = Range("B2").CurrentRegion

        With 통합표
            If .Rows.Count > 1 Then
                .Offset(1).Resize(.Rows.Count - 1).Delete Shift:=xlUp
```

```
            End If

        End With

        Do

            참조수식 = "'" & 대상폴더 & "[" & 파일 & "]sample'!A2:C100"      ―――――❷

            Set 복사위치 = Cells(Rows.Count, "B").End(xlUp).Offset(1)

            With 복사위치.Resize(99, 3)    ―――――❸
                .FormulaArray = "=IF(" & 참조수식 & "="""", """"," & 참조수식 & ")"    ―――――❹
                .Value = .Value    ―――――❺
            End With

            파일 = Dir

        Loop While 파일 <> ""

    End If

End Sub
```

❶ String 형식의 '참조수식' 변수를 선언합니다.

❷ '참조수식' 변수에 배열수식으로 참조해 올 주소를 다음 형식으로 연결합니다.

> '전체경로 \ [파일명.xlsx] 시트명' ! 주소

이번 예제의 경우 '통합 샘플 1.xlsx' ~ '통합 샘플 2.xlsx' 파일의 시트 이름이 모두 'sample'이므로 시트 이름은 'sample'로 고정했으며, 대상 범위도 일정하진 않지만 100행을 넘지 않아 주소를 A2:C100 범위로 한정했습니다. 파일이 닫힌 상태에서는 데이터가 어디에 얼마나 있는지 확인할 수 없으므로 좀 더 큰 범위를 설정해 데이터 값을 가져오는 작업을 진행해야 합니다.

❸ '복사위치' 변수에 할당된 셀은 데이터가 입력될 위치입니다. 이 위치의 크기를 ❷의 데이터 범위에 맞게 조정합니다. A2:C100 범위는 행은 99개, 열은 3개이므로, Resize 속성을 이용해 동일한 크기로 조정합니다.

❹ FormulaArray 속성을 이용해 다음과 같은 방식으로 수식을 구성합니다.

> =IF(참조수식="", "", 참조수식)

즉, 값이 있으면 참조해 오고, 값이 없으면 빈 문자("")가 반환되도록 합니다. ❷에서 가져올 범위를 크게 설정했으므로, 이렇게 데이터를 가져오는 것이 좋습니다.

❺ 수식을 값으로 변경합니다.

TIP 이 매크로는 SECTION 153(497쪽)의 예제와 유사하므로, 이전 코드와 다른 부분만 설명합니다.

작업할 폴더를 대화상자에서 선택하기

155

작업할 대상 폴더를 코드에 직접 입력하지 않고 대화상자에서 선택하고 싶다면, Application 개체의 Dialog 속성을 이용해야 합니다. Dialog 속성을 이용하면 엑셀에서 사용할 수 있는 다양한 대화상자를 화면에 표시할 수 있는데, 이번에는 그 중에서 폴더를 선택할 때 사용하는 대화상자를 화면에 호출해 폴더를 선택하는 방법에 대해 알아보겠습니다.

예제 파일 PART 03 \ (Application) FileDialog 속성.xlsm

다음은 FileDialog 속성을 이용해 표준 폴더 선택 대화상자를 사용하는 방법을 구현한 머크로입니다.

```
Sub 폴더선택( )

    '1단계 : 필요한 변수를 선언하고, 초기 값을 설정합니다.
        Dim 대화상자 As FileDialog           ①
        Dim 선택폴더 As String               ②

        Set 대화상자 = Application.FileDialog(msoFileDialogFolderPicker)   ③

    '2단계 : 폴더 선택 대화상자를 구성하고, 화면에 표시한 다음, 사용자 선택에 따라 동작합니다.
        With 대화상자

            .Title = "작업할 폴더를 선택하세요!"           ④
            .AllowMultiSelect = False                      ⑤
            .InitialFileName = "C:\"                       ⑥

            Select Case .Show            ⑦
                Case -1                  ⑧
                    선택폴더 = 대화상자.SelectedItems(1)
                    MsgBox "선택한 폴더는 다음과 같습니다." & vbCr & 선택폴더
                Case 0                   ⑨
                    MsgBox "폴더를 선택하지 않았습니다."
            End Select

        End With

End Sub
```

① FileDialog 형식의 '대화상자' 개체변수를 선언합니다.

② String 형식의 '선택폴더' 변수를 선언합니다.

③ '대화상자' 개체변수에 Application 개체의 FileDialog 속성을 이용해 표준 폴더 선택 대화상자를 할당합니다. 이 작업

은 표준 대화상자 설정을 좀 더 쉽게 하기 위해 변수를 사용한 것으로, 생략하고 바로 아래 With 문을 다음과 같이 변경해도 됩니다.

```
With Application.FileDialog(msoFileDialogFolderPicker)
```

이외에도 FileDialog 속성에서 자주 사용되는 내장 상수는 다음과 같습니다.

내장 상수	설명
msoFileDialogFilePicker	'찾아보기' 대화상자가 표시됩니다.
msoFileDialogOpen	'열기' 대화상자가 표시됩니다.
msoFileDialogSaveAs	'다른 이름으로 저장' 대화상자가 표시됩니다.

❹ 대화상자의 제목 표시줄에 원하는 문자열을 저장합니다.

❺ 대화상자에서 폴더를 하나만 선택할 수 있도록 설정합니다.

❻ InitialFileName 속성을 이용해 대화상자의 기본 경로를 설정합니다.

❼ Show 메서드를 이용해 대화상자를 다음과 같이 화면에 표시합니다.

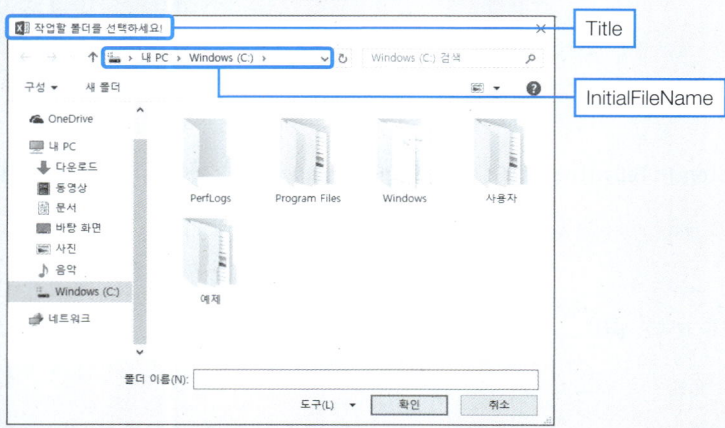

❽ 표시된 대화상자에서 폴더를 선택하고 〈확인〉 버튼을 클릭하면 -1 값이 반환됩니다. 이 경우 MsgBox 함수를 사용해 메시지 창에 선택된 폴더 이름을 전달합니다.

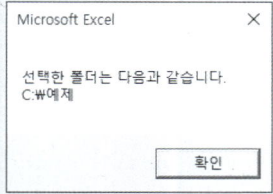

❾ 폴더 선택 대화상자에서 〈취소〉 버튼을 클릭하면 0 값이 반환됩니다. 이 경우 안내 메시지를 표시합니다.

위 매크로를 테스트하려면 예제를 열고 〈작업할 폴더를 선택하세요!〉 버튼을 클릭합니다.

컴퓨터의 주요 폴더 경로 알아내기 156

윈도우를 OS로 사용하는 컴퓨터의 경우 '내 문서', 'Temp', 'Comman Files' 등의 폴더가 프로그램 동작에 중요한 역할을 합니다. 이런 폴더는 윈도우 환경변수로 해당 경로가 저장되어 있습니다. VBA 함수에서는 환경변수를 읽어 안에 설정된 경로를 확인할 수 있습니다. 이번에는 Environ 함수를 사용해 내 컴퓨터의 주요 폴더를 확인하는 방법에 대해 알아보겠습니다.

예제 파일 PART 03\Environ 함수.xlsm

Environ 함수 구문

환경변수의 값을 반환하는 Environ 함수의 구문은 다음과 같습니다.

ENVIRON (envstring | number)

❶ envstring | number
환경변수의 이름이나 인덱스 번호

Environ 함수 사용 예

환경변수의 이름을 안다면 Environ 함수를 사용해 다음과 같은 경로를 확인할 수 있습니다.

```
Environ("appdata")                    ❶
Environ("commonprogramfiles")         ❷
Environ("homepath")                   ❸
Environ("programfiles")               ❹
Environ("temp")                       ❺
Environ("windir")                     ❻
```

❶ 환경변수 이름을 큰따옴표(")로 묶어 전달하거나, 인덱스 번호를 사용합니다. 이번 경우는 appdata라는 환경변수를 반환하라는 의미이므로 아래와 같은 사용자 데이터 폴더를 반환합니다.
  • XP : C:\Documents and Settings\사용자명\Application Data
  • Vista 이상 : C:\Users\사용자명\AppData\Roaming

❷ 공용 프로그램 폴더를 반환합니다.
  • C:\Program Files\Common Files

❸ 사용자 폴더를 반환합니다.
  • XP : C:\Documents and Settings\사용자명
  • Vista 이상 : C:\Users\사용자명

❹ 프로그램 폴더를 반환합니다.
  • 32bit 운영체제 : C:\Program Files
  • 64bit 운영체제 : C:\Program Files (x86)

❺ 임시 사용자 폴더를 반환합니다.
  • XP : C:\Documents and Settings\사용자명\Local Settings\Temp
  • Vista 이상 : C:\Users\사용자명\AppData\Local\Temp

❻ 윈도우 폴더를 반환합니다.
  • C:\Windows

Environ 함수의 전체 환경변수 내역을 확인하려면 다음과 같은 매크로를 사용합니다.

```
Sub 환경 변수()

'1단계 : 필요한 변수를 선언합니다.
    Dim i As Integer
    Dim 환경변수 As Variant

    i = 1                            ❶

'2단계 : 기존에 환경변수를 출력한 부분이 있다면 지웁니다.
    If Range("E2").CurrentRegion.Rows.Count > 1 Then          ❷

        Range(Range("E3"), Range("F3").End(xlDown)).ClearContents

    End If

'3단계 : 현재 PC의 환경변수를 출력합니다.
    Do                   ❸

        환경변수 = Split(Environ(i), "=")            ❹

        Range("E2:F2").Offset(i).Value = 환경변수    ❺
        i = i + 1                ❻

    Loop While Environ(i) <> ""          ❼

End Sub
```

❶ i 변수에 1을 저장합니다. Environ 함수는 number 인수가 1부터 시작되므로, Environ 함수에서 사용할 수 있게 i 변수의 값을 1로 저장합니다.

❷ E2셀부터 연속된 데이터 범위를 참조해, 행이 한 개를 초과하는지 확인한 후, 초과하면 머리글 행 이외의 데이터 범위가 존재한다는 의미이므로 해당 범위의 값을 지웁니다.

❸ Do … Loop 순환문을 사용해 모든 Envrion 함수의 반환 값을 원하는 위치에 넣습니다.

❹ Envrion(i)의 반환 값을 Split 함수로 '=' 구분 문자로 잘라 환경변수에 저장합니다. Environ 함수의 반환 값을 확인하려면 직접 실행 창에 다음 코드를 입력합니다.

```
Debug.Print Environ(1)
```

그러면 다음과 같은 반환 값을 확인할 수 있습니다.

```
ALLUSERSPROFILE=C:\ProgramData
```

그러므로 Split 함수로 '=' 구분 문자로 값을 구분해 '환경변수' 변수에 저장하면, 왼쪽 환경변수와 오른쪽 경로 두 개의 값이 1차원 배열로 저장됩니다.

❺ E2:F2 범위에서 행 방향으로 i 칸 옮겨진 위치에 '환경변수' 변수에 저장된 값을 저장합니다. 이렇게 하면 E3:F3 범위부터 한 칸씩 아래로 데이터가 입력됩니다.

❻ 변수의 값을 1씩 증가시킵니다.

❼ Environ(i)의 반환 값이 빈 문자(" ")가 아닌 동안 계속해서 Do … Loop 순환문 내의 명령을 반복합니다.

위 매크로를 실행해 보려면, 예제 파일의 〈환경변수〉 버튼을 클릭합니다.

Close 메서드를 이용해 파일 닫기 157

열려 있는 파일을 닫을 때는 Workbook 개체의 Close 메서드를 이용하면 됩니다. Close 메서드는 파일을 닫기만 하므로, 닫기 전에 저장할 사항이 있는지를 확인하는 Saved 속성과 함께 이해해 학습하는 것이 좋습니다. 이번에는 파일을 닫는 코드를 사용하는 방법과 주의할 점에 대해 알아보겠습니다.

예제 파일 없음

Close 메서드 구문

열려 있는 파일을 닫을 때 사용하는 Close 메서드의 구문은 다음과 같습니다.

```
Workbook.Close( SaveChanges, Filename, RouteWorkbook )
```

❶ SaveChanges : 파일을 닫을 때 파일의 저장 여부를 True, False로 설정합니다.

❷ Filename : 수정된 사항을 저장할 때 사용할 파일 이름으로, 생략하면 현재 파일로 저장합니다.

❸ RouteWorkbook : 이메일로 파일을 첨부한 경우, 여러 명의 받는 사람에게 회람시키도록 설정되어 있다면 이 옵션에 따라 다음 사람에게 파일을 보낼지 여부를 판단합니다. True면 보내고, False면 보내지 않습니다.

Close 메서드 사용 예

다음은 'Sample.xlsm' 파일을 닫는 코드의 예입니다.

```
Workbooks("Sample.xlsm").Close          ❶
```

❶ 'Sample.xlsx' 파일을 닫습니다. 닫을 파일 이름을 지정할 때는 반드시 확장자를 포함해야 합니다.

파일을 닫을 때 무조건 저장하는 작업을 하려면, Save 메서드를 사용해 다음과 같이 코드를 구성합니다.

```
Workbooks("Sample.xlsm").Save           ❶
Workbooks("Sample.xlsm").Close          ❷
```

❶ 'Sample.xlsm' 파일을 저장합니다.

❷ 'Sample.xlsm' 파일을 닫습니다.

또는 Close 메서드의 SaveChanges 매개변수를 사용합니다.

```
Workbooks("Sample.xlsm").Close SaveChanges:=True          ❶
```

❶ 파일에 변경된 사항이 있으면 파일을 저장하고 닫습니다.

만약 파일이 수정된 경우에만 저장하는 작업을 하도록 하려면 Saved 속성을 이용하면 됩니다.

```
If Workbooks("Sample.xlsm").Saved = False Then          ❶

    Workbooks("Sample.xlsm").Save

End If

Workbooks("Sample.xlsm").Close
```

❶ 파일이 마지막으로 저장된 다음에 수정된 사항이 있는지 여부를 Saved 속성을 이용해 확인하는데, False면 수정된 사항이 있다는 의미입니다. 이 경우 Save 메서드를 이용해 파일을 저장하도록 합니다.

만약 파일을 저장하지 않고 그냥 닫고 싶다면, Close 메서드의 SaveChanges 매개변수의 값을 False로 지정하면 됩니다.

```
Workbooks("Sample.xlsm").Close SaveChanges:=False          ❶
```

❶ Close 메서드의 SaveChanges 매개변수는 저장하고 닫을지 여부를 설정하므로 이 값을 False로 설정하면 메시지 창이 나타나지 않습니다.

그렇게 하지 않으면, 파일을 닫을 때 다음과 같은 에러 메시지 창이 나타납니다.

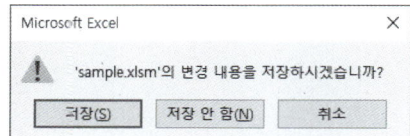

SaveChanges 매개변수 값을 조정하지 않으려면, Saved 속성의 값을 True로 변경하는 코드를 구성해도 됩니다.

```
Workbooks("Sample.xlsm").Saved = True               ❶

Workbooks("Sample.xlsm").Close
```

❶ Saved 속성은 변경된 사항이 없는지 여부를 반환하므로, 이 값을 True로 설정하면 변경된 사항이 있어도 없는 것으로 속성이 변경됩니다. 그 다음 Close 메서드를 이용해 파일을 닫도록 하면 변경된 사항이 있어도 저장하지 않고 닫습니다.

Add 메서드를 이용해 빈 파일 새로 만들기

158

엑셀 파일을 새로 만들려면 Workbooks 컬렉션의 Add 메서드를 이용하면 됩니다. Add 메서드를 컬렉션에서 사용하면 컬렉션의 새 개체를 추가하는 명령이 되므로, Workbooks 컬렉션에서 사용하면 빈 파일이, Worksheets 컬렉션에서 사용하면 빈 워크시트가 생성됩니다. 새 파일을 만들면 생성된 파일이 엑셀 전면에 표시되고, 기존 파일은 새로 생성된 파일 창 뒤에 표시됩니다. 이런 작업에 따라 ActiveWorkbook이 가리키는 파일이 달라지므로 주의가 필요합니다. 이번에는 빈 파일을 새로 만드는 Add 메서드의 활용 방법에 대해 알아보겠습니다.

예제 파일 PART 03 \ (Workbooks) Add 메서드.xlsm

Add 메서드 구문

다음은 새 파일을 생성할 때 사용하는 Workbooks 컬렉션의 Add 메서드의 구문입니다.

```
Workbooks.Add( Template )
```

❶ Template : 새 파일의 문서 유형을 지정합니다.

내장 상수	설명
xlWBATChart	차트
xlWBATWorksheet	워크시트
xlWBATExcel4MacroSheet	엑셀 4 버전의 매크로 시트
xlWBATExcel4IntlMacroSheet	엑셀 4 버전의 국제 매크로 시트

위 문서 유형을 지정하면, 새 파일이 만들어질 때 해당 시트를 하나 갖는 파일이 생성됩니다. 문서 유형을 생략하면 기본 엑셀 파일이 만들어집니다.

Add 메서드 사용 예

다음은 간략하게 새 파일을 만드는 코드의 예입니다.

```
Workbooks.Add
```

엑셀을 실행하고 새 통합 문서를 하나 만들면, '통합 문서1' 파일이 자동으로 생성됩니다. 그 상태에서 VB 편집기의 직접 실행 창에 위 코드를 입력하면 다음과 같이 '통합 문서2' 파일이 하나 생성됩니다.

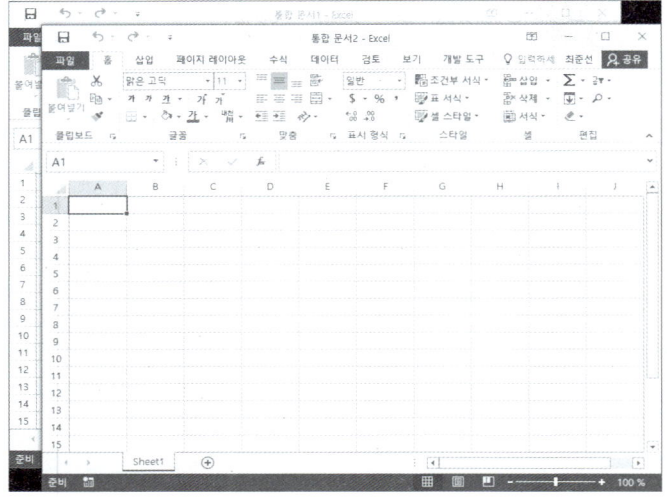

코드가 실행되면 위 화면과 같이 '통합 문서2' 파일이 엑셀 전면에 나타납니다. Workbooks.Add 코드를 실행하기 전의 '통합 문서1'은 ThisWorkbook이면서 ActiveWorkbook이었지만, 실행하고 난 다음에는 '통합 문서1'은 여전히 코드를 실행한 파일 즉 ThisWorkbook이지만 화면 전면에 표시되진 않으므로 '통합 문서2'가 ActiveWorkbook이 됩니다.

그리고, 엑셀 2013 버전부터는 워크시트가 하나씩 제공되는데, 엑셀 2010 버전까지는 총 세 개의 워크시트가 제공되었습니다. 기본 워크시트 수는 Application 개체의 SheetsInNewWorkbook 속성 값을 확인하거나 속성 값을 변경해 조절할 수 있습니다.

다음은 빈 파일을 하나 만들고 '1월'부터 '12월'까지의 월별 시트를 생성하는 매크로의 구성 예입니다.

```
Sub 연간보고서()

'1단계 : 필요한 변수를 선언합니다.
    Dim 현재설정 As Integer              ❶
    Dim 시트 As Worksheet                ❷
    Dim i As Integer                     ❸

'2단계 : 필요한 변수를 선언합니다.
    현재설정 = Application.SheetsInNewWorkbook      ❹
    Application.SheetsInNewWorkbook = 12            ❺

'3단계 : 빈 파일을 새로 만들고, 워크시트 이름을 변경합니다.
    Workbooks.Add                        ❻
    
    For Each 시트 In ActiveWorkbook.Worksheets      ❼
    
        i = i + 1                        ❽
        시트.Name = i & "월"              ❾
```

```
    Next

'4단계 : 이전 설정을 복원합니다.
    Application.SheetsInNewWorkbook = 현재설정

End Sub
```

❶ Integer 형식의 '현재설정' 변수를 선언합니다.

❷ Worksheet 형식의 '시트' 개체변수를 선언합니다.

❸ Integer 형식의 i 변수를 선언합니다.

❹ '현재설정' 변수에 Application 개체의 SheetsInNewWorkbook 속성 값을 저장합니다. 이 속성 값은 빈 파일을 만들 때 생성될 워크시트 수입니다.

❺ Application 개체의 SheetsInNewWorkbook 속성 값을 12로 변경합니다. 그러면 빈 파일을 만들 때 워크시트가 12개 생성됩니다.

❻ 빈 파일을 생성합니다.

❼ For Each … Next 순환문으로 활성 파일의 Worksheets 컬렉션을 순환해 '시트' 개체변수에 하나씩 할당합니다. 여기서 ActiveWorkbook은 생략해도 됩니다.

❽ i 변수의 값을 1씩 증가시킵니다. i 변수는 Integer 형식의 숫자 변수이므로 선언과 동시에 0 값이 저장되며, 순환문에서 이번 코드로 1, 2, 3, …과 같은 일련번호가 저장됩니다.

❾ '시트' 개체변수에 할당된 워크시트의 이름을 i 변수의 값과 '월' 문자를 연결한 것으로 수정합니다. 이렇게 하면 워크시트 이름이 '1월' ~ '12월'로 변경됩니다.

❿ 매크로를 종료하기 전 Application 개체의 SheetsInNewWorkbook 속성 값을 복원합니다.

위 매크로를 테스트하려면 예제를 열고 〈월 시트를 모두 갖는 새 파일 만들기〉 버튼을 클릭합니다. 그러면 다음과 같이 12개의 월 시트가 있는 새로운 파일이 자동으로 생성됩니다.

Save, SaveAs 메서드를 이용해 파일 저장하기

159

파일을 저장할 때 사용하는 Save와 SaveAs 메서드는 각각 [저장] 명령과 [다른 이름으로 저장] 명령을 의미합니다. [저장] 명령은 저장된 파일에 수정된 내용을 덮어씌우는 것을 의미하며, [다른 이름으로 저장] 명령은 한 번도 저장하지 않은 파일을 저장하거나 파일의 복사본을 생성할 때 사용하는 명령입니다. 이 두 명령은 상황에 맞게 사용하지 않으면 에러가 발생할 수 있으니 주의합니다.

예제 파일 PART 03 \ (Workbook) Save, SaveAs 메서드.xlsm

Save, SaveAs 메서드의 구문

파일을 저장하는 Save 메서드는 별도의 구문이 없으며, 파일을 다른 이름으로 저장하는 SaveAs 메서드의 구문은 다음과 같습니다.

```
Workbook.SaveAs( FileName, FileFormat, Password, WriteResPassword, ReadOnlyRecommended,
                 CreateBackup, AddToMru, TextCodepage, TextVisualLayout, Local)
```

❶ FileName : 저장할 파일이 속할 폴더와 파일 이름을 표시합니다.

❷ FileFormat : 파일을 저장할 때 사용할 파일 형식으로, 다음과 같은 내장 상수를 사용합니다.

내장 상수	설명	확장자
xlOpenXMLWorkbook	Excel 통합 문서	xlsx
xlOpenXMLWorkbookMacroEnabled	Excel 매크로 사용 통합 문서	xlsm
xlExcel8	Excel 파일	xls
xlCSV	CSV 파일	csv

❸ Password : 파일 열기 암호를 설정합니다.

❹ WriteResPassword : 파일 쓰기 암호를 설정합니다.

❺ ReadOnlyRecommended : 파일을 열 때 읽기 전용으로 열기를 권장하는 메시지 표시 여부로, True면 표시하고 False면 표시하지 않습니다.

❻ CreateBackup : 백업 파일 생성 여부로, True면 백업 파일을 생성하고 False면 생성하지 않습니다.

❼ AddToMru : 최근 사용 목록에 문서를 추가할지 여부로, True면 문서를 추가하고 False(기본값)면 추가하지 않습니다.

❽ TextCodePage : FileFormat 매개변수에서 CSV, 텍스트 파일로 저장할 때, 코드 페이지를 설정할 수 있습니다.

❾ TextVisualLayout : FileFormat 매개변수에서 CSV, 텍스트 파일로 저장할 때, 논리적 레이아웃을 설정합니다.

❿ Local : 파일을 저장할 때 로컬 설정 옵션으로, True면 제어판의 설정을 따르고 False(기본값)면 VBA 언어로 파일을 저장합니다.

Save, SaveAs 메서드 사용 예

Workbook 개체의 Save 메서드는 별도의 매개변수 없이 사용되며, 사용과 동시에 파일이 저장됩니다. 다음은 현재 파일을 제외하고 열려 있는 모든 파일을 한 번에 저장하는 프로시저의 예입니다.

다음은 열려 있는 파일 중에서 현재 파일을 제외하고 모두 저장하고 닫는 매크로의 예입니다.

```
Sub 모든파일닫기()

    Dim 파일 As Workbook                    ①

    For Each 파일 In Workbooks              ②

        If 파일.Name <> ThisWorkbook.Name Then   ③

            파일.Save                       ④
            파일.Close                      ⑤

        End If

    Next

Enc Sub
```

① Workbook 형식의 '파일' 개체변수를 선언합니다.

② For Each … Next 순환문을 사용해 열려 있는 파일을 순환하면서 하나씩 '파일' 개체변수에 할당합니다.

③ '파일' 개체변수에 할당된 파일의 이름과 현재 파일(ThisWorkbook)의 이름이 다른지 확인합니다. 모든 파일을 닫으려면 이번 If 문 전체를 다음 코드로 대체합니다.

```
파일.Save
```

그런 다음, Next 문 다음에 아래 코드를 삽입해 엑셀 프로그램을 종료하면 됩니다.

```
Application.Quit
```

④ '파일' 개체변수에 할당된 파일을 저장합니다.

⑤ '파일' 개체변수에 할당된 파일을 닫습니다.

이 매크로는 예제의 〈다른 파일 모두 닫기〉 버튼에 연결되어 있습니다. 몇 개의 파일을 열고 수정한 다음, 이 파일의 〈다른 파일 모두 닫기〉 버튼을 클릭해 동작을 확인합니다.

다음은 현재 파일의 표를 CSV 파일로 저장하는 매크로의 예입니다.

```
Sub CSV파일만들기()

'1단계 : 필요한 변수를 선언합니다. ————————————————❶
    Dim 표 As Range
    Dim CSV As Workbook
    Dim 새이름 As String

'2단계 : 변수에 초기 값을 할당합니다.
    Set 표 = Range("B2").CurrentRegion ————————————❷
    새이름 = ThisWorkbook.Path & "\" & ActiveSheet.Name & ".csv" ————❸

'3단계 : 빈 파일을 하나 만들고, 표 데이터를 복사한 다음 CSV 파일로 저장합니다.
    Application.ScreenUpdating = False ——————————————❹

    Set CSV = Workbooks.Add ——————————❺

    With CSV

        표.Copy .Worksheets(1).Range("A1") ——————————❻

        .SaveAs Filename:=새이름, FileFormat:=xlCSV, Local:=True ————❼
        .Close SaveChanges:=False ——————❽

    End With

    Application.ScreenUpdating = True ——————————❾

End Sub
```

❶ 표 범위를 할당할 Range 형식의 '표' 개체변수와 CSV 파일을 생성할 Workbook 형식의 CSV 개체변수, 그리고 CSV 파일 이름을 저장할 String 형식의 '새이름' 변수를 선언합니다.

❷ '표' 개체변수에 B2셀부터 연속된 데이터 범위(Ctrl + A)를 할당합니다.

❸ '새이름' 변수에 현재 폴더의 경로에서 워크시트 이름을 파일 이름으로 사용하는 csv 파일 이름을 저장합니다.

❹ ScreenUpdating 속성을 False로 설정해, 이후 진행되는 과정을 화면에 표시하지 않습니다. 이것은 파일을 새로 만들고 그 데이터를 복사하는 일련의 과정이 보여지는 것이 불필요하기 때문입니다.

❺ 빈 통합 문서를 하나 만들어 CSV 개체변수에 할당합니다.

❻ '표' 개체변수에 할당된 범위를 복사한 다음, CSV 개체변수 파일의 첫 번째 시트 A1셀에 붙여넣습니다.

❼ CSV 개체변수에 할당된 빈 통합문서를 CSV 파일로 저장합니다. 이때, Local 매개변수의 값을 True로 설정합니다. D열의 입사일이 mm/dd/yyyy 형식으로 저장될 수 있으므로 제어판의 국가 설정에 따라 현재 형식으로 저장되도록 하기 위해서입니다.

❽ CSV 개체변수에 할당된 파일을 저장하지 않고 닫습니다.

❾ ScreenUpdating 속성을 True로 변경해 화면을 새로 고칩니다.

이 매크로를 테스트해 보려면 예제 파일을 열고 〈CSV 파일 만들기〉 버튼을 클릭합니다. 그러면 예제 폴더에 'sample.CSV' 파일이 새로 생성된 것을 확인할 수 있습니다.

SaveCopyAs 메서드로 일별 백업 파일 만들기   160

작업을 하다 보면 매일매일 백업 파일을 만들어야 하는 경우가 있습니다. 이 경우 버튼만 누르면 자동으로 날짜가 붙는 백업 파일을 생성할 수 있다면 매우 편리할 것입니다. Workbook 개체의 구성원 중 SaveCopyAs 메서드를 이용하면 이런 작업을 간편하게 할 수 있습니다. 복사본 파일을 간단하게 만들기 때문에 백업 파일을 생성할 때 사용하면 좋습니다.

예제 파일 PART 03 \ (Workbook) SaveCopyAs 메서드.xlsm

SaveCopyAs 메서드 구문

파일의 복사본을 저장하는 SaveCopyAs 메서드의 구문은 다음과 같습니다.

```
Workbook.SaveCopyAs( Filename )
```

❶ Filename : 복사본의 파일 이름을 지정합니다.

SaveCopyAs 메서드 사용 예

SaveCopyAs 메서드를 이용해 백업 파일을 만드는 매크로를 사용하고 싶다면 다음과 같은 코드를 구성합니다.

```
Sub 백업파일만들기()

    '1단계 : 필요한 변수를 선언합니다.                        ❶
        Dim 새이름 As String
        Dim 경로 As String
        Dim 파일이름 As String
        Dim 백업일 As String

    '2단계 : 선언된 변수에 필요한 초기 값을 저장합니다.
        경로 = ThisWorkbook.Path & "\"              ❷
        파일이름 = ThisWorkbook.Name                ❸

    '3단계 : 백업 파일 이름을 기존파일명 - yyyymmdd.xlsx 으로 결정합니다.
        파일이름 = Left(파일이름, InStrRev(파일이름, ".") - 1)   ❹
        백업일 = Format(Date, "yymmdd")             ❺
```

```
    새이름 = 파일이름 & " - " & 백업일 & ".xlsm"          ──────⑥

'4단계 : 파일을 백업합니다.
    ThisWorkbook.Save                                  ──────⑦
    ThisWorkbook.SaveCopyAs Filename:=경로 & 새이름      ──────⑧

    MsgBox "백업 파일을 정상적으로 생성했습니다."          ──────⑨

End Sub
```

① 매크로 동작에 필요한 String 형식의 '새이름', '경로', '파일이름', '백업일' 변수를 선언합니다.

② '경로' 변수에 현재 파일의 경로에 경로 구분 문자(\)를 연결해 저장합니다.

③ '파일이름' 변수에 현재 파일의 이름을 저장합니다.

④ '파일이름' 변수에 저장된 값에서 마지막 마침표(.)가 있는 왼쪽 문자열을 '파일이름' 변수에 다시 저장합니다. ③에서 Name 속성은 파일명.확장자 값을 반환하므로, 백업 파일을 저장할 때 뒤에 날짜를 붙이려면 확장자 왼쪽의 문자열만 필요합니다. 이번에 사용한 InStrRev 함수는 SECTION 081(273쪽)에 자세하게 소개되어 있습니다.

⑤ '백업일' 변수에 오늘 날짜를 yyyymmdd 형식으로 저장합니다.

⑥ '파일이름' 변수의 값에 하이픈(-)과 '백업일' 변수의 값을 연결하고 마지막에 확장자 문자열(.xlsm)을 연결한 값을 '새이름' 변수에 저장합니다.

⑦ 현재 파일을 저장합니다. 파일을 저장하는 작업을 하는 이유는 SaveCopyAs 메서드를 사용하면 현재까지 작업한 내용이 백업 파일에는 저장되지만 현재 파일에는 저장되지 않기 때문입니다.

⑧ SaveCopyAs 메서드를 이용해 현재 파일의 백업 파일을 지정된 경로와 이름으로 생성합니다.

⑨ 메시지 창을 이용해 작업이 종료됐음을 표시합니다.

이 매크로를 테스트해 보려면 예제 파일을 열고 〈백업 파일 만들기〉 버튼을 클릭하면 됩니다. 그러면 예제 폴더에 예제 파일과 이름이 동일하지만 뒤에 날짜가 붙는 백업 파일이 생성됩니다.

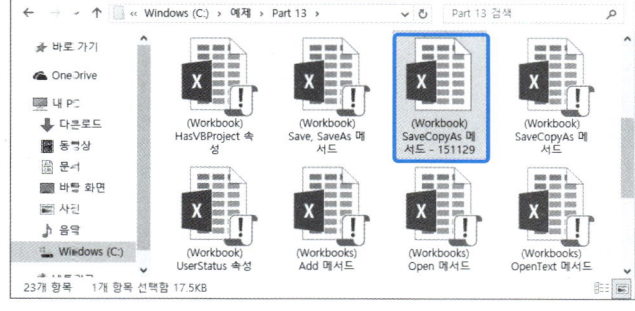

TIP 파일 이름 뒤에 붙는 날짜는 매크로를 실행한 날짜입니다.

대괄호([ ])가 포함된 폴더에 파일 저장하기

161

저장할 폴더의 경로에 대괄호([ ])가 포함된 폴더가 존재하면 해당 폴더에는 파일을 저장할 수가 없습니다. 이것은 대괄호([ ])가 엑셀에서 특별한 역할이 부여된 문자로 인식되기 때문인데, 기타 다른 문자들은 폴더 이름에 사용할 수 없지만 대괄호는 사용할 수 있어 파일을 저장할 때 자주 에러를 일으킵니다. 물론 폴더 이름에 대괄호를 사용하지 않는 것이 최선이지만, 어쩔 수 없는 경우라면 해당 폴더를 현재 폴더로 지정한 후 저장하는 방법을 사용해야 합니다. 이번에는 대괄호가 포함된 폴더에 파일을 저장하는 방법에 대해 알아보겠습니다.

예제 파일 없음

탐색기에서 폴더 이름을 수정해 보면, 다음과 같이 대괄호를 사용해 이름을 붙일 수 있음을 알 수 있습니다.

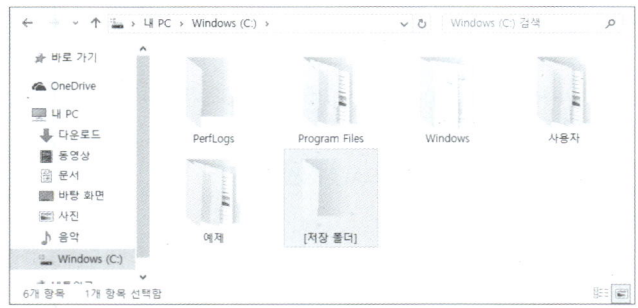

이름에 대괄호가 포함된 폴더에 파일을 저장하려면 다음과 같은 코드를 사용합니다.

```
ActiveWorkbook.SaveAs "C:\[저장 폴더]\Sample.xlsm"          ①
```

❶ 현재 파일을 C드라이브의 '저장 폴더'에 'Sample.xlsm'으로 저장합니다.

그러면 다음과 같은 에러 메시지 창이 나타납니다.

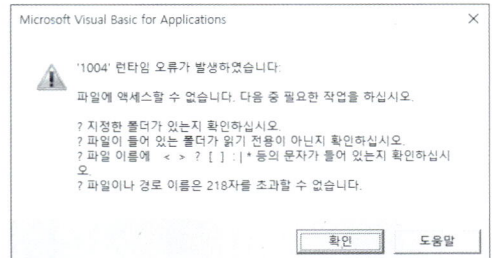

그러므로 대괄호가 포함된 폴더에 파일을 저장하려면 다음과 같은 매크로를 사용해야 합니다.

```
Sub 파일저장()

'1단계 : 필요한 변수를 선언합니다.
    Dim 저장폴더 As String            ———————————①

    저장폴더 = "C:\[저장 폴더]\"       ———————————②

'2단계 : 저장할 폴더를 현재 폴더로 설정합니다.
    ChDrive 저장폴더    ———————③
    ChDir 저장폴더      ———————④

'3단계 : 파일을 저장합니다.
    ThisWorkbook.SaveAs Filename:="Sample.xlsm", FileFormat:=52    ———⑤

End Sub
```

① String 형식의 '저장폴더' 변수를 선언합니다.

② '저장폴더' 변수에 파일을 저장할 전체 경로를 저장합니다.

③ ChDrive 함수로 '저장폴더' 변수에 저장한 폴더 경로의 드라이브로 변경합니다.

④ ChDir 함수로 '저장폴더' 변수에 저장한 폴더 경로로 변경합니다.

⑤ 현재 파일을 다른 이름으로 저장하는데, Filename 매개변수에 경로를 제외한 파일 이름만 전달합니다. 그리고 FileFormat:=52는 다음 코드와 동일합니다.

```
FileFormat:=xlOpenXMLWorkbookMacroEnabled
```

즉, 52는 xlOpenXMLWorkbookMacroEnabled 내장 상수의 값입니다. 내장 상수가 너무 길면 이름을 모두 입력하는 것보다 실제 값을 입력하는 것이 편리합니다. 내장 상수의 값은 직접 실행 창에 다음과 같이 입력해 확인할 수 있습니다.

```
? xlOpenXMLWorkbookMacroEnabled
```

위 매크로를 실행하면 다음과 같이 [저장 폴더]에 파일이 에러 없이 저장되는 것을 확인할 수 있습니다.

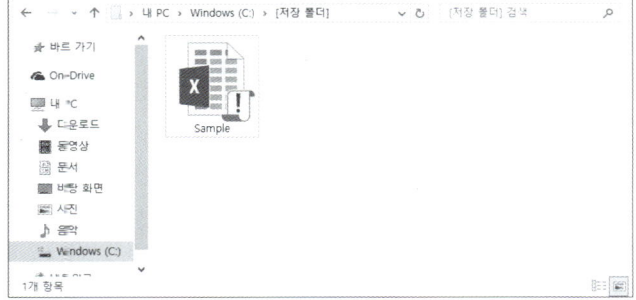

XLS 파일을 XLSX나 XLSM 형식으로 자동 전환하기

162

엑셀 2007 버전부터는 파일에 매크로가 포함되어 있는지 아닌지에 따라 파일 형식을 다르게 저장해야 합니다. 그러므로, 파일을 저장할 때 매크로 사용 여부를 확인할 수 있는지 여부가 무엇보다 중요합니다. 이번에는 저장할 파일의 매크로 사용 유무와 저장 형식에 따라 파일을 정확한 형식으로 저장하는 매크로를 개발하는 방법에 대해 알아보겠습니다.

예제 파일 PART 03 \ (Workbook) HasVBProject 속성.xlsm

Workbook 개체의 HasVBProject 속성은 파일 내의 VBA가 사용됐는지 여부를 True, False 값으로 반환하는 속성으로, 이 속성 값을 확인하면 파일을 기본 형식(XLSX)으로 저장해야 하는지, 아니면 매크로 사용 통합 문서 형식(XLSM)으로 저장해야 하는지 알 수 있습니다.

이 속성을 사용해 XLS 파일을 자동으로 2007 버전 이상 형식으로 변환하는 작업을 하려면 다음과 같은 매크로를 사용하면 됩니다.

```
Sub XLS업데이트()

'1단계 : 필요한 변수를 선언합니다.                        ❶
    Dim 경로 As String
    Dim 파일 As String
    Dim 파일이름 As String
    Dim 새이름 As String

'2단계 : 변수의 초기 값을 설정합니다.
    경로 = ThisWorkbook.Path & "\"                      ❷
    파일 = Dir(경로 & "*.xls")                          ❸

'3단계 : 지정된 경로의 xls 파일을 찾아 매크로 사용 유무에 따라 xlsm, xlsx 파일로 각각 저장합니다.
    Application.ScreenUpdating = False                  ❹

    Do While 파일 <> ""                                 ❺

        If LCase(Right(파일, 4)) = ".xls" Then          ❻

            With Workbooks.Open(경로 & 파일)            ❼

                파일이름 = Left(파일, InStrRev(파일, ".") - 1)    ❽

                If .HasVBProject Then                   ❾

                    새이름 = 경로 & 파일이름 & ".xlsm"
                    .SaveAs Filename:=새이름, FileFormat:=52
```

```
                Else                          ⓘ⓪
                    새이름 = 경로 & 파일이름 & ".xlsx"
                    .SaveAs Filename:=새이름, FileFormat:=51
                End If
                .Close SaveChanges:=False         ⓘ⓵
            End With
        End If
        파일 = Dir                      ⓘ⓶
    Loop
    Application.ScreenUpdating = True            ⓘ⓷
End Sub
```

❶ 매크로 동작에 필요한 String 형식의 '경로', '파일', '파일이름', '새이름' 변수를 선언합니다.

❷ '경로' 변수에 현재 파일의 경로에 경로 구분 문자(\)를 연결해 저장합니다.

> **LINK** 이 부분을 폴더를 선택해 작업하려면 SECTION 155(503쪽)를 참고합니다.

❸ Dir 함수를 사용해 해당 경로의 첫 번째 xls 파일의 이름을 '파일' 변수에 저장합니다.

❹ 가래 동작을 진행하는 동안 화면이 갱신되지 않도록 설정합니다.

❺ Do … Loop 순환문을 이용해 해당 경로의 모든 xls 파일을 xlsx나 xlsm 형식으로 변환합니다. 순환 조건은 '파일' 변수의 값이 빈 문자(" ")가 아닌 동안 계속해서 반복하도록 합니다.

❻ '파일' 변수에 저장된 값의 오른쪽 4자리 문자열을 잘라낸 다음 LCase 함수로 잘라낸 부분을 소문자로 변환하고 '.xls' 문자열과 동일한지 판단합니다. 이것은 ❸에서 xls뿐만 아니라 xlsx, xlsm 파일도 함께 검색되므로, '파일' 변수에 저장된 값에서 뒤 네 자리를 확인할 필요가 있기 때문입니다. 그리고 LCase 함수는 문자열을 소문자로 변환하는데, 확장자가 xls와 XLS로 되어 있을 때 값을 비교하면 대/소문자가 구분되므로 모두 소문자로 구분해 비교하기 위해 사용합니다. 이 부분은 UCase 함수를 사용해 대문자로 변환한 후 다음과 같이 코드를 구성해도 됩니다.

```
If UCase(Right(파일, 4)) = ".XLS" Then
```

❼ 파일을 엽니다. 파일을 연 다음에 확인할 작업이 많으므로 With … End With 문으로 선언합니다.

❽ '파일이름' 변수에 확장자(xls)를 뺀 앞 문자열을 저장합니다. 이 부분은 다음과 같이 변경해도 됩니다.

```
파일이름 = Left(파일, Len(파일)-4)
```

❾ 연 파일에 매크로가 사용되었는지 여부를 HasVBProject 속성으로 확인합니다. 이 속성 값이 True면 매크로가 사용되고 있다고 판단할 수 있습니다. 이 코드는 다음 코드와 동일합니다.

```
If .VBProject = True Then
```

매크로가 포함되어 있다면 '새이름' 변수에 '경로' 변수와 '파일이름' 변수의 값을 연결하고 '.xlsm' 문자열을 연결한 값을 저장한 다음, SaveAs 메서드를 이용해 파일을 새로 저장합니다.

❿ HasVBProject 속성 값이 False면 매크로가 사용되지 않은 것이므로, '새이름' 변수에 '경로' 변수와 '파일이름' 변수의 값과 다음 '.xlsx' 문자열을 연결한 값을 저장합니다. 그런 다음, SaveAs 메서드를 이용해 파일을 새로 저장합니다.

⓫ 파일을 저장했으므로, 열린 파일은 저장하지 않고 닫습니다.

⓬ '파일' 변수에 검색한 폴더의 다음 파일의 이름을 저장한 다음 순환합니다.

⓭ 모든 작업이 끝나면 화면을 다시 갱신합니다.

워크시트를 개별 파일로 생성하기 163

워크시트를 파일로 저장하려면 워크시트를 복사하는 명령을 사용하는 것이 가장 편리합니다. 워크시트를 파일로 저장하는 작업은 특정 시트의 복사본을 만들려고 할 때 주로 하게 되며, 하나의 시트만 새 파일로 만들거나 여러 개의 시트를 동시에 생성하는 두 가지 경우 중 하나가 됩니다. 이번에는 이 두 가지 작업을 간편하게 실행할 수 있는 매크로를 개발하는 방법에 대해 알아보겠습니다.

예제 파일 PART 03 \ (Worksheet) Copy 메서드.xlsm

워크시트 하나를 파일로 생성

하나의 시트를 파일로 생성할 때는 워크시트를 복사하고 파일을 저장하는 단계를 거쳐 진행하면 됩니다. 예제를 열면 화면과 같은 표를 확인할 수 있습니다.

분류	1사분기		2사분기		3사분기		4사분기	
	판매수량	매출	판매수량	매출	판매수량	매출	판매수량	매출
가공식품	457	14,555,700	905	30,234,350	810	24,895,100	773	29,142,050
곡류	831	17,586,000	1,047	21,272,450	1,586	31,997,550	962	20,494,700
과자류	1,558	36,944,700	1,830	34,374,800	3,168	63,575,300	1,191	29,920,650
유제품	1,911	48,457,300	2,734	64,055,900	2,960	72,094,000	2,297	62,325,300
육류	747	31,019,250	1,332	46,294,150	1,228	48,296,450	764	33,572,300
음료	1,573	30,029,900	1,979	54,797,100	3,118	120,967,850	1,853	46,298,650
조미료	1,111	19,139,100	1,236	28,734,150	1,752	34,997,750	1,120	23,197,550
해산물	1,939	35,270,500	1,763	30,798,650	2,445	41,848,300	1,416	22,821,500
총합계	10,127	233,002,450	12,826	310,561,550	17,067	438,672,300	10,376	267,772,700

다음 매크로는 현재 시트(Activesheet)를 새 파일로 생성하는 매크로입니다. 파일 이름은 워크시트 이름으로 붙입니다.

```
Sub 파일로저장()

'1단계 : 필요한 변수를 선언합니다.          ❶
    Dim 경로 As String
    Dim 파일 As String

'2단계 : 변수의 초기 값을 저장합니다.
    경로 = ThisWorkbook.Path & "\"          ❷
    파일 = ActiveSheet.Name & ".xlsx"       ❸
```

```
'3단계 : 동일한 이름의 파일이 있다면 삭제합니다.
    If Dir(경로 & 파일) <> "" Then Kill 경로 & 파일                          ④

'4단계 : 워크시트를 복사하고 삽입된 단추 컨트롤을 삭제합니다.
    Application.ScreenUpdating = False                              ⑤

        ActiveSheet.Copy                     ⑥
        ActiveSheet.Buttons.Delete                    ⑦

'5단계 : 파일을 새로 저장합니다.
        ActiveWorkbook.SaveAs Filename:=경로 & 파일                   ⑧
        ActiveWorkbook.Close                       ⑨

    Application.ScreenUpdating = True               ⑩

End Sub
```

❶ 매크로 동작에 필요한 String 형식의 '경로'와 '파일' 변수를 선언합니다.

❷ '경로' 변수에 현재 파일의 경로와 경로 구분자(\)를 연결한 값을 저장합니다.

❸ '파일' 변수에 현재 워크시트 이름과 '.xlsx' 문자열을 연결한 값을 저장합니다.

❹ '경로' 변수와 '파일' 변수를 연결한 값(저장할 파일의 Fullname)을 Dir 함수에 전달해 반환 값이 빈 문자(" ")가 아닌지 판단합니다. 빈 문자가 아니면 해당 경로에 파일이 존재한다는 의미이므로 Kill 함수를 사용해 파일을 삭제합니다.

❺ ScreenUpdating 속성을 이용해 화면 갱신을 중단합니다.

❻ 현재 시트(2016년)를 복사합니다. 시트를 복사할 때 Before, After 매개변수를 지정하지 않으면 빈 파일을 하나 만들고 해당 파일에 시트를 복사하게 됩니다. 그러므로 이 명령으로 현재 시트가 새 파일에 복사됩니다.

❼ 이번 코드의 Activesheet와 ❻의 Activesheet는 서로 다릅니다. ❻은 예제의 '2016년' 시트이고, 이번 코드의 Activesheet는 새로 생성된 파일에 복사된 '2016년' 시트입니다. 그리고, Buttons 컬렉션은 예제 파일의 '단추' 컨트롤을 의미하는 컬렉션으로, Delete 메서드를 사용하면 삽입된 두 개의 버튼을 삭제합니다.

❽ 새로 생성된 파일을 SaveAs 메서드를 이용해 저장합니다.

❾ 파일을 저장했으므로 닫습니다.

❿ 화면을 새롭게 고칩니다. ❻-❾의 코드는 화면에 표시되지 않습니다.

이 매크로가 연결된 〈파일로 저장〉 버튼을 클릭하면 예제와 동일한 폴더에 '2016년.xlsx' 파일이 생성됩니다.

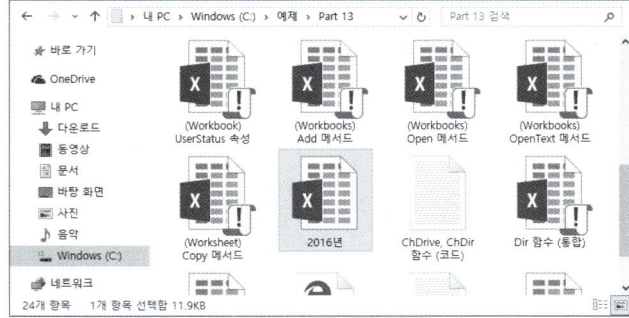

모든 워크시트를 파일로 생성

모든 시트를 파일로 생성하려면 시트를 순환하면서 복사해 파일로 저장하면 됩니다. 전체 매크로 코드는 다음과 같으며, 이전 매크로와 차이가 나는 부분을 비교해 보면서 코드를 확인하면 좋습니다.

```
Sub 파일로저장_모든시트()

    Dim 시트 As Worksheet                                          ①
    Dim 경로 As String
    Dim 파일 As String

    경로 = ThisWorkbook.Path & "\"

    Application.ScreenUpdating = False

    For Each 시트 In ThisWorkbook.Worksheets                       ②

        파일 = 시트.Name & ".xlsx"

        If Dir(경로 & 파일) <> "" Then Kill 경로 & 파일

        시트.Copy
        If ActiveSheet.Buttons.Count > 0 Then ActiveSheet.Buttons.Delete    ③

        ActiveWorkbook.SaveAs Filename:=경로 & 파일
        ActiveWorkbook.Close

    Next

    Application.ScreenUpdating = True

End Sub
```

① Worksheet 형식의 '시트' 개체변수를 선언합니다. 이 변수는 순환문에서 사용합니다.

② For Each … Next 순환문을 사용해 현재 파일의 모든 워크시트를 순환하면서 '시트' 변수에 하나씩 할당합니다.

③ 복사된 시트의 '단추' 컨트롤을 세어 존재하는지 확인한 다음, 존재하면 단추 컨트롤을 모두 삭제합니다.

이 매크로는 예제의 〈파일로 저장 (모든 시트)〉 버튼에 연결되어 있으므로, 해당 버튼을 클릭한 다음 윈도우 탐색기로 예제 폴더를 열면 '2014년.xlsx', '2015년.xlsx', '2016년.xlsx' 세 개의 파일이 생성된 것을 확인할 수 있습니다.

PDF 파일로 저장하기 164

엑셀 2007 버전부터는 엑셀 파일을 PDF 파일로 손쉽게 저장하는 작업이 지원됩니다. PDF 파일로 저장하기 위해서는 '파일 저장'을 사용하는 Application 개체의 GetSaveAsFilename 메서드의 사용 방법과, 실제 파일을 PDF로 저장하는 Workbook 개체의 ExportAsFixedFormat 메서드를 사용하는 방법을 잘 이해하고 있어야 합니다.

예제 파일 PART 03 \ (Workbook) ExportAsFixedFormat 메서드.xlsm

GetSaveAsFilename 메서드 구문

표준 파일 저장 대화상자를 표시하는 Application 개체의 GetSaveAsFilename 메서드는 GetOpenFilename 메서드와 사용 방법이 유사하며 구문은 다음과 같습니다.

```
Application.GetSaveAsFilename( InitialFilename, FileFilter, FilterIndex, Title, ButtonText )
```

GetSaveAsFilename 메서드는 '다른 이름으로 저장' 대화상자를 표시하며, '파일 이름'에 사용자가 입력한 값을 반환합니다.

❶ InitialFilename : 파일을 저장하려고 하는 기본 파일 이름입니다.

❷ FileFilter : '다른 이름으로 저장' 대화상자에서 '파일 형식'을 의미하는 텍스트 값입니다.

❸ FilterIndex : FileFilter에서 여러 파일 형식을 지정했을 때, 우선 표시할 Filter의 인덱스 번호입니다.

❹ Title : '다른 이름으로 저장' 대화상자의 제목 표시줄에 표시할 텍스트 값입니다.

❺ ButtonText : 버튼의 텍스트 레이블을 원하는 명칭으로 변경할 수 있는데, 이 매개변수는 매킨토시용 오피스에서만 사용할 수 있습니다.

ExportAsFixedFormat 메서드 구문

파일을 전자 문서(PDF나 XPS) 형식으로 저장하려면 Workbook 개체의 ExportAsFixedFormat 메서드를 사용하면 되고, 구문은 다음과 같습니다.

```
Workbook.ExportAsFixedFormat( Type, Filename, Quality, IncludeDocProperties, IgnorePrintArea,
                              From, To, OpenAfterPublish, FixedFormatExtClassPtr )
```

❶ Type : 저장할 파일 형식을 의미하며, 다음과 같은 내장 상수를 사용합니다.

내장 상수	설명
xlTypePDF	PDF 파일
xlTypeXPS	XPS 파일

❷ Filename : 저장할 파일 이름을 의미하는 텍스트 값입니다.

❸ Quality : Type에서 지정한 파일 형식의 최적화 옵션으로, 다음과 같은 내장 상수를 사용합니다.

내장 상수	설명
xlQualityStandard	인쇄 용도 및 온라인 게시
xlQualityMinimum	온라인 게시

❹ IncludeDocProperties : True면 문서 속성을 포함해 저장합니다.

❺ IgnorePrintAreas : True면 인쇄 영역 설정이 무시되며, False면 인쇄 영역만 저장됩니다.

❻ From : 저장할 시작 페이지 번호입니다.

❼ To : 저장할 마지막 페이지 번호입니다.

❽ OpenAfterPublish : True면 파일을 저장한 다음, 기본 뷰어로 저장된 파일을 표시합니다.

ExportAsFixedFormat 메서드 사용 예

현재 파일을 PDF 파일로 저장하려면 다음과 같은 매크로를 사용하면 됩니다.

```
Sub PDF저장()

'1단계 : 필요한 변수를 선언합니다.                    ❶
    Dim 파일 As Variant
    Dim 파일형식 As String

'2단계 : 변수의 초기 값을 저장합니다.
    파일형식 = "PDF 파일 (*.pdf), *.pdf"              ❷

'3단계 : ' 다른 이름으로 저장 ' 대화상자를 열어 저장할 파일 이름을 입력 받습니다.
    파일 = Application.GetSaveAsFilename(FileFilter:=파일형식, _
                        Title:="PDF 파일로 저장")                ❸

'4단계 : 파일을 PDF로 저장합니다.
    If 파일 <> False Then                    ❹

        On Error Resume Next                 ❺

        ThisWorkbook.ExportAsFixedFormat Type:=xlTypePDF, _
                            Filename:=파일, _
```

```
                                    Quality:=xlQualityStandard, _
                                    IncludeDocProperties:=True, _
                                    IgnorePrintAreas:=True, _
                                    OpenAfterPublish:=False              ———— ⑥

        If Err.Number = 0 Then    ———————————— ⑦
            MsgBox "파일을 저장했습니다." & vbCr & vbCr & 파일
        End If

    End If

End Sub
```

❶ 매크로에서 사용할 Variant 형식의 '파일' 변수와 String 형식의 '파일형식' 변수를 선언합니다. '파일' 변수는 GetSaveAsFilename 메서드에서 반환할 값을 저장할 것인데, '다른 이름으로 저장' 대화상자에서 입력한 파일 이름은 String 형식이고, 〈취소〉 버튼을 클릭하면 False 값을 반환하므로, 반드시 Variant 형식이어야 합니다.

❷ '파일형식' 변수에 '다른 이름으로 저장' 대화상자의 '파일 형식'란에 표시될 문자열을 저장합니다. XPS 형식으로도 저장할 수 있으려면 다음과 같이 해당 형식을 추가하면 됩니다.

> 파일형식 = "PDF 파일 (*.pdf),*.pdf,XPS 파일 (*.xps),*.xps"

❸ GetSaveAsFilename 메서드를 이용해 '다른 이름으로 저장' 대화상자를 표시한 다음, 사용자가 입력한 파일 이름을 경로와 함께 '파일' 변수에 저장합니다.

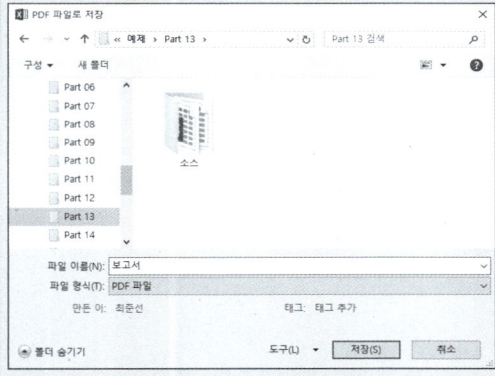

❹ '파일' 변수의 값이 False가 아닌 경우에만 아래 작업을 합니다. False 값은 대화상자에서 〈취소〉 버튼을 클릭할 때 저장되는 값이므로 이 경우에는 저장하지 않고 그냥 매크로가 종료됩니다.

❺ 파일이 제대로 저장됐는지 확인하기 위해, 에러가 발생해도 멈추지 않고 다음 줄이 계속해서 실행되도록 합니다.

❻ 현재 파일(ThisWorkbook)을 ExportAsFixedFormat 메서드를 이용해 PDF 파일로 저장합니다. ExportAsFixedFormat 메서드의 매개변수에 대한 설명은 앞에서 설명한 구문 설명을 참고합니다.

❼ ❻의 코드가 실행될 때 에러가 발생했는지 확인하기 위해 Err 개체의 Number 속성 값을 확인합니다. 0이면 에러가 발생하지 않은 것이므로 파일이 제대로 저장됐음을 알 수 있습니다. 파일이 제대로 저장됐다면 저장된 결과를 메시지 창에 표시합니다.

위 매크로를 테스트해 보려면 예제를 열고 〈PDF로 저장〉 버튼을 클릭합니다.

영업사원	판매수량	매출
김덕훈	5,915	164,810,450
김소미	7,513	185,908,500
김찬진	3,527	74,111,200
선하라	5,775	124,166,550
안정훈	3,036	68,909,900
오영수	4,560	123,590,750
유가을	2,670	77,505,350
윤대현	7,852	203,033,700
최소라	9,548	227,972,600
총합계	50,396	1,250,009,000

영업사원별 실적 집계표

[PDF로 저장]
[저장된 PDF 파일 열기]

PDF 파일 열기 165

엑셀에서 PDF 파일을 읽을 수는 없지만, PDF 파일을 읽을 수 있는 PDF Reader 같은 프로그램이 설치되어 있다면 해당 프로그램을 통해 PDF 파일을 열고 읽을 수 있습니다. 엑셀에서 PDF 파일을 바로 열어서 확인하려면 Workbook 개체의 FollowHyperlink 메서드를 이용하면 되는데, FollowHyperlink는 하이퍼링크에 연결하는 메서드로 PDF 파일의 전체 경로를 전달하면 PDF 파일에 연결된 응용 프로그램을 실행하고 파일을 엽니다. FollowHyperlink 메서드는 PDF 파일뿐만 아니라 다양한 외부 프로그램 파일을 열고자 할 때 자주 사용되므로 이런 작업이 필요한 분들은 잘 이해할 필요가 있습니다.

예제 파일 PART 03 \ (Workbook) FollowHyperlink 메서드.xlsm

FollowHyperlink 메서드 구문

하이퍼링크에 연결하는 FollowHyperlink 메서드의 구문은 다음과 같습니다.

```
Workbook.FollowHyperlink( Address, SubAddress, NewWindow, AddHistory, ExtraInfo, Method, HeaderInfo )
```

❶ Address : 하이퍼링크에 연결할 문서의 주소입니다.

❷ SubAddress : 연결할 문서 내에서의 위치로, 기본 값은 빈 문자입니다.

❸ NewWindow : 새 창에 프로그램을 표시할 여부로, True면 새 창을 열고 False(기본값)면 기본 창에 엽니다.

❹ AddHistory : 연결하지 않고 나중에 연결하도록 예약합니다.

❺ ExtraInfo : 하이퍼링크 연결에 사용할 HTTP의 추가 정보를 지정할 수 있습니다.

❻ Method : ExtraInfo 추가 방법을 지정합니다.

❼ HeaderInfo : HTTP 요청이 필요한 머리글을 지정할 수 있습니다. 기본 값은 빈 문자입니다.

TIP FollowHyperlink 메서드는 여러 매개변수 중에서 Address, SubAddress 정도가 가장 많이 사용됩니다.

FollowHyperlink 메서드 사용 예

저장된 PDF 파일을 열려면 다음과 같은 매크로를 사용합니다.

```
Sub PDF열기()

    Dim PDF As String ─────────────────①

    PDF = ThisWorkbook.Path & "\보고서.pdf" ─────②

    On Error Resume Next ─────────────③

        ThisWorkbook.FollowHyperlink Address:=PDF ─────④

Enc Sub
```

① String 형식의 PDF 변수를 선언합니다.

② PDF 변수에 열려고 하는 PDF 파일의 전체 경로와 파일 이름을 확장자와 함께 저장합니다.

③ On Error Resume Next 문을 사용해 파일을 열 때 에러가 발생해도 코드가 중단되지 않고 진행되도록 설정합니다.

④ 현재 파일의 FollowHyperlink 메서드를 이용해 PDF 변수에 저장된 파일을 엽니다. 이렇게 하면 기본 연결 프로그램으로 파일을 열게 됩니다. 그런데 경로에 문제가 없는데도 파일이 열리지 않는다면, PDF 파일을 읽을 수 있는 프로그램이 설치되지 않은 것이므로 윈도우용 Adobe PDF Reader 프로그램과 같은 PDF 뷰어용 프로그램을 먼저 설치한 다음 다시 실행하면 됩니다. 또는 윈도우 10에서는 PDF 뷰어가 따로 설치되어 있지 않은 경우 전용 앱 뷰어에서 열리게 되는데 이 경우 다음과 같은 에러 메시지 창이 순차적으로 나타날 수 있습니다.

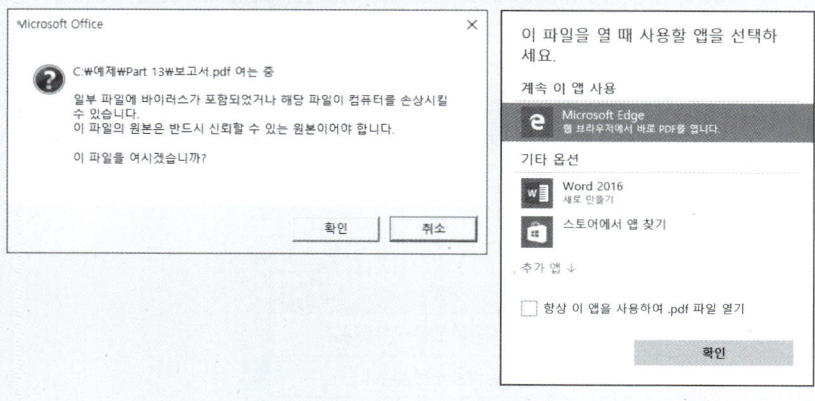

OpenText 메서드로 텍스트 파일을 열어 엑셀로 저장하기 166

엑셀에서는 텍스트 파일을 바로 열 수 있습니다. 텍스트 파일을 열 때 사용하는 명령이 Workbooks 컬렉션의 OpenText 메서드입니다. 이 메서드를 이용하면 엑셀 파일을 열듯 텍스트 파일도 엑셀에서 열어 작업할 수 있습니다. OpenText 메서드는 엑셀의 기능 중 '텍스트 마법사'를 명령으로 구성해 놓은 것이기 때문에, 이 메서드를 잘 이해하려면 '텍스트 마법사' 기능을 사용해 본 적이 있어야 합니다.

예제 파일 PART 03 \ (Workbooks) OpenText 메서드.xlsm

OpenText 메서드 구문

텍스트 파일을 열 때 사용하는 Workbooks 컬렉션의 OpenText 메서드의 구문은 다음과 같습니다.

```
Workbooks.OpenText( Filename, Origin, StartRow, DataType, TextQualifier, ConsecutiveDelimiter,
            Tab, Semicolon, Comma, Space, Other, OtherChar, FieldInfo, TextVisualLayout,
            DecimalSeparator, ThousandsSeparator, TrailingMinusNumbers, Local )
```

❶ Filename : 텍스트 파일의 전체 경로와 파일 이름입니다.

❷ Origin : 텍스트 파일의 코드 페이지로, 생략하면 이전 기본 설정이 적용됩니다.

❸ StartRow : 텍스트 파일에서 가져올 시작 행 번호이며, 기본 값은 1입니다.

❹ DataType : 텍스트 파일의 열 구분 방식을 설정합니다.

내장 상수	설명
xlDelimited	구분 문자를 사용해 열을 구분합니다.
xlFixedWidth	일정한 너비로 열을 구분합니다.

❺ TextQualifier : 가져올 데이터 중 텍스트를 지정하는 구분 기호를 의미합니다.

내장 상수	설명
xlTextQualifierDoubleQuote	큰따옴표(")
xlTextQualifierSingleQuote	작은따옴표(')
xlTextQualifierNone	없습니다.

❻ ConsecutiveDelimiter : True면 연속된 구분 기호를 하나로 처리합니다. 기본 값은 False입니다.

❼ Tab : True면 탭 문자가 열을 구분하는 문자가 됩니다.

❽ Semicolon : True면 세미콜론 문자(;)가 열을 구분하는 문자가 됩니다.

❾ Comma : True면 쉼표 문자(,)가 열을 구분하는 문자가 됩니다.

⓾ Space : True면 공백 문자(" ")가 열을 구분하는 문자가 됩니다.

⓫ Other : True면 OtherChar 매개변수에 지정한 문자가 열을 구분하는 문자가 됩니다.

⓬ OtherChar : Other 매개변수가 True일 때, 열을 구분할 문자를 지정합니다.

예제 파일 중에서 '텍스트 파일 샘플.txt' 파일을 열면 다음과 같은 데이터를 확인할 수 있습니다.

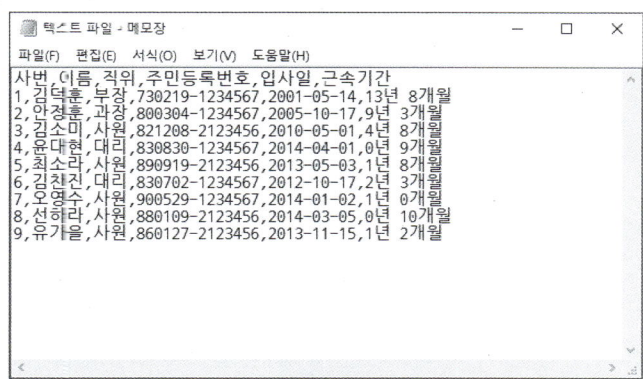

위 텍스트 파일을 엑셀에서 열어 엑셀 파일로 저장하는 매크로는 다음과 같습니다.

```
Sub TextToExcel()

'1단계 : 필요한 변수를 선언합니다.                    ❶
    Dim 경로 As String
    Dim 파일 As String

'2단계 : 변수의 초기 값을 저장합니다.
    경로 = ThisWorkbook.Path & "\"                ❷
    파일 = "텍스트 파일.txt"                       ❸

'3단계 : 텍스트 파일을 엽니다.
    Application.ScreenUpdating = False            ❹

    Workbooks.OpenText Filename:=경로 & 파일, _
                       DataType:=xlDelimited, _
                       Comma:=True                ❺

'4단계 : 텍스트 파일을 엑셀 파일로 저장합니다.
        ActiveSheet.Columns.AutoFit               ❻

        파일 = Left(파일, InStrRev(파일, ".") - 1)  ❼

        Application.DisplayAlerts = False         ❽

        ActiveWorkbook.SaveAs Filename:=경로 & 파일 & ".xlsx", _
                              FileFormat:=51      ❾
```

```
            Application.DisplayAlerts = True                    ⑩

'5단계 : 텍스트 파일은 저장하지 않고 닫습니다.
            ActiveWorkbook.Close SaveChanges:=False             ⑪

    Application.ScreenUpdating = True                   ⑫

End Sub
```

❶ 매크로 실행에 필요한 String 형식의 '경로'와 '파일' 변수를 선언합니다.

❷ '경로' 변수에 현재 파일의 경로를 저장합니다.

❸ '파일' 변수에 열 텍스트 파일의 이름을 확장자를 포함해 문자열로 저장합니다.

❹ 텍스트 파일을 여는 과정을 화면에 표시하지 않기 위해, 화면 갱신(ScreenUpdating) 옵션을 끕니다.

❺ Workbooks 컬렉션의 OpenText 메서드를 사용해 '경로'와 '파일' 변수에 저장된 텍스트 파일을 엽니다. 텍스트 파일을 열 때, '구분 문자로 구분됨' 옵션(xlDelimited)을 사용하며, 구분 문자는 '콤마'(Comma)를 사용합니다.

❻ 현재 시트의 모든 열의 너비를 자동으로 조정합니다. 이 작업은 텍스트 파일을 열면 열 너비가 자동으로 표시되지 않기 때문에 진행합니다.

❼ '파일' 변수에 저장된 값에 확장자(.txt)를 제외한 문자열만 잘라내, 다시 '파일' 변수에 저장합니다.

❽ ❶의 코드를 실행할 때 표시될 수 있는 경고 메시지 창이 표시되지 않도록 옵션을 해제합니다.

❾ 화면에 표시된 파일을 SaveAs 메서드를 이용해 엑셀 파일로 저장합니다. FileFormat 매개변수에 전달된 51은 xlOpenXMLWorkbook 내장 상수의 값으로, 파일을 'Excel 통합 문서' 파일로 저장한다는 의미입니다.

⑩ 경고 메시지 창이 다시 정상 표시되도록 옵션을 켭니다.

⑪ 화면에 표시된 파일을 닫습니다.

⑫ ❹에서 해제한 화면 갱신 옵션을 다시 켭니다. 이렇게 해야 ❺–⑪ 과정의 변경 사항이 화면에 표시됩니다.

위 매크로를 테스트하려면 예제 중 엑셀 파일을 열고 〈텍스트 파일 열어 저장〉 버튼을 클릭합니다. 그 다음 윈도우 탐색기로 예제 폴더를 확인하면 '텍스트 파일.xlsx' 파일이 새로 생성되어 있는 것을 확인할 수 있습니다.

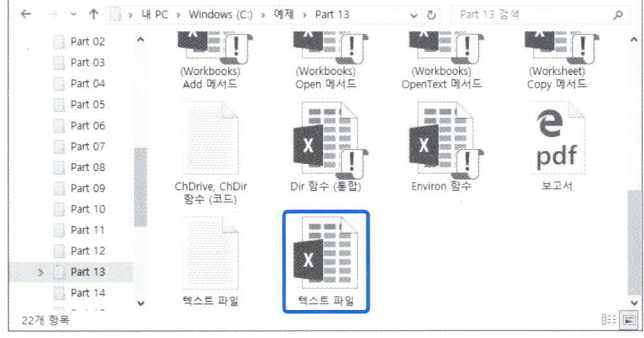

TIP '텍스트 파일.xlsx' 파일을 열어 보면 '텍스트 파일.txt' 파일의 데이터를 그대로 확인할 수 있습니다.

공유된 통합 문서 관리하기 167

공유된 파일을 다루는 작업을 하려면 Workbook 개체의 MultiUserEditing 속성으로 공유 상태를 확인할 수 있으며, ExclusiveAccess 메서드로 공유 모드를 해제하고, UserStatus 속성으로 공유된 파일에 접속된 사용자 정보를 확인할 수 있어야 합니다. 이 세 개의 Workbook 개체의 구성원은 공유된 파일을 컨트롤할 때 반드시 이해하고 있어야 하는 명령으로, 공유된 파일을 손쉽게 관리하려고 할 때 매우 유용합니다.

예제 파일 PART 03 \ (Workbook) UserStatus 속성.xlsm

MultiUserEditing 속성

통합 문서가 공유 모드로 열렸는지 여부를 True, False 값으로 반환합니다.

ExclusiveAccess 메서드

공유 코드로 열린 파일의 공유를 해제합니다.

UserStatus 속성

파일에 접속한 사용자에 대한 정보를 2차원 배열로 반환하는데, 인덱스 번호는 1부터 시작합니다. 반환된 배열은 (n, 3)의 2차원 배열로, 배열의 1차원은 사용자의 수(n)이며, 2차원의 첫 번째 요소는 사용자 이름, 두 번째 요소는 문서를 마지막으로 연 시간, 세 번째 요소는 단독으로 열었는지 공유로 열었는지 여부가 1(단독), 2(공유) 숫자 값으로 저장됩니다.

파일의 공유 여부 확인하기

다음은 파일이 공유되었는지 여부를 간단하게 확인할 수 있는 매크로입니다.

```
Sub 현재상태()

    '1단계 : 필요한 변수를 선언합니다.
    Dim 사용자 As Variant                    ①
```

```
'2단계 : 공유 모드인지 확인해 공유인지 단독인지 정보를 반환합니다.
    If ThisWorkbook.MultiUserEditing = True Then                    ❷

        사용자 = ThisWorkbook.UserStatus                             ❸

        If UBound(사용자) = 1 Then                                   ❹

            MsgBox "단독으로 사용하고 있습니다."

        Else                      ❺

            MsgBox "여러 사람이 함께 사용하고 있습니다."

        End If

    Else                  ❻

        MsgBox "파일이 공유되어 있지 않습니다."

    End If

End Sub
```

❶ Variant 형식의 '사용자' 변수를 선언합니다. '사용자' 변수는 사용자 수를 확인하기 위해 Workbook 개체의 UserStatus 속성의 반환 값(배열)을 저장할 것이므로 반드시 Variant 형식으로 선언해야 합니다.

❷ 현재 파일의 MultiUserEditing 속성의 값이 True인지 여부를 통해 파일이 공유되어 있는지 판단합니다. True면 공유된 것이고, False면 공유되지 않은 것입니다.

❸ 파일이 공유된 경우, 현재 파일에 접속한 사용자 수를 확인하기 위해, UserStatus 속성 값을 '사용자' 변수에 할당합니다.

❹ UBound 함수로 '사용자' 변수에 할당된 배열의 인덱스 번호를 확인합니다. UserStatus 속성은 2차원 배열을 반환하는데, UBound 함수의 두 번째 인수를 설정하지 않으면 항상 1차원 배열의 마지막 인덱스 번호를 반환합니다. UserStatus 속성에서 반환하는 배열의 1차원은 사용자 수를 의미하며, 인덱스는 1부터 시작하므로 이 값이 1이라는 것은 공유 모드이지만 현재 사용자 수는 한 명이라는 의미입니다. 그러므로 현재 파일이 단독으로 사용된다는 메시지를 MsgBox 함수를 사용해 표시합니다.

❺ ❹의 판단 결과가 1이 아니라면 여러 사람이 함께 사용하고 있음을 안내합니다.

❻ ❷의 판단 결과가 False면 파일이 공유되고 있지 않음을 안내합니다.

공유와 공유 해제 작업을 손쉽게 처리하기

공유 파일은 수정할 사항이 생길 때마다 공유 모드를 해제하고 작업한 다음 다시 공유 파일로 전환하는 작업을 하는데, 이런 전환 과정은 불편하고 귀찮은 것이 사실입니다. 파일의 현재 상태를 확인해 공유된 경우에는 공유를 해제하고, 공유되지 않은 경우에는 다시 공유하는 매크로를 사용하면 불편한 과정을 거치지 않아도 됩니다. 이와 같은 작업은 다음과 같은 코드를 구성해 진행하면 됩니다.

```
Sub 모드전환()

    Application.DisplayAlerts = False                    ❶

        With ThisWorkbook

            If .MultiUserEditing = True Then             ❷

                .ExclusiveAccess                         ❸

            Else

                .SaveAs Filename:=.FullName, AccessMode:=xlShared    ❹

            End If

        End With

    Application.DisplayAlerts = True                     ❺

End Sub
```

❶ Application 개체의 DisplayAlerts 속성을 False로 변경해 ❸ 또는 ❹의 코드에서 나타날 수 있는 경고 메시지 창을 표시하지 않도록 설정합니다.

❷ 현재 파일이 공유되어 있는지 판단해, 공유되었으면 ❸의 코드를, 공유되지 않았다면 ❹의 코드를 실행합니다.

❸ Workbook 개체의 ExclusiveAccess 메서드를 사용해 현재 파일의 공유를 해제합니다.

❹ 현재 파일을 다른 이름으로 저장하면서 파일을 공유 모드로 설정합니다.

❺ 경고 메시지 창을 표시할지 여부를 다시 True(기본 설정)로 복원합니다.

공유된 파일에 접속한 사용자 정보 확인하기

공유된 파일에 접근한 사용자 정보를 보다 자세하게 얻고 싶다면 UserStatus 속성에서 반환된 배열 값을 모두 표시하는 매크로를 개발하면 됩니다.

```
Sub 사용자현황()

'1단계 : 필요한 변수를 선언합니다.                        ❶
    Dim 사용자 As Variant
    Dim 메시지 As String
    Dim i As Integer

'2단계 : 변수에 필요한 초기 값을 저장합니다.
```

```
        사용자 = ThisWorkbook.UserStatus                    ❷
        메시지 = "번호" & vbTab & "사용자" & vbTab & "마지막접속" & vbTab & vbTab & "상태"         ❸

    '3단계 : 파일에 접속한 사용자 정보를 변수에 저장하고 메시지 창에 표시합니다.
        For i = 1 To UBound(사용자)            ❹

            메시지 = 메시지 & vbCr & _
                    i & vbTab & _
                    사용자(i, 1) & vbTab & _
                    Format(사용자(i, 2), "yyyy-mm-dd h:m AM/PM") & vbTab & _
                    Choose(사용자(i, 3), "단독", "공유")           ❺

        Next

        MsgBox 메시지          ❻

End Sub
```

❶ 매크로 동작에 필요한 Variant 형식의 '사용자' 변수와 String 형식의 '메시지' 변수, Integer 형식의 i 변수를 각각 선언합니다.

❷ '사용자' 변수에 현재 파일에 접속한 사용자 정보를 반환하는 UserStatus 속성 값을 저장합니다.

❸ '메시지' 변수에 메시지 창에 표시할 머리글을 & 연산자를 이용해 연결합니다. 이때 사용한 vbTab 내장 상수는 탭 문자를 의미하며, 개별 문자열을 탭 키를 눌러 들여쓰기할 때 사용합니다.

❹ For … Next 순환문을 사용해 i 변수를 1부터 접속한 사용자 수(UBound(사용자))만큼 반복해 실행합니다.

❺ '메시지' 변수에 저장된 값을 한 칸 아래로 내린 다음(vbCr), i 변수의 값과 '사용자' 변수의 값에서 사용자 이름, 접속 시간, 상태 등의 값을 연결합니다. i 변수 값은 1부터 사용자 수만큼 증가하므로, 메시지 창에 표시되면 1, 2, 3, …과 같은 일련번호로 표시됩니다.

❻ MsgBox 함수를 사용해 메시지 변수의 내용을 화면에 표시합니다.

개발된 매크로를 테스트해 보려면 예제 파일을 열고, 아래 설명을 참고해 작업합니다.

❶ 〈현재 상태 보기〉 버튼에는 '현재상태' 매크로가 연결되어 있습니다. 버튼을 클릭하면 파일의 공유 여부가 다음과 같은 메시지 창에 표시됩니다.

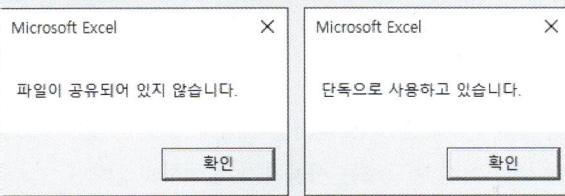

❷ 〈단독 〈―〉 공유〉 버튼에는 '모드전환' 매크로가 연결되어 있습니다. 버튼을 클릭하면 파일의 현재 상터에 따라 자동으로 파일이 공유되거나 공유가 해제됩니다.

❸ 〈공유 파일 사용자 정보 보기〉 버튼에는 '사용자현황' 매크로가 연결되어 있습니다. 버튼을 클릭하면 파일에 접속된 사용자 정보가 다음과 같이 메시지 창에 표시됩니다.

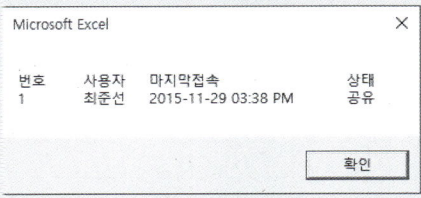

파일의 유효 기간을 설정해 스스로 삭제되는 코드 구성하기

168

파일이 외부로 유출되어 열리는 것을 방지해야 한다면, 특정 조건을 지정해 해당 조건에 맞지 않으면 파일이 스스로 삭제되도록 구성할 수 있습니다. 단, 이런 매크로는 사용자가 실행하지 않아도 스스로 동작할 수 있어야 하므로 프로시저 이름을 Auto_Open으로 구성하거나, Workbook_Open 이벤트 프로시저를 이용해야 합니다.

예제 파일 PART 03 \ (Workbook) ChangeFileAccess 메서드.xlsm

다음은 2030년 12월 31일까지만 유효하고, 그 다음에 파일을 열면 파일이 자동 삭제되도록 구성하는 코드의 예입니다.

```
Sub Auto_Open()                                         ❶

'1단계 : 파일을 사용할 마지막 일 조건을 설정합니다.
    If Date > DateSerial(2030, 12, 31) Then             ❷

'2단계 : 파일을 읽기 모드로 전환합니다.
        With ThisWorkbook                               ❸

            If .Saved = False Then .Save                ❹
            .ChangeFileAccess Mode:=xlReadOnly          ❺

'3단계 : 파일을 삭제합니다.
            Kill .FullName                              ❻

            .Close SaveChanges:=False                   ❼

        End With

    End If

End Sub
```

❶ Sub 프로시저 이름을 Auto_Open으로 구성해 파일이 열릴 때 자동으로 실행되도록 설정합니다.

❷ Date 함수는 오늘 날짜를 반환하고, DateSerial 함수는 인수로 전달된 연, 월, 일 날짜 값을 반환하므로, Date 함수가 DateSerial 함수의 반환 값보다 크다면 PC의 날짜가 지정된 날짜(DateSerial)를 넘겼다는 의미입니다. 즉, 2031년 1월 1일 이후에 아래 코드가 실행됩니다.

❸ With 문을 사용해 현재 파일을 대상으로 여러 명령을 한 번에 처리합니다.

> ④ 현재 파일에서 저장되지 않은 부분이 있다면 파일을 저장합니다.
>
> ⑤ ChangeFileAccess 메서드를 이용해 현재 파일의 속성을 '읽기 전용'으로 변경합니다. 읽기/쓰기 모드가 파일의 기본 상태인데, 이 상태에서는 열린 파일을 삭제하지 못하므로, 파일을 삭제하려면 반드시 읽기 모드로 전환해야 합니다.
>
> ⑥ Kill 함수를 사용해 현재 파일을 삭제합니다. 이 과정을 통해 하드에 저장된 파일이 삭제됩니다.
>
> ⑦ 파일은 삭제됐지만, 화면에는 파일이 표시됩니다. 이 파일은 처음 파일을 열었을 때 메모리에 로딩된 파일입니다. 이 파일을 저장하지 않고 닫으면 파일 삭제 작업이 완료됩니다.

이 매크로를 실행해 보려면 예제를 연 다음 단축키 Alt + F11 을 누르고, 위 매크로 ④의 코드에서 날짜를 다음과 같이 어제 날짜로 변경합니다. 파일을 저장한 다음 닫고 다시 열어 봅니다.

```
If Date > (Date-1) Then

또는

If Date > DateSerial(연, 월, 일) Then
```

TIP 연, 월, 일은 원하는 날짜의 연, 월, 일 값을 직접 입력합니다.

CHAPTER

14

엑셀 프로그램(Application)

엑셀 프로그램은 엑셀의 최상위 개체인 Application 개체입니다.
엑셀의 다양한 옵션이나 엑셀 전반에 걸쳐 적용되는 작업은
모두 Application 개체의 구성원을 이용해 제어가 가능합니다.
예를 들면 엑셀의 자동 고침 기능에 대한 설정이나 수식 계산 방법을 지정하는 설정 등의 작업은
모두 Application 개체에서 처리할 수 있습니다.
이번 장에서는 Application 개체의 구성원을 이용한 매크로를 작성하는 방법 및
엑셀 프로그램을 조작하는 데 사용되는 리본 메뉴를 제어하는 몇 가지 방법을 소개합니다.

Application 개체의 주요 구성원

169

VBA(Visual Basic for Applications)를 사용할 수 있는 프로그램에서 최상위 개체는 공통적으로 Application입니다. Application 개체는 매크로가 실행될 모체가 되는 프로그램을 의미하며, 엑셀 프로그램에서는 당연히 엑셀 프로그램을 의미합니다. 그러므로 Application 개체에는 엑셀 프로그램을 제어하는 다양한 명령어가 구성원으로 제공됩니다. 이번에는 Application 개체의 주요 구성원에 대해 알아보겠습니다.

예제 파일 없음

다음은 Application 개체의 주요 구성원입니다.

구성원	설명	연관 기능
ActivePrinter	PC에 연결된 기본 프린터 정보를 반환하거나 설정합니다.	
Caller	프로시저를 호출한 개체를 반환합니다.	
CutCopyMode	복사 모드 상태를 반환하거나 설정합니다.	
Dialogs	엑셀의 내장 대화상자를 호출합니다.	
Evaluate	계산식의 계산된 결과를 반환합니다.	
FindFile	표준 열기 대화상자를 호출하며, 선택된 파일을 엽니다.	[열기]
GetOpenFilename	표준 열기 대화상자를 호출하며, 선택된 파일의 이름을 반환합니다.	[열기]
GetSaveAsFilename	표준 다른 이름으로 저장 대화상자를 호출하며, 사용자가 선택(또는 입력)한 파일 이름을 반환합니다.	[다른 이름으로 저장]
Goto	파일 내 지정한 위치나 프로시저로 바로 이동합니다.	
Intersect	인수로 전달된 범위 내 교집합 범위를 반환합니다.	
OnKey	프로시저를 실행할 단축키를 연결합니다.	
OnTime	프로시저를 원하는 시간에 실행할 수 있도록 예약합니다.	
RecentFiles	[열기] 명령에 제공되는 '최근에 사용한 통합 문서' 목록을 반환합니다.	[열기]
Repeat	마지막 사용자 작업을 반복합니다.	[다시 실행]
Run	프로시저(매크로 또는 사용자 정의 함수)를 실행합니다.	
Quit	엑셀 프로그램을 종료합니다.	[닫기]
StatusBar	상태 표시줄의 내용을 반환하거나 설정합니다.	
SendKeys	키 입력 작업을 메서드로 대신합니다.	
Undo	마지막 사용자 작업을 취소합니다.	[실행 취소]
Union	인수로 전달된 범위의 합집합 범위를 반환합니다.	

Version	엑셀 프로그램 버전 값을 다음과 같이 반환합니다. | 버전	엑셀 버전
---	---
12.0	엑셀 2007
14.0	엑셀 2010
15.0	엑셀 2013
16.0	엑셀 2016		
Wait	지정한 시간까지 매크로를 일시 중단합니다.	

170

최근에 사용한 통합 문서 목록에서 사용하지 않는 파일 제거하기

엑셀 프로그램에서는 '최근에 사용한 통합 문서' 목록을 통해 최근에 열어본 파일에 빠르게 접근할 수 있습니다. 이 목록은 Application 개체의 RecentFiles 속성 값으로 확인할 수 있습니다. '최근에 사용한 통합 문서' 목록은 25개부터 최대 50개까지 표시되는데, 이 중에는 삭제됐거나 위치가 바뀐 파일도 포함되어 있습니다. 그런 파일을 선택하면 에러 메시지 창이 나타나므로 필요한 파일에 빠르게 접근한다는 본래의 기능이 무색하게 느껴집니다. 더 이상 사용하지 않는 파일은 목록에서 선택/제거할 수 있다면 좋겠지만, 이런 기능은 엑셀에서 제공되지 않습니다. 이런 점이 불편했다면 필요한 동작을 처리하는 매크로를 개발해 사용하면 됩니다.

예제 파일   PART 03 \ (Application) RecentFiles 속성.xlsm

최근 파일 목록에서 연결이 끊긴 파일 제거하기

리본 메뉴의 [파일] 탭-[열기] 명령을 클릭하면, 최근에 열어본 파일이 '최근에 사용한 통합 문서' 목록에 최대 25개까지 표시됩니다.

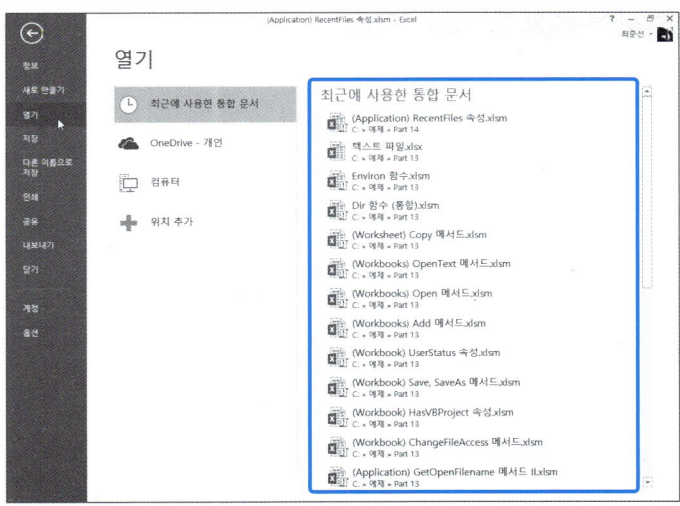

'최근에 사용한 통합 문서' 목록에서 링크가 깨진 파일을 찾아 자동으로 삭제하는 매크로는 다음과 같습니다.

```
Sub 최근파일목록정리()

    '1단계 : 필요한 변수를 선언합니다.
    Dim 최근파일표시개수 As Integer        ❶
```

```
        Dim 메시지 As String                          ─────────── ❷
        Dim 표시개수 As Integer

        Dim 삭제여부 As Boolean                       ─────────── ❸
        Dim i As Integer
        Dim 삭제개수 As Integer
        Dim 최근파일 As String

'2단계 : 최근 사용된 통합 문서 목록 설정을 백업하고 최대치로 변경합니다.
        최근파일표시개수 = Application.RecentFiles.Maximum     ─────────── ❹
        Application.RecentFiles.Maximum = 50         ─────────── ❺

'3단계 : 최근 사용된 통합 문서 목록을 순환하면서 링크가 깨진 파일을 삭제합니다.
        메시지 = "다음은 [최근에 사용한 통합 문서] 목록에서 삭제된 내역입니다." & vbCr   ─────────── ❻

        On Error Resume Next              ─────────── ❼

            Do                    ─────────── ❽

                표시개수 = Application.RecentFiles.Count       ─────────── ❾
                삭제여부 = False          ─────────── ❿

                For i = 표시개수 To 1 Step -1          ─────────── ⓫

                    최근파일 = Application.RecentFiles(i).Name      ─────────── ⓬

                    If Dir(최근파일) = "" Then          ─────────── ⓭

                        메시지 = 메시지 & vbCr & 최근파일

                        Application.RecentFiles(i).Delete

                        삭제개수 = 삭제개수 + 1
                        삭제여부 = True

                    End If

                Next

            Loop While 삭제여부           ─────────── ⓮

        On Error GoTo 0            ─────────── ⓯

'4단계 : 작업 결과를 메시지 창에 표시하고, 변경한 설정을 복원합니다.
        If 삭제개수 > 0 Then            ─────────── ⓰
            MsgBox 메시지
        Else
            MsgBox "[최근에 사용한 통합 문서] 목록에 삭제될 파일이 없습니다."
        End If

        Application.RecentFiles.Maximum = 최근파일표시개수          ─────────── ⓱

End Sub
```

❶ 옵션 값을 저장하고 복원할 때 사용할 Integer 형식의 '최근파일표시개수' 변수를 선언합니다.

❷ 메시지 창에 표시할 String 형식의 '메시지' 변수와 Integer 형식의 '표시개수' 변수를 선언합니다.

❸ 최근에 사용한 통합 문서 목록을 순환할 때 사용할 Boolean 형식의 '삭제여부' 변수와 Integer 형식의 i 변수, '삭제개수' 변수, 그리고 String 형식의 '최근파일' 변수를 선언합니다.

❹ 최근에 사용한 통합 문서 목록에 표시될 문서 개수 옵션 값을 '최근파일표시개수' 변수에 저장합니다. 매크로가 실행될 때 옵션을 변경했다가 이후에 다시 원래대로 복원하기 위한 작업입니다.

❺ 최근에 사용한 통합 문서 목록에 표시할 최대값인 50으로 옵션을 변경합니다. 이렇게 하면 최근에 사용한 통합 문서 목록에 표시되는 문서 개수가 25개에서 50개로 변경됩니다.

❻ '메시지' 변수에 메시지 창에 표시될 첫 번째 문장을 입력해 둡니다.

❼ 최근에 사용한 통합 문서 목록을 순환할 때 에러가 발생해도 멈추지 않고 코드가 계속 진행되도록 설정합니다.

❽ Do … Loop 순환문을 사용해 최근에 사용한 통합 문서 목록을 반복해서 작업합니다. 처음 한 번에 목록에서 지워진 파일이 있다면 목록에 새로운 파일이 표시되므로, 이것을 모두 확인하기 위해 여러 번 목록을 순환하도록 합니다.

❾ '표시개수' 변수에 최근에 사용한 통합 문서 목록에 표시된 파일 개수를 저장합니다.

❿ '삭제여부' 변수는 False 값으로 설정합니다. 이 값은 Do … Loop 순환문을 계속해서 순환할지 여부를 판단하는 옵션으로, 파일이 삭제될 때 자동으로 True로 변경되므로 다시 순환하기 전에 이미 삭제된 파일이 있는지 확인하기 위해 사용됩니다.

⓫ For … Next 순환문을 사용해 i 변수의 값을 '표시개수' 변수의 값부터 1까지 1씩 감소시키면서 ⓬-⓭ 과정을 순환하도록 설정합니다.

⓬ 최근에 사용한 통합 문서 목록의 i번째 파일 이름(Fullname)을 '최근파일' 변수에 저장합니다.

⓭ '최근파일' 변수에 저장된 값을 Dir 함수에 전달해 빈 문자(" ")가 반환되는지 판단합니다. 빈 문자가 반환되면 해당 파일이 존재하지 않는다는 것이므로 목록에서 삭제합니다. 먼저 '메시지' 변수에 '최근파일' 변수의 값을 연결해 저장하고, 최근에 사용한 통합 문서 목록에서 지운 다음, '삭제개수' 변수의 값을 1씩 증가시켜 개수를 세고, '삭제여부' 변수의 값을 True로 변경합니다.

⓮ '삭제여부' 변수의 값이 True인 동안 다시 ❽로 이동해 명령을 반복 실행합니다.

⓯ 모든 순환 작업이 종료됐다면 ❼의 에러 설정을 취소합니다.

⓰ '삭제개수' 변수의 값이 0보다 크면 다음과 같은 메시지 창을 표시합니다.

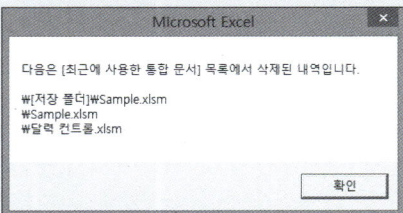

만약 0이면 삭제될 파일이 없다는 메시지 창을 표시합니다.

⓱ 최근에 사용한 통합 문서 목록의 최대 표시 옵션 값을 '최근파일표시개수' 변수의 값으로 변경합니다.

최근 파일 목록 모두 삭제하기

만약 최근에 사용한 통합 문서 목록을 한 번에 모두 삭제하려면 '표시할 최근 문서 수' 옵션(Maximum) 값을 0으로 조정했다가 다시 복원하면 되는데, 이런 작업을 처리하는 매크로는 다음과 같이 구성하면 됩니다.

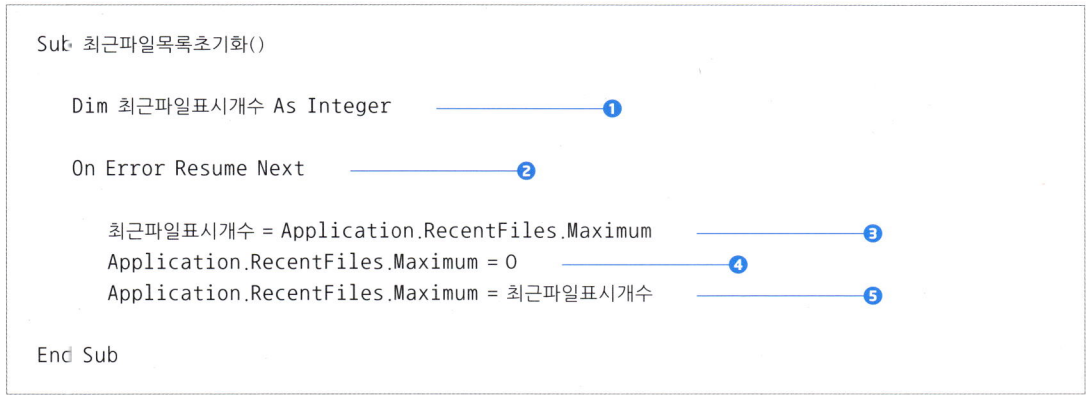

❶ 현재 옵션 값을 저장하기 위해, Integer 형식의 '최근파일표시개수' 변수를 선언합니다.

❷ On Error Resume Next 문을 사용해 아래 코드에서 에러가 발생해도 그대로 진행되도록 합니다.

❸ '최근파일표시개수' 변수에 엑셀 옵션의 '표시할 최근 문서 수' 옵션 값을 저장합니다.

❹ 엑셀 옵션 중 '표시할 최근 문서 수' 옵션 값을 0으로 변경합니다. 이렇게 하면 현재 최근에 사용한 통합 문서 목록이 모두 지워집니다.

❺ 엑셀 옵션 중 '표시할 최근 문서 수' 옵션 값을 '최근파일표시개수' 변수의 값으로 복원합니다.

개발된 매크로를 테스트해 보려면 예제 파일을 열고, 다음 버튼을 클릭합니다.

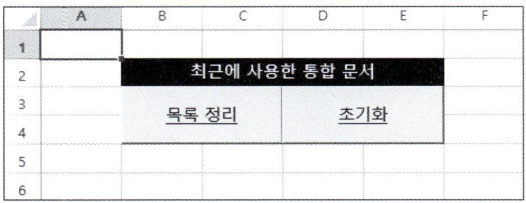

❶ 〈목록 정리〉 버튼에는 '최근파일목록정리' 매크로가 연결되어 있으며, 클릭하면 '최근에 사용한 통합 문서' 목록에서 링크가 깨진 파일을 정리합니다.

❷ 〈초기화〉 버튼에는 '최근파일목록초기화' 매크로가 연결되어 있으며, 클릭하면 '최근에 사용한 통합 문서' 목록을 모두 지웁니다.

SendKeys 메서드를 이용해 계산기 프로그램 제어하기

171

Application 개체에는 사용자의 키 입력을 대신해 주는 SendKeys 메서드가 제공됩니다. 이 메서드를 이용하면 엑셀뿐 아니라 다른 프로그램에서도 키 입력을 대신할 수 있어 데이터를 옮기거나 해당 프로그램을 조작하는 등의 작업을 편리하게 진행할 수 있습니다. 이번에는 특정 범위에 입력된 숫자를 계산기 프로그램으로 계산해 그 결과를 검증하는 작업을 처리하는 매크로를 개발하는 방법에 대해 알아보겠습니다.

예제 파일 PART 03 \ (Application) SendKeys 메서드 I.xlsm

SendKeys 메서드 구문

키 입력을 대신 처리할 수 있는 Application 개체의 SendKeys 메서드의 구문은 다음과 같습니다.

```
Application.SendKeys( Keys, Wait )
```

❶ Keys : 입력할 키(또는 키 조합)를 전달합니다. 영어+숫자+특수문자를 제외한 특수키는 다음과 같은 값을 사용합니다.

키 종류	Keys	키 종류	Keys
Backspace	BS	위 방향키	UP
Delete	DEL	아래 방향키	Down
ESC	Esc	왼쪽 방향키	LEFT
Enter	~	오른쪽 방향키	RIGHT
Alt	%	Page Up	PGUP
Ctrl	^	Page Down	PGDN
Shift	+	Tab	Tab
펑션키	F1 ~ F15		

❷ Wait : True면 키가 처리될 때까지 매크로 실행을 잠시 중단합니다.

Shell 함수 구문

외부 프로그램을 실행할 수 있는 Shell 함수는 인수로 전달된 프로그램을 실행하고 실행된 프로그램 ID 값을 반환합니다. Shell 함수의 구문은 다음과 같습니다.

SHELL (pathname, windowstyle)

❶ pathname
실행할 프로그램의 경로와 실행 파일 이름입니다.

❷ windowstyle
프로그램이 실행된 후 Window 스타일을 설정하며, 다음 내장 상수를 사용합니다.

내장 상수	설명
vbHide	프로그램은 실행하지만, 창은 숨깁니다.
vbNormalFocus	프로그램을 기본 창 크기로 실행합니다.
vbMinimizedFocus	프로그램 창을 최소화 상태로 표시합니다.
vbMaximizedFocus	프로그램 창을 최대화 상태로 표시합니다.
vbNormalNoFocus	프로그램 창을 기본 창 크기로 실행하지만, 활성 창은 바뀌지 않습니다.
vbMinimizedNoFocus	프로그램 창을 최소화 상태로 표시하며, 활성 창은 바뀌지 않습니다.

AppActivate 문 구문

실행되고 있는 프로그램 중에서 인수로 전달된 응용 프로그램 창을 화면에 표시합니다. 구문은 다음과 같습니다.

```
AppActivate(Title, Wait)
```

❶ Title : 프로그램 창 제목 표시줄의 제목(또는 Shell 함수에서 반환한 프로그램 ID) 값입니다.

❷ Wait : False면 프로그램이 포커스를 갖지 않아도 프로그램을 즉시 화면에 표시합니다.

외부 프로그램 제어 예

엑셀에 입력된 숫자 값을 계산기 프로그램에서 계산한 결과를 화면에 표시해 보겠습니다. 예제를 열면 다음과 같은 화면을 확인할 수 있습니다.

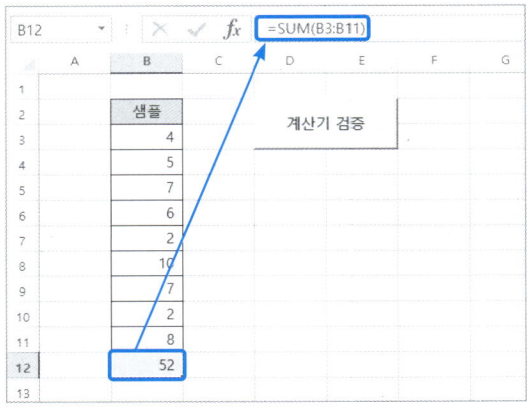

B3:B11 범위에 입력된 숫자 값의 합계를 구한 B12셀의 수식 결과가 올바른지 확인하기 위해, 윈도우의 계산기 프로그램을 이용해 검증하는 매크로를 다음과 같이 개발합니다.

```
Sub 계산기검증()

    '1단계 : 필요한 변수를 선언합니다.                    ❶
        Dim 계산범위 As Range
        Dim 셀 As Range
        Dim 계산기 As Variant

    '2단계 : 변수에 초기 값을 할당합니다.
        Set 계산범위 = Range("B3:B11")                   ❷

    '3단계 : 계산기 프로그램을 실행합니다.
        On Error Resume Next                            ❸

            계산기 = Shell(pathname:="Calc.exe", windowstyle:=vbNormalFocus)  ❹

            If Err.Number <> 0 Then                     ❺

                MsgBox "계산기 프로그램을 실행할 수 없습니다."
                Exit Sub

            End If

        On Error GoTo 0                                 ❻

    '4단계 : 실행된 계산기 프로그램에 셀 값을 모두 전달해 더합니다.
        Application.Wait Now + TimeSerial(0, 0, 1)      ❼

        For Each 셀 In 계산범위                          ❽

            Application.SendKeys 셀.Text & "{+}", True  ❾

        Next

End Sub
```

❶ 순환문에서 사용할 Range 형식의 '계산범위', '셀' 개체변수와 프로그램을 실행하고 반환된 값을 저장할 Variant 형식의 '계산기' 변수를 선언합니다.

❷ '계산범위' 개체변수에 계산할 숫자 값이 입력되어 있는 B3:B11 범위를 할당합니다.

❸ ❹의 코드에서 에러가 발생해도 매크로를 중단하지 않고 계속 실행하도록 On Error 문을 설정합니다.

❹ Shell 함수를 사용해 계산기 프로그램(Calc.exe)을 실행하며, Shell 함수에서 반환된 프로그램 ID 값을 '계산기' 변수에 저장합니다.

❺ 에러가 발생했는지 판단해, 에러가 발생했다면 메시지 창을 띄우고 매크로를 종료합니다.

❻ 매크로가 중단되지 않았다면 계산기 프로그램이 제대로 실행된 것이므로 ❸의 On Error 문의 설정을 취소합니다.

❼ Application 개체의 Wait 메서드를 이용해 정확하게 1초 동안 매크로 실행을 중단합니다. 1초 동안 대기하는 이유는 계산기 프로그램이 로딩되는 시간 때문입니다.

❽ For Each … Next 문을 사용해 '계산범위' 변수에 할당된 범위 내 셀을 하나씩 '셀' 변수에 할당하면서 순환합니다.

❾ 셀 값(Text)과 더하기(+) 키를 입력합니다. 이렇게 하면 계산기 프로그램에서 숫자 값과 〈+〉 버튼을 누르는 동작이 이뤄집니다. 이번 코드에서 셀 값을 Value 속성이 아닌 Text 속성을 사용한 이유는 셀 값 자체가 아니라 화면에 표시된 값을 사용하기 위해서입니다. 또한 Format 함수를 사용해 '#.#' 서식 코드의 결과를 사용한 것은 윈도우 10과 오피스 2016 버전을 사용하는 사용자를 위한 것으로, 화면에 표시된 셀 값을 정확하게 텍스트 값으로 변환해 전달하기 위해서입니다.

위 매크로를 실행해 보려면 예제의 〈계산기 검증〉 버튼을 클릭합니다. 그러면 다음과 같은 계산기 프로그램이 실행되면서, 계산 결과가 자동으로 나타납니다.

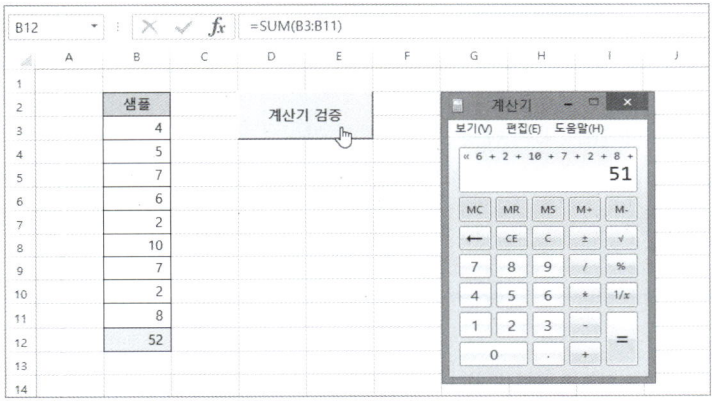

위 화면에서 계산기의 결과는 51인데, B12셀의 결과는 52입니다. 이것은 B3:B11 범위에 소수점 이하 값이 숨겨져 있기 때문입니다. 소수점 이하 값이 제대로 계산에 반영되도록 하려면, B3:B11 범위를 선택하고 리본 메뉴의 [홈] 탭-[표시 형식] 그룹-[자릿수 늘림] 명령( )을 클릭하면 됩니다. 〈계산기 검증〉 버튼을 다시 클릭해 확인합니다.

SendKeys 메서드로 자동 로그인 작업하기

172

앞의 예제를 통해 SendKeys 메서드를 활용하는 방법에 대한 감을 대략 잡을 수 있었을 겁니다. SendKeys 메서드는 VBA에서 제어하지 못하는 프로그램을 제어하려고 할 때 자주 사용되며, 계산기 프로그램 외에 웹 브라우저를 제어하는 데에도 자주 활용됩니다. 이번에는 특정 웹 사이트의 로그인을 자동으로 처리하는 매크로를 개발하는 방법에 대해 알아보겠습니다.

예제 파일 PART 03 \ (Application) SendKeys 메서드 II.xlsm

CreateObject 함수

엑셀에서 외부 프로그램을 사용하려면 Shell 함수 또는 해당 프로그램의 라이브러리를 참조해야 합니다. Shell 함수를 사용하는 방법은 SECTION 171(552쪽)에서 진행했으므로 이번에는 해당 프로그램의 라이브러리를 참조하는 방법을 사용해 보겠습니다.

> **Plus⁺ 라이브러리(LIBRARY)**
>
> 해당 프로그램을 제어할 수 있도록 제공되는 프로그램 컬렉션, 개체 및 구성원을 제공하는 모듈로, 필요할 때마다 선택해 사용할 수 있습니다.

외부 프로그램의 라이브러리를 참조해 작업하는 방법은 두 가지인데, 매크로를 개발하기 전에 라이브러리를 먼저 참조하는 방식을 '초기 바인딩'이라고 하고, 매크로 내에서 코드를 사용해 원하는 라이브러리를 참조하는 방식을 '후기 바인딩'이라고 합니다. '후기 바인딩' 방식을 사용하려면 해당 라이브러리나 개체 모델에 대한 이해가 필요하지만, 사용자가 일일이 필요한 라이브러리를 참조할 필요가 없어 편리합니다.

매크로가 실행될 때 필요한 라이브러리를 참조하려면 CreateObject 함수 또는 GetObject 함수를 사용할 수 있어야 합니다. 라이브러리를 직접 참조하는 CreateObject 함수의 구문은 다음과 같습니다.

CREATEOBJECT (class, servername)

❶ class
참조할 응용 프로그램 이름과 개체 타입을 appname.objecttype 구문으로 전달합니다.

❷ servername
개체를 작성할 네트워크 서버의 이름입니다.

GetObject 함수의 사용 방법은 CreateObject 함수와 동일합니다. 다만, CreateObject 함수는 라이브러리를 참조할 때 새로운 개체를 생성하지만, GetObject 함수는 기존 개체를 참조한다는 점이 다릅니다. 좀 더 쉽게 설명하면 인터넷 익스플로러(IE)가 실행 중일 때는 다시 실행할 필요 없이 GetObject 함수로 실행된 프로그램의 라이브러리를 사용할 수 있지만, 실행 중이지 않다면 CreateObject 함수로 새 프로그램을 하나 실행하고 라이브러리를 참조해야 합니다.

자동 로그인 처리 예

예제를 열면 화면과 같은 표를 확인할 수 있습니다. 표의 D5, D7셀에 각각 본인의 네이버 아이디와 패스워드를 입력하고 〈로그인〉 버튼을 클릭하면 인터넷 익스플로러 프로그램이 실행되면서 자동 로그인이 되도록 해 보겠습니다.

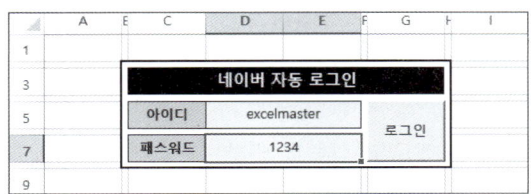

자동 로그인을 처리하는 매크로를 개발하려면 다음과 같이 코드를 구성합니다.

```
Sub 자동로그인()

'1단계 : 필요한 변수를 선언합니다.                    ①
    Dim IE As Object
    Dim 네이버 As String
    Dim 아이디 As String
    Dim 패스워드 As String

'2단계 : 아이디/패스워드를 변수에 저장합니다.          ②
    아이디 = Range("D5").Value
    패스워드 = Range("D7").Value

'3단계 : IE를 이용해 네이버 사이트에 접속합니다.
    Set IE = CreateObject("InternetExplorer.Application")    ③
    네이버 = "http://www.naver.com"                          ④

    IE.Navigate 네이버                                        ⑤

    Do                 ⑥
        DoEvents
    Loop While IE.Busy

'4단계 : IE를 화면에 표시하고, SendKeys 메서드를 이용해 로그인합니다.
    IE.Visible = True             ⑦
```

```
        Application.Wait Now + TimeSerial(0, 0, 2)                    ⑧
        Application.SendKeys "{TAB}{TAB}{TAB}"

        Application.Wait Now + TimeSerial(0, 0, 2)                    ⑨
        Application.SendKeys 아이디 & "{TAB}"

        Application.Wait Now + TimeSerial(0, 0, 1)      '             ⑩
        Application.SendKeys 패스워드 & "~"

'5단계 : IE 변수의 메모리를 반환합니다.
    Set IE = Nothing                      ⑪

End Sub
```

① 매크로 동작에 필요한 Object 형식의 IE 변수와 String 형식의 '네이버', '아이디', '패스워드' 변수를 선언합니다. IE 변수는 CreateObject 함수로 바인딩된 라이브러리 개체를 할당할 것이므로, 모든 개체변수를 할당할 수 있는 Object 개체 형식으로 선언한 것입니다.

② '아이디', '패스워드' 변수에 각각 D5셀과 D7셀의 값을 저장합니다.

③ CreateObject 함수를 사용해 Internet Explorer 프로그램을 메모리에 로딩한 다음, IE 개체변수에 할당합니다. 참고로 프로그램은 실행되지만 화면에는 표시되지 않으며, ⑦의 코드가 실행될 때 화면에 표시됩니다.

④ '네이버' 변수에 접속할 사이트 주소를 저장합니다. 예제에서는 네이버 사이트의 주소를 저장합니다.

⑤ IE 개체변수에 할당된 인터넷 익스플로러 프로그램을 사용해 '네이버' 변수에 저장된 주소로 접속합니다.

⑥ Do … Loop 순환문을 이용해 ⑤의 접속이 완료될 때까지 매크로 실행을 멈추고 대기합니다. 매크로는 일단 실행되면 동작이 끝날 때까지 다른 작업을 처리할 수 없는데, DoEvents 함수를 사용해 인터넷 익스플로러로 네이버 사이트에 접속할 때까지 사용자가 다른 작업을 할 수 있도록 합니다. 순환문의 반복 조건은 Busy 속성 값을 확인해 True인 동안 계속 반복하는 것인데, 접속이 완료되면 Busy 속성이 False가 되므로, 지정한 사이트에 접속이 완료될 때까지 대기하려면 항상 이번과 같이 코드를 구성해야 합니다.

⑦ IE 개체변수에 할당된 인터넷 익스플로러를 화면에 표시합니다. SendKeys 메서드를 사용하기 전에 프로그램 창이 반드시 화면에 표시되어야 합니다.

⑧ Application 개체의 Wait 메서드를 이용해 2초 동안 매크로 동작을 중단시킨 다음, SendKeys 메서드를 이용해 Tab 키를 세 번 연속으로 누릅니다. 현재 네이버 사이트는 실행과 동시에 상단의 검색 란에 포커스가 맞춰지며, 아이디 입력 란으로 이동하려면 Tab 키를 세 번 눌러야 합니다. 이번 코드는 이런 동작을 구현한 것으로, 사이트가 개편되거나 다른 사이트라면 사용자가 해당 사이트에 접속한 다음 ID를 입력하기 위해 Tab 키를 몇 번 눌러야 하는지 확인해 코드를 수정해야 합니다.

⑨ 다시 2초 동안 대기한 다음, SendKeys 메서드를 이용해 '아이디' 변수의 값을 전달하고 Tab 키를 누릅니다. 이렇게 하면 D5셀의 값이 아이디로 입력되고, Tab 키를 통해 비밀번호 입력란으로 이동합니다.

⑩ 1초 동안 대기한 후 SendKeys 메서드를 이용해 '패스워드' 변수의 값을 전달하고 Enter 키를 누릅니다. 이렇게 하면 로그인 작업이 완료됩니다.

⑪ IE 변수에 할당된 메모리를 해제합니다. 이 작업으로 인터넷 익스플로러 프로그램이 종료되는 것은 아니며, 변수에 할당된 메모리만 반환됩니다.

개발돈 매크로를 실행하려면 예제의 〈자동 로그인〉 버튼을 클릭하면 됩니다. 그러면 다음과 같이 인터넷 익스플로러가 실행되며 자동으로 로그인된 결과를 확인할 수 있습니다.

Addins 속성을 사용해 추가 기능 설치하기

173

엑셀에는 분석 도구나 해 찾기와 같은 다양한 추가 기능 파일이 제공되며, 사용자가 필요에 맞게 원하는 추가 기능을 설치해 사용할 수도 있습니다. 분석 도구나 해 찾기와 같은 추가 기능을 매크로로 설치해 사용하려면 Application 개체의 Addins 속성을 이용해 추가 기능을 의미하는 Addins 컬렉션을 조작하는 방법을 알아야 합니다. 이번에는 Addins 컬렉션을 이용해 추가 기능을 자동으로 설치(또는 삭제)하는 방법에 대해 알아보겠습니다.

예제 파일 PART 03 \ (Application) Addins 속성.xlsm

사용할 수 있는 추가 기능 확인

사용할 수 있는 추가 기능을 검색하려면 다음과 같은 매크로를 사용하면 됩니다.

```
Sub 추가기능확인()

    Dim 추가기능 As AddIn                    ❶

    For Each 추가기능 In Application.AddIns   ❷

        Debug.Print 추가기능.Title            ❸

    Next

End Sub
```

❶ Addin 형식의 '추가기능' 개체변수를 선언합니다.

❷ For Each … Next 순환문을 사용해 전체 추가 기능을 하나씩 '추가기능' 변수에 할당하면서 ❸의 명령을 반복해 실행합니다.

❸ Debug 개체는 직접 실행 창으로, Print 메서드를 이용하면 직접 실행 창에 원하는 값을 출력할 수 있습니다. '추가기능' 변수에 할당된 추가 기능의 Title 속성 값을 반환합니다. Title 속성은 추가 기능을 실행할 때 열리는 대화상자에 표시되는 추가 기능의 제목입니다. 매크로가 실행되면 직접 실행 창에 다음과 같은 결과가 반환됩니다.

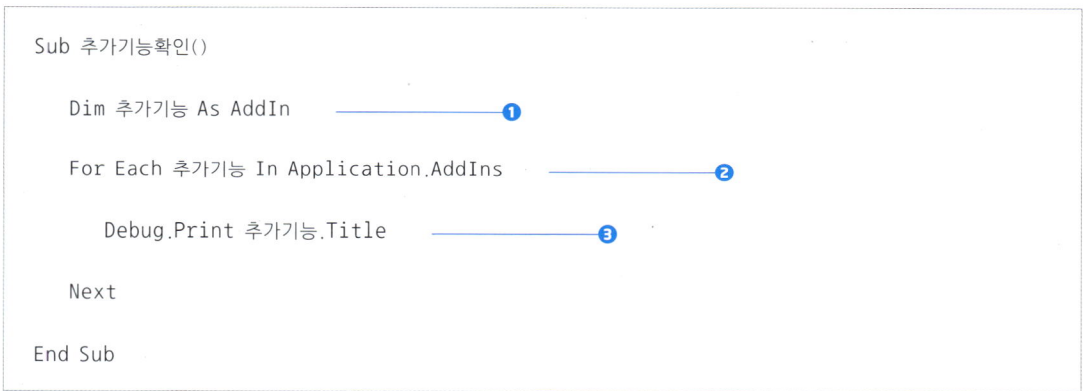

추가 기능의 설치

사용 가능한 추가 기능 중에서 '분석 도구' 추가 기능을 설치하는 과정을 매크로로 처리하려면 다음과 같은 코드를 사용합니다.

```
Sub 분석도구설치()

'1단계 : 필요한 변수를 선언합니다.                    ❶
    Dim 제목 As String
    Dim 분석도구 As Workbook

'2단계 : 추가 기능 설치 여부를 확인해 추가 기능을 설치합니다.
    제목 = "분석 도구"                   ❷

    If Application.AddIns(제목).Installed = False Then         ❸

        Application.AddIns(제목).Installed = True

    End If

'3단계 : 추가 기능이 제대로 설치됐는지 확인하고 필요하다면 직접 파일을 열어 설치합니다.
    On Error Resume Next              ❹

        Set 분석도구 = Workbooks(Application.AddIns(제목).Name)        ❺

        If Err.Number <> 0 Then         ❻

            Workbooks.Open Filename:=Application.AddIns(제목).FullName

        End If

End Sub
```

❶ 매크로 동작에 필요한 String 형식의 '제목' 변수와 Workbook 형식의 '분석도구' 개체변수를 선언합니다.

❷ '제목' 변수에 설치할 추가 기능의 제목을 입력합니다. 제목은 앞의 '추가기능확인' 매크로를 실행해 확인할 수 있습니다.

❸ '제목' 변수에 저장된 제목의 추가 기능이 설치됐는지 Installed 속성을 통해 확인한 다음, 설치되지 않았다면(False) Installed 속성 값을 True로 변경해 설치 작업을 진행합니다.

❹ 2단계 작업에서 제대로 추가 기능이 설치됐는지 확인하는 작업을 진행합니다. 먼저 ❺에서 에러가 발생해도 무시하고 계속해서 매크로가 실행되도록 설정합니다.

❺ '분석도구' 개체변수에 열려 있는 파일 중에서 추가 기능 파일을 할당합니다.

❻ ❺에서 에러가 발생하지 않으면 추가 기능 파일이 열려 있는 것이고, 그렇지 않으면 추가 기능 파일이 설치되지 않은 것입니다. Err 개체의 Number 속성 값이 0이 아니면 에러가 발생한 것이므로, 이 경우 추가 기능 파일이 제대로 설치되지 않은 것입니다. 그러므로 Workbooks.Open 메서드를 사용해 추가 기능 파일을 강제로 열어 설치 작업을 종료합니다.

개발된 매크로를 테스트해 보려면 예제 파일을 열고 〈분석 도구 추가 기능〉 버튼을 클릭합니다. 제대로 실행되면, 리본 메뉴의 [데이터] 탭-[분석] 그룹에 [데이터 분석] 명령(📊)이 존재해야 합니다.

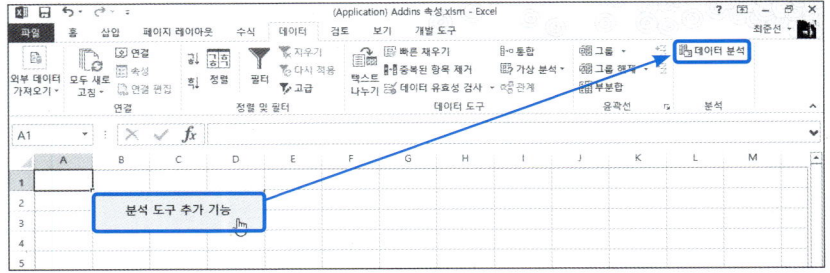

Evaluate 메서드를 이용해 계산식의 계산 결과를 반환하기

174

엑셀은 입력된 계산식(수식)을 매우 빠르게 계산해 주는 소프트웨어지만, 계산식은 반드시 등호(=)로 시작해야 한다는 원칙이 있습니다. 만약 등호로 시작하지 않은 계산식을 계산하고자 한다면 Application 개체의 Evaluate 메서드를 사용하면 됩니다. 이런 계산 작업은 여러 곳에서 이뤄지기 때문에 함수 프로시저(사용자 정의 함수)를 만들어 사용하는 것이 좋습니다.

예제 파일 PART 03 \ (Application) Evaluate 메서드.xlsm

Evaluate 메서드 구문

Evaluate 메서드는 인수로 전달된 개체 이름을 참조로 바꾸거나, 문자열로 된 계산식을 계산하는 데 사용되며, 구문은 다음과 같습니다.

```
Application.Evaluate( Name )
```

❶ Name : 엑셀의 이름 정의 규칙에 따르는 개체 이름으로, 셀(또는 범위) 주소, 정의된 이름, 계산식 등을 사용할 수 있습니다.

인터넷 상에 떠도는 코드에서 [A1]와 같이 Range 개체명을 생략하고 셀(또는 범위)을 참조하는 경우가 있는데, 이것은 Evaluate 메서드를 생략한 것입니다. 예를 들어 다음과 같은 코드는 대괄호 안의 주소가 Evaluate 메서드에 전달되어 Range("A1:A10") 과 동일한 결과를 반환합니다.

```
[A1:A10]
```

그러므로 대괄호([ ])를 사용해 셀(또는 범위)을 참조하는 방법은 모두 Evaluate 메서드를 생략한 것이라고 생각하면 됩니다. 이런 표기 방법은 코드를 짧게 줄여 쓸 수 있어 편리하지만 Range("A1:A10")과 같이 코드를 구성하는 것이 가독성과 속도 측면에서 훨씬 더 좋다는 것은 알아두는 것이 좋습니다.

Evaluate 메서드 사용 예

예제를 열면 화면과 같은 표를 확인할 수 있습니다. B열의 계산식은 일반적으로 계산 결과를 얻기에 적합하지 않은데, Evaluate 메서드를 사용하면 계산 결과를 돌려 받을 수 있습니다.

	A	B	C	D
1				
2		계산식 예	결과	
3		15000원 x 12시간		
4		(100*(25+5))		
5		(1.5+2.5+3.5)x80%		
6				

이런 작업은 매크로로 만드는 것보다, 계산식을 받아 계산 결과를 반환하는 사용자 정의 함수로 구성하는 것이 좋습니다.

```
Function CEVALUATE(계산식 As String) As Variant                    ❶

'1단계 : 필요한 변수를 선언합니다.                                   ❷
    Dim i As Integer
    Dim 연산가능문자 As String
    Dim 수정계산식 As String

'2단계 : 셀에서 사용할 때 재계산 시점을 다른 함수와 동일하게 합니다.
    Application.Volatile                          ❸

'3단계 : 계산식에서 계산이 가능하지 않은 부분은 모두 제거합니다.
    For i = 1 To Len(계산식)                       ❹

        연산가능문자 = Mid(계산식, i, 1)             ❺

        Select Case 연산가능문자                    ❻

            Case 0 To 9, "+", "-", "*", "/", "(", ")", ".", "%"   ❼

                수정계산식 = 수정계산식 & 연산가능문자

            Case "x"     '                         ❽

                수정계산식 = 수정계산식 & "*"

        End Select

    Next

'4단계 : 수정된 계산식을 계산해 결과를 반환합니다.
    If Len(수정계산식) > 0 Then                     ❾

        CEVALUATE = Application.Evaluate(수정계산식)

    Else                   ❿

        CEVALUATE = ""

    End If

End Function
```

❶ CEVALUATE 사용자 정의 함수를 선언합니다. CEVALUATE 함수는 String 형식의 '계산식' 매개변수에 전달된 값을 받아 계산한 후 계산 결과를 Variant 형식의 값으로 반환합니다.

❷ 프로시저 동작에 필요한 Integer 형식의 i 변수와 String 형식의 '연산가능문자', '수정계산식' 변수를 각각 선언합니다.

❸ Application 개체의 Volatile 메서드를 사용해, 사용자 정의 함수의 재계산 방법을 셀의 재계산 시점에 맞춥니다. 보통 이 메서드를 사용하지 않으면, 매개변수의 값이 변경될 때만 재계산됩니다. 이번 코드는 True 값이 생략된 것으로, 생략하지 않고 전체 코드를 입력하면 다음과 같습니다.

```
Application.Volatile True
```

❹ For … Next 문을 사용해 '계산식' 매개변수에서 불필요한 문자를 모두 제거합니다. 이번 순환문은 i 변수 값이 1부터 '계산식' 매개변수에 저장된 값의 전체 문자 개수까지 1씩 증가하면서 반복합니다.

❺ '계산식' 매개변수에 저장된 문자를 '연산가능문자' 변수에 하나씩 저장합니다. 이렇게 하면 순환하면서 '계산식' 매개변수의 값에서 문자 하나씩 '연산가능문자' 변수에 저장할 수 있습니다.

❻ Select Case 문을 사용해 '연산가능문자' 변수에 저장된 문자가 계산 가능한 문자인 경우 '수정계산식' 변수에 저장합니다.

❼ Case 절을 사용해 '연산가능문자' 변수에 저장된 문자가 숫자(0 To 9)이거나 연산자(+, -, *, / 등)인 경우에만 '수정계산식' 변수에 순서대로 연결해 저장합니다. 이렇게 하면 숫자와 연산자를 제외한 나머지 문자는 자동으로 빠집니다.

❽ '연산가능문자' 변수에 저장된 값이 x인 경우에는 곱하기 연산자(*)로 대체합니다.

❾ '수정계산식' 변수에 저장된 문자가 있는지 Len 함수를 사용해 문자 개수를 세어 확인합니다. 만약 Len 함수의 결과가 0보다 크다면 계산식이 저장된 것이므로 Application 개체의 Evaluate 메서드를 이용해 계산한 다음 CEVALUATE 함수에 반환합니다.

❿ ❾의 판단 결과가 False면 CEVALUATE 함수에 빈 문자(" ")를 반환합니다.

완성된 CEVALUATE 함수를 사용해 보려면 예제 파일의 C3셀에 다음과 같은 수식을 입력한 다음 C3셀의 채우기 핸들(┼)을 C5셀까지 드래그해 복사합니다.

```
=CEVALUATE(B3)
```

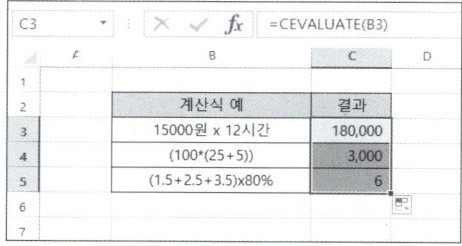

Intersect 메서드로 두 범위의 교집합 범위 확인하기

175

프로시저(매크로, 사용자 정의 함수, 이벤트)를 개발할 때, 선택하거나 값을 고친 셀(또는 범위)이 특정 범위에 속해 있는지 확인해야 하는 경우가 종종 있습니다. 이 경우 Application 개체의 Intersect 메서드를 사용하면 매개변수로 전달된 범위에서 교차된 범위만 반환하므로, 특정 범위 내에 확인할 셀이 포함됐는지 여부를 쉽게 판단할 수 있습니다. Intersect 메서드는 교집합을 반환하지만 Union 메서드는 두 범위의 합집합을 반환하므로, 이 두 가지 방법을 제대로 응용할 수 있다면 범위를 능숙하게 제어할 수 있습니다.

예제 파일 없음

Intersect 메서드 구문

매개변수로 전달된 모든 범위의 교집합 범위를 반환하는 Application 개체의 Intersect 메서드의 구문은 다음과 같습니다.

```
Application.Intersect( Arg1, Arg2, …, Arg30 )
```

❶ Arg : 교집합을 구할 범위를 가리키는 Range 개체로, 최소 Arg1과 Arg2의 두 매개변수에 범위가 전달되어야 합니다.

TIP Application 개체명은 생략하고 Intersect 메서드만 바로 사용할 수 있습니다.

Union 메서드 역시 Application 개체의 메서드로, Intersect 메서드와 구문은 동일하며 매개변수로 전달된 모든 범위의 합집합을 반환하는 것만 차이가 있습니다.

Intersect 메서드 사용 예

Intersect 메서드의 동작을 이해하려면 다음과 같은 코드를 직접 실행 창에 입력합니다.

```
Application.Intersect(Range("B4:H5"), Range("D2:F7")).Select         ❶
```

❶ B4:H5 범위와 D2:F7 범위의 교집합 범위인 D4:F5(짙은 색 텍스트 상자)가 선택됩니다.

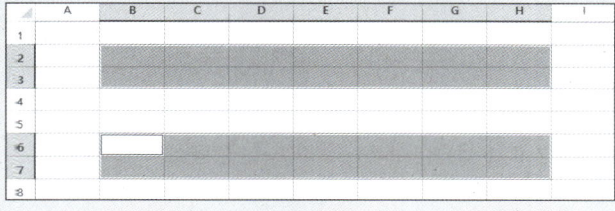

만약 Intersect 메서드로 반환할 교집합 범위가 존재하지 않으면 Intersect 메서드는 Nothing을 반환합니다.

```
Application.Intersect(Range("B2:H3"), Range("B6:H7")).Select
```

❶ B2:H3 범위와 B6:H7 범위의 교집합을 선택합니다. 다음 화면에서 볼 수 있듯이, 교집합 범위가 없으므로 에러가 발생합니다.

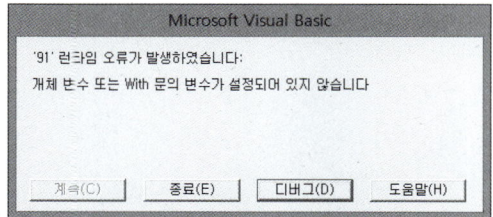

위 코드를 입력하면 다음과 같은 에러 메시지 창이 나타납니다. Intersect 메서드는 교집합 범위가 없어 Nothing을 반환하는데, 그 범위를 선택(Select)하라고 했으니 선택할 범위가 없어 에러가 발생하는 것입니다.

그러므로 Intersect 메서드를 사용할 때는 교집합 범위가 존재하는지 여부를 판단할 수 있어야 하는데, 이때 Is 키워드를 사용해 Nothing인지 여부를 다음과 같이 판단하면 됩니다.

```
? Application.Intersect(Range("B2:H3"), Range("B6:H7")) Is Nothing          ❶
```

❶ 변수의 경우 값이 1인지 확인하려면 등호(=)을 사용하지만, 개체변수의 경우 등호(=)와 함께 Nothing 키워드를 사용하면 변수에 할당된 메모리 공간이 반환되므로, 상태만 확인할 때는 Is 키워드를 사용합니다. 그러므로 이번 코드를 직접 실행 창에서 실행하면 True가 반환됩니다.

위 코드를 If 문과 결합해 구성하면 다음과 같습니다.

```
If Application.Intersect(Range("B2:H3"), Range("B6:H7")) Is Nothing Then

    '교집합이 존재하지 않는 경우에 처리할 코드

Else

    '교집합이 존재하는 경우에 처리할 코드

End If
```

위와 같이 구성하면 교집합이 존재할 때와 존재하지 않을 때를 구분할 수 있는데, 교집합이 존재하는 경우만 처리하려면 Else 절에만 코드를 넣어야 하므로 코드 구성이 좀 불편해집니다. 이럴 때 부정 연산자인 Not 연산자를 사용합니다. Not 연산자는 부정의 의미로, 연산자 뒤의 조건식에서 True를 반환하면 False를, False를 반환하면 True를 반환합니다. 그러므로 교집합이 존재하는 경우만 처리할 코드를 만들고 싶다면 다음과 같이 구성하면 됩니다.

```
If Not Application.Intersect(Range("B2:H3"), Range("B6:H7")) Is Nothing Then

    '교집합이 존재하는 경우에 처리할 코드

End If
```

이런 코드 구성 방법은 굉장히 자주 사용되는 패턴이므로 반드시 기억해 두어야 합니다.

선택한 개체를 Selection 속성을 이용해 구분하기 176

Application 개체에는 Selection이라는 재미있는 속성이 제공되는데, Selection 속성은 용어 그대로 사용자가 선택한 개체를 반환합니다. 셀을 선택하면 Range 개체를, 도형을 선택하면 Shape 개체를 반환하기 때문에 Selection 속성을 이용해 코드를 개발하려면 Selection 개체가 반환하는 개체 형식이 무엇인지 구별할 수 있어야 합니다. 이번에는 Selection 개체가 반환하는 개체를 구분하는 방법에 대해 알아보겠습니다.

예제 파일 PART 03 \ (Application) Selection 속성.xlsm

Selection 개체의 형식

Selection 속성이 반환하는 개체가 어떤 것인지 알려면 다음 두 가지 방법 중 하나를 사용합니다.

- TypeName 함수
- TypeOf 절

TypeName 함수 구문

TypeName 함수는 Variant 형식 변수에 저장된 데이터 형식을 반환하거나 Selection 또는 Control 등의 개체 형식을 텍스트 값으로 반환합니다. 구문은 다음과 같습니다.

TYPENAME (varname)

❶ varname
저장된 데이터(또는 개체) 형식을 반환할 Variant 형식의 변수입니다.

다음은 TypeName 함수에서 반환하는 값을 표로 정리한 것입니다.

데이터 형식	설명	데이터 형식	설명
Integer	정수	String	문자열
Long		Boolean	논리값
Single	실수	Object	Range, Shape 등의 개체 형식을 반환
Double		Error	에러
Currency	통화	Unknown	형식이 알려지지 않은 개체
Decimal	십진수	Nothing	빈 개체
Date	날짜/시간		

TypeOf 절 구문

TypeOf 절은 TypeName 함수와 유사하지만, 데이터 형식은 확인할 수 없고 개체 형식만 확인할 수 있습니다. 구문은 다음과 같습니다.

```
TypeOf objectname Is objecttype              ❶
```

❶ 개체의 형식이 맞는지 여부를 확인할 때 사용하는 구문으로, 예를 들어 선택된 개체가 Range 형식인지 확인하려면 다음과 같이 구성합니다.

```
If TypeOf Selection Is Range Then
```

참고로 TypeOf 절은 If 문에서만 사용할 수 있으며, Select Case 문에서는 사용할 수 없습니다.

Selection 속성의 사용 예

예제 파일을 열면 화면과 같은 표와 차트를 확인할 수 있습니다.

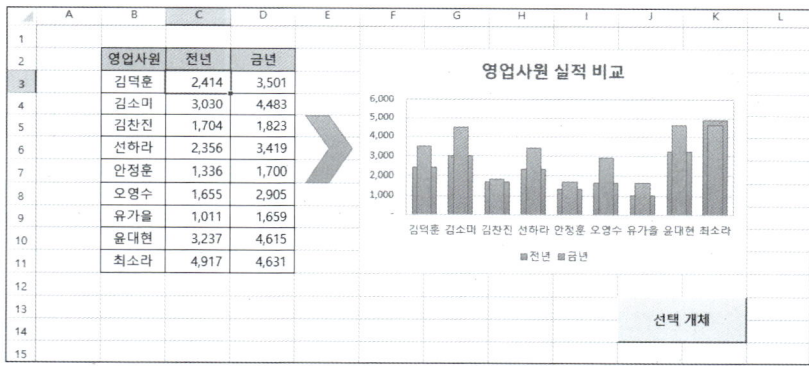

워크시트 내 표나 도형, 차트 등을 선택하고 매크로를 실행할 때 사용자가 어떤 것을 선택하고 있는지 확인해 보려면 다음과 같은 매크로를 구성합니다.

```
Sub TypeName이용()

'1단계 : 필요한 변수를 선언합니다.
    Dim 선택개체 As String              ❶

'2단계 : Selection 속성에서 반환된 개체의 정보를 '선택개체' 변수에 저장합니다.
    Select Case TypeName(Selection)     ❷
    
        Case "Range"                    ❸
        
            선택개체 = "셀(또는 범위)"
```

```
            Case Else                                    ④

                If TypeName(Selection.Parent) = "Chart" Then          ⑤

                    선택개체 = "차트"

                Else                        ⑥

                    선택개체 = TypeName(Selection)

                End If

        End Select

'3단계 : 선택한 개체 정보를 메시지 창에 표시합니다.
        MsgBox 선택개체 & "를 선택했습니다."

End Sub
```

❶ String 형식의 '선택개체' 변수를 선언합니다.

❷ TypeName 함수에 Selection 속성에서 반환된 개체를 전달한 다음, 반환 값을 Select Case 문으로 분류해 선택된 개체의 형식을 확인합니다.

❸ TypeName 함수에서 반환된 값이 'Range'이면 'Range' 개체가 선택된 것이므로 '선택개체' 변수에 '셀(또는 범위)' 문자열을 저장합니다.

❹ TypeName 함수에서 반환된 값이 'Range'가 아니면 ❺-❻을 실행합니다.

❺ 차트를 선택할 경우에는 사용자가 어느 부분을 선택했느냐에 따라 ChartArea(차트 영역), PlotArea(그림 영역)와 같은 해당 개체의 이름이 반환되므로, 차트를 선택했는지 알려면 선택된 개체의 상위 개체 이름이 'Chart'인지 여부를 확인하면 됩니다. Selection 속성에서 반환된 개체의 상위(Parent) 개체가 'Chart'인지 확인해, 맞다면 '선택개체' 변수에 '차트' 문자열을 저장합니다.

❻ ❺의 판단 결과가 False면 '선택개체' 변수에 Selection 속성에서 반환하는 개체 형식을 저장합니다.

위 매크로를 TypeName 함수 대신 TypeOf 절을 이용하도록 수정하면 다음과 같습니다.

```
Sub TypeOf이용()

    Dim 선택개체 As String

    If TypeOf Selection Is Range Then              ❶

        선택개체 = "셀(또는 범위)"

    Else

        If TypeOf Selection.Parent Is Chart Then         ❷
```

```
            선택개체 = "차트"

        Else

            선택개체 = TypeName(Selection)

        End If

    End If

    MsgBox 선택개체 & "를 선택했습니다."

End Sub
```

❶ TypeOf 절을 사용해 Selection 속성에서 반환된 개체가 Range 개체인지 판단합니다.
❷ TypeOf 절을 사용해 Selection 속성에서 반환된 개체의 상위 개체(Parent)가 Chart 개체인지 판단합니다.

프로시저 호출한 개체를 Caller 속성으로 확인하기 177

Selection 속성은 사용자가 선택한 개체를 반환하지만, Caller 속성은 프로시저를 호출한 개체의 정보를 반환합니다. 프로시저를 호출한 개체 정보를 알 수 있다면 여러 버튼에 하나의 매크로를 연결해 사용할 수도 있어 편리합니다. 이번에는 Caller 속성에서 반환된 값으로 동작하는 매크로를 개발하는 방법에 대해 알아보겠습니다.

예제 파일 PART 03 \ (Application) Caller 속성.xlsm

예제 파일을 열면 화면과 같은 표를 확인할 수 있습니다.

위 네 개의 버튼 중 하나를 클릭했을 때, 어떤 버튼을 클릭했는지 알려면 다음과 같은 매크로를 구성합니다.

```
Sub 버튼선택()

    MsgBox Application.Caller          ①

End Sub
```

① 이 매크로를 예제의 모든 버튼에 연결하고 실행하면 다음과 같은 결과가 메시지 창에 반환됩니다..

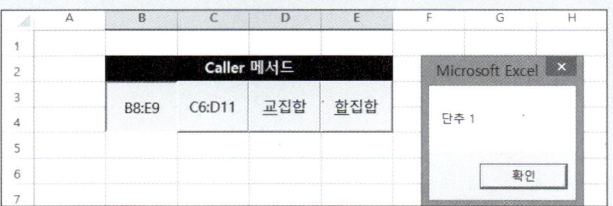

버튼을 클릭하면 해당 컨트롤의 이름이 반환됩니다. 프로시저를 호출한 대상 개체가 Range인 경우를 제외하고는 대부분 프로시저를 호출한 개체의 이름이 반환됩니다.

TIP 예제의 단추 컨트롤에는 '버튼선택' 매크로가 연결되어 있지 않으므로, 이번 작업을 하려면 예제의 단추 컨트롤에 연결된 매크로를 모두 '버튼선택' 매크로로 변경해야 합니다.

Caller 속성을 이용해 프로시저를 호출한 개체를 확인해 개체에 쓰여진 레이블의 동작을 처리하려면 다음과 같은 매크로를 개발합니다.

```vba
Sub 범위선택()

'1단계 : 필요한 변수를 선언합니다.                    ❶
    Dim 버튼 As Button
    Dim 주소1 As String
    Dim 주소2 As String

'2단계 : 프로시저를 호출한 단추 컨트롤을 확인합니다.
    Set 버튼 = ActiveSheet.Buttons(Application.Caller)    ❷

'3단계 : 프로시저를 호출한 버튼을 구분해 필요한 동작을 진행합니다.
    Select Case 버튼.Text                 ❸

'3-1단계 : <교집합> 버튼을 클릭하면 첫 번째, 두 번째 버튼에 입력된 범위의 교집합을 선택합니다.
        Case "교집합"        '            ❹

            주소1 = ActiveSheet.Buttons(1).Text         ❺
            주소2 = ActiveSheet.Buttons(2).Text

            On Error Resume Next                        ❻

                Intersect(Range(주소1), Range(주소2)).Select     ❼

                If Err.Number <> 0 Then                 ❽

                    MsgBox "교집합이 없습니다."

                End If

'3-2단계 : 합집합 버튼을 클릭하면 첫 번째, 두 번째 버튼에 입력된 범위의 합집합을 선택합니다.
        Case "합집합"                    ❾

            주소1 = ActiveSheet.Buttons(1).Text
            주소2 = ActiveSheet.Buttons(2).Text

            Union(Range(주소1), Range(주소2)).Select

'3-3단계 : 그 외 버튼을 클릭하면 해당 버튼에 입력된 범위를 선택합니다.
        Case Else                        ❿

            Range(버튼.Text).Select

    End Select

End Sub
```

❶ 매크로 동작에 필요한 Button 형식의 '버튼' 개체변수와 String 형식의 '주소1', '주소2' 변수를 선언합니다. 참고로 Button 개체는 양식 컨트롤의 단추 컨트롤을 의미합니다.

❷ '버튼' 개체변수에 현재 시트의 단추 컨트롤 중에서 클릭한 컨트롤을 할당합니다.

❸ 어떤 버튼을 클릭했느냐에 따라 동작을 다르게 하기 위해, Select Case 문을 사용해 '버튼' 개체변수에 할당된 단추 컨트롤의 Text 속성 값을 구분합니다. 참고로 Text 속성은 단추 컨트롤에 표시되는 텍스트 값을 의미합니다.

❹ 단추 컨트롤의 Text 속성 값이 교집합일 때 ❺-❽의 코드를 동작시킵니다.

❺ '주소1' 변수에는 현재 워크시트 첫 번째 단추의 Text 속성 값을 저장하고, '주소2' 변수에는 두 번째 단추의 Text 속성 값을 저장합니다.

❻ ❶의 코드를 실행할 때 에러가 발생해도 중단하지 않고 다음 줄의 코드를 실행하도록 설정합니다.

❼ '주소1' 변수와 '주소2' 변수에 저장된 값을 Range 개체에 전달한 다음, Intersect 메서드에 전달해 두 범위의 교집합 범위를 선택합니다.

❽ Err 개체의 번호가 0이 아니면 ❼의 코드에서 에러가 발생한 것인데, 이유는 교집합 범위가 없기 때문이므로 메시지 창에 교집합이 없다는 내용을 표시합니다.

❾ 단추 컨트롤의 Text 속성 값이 합집합이면 '주소1', '주소2' 변수에 첫 번째, 두 번째 단추 컨트롤의 Text 값을 저장한 다음, Union 메서드를 사용해 두 범위를 모두 포함하는 범위를 선택합니다.

❿ 단추 컨트롤의 Text 속성 값이 교집합과 합집합이 아니라면, '버튼' 개체변수의 Text 속성 값을 Range 개체에 전달한 다음 해당 범위를 선택합니다.

개발된 매크로를 테스트하려면, 예제 파일의 〈B8:E9〉, 〈C6:D11〉 버튼을 각각 클릭합니다. 그러면 다음과 같은 결과를 확인할 수 있습니다.

TIP 첫 번째, 두 번째 단추 컨트롤의 주소를 변경하고 버튼을 클릭하면 변경된 주소의 범위가 선택됩니다.

〈교집합〉, 〈합집합〉 버튼을 클릭하면 왼쪽 두 버튼 범위의 교집합 범위와 합집합 범위가 각각 선택됩니다.

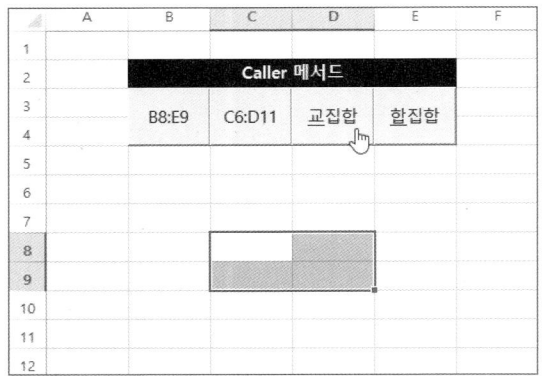

Goto 메서드를 이용해 원하는 위치로 빠르게 이동하기

178

VBA르 코드를 개발할 때는 작업 위치로 이동해야 하는 경우가 종종 있습니다. 이런 경우 Range 개체의 Select 메서드나 Activate 메서드를 이용하는 것이 일반적이지만, Select 메서드나 Activate 메서드는 다른 시트로 한 번에 이동하지 못합니다. 한 번에 이동하려면 Application 개체의 Goto 메서드를 이용해야 합니다. Goto 메서드는 이동한 셀을 화면 왼쪽 상단에 표시할 수도 있어 이동 작업이 많은 사용자에게는 매우 유용합니다.

예제 파일 PART 03 \ (Application) Goto 메서드.xlsm

Goto 메서드 구문

파일 니 다른 셀 위치(또는 프로시저)로 이동할 때 사용할 수 있는 Application.Goto 메서드의 구문은 다음과 같습니다.

```
Application.Goto( Reference, Scroll )
```

❶ Reference : 이동할 대상을 지정합니다. 셀 참조 또는 프로시저 이름입니다.

❷ Scroll : True면 창을 이동해 창 왼쪽 모서리에 이동 위치가 나타납니다.

Goto 메서드로 다른 시트 선택하기

'Sheet1' 시트에서 'Sheet2' 시트의 A1셀을 선택하고 싶을 때, 다음과 같은 코드로 매크로를 구성하면 에러가 발생합니다.

```
Sub 매크로1()
    Worksheets("Sheet2").Range("A1").Select        ❶
End Sub
```

❶ 'Sheet2' 시트의 A1셀을 선택합니다. 구문상으로는 문제가 없지만, 셀 선택은 화면에 표시된 워크시트에서만 가능하므로, 다음과 같은 에러 메시지 창이 표시됩니다.

위에서 발생한 에러를 해결하려면 다음과 같은 코드로 매크로를 구성해야 합니다.

```
Sub 매크로2()

    Worksheets("Sheet2").Activate ─────────────────── ❶
    Range("A1").Select ─────────────── ❷

End Sub
```

❶ 'Sheet2' 시트를 화면에 표시합니다.

❷ A1셀을 선택합니다.

이렇게 여러 줄로 코드를 구성하지 않고 한 줄로 처리하려면, 다음과 같이 Goto 메서드를 이용한 코드로 매크로를 개발하면 됩니다.

```
Sub 매크로3()

    Application.Goto Reference:=Worksheets("Sheet2").Range("A1") ─────── ❶

End Sub
```

❶ Application 개체의 Goto 메서드를 이용해 'Sheet2' 시트의 A1셀로 바로 이동합니다.

GoTo 메서드로 이동된 위치를 제일 처음에 표시하기

현재 위치에서 멀리 떨어진 위치로 이동하기 위해 다음과 같은 매크로를 사용합니다.

```
Sub 매크로4()

    Range("A100").Select ─────────── ❶

End Sub
```

❶ A100셀을 선택합니다. 선택된 셀은 창 가운데에 표시됩니다.

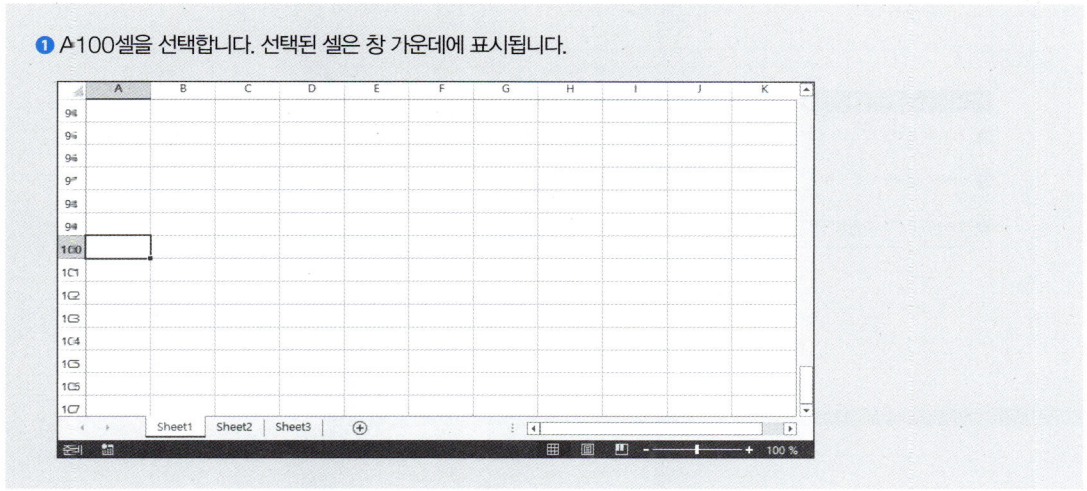

선택된 셀이 왼쪽 상단 모서리에 나타나도록 하려면 Goto 메서드를 이용해 다음과 같이 매크로를 구성합니다.

```
Sub 매크로5()

    Application.Goto Reference:=Range("A100"), Scroll:=True        ❶

End Sub
```

❶ A100셀로 이동하며, 선택된 셀이 왼쪽 상단 모서리에 표시됩니다.

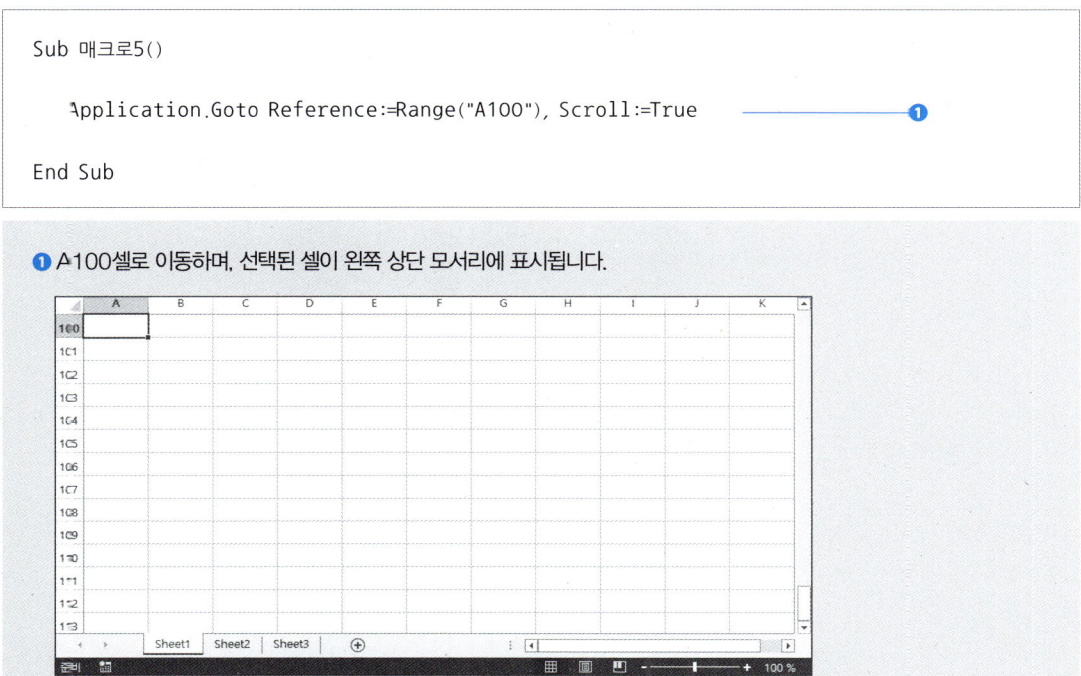

설명된 모든 매크로를 테스트해 보려면 예제를 열고 다음 화면을 참고해 작업합니다.

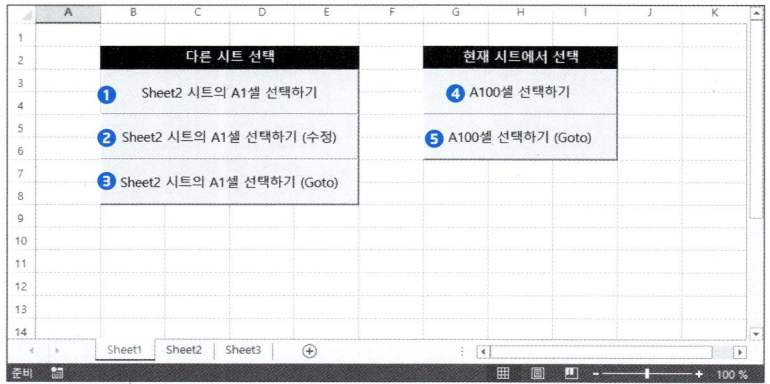

❶ '매크로1'이 연결되어 있습니다. 에러가 발생합니다.

❷ '매크로2'가 연결되어 있습니다. 'Sheet2' 시트의 A1셀이 선택됩니다.

❸ '매크로3'이 연결되어 있습니다. 'Sheet2' 시트의 A1셀이 선택됩니다.

❹ '매크로4'가 연결되어 있습니다. A100셀이 선택됩니다.

❺ '매크로5'가 연결되어 있습니다. A100셀이 선택됩니다.

Run 메서드를 활용해 다른 파일의 매크로 실행하기 179

같은 파일 내의 매크로는 Call 문을 사용하면 간단하게 호출해 실행할 수 있지만, 다른 파일의 매크로는 Call 문을 이용해 호출할 수 없습니다. 다른 파일의 매크로를 실행하고 싶다면 Application 개체의 Run 메서드를 사용하면 됩니다. 다만, 매크로를 실행하기 전에 해당 매크로가 포함된 파일을 먼저 열어야 한다는 점에 주의합니다. 여는 작업이 불편하다면 매크로를 추가 기능 파일에 넣고 Run 메서드로 호출하는 작업을 진행하면 됩니다.

예제 파일 PART 03 \ (Application) Run 메서드.xlsm

Run 메서드의 구문

프로시저(매크로 또는 사용자 정의 함수)를 호출해 사용할 수 있는 Application.Run 메서드의 구문은 다음과 같습니다.

```
Application.Run( Macro, Arg1, Arg2, …, Arg30 )
```

❶ Macro : 실행할 매크로(또는 사용자 정의 함수)입니다. 같은 파일 내에서는 프로시저 이름만 입력하면 되지만, 다른 파일에 있는 프로시저를 실행하려면 프로시저 이름 앞에 파일 이름을 다음과 같이 입력해야 합니다. 이때 파일은 열려 있어야 합니다.

```
파일명!프로시저명
```

❷ Arg : 프로시저에 전달한 매개변수가 존재하면 Arg 매개변수에 순서대로 입력합니다.

Run 메서드 사용 예

예제 파일을 열면 화면과 같은 표를 확인할 수 있습니다. SECTION 174(563쪽)에서 개발한 CEVALUATE 함수를 호출해 B4:D4 병합 셀의 계산식을 계산하고 그 결과를 E4:F4 병합 셀에 반환하는 작업을 해 보겠습니다.

Run 메서드를 사용해 CEVALUATE 프로시저를 호출하는 매크로는 다음과 같습니다.

```
Sub 프로시저호출()

'1단계 : 필요한 변수를 선언합니다.                    ❶
    Dim 경로 As String
    Dim 파일 As String
    Dim 계산식 As String
    Dim 결과 As Range
    Dim 매크로파일 As Workbook

'2단계 : 변수에 초기 값을 설정합니다.
    경로 = ThisWorkbook.Path & "\"              ❷
    파일 = "(Application) Evaluate 메서드.xlsm"   ❸
    계산식 = Range("B4").Value                   ❹
    Set 결과 = Range("E4")                       ❺

'3단계 : 파일을 열고 프로시저를 호출한 다음 파일을 닫습니다.
    Application.ScreenUpdating = False           ❻

        Set 매크로파일 = Workbooks.Open(Filename:=경로 & 파일)        ❼
        결과.Value = Application.Run("'" & 매크로파일.Name & "'!CEVALUATE", 계산식)  ❽

        매크로파일.Close SaveChanges:=False       ❾

    Application.ScreenUpdating = True            ❿

End Sub
```

❶ 매크로 동작에 필요한 String 형식의 '경로', '파일', '계산식' 변수와 Range 형식의 '결과' 개체변수, 그리고 Workbook 형식의 '매크로파일' 개체변수를 선언합니다.

❷ '경로' 변수에 현재 파일의 경로와 경로 구분 문자(\)를 연결해 저장합니다.

❸ '파일' 변수에 CEVALUATE 사용자 정의 함수가 저장된 예제 파일 이름을 저장합니다.

❹ '계산식' 변수에 B4셀(B4:D4 병합 셀)의 값을 저장합니다.

❺ '결과' 변수에 E4셀을 할당합니다. E4셀(E4:F4 병합 셀)은 수식 결과를 반환할 셀입니다.

❻ Application 개체의 ScreenUpdating 속성을 False로 설정해 ❼-❾의 코드 실행 결과를 화면에 표시하지 않습니다.

❼ '경로'와 '파일' 변수의 값을 연결한 파일을 열고, '매크로파일' 변수에 할당합니다.

❽ Application 개체의 Run 메서드를 이용해 연 파일의 CEVALUTE 함수에 '계산식' 변수를 인수로 전달해 계산한 값을 '결과' 변수에 할당된 E4셀에 반환합니다.

❾ '매크로파일' 변수에 할당된 파일을 저장하지 않고 닫습니다.

❿ 다시 화면을 갱신하면, 계산된 결과가 화면에 표시됩니다.

매크로를 테스트하려면 예제 파일의 〈CEvaluate 함수 호출해, 계산〉 버튼을 클릭합니다.

	A	B	C	D	E	F	G
1							
2			CEvaluate 함수 호출해, 계산				
3							
4			150,000원 x 20일			3,000,000	
5							
6							

Dialogs 속성을 이용해 엑셀의 기본 대화상자를 호출하기

180

엑셀에는 '셀 서식', '열기', '다른 이름으로 저장'과 같은 다양한 대화상자가 제공됩니다. VBA에서 이런 내장 대화상자를 직접 호출해 사용할 수 있습니다. 원하는 대화상자를 호출하려면 Application 개체의 Dialogs 속성을 사용하면 됩니다. Dialogs 속성은 엑셀의 내장 대화상자를 의미하는 Dialogs 컬렉션을 반환하므로, 원하는 대화상자를 호출해 필요한 설정 작업을 변경하는 것과 같은 작업을 할 수 있습니다.

예제 파일 PART 03 \ (Application) Dialogs 속성 I.xlsm

Dialogs 속성 구문

Dialogs 속성은 Dialogs 컬렉션을 반환하므로, 해당 컬렉션을 사용해 대화상자를 표시하는 방법에 대해 먼저 이해해야 합니다.

```
Application.Dialogs( index ).Show( Arg1, Arg2, …, Arg30 )                        ❶
```

❶ 내장 대화상자를 호출하는 Dialogs 속성은 Dialogs 컬렉션을 반환하는데, 해당 컬렉션을 이용해 대화상자를 호출하려면 index 매개변수에 해당 대화상자의 내장 상수 값을 지정합니다. 예를 들어, '열기' 대화상자를 호출하는 코드는 다음과 같습니다.

```
Application.Dialogs(xlDialogOpen).Show
```

엑셀 2016 버전에서 Index 매개변수에 전달할 수 있는 내장 상수는 1,323개입니다. 자주 사용되는 내장 상수를 다음 표에 정리해 두었습니다.

내장 상수	대화상자	내장 상수	대화상자
xlDialogAutoCorrect	자동 고침	xlDialogPrint	인쇄
xlDialogImportTextFile	텍스트 파일 가져오기	xlDialogPrintPreview	인쇄 미리 보기
xlDialogInsertHyperlink	하이퍼링크 삽입	xlDialogSaveAs	다른 이름으로 저장
xlDialogNameManager	이름 관리자	xlDialogSendMail	메일 보내기
xlDialogOpen	열기	xlDialogSort	정렬
xlDialogPageSetup	페이지 설정	xlDialogTextToColumns	텍스트 나누기
xlDialogPasteSpecial	선택하여 붙여넣기	xlDialogZoom	확대/축소

사용할 수 있는 모든 내장 상수는 Dialogs 컬렉션의 개체 도움말에 잘 설명되어 있으니 참고합니다. 내장 대화상자를 화면에 표시하는 Show 메서드는 Arg1~Arg30 매개변수를 사용할 수 있는데, 해당 매개변수는 대화상자의 개별 옵션을 전달할 때 사용합니다.

Dialogs 속성 사용 예

다음은 '인쇄' 대화상자를 호출하는 코드의 구성 예입니다.

```
Sub 인쇄()
    Application.Dialogs(xlDialogPrint).Show          ❶
End Sub
```

❶ '인쇄' 대화상자를 표시합니다.

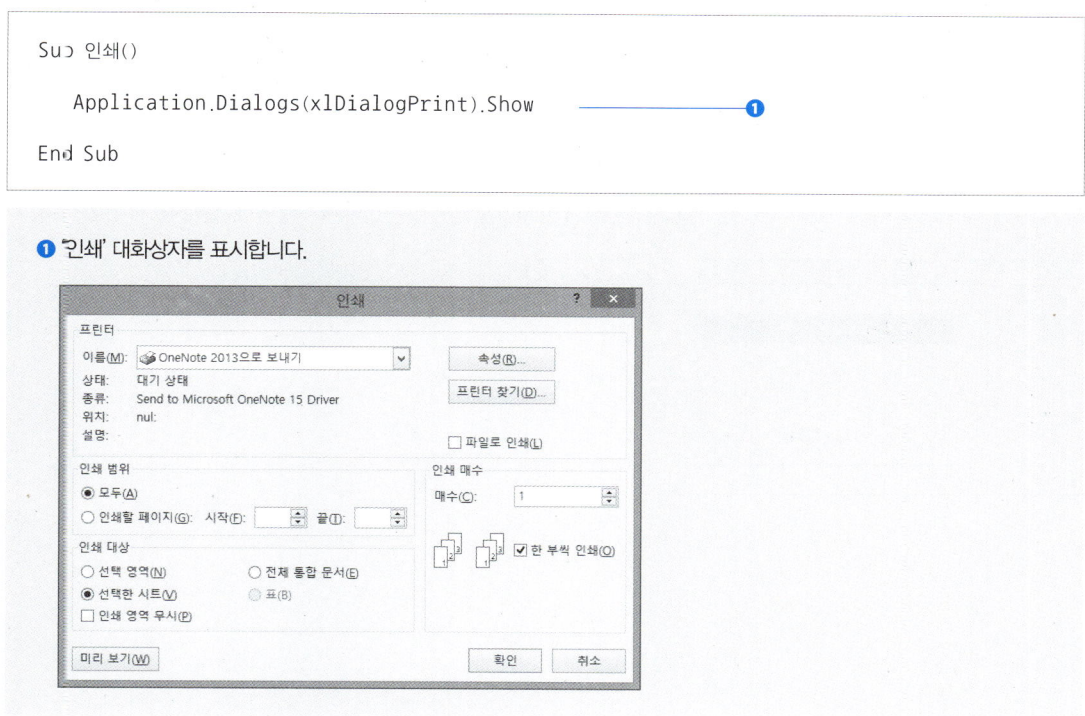

'인쇄' 대화상자를 호출할 때, 몇 가지 옵션을 설정한 상태로 작업하려면 다음과 같이 코드를 구성합니다.

```
Sub 인쇄_설정()
    Application.Dialogs(xlDialogPrint).Show Arg1:=2, Arg2:=1, Arg3:=2, Arg4:=5    ❶
End Sub
```

❶ Arg1~Arg4 옵션을 설정하면 다음과 같이 설정된 '인쇄' 대화상자가 표시됩니다.

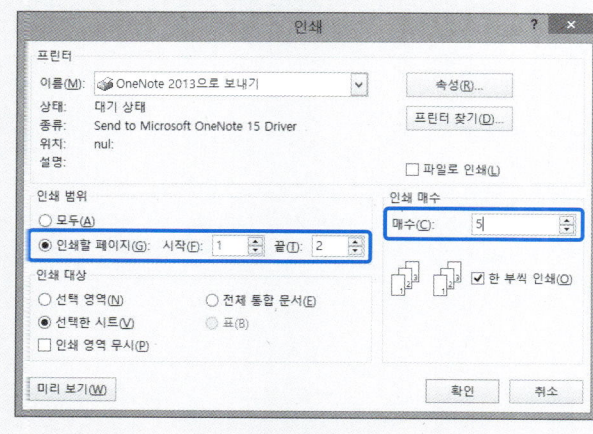

- Arg1 : '인쇄 범위' 옵션으로, 1은 '모두' 옵션이고 2는 '인쇄할 페이지' 옵션입니다. 옵션 단추는 1, 2, 3 …과 같은 일련 번호로, 원하는 옵션 단추를 선택합니다.
- Arg2 : 시작 페이지로, 원하는 숫자 값을 입력합니다.
- Arg3 : 끝 페이지입니다.
- Arg4 : 인쇄 매수입니다.

매크로를 테스트하려면 예제 파일을 열고 〈인쇄〉, 〈인쇄 (설정)〉 버튼을 각각 클릭해 결과를 확인합니다.

'찾기 및 바꾸기' 대화상자를 호출해 사용하기

181

엑셀의 내장 대화상자 중에서 '찾기 및 바꾸기' 대화상자의 경우, Application 개체의 Dialogs 속성을 사용해 표시하면 익숙한 대화상자가 아닌 다른 대화상자가 표시됩니다. Dialogs 속성에서 표시되는 대화상자가 엑셀의 표준 대화상자와 다르다면 Dialogs 속성을 사용하는 대신 단축키를 이용해 원하는 대화상자를 직접 호출하면 됩니다. 매크로에서 단축키를 누르려면 SendKeys 메서드를 활용합니다.

예제 파일 PART 03 \ (Application) Dialogs 속성 II.xlsm

Dialogs 속성을 이용해 대화상자 호출

다음은 Dialogs 속성을 이용해 '찾기' 대화상자를 표시하는 구문의 예입니다.

```
Application.Dialogs(xlDialogFormulaFind).Show                    ①
```

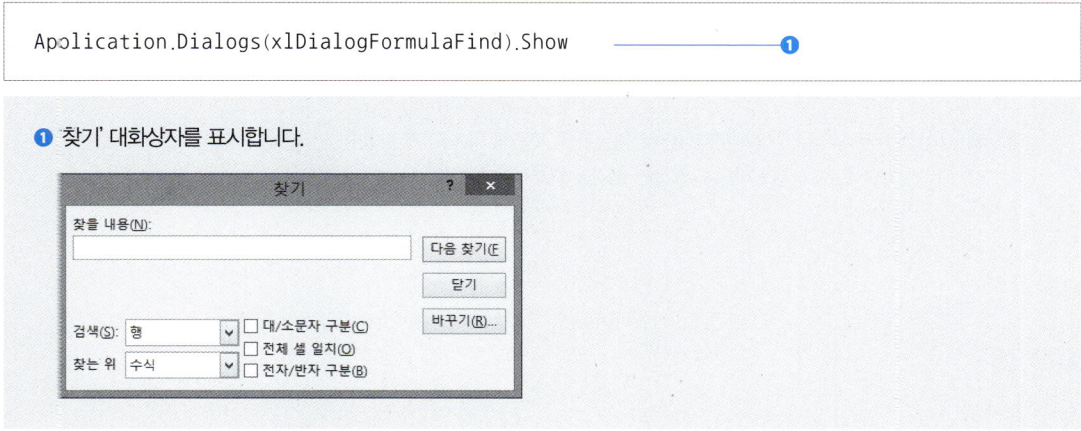

❶ '찾기' 대화상자를 표시합니다.

다음은 Dialogs 속성을 이용해 '바꾸기' 대화상자를 표시하는 구문의 예입니다.

```
Application.Dialogs(xlDialogFormulaReplace).Show                 ①
```

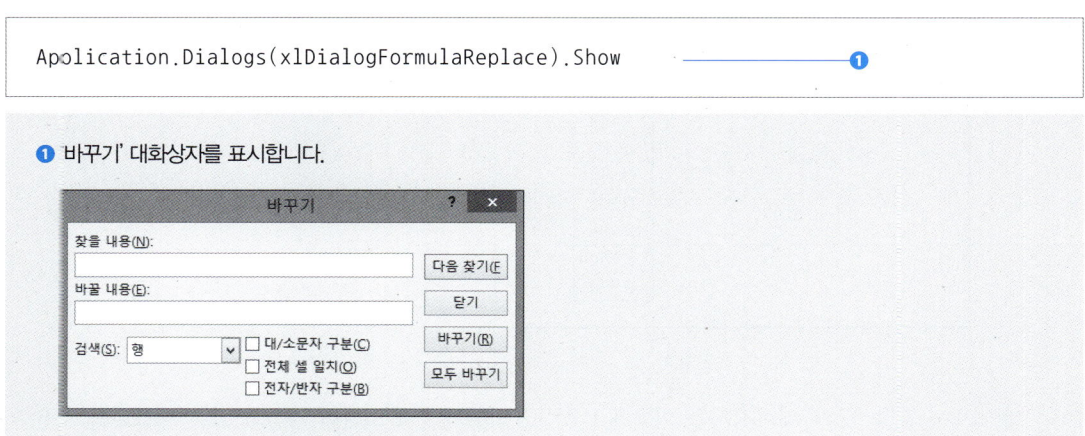

❶ '바꾸기' 대화상자를 표시합니다.

SendKeys 메서드를 이용해 대화상자 호출

Dialogs 속성을 사용해 호출한 '찾기', '바꾸기' 대화상자는 엑셀 프로그램 상에서 호출하던 표준 대화상자와는 모습이 약간 다릅니다. 표준 대화상자를 호출하기 위해 Sendkeys 메서드를 이용하려면 다음과 같은 코드를 사용합니다.

```
Application.SendKeys Keys:="^f"    ①
```

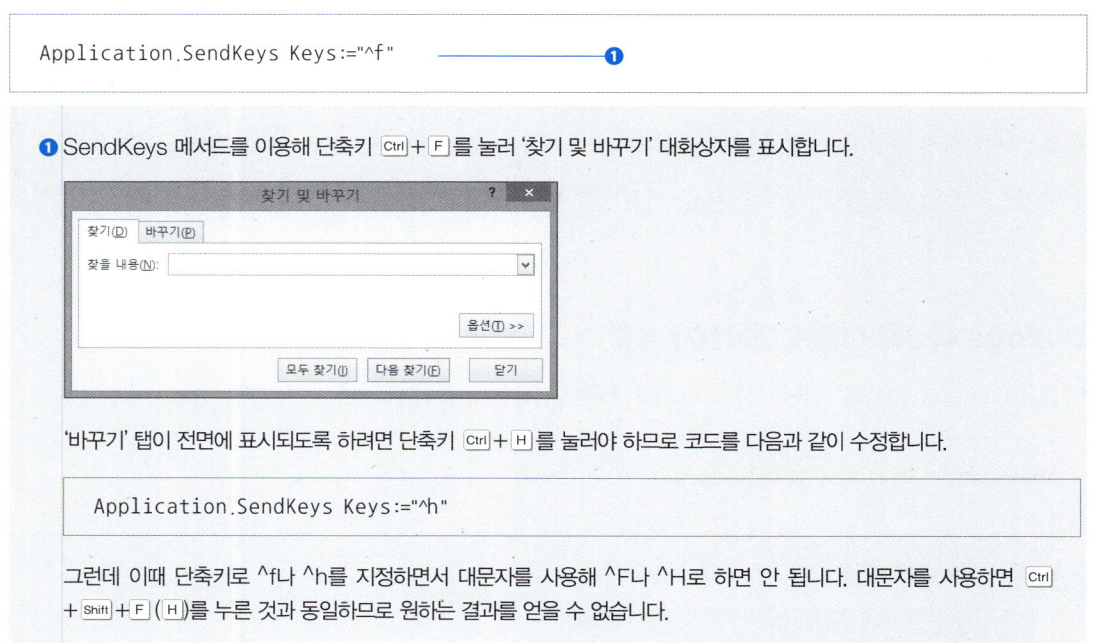

사용 예

예제 파일을 열면 다음과 같은 화면을 확인할 수 있습니다.

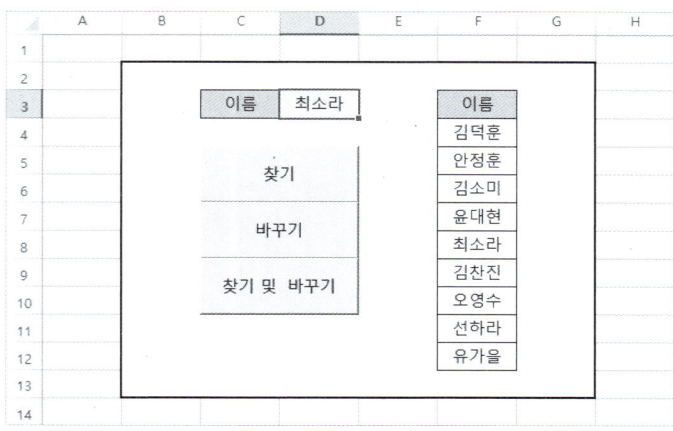

D3셀에 입력된 값을 '찾기' 대화상자를 이용해 F4:F12 범위에서 찾으려면 다음과 같은 매크로를 사용합니다.

```
Sub 찾기()

    Dim 찾을내용 As String                              ①

    찾을내용 = Range("D3").Value                        ②

    Application.Dialogs(xlDialogFormulaFind).Show Arg1:=찾을내용    ③

End Sub
```

① String 형식의 '찾을내용' 변수를 선언합니다.

② '찾을내용' 변수에 D3셀의 값을 저장합니다.

③ '찾기' 대화상자를 표시하고, Arg1 매개변수에 '찾을내용' 변수의 값을 전달합니다. 이렇게 하면 '찾기' 대화상자의 '찾을 내용' 입력란에 D3셀의 값이 입력된 상태로 표시됩니다.

> **TIP** 이 매크로는 예제의 〈찾기〉 버튼에 연결되어 있습니다.

D3셀의 값을 찾아 지우는(또는 수정하는) 작업을 '바꾸기' 대화상자를 이용해 처리하려면 다음과 같은 매크로를 사용합니다.

```
Sub 바꾸기()

    Dim 찾을내용 As String

    찾을내용 = Range("D3").Value

    Application.Dialogs(xlDialogFormulaReplace).Show Arg1:=찾을내용, Arg2:=""    ①

End Sub
```

① '바꾸기' 대화상자를 표시하고, Arg1 매개변수에는 '찾을내용' 변수의 값을 전달하고, Arg2 매개변수에는 빈 문자(" ")를 전달합니다. 이렇게 하면 '바꾸기' 대화상자의 '찾을 내용' 입력란에는 D3셀의 값이 입력되고, '바꿀 내용' 입력란은 비어 있게 됩니다. 참고로 '바꿀 내용' 입력란에 아무 값도 입력하지 않으려면 Arg2 매개변수에 아무 값도 전달하지 않아도 됩니다.

```
Application.Dialogs(xlDialogFormulaReplace).Show Arg1:=찾을내용
```

이름을 찾아 변경하려면 Arg2 매개변수에 고칠 값을 다음과 같이 넣어 '바꾸기' 대화상자를 호출할 수 있습니다.

```
Application.Dialogs(xlDialogFormulaReplace).Show Arg1:=찾을내용, Arg2:="홍길동"
```

> **TIP** 이 매크로는 예제의 〈바꾸기〉 버튼에 연결되어 있습니다.

'찾기 및 바꾸기' 대화상자를 이용해 이런 작업을 하려면 다음과 같은 매크로를 사용합니다.

```
Sub 찾기및바꾸기()

    Range("D3").Copy                                    ①

    Application.SendKeys Keys:="^f", Wait:=True         ②
    Application.SendKeys Keys:="^v"                     ③

    Application.CutCopyMode = False                     ④

End Sub
```

① D3셀의 값을 복사합니다.

② SendKeys 메서드를 이용해 단축키 Ctrl+F 를 눌러 '찾기 및 바꾸기' 대화상자를 호출합니다. 참고로 단축키를 Ctrl +H 로 변경하면 '바꾸기' 탭이 화면에 표시됩니다.

③ SendKeys 메서드를 이용해 단축키 Ctrl+V 를 눌러 ①에서 복사한 값을 '찾을 내용' 입력란에 붙여 넣습니다. 만약 제대로 값이 붙여지지 않는다면 ②-③ 사이에 다음 코드를 한 줄 입력해, 붙여넣기 전에 1초간 대기하도록 합니다.

```
Application.Wait Now+TimeSerial(0,0,1)
```

④ 복사 모드를 해제합니다.

TIP 이 매크로는 예제의 〈찾기 및 바꾸기〉 버튼에 연결되어 있습니다.

인쇄할 프린터를 골라 인쇄하기 182

매크로를 개발해 인쇄 작업을 하면, 항상 컴퓨터의 기본 프린터를 이용하게 됩니다. 특정 프린터를 지정해 인쇄하려면 Application 개체의 ActivePrinter 속성을 이용하면 됩니다. 또는 원하는 프린터를 선택할 수 있도록 하려면 Dialogs 속성을 이용해 '프린터 선택' 대화상자를 화면에 표시할 수 있습니다.

예제 파일 PART 03 \ (Application) ActivePrinter 속성.xlsm

ActivePrinter 속성 구문

Application 개체의 ActivePrinter 속성은 기본 프린터로 연결된 프린터 이름을 반환하거나 변경할 때 사용합니다.

```
Application.ActivePrinter ———————①
```

① 직접 실행 창에 다음 코드를 입력하면 기본 프린터를 바로 확인할 수 있습니다.

```
MsgBox ActiveSheet.ActivePrinter
```

그러면 다음과 같은 메시지 창이 표시됩니다.

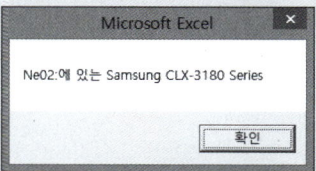

ActivePrinter 속성에서 반환되는 값의 구조는 다음과 같습니다.

```
[프린터 포트]에 있는 [프린터 이름]
```

위 대화상자에서 '프린터 포트'는 Ne02이고 '프린터 이름'은 CLX-3180 Series입니다. 이 값은 사용자 PC 환경에 따라 다르게 반환됩니다.

ActivePrinter 속성 사용 예

프린터를 대화상자에서 선택하도록 하려면 다음과 같이 코드를 구성합니다.

```
Sub 프린터선택인쇄()

    Dim 프린터선택 As Boolean         ──①
    Dim 기본프린터 As String          ──②

    기본프린터 = ActivePrinter        ──③
    프린터선택 = Application.Dialogs(xlDialogPrinterSetup).Show   ──④

    If 프린터선택 = True Then         ──⑤

        ActiveSheet.PrintOut         ──⑥
        ActivePrinter = 기본프린터    ──⑦

    End If

End Sub
```

① Boolean 형식의 '프린터선택' 변수를 선언합니다.

② String 형식의 '기본프린터' 변수를 선언합니다.

③ '기본프린터' 변수에 Application 개체의 ActivePrinter 속성 값을 저장합니다. 이번 매크로를 실행하면 기본 프린터가 변경되므로, 매크로를 종료하기 전에 현재 기본 프린터 설정을 다시 복원하기 위해 값을 저장해 두는 것입니다.

④ Application 개체의 Dialogs 속성을 이용해 다음과 같은 '프린터 설정' 대화상자를 호출합니다.

이 대화상자에서 프린터를 선택하고 〈확인〉 버튼을 클릭하면 True, 〈취소〉 버튼을 클릭하면 False 값이 반환되며, 이 값이 '프린터선택' 변수에 저장됩니다. 참고로 '프린터 설정' 대화상자에서 프린터를 선택하고 〈확인〉 버튼을 클릭하면 선택한 프린터가 기본 프린터가 됩니다.

⑤ '프린터선택' 변수 값이 True일 때만 ⑥-⑦ 과정을 진행합니다.

⑥ 현재 시트를 인쇄합니다.

⑦ Application 개체의 ActivePrinter 속성 값을 '기본프린터' 변수의 값으로 복원합니다.

> **TIP** 이 매크로는 예제의 〈인쇄〉 버튼에 연결되어 있습니다.

상태 표시줄을 이용해 진행 상황 표시하기 183

매크로가 실행 중일 때 얼마나 처리되고 있는지 확인하기가 쉽지 않아 불편했던 경험이 많다면, 상태 표시줄에 진행 상황을 표시하는 방법을 사용하면 편리합니다. 복잡한 코드 구성 없이 간단한 작업만으로도 진행 상황을 파악할 수 있게 됩니다. 이 작업을 하려면 Application 개체의 Statusbar 속성을 이용해 상태 표시줄에 원하는 값을 표시하는 방법을 이해해야 합니다. 단, 매크로가 실행되는 동안 상태 표시줄이 표시되어 있어야 하므로 사용자가 상태 표시줄을 숨겨 놓았는지 여부를 확인하고 항상 표시되도록 설정해야 합니다. 상태 표시줄의 표시 여부는 Application 개체의 DisplayStatusBar 속성(True이면 표시, False이면 숨김) 값을 확인하면 알 수 있습니다.

예제 파일 PART 03 \ (Application) StatusBar 속성.xlsm

작업 대상 셀 주소 표시하기

매크로를 실행할 때 다음과 같이 상태 표시줄에 작업을 처리하고 있는 셀 주소가 표시되도록 해 보겠습니다.

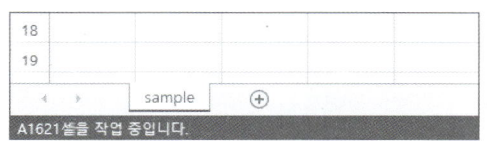

다음과 같이 매크로를 개발하면 됩니다.

```
Sub 셀주소()

    '1단계 : 필요한 변수를 선언합니다.                    ①
        Dim 현재설정 As Boolean
        Dim r As Integer

    '2단계 : 상태 표시줄을 표시합니다.
        현재설정 = Application.DisplayStatusBar        ②
        Application.DisplayStatusBar = True           ③

    '3단계 : 순환문을 이용해 10,000번의 작업을 처리하며, 상태 표시줄에 작업 위치를 표시합니다.
        For r = 1 To 10000                            ④

            Debug.Print Cells(r, "A").Value           ⑤
            Application.StatusBar = "A" & r & "셀을 작업 중입니다."   ⑥

        Next

    '4단계 : 매크로 종료 여부를 표시하고, 상태 표시줄 설정을 초기화합니다.
```

```
        MsgBox "작업이 완료되었습니다."                    ❼

        Application.StatusBar = False                  ❽
        Application.DisplayStatusBar = 현재설정           ❾

End Sub
```

❶ 매크로 동작에 필요한 Boolean 형식의 '현재설정' 변수와 Integer 형식의 r 변수를 선언합니다.

❷ '현재설정' 변수에 Application 개체의 DisplayStatusBar 속성 값을 저장합니다. 사용자의 상태 표시줄이 어떻게 설정되어 있는지 기억했다가 매크로 종료 전에 다시 원래대로 복원하기 위해 하는 작업입니다.

❸ Application 개체의 DisplayStatusBar 속성 값을 True로 지정해 상태 표시줄을 표시합니다. 이 코드는 다음 코드를 축약한 것입니다.

```
    If Application.DisplayStatusBar = False Then Application.DisplayStatusBar = True
```

❹ For … Next 순환문을 이용해 r 변수의 값을 1부터 10,000까지 순환하면서 작업합니다.

❺ Cells 속성을 사용해 A1~A10,000셀까지의 셀 값을 직접 실행 창에 출력합니다.

❻ Application 개체의 StatusBar 속성에 작업 중인 셀 주소를 표시합니다.

❼ 작업이 모두 종료되면 MsgBox 함수를 사용해 사용자에게 알립니다.

❽ Application 개체의 StatusBar 속성 값을 False로 지정해 ❹의 코드에서 표시하는 문자열을 삭제합니다.

❾ Application 개체의 DisplayStatusBar 속성 값을 '현재설정' 변수 값으로 복원합니다. 이렇게 하면 상태 표시줄이 매크로 실행 전에 사용자가 설정했던 대로 복원됩니다.

매크로 진행 상황을 퍼센트로 표시하기

셀 주소 대신 퍼센트로 진행 상황을 표시할 수도 있습니다.

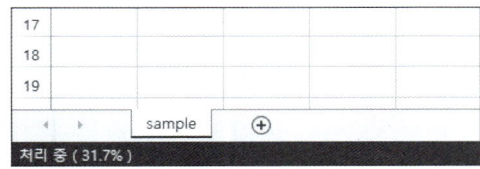

다음은 상태 표시줄에 퍼센트로 진행 상태를 표시하는 매크로입니다.

```
Sub 퍼센트()

    Dim 현재설정 As Boolean
    Dim r As Integer
    Dim 퍼센트 As String                    ❶
```

```
        현재설정 = Application.DisplayStatusBar
        Application.DisplayStatusBar = True

        For r = 1 To 10000

            Debug.Print Cells(r, "A").Value

            퍼센트 = Format(r / 10000, "0.0%")                    ──────── ❷
            Application.StatusBar = "처리 중 ( " & 퍼센트 & " )"   ──────── ❸

        Next

        MsgBox "작업이 완료되었습니다."

        Application.StatusBar = False
        Application.DisplayStatusBar = 현재설정

    Enc Sub
```

❶ String 형식의 '퍼센트' 변수를 선언합니다.

❷ '퍼센트' 변수에 r 변수를 10,000으로 나눈 다음, 이 값을 Format 함수를 사용해 0.0% 형식으로 변환한 값을 저장합니다. 여기서 '10000' 은 순환문의 r 변수의 종료 값으로 전체 작업할 횟수를 의미합니다.

❸ Application 개체의 StatusBar 속성에 '퍼센트' 변수의 값이 표시되도록 합니다.

매크로 진행 상황을 막대와 퍼센트로 표시하기

퍼센트만 나타나는 것이 부족하다면, 간단한 막대 그래프를 함께 표시할 수도 있습니다.

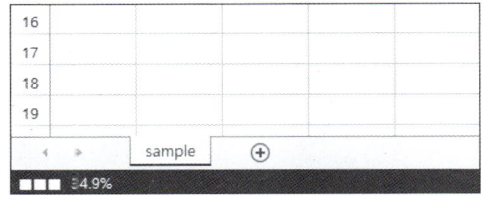

다음은 상태 표시줄에 막대 그래프가 표시되도록 하는 매크로의 예입니다.

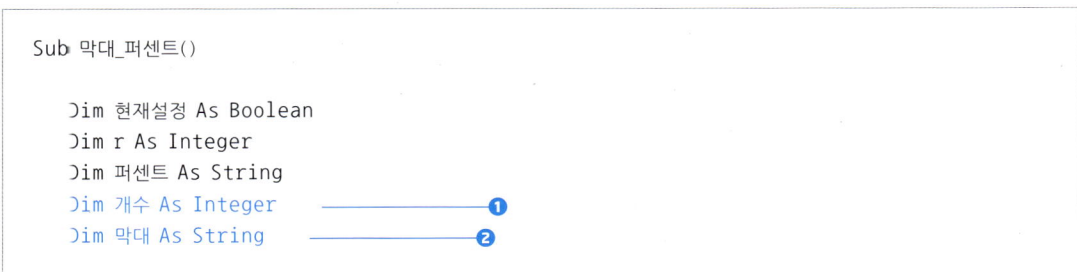

```
    현재설정 = Application.DisplayStatusBar
    Application.DisplayStatusBar = True
    
    For r = 1 To 10000
    
        Debug.Print Cells(r, "A").Value
        
        개수 = Int(r / 1000)                           ❸
        막대 = IIf(개수 > 0, String(개수, "■"), "")      ❹
        퍼센트 = Format(r / 10000, "0.0%")
        
        Application.StatusBar = 막대 & "  " & 퍼센트    ❺
        
    Next
    
    MsgBox "작업이 완료되었습니다."
    
    Application.StatusBar = False
    Application.DisplayStatusBar = 현재설정
    
End Sub
```

❶ Integer 형식의 '개수' 변수를 선언합니다.

❷ String 형식의 '막대' 변수를 선언합니다.

❸ '개수' 변수에 r 변수 값을 1000으로 나눈 정수 값을 저장합니다. 이렇게 되면 r 변수는 10000 값까지 변화하므로, 0부터 10 사이의 값이 저장됩니다.

❹ '막대' 변수에 '■' 문자를 '개수' 변수의 값 개수만큼 저장합니다.

> **LINK** String 함수에 대해서는 269쪽을 참고합니다.

❺ StatusBar 속성에 '막대' 변수와 '퍼센트' 변수의 값을 표시합니다.

개발된 매크로를 모두 테스트하려면 예제 파일을 열고 〈셀 주소〉, 〈퍼센트〉, 〈막대 그래프(%)〉 버튼을 각각 클릭해 봅니다.

ESC 키를 눌러 매크로 실행 중단하기 184

매크로 실행 도중에 중단하고 싶다면 Esc (또는 Ctrl + Break) 키를 누르면 됩니다. 이 경우 코드 실행이 중단되었음을 알리는 메시지 창이 열리는데, 별도의 안내 메시지를 표시하고 싶다면 Application 개체의 EnableCancelKey 속성을 이용해 사용자의 동작을 파악하고 제어하면 됩니다. 이번에는 매크로 실행을 중단시키는 사용자 동작을 제어하는 방법에 대해 알아보겠습니다.

예제 파일 PART 03 \ (Application) EnableCancelKey 속성.xlsm

EnableCancelKey 속성 구문

Application 개체의 EnableCancelKey 속성은 사용자가 Esc 키나 단축키 Ctrl + Break 를 눌렀을 때 동작을 제어하는 방법을 처리할 수 있으며, 다음과 같은 구문을 사용합니다.

```
Application.EnableCancelKey = XlEnableCancelKey
```

XlEnableCancelKey는 사용자의 동작을 어떻게 처리할지 여부를 의미하며, 다음과 같은 내장 상수를 사용할 수 있습니다.

내장 상수	설명
xlDisabled	취소(Esc , Ctrl + Break) 키를 사용할 수 없도록 합니다.
xlErrorHandler	에러 번호가 18인 에러를 발생시킵니다.
xlInterrupt	기본 값으로 코드 실행을 중단하고 디버그 창을 표시합니다.

EnableCancelKey 속성 사용 예

매크로를 실행한 다음, Esc (또는 Ctrl + Break) 키를 누르면 다음과 같은 디버그 창이 표시됩니다.

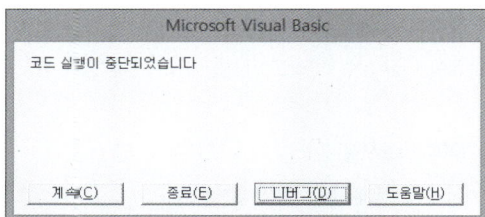

이런 디버그 창이 나타나지 않고, 사용자에게 종료 여부를 묻는 대화상자를 표시해 작업하려면 다음과 같은 코드를 개발합니다.

```
Sub 매크로취소()

    '1단계 : 필요한 변수를 선언합니다.
        Dim i As Long                          ①

    '2단계 : 매크로 취소 키 설정을 변경합니다.
        Application.EnableCancelKey = xlErrorHandler         ②

        On Error GoTo Err_Handler              ③

    '3단계 : 원하는 작업을 진행합니다.
        For i = 1 To 50000                     ④

            Range("C5").Value = i

        Next

        Exit Sub                               ⑤

    '4단계 : 취소 키를 눌렀을 때 처리할 동작을 지정합니다.
    Err_Handler:                               ⑥

        If Err.Number = 18 Then                ⑦

            If MsgBox("실행을 종료할까요?", vbYesNo) = vbNo Then     ⑧

                Resume                         ⑨

            End If

        Else                                   ⑩

            MsgBox "에러가 발생했습니다."

        End If

End Sub
```

❶ 순환문에서 사용할 Long 형식의 i 변수를 선언합니다.

❷ Application 개체의 EnableCancelKey 속성 값을 xlErrorHandler 내장 상수 값으로 설정해, 매크로 실행 중에 취소 키를 누르면 에러 번호가 18인 에러가 발생되도록 합니다.

❸ On Error 문을 사용해 에러가 발생할 경우 ❻의 Err_Handler 레이블로 이동시킵니다.

❹ For … Next 문을 사용해 i 변수 값을 1에서 50,000까지 증가시키면서 C5셀에 i 변수 값을 저장합니다.

❺ 순환문이 정상적으로 종료되면, 취소 키를 누르지 않은 것이므로 매크로를 종료합니다.

❻ Err_Handler 레이블 위치로, 위에서 에러가 발생하면 이 레이블 아래 코드가 실행됩니다.

❼ 발생한 에러의 번호가 18인지 판단해, 맞다면 ❽의 코드를 실행합니다.

❽ MsgBox 함수를 사용해 실행을 종료할지 여부를 물어 〈아니오〉 버튼을 클릭했는지 확인합니다. 〈예〉 버튼을 클릭하면 정상적으로 매크로가 종료됩니다.

❾ 〈아니오〉 버튼을 클릭했다면 Resume 문을 사용해 코드 실행이 중단된 부분부터 다시 코드가 정상적으로 실행되도록 합니다.

❿ ❼에서 발생한 에러 번호가 18이 아니라면 MsgBox 함수를 사용해 메시지 창을 표시하고 매크로가 종료되도록 합니다.

위 매크로를 실행하려면 예제 파일을 열고 〈ESC 키를 눌러 중단〉 버튼을 클릭합니다.

그러면 C5셀의 값이 1부터 계속 증가하는데, Esc (또는 Ctrl + Break) 키를 누르면 종료 여부를 묻는 메시지 창이 나타납니다.

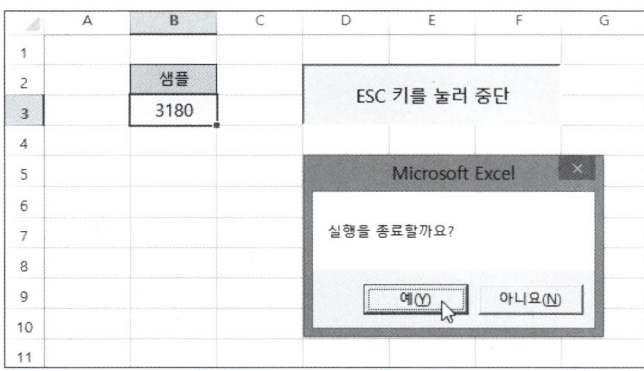

엑셀 설정을 기본 값으로 초기화하기 185

매크로를 사용하다 보면 코드가 중간에 멈추는 등의 상황으로 인해 엑셀의 설정이 변경되는 경우가 종종 있습니다. 경험이 많은 사용자라면 원인을 찾아 해결하겠지만, 아직 매크로에 익숙하지 않은 사용자라면 어디서 문제가 발생했는지 알아내기 어려운 경우가 많습니다. 그래서 매크로를 개발할 때 자주 변경하는 몇 가지 설정을 기본 값으로 초기화하는 매크로를 개발해두고, 필요할 때마다 실행한다면 도움이 됩니다. 이번에는 엑셀 설정을 초기화하는 매크로를 개발하는 방법에 대해 알아보겠습니다.

예제 파일 PART 03 \ (Application) 기본 설정.xlsm

매크로에서 자주 변경하는 설정을 초기화하는 매크로는 다음과 같습니다.

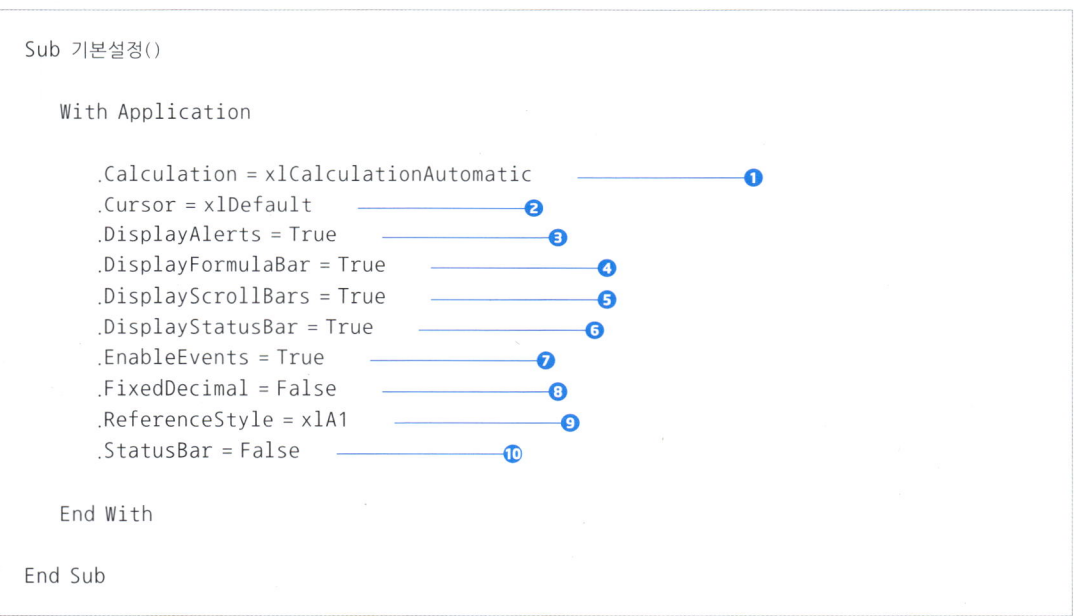

```
Sub 기본설정()

    With Application
    
        .Calculation = xlCalculationAutomatic        ❶
        .Cursor = xlDefault                          ❷
        .DisplayAlerts = True                        ❸
        .DisplayFormulaBar = True                    ❹
        .DisplayScrollBars = True                    ❺
        .DisplayStatusBar = True                     ❻
        .EnableEvents = True                         ❼
        .FixedDecimal = False                        ❽
        .ReferenceStyle = xlA1                       ❾
        .StatusBar = False                           ❿
    
    End With
    
End Sub
```

❶ 수식의 계산 옵션을 '자동'으로 설정합니다. 이 옵션은 수식이 자동으로 계산되지 않는 문제를 해결합니다.

❷ 마우스 커서 옵션을 기본으로 설정합니다.

❸ 경고 메시지 창을 정상적으로 표시합니다.

❹ 수식 입력줄을 표시합니다.

❺ 가로, 세로 스크롤 막대를 표시합니다.

❻ 상태 표시줄을 표시합니다.

❼ 이벤트 감시를 활성화합니다.

❽ 고정 소수점(소수점 자동 삽입) 기능을 해제합니다.

❾ 셀 참조 방식과 열 머리글을 A1 참조 스타일로 설정합니다. 이 옵션은 열 머리글이 1, 2, 3, …으로 표시되는 문제를 해결하고, 셀 참조 주소가 R1C1과 같은 방식으로 표시되는 것을 변경합니다.

❿ 상태 표시줄을 초기화합니다.

위 매크로는 사용자가 엑셀의 동작에 문제가 있다고 느낄 때 한 번씩 실행하면 바로 효과를 얻을 수 있습니다. 예제 파일을 열고, 〈기본 설정으로 복원〉 버튼을 클릭하면 됩니다.

CHAPTER 15

리본 인터페이스

엑셀 프로그램을 조작하는 데 사용되는 리본 메뉴는 VBA에서 제어하기가 쉽지 않습니다.
VBA에서 리본 메뉴를 제어할 수 있는 개체와 컬렉션을 제공하지 않기 때문입니다.
리본 메뉴를 제어하기 위해서는
XML(eXtensible Markup Language)이라는 언어를 이해하고 있어야 합니다.
XML은 웹 페이지를 구성하는 데 사용했던 HTML을 개선해 만든 언어로,
2007 버전부터는 오피스 내의 주요 문서 역시 XML을 이용해 만들어지고 있습니다.
참고로 XLSX라는 확장자의 맨 마지막 X는 XML의 약어로, XML로 만든 XLS 파일임을 의미합니다.
이번 장에서는 VBA 언어와 XML 언어를 사용해 리본 메뉴를 편집하는 방법에 대해 소개합니다.

리본 메뉴의 각 탭을 선택하기   186

리본 메뉴는 엑셀 2007 버전부터 추가되었는데, VBA에서는 직접 제어할 수가 없습니다. 리본 메뉴를 제어할 수 있는 개체를 따로 지원하지 않기 때문입니다. 엑셀 2003 버전까지는 메뉴와 도구 모음을 제어할 수 있는 CommandBar 개체가 있지만, 2007 버전부터는 엑셀의 VBA 대신 Visual Studio의 VSTO에서만 Ribbon 개체를 지원하고 있습니다. 그렇기 때문에 개발자가 리본 메뉴를 제어하려면 파일의 XML 코드를 직접 수정하거나 Visual Studio의 VSTO를 사용해야 합니다. 그렇다고 리본 메뉴를 아예 제어하지 못하는 것은 아닙니다. 이번에는 간단하게 리본 메뉴에서 원하는 탭을 선택하도록 하는 방법에 대해 알아보겠습니다.

예제 파일 PART 03 \ (Ribbon) 리본 탭.xlsm

예제 파일을 열면 화면과 같은 표를 확인할 수 있습니다.

	A	B	C	D	E	F	G	H	I	J
1										
2					리본 메뉴					
3		홈	삽입	페이지 레이아웃	수식	데이터	검토	보기	개발도구	
4										
5										
6										

위 화면의 개별 버튼 컨트롤을 클릭했을 때, 버튼 컨트롤의 레이블을 읽어 클릭한 버튼과 같은 리본 탭을 화면에 표시하는 매크로를 구성하면 다음과 같습니다.

```
Sub 리본탭()

'1단계 : 필요한 변수를 선언합니다.
    Dim 버튼 As Button            ①
    Dim 단축키 As String          ②

'2단계 : '버튼' 변수에 매크로를 실행한 단추 컨트롤을 할당합니다.
    Set 버튼 = ActiveSheet.Buttons(Application.Caller)     ③

'3단계 : 매크로를 실행한 단추 컨트롤의 레이블에 따라 단축키를 저장합니다.
    Select Case 버튼.Text         ④
        Case "홈"
            단축키 = "h"
        Case "삽입"
            단축키 = "n"
        Case "페이지 레이아웃"
            단축키 = "p"
```

```
            Case "수식"
                단축키 = "m"
            Case "데이터"
                단축키 = "a"
            Case "검토"
                단축키 = "r"
            Case "보기"
                단축키 = "w"
            Case "개발도구"
                단축키 = "l"
        End Select

    '4단계 : 단축키를 눌러 리본 메뉴의 탭을 선택합니다.
        Application.ScreenUpdating = False            ─────────── ❺

        Application.SendKeys "%" & 단축키 & "{F6}"     '─────────── ❻

    Application.ScreenUpdating = True

End Sub
```

❶ Button 형식(양식 컨트롤 중 단추 컨트롤)의 '버튼' 개체변수를 선언합니다.

❷ String 형식의 '단축키' 변수를 선언합니다.

❸ 매크로를 실행한 단추 컨트롤을 '버튼' 개체변수에 할당합니다. 예제의 여덟 개 단추 컨트롤에 모두 이번 매크로를 연결해 실행하기 위해 Caller 속성을 사용합니다.

❹ '버튼' 개체변수에 할당된 단추 컨트롤에 표시된 값(Text)을 Select Case 문으로 구분해, '단축키' 변수에 각 리본 탭을 호출할 단축키의 영문자를 저장합니다. 각 리본 탭을 활성화하는 단축키는 다음과 같습니다.

리본 탭	단축키	리본 탭	단축키
홈	Alt + H	데이터	Alt + A
삽입	Alt + N	검토	Alt + R
페이지 레이아웃	Alt + P	보기	Alt + W
수식	Alt + M	개발 도구	Alt + L

❺ 리본 메뉴 탭이 표시되는 과정을 화면에 표시하지 않습니다. 이렇게 하지 않으면 리본 메뉴가 화면에 표시되고 F6 키가 눌리기 전의 풍선 도움말이 화면에 잠시 표시되기 때문입니다. 이 설명이 잘 이해되지 않으면 이번 줄을 주석으로 처리하고 매크로를 실행해 차이를 확인해 봅니다.

❻ SendKeys 메서드를 이용해 Alt 키(%)와 '단축키' 변수에 저장된 값을 연결한 단축키를 누르고 바로 F6 키를 누릅니다. F6 키를 누르는 이유는 엑셀 창에서 리본 메뉴의 탭을 표시하는 단축키를 누르면 아래 화면과 같은 단축키가 추가로 풍선 도움말에 표시되기 때문으로, F6 키를 누르면 풍선 도움말이 제거됩니다.

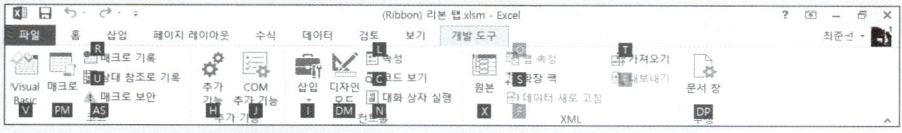

리본 메뉴를 숨기거나 표시하기 187

엑셀로 업무용 프로그램을 만들다 보면, 리본 메뉴가 화면에 표시되지 않았으면 하는 경우가 있습니다. 단축키 Ctrl + F1 을 누르거나 리본 메뉴 탭을 더블클릭하는 방법을 통해 리본 메뉴를 축소하거나 다시 확장하는 방법이 있기는 하지만, 리본 메뉴 자체를 숨길 수는 없습니다. 리본 메뉴를 아예 숨기려면 엑셀 4.0 매크로 함수를 이용해야 하며, 엑셀 4.0 매크로 함수를 사용하려면 Application 개체의 ExecuteExcel4Macro 메서드를 사용하면 됩니다. 이번에는 리본 메뉴를 숨기고 다시 표시하는 다양한 방법에 대해 알아보겠습니다.

예제 파일 PART 03 \ (Ribbon) 리본 숨기기.xlsm

리본 메뉴 축소하기

리본 메뉴가 너무 커서 불편하다면 단축키 Ctrl + F1 을 눌러 축소합니다. 리본 메뉴를 축소하면 리본 메뉴 탭만 표시됩니다. 이 작업을 위한 매크로는 다음과 같습니다.

```
Sub 리본축소확장()
        Application.SendKeys "^{F1}"              ❶
End Sub
```

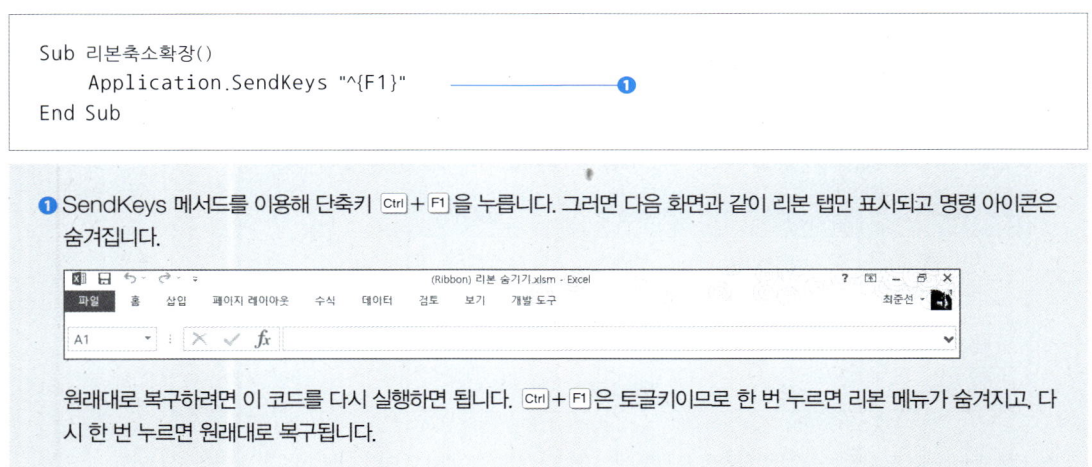

❶ SendKeys 메서드를 이용해 단축키 Ctrl + F1 을 누릅니다. 그러면 다음 화면과 같이 리본 탭만 표시되고 명령 아이콘은 숨겨집니다.

원래대로 복구하려면 이 코드를 다시 실행하면 됩니다. Ctrl + F1 은 토글키이므로 한 번 누르면 리본 메뉴가 숨겨지고, 다시 한 번 누르면 원래대로 복구됩니다.

ExecuteExcel4Macro 메서드 구문

리본 메뉴를 축소했을 때 표시되는 탭도 숨기고 싶다면, Excel 4.0 매크로 함수 중에서 Show.ToolBar 함수를 사용합니다. Excel 4.0 매크로 함수를 실행하려면 Application 개체의 ExecuteExcel4Macro 메서드를 사용해야 합니다. 다음은 ExecuteExcel4Macro 메서드의 구문 설명입니다.

```
Application.ExecuteExcel4Macro( string )
```

❶ string : Excel 4.0 매크로 함수를 등호(=) 없이 문자열로 구성해 전달합니다.

ExecuteExcel4Macro 메서드 사용 예

다음은 ExecuteExcel4Macro 메서드를 이용해 리본 메뉴를 숨기는 매크로입니다.

```
Sub 리본숨기기()
    Application.ExecuteExcel4Macro "Show.ToolBar(""Ribbon"", False)"  ──────────❶
End Sub
```

❶ ExecuteExcel4Macro 메서드를 이용해 Show.ToolBar 매크로 함수를 실행합니다. Show.ToolBar 매크로 함수는 도구 모음을 표시하거나 숨길 때 사용하는 함수로 구문은 다음과 같습니다.

> Show.ToolBar(bar_id, visible)
>
> ❶ bar_id : 도구 모음의 ID 번호 또는 이름
> ❷ visible : True면 도구 모음을 표시하고, False면 숨깁니다.

이번 코드에서는 bar_id 매개변수에 'Riboon' 문자열을 전달했는데, 큰따옴표(")를 두 번 입력했습니다. ExecuteExcel4Macro 메서드에 문자열로 전달하려면 Show.ToolBar 매크로 함수가 큰따옴표(")로 묶여 전달되는데, 그 안에서 다시 'Ribbon'이라는 문자열이 전달되어야 하므로, 두 번 사용한 것입니다. 이렇게 큰따옴표(") 내에서 다시 큰따옴표(")를 사용할 때는 두 번 연속해 입력합니다.

Show.Toolbar 매크로 함수의 visible 매개변수 값을 False로 지정했으므로, 실행하면 다음 화면과 같이 리본 메뉴가 숨겨집니다.

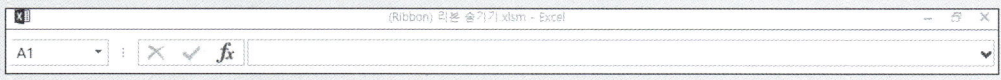

리본 메뉴를 다시 표시하고 싶다면 Show.ToolBar 매크로 함수의 visible 매개변수의 값을 True로 설정하면 됩니다.

```
Sub 리본표시()
    Application.ExecuteExcel4Macro "Show.ToolBar(""Ribbon"", True)"  ──────────❶
End Sub
```

❶ Show.ToolBar 매크로 함수를 사용해 리본을 다시 표시합니다.

앞에서 사용한 매크로를 통해 리본 메뉴의 상태를 확인하면서 작업할 수는 없습니다. 그러므로 리본 메뉴를 숨길지 표시할지 여부에 따라 사용자가 매크로를 선택해 실행해야 합니다. 그런 점이 불편하다면, 매크로를 실행할 버튼과 연계해 리본 메뉴를 숨기거나 표시할 수 있습니다. 다음과 같은 매크로를 사용하면 됩니다.

```
Sub 리본토글()

    '1단계 : 필요한 변수를 선언합니다.
        Dim 버튼 As Button                           ❶
        Dim 표시여부 As Boolean                       ❷

    '2단계 : 매크로를 실행한 양식 컨트롤의 단추 컨트롤을 '버튼' 개체변수에 할당합니다.
        Set 버튼 = ActiveSheet.Buttons(Application.Caller)     ❸

    '3단계 : '버튼' 개체변수에 할당된 단추 컨트롤의 레이블에 따라 필요한 값을 변수에 저장합니다.
        Select Case 버튼.Text                        ❹
            Case "표시"                              ❺
                표시여부 = True
                버튼.Text = "숨기기"
            Case "숨기기"                            ❻
                표시여부 = False
                버튼.Text = "표시"
        End Select

    '4단계 : 리본 메뉴를 숨기거나 표시합니다.
        Application.ExecuteExcel4Macro "Show.ToolBar(""Ribbon"", " & 표시여부 & ")"    ❼

End Sub
```

❶ 양식 컨트롤의 단추 컨트롤인 Button 형식의 '버튼' 개체변수를 선언합니다.

❷ Boolean 형식의 '표시여부' 변수를 선언합니다. 매크로를 실행한 단추 컨트롤의 레이블에 따라 리본 메뉴를 표시할지 또는 숨길지 여부를 이 변수에 저장하게 됩니다.

❸ '버튼' 개체변수에 매크로를 실행할 때 클릭한 단추 컨트롤을 할당합니다.

❹ '버튼' 개체변수에 할당된 단추 컨트롤의 레이블을 Select Case 문으로 구분해 작업합니다.

❺ 현재 레이블이 '표시'라면 리본 메뉴를 표시하기 위해 '표시여부' 변수의 값을 True로 저장하고, '버튼' 개체변수에 할당된 단추 컨트롤의 레이블을 '숨기기'로 변경합니다.

❻ 현재 레이블이 '숨기기'라면 리본 메뉴를 숨기기 위해 '표시여부' 변수의 값을 False로 저장하고, '버튼' 개체변수에 할당된 단추 컨트롤의 레이블을 '표시'로 변경합니다.

❼ ExecuteExcel4Macro 메서드를 사용해 Show.ToolBar 매크로 함수를 실행해 리본 메뉴를 숨기거나 표시합니다.

단추 컨트롤의 레이블을 이용해 리본 메뉴를 표시하거나 숨기는 작업을 하지 않고, Static 변수를 선언해 리본 메뉴를 숨기거나 표시할 수도 있습니다.

```
Sub 리본토글_Static()

    Static 표시여부 As Boolean                              ①

    Application.ExecuteExcel4Macro "Show.ToolBar(""Ribbon"", " & 표시여부 & ")"    ②

    표시여부 = Not 표시여부                                  ③

End Sub
```

① Boolean 형식의 '표시여부' 변수를 Static 문으로 선언합니다. Static 문으로 변수를 선언하면 정적변수로 선언되어 매크로가 실행된 다음에도 변수 내 값을 계속 유지하므로, 이번과 같이 클릭할 때마다 다른 동작을 처리하도록 할 때 유용합니다.

② ExecuteExcel4Macro 함수를 사용해 리본 메뉴를 숨기거나 표시합니다. Boolean 형식의 변수를 선언하면 초기 값이 False입니다. 그러므로 이 매크로를 처음 실행하면 리본 메뉴가 숨겨집니다.

③ '표시여부' 변수를 Not 키워드를 사용해 반대 값으로 변경한 다음, 다시 저장합니다. 기본 값은 False이므로 이 명령을 통해 '표시여부' 변수는 True 값으로 변경되며, 다음에 다시 실행하면 False로 변경됩니다.

매크로를 모두 테스트하려면 예제 파일을 열고 다음 설명을 참고하면서 버튼을 클릭해 봅니다.

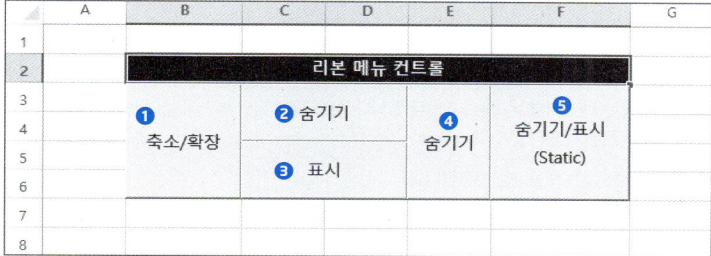

① '리본축소확장' 매크로가 연결되어 있으며, 클릭하면 단축키 Ctrl + F1 을 누른 것과 동일합니다.

② '리본숨기기' 매크로가 연결되어 있으며, 클릭하면 리본 메뉴가 숨겨집니다.

③ '리본표시' 매크로가 연결되어 있으며, 클릭하면 리본 메뉴가 표시됩니다.

④ '리본토글' 매크로가 연결되어 있으며, 클릭할 때마다 리본 메뉴가 숨겨졌다가 표시됩니다.

⑤ '리본토글_Static' 매크로가 연결되어 있으며, ④와 동일하게 동작합니다.

리본 메뉴의 명령 컨트롤하기 188

VBA를 이용해 리본 메뉴를 제어하는 일은 어렵기는 하지만 불가능하지는 않습니다. Application 개체의 CommandBars 속성을 이용하면 메뉴와 도구 모음을 제어할 수 있는 CommandBars 컬렉션을 사용할 수 있는데, CommandBars 컬렉션에는 리본 메뉴를 제어할 수 있는 몇 가지 구성원이 제공됩니다. 이번에는 CommandBars 컬렉션을 이용해 리본 메뉴를 제어하는 방법에 대해 알아보겠습니다.

예제 파일 PART 03 \ (Ribbon) CommandBars 컬렉션.xlsm

CommandBars 컬렉션의 주요 구성원

CommandBars 컬렉션의 구성원 중, 리본 메뉴를 제어할 수 있는 명령은 다음과 같습니다.

구성원	설명
ExecuteMso	리본 메뉴의 명령을 실행합니다.
GetEnabledMso	리본 메뉴의 명령이 사용 가능한지(활성화되어 있는지) 여부를 논리값(True, False)으로 반환합니다.
GetImageMso	리본 메뉴의 명령 이미지를 반환합니다.
GetLabelMso	리본 메뉴의 명령 레이블을 반환합니다.
GetPressedMso	리본 메뉴의 명령이 눌려 있는지 여부를 논리값으로 반환합니다. 예를 들면 필터 명령이 눌려 있는지 여부를 판단해 자동 필터가 적용됐는지 판단할 수 있습니다.
GetScreentipMso	리본 메뉴의 명령에 표시되는 풍선 도움말을 반환합니다.
GetSupertipMso	리본 메뉴의 명령에 표시되는 상세 도움말을 반환합니다.

ExecuteMso 메서드 사용 예

예제 파일을 열면 화면과 같은 구성을 확인할 수 있습니다.

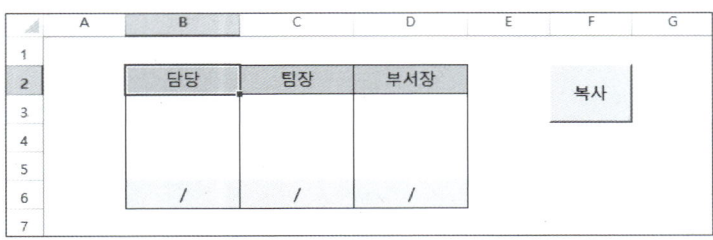

위 화면에서 〈복사〉 버튼을 클릭하면 B2:D6 범위의 결재란을 그림으로 복사해 H2셀에 붙여넣는 작업을 리본 메뉴의 [그림으로 복사] 명령을 이용해 처리하는 매크로는 다음과 같습니다.

```
Sub 결재란복사()

    Range("B2:D6").Select ————————————①
    Application.CommandBars.ExecuteMso "CopyAsPicture" ————————②
    Range("H2").Select ——————————③
    Application.CommandBars.ExecuteMso "Paste" ——————————④

End Sub
```

① E2:D6 범위를 선택합니다.

② CommandBars 컬렉션의 ExecuteMso 메서드를 이용해 CopyAsPicture 명령을 실행합니다. CopyAsPicture 명령은 리본 메뉴의 [파일] 탭-[클립보드] 그룹-[복사]-[그림 복사] 명령입니다. 이 코드가 실행되면 아래 대화상자가 표시됩니다. 원하는 옵션을 선택하고(잘 모르면 기본 옵션을 그대로 둡니다.) 〈확인〉 버튼을 클릭합니다.

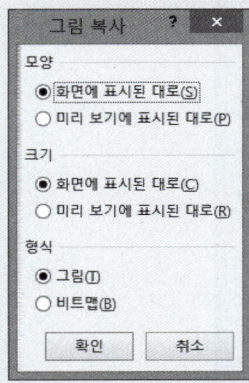

③ H2셀을 선택합니다. H2셀은 그림으로 붙여 넣을 위치입니다.

④ [Paste] 명령을 실행합니다. [Paste] 명령은 리본 메뉴의 [파일] 탭-[클립보드] 그룹-[붙여넣기] 명령입니다. 이 명령이 실행되면 아래 화면과 같이 그림으로 복사가 됩니다.

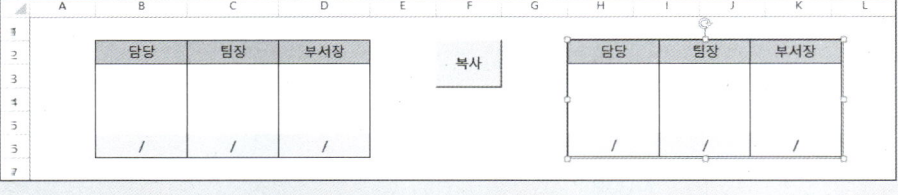

Plus⁺ 리본 메뉴의 영어 명칭 확인하기

앞의 프로시저에서 ExecuteMso 메서드를 사용할 때, 리본 메뉴의 명령을 영어 명령으로 지정하는 것을 확인했을 겁니다. 리본 메뉴 명령의 영어 명칭을 확인하려면 다음과 같은 방법을 사용합니다.

❶ 리본 메뉴의 [파일] 탭-[옵션] 명령을 클릭합니다.

❷ 'Excel 옵션' 대화상자가 표시되면 '리본 사용자 지정' 범주를 선택하고 '명령 선택' 콤보 상자에서 '기본 탭' 항목을 선택합니다.

❸ 하위 리스트에서 확인할 명령을 찾아 마우스를 가져다 놓으면 풍선 도움말이 표시됩니다. 풍선 도움말 끝부분의 괄호 안에 표시된 영어가 바로 해당 명령의 영어 명칭입니다.

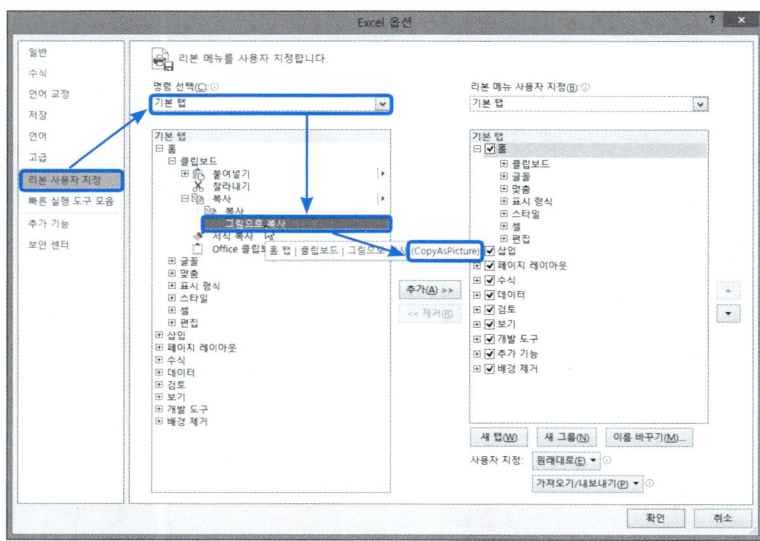

단축 메뉴에 원하는 명령 추가해 사용하기 189

CommandBar 개체는 메뉴와 도구 모음, 단축 메뉴를 제어할 수 있는 개체입니다. 하지만 엑셀 2007 버전부터 인터페이스가 리본 메뉴로 바뀌면서 메뉴와 도구 모음을 제어할 필요가 줄었으므로 2007 버전부터는 단축 메뉴를 제어하는 용도로 주로 사용합니다. 이번에는 단축 메뉴에 원하는 명령을 추가해 사용하는 방법에 대해 알아보겠습니다.

예제 파일 PART 03 \ (Ribbon) CommandBar 개체.xlsm

다음은 셀을 선택하고 마우스 오른쪽 버튼을 클릭했을 때 표시되는 단축 메뉴입니다.

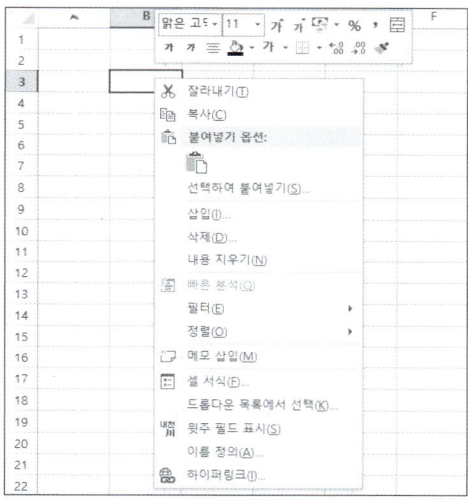

다음 화면과 같이 [복사] 명령 아래에 [그림으로 복사] 명령을 추가하는 작업을 진행하려면, 셀 단축 메뉴의 CommandBar 개체를 컨트롤하면 됩니다.

다음은 셀 단축 메뉴에 [그림으로 복사] 명령을 추가하는 매크로입니다.

```
Sub 명령추가()                    ❶

'1단계 : 필요한 변수를 선언합니다.
    Dim 단축메뉴 As CommandBar              ❷
    Dim 새명령 As CommandBarControl         ❸

'2단계 : 단축 메뉴를 초기화합니다.
    On Error Resume Next             ❹

    Set 단축메뉴 = Application.CommandBars("Cell")   ❺
    단축메뉴.Reset            ❻

'3단계 : 단축 메뉴에 [그림으로 복사] 명령을 추가합니다.
    Set 새명령 = 단축메뉴.Controls.Add(Type:=msoControlButton, Before:=3)   ❼

    With 새명령
        .Caption = "그림으로 복사(&P)..."       ❽
        .OnAction = "그림복사"              ❾
        .Style = msoButtonCaption           ❿
    End With

End Sub
```

❶ '명령추가' 매크로를 선언합니다. 파일을 열 때마다 이 매크로를 자동으로 실행하려면, 매크로 이름을 'Auto_Open'으로 변경합니다.

❷ CommandBar 형식의 '단축메뉴' 개체변수를 선언합니다.

❸ CommandBarControl 형식의 '새명령' 개체변수를 선언합니다.

❹ ❺-❿에서 에러가 발생해도 멈추지 말고, 다음 줄 코드를 계속해서 실행합니다.

❺ CommandBars 컬렉션에 Cell 이름을 사용하는 CommandBar 개체를 '단축메뉴' 개체변수에 할당합니다. 이렇게 하면 셀에서 마우스 오른쪽 버튼을 클릭할 때 표시되는 단축 메뉴가 '단축메뉴' 개체변수에 할당됩니다.

❻ '단축메뉴' 개체변수에 할당된 CommandBar 개체를 초기화합니다. 이전에 추가된 [그림으로 복사] 명령이 있다면 지워야 하기 때문입니다.

❼ '단축메뉴' 개체변수에 할당된 CommandBar 개체에 새로운 Button 형식의 Control을 추가한 다음, 이 Control을 '새명령' 개체변수에 할당합니다. Add 메서드의 Before 매개변수의 값이 3인 것은 단축 메뉴의 세 번째 명령 위에 추가된 Control를 등록하라는 의미입니다.

❽ 새로 추가된 명령의 레이블은 '그림으로 복사(&P)…'로 설정합니다. 이것은 명령 레이블이 리본 메뉴의 [홈] 탭-[클립보드] 그룹-[복사] 명령 하위의 [그림으로 복사] 명령과 동일하게 표시되도록 하기 위해서이며 괄호 안의 &P는 단축키를 설정하기 위해 입력한 것입니다. 나중에 단축 메뉴에 표시된 명령을 보면 &는 없어지고 영문자 P 밑에 밑줄이 표시된 것을 확인할 수 있습니다. 이것은 단축키 P를 눌러 명령을 실행할 수 있다는 의미입니다.

❾ 명령을 클릭할 때 실행할 명령을 OnAction 메서드로 설정하며, 실행할 매크로는 '그림복사'입니다. 이 매크로는 다음 페이지에서 설명합니다.

❿ 단축 메뉴에 추가된 Control은 버튼과 레이블만 표시되는 형식으로 지정합니다.

앞의 매크로를 보면, ❺의 코드에서 단축 메뉴 이름을 영어 명칭으로 사용하는데, 이런 단축 메뉴의 영어 명칭을 확인하려면 다음 매크로를 실행하고 직접 실행 창을 확인하면 됩니다.

```
Sub 단축메뉴이름()

    Dim 단축메뉴 As CommandBar                              ❶

    For Each 단축메뉴 In Application.CommandBars            ❷

        If 단축메뉴.Type = msoBarTypePopup Then             ❸
            Debug.Print 단축메뉴.Name, 단축메뉴.Index        ❹
        End If

    Next

End Sub
```

❶ CommandBar 형식의 '단축메뉴' 개체변수를 선언합니다.

❷ For Each … Next 순환문을 사용해 모든 CommandBar 개체를 순환합니다. 한 번 순환할 때마다 CommandBars 컬렉션의 개체를 하나씩 '단축메뉴' 변수에 할당합니다.

❸ '단축메뉴' 개체변수에 할당된 CommandBar 개체의 Type 속성 값이 msoBarTypePopup(단축 메뉴)인지 판단합니다. 참고로 Type 속성은 다음과 같은 값을 반환합니다.

내장 상수	설명
msoBarTypeNormal	도구 모음
msoBarTypeMenuBar	메뉴
msoBarTypePopup	단축 메뉴

❹ 단축 메뉴가 맞다면 Debug.Print 명령을 이용해 '단축메뉴' 변수에 할당된 개체의 이름과 인덱스 번호를 직접 실행 창에 반환합니다.

[그림으로 복사] 명령을 실행할 매크로는 다음과 같습니다.

```
Sub 그림복사()

    Application.CommandBars.ExecuteMso "CopyAsPicture"     ❶

Enc Sub
```

❶ CommandBars 컬렉션의 ExecuteMso 메서드를 이용해 [그림으로 복사] 명령을 실행합니다. [그림으로 복사] 명령의 영어 명칭을 확인하는 방법은 612쪽을 참고합니다.

셀 단축 메뉴에 추가된 명령을 제거하려면 다음과 같은 매크로를 사용합니다.

```
Sub 초기화()                             ①

    Application.CommandBars("Cell").Reset              ②

End Sub
```

① '초기화' 매크로를 선언합니다. 파일이 닫힐 때 자동으로 실행되도록 하려면 매크로 이름을 'Auto_Close'로 변경합니다.

② 'Cell' 이름을 갖는 CommandBar 개체를 초기화합니다. Reset 메서드는 기본 제공되는 명령 이외의 추가된 명령을 모두 삭제합니다.

개발된 매크로를 테스트하려면 예제 파일을 열고 다음 설명을 참고하면서 버튼을 클릭해 봅니다.

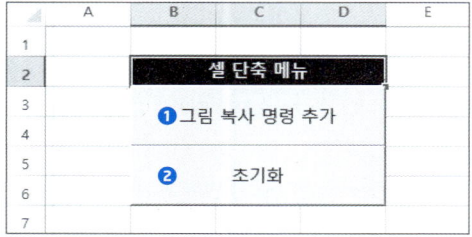

① '명령추가' 매크로가 연결되어 있으며, 이 버튼을 클릭하고 셀에서 마우스 오른쪽 버튼을 클릭하면 [그림으로 복사] 명령이 단축 메뉴에 표시됩니다.

② '초기화' 매크로가 연결되어 있으며, 이 버튼을 클릭하면 단축 메뉴에서 추가된 명령이 제거됩니다.

사용하지 않는 [추가 기능] 탭 삭제하기

190

CommandBar 개체를 이용해 새로운 메뉴(또는 도구 모음)를 만드는 작업을 하면, 2007 이상 버전에서는 리본 메뉴에 [추가 기능] 탭이 생성됩니다. [추가 기능] 탭은 하위 버전(주로 2003 버전 이하)에서 개발된 매크로 파일을 열어 본 다음 생성되는데, 해당 CommandBar 개체를 삭제하지 않으면 계속 화면에 표시되므로 불편합니다. 불필요하게 생성된 [추가 기능] 탭이 삭제되지 않는다면 사용자가 직접 삭제할 수 있어야 합니다.

예제 파일 PART 03 \ (Ribbon) 추가기능 탭.xlsm

예제 파일을 열면 다음 화면과 같은 구성을 확인할 수 있습니다. 〈추가〉 버튼을 클릭하면 화면과 같이 리본 메뉴어 [추가 기능] 탭이 생성됩니다.

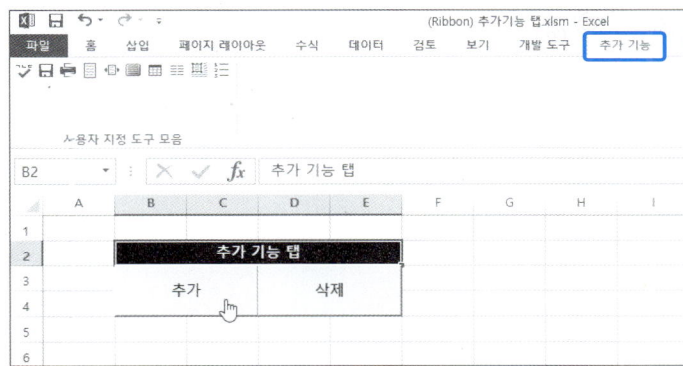

예제 파일을 닫은 다음, 다른 파일을 열거나 빈 통합 문서 파일을 표시해도 [추가 기능] 탭이 삭제되지 않습니다. 다음 화면은 예제를 닫고 빈 통합 문서 파일을 연 화면입니다. [추가 기능] 탭이 여전히 있는 것을 볼 수 있습니다.

이렇게 [추가 기능] 탭이 계속 표시되는 이유는 사용자가 열어 본 파일에서 새로 생성한 CommandBar 개체가 제대로 삭제되지 않기 때문입니다. [추가 기능] 탭이 더 이상 나타나지 않도록 하려면 다음과 같은 매크로를 사용합니다.

```
Sub 추가기능탭삭제()

    Dim 메뉴 As CommandBar                              ❶

    For Each 메뉴 In Application.CommandBars            ❷

        If 메뉴.BuiltIn = False Then 메뉴.Delete         ❸

    Next

End Sub
```

❶ CommandBar 형식의 '메뉴' 개체변수를 선언합니다.

❷ For Each … Next 순환문을 사용해, 모든 CommandBar 개체를 CommandBars 컬렉션을 순환하면서 확인합니다. 순환할 때마다 '메뉴' 개체변수에 CommandBar 개체가 하나씩 할당됩니다.

❸ '메뉴' 개체변수에 할당된 CommandBar 개체의 BuiltIn 속성을 확인해 False면 해당 개체를 삭제합니다. BuiltIn 속성은 해당 CommandBar 개체가 엑셀에서 제공되는 것인지 여부를 True, False 값으로 반환하므로, False면 사용자가 추가한 CommandBar 개체라는 의미입니다.

TIP 이 매크로는 예제의 〈삭제〉 버튼에 연결되어 있습니다.

Custom UI Editor 프로그램 사용하기

191

리본 메뉴를 편집하기 위해서는 VB 편집기와 같이 별도의 XML 언어를 읽고 개발할 수 있는 도구가 필요합니다. 가장 널리 알려진 도구가 바로 이번에 소개할 Custom UI Editor 프로그램입니다. 엑셀 2010 버전 이상 사용자는 Excel 옵션에 있는 리본 메뉴의 편집 도구(리본 사용자 지정)를 사용할 수 있습니다. 그런데 이 도구는 직관적이긴 하지만 간단한 작업만 지원하기 때문에 세밀한 수정 작업은 진행할 수 없습니다. 이번에는 리본 메뉴를 편집하는 데 필수적인 Custom UI Editor 프로그램을 설치하고 사용하는 방법에 대해 알아보겠습니다.

예제 파일 PART 03 \ OfficeCustomUIEditorSetup.msi, dotnetfx3setup.exe

Custom UI Editor 프로그램 설치

프로그램을 다운로드하거나 제공된 설치 프로그램을 실행하면 Custom UI Editor 프로그램을 설치할 수 있습니다. 설치 후 프로그램을 실행하면 다음과 같은 화면을 확인할 수 있습니다.

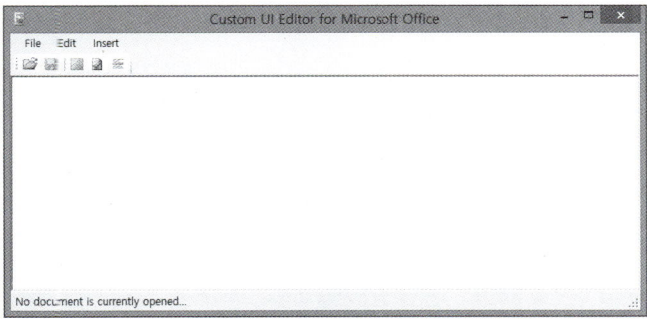

화면이 매우 간결합니다. 메뉴는 File, Edit, Insert 세 개만 제공되며, 도구 모음에는 다음과 같은 다섯 개의 명령 아이콘이 제공됩니다.

> **Plus⁺ CUSTOM UI EDITOR 프로그램 다운로드**
>
> 최신 프로그램은 다음 링크에서 다운로드할 수 있습니다.
> - http://openxmldeveloper.org/blog/b/openxmldeveloper/archive/2006/05/26/customuieditor.aspx
>
> 만약 위 주소가 연결되지 않는다면 첨부된 OfficeCustomUIEditorSetup.msi 프로그램을 클릭해 설치해도 됩니다.

TIP 이 프로그램을 사용하려면 기본적으로 .NET Framework 3.0이 필요합니다. 설치할 때 .NET Framwork 3.0이 필요하다는 메시지 창이 표시 되면 함께 제공된 dotnetfx3setup.exe 프로그램을 먼저 설치합니다.

명령 아이콘은 순서대로 다음과 같은 역할을 수행합니다.

명령	설명
Open	엑셀 파일을 엽니다.
Save	파일을 저장합니다.
Insert Icons	메뉴에 표시될 명령 아이콘 이미지를 삽입합니다.
Validate	XML 문법에 잘못된 부분이 있는지 점검합니다.
Generate Callbacks	메뉴에 새로 등록된 매크로를 자동으로 생성하며, 이 매크로를 편집하는 파일의 Module 개체의 코드 창에 복사해 놓고 필요한 코드를 개발하면 됩니다.

참고로 이 프로그램은 2007 이상 버전의 XLSX나 XLSM 형식의 파일을 수정할 수 있으며, XLS 확장자를 사용하는 파일은 수정할 수 없습니다.

Custom UI Editor와 Excel 옵션을 이용하는 방법의 장단점

리본 메뉴를 편집하는 방법에는 이번에 소개한 Custom UI Editor 프로그램을 이용해 직접 XML을 수정하는 방법과 Excel 옵션을 이용하는 방법이 있습니다. 다음 표는 이 두 방법의 장단점을 정리한 것입니다. 사용자의 환경과 작업 목적에 맞게 취사 선택하면 됩니다.

항목	Custom UI Editor	Excel 옵션
적용 범위	**개별 파일** 수정된 메뉴는 개별 파일에만 적용되며, 전체 파일에 적용하려면 '추가 기능' 파일에 적용합니다.	**전체 파일** 수정된 메뉴는 전체 파일에 적용되며, 개별 파일에 적용할 수 있는 방법은 없습니다.
편집 범위	**리본 메뉴 + 백스테이지뷰** 리본 메뉴와 [파일] 탭을 클릭했을 때 표시되는 백스테이지뷰도 원하는 방식으로 편집할 수 있습니다.	**리본 메뉴** 리본 메뉴만 편집할 수 있습니다.
작업 난이도	**상** 이 방법은 기본적으로 XML에 대한 이해도를 기반으로 하므로 새로운 언어에 대한 학습이 필요합니다.	**하** 간단한 폼 화면을 이용해 리본 메뉴를 구성할 수 있으므로 매우 편리하고 직관적으로 메뉴를 편집할 수 있습니다.
자유도	**상** 자유롭게 원하는 방식으로 리본 메뉴를 편집할 수 있습니다.	**하** 제공되는 방법으로만 리본 메뉴를 편집할 수 있습니다.

> **Plus⁺ 리본 메뉴를 편집하는 방법에 대해 추가로 학습할 수 있는 사이트**
>
> 이 책에서 리본 메뉴를 편집하는 방법을 소개하고 있지만, 자주 사용하는 편집 방식만 주로 다루므로 좀 더 자세한 편집 기술에 대해 학습하려면 다음 사이트를 참고합니다.
> - 한글로 정보가 잘 정리되어 있는 사이트(MSDN)
>
> https://msdn.microsoft.com/ko-kr/library/aa338202(v=office.12).aspx

리본 메뉴의 새 탭 추가하기 192

Custom UI Editor 설치가 끝났다면 원하는 파일의 리본 메뉴를 수정할 수 있습니다. 이번에는 리본 메뉴를 편집할 때 사용하는 XML 언어를 경험해 보겠습니다. 리본 메뉴에서 사용하는 XML 언어는 RibbonX라고 부릅니다. RibbonX의 기본 문법을 모두 설명하진 않겠지만, 구성을 보면 어렵지 않게 이해할 수 있으니 직접 하나씩 수정해 보면서 작업하면 비교적 간단하게 원하는 방식으로 수정 작업을 할 수 있을 것입니다. 이번에는 Custom UI Editor 프로그램을 사용해 리본 메뉴에 새 탭을 추가하는 몇 가지 방법에 대해 알아보겠습니다.

예제 파일 PART 03 \ (RibbonX) New Tab.xlsm

01 Custom UI Editor 프로그램을 실행하고, 도구 모음에서 [열기] 명령(📂)을 클릭합니다. '열기' 대화상자에서 예제를 선택하고 〈확인〉 버튼을 클릭하면 다음과 같은 화면이 나타납니다.

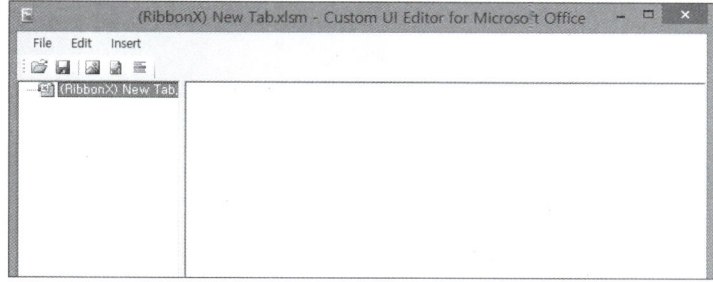

02 [Insert]-[Office 2007 Custom UI Part] 메뉴를 선택합니다.

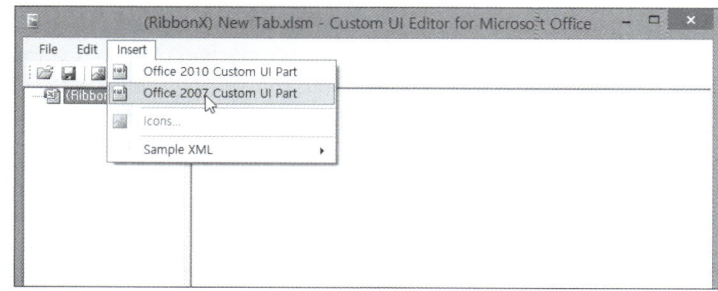

03 왼쪽 창의 파일 하단에 'customUI.xml' 파일이 새로 삽입된 것을 확인할 수 있습니다.

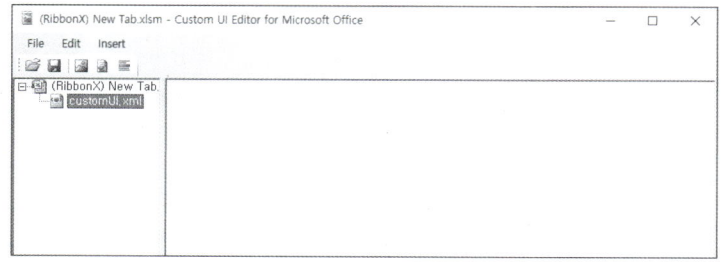

04 이제 오른쪽 창에 XML 언어를 사용해 원하는 작업을 진행하면 됩니다. Custom UI Editor 프로그램에서는 샘플 코드를 제공하므로 해당 언어를 사용하는 것이 편리합니다. [Insert]-[Sample XML]-[Custom Tab] 메뉴를 선택합니다.

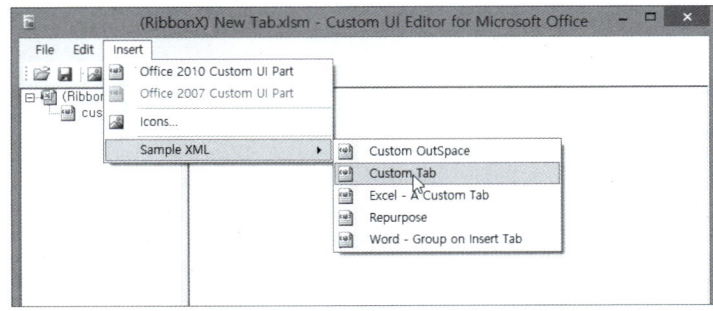

05 다음과 같은 XML 코드가 추가됩니다.

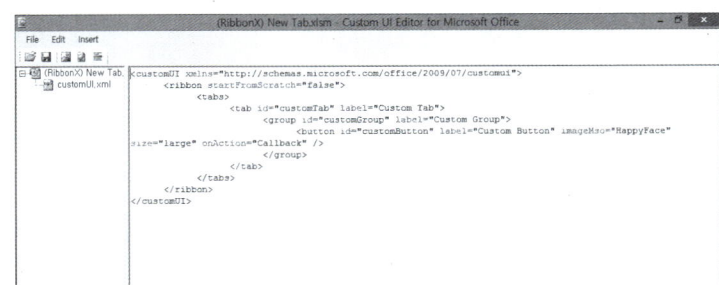

06 추가된 RibbonX 코드는 다음과 같습니다. 아래 설명을 참고해 코드를 수정합니다.

파일 : (RibbonX) New Tab (코드).txt

```
<customUI xmlns="http://schemas.microsoft.com/office/2009/07/customui">     ❶
    <ribbon startFromScratch="False">     ❷
        <tabs>     ❸
            <tab id="customTab" label="Custom Tab">     ❹
                <group id="customGroup" label="Custom Group">     ❺
                    <button id="customButton"
                            label="Custom Button"
                            imageMso="HappyFace"
                            size="large"
                            onAction="Callback" />     ❻
                </group>     ❺
            </tab>     ❹
        </tabs>     ❸
    </ribbon>     ❷
</customUI>     ❶
```

❶ RibbonX의 표준 문법으로, customUI 태그를 실행하며 맨 아랫줄에서 슬래시(/)를 사용해 태그의 끝을 알립니다. 이 줄에서는 날짜(2009/07) 부분에 주의해야 합니다. 이 부분은 2010 버전의 customUI 태그이므로, **02** 과정에서 선택한 2007 Custom UI Part와는 맞지 않습니다. 그러므로 날짜를 다음과 같이 수정해야 합니다.

```
<customUI xmlns="http://schemas.microsoft.com/office/2006/01/customui">
```

❷ ribbon 태그의 시작이며 하단에서 〈/ribbon〉 태그로 종료합니다. startFromScratch 속성은 리본 메뉴를 표시하지 않고 시작할지 여부를 결정하는 옵션입니다. 기본 값은 False로 모든 리본 메뉴를 표시하며, True로 변경하면 리본 메뉴를 표시하지 않습니다. 그러므로 리본 메뉴의 다른 탭을 표시하지 않고 내가 추가하는 탭만 표시하려면 이 속성 값을 다음과 같이 변경하면 됩니다.

```
<ribbon startFromScratch="True">
```

이번에는 바꾸지 않고 그냥 넘어가지만 startFromScratch 속성의 역할에 대해서는 기억해 놓습니다.

❸ tabs 태그의 시작이며 하단에서 〈/tabs〉 태그로 종료합니다. tabs 태그는 리본 메뉴의 전체 탭을 의미합니다

❹ tab 태그로 새 탭을 생성할 때 사용하며, id와 label 속성을 사용할 수 있습니다. id 속성은 tab 태그의 고유한 번호로, 중복될 수 없습니다. label 속성은 탭에 표시될 문자열로, label 속성 값으로 새 탭이 생성됩니다. 그러므로 label 속성 값을 원하는 값으로 변경합니다.

```
<tab id="customTab" label="POWEREXCEL">
```

❺ group 태그는 리본 탭의 그룹을 의미하며, tab 태그와 마찬가지로 id와 label 속성을 사용합니다. 사용 방법은 동일하므로 그룹 이름을 다음과 같이 수정합니다.

```
<group id="customGroup" label="Office 2016">
```

❻ button 태그는 그룹 안에 새로 등록될 명령 아이콘으로, 다음과 같은 속성을 사용합니다.

속성	설명
id	고유 이름으로, 중복되지 않도록 합니다.
label	리본 메뉴에 표시될 문자열로, 리본 메뉴의 명령 아이콘 하단 또는 우측에 표시되는 버튼 이름입니다.
imageMso	리본 메뉴에 표시될 명령 아이콘으로, 엑셀 내장 아이콘의 이미지 이름입니다. 이 이름을 확인하는 방법은 SECTION 193(627쪽)에서 안내합니다.
size	True면 명령 아이콘을 크게 표시하고, False면 작게 표시합니다.
onAction	명령 아이콘을 클릭할 때 실행될 매크로 이름입니다.

이 부분을 다음과 같이 수정합니다.

```
<button id="customButton1"
        label="Access"
        imageMso="MicrosoftAccess"
        size="large"
        onAction="RunAC" />
```

명령을 몇 개 더 추가하기 위해, 위 코드 아래 부분에 button 태그를 다음과 같이 추가합니다.

```
<button id="customButton2"
        label="Powerpoint"
        imageMso="MicrosoftPowerPoint"
        size="large"
        onAction="RunPP" />
<button id="customButton3"
        label="Outlook"
```

```
            imageMso="MicrosoftOutlook"
            size="large"
            onAction="RunOL" />
```

button 태그를 추가할 때 조심해야 하는 것은 id 속성으로, 값이 중복되면 안 되며, XML은 영어 대/소문자를 구분하므로 대/소문자를 정확하게 구분해 입력해야 합니다.

TIP Custom UI Editor 프로그램은 한글을 지원하지 않으므로 영어만 사용해야 합니다. 이 부분은 SECTION 197(646쪽)의 한글 이름을 사용하는 방법에서 안내합니다.

TIP 수정된 RibbonX 코드는 예제와 함께 제공된 txt 파일에서 확인할 수 있습니다.

Plus⁺ RIBBONX 코드의 태그 체계

엑셀 리본 메뉴는 다음과 같이 탭 → 그룹 → 명령 순으로 구성되어 있습니다.

RibbonX 코드에서의 태그도 엑셀의 개체 모델처럼 일정한 규칙에 의해 구성되어 있습니다. 다음은 RibbonX 코드에서의 태그 간의 관계를 다이어그램으로 정리한 것입니다.

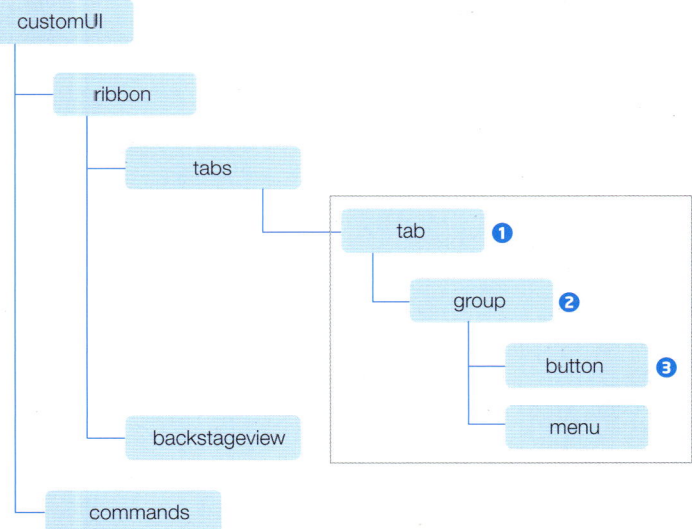

customUI 태그 밑에는 ribbon과 commands 등의 자식 태그가 있습니다. ribbon은 리본 메뉴를, commands는 엑셀의 내장 명령을 의미합니다. ribbon 태그에는 개별 리본 탭을 의미하는 tabs 태그와 [파일] 탭을 눌렀을 때 표시되는 backstageview 태그가 자식 태그로 존재합니다.
tabs 태그에는 개별 탭을 의미하는 tab 자식 태그가 있으며, tab 태그 하위에는 group 태그가, 그 하위에는 button 태그와 menu 태그가 있습니다.

07 리본 메뉴에 추가한 button 태그에 연결할 매크로를 개발하기 위해, 도구 모음의 [Generate Callbacks] 명령을 클릭합니다. 오른쪽 창에 생성된 Sub 프로시저를 모두 마우스로 드래그해 선택하고 단축키 Ctrl + C 를 눌러 클립보드에 복사합니다.

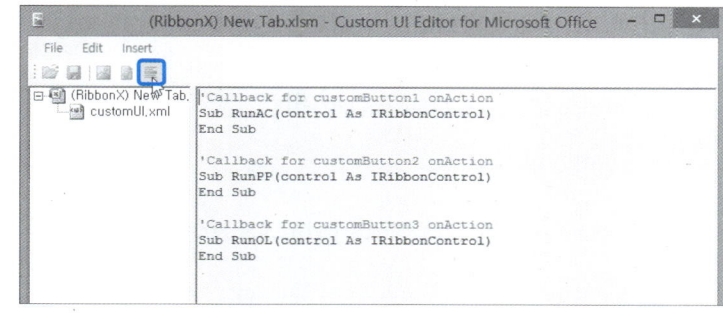

TIP 다시 XML 태그를 보려면, 'customUI.xml' 파일을 선택합니다.

Plus⁺ BUTTON 태그에 개발된 매크로 연결하기

기존에 만든 매크로를 리본 메뉴의 button 태그에 연결하고 싶다면 어떻게 해야 할까요? 이번에 생성된 Sub 프로시저를 보면 모두 control As IRibbonControl 부분이 매개변수로 선언되어 있는 것을 확인할 수 있습니다. 이 부분은 별것 아닌 것 같지만, 리본 메뉴의 button 태그로 생성된 명령 단추에 연결된 매크로는 단추를 클릭할 때 클릭된 명령 단추가 control 매개변수에 의해 전달되도록 해야 한다는 것을 확인할 수 있는 구문입니다. 그러므로 '차트생성'과 같은 매크로가 개발되어 있고, 이 매크로를 리본 메뉴에 연결해 사용하려면 해당 매크로에 다음과 같은 매개변수가 반드시 포함되도록 수정해야 합니다.

```
Sub 차트생성(control As IRibbonControl)
```

---

08 도구 모음에서 [저장] 명령을 클릭해 저장한 후, 예제를 열면 다음 화면과 같이 리본 메뉴 우측에 [POWEREXCEL] 탭이 생성된 것을 확인할 수 있습니다.

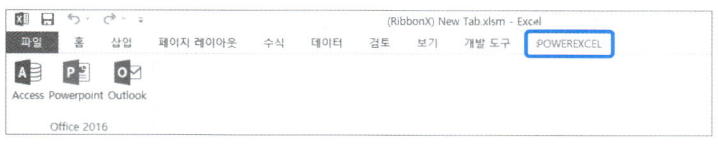

09 이제 **07**에서 복사해 둔 매크로 코드를 파일에 추가합니다. 단축키 Alt + F11 을 눌러 VB 편집기를 호출한 다음, [삽입]-[모듈] 메뉴를 선택하고 코드 창에서 단축키 Ctrl + V 를 눌러 붙여 넣습니다.

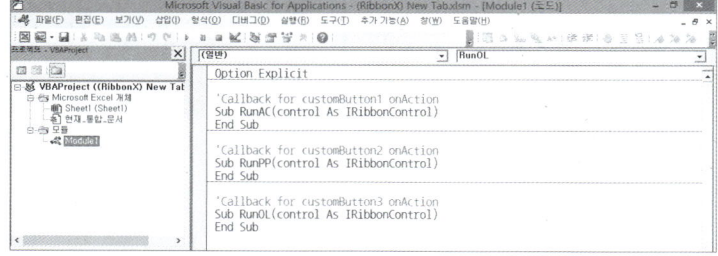

10 아래 코드를 입력해 RunPP 매크로를 완성합니다.

```
Sub RunPP(control As IRibbonControl)
    Dim PP As Object                                    ①
    Set PP = CreateObject("Powerpoint.Application")     ②
    PP.Visible = True                                   ③
End Sub
```

① 파워포인트 프로그램을 할당할 Object 형식의 PP 개체변수를 선언합니다.

② PP 변수에 CreateObject 함수를 사용해 Powerpoint 프로그램의 Application 개체를 할당합니다. 이렇게 하면 파워포인트 프로그램이 실행되며, 실행된 프로그램이 PP 변수에 할당됩니다. CreateObject 함수는 라이브러리를 참조할 때 사용할 수 있는 함수로, SECTION 172(556쪽)에서 자세하게 설명하고 있습니다.

③ PP 개체변수에 할당된 프로그램의 Visible 속성을 True로 설정해 프로그램을 화면에 표시합니다.

> **TIP** 이번에는 간단한 동작 테스트를 위해 RunPP 매크로만 개발합니다.

11 제대로 동작하는지 확인해 보기 위해 단축키 [Alt]+[F11]을 눌러 엑셀 창으로 전환한 다음, 리본 메뉴의 [POWEREXCEL] 탭-[Office 2016] 그룹-[Powerpoint] 명령을 클릭하면 다음과 같이 파워포인트 프로그램이 실행됩니다.

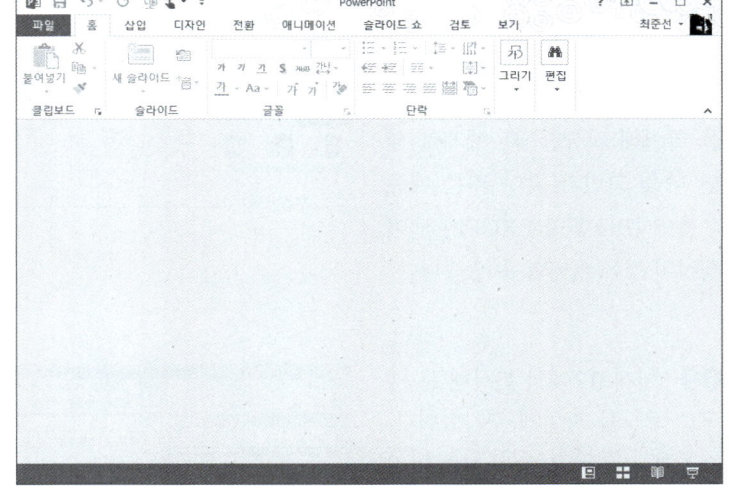

> **TIP** 프로그램 실행 부분만 코드로 개발했으므로, 파일은 열리지 않는 것이 정상입니다.

리본 메뉴에 등록된 명령 아이콘 이미지 변경하기 193

리본 메뉴에 새로 추가한 명령의 아이콘은 button 태그의 imageMSO 속성을 이용해 내장 아이콘에서 선택해 사용할 수 있습니다. 아이콘 이미지는 엑셀의 내장 아이콘을 사용해도 되고, 사용자가 직접 원하는 이미지를 아이콘으로 등록해 사용해도 됩니다. 이번에는 엑셀의 내장 명령 아이콘 전체를 확인하는 방법과 사용자가 원하는 이미지를 아이콘으로 등록해 사용하는 방법에 대해 알아보겠습니다.

예제 파일 PART 03 \ (RibbonX) Image.xlsm, Office2007IconsGallery.xlsm, word.png

내장 아이콘 확인 방법

예제 파일 'Office2007IconsGallery.xlsm'을 더블클릭해 열고, 리본 메뉴의 [개발 도구] 탭-[Office Icons] 그룹을 보면 Gallery1부터 Gallery9까지의 명령을 확인할 수 있습니다.

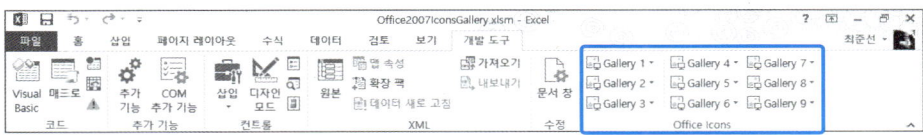

> **Plus+ OFFICE2007ICONSGALLERY.XLSM 파일**
>
> 엑셀의 내장 아이콘을 확인할 수 있는 파일로, 마이크로소프트사에서 배포합니다. 예제로 제공하는 Office2007IconsGallery.xlsm 파일은 저자가 아이콘을 32×32사이즈로 출력되도록 조정해 놓은 것입니다. 원본 파일은 다음 링크에서 다운로드할 수 있습니다.
> - http://www.microsoft.com/en-us/download/details.aspx?id=11675

Gallery1부터 Gallery9까지 클릭해 보면, 하위 메뉴에 엑셀의 내장 아이콘들이 큼지막하게 표시됩니다. 이전 예제에서 사용한 명령 아이콘은 Gallery6 명령 하위에 있습니다. Gallery6을 클릭하고 표시된 명령 아이콘에 마우스 커서를 갖다 놓으면 풍선 도움말에 해당 이미지의 이름이 나타납니다. 이 이름을 imageMSO 속성어 전달하면, 해당 내장 아이콘이 리본 메뉴에 그대로 나타납니다.

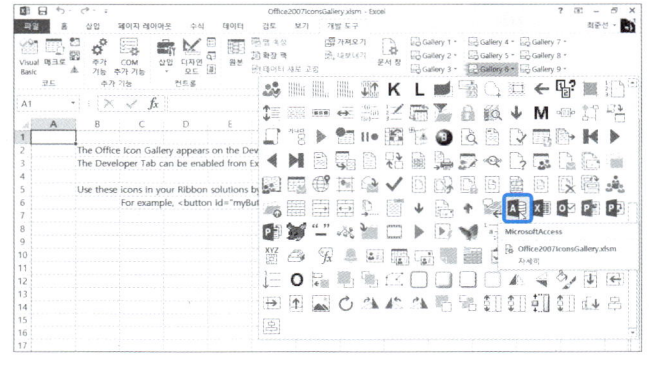

TIP 현재 선택한 액세스 아이콘의 풍선 도움말에 MicrosoftAccess라는 이름이 표시된 것을 볼 수 있습니다.

아이콘 이미지 등록해 사용하기

엑셀의 내장 아이콘에서 사용할 만한 이미지를 발견하지 못했다면, 다음 과정을 통해 별도의 아이콘 이미지를 등록해 사용할 수 있습니다.

01 예제 파일 '(RibbonX) Image.xlsm'을 연 다음 리본 메뉴에서 [POWEREXCEL] 탭-[Office 2016] 그룹을 확인합니다. [Word] 명령의 레이블과 아이콘이 일치하지 않는 것을 볼 수 있습니다.

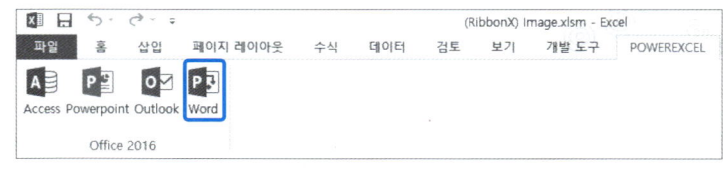

TIP 화면에 표시된 아이콘은 마이크로소프트 사의 Project 프로그램 아이콘입니다. Word 프로그램 아이콘은 내장 명령 아이콘으로 제공되지 않아, 임의로 다른 명령 아이콘을 할당해 놓았습니다.

02 [Word] 명령의 아이콘을 등록해 변경하는 작업을 진행합니다. 예제 파일을 닫고 Custom UI Editor 프로그램을 실행한 다음 Custom UI Editor에서 예제 파일 '(RibbonX) Image.xlsm'을 다시 엽니다. 그러면 다음과 같은 RibbonX 코드를 확인할 수 있습니다. [Word] 명령 부분은 아래에서 확인할 수 있습니다.

```
<button id="customButton4"
        label="Word"
        imageMso="MicrosoftProject"  ──────────❶
        size="large"
        onAction="RunWD" />
```

❶ 'customButton4' button 태그의 imageMso 속성 값을 보면 'MicrosoftProject'라는 것을 확인할 수 있습니다. 내장 아이콘에는 Word 아이콘이 없으므로 다른 이미지 속성 값이 전달되어 있습니다.

03 Word 아이콘 이미지를 등록해 보겠습니다. 왼쪽 창에서 'customUI.xml' 파일을 선택하고, 도구 모음에서 [Insert Icons] 명령을 클릭한 다음, 예제 폴더에서 'Word.png' 파일을 선택하고 〈열기〉 버튼을 클릭해 삽입합니다.

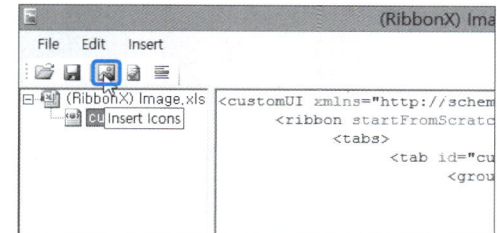

04 등록된 이미지는 'customUI.xml' 파일의 하위에 등록됩니다.

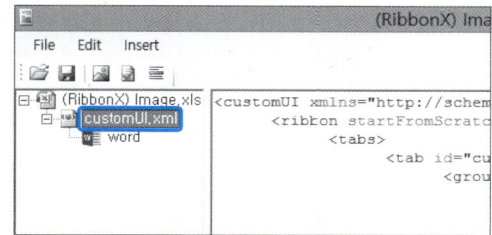

> **Plus⁺ 이미지 이름 변경하기**
>
> 삽입된 이미지의 이름이 이미지 id 값입니다. 이미지 이름이 너무 길면 XML 태그를 수정할 때 불편하므로, 이 값을 입력하기 쉽게 변경할 필요가 있습니다. 추가된 이미지를 선택하고 마우스 오른쪽 버튼을 클릭한 다음 [Change ID] 메뉴를 클릭하여 원하는 이름으로 변경하면 됩니다.
>
>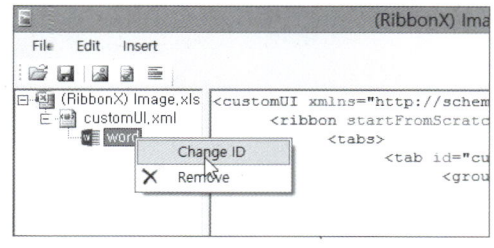

05 이제 등록된 이미지를 사용하도록 RibbonX 코드를 수정합니다. Button 태그 중에서 'customButton4'의 속성 중 imageMso 속성을 image 속성으로 변경하고 등록된 이미지 id 명을 사용합니다.

```
<button id="customButton4"
        label="Word"
        image="word"                    ①
        size="large"
        onAction="RunWD" />
```

❶ imageMso 속성은 엑셀의 내장 아이콘을 사용할 때 쓰며, image 속성은 추가로 등록된 이미지를 사용할 때 씁니다. 앞에서도 설명한 것과 같이 XML 언어는 대/소문자를 구분하므로, 정확하게 소문자로만 입력해야 합니다.

06 제대로 수정했는지 확인하기 위해, 도구 상자의 [Validate] 명령을 클릭합니다. 제대로 수정이 됐다면 화면과 같은 메시지 창이 표시됩니다. 〈확인〉 버튼을 클릭합니다.

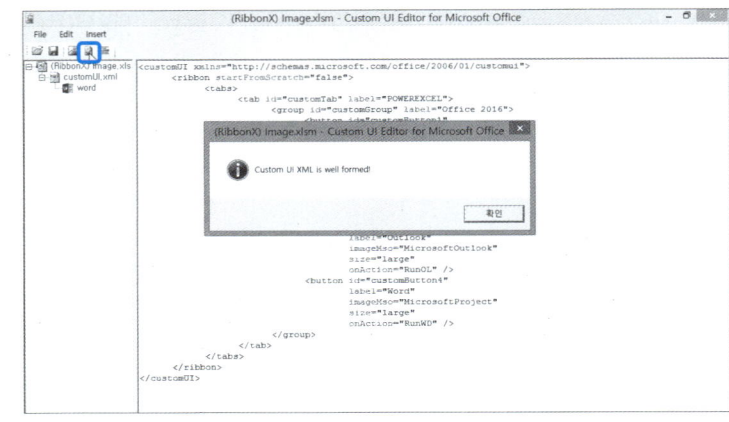

07 도구 모음에서 [Save] 명령을 클릭해 RibbonX 코드의 변경 사항을 저장한 다음, 다시 '(RibbonX) Image.xlsm' 파일을 열고 [POWEREXCEL] 탭을 클릭합니다. [Word] 명령의 아이콘 이미지가 변경된 것을 확인할 수 있습니다.

리본 메뉴의 탭, 그룹 조정하기 194

RibbonX 코드를 이용해 탭이나 그룹을 새로 추가하면 기본적으로 리본 메뉴의 맨 우측에 표시됩니다. 리본 메뉴의 탭이나 그룹 순서는 원하는 대로 조정할 수 있습니다. 이번에는 RibbonX 코드에서 탭이나 그룹을 제어하는 데 자주 사용되는 몇 가지 코드를 소개합니다. 이번 코드를 통해 리본 메뉴를 제어하는 방법에 대해 더 잘 이해할 수 있을 것입니다.

예제 파일 PART 03 \ (RibbonX) Tab, Group.xlsm

엑셀의 기본 탭 제외하고 사용자 정의 탭만 표시

리본 메뉴에는 백스테이지뷰와 연결되는 [파일] 탭 외에도 [홈], [삽입], [페이지 레이아웃]과 같은 여러 개의 기본 탭이 표시됩니다. 기본 탭을 표시하지 않으려면 다음과 같이 RibbonX 코드를 구성하면 됩니다.

```
파일 : (RibbonX) Tab, Group (코드 I).txt
```

```xml
<customUI xmlns="http://schemas.microsoft.com/office/2006/01/customui">
    <ribbon startFromScratch="true">         ❶
        <tabs>
            <tab id="customTab" label="POWEREXCEL">    ❷
            </tab>
        </tabs>
    </ribbon>
</customUI>
```

❶ ribbon 태그의 startFromScratch 속성은 리본 메뉴의 탭을 표시할지 여부를 결정합니다. 이 속성 값을 True로 지정하면 [파일] 탭을 제외한 나머지 탭이 표시되지 않습니다.

❷ tab 태그를 이용해 사용자 정의 탭을 하나 표시합니다.

TIP 위 XML 태그를 저장하고 사용하는 방법은 SECTION 192(621쪽)를 참고합니다.

Custom UI Editor 프로그램을 실행하고 예제 파일을 연 다음, 위 XML 태그를 사용하고 저장하면 리본 메뉴에 [파일] 탭과 [POWEREXCEL] 탭만 나타납니다.

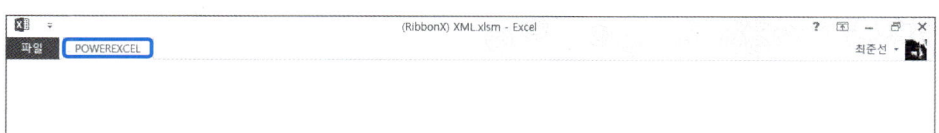

사용자 정의 탭을 가장 먼저 표시

추가할 사용자 정의 탭을 기본 탭 위치에 표시할 수도 있습니다. 이 경우 RibboX 문법에서 tab 태그의 insertBeforeMso나 insertAfterMso 속성 값을 사용해 기본 탭의 왼쪽이나 오른쪽에 표시할 수 있습니다. 다음 표는 그러기 위해 알고 있어야 하는 기본 탭의 이름과 설명입니다.

탭 이름	설명
TabHome	홈
TabInsert	삽입
TabPageLayoutExcel	페이지 레이아웃
TabFormulas	수식
TabData	데이터
TabReview	검토
TabView	보기
TabDeveloper	개발 도구

다음은 새로 추가할 [POWEREXCEL] 탭을 [홈] 탭 왼쪽에 추가하는 RibbonX 코드의 사용 예입니다.

파일 : (RibbonX) Tab, Group (코드 II).txt

```xml
<customUI xmlns="http://schemas.microsoft.com/office/2006/01/customui">
    <ribbon startFromScratch="false">
        <tabs>
            <tab id="customTab"
                 label="POWEREXCEL"
                 insertBeforeMso="TabHome">        ①
            </tab>
        </tabs>
    </ribbon>
</customUI>
```

① tab 태그의 insertBeforeMso 속성 값을 'TabHome'으로 지정해 추가할 tab을 [홈] 탭 왼쪽에 표시합니다. 만약 [홈] 탭 오른쪽에 표시하고 싶다면 insertBeforeMso 속성 부분을 다음과 같이 수정하면 됩니다.

```
insertBeforeMso="TabInsert">

또는

insertAfterMso="TabHome">
```

Custom UI Editor 프로그램을 실행하고, 예제 파일을 연 다음 위 XML 태그를 입력하고 저장하면 예제 파일의 [홈] 탭 왼쪽에 [POWEREXCEL] 탭이 표시됩니다.

사용자 정의 탭에 그룹을 여러 개 표시

새로 추가한 사용자 정의 탭에 그룹을 여러 개 만들어 사용하고 싶다면, group 태그의 id 속성이 중복되지 않도록 구성하면 됩니다. 다음은 [POWEREXCEL] 탭에 3개의 그룹을 만드는 RibbonX 코드의 예입니다.

파일 : (RibbonX) Tab, Group (코드 III).txt

```xml
<customUI xmlns="http://schemas.microsoft.com/office/2006/01/customui">
    <ribbon startFromScratch="false">
        <tabs>
            <tab id="customTab"
                 label="POWEREXCEL"
                 insertBeforeMso="TabHome">

                 <group id="customGroup1" label="1st Group">         ❶
                     <button id="customButton1" label=" " />
                 </group>
                 <group id="customGroup2" label="2nd Group">         ❷
                     <button id="customButton2" label=" " />
                 </group>
                 <group id="customGroup3" label="3rd Group">         ❸
                     <button id="customButton3" label=" " />
                 </group>

            </tab>
        </tabs>
    </ribbon>
</customUI>
```

❶ group 태그의 id 속성은 개별 그룹의 고유 값으로, 다른 group 태그의 id 속성 값과 중복되면 안 됩니다. 그룹에 표시될 제목은 label 속성에 설정하면 됩니다. 참고로 이번에는 group 태그 안에 별도의 명령을 추가하는 작업을 하지 않았는데, 필요하다면 다음과 같이 button 태그를 추가해 원하는 명령을 추가할 수 있습니다.

```xml
<group id="customGroup1" label="1st Group">
    <button id="customButton1"
            label="Happy"
            imageMso="HappyFace"
            size="large" />
</ group>
```

❶ 두 번째 group 태그를 사용해 두 번째 그룹을 생성합니다. group 태그의 id 속성 값은 customGroup2이고, label 속성은 '2nd Group'으로 설정합니다.

❷ 세 번째 group 태그를 사용해 세 번째 그룹을 생성합니다. group 태그의 id 속성 값은 customGroup3이고, label 속성은 '3rd Group'으로 설정합니다.

Custom UI Editor 프로그램을 실행하고 예제 파일을 연 다음, 위 XML 태그를 입력하고 저장하면 [홈] 탭 왼쪽에 [POWEREXCEL] 탭이 있고 세 개의 그룹이 포함된 것을 확인할 수 있습니다.

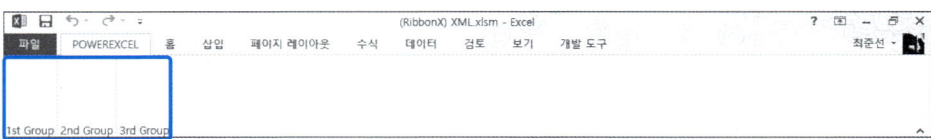

사용자 정의 탭에 기본 메뉴의 그룹 표시

새로 추가될 사용자 정의 탭에는 사용자가 원하는 탭을 직접 추가할 수도 있지만, 다른 탭의 기본 그룹을 가져와 표시할 수도 있습니다. 그러기 위해서는 각 탭의 그룹 이름을 알고 있어야 합니다.

탭 이름	그룹 이름	설명	버전
홈	GroupClipboard	클립보드	
	GroupFont	글꼴	
	GroupAlignmentExcel	맞춤	
	GroupNumber	표시 형식	
	GroupStyle	스타일	
	GroupCells	셀	
	GroupEditingExcel	편집	
삽입	GroupInsertTablesExcel	표	
	GroupInsertIllustrations	일러스트레이션	
	GroupOfficeExtension	앱	엑셀 2013 이상
	GroupInsertChartsExcel	차트	
	GroupPowerViewReports	보고서	
	GroupSparklinesInsert	스파크라인	엑셀 2010 이상
	GroupSlicerInsert	필터	
	GroupInsertLinks	링크	
	GroupInsertText	텍스트	
	GroupInsertSymbols	기호	
페이지 레이아웃	GroupThemesExcel	테마	
	GroupPageSetup	페이지 설정	
	GroupPageLayoutScaleToFit	크기 조정	

페이지 레이아웃	GroupPageLayoutSheetOptions	시트 옵션	
	GroupArrange	정렬	
수식	GroupFunctionLibrary	함수 라이브러리	
	GroupNamedCells	정의된 이름	
	GroupFormulaAuditing	수식 분석	
	GroupCalculation	계산	
데이터	GroupGetExternalData	외부 데이터 가져오기	
	GroupConnections	연결	
	GroupSortFilter	정렬 및 필터	
	GroupDataTools	데이터 도구	
	GroupOutline	윤곽선	
검토	GroupProofing	언어 교정	
	GroupLanguage	언어	
	GroupComments	메모	
	GroupChangesExcel	변경 내용	
보기	GroupWorkbookViews	통합 문서 보기	
	GroupViewShowHide	표시	
	GroupZoom	확대/축소	
	GroupWindow	창	
	GroupMacros	매크로	
개발 도구	GroupCode	코드	
	GroupAddins	추가 기능	엑셀 2010 이상
	GroupControls	컨트롤	
	GroupXml	XML	
	GroupModify	수정	

TIP 버전 표시가 없으면 2007, 2010, 2013, 2016에서 공통으로 사용할 수 있습니다.

다음 RibbonX 문법은 새로 추가될 탭에 리본 메뉴 [홈] 탭의 [클립보드] 그룹, [데이터] 탭의 [데이터 도구] 그룹, [개발 도구] 탭의 [코드] 그룹과 [컨트롤] 그룹을 표시합니다.

파일 : (RibbonX) Tab, Group (코드 IV).txt

```
<customUI xmlns="http://schemas.microsoft.com/office/2006/01/customui">
    <ribbon startFromScratch="false">
        <tabs>
            <tab id="customTab"
                label="POWEREXCEL"
                insertBeforeMso="TabHome">

                <group idMso="GroupClipboard" />  ———————— ❶
                <group idMso="GroupDataTools" />
                <group idMso="GroupCode" />
                <group idMso="GroupControls" />
```

```
                </tab>
            </tabs>
        </ribbon>
</customUI>
```

❶ group 태그의 idMsc 속성을 사용해 표시할 그룹을 순서대로 입력합니다. 이때, 그룹 내에 별도의 명령을 추가할 것은 아니므로 〈/group〉 태그 없이 한 줄로 입력합니다.

Custom UI Editor 프로그램을 실행하고 예제 파일을 연 다음, 위 XML 태그를 입력하고 저장하면 예제 파일 [홈] 탭 왼쪽의 [POWEREXCEL] 탭에 [클립보드], [데이터 도구], [코드], [컨트롤] 그룹이 추가되어 있는 것을 확인할 수 있습니다.

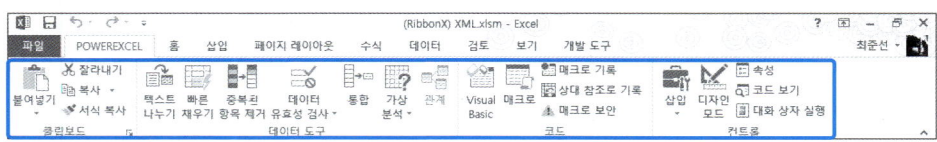

TIP 그룹이 추가되면 그룹 내의 명령도 함께 표시됩니다.

기본 탭에 원하는 그룹 추가

사용자 정의 탭에만 그룹을 추가할 수 있는 것이 아니라, 기본 탭에도 원한다면 그룹을 추가하고 새 명령을 등록할 수 있습니다. 다음 RibbonX 코드는 리본 메뉴의 [개발 도구] 탭에 [Group]이라는 별도의 그룹을 등록합니다.

파일 : (RibbonX) Tab, Group (코드 V).txt

```
<customUI xmlns="http://schemas.microsoft.com/office/2006/01/customui">
    <ribbon startFromScratch="false">
        <tabs>
            <tab idMso="TabDeveloper">                          ❶
                <group id="customGroup" label="Group">          ❷
                    <button id="customButton1" label=" " />
                </group>
            </tab>
        </tabs>
    </ribbon>
</customUI>
```

❶ tab 태그의 idMso 속성을 이용해 [개발 도구] 탭을 제어합니다.

❷ group 태그를 사용해 새 그룹을 하나 추가합니다. 생성되는 그룹의 위치를 사용자가 임의로 조정하는 것도 가능합니다. 이 경우 tab 태그와 마찬가지로 insertBeforeMso나 insertAfterMso 속성을 이용하면 됩니다. 다음은 [코드] 그룹과 [추가 기능] 그룹 사이에 새 그룹을 추가하는 명령의 예입니다.

```
<group id="customGroup" label="Group" insertAfterMso="GroupCode">
</group>
```

Custom UI Editor 프로그램을 실행하고 예제 파일을 연 다음 위 RibbonX 코드를 입력하고 저장하면 예제 파일의 [개발 도구] 탭 우측에 빈 Group이 하나 추가됩니다.

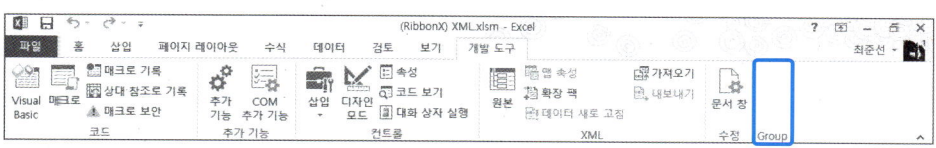

사용자 그룹을 보다 다양하게 설정하기

195

리본 메뉴를 보면 단순한 명령 단추만 등록되어 있는 것이 아니라, 단추를 클릭하면 메뉴 방식으로 하위 메뉴에 여러 명령이 제공되기도 합니다. 뿐만 아니라 명령의 성격에 따라 명령과 명령 사이를 구분하는 구분선도 표시되는데, 이런 것들도 RibbonX 코드를 이용해 원하는 방식으로 설정할 수 있습니다. 이번에는 사용자 그룹을 좀 더 다양하게 표시하는 몇 가지 방법에 대해 알아보겠습니다.

예제 파일 PART 03 \ (RibborX) Menu, Button.xlsm

이번에 구성할 리본 메뉴는 다음과 같습니다.

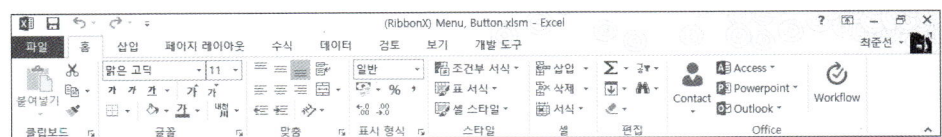

TIP 새로 추가된 명령 단추는 매크로와 연결되어 있지 않으므로 클릭해도 아무 반응이 없습니다.

[Contact] 명령을 클릭하면 다음과 같은 다섯 개의 명령이 등록되어 있으며, 위 세 개와 아래 두 개 명령이 구분선으로 구분되어 있습니다.

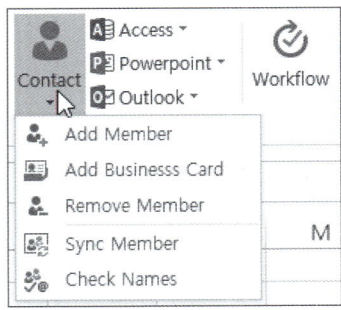

[Access], [Powerpoint], [Outlook] 명령 단추를 클릭하면 다음과 같이 하위에 각각 세 개의 명령이 등록되어 있습니다.

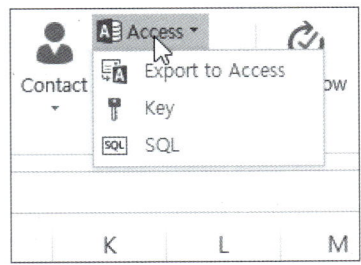 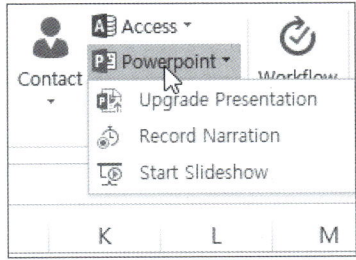 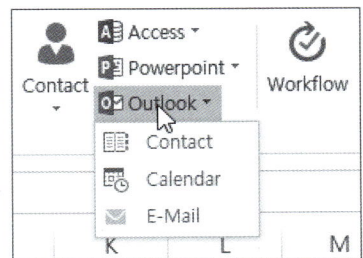

그리그, 마지막의 Workflow 명령은 왼쪽의 명령과 구분선을 통해 구분되어 있습니다.

이런 게뉴를 구성하려면 Custom UI Editor 프로그램을 실행하고 예제 파일을 연 다음, 아래 XML 태그를 입력하고 저장하면 됩니다.

파일 : (RibbonX) Menu, Button (코드).txt

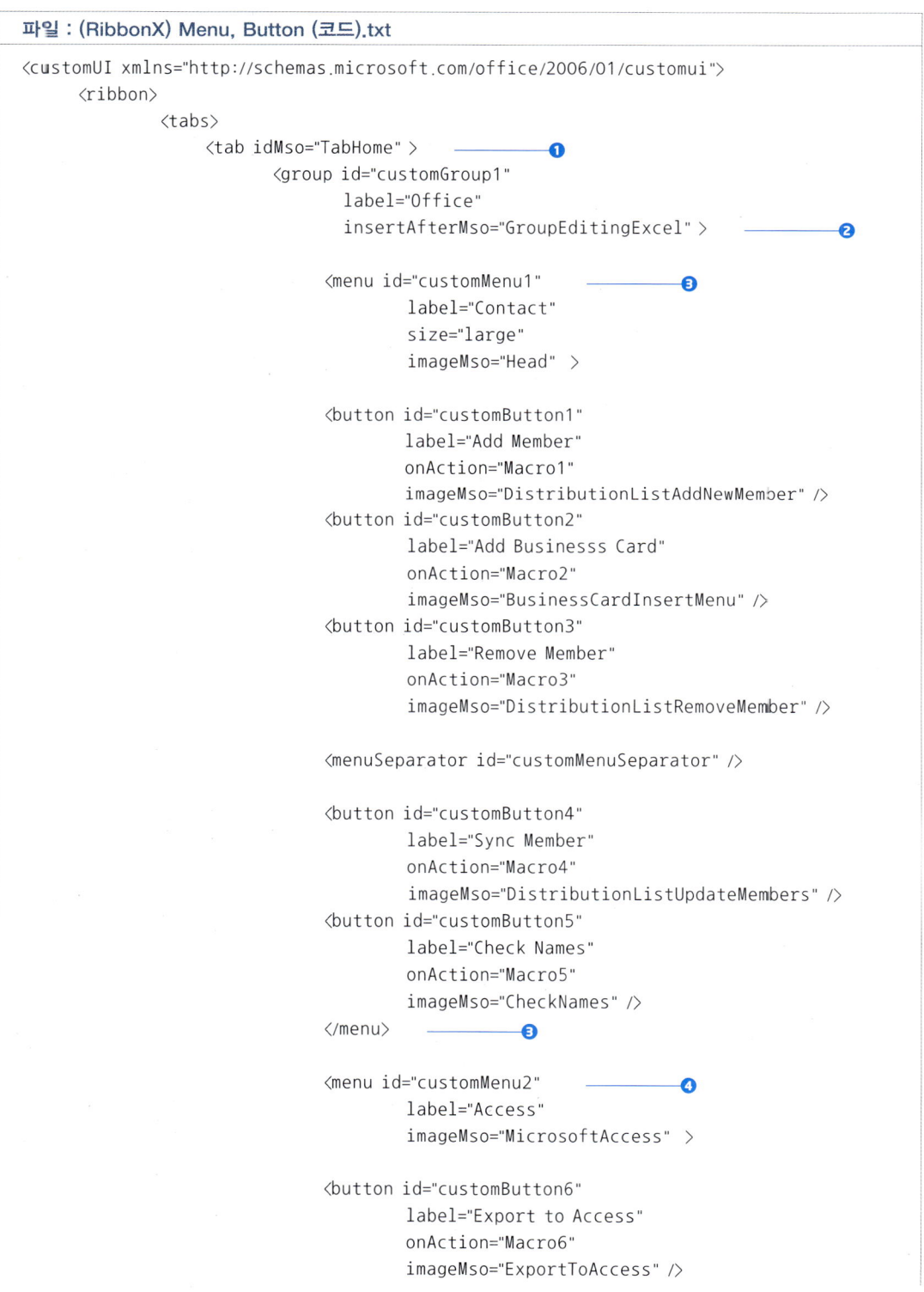

```xml
<button id="customButton7"
        label="Key"
        onAction="Macro7"
        imageMso="AdpPrimaryKey" />
<button id="customButton8"
        label="SQL"
        onAction="Macro8"
        imageMso="AdpViewSqlPane" />
</menu>                    ④

<menu id="customMenu3"              ⑤
        label="Powerpoint"
        imageMso="MicrosoftPowerPoint"  >

<button id="customButton9"
        label="Upgrade Presentation"
        onAction="Macro9"
        imageMso="UpgradePresentation" />
<button id="customButton10"
        label="Record Narration"
        onAction="Macro10"
        imageMso="RecordNarration" />
<button id="customButton11"
        label="Start Slideshow"
        onAction="Macro11"
        imageMso="ViewSlideShowView" />
</menu>                    ⑤

<menu id="customMenu4"              ⑥
        label="Outlook"
        imageMso="MicrosoftOutlook"  >

<button id="customButton12"
        label="Contact"
        onAction="Macro12"
        imageMso="SharingOpenWssContactList" />
<button id="customButton13"
        label="Calendar"
        onAction="Macro13"
        imageMso="DateAndTimeInsert" />
<button id="customButton14"
        label="E-Mail"
        onAction="Macro14"
        imageMso="SharingOpenMailFolder" />
</menu>                    ⑥

<separator id="customSeparator" />          ⑦

<button id="customButton15"          ⑧
        label="Workflow"
        size="large"
        onAction="Macro15"
```

```
                            imageMso="FileStartWorkflow" />                    ⑧
                    </group>
                </tab>
            </tabs>
        </ribbon>
</customUI>
```

❶ tab 태그의 idMso 속성 값을 'TabHome'으로 설정해 리본 메뉴의 [홈] 탭을 원하는 형태로 가공합니다.

❷ group 태그의 id 속성을 사용해 새로운 그룹을 하나 생성합니다. 그룹 이름(label 속성)은 'Office'로 설정하고, 그룹 위치는 insertAfterMso 속성을 사용해 [편집] 그룹(GroupEditingExcel) 오른쪽에 위치하도록 합니다.

❸ [Office] 그룹의 첫 번째 명령은 [Contact] 명령으로, 다섯 개의 하위 명령이 있습니다. [Contact] 명령은 button 태그 대신 menu 태그를 이용해 구성합니다. menu 태그는 태그 내에 다른 button 태그를 넣어 하위 메뉴를 구성할 수 있으며, 이번 menu 태그의 id 속성 값은 customMenu1입니다. menu 태그 내에는 다음과 같은 여섯 개의 태그가 사용되고 있습니다.

태그	id 속성	lable 속성	메뉴
button	customMenu1	Add Member	
button	customMenu2	Add Business Card	
button	customMenu3	Remove Member	
menuSeparator	customMenuSeparator		
button	customMenu4	Sync Member	
button	customMenu5	Check Names	

위 태그 중에서 menuSparator 태그는 메뉴 내의 구분선을 표시할 때 사용합니다.

❹ [Office] 그룹의 두 번째 명령은 [Access] 명령으로, 세 개의 하위 명령이 있습니다. 당연히 menu 태그를 사용해 구성하며, 이번 menu 태그의 id 속성 값은 customMenu2입니다. 이번 menu 태그 내에는 다음과 같은 세 개의 button 태그가 사용되고 있습니다.

태그	id 속성	lable 속성	메뉴
button	customMenu6	Export to Access	
button	customMenu7	Key	
button	customMenu8	SQL	

❺ [Office] 그룹의 세 번째 명령은 [Powerpoint] 명령으로, 세 개의 하위 명령이 있습니다. 이번에도 menu 태그를 사용해 구성하며, 이번 menu 태그의 id 속성 값은 customMenu3입니다. 이번 menu 태그 내에는 다음과 같은 세 개의 button 태그가 사용되고 있습니다.

태그	id 속성	lable 속성	메뉴
button	customMenu9	Upgrade Presentation	
button	customMenu10	Record Narration	
button	customMenu11	Start Slideshow	

❻ [Office] 그룹의 네 번째 명령은 [Outlook] 명령으로, 세 개의 하위 명령이 있으며 이번 menu 태그의 id 속성 값은 customMenu4입니다. 이번 menu 태그 내에는 다음과 같은 세 개의 button 태그가 사용되고 있습니다.

태그	id 속성	lable 속성	메뉴
button	customMenu12	Contact	Contact
button	customMenu13	Calendar	Calendar
button	customMenu14	E-Mail	E-Mail

❼ separator 태그를 이용해 이전 명령과 다음 명령을 구분선으로 구분합니다. menu 태그 내에서 구분선은 menuSeparator 태그를 사용하며, group 태그 내에서는 separator 태그를 이용해 구분선을 표시합니다.

❽ [Office] 그룹의 다섯 번째 명령은 Workflow 명령으로, button 태그로 구성되어 있습니다. 이번 button 태그의 id 속성 값은 customMenu15로, 사용된 모든 button 태그의 이름은 중복되지 않습니다.

리본 메뉴를 제어해 원하는 명령을 비활성화하기

196

RibbonX 코드를 사용하면 리본 메뉴의 명령 중 원하는 명령만 비활성화할 수 있습니다. 이렇게 비활성화된 명령은 클릭을 할 수 없으므로, 해당 명령을 잠재적으로 실행할 수 없도록 할 수 있습니다. 또는 특정 그룹을 아예 표시되지 않도록 할 수 있는데, 이 두 방법은 모두 해당 태그의 visible 속성을 이용해 처리합니다. 이번에는 원하는 명령을 비활성화하는 방법에 대해 알아보겠습니다.

예제 파일 PART 03 \ (RibbonX) Enabled, Visible 속성.xlsm

01 예제 파일을 열고, 리본 메뉴의 [홈] 탭에 있는 [병합하고 가운데 맞춤] 명령(🗒)과 [홈] 탭의 [편집] 그룹을 숨기는 작업을 진행해 보겠습니다.

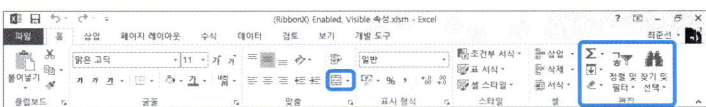

02 엑셀 파일을 닫고 Custom UI Editor 프로그램을 실행한 다음 예제 파일을 엽니다. [Insert]-[Office 2007 Custom UI Part] 메뉴를 선택해 'customUI.xml' 파일을 삽입합니다.

03 [Insert]-[Sample XML]-[Repurpose] 메뉴를 선택합니다. 다음과 같은 Ribbon X 코드를 확인할 수 있습니다.

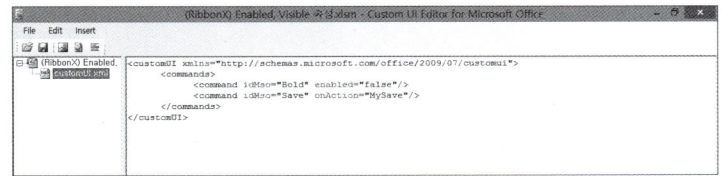

04 삽입된 RibbonX 코드를 다음을 참고해 수정합니다.

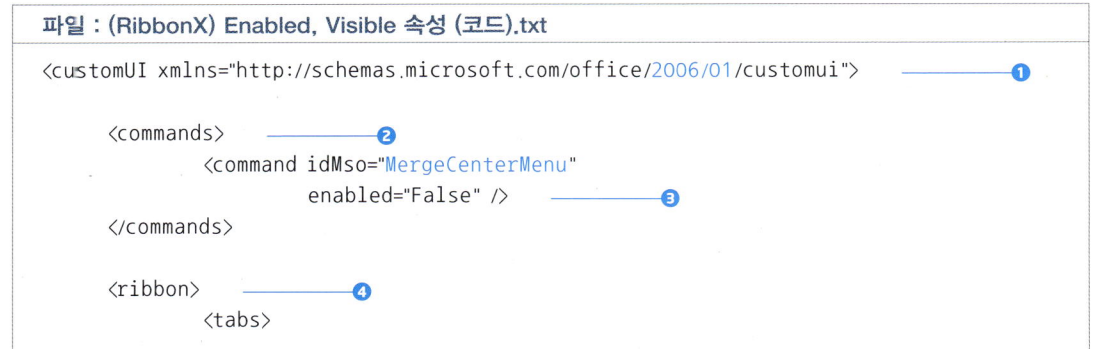

```
                    <tab idMso="TabHome">                    ⑤
                            <group idMso="GroupEditingExcel"
                                    visible="False" />        ⑥
                    </tab>
            </tabs>
        </ribbon>

</customUI>
```

① customUI 태그의 xmlns 속성 값 중 연도와 월인 2009/07을 2007 버전과의 호환성을 위해 2006/01로 수정합니다.

② commands 태그는 엑셀의 모든 명령을 포함하며, 실제 명령은 자식 요소인 command 태그를 사용합니다.

③ command 태그는 내장 명령으로, 사용 여부를 변경하거나 명령의 동작을 변경할 때 사용합니다. idMso 속성을 이용해 [병합하고 가운데 맞춤] 명령을 지정하고, enabled 속성을 False로 지정해 해당 명령을 비활성화합니다. 명령을 클릭할 때 엑셀의 내장 명령이 아니라 다른 매크로가 실행되도록 하려면 command 태그를 다음과 같이 설정할 수 있습니다.

```
<command isMso="FileSave" onAction="Macro1" />
```

TIP [저장] 명령을 클릭하면 Macro1이 실행됩니다.

TIP Macro1 매크로의 Sub 프로시저는 도구 모음의 [Generate CallBacks] 명령을 클릭한 뒤, 해당 프로시저를 예제 파일 모듈 개체의 코드 창에 넣고 개발하면 됩니다.

④ ribbon 태그를 사용해 리본 메뉴를 편집합니다.

⑤ tab 태그를 사용해 리본 메뉴의 [홈] 탭을 대상으로 합니다.

⑥ group 태그의 idMso 속성 값을 'GroupEditingExcel'로 설정해 [편집] 그룹을 대상으로 하며, visible 속성을 False로 설정해 [편집] 그룹을 숨깁니다.

05 도구 모음에서 [Validate] 명령을 클릭해 수정된 RibbonX 코드가 정상적으로 고쳐졌는지 확인합니다.

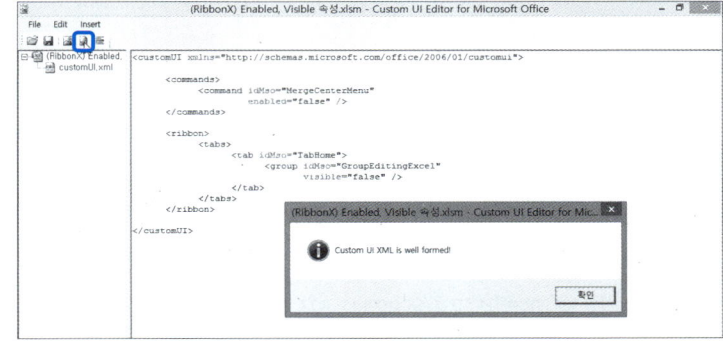

06 도구 모음의 [Save] 명령을 클릭해 RibbonX 코드를 저장한 다음 예제 파일을 열어 보면 처음과는 달리 [병합하고 가운데 맞춤] 경령은 비활성화되고, [홈] 탭의 [편집] 그룹이 화면에 표시되지 않는 것을 확인할 수 있습니다.

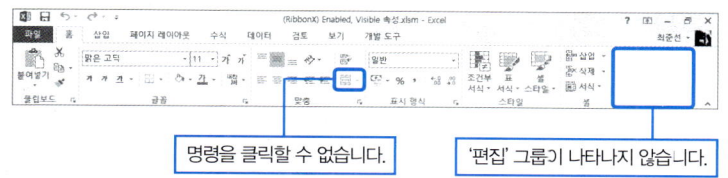

명령을 클릭할 수 없습니다.   '편집' 그룹이 나타나지 않습니다.

Plus 명령 IDMSO 값 알아내기

엑셀의 명령을 이번 방법을 통해 비활성화하려면 해당 명령의 isMso 값을 알 수 있어야 합니다. 명령의 idMso 값을 아는 가장 손쉬운 방법 중의 하나는 'Excel 옵션'의 '리본 사용자 지정' 탭을 이용하는 방법입니다. '리본 사용자 지정' 범주의 '명령 선택' 리스트에서 '모든 탭'을 선택하고 숨길 명령에 마우스 커서를 가져다 놓으면 풍선 도움말에 영어 이름이 표시되는데, 이 이름이 idMso 값입니다.

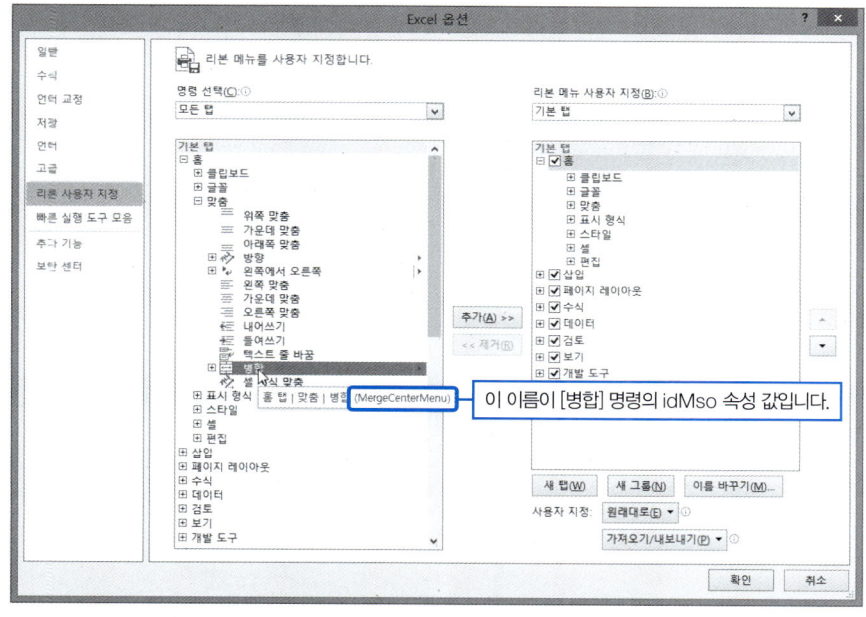

이 이름이 [병합] 명령의 idMso 속성 값입니다.

리본 메뉴에 한글 이름 사용하기 197

앞의 과정을 통해 리본 메뉴를 변경하는 방법을 이해할 수 있었을 것입니다. 그런데 한 가지 아쉬운 점은 한글을 사용할 수 없다는 것입니다. 이것은 RibbonX의 문제가 아니라 Custom UI Editor 프로그램에서 한글이 지원되지 않기 때문입니다. 한글을 지원하는 별도의 유틸리티 프로그램도 있지만, Custom UI Editor에 비하면 몇 가지 아쉬운 점이 있기 때문에 Custom UI Editor 프로그램으로 리본 메뉴를 입맛에 맞게 수정한 다음, 메뉴 이름을 한글로 변경하는 방법을 사용하는 것이 좋습니다. 이번에는 리본 메뉴에 한글 이름을 사용하는 방법에 대해 알아보겠습니다.

예제 파일 PART 03 \ (RibbonX) 한글.xlsm

01 예제 파일을 열고 [POWER EXCEL] 탭을 선택하면 임의로 추가해 놓은 세 개의 명령을 확인할 수 있습니다. 탭 이름부터 명령 레이블까지 모두 한글로 변경해 보겠습니다.

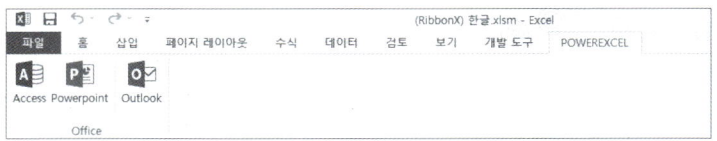

02 파일을 닫고 예제 파일이 존재하는 폴더로 탐색기를 이용해 이동한 다음, 파일 뒤에 '.zip'를 입력해 확장자를 변경합니다.

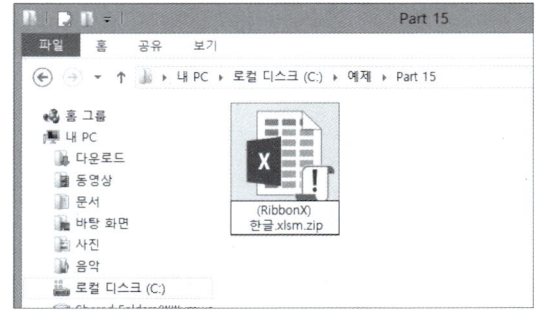

TIP 파일 확장자를 수정하는 것이 아니라, 확장자 뒤에 .zip 문자열을 추가해 압축 파일로 인식되도록 합니다.

Plus⁺ 탐색기에 파일 확장자가 나타나지 않는 경우

❶ 탐색기 프로그램의 리본 메뉴에서 [보기]-[옵션] 메뉴를 클릭합니다.
❷ '폴더 옵션' 대화상자의 '보기' 탭을 선택하고 '고급 설정' 리스트에서 '알려진 파일 형식의 파일 확장명 숨기기' 옵션을 체크 해제하고 〈확인〉 버튼을 클릭합니다.

03 다음과 같은 경고 메시지 창이 표시되면 〈예〉 버튼을 클릭해 계속 진행합니다.

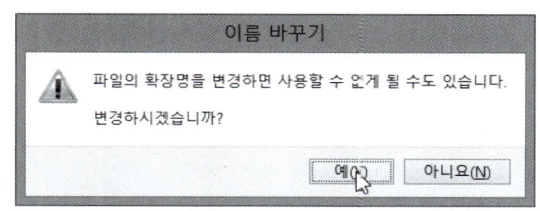

04 변경된 압축 파일을 선택하고 Enter 키를 누르면 파일 내의 폴더에 접근할 수 있습니다. 파일 내부의 customUI 폴더에 들어가 보면 'customUI.xml' 파일을 확인할 수 있습니다.

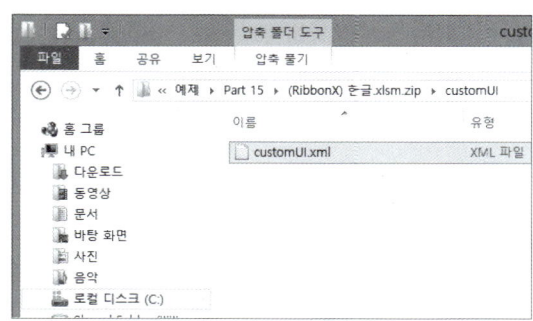

TIP 압축 파일 내부를 탐색할 수 없다면, 압축 파일을 해제한 다음 'customUI' 폴더에 접근해도 됩니다.

05 'customUI.xml' 파일을 다른 폴더에 복사한 다음, 메모장 등의 프로그램을 통해 열어 보면 다음과 같은 RibbonX 코드를 확인할 수 있습니다.

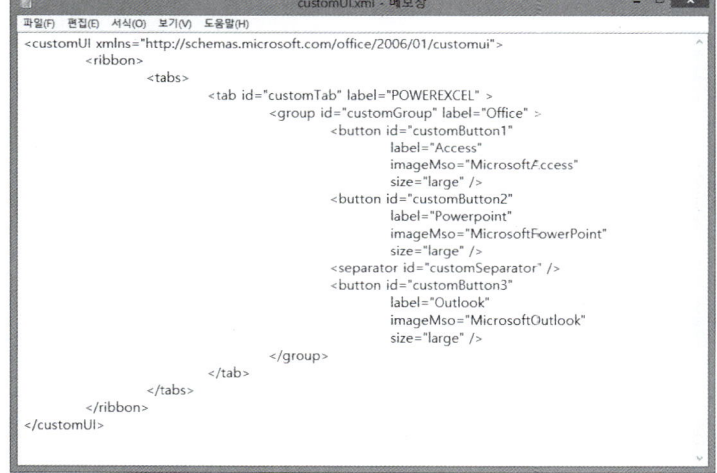

TIP 메모장 외에 XML 편집기 프로그램이나 UltraEdit, NotePad++ 등의 유틸리티 프로그램을 사용해도 됩니다.

06 파일을 수정하기 위해, 먼저 파일을 다른 이름으로 저장합니다. [파일]-[다른 이름으로 저장] 명령을 클릭한 다음, 이름은 변경하지 않고 '인코딩' 방식을 'ANSI'에서 'UTF-8'로 바꾼 다음 〈저장〉 버튼을 클릭해 저장합니다.

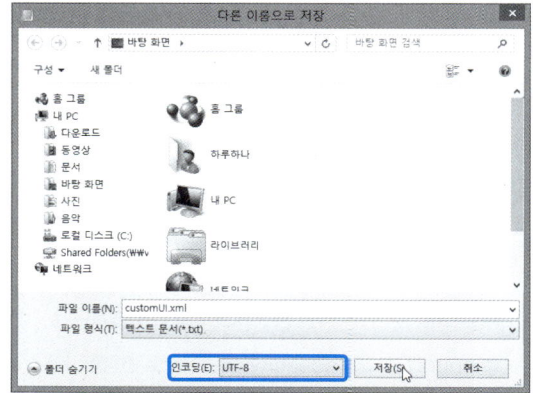

> **Plus⁺ 왜 파일의 인코딩 방식을 변경해야 할까?**
>
> 기본적으로 웹은 영어를 기본으로 하고 있으므로, 웹에서 사용하는 HTML이나 XML 역시 영어를 기본으로 문자를 처리합니다. 그렇기 때문에 한글 등의 기타 문자를 처리하려면 해당 문자를 처리할 수 있는 문자 세트를 미리 설정해야 하는데, 이런 설정 작업을 인코딩이라고 합니다. 이번에 선택한 UTF-8 방식이 영어뿐만 아니라 한글 등을 표시할 때 선택해야 할 인코딩 방식입니다.

07 한글 이름을 사용하기 위해, 다음 설명을 참고해 'customUI.xml' 파일 내 RibbonX 코드를 수정한 다음, 파일을 저장합니다.

파일 : customUI.xml

```xml
<?xml version='1.0' encoding="UTF-8"?>                  ❶
<customUI xmlns="http://schemas.microsoft.com/office/2006/01/customui">
    <ribbon>
        <tabs>
            <tab id="customTab" label="파워엑셀" >          ❷
                <group id="customGroup" label="오피스" >     ❸
                    <button id="customButton1"
                            label="액세스"                  ❹
                            imageMso="MicrosoftAccess"
                            size="large" />

                    <button id="customButton2"
                            label="파워포인트"               ❹
                            imageMso="MicrosoftPowerPoint"
                            size="large" />

                    <separator id="customSeparator" />

                    <button id="customButton3"
                            label="아웃룩"                  ❹
                            imageMso="MicrosoftOutlook"
                            size="large" />

                </group>
            </tab>
        </tabs>
    </ribbon>
</customUI>
```

❶ XML 태그에서 UTF-8 인코딩 방식을 사용하도록 코드를 추가합니다.

❷ tab 태그의 label 속성 값을 한글로 변경합니다.

❸ group 태그의 label 속성 값을 한글로 변경합니다.

❹ button 태그의 label 속성 값을 한글로 변경합니다.

08 변경된 'customUI.xml' 파일을 기존 압축 파일 내 폴더에 드래그&드롭하여 복사하면 다음과 같은 파일 복사' 대화상자가 표시됩니다. '복사하는 파일르 대상 파일 덮어쓰기' 옵션을 클릭합니다.

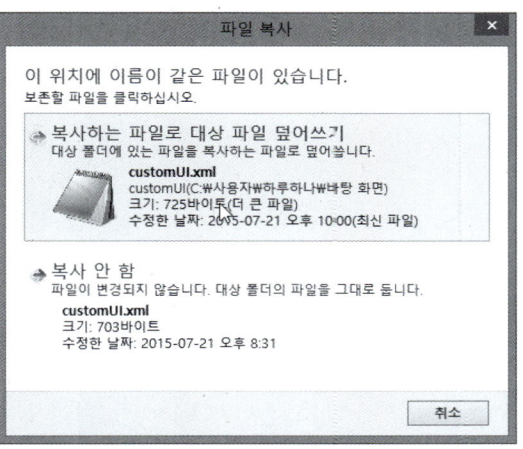

09 이제 다시 압축 파일 뒤에 추가했던 '.zip' 확장자를 지운 다음, '이름 바꾸기' 대화상자에서 〈예〉 버튼을 클릭합니다.

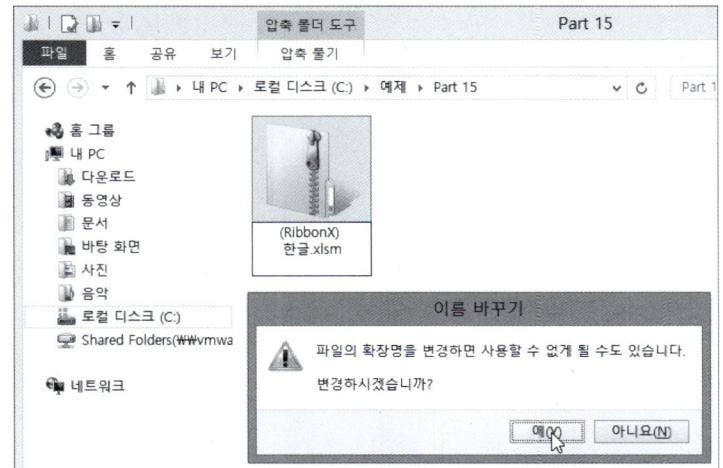

10 엑셀 파일을 다시 열면 한글로 [파워엑셀] 탭이 표시됩니다. 선택해 보면 그룹과 명령의 레이블이 모두 한글로 변경된 것을 확인할 수 있습니다.

CHAPTER

16

이벤트(Event)

Sub 프로시저로는 매크로를 만들 수도 있지만, 이벤트 프로시저도 생성할 수 있습니다.
이벤트 프로시저는 몇몇 개체에서 특정한 상황이 발생할 때 자동으로 실행되는 프로시저로,
별도의 실행 과정이 필요하지 않기 때문에 사용자가 해당 상황을 잘 이용하고 활용할 수만 있다면
매우 편리하게 원하는 동작을 처리할 수 있습니다.
이벤트 프로시저를 사용할 수 있는 개체는 Worksheet, Workbook, UserForm, Active-X 컨트롤 등입니다.
예를 들어 Worksheet 개체는 셀 값을 수정하거나 특정 시트가 화면에 표시될 때 등의 상황을,
Workbook 개체는 파일을 열고 닫는 등의 상황을 이벤트 프로시저로 제어할 수 있습니다.
이벤트 프로시저를 줄여 이벤트라고 지칭하는데,
이번 장에서는 이벤트 프로시저에 대해 자세하게 알아보겠습니다.

이벤트 프로시저의 생성 방법 이해하기

198

앞에서 개발한 프로시저들은 모두 모듈(Module) 개체의 코드 창에서 개발했지만, 이벤트 프로시저는 워크시트(Sheet)와 파일(Workbook) 개체의 코드 창에서 작업하게 됩니다. 또한 이벤트 프로시저는 이름이 확정되어 있으므로 사용자는 이름을 정하지 않고 원하는 이벤트 프로시저를 선택해 사용합니다. 이번에는 이벤트 프로시저를 생성하는 방법에 대해 설명합니다.

예제 파일 없음

다음 과정을 따라 하면서 설명을 참고해 이벤트 프로시저를 생성하는 방법에 대해 이해합니다.

01 엑셀 프로그램을 실행한 후 단축키 Alt+F11을 눌러 VB 편집기를 실행합니다. 프로젝트 탐색기 창의 'Microsoft Excel 개체' 폴더에서 'Sheet1'과 '현재_통합_문서' 개체를 확인할 수 있습니다.

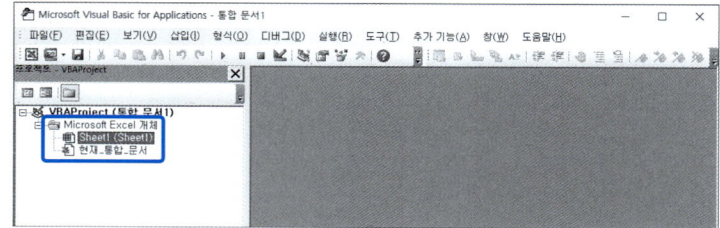

Plus⁺ 'SHEET1'과 '현재_통합_문서' 개체 이해하기

'Sheet1'은 현재 파일에서 사용 중인 Worksheet 개체로, 파일에 따라 더 많은 Worksheet 개체가 표시될 수 있습니다. '현재_통합_문서'는 현재 파일을 의미하는 Workbook 개체입니다. 이벤트 프로시저는 'Microsoft Excel 개체' 폴더의 하위에 있는 이 두 개체 모듈의 코드 창에서 개발 작업이 진행됩니다.

02 'Sheet1' 개체를 더블클릭하면 우측에 코드 창이 열립니다. 코드 창 상단에 두 개의 콤보 상자 컨트롤이 있는데, 이 중 왼쪽 콤보 상자를 '개체 목록'이라고 합니다. 개체 목록의 화살표 단추를 클릭하고 Worksheet를 선택합니다.

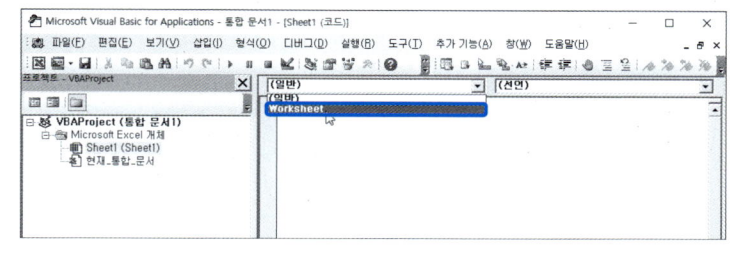

TIP 개체 목록에는 현재 개체에서 사용 가능한 개체가 표시됩니다. Worksheet 개체에서는 기본 개체인 Worksheet 개체가 표시됩니다. 추가로 Active-X 컨트롤 등이 삽입되어 있다면 해당 컨트롤 이름도 표시됩니다.

03 그러면 코드 창에 Private Sub로 시작하는 이벤트 프로시저가 자동으로 선언됩니다. 개체를 선택할 때 자동으로 코드 창에 선언되는 이벤트 프로시저를 기본 이벤트 프로시저라고 하며, 기본 이벤트 프로시저는 변경할 수가 없습니다.

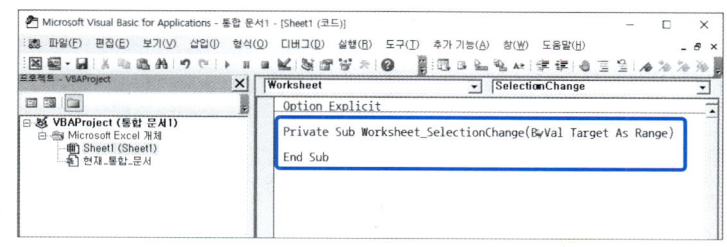

Plus⁺ 기본 이벤트 프로시저

다음은 개체별 기본 이벤트 프로시저를 정리해 놓은 표입니다.

구분	개체	이벤트 프로시저	설명
엑셀 개체	Worksheet	SelectionChange	워크시트에서 셀을 선택할 때 발생합니다.
	Workbook	Open	파일을 열 때 발생합니다.
Active-X	CheckBox CommandButton ListBox OptionButton Image Label ToggleButton	Click	컨트롤을 클릭할 때 발생합니다.
	ComboBox TextBox ScrollBar SpinButton	Change	컨트롤의 값을 변경할 때 발생합니다.

04 코드 창 상단의 우측 콤보 상자는 '프로시저 목록'이라고 합니다. 프로시저 목록의 화살표 단추를 클릭하면 선택한 개체에서 사용할 수 있는 여러 프로시저 이름을 확인할 수 있는데, 이곳에 표시되는 프로시저 중에서 사용자가 만든 프로시저를 제외하면 모두 이벤트 프로시저입니다. 다른 이벤트 프로시저 중에서 자주 사용하는 Change를 선택합니다.

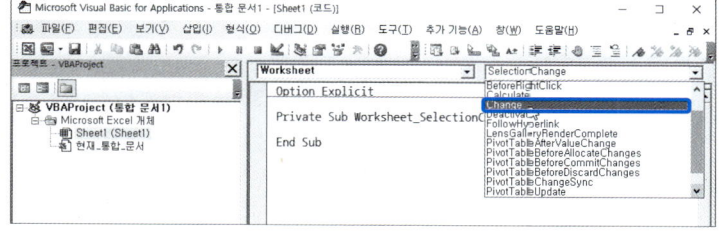

TIP Change 이벤트는 셀 값을 수정할 때 발생합니다.

05 코드 창에 Work sheet_Change 이벤트 프로시저가 추가되어 두 개의 프로시저가 표시됩니다. 기본 이벤트 프로시저인 Worksheet_Selection Change 이벤트 프로시저는 사용하지 않을 것이라면 마우스로 드래그해 선택하고 Delete 키를 눌러 삭제합니다.

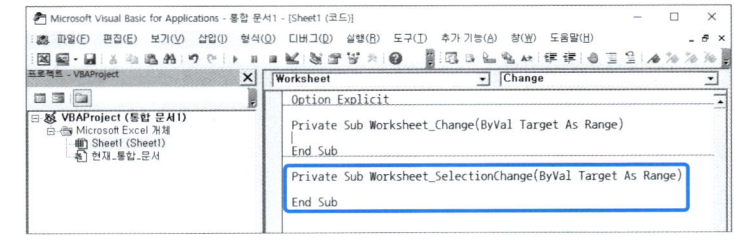

06 원하는 이벤트 프로시저 안에 실행될 명령 코드를 작성합니다.

[요약] 이벤트 프로시저의 구성 방법

위의 따라하기 과정을 통해 이벤트 프로시저가 다음과 같은 구문으로 구성된다는 점을 확인할 수 있습니다.

```
Private Sub 개체명_이벤트명(매개변수)

End Sub
```

이벤트 프로시저를 생성하는 과정을 정리하면 다음과 같습니다.

단계	설명
1단계	프로젝트 탐색기 창에서 이벤트 프로시저를 생성할 개체를 더블클릭해 해당 개체의 코드 창을 엽니다.
2단계	코드 창 상단의 개체 목록을 열어 개체 형식을 선택합니다.
3단계	코드 창 상단의 프로시저 목록을 열어 해당 개체에서 사용할 수 있는 이벤트 프로시저를 선택합니다.
4단계	기본 이벤트 프로시저를 사용하지 않는다면 코드 창에서 선택해 삭제합니다.
5단계	이벤트 프로시저에 원하는 처리 명령을 추가합니다.

Worksheet 개체의 주요 이벤트 프로시저 이해하기

199

Worksheet 개체는 셀로 구성되어 있기 때문에 Worksheet 개체에서 발생하는 대부분의 이벤트는 셀과 연관되어 있습니다. 사용자 입장에서는 모든 데이터가 워크시트에 존재하며 이 데이터를 처리하는 업무가 대부분이므로 Worksheet 개체에서 제공되는 이벤트 프로시저가 매우 중요합니다. 이번에는 Worksheet 개체에서 발생하는 주요 이벤트 프로시저에 대해 알아보겠습니다.

예제 파일 없음

Worksheet 개체 이벤트 프로시저

다음 표는 Worksheet 개체의 주요 이벤트 프로시저입니다.

이벤트 프로시저	설명
Activate	워크시트가 화면에 표시될 때 발생합니다.
BeforeDoubleClick	셀을 마우스로 더블클릭할 때 발생합니다.
BeforeRightClick	셀에서 마우스 오른쪽 버튼을 클릭할 때 발생합니다.
Calculate	셀의 수식이 재계산될 때 발생합니다.
Change	셀 값을 변경할 때 발생합니다.
DeActivate	다른 시트로 이동할 때 발생합니다.
FollowHyperlink	하이퍼링크를 클릭할 때 발생합니다.
SelectionChange	셀 선택 위치를 변경할 때 발생합니다.

Target 매개변수

Worksheet 개체의 이벤트 프로시저에서 Activate와 같이 워크시트 개체와 직접 연관된 이벤트 프로시저 외에 Change나 SelectionChange와 같이 Range 개체와 연관된 이벤트 프로시저에는 Target이라는 Range 형식의 매개변수가 공통적으로 사용됩니다.

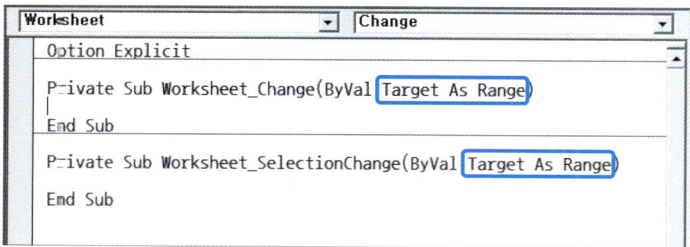

Target 매개변수는 Change 이벤트에서는 값을 고친 셀(또는 범위)을 의미하며, SelectionChange 이벤트에서는 선택한 셀(또는 범위)을 의미합니다. 그러므로 사용자는 Target 매개변수를 대상으로 원하는 동작을 처리하도록 구성해야 합니다.

Cancel 매개변수

BeforeDoubleClick 이벤트나 BeforeRightClick과 같이 이벤트 발생 후 추가 동작이 발생하는 이벤트의 경우는 Boolean 형식의 Cancel 매개변수가 추가됩니다.

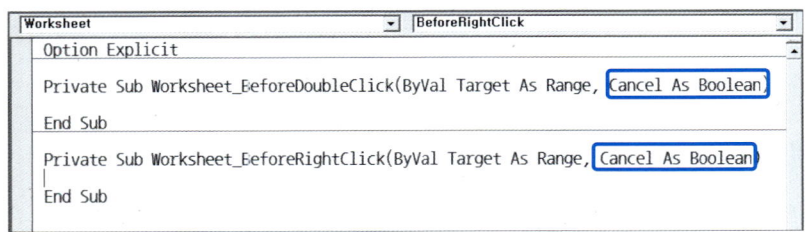

Cancel 매개변수는 이후에 발생하는 동작을 취소할지 여부를 결정할 수 있습니다. 예를 들어 BeforeRightClick 이벤트의 경우 마우스 오른쪽 버튼을 클릭하면 단축 메뉴가 표시되는데, 이벤트 프로시저 안에서 Cancel 매개변수 값을 True로 지정하면 단축 메뉴가 화면에 표시되지 않도록 할 수 있습니다.

다른 시트로 이동한 횟수를 집계하는 이벤트 프로시저 만들기 200

시트 탭에서 특정 시트를 선택하면 해당 워크시트가 화면에 표시됩니다. 이 순간 화면에 표시된 워크시트에는 Activate 이벤트가 발생하고, 화면에 표시된 시트를 선택하기 전 시트에서는 DeActivate 이벤트가 발생합니다. 순서를 보면, DeActivate 이벤트가 먼저 발생하고 Activate 이벤트가 나중에 발생합니다. 이 두 이벤트 프로시저를 이용하는 방법에 대해 알아보겠습니다.

예제 파일 PART 03 \ (Worksheet) Activate, DeActivate 이벤트.xlsm

01 예제 파일을 열면 다음과 같은 표를 확인할 수 있습니다. 'sample' 시트에서 다른 워크시트로 이동할 때마다 우측 표에 횟수가 집계되는 작업을 Activate 와 DeActivate 이벤트를 활용해 진행하는 코드를 개발해 보겠습니다.

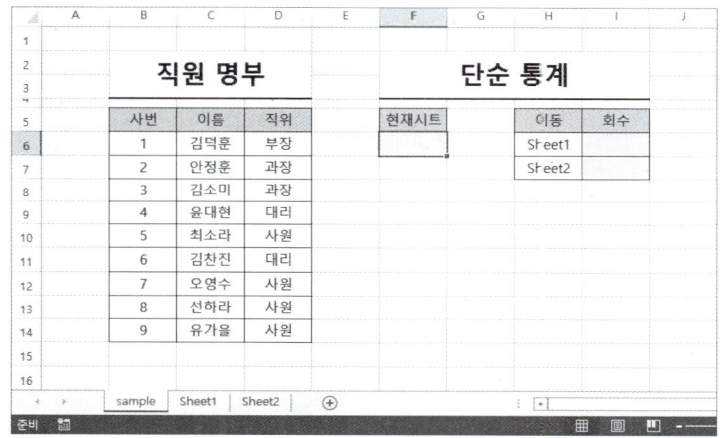

02 'sample' 시트 탭에서 마우스 오른쪽 버튼을 클릭하고 단축 메뉴에서 [코드 보기] 메뉴를 선택합니다.

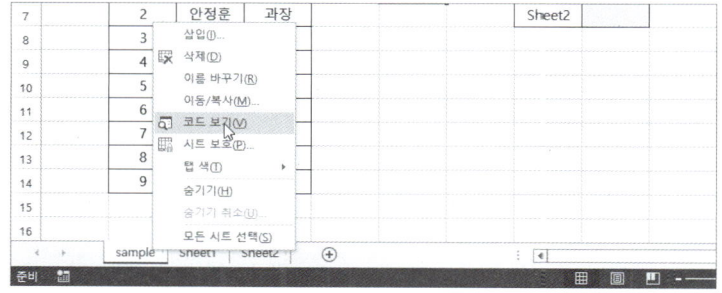

03 'sample' 시트의 코드 창에서 Activate 이벤트 프로시저를 생성하고, 다음 코드를 입력합니다.

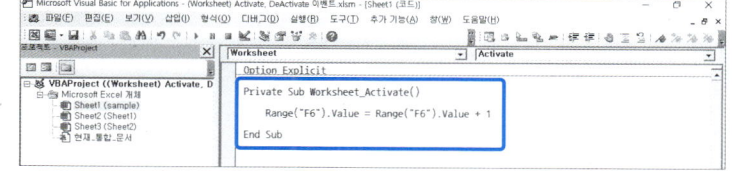

이벤트 프로시저의 코드는 다음과 같습니다.

파일 : (Worksheet) Activate, DeActivate 이벤트 (코드 I).txt

```
Private Sub Worksheet_Activate()                    ①

    Range("F6").Value = Range("F6").Value + 1       ②

End Sub
```

① 현재 시트(sample)가 화면에 표시될 때 동작합니다. 참고로 파일이 열려 자동으로 표시되는 경우에는 이 이벤트가 발생하지 않으며, 이후 다른 시트로 이동했다가 다시 화면에 표시될 때 동작합니다.

② F6셀의 값을 1 증가시킵니다. 이렇게 하면 해당 워크시트가 화면에 표시된 횟수를 집계할 수 있습니다.

04 코드 창에서 Deactivate 이벤트 프로시저를 생성하고, 다음 코드를 입력합니다.

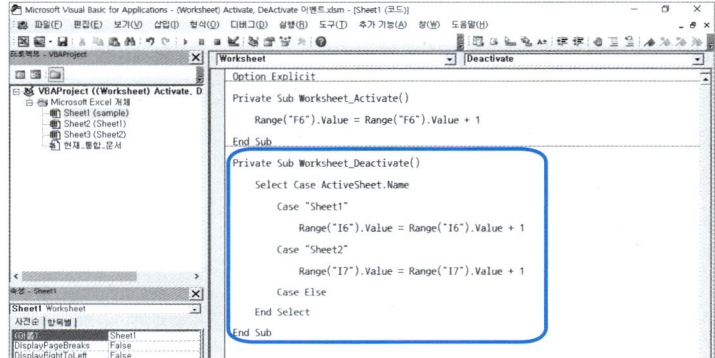

이벤트 프로시저의 코드는 다음과 같습니다.

파일 : (Worksheet) Activate, DeActivate 이벤트 (코드 II).txt

```
Private Sub Worksheet_Deactivate()                        ①

    Select Case ActiveSheet.Name                          ②

        Case "Sheet1"                                     ③

            Range("I6").Value = Range("I6").Value + 1

        Case "Sheet2"                                     ④

            Range("I7").Value = Range("I7").Value + 1

        Case Else                                         ⑤

    End Select

End Sub
```

❶ 현재 시트(sample)가 화면에 표시되지 않을 때 자동으로 실행됩니다.

❷ 화면에 표시된 시트의 이름을 Select Case 문으로 구분해 원하는 동작을 지시합니다.

❸ ActiveSheet의 이름이 'Sheet1'이면 'Sheet1' 시트를 선택한 것이므로, I6셀의 값을 1 증가시킵니다. 여기서 Range("I6")은 ActiveSheet.Range("I6")이 아니고, Worksheets("sample").Range("I6")입니다. 이것은 현재 코드가 'sample' 시트의 코드 창에서 입력되고 있음을 생각하면 지극히 당연하지만, 이벤트 프로시저를 처음 개발하는 입장에서는 개념을 혼동할 수 있습니다. Module 개체의 코드 창에서 Range("I6")은 항상 ActiveSheet. Range("I6")이지만, 특정 시트의 코드 창에서 Range("I6")은 해당 시트의 Range("I6")을 의미한다는 사실을 기억해 놓습니다.

❹ ActiveSheet의 이름이 'Sheet2'면 'Sheet2' 시트를 선택한 것이므로, I7셀의 값을 1 증가시킵니다.

❺ 'Sheet1'이나 'Sheet2'가 아니면, 아무 동작도 하지 않습니다.

05 이제 VB 편집기 창을 닫고, 시트 탭에서 'Sheet2' 탭을 선택해 워크시트를 이동한 다음 다시 'sample' 시트로 이동하면 다음과 같은 결과를 확인할 수 있습니다.

TIP 'sample' 시트에서 'Sheet2' 시트로 이동했을 때 I7셀의 값이 1 증가하며, 다시 'Sheet2' 시트에서 'sample' 시트로 이동할 때 F6셀의 값이 1증가합니다.

06 시트 탭에서 'Sheet1' 탭을 선택해 워크시트를 이동하고 다시 'sample' 시트로 이동하면 다음과 같은 결과를 확인할 수 있습니다.

TIP 'sample' 시트에서 'Sheet1' 시트로 이동했을 때 I6셀의 값이 1 증가하며, 다시 'Sheet1' 시트에서 'sample' 시트로 이동할 때 F6셀의 값이 1증가합니다.

셀을 선택할 때마다 동작하는 이벤트 프로시저 만들기 201

셀(또는 범위)을 선택할 때마다 특정 코드가 실행되도록 하려면 SelectionChange 이벤트 프로시저를 사용합니다. SelectionChange 이벤트 프로시저는 Worksheet 개체의 기본 이벤트 프로시저로, Target 매개변수를 이용해 선택된 셀(또는 범위)이 어디인지 프로시저에 전달하므로, 선택한 셀(또는 범위)에 원하는 동작을 지시하려면 Target 매개변수에 원하는 명령을 지시하면 됩니다. 이번에는 SelectionChange 이벤트 프로시저를 구성하는 방법에 대해 알아보겠습니다.

예제 파일 PART 03 \ (Worksheet) SelectionChange 이벤트 I.xlsm

01 예제 파일을 열던 화면과 같은 표를 확인할 수 있습니다. B3:B15 범위 내 셀을 선택하면 자동으로 오른쪽 D열에 선택한 사람 이름이 입력되도록 해 보겠습니다.

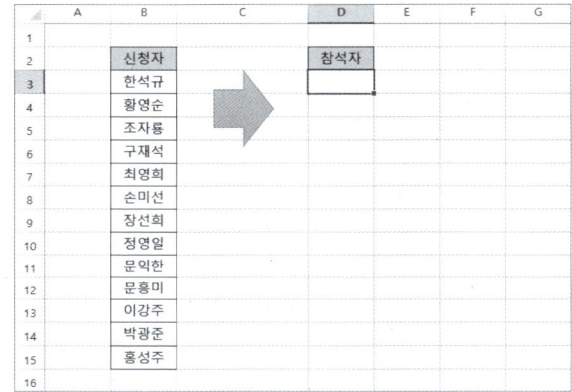

02 시트 탭에서 마우스 오른쪽 버튼을 클릭하고 [코드 보기] 메뉴를 클릭한 다음 SelectionChange 이벤트 프로시저를 생성하고 다음 코드를 입력합니다.

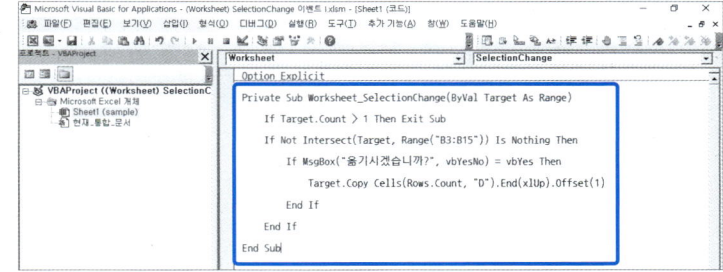

이벤트 프로시저의 코드는 다음과 같습니다.

파일 : (Worksheet) SelectionChange 이벤트 I (코드).txt

```
Private Sub Worksheet_SelectionChange(ByVal Target As Range)   ──①

    '1단계 : 셀을 하나만 선택했을 때만 동작합니다.
    If Target.Count > 1 Then Exit Sub   ──②
```

```
' 2단계 : 신청자 범위 내 셀을 선택하면 셀을 옮길지 여부를 묻고 복사합니다.
    If Not Intersect(Target, Range("B3:B15")) Is Nothing Then            ❸

        If MsgBox("옮기시겠습니까?", vbYesNo) = vbYes Then                    ❹

            Target.Copy Cells(Rows.Count, "D").End(xlUp).Offset(1)        ❺

        End If

    End If

Enc Sub
```

❶ 워크시트 내 셀을 선택할 때 자동으로 실행되는 SelectionChange 이벤트 프로시저를 선언합니다. Target 매개변수는 선택된 셀(또는 범위)을 의미합니다.

❷ Target 매개변수에 할당된 셀이 둘 이상이면 이벤트 프로시저를 종료합니다. 즉 하나의 셀만 선택할 때 정상적으로 동작합니다.

❸ Intersect 메서드는 두 범위의 교집합 범위를 Range 개체로 반환하는 Application 개체의 메서드입니다. 그러므로 Intersect 메서드는 Target 매개변수에 할당된 셀과 B3:B15 범위의 교집합을 반환하는데, 반환된 범위가 Is Nothing인지 판단합니다. 반환된 범위가 Is Nothing이라는 것은 교집합이 없다는 의미인데, Intersect 메서드 앞에 Not 키워드를 사용했으므로 교집합이 있다는 판단 조건으로 변경됩니다. 그러므로 교집합이 존재할 때, 즉 B3:B15 범위 내 셀을 선택했을 때만 ❹-❺의 코드가 실행됩니다.

❹ MsgBox 함수를 사용해 사용자에게 옮길지 여부를 묻고 〈예〉 버튼을 클릭했을 때만 ❶의 코드를 실행합니다.

❺ Target 매개변수에 할당된 셀을 복사한 다음, D열의 마지막 데이터 입력 셀(D2) 바로 아래 셀에 붙여 넣습니다.

03 개발된 SelectionChange 이벤트 프로시저의 동작을 확인하기 위해, 단축키 Alt + F11 을 눌러 엑셀 창으로 전환한 다음 B3:B15 범위 내 셀을 하나 선택하면 다음과 같은 메시지 창이 나타납니다. 〈예〉 버튼을 클릭하면 선택한 이름이 D열에 복사됩니다.

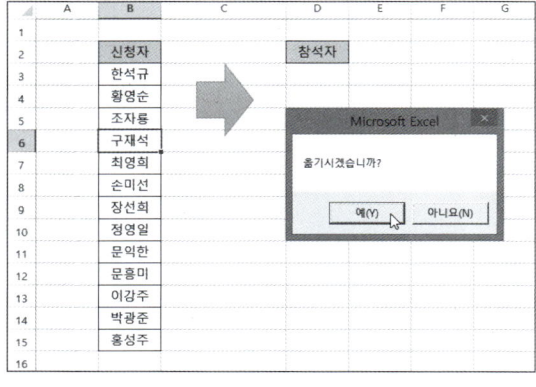

TIP 예제 화면에서는 B6셀을 선택하고 〈예〉 버튼을 클릭했습니다.

04 02 과정에서 만든 이벤트 프로시저는 제대로 동작하지만, 다른 셀을 선택했다가 다시 원래 셀을 선택해도 데이터를 옮길 것인지 묻는 메시지 창이 나타나고 〈예〉 버튼을 클릭하면 중복 값이 D열에 쌓입니다. 예제에서 B6셀 외에 다른 셀을 선택한 다음, 다시 B6셀을 선택해 봅니다.

05 D열에 중복된 값이 들어가지 않도록 SelectionChange 이벤트 프로시저를 수정합니다. 단축키 Alt + F11 을 누르고 'sample' 시트의 코드 창에서 SelectionChange 이벤트 프로시저를 다음을 참고해 수정합니다.

```
Private Sub Worksheet_SelectionChange(ByVal Target As Range)

    If Target.Count > 1 Then Exit Sub

    If Not Intersect(Target, Range("B3:B15")) Is Nothing Then

        If Range("D2").CurrentRegion.Find(Target.Value) Is Nothing Then      ──①

            If MsgBox("옮기시겠습니까?", vbYesNo) = vbYes Then

                Target.Copy Cells(Rows.Count, "D").End(xlUp).Offset(1)

            End If

        End If

    End If

End Sub
```

① D2셀과 연속된 범위에서 Target.Value 값을 찾아, 없는 경우에만 메시지 창이 나타나도록 합니다. 이렇게 하면 D열에 등록된 신청자를 다시 선택한 경우 메시지 창이 열리지 않고 그대로 종료됩니다.

06 단축키 Alt + F11 을 눌러 엑셀 창으로 전환하고, 다른 신청자를 선택하여 옮긴 다음 다시 D열에 있는 인원을 선택해 보면 아무 반응이 없는 것을 확인할 수 있습니다.

유효성 검사가 설정된 범위로 복사 제한하기

202

워크시트의 값이 입력된 위치로 다른 데이터를 복사할 경우, 데이터 보호 차원에서 이런 작업을 제한하고 싶은 경우가 있습니다. 이런 경우 SelectionChange 이벤트를 사용할 수 있습니다. 이런 작업을 하려면, 현재 복사(또는 잘라내기) 상태인지 확인할 필요가 있는데, 이것은 Application 개체의 CutCopyMode 속성을 이용해 판단할 수 있습니다. 이번에는 SelectionChange 이벤트를 이용해 복사 작업을 제한하는 이벤트 프로시저를 생성하는 방법에 대해 설명합니다.

예제 파일 PART 03 \ (Worksheet) SelectionChange 이벤트 II.xlsm

01 예제 파일을 열면 화면과 같은 표를 확인할 수 있습니다. E2:F11 범위에는 특정 범위(1만원 ~ 10만원) 내 숫자만 입력할 수 있도록 유효성 검사가 설정되어 있습니다. 그러므로 범위에 벗어나는 숫자 값을 입력하면 값을 입력할 수 없습니다. 다만 다른 셀의 값을 붙여 넣으면 유효성 검사 설정이 해제되므로, 다른 셀의 값을 복사할 수 없도록 막는 작업을 SelectionChange 이벤트를 이용해 처리합니다.

02 시트 탭에서 마우스 오른쪽 버튼을 클릭한 다음, 단축 메뉴에서 [코드 보기] 메뉴를 선택합니다. 그런 다음, Worksheet_SelectionChange 이벤트 프로시저를 생성하고 다음과 같이 구성합니다.

파일 : (Worksheet) SelectionChange 이벤트 II (코드).txt

```
Private Sub Worksheet_SelectionChange(ByVal Target As Range)

'1단계 : 필요한 변수를 선언합니다.
    Dim 유효성검사 As Range                  ①

'2단계 : 유효성 검사가 설정된 범위가 존재하는지 확인한 다음 실행합니다.
    Application.EnableEvents = False          ②

    With ActiveSheet.UsedRange                ③

        Set 유효성검사 = .SpecialCells(Type:=xlCellTypeAllValidation)    ④

    End With
```

```
        Application.EnableEvents = True                    ⑤

        If 유효성검사 Is Nothing Then Exit Sub              ⑥

'3단계 : 유효성 검사가 설정된 범위를 선택했을 때 복사할 수 있으면, 복사 작업을 취소합니다.
        If Not Intersect(Target, 유효성검사) Is Nothing Then       ⑦

            If Application.CutCopyMode <> False Then           ⑧

                Application.CutCopyMode = False                ⑨

            End If

        End If

End Sub
```

❶ 유효성 검사가 설정된 범위를 할당할 Range 형식의 '유효성검사' 개체변수를 선언합니다.

❷ 아래 코드에 의해 이벤트가 발생하지 않도록 감지 설정을 해제합니다. 이번 작업은 ❹의 SpecialCells 속성을 사용하기 때문으로, SpecialCells 속성은 '이동' 명령으로 조건에 맞는 범위가 선택되므로 SelectionChange 이벤트가 다시 발생합니다. 그러므로 이벤트가 한 번만 동작하도록 SpecialCells 속성이 사용될 때 이벤트 감지를 해제했다가 다시 켤 필요가 있습니다.

❸ 현재 시트의 사용 범위(UsedRange)를 With 문으로 설정합니다. 이번 작업은 ❹의 코드를 줄이기 위함으로, 변수를 선언하지 않고 코드를 줄이려고 할 때 자주 사용되는 코딩 방식입니다.

❹ '유효성검사' 개체변수에 현재 시트의 사용 범위에서 유효성 검사가 설정된 범위만 할당합니다. 유효성 검사가 설정되지 않은 워크시트에서 이 코드는 에러가 발생합니다. 그러므로 유효성 검사가 설정된 범위가 없는 워크시트일 가능성이 있다면, 이 코드 전에 On Error Resume Next 문을 사용해 에러가 발생해도 중단되지 않도록 설정해야 합니다.

❺ 이벤트 발생을 감지하도록 합니다.

❻ '유효성검사' 개체 변수에 할당된 범위가 없다면 이벤트 프로시저를 종료합니다.

❼ Intersect 메서드를 사용해 '유효성검사' 변수에 할당된 범위 내 셀을 선택했는지 확인합니다. 이 경우에만 ❽-❾의 코드가 실행됩니다.

❽ Application 개체의 CutCopyMode 속성은 다음과 같은 세 개의 상태 값을 반환합니다.

반환 값	값	의미
False	0	복사(또는 잘라내기) 모드가 아닙니다.
xlCopy	1	복사 모드입니다.
xlCut	2	잘라내기 모드입니다.

그러므로 CutCopyMode 속성의 값이 False가 아니라면, 셀을 선택하기 전 복사 또는 잘라내기 상태라는 의미입니다. 이 경우 ❾의 코드를 실행합니다.

❾ CutCopyMode 속성의 값을 False로 지정해 복사 모드를 해제합니다.

03 이벤트가 제대로 동작하는지 확인하기 위해 단축키 Alt + F11 을 눌러 엑셀 창으로 전환합니다. A2셀을 선택하고 복사(Ctrl + C)한 다음, E2:E11 범위 내 아무 셀이나 클릭하면 복사 모드가 해제되어 붙여 넣기 작업을 할 수 없다는 사실을 확인할 수 있습니다.

04 셀을 복사한 다음, 유효성 검사가 설정된 범위만 제외하면 어디든 데이터를 붙여 넣을 수 있습니다. 확인을 위해, A2셀을 복사하고 E2:E11 범위를 제외한 다른 셀에 데이터를 붙여 넣어 봅니다.

유효성 검사 목록에서 선택한 목록을 제외하고 표시하기

203

유효성 검사 목록 기능은 콤보 상자 컨트롤과 같은 효과를 얻을 수 있어 자주 사용되는 기능 중 하나입니다. 다만 목록에 항상 동일한 항목만 표시되기 때문에 중복된 데이터를 입력하지 않아야 하는 곳에서는 사용하기가 쉽지 않습니다. 항목을 한 번 선택하면 더 이상 목록에 해당 항목이 표시되지 않도록 설정할 수 있으면 좋겠지만, 이런 옵션은 제공되지 않으므로 필요하다면 SelectionChange 이벤트를 이용해 처리합니다. 이번에는 중복된 값이 입력되지 않도록 유효성 검사의 목록 기능을 제어하는 코드를 개발하는 방법에 대해 알아보겠습니다.

예제 파일 PART 03 \ (Worksheet) SelectionChange 이벤트 III.xlsm

01 예제를 열면 다음과 같은 표를 확인할 수 있습니다. C6:C15 범위에는 유효성 검사의 목록 기능이 적용되어 있으며, 목록에는 E6:E15 범위의 값이 표시되도록 설정되어 있습니다. C6:C7 범위에서 임의의 신청자를 선택해 보면, 선택한 항목도 사라지지 않고 계속 목록에 나타나는 것을 알 수 있습니다.

02 선택한 항목이 나타나지 않도록 설정하려면 셀을 선택할 때마다 입력된 항목을 제외하고 다시 표시될 목록 값을 만들어 유효성 검사를 재설정해야 합니다.

03 SelectionChange 이벤트를 활용하는 코드를 개발합니다. 시트 탭에서 마우스 오른쪽 버튼을 클릭하고 단축 메뉴에서 [코드 보기] 메뉴를 선택합니다. 그런 다음, 이벤트 생성 전에 목록에 표시할 신청자 명단을 반환하는 Function 프로시저를 먼저 생성합니다.

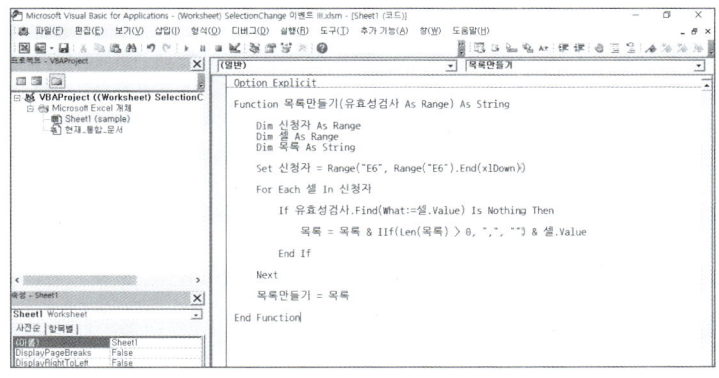

파일 : (Worksheet) SelectionChange 이벤트 III (코드 I).txt

```
Function 목록만들기(유효성검사 As Range) As String            ①

'1단계 : 필요한 변수를 선언합니다.                            ②
    Dim 신청자 As Range
    Dim 셀 As Range
    Dim 목록 As String

'2단계 : 신청자 명단 범위를 순환하면서, 선택하지 않은 신청자를 목록에 추가합니다.
    Set 신청자 = Range("E6", Range("E6").End(xlDown))        ③

    For Each 셀 In 신청자                                    ④

        If 유효성검사.Find(What:=셀.Value) Is Nothing Then    ⑤

            목록 = 목록 & IIf(Len(목록) > 0, ",", "") & 셀.Value   ⑥

        End If

    Next

'3단계 : 함수에 목록을 반환합니다.
    목록만들기 = 목록                                        ⑦

End Function
```

① 유효성 검사의 목록에 표시할 신청자 명단을 만들 '목록만들기' 사용자 정의 함수를 선언합니다. '목록만들기' 함수는 Range 형식의 '유효성검사' 매개변수를 받아, String 형식의 결과를 반환하는 함수입니다.

② Function 프로시저에서 사용할 Range 형식의 '신청자', '셀' 개체변수와 String 형식의 '목록' 변수를 선언합니다.

③ '신청자' 개체변수에 E6셀부터 E6셀에서 행 방향(아래쪽)으로 마지막 데이터 입력 셀(E15)까지의 범위를 할당합니다.

④ For Each … Next 순환문을 사용해 '신청자' 개체변수에 할당된 범위를 하나씩 순환하면서 '셀' 개체변수에 할당합니다.

⑤ '유효성검사' 매개변수에 전달된 범위에서 '셀' 개체변수에 할당된 셀 값을 찾아, 없는 경우에만 ⑥의 코드를 실행합니다. '유효성검사' 매개변수에는 유효성 검사가 설정된 전체 범위가 전달될 예정이므로 이렇게 하면 아직 선택하지 않은 신청자만 대상으로 명단을 추릴 수 있습니다.

❻ '목록' 변수에 값이 입력됐을 때만 쉼표(,) 구분 문자와 '셀' 개체변수의 값을 연결하고, 값이 입력되지 않은 경우에는 '셀' 개체변수의 값만 연결해 저장합니다. 이렇게 하면 '목록' 변수에 신청자 이름이 다음과 같이 전달됩니다. 단, 아래 문자열에서 '유효성검사' 매개변수에 전달된 범위 내 값은 생략됩니다.

> 강민수, 강태준, 구재석, 남궁익선, 문익한, 문흥미, 박광준, 성병재, 손미선, 이강주

❼ '목록만들기' 함수에 '목록' 변수의 값을 전달합니다.

TIP 특정 시트의 코드 창에 입력된 Function 프로시저는 해당 시트에서만 정상 동작합니다.

04 이어서 SelectionChange 이벤트 프로시저를 하나 생성하고 다음 코드를 입력합니다.

파일 : (Worksheet) SelectionChange 이벤트 III (코드 I).txt

```
Private Sub Worksheet_SelectionChange(ByVal Target As Range)

'1단계 : 필요한 변수를 선언합니다.
    Dim 유효성검사 As Range            ❶
    Dim 목록 As String         '       ❷

'2단계 : 선택된 셀이 둘 이상이면 이벤트 프로시저를 종료합니다.
    If Target.Count > 1 Then Exit Sub

'3단계 : 유효성 검사가 설정된 범위를 선택했는지 확인한 다음, 유효성 검사를 새로 설정합니다.
    Set 유효성검사 = Range("C6", Cells(Rows.Count, "B").End(xlUp).Offset(, 1))    ❸

    If Not Intersect(Target, 유효성검사) Is Nothing Then         ❹

        목록 = 목록만들기(유효성검사)            ❺

        With Target.Validation            ❻

            .Delete            ❼

            If Len(목록) > 0 Then            ❽

                .Add Type:=xlValidateList, Formula1:=목록            ❾

            End If

        End With

    End If

End Sub
```

❶ Range 형식의 '유효성검사' 개체변수를 선언합니다.

❷ String 형식의 '목록' 변수를 선언합니다.

❸ '유효성검사' 개체변수에 C6셀부터 B열의 마지막 데이터 입력 위치(B15)의 바로 오른쪽 셀(C15)까지의 범위를 할당합니다.

❹ 선택한 셀(Target 매개변수)이 '유효성검사' 개체변수의 범위 내라면 ❺-❾의 코드를 실행합니다.

❺ '목록만들기' 함수에 '유효성검사' 개체변수를 인수로 전달한 다음, 반환 값을 '목록' 변수에 저장합니다.

❻ 선택한 셀(Target 매개변수)의 유효성 검사(Validation) 개체를 With 문으로 설정합니다.

❼ 현재 설정된 유효성 검사 설정을 삭제합니다. 새롭게 유효성 검사를 설정하기 위해서는 기존 설정을 반드시 삭제해야 합니다.

❽ '목록' 변수에 저장된 값이 있다면 ❾의 코드를 실행합니다.

❾ 유효성 검사를 추가하는데, '제한 대상'(Type)은 '목록'으로 설정하고 '원본'(Formula1)에는 '목록' 변수의 값을 전달합니다.

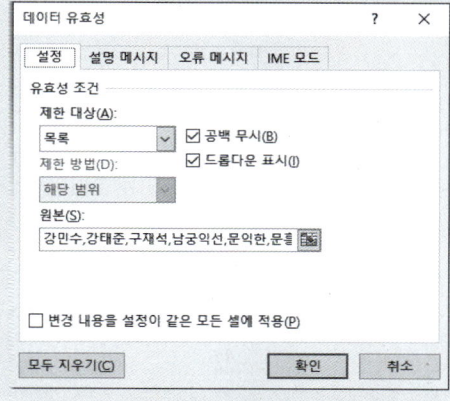

05 SelectionChange 이벤트 프로시저가 제대로 동작하는지 확인하기 위해 단축키 Alt + F11 을 눌러 엑셀 창으로 전환한 다음, C6:C15 범위의 값을 지우고 신청자를 하나씩 입력합니다. 그러면, 아래 화면에서 확인할 수 있듯, 입력된 신청자는 더 이상 목록에 표시되지 않습니다.

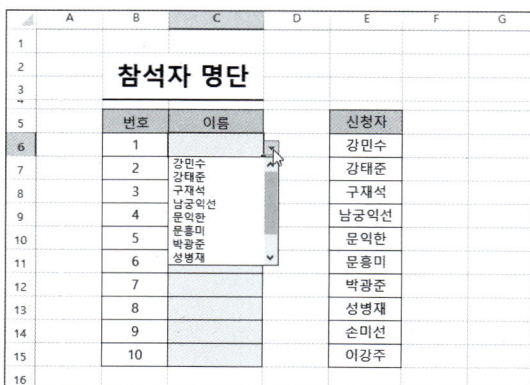

선택된 셀 위치를 보다 분명하게 표시하기

204

셀을 선택할 때마다, 선택된 셀 위치가 분명하게 표시되지 않아 불만이었던 분들이 있을 겁니다. 셀을 선택하면 행, 열에 원하는 서식이 표시되어 내가 선택한 셀 위치가 보다 분명하게 나타나도록 하려면 SelectionChange 이벤트를 제어하면 됩니다. 이때 서식을 설정하는 방법에는 직접 설정하는 방법과 조건부 서식을 이용하는 방법이 있는데, 전자는 사용자의 다른 서식을 초기화할 수 있으므로, 조건부 서식을 이용하는 것이 좋습니다.

예제 파일 PART 03 \ (Worksheet) SelectionChange 이벤트 IV.xlsm

작업 내용 확인

워크시트에서 특정 셀을 선택하면 왼쪽 화면과 같이 선택 위치가 표시되는데, 분명하진 않습니다. 이것을 오른쪽과 같이 별도의 서식이 적용되어 표시되도록 설정하는 작업을 진행합니다.

따라하기

01 예제 파일을 열고 'sample' 시트 탭을 마우스 오른쪽 버튼으로 클릭한 다음, 단축 메뉴에서 [코드 보기] 메뉴를 선택합니다. 'sample' 시트의 코드 창이 열리면 SelectionChange 이벤트 프로시저를 생성하고 다음 코드를 입력합니다.

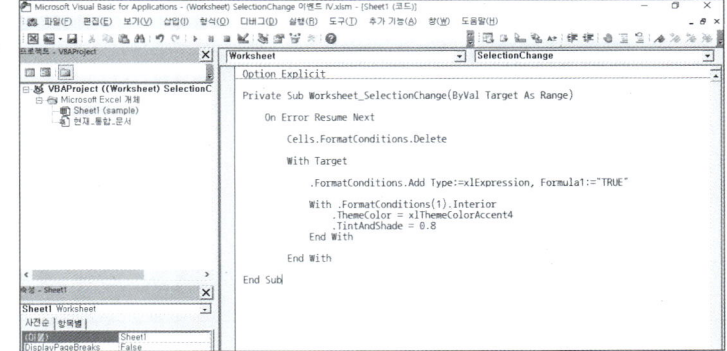

파일 : (Worksheet) SelectionChange 이벤트 IV (코드 I).txt

```
Private Sub Worksheet_SelectionChange(ByVal Target As Range)

'1단계 : 기존에 설정한 조건부 서식을 삭제합니다.
    On Error Resume Next                            ①

        Cells.FormatConditions.Delete               ②

'2단계 : 셀을 선택할 때 표시할 서식을 조건부 서식으로 설정합니다.
    With Target                     ③

        .FormatConditions.Add Type:=xlExpression, Formula1:="TRUE"        ④

        With .FormatConditions(1).Interior          ⑤
            .ThemeColor = xlThemeColorAccent4       ⑥
            .TintAndShade = 0.8                 ⑦
        End With

    End With

End Sub
```

❶ 다음 줄에서 코드를 실행할 때, 에러가 발생해도 멈추지 않고 계속해서 실행하도록 설정합니다.

❷ Cells는 행 번호, 열 번호가 전달되면 셀 하나를 참조하지만, 행 번호, 열 번호가 생략되면 셀 전체를 의미합니다. FormatConditions 속성은 조건부 서식 개체의 컬렉션을 반환하는데, 생성된 모든 조건부 서식을 의미합니다. 그러므로 이번 코드는 현재 워크시트 내 전체 셀에 적용된 조건부 서식을 삭제하는 역할을 합니다.

❸ Target 매개변수는 선택된 셀(또는 범위)을 의미하며, 선택된 셀에 여러 설정을 하기 위해 With 문을 사용합니다.

❹ 선택된 셀(또는 범위)에 조건부 서식을 추가합니다. 규칙 유형(Type)은 수식(xlExpression)으로, 항상 지정한 서식이 나타나도록 수식 조건(Formula1)으로 True 값을 사용합니다. 이런 구성은 '조건부 서식' 대화상자에서 다음과 같이 설정한 것과 동일합니다.

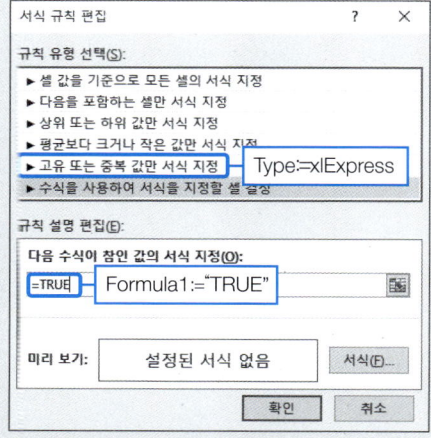

❺ 추가된 첫 번째 조건부 서식의 서식을 설정합니다.

❻ ThemeColor 속성과 다음 줄의 TintAndShade 속성은 연결되어 사용되며, ThemeColor는 색상 표의 몇 번째 열의 색상인지를 선택합니다. xlThemeColorAccent4는 색상표의 여섯 번째 열의 색상을 의미합니다.

LINK ThemeColor와 TintAndShade 속성 설정 방법은 406~407쪽에서 자세하게 설명하고 있으니 참고합니다.

❼ TintAndShade 속성은 색상의 밝기 속성을 80%(0.8) 더 밝게 설정한 것으로, 두 번째 행의 색상입니다.

02 SelectionChange 이벤트 프로시저가 제대로 동작하는지 확인하기 위해, 단축키 Alt + F11 을 누른 다음 엑셀 창에서 아무 셀이나 선택해 봅니다. 선택한 셀 색상이 자동으로 변경되는 것을 확인할 수 있습니다.

03 선택한 셀의 행과 열에 동일한 서식이 나타나도록 하려면 기존의 코드를 수정할 필요가 있습니다. 단축키 Alt + F11 을 누르고 SelectionChange 이벤트를 다음과 같이 수정합니다.

파일 : (Worksheet) SelectionChange 이벤트 IV (코드 II).txt

```
Private Sub Worksheet_SelectionChange(ByVal Target As Range)

   On Error Resume Next

      Cells.FormatConditions.Delete

   With Target

      .FormatConditions.Add Type:=xlExpression, Formula1:="TRUE"

      With .FormatConditions(1).Interior
         .ThemeColor = xlThemeColorAccent4
         .TintAndShade = 0.8
      End With

   End With

   With Target.EntireColumn                    ──❶
```

```
            .FormatConditions.Add Type:=xlExpression, Formula1:="TRUE"

        With .FormatConditions(2).Interior                    ——❷
            .ThemeColor = xlThemeColorAccent4
            .TintAndShade = 0.8
        End With

    End With

    With Target.EntireRow                                     ——❸

        .FormatConditions.Add Type:=xlExpression, Formula1:="TRUE"

        With .FormatConditions(3).Interior                    ——❹
            .ThemeColor = xlThemeColorAccent4
            .TintAndShade = 0.8
        End With

    End With

Enc Sub
```

❶ Target은 선택한 셀(또는 범위)을 의미하는데, EntireColumn 속성은 선택된 셀(또는 범위)이 속한 열 전체를 의미합니다. 그러므로 이렇게 조건부 서식을 설정하면 선택될 셀(또는 범위)이 속한 전체 열에 서식을 지정할 수 있습니다.

❷ 조건부 서식의 서식을 지정할 때, 두 번째로 추가된 조건부 서식(.FormatConditions(2))에 먼저 추가된 조건부 서식과 동일한 서식을 지정합니다. 조건부 서식에는 추가될 때마다 1, 2, …와 같은 일련번호가 붙습니다.

❸ Target.EntireRow는 선택한 셀(또는 범위)이 속한 전체 행을 의미합니다.

❹ 세 번째로 추가된 조건부 서식(.FormatConditions(3))에 이전과 동일한 서식을 설정합니다.

04 수정된 SelectionChange 이벤트 프로시저가 제대로 동작하는지 확인하기 위해, 단축키 Alt + F11 을 누른 다음 엑셀 창에서 아무 셀이나 선택해 봅니다. 선택한 셀을 포함한 전체 행과 열에 동일한 서식이 나타나는 것을 확인할 수 있습니다.

	A	B	C	D	E	F	G	H
1								
2		분류＼분기	1사분기	2사분기	3사분기	4사분기	총합계	
3		가공식품	17,544	27,359	28,598	50,906	124,407	
4		곡류	16,466	23,372	32,343	39,931	112,113	
5		과자류	36,945	34,855	63,745	73,805	209,350	
6		유제품	48,930	64,603	74,154	118,263	305,950	
7		육류	31,267	48,125	53,297	82,204	214,893	
8		음료	30,646	54,956	123,845	140,016	349,463	
9		조미료	19,139	29,116	37,863	48,170	134,288	
10		해산물	33,757	30,692	42,901	47,279	154,629	
11		총합계	234,693	313,079	456,746	600,574	1,605,092	
12								

05 행과 열이 교차하는 선택된 셀이 흰색이 되도록 하려면 SelectionChange 이벤트를 약간 수정해야 합니다. 단축키 Alt + F11 을 누르고 SelectionChange 이벤트 프로시저의 코드를 다음과 같이 수정합니다.

```
Private Sub Worksheet_SelectionChange(ByVal Target As Range)

    On Error Resume Next

        Cells.FormatConditions.Delete

    With Target

        .FormatConditions.Add Type:=xlExpression, Formula1:="True"

        With .FormatConditions(1).Interior          ①
            .ThemeColor = xlThemeColorDark1         ②
        End With

    End With

    …

End Sub
```

① 첫 번째로 설정된 조건부 서식의 서식을 지정합니다.

② 색상은 색상표 첫 번째 열의 첫 번째 색상으로 지정합니다. ThemeColor 속성만 설정하고 TintAndShape 속성을 설정하지 않으면 해당 열의 첫 번째 색상이 나타납니다.

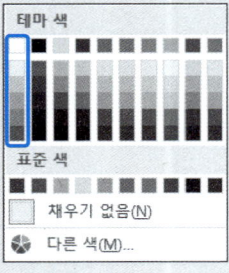

06 수정된 SelectionChange 이벤트 프로시저의 동작을 확인하기 위해 단축키 Alt + F11 을 누른 다음 엑셀 창에서 다른 셀을 선택합니다. 선택한 셀의 색상이 흰색으로 표시되는 것을 확인할 수 있습니다.

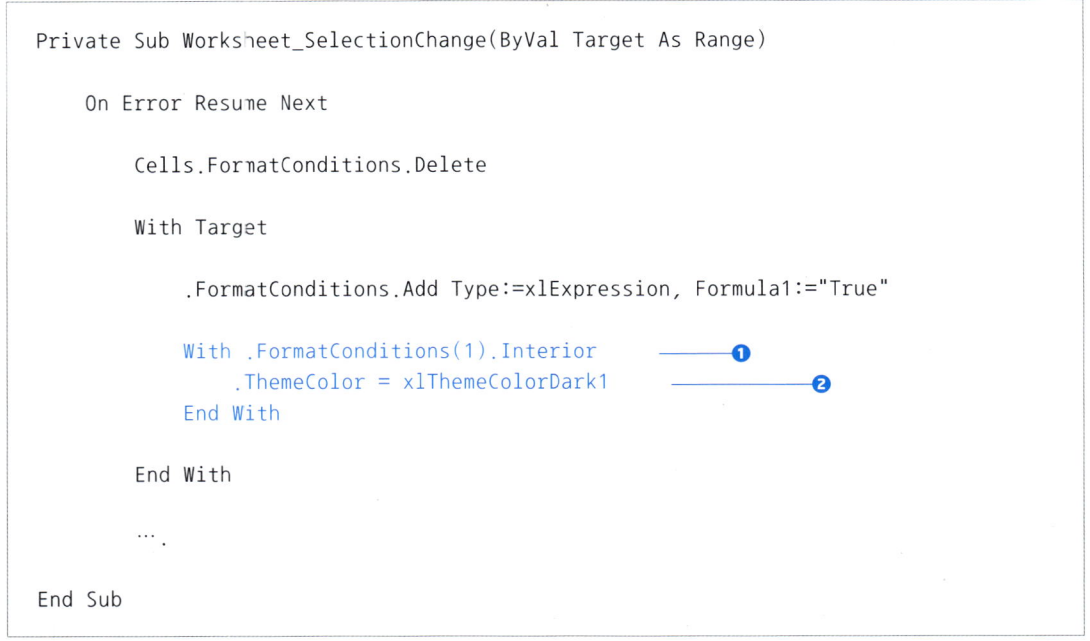

07 SelectionChange 이벤트에서 해당 셀이 속한 행과 열에 동일한 서식을 지정하는 부분은 코드가 동일하므로 이 부분을 별도의 Sub 프로시저로 빼내고 이를 호출하도록 코드를 수정해 보겠습니다. 단축키 Alt + F11 을 누르고 SelectionChange 이벤트 프로시저를 다음과 같이 수정합니다.

파일 : (Worksheet) SelectionChange 이벤트 IV (코드 III).txt

```
Private Sub Worksheet_SelectionChange(ByVal Target As Range)

    On Error Resume Next

        Cells.FormatConditions.Delete

        With Target

            .FormatConditions.Add Type:=xlExpression, Formula1:="TRUE"

            With .FormatConditions(1).Interior
                .ThemeColor = xlThemeColorDark1
            End With

        End With

        Call 서식(Target.EntireColumn)          ——————— ❶
        Call 서식(Target.EntireRow)             ——————— ❷

End Sub

Sub 서식(Target As Range)                      ——————— ❸

    With Target                                ——————— ❹

        .FormatConditions.Add Type:=xlExpression, Formula1:="TRUE"

        With .FormatConditions(.FormatConditions.Count).Interior   ——————— ❺
            .ThemeColor = xlThemeColorAccent4
            .TintAndShade = 0.8
        End With

    End With

End Sub
```

❶ 선택한 셀(또는 범위)이 속한 전체 열(Target.EntireColumn)에 지정할 서식을 '서식' 프로시저를 호출해 처리합니다. '서식' 프로시저를 호출할 때 전체 열 범위를 인수로 전달합니다.

❷ 선택한 셀(또는 범위)이 속한 전체 행(Target.EntireRow)에 지정할 서식을 '서식' 프로시저를 호출해 처리합니다. '서식' 프로시저를 호출할 때 전체 행 범위를 인수로 전달합니다.

❸ '서식' 프로시저를 선언합니다. '서식' 프로시저는 Target 매개변수에 Range 형식의 개체를 받아 지정된 동작을 수행하게 됩니다.

❹ Target 매개변수에 전달된 범위에 조건부 서식을 설정하기 위해 With 문으로 설정합니다.

❺ 추가된 조건부 서식에 서식 조건을 설정하기 위해, 번호 대신 .FormatConditions.Count 속성 값을 사용합니다. 해당 속성은 조건부 서식의 개수를 반환하는데, 조건부 서식을 하나 추가할 때면 1, 두 개 추가할 때면 2와 같은 값을 반환하므로, 이번과 같이 새로 추가된 조건부 서식에 원하는 서식 조건을 설정할 때 사용하면 편리합니다.

연결 목록에서 상위 목록 수정할 때 하위 목록 초기화하기

205

유효성 검사의 목록을 둘 이상 서로 연동해 작업할 경우, 이런 방법을 연결 목록(또는 이중 유효성 검사)이라고 합니다. 이 방법을 사용할 때의 단점은 상위 목록을 수정할 때 하위 목록 값이 초기화되지(지워지지) 않는 점입니다. 이런 식으로 특정 값이 변화할 때 표의 다른 열의 값이 변경되도록 하려면 셀 값을 수정할 때 발생하는 Worksheet 개체의 Change 이벤트를 이용하면 됩니다.

예제 파일 PART 03 \(Worksheet) Change 이벤트 I.xlsm

작업 내용 이해하기

예제를 열면 화면과 같은 표를 확인할 수 있습니다. C:D열의 분류 항목을 선택하면 E:I열에서 해당 분류에 맞는 제품만 선택할 수 있음을 확인할 수 있습니다. 참고로 전체 제품 목록은 'list' 시트에서 확인할 수 있습니다.

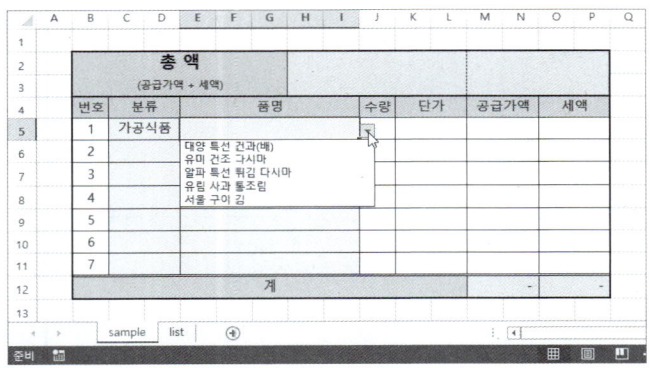

다만, 분류 → 품명 순으로만 작업할 때는 문제가 없지만, 모두 선택한 다음 분류를 다시 수정하면 품명에 이전 선택 값이 그대로 표시되므로 문제가 됩니다.

따라하기

01 'sample' 시트 탭을 마우스 오른쪽 버튼으로 클릭하고 단축 메뉴에서 [코드 보기] 메뉴를 선택합니다. 'sample' 시트의 코드 창이 열리면 Change 이벤트 프로시저를 생성하고 다음 코드를 입력합니다.

```
파일 : (Worksheet) Change 이벤트 I (코드).txt

Private Sub Worksheet_Change(ByVal Target As Range)            ❶

    '1단계 : 필요한 변수를 선언합니다.                              ❷
        Dim 분류 As Range, 셀 As Range
        Dim 제품 As Range

    '2단계 : 분류 범위 내 값을 수정했다면, 선택된 제품을 초기화합니다.
        Set 분류 = Intersect(Target, Range("C5:C11"))              ❸

        If Not 분류 Is Nothing Then                                 ❹

            For Each 셀 In 분류                                     ❺

                Set 제품 = 셀.Offset(, 1)                           ❻

                If Len(제품.Value) > 0 Then                         ❼

                    제품.MergeArea.ClearContents                    ❽

                End If

            Next

        End If

End Sub
```

❶ 셀 값을 고칠 때 자동으로 동작하는 Change 이벤트 프로시저를 생성합니다. Change 이벤트 프로시저의 Target 매개변수는 값을 고친 셀(또는 범위)을 의미합니다.

❷ 이벤트에서 사용할 Range 형식의 '분류', '셀', '제품' 개체변수를 선언합니다.

❸ '분류' 개체변수에 C5:C11 범위와 Target 매개변수에 전달된 범위의 교집합 범위를 할당합니다. 이렇게 하면 C5:C11 범위 내 값을 고친 범위가 '분류' 개체변수에 할당됩니다.

❹ '분류' 개체변수가 비어 있지 않다면, 즉 C5:C11 범위 내에 값을 고친 셀이 있다면 ❺-❽의 코드가 실행됩니다.

❺ For Each … Next 순환문을 사용해 '분류' 개체변수의 할당된 범위 내 셀을 하나씩 '셀' 변수에 할당하면서 순환합니다.

❻ '제품' 개체변수에 '셀' 개체변수에 할당된 셀의 오른쪽 셀을 할당합니다. 참고로 '셀' 변수에는 C5:C11 범위 내 셀이 할당되는데, Offset 속성을 사용해 오른쪽 셀을 '제품' 개체변수에 할당하면 D5:D11 범위 내 셀이 아니라 E5:E11 범위 내 셀이 할당됩니다. 이유는 C5:C11 범위 내 셀이 D열과 병합되어 있으므로, 오른쪽 셀은 D열이 아니라 E열이 되기 때문입니다.

❼ '제품' 개체변수에 할당된 셀 값이 입력됐는지 판단해, 입력된 경우에만 ❽의 코드를 실행합니다.

❽ '제품' 개체변수에 할당된 셀이 포함된 병합 셀 범위(MergeArea) 내 값을 지웁니다. 병합된 셀의 값을 지울 때는 반드시 병합된 셀 전체를 선택해야 합니다.

02 개발된 Change 이벤트 프로시저가 제대로 동작하는지 확인하기 위해, 예제의 견적서 서식을 좀 더 다양하게 입력한 다음 분류 값을 하나 선택하고 Delete 키를 눌러 셀 값을 지웁니다. 품명도 함께 지워지는 것을 확인할 수 있습니다.

TIP C5:D5 병합 셀의 값을 지우면 E5:I5 병합 셀의 값이 함께 지워집니다.

03 이번에는 분류 항목을 여러 개 동시에 삭제해 보겠습니다. C2:C5 범위 내 셀을 모두 선택하고 Delete 키를 눌러 분류 값을 지웁니다. 품명도 동시에 함께 지워지는 것을 확인할 수 있습니다.

TIP C6:D9 병합 셀의 값을 지우면 E6:I9 병합 셀의 값이 함께 지워집니다.

특정 범위 내 셀 값을 수정하지 못하게 하기

206

셀 값을 수정하지 못하도록 해야 하는 경우가 있습니다. 이럴 때 시트 보호 기능을 이용하면 좋지만, 시트 보호 기능은 사용상의 제한이 너무 많으므로 불편한 것이 사실입니다. 이런 경우에는 셀 값을 임의로 수정하지 못하도록 하면 됩니다. 셀 값을 고칠 때 발생하는 것이 Change 이벤트이므로 이 이벤트에 작업을 취소하는 동작을 추가해 값을 수정하지 못하도록 할 수 있습니다.

예제 파일 PART 03 \ (Worksheet) Change 이벤트 II.xlsm

01 예제 파일을 열면 다음과 같은 표를 확인할 수 있습니다. 표의 머리글을 제외한 C3:H11 범위 내의 값을 지우거나 고치지 못하도록 하는 작업을 Change 이벤트를 활용해 진행해 보겠습니다.

	담당	1월	2월	3월	4월	5월	6월
	김덕훈	6,120,000	1,916,000	12,130,000	15,313,500	8,178,200	13,571,150
	김소미	24,409,250	7,670,800	13,459,650	15,927,700	13,752,800	30,669,100
	김찬진	5,354,000	4,622,200	4,558,900	6,216,000	11,988,200	9,380,100
	선하라	5,241,000	13,103,600	7,420,500	11,511,500	6,924,800	7,854,800
	안정훈	8,115,150	4,196,900	2,810,000	8,996,750	4,879,600	10,027,100
	오영수	5,445,000	7,174,350	15,691,600	3,437,800	11,466,700	872,000
	유가을	4,388,000	1,457,250	8,791,000	5,736,900	7,142,500	2,097,000
	윤대현	5,290,150	8,035,000	5,356,000	11,243,350	18,249,200	15,480,250
	최소라	18,165,700	19,436,950	14,334,200	21,849,850	20,860,700	19,459,800

02 'sample' 시트 탭을 마우스 오른쪽 버튼으로 클릭하고 단축 메뉴에서 [코드 보기] 메뉴를 선택합니다. 'sample' 시트의 코드 창이 열리면 Change 이벤트 프로시저를 생성하고, 다음 코드를 입력합니다.

파일 : (Worksheet) Change 이벤트 II (코드).txt

```
Private Sub Worksheet_Change(ByVal Target As Range)
    Dim 보호 As Range                                            ①
    On Error GoTo Err_Handler                                    ②
    Set 보호 = Range("C3", Range("C3").End(xlDown).End(xlToRight))  ③
    If Not Intersect(Target, 보호) Is Nothing Then                ④
        Application.EnableEvents = False                         ⑤
        Application.Undo                                         ⑥
    End If
Err_Handler:                                                     ⑦
    Application.EnableEvents = True                              ⑧
End Sub
```

❶ Range 형식의 '보호' 개체변수를 선언합니다.

❷ 에러가 발생하면 Err_Handler 레이블 위치로 이동하도록 설정합니다. 에러가 발생할 가능성이 있는 위치는 ❻으로, 에러가 발생하면 이벤트 감지(EnableEvents) 설정이 해제(False)된 상태에서 이벤트 프로시저가 끝나므로, 에러가 발생해도 이벤트 감지 설정이 다시 동작하도록 하기 위해서입니다.

❸ '보호' 개체변수에는 C3셀부터, C3셀로부터 아래로 데이터가 입력된 마지막 위치(C11)로 이동한 다음, 다시 오른쪽으로 데이터가 입력된 마지막 위치(H11)까지의 범위를 할당합니다. C3:H11 범위가 할당됩니다.

❹ 수정된 셀(또는 범위)이 '보호' 개체변수에 할당된 범위 내에 있다면, ❺의 아래 코드를 실행합니다.

❺ 이벤트 감지(EnableEvents) 설정을 해제합니다. 이 코드는 ❻의 코드 때문으로, 실행을 취소할 때 Change 이벤트가 다시 실행될 수 있으므로, ❻ 이전에 반드시 이벤트 감지 설정을 해제해야 제대로 동작합니다.

❻ 마지막 실행 명령을 취소합니다. 이 코드 때문에 C3:H11 범위 내 셀 값을 수정하는 동작이 취소됩니다.

❼ 에러가 발생했을 때 이동할 Err_Handler 레이블 위치입니다. 단, 레이블 위에 Exit Sub 명령이 없으므로 정상적으로 프로시저가 실행된 경우나 에러가 발생한 경우 모두 ❽의 코드가 실행됩니다.

❽ 이벤트 감지 설정을 다시 활성화시킵니다.

03 Change 이벤트 프로시저의 동작을 확인하기 위해, 단축키 Alt+F11을 눌러 엑셀 창으로 전환한 다음, C3:H11 범위 내 임의의 셀 값을 수정해 봅니다. 예제 화면에서는 H11셀의 값을 500만원으로 변경한 다음 Enter 키를 눌렀습니다. 셀 값이 원래대로 복원되는 것을 확인할 수 있습니다.

담당	1월	2월	3월	4월	5월	6월
김덕훈	6,120,000	1,916,000	12,130,000	15,313,500	8,178,200	13,571,150
김소미	24,409,250	7,670,800	13,459,650	15,927,700	13,752,800	30,669,100
김찬진	5,354,000	4,622,200	4,558,900	6,216,000	11,980,200	9,380,100
선하라	5,241,000	13,103,600	7,420,500	11,511,500	6,924,800	7,854,800
안정훈	8,115,150	4,196,900	2,810,000	8,996,750	4,879,600	10,027,100
오영수	5,445,000	7,174,350	15,691,600	3,437,800	11,466,700	872,000
유가을	4,388,000	1,457,250	8,791,000	5,736,900	7,142,500	2,097,000
윤대현	5,290,150	8,035,000	5,356,000	11,243,350	18,249,200	15,480,250
최소라	18,165,700	19,436,950	14,334,200	21,849,850	20,860,700	5000000

TIP C3:H11 범위 내의 셀을 선택하고 DEL 키를 눌러도 셀 값이 지워지지 않습니다.

207 셀에 입력된 값을 자동으로 누적해 집계하기

셀 값을 지정된 위치에 계속 누적해서 집계할 필요가 있는 경우에도 역시 Change 이벤트 프로시저를 생성해 작업하면 됩니다. 다만 이런 경우에는 필연적으로 셀 값을 연산하는 계산식을 사용해야 하는데, 이럴 때도 Change 이벤트가 반복해서 실행됩니다. 그러므로 Change 이벤트 프로시저가 반복해서 동작하지 않도록 설정하지 않으면 동작이 제대로 이뤄지지 않을 수 있습니다.

예제 파일 PART 03 \ (Worksheet) Change 이벤트 III.xlsm

01 예제를 열면 화면과 같은 표를 확인할 수 있습니다. B3셀에 입력된 숫자 값을 C3셀에 계속 누적해서 쌓는데, 입력된 값은 G열에 10개까지 보관하도록 합니다. 또한 〈취소〉 버튼에 누계 값을 취소할 수 있는 매크로를 연결하는 작업도 진행해 보겠습니다.

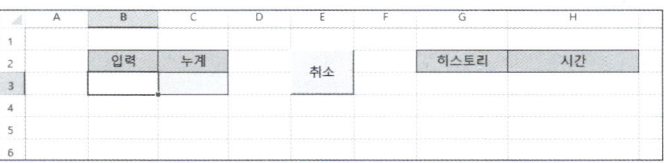

02 'sample' 시트 탭을 마우스 오른쪽 버튼으로 클릭하고 단축 메뉴에서 [코드 보기] 메뉴를 선택합니다. 'sample' 시트의 코드 창이 열리면 Change 이벤트 프로시저를 생성하고, 입력된 숫자 값을 계속해서 누적 집계하도록 다음 코드를 입력합니다.

파일 : (Worksheet) Change 이벤트 III (코드 I).txt

```
Private Sub Worksheet_Change(ByVal Target As Range)

'1단계 : 필요한 변수를 선언합니다.                      ❶
    Dim 입력 As Range
    Dim 누계 As Range
    Dim 히스토리 As Range

' 2단계 : 변수에 작업 셀을 할당합니다.                   ❷
    Set 입력 = Range("B3")
    Set 누계 = Range("C3")

' 3단계 : B3셀에 숫자를 입력하면 C3셀에 값을 누계해 입력하고, B3셀의 값을 지웁니다.
    If Not Intersect(Target, 입력) Is Nothing Then       ❸

        If Len(입력.Value) = 0 Then Exit Sub             ❹
```

```
            If IsNumeric(입력.Value) Then                    ──⑤
                Application.EnableEvents = False            ──⑥
                누계.Value = 누계.Value + 입력.Value         ──⑦
                입력.ClearContents                  ──⑧
                Application.EnableEvents = True     ──⑨
            End If
        End If
End Sub
```

❶ 이벤트 프로시저에 필요한 Range 형식의 '입력', '누계', '히스토리' 개체변수를 선언합니다.

❷ '입력' 개체변수에는 B3셀을, '누계' 개체변수에는 C3셀을 할당합니다.

❸ 수정된 셀(또는 범위)이 '입력' 개체변수에 할당된 B3셀이 포함되어 있는지 확인해, ❹-❾의 코드를 실행합니다.

❹ '입력' 개체변수에 할당된 B3셀에 값이 입력되어 있지 않으면, 이벤트 프로시저를 종료합니다. 셀 값을 지울 경우에도 Change 이벤트가 발생하므로, 값이 입력된 경우에만 누계 작업을 진행하기 위해서입니다.

❺ '입력' 개체변수에 할당된 B3셀의 값이 숫자인 경우에만 ❻-❾의 코드를 실행합니다.

❻ 이벤트 감지를 중단합니다. ❼, ❽의 코드가 모두 Change 이벤트를 다시 동작시키므로, 그렇게 하지 못하도록 하기 위해서입니다.

❼ '누계' 개체변수에 할당된 C3셀에 '입력' 개체변수에 할당된 B3셀의 값을 더합니다.

❽ '입력' 개체변수에 할당된 B3셀의 값을 지웁니다.

❾ 이벤트 감지를 다시 활성화시킵니다.

03 개발된 Change 이벤트 프로시저가 제대로 동작하는지 확인하기 위해 단축키 Alt+F11을 눌러 엑셀 창으로 전환한 다음, B3셀에 순서대로 1, 2, 3 값을 입력해 봅니다. 입력된 값은 그때 그때 삭제되는데, 입력된 값의 누계는 C3셀에 나타나는 것을 확인할 수 있습니다.

04 이번에는 B3셀에 입력된 값이 지워지기 전에 G열에 계속해서 기록되도록 합니다. 단축키 Alt+F11을 누르고 'sample' 시트의 코드 창에 다음 프로시저 코드를 입력합니다.

파일 : (Worksheet) Change 이벤트 III (코드 II).txt

```
Sub 누계히스토리(값 As Double)                    ❶

'1단계 : 필요한 변수를 선언합니다.
    Dim 기록위치 As Range                         ❷

'2단계 : 인수로 전달된 값을 G열에 기록합니다.
    Set 기록위치 = Cells(Rows.Count, "G").End(xlUp).Offset(1)    ❸

    With 기록위치                                 ❹
        .Value = 값                              ❺
        .Offset(, 1).Value = Now                 ❻
        .Resize(, 2).BorderAround LineStyle:=xlContinuous   ❼
    End With

'3단계 : 기록한 개수가 10개를 넘었다면 가장 예전에 기록된 값을 하나 삭제합니다.
    If 기록위치.CurrentRegion.Rows.Count > 11 Then      ❽

        기록위치.End(xlUp).Offset(1).Resize(, 2).Delete Shift:=xlUp    ❾

    End If

End Sub
```

❶ 누계한 값을 기록해 놓을 '누계히스토리' 프로시저를 선언합니다. '누계히스토리' 프로시저는 Double 형식의 '값' 매개변수에 값을 전달받아, 지정된 위치에 시간과 함께 기록합니다. 이 프로시저는 'sample' 시트의 코드 창에서 개발되지만 만약 다른 시트에 값을 기록하려면 Module 개체의 코드 창에서 개발해야 합니다.

❷ Range 형식의 '기록위치' 개체변수를 선언합니다.

❸ '기록위치' 개체변수에 G열의 마지막 데이터 입력 위치의 바로 아래 셀을 할당합니다.

❹ '기록위치' 개체변수에 할당된 셀에 여러 작업을 진행하기 위해 With 문으로 설정합니다.

❺ '기록위치' 개체변수에 할당된 셀 값에 '값' 매개변수에 저장된 값을 입력합니다.

❻ '기록위치' 개체변수에 할당된 셀의 오른쪽 셀에 Now 함수의 반환 값을 입력합니다.

❼ '기록위치' 개체변수에 할당된 셀을 포함해 오른쪽으로 두 개의 셀 범위에 테두리 선을 실선으로 설정합니다.

❽ '기록위치' 개체변수에 할당된 셀에서 연속된 범위의 행 수가 11개를 초과하면 ❾의 코드를 실행합니다. 이 코드는 누계로 계산되는 값을 10개까지만 기록하기 위한 것으로, 머리글(G2:H2) 범위가 포함되어 총 11개의 행이 되면 데이터가 10개 기록된 것이므로 11개의 행을 초과하면 데이터를 한 행 지워야 하기 때문입니다.

❾ '기록위치' 개체변수에 할당된 셀에서, Ctrl + ↑ 를 누른 위치(머리글)부터 행 방향으로 한 칸 아래로 내려간 다음, 오른쪽으로 두 개의 셀 범위를 선택하면 항상 G3:H3 범위가 됩니다. 이렇게 선택된 범위를 삭제합니다. 그러면 항상 먼저 기록된 데이터가 삭제됩니다. 이 코드를 간단하게 표현하면 다음과 같습니다.

```
Range("G3:H3").Delete Shift:=xlUp
```

05 개발된 '누계히스토리'를 Change 이벤트 프로시저와 연결해 사용합니다. 아래 코드를 참고해 누계 값을 구한 다음, 계산에 사용한 값을 G열에 기록해 놓도록 Change 이벤트 프로시저를 수정합니다.

```
Private Sub Worksheet_Change(ByVal Target As Range)

    Dim 입력 As Range
    Dim 누계 As Range
    Dim 히스토리 As Range

    Set 입력 = Range("B3")
    Set 누계 = Range("C3")

    If Not Intersect(Target, 입력) Is Nothing Then

        If Len(입력.Value) = 0 Then Exit Sub

        If IsNumeric(입력.Value) Then

            Application.EnableEvents = False

            누계.Value = 누계.Value + 입력.Value

            Call 누계히스토리(입력.Value)  ————————❶

            입력.ClearContents

            Application.EnableEvents = True

        End If

    End If

End Sub
```

❶ '누계히스토리' 프로시저를 호출해 사용합니다. '누계히스토리' 프로시저에 '입력' 개체변수의 값을 전달합니다.

06 개발된 코드가 제대로 동작하는지 확인하기 위해 단축키 Alt + F11을 눌러 엑셀 창으로 전환한 다음, B3셀에 4부터 13까지의 값을 순서대로 입력하면 다음 화면과 같은 결과를 얻게 됩니다.

	A	B	C	D	E	F	G	H	I
1									
2		입력	누계		취소		히스토리	시간	
3			91				4	2015-11-30 18:16	
4							5	2015-11-30 18:16	
5							6	2015-11-30 18:17	
6							7	2015-11-30 18:17	
7							8	2015-11-30 18:17	
8							9	2015-11-30 18:17	
9							10	2015-11-30 18:17	
10							11	2015-11-30 18:17	
11							12	2015-11-30 18:17	
12							13	2015-11-30 18:17	
13									

07 G열에 기록되는 값이 10개를 넘지 않는지 확인합니다. B3셀에 14값을 입력하면 C3셀에 누계가 제대로 계산되며, G12셀에 14값이 기록됩니다. 단, G3셀의 값이 **06** 과정에서는 4였는데, 지워지고 5로 변경됐습니다. 이것으로 히스토리도 최대 10개까지만 기록되며 10개를 초과하면 이전 값부터 지워지는 것을 확인할 수 있습니다.

08 이제 G열에 기록된 값을 가지고 이전 누계 값으로 되돌리는 작업을 진행합니다. 이런 작업을 하는 프로시저가 하나 더 필요하므로, 단축키 Alt+F11을 누른 다음 'sample' 시트의 코드 창에 다음 코드를 입력합니다.

파일 : (Worksheet) Change 이벤트 III (코드 III).txt

```
Sub 마지막작업취소()

'1단계 : 필요한 변수를 선언합니다.                           ❶
    Dim 마지막값 As Range
    Dim 누계 As Range

'2단계 : 변수에 초기 값을 설정합니다.
    Set 마지막값 = Cells(Rows.Count, "G").End(xlUp)          ❷
    Set 누계 = Range("C3")                                  ❸

'3단계 : 히스토리로 기록된 값이 존재하면 값을 복원하고 기록된 히스토리를 삭제합니다.
    If 마지막값.CurrentRegion.Rows.Count > 1 Then            ❹

        누계.Value = 누계.Value - 마지막값.Value              ❺
        마지막값.Resize(1, 2).Delete Shift:=xlUp              ❻

    Else                                                  ❼

        MsgBox "이전 값이 존재하지 않습니다."

    End If

End Sub
```

❶ 프로시저 동작에 필요한 Range 형식의 '마지막값'과 '누계' 개체변수를 선언합니다.

❷ '마지막값' 개체변수에 G열의 마지막 데이터 입력 셀을 할당합니다. G열은 히스토리 값이 기록된 위치로 이 값으로 취소

작업을 처리합니다.

❸ '누계' 개체변수에는 C3셀을 할당합니다.

❹ '마지막값' 개체변수에 할당된 셀에서 연속된 데이터 범위의 행 수가 1을 초과하는 경우에만 ❺-❻의 코드를 실행합니다. 행 수가 1을 초과해야만 머리글 행을 포함한 데이터 행이 하나라도 존재하는 것이고, 이 경우에만 누계 값을 이전으로 되돌릴 수 있습니다.

❺ '누계' 개체변수에 할당된 셀에서 '마지막값' 개체변수에 할당된 셀 값을 뺍니다.

❻ '마지막값' 개체변수에 할당된 셀과 오른쪽 셀 범위를 삭제합니다.

❼ ❹의 판단 결과가 False면 메시지 창을 표시합니다.

09 개발된 Sub 프로시저를 E2:E3 범위의 단추 컨트롤과 연결합니다. E2:E3 범위의 단추 컨트롤을 마우스 오른쪽 버튼으로 클릭하고 단축 메뉴에서 [매크로 지정] 메뉴를 클릭합니다. 그런 다음, **08** 과정에서 개발된 '마지막작업취소' 프로시저를 연결합니다.

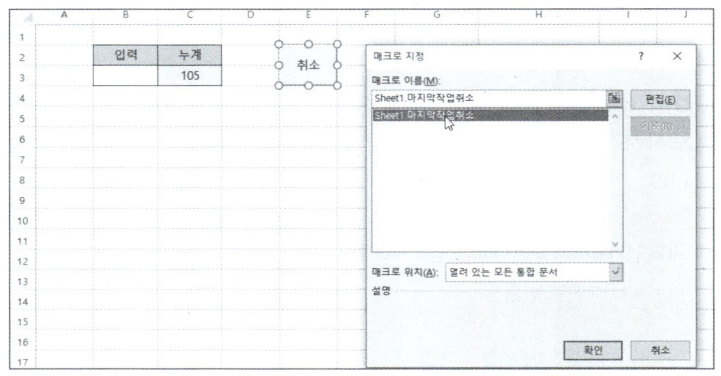

10 B3셀을 클릭하고 〈취소〉 버튼을 세 번 클릭하면 C3셀의 누계 값이 이전 누계 값으로 복원되며, G:H열에 기록된 히스토리 값이 한 행씩 삭제되는 것을 확인할 수 있습니다.

표에서 머리글을 더블클릭하면 열 자동 정렬하기 208

표를 정렬하는 작업은 엑셀에서는 매우 빈번하게 발생하는 일 중 하나입니다. 워크시트 내 특정 표의 내부를 더블클릭할 때, 자동으로 해당 열이 정렬되도록 하고 싶다면 Worksheet 개체의 BeforeDoubleClick 이벤트를 이용하면 됩니다. BeforeDoubleClick 이벤트는 셀에서 더블클릭할 때 발생하며, 셀을 더블클릭하면 셀 값(또는 수식)을 편집할 수 있게 됩니다. 이때 Before라는 단어가 주는 거감에서 이해할 수 있듯, 더블클릭한 다음 셀을 편집 모드로 표시하기 바로 전에 동작합니다. 이번에는 BeforeDoubleClick 이벤트 프로시저를 이용해 표를 자동 정렬하는 방법에 대해 알아보겠습니다.

예제 파일 PART 03 \ (Worksheet) BeforeDoubleClick 이벤트.xlsm

01 예제 파일을 열면 화면과 같은 표를 확인할 수 있습니다. 표 내부의 아무 셀이나 더블클릭하면 해당 열이 자동으로 정렬되도록 해 보겠습니다.

사번	이름	직위	주민등록번호	나이	입사일
C1	김덕훈	부장	730219-1234567	43	2001-05-14
C2	안정훈	과장	800304-1234567	36	2005-10-17
C3	김소미	과장	821208-2134567	34	2010-05-01
C4	윤대현	대리	830830-1234567	33	2014-04-01
C5	최소라	사원	890919-2134567	27	2013-05-03
C6	김찬진	대리	830702-1234567	33	2012-10-17
C7	오영수	사원	900529-1234567	26	2014-01-02
C8	선하라	사원	880109-2134567	28	2014-03-05
C9	유가을	사원	860127-2134567	30	2013-11-15

02 'sample' 시트 탭을 마우스 오른쪽 버튼으로 클릭하고 단축 메뉴에서 [코드 보기] 메뉴를 선택합니다. 'sample' 시트의 코드 창이 바로 열리면 BeforeDoubleClick 이벤트 프로시저를 생성하고, 입력된 숫자 값을 계속해서 누적 집계하도록 다음 코드를 입력합니다.

파일 : (Worksheet) BeforeDoubleClick 이벤트 (코드 I).txt

```
Private Sub Worksheet_BeforeDoubleClick(ByVal Target As Range, Cancel As Boolean)   ❶

'1단계 : 필요한 변수를 선언합니다.   ❷
    Dim 표 As Range
    Dim 머리글 As Range

'2단계 : 값이 입력된 셀을 더블클릭할 때만 이벤트가 동작하도록 합니다.
    If IsEmpty(Target) Then Exit Sub   ❸

'3단계 : 데이터가 한 행이라도 있을 경우에만 이벤트가 동작하도록 합니다.
    Set 표 = Target.CurrentRegion   ❹
```

```
            If 표.Rows.Count = 1 Then Exit Sub                    ⑤

'4단계 : 표를 정렬합니다.
    Set 머리글 = Cells(표.Cells(1).Row, Target.Column)            ⑥

    표.Sort Key1:=머리글, Order1:=xlAscending, Header:=xlYes      ⑦

'5단계 : 편집 모드는 취소합니다.
    Cancel = True                    ⑧

End Sub
```

❶ BeforeDoubleClick 이벤트는 사용자가 셀을 더블클릭할 때 발생합니다. BeforeDoubleClick 이벤트 프로시저는 Range 형식의 Target과 Boolean 형식의 Cancel 매개변수를 사용하는데, Target 매개변수에는 더블클릭한 셀이 할당되며 Cancel 매개변수는 더블클릭한 동작의 취소 여부를 지정할 수 있습니다.

❷ 이벤트 프로시저에서 사용할 Range 형식의 '표', '머리글' 개체변수를 선언합니다.

❸ Target 매개변수에 할당된 셀이 비어 있다면 이벤트 프로시저를 종료합니다. IsEmpty 함수 대신 Len 함수를 사용해 다음과 같은 코드를 사용해도 됩니다.

```
    If Len(Target.Value) = 0 Then Exit Sub
```

❹ '표' 개체변수에 Target 매개변수에 할당된 셀에서 연속된 범위를 할당합니다.

❺ '표' 개체변수에 할당된 범위의 행 수가 1이면, 머리글만 입력되어 있고 데이터가 없는 경우이므로 이벤트 프로시저를 종료합니다.

❻ Cells 속성에, '표' 개체변수에 할당된 범위 첫 번째 셀의 행 번호와 Target 매개변수에 할당된 셀의 열 번호를 전달해 해당 위치의 셀을 '머리글' 개체변수에 할당합니다. 이렇게 하면 '머리글' 개체변수에 더블클릭한 셀이 포함된 표의 머리글 위치가 할당됩니다.

❼ '표' 개체변수에 할당된 전체 범위를 Sort 메서드를 이용해 정렬합니다. 정렬할 기준 열은 '머리글' 개체변수에 할당된 셀 위치이며, 정렬 방법은 오름차순(xlAscending)을 사용하고, 표에 머리글이 포함(Header:=xlYes)된 방법으로 정렬하도록 합니다. 이 코드는 '정렬' 대화상자를 참고해 이해하면 쉽습니다.

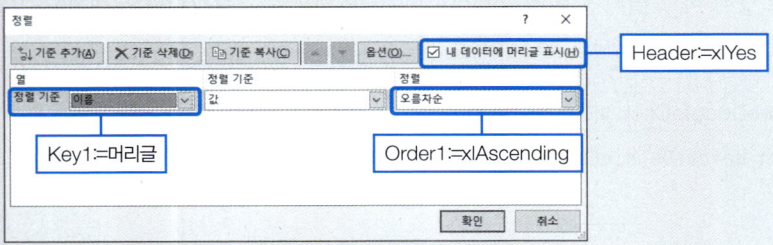

❽ 셀을 더블클릭하면 편집 모드가 되는데, 더블클릭을 정렬 작업에 할당했으므로 더블클릭하는 동작은 취소합니다. 이 동작이 잘 이해되지 않으면 이 줄을 주석으로 처리하고 동작시켜 봅니다. 그러면 정렬과 함께 셀이 편집 모드가 되는 것을 확인할 수 있습니다.

03 개발된 이벤트 프로시저가 제대로 동작하는지 확인하기 위해, 단축키 Alt + F11 을 눌러 엑셀 창으로 전환한 다음, B2:G11 범위 내 아무 셀이나 더블클릭해 보면 해당 열이 오름차순으로 정렬되는 것을 확인할 수 있습니다.

	A	B	C	D	E	F	G	H
1								
2		사번	이름	직위	주민등록번호	나이	입사일	
3		C1	김덕	부장	730219-1234567	43	2001-05-14	
4		C3	김소미	과장	821208-2134567	34	2010-05-01	
5		C6	김찬진	대리	830702-1234567	33	2012-10-17	
6		C8	선하라	사원	880109-2134567	28	2014-03-05	
7		C2	안정훈	과장	800304-1234567	36	2005-10-17	
8		C7	오영수	사원	900529-1234567	26	2014-01-02	
9		C9	유가을	사원	860127-2134567	30	2013-11-15	
10		C4	윤대현	대리	830830-1234567	33	2014-04-01	
11		C5	최소라	사원	890919-2134567	27	2013-05-03	
12								

TIP 예제에서는 C3셀을 더블클릭해 이름 순으로 정렬했습니다.

04 BeforeDoubleClick 이벤트에 열의 데이터 형식을 인식해 숫자나 날짜 값을 가진 열은 내림차순으로 정렬되도록 기능을 추가해 보겠습니다. 단축키 Alt + F11 을 눌러 다시 'sample' 시트의 코드 창으로 전환하고 다음 코드를 참고해 수정합니다.

파일 : (Worksheet) BeforeDoubleClick 이벤트 (코드 II).txt

```
Private Sub Worksheet_BeforeDoubleClick(ByVal Target As Range, Cancel As Boolean)

    Dim 표 As Range
    Dim 머리글 As Range
    Dim 정렬방법 As Integer              ①

    If IsEmpty(Target) Then Exit Sub

    Set 표 = Target.CurrentRegion

        If 표.Rows.Count = 1 Then Exit Sub

    Set 머리글 = Cells(표.Cells(1).Row, Target.Column)

    Select Case True                    ②

        Case IsNumeric(머리글.Offset(1)), IsDate(머리글.Offset(1))   ③

            정렬방법 = xlDescending

        Case Else                       ④

            정렬방법 = xlAscending

    End Select

    표.Sort Key1:=머리글, Order1:=정렬방법, Header:=xlYes    ⑤

    Cancel = True

End Sub
```

❶ Integer 형식의 '정렬방법' 변수를 선언합니다.

❷ Select Case 문을 사용합니다. Case 절에서 조건을 판단하기 위해 Select Case 문에는 True 조건을 설정합니다.

❸ '머리글' 개체변수에 할당된 셀의 바로 아래 셀 값이 숫자이거나 날짜인 경우, '정렬방법' 변수에 xlDescending(내림차순을 의미하는 엑셀의 내장 상수) 값을 저장합니다.

❹ ❸이 아닌 경우이므로, '머리글' 개체변수에 할당된 셀의 바로 아래 셀 값이 숫자나 날짜가 아닙니다. 이 경우에는 '정렬방법' 변수에 xlAscending(오름차순을 의미하는 엑셀의 내장 상수) 값을 저장합니다.

❺ '표' 개체변수에 할당된 범위를 Sort 메서드를 이용해 정렬합니다. 이때 Order1 매개변수의 값을 '정렬방법' 변수의 값을 가지고 정렬합니다.

> **TIP** 굵은 글꼴의 코드가 새로 추가되거나 수정된 부분입니다.

05 수정된 코드가 제대로 동작하는지 다시 확인하려면 단축키 Alt + F11 을 눌러 엑셀 창으로 전환한 다음, 숫자 값이 입력된 F열이나 G열의 셀을 더블클릭해 봅니다.

Workbook 개체의 이벤트 이해하기   209

Workbook 개체는 엑셀 파일을 의미하므로, Workbook 개체의 이벤트는 파일 단위에서 발생하는 동작 중 엑셀에서 감지할 수 있는 상황을 의미합니다. Workbook 개체의 이벤트는 프로젝트 탐색기 창의 '현재_통합_문서' 개체 코드 창에서 생성할 수 있는데, '현재_통합_문서' 개체는 엑셀 2007 버전까지는 ThisWorkbook이라는 이름으로 표시되다가 2010 버전부터 변경됐습니다. 이번에는 파일 단위에서 발생하는 이벤트 프로시저에 대해 알아보겠습니다.

예제 파일 없음

Workbook 개체의 주요 이벤트

다음은 Workbook 개체의 주요 이벤트 프로시저입니다.

이벤트 프로시저	설명
Activate	해당 파일이 활성화될 때 발생합니다.
DeActivate	해당 파일이 비활성화될 때 발생합니다.
Open	파일을 열 때 발생합니다.
BeforeClose	파일을 닫기 전에 발생합니다.
BeforePrint	파일을 인쇄하기 전에 발생합니다.
BeforeSave	파일을 저장하기 전에 발생합니다.
NewChart	파일에 새 차트를 만들 때 발생합니다.
NewSheet	파일에 새 시트를 만들 때 발생합니다.
SheetActivate	Worksheet 대상 이벤트인데, Worksheet의 이벤트가 해당 시트에만 적용된다면, Workbook 개체에서 Sheet로 시작되는 이벤트는 전체 워크시트를 대상으로 동작합니다.
SheetDeactivate	
SheetBeforeDoubleClick	
SheetBeforeRightClick	
SheetCalculate	
SheetChange	
SheetSelectionChange	

Workbook 개체의 이벤트 생성 방법

Workbook 개체의 이벤트 프로시저는 다음과 같이 '현재_통합_문서' 개체 코드 창에서 생성하며, 개체 목록에서 Workbook 개체를 선택하고, 프로시저 목록에서 원하는 이벤트 프로시저를 선택하면 됩니다.

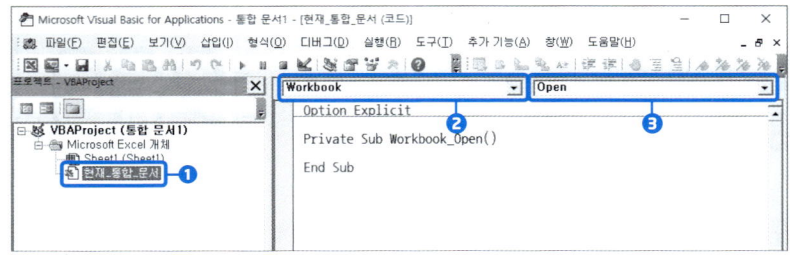

참고로 Workbook 개체의 기본 이벤트 프로시저는 Open 이벤트 프로시저로, 개체 목록에서 Workbook 개체를 선택하면 자동으로 생성됩니다. 기본 이벤트 프로시저는 Worksheet 개체와 마찬가지로 다른 이벤트 프로시저로 변경할 수 없습니다.

전체 워크시트를 대상으로 하는 Sheet 이벤트

Workbook 개체 이벤트 중에서 'Sheet'로 시작되는 이벤트는 Worksheet 이벤트로, 개별 시트가 아니라 전체 시트를 대상으로 하는 이벤트입니다. 예를 들어 SheetActivate 이벤트를 하나 생성해 보면 다음과 같습니다.

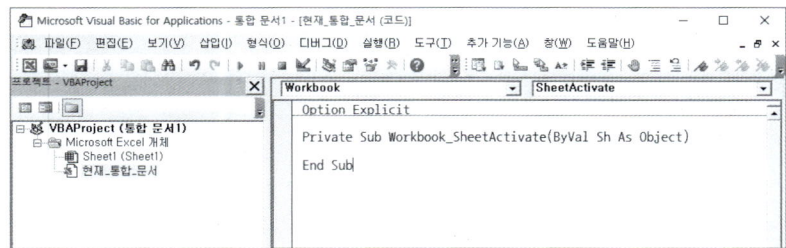

생성된 이벤트 프로시저는 다음과 같습니다.

```
Private Sub Workbook_SheetActivate(ByVal Sh As Object)                ①

End Sub
```

① Workbook_SheetActivate 이벤트는 모든 시트가 화면에 표시될 때 발생합니다. Object 형식의 Sh 매개변수는 화면에 표시된 시트가 할당됩니다.

그러므로, 개별 Worksheet의 코드 창에서 하나씩 이벤트 프로시저를 만들지 않고 모든 시트를 대상으로 하는 Activate 이벤트 프로시저를 만들려면, '현재_통합_문서' 개체의 코드 창에서 'Sheet'로 시작하는 이벤트 프로시저를 생성해 원하는 코드를 개발하면 됩니다. 참고로 다음 SheetActivate 이벤트 프로시저는 화면에 표시된 시트의 이름에 따라 원하는 동작을 처리하도록 구성된 코드의 예입니다.

```
Private Sub Workbook_SheetActivate(ByVal Sh As Object)

    Select Case Sh.Name                        ①
        Case "피벗"                            ②
            Sh.PivotTables(1).PivotCache.Refresh

        Case "목차"                            ③
            Call 목차만들기

        Case Else

    End Select

End Sub
```

① 화면에 표시된 시트의 이름을 Select Case 문으로 구분해 원하는 동작을 처리합니다.

② 시트의 이름이 '피벗'인 경우에 해당 시트의 피벗 테이블 보고서를 새로 고칩니다.

③ 시트의 이름이 '목차'인 경우에 Call 문을 사용해 '목차만들기' 프로시저를 호출합니다.

LINK 목차를 만드는 방법과 관련한 코드는 SECTION135(444쪽)에서 확인할 수 있습니다.

Workbook_Open 이벤트와 Auto_Open 매크로 이해하기   210

엑셀 파일을 열면 Workbook 개체의 Open 이벤트가 발생합니다. 앞에서 몇 번 사용한 Auto_Open 매크로 역시 파일을 열 때 자동으로 동작하는 특징이 있는데, Workbook_Open 이벤트 프로시저와 Auto_Open 매크로는 실행 순서와 동작에서 몇 가지 다른 점이 있습니다. 이번에는 파일을 열 때 자동으로 동작하는 코드를 개발할 때 사용할 수 있는 Workbook_Open 이벤트 프로시저와 Auto_Open 매크로에 대해 알아보겠습니다.

예제 파일 PART 03 \ (Workbook) Open 이벤트 프로시저 I.xlsm, (Workbook) Open 이벤트 프로시저 II.xlsm

Auto_Open 매크로 이해하기

현재 설명하는 대부분의 이벤트 프로시저는 엑셀 97 버전부터 제공된 것으로, 그 이전 버전에서는 지원되지 않았습니다. 95 버전까지는 매크로 이름을 Auto_Open으로 변경하면 엑셀이 실행된 다음 자동으로 해당 매크로를 찾아 실행해 주는 방식을 지원했는데, 이런 매크로를 자동 실행 매크로라고 합니다. 현재는 이벤트가 제공되므로 Auto_Open 매크로는 과거 버전과의 호환성 때문에 유지되고 있으며, 이벤트 개발 없이 간단하게 원하는 동작을 처리할 때만 사용됩니다.

실행 순서 이해하기

한 파일에 Workbook_Open 이벤트 프로시저와 Auto_Open 매크로가 동시에 존재하는 경우에는 Workbook_Open 이벤트 프로시저가 먼저 실행된 다음 Auto_Open 이벤트 프로시저가 실행됩니다. 이런 순서는 파일을 닫을 때 사용하는 BeforeClose 이벤트와 Auto_Close 매크로에도 동일하게 적용되어, BeforeClose 이벤트 프로시저가 먼저 실행되고 Auto_Close 매크로가 나중에 실행됩니다.

파일을 열 때		파일을 닫을 때	
Workbook_Open	Auto_Open	Workbook_BeforeClose	Auto_Close

두 프로시저가 동작하는 방식을 이해하려면 예제 파일 중 '(Workbook) Open 이벤트 프로시저 I.xlsm' 파일을 열어 봅니다. 다음 순서로 메시지 창이 표시되는 것을 확인할 수 있습니다.

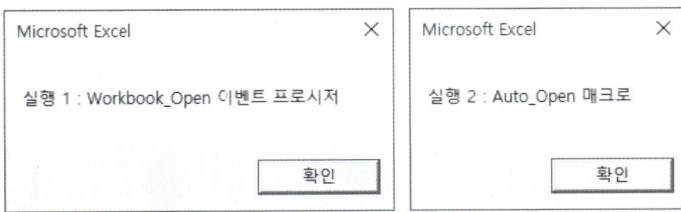

파일을 닫으면 다음 순서로 메시지 창이 표시됩니다.

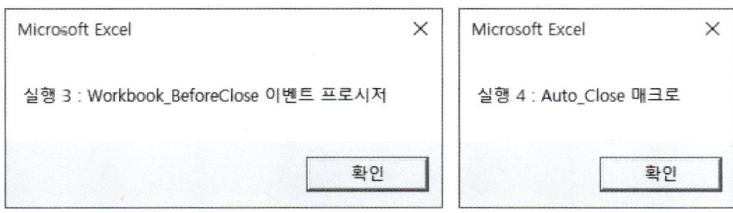

Workbook_Open과 Auto_Open 의 차이

Workbook_Open 이벤트 프로시저와 Auto_Open 매크로의 차이점은 크게 두 가지입니다.

구분	Workbook_Open	Auto_Open
개발 위치	'현재_통합_문서' 개체의 코드 창	Module 개체의 코드 창
실행 방법	• 사용자가 파일을 열 때 동작 • 코드에서 파일을 열 때 동작	사용자가 파일을 열 때만 동작

매크로를 이용해 파일을 열 때 Workbook_Open 이벤트 프로시저와 Auto_Open 매크로의 동작 차이를 확인해 봅니다. 먼저 다음과 같은 매크로를 사용해 파일을 열면, Workbook_Open 이벤트 프로시저만 동작합니다.

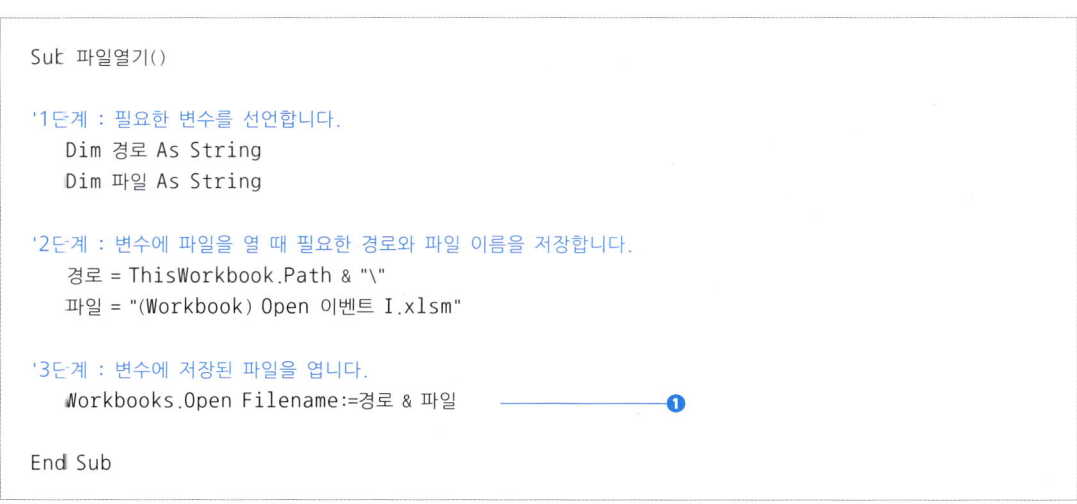

❶ 이 코드가 실행되면, 연 파일의 Workbook_Open 이벤트 프로시저가 동작합니다. 하지만 Auto_Open 매크로는 동작하지 않습니다.

파일을 열 때 Auto_Open 매크로가 자동으로 실행되도록 하려면 다음과 같이 코드를 수정합니다.

```
Sub 파일열기_AutoOpen()

    Dim 경로 As String
    Dim 파일 As String

    경로 = ThisWorkbook.Path & "\"
    파일 = "(Workbook) Open 이벤트 I.xlsm"

    Workbooks.Open Filename:=경로 & 파일

    ActiveWorkbook.RunAutoMacros Which:=xlAutoOpen          ———❶

End Sub
```

❶ 열린 파일에서 RunAutoMacros 메서드를 이용해 Auto_Open 매크로를 동작시킵니다.

작성된 매크로를 확인하기 위해, 예제 파일 중 '(Workbook) Open 이벤트 프로시저 I.xlsm' 파일은 닫혀 있는 상태에서 '(Workbook) Open 이벤트 프로시저 II.xlsm' 파일을 열어 봅니다.

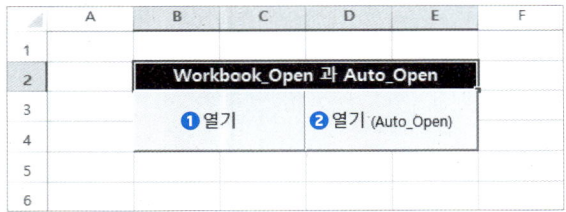

❶ 〈열기〉 버튼에는 '파일열기' 매크로가 연결되어 있으며, 클릭하면 '(Workbook) Open 이벤트 프로시저 I.xlsm' 파일이 열리면서 Workbook_Open 이벤트 프로시저가 실행됩니다.

❷ 〈열기 (Auto_Open)〉 버튼에는 '파일열기_AutoOpen' 매크로가 연결되어 있으며, 클릭하면 '(Workbook) Open 이벤트 프로시저 I.xlsm' 파일이 열리면서 Workbook_Open 이벤트 프로시저와 Auto_Open 매크로가 순서대로 실행됩니다.

파일을 닫을 때 자동으로 저장하는 이벤트 활용하기   211

파일을 닫으면, 닫히기 전에 BeforeClose 이벤트가 발생합니다. 이 이벤트를 이용해 처리할 수 있는 가장 중요한 작업은 저장되지 않은 상태로 닫히지 않도록 설정하는 것입니다. 파일을 저장하지 않고 닫아 본 경험이 있는 사용자라면 이 방법이 매우 중요하다는 것을 알 수 있을 것입니다. 이번에는 BeforeClose 이벤트를 활용해 파일이 자동 저장되도록 하는 방법에 대해 알아보겠습니다.

예제 파일 PART 03 \ (Workbook) BeforeClose 이벤트 I.xlsm

다음은 간단하게 파일을 닫을 때, 파일을 자동으로 저장하는 BeforeClose 이벤트 프로시저의 구성 예입니다.

```
Private Sub Workbook_BeforeClose(Cancel As Boolean)                    ❶

    If ThisWorkbook.Saved = False Then ThisWorkbook.Save                ❷

End Sub
```

❶ 파일을 닫기 전에 발생하는 BeforeClose 이벤트 프로시저를 선언합니다. BeforeClose 이벤트 프로시저는 Cancel 매개변수만 사용하는데, 이 매개변수의 값을 True로 설정하면 닫기 명령을 취소할 수 있습니다.

❷ 현재 파일이 저장이 완료됐는지 여부를 반환하는 Saved 속성을 확인해 이 값이 False면 아직 저장되지 않은 부분이 있다는 것이므로 파일을 저장합니다.

다음은 파일을 저장하지 않으면 파일을 닫을 수 없도록 [닫기] 명령을 취소하는 BeforeClose 이벤트 프로시저의 구성 예입니다.

```
Private Sub Workbook_BeforeClose(Cancel As Boolean)

    If ThisWorkbook.Saved = False Then Cancel = True                    ❶

End Sub
```

❶ Saved 속성이 False면 Cancel 매개변수의 값을 True로 지정해 [닫기] 명령을 취소합니다. 이렇게 하면 파일을 저장하기 전까지는 파일이 닫히지 않습니다.

위 이벤트 프로시저를 확인하려면, 예제 파일을 열고 표의 값을 수정하거나 새 값을 입력한 다음 파일을 그냥 닫아 봅니다. 저장 여부를 확인하지 않고 그냥 파일이 닫히는데, 다시 파일을 열어 보면 수정한 값이 저장되어 있는 것을 확인할 수 있습니다.

	A	B	C	D	E	F
1						
2		업체명	담당자	담당자직위	사업자등록번호	
3		태양 식품 ㈜	박찬식	구매 1과장	003-35-06128	
4		신한 식품 ㈜	김문식	수주 3과장	004-57-03033	
5		대양 농산 ㈜	이영자	영업 사원	006-36-07516	
6		서울 무역 ㈜	황철수	마케팅 1과장	001-45-03254	
7		현진 식품 ㈜	장선희	수출 1과장	005-83-08318	
8						

TIP 작성된 이벤트는 VB 편집기의 '현재_통합_문서' 개체의 코드 창에서 확인할 수 있습니다.

특정 작업을 하지 않으면 파일을 닫지 못하도록 설정하기 212

BeforeClose 이벤트는 앞에서 설명한 것처럼 파일을 닫기 전에 발생합니다. 그러므로, 사용자가 지정한 동작이 끝나지 않은 상태에서 파일을 닫지 못하도록 설정하려고 할 때도 BeforeClose 이벤트를 활용하면 좋습니다. 이 작업은 인터넷상에서 회원 가입을 할 때 특정 정보를 입력하지 않았으면 자동으로 회원 가입이 되지 않도록 하는 방법과 유사합니다.

예제 파일 PART 03 \ (Workbook) BeforeClose 이벤트 II.xlsm

01 예제 파일을 열면 화면과 같은 표를 확인할 수 있습니다. 표에 적절한 값을 입력하지 않고 파일을 닫으려 하면 입력되지 않은 부분에 표시가 되도록 해 보겠습니다.

> **TIP** 예제의 F6:L6, F8:G8, K8:L8, F10:L10 병합 셀은 input1, input2, input3, input4로 이름 정의가 되어 있습니다.

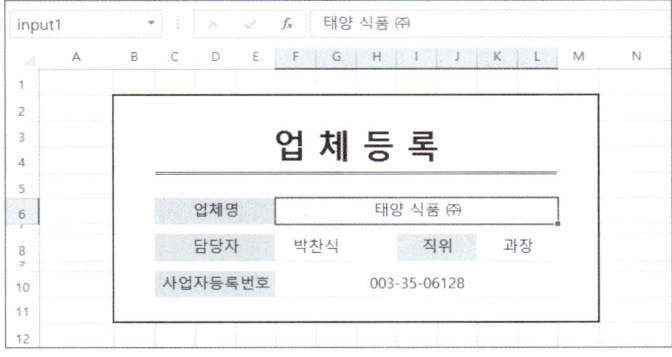

02 BeforeClose 이벤트 프로시저를 생성하기 위해, 단축키 Alt + F11을 누른 다음, 프로젝트 탐색기 창에서 '현재_통합_문서' 개체를 더블클릭해 코드 창을 엽니다. 그런 다음 Workbook_BeforeClose 이벤트 프로시저를 생성하고 다음 코드를 입력합니다.

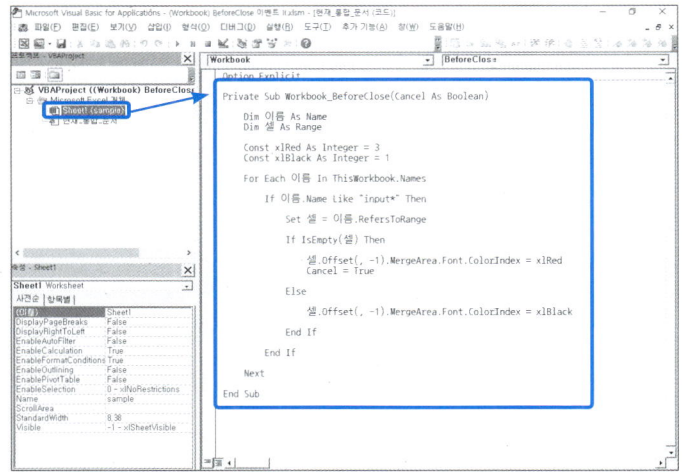

파일 : (Workbook) BeforeClose 이벤트 II (코드).txt

```
Private Sub Workbook_BeforeClose(Cancel As Boolean)

'1단계 : 필요한 변수를 선언합니다.                    ①
    Dim 이름 As Name
```

```
        Dim 셀 As Range

        Const xlRed As Integer = 3
        Const xlBlack As Integer = 1

'2단계 : 이름에서 참조한 셀이 빈 셀이면 머리글을 빨강으로 표시하고 닫기 작업을 취소합니다.
        For Each 이름 In ThisWorkbook.Names          ──────❷

            If 이름.Name Like "input*" Then          ──────❸

                Set 셀 = 이름.RefersToRange          ──────❹

                If IsEmpty(셀) Then          ──────❺

                    셀.Offset(, -1).MergeArea.Font.ColorIndex = xlRed          ──────❻
                    Cancel = True          ──────❼

                Else          ──────❽

                    셀.Offset(, -1).MergeArea.Font.ColorIndex = xlBlack          ──────❾

                End If

            End If

        Next

End Sub
```

❶ 이벤트 프로시저에서 사용할 변수와 상수를 선언합니다. 순환문에서 사용할 Name 형식의 '이름' 개체변수와 Range 형식의 '셀' 변수를 선언하고, Integer 형식의 xlRed와 xlBlack 상수를 선언합니다. xlRed 상수는 3 값을, xlBlack 상수는 1 값을 각각 저장해 놓습니다.

❷ For Each … Next 순환문을 사용해 현재 파일에 정의된 이름을 순환하면서 하나씩 '이름' 개체변수에 할당합니다.

❸ '이름' 개체변수에 할당된 이름 중에서 명명된 이름이 'input'으로 시작되는 경우만 ❹ 아래의 코드를 실행합니다.

❹ '셀' 개체변수에 '이름' 개체변수에 할당된 이름에서 참조한 셀을 할당합니다. 이렇게 하면 정의된 이름에서 참조하고 있는 셀이 '셀' 개체변수에 할당됩니다.

❺ '셀' 개체변수에 할당된 셀 값이 비어 있는 경우에 ❻-❼의 코드를 실행합니다.

❻ '셀' 개체변수에 할당된 셀의 왼쪽 셀의 병합 셀 범위 글꼴 색을 xlRed(빨강)으로 변경합니다.

❼ BeforeClose 이벤트의 Cancel 매개변수 값을 True로 지정해 닫기 동작을 취소합니다.

❽ ❺의 코드가 False면 '셀' 변수에 할당된 셀 값이 입력된 경우입니다. 이 경우 ❾의 코드를 실행합니다.

❾ '셀' 개체변수에 할당된 셀의 왼쪽 셀의 병합 셀 범위 글꼴 색을 xlBlack(검정)으로 변경합니다.

03 이벤트 프로시저의 동작을 확인하기 위해 단축키 Alt + F11 을 눌러 엑셀 창으로 전환합니다. K8:L8 병합 셀을 선택하고 Delete 키를 눌러 셀 값을 지운 다음, 엑셀 창 우측 상단의 창 닫기 단추를 클릭합니다. 그러면 엑셀 파일이 닫히는 대신 K8:L8 병합 셀의 왼쪽에 있는 I8:J8 병합 셀의 머리글 색상이 빨강으로 변경되고 닫기 작업이 취소됩니다.

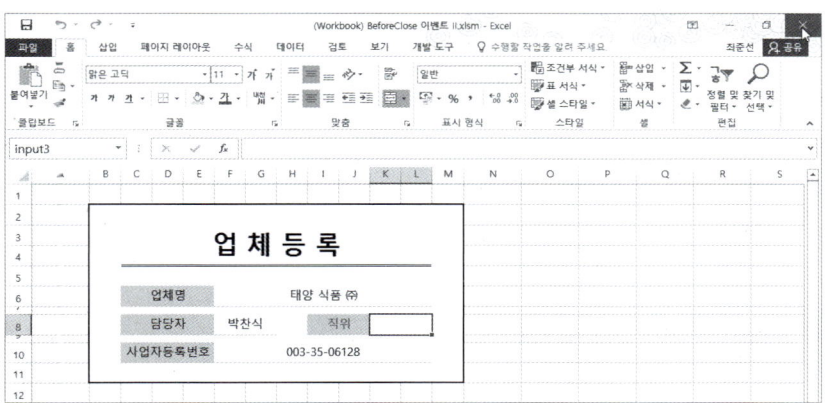

작업한 파일을 자동으로 메일 발송하기

213

파일을 열어 작업을 마친 다음, 특정인에게 메일로 발송해야 하는 것을 잊어 당황했던 적이 있다면 이번에 소개할 방법이 유용할 것입니다. 작업을 완료한 파일을 자동으로 상대방에게 메일로 발송하는 방법입니다. 이 작업 역시 파일을 닫을 때 발생하는 BeforeClose 이벤트를 활용해 처리할 수 있습니다.

예제 파일 PART 03 \ (Workbook) BeforeClose 이벤트 III.xlsm

01 예제 파일을 열면 다음과 같은 견적서 서식을 확인할 수 있습니다. 견적서 작성을 끝내고 파일을 닫으면, M5:P5 병합 셀의 이메일 주소로 메일이 발송되도록 합니다.

TIP 이번 작업은 아웃룩을 이용해 메일을 발송하게 되므로, 아웃룩 메일 계정이 등록되어 있어야 합니다.

TIP 예제 화면의 M5:P5 병합 셀에 입력된 이메일 주소는 임의로 작성한 것입니다. 제대로 테스트를 하려면 정상적인 이메일 주소를 입력해야 합니다.

02 단축키 Alt + F11 을 눌러 VB 편집기를 엽니다. 프로젝트 탐색기 창에서 '현재_통합_문서' 개체를 더블클릭한 다음, 코드 창에 BeforeClose 이벤트 프로시저를 생성하고 다음 코드를 입력합니다.

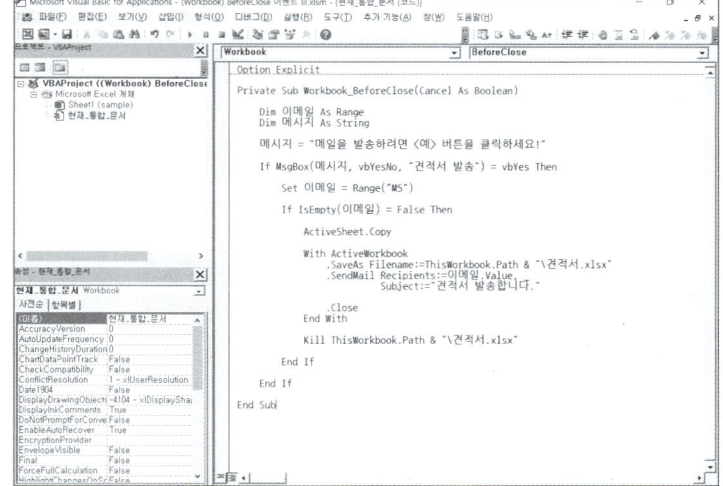

파일 : (Workbook) BeforeClose 이벤트 (코드).txt

```
Private Sub Workbook_BeforeClose(Cancel As Boolean)

'1단계 : 필요한 변수를 선언합니다.                    ①
    Dim 이메일 As Range
    Dim 메시지 As String

'2단계 : 메일 발송 여부를 묻고, 메일을 발송합니다.
    메시지 = "메일을 발송하려면 <예> 버튼을 클릭하세요!"         ②

    If MsgBox(메시지, vbYesNo, "견적서 발송") = vbYes Then      ③

        Set 이메일 = Range("M5")                  ④

        If IsEmpty(이메일) = False Then            ⑤

            ActiveSheet.Copy                    ⑥

            With ActiveWorkbook                 ⑦

                .SaveAs Filename:=ThisWorkbook.Path & "\견적서.xlsx"    ⑧
                .SendMail Recipients:=이메일.Value, _
                    Subject:="견적서 발송합니다."        ⑨
                .Close                          ⑩

            End With

            Kill ThisWorkbook.Path & "\견적서.xlsx"       ⑪

        End If

    End If

Enc Sub
```

❶ 이벤트 프로시저 동작에 필요한 Range 형식의 '이메일' 개체변수와 String 형식의 '메시지' 변수를 선언합니다.

❷ '메시지' 변수에 메시지 창에 표시할 문장을 저장합니다.

❸ MsgBox 함수를 사용해 메시지 창을 표시한 다음, <예> 버튼을 클릭하면 ❹-⓫의 코드를 실행합니다.

❹ '이메일' 개체변수에 M5셀을 할당합니다.

❺ '이메일' 개체변수에 할당된 셀 값이 입력되어 있다면 ❻-⓫의 코드를 실행합니다.

❻ 현재 시트를 복사해 빈 통합 문서를 하나 생성합니다.

❼ 생성된 파일에서 메일 발송을 하기 위해 With 문을 사용합니다.

❽ 생성된 파일을 현재 파일과 동일한 경로에 '견적서.xlsx'로 저장합니다.

❾ 저장된 파일을 SendMail 메서드를 이용해 메일로 발송합니다. 받을 사람(Recipients)은 '이메일' 개체변수에 할당된 셀 값을 이용하고, 제목(Subject)은 간단한 문장을 사용합니다.

⓾ 생성된 파일을 닫습니다.

⓫ 생성된 파일을 Kill 함수를 사용해 삭제합니다.

03 개발된 BeforeClose 이벤트가 제대로 동작하는지 확인합니다. 단축키 Alt + F11 을 눌러 엑셀 창으로 전환한 다음 파일을 닫으면 다음과 같은 메시지 창이 열립니다. 〈예〉 버튼을 클릭하면 자동으로 메일이 발송됩니다.

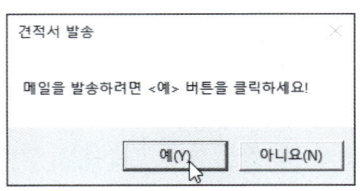

04 다음과 같은 메시지 창이 표시되며, 진행 바가 끝까지 가면 〈허용〉 버튼이 활성화됩니다. 〈허용〉 버튼을 클릭하면 아웃룩의 '보낼 편지함'에 메일이 저장됩니다. 아웃룩이 실행된 상태라면 바로 메일이 발송됩니다.

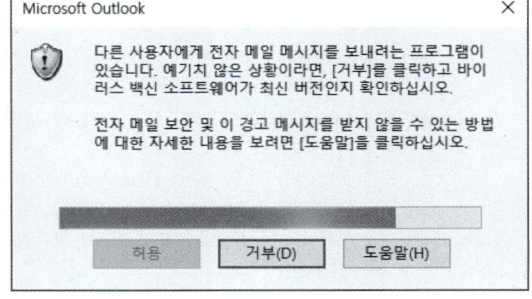

파일을 저장할 때마다 백업 파일을 자동으로 생성하기

214

파일을 저장하면 BeforeSave 이벤트가 발생합니다. 사용자가 저장될 때마다 백업본 파일을 생성해 놓는다면, 잘못된 작업을 했을 때 백업된 파일을 이용해 이전으로 되돌릴 수 있습니다. 그러므로 업무상 중요한 파일이나 다른 사람에게 맡겨 놓은 파일에 이런 기능을 적용시켜 놓는다면 작업 히스토리나 잘못된 변경 작업을 이전 상태로 쉽게 되돌릴 수 있습니다.

예제 파일 PART 03 \ (Workbook) BeforeSave 이벤트.xlsm

01 예제 파일을 열면 다음과 같은 표를 확인할 수 있습니다. 이 파일을 저장할 때마다 자동으로 백업 파일이 생성되도록 해 보겠습니다.

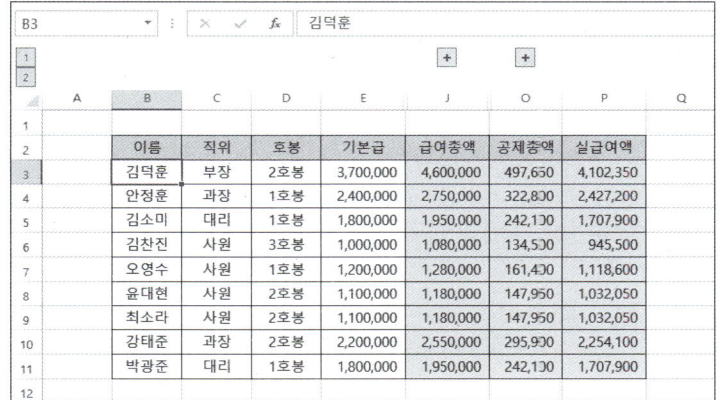

02 파일을 저장할 때마다 백업본을 생성하기 위해 BeforeSave 이벤트를 활용합니다. 단축키 Alt + F11 을 눌러 VB 편집기를 호출한 다음, 프로젝트 탐색기 창에서 '현재_통합_문서' 개체를 더블클릭해 코드 창을 엽니다. BeforeSave 이벤트 프로시저를 하나 생성하고 다음 코드를 입력합니다.

파일 : (Workbook) BeforeSave 이벤트 (코드).txt

```
Private Sub Workbook_BeforeSave(ByVal SaveAsUI As Boolean, Cancel As Boolean)   ①

    Dim 새이름 As String
    Dim 경로 As String
    Dim 파일이름 As String
    Dim 확장자 As String          ②
    Dim 백업일 As String

    경로 = ThisWorkbook.Path & "\"
    파일이름 = ThisWorkbook.Name

    확장자 = Mid(파일이름, InStrRev(파일이름, "."))          ③
    파일이름 = Left(파일이름, InStrRev(파일이름, ".") - 1)
```

```
        백업일 = Format(Now, "yymmddhhnnss")                        ④

    새이름 = 파일이름 & " - " & 백업일 & 확장자

    ThisWorkbook.SaveCopyAs Filename:=경로 & 새이름

End Sub
```

❶ BeforeSave 이벤트는 사용자가 저장 명령을 누르는 동작을 감지해 자동으로 실행됩니다. BeforeSave 이벤트는 SaveAsUI라는 Boolean 형식의 매개변수를 사용하는데, 이 매개변수의 값을 True로 설정하면 '다른 이름으로 저장' 대화상자가 표시됩니다. Cancel 매개변수는 이전의 BeforeClose 이벤트와 마찬가지로 이벤트를 발생시킨 동작을 취소시키므로, 이번 이벤트에서는 [저장] 명령을 취소합니다.

❷ String 형식의 '확장자' 변수를 선언합니다.

❸ '확장자' 변수에 '파일이름' 변수에 저장된 텍스트 값에서 마침표(.) 뒷부분을 잘라 저장합니다. 만약 확장자를 동일하게 하지 않고, bak와 같은 확장자를 사용하려면 이 부분을 다음과 같이 수정하면 됩니다.

```
확장자 = ".bak"
```

❹ '백업일' 변수에 Now 함수의 반환 값을 Format 함수로 연월일시분초 형식으로 변환해 저장합니다. 이때 분을 의미하는 서식 코드로 n을 사용하고 있는 것을 확인할 수 있는데, 이를 m으로 변경해도 동일한 반환 값을 얻을 수 있습니다. 즉, 서식 코드에서 m은 월이나 분을 의미하기도 하는데, VBA에서는 n을 사용해 분을 의미하는 서식 코드를 별도로 제공한다는 점을 이해할 수 있습니다.

TIP 이 코드는 기본적으로 SECTION 160(518쪽)과 유사합니다. 자세한 코드 설명은 해당 부분을 참고합니다.

03 개발된 BeforeSave 이벤트 프로시저가 제대로 동작하는지 확인합니다. 단축키 Alt + F11 을 눌러 다시 엑셀 창으로 전환한 다음 빠른 실행 도구 모음에서 [저장] 명령(🔲)을 클릭합니다.

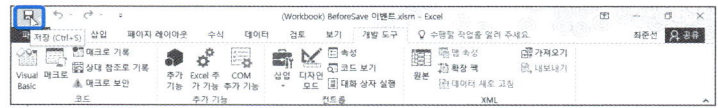

04 윈도우 탐색기를 이용해 예제 파일이 있는 폴더를 확인해 보면, 예제 파일과 동일한 이름 뒤에 날짜와 시간이 포함된 파일이 생성되어 있습니다.

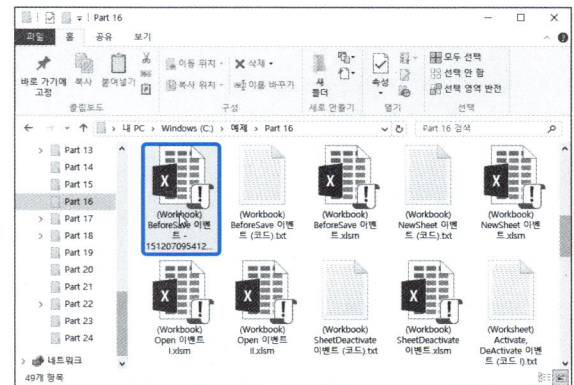

215 인쇄할 때 자동으로 페이지 끝에 실선 넣기

파일에서 인쇄 작업을 진행하면 기본적으로 BeforePrint 이벤트가 발생합니다. 인쇄 작업을 할 때 표 서식에 따라 페이지 끝에 실선이 나타나지 않는 경우가 있는데, 이렇게 되면 서식이 끊겨 보입니다. 깔끔한 표 서식을 유지하고 싶은 사용자라면 일일이 서식을 지정하고 싶어질 것입니다. 하지만 인쇄 기능에는 테두리 선을 자동으로 삽입하는 기능이 제공되지 않고, 사용자가 수동으로 일일이 실선을 넣다 보면 중간에 표 서식이 변경됨에 따라 일일이 테두리 선 위치를 찾아 수정해야 하는 문제가 발생합니다. 그래서 이런 경우에 BeforePrint 이벤트를 이용해 인쇄할 때 페이지마다 자동으로 실선이 표시되도록 하는 방법에 대해 알아보겠습니다.

예제 파일 PART 03 \ (Workbook) BeforePrint 이벤트.xlsm

01 예제 파일을 열고 리본 메뉴의 [파일] 탭-[인쇄] 명령을 클릭하면 다음과 같이 '인쇄' 백스테이지 뷰가 열립니다. 인쇄 미리 보기 화면을 통해 페이지 하단에 선이 표시되지 않은 것을 알 수 있습니다.

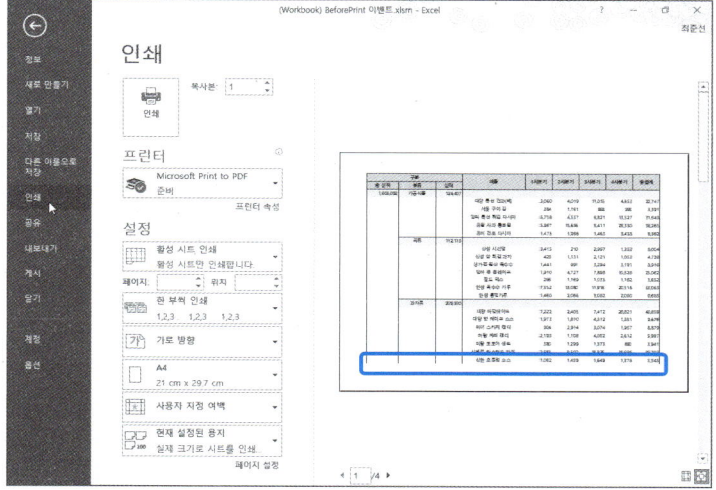

02 백스테이지뷰에서 [뒤로] 버튼(⬅)을 클릭해 엑셀 창으로 전환한 다음, BeforePrint 이벤트를 활용해 페이지 끝과 다음 페이지 시작에 실선이 나타나도록 기능을 추가합니다. 단축키 Alt + F11 을 눌러 VB 편집기를 호출하고, 프로젝트 탐색기 창에서 '현재_통합_문서' 개체를 더블클릭해 코드 창을 엽니다. BeforePrint 이벤트 프로시저를 생성하고 다음 코드를 입력합니다.

파일 : (Workbook) BeforePrint 이벤트 (코드 I).txt

```
Private Sub Workbook_BeforePrint(Cancel As Boolean)           ❶

    Dim 가로구분선 As HPageBreak                                 ❷

    Cells.FormatConditions.Delete                              ❸
```

```
        For Each 가로구분선 In ActiveSheet.HPageBreaks                    ④

            With 가로구분선.Location.Offset(-1).Columns("A:I")              ⑤

                .FormatConditions.Add Type:=xlExpression, Formula1:="TRUE"   ⑥

                With .FormatConditions(1).Borders(xlBottom)                  ⑦
                    .LineStyle = xlContinuous                  ⑧
                    .Weight = xlThin                           ⑨
                End With

            End With

        Next

End Sub
```

❶ [인쇄] 명령을 실행하면 발생하는 BeforePrint 이벤트 프로시저는 Cancel 매개변수를 하나 사용합니다. Cancel 매개변수의 값을 True로 설정하면 사용자가 지정한 [인쇄] 명령이 취소됩니다.

❷ HPageBreak 형식의 '가로구분선' 개체변수를 선언합니다. 인쇄하면 워크시트가 페이지별로 나뉘는데, 이때 각 페이지마다 가로 페이지 구분선과 세로 페이지 구분선이 표시됩니다. 가로 페이지 구분선은 HPageBreak 개체이고 세로 페이지 구분선은 VPageBreak 개체입니다. 구분선 위치로 한 페이지의 마지막과 오른쪽 위치를 알 수 있습니다.

❸ 현재 시트의 모든 조건부 서식을 제거합니다. 페이지 구분선 위치에 실선을 조건부 서식을 이용해 넣을 것이므로 인쇄할 때마다 항상 기존의 조건부 서식을 제거합니다.

❹ For Each … Next 순환문을 사용해 현재 시트의 가로 페이지 구분선 컬렉션(HPageBreaks)을 순환하면서 하나씩 '가로구분선' 개체변수에 할당합니다. 이렇게 하면 각 페이지의 마지막 위치를 '가로구분선' 개체변수를 통해 확인할 수 있습니다.

❺ '가로구분선' 개체변수에 할당된 가로 페이지 구분선 위치(Location)에서 Offset 속성을 이용해 한 칸 위 셀로 이동한 다음, A열부터 I열까지의 범위를 참조합니다. 가로 페이지 구분선 위치(Location)는 항상 페이지 구분선이 나타나는 아래 첫 번째 셀이 됩니다. 즉, 예제에서 첫 번째 페이지의 가로 페이지 구분선 위치는 A25셀이 됩니다. 그러므로 이전 페이지의 하단에 실선을 표시하려면 Offset 속성을 이용해 위쪽으로 한 칸 이동(A24)할 필요가 있으며, 페이지 전체 열을 참조해야 하므로 Columns 속성을 이용해 A열부터 I열 범위까지를 참조합니다. 이렇게 하면 A24:I24 범위가 됩니다.

❻ ❺에서 참조한 위치에 조건부 서식의 수식 조건을 사용하도록 설정하고 조건은 항상 맞도록 True 값으로 설정합니다. 이렇게 하면 무조건 지정된 서식이 나타납니다.

❼ With 문을 사용해 추가한 첫 번째 조건부 서식에 아래쪽 테두리(xlBottom) 서식을 설정합니다.

❽ 아래쪽 테두리의 선 종류를 실선으로 설정합니다.

❾ 아래쪽 테두리의 선 두께를 가는 실선으로 설정합니다.

03 BeforePrint 이벤트가 제대로 동작하는지 확인하기 위해 단축키 Alt + F11 을 눌러 엑셀 창으로 전환합니다. 리본 메뉴의 [파일] 탭-[인쇄] 명령을 클릭하면 엑셀 파일이 인쇄되면서 각 페이지 끝에 실선이 삽입됩니다. 참고로, 인쇄하지 않으면 BeforePrint 이벤트가 발생하지 않으므로 결과를 확인하려면 반드시 인쇄 작업을 진행해야 합니다.

04 인쇄 결과를 화면으로 확인하기 위해 리본 메뉴의 [파일] 탭-[인쇄] 명령을 클릭하고, 인쇄 미리 보기 화면을 확인합니다.

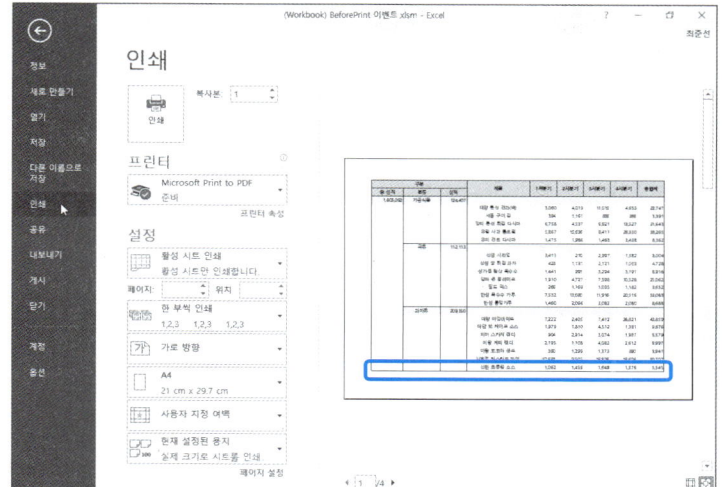

TIP 페이지 하단에 실선이 추가된 것을 확인할 수 있습니다.

05 미리 보기 하단의 '다음 페이지' 버튼을 클릭해 2페이지를 보면, 페이지 맨 위에 실선이 나타나지 않는 것을 확인할 수 있습니다.

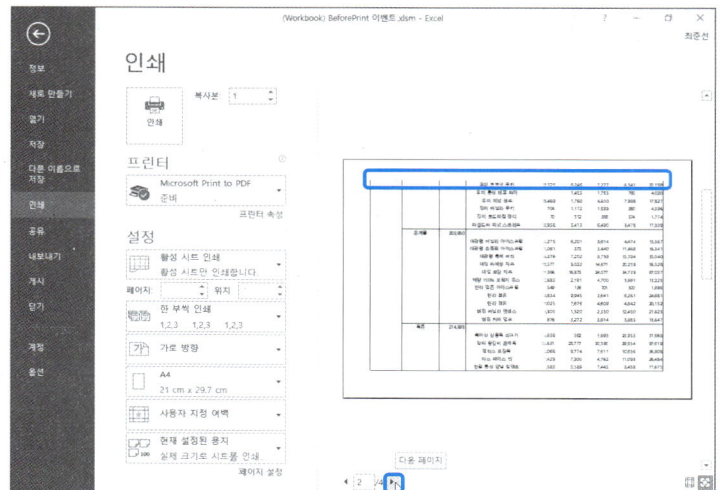

06 만약 두 번째 페이지 이후에는 상단에 페이지 실선이 추가되어야 한다면, BeforePrint 이벤트 프로시저의 코드를 수정해야 합니다. '뒤로' 버튼(←)을 클릭해 엑셀 창으로 전환하고, 단축키 Alt + F11 을 눌러 다시 VB 편집기를 호출한 다음, '현재_통합_문서' 코드 창에 조건부 서식을 추가하는 Sub 프로시저를 하나 생성합니다.

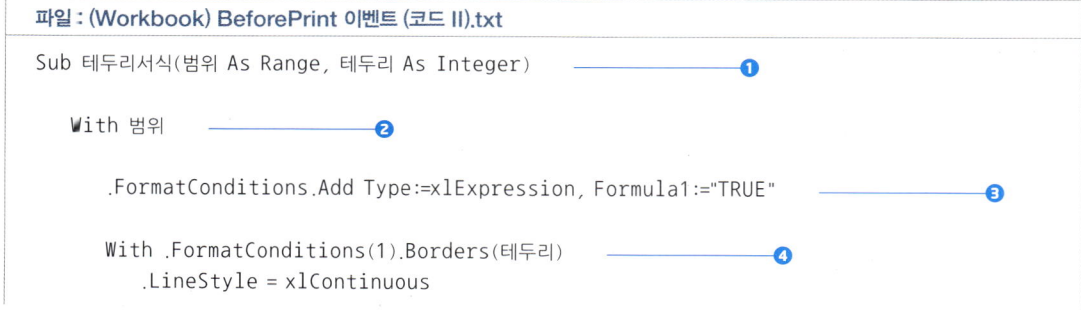

```
            .Weight = xlThin
        End With

    End With

End Sub
```

❶ 조건부 서식을 추가해 테두리 서식을 설정하는 작업을 별도의 Sub 프로시저로 생성합니다. 이렇게 하지 않으면 해당 코드가 BeforePrint 이벤트 프로시저 안에서 반복되므로 이번과 같은 별도의 프로시저를 생성하고 이를 호출하도록 설정합니다. '테두리서식' Sub 프로시저는 Range 형식의 '범위' 개체변수와 Integer 형식의 '테두리' 변수를 매개변수로 사용합니다.

❷ '범위' 매개변수에 할당된 범위에 조건부 서식을 설정하는 작업을 하기 위해 With 문을 사용합니다.

❸ '범위' 매개변수에 할당된 범위에 조건부 서식을 추가합니다.

❹ 설정된 조건부 서식의 서식 조건을 '테두리' 매개변수에 전달된 값을 참고해 실선과 가는 실선으로 설정합니다.

07 개발된 Sub 프로시저를 호출해 동작하도록 BeforePrint 이벤트를 수정합니다. 다음 코드를 참고해 기존 BeforePrint 이벤트 프로시저를 수정합니다.

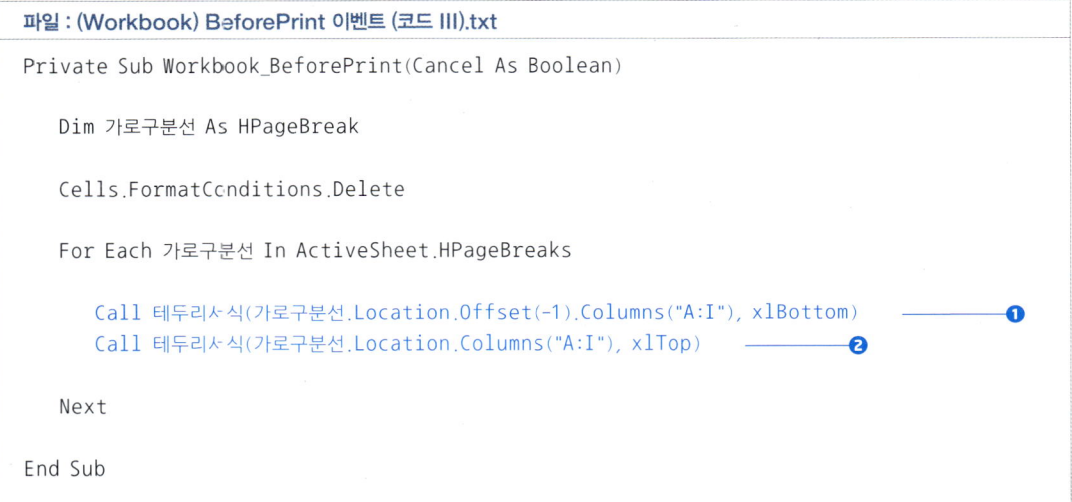

파일 : (Workbook) BeforePrint 이벤트 (코드 III).txt

```
Private Sub Workbook_BeforePrint(Cancel As Boolean)

    Dim 가로구분선 As HPageBreak

    Cells.FormatConditions.Delete

    For Each 가로구분선 In ActiveSheet.HPageBreaks

        Call 테두리서식(가로구분선.Location.Offset(-1).Columns("A:I"), xlBottom)
        Call 테두리서식(가로구분선.Location.Columns("A:I"), xlTop)

    Next

End Sub
```

❶ '테두리서식' 프로시저를 Call 문으로 호출합니다. 조건부 서식을 설정할 범위는 인쇄할 페이지의 마지막 범위이며, 테두리는 아래쪽 테두리(xlBottom)를 설정합니다.

❷ '테두리서식' 프로시저를 Call 문으로 호출합니다. 조건부 서식을 설정할 범위는 인쇄할 페이지의 첫 번째 범위이며, 테두리는 위쪽 테두리(xlTop)를 설정합니다.

08 변경된 BeforePrint 이벤트가 제대로 동작하는지 확인하려면, **03-05** 과정을 참고해 다시 인쇄 작업을 진행해 봅니다. 그러면 페이지 하단과 다음 페이지 상단에 제대로 실선이 표시되는 것을 확인할 수 있습니다.

> **Plus⁺ 조건부 서식으로 추가된 페이지 실선 제거하기**
>
> 인쇄할 때 추가된 페이지 실선은 조건부 서식으로 추가된 것이므로, 인쇄 후에도 계속 같은 위치에 표시됩니다. 다음 번 인쇄 작업을 할 때에는 위치가 자동으로 변경되지만, 그렇지 않은 경우에는 해당 실선이 나타나지 않았으면 하는 경우가 있을 겁니다. 이 경우, 간단하게 리본 메뉴의 [홈] 탭-[스타일] 그룹-[조건부 서식]-[규칙 지우기]-[시트 전체에서 규칙 지우기] 명령를 한 번 클릭하면 됩니다.

NewSheet 이벤트를 활용해 이전 서식 복사해 쓰기

216

파일에 새 워크시트를 삽입하면 NewSheet 이벤트가 발생합니다. 이 이벤트를 적절하게 활용하면, 새 워크시트를 삽입한 후 해야 하는 자질구레한 일들을 많이 줄일 수 있습니다. NewSheet 이벤트는 Sh라는 Object 형식의 매개변수를 사용하는데, 새로 삽입된 시트 개체가 Sh 매개변수를 통해 전달됩니다. 이번에는 NewSheet 이벤트 프로시저를 이용해 이전 시트의 서식을 그대로 복사해 사용하는 이벤트 개발 방법에 대해 알아보겠습니다.

예제 파일 PART 03 \ (Workbook) NewSheet 이벤트.xlsm

01 예제를 열면 화면과 같은 견적서 서식을 확인할 수 있습니다. 새로운 견적서 서식을 작성해야 한다고 했을 때, 새 시트를 추가하면 바로 견적서를 작성할 수 있도록 NewSheet 이벤트를 활용해 보겠습니다.

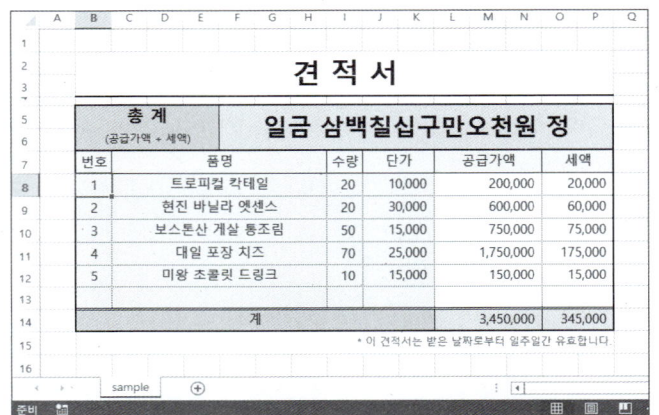

02 단축키 Alt + F11 을 눌러 VB 편집기를 호출한 다음, 프로젝트 탐색기 창에서 '현재_통합_문서' 개체를 더블클릭해 코드 창을 엽니다. NewSheet 이벤트 프로시저를 생성하고 다음 코드를 입력합니다.

파일 : (Workbook) NewSheet 이벤트 (코드).txt

```
Private Sub Workbook_NewSheet(ByVal Sh As Object)         ①

'1단계 : 필요한 변수를 선언합니다.         ②
    Dim 이전시트 As Worksheet
    Dim i As Integer

'2단계 : 추가된 시트의 위치를 맨 마지막으로 옮깁니다.
    Sh.Move after:=Sheets(Sheets.Count)

'3단계 : 이전 서식을 그대로 복사합니다.
    Set 이전시트 = Sh.Previous         ③

    이전시트.Cells.Copy Sh.Cells(1)         ④
```

```
    '4단계 : 서식에 입력된 값을 초기화합니다.
    Range("B8:K13").ClearContents            ─⑤

    '5단계 : 서식의 이름을 규칙에 맞게 설정합니다.
    If InStr(1, 이전시트.Name, "_") > 0 Then    ─⑥

        i = Mid(이전시트.Name, InStrRev(이전시트.Name, "_") + 1) + 1

    Else                    ─⑦

        i = 1

    End If

    Sh.Name = "견적서_" & "_" & i            ─⑧

End Sub
```

❶ 새 시트를 추가할 때 자동으로 실행되는 NewSheet 이벤트 프로시저를 선언합니다. NewSheet 이벤트는 Object 형식의 Sh 개체변수를 매개변수로 사용하는데, Sh 매개변수에는 삽입된 시트 개체가 할당됩니다.

❷ 이벤트 프로시저 동작에 필요한 Worksheet 형식의 '이전시트' 개체변수와 Integer 형식의 i 변수를 선언합니다.

❸ '이전시트' 개체변수에 Sh 매개변수에 할당된 시트의 왼쪽 시트를 할당합니다.

❹ '이전시트' 개체변수에 할당된 시트의 전체 셀을 복사해 Sh 매개변수에 할당된 시트의 A1셀에 붙여 넣습니다. 이렇게 셀 전체를 복사해야 서식의 행 높이와 열 너비가 동일하게 복사됩니다. 참고로 이 코드는 다음과 같이 변경할 수 있습니다.

```
이전시트.Cells.Copy Activesheet.Range("A1")
```

❺ B8:K13 범위에 입력된 값을 새 값을 입력하기 위해 지웁니다.

❻ '이전시트' 개체변수에 할당된 시트 이름에 밑줄(_)이 포함되어 있는지 판단합니다. 이 경우에는 i 변수의 값으로 '이전시트' 개체변수에 할당된 시트 이름의 마지막 번호에 1을 더한 값을 저장합니다.

❼ 밑줄(_)이 포함되어 있지 않은 경우에는 i 변수에 1을 저장합니다.

❽ 새로 추가된 시트의 이름을 '견적서_i' 형식으로 변경합니다.

03 NewSheet 이벤트가 제대로 동작하는지 확인하기 위해, 단축키 Alt + F11 을 눌러 엑셀 창으로 전환합니다. 시트 탭 오른쪽의 '새 시트' 버튼(⊕)을 여러 번 클릭해 보면 서식도 복사되고 새로 추가된 워크시트 이름도 제대로 변경되는 것을 확인할 수 있습니다.

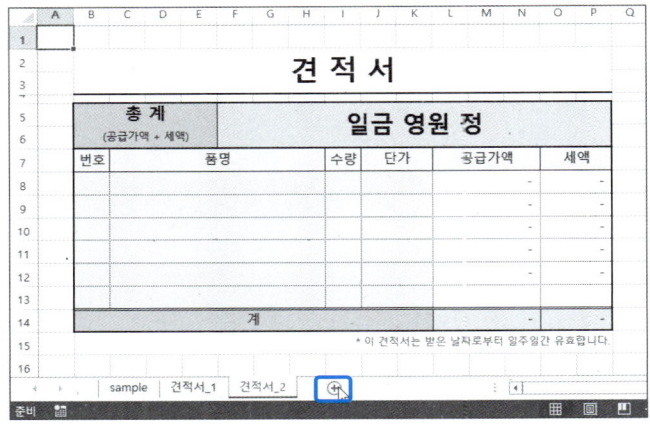

Plus⁺ 기타 유용한 NEWSHEET 이벤트 활용 방법

새 시트를 삽입할 수 없도록 하려면 NewSheet 이벤트를 다음과 같이 개발합니다.

```
Private Sub Workbook_NewSheet(ByVal Sh As Object)

    Application.DisplayAlerts = False
        Sh.Delete                    ──────❶
    Application.DisplayAlerts = True

End Sub
```

❶ 새로 추가된 시트를 삭제합니다. 이렇게 하면 시트가 새로 추가될 때 바로 삭제되기 때문에 시트를 삽입할 수 없게 됩니다.

새 시트를 삽입할 때 항상 시트 탭의 첫 번째 위치로 옮겨야 한다면, NewSheet 이벤트를 다음과 같이 개발합니다.

```
Private Sub Workbook_NewSheet(ByVal Sh As Object)

    Sh.Move Before:=Sheets(1)        ──────❶

End Sub
```

❶ 삽입한 시트를 첫 번째 시트의 왼쪽으로 옮깁니다. 이렇게 하면 삽입된 시트가 항상 시트 탭 왼쪽 첫 번째 탭에 위치합니다.

시트 이동할 때 이전 시트와 동일한 위치 표시하기

217

여러 개의 시트에서 동일한 양식을 사용할 경우, 시트를 이동할 때 이전 시트와 동일한 위치를 확인하고 싶을 수 있습니다. 파일 간의 위치를 서로 동기화할 수 있는 기능은 제공되지만 이렇게 시트 간의 동일한 위치를 맞춰 주는 기능은 제공되지 않습니다. 그러므로 이런 작업이 필요하다면 다른 시트로 이동하는 시점을 확인할 수 있는 SheetDeactivate 이벤트를 이용해 필요한 기능을 개발해야 합니다.

예제 파일 PART 03 \ (Workbook) SheetDeactivate 이벤트.xlsm

01 예제 파일을 열면 '1월', '2월' 시트에 동일한 양식의 표가 있는 것을 확인할 수 있습니다. 이렇게 양식이 동일한 파일을 사용할 때, 한쪽 시트에서 보던 위치를 다른 쪽 시트로 이동해서도 동일하게 볼 수 있는 기능을 개발해 보겠습니다.

Plus⁺ 어떤 이벤트를 선택해야 할까?

시트를 이동하면 이전 시트의 DeActivate 이벤트와 새 시트의 Activate 이벤트가 발생합니다. 그러므로 DeActivate나 Activate 이벤트를 사용하면 되는데, DeActivate 이벤트에서는 이전 시트와 새 시트를 모두 알 수 있지만, Activate 이벤트에서는 이전 시트를 알 수 없으므로 DeActivate 이벤트를 사용하는 것이 좋습니다. 그리고 시트가 여러 개이면 시트마다 동기화하기 위해 개별 시트마다 DeActivate 이벤트를 생성해야 하는데, 이렇게 하면 너무 불편하므로 Workbook 개체의 SheetDeactivate 이벤트를 이용하는 것이 가장 좋습니다.

02 단축키 Alt+F11을 눌러 VB 편집기를 호출하고 프로젝트 탐색기 창에서 '현재_통합_문서' 개체를 더블클릭해 코드 창을 엽니다. SheetDeactivate 이벤트 프로시저를 생성하고 다음 코드를 입력합니다.

파일 : (Workbook) SheetDeactivate 이벤트 (코드).txt

```
Private Sub Workbook_SheetDeactivate(ByVal Sh As Object)      ──①

'1단계 : 필요한 변수를 선언합니다.      ──②
    Dim 새시트 As Worksheet
    Dim 이전시트 As Worksheet
    Dim 이전열위치 As Long
    Dim 이전행위치 As Long
    Dim 선택범위주소 As String

'2단계 : 시트를 변수에 할당합니다.      ──③
    Set 새시트 = ActiveSheet
    Set 이전시트 = Sh

'3단계 : 이벤트 동작을 위해 엑셀 옵션을 변경합니다.      ──④
    Application.ScreenUpdating = False
    Application.EnableEvents = False

'4단계 : 이전 시트의 설정을 저장해 놓습니다.
        이전시트.Activate      ──⑤

        With ActiveWindow      ──⑥

            이전열위치 = .ScrollColumn
            이전행위치 = .ScrollRow

        End With

        선택범위주소 = Selection.Address      ──⑦

'5단계 : 새 시트에 설정을 동기화합니다.
        새시트.Activate      ──⑧

        With ActiveWindow      ──⑨

            .ScrollColumn = 이전열위치
            .ScrollRow = 이전행위치

        End With

        Range(선택범위주소).Select      ──⑩

'6단계 : 이벤트 동작을 위해 변경한 엑셀 옵션을 다시 복원합니다.      ──⑪
    Application.EnableEvents = True
    Application.ScreenUpdating = True

End Sub
```

❶ SheetDeactivate 이벤트를 생성합니다. SheetDeactivate 이벤트는 현재 파일에서 시트를 이동(A→B)할 때 발생하며, Sh 매개변수를 사용하는데, Sh 매개변수에는 이동하기 전 시트(A)가 할당됩니다.

❷ 이벤트 프로시저에서 사용할 변수를 선언합니다. Worksheet 형식의 '새시트', '이전시트' 개체변수와 Long 형식의 '이전열위치', '이전행위치' 변수, 그리고 String 형식의 '선택범위주소' 변수를 선언합니다.

❸ '새시트' 개체변수에는 ActiveSheet 개체(이동한 시트)를 할당하고, '이전시트' 개체변수에는 Sh 매개변수에 할당된 시트(이전 시트)를 할당합니다.

❹ ❺의 아래 코드가 동작되는 과정을 화면에 표시하지 않고 이벤트도 발생하지 않도록 화면 갱신(ScreenUpdating) 옵션과 이벤트 감지(EnableEvents) 옵션을 해제합니다.

❺ '이전시트' 개체변수에 할당된 워크시트를 화면에 표시합니다. 이 과정에서 이동한 시트에서 다시 원래 시트로 돌아옵니다.

❻ 현재 엑셀 창 위치를 변수에 저장하기 위해 With 문을 사용합니다. '이전열위치' 변수에는 현재 창의 왼쪽 상단 첫 번째 셀의 열 번호를 저장하고, '이전행위치' 변수에는 현재 창의 왼쪽 상단 첫 번째 셀의 행 번호를 저장합니다.

❼ '선택범위주소' 변수에는 현재 시트에서 선택된 위치의 주소를 저장합니다.

❽ '새시트' 개체변수에 할당된 워크시트를 화면에 표시합니다. 이 과정에서 사용자가 이동한 시트가 다시 화면에 표시됩니다.

❾ 현재 엑셀 창 위치를 '이전열위치' 변수와 '이전행위치' 변수의 값으로 변경합니다. 그러면 이전 시트으 표시 위치와 현재 시트의 표시 위치가 동일해집니다.

❿ Range 개체에 '선택범위주소' 변수의 값을 전달하고 해당 위치를 선택합니다. 그러면 선택 위치도 이전 시트와 동일해집니다.

⓫ ❹에서 해제한 화면 갱신 옵션과 이벤트 감지 옵션을 다시 원래대로 복원합니다.

03 개발된 SheetDeactivate 이벤트가 제대로 동작하는지 확인하기 위해 VB 편집기를 닫은 다음, 엑셀 창에서 마우스 휠을 스크롤하거나 아무 셀이나 선택하고 다른 시트로 이동해 봅니다. 동일한 위치가 표시된다면 제대로 동작하는 것입니다.

이벤트 우선순위 이해하기

218

지금까지의 학습을 통해 엑셀 프로그램에서는 다양한 이벤트가 발생하고 해당 이벤트를 통해 원하는 동작이 이뤄지도록 개발할 수 있다는 것을 충분히 이해했을 것입니다. 특정 상황에서는 여러 개의 이벤트가 동시에 발생하는데, 이벤트를 이용한 프로그램을 개발할 때 실수하지 않으려면 어떤 순서로 이벤트가 발생하는지 잘 이해하고 있어야 합니다.

예제 파일 없음

파일 열 때 발생하는 이벤트 순서

[파일 A]가 열려 있는 상태에서 [파일 B]를 새롭게 여는 경우에 발생하는 이벤트 순서입니다.

순서	이벤트	대상	구분
1	Workbook_Open	[파일 B]	이벤트
2	Workbook_WindowDeActivate	[파일 A]	
3	Workbook_DeActivate		
4	Workbook_Activate	[파일 B]	
5	Workbook_WindowActivate		
6	Auto_Open		프로시저

TIP 파일을 하나만 여는 경우라면 [파일 A]에 해당하는 2, 3번 이벤트는 발생하지 않습니다.

파일 닫을 때 발생하는 이벤트 순서

[파일 A]를 닫을 경우에 발생하는 이벤트 순서입니다.

순서	이벤트	대상	구분
1	Workbook_BeforeClose	[파일 A]	이벤트
2	Auto_Close		프로시저
3	Workbook_BeforeSave		이벤트
4	Workbook_WindowDeActivate		
5	Workbook_DeActivate		

두 파일 사이의 전환이 있는 경우 이벤트 순서

[파일 A]와 [파일 B]가 동시에 열려 있고, [파일 A]에서 [파일 B]로 전환할 경우에 발생하는 이벤트 순서입니다.

순서	이벤트	대상	구분
1	Workbook_WindowDeActivate	[파일 A]	이벤트
2	Workbook_DeActivate	[파일 A]	이벤트
3	Workbook_Activate	[파일 B]	이벤트
4	Workbook_WindowActivate	[파일 B]	이벤트

두 워크시트 사이의 전환이 있는 경우 이벤트 순서

[시트 1]과 [시트 2]가 있을 때, [시트 1]에서 [시트 2]로 이동할 경우에 발생하는 이벤트 순서입니다.

순서	이벤트	대상	구분
1	Worksheet_DeActivate	[시트 1]	이벤트
2	Workbook_SheetDeActivate	[시트 1]	이벤트
3	Worksheet_Activate	[시트 2]	이벤트
4	Wrokbook_SheetActivate	[시트 2]	이벤트

전체 파일에 적용할 수 있는 Application 개체의 이벤트 생성하기 219

VB 편집기의 프로젝트 탐색기 창을 보면, Microsoft Excel 개체 폴더에는 Worksheet 개체와 Workbook 개체(현재_통합_문서)는 존재하지만 Application 개체는 존재하지 않습니다. 그렇다면 Application 개체의 이벤트는 없는 것인지 궁금할 수 있습니다. 당연하지만 Application 개체의 이벤트도 존재합니다. 다만 Application 개체의 이벤트를 생성하려면 '현재_통합_문서' 개체의 코드 창이나 클래스 모듈을 사용해야 합니다. 이번에는 '현재_통합_문서' 개체의 코드 창에서 Application 개체의 이벤트를 생성하는 방법에 대해 알아보겠습니다.

예제 파일 PART 03 \ (Application) WithEvents 키워드 I.xlsm

WithEvents 키워드의 구문

'현재_통합_문서' 개체의 코드 창에서 Application 개체의 이벤트를 제어하려면 별도의 Application 형식의 개체변수를 이용해야 합니다. 개체변수에 Application 개체의 이벤트를 연결하기 위해서는 WithEvents 키워드를 사용해 변수를 선언할 필요가 있습니다. WithEvents 키워드는 선언된 개체변수로 해당 개체의 이벤트를 제어할 수 있도록 해 줍니다. 구문은 다음과 같습니다.

```
Dim WithEvents 변수명 As 개체형식
```

- Dim은 변수의 사용 범위에 맞게 Private, Public 등으로 변경할 수 있습니다.
- 개체 형식은 '클래스명.개체명'과 같은 방식으로 지정해야 합니다.

파일을 열면 제목 표시줄에 전체 경로 표시하기

01 예제를 열고 엑셀 창의 제목 표시줄을 보면 파일 이름만 표시되는 것을 확인할 수 있습니다. 파일을 열 때마다 제목 표시줄에 파일의 전체 경로가 표시되도록 하려면, Application 개체의 이벤트를 이용해야 합니다.

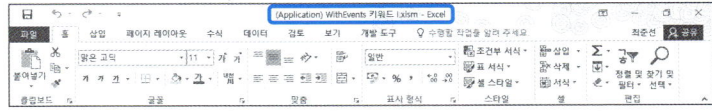

02 단축키 Alt+F11을 눌러 VB 편집기를 연 다음 프로젝트 탐색기 창에서 '현재_통합_문서' 개체를 더블클릭해 코드 창을 엽니다. 코드 창에 Application 개체의 이벤트를 제어할 개체변수를 다음과 같이 입력해 선언합니다.

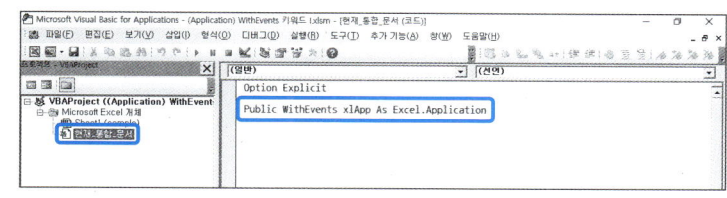

```
Public WithEvents xlApp As Excel.Application          ①
```

① Public 문은 선언된 변수가 전체 코드 창에서 사용 가능하도록 설정합니다. WithEvents 키워드는 선언한 변수(xlApp)를 특정 개체의 이벤트와 연결할 때 사용하는데, 연결할 개체를 지정할 때는 '클래스명.개체명' 형식으로 지정해야 합니다. 그러므로 이번 코드는 xlApp라는 변수를 Excel 프로그램 최상위 Application 개체의 이벤트를 사용 가능하도록 선언한 것입니다.

03 선언된 xlApp 개체변수에 엑셀 프로그램을 연결하기 위해, Workbook_Open 이벤트 프로시저를 생성하고 다음 코드를 입력합니다.

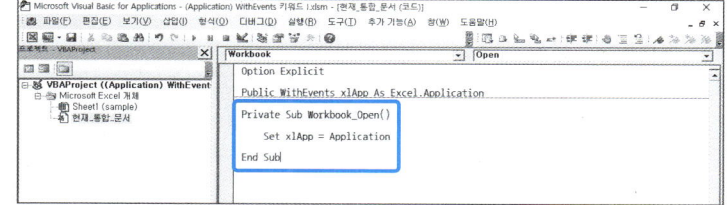

TIP 코드 창 개체 목록에서 'Workbook'과 새로 선언된 xlApp 개체변수를 확인할 수 있습니다.

```
Private Sub Workbook_Open()          ①

    Set xlApp = Application          ②

End Sub
```

① 파일이 열릴 때 자동으로 xlApp 개체변수에 Application 개체를 연결하기 위해 Workbook_Open 이벤트 프로시저를 생성합니다.

② xApp 개체변수에 Application 개체를 할당합니다.

04 파일을 닫으면 연결된 개체를 해제하고 메모리를 반환하도록 BeforeClose 이벤트 프로시저를 선언하고 다음 코드를 입력합니다.

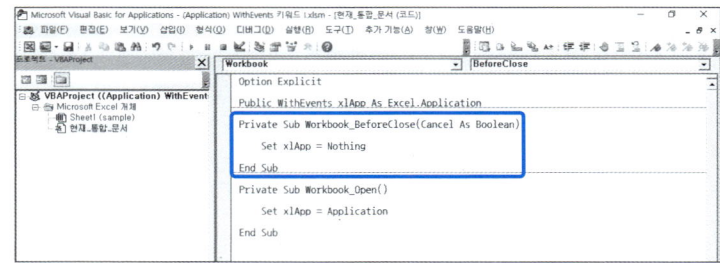

```
Private Sub Workbook_BeforeClose(Cancel As Boolean) ———————— ①

    Set xlApp = Nothing ———————— ②

End Sub
```

❶ 파일을 닫을 때 xlApp 개체변수에 연결된 Application 개체의 연결을 끊기 위해 BeforeClose 이벤트를 사용합니다.

❷ xlApp 개체변수에 Nothing 값을 할당합니다. 참고로 Nothing은 개체변수를 선언하고 아무것도 할당되지 않은 상태로, 변수를 초기화할 때나 변수에 할당된 개체가 있는지 확인하고자 할 때 사용됩니다.

05 이제 xlApp 개체변수를 이용해 Application 개체의 이벤트를 생성합니다. 이번 예제에서는 엑셀 창의 제목 표시줄에 항상 파일의 전체 경로가 표시되도록 이벤트를 구성합니다. 개체 목록에서 xlApp 개체변수를, 프로시저 목록에서 WindowActivate 이벤트를 선택하고 다음 코드를 입력합니다.

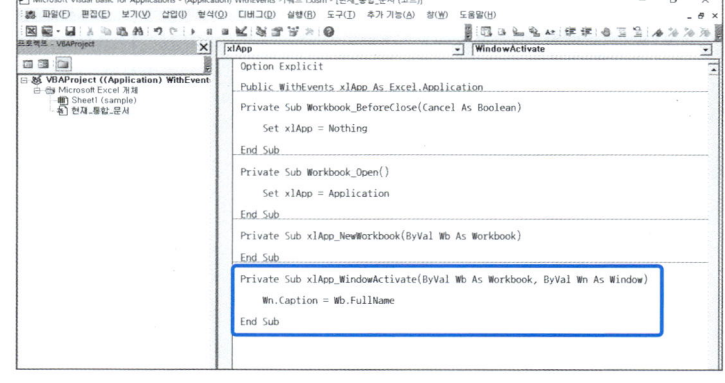

TIP Application 개체의 기본 이벤트는 NewWorkbook 이벤트로, 빈 통합문서를 생성할 때 발생합니다. 이 이벤트 프로시저는 사용할 필요가 없으므로, 코드 창에서 삭제합니다.

```
Private Sub xlApp_WindowActivate(ByVal Wb As Workbook, ByVal Wn As Window) ———————— ①

    Wn.Caption = Wb.FullName ———————— ②

End Sub
```

❶ xlApp 개체변수에 할당된 Application 개체의 이벤트 중에서 엑셀 창이 화면에 표시될 때 발생하는 WindowActivate 이벤트 프로시저를 생성합니다. 이 이벤트 프로시저는 Wb, Wn 매개변수를 사용하는데, Wb 매개변수는 화면에 표시된 파일을 의미하며, Wn 매개변수는 화면에 표시된 엑셀 창 개체를 의미합니다.

❷ Wn 매개변수에 할당된 엑셀 창 개체의 제목(Caption) 속성 값에, Wb 매개변수에 할당된 파일의 전체 경로와 파일 이름을 전달해 엑셀 창에 파일의 전체 경로와 파일 이름이 표시되도록 합니다.

> **Plus⁺ APPLICATION 개체의 전체 이벤트**
>
> Application 개체에서 사용할 수 있는 이벤트를 확인하려면 개체 목록에서 xlApp 개체변수를 선택하고 프로시저 목록을 살펴보면 됩니다.

06 xlApp 개체변수는 파일이 열릴 때 Application 개체에 연결되므로, 처음에 파일을 열 경우에는 엑셀 창에 전체 경로가 표시되지 않습니다. 그러므로 Workbook_Open 이벤트에 다음 코드를 한 줄 추가해, 파일을 열 때부터 제목 표시줄에 전체 경로가 표시되도록 합니다.

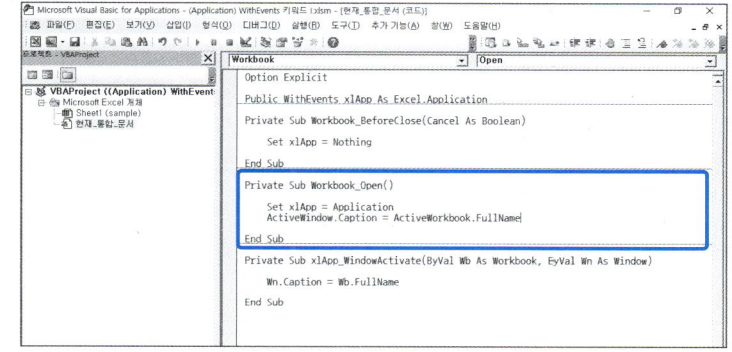

```
Private Sub Workbook_Open()

    Set xlApp = Application
    ActiveWindow.Caption = ActiveWorkbook.FullName ─────❶

End Sub
```

❶ 현재 엑셀 창의 제목에 화면에 표시된 파일의 전체 경로와 파일 이름을 표시합니다.

07 개발된 부분이 제대로 동작하는지 확인하기 위해 VB 편집기를 닫고, 엑셀 파일도 저장하고 닫습니다. 다시 파일을 열면 제목 표시줄에 파일의 전체 경로가 표시됩니다. 다른 파일을 열어 보면 역시 제목 표시줄에 파일의 전체 경로와 파일 이름이 표시됩니다.

> **Plus⁺ 전체 파일에 이벤트 적용하는 방법**
>
> 이번 예제 파일을 열고 다른 파일을 열면 전체 경로가 표시되지만, 이 예제를 열지 않으면 전체 경로가 표시되지 않습니다. 항상 모든 파일에서 전체 경로가 표시되도록 하려면 이번 파일이 항상 열려 있어야 합니다. 가장 좋은 방법은 이 파일을 '추가 기능' 파일로 만들어 사용하는 것입니다. '추가 기능' 파일을 만들어 사용하는 방법에 대해서는 SECTION 066(217쪽)을 참고합니다.

클래스 모듈을 이용해 Application 개체 이벤트 생성하기 220

전체 파일에 적용 가능한 Application 개체의 이벤트는 클래스 모듈을 이용해 생성할 수도 있습니다. 클래스 모듈은 앞에서 소개한 방법과 이용 방법의 차이는 있지만, Application 개체의 이벤트를 생성하고 제어할 수 있다는 점에서는 동일하기 때문에 둘 중 편한 방법으로 필요한 이벤트를 생성하고 사용하면 됩니다. 참고로 이번에 소개하는 클래스 모듈을 사용하는 방법은 Application 개체뿐만 아니라 별도의 개체 이벤트를 생성할 때도 자주 사용합니다.

예제 파일 PART 03 \ (Application) WithEvents 키워드 II.xlsm

01 모니터 해상도가 높아짐에 따라, 전과는 달리 엑셀의 화면 배율을 높여서 보는 분들이 많아졌습니다. 이번에는 전체 파일의 모든 시트의 화면 배율을 최소 120%로 맞추는 기능을 개발해 보겠습니다.

02 예제를 열고 단축키 Alt + F11 을 눌러 VB 편집기를 엽니다. [삽입]-[클래스 모듈] 메뉴를 선택해서 클래스 모듈 개체를 추가한 다음, 삽입된 클래스 모듈 개체를 선택하고 속성 창의 (이름) 값을 CAppEvents로 변경합니다.

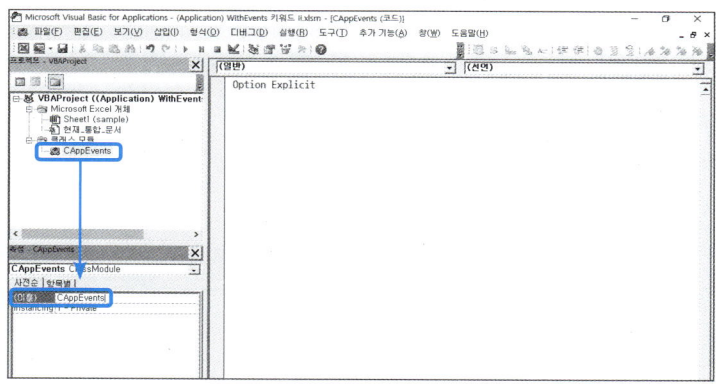

TIP 클래스 개체의 이름은 새 개체 형식이므로 기존의 다른 개체 이름과 동일하게 설정하면 안 됩니다.

03 클래스 모듈 개체의 코드 창에 Application 개체의 이벤트를 사용하기 위해, xlApp 개체변수를 하나 선언한 후 Class_Initialize 이벤트를 생성하고 다음 코드를 입력합니다.

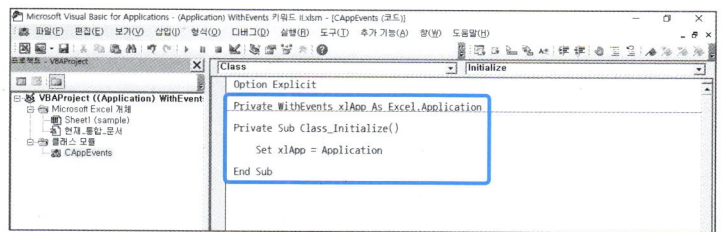

```
Private WithEvents xlApp As Excel.Application         ❶

Private Sub Class_Initialize()          ❷

    Set xlApp = Application          ❸

End Sub
```

❶ 클래스 모듈 내에서 사용할 Application 형식의 xlApp 개체변수를 선언합니다. xlApp 개체변수를 이용해 Application 개체의 이벤트를 사용하기 위해 WithEvents 키워드를 사용합니다.

❷ 클래스 모듈이 메모리에 로딩될 때 동작하는 Class_Initialize 이벤트 프로시저를 생성합니다.

❸ xlApp 개체변수에 Application 개체를 할당합니다. 이렇게 하면 클래스 모듈이 사용될 때 xlApp 개체변수에 Application 개체가 바로 할당되어 xlApp 개체변수를 이용해 제어한 이벤트가 동작하게 됩니다.

TIP Class_Initialize 이벤트는 개체 목록에서 Class를 선택하면 자동으로 생성됩니다. 참고로 Initialize 이벤트가 Class 개체의 기본 이벤트 프로시저입니다.

04 계속해서 xlApp 개체변수를 사용해 이벤트를 생성합니다. 엑셀 창이 화면에 표시될 때 화면 배율을 조정하기 위해 CAppEvents 클래스 모듈의 코드 창에서 xlApp_WindowActivate 이벤트 프로시저를 생성하고 다음 코드를 입력합니다.

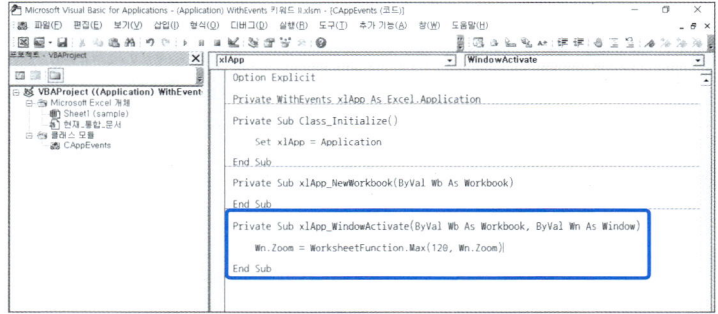

TIP Application 개체의 기본 이벤트 프로시저인 NewWorkbook 이벤트는 사용하지 않으므로 삭제합니다.

```
Private Sub xlApp_WindowActivate(ByVal Wb As Workbook, ByVal Wn As Window)        ❶

    Wn.Zoom = WorksheetFunction.Max(120, Wn.Zoom)          ❷

End Sub
```

❶ 화면 배율을 조정하기 위해서는 엑셀 창이 화면에 표시될 때와 시트가 화면에 표시될 때, 이렇게 두 이벤트를 사용해야 합니다. 먼저 WindowActivate 이벤트 프로시저를 선언합니다.

❷ WindowActivate 이벤트의 Wn 매개변수는 현재 화면에 표시된 창을 의미합니다. 창의 배율(Zoom)을 최소 120%로 맞추는 작업을 하기 위해 워크시트 함수인 Max 함수를 사용해 현재 배율(Wn.Zoom)과 120% 중에서 큰 값으로 결정합니다.

05 이번에는 시트를 선택했을 때 발생하는 SheetActivate 이벤트를 생성하고 다음 코드를 입력합니다.

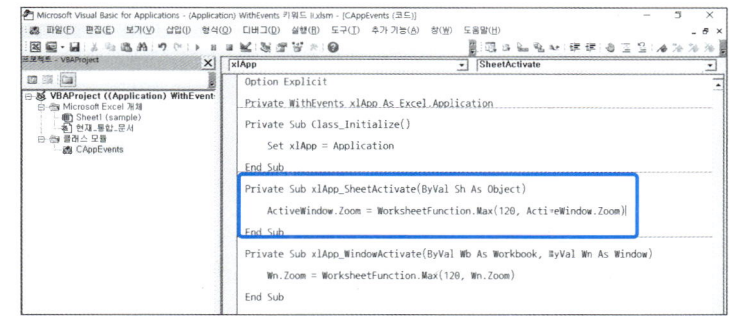

```
Private Sub xlApp_SheetActivate(ByVal Sh As Object)          ①

    ActiveWindow.Zoom = WorksheetFunction.Max(120, ActiveWindow.Zoom)     ②

End Sub
```

❶ 시트가 화면에 표시될 때마다 화면 배율을 검사해 조정하기 위해 Application 개체의 SheetActivate 이벤트 프로시저를 선언합니다.

❷ SheetActivate 이벤트는 WindowActivate와는 달리 Wn과 같은 창 매개변수를 사용하지 않으므로, 현재 엑셀 창을 가리키는 ActiveWindow 속성을 이용해 엑셀 창의 배율을 WindowActivate 이벤트와 동일한 방법으로 조정합니다.

06 이벤트를 모두 생성했으므로, 이제 '현재_통합_문서' 개체의 코드 창을 더블클릭한 후, 다음 코드를 참고해 CAppEvents 형식의 개체변수를 선언하고 클래스로부터 개체를 생성하는 작업을 진행합니다.

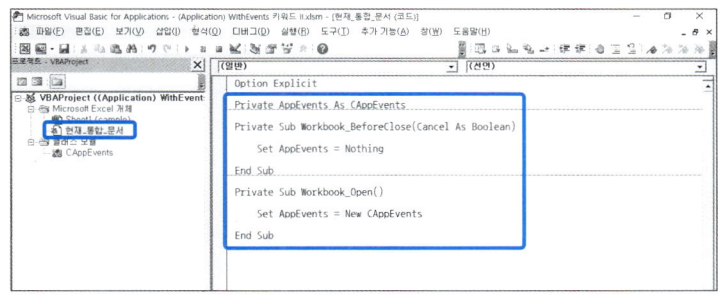

```
Private AppEvents As CAppEvents          ①

Private Sub Workbook_BeforeClose(Cancel As Boolean)     ②

    Set AppEvents = Nothing              ③

End Sub

Private Sub Workbook_Open()              ④

    Set AppEvents = New CAppEvents       ⑤

End Sub
```

❶ CAppEvents 클래스 형식의 AppEvents 변수를 선언합니다.

❷ 파일을 닫으면 Application 개체의 이벤트를 모두 해제하기 위해 BeforeClose 이벤트 프로시저를 선언합니다.

❸ 클래스로부터 새로 생성된 AppEvents 개체변수를 초기화합니다.

❹ 파일을 열 때 Application 개체의 이벤트를 활성화하기 위해 Open 이벤트 프로시저를 선언합니다.

❺ CAppEvents 클래스 모듈에서 새 개체를 생성하고 이를 AppEvents 개체변수에 할당합니다. 이 과정에서 CAppEvents 클래스 모듈에 있는 Application 개체의 이벤트가 모두 활성화됩니다.

07 Application 개체의 이벤트가 제대로 동작하는지 확인합니다. VB 편집기를 닫고, 파일도 저장하고 닫습니다. 다시 파일을 열면 화면 배율이 자동으로 120%로 맞춰집니다.

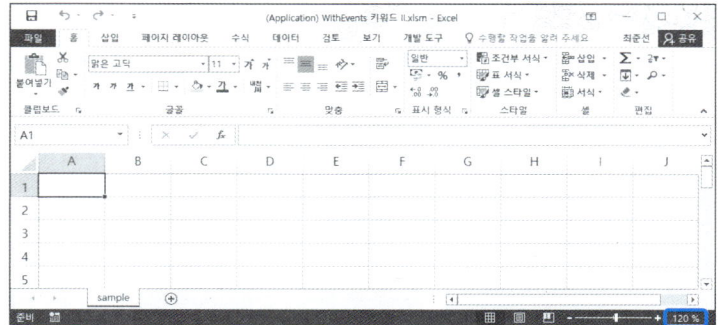

TIP 다른 파일을 열거나 새 시트를 추가하는 등의 작업을 해 보면 모든 시트의 화면 배열이 자동으로 120%로 맞춰집니다. 화면 배율을 120% 보다 크게 해 놓는 경우에는 바뀌지 않지만, 화면 배율을 120%보다 작게 하면 자동으로 120%로 맞춰집니다.

OnTime 이벤트로 특정 시각에 지정한 매크로를 동작하기 221

Application 개체의 이벤트는 WithEvents 키워드를 사용하는 방법 이외에도 Application 개체의 메서드로 제공되는 것이 몇 가지 있습니다. 그중 가장 유용한 이벤트는 특정 시각에 원하는 매크로가 실행되도록 예약하는 이벤트입니다. 매크로 실행 시각을 예약하는 이벤트는 Application 개체의 OnTime 메서드를 이용해 설정할 수 있는데, OnTime 이벤트는 Workbook_Open 이벤트나 Auto_Open 매크로를 이용해 예약할 수 있습니다. 이번에는 OnTime 메서드를 이용해 매크로 실행을 예약하는 다양한 방법에 대해 알아보겠습니다.

예제 파일 PART 03 \ (Application) OnTime 이벤트 I.xlsm

OnTime 메서드 구문

Application 개체의 OnTime 메서드는 다음 구문을 사용합니다.

```
Application.OnTime( EarliestTime, Procedure, LastestTime, Schedule )
```

❶ EarliestTime : 프로시저를 실행할 시작 시각을 지정합니다.

❷ Procedure : 실행할 프로시저 이름으로, 반드시 큰따옴표("")로 묶어 전달해야 합니다.

❸ LastestTime : 프로시저를 실행할 마지막 시각을 지정합니다. 이 매개변수는 생략할 수 있으며, 이 시각을 초과하면 프로시저는 실행되지 않습니다.

❹ Schedule : 실행 시각에 프로시저를 실행할지 여부를 지정합니다. True는 실행, False는 실행 취소입니다.

OnTime 메서드 사용 예

OnTime 메서드를 이용해 프로시저를 예약하는 방법은 다음과 같습니다.

```
Application.OnTime TimeSerial(18,0,0), "매크로1"                              ❶
Application.OnTime TimeSerial(9,0,0), "매크로2", TimeSerial(18,0,0)           ❷
Application.OnTime Now+TimeSerial(1,0,0), "매크로3"                           ❸
```

❶ 오후 6시에 '매크로1'을 실행합니다.

❷ 오전 9시에 '매크로2'를 실행하며, 반복 실행될 경우 마지막 실행 시각은 오후 6시입니다.

❸ 현재 시각에서 1시간 뒤에 '매크로3'을 실행합니다.

예를 들어, 다음 매크로는 OnTime 메서드를 이용하는 간단한 사용 방법을 알려줍니다.

```
Sub 매크로실행예약()                    ❶

    Application.OnTime Now + TimeSerial(0, 1, 0), "안내메시지"      ❷

End Sub

Sub 안내메시지()            ❸

    MsgBox "안내 메시지 입니다."          ❹

End Sub
```

❶ '매크로실행예약'을 모듈(Module) 개체의 코드 창에 선언합니다. 만약 파일을 열 때 자동으로 OnTime 메서드를 실행하려면, 프로시저 이름을 Auto_Open으로 변경하거나, Workbook_Open 이벤트 프로시저를 사용합니다.

❷ OnTime 메서드를 이용해 '매크로실행예약' 매크로가 실행된 시각에서 1분 뒤에 '안내메시지' 매크로를 실행하도록 예약합니다.

❸ '안내메시지' 매크로를 선언합니다.

❹ MsgBox 함수를 사용해 간단한 메시지를 화면에 표시합니다.

TIP 이 매크로는 예제 파일의 VB 편집기의 Module1 개체 코드 창에 입력되어 있습니다.

위 매크로를 테스트하려면 예제 파일을 열고 〈1분 뒤 메시지 창〉 버튼을 클릭합니다. 그러면 정확하게 1분 뒤에 메시지 창이 표시됩니다.

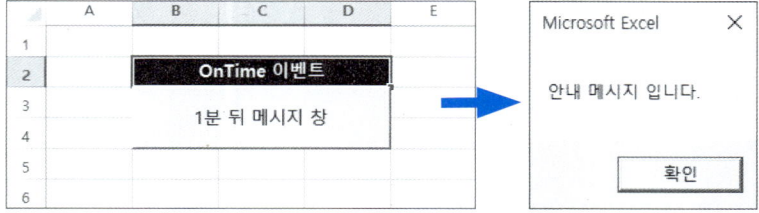

이 매크로의 단점은 실행 시간이 얼마나 남았는지 정확하게 모른다는 점입니다. 이 문제를 해결하려면 상태 표시줄에 남은 시간이 표시되도록 '매크로실행예약' 매크로를 다음과 같이 수정합니다.

파일 : (Application) OnTime 메서드 I (코드).txt

```
Sub 매크로실행예약()

    '1단계 : 필요한 변수를 선언합니다.
    Dim 예약시간 As Date          ❶
```

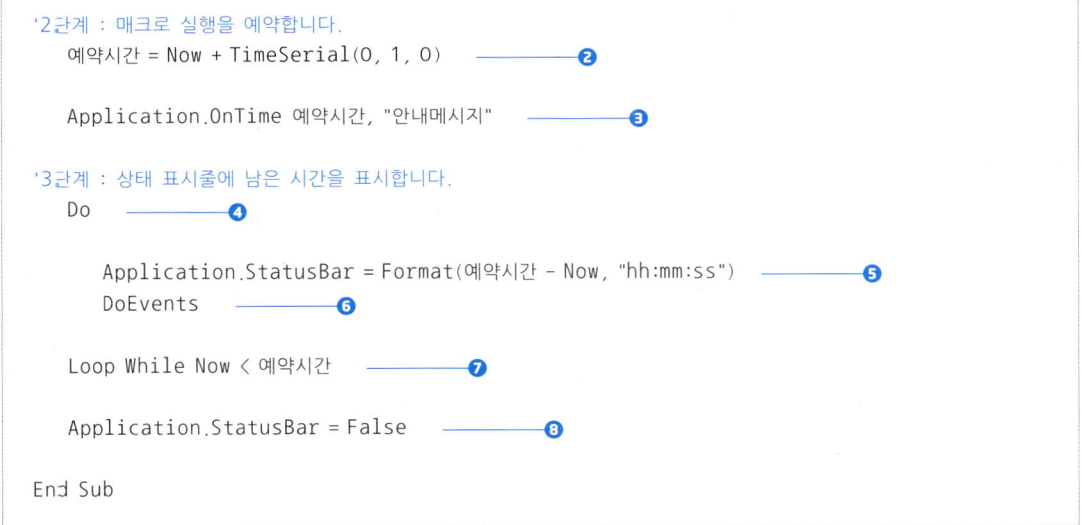

❶ Date 형식의 '예약시간' 변수를 선언합니다.

❷ '예약시간' 변수에 매크로를 실행한 시각에서 1분 뒤 시각을 저장합니다.

❸ OnTime 메서드를 이용해 '예약시간' 변수에 저장된 시각에 '안내메시지' 매크로를 실행하도록 예약합니다.

❹ Do ⋯ Loop 문을 이용해, '안내메시지' 매크로를 실행하기 전까지 반복해서 ❺-❻의 코드를 반복합니다.

❺ '예약시간' 변수에 저장된 시각에서 현재 시각(Now)을 뺀 값을 'hh:mm:ss' 형식으로 상태 표시줄에 나타냅니다. 이렇게 하면 실행 때까지 남은 시간이 상태 표시줄에 나타납니다.

❻ DoEvents 함수를 사용해 매크로가 실행되고 있어도 다른 작업이 가능하도록 설정합니다.

❼ Do ⋯ Loop 순환문은 현재 시각이 '예약시간' 변수에 저장된 시각보다 작은 경우에만 반복합니다. 이렇게 해야 예약된 매크로가 실행될 때까지만 순환문이 반복하게 됩니다.

❽ 상태 표시줄을 초기화합니다. 이렇게 하면 상태 표시줄에 표시된 시간이 지워지고, 원래 방식대로 동작합니다.

'매크로실행예약' 매크로의 코드를 수정한 다음 〈1분 뒤 메시지 창〉 버튼을 클릭해 봅니다. 상태 표시줄에 매크로 실행까지 남은 시간이 표시됩니다.

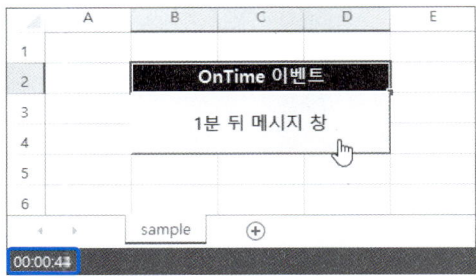

OnTime 이벤트로 일정 간격으로 매크로 반복 실행하기

222

OnTime 메서드를 이용해 매크로를 예약할 때, 한 번만 실행되도록 하는 것이 아니라 일정 간격으로 매크로가 반복해서 실행되도록 할 수 있습니다. 예약된 매크로에서 일정 시간 뒤에 다시 매크로가 실행되도록 예약하면 됩니다. 다만 이렇게 하면 매크로가 계속 실행되므로 필요에 따라 예약된 매크로를 취소할 수 있도록 매크로 실행 시간을 Private 또는 Public 형식의 변수에 저장하는 것이 좋습니다. 이번에는 OnTime 메서드를 이용해 특정 매크로를 반복 실행하는 방법에 대해 알아보겠습니다.

예제 파일 PART 03 \ (Application) OnTime 이벤트 II.xlsm

다음은 일정한 간격으로 특정 프로시저를 반복 실행하도록 구성한 코드의 예입니다.

```
Private 예약시간 As Date                    ❶

Sub 매크로실행예약()                          ❷

    예약시간 = Now + TimeSerial(0, 0, 10)    ❸
    Application.OnTime 예약시간, "안내메시지"  ❹

End Sub

Sub 안내메시지()                             ❺

    MsgBox "안내 메시지입니다."                ❻
    Call 매크로실행예약                        ❼

End Sub

Sub 매크로예약취소()                          ❽

    Application.OnTime 예약시간, "안내메시지", , False    ❾

End Sub
```

❶ Date 형식의 '예약시간' 변수를 선언합니다. 변수를 코드 창 상단에 Private 키워드로 선언했으므로 동일한 코드 창에 있는 모든 프로시저에서 이 변수를 사용할 수 있습니다.

❷ '매크로실행예약' Sub 프로시저를 선언합니다. 파일을 열 때 바로 실행되도록 하려면 프로시저 이름을 Auto_Open으로 변경하거나 Workbook_Open 이벤트 프로시저를 사용합니다.

❸ '예약시간' 변수에 현재 시각(Now)에서 10초 뒤 시각을 저장합니다.

❹ OnTime 메서드를 이용해 '예약시간' 변수에 저장된 시각에 '안내메시지' 매크로를 실행하도록 예약합니다.

❺ '안내메시지' Sub 프로시저를 선언합니다.

❻ MsgBox 함수를 사용해 안내 메시지 창을 표시합니다.

❼ Call 문을 사용해 '매크로실행예약' 매크로를 호출합니다. 이렇게 하면 다시 10초 뒤에 '안내메시지' 매크로가 실행되며, 이 동작이 반복될 때마다 '안내메시지' 매크로가 반복해서 실행됩니다.

❽ '매크로예약취소' Sub 프로시저를 선언합니다. 파일을 닫을 때 자동으로 예약된 프로시저를 취소하려면, 프로시저 이름을 Auto_Close로 변경하거나 Workbook_BeforeClose 이벤트 프로시저를 사용합니다.

❾ OnTime 메서드를 이용해 '예약시간' 변수에 저장된 시각에 예약된 '안내메시지' 매크로 실행을 취소합니다. 예제 코드에서는 매개변수 이름을 생략해 네 번째 인수 값을 지정하기 위해 쉼표(,)를 중간에 두 번 입력했지만, 매개변수 이름을 사용해 다음과 같이 코드를 구성해도 됩니다.

```
Application.OnTime EarliestTime:=예약시간, Procedure:="안내메시지", Schedule:=False
```

위 매크로를 테스트하려면 제공된 예제 파일을 열고 다음 설명을 참고해 버튼을 클릭해 봅니다

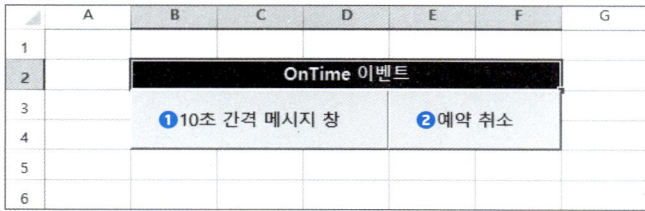

❶ '매크로실행예약' 매크로가 연결되어 있으며, 클릭하면 10초 간격으로 메시지 창이 표시됩니다.

❷ '매크로예약취소' 매크로가 연결되어 있으며, 클릭하면 메시지 창이 더 이상 표시되지 않습니다.

OnKey 이벤트를 활용해 단축키로 매크로 실행하기 223

Application 개체에는 OnTime 메서드 이외에도 이벤트와 관련된 OnKey, OnRepeat, OnUndo 와 같은 메서드가 제공됩니다. 이 중 OnKey 메서드는 사용자의 키 입력을 인식해 지정된 매크로를 실행할 때 사용할 수 있습니다. 즉, 매크로에 단축키를 설정할 수 있는데, 만약 사용자가 설정한 단축키가 엑셀의 내장 단축키와 동일하다면 OnKey 메서드로 지정한 단축키 동작이 우선 실행되므로 주의해야 합니다. 이번에는 OnKey 이벤트를 이용해 단축키 설정을 제어하는 방법에 대해 알아보겠습니다.

예제 파일 PART 03 \ (Application) OnKey 이벤트.xlsm

OnKey 메서드 구문

특정 키(또는 키 조합)를 누를 때 지정된 매크로를 실행할 수 있는 OnKey 메서드의 구문은 다음과 같습니다.

```
Application.OnKey( Key, Procedure )
```

❶ Key : 사용자가 입력할 키(또는 키 조합)를 의미하는 문자열로, 큰따옴표(")로 묶어 전달합니다.

키 종류	Key	키 종류	Key
Backspace	BS	위 방향키	UP
Delete	DEL	아래 방향키	Down
ESC	Esc	왼쪽 방향키	LEFT
Enter	~	오른쪽 방향키	RIGHT
Alt	%	Page Up	PGUP
Ctrl	^	Page Down	PGDN
Shift	+	Tab	Tab
영문자	입력	펑션키	F1 ~ F15

❷ Procudure : 실행할 매크로 이름을 큰따옴표(")로 묶어 전달합니다. 이 매개변수에 아무 매크로도 연결하지 않으면 내장 단축키가 실행되며, 빈 문자(" ")를 전달하면 단축키를 눌렀을 때 아무런 동작도 실행되지 않습니다.

OnKey 메서드는 위에서 설명한 키 문자열을 조합해 설정하며, 해당 키가 눌렸을 때 자동으로 동작합니다. 그러므로 Key 매개변수에 정확한 키 문자열을 설정할 필요가 있습니다. 예를 들어 단축키 Ctrl + P 는 Key 매개변수에 ^p인데, 이때 주의할 점은 영문자는 대/소문자를 구분해 설정해야 한다는 점입니다. 즉, ^P와 같이 영문자를 대문자로 설정하면 단축키 Ctrl + Shift + P 를 누른 것으로 인식하므로 주의해야 합니다. 참고로 배열수식을 사용할 때 입력하는 Ctrl + Shift + Enter 키의 조합은 Key 매개변수에 ^+~와 같이 전달합니다.

OnKey 메서드 사용 예

OnKey 메서드를 이용해 단축키 Ctrl + P 를 눌렀을 때 원하는 매크로가 실행되도록 하거나 해제하는 방법, 또는 단축키 Ctrl + P 를 사용하지 못하도록 하는 방법을 다음 코드를 통해 확인할 수 있습니다.

```
Sub 단축키설정()                    ①

    Application.OnKey "^p", "안내메시지"      ②

End Sub

Sub 안내메시지()                    ③

    MsgBox "인쇄 작업 대신 메시지 창이 표시됩니다."   ④

End Sub

Sub 단축키초기화()                  ⑤

    Application.OnKey "^p"              ⑥

End Sub

Sub 단축키불능()                    ⑦

    Application.OnKey "^p", ""          ⑧

End Sub
```

① '단축키설정' 매크로를 선언합니다. 파일을 열 때 자동으로 실행하려면 매크로 이름을 Auto_Open으로 수정하거나 Workbook_Open 이벤트 프로시저를 사용합니다.

② OnKey 메서드를 이용해 단축키 Ctrl + P 를 눌렀을 때 '안내메시지' 매크로가 실행되도록 설정합니다.

③ '안내메시지' 매크로를 선언합니다. 이 매크로가 단축키를 눌렀을 때 실행될 매크로입니다.

④ MsgBox 함수를 사용해 메시지 창을 표시합니다.

⑤ '단축키초기화' 매크로를 선언합니다. 이 매크로는 OnKey 메서드로 설정된 매크로를 해제하는 역할을 합니다.

⑥ OnKey 메서드를 이용해 단축키 Ctrl + P 만 설정합니다. 이렇게 하면 단축키 Ctrl + P 를 누를 때 엑셀의 내장 명령(인쇄)이 실행됩니다.

⑦ '단축키불능' 매크로를 선언합니다. 이 매크로는 단축키 Ctrl + P 를 눌렀을 때 아무 동작도 실행되지 않도록 합니다.

⑧ OnKey 메서드를 이용해 단축키 Ctrl + P 를 눌렀을 때 실행할 매크로 이름을 빈 문자("")로 설정합니다. 이렇게 하면 실행할 매크로가 설정되지 않아 아무런 동작도 이뤄지지 않습니다.

OnKey 이벤트의 동작과 관련해서 예제 파일을 열고 다음 설명을 참고해 테스트해 봅니다.

	A	B	C	D	E	F
1						
2			OnKey 이벤트			
3				❶ 매크로 연결		
4						
5			Ctrl+P	❷ 원래대로		
6						
7				❸ 불능화		
8						
9						

❶ '단축키설정' 매크로가 연결되어 있으며, 이 버튼을 클릭하고 단축키 Ctrl+P 를 누르면 '안내메시지' 매크로가 실행됩니다.

❷ '단축키초기화' 매크로가 연결되어 있으며, 이 버튼을 클릭하고 단축키 Ctrl+P 를 누르면 원래 동작인 리본 메뉴의 [파일]-[인쇄] 명령을 선택한 것과 동일한 화면이 표시됩니다.

❸ '단축키불능' 매크로가 연결되어 있으며, 이 버튼을 클릭하고 단축키 Ctrl+P 를 누르면 아무런 동작도 이뤄지지 않습니다.

> **Plus⁺** Ctrl 키와 연결되지 않은 영문 단축키
>
> 엑셀에서 제공되는 단축키 중에서 Ctrl 키와 조합되어 사용되지 않는 영문 단축키는 다음과 같습니다.
> Ctrl+J, Ctrl+M, Ctrl+Q
>
> 위 단축키는 엑셀 2013, 2016 버전에서 모두 사용되지 않는 단축키입니다. 참고로 엑셀 2010 버전에서는 Ctrl+E 단축키에도 할당된 명령이 없었는데 2013 버전에서 새로 추가된 '빠른 채우기' 명령이 할당되었습니다. 이처럼 새로운 버전에서는 이전에 사용되지 않았던 단축키에 새로 추가된 명령이 할당되는 경우가 있으므로, 업그레이드할 때 해당 단축키에 할당된 명령이 없는지 미리 확인해야 합니다.

CHAPTER

17

사용자 정의 폼

앞에서 개발한 다양한 프로시저(Sub, Function, Event)들은 정해져 있는 일을 처리하기에는
편리하지만, 사용자와 커뮤니케이션을 하면서 동작하는 면에서는 아쉬움이 있습니다.
이런 점을 보완하려면 폼 개체를 이용해 사용자에게 익숙한 대화상자를 제공하고,
사용자가 입력한 값이나 선택한 옵션에 따라 동작하도록 구성하면 됩니다.
다만 이런 개발 작업을 하려면 다양한 폼 컨트롤을 구성하는 방법과
폼에 추가한 컨트롤을 조작하는 방법에 대해 잘 이해할 필요가 있습니다.
이번 장에서는 폼에서 사용하는 다양한 컨트롤에 대해 자세하게 알아보겠습니다.

사용자 정의 폼 이해하기   224

사용자 정의 폼은 UserForm 개체로, VB 편집기에서 추가할 수 있습니다. 엑셀에는 UserForm 개체에 삽입할 수 있는 다양한 컨트롤이 제공되므로, 해당 컨트롤을 이용하면 엑셀 프로그램에서 자주 사용하는 대화상자와 동일한 폼이나 자신만의 구성을 갖는 폼을 다양한 방식으로 개발할 수 있습니다. 이번에는 폼 개발을 위해 UserForm 개체를 추가하고 개발하는 과정에 대해 간략하게 알아보겠습니다.

예제 파일   PART 03 \ (Userform) 폼 생성.xlsm

UserForm 개체 추가

폼 개체를 파일에 추가하는 방법은 다음과 같습니다.

01 예제 파일을 열고, 리본 메뉴의 [개발 도구] 탭-[코드] 그룹-[Visual Basic] 명령(📷)을 클릭하거나, 단축키 Alt + F11 을 눌러 VB 편집기를 실행합니다.

02 VB 편집기의 [삽입]-[사용자 정의 폼] 메뉴를 선택해 폼 개체를 하나 추가합니다. 계속해서 [삽입]-[사용자 정의 폼] 메뉴를 선택하면 여러 개의 폼 개체를 추가할 수 있습니다.

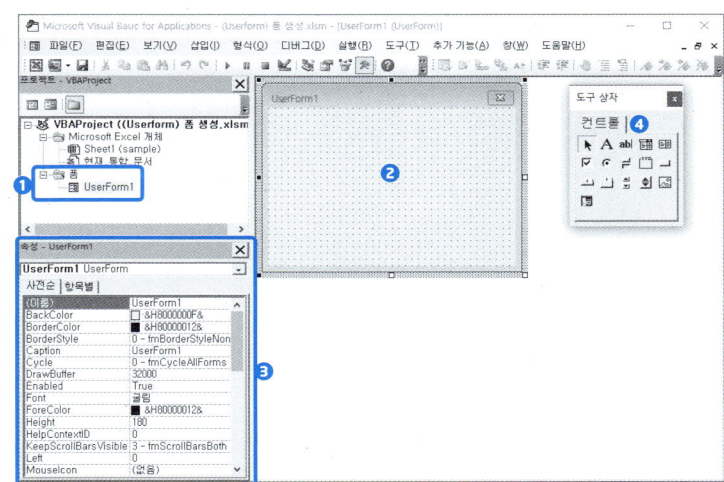

> **Plus⁺ 삽입된 UserForm 개체 이해하기**
>
> ❶ 프로젝트 탐색기 창에 '폼' 폴더의 하위로 UserForm1 개체가 표시됩니다.
> ❷ 폼 개체입니다. 폼 개체 테두리의 크기 조정 핸들(□)을 드래그하면 폼 크기를 조정할 수 있습니다.
> ❸ 폼 개체의 속성 값이 속성 창에 표시됩니다.
> ❹ 폼 개체에 추가할 수 있는 Active-X 컨트롤을 표시하는 도구 상자 창이 표시됩니다.

03 VB 편집기에서 폼 개체가 표시되는 위치는 코드 창 영역으로, 이 위치에 코드 창과 폼 개체 창이 전환되면서 표시됩니다. 코드 창을 표시하려면 프로젝트 탐색기 창 상단의 [코드 보기] 명령(□)을 클릭합니다.

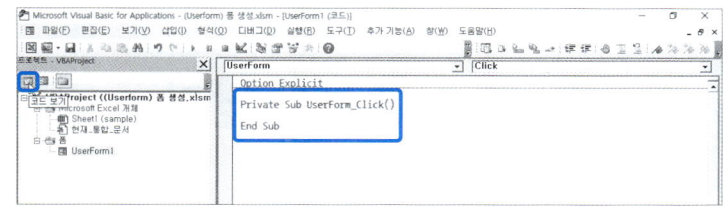

TIP 코드 창에는 폼 개체의 기본 이벤트 프로시저인 Click 이벤트 프로시저가 자동으로 생성될 수 있는데, 필요하지 않으면 삭제합니다.

Plus+ 폼 개체의 주요 이벤트

폼 개체의 이벤트 중에서 가장 많이 사용되는 이벤트는 다음과 같습니다.

이벤트 프로시저	설명
Initialize	폼이 메모리에 로딩될 때 발생합니다. 메모리에 로딩될 때란 폼이 실행되면서 화면에 표시되기 전을 의미합니다.
Activate	폼이 활성화되어 화면에 표시될 때 발생합니다.
DeActivate	폼이 비활성화될 때 발생합니다.
QueryClose	폼을 닫기 전에 발생합니다.
Terminate	폼이 닫힌 후에 발생합니다.

---

04 다시 폼 개체를 보려면 프로젝트 탐색기 창 상단의 [개체 보기] 명령(□)을 클릭합니다.

05 폼 개체의 이름을 변경하려면 속성 창의 '(이름)' 속성을 변경하면 됩니다. 다음 화면을 참고해 UserForm1 개체의 이름을 '입력폼'으로 변경합니다.

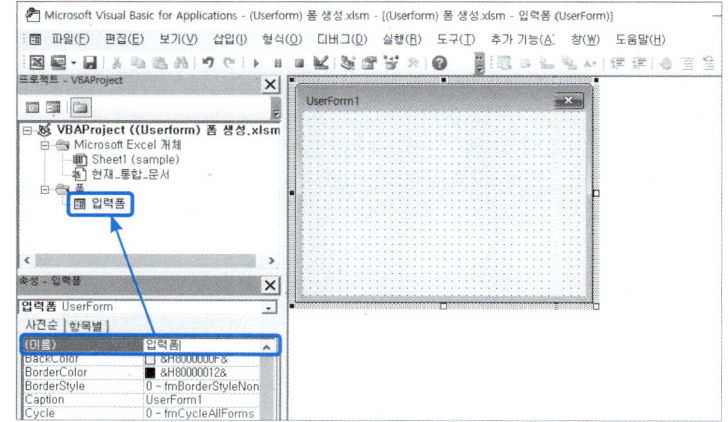

TIP 속성 창의 '(이름)' 속성을 변경하면 프로젝트 탐색기 창의 폼 개체 이름이 변경됩니다.

개발된 폼 실행하고 닫기 225

개발된 폼 개체를 엑셀에서 실행하려면 폼 개체를 실행하는 별도의 Sub 프로시저(매크로)를 개발할 필요가 있습니다. 그리고 폼을 닫을 때 폼 우측 상단의 닫기 단추를 이용할 수도 있지만, 별도의 〈닫기〉 버튼을 구성해 해당 버튼을 클릭하면 닫히도록 할 수도 있습니다. 폼을 닫는 코드는 폼 개체의 코드 창에 개발하면 됩니다. 이번에는 간단하게 폼 개체를 화면에 표시하고 닫는 방법을 알아보겠습니다.

예제 파일 PART 03 \ (Userform) 폼 실행, 닫기.xlsm

01 예제 파일을 열고 단축키 Alt + F11 을 누른 다음, [삽입]-[모듈] 메뉴를 선택해 Module1 개체를 추가합니다.

02 Module1 개체의 코드 창에 다음 코드를 입력합니다.

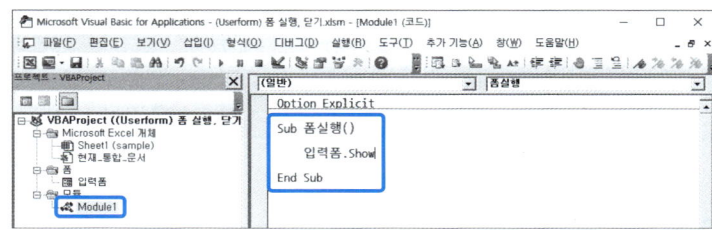

```
Sub 폼실행()
    입력폼.Show              ①
End Sub
```

① 폼 개체(입력폼)를 실행하기 위해 Show 메서드를 사용합니다. 참고로 '입력폼'은 폼 이름으로, 이름이 틀리면 폼이 실행되지 않으며, 나중에 이름을 수정하면 자동으로 변경되지 않으므로 주의합니다.

03 프로젝트 탐색기 창에서 '입력폼' 개체를 선택하고, 프로젝트 탐색기 창 상단의 [코드 보기] 명령(□)을 클릭해 폼 개체의 코드 창을 표시합니다.

04 코드 창에 UserForm 개체의 Click 이벤트 프로시저를 생성하고, 다음 코드를 입력합니다.

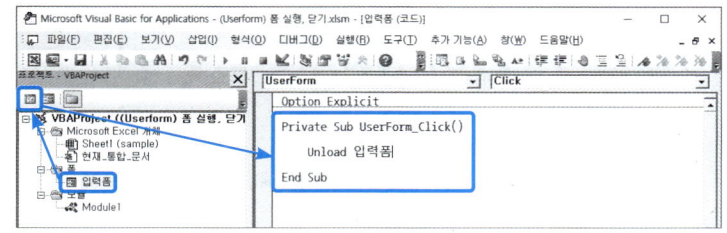

```
Private Sub UserForm_Click()           ①

    Unload 입력폼                      ②

Enc Sub
```

❶ 폼을 클릭할 때 자동으로 실행되는 UserForm_Click 이벤트 프로시저를 선언합니다. 코드 창 상단의 개체 목록에서 UserForm 개체를 선택하면 자동으로 생성됩니다.

❷ Unload 문은 폼을 메모리에서 제거하는 역할을 합니다. 이 동작으로 폼이 닫히게 됩니다. Unload 문 다음에는 닫을 폼 이름이 입력되어야 하는데, 폼 이름 대신 현재 개체를 반환하는 Me 키워드를 다음과 같이 사용할 수 있습니다.

```
Unload Me
```

Me 키워드는 프로시저가 속한 개체를 반환하는데, 이번에는 폼 개체의 코드 창에서 사용했으므로, Me 키워드는 '입력폼' 개체를 의미합니다.

05 개발된 코드를 테스트하기 위해 VB 편집기를 닫고 버튼 컨트롤에 매크로를 연결합니다. 리본 메뉴의 [개발 도구] 탭-[컨트롤] 그룹-[삽입]-[양식 컨트롤]-[단추] 명령을 클릭하고 B2:C3 범위에 화면과 같이 추가합니다. 그런 다음, '매크로 지정' 대화상자에서 '폼실행' 매크로를 선택하고 〈확인〉 버튼을 클릭합니다.

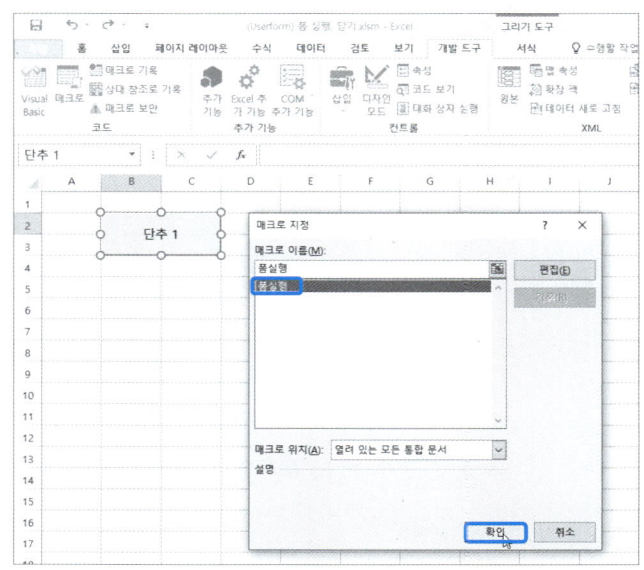

06 추가된 〈단추 1〉 버튼을 클릭하면 폼이 실행되며, 폼의 빈 영역을 클릭하면 **04** 과정에서 개발해 놓은 코드가 동작하면서 폼이 닫힙니다.

도구 상자의 Active-X 컨트롤의 역할 이해하기

226

폼 개체에는 다양한 컨트롤을 추가해 사용할 수 있으며, 컨트롤을 삽입해 원하는 폼 레이아웃을 구성할 수 있습니다. 그러므로 개발자는 폼을 구성할 때 각 컨트롤의 종류와 역할을 정확하게 이해하고 있어야 하며, 추가로 사용할 수 있는 컨트롤에는 무엇이 있는지도 알고 있어야 합니다. 이번에는 폼에서 사용 가능한 기본 Active-X 컨트롤의 종류와 역할에 대해 알아보겠습니다.

예제 파일 없음

도구 상자 창에 표시되는 컨트롤은 다음과 같습니다. 아래 컨트롤이 기본 Active-X 컨트롤입니다.

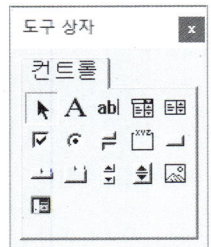

도구 상자 창의 개별 컨트롤을 왼쪽 상단부터 우측 하단 순으로 살펴보면 다음과 같습니다.

아이콘	컨트롤	역할
A	레이블 (Label)	폼에 문자열을 표시할 때 사용합니다.
abl	텍스트 상자 (TextBox)	폼에 값을 입력할 때 사용합니다.
	콤보 상자 (ComboBox)	텍스트 상자 컨트롤과 목록 상자 컨트롤이 결합된 형태로, '드롭 다운 목록'이라고도 합니다. 아래 화살표 단추(▼)를 클릭해 여러 개의 항목 중 하나를 선택하거나 값을 입력할 때 사용합니다.
	목록 상자 (ListBox)	선택할 수 있는 여러 개 항목 리스트를 표시하며, 그중 하나 또는 여러 개를 선택할 때 사용합니다.
	확인란 (CheckBox)	폼에서 하나의 옵션에 대한 선택 여부를 결정하도록 할 때 사용합니다.
	옵션 단추 (OptionButton)	폼에서 여러 개의 옵션 중 하나를 선택하도록 할 때 사용합니다.
	토글 단추 (ToggleButton)	누름과 누르지 않음으로 선택 여부를 구분하고자 할 때 사용합니다.
	프레임 (Frame)	다른 컨트롤을 그룹으로 묶어 구분하고자 할 때 사용합니다. 주로 옵션 단추(또는 확인란)를 묶어 하나의 집합을 표시할 때 사용합니다.

	명령 단추 (CommandButton)	버튼을 눌러 원하는 명령이 실행되도록 할 때 사용합니다.
	연속 탭 (TabStrip)	다중 페이지 컨트롤과 유사한 컨트롤로, 탭으로 페이지를 구분하고자 할 때 사용합니다. 연속 탭 컨트롤은 이전 버전과의 호환성 때문에 제공되며, 탭을 사용하는 폼을 개발할 때는 연속 탭 컨트롤보다는 다중 페이지 컨트롤을 이용하는 것이 좋습니다.
	다중 페이지 (MultiPage)	여러 개의 페이지를 탭으로 구분하는 대화상자를 만들려고 할 때 사용하며, 마법사 폼은 다중 페이지 컨트롤을 사용해 구성합니다.
	스크롤 막대 (ScrollBar)	텍스트 상자 컨트롤과 연계해 긴 구간의 값을 조정할 때 사용합니다. 스핀 단추 컨트롤과 유사합니다.
	스핀 단추 (SpinButton)	텍스트 상자 컨트롤과 연계해 짧은 구간의 값을 조정할 때 사용합니다.
	이미지 (Image)	폼에 그림(이미지)을 표시할 때 사용합니다.
	RefEdit	폼에서 워크시트 내 범위를 선택할 때 사용합니다. 대화상자에서 [대화상자 축소] 아이콘( )이 있는 입력 상자의 역할과 동일합니다.

도구 상자에 새 Active-X 컨트롤 추가하기

227

도구 상자 창에 표시된 컨트롤 외에도 사용자 PC에 설치된 프로그램에 따라 좀 더 다양한 컨트롤을 폼에 추가해 사용할 수 있습니다. 예를 들면, Listbox 컨트롤보다 뛰어난 ListView 컨트롤(SECTION 257~260), 원하는 항목을 트리 구조로 표시할 수 있는 TreeView 컨트롤(SECTION 254~256), 달력을 넣을 수 있는 MonthView 컨트롤(SECTION 261~264) 등을 추가로 사용할 수 있습니다. 이번에는 도구 상자 창에 원하는 컨트롤을 추가하고 삭제하는 방법에 대해 알아보겠습니다.

예제 파일 없음

01 도구 상자 창에 원하는 컨트롤을 추가하기 위해, 빈 영역에서 마우스 오른쪽 버튼을 클릭하고 [추가 컨트롤] 메뉴를 선택합니다.

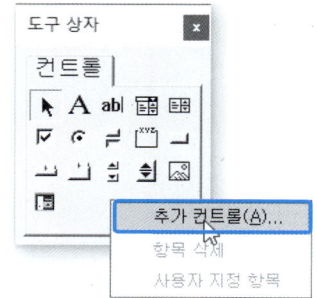

02 원하는 컨트롤을 선택하고 〈확인〉 버튼을 클릭합니다. 이번에는 플래시 파일을 재생할 수 있는 Shockwave Flash Object 컨트롤을 선택합니다.

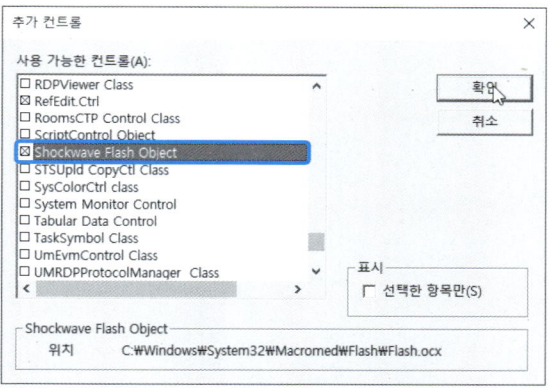

TIP Shockwave Flash Object 컨트롤이 없다면 다른 컨트롤을 선택해도 됩니다.

03 선택한 컨트롤의 아이콘이 도구 상자 창에 추가됩니다.

선택한 컨트롤에 따라 명령 아이콘은 다른 모습일 수 있습니다.

04 추가된 컨트롤을 더 이상 사용하지 않게 되어 삭제하려면 도구 상자 창에서 추가된 컨트롤 아이콘을 마우스 오른쪽 버튼으로 클릭한 다음 ['컨트롤 이름' 삭제] 메뉴를 클릭합니다.

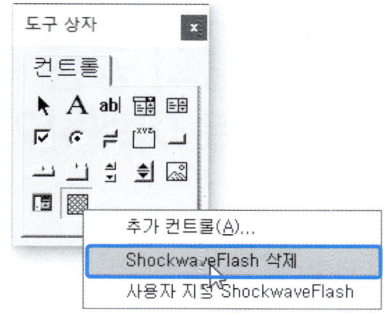

Plus⁺ 새 탭을 추가해 컨트롤 등록하기

도구 상자 창에서 기본 컨트롤 외에 추가 컨트롤을 구분해 작업하고 싶다면, 새 탭을 등록해 컨트롤을 추가할 수도 있습니다. 다음 순서를 참고합니다.

01 상단의 '컨트롤' 탭 부분을 마우스 오른쪽 버튼으로 클릭한 다음 [새 페이지] 메뉴를 선택합니다.

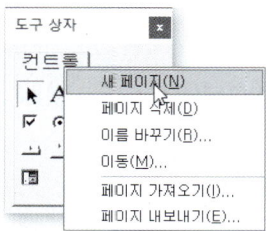

TIP 추가한 탭을 삭제하려면 해당 탭을 선택하고 [페이지 삭제] 메뉴를 선택합니다.

02 추가된 새 탭을 마우스 오른쪽 버튼으로 클릭한 다음 [이름 바꾸기] 메뉴를 선택합니다.

03 '이름 바꾸기' 대화상자에서 '캡션' 항목을 원하는 이름으로 수정합니다.

TIP 여기서는 '추가'라는 이름을 사용했습니다.

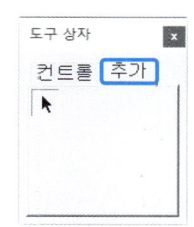

04 그런 다음, 새 탭에 컨트롤을 추가하는 작업을 진행합니다.

컨트롤의 공통 속성 및 이벤트 이해하기

228

도구 상자 창의 컨트롤을 폼에 추가한 다음, 컨트롤을 입맛에 맞게 사용하려면 여러 가지 속성 및 컨트롤에 할당된 이벤트 프로시저에 대해 이해해야 합니다. 하나씩 모두 살펴보려면 지면이 너무 많이 필요하므로, 가장 일반적으로 많이 사용되는 공통 속성 및 이벤트 프로시저에 대해 알아보겠습니다.

예제 파일 PART 03 \ (Userform) 폼 컨트롤.xlsm

컨트롤 속성 확인하기

폼에 삽입된 컨트롤을 선택하고 속성 창을 보면, 해당 컨트롤의 속성 값이 표시됩니다. 여기에서 속성 값을 확인하거나 변경할 수 있습니다.

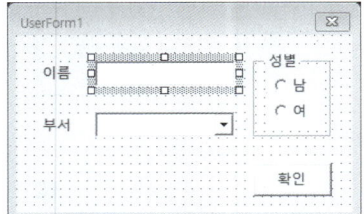 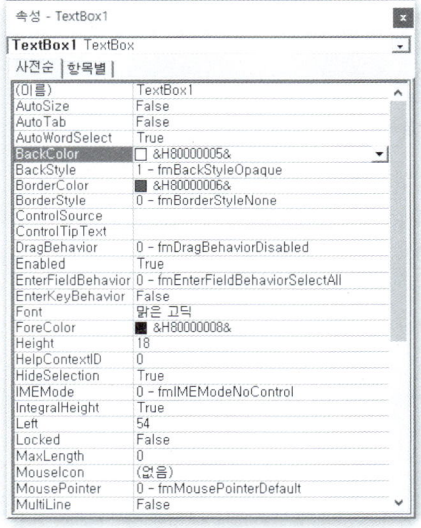

TIP 화면은 TextBox 컨트롤을 선택했을 때의 속성 창 화면입니다. 속성 하나하나에 대한 자세한 설명은 F1 키를 눌러 도움말을 참고합니다.

컨트롤의 주요 속성

여러 컨트롤에서 공통적으로 사용할 수 있는 주요 속성은 다음과 같습니다.

속성	설명
Name	컨트롤의 이름을 설정합니다. Name 속성은 속성 창에서는 (이름)으로 표시됩니다.
Caption	버튼이나 레이블, 옵션 단추 컨트롤 등에서 컨트롤에 표시될 문자열을 설정합니다.
ControlTipText	컨트롤에 마우스 포인터를 옮겼을 때 화면에 표시할 풍선 도움말을 설정합니다.

Enabled	사용자가 컨트롤을 조작할 수 있는지 여부를 True, False로 설정합니다.
Font	컨트롤의 기본 글꼴을 설정합니다.
Left	폼에서 컨트롤이 표시될 왼쪽 위치로, 폼 왼쪽 테두리로부터의 거리입니다.
Top	폼에서 컨트롤이 표시될 상단 위치로, 폼 상단 테두리로부터의 거리입니다.
Height	폼에 표시될 컨트롤의 세로 길이를 설정합니다.
Width	폼에 표시될 컨트롤의 가로 너비를 설정합니다.
Tag	컨트롤에 사용자가 필요한 키워드를 입력해 관리할 수 있습니다.
Visible	컨트롤을 폼에 표시할지 여부를 설정합니다.
Value	컨트롤에 입력(또는 선택)된 값입니다.

컨트롤의 주요 이벤트

컨트롤은 모두 이벤트 프로시저로, 사용자의 동작에 따라 처리할 동작을 지정하는 방식으로 개발합니다.

이벤트	설명
AfterUpdate	컨트롤 값이 변경된 이후에 발생하며 이후 Exit 이벤트가 발생합니다.
BeforeUpdate	컨트롤의 값이 변경되기 전에 발생합니다.
Change	컨트롤의 값이 변경될 때 발생합니다.
DblClick	컨트롤에서 마우스를 더블클릭할 때 발생합니다.
Enter	컨트롤이 포커스를 받기 바로 직전에 발생합니다. 포커스는 엑셀 개체의 Activate 이벤트와 유사하며 Visual Basic의 GotFocus 이벤트와 동일합니다.
Exit	컨트롤이 포커스를 잃기 직전에 발생합니다. Exit는 DeActivate 이벤트와 유사하며, Visual Basic의 LostFocus 이벤트와 동일합니다.
KeyDown	컨트롤에서 키보드의 키를 누를 때 발생합니다.
KeyUp	컨트롤에서 눌렀던 키를 놓을 때 발생합니다.
KeyPress	컨트롤에서 실제 문자가 입력되는 키(ANSI 키)를 눌렀을 때 발생합니다. 실제 입력되지 않는 문자는 Tab, Enter, 화살표 키 등입니다. 참고로 문자를 삭제할 때 사용하는 Backspace 키는 KeyPress 이벤트가 발생하며, Del 키는 KeyPress 이벤트가 발생하지 않습니다.
MouseDown	컨트롤에서 마우스 단추를 누를 때 발생합니다.
MouseUp	컨트롤에서 마우스 단추를 놓을 때 발생합니다.
MouseMove	컨트롤에서 마우스를 이동하면 발생합니다.

이 외에도 컨트롤마다 다양한 이벤트 프로시저가 제공됩니다. 예를 들어 스핀 단추 컨트롤은 스핀 단추 컨트롤의 위/아래 단추를 클릭할 때 발생하는 SpinUp과 SpinDown 이벤트 프로시저를 제공합니다. 각 컨트롤의 전체 이벤트를 확인하려면, 폼에 컨트롤을 추가한 다음 폼 개체 코드 창의 개체 목록에서 삽입한 컨트롤을 선택하고 프로시저 목록을 살펴봅니다.

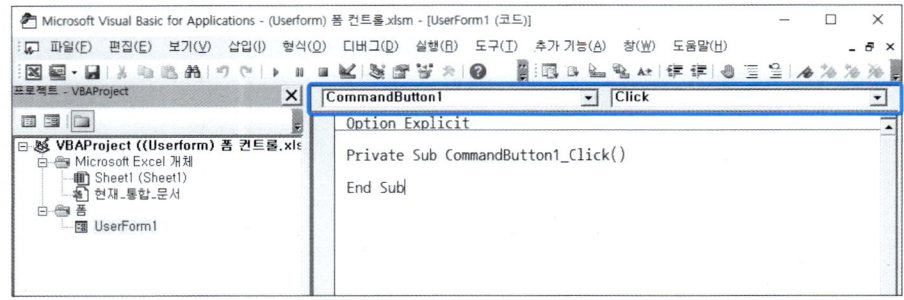

TIP 개체 목록에서 CommandBar1 컨트롤을 선택하고 프로시저 목록을 보면 전체 이벤트 프로시저를 확인할 수 있습니다.

CommandButton 컨트롤 사용하기

229

CommandButton(명령 단추) 컨트롤은 폼 개체에서 빠질 수 없는 가장 중요한 컨트롤 중의 하나로, 우리가 보통 '버튼'이라고 부르는 컨트롤입니다. 보통 대화상자에는 여러 유형의 버튼이 제공되는데, 일반적으로 가장 많이 쓰이는 버튼은 〈확인〉, 〈취소〉, 〈닫기〉, 〈저장〉 등입니다. 이번에는 폼에 CommandButton 컨트롤을 추가하고 몇 가지 동작을 처리하는 방법에 대해 알아보겠습니다.

예제 파일 PART 03 \ (Userform) CommandButton 컨트롤.xlsm

01 예제 파일을 열고 〈폼 실행〉 버튼을 클릭하면 다음 폼이 실행됩니다.

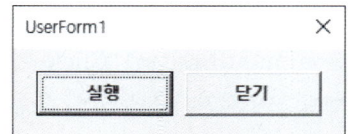

02 위 대화상자에는 다음과 같은 CommandButton 컨트롤 두 개가 추가되어 있습니다.

컨트롤 이름	Caption
CommandButton1	실행
CommandButton2	닫기

03 대화상자의 버튼이 다음과 같이 동작하도록 기능을 개발합니다.

- 폼을 실행할 때, 〈닫기〉 버튼을 사용할 수 없도록 설정합니다.
- 〈실행〉 버튼을 클릭하면 〈닫기〉 버튼을 사용할 수 있도록 설정합니다.
- 〈닫기〉 버튼을 클릭하면 폼을 닫습니다.

04 이제 폼 우측 상단의 닫기 단추(×)를 클릭해 대화상자를 닫습니다.

05 단축키 Alt + F11 을 눌러 프로젝트 탐색기 창을 열고 UserForm1 개체를 더블클릭해 선택합니다. 〈닫기〉 버튼(CommandButton2)을 선택하고 속성 창의 Enabled 속성을 False로 변경합니다.

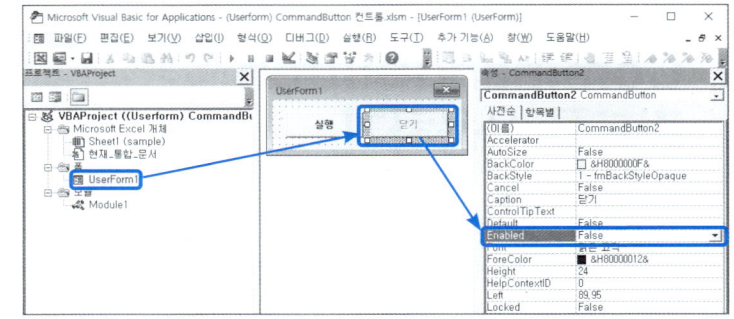

TIP Enabled 속성을 선택한 다음 오른쪽 True 값을 더블클릭하면 False로 변경됩니다.

06 이번에는 〈실행〉 버튼(CommandButton1)을 더블클릭해 코드 창을 엽니다. 그러면 CommandButton1_Click 이벤트 프로시저가 자동으로 생성됩니다. 다음 코드를 입력합니다.

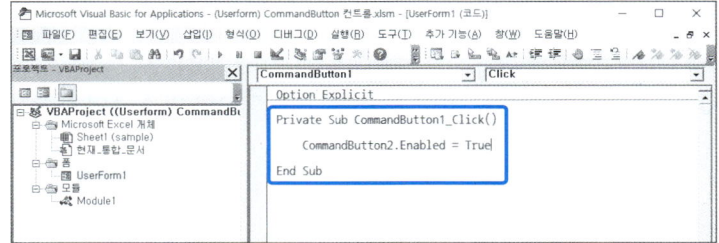

```
Private Sub CommandButton1_Click()         ①

    CommandButton2.Enabled = True          ②

End Sub
```

① CommandButton1_Click 이벤트는 해당 버튼 컨트롤을 클릭할 때 자동으로 실행되는 이벤트입니다.

② CommandButton2 컨트롤의 Enabled 속성을 True로 설정합니다. 이렇게 하면 〈실행〉 버튼을 클릭할 때 〈닫기〉 버튼을 사용할 수 있게 됩니다.

07 〈닫기〉 버튼(CommandButton2)을 클릭하면 폼이 닫히도록 기능을 개발합니다. 개체 목록에서 CommandButton2를 선택하면 CommandButton2_Click 이벤트 프로시저가 자동으로 생성됩니다. 다음 코드를 입력합니다.

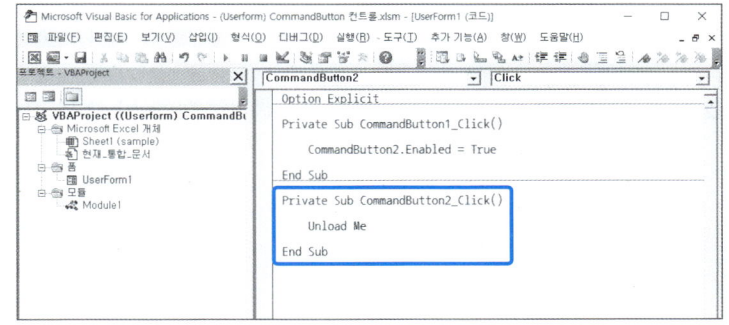

```
Private Sub CommandButton2_Click()          ①

    Unload Me          ②

End Sub
```

❶ CommandButton2_Click 이벤트는 〈닫기〉 버튼을 클릭하면 실행됩니다.

❷ Unload 문을 이용해 현재 폼(UserForm1) 개체를 닫습니다.

08 이제 VB 편집기를 닫고 〈폼 실행〉 버튼을 클릭합니다. 그러면 〈닫기〉 버튼을 사용할 수 없는 것을 확인할 수 있습니다. 〈실행〉 버튼을 클릭하면 〈닫기〉 버튼이 사용 가능하도록 설정되며, 이때 〈닫기〉 버튼을 클릭하면 폼이 닫힙니다.

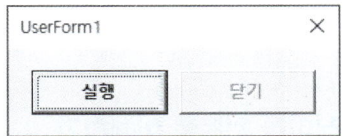

Label 컨트롤 사용하기 230

Label 컨트롤은 다른 컨트롤의 제목을 표시하거나, 폼을 사용하는 데 도움이 되는 설명을 나타내려고 할 때 사용됩니다. 이 컨트롤은 폼이 실행된 다음에는 사용자가 변경할 수 없으며, 단순하게 값을 표시하는 역할만 할 수 있습니다. 이번에는 Label 컨트롤이 무엇이고 어떻게 사용해야 하는지 알아보겠습니다.

예제 파일 PART 03 \ (Userform) Label 컨트롤 I.xlsm

레이블 컨트롤 이해하기

다음은 엑셀 사용자가 자주 사용하는 '찾기 및 바꾸기' 대화상자입니다. 아래 화면에서 레이블 컨트롤은 텍스트 상자(TextBox) 컨트롤과 콤보 상자(ComboBox) 컨트롤의 제목을 표시하고 있습니다.

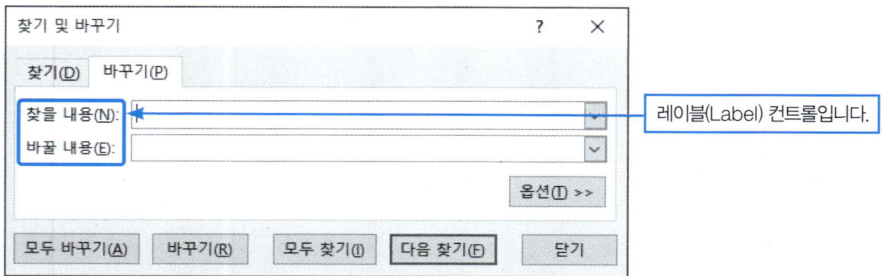

레이블 컨트롤 사용하기

01 예제 파일을 열면 다음 화면을 확인할 수 있습니다.

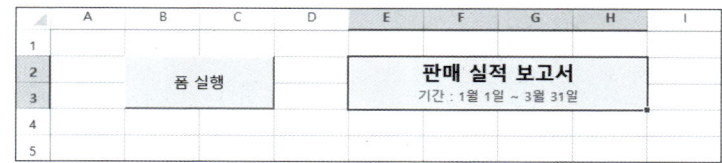

02 〈폼 실행〉 버튼을 클릭하면 다음 화면과 같은 폼이 표시됩니다.

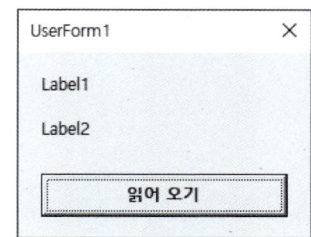

> **Plus+ 폼에 추가된 컨트롤**
>
> 폼에는 다음과 같은 컨트롤 세 개가 추가되어 있습니다.
>
> | 컨트롤 이름 | Caption |
> |---|---|
> | Label1 | Label1 |
> | Label2 | Label2 |
> | CommandButton1 | 읽어 오기 |

03 대화상자의 〈읽어 오기〉 버튼을 클릭하면 E2:H3 병합 셀의 제목을 Label1, Label2 컨트롤에 각각 표시하도록 합니다. 참고로 셀에 입력된 값은 일부분에 별도의 서식을 지정하는 것이 가능하지만, Label 컨트롤은 그렇게 할 수 없으므로 두 행을 서로 다른 Label 컨트롤에 표시해 각각 서식을 지정합니다.

04 열려 있는 폼은 우측 상단의 닫기 단추(×)를 클릭해 닫습니다.

05 단축키 Alt + F11 을 누르고, 프로젝트 탐색기 창에서 UserForm1 개체를 더블클릭해 선택한 다음 〈읽어 오기〉 버튼(CommandButton1 컨트롤)을 더블클릭합니다. 코드 창에 CommandButton1_ Click 이벤트 프로시저가 생성되면 다음 코드를 입력합니다.

파일 : (Userform) Label 컨트롤 I (코드).txt

```
Private Sub CommandButton1_Click()                    ①

'1단계 : 필요한 변수를 선언하고, E2셀의 값을 저장해 놓습니다.
    Dim 제목 As String                                ②

    제목 = Range("E2").Value                          ③

'2단계 : Label1 컨트롤에 원하는 값을 표시하고, 서식을 설정합니다.
    With Label1                                       ④
        .Caption = Left(제목, InStr(1, 제목, vbLf) - 1)  ⑤
        .TextAlign = fmTextAlignCenter                ⑥

        With .Font                                    ⑦
            .Size = 14
            .Bold = True
        End With

    End With

'3단계 : Label2 컨트롤에 원하는 값을 표시하고, 서식을 설정합니다.
    With Label2                                       ⑧
        .Caption = Mid(제목, InStr(1, 제목, vbLf) + 1)   ⑨
        .TextAlign = fmTextAlignCenter
```

```
            .Font.Size = 10
            .ForeColor = RGB(0, 112, 192)                ―⑩
        End With

End Sub
```

❶ CommandButton1_Click 이벤트는 〈읽어 오기〉 버튼을 클릭할 때 실행됩니다.

❷ String 형식의 '제목' 변수를 선언합니다.

❸ '제목' 변수에 E2셀의 값을 저장합니다. E2:H3 병합 셀에는 값이 E2셀에만 저장되므로, 이렇게 하면 '제목' 변수에 E2:H3 병합 셀의 값이 저장됩니다.

❹ Label1 컨트롤에 적용할 여러 작업을 With … End With 문으로 처리합니다.

❺ Label1 컨트롤에 '제목' 변수의 값 중 첫 번째 행 값을 표시합니다. 셀에서 줄을 바꿔 입력할 때 사용하는 Alt + Enter 키는 라인 피드(Line feed) 문자를 입력하는 것과 동일합니다. 라인 피드 문자를 반환하는 vbLf 내장 상수를 사용해 '제목' 변수에 저장된 값에서 라인 피드 문자 왼쪽 부분을 잘라내 Label1 컨트롤에 표시합니다.

❻ Label1 컨트롤에 표시할 값을 가운데 정렬합니다. Label 컨트롤에 표시되는 값에는 셀처럼 왼쪽, 가운데, 오른쪽 맞춤을 지정할 수 있는데, 이때 사용되는 속성이 TextAlign입니다. 이 속성의 값을 이번과 같이 fmTextAlignCenter로 지정하면 가운데에 맞춰집니다. TextAlign 속성에서 사용할 수 있는 내장 상수는 다음과 같습니다.

내장 상수	값	설명
fmTextAlignLeft	1	레이블 컨트롤 왼쪽으로 문자열을 맞춰 표시합니다.
fmTextAlignCenter	2	레이블 컨트롤 가운데에 문자열을 맞춰 표시합니다.
fmTextAlignRight	3	레이블 컨트롤 오른쪽으로 문자열을 맞춰 표시합니다.

❼ Label1 컨트롤의 글꼴(Font) 속성을 With … End With 문으로 설정해, 글꼴 크기(Size)는 14로 설정하고 굵게(Bold) 효과를 적용합니다.

❽ Label2 컨트롤에 여러 작업을 With … End With 문으로 처리합니다.

❾ Label2 컨트롤에 '제목' 변수의 값 중 두 번째 행 값을 저장합니다. Mid 함수의 세 번째 인수가 생략되어 있는데, 이것은 두 번째 위치에서 끝까지 잘라내라는 의미로 이해하면 됩니다. 참고로 Mid 함수의 세 번째 인수를 생략하는 방법은 워크시트 함수인 Mid 함수에서는 사용할 수 없습니다.

❿ Label2 컨트롤의 글꼴 색을 설정하기 위해 ForeColor 속성에 RGB 함수를 사용해 색을 설정합니다. 엑셀에서 제공되는 색상표의 색을 RGB 함수의 색으로 확인하려면, 셀에 원하는 색상을 적용한 다음 색상표 하단의 [다른 색] 메뉴를 선택하고 '색' 대화상자의 '사용자 지정' 탭에서 빨강, 녹색, 파랑의 값을 그대로 RGB 함수에 전달하면 됩니다.

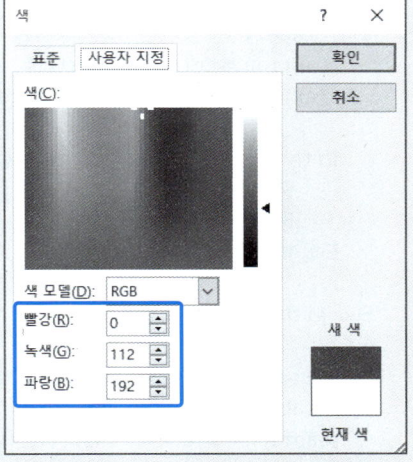

06 이제 VB 편집기를 닫고 〈폼 실행〉 버튼을 클릭합니다. 폼에서 〈읽어 오기〉 버튼을 클릭하면 화면과 같이 폼에 셀 값이 동일한 서식으로 표시되는 것을 확인할 수 있습니다.

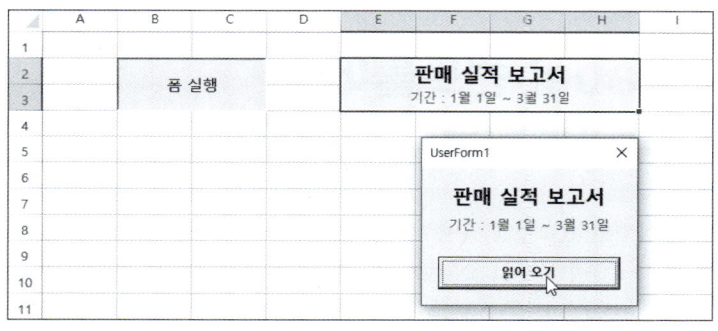

Label 컨트롤에 하이퍼링크 설정하기

231

폼에 삽입한 컨트롤에 셀에서 사용하는 하이퍼링크를 적용하고 싶은 경우가 있을 것입니다. 하지만 엑셀에서는 그런 기능이 제공되지 않으므로 약간의 트릭이 필요합니다. 이 방법을 사용하면 TextBox와 같은 여러 컨트롤에 하이퍼링크를 생성한 것과 같은 효과를 얻을 수 있지만, 하이퍼링크를 가장 깔끔하게 설정할 수 있는 컨트롤은 이번에 설명할 Label 컨트롤입니다. 이번에는 Label 컨트롤에 하이퍼링크를 설정하는 방법에 대해 알아보겠습니다.

예제 파일 PART 03 \ (Userform) Label 컨트롤 II.xlsm, Hand.cur

01 예제 파일을 열고, 〈폼 실행〉 버튼을 클릭하면 화면과 같은 폼이 표시됩니다. TextBox1 컨트롤에 웹 주소 또는 이메일 주소를 입력하고 〈하이퍼링크 만들기〉 버튼을 클릭하면 TextBox1 컨트롤에 입력된 값으로 Label1 컨트롤에 하이퍼링크가 설정되도록 해 보겠습니다.

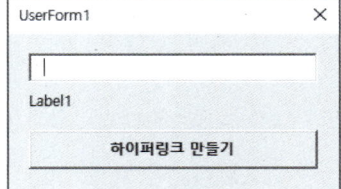

Plus⁺ 폼에 추가된 컨트롤

폼에는 다음과 같은 컨트롤 세 개가 추가되어 있습니다.

컨트롤 이름	Caption
TextBox1	
Label1	Label1
CommandButton1	하이퍼링크 만들기

02 열려 있는 폼은 우측 상단의 닫기 단추(✖)를 클릭해 닫습니다.

03 단축키 Alt + F11 을 누르고, 프로젝트 탐색기 창에서 UserForm1 개체를 더블클릭해 선택합니다. 〈하이퍼링크 만들기〉 버튼(CommandButton1 컨트롤)을 더블클릭하여 CommandButton1_Click 이벤트 프로시저가 생성되면 다음 코드를 입력합니다.

파일 : (Userform) Label 컨트롤 II (코드).txt

```
Private Sub CommandButton1_Click()             ❶

    With Label1                                ❷
        .Caption = TextBox1.Value              ❸
        .TextAlign = fmTextAlignCenter         ❹
        .ForeColor = RGB(0, 0, 255)            ❺
        .Font.Underline = True                 ❻
        .MousePointer = fmMousePointerCustom   ❼
        .MouseIcon = LoadPicture(ThisWorkbook.Path & "\Hand.cur")  ❽
    End With

End Sub
```

❶ CommandButton1_Click 이벤트는 〈하이퍼링크 만들기〉 버튼을 클릭할 때 실행됩니다.

❷ Label1 컨트롤에 여러 작업을 With … End With 문으로 처리합니다.

❸ Label1 컨트롤에 TextBox1 컨트롤의 값을 표시합니다.

❹ Label1 컨트롤의 TextAlign 속성을 변경해 표시 값을 가운데로 맞춥니다.

❺ Label1 컨트롤의 글꼴 색을 RGB 함수를 사용해 파랑(하이퍼링크의 색)으로 설정합니다.

❻ Label1 컨트롤의 글꼴(Font) 설정 중 밑줄(Underline)을 적용합니다.

❼ Label1 컨트롤 위에 마우스 포인터를 갖다 놓을 때 포인터가 변경되도록 설정하는데, fmMousePointerCustome 내장 상수를 적용해 MouseIcon 속성에 적용된 아이콘이 표시되도록 합니다.

❽ Label1 컨트롤 위에 마우스 포인터를 갖다 놓을 때 표시할 마우스 포인터 아이콘의 위치를 지정합니다. 마우스 포인터 아이콘은 LoadPicture 함수로 현재 파일과 같은 경로에 'Hand.cur' 파일의 아이콘을 사용합니다.

04 Label1 컨트롤을 클릭할 때 하이퍼링크를 클릭한 것처럼 동작시킬 코드를 개발합니다. 코드 창의 개체 목록에서 Label1 컨트롤을 선택하여 Label1_Click 이벤트 프로시저가 생성되면 다음 코드를 입력합니다.

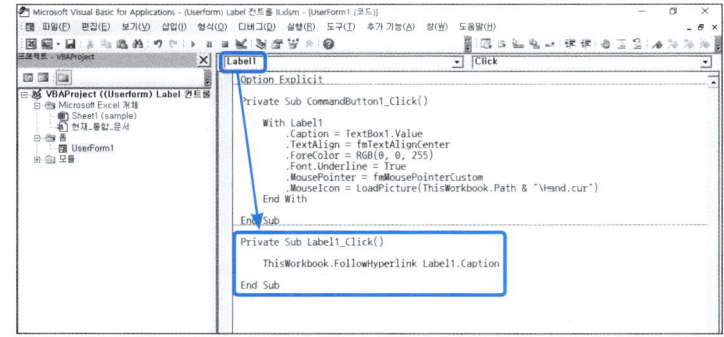

```
Private Sub Label1_Click()                     ❶

    ThisWorkbook.FollowHyperlink Label1.Caption  ❷

End Sub
```

❶ Label1_Click 이벤트는 이동할 웹 사이트 주소가 표시된 Label 컨트롤을 클릭할 때 실행됩니다.

❷ Label1 컨트롤의 표시 값에 현재 파일의 하이퍼링크를 연결해 실행합니다. 이번 코드는 FollowHyperlink 메서드의 Address 속성을 사용한 것으로, 매개변수를 정확하게 사용해 코드를 구성하면 다음과 같습니다.

```
ThisWorkbook.FollowHyperlink Address:=Label1.Caption
```

05 이제 VB 편집기 창을 닫고, 〈폼 실행〉 버튼을 클릭합니다. TextBox1 컨트롤에 원하는 웹 사이트 주소를 입력하고 〈하이퍼링크 만들기〉 버튼을 클릭합니다. 다음과 같이 Label1 컨트롤에 하이퍼링크가 설정되면 클릭해서 해당 홈페이지가 웹 브라우저에 표시되는지 확인합니다.

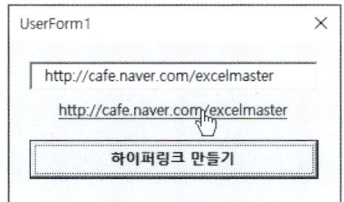

> **Plus⁺ 이메일 주소의 하이퍼링크 만들기**
>
> 주소를 다음과 같이 입력하면 이메일을 바로 작성할 수 있습니다.
>
> **mailto://이메일주소**

TextBox 컨트롤 사용하기   232

폼 개체에서 가장 많이 사용하는 컨트롤을 하나 고르라면, TextBox(텍스트 상자) 컨트롤을 들 수 있습니다. 이 컨트롤은 주로 값을 입력 받거나, 입력된 값을 편집할 목적으로 사용됩니다. 폼 개체로 자주 개발하는 입력 폼 등의 경우 거의 전체를 TextBox 컨트롤로 구성하는 경우도 적지 않기 때문에 이 컨트롤의 구성 방법에 대해 제대로 이해할 필요가 있습니다. 이번에는 텍스트 상자 컨트롤을 이용하는 방법에 대해 알아보겠습니다.

예제 파일 PART 03 \ (Userform) TextBox 컨트롤 I.xlsm

01 예제 파일을 열고, 〈폼 실행〉 버튼을 클릭하면 화면과 같은 폼이 표시됩니다. TextBox1, TextBox2 컨트롤에 이름과 직위를 각각 입력한 다음 〈입력〉 버튼을 클릭하면 B3:C10 범위의 표에 순서대로 값이 입력되도록 해 보겠습니다.

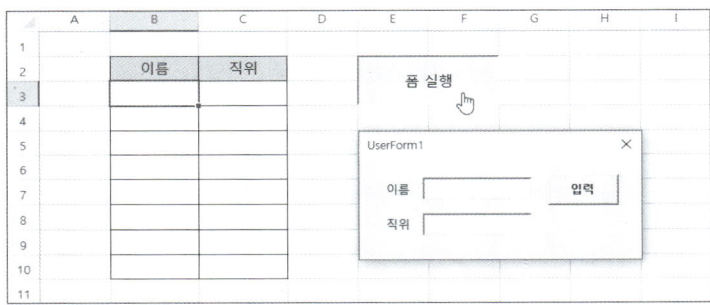

Plus⁺ 폼에 삽입된 컨트롤

폼에는 다음과 같은 컨트롤 다섯 개가 추가되어 있습니다.

컨트롤 이름	Caption
TextBox1	
TextBox2	
Label1	이름
Label2	직위
CommandButton1	입력

02 열려 있는 폼은 우측 상단의 닫기 단추(❌)를 클릭해 닫습니다.

03 단축키 Alt+F11을 누르고, 프로젝트 탐색기 창에서 UserForm1 개체를 더블클릭해 선택합니다. 〈입력〉 버튼(CommandButton1 컨트롤)을 더블클릭하여 CommandButton1_Click 이벤트 프로시저를 생성하고 다음 코드를 입력합니다.

파일 : (Userform) TextBox 컨트롤 I (코드).txt

```
Private Sub CommandButton1_Click()                    ❶

'1단계 : 필요한 변수를 선언합니다.
    Dim 입력위치 As Range                             ❷

'2단계 : 입력 작업을 진행할지 여부를 판단합니다.
    If Len(TextBox1.Value) > 0 Then                   ❸

        If Len(TextBox2.Value) > 0 Then               ❹

'3단계 : TextBox 컨트롤의 값을 지정된 위치에 기록합니다.
            Set 입력위치 = Cells(Rows.Count, "B").End(xlUp).Offset(1)   ❺

            With 입력위치                              ❻
                .Value = TextBox1.Value               ❼
                .Offset(, 1).Value = TextBox2.Value   ❽
            End With

        End If

    End If

End Sub
```

❶ CommandButton1_Click 이벤트는 〈입력〉 버튼을 클릭할 때 실행됩니다.

❷ Range 형식의 '입력위치' 개체변수를 선언합니다.

❸ TextBox1 컨트롤에 입력된 값이 있는지 Len 함수를 이용해 판단합니다. Len 함수는 문자 개수를 반환하므로, 0보다 크면 입력된 값이 존재하는 것입니다. 이 경우에만 아래 줄의 코드를 실행합니다.

❹ TextBox2 컨트롤에 입력된 값이 있는지 Len 함수를 이용해 판단해, 입력된 경우에만 다음 줄의 코드를 실행합니다. 이렇게 하면 TextBox1과 TextBox2 컨트롤에 모두 값이 입력된 경우에만 ❺의 아래 코드가 실행됩니다.

❺ B열의 마지막 데이터 입력 위치의 바로 아래 셀을 '입력위치' 개체변수에 할당합니다.

❻ '입력위치' 개체변수에 몇 가지 작업을 With … End With 문을 사용해 처리합니다.

❼ '입력위치' 개체변수에 할당된 셀에 TextBox1 컨트롤에 입력된 값을 저장합니다.

❽ '입력위치' 개체변수에 할당된 셀의 오른쪽 셀(.Offset(, 1))에 TextBox2 컨트롤의 값을 저장합니다.

04 TextBox 컨트롤에 값을 입력하다 보면 상황에 따라 한/영 변환을 해야 하는데, 입력할 값이 확실히 한글 또는 영어라면 입력할 언어를 미리 설정할 수 있습니다. 프로젝트 탐색기 창 상단에서 [개체 보기] 명령(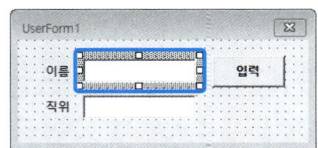)을 클릭해 폼 개체를 표시한 다음 TextBox1 컨트롤을 클릭해 선택하고, 속성 창에서 IMEMode 속성의 값을 '10-fmIMEModeHangul'으로 변경합니다. 그러면 이름을 입력할 때 항상 한글이 우선 입력됩니다.

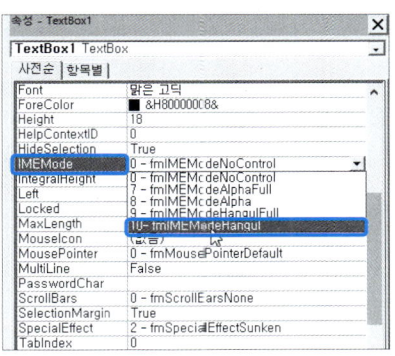

05 이제 VB 편집기를 닫고, 〈폼 실행〉 버튼을 클릭합니다. TextBox1, TextBox2 컨트롤에 이름과 직위를 입력하고 〈입력〉 버튼을 클릭하면 폼에 입력한 값이 B3:C3 범위에 저장됩니다.

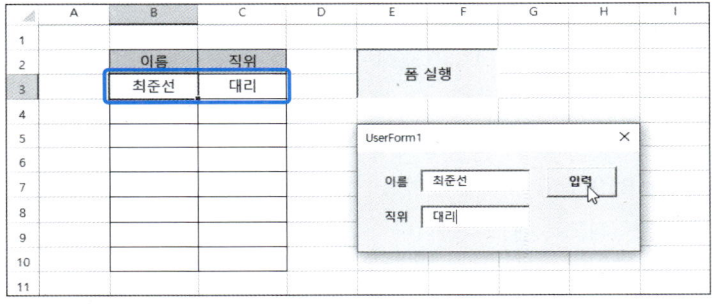

TextBox 컨트롤에 숫자 서식 지정하기

233

TextBox 컨트롤은 이름에서 확인할 수 있듯이 입력된 모든 값이 텍스트 형식이므로 별도의 숫자 서식을 지정할 수 없습니다. 숫자 서식을 지정한 것과 같은 효과를 적용하려면 입력된 값을 Format 함수를 사용해 원하는 값으로 변경하고 재입력하는 작업을 해야 합니다. 이런 일련의 작업은 TextBox 컨트롤의 Change 이벤트를 이용해 진행하는 것이 가장 편리합니다.

예제 파일 PART 03 \ (Userform) TextBox 컨트롤 II.xlsm

01 제공된 예제 파일을 열고, 〈폼 실행〉 버튼을 클릭하면 화면과 같은 폼이 표시됩니다. TextBox1 컨트롤에 숫자만 입력하도록 설정한 다음 〈입력〉 버튼을 클릭하면 B2:B10 범위의 표에 값이 숫자로 입력되도록 해 보겠습니다.

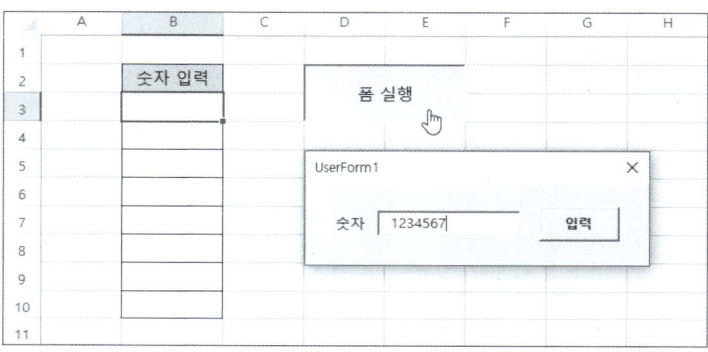

> **Plus⁺ 폼에 삽입된 컨트롤**
>
> 폼에는 다음과 같은 컨트롤 세 개가 추가되어 있습니다.
>
> | 컨트롤 이름 | Caption |
> |---|---|
> | TextBox1 | |
> | Label1 | 숫자 |
> | CommandButton1 | 입력 |

02 열려 있는 폼은 우측 상단의 닫기 단추(✕)를 클릭해 닫습니다.

03 단축키 Alt + F11 을 누르고 프로젝트 탐색기 창에서 UserForm1 개체를 더블클릭해 선택합니다. TextBox1 컨트롤을 더블클릭하여 TextBox1_Change 이벤트 프로시저를 코드 창에 생성하고 다음 코드를 입력합니다.

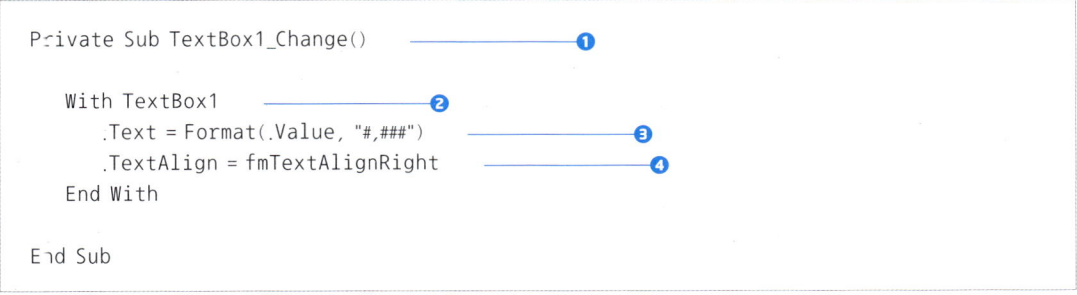

❶ TextBox1_Change 이벤트는 Textbox1 컨트롤의 값을 수정할 때 실행됩니다.

❷ TextBox1 컨트롤의 여러 작업을 전달하기 위해 With … End With 문을 사용합니다.

❸ Format 함수를 사용해 TextBox1 컨트롤의 값의 서식을 '#,###'로 변경한 다음, TextBox1 컨트롤의 표시 값으로 저장합니다.

❹ TextBox1 컨트롤의 값이 오른쪽에 맞춰지도록 TextAlign 속성을 설정합니다.

> **Plus⁺ TEXTBOX 컨트롤의 TEXT 속성과 VALUE 속성의 차이**
>
> TextBox 컨트롤의 기본 속성은 Value 속성으로, TextBox 컨트롤에 저장된 값을 반환하거나 설정할 때 사용합니다. Text 속성은 TextBox 컨트롤의 텍스트 값을 반환하거나 설정할 때 사용하는데, TextBox 컨트롤은 텍스트 값만 저장하므로 Text 속성과 Value 속성을 구분해 사용할 필요가 없습니다. 참고로 Text 속성에 설정한 값은 모두 Value 속성에 그대로 전달됩니다.

04 TextBox 컨트롤에는 키를 입력할 때 동작하는 KeyPress 이벤트가 존재합니다. 이 이벤트를 이용해 숫자에 해당하는 0~9 사이의 문자만 입력되도록 설정하겠습니다. 코드 창 상단의 개체 목록에서 TextBox1 컨트롤을, 프로시저 목록에서 KeyPress 이벤트를 선택하여 TextBox1_KeyPress 이벤트 프로시저를 생성하고 다음 코드를 입력합니다.

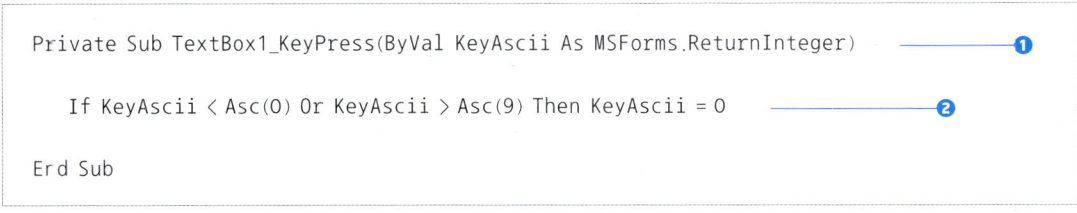

❶ TextBox1_KeyPress 이벤트는 TextBox1 컨트롤에서 키보드를 누를 때 실행됩니다. TextBox1_KeyPress 이벤트 프로시저의 KeyAscii 매개변수에는 사용자가 입력한 문자의 ASCII 코드가 전달됩니다.

❷ 사용자가 0~9 사이의 값만 입력할 수 있도록 문자의 ASCII 코드를 반환하는 Asc 함수를 사용해 판단합니다. 만약 0~9 사이의 문자가 아니면 KeyAscii 매개변수 값을 0으로 수정해 키 입력 작업을 취소합니다.

05 입력된 숫자 값이 B2:B10 범위에 순서대로 기록되도록 〈입력〉 버튼을 클릭했을 때의 동작을 개발합니다. 코드 창 상단의 개체 목록에서 CommandButton1 컨트롤을 선택해 CommandButton1_Click 이벤트 프로시저를 생성하고 다음 코드를 입력합니다.

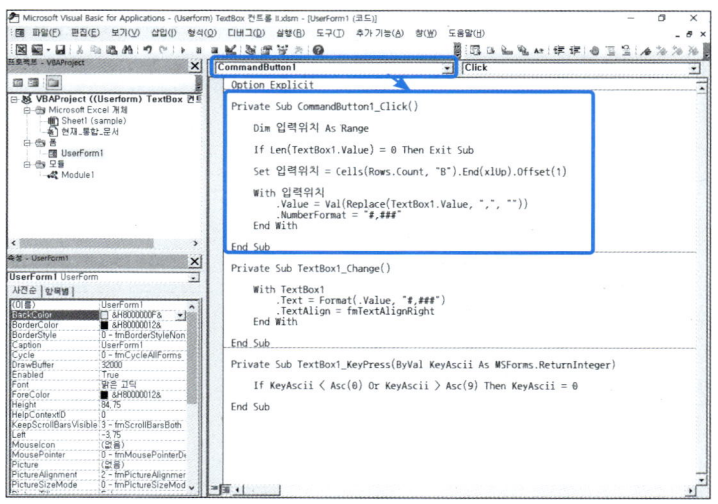

파일 : (Userform) TextBox 컨트롤 II (코드).txt

```
Private Sub CommandButton1_Click()                    ①

'1단계 : 필요한 변수를 선언합니다.
    Dim 입력위치 As Range                              ②

'2단계 : 입력 작업을 진행할지 여부를 판단합니다.
If Len(TextBox1.Value) = 0 Then Exit Sub              ③

'3단계 : TextBox1 컨트롤의 값을 지정된 위치에 기록합니다.
    Set 입력위치 = Cells(Rows.Count, "B").End(xlUp).Offset(1)   ④

    With 입력위치                                      ⑤
        .Value = Val(Replace(TextBox1.Value, ",", ""))          ⑥
        .NumberFormat = "#,###"                                 ⑦
    End With

End Sub
```

① CommandButton1_Click 이벤트는 〈입력〉 버튼을 클릭할 때 실행됩니다.

② Range 형식의 '입력위치' 개체변수를 선언합니다.

③ TextBox1 컨트롤에서 입력된 값을 지우면 Exit Sub 명령으로 이벤트를 종료합니다.

④ '입력위치' 개체변수에 B열에서 데이터가 입력된 마지막 셀의 바로 아래 셀을 할당합니다.

⑤ '입력위치' 개체변수에 With … End With 문을 사용해 ⑥-⑦ 작업을 동시에 처리합니다.

⑥ '입력위치' 개체변수에 할당된 셀에 TextBox1 컨트롤의 값을 저장합니다. 단, TextBox1 컨트롤의 값 중 ',' (천 단위 구분 기호 문자)는 Replace 함수로 삭제한 다음 Val 함수를 이용해 숫자로 변환해 저장합니다.

⑦ '입력위치' 개체변수에 할당된 셀의 숫자 서식을 '#,###'로 설정합니다. 참고로 0만 입력된 경우에 숫자 0를 표시하려면 숫자 서식을 '#,##0'으로 변경합니다.

06 VB 편집기를 닫고 〈폼 실행〉 버튼을 클릭합니다. TextBox1 컨트롤에 숫자 값을 입력하고 〈입력〉 버튼을 클릭하면 B3셀에 입력됩니다. 이후 데이터를 입력하면 B4, B5셀에 순차적으로 입력됩니다.

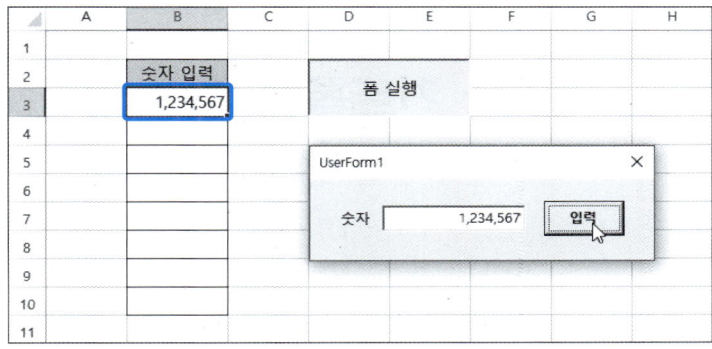

TextBox 컨트롤에 암호 입력하기 234

인터넷 사이트에 로그인할 때나 여러 프로그램을 사용할 때 비밀번호를 입력하면, 입력된 문자 대신 '*' 문자가 화면에 표시됩니다. 폼 컨트롤 중에서 값을 입력할 때 주로 사용하는 TextBox 컨트롤에도 그런 효과를 주는 것이 가능합니다. 이런 방법은 입력된 값을 다른 사용자로부터 보호해야 하는 경우에 매우 유용하게 사용할 수 있습니다.

예제 파일 PART 03 \ (Userform) TextBox 컨트롤 III.xlsm

01 예제 파일을 열고 〈폼 실행〉 버튼을 클릭하면 화면과 같은 폼이 표시됩니다. TextBox1 컨트롤에 '1234'를 입력하면 화면과 같이 입력된 값이 그대로 표시됩니다. 입력된 값 대신 '*' 문자가 표시되도록 하고, 암호는 최대 여덟 자리까지만 입력할 수 있도록 해 보겠습니다.

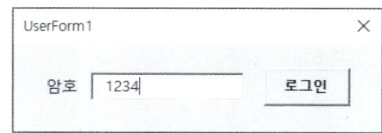

Plus+ 폼에 삽입된 컨트롤

폼에는 다음과 같은 컨트롤 세 개가 추가되어 있습니다.

컨트롤 이름	Caption
TextBox1	
Label1	암호
CommandButton1	로그인

02 열려 있는 폼은 우측 상단의 닫기 단추(☒)를 클릭해 닫습니다.

03 단축키 Alt + F11 을 누르고, 프로젝트 탐색기 창에서 User-form1 개체를 더블클릭해 선택합니다. TextBox1 컨트롤을 선택하고 속성 창에서 다음 두 개의 속성을 각각 수정합니다.

MaxLength : 8
PasswordChar : *

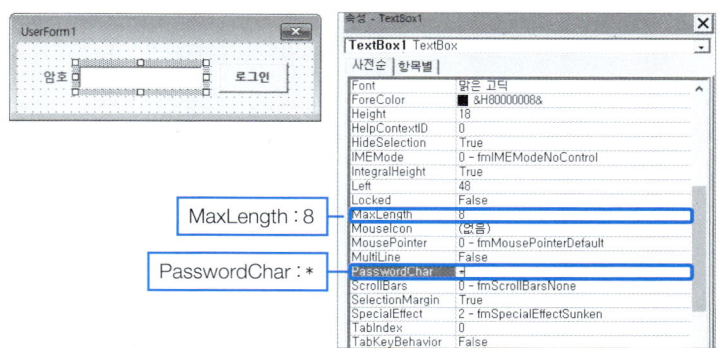

Plus⁺ 수정한 속성 이해하기

TextBox 컨트롤의 수정된 속성에 대한 설명입니다.

속성	설명
MaxLength	텍스트 상자(또는 콤보 상자) 컨트롤에서 입력 가능한 최대 문자 수를 설정합니다. 이 속성을 설정하면 이 값보다 더 많은 문자는 입력할 수 없습니다.
PasswordChar	텍스트 상자 컨트롤에 입력되는 문자 대신 표시할 대체 문자를 설정합니다.

04 〈로그인〉 버튼을 클릭했을 때 암호를 매칭하는 동작을 개발합니다. 폼 개체에서 〈로그인〉 버튼을 더블클릭해 CommandButton1_Click 이벤트 프로시저를 생성하고 다음 코드를 입력합니다.

파일 : (Userform) TextBox 컨트롤 III (코드).txt

```
Private Sub CommandButton1_Click()             ❶

    If TextBox1.Value = "1234" Then            ❷

        MsgBox "암호가 일치합니다."              ❸
        Unload Me                              ❹

    Else                                       ❺

        TextBox1.Value = ""                    ❻
        TextBox1.SetFocus                      ❼

    End If

End Sub
```

❶ CommandButton1_Click 이벤트는 〈로그인〉 버튼을 클릭할 때 실행됩니다.

❷ TextBox1 컨트롤의 값이 '1234'(암호)와 같은지 판단해, ❸-❹의 코드를 실행합니다.

❸ 암호가 같다면 MsgBox 함수를 사용해 안내 메시지를 화면에 표시합니다.

❹ 폼을 닫습니다.

❺ 암호가 다르다면 ❻-❼의 코드를 실행합니다.

❻ TextBox1 컨트롤의 값을 지웁니다.

❼ 다시 암호를 입력할 수 있도록 TextBox1 컨트롤로 커서를 옮깁니다.

05 이제 VB 편집기를 닫고, 〈폼 실행〉 버튼을 클릭합니다. TextBox1 컨트롤에 숫자 값(예제에서는 1234)을 입력하면 입력한 값 대신 '*' 문자가 텍스트 상자에 나타납니다. 〈로그인〉 버튼을 클릭해 **04** 과정에서 개발한 코드가 제대로 동작하는지 확인합니다.

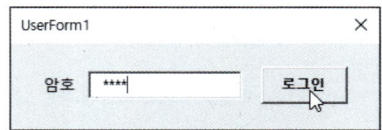

TextBox 컨트롤에 여러 줄 입력하기

235

셀에서 줄을 바꿔 입력하려면 Alt + Enter 키를 누르고 입력하면 되지만, TextBox 컨트롤은 기본적으로 줄을 바꿔 입력할 수 없습니다. 하지만 TextBox 컨트롤의 속성을 변경하면 줄을 바꿔 데이터를 입력할 수 있습니다. 이렇게 줄을 바꿔 입력한 TextBox 컨트롤 값을 셀에 저장하면 TextBox에 입력한 값 그대로 여러 줄에 나눠 입력됩니다. 이번에는 TextBox 컨트롤에 여러 줄의 값을 입력하고 셀에 저장하는 방법에 대해 알아보겠습니다.

예제 파일 PART 03 \ (Userform) TextBox 컨트롤 IV.xlsm

01 예제 파일을 열고 〈폼 실행〉 버튼을 클릭하면 화면과 같은 폼이 표시됩니다. TextBox 컨트롤에 텍스트를 여러 줄 입력하고, 입력된 값을 B3:E7 병합 셀에 저장하는 작업을 진행해 보겠습니다.

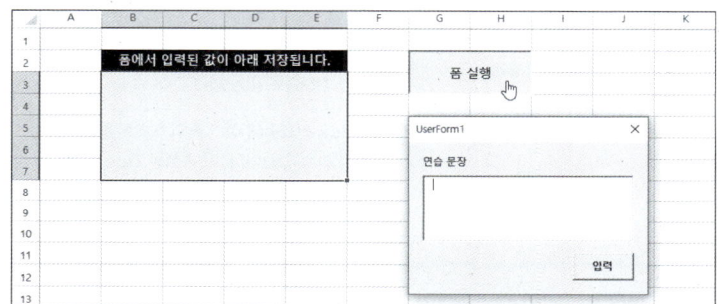

> **Plus⁺ 폼에 삽입된 컨트롤**
>
> 폼에는 다음과 같은 컨트롤 세 개가 추가되어 있습니다.
>
> | 컨트롤 이름 | Caption |
> |---|---|
> | TextBox1 | |
> | Label1 | 연습 문장 |
> | CommandButton1 | 입력 |

02 열려 있는 폼은 우측 상단의 닫기 단추(×)를 클릭해 닫습니다.

03 단축키 Alt + F11을 눌러 VB 편집기를 열고, 프로젝트 탐색기 창에서 UserForm1 개체를 더블클릭해 선택합니다. TextBox1 컨트롤을 선택하고 속성 창에서 다음 두 속성을 각각 수정합니다.

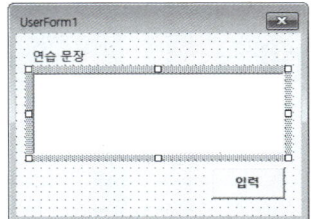
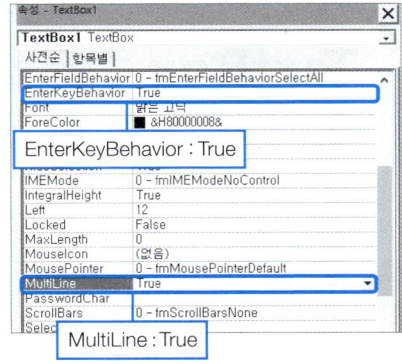

Plus⁺ 수정한 속성 이해하기

TextBox 컨트롤의 수정된 속성에 대한 설명입니다.

속성	설명
EnterKeyBehavior	TextBox 컨트롤에서 Enter 키를 눌렀을 때의 동작을 설정합니다. True면 줄을 바꾸고, False면 다음 컨트롤로 이동합니다.
MultiLine	TextBox 컨트롤에 여러 줄의 텍스트를 입력할지 여부를 설정하는 속성으로, True면 여러 줄을 사용할 수 있습니다. 이 속성을 True로 설정한 다음 줄 바꿈을 하려면 Shift + Enter 키를 누르면 되는데, EnterKeyBehavior 속성을 True로 변경하면 Enter 키를 눌러 줄을 바꿀 수 있게 됩니다.

04 TextBox1 컨트롤에 원하는 문장을 입력하고 〈입력〉 버튼을 클릭하면 B3:E7 병합 셀에 값이 입력되도록 해 보겠습니다. 폼 개체에서 〈입력〉 버튼을 더블클릭해 CommandButton1_Click 이벤트 프로시저를 생성하고 다음 코드를 입력합니다.

```
Private Sub CommandButton1_Click()              ❶

    If Len(TextBox1.Value) = 0 Then Exit Sub    ❷
    Range("B3").Value = TextBox1.Value          ❸

End Sub
```

❶ CommandButton1_Click 이벤트는 〈입력〉 버튼을 클릭할 때 실행됩니다.

❷ TextBox1 컨트롤의 값이 입력되지 않으면 Exit Sub 명령을 사용해 이벤트를 종료합니다.

❸ ❷에서 종료되지 않았으면 B3셀에 TextBox1 컨트롤의 값을 저장합니다. ❷-❸ 코드는 다음과 같이 한 줄로 수정할 수 있습니다.

```
If Len(TextBox1.Value) > 0 Then Range("B3").Value = TextBox1.Value
```

05 VB 편집기를 닫고, 〈폼 실행〉 버튼을 클릭합니다. TextBox1 컨트롤에 원하는 문장을 입력하고 〈입력〉 버튼을 클릭해 **04** 과정에서 개발한 코드가 제대로 동작하는지 확인합니다.

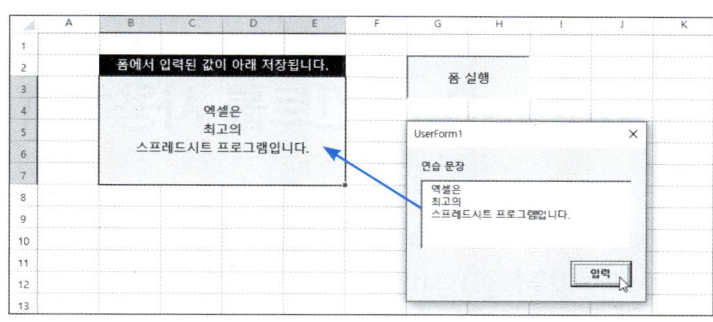

ComboBox 컨트롤 사용하기

236

ComboBox 컨트롤은 TextBox 컨트롤과 함께 매우 자주 사용되는 컨트롤 중의 하나입니다. ComboBox 컨트롤은 TextBox 컨트롤과 ListBox 컨트롤이 결합된 컨트롤로, 값을 입력할 수도 있고 목록에서 원하는 값을 선택할 수도 있습니다. 이번에는 간단하게 ComboBox 컨트롤을 구성하고 사용하는 방법에 대해 알아보겠습니다.

예제 파일 PART 03 \ (Userform) ComboBox 컨트롤 I.xlsm

01 예제 파일을 열고 〈폼 실행〉 버튼을 클릭하면 화면과 같은 폼이 표시됩니다. ComboBox 컨트롤의 화살표 단추(▼)를 클릭했을 때, 직위를 선택할 목록이 표시되도록 해 보겠습니다.

Plus⁺ 폼에 삽입된 컨트롤

폼에는 다음과 같은 컨트롤 다섯 개가 추가되어 있습니다.

컨트롤 이름	Caption
Label1	이름
TextBox1	
Label2	직위
ComboBox1	
CommandButton1	입력

02 열려 있는 폼은 우측 상단의 닫기 단추(✕)를 클릭해 닫습니다.

03 단축키 Alt+F11을 누르고, 프로젝트 탐색기 창에서 UserForm1 개체를 더블클릭해 선택합니다. 프로직트 탐색기 창 상단의 [코드 보기] 명령(□)을 클릭해 코드 창을 표시한 다음, 개체 목록에서 UserForm 개체를 선택하고, 프로시저 목록에서 Initialize 이벤트 프로시저를 선택합니다. 추가된 UserForm_Initialize 이벤트 프로시저에 다음 코드를 입력합니다.

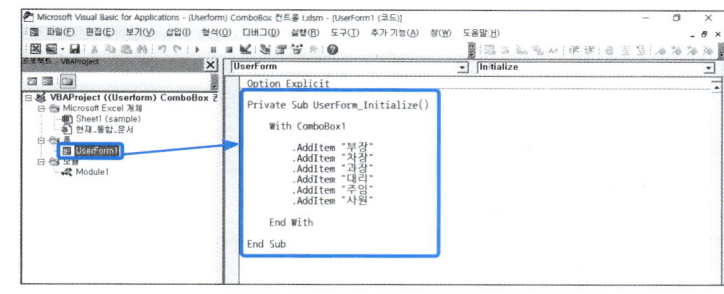

TIP UserForm 개체의 기본 이벤트 프로시저인 Click 이벤트 프로시저는 삭제합니다.

파일 : (Userform) ComboBox 컨트롤 I (코드).txt

```
Private Sub UserForm_Initialize()                ❶

    With ComboBox1                               ❷
        .AddItem "부장"                          ❸
        .AddItem "차장"
        .AddItem "과장"
        .AddItem "대리"
        .AddItem "주임"
        .AddItem "사원"
    End With

End Sub
```

❶ UserForm_Initialize 이벤트는 폼 개체를 메모리에 로딩할 때 실행됩니다.

❷ ComboBox1 컨트롤에 With … End With 문을 사용해 여러 작업을 처리합니다.

❸ ComboBox 컨트롤의 AddItem 메서드를 이용해 목록에 표시될 값을 하나씩 추가합니다. AddItem 메서드는 위 코드에서 확인할 수 있듯이, 등호(=)를 사용해 값을 전달하지 않으므로 주의합니다.

04 VB 편집기를 닫고 〈폼 실행〉 버튼을 클릭합니다. ComboBox 컨트롤의 화살표 단추(▼)를 클릭하면 화면과 같이 직위 목록이 표시됩니다.

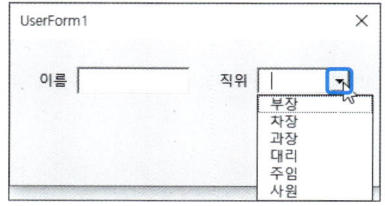

> **Plus⁺ 현재 폼의 COMBOBOX 컨트롤에서 수정할 점 이해하기**
>
> 현재 폼의 ComboBox 컨트롤을 보면 두 가지 정도 개선할 점이 있습니다.
> 첫째, ComboBox 컨트롤의 너비보다 목록 너비가 더 넓습니다.
> 둘째, ComboBox 컨트롤에 목록에 없는 값(예를 들면 이사)을 입력해도 입력이 되는데, 목록에 있는 값만 사용할 수 있도록 입력 값을 제한할 필요가 있습니다.

04 앞에서 설명한 사항을 개선하려면 UserForm_Initialize 이벤트 프로시저를 수정해야 합니다. 닫기 단추(☒)를 클릭해 폼을 닫고 **03** 과정을 참고해 코드를 다음과 같이 수정합니다.

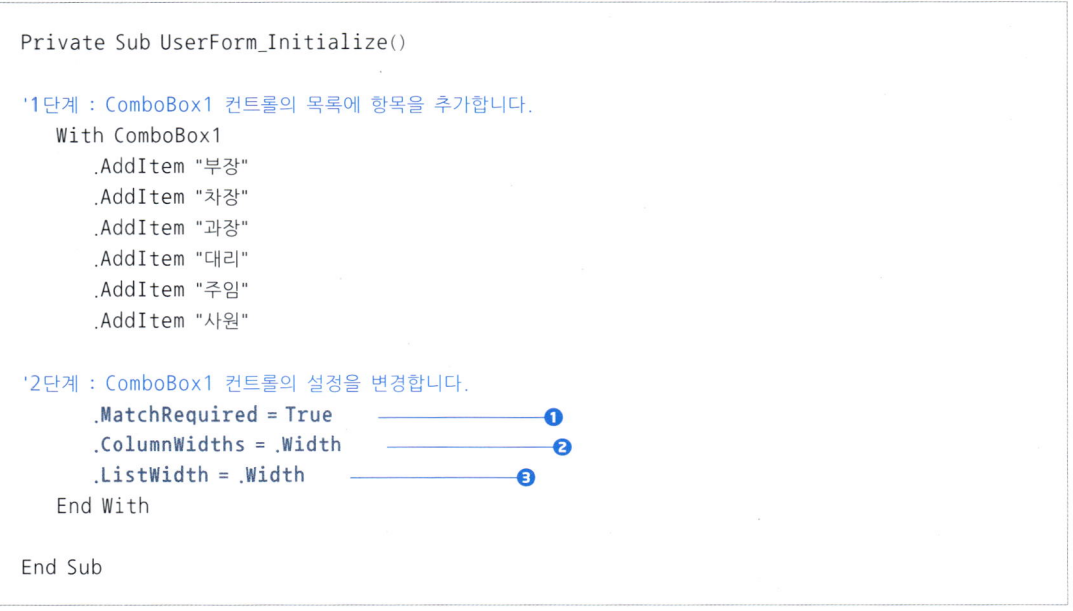

❶ ComboBox 컨트롤의 MatchRequired 속성은 입력된 값이 목록에 있는지 확인하는 속성입니다. 이 속성을 True로 설정하면 목록에 없는 값은 입력할 수 없습니다.

❷ ComboBox 컨트롤의 ColumnWidths 속성은 목록 내에 표시될 값의 열 너비를 의미하는데, 이 값을 ComboBox 컨트롤의 열 너비와 일치시킵니다. 이렇게 하면 목록에 표시될 긴 문자열이 있어도 너비가 넓어지지 않고 스크롤 막대가 표시됩니다.

❸ ListWidth 속성은 목록 자체의 너비를 의미하는데, 이 값을 ComboBox 컨트롤의 열 너비와 일치시킵니다. 이렇게 하면 목록의 너비가 ComboBox 컨트롤에 맞춰집니다.

06 VB 편집기를 닫고 〈폼 실행〉 버튼을 클릭합니다. ComboBox 컨트롤의 화살표 단추(▼)를 클릭하면 ComboBox 컨트롤 너비와 목록 너비가 일치하는 것을 확인할 수 있습니다.

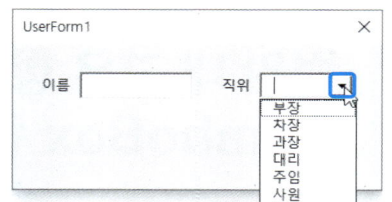

07 목록에 없는 내용을 입력하고 다른 컨트롤로 이동하려고 시도하면 화면과 같은 에러 메시지 창이 나타납니다.

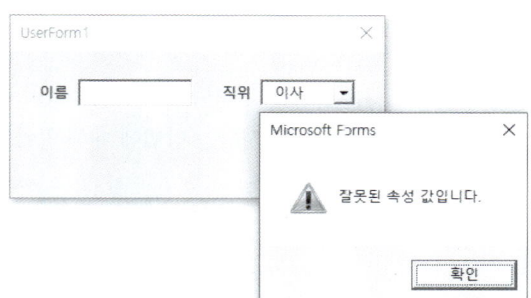

범위 내 고유 항목만 ComboBox 컨트롤에 표시하기 237

ComboBox 컨트롤에 AddItem 메서드를 이용해 항목을 목록에 추가하는 작업은 편리하지만 일일이 값을 입력해야 한다는 단점이 있습니다. 만약 표에 입력된 값을 그냥 ComboBox 컨트롤에 등록해야 한다면 순환문을 사용해 쉽게 해결할 수 있지만, 범위 내 항목이 중복되어 고유 항목만 추가해야 한다면 쉽지 않은 문제입니다. 이번에는 Collection 개체를 이용해 지정된 범위 내 고유 항목만 ComboBox 컨트롤에 표시하는 방법에 대해 알아보겠습니다.

예제 파일 PART 03 \ (Userform) ComboBox 컨트롤 II.xlsm

01 예제 파일을 열고 〈폼 실행〉 버튼을 클릭하면 다음과 같은 화면을 확인할 수 있습니다. 표의 D3:D11 범위 내 고유 항목만 ComboBox 컨트롤에 추가하는 작업을 해 보겠습니다.

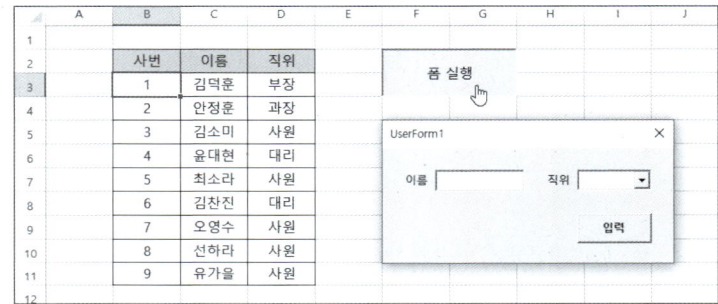

02 열려 있는 폼은 우측 상단의 닫기 단추(☒)를 클릭해 닫습니다.

03 단축키 Alt + F11 을 누르고, 프로젝트 탐색기 창에서 UserForm1 개체를 더블클릭해 선택합니다. 프로젝트 탐색기 창 상단의 [코드 보기] 명령(▣)을 클릭해 코드 창을 표시하고 개체 목록에서 UserForm 개체를, 프로시저 목록에서 Initialize 이벤트 프로시저를 선택한 다음 아래 코드를 입력합니다.

파일 : (Userform) ComboBox 컨트롤 II (코드).txt

```
Private Sub UserForm_Initialize()                    ❶

    '1단계 : 필요한 변수를 선언합니다.
        Dim 직위 As Range, 셀 As Range                ❷
        Dim 고유항목 As New Collection, 항목 As Variant    ❸

    '2단계 : 중복 값이 존재하는 전체 범위를 참조합니다.
        Set 직위 = Range("D3", Cells(Rows.Count, "D").End(xlUp))    ❹

    '3단계 : 지정된 범위 내 고유 항목만 Collection 개체에 추가합니다.
        On Error Resume Next                        ❺
```

```
            For Each 셀 In 직위                    ─────⑥
                고유항목.Add Item:=셀.Value, Key:=셀.Value    ─────⑦
            Next

            On Error GoTo 0   ─────⑧

    '4단계 : ComboBox1 컨트롤의 목록에 항목을 추가합니다.
            With ComboBox1            ─────⑨

                For Each 항목 In 고유항목       ─────⑩
                    .AddItem 항목    ─────⑪
                Next

    '5단계 : ComboBox1 컨트롤의 설정을 변경합니다.
                .ColumnWidths = .Width      ─────⑫
                .ListWidth = .Width         ─────⑬

            End With

    End Sub
```

❶ UserForm_Initialize 이벤트는 폼 개체를 메모리에 로딩할 때 실행됩니다.

❷ Range 형식의 '직위'와 '셀' 개체변수를 선언합니다.

❸ New Collection은 새로운 컬렉션 개체를 생성하는데, 생성된 개체를 '고유항목' 변수에 할당합니다. 이렇게 생성된 개체는 컬렉션 개체로서 동일한 개체를 중복해 추가할 수 없으므로 VBA에서 중복 값을 배제할 때 Collection 개체를 주로 사용합니다. Collection 개체를 선언하는 부분은 다음과 같은 두 줄의 코드로 나눠 입력할 수 있습니다.

```
Dim 고유항목 As Collection

Set 고유항목 = New Collection
```

또한 선언된 '고유항목' Collection 개체에 추가된 개체를 For Each … Next 순환문에서 하나씩 꺼내 사용하기 위해 Variant 형식의 '항목' 변수를 선언합니다.

❹ '직위' 변수에 D3셀부터 D열의 마지막 데이터 위치까지의 범위(D3:D11)를 할당합니다. 만약 같은 워크시트가 아닌 다른 워크시트의 범위를 할당하려면 다음과 같이 코드를 수정합니다.

```
With Worksheets("대상")
    Set 직위 = .Range("D3", .Cells(Rows.Count, "D").End(xlUp))
End With
```

TIP With 문 내의 Range와 Cells 속성 앞에 마침표(.)를 입력하는 부분에 주의합니다.

❺ On Error 문을 사용해 에러가 발생해도 다음 코드를 계속 진행하도록 설정합니다. 에러는 Collection 개체인 '고유항목' 개체변수에 새로운 개체를 추가하는 Add 메서드를 사용할 때 발생할 수 있으며, 에러가 발생하는 상황은 중복 개체가 추가되는 경우입니다.

❻ '직위' 개체변수에 할당된 범위를 순환하면서 작업하기 위해 For Each … Next 문을 사용하며, 순환할 때마다 셀 하나씩 '셀' 변수에 할당합니다. 이렇게 하면 D3:D11 범위 내 셀이 순환할 때마다 하나씩 '셀' 변수에 할당됩니다.

❼ '고유항목' 개체변수에 할당된 Collection에 새 개체를 Add 메서드를 이용해 추가합니다. Item 매개변수와 Key 매개변수의 값을 각각 '셀' 변수에 할당된 셀 값으로 설정합니다. 이렇게 하면 '고유항목' 컬렉션에 해당 개체가 하나씩 추가되는데, Key 매개변수에 할당된 값과 동일한 값이 다시 입력되면 에러가 발생합니다.

❽ On Error Goto 0 명령을 이용해 ❺의 코드에서 설정한 에러 처리 방식을 해제합니다. 이렇게 하면 ❾의 아래에서 에러가 발생하면 코드 진행이 중단되고 디버그 창이 표시됩니다.

❾ ComboBox1 컨트롤에 With … End With 문을 사용해 여러 명령을 처리합니다.

❿ '고유항목' Collection 개체에 저장된 개체를 ComboBox1 컨트롤에 등록하기 위해 For Each … Next 순환문을 사용합니다. 한 번씩 순환할 때마다 '고유항목' 변수의 값이 하나씩 '항목' 변수에 할당됩니다.

⓫ ComboBox1 컨트롤에 AddItem 메서드를 이용해 '항목' 변수에 할당된 값을 추가합니다.

⓬ ComboBox1 컨트롤의 열 너비(ColumnWidths)를 ComboBox1 컨트롤의 너비에 맞춥니다.

⓭ ComboBox1 컨트롤의 목록 너비(ListWidth)를 ComboBox1 컨트롤의 너비에 맞춥니다.

06 VB 편집기를 닫고 〈폼 실행〉 버튼을 클릭한 다음, Combo Box 컨트롤의 화살표 단추(▼)를 클릭하면 D3:D11 범위 내 고유 항목이 목록에 표시됩니다.

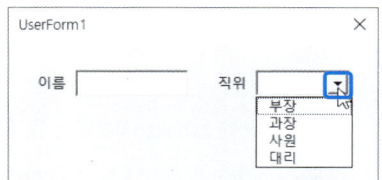

두 개의 ComboBox 컨트롤 연결하기

238

ComboBox 컨트롤을 여러 개 사용하고 싶을 때, 두 컨트롤이 서로 연관이 없으면 앞에서 배운 것만으로 충분하겠지만, 두 컨트롤을 서로 연동시켜야 한다면 ComboBox 컨트롤을 제어하는 방법을 더 자세하게 이해하고 있어야 합니다. 자동으로 두 ComboBox 컨트롤이 연동되도록 지원되지는 않으므로 개발자가 코드를 개발해 두 ComboBox 컨트롤을 연동시켜야 합니다. 이번에는 두 개의 ComboBox 컨트롤을 서로 연동해 하나의 ComboBox 컨트롤의 목록 내 값이 다른 ComboBox 컨트롤의 값에 따라 자동으로 변경되도록 하는 방법에 대해 알아보겠습니다.

예제 파일 PART 03 \ (Userform) ComboBox 컨트롤 III.xlsm

01 예제 파일을 열고 〈폼 실행〉 버튼을 클릭하면 화면과 같은 폼이 표시됩니다. '부서' ComboBox 와 '직위' ComboBox에 D3:E11 범위 내에 있는 '부서'와 '직위'가 중복되지 않게 등록하고, 선택된 부서의 직위가 자동으로 표시되도록 두 ComboBox 컨트롤을 연동시키는 작업을 진행해 보겠습니다.

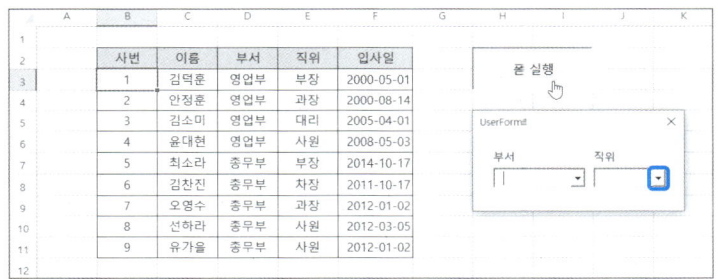

PLUS⁺ 폼에 삽입된 컨트롤

폼에는 다음과 같은 컨트롤 네 개가 추가되어 있습니다.

컨트롤 이름	Caption
Label1	부서
ComboBox1	
Label2	직위
ComboBox2	

02 열려 있는 폼은 우측 상단의 닫기 단추(☒)를 클릭해 닫습니다.

03 단축키 Alt + F11 을 누르고 프로젝트 탐색기 창에서 UserForm1 개체를 더블클릭해 선택합니다. 프로젝트 탐색기 창 상단의 [코드 보기] 명령(▣)을 클릭해 코드 창을 표시합니다. 코드 창의 개체 목록에서 UserForm 개체를 선택하고, 프로시저 목록에서 Initialize 이벤트를 선택한 다음 아래 코드를 입력합니다.

```
파일 : (Userform) ComboBox 컨트롤 III (코드 I).txt
Private Sub UserForm_Initialize()                    ❶

'1단계 : 필요한 변수를 선언합니다.
    Dim 부서 As Range, 셀 As Range
    Dim 고유항목 As New Collection, 항목 As Variant

'2단계 : 중복 값이 존재하는 전체 범위를 참조합니다.
    Set 부서 = Range("D3", Cells(Rows.Count, "D").End(xlUp))

'3단계 : 지정된 범위 내 고유 항목만 Collection 개체에 추가합니다.
    On Error Resume Next

        For Each 셀 In 부서
            고유항목.Add Item:=셀.Value, Key:=셀.Value
        Next

    On Error GoTo 0

'4단계 : ComboBox1 컨트롤의 목록에 항목을 추가합니다.
    With ComboBox1

        For Each 항목 In 고유항목
            .AddItem 항목
        Next

'5단계 : ComboBox1 컨트롤의 설정을 변경합니다.
        .ColumnWidths = .Width
        .ListWidth = .Width

    End With

End Sub
```

❶ 이 이벤트 프로시저는 기본적으로 SECTION 237(776쪽)의 **03** 과정에서 사용한 코드와 동일합니다. 이 코드에 대한 설명은 777쪽의 설명을 그대로 참고합니다.

04 ComboBox1 컨트롤에서 부서를 선택하면 ComboBox2 컨트롤에 해당 부서의 직위만 표시되도록 해 보겠습니다. 코드 창의 개체 목록에서 ComboBox1 컨트롤을, 프로시저 목록에서 AfterUpdate 이벤트를 선택하고 다음 코드를 입력합니다.

파일 : (Userform) ComboBox 컨트롤 III (코드 II).txt

```
Private Sub ComboBox1_AfterUpdate()                    ❶

'1단계 : 필요한 변수를 선언합니다.
    Dim 부서 As Range                        ❷
    Dim 찾은셀 As Range                      ❸
    Dim 첫번째셀주소 As String                 ❹
    Dim 직위 As Range                        ❺
    Dim 고유항목 As New Collection, 항목 As Variant        ❻

'2단계 : ComboBox1 컨트롤에 항목을 선택하면, 해당 부서의 직위만 고유 항목 Collection에 추가합니다.
    If Len(ComboBox1.Value) > 0 Then                ❼
    
        Set 부서 = Range("D2", Cells(Rows.Count, "D").End(xlUp))        ❽
        
        On Error Resume Next                ❾
        
            Set 찾은셀 = 부서.Find(What:=ComboBox1.Value)              ❿
            
            If Not 찾은셀 Is Nothing Then            ⓫
            
                첫번째셀주소 = 찾은셀.Address           ⓬
                
                Do              ⓭
                
                    Set 직위 = 찾은셀.Offset(, 1)              ⓮
                    
                    고유항목.Add Item:=직위.Value, Key:=직위.Value         ⓯
                    
                    Set 찾은셀 = 부서.FindNext(찾은셀)           ⓰
                    
                Loop Until 찾은셀.Address = 첫번째셀주소          ⓱
            
            End If
        
        On Error GoTo 0                ⓲

'3단계 : ComboBox2 컨트롤에 고유 항목 Collection의 항목을 추가합니다.          ⓳
        With ComboBox2
        
            For Each 항목 In 고유항목
                .AddItem 항목
            Next

'4단계 : ComboBox2 컨트롤의 설정을 변경합니다.          ⓴
            .ColumnWidths = .Width
            .ListWidth = .Width
            
        End With
    
    End If

End Sub
```

❶ ComboBox1_AfterUpdate 이벤트는 '부서' ComboBox의 항목을 사용자가 선택한 다음에 실행됩니다.

❷ Range 형식의 '부서' 개체변수를 선언합니다.

❸ Range 형식의 '찾은셀' 개체변수를 선언합니다.

❹ String 형식의 '첫번째셀주소' 변수를 선언합니다.

❺ Range 형식의 '직위' 개체변수를 선언합니다.

❻ Collectrion 형식의 '고유항목' 개체변수와 Variant 형식의 '항목' 변수를 선언합니다.

❼ ComboBox1 컨트롤에 선택된 값이 있는 경우에만 다음 줄의 코드를 진행합니다.

❽ '부서' 개체변수에 D2셀부터 D열의 마지막 데이터 입력 셀 위치까지의 범위를 할당합니다.

❾ On Error 문을 사용해 다음 줄에서 에러가 발생해도 코드를 계속 실행하도록 합니다. 이번 설정은 ❽의 코드를 대상으로 합니다.

❿ '찾은셀' 개체변수에 '범위' 개체변수에 할당된 범위에서 ComboBox1 컨트롤의 값을 찾아 해당 값을 갖는 셀을 할당합니다. ❿-⓱은 [찾기] 명령을 실행하는 과정을 코드로 구성한 것으로, 이런 작업에 대한 상세한 설명은 SECTION 119(395쪽)에 자세하게 설명되어 있습니다.

⓫ '찾은셀' 개체변수에 할당된 개체가 있는 경우에는 ⓬-⓱의 코드만 실행되도록 합니다.

⓬ '첫번째셀주소' 변수에 '찾은셀' 개체변수의 셀 주소를 저장해 놓습니다.

⓭ Do … Loop 순환문을 사용해 다음 찾기 작업을 계속 진행합니다. Do … Loop 순환문의 조건은 ⓱의 Loop 문 옆에 설정되어 있습니다.

⓮ '직위' 개체변수에 '찾은셀' 개체변수에 할당된 셀의 오른쪽 셀(직위)을 할당합니다.

⓯ '고유항목' 개체변수에 새 개체를 추가하는데, 이때 '직위' 개체변수의 값을 추가합니다. 이 과정에서 중복된 직위는 모두 빠지게 됩니다.

⓰ '찾은셀' 개체변수에 '부서' 개체변수에 할당된 범위의 다음 위치를 찾아 재설정합니다.

⓱ Do … Loop 순환문은 '찾은셀' 개체변수에 할당된 셀의 주소와 '첫번째셀주소' 변수의 값이 같으면 종료합니다.

⓲ ❾의 On Error 문 설정을 취소합니다. 이후부터는 다음 줄의 코드에서 에러가 발생하면 디버그 창이 나타납니다.

⓳ SECTION 237(776쪽)의 예제에 자세하게 설명되어 있습니다.

⓴ SECTION 237(776쪽)의 예제에 자세하게 설명되어 있습니다.

05 이제 VB 편집기를 닫고 〈폼 실행〉 버튼을 클릭합니다. '부서' ComboBox 컨트롤의 화살표 단추 (▼)를 클릭하면 부서를 선택할 수 있으며, 부서를 선택하고 '직위' ComboBox 컨트롤을 클릭하면 해당 부서의 직위만 표시되는 것을 확인할 수 있습니다. 아무 직위나 하나 선택합니다.

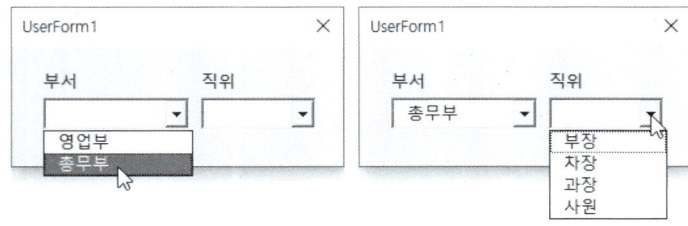

06 두 ComboBox 컨트롤이 제대로 연동되는지 확인하기 위해 '부서' ComboBox 컨트롤의 값을 Delete 키를 눌러 지워 봅니다. '직위' ComboBox 컨트롤의 값이 그대로 유지되는 것을 확인할 수 있습니다.

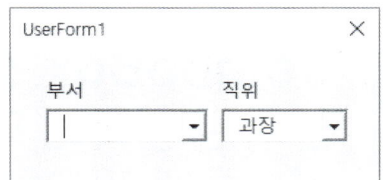

07 '부서' ComboBox 컨트롤의 값을 지우면 '직위' ComboBox 컨트롤의 값이 함께 삭제되도록 기능을 추가합니다. 단축키 Alt + F11을 눌러 VB 편집기를 실행하고, UserForm 개체의 ComboBox1 컨트롤을 더블클릭한 다음, ComboBox1_Change 이벤트 프로시저를 다음과 같이 개발합니다.

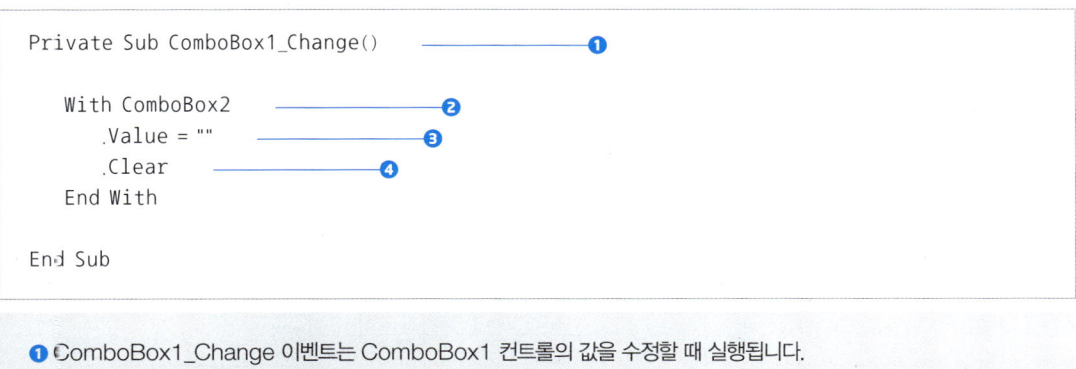

❶ ComboBox1_Change 이벤트는 ComboBox1 컨트롤의 값을 수정할 때 실행됩니다.

❷ ComboBox2 컨트롤에 With 문을 사용해 여러 작업을 처리합니다.

❸ ComboBox2 컨트롤의 값을 지웁니다.

❹ ComboBox2 컨트롤의 목록 값을 모두 제거합니다.

08 VB 편집기를 닫고 다시 〈폼 실행〉 버튼을 클릭해 폼을 실행한 다음, **05-06** 과정을 참고해 폼이 제대로 동작하는지 확인합니다.

ComboBox 컨트롤에서 선택된 항목에 따라 TextBox 컨트롤에 필요한 값 참조하기

239

ComboBox 컨트롤에서 특정 항목을 선택한 다음, 추가로 필요한 값을 표에서 찾아 TextBox 컨트롤 등에 표시해야 하는 경우가 종종 있습니다. 이런 경우에는 Vlookup과 같은 워크시트 함수를 사용할 수도 있지만, Find 메서드를 이용해 ComboBox 내 항목의 위치를 찾아 작업하는 것이 일반적입니다. 이번에는 ComboBox 컨트롤에서 선택한 항목으로 다른 추가 정보를 표에서 참조하는 방법에 대해 설명합니다.

예제 파일 PART 03 \ (Userform) ComboBox 컨트롤 IV.xlsm

01 예제 파일을 열고 〈폼 실행〉 버튼을 클릭하면 화면과 같은 폼이 표시됩니다. ComboBox 컨트롤에 왼쪽 표의 C열에 있는 이름을 목록에서 선택하도록 한 다음, 이름을 선택하면 오른쪽의 TextBox 컨트롤에 직위와 입사일이 표시되도록 해 보겠습니다.

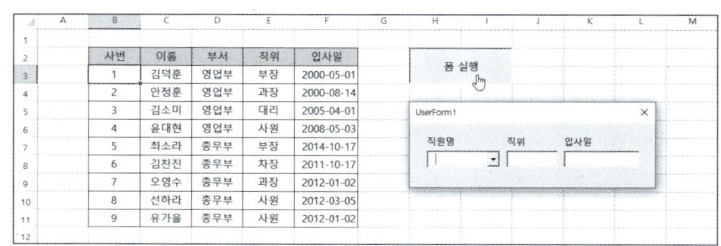

Plus⁺ 폼에 삽입된 컨트롤

폼에는 다음과 같은 컨트롤 여섯 개가 추가되어 있습니다.

컨트롤 이름	Caption
Label1	직원명
ComboBox1	
Label2	직위
TextBox1	
Label3	입사일
TextBox2	

02 열려 있는 폼은 우측 상단의 닫기 단추(■)를 클릭해 닫고, 먼저 ComboBox 컨트롤 목록에 이름이 표시될 수 있도록 작업합니다.

03 단축키 Alt+F11을 누르고 프로젝트 탐색기 창에서 UserForm1 개체를 더블클릭해 선택합니다. 프로젝트 탐색기 창 상단의 [코드 보기] 명령(□)을 클릭해 코드 창을 표시합니다.

04 코드 창 상단의 개체 목록에서 UserForm 개체를, 프로시저 목록에서 Initialize 이벤트를 선택하고 다음 코드를 입력합니다.

파일 : (Userform) ComboBox 컨트롤 IV (코드 I).txt

```
Private Sub UserForm_Initialize()              ①

    Dim 직원 As Range                          ②

    Set 직원 = Range("C3", Cells(Rows.Count, "C").End(xlUp))    ③

    ComboBox1.List = 직원.Value                ④

End Sub
```

❶ UserForm_Initialize 이벤트는 폼이 실행될 때 실행됩니다.

❷ Range 형식의 '직원' 개체변수를 선언합니다.

❸ '직원' 개체변수에 C3셀부터 C열의 마지막 데이터 위치까지의 범위(C3:C11)를 할당합니다.

❹ ComboBox1 컨트롤의 List 속성을 이용해 '직원' 개체변수에 할당된 범위 값을 한 번에 설정합니다. 이렇게 연속된 범위의 중복된 값이 없는 경우에는 AddItem 메서드를 이용하는 것보다 List 속성을 이용하는 것이 편리합니다.

05 이번에는 ComboBox 컨트롤에서 항목을 선택하면 TextBox 컨트롤에 직위와 입사일이 표시되도록 해 보겠습니다. 코드 창 상단의 개체 목록과 프로시저 목록에서 ComboBox1 컨트롤과 Change 이벤트 프로시저를 선택한 다음, 아래 코드를 입력합니다.

파일 : (Userform) ComboBox 컨트롤 IV (코드 II).txt

```
Private Sub ComboBox1_Change()                 ①

'1단계 : 필요한 변수를 선언합니다.              ②
    Dim 직원 As Range
    Dim 찾은셀 As Range

'2단계 : ComboBox에서 선택한 항목에 따른 직위와 입사일을 표시합니다.
    If ComboBox1.MatchFound = True Then        ③

        Set 직원 = Range("C3", Cells(Rows.Count, "C").End(xlUp))    ④
        Set 찾은셀 = 직원.Find(What:=ComboBox1.Value, LookAt:=xlWhole)   ⑤

        With TextBox1                          ⑥
            .Value = 찾은셀.Offset(, 2).Value  ⑦
            .TextAlign = fmTextAlignCenter    ⑧
```

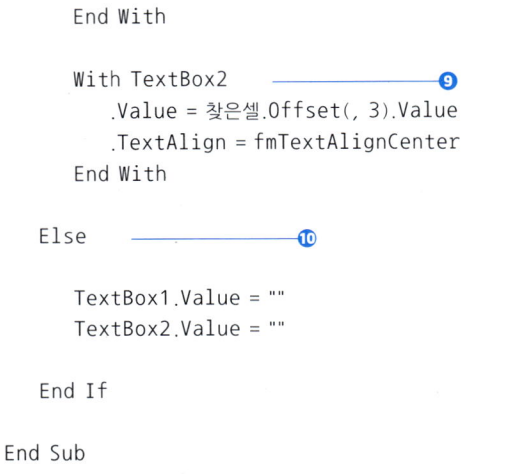

```
        End With

        With TextBox2 ─────────────⑨
            .Value = 찾은셀.Offset(, 3).Value
            .TextAlign = fmTextAlignCenter
        End With

    Else ─────────⑩

        TextBox1.Value = ""
        TextBox2.Value = ""

    End If

End Sub
```

❶ ComboBox1_Change 이벤트는 ComboBox1 컨트롤의 값을 변경할 때 자동으로 실행됩니다.
❷ 이벤트 동작에 필요한 Range 형식의 '직원'과 '찾은셀' 개체변수를 선언합니다.
❸ ComboBox1 컨트롤의 값이 ComboBox1 컨트롤의 목록 내에 있는지 MatchFound 속성 값을 확인해, 있는 경우에만 ❹-❾의 코드를 실행합니다. 여기서 True는 명시적으로 입력해 놓은 것으로, 다음과 같이 생략해도 됩니다.

```
If ComboBox1.MatchFound Then
```

❹ '직원' 개체변수에 C3셀부터 C열의 마지막 데이터 입력 위치(C11)까지의 범위를 할당합니다.
❺ '찾은셀' 개체변수에 '직원' 개체변수에 할당된 범위에서 ComboBox1 컨트롤의 값과 정확하게 일치하는 첫 번째 위치를 할당합니다.
❻ TextBox1 컨트롤에 With 문을 사용해 여러 작업을 처리합니다.
❼ TextBox1 컨트롤의 값에 '찾은셀' 개체변수에 할당된 셀의 오른쪽 두 번째 셀 값을 저장합니다. 예제의 표를 보면, 이름은 C열에, 직위는 E열에 입력되어 있습니다.
❽ TextBox1 컨트롤의 값을 가운데 맞춤합니다.
❾ TextBox2 컨트롤에 With 문을 사용해, 값은 '찾은셀' 개체변수에 할당된 셀의 오른쪽 세 번째 셀 값을 저장하고 가운데 맞춤합니다.
❿ ComboBox1 컨트롤의 값이 ComboBox1 컨트롤의 목록에 없다면, ComboBox1 컨트롤의 값을 지웠거나 다른 값을 직접 입력한 것입니다. 이 경우, TextBox1과 TextBox2 컨트롤의 값을 모두 지웁니다.

07 VB 편집기를 닫고 다시 〈폼 실행〉 버튼을 클릭해 폼을 실행한 다음, '직원명' ComboBox 컨트롤에서 원하는 직원 이름을 선택합니다. 그러면 '직위'와 '입사일' TextBox에 화면과 같이 값이 표시됩니다.

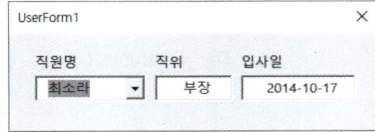

ListBox 컨트롤 사용하기

240

ListBox 컨트롤은 ComboBox 컨트롤과 유사하지만, 목록 내 값을 모두 표시하는 특성이 있습니다. 그렇기 때문에 특정 데이터 전체를 컨트롤에 표시해 사용자가 전체 항목을 확인하고 그중 하나(또는 여러 개)를 선택하도록 할 수 있습니다. 이번에는 ListBox 컨트롤에 표 데이터를 모두 표시하고, 선택된 데이터를 다른 위치로 복사하는 방법에 대해 알아보겠습니다.

예제 파일 PART 03 \ (Userform) ListBox 컨트롤 I.xlsm

01 예제 파일을 열고 〈폼 실행〉 버튼을 클릭하면 화면과 같은 폼이 표시됩니다. 폼의 ListBox 컨트롤에 왼쪽 표 데이터를 표시하고, 사용자가 ListBox 컨트롤 내의 항목을 하나 선택한 다음 〈선택〉 버튼을 클릭하면 선택한 데이터가 오른쪽 표에 입력되도록 해 보겠습니다.

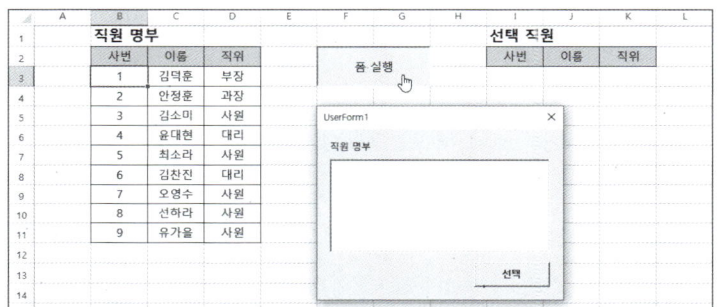

Plus+ 폼에 삽입된 컨트롤

폼에는 다음과 같은 컨트롤 세 개가 추가되어 있습니다.

컨트롤 이름	Caption
Label1	직원 명부
ListBox1	
CommandButton1	선택

02 열려 있는 폼은 우측 상단의 닫기 단추(❌)를 클릭해 닫습니다.

03 먼저 ListBox 컨트롤에 왼쪽 표 범위의 데이터를 표시하겠습니다. 단축키 Alt + F11 을 누르고 프로젝트 탐색기 창에서 UserForm1 개체를 더블클릭해 선택합니다. 프로젝트 탐색기 창 상단의 [코드 보기] 명령(🔲)을 클릭해 코드 창을 표시합니다.

04 코드 창 상단의 개체 목록에서 UserForm 개체를, 프로시저 목록에서 Initialize 이벤트를 선택하고 다음 코드를 입력합니다.

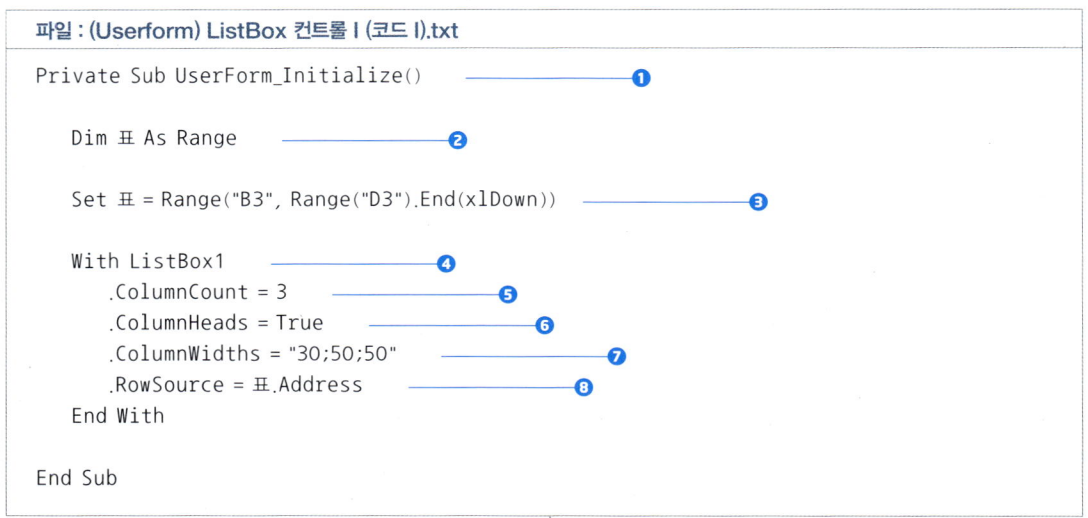

파일 : (Userform) ListBox 컨트롤 I (코드 I).txt

```
Private Sub UserForm_Initialize()           ①

    Dim 표 As Range                          ②

    Set 표 = Range("B3", Range("D3").End(xlDown))   ③

    With ListBox1                            ④
        .ColumnCount = 3                     ⑤
        .ColumnHeads = True                  ⑥
        .ColumnWidths = "30;50;50"           ⑦
        .RowSource = 표.Address              ⑧
    End With

End Sub
```

① UserForm_Initialize 이벤트는 폼을 실행할 때 자동으로 실행됩니다.

② Range 형식의 '표' 개체변수를 선언합니다.

③ '표' 개체변수에 B3셀부터 D열의 마지막 데이터 입력 위치까지의 범위(B3:D11)를 할당합니다.

④ ListBox1 컨트롤에 With 문을 사용해 여러 명령을 처리합니다.

⑤ ListBox1 컨트롤의 열을 세 개로 설정합니다.

⑥ ListBox1 컨트롤에 열 머리글이 표시되도록 설정합니다. ColumnHeads 속성을 사용하려면 반드시 ListBox 컨트롤에 데이터를 표시할 때 ⑧의 코드처럼 RowSource 속성을 사용해야 합니다.

⑦ ListBox1 컨트롤의 세 열 너비를 순서대로 30, 50, 50포인트로 설정합니다.

⑧ ListBox1 컨트롤의 RowSource 속성을 이용해, ListBox 컨트롤에 표시할 데이터가 위치한 범위 주소를 설정합니다. 이때 '표' 개체변수에 할당된 범위 주소를 사용했는데, 조심해야 할 점은 이 주소에는 머리글이 있는 B2:D2 범위가 포함되지 않아야 한다는 것입니다.

05 이제 VB 편집기를 닫고 〈폼 실행〉 버튼을 클릭하면 화면과 같이 ListBox1 컨트롤에 직원 명부가 모두 표시됩니다.

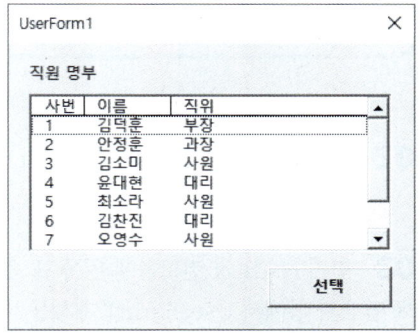

06 ListBox1 컨트롤에서 직원을 선택하고 〈선택〉 버튼을 클릭하면 선택한 직원 데이터가 '선택 직원' 표에 입력되는 기능을 개발해 보겠습니다. 단축키 [Alt]+[F11]을 누르고 프로젝트 탐색기 창에서 UserForm1 개체를 선택한 다음 〈선택〉 버튼을 더블클릭하고 아래 코드를 입력합니다.

파일 : (Userform) ListBox 컨트롤 I (코드 II).txt

```
Private Sub CommandButton1_Click()                          ❶

'1단계 : 필요한 변수를 선언합니다.                           ❷
    Dim 선택항목 As Integer
    Dim 입력위치 As Range

'2단계 : 선택된 항목을 오른쪽 표에 기록합니다.
    선택항목 = ListBox1.ListIndex                           ❸
    
    If 선택항목 > -1 Then                                   ❹
    
        Set 입력위치 = Cells(Rows.Count, "I").End(xlUp).Offset(1)   ❺
        
        With 입력위치                                       ❻
            .Value = ListBox1.List(선택항목, 0)              ❼
            .Offset(, 1).Value = ListBox1.List(선택항목, 1)  ❽
            .Offset(, 2).Value = ListBox1.List(선택항목, 2)  ❾
        End With
        
        With 입력위치.Resize(1, 3)                          ❿
            .HorizontalAlignment = xlCenter                 ⓫
            .Borders.LineStyle = xlContinuous               ⓬
        End With
    
    End If

End Sub
```

❶ CommandButton1_Click 이벤트는 〈선택〉 버튼을 클릭할 때 실행됩니다.

❷ Integer 형식의 '선택항목' 변수와 Range 형식의 '입력위치' 개체변수를 선언합니다.

❸ '선택항목' 변수에 ListBox1 컨트롤에서 선택한 행 번호(ListIndex)를 저장합니다. 만약 ListBox1 컨트롤에서 선택한 항목이 없으면 -1 값이 저장됩니다.

❹ '선택항목' 변수의 값이 -1보다 큰지 여부를 판단해, 선택한 항목이 있을 경우에만 ❺-⓬의 코드를 실행합니다.

❺ '입력위치' 개체변수에 ListBox1 컨트롤에서 선택한 직원 데이터를 기록할 셀(I열에 마지막으로 데이터가 입력된 위치의 바로 아래 셀)을 할당합니다.

❻ '입력위치' 개체변수에 With 문을 사용해 여러 명령을 처리합니다.

❼ '입력위치' 개체변수에 할당된 셀에 ListBox1 컨트롤에서 선택한 항목의 첫 번째 열 값을 저장합니다. 참고로 List 속성은 ListBox 컨트롤의 행, 열 번호를 List(행, 열)과 같이 받아 해당 위치의 값을 참조할 때 사용합니다. 단, 주의할 점은 List 속성의 행, 열 번호는 0부터 시작한다는 점입니다.

❽ '입력위치' 개체변수에 할당된 셀의 오른쪽 셀(.Offset(, 1))에 ListBox1 컨트롤에서 선택한 항목의 두 번째 열 값을 저

장합니다.

❾ '입력위치' 개체변수에 할당된 셀의 오른쪽 두 번째 셀(.Offset(, 2))에 ListBox1 컨트롤에서 선택한 항목의 세 번째 열 값을 저장합니다.

❿ 데이터를 입력한 위치에 서식을 지정하기 위해 '입력위치' 개체변수에 할당된 셀의 크기를 1행 3열 크기로 조정한 다음, With 문을 사용해 여러 명령을 처리합니다. 참고로 1행 3열 크기로 조정한 이유는 열 방향으로 세 개의 데이터를 기록했으므로 기록된 전체 범위를 선택하기 위해서입니다.

⓫ 조정된 범위의 셀에 가운데 맞춤을 설정합니다.

⓬ 조정된 범위의 테두리 선을 실선으로 설정합니다.

06 VB 편집기를 닫고 〈폼 실행〉 버튼을 클릭한 다음, 폼의 ListBox1 컨트롤에서 아무 직원이나 선택하고 〈선택〉 버튼을 클릭해 봅니다. I3:K3 범위에 선택된 직원 데이터가 입력되는 것을 확인할 수 있습니다.

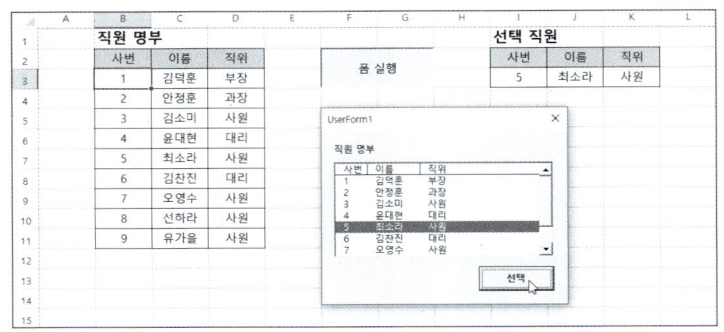

ListBox 컨트롤에서 여러 항목을 동시에 선택해 작업하기

241

ListBox 컨트롤은 표시된 항목을 동시에 여러 개 선택해 작업할 수 있습니다. 이 경우 여러 개를 선택할 수 있다는 시각적인 효과를 주기 위해, ListBox 컨트롤에 확인란 표시를 할 수 있습니다. ListBox 컨트롤을 이런 방식으로 활용하면, 필요한 항목을 모두 선택하고 선택된 항목을 대상으로 원하는 작업을 처리하도록 할 수 있어 편리합니다. 이번에는 ListBox 컨트롤의 항목을 동시에 여러 개 선택해 작업하는 방법에 대해 알아보겠습니다.

예제 파일 PART 03 \ (Userform) ListBox 컨트롤 II.xlsm

01 예제 파일을 열고 〈폼 실행〉 버튼을 클릭하면 화면과 같은 폼이 표시됩니다. 폼의 ListBox 컨트롤에 표시된 직원 중 여러 명을 선택하고 〈선택〉 버튼을 클릭하면 선택한 직원 데이터가 I:K열의 표에 순서대로 입력되고, 〈취소〉 버튼을 클릭하면 선택된 항목이 모두 취소되도록 해 보겠습니다.

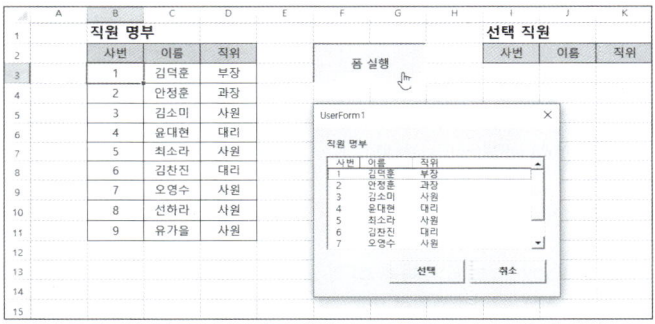

02 열려 있는 폼은 우측 상단의 닫기 단추(☒)를 클릭해 닫고, ListBox 컨트롤의 항목을 여러 개 선택 가능하도록 설정합니다.

03 단축키 Alt + F11 을 누르고 프로젝트 탐색기 창에서 UserForm1 개체를 더블클릭해 선택합니다. 프로젝트 탐색기 창 상단의 [코드 보기] 명령(▣)을 클릭해 코드 창을 표시하면 이미 삽입된 UserForm_Initialize 이벤트 프로시저를 확인할 수 있습니다. 아래 두 줄의 코드를 추가합니다.

```
Private Sub UserForm_Initialize()

    Dim 표 As Range

    Set 표 = Range("B3", Cells(Rows.Count, "D").End(xlUp))

    With ListBox1

        .ColumnCount = 3
        .ColumnHeads = True
```

```
            .ColumnWidths = "30;50;50"

            .RowSource = 표.Address

            .MultiSelect = fmMultiSelectMulti ─────────────①
            .ListStyle = fmListStyleOption    ─────────────②

       End With

   End Sub
```

① ListBox1 컨트롤의 MultiSelect 속성을 fmMultiSelectMulti로 설정하면 여러 항목을 동시에 선택할 수 있습니다. 참고로 MultiSelect 속성은 다음과 같은 내장 상수를 사용할 수 있습니다.

내장 상수	값	설명
fmMultiSelectSingle	0	기본 값으로 ListBox 컨트롤의 항목을 하나만 선택할 수 있습니다.
fmMultiSelectMulti	1	ListBox 컨트롤의 항목을 여러 개 선택할 수 있습니다. 이 방법은 fmMultiSelect Extended로 설정한 다음 Ctrl 키를 누른 상태에서 항목을 선택하는 것과 동일한 결과를 반환합니다.
fmMultiSelectExtended	2	ListBox 컨트롤의 항목을 여러 개 선택할 수 있는데, 옵션 단추 컨트롤처럼 한 번에 하나씩만 선택할 수 있으며, 여러 항목을 선택하려면 Shift 키나 Ctrl 키를 함께 사용합니다. Shift 키를 누른 상태에서 항목을 선택하면 연속된 범위의 항목을 모두 선택할 수 있고, Ctrl 키를 누른 상태에서 항목을 선택하면 떨어진 항목을 선택할 수 있습니다.

② ListBox1 컨트롤의 목록 스타일을 변경해 목록에 확인란이 나타나도록 설정합니다. LineStyle 속성을 지정하지 않거나 LineStyle 속성 값을 fmListStylePlain으로 설정하면 확인란이 없는 기존 ListBox 컨트롤 스타일로 표시됩니다.

04 추가된 코드 두 줄이 어떤 역할을 하는지 확인해 봅니다. 단축키 Alt + F11 을 눌러 엑셀 창으로 전환한 다음, 〈폼 실행〉 버튼을 클릭합니다. 그러면 ListBox 컨트롤에 확인란이 표시되며, 확인란을 체크하거나 항목을 선택하면 계속 선택 항목이 추가됩니다. 우측 상단의 닫기 단추(☒)를 클릭해 폼을 닫습니다.

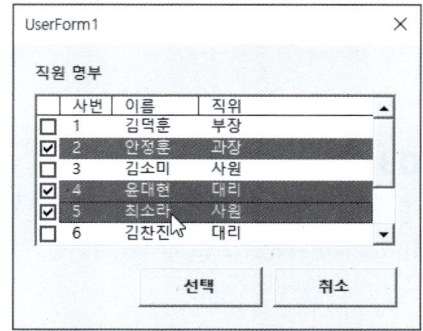

05 단축키 Alt + F11을 누르고, 〈선택〉 버튼을 클릭했을 때의 동작을 개발하기 위해 폼 개체 화면에서 〈선택〉 버튼을 더블클릭합니다. CommandButton1_Click 이벤트 프로시저가 바로 생성되면 다음 코드를 입력합니다.

파일 : (Userform) ListBox 컨트롤 II (코드 I).txt

```
Private Sub CommandButton1_Click()                    ❶

'1단계 : 필요한 변수를 선언합니다.                        ❷
    Dim 입력위치 As Range
    Dim 행 As Integer, 열 As Integer

'2단계 : ListBox1 컨트롤에서 선택한 항목을 I:K열에 입력합니다.
    With ListBox1                                     ❸

        For 행 = 0 To .ListCount - 1                  ❹

            If .Selected(행) = True Then              ❺

                Set 입력위치 = Cells(Rows.Count, "I").End(xlUp).Offset(1)   ❻

                For 열 = 0 To .ColumnCount - 1        ❼
                    입력위치.Offset(, 열).Value = .Column(열, 행)   ❽
                Next

'3단계 : I:K열에 입력된 데이터의 서식을 지정합니다.          ❾
                With 입력위치.Resize(1, 3)
                    .HorizontalAlignment = xlCenter
                    .Borders.LineStyle = xlContinuous
                End With

            End If

        Next

    End With

End Sub
```

❶ CommandButton1_Click 이벤트는 〈선택〉 버튼을 클릭할 때 실행됩니다.

❷ Range 형식의 '입력위치' 개체변수와 ListBox 컨트롤의 값 위치를 지정할 Integer 형식의 '행', '열' 변수를 선언합니다.

❸ ListBox1 컨트롤에 With 문을 사용해 여러 작업을 처리합니다.

❹ For ⋯ Next 문을 사용해 ListBox1 컨트롤의 전체 행을 순환합니다. '행' 변수를 0에서 ListCount 속성 값보다 1 작은 값까지 순환합니다. 참고로 ListCount 속성은 ListBox 컨트롤의 행 수를 반환하는데, ListBox 컨트롤 내의 값을 참조할 때 사용하는 List나 Column 속성에서 행, 열 위치는 0부터 시작하므로, 0부터 ListCount 속성 값보다 1 작은 값까지 순환해야 합니다.

❺ ListBox 컨트롤의 Selected 속성은 인수로 전달된 인덱스 번호의 행 데이터가 선택됐는지 여부를 알려 줍니다. 그러므로 Selected 속성 값이 True면 해당 위치의 행 데이터가 선택되었다는 의미입니다. 선택된 행에 ❻−❾의 코드를 실행합니다.

❻ '입력위치' 개체변수에 I열의 데이터가 기록된 마지막 셀의 바로 아래 셀을 할당합니다.

❼ ListBox1 컨트롤에서 선택된 행의 전체 열을 For … Next 순환문을 사용해 순환합니다. For … Next 순환문에서는 '열' 변수의 값을 0부터 ColumnCount 속성 값보다 1 작은 값까지 순환합니다. 참고로 ColumnCount 속성은 ListBox 컨트롤의 열 수를 반환합니다. 앞에서 사용한 ListCount 속성과 매우 유사합니다.

❽ '입력위치' 개체변수에 할당된 셀에서 오른쪽으로 '열' 변수 값만큼 이동한 다음, ListBox1 컨트롤의 Column 속성을 이용해 선택된 행 데이터를 입력합니다. Column 속성 대신 List 속성을 이용해 다음과 같이 코드를 수정해도 됩니다.

```
입력위치.Offset(, 열).Value = .List(행, 열)
```

❾ '입력위치' 개체변수에 할당된 셀 범위를 1행 3열 크기로 확장한 다음 가운데 맞춤 설정을 하고 셀 테두리 선을 실선으로 설정합니다.

06 〈취소〉 버튼을 눌렀을 때 모든 선택 항목을 해제하는 작업을 진행합니다. 코드 창의 개체 목록에서 CommandButton2 컨트롤을 선택하면 CommandButton2_Click 이벤트 프로시저가 바로 생성됩니다. 아래 코드를 입력합니다.

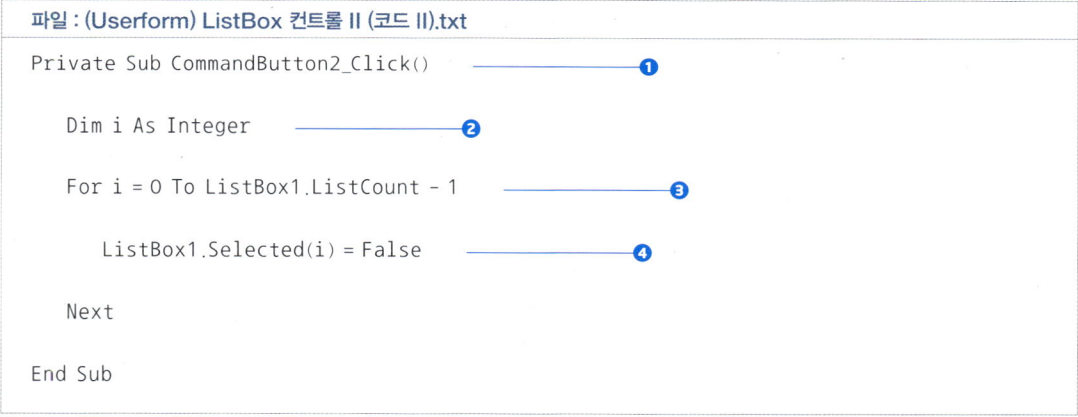

파일 : (Userform) ListBox 컨트롤 II (코드 II).txt

```
Private Sub CommandButton2_Click()           ❶

    Dim i As Integer           ❷

    For i = 0 To ListBox1.ListCount - 1           ❸

        ListBox1.Selected(i) = False           ❹

    Next

End Sub
```

❶ CommandButton2_Click 이벤트는 〈취소〉 버튼을 클릭할 때 실행됩니다.

❷ Integer 형식의 i 변수를 선언합니다.

❸ For … Next 순환문을 사용해 i 변수의 값을 0부터 ListBox1 컨트롤의 행 수(ListCount)보다 1 작은 수만큼 순환합니다.

❹ ListBox1 컨트롤의 Selected 속성을 모두 False로 지정해 선택된 항목을 취소합니다.

07 VB 편집기를 닫고, 엑셀 창에서 〈폼 실행〉 버튼을 클릭합니다. 몇 명의 직원을 ListBox 컨트롤에서 선택하고 〈선택〉 버튼을 클릭하면, 선택한 직원 데이터가 I3:K5 범위에 입력되는 것을 확인할 수 있습니다.

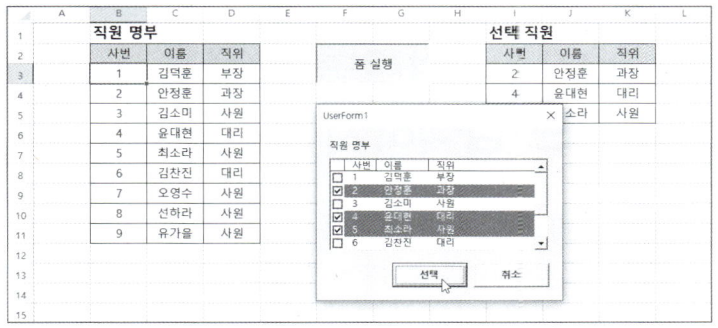

08 폼에서 〈취소〉 버튼을 클릭하면 선택 항목이 한 번에 취소됩니다.

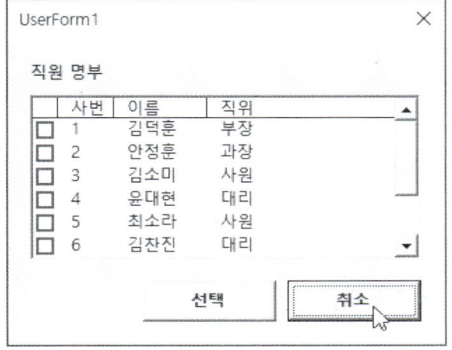

ListBox 컨트롤 항목을 키워드 검색하기

242

ListBox 컨트롤에 표시될 항목이 적은 경우는 괜찮지만, 많다면 전체 항목을 살펴보기 어렵습니다. 그래서 이런 경우에는 키워드 검색을 통해 전체 항목에서 필요한 항목만 확인해 보는 것이 좋습니다. 이번에는 TextBox 컨트롤을 이용해 검색어를 입력 받아 해당 키워드가 포함된 ListBox 컨트롤의 항목을 표시하는 방법에 대해 알아보겠습니다.

예제 파일 PART 03 \ (Userform) ListBox 컨트롤 III.xlsm

01 예제 파일을 열고 〈폼 실행〉 버튼을 클릭하면 화면과 같은 폼이 표시됩니다. 폼이 실행될 때 ListBox 컨트롤에 참석자 명단의 이름을 표시하고 TextBox 컨트롤에서 키워드를 입력하면 키워드와 일치하는 항목만 ListBox 컨트롤에 표시하는 작업을 진행하겠습니다.

Plus⁺ 폼에 삽입된 컨트롤

폼에는 다음과 같은 컨트롤 네 개가 추가되어 있습니다.

컨트롤 이름	Caption
Label1	이름 검색
TextBox1	
ListBox1	
Label2	Label2

02 열려 있는 폼은 우측 상단의 닫기 단추(■)를 클릭해 닫고, 먼저 폼의 ListBox에 참석자 명단을 표시하는 작업을 진행합니다.

03 단축키 Alt + F11 을 눌러 VB 편집기를 열고, 프로젝트 탐색기 창에서 UserForm1 개체를 더블 클릭해 선택합니다. [코드 보기] 명령(🔲)을 클릭해 코드 창을 표시한 다음, 개체 목록에서 UserForm 개체를, 프로시저 목록에서 Initialize 이벤트를 선택하고 다음 코드를 입력합니다.

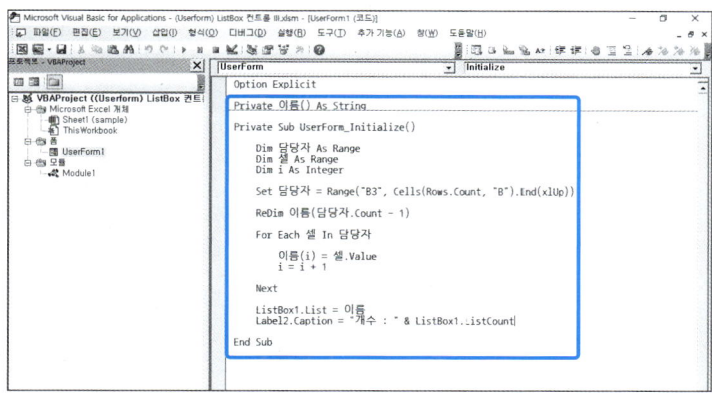

파일 : (Userform) ListBox 컨트롤 II (코드 I).txt

```
'1단계 : 필요한 전역변수를 선언합니다.
Private 이름() As String ───────────❶


Private Sub UserForm_Initialize() ───────────❷


'2단계 : 프로시저 내에서 필요한 변수를 선언합니다. ───────────❸
    Dim 담당자 As Range
    Dim 셀 As Range
    Dim i As Integer


'3단계 : ListBox 컨트롤에 등록할 이름을 전역변수에 저장합니다.
    Set 담당자 = Range("B3", Cells(Rows.Count, "B").End(xlUp)) ───────────❹

    ReDim 이름(담당자.Count - 1) ───────────❺

    For Each 셀 In 담당자 ───────────❻

        이름(i) = 셀.Value ───────────❼
        i = i + 1 ───────────❽

    Next

'4단계 : ListBox 컨트롤에 이름을 등록합니다.
    ListBox1.List = 이름 ───────────❾
    Label2.Caption = "개수 : " & ListBox1.ListCount ───────────❿

End Sub
```

❶ 폼 개체의 모든 프로시저에서 사용 가능한 String 형식의 '이름' 동적 배열변수를 선언합니다. '이름' 동적 배열변수에는 참석자 명단을 모두 기록할 예정이며, 나중에 입력된 키워드에 맞는 이름을 추출하는 작업도 '이름' 동적 배열변수를 대상으로 할 것이므로 여러 프로시저에서 사용 가능하도록 한 것입니다.

❷ UserForm_Initialize 이벤트는 폼이 실행될 때 자동으로 실행됩니다.

❸ Range 형식의 '담당자'와 '셀' 개체변수를 선언하고, Integer 형식의 i 변수를 선언합니다.

❹ '담당자' 개체변수에 B3셀부터 B열의 마지막 데이터 입력 위치까지의 범위(B3:B93)를 할당합니다.

❺ ReDim 문을 사용해 '이름' 동적 배열변수에 저장할 값의 개수를 '담당자' 개체변수에 할당된 셀 개수보다 1 작은 수로 결정합니다. 배열변수는 항상 별도의 설정이 없으면 0부터 인덱스를 시작하므로, 저장할 값의 개수보다 1 작은 수로 지정하면 됩니다.

❻ For Each … Next 문을 사용해 '담당자' 개체변수에 할당된 범위를 순환하면서 '셀' 개체변수에 하나씩 할당합니다. 이렇게 하면 순환문 내에서 '셀' 개체변수에는 B3, B4, B5, …, B93셀까지 하나씩 셀이 할당됩니다.

❼ '이름' 동적 배열변수의 i번째 위치에 '셀' 개체변수에 할당된 셀 값을 저장합니다.

❽ i 변수의 값을 순환할 때마다 1씩 증가시킵니다.

❾ ListBox1 컨트롤의 List 속성에 '이름' 배열변수를 전달합니다.

❿ Label2 컨트롤에 ListBox1 컨트롤의 행 개수를 표시합니다. 참고로 이번 코드에서는 ListBox1.ListCount 대신 i 변수를 사용해도 되고, '담당자.Count'와 같은 코드로 변경해도 동일한 결과를 얻을 수 있습니다.

04 계속해서 TextBox 컨트롤에 키워드를 입력했을 때의 동작을 개발합니다. 개체 목록에서 TextBox1 컨트롤을 선택해 TextBox1_Change 이벤트 프로시저를 생성하고 다음 코드를 입력합니다.

파일 : (Userform) ListBox 컨트롤 II (코드 II).txt

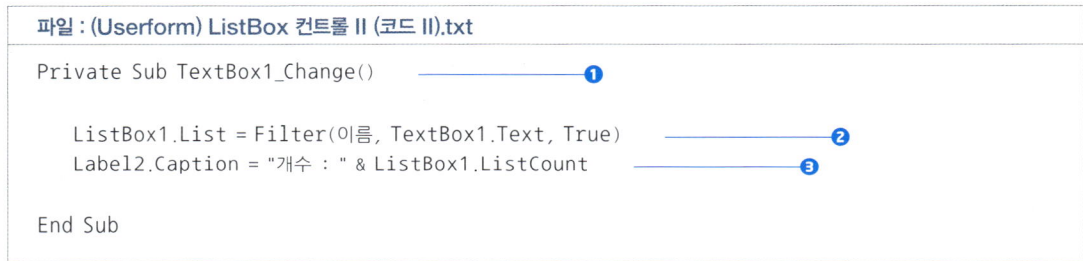

❶ TextBox1_Change 이벤트는 TextBox1 컨트롤의 값을 수정할 때 실행됩니다.

❷ ListBox1 컨트롤의 List 속성에 Filter 함수를 사용해 TextBox1 컨트롤의 값으로 추출된 결과를 전달합니다. Filter 함수의 구문은 다음과 같습니다.

Filter (sourcearray, match, include, compare)

❶ sourcearray
String 형식의 1차원 배열로 원본 데이터입니다.

❷ match
찾을 문자열입니다.

❸ include
match 인수의 값을 포함하는지 또는 정확하게 일치하는지 여부를 결정하여 True면 포함하는 모든 값을 반환하고 False면 정확하게 일치하는 값만 반환합니다.

❹ compare
문자열 비교 방법을 설정합니다.

❸ Label2 컨트롤에 ListBox1 컨트롤의 행 개수를 표시합니다. 이렇게 하면 검색된 결과가 Label2 컨트롤에 표시됩니다.

05 이제 개발된 코드가 정상 동작하는지 확인합니다. VB 편집기를 닫고 〈폼 실행〉 버튼을 클릭하면 참석자 명단이 ListBox 컨트롤에 표시됩니다. '이름 검색' TextBox 컨트롤에 원하는 키워드를 입력하고 Enter 키를 누르면 입력된 키워드에 맞춰 ListBox 컨트롤의 명단이 변경됩니다.

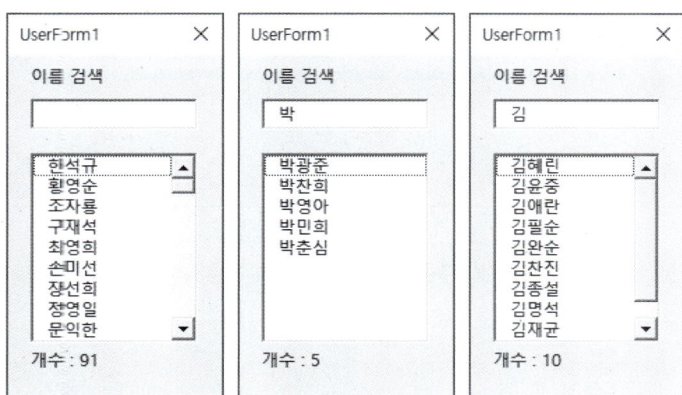

두 개의 ListBox 컨트롤에서 서로 항목을 주고받기

243

'Excel 옵션' 대화상자의 '리본 사용자 지정' 범주나 '빠른 실행 도구 모음' 범주를 보면, 두 개의 ListBox 컨트롤을 사용해 항목을 서로 주고받는 경우가 있습니다. 이런 작업 역시 UserForm 개체의 ListBox 컨트롤을 이용해 처리할 수 있는데, 이전에 비해 더 복잡한 방식의 코드 개발이 필요합니다. 이번에는 두 개의 ListBox 컨트롤에서 항목을 서로 주고받도록 처리하는 방법에 대해 알아보겠습니다.

\ 예제 파일 PART 03 \ (Userform) ListBox 컨트롤 IV.xlsm

01 예제 파일을 열고 〈폼 실행〉 버튼을 클릭하면 화면과 같은 폼이 표시됩니다. 폼이 실행될 때 왼쪽 ListBox 컨트롤에 신청자 명단(B열)을 표시하고, 가운데 CommandButton 컨트롤을 클릭할 때마다 선택된 신청자를 오른쪽 ListBox 컨트롤에 옮기는 (또는 그 반대) 작업을 진행해 보겠습니다.

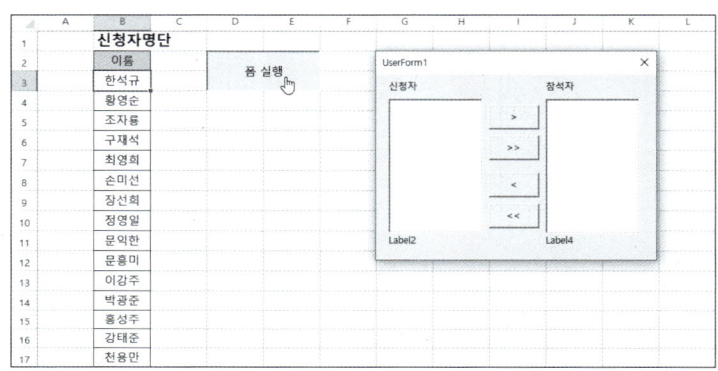

Plus+ 폼에 삽입된 컨트롤

폼에는 다음과 같은 컨트롤 열 개가 추가되어 있습니다.

컨트롤 이름	Caption	컨트롤 이름	Caption
Label1	신청자	CommnadButton3	〈
ListBox1		CommandButton4	《
Label2	Label2	Label3	참석자
CommandButton1	〉	ListBox2	
CommandButton2	》	Label4	Label4

02 열려 있는 폼은 우측 상단의 닫기 단추(×)를 클릭해 닫습니다.

03 왼쪽 ListBox(신청자) 컨트롤에 신청자 명단을 추가하겠습니다. 단축키 Alt + F11 을 누르고, 프로젝트 탐색기 창에서 UserForm1 개체를 더블클릭해 선택합니다. 프로젝트 탐색기 창 상단의 [코드 보기] 명령(▣)을 클릭해 코드 창을 표시하고, 코드 창 상단의 개체 목록에서 UserForm 개체를, 프로시저 목록에서 Initialize 이벤트를 선택한 다음 아래 코드를 입력합니다.

```
파일 : (Userform) ListBox 컨트롤 IV (코드 I).txt
Private Sub UserForm_Initialize()                    ①

'1단계 : 필요한 변수를 선언합니다.
    Dim 신청자 As Range                              ②

'2단계 : ListBox1 컨트롤에 신청자 명단을 추가합니다.
    Set 신청자 = Range("B3", Cells(Rows.Count, "B").End(xlUp))    ③

    With ListBox1                                    ④

        .List = 신청자.Value                         ⑤

'3단계 : ListBox 컨트롤과 Label 컨트롤의 설정 값을 조정합니다.
        .MultiSelect = fmMultiSelectMulti            ⑥

        Label2.Caption = "개수 : " & .ListCount      ⑦

    End With

    Label4.Caption = ""                              ⑧

    ListBox2.MultiSelect = fmMultiSelectMulti        ⑨

End Sub
```

① UserForm_Initialize 이벤트는 폼을 실행할 때 자동으로 실행됩니다.

② Range 형식의 '신청자' 개체변수를 선언합니다.

③ '신청자' 개체변수에 B3셀부터 B열의 마지막 데이터 입력 위치까지의 범위를 할당합니다.

④ ListBox1 컨트롤(왼쪽)에 With 문을 사용해 여러 명령을 처리합니다.

⑤ ListBox1 컨트롤의 List 속성에 '신청자' 변수에 할당된 범위의 값을 전달합니다.

⑥ ListBox1 컨트롤의 항목을 동시에 여러 개 선택할 수 있도록 MultiSelect 속성을 설정합니다.

⑦ Label2 컨트롤에 ListBox1 컨트롤의 항목 개수를 표시합니다.

⑧ ListBox2 컨트롤(오른쪽) 역시 여러 개 항목을 동시에 선택할 수 있도록 MultiSelect 속성을 설정합니다.

⑨ Label4 컨트롤에는 아무 값도 표시되지 않도록 빈 문자(" ")를 저장합니다.

04 두 개의 ListBox 컨트롤의 항목을 서로 교환하는 '목록이동' 프로시저를 코드 창에 추가로 입력합니다.

파일 : (Userform) ListBox 컨트롤 IV (코드 II).txt

```
Sub 목록이동(원본목록 As MSForms.ListBox, _
            이동목록 As MSForms.ListBox, _
            Optional 전체이동 As Boolean = True)         ❶

'1단계 : 필요한 변수를 선언합니다.                        ❷
    Dim i As Integer
    Dim 이동행() As Integer, 건수 As Integer

'2단계 : 모든 항목을 다른 ListBox 컨트롤로 이동합니다.
    If 전체이동 = True Then                              ❸
    
        For i = 0 To 원본목록.ListCount - 1              ❹
            이동목록.AddItem 원본목록.List(i, 0)
        Next
        
        원본목록.Clear                                    ❺

'3단계 : 선택한 항목만 다른 ListBox 컨트롤로 이동합니다.
    Else                                                ❻
    
        For i = 0 To 원본목록.ListCount - 1              ❼

'3-1단계 : 선택한 항목만 다른 ListBox 컨트롤로 이동한 다음, 이동한 행 번호를 저장해 둡니다.
            If 원본목록.Selected(i) = True Then           ❽
            
                이동목록.AddItem 원본목록.List(i, 0)       ❾
                원본목록.Selected(i) = False              ❿
                ReDim Preserve 이동행(건수)               ⓫
                이동행(건수) = i                          ⓬
                건수 = 건수 + 1                           ⓭
                
            End If
            
        Next

'3-2단계 : 이동한 항목을 ListBox 컨트롤에서 삭제합니다.
        If 건수 > 0 Then                                 ⓮
        
            For i = UBound(이동행) To 0 Step -1          ⓯
                원본목록.RemoveItem 이동행(i)
            Next
            
        End If
        
    End If
    
End Sub
```

❶ 두 ListBox 컨트롤의 항목을 서로 교환하는 동작을 하는 '목록이동' 프로시저를 선언합니다. '목록이동' 프로시저는 다음과 같은 세 개의 인수를 매개변수로 받아 동작합니다.

- 원본 목록
  원본 항목을 갖고 있는 ListBox 컨트롤 형식의 개체변수입니다. ListBox 컨트롤은 Active-X 컨트롤로 엑셀의 외부 컨트롤이기 때문에 MSForms.ListBox 형식으로 선언됩니다.
- 이동 목록
  이동할 Listbox 컨트롤이 전달될 MSForms.ListBox 형식의 개체변수입니다.
- 전체 이동
  전체 항목을 모두 이동할지 여부를 결정하는 Boolean 형식의 변수로, Optional 키워드로 선언해 생략 가능하며, 생략하면 기본 값은 True로 전체 항목을 이동하도록 설정합니다.

❷ 다음과 같은 변수를 선언합니다.

- Integer 형식의 i 변수를 선언합니다.
- Integer 형식의 '이동행' 동적 배열변수와 '건수' 변수를 각각 선언합니다.

❸ '전체이동' 매개변수의 값이 True면 전체 항목을 옮기기 위해 ❹–❺의 코드를 실행합니다.

❹ For … Next 순환문을 사용해 i 변수의 값을 0부터 '원본목록' 개체변수의 항목 수보다 1 작은 수만큼 순환하면서 '이동목록' 개체변수에 할당된 ListBox 컨트롤에 '원본목록' 개체변수에 할당된 ListBox의 항목을 하나씩 추가합니다.

❺ '이동목록' 개체변수에 할당된 ListBox 컨트롤의 Clear 메서드를 사용해 항목을 모두 삭제합니다.

❻ '전체이동' 매개변수의 값이 False면 선택된 항목을 옮기기 위해 ❼–⓯의 코드를 실행합니다.

❼ For … Next 순환문을 사용해 i 변수를 0부터 '원본목록' 개체변수에 할당된 ListBox 컨트롤의 항목 수보다 1 작은 수만큼 순환합니다.

❽ '원본목록' 변수에 할당된 ListBox 컨트롤에서 Selected 속성 값을 확인해 선택된 행인지 판단하고 선택된 경우에만 ❾–⓭의 코드를 실행합니다.

❾ '원본목록' 개체변수에 할당된 ListBox 컨트롤에서 선택한 항목을 '이동목록' 개체변수에 할당된 ListBox 컨트롤에 추가합니다.

❿ '원본목록' 개체변수에 할당된 ListBox 컨트롤에서 추가한 항목의 선택을 해제합니다.

⓫ 이동한 행 번호를 삭제하기 위해, '이동행' 동적 배열변수에 값을 저장할 개수를 ReDim 문으로 조정합니다. 이때 Preserve 키워드를 사용해 이전에 저장된 값이 있다면 그대로 두고 배열변수에 저장할 값의 개수만 조정합니다.

⓬ '이동행' 동적 배열변수에 i 변수의 값을 저장합니다. i 변수에 저장된 값은 '원본목록' 개체변수에 할당된 ListBox 컨트롤에서 선택된 행과 동일합니다.

⓭ '건수' 변수의 값을 1 증가시켜 저장합니다.

⓮ 이동한 항목이 있는지 '건수' 변수의 값을 통해 확인해, 이동한 항목이 있다면, ⓯의 코드를 실행합니다.

⓯ For … Next 순환문을 사용해 i 변수의 값을 '이동행' 변수의 최대 인덱스 번호부터 0까지 1씩 감소시키면서 순환하면서 '원본목록' 개체변수에 할당된 ListBox 컨트롤의 항목을 삭제합니다. 이렇게 선택된 항목을 옮기는 작업과 삭제하는 작업을 두 번에 나눠 진행하는 이유는, 항목 이동은 위에서부터 순서대로 해야 하지만 삭제는 아래부터 해야 하기 때문입니다. 삭제 작업을 아래부터 하는 이유는 행을 삭제하면 ListBox 컨트롤의 항목 위치가 변경되기 때문입니다. 이런 부분에 대한 설명은 SECTION 052(174쪽)에서 자세하게 설명했으므로, 잘 이해가 되지 않는다면 해당 부분을 참고합니다.

05 이번에는 네 개의 CommandButton 컨트롤을 클릭할 때 실행할 프로시저를 개발합니다. 코드 창 상단의 개체 목록에서 CommandButton1부터 CommandButton4까지 순서대로 선택하고, 다음 코드를 입력합니다.

파일 : (Userform) ListBox 컨트롤 IV (코드 III).txt

```
Private Sub CommandButton1_Click()                    ❶

'1단계 : ListBox1 컨트롤에서 선택된 항목만 ListBox2로 이동시킵니다.
    목록이동 ListBox1, ListBox2, 전체이동:=False      ❷

'2단계 : 왼쪽, 오른쪽 ListBox 컨트롤의 항목 수를 Label 컨트롤에 표시합니다.
    Label2.Caption = "개수 : " & ListBox1.ListCount   ❸
    Label4.Caption = "개수 : " & ListBox2.ListCount   ❹

End Sub


Private Sub CommandButton2_Click()                    ❺

    If ListBox1.ListCount > 0 Then                    ❻

        목록이동 ListBox1, ListBox2, 전체이동:=True

        Label2.Caption = "개수 : " & ListBox1.ListCount
        Label4.Caption = "개수 : " & ListBox2.ListCount

    End If

End Sub


Private Sub CommandButton3_Click()                    ❼

    목록이동 ListBox2, ListBox1, 전체이동:=False

    Label2.Caption = "개수 : " & ListBox1.ListCount
    Label4.Caption = "개수 : " & ListBox2.ListCount

End Sub


Private Sub CommandButton4_Click()                    ❽

    If ListBox2.ListCount > 0 Then

        목록이동 ListBox2, ListBox1, 전체이동:=True

        Label2.Caption = "개수 : " & ListBox1.ListCount
        Label4.Caption = "개수 : " & ListBox2.ListCount

    End If

End Sub
```

❶ CommandButton1_Click 이벤트는 > 버튼을 클릭할 때 실행됩니다.

❷ '목록이동' 프로시저를 실행합니다. 인수는 순서대로 ListBox1, ListBox2이고, '전체이동' 매개변수의 값은 False로 > 버튼을 클릭할 때는 선택한 항목만 ListBox1 컨트롤에서 ListBox2 컨트롤로 이동하면 됩니다. 생략된 매개변수 이름을 모두 사용해 코드를 구성하면 다음과 같습니다.

    목록이동 원본목록:=ListBox1, 이동목록:=ListBox2, 전체이동:=True

❸ Label2 컨트롤에 ListBox1 컨트롤의 항목 개수를 표시합니다.

❹ Label4 컨트롤에 ListBox2 컨트롤의 항목 개수를 표시합니다.

❺ CommandButton2_Click 이벤트는 >> 버튼을 클릭할 때 실행됩니다.

❻ ListBox1 컨트롤의 항목이 있는지 판단해, 있는 경우에만 '목록이동' 프로시저를 이용해 ListBox1 컨트롤의 항목을 모두 ListBox2 컨트롤로 이동시킨 다음, Label2와 Label4 컨트롤에 ListBox1과 ListBox2 컨트롤의 항목 개수를 표시합니다.

❼ CommandButton3_Click 이벤트는 < 버튼을 클릭할 때 실행됩니다. 이 이벤트는 CommanadButton1_Click 이벤트와 기본적으로 동일하며, ListBox2 컨트롤의 선택 항목만 ListBox1 컨트롤로 이동합니다.

❽ CommandButton4_Click 이벤트는 << 버튼을 클릭할 때 실행됩니다. 이 이벤트는 CommanadButton2_Click 이벤트와 기본적으로 동일하며, ListBox2 컨트롤의 모든 항목을 ListBox1 컨트롤로 이동합니다.

06 이제 개발된 코드가 정상 동작하는지 확인합니다. VB 편집기를 닫고 〈폼 실행〉 버튼을 클릭합니다. 그러면 신청자 명단이 왼쪽 ListBox 컨트롤에 표시됩니다. 원하는 신청자를 선택하고 > 버튼을 클릭하면 선택된 신청자가 오른쪽 ListBox 컨트롤로 이동합니다. 화면을 참고해 다양한 테스트를 해 봅니다.

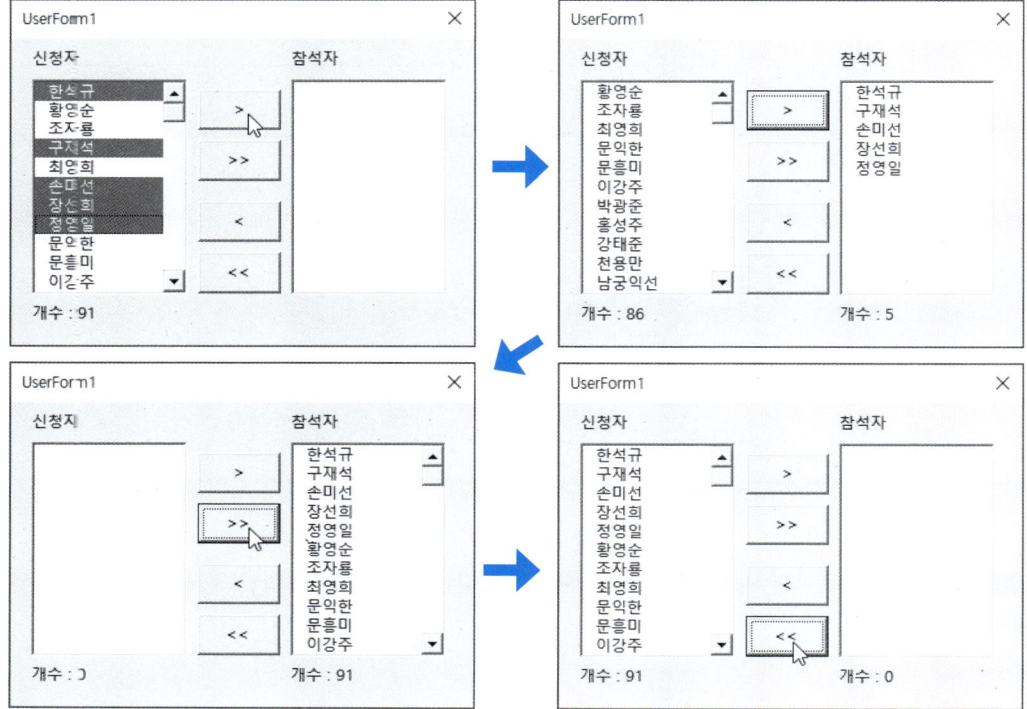

ListBox 컨트롤의 항목을 정렬하는 방법

244

ListBox 컨트롤의 항목은 추가된 순서대로 표시됩니다. 그러므로 필요하다면 오름차순 또는 내림차순으로 정렬할 필요가 있습니다. 하지만 ListBox 컨트롤 자체에 정렬을 처리하는 명령은 없으므로, 별도의 방법을 이용해 정렬 작업을 진행해야 합니다. 이번에는 가장 보편적이면서 쉽게 처리할 수 있는 빈 워크시트를 이용해 데이터 정렬 작업을 진행한 다음, 다시 ListBox 컨트롤에 표시하는 방법에 대해 알아보겠습니다.

예제 파일 PART 03 \ (Userform) ListBox 컨트롤 V.xlsm

01 예제 파일을 열고 〈폼 실행〉 버튼을 클릭하면 화면과 같은 폼이 표시되면서 ListBox 컨트롤에 B열의 신청자 명단이 표시됩니다. 이번 예제에서는 폼 하단의 〈오름차순〉, 〈내림차순〉 버튼을 클릭할 때 ListBox 컨트롤의 항목이 정렬되도록 하는 기능을 개발해 보겠습니다.

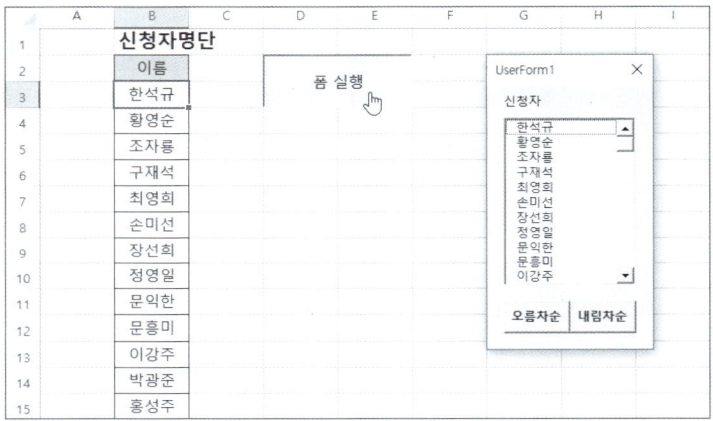

Plus+ 폼에 삽입된 컨트롤

폼에는 다음과 같은 컨트롤 네 개가 추가되어 있습니다.

컨트롤 이름	Caption
Label1	신청자
ListBox1	
CommandButton1	오름차순
CommandButton2	내림차순

02 열려 있는 폼을 우측 상단의 닫기 단추(☒)를 클릭해 닫은 다음, 정렬 작업을 처리할 프로시저를 먼저 개발합니다.

03 단축키 Alt+F11을 누르고, 프로젝트 탐색기 창에서 UserForm1 개체를 더블클릭해 선택합니다. 프로젝트 탐색기 창 상단의 [코드 보기] 명령(□)을 클릭해 코드 창을 표시하고 다음 코드를 입력합니다.

파일 : (Userform) ListBox 컨트롤 V (코드 I).txt

```
Sub 목록정렬(목록 As MSForms.ListBox, _
            Optional 정렬방식 As Integer = xlAscending)          ①

'1단계 : 필요한 변수를 선언하고, 변수의 초기 값을 저장합니다.          ②
    Dim 건수 As Integer
    
    건수 = 목록.ListCount

'2단계 : 정렬 작업을 진행합니다.
    If 건수 > 0 Then                                           ③
    
        Application.ScreenUpdating = False                    ④
    
'2-1단계 : 빈 워크시트를 삽입하고 ListBox 컨트롤의 항목을 정렬합니다.
        Worksheets.Add                                        ⑤
        
        With Range("A1").Resize(건수, 1)                       ⑥
            .Value = 목록.List
            .Sort Key1:=Range("A1"), Order1:=정렬방식, Header:=xlNo
        End With
        
'2-2단계 : 정렬된 결과를 ListBox 컨트롤에 전달합니다.
        With 목록                                              ⑦
            .Clear
            .List = Range("A1").CurrentRegion.Value
        End With
        
'2-3단계 : 삽입된 워크시트를 삭제합니다.
        Application.DisplayAlerts = False                     ⑧
            ActiveSheet.Delete
        Application.DisplayAlerts = True
        
        Application.ScreenUpdating = True                     ⑨
        
    End If
    
End Sub
```

① ListBox 컨트롤을 정렬할 때 사용할 수 있는 '목록정렬' 프로시저를 선언합니다. '목록정렬' 프로시저는 다음 두 개의 매개변수를 통해 정렬할 목록과 정렬 방식을 받아 그대로 처리하는 역할을 수행합니다.

• 목록
정렬할 ListBox 컨트롤을 매개변수로 전달 받아 동작합니다.

- **정렬 방법**

  ListBox 컨트롤의 항목을 정렬할 방법으로 다음 두 가지 내장 상수를 사용하는데, Optional 키워드를 사용했으므로, 생략하면 오름차순 정렬이 자동 적용됩니다.

내장 상수	설명
xlAscending	오름차순(기본값)
xlDescending	내림차순

❷ Integer 형식의 '건수' 변수를 선언하고, '건수' 변수에 '목록' 개체변수에 할당된 ListBox 컨트롤의 항목 수를 저장합니다.

❸ '건수' 변수에 저장된 값이 1보다 클 때 정렬 작업을 진행합니다. '건수' 변수의 값이 1보다 크면 ListBox 컨트롤의 항목이 둘 이상 존재한다는 의미이며, 이 경우에만 정렬 작업이 의미가 있습니다.

❹ ScreenUpdating 속성 값을 False로 설정해 이후 동작(❺-❽)은 화면에 표시하지 않습니다.

❺ 정렬 작업을 위해 빈 워크시트를 하나 삽입합니다.

❻ 새로 추가된 워크시트의 A1셀부터 ListBox 컨트롤의 항목 수만큼 행 방향으로 범위를 확장한 다음, ListBox 컨트롤의 값을 저장하고 정렬 작업을 진행합니다. 참고로 A열은 모두 ListBox 컨트롤의 항목으로, 열 머리글이 존재하지 않으므로 Sort 메서드의 Header 매개변수를 xlNo로 설정합니다. Sort 메서드는 '정렬' 대화상자의 다음 설정 부분을 각각 의미합니다.

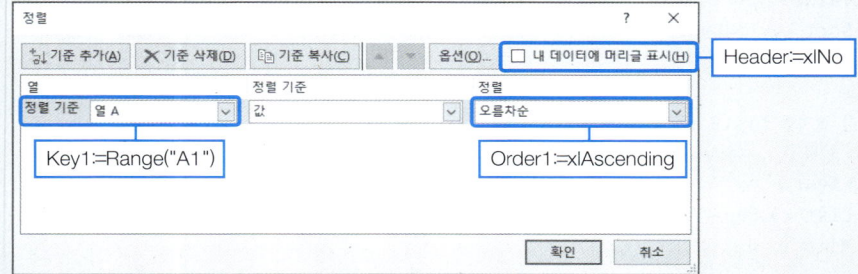

❼ '목록' 개체변수에 할당된 ListBox 컨트롤의 항목을 모두 지운(Clear) 다음, A1셀부터 연속된 데이터 범위의 값을 ListBox 컨트롤에 저장합니다.

❽ 정렬 작업이 끝났으므로, 새로 추가한 워크시트는 삭제합니다. 워크시트를 삭제할 때 표시되는 경고 메시지 창을 표시하지 않기 위해 DisplayAlerts 속성을 False로 변경했다가 삭제한 다음 다시 원래대로 변경합니다.

❾ 정렬 작업과 ListBox 항목 갱신 작업이 모두 끝났으므로 ScreenUpdating 속성을 원래대로 복원해 화면을 갱신합니다.

04 개발된 '목록정렬' 프로시저를 사용해 정렬 작업을 진행하기 위해 〈오름차순〉, 〈내림차순〉 두 개의 CommandButton 컨트롤을 클릭할 때 실행할 이벤트를 설정합니다. 코드 창 상단의 개체 목록에서 CommandButton1과 CommandButton2를 순서대로 선택하고 다음 코드를 입력합니다.

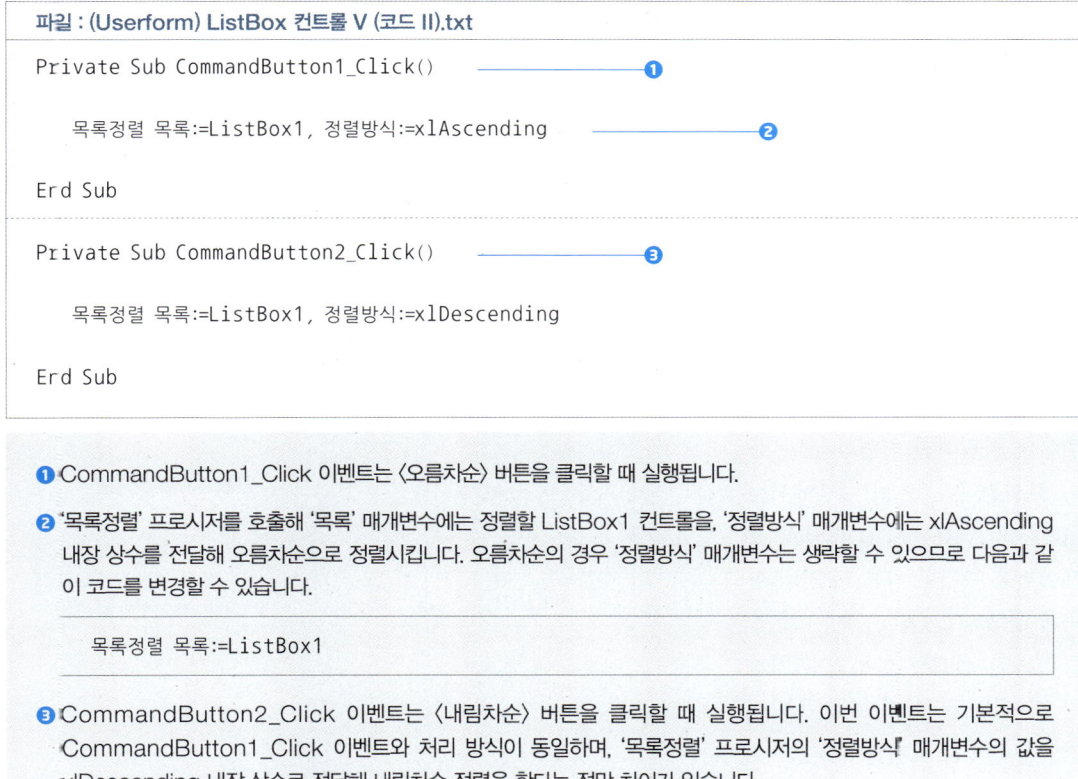

파일 : (Userform) ListBox 컨트롤 V (코드 II).txt

```
Private Sub CommandButton1_Click()                    ①

    목록정렬 목록:=ListBox1, 정렬방식:=xlAscending        ②

Erd Sub


Private Sub CommandButton2_Click()                    ③

    목록정렬 목록:=ListBox1, 정렬방식:=xlDescending

Erd Sub
```

① CommandButton1_Click 이벤트는 〈오름차순〉 버튼을 클릭할 때 실행됩니다.

② '목록정렬' 프로시저를 호출해 '목록' 매개변수에는 정렬할 ListBox1 컨트롤을, '정렬방식' 매개변수에는 xlAscending 내장 상수를 전달해 오름차순으로 정렬시킵니다. 오름차순의 경우 '정렬방식' 매개변수는 생략할 수 있으므로 다음과 같이 코드를 변경할 수 있습니다.

```
목록정렬 목록:=ListBox1
```

③ CommandButton2_Click 이벤트는 〈내림차순〉 버튼을 클릭할 때 실행됩니다. 이번 이벤트는 기본적으로 CommandButton1_Click 이벤트와 처리 방식이 동일하며, '목록정렬' 프로시저의 '정렬방식' 매개변수의 값을 xlDescending 내장 상수로 전달해 내림차순 정렬을 한다는 점만 차이가 있습니다.

05 폼이 정상 동작하는지 확인합니다. VB 편집기를 닫고 〈폼 실행〉 버튼을 클릭합니다. 〈오름차순〉 버튼과 〈내림차순〉 버튼을 클릭하면 화면과 같이 항목 내 값이 정렬됩니다.

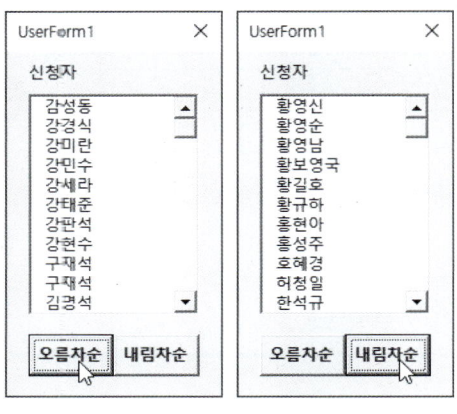

ListBox 컨트롤의 항목을 위/아래로 한 칸씩 이동하기

245

ListBox 컨트롤의 항목을 정렬하지 않고, 항목을 하나씩 선택해 사용자가 위/아래 버튼을 클릭해 순서를 옮기고 싶다면 어떻게 해야 할까요? 이런 방법은 쉬워 보이지만 ListBox 컨트롤에서 지원되지 않기 때문에 새로 등록하고 기존 위치의 항목을 삭제하는 방식을 사용해야 해서 매우 불편합니다. 이번에는 위/아래 버튼을 클릭할 때 ListBox 컨트롤의 항목 위치를 옮기는 방법에 대해 알아보겠습니다.

예제 파일 PART 03 \ (Userform) ListBox 컨트롤 VI.xlsm

01 예제 파일을 열고 〈폼 실행〉 버튼을 클릭하면 화면과 같은 폼이 표시됩니다. 이번 예제에서는 ListBox 컨트롤에 B:D열의 표 데이터를 추가한 다음, 추가된 항목을 선택하고 〈▲〉, 〈▼〉 버튼을 클릭하면 선택된 항목의 위치가 한 칸 위(또는 아래)로 이동되는 작업을 진행해 보겠습니다.

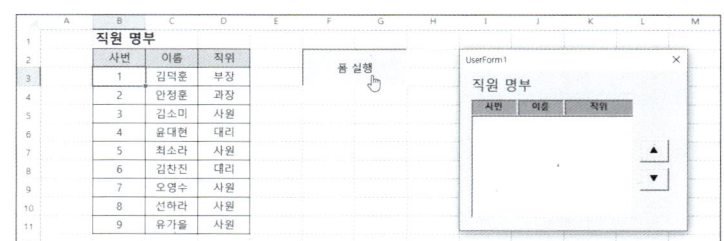

Plus+ 폼에 삽입된 컨트롤

폼에는 다음과 같은 컨트롤 일곱 개가 추가되어 있으며, 다음과 같은 속성 값이 적용되어 있습니다.

컨트롤 이름	Caption	BackColor	ForeColor	SpecialEffect	TextAlign
Label1	직원명부				
Label2	사번	활성테두리	단추텍스트	fmSpecialEffectSunken	fmTextAlignCenter
Label3	이름				
Label4	직위				
ListBox1					
CommandButton1	▲				
CommandButton2	▼				

Label2 ~ Label4 컨트롤은 ListBox 컨트롤의 머리글을 대체하기 위해 삽입되어 있습니다.

02 열려 있는 폼을 우측 상단의 닫기 단추(⊠)를 클릭해 닫습니다.

03 ListBox 컨트롤에 데이터를 추가하겠습니다. 단축키 Alt + F11을 누르고, 프로젝트 탐색기 창에서 UseForm1 개체를 더블클릭해 선택합니다. 프로젝트 탐색기 창 상단의 [코드 보기] 명령(🗔)을 클릭해 코드 창을 표시합니다. 코드 창의 개체 목록에서 Useform을 선택하고 프로시저 목록에서 Initialize 이벤트를 선택한 다음, 아래 코드를 입력합니다.

파일 : (Userform) ListBox 컨트롤 VI (코드 I).txt

```
Private Sub UserForm_Initialize()                    ①

'1단계 : 필요한 변수를 선언하고, 변수의 초기 값을 저장합니다.   ②
    Dim 표 As Range

    Set 표 = Range("B3", Cells(Rows.Count, "D").End(xlUp))

'2단계 : ListBox1 컨트롤에 표 데이터를 추가합니다.
    With ListBox1                                    ③

        .ColumnCount = 3                             ④
        .ColumnWidths = "50;60;50"                   ⑤

        .List = 표.Value                             ⑥

    End With

End Sub
```

---

❶ UserForm_Initialize 이벤트는 폼을 실행할 때 자동으로 실행됩니다.

❷ ListBox 컨트롤에 추가할 데이터 범위를 할당할 Range 형식의 '표' 개체변수를 선언하고, '표' 개체변수에 B3셀부터 D열의 마지막 데이터 입력 위치까지의 범위를 할당합니다.

❸ ListBox1 컨트롤에 With 문을 설정해 여러 작업을 처리합니다.

❹ ListBox1 컨트롤의 열은 세 개까지 사용합니다.

❺ ListBox1 컨트롤의 열 너비는 50, 60, 50인치로 설정합니다.

❻ ListBox1 컨트롤의 List 속성을 이용해 '표' 개체변수의 값을 한 번에 전달합니다. ListBox 컨트롤에 값을 전달할 때는 AddItem이나 List, Column, RowSource 등을 사용할 수 있습니다. 이때 RowSource 속성을 사용하면 항목 순서를 조정할 수가 없으므로, 항목 순서를 조정하고 싶을 때는 주의해야 합니다.

04 ListBox 컨트롤의 첫 번째 항목을 선택할 때 〈▲〉 버튼을 비활성화하고, 마지막 항목을 선택할 때 〈▼〉 버튼이 비활성화되도록 합니다. 코드 창의 개체 목록에서 ListBox1 컨트롤을 선택해 ListBox1_Click 이벤트 프로시저를 생성하고 다음 코드를 입력합니다.

파일 : (Userform) ListBox 컨트롤 VI (코드 II).txt

```
Private Sub ListBox1_Click()                    ①

    With ListBox1                                ②

        CommandButton1.Enabled = (.ListIndex <> 0)              ③
        CommandButton2.Enabled = (.ListIndex <> .ListCount - 1) ④

    End With

End Sub
```

① ListBox1_Click 이벤트는 ListBox1 컨트롤 내의 항목을 클릭할 때 실행됩니다.

② ListBox1 컨트롤에 With 문을 사용해 여러 명령을 처리합니다.

③ CommandButton1 컨트롤(▲)의 사용 여부는 ListBox1 컨트롤의 ListIndex 값이 0인지 아닌지 여부로 설정합니다. ListBox1 컨트롤의 선택 항목(ListIndex)이 0이 아니라면(True) 두 번째 이후 항목을 선택한 것이므로 CommandButton1 컨트롤을 사용하고, 0이면(False) 첫 번째 항목을 선택한 것이므로 사용하지 않습니다.

④ CommandButton2 컨트롤(▼)의 사용 여부는 ListBox1 컨트롤의 선택한 항목 번호(ListIndex)가 전체 항목 수보다 1 작은 값과 다른지 여부로 설정합니다. ListBox1 컨트롤에서 선택한 항목 번호가 전체 항목 수보다 1 작은 값과 다르면 마지막 항목 이외의 것을 선택한 것이므로 CommandButton2 컨트롤을 사용하고, 마지막 항목이면 사용하지 않습니다.

05 개발된 코드가 제대로 동작하는지 확인하기 위해, 단축키 Alt + F11 을 눌러 엑셀 창으로 전환한 다음 〈폼 실행〉 버튼을 클릭해 폼을 실행합니다. ListBox 컨트롤에서 첫 번째 항목과 마지막 항목을 각각 선택한 다음 오른쪽 CommandButton 컨트롤의 사용 가능 여부를 확인합니다.

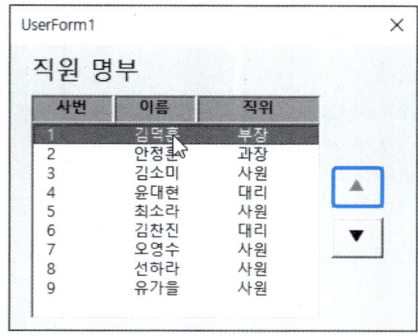 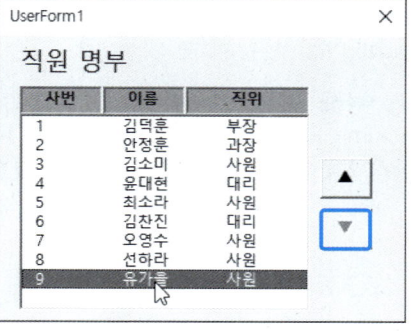

06 〈▲〉 버튼을 클릭했을 때의 동작을 개발합니다. 우측 상단의 닫기 단추(☒)를 클릭해 폼을 닫은 다음, 단축키 Alt + F11 을 눌러 VB 편집기를 표시합니다. 프로젝트 탐색기 창의 [코드 보기] 명령(▣)을 클릭하고 코드 창의 개체 목록에서 CommandButton1 컨트롤을 선택한 후 아래 코드를 입력합니다.

파일 : (Userform) ListBox 컨트롤 VI (코드 III).txt

```
Private Sub CommandButton1_Click()                    ❶

'1단계 : 필요한 변수를 선언합니다.                      ❷
    Dim i As Integer
    Dim 선택행 As Integer

'2단계 : ListBox1 컨트롤의 선택 항목을 위로 이동시킵니다.
    With ListBox1                                     ❸

        선택행 = .ListIndex                            ❹

'2-1단계 : 이동할 위치로 선택한 항목을 추가합니다.
        .AddItem .List(.ListIndex), 선택행 - 1         ❺

        For i = 1 To .ColumnCount - 1                 ❻

            .List(선택행 - 1, i) = .List(.ListIndex, i)

        Next

'2-2단계 : 선택한 항목을 삭제합니다.
        .RemoveItem .ListIndex                        ❼
        .ListIndex = 선택행 - 1                        ❽

    End With

End Sub
```

---

❶ CommandButton1_Click 이벤트는 〈▲〉 버튼을 클릭할 때 실행됩니다.

❷ 이벤트에서 사용할 Integer 형식의 i 변수와 '선택행' 변수를 각각 선언합니다.

❸ ListBox1 컨트롤에 With 문을 사용해 여러 명령을 처리합니다.

❹ '선택행' 변수에 ListBox1 컨트롤의 선택된 행 번호를 반환하는 ListIndex 속성 값을 저장합니다.

❺ ListBox1 컨트롤에 선택한 행의 첫 번째 열 값(.List(선택행))을 새 항목으로 추가합니다. 이때, 추가할 위치를 기존 '선택행' 변수의 위치보다 1 작은(한 칸 위) 위치로 지정합니다. 그러면 선택한 위치 위에 행이 삽입됩니다. 예를 들어, 3행을 선택하고 〈▲〉 버튼을 클릭하면 1행과 2행 사이에 행이 하나 추가되면서 선택한 항목의 첫 번째 열 값이 저장됩니다.

1
2
3
4

❻ For … Next 순환문을 사용해 i 변수를 1에서 ListBox1 컨트롤의 열 개수(.ColumnCount)보다 1 작은 값까지 순환합니다. 이렇게 하면 ListBox1 컨트롤의 두 번째, 세 번째 열의 값을 ❺에서 추가한 항목 위치에 추가할 수 있습니다.

1
새로 삽입된 행
2
3
4

참고로 '선택행' 변수에는 행이 삽입되기 이전 위치 값이 저장되어 있겠지만, .ListIndex 값은 ❺의 코드에서 행이 하나 더 삽입되었기 때문에 '선택행' 변수의 값보다 1이 증가한다는 점을 기억해야 합니다.

❼ ListBox1 컨트롤에서 선택된 행을 삭제합니다.

❽ ListBox1 컨트롤에서 '선택행' 변수에 저장된 값보다 1 작은 위치의 행을 선택합니다.

07 계속해서 〈▼〉 버튼을 클릭했을 때의 동작을 개발합니다. 코드 창의 개체 목록에서 CommandButton2 컨트롤을 선택하고 다음 코드를 입력합니다.

파일 : (Userform) ListBox 컨트롤 VI (코드 IV).txt

```
Private Sub CommandButton2_Click()                    ❶

'1단계 : 필요한 변수를 선언합니다.
    Dim i As Integer
    Dim 선택행 As Integer

'2단계 : ListBox1 컨트롤의 선택 항목을 아래로 이동시킵니다.
    With ListBox1

        선택행 = .ListIndex

'2-1단계 : 이동할 위치로 선택한 항목을 추가합니다.
        .AddItem .List(.ListIndex), 선택행 - 1         ❷

        For i = 1 To .ColumnCount - 1                  ❸

            .List(선택행 + 2, i) = .List(.ListIndex, i)

        Next i

'2-2단계 : 선택한 항목을 삭제합니다.
        .RemoveItem .ListIndex
        .ListIndex = 선택행 + 1                        ❹

    End With

End Sub
```

❶ CommandButton2_Click 이벤트는 〈▼〉 버튼을 클릭했을 때 실행됩니다.

❷ ListBox1 컨트롤에 선택한 행의 첫 번째 열 값(.List(.ListIndex))을 새 항목으로 추가합니다. 이때, 추가할 위치는 기존 '선택행' 변수의 위치보다 2 큰(두 칸 아래) 위치로 지정합니다. 예를 들어, 2행을 선택하고 〈▼〉 버튼을 클릭했을 때 3행과 4행 사이에 행을 하나 추가하려면 4행 위치에 새 행을 추가해야 합니다.

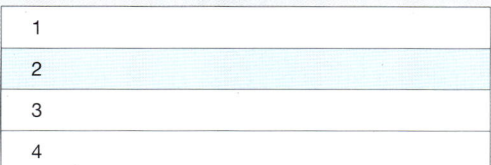

❸ For … Next 순환문을 사용해 i 변수를 1에서 ListBox1 컨트롤의 열 개수(.ColumnCount)보다 1 작은 값까지 순환합니다. 이렇게 하면 ListBox1 컨트롤의 두 번째, 세 번째 열의 값을 ❷에서 추가한 항목 위치에 추가할 수 있습니다.

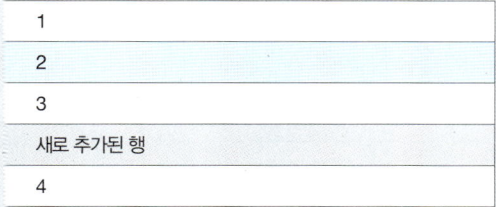

참고로 아래에 행을 삽입할 때는 '선택행' 변수의 값과 .ListIndex의 값이 동일합니다.

❹ ListBox1 컨트롤에서 '선택행' 변수에 저장된 값보다 1 작은 위치의 행을 선택합니다. 다른 곳에서는 2를 더했는데 여기서는 1만 더하는 이유는, 바로 윗줄에서 선택된 행을 삭제해서 새로 추가한 행이 한 칸 올라오기 때문입니다.

08 모든 이벤트가 제대로 동작하는지 확인하기 위해 단축키 Alt + F11 을 눌러 엑셀 창으로 전환한 다음 〈폼 실행〉 버튼을 클릭하고 선택한 직원을 위(또는 아래)로 이동시켜 봅니다.

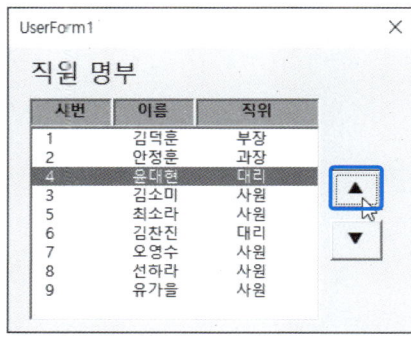 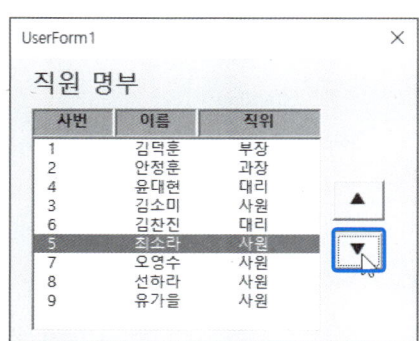

CheckBox 컨트롤 사용하기

246

CheckBox 컨트롤은 여러 옵션 중에서 사용자가 필요한 옵션을 선택하도록 할 때 유용하게 사용할 수 있는 컨트롤입니다. CheckBox 컨트롤은 하나 또는 여러 개의 컨트롤을 동시에 사용할 수 있으며 모두 개별적으로 선택하거나 선택을 해제하는 것이 가능합니다. 그러므로 여러 개 옵션 중에서 사용자가 선택한 옵션을 확인해 동작하는 코드를 개발할 때 주로 사용합니다. 이번에는 CheckBox 컨트롤을 사용하는 방법에 대해 알아보겠습니다.

예제 파일 PART 03 \ (Userform) CheckBox 컨트롤.xlsm

01 예제 파일을 열고 〈폼 실행〉 버튼을 클릭하면 화면과 같은 폼이 표시됩니다. 여러 CheckBox 컨트롤 중에서 선택된 컨트롤의 값을 E3:H3 범위에 문자 'O'로 표시하는 코드를 개발해 보겠습니다.

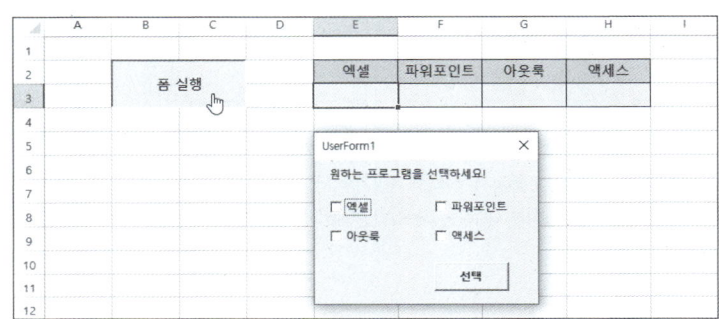

Plus+ 폼에 삽입된 컨트롤

폼에는 다음과 같은 컨트롤 여섯 개가 추가되어 있습니다.

컨트롤 이름	Caption
Label1	원하는 프로그램을 선택하세요!
CheckBox1	엑셀
CheckBox2	파워포인트
CheckBox3	아웃룩
CheckBox4	액세스
CommandButton1	선택

02 열려 있는 폼을 우측 상단의 닫기 단추(☒)를 클릭해 닫은 다음, 코드를 개발하기 위해 단축키 Alt + F11 을 누르고 프로젝트 탐색기 창에서 UserForm1 개체를 더블클릭해 선택합니다.

03 폼 개체 화면에서 〈선택〉 버튼을 더블클릭하면 코드 창이 표시되면서 CommandButton1_Click 이벤트 프로시저가 생성됩니다. 다음 코드를 입력합니다.

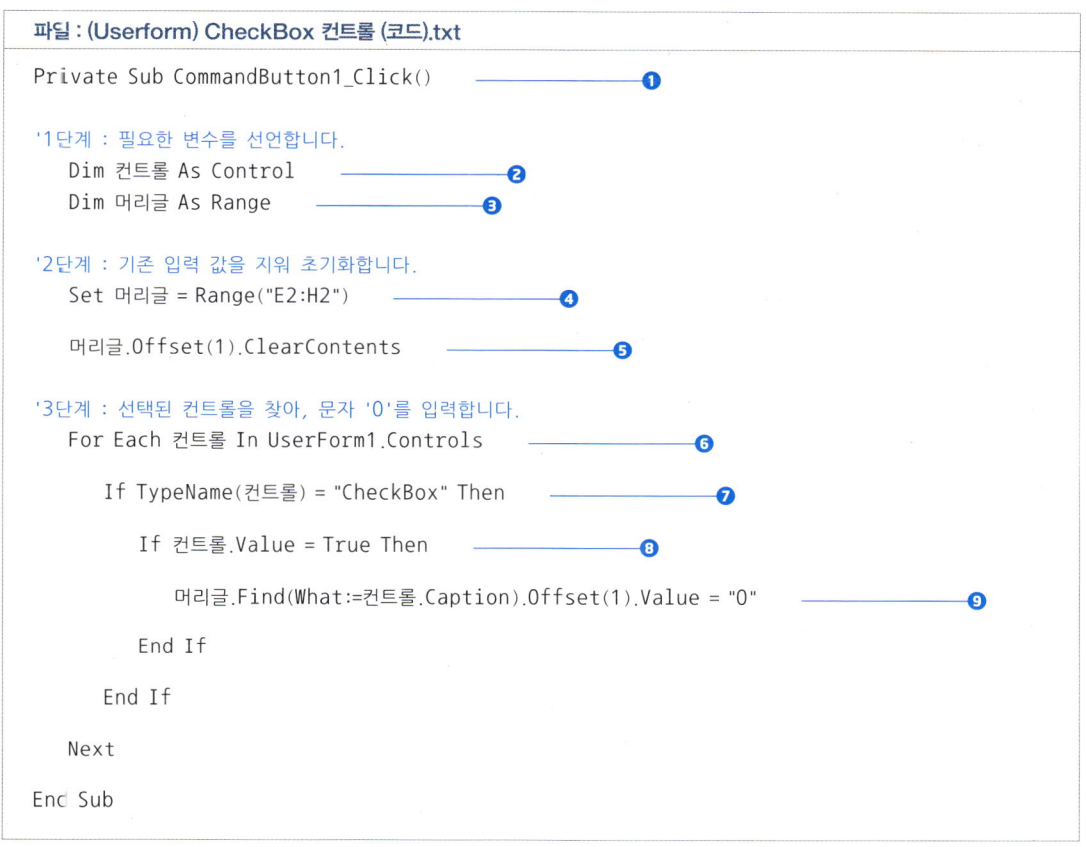

파일 : (Userform) CheckBox 컨트롤 (코드).txt

```
Private Sub CommandButton1_Click()                          ❶

'1단계 : 필요한 변수를 선언합니다.
    Dim 컨트롤 As Control                                    ❷
    Dim 머리글 As Range                                      ❸

'2단계 : 기존 입력 값을 지워 초기화합니다.
    Set 머리글 = Range("E2:H2")                              ❹

    머리글.Offset(1).ClearContents                           ❺

'3단계 : 선택된 컨트롤을 찾아, 문자 'O'를 입력합니다.
    For Each 컨트롤 In UserForm1.Controls                    ❻

        If TypeName(컨트롤) = "CheckBox" Then                ❼

            If 컨트롤.Value = True Then                      ❽

                머리글.Find(What:=컨트롤.Caption).Offset(1).Value = "O"   ❾

            End If

        End If

    Next

End Sub
```

❶ CommandButton1_Click 이벤트는 〈선택〉 버튼을 클릭할 때 실행됩니다.

❷ Control 형식의 '컨트롤' 개체변수를 선언합니다.

❸ Range 형식의 '머리글' 개체변수를 선언합니다.

❹ 표 머리글이 입력되어 있는 E2:H2 범위를 '머리글' 개체변수에 할당합니다.

❺ '머리글' 개체변수에 할당된 범위의 바로 아래 행(Offset(1))의 값을 지웁니다. 이 동작은 기존에 입력된 문자 'O'가 있는 경우 삭제하는 역할을 합니다.

❻ For Each … Next 순환문을 사용해 UserForm1 개체에 삽입된 모든 컨트롤(Controls 컬렉션)을 순환하면서 '컨트롤' 개체변수에 하나씩 할당합니다.

❼ TypeName 함수를 사용해 '컨트롤' 개체변수에 할당된 개체가 'CheckBox' 컨트롤인지 판단해 ❽-❾의 코드를 실행합니다.

❽ '컨트롤' 개체변수에 할당된 컨트롤 값이 True인지 판단해 ❾의 코드를 실행합니다. 참고로 CheckBox 컨트롤을 체크하면 True, 체크 해제하면 False 값을 갖습니다.

❾ '머리글' 개체변수에 할당된 범위에서 Find 메서드를 이용해 '컨트롤' 개체변수에 할당된 CheckBox 컨트롤의 레이블 위치를 찾아 바로 아래 셀에 문자 'O'를 입력합니다.

04 개발된 코드가 정상 동작하는지 확인하기 위해, VB 편집기를 닫고 〈폼 실행〉 버튼을 클릭합니다. 폼에서 CheckBox 컨트롤을 몇 개 체크하고 〈선택〉 버튼을 클릭하면 E3:H3 범위의 선택 프로그램 위치에 문자 'O'가 입력됩니다.

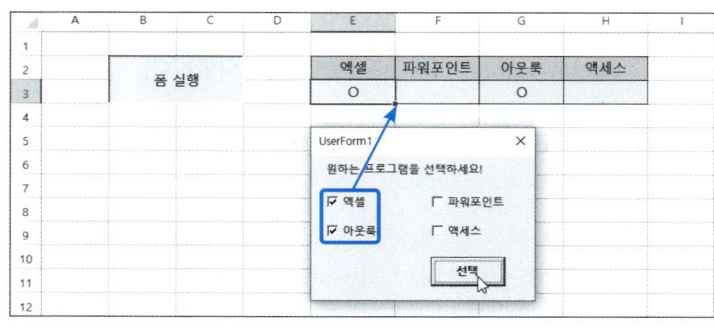

OptionButton 컨트롤 사용하기 247

CheckBox 컨트롤은 동일한 컨트롤을 여러 폼에 추가해 사용해도 모두 독자적으로 선택하거나 선택을 해제할 수 있지만, OptionButton 컨트롤은 CheckBox 컨트롤과 유사하지만 여러 컨트롤 중 하나만 선택할 수 있습니다. 그러므로 여러 옵션 중에서 하나만 선택하도록 할 때 주로 사용됩니다. 이번에는 OptionButton 컨트롤을 이용해 여러 옵션 중 원하는 옵션을 하나 선택하는 방법에 대해 알아보겠습니다.

예제 파일 PART 03 \ (Userform) OptionButton 컨트롤.xlsm

01 예제 파일을 열고 〈폼 실행〉 버튼을 클릭하면 화면과 같은 폼이 표시됩니다. 여러 개의 OptionButton 컨트롤 중에서 선택한 OptionButton 컨트롤의 값을 〈선택〉 버튼을 클릭할 때 E3셀에 반환하는 기능을 개발해 보겠습니다.

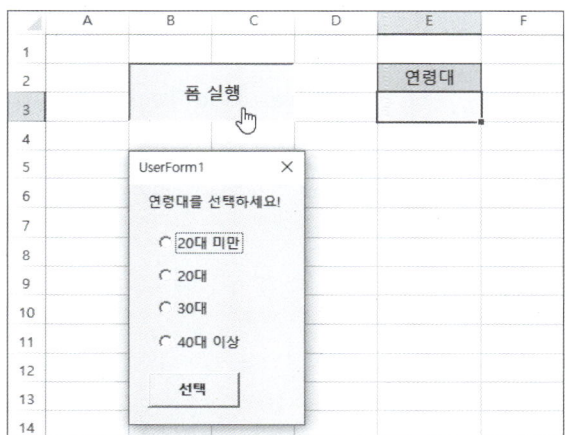

Plus⁺ 폼에 삽입된 컨트롤

폼에는 다음과 같은 컨트롤 여섯 개가 추가되어 있습니다.

컨트롤 이름	Caption
Label1	연령대를 선택하세요!
OptionButton1	20대 미만
OptionButton2	20대
OptionButton3	30대
OptionButton4	40대 이상
CommandButton1	선택

02 열려 있는 폼을 우측 상단의 닫기 단추(❎)를 클릭해 닫은 다음, 기능을 개발하기 위해 단축키 Alt + F11 을 누르고 프로젝트 탐색기 창에서 UserForm1 개체를 더블클릭해 선택합니다.

03 폼 개체 화면에서 〈선택〉 버튼을 더블클릭해 코드 창에 CommandButton1_Click 이벤트 프로시저를 생성하고 다음 코드를 입력합니다.

파일 : (Userform) OptionButton 컨트롤 (코드).txt

```
Private Sub CommandButton1_Click()                    ❶

'1단계 : 필요한 변수를 선언합니다.
    Dim 컨트롤 As Control                              ❷
    Dim 연령대 As Range                                ❸

'2단계 : 기존 입력 값을 초기화합니다.
    Set 연령대 = Range("E3")                           ❹

    연령대.ClearContents                               ❺

'3단계 : 선택한 CheckBox 컨트롤 값을 E3셀에 입력합니다.
    For Each 컨트롤 In UserForm1.Controls              ❻

        If TypeName(컨트롤) = "OptionButton" Then      ❼

            If 컨트롤.Value = True Then                ❽

                연령대.Value = 컨트롤.Caption          ❾
                Exit For                              ❿

            End If

        End If

    Next

End Sub
```

❶ CommandButton1_Click 이벤트는 〈선택〉 버튼을 클릭할 때 실행됩니다.

❷ Control 형식의 '컨트롤' 개체변수를 선언합니다.

❸ Range 형식의 '연령대' 개체변수를 선언합니다.

❹ '연령대' 개체변수에 폼에서 선택한 연령대를 입력할 E3셀을 할당합니다.

❺ '연령대' 개체변수에 할당된 셀 값을 지웁니다.

❻ For Each … Next 순환문을 사용해 UserForm1 개체의 Control을 순환하면서 '컨트롤' 개체변수에 하나씩 할당합니다.

❼ '컨트롤' 개체변수에 할당된 개체 형식이 OptionButton 컨트롤인지 TypeName 함수를 사용해 확인한 다음, 맞으면 ❽-❿의 코드를 실행합니다.

❽ '컨트롤' 개체변수에 할당된 OptionButton 컨트롤의 값이 True인지 판단해 ❾-❿의 코드를 실행합니다. OptionButton 컨트롤 역시 CheckBox 컨트롤과 동일하게 True, False 값으로 선택 여부를 확인할 수 있습니다.

❾ '연령대' 개체변수에 할당된 셀에 '컨트롤' 개체변수에 할당된 OptionButton 컨트롤의 레이블 값을 전달합니다.

⑩ Exit For 문을 사용해 For Each … Next 순환문을 종료합니다. OptionButton 컨트롤은 하나가 선택되면 나머지는 선택되지 않은 것이므로 Exit 문을 사용해 순환문을 종료합니다.

04 개발된 코드가 정상 동작하는지 확인하기 위해 VB 편집기를 닫고 〈폼 실행〉 버튼을 클릭합니다. 폼에서 자신의 연령대를 선택하고 〈선택〉 버튼을 클릭하면 E3셀에 해당 OptionButton 컨트롤의 레이블 값이 표시됩니다.

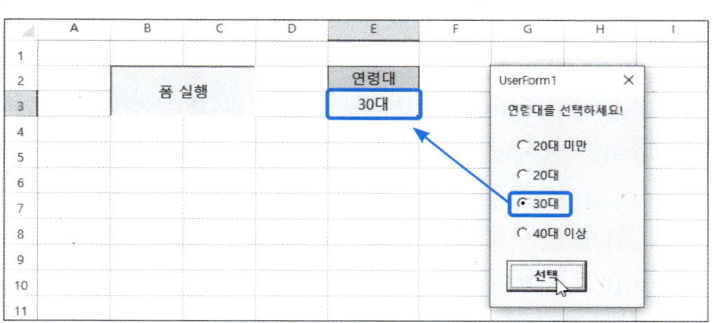

Frame 컨트롤을 이용해 OptionButton 컨트롤을 그룹으로 묶어 사용하기

248

여러 개의 OptionButton 컨트롤은 한 번에 하나만 선택할 수 있는데, 몇 개의 그룹으로 묶어 사용하려면 Frame 컨트롤을 함께 사용해야 합니다. Frame 컨트롤에는 다른 컨트롤을 삽입할 수 있는데, 이렇게 삽입된 컨트롤은 Frame 컨트롤 안에서는 독립적으로 사용할 수 있습니다. 이런 특징을 이용해 OptionButton 컨트롤을 몇 개의 그룹으로 분류해 사용할 수 있습니다. 이번에는 Frame 컨트롤과 OptionButton 컨트롤을 연계해 사용하는 방법에 대해 알아보겠습니다.

예제 파일 PART 03 \ (Userform) Frame 컨트롤.xlsm

01 예제 파일을 열고 〈폼 실행〉 버튼을 클릭하면 화면과 같은 폼이 표시됩니다. 두 개의 Frame 컨트롤 안에 연령대와 성별을 의미하는 OptionButton 컨트롤이 추가되어 있습니다. 자신에게 맞는 OptionButton 컨트롤을 선택하고 〈선택〉 버튼을 클릭하면 E3:F3 범위에 선택된 옵션 단추의 레이블 값을 표시하는 기능을 개발해 보겠습니다.

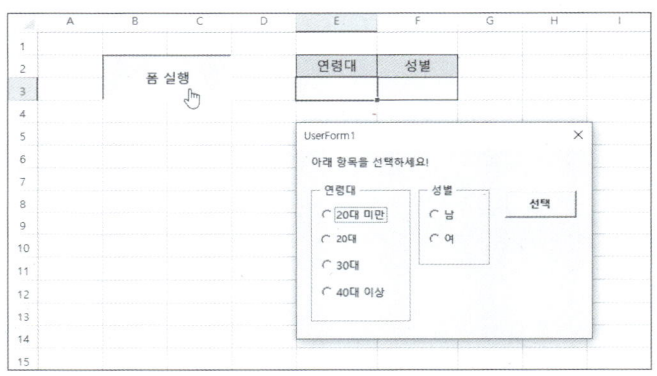

Plus⁺ 폼에 삽입된 컨트롤

폼에는 다음과 같은 컨트롤 열 개가 추가되어 있습니다.

컨트롤 이름	Caption	컨트롤 이름	Caption
Label1	아래 항목을 선택하세요!		
Frame1	연령대	OptionButton1	20대 미만
		OptionButton2	20대
		OptionButton3	30대
		OptionButton4	40대 이상
Frame2	성별	OptionButton5	남
		OptionButton6	여
CommandButton1	선택		

02 열려 있는 폼을 우측 상단의 닫기 단추(✖)를 클릭해 닫은 다음, 단축키 Alt + F11 을 누르고 프로젝트 탐색기 창에서 UserForm1 개체를 더블클릭해 선택합니다.

03 Frame 컨트롤 안에서 선택한 OptionButton 컨트롤의 레이블 값을 지정된 위치에 입력하는 프로시저를 개발하겠습니다. 프로젝트 탐색기 창 상단의 [코드 보기] 명령(▣)을 클릭해 코드 창을 표시하고 '선택항목' 프로시저를 개발합니다.

파일 : (Userform) Frame 컨트롤 (코드).txt

```
Sub 선택항목(프레임 As MSForms.Frame, 입력 As Range)           ❶

'1단계 : 필요한 변수를 선언합니다.
    Dim 컨트롤 As Control           ❷

'2단계 : 입력할 위치의 값을 지웁니다.
    입력.ClearContents              ❸

'3단계 : Frame 컨트롤 안에서 선택한 OptionButton 컨트롤의 레이블 값을 지정된 위치에 입력합니다.
    For Each 컨트롤 In 프레임.Controls           ❹

        If TypeName(컨트롤) = "OptionButton" Then           ❺

            If 컨트롤.Value = True Then           ❻

                입력.Value = 컨트롤.Caption           ❼
                Exit For           ❽

            End If

        End If

    Next

End Sub
```

❶ Frame 컨트롤 내에서 선택한 OptionButton 컨트롤의 레이블 값을 지정된 위치에 입력하는 '선택항목' 프로시저를 선언합니다. '선택항목' 프로시저는 다음 두 개의 매개변수에 인수를 받아 동작합니다.

매개변수	설명
프레임	OptionButton 컨트롤이 삽입된 Frame 컨트롤을 저장할 Frame 컨트롤 형식의 개체변수
입력	OptionButton 컨트롤의 레이블을 입력할 위치를 저장할 Range 형식의 개체변수

❷ Control 형식의 '컨트롤' 개체변수를 선언합니다.

❸ '입력' 매개변수에 할당된 셀에 값을 입력하기 전, 이전 값을 지웁니다.

❹ For Each … Next 순환문을 사용해 '프레임' 매개변수에 할당된 Frame 컨트롤 내의 하위 컨트롤을 순환하면서 '컨트롤' 개체변수에 하나씩 할당합니다.

⑤ TypeName 함수를 사용해 '컨트롤' 개체변수에 할당된 Control이 'OptionButton'인지 판단해, ⑥-⑧의 코드를 실행합니다.

⑥ 선택된 OptionButton 컨트롤을 찾기 위해, '컨트롤' 변수에 할당된 OptionButton 컨트롤의 값이 True인지 판단해, ⑦-⑧의 코드를 실행합니다.

⑦ '입력' 개체변수에 할당된 셀에 '컨트롤' 개체변수에 할당된 OptionButton 컨트롤의 레이블 값을 입력합니다.

⑧ 선택한 OptionButton 컨트롤 값을 입력하면 다른 OptionButton 컨트롤은 더 확인할 필요가 없으므로 Exit For 명령을 이용해 순환문을 종료합니다.

04 개발한 '선택항목' 프로시저를 〈선택〉 버튼에 연결합니다. 개체 목록에서 CommandButton1 컨트롤을 선택해 CommaandButton1_Click 이벤트 프로시저를 생성하고 다음 코드를 입력합니다.

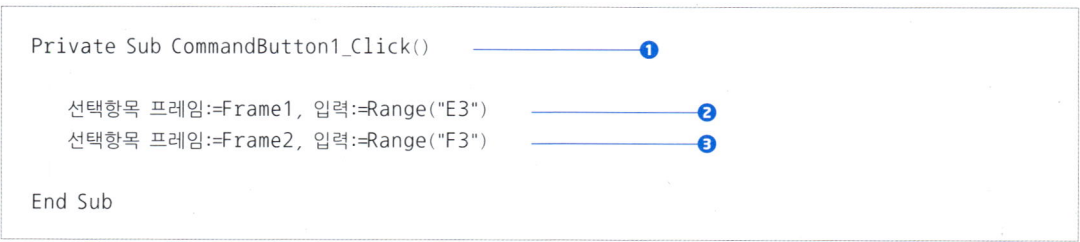

❶ CommandButton1_Click 이벤트는 〈선택〉 버튼을 클릭했을 때 실행됩니다.

❷ '선택항목' 프로시저를 호출하는데, '프레임' 매개변수에는 Frame1 컨트롤을 전달하고 '입력' 매개변수에는 E3셀을 할당합니다. 이렇게 하면 Frame1 컨트롤 내의 선택된 OptionButton 컨트롤의 레이블이 E3셀에 입력됩니다.

❸ '선택항목' 프로시저를 호출하는데, '프레임' 매개변수에는 Frame2 컨트롤을 전달하고 '입력' 매개변수에는 F3셀을 할당합니다. 이렇게 하면 Frame2 컨트롤 내의 선택된 OptionButton 컨트롤의 레이블이 F3셀에 입력됩니다.

05 이제 개발된 코드가 정상 동작하는지 확인하기 위해 VB 편집기를 닫고 〈폼 실행〉 버튼을 클릭합니다. 폼에서 자신에게 맞는 연령대와 성별을 선택하고 〈선택〉 버튼을 클릭하면, E3:F3 범위에 선택한 OptionButton 컨트롤의 레이블 값이 표시됩니다.

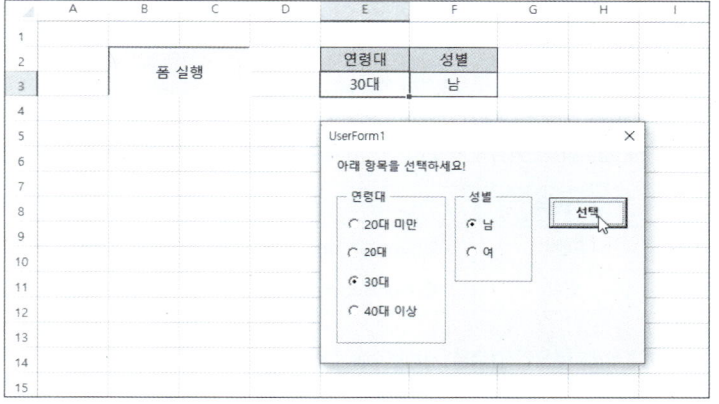

ScrollBar, SpinButton 컨트롤 사용하기

249

TextBox 컨트롤에 숫자 값을 입력 받을 때 ScrollBar와 SpinButton 컨트롤을 이용하면 사용자가 편리하게 숫자 값을 입력하도록 할 수 있습니다. TextBox 컨트롤에 입력될 숫자 값의 구간(최소~최댓값) 차이가 크다면 ScrollBar 컨트롤을 사용하는 것이 좋으며, 작다면 SpinButton 컨트롤을 사용하면 됩니다. 이번에는 숫자 값 입력을 편리하게 도와 주는 ScrollBar, SpinButton 컨트롤을 사용하는 방법에 대해 알아보겠습니다.

예제 파일 PART 03 \ (Userform) ScrollBar, SpinButton 컨트롤.xlsm

01 예제 파일을 열고 〈폼 실행〉 버튼을 클릭하면 화면과 같이 키와 몸무게를 입력할 수 있는 폼이 표시됩니다. 이 폼에는 수치를 쉽게 입력할 수 있도록 ScrollBar 컨트롤과 SpinButton 컨트롤이 삽입되어 있습니다. ScrollBar와 SpinButton 컨트롤을 조정해 키와 몸무게를 입력하는 기능을 개발해 보겠습니다.

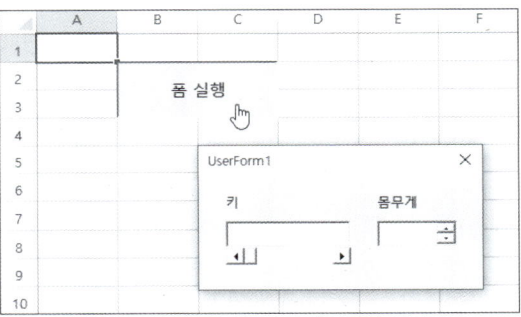

> **Plus⁺ 폼에 삽입된 컨트롤**
>
> 폼에는 다음과 같은 컨트롤 여섯 개가 추가되어 있습니다.
>
> | 컨트롤 이름 | Caption |
> |---|---|
> | Label1 | 키 |
> | TextBox1 | |
> | ScrollBar1 | |
> | Label2 | 몸무게 |
> | TextBox2 | |
> | SpinButton1 | |
>
> 참고로 SpinButton1 컨트롤은 TextBox2 컨트롤의 우측 모서리에 입력되어 있습니다.

02 열려 있는 폼을 우측 상단의 닫기 단추(×)를 클릭해 닫습니다. 먼저 ScrollBar와 SpinButton 컨트롤의 초기 값을 설정합니다. 단축키 Alt + F11 을 누르고, 프로젝트 탐색기 창에서 UserForm1 개체를 더블클릭해 선택합니다.

03 프로젝트 탐색기 창 상단의 [코드 보기] 명령(🔲)을 클릭해 코드 창을 표시하고, 개체 목록에서는 UserForm을, 프로시저 목록에서는 Initialize 이벤트를 선택합니다. UserForm_Initialize 이벤트 프로시저가 생성되면 다음 코드를 입력합니다.

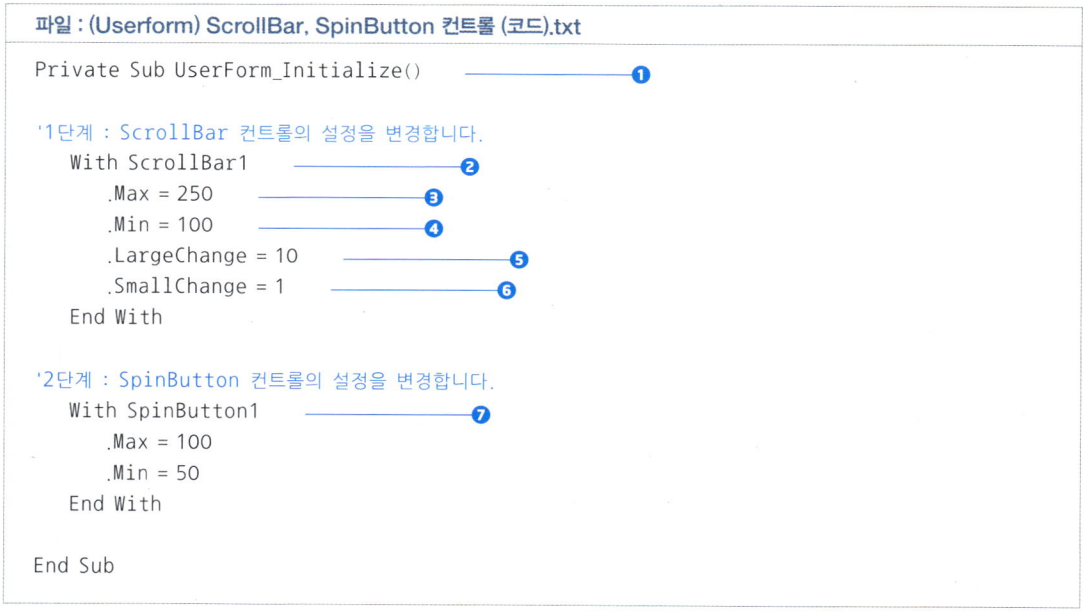

파일 : (Userform) ScrollBar, SpinButton 컨트롤 (코드).txt

```
Private Sub UserForm_Initialize()                    ❶

    '1단계 : ScrollBar 컨트롤의 설정을 변경합니다.
    With ScrollBar1                                  ❷
        .Max = 250                                   ❸
        .Min = 100                                   ❹
        .LargeChange = 10                            ❺
        .SmallChange = 1                             ❻
    End With

    '2단계 : SpinButton 컨트롤의 설정을 변경합니다.
    With SpinButton1                                 ❼
        .Max = 100
        .Min = 50
    End With

End Sub
```

❶ UserForm_Initialize 이벤트는 폼이 실행될 때 자동으로 실행됩니다. 폼이 실행될 때 폼에 삽입된 ScrollBar1와 SpinButton1 컨트롤의 설정 작업을 하기 위한 것으로, 이벤트를 이용하지 않고 컨트롤을 선택한 다음 속성 창에서 코드에 사용된 설정을 동일하게 해 줘도 됩니다.

❷ ScrollBar1 컨트롤에 With 문을 사용해 여러 설정 작업을 진행합니다.

❸ ScrollBar1 컨트롤의 최댓값을 250으로 설정합니다. 참고로 Max 속성 값은 ScrollBar1 컨트롤로 조정할 수 있는 최댓값으로, 키를 몇 cm까지 조정할 수 있는지 판단해 해당 값을 입력합니다.

❹ ScrollBar1 컨트롤의 최솟값을 100으로 설정합니다. 참고로 Min 속성 값은 ScrollBar1 컨트롤로 조정할 수 있는 최솟값으로, 몇 cm부터 입력해야 하는지 판단해 해당 값을 입력합니다.

❺ ScrollBar1 컨트롤의 빈 영역을 클릭할 때, ScrollBar1 컨트롤의 값이 10씩 변경되도록 합니다.

❻ ScrollBar1 컨트롤의 좌/우(또는 상/하) 버튼을 클릭할 때 1씩 변경되도록 합니다.

❼ SpinButton1 컨트롤에 With 문을 사용하고 최댓값은 100, 최솟값은 50으로 설정합니다.

04 이번에는 ScrollBar1, SpinButton 컨트롤을 조정할 때 TextBox 컨트롤에 값이 변경되도록 합니다. 코드 창의 개체 목록에서 ScrollBar1 컨트롤과 SpinButton1 컨트롤을 각각 선택하면 ScrollBar1_Change와 SpinButton1_Change 이벤트 프로시저가 생성됩니다. 다음 코드를 입력합니다.

```
Private Sub ScrollBar1_Change()                      ❶

    TextBox1.Value = ScrollBar1.Value                ❷
```

```
End Sub

Private Sub SpinButton1_Change()                    ─────── ❸

    TextBox2.Value = SpinButton1.Value              ─────── ❹

End Sub
```

❶ ScrollBar1_Change 이벤트는 ScrollBar1 컨트롤을 조정할 때 실행됩니다.

❷ ScrollBar1 컨트롤의 값을 TextBox1 컨트롤의 값으로 설정합니다.

❸ SpinButton1_Change 이벤트는 SpinButton1 컨트롤을 조정할 때 실행됩니다.

❹ SpinButton1 컨트롤의 값을 TextBox2 컨트롤의 값으로 설정합니다.

05 이제 개발된 코드가 정상적으로 동작하는지 확인하기 위해 VB 편집기를 닫고 〈폼 실행〉 버튼을 클릭해 폼을 실행합니다. 그러면 TextBox1, TextBox2에 ScrollBar1 컨트롤과 SpinButton1 컨트롤의 Min 속성 값이 표시됩니다. 먼저 키를 조정하기 위해 스크롤 막대 컨트롤의 빈 영역과 좌/우 화살표 단추를 클릭해 보면 화면과 같이 TextBox1 컨트롤의 값이 그에 맞게 변경되는 것을 알 수 있습니다.

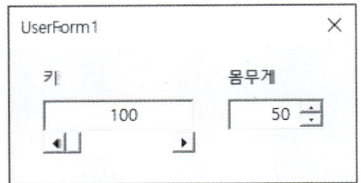 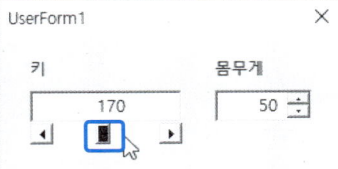 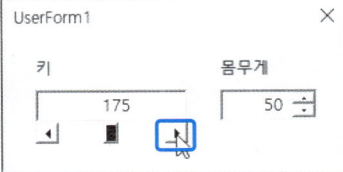

06 TextBox2 컨트롤에 삽입된 SpinButton 컨트롤의 위/아래 화살표 단추를 클릭하면 TextBox2 컨트롤의 값이 1씩 조정됩니다.

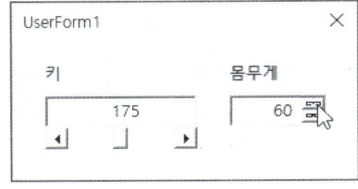

Image 컨트롤 사용하기

250

폼에 이미지를 삽입할 필요가 있다면 Image 컨트롤을 사용합니다. Image 컨트롤에 이미지를 삽입하거나 초기화하려면 LoadPicture 함수를 사용하면 됩니다. 이번에는 표 데이터를 ListBox 컨트롤에 표시하고, ListBox 컨트롤에서 선택한 항목에 해당하는 이미지를 Image 컨트롤에 표시하는 방법에 대해 알아보겠습니다.

예제 파일 PART 03 \ (Userform) Image 컨트롤.xlsm, Image\1.jpg ~ 9.jpg, Default.jpg

01 예제 파일을 열고 〈폼 실행〉 버튼을 클릭하면 화면과 같은 폼이 표시됩니다. 왼쪽 ListBox 컨트롤에 C3:C11 범위의 직원 이름을 표시하고, 이름 중 하나를 선택하면 해당 직원의 사진 이미지가 Image 컨트롤에 표시되도록 해 보겠습니다.

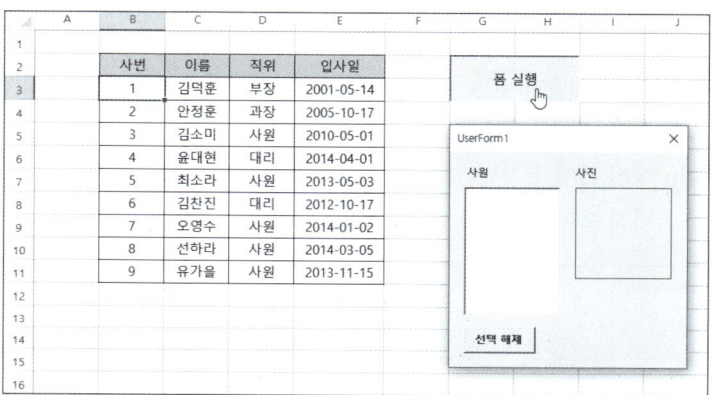

Plus⁺ 폼에 삽입된 컨트롤

폼에는 다음과 같은 컨트롤 다섯 개가 추가되어 있습니다.

컨트롤 이름	Caption
Label1	사원
ListBox1	
Label2	사진
Image1	
CommandButton1	선택 해제

02 열려 있는 폼을 닫기 단추(✕)를 클릭해 닫고 윈도우 탐색기를 이용해 예제 폴더 하위의 'Image' 폴더를 열어 보면 다음과 같은 이미지 파일을 확인할 수 있습니다. 이미지의 이름은 표 B열의 사번과 동일합니다. 'Default.jpg' 파일은 사원의 이미지가 없거나 사원을 선택하지 않을 때 표시할 용도의 이미지입니다.

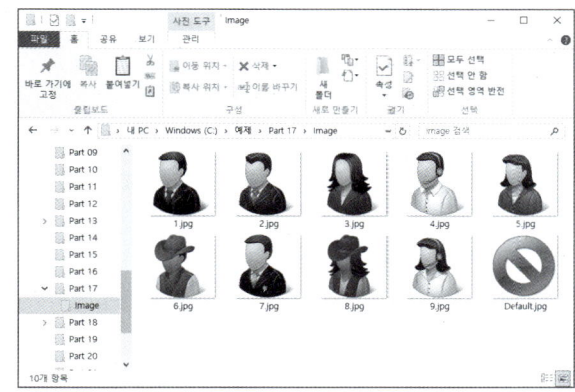

03 다시 엑셀 파일로 창을 전환한 다음, 폼이 실행될 때 ListBox 컨트롤에 사원 이름을 표시하는 작업을 진행합니다. 단축키 Alt + F11 을 누르고, 프로젝트 탐색기 창에서 UserForm1 개체를 더블클릭해 선택합니다.

04 프로젝트 탐색기 창 상단의 [코드 보기] 명령(▣)을 클릭해 코드 창을 표시합니다. 개체 목록에서 UserForm 개체를, 프로시저 목록에서는 Initialize 이벤트를 선택하고 다음 코드를 입력합니다.

파일 : (Userform) Image 컨트롤 (코드 I).txt

```
Private Sub UserForm_Initialize()        ──❶

    Dim 직원 As Range                    ──❷

    Set 직원 = Range("C3", Cells(Rows.Count, "C").End(xlUp))  ──❸

    ListBox1.List = 직원.Value           ──❹
    Image1.SpecialEffect = fmSpecialEffectSunken              ──❺

End Sub
```

❶ UserForm_Initialize 이벤트는 폼이 실행될 때 자동으로 실행됩니다.

❷ Range 형식의 '직원' 개체변수를 선언합니다.

❸ '직원' 개체변수에 C3셀부터 C열의 마지막 데이터 입력 위치까지의 범위(C3:C11)를 할당합니다.

❹ ListBox1 컨트롤의 List 속성에 '직원' 개체변수에 할당된 범위 내 값을 직접 전달합니다.

❺ Image1 컨트롤의 표시 효과를 ListBox1 컨트롤처럼 오목하게 표시합니다. SpecialEffect 속성에 지정하는 내장 상수 값에 따른 효과는 다음과 같습니다.

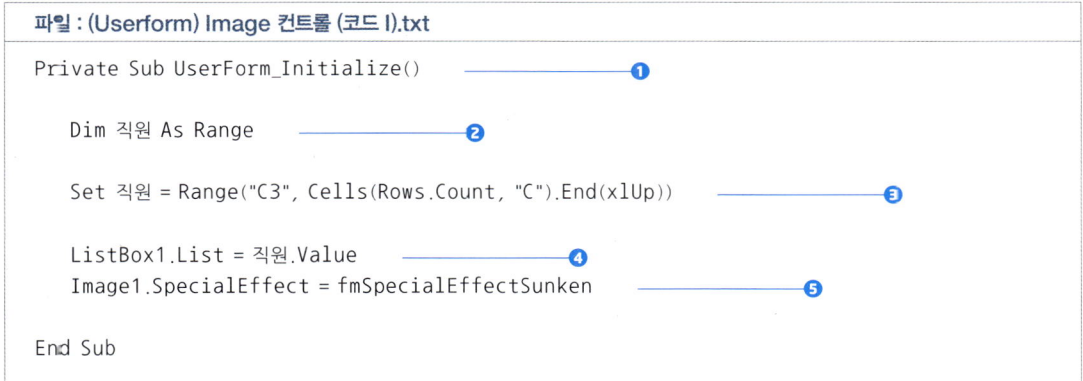

내장 상수	값		컨트롤 모양
fmSpecialEffectFlat (기본값)	0		컨트롤 개체를 평면으로 표시합니다. 테두리 실선이 나타나지 않는다면 BorderStyle 속성 값을 fmBorderStyleSingle로 변경합니다.

CHAPTER 17 | 사용자 정의 폼 / **829**

fmSpecialEffectRaised	1		컨트롤 개체의 상단과 좌측은 반전되고, 하단과 우측은 그림자로 표시합니다. 이렇게 하면 볼록한 효과를 얻습니다.
fmSpecialEffectSunken	2		컨트롤 개체의 상단과 좌측은 그림자로 표시하고, 하단과 우측은 반전으로 표시합니다. 이렇게 하면 오목한 효과를 얻습니다.
fmSpecialEffectEtched	3		컨트롤 개체의 가장자리를 새겨 표시합니다.
fmSpecialEffectBump	6		컨트롤 개체의 상단과 좌측은 평면으로, 하단과 우측은 굴곡을 갖도록 표시합니다.

04 ListBox1 컨트롤에서 직원을 선택하면 이미지가 표시되도록 기능을 개발합니다. 코드 창 상단의 개체 목록에서 ListBox1 컨트롤을 선택해 ListBox1_Click 이벤트 프로시저를 생성하고 다음 코드를 입력합니다.

파일 : (Userform) Image 컨트롤 (코드 II).txt

```
Private Sub ListBox1_Click()                          ①

'1단계 : 필요한 변수를 선언합니다.                      ②
    Dim 직원 As Range
    Dim 사번 As String
    Dim 경로 As String
    Dim 파일 As String

'2단계 : ListBox 컨트롤에서 선택한 사원의 사번을 확인합니다.
    Set 직원 = Range("C3", Cells(Rows.Count, "C").End(xlUp))       ③
    사번 = 직원.Find(What:=ListBox1.Value).Offset(, -1).Value       ④

'3단계 : 이미지 파일의 경로와 파일 이름을 변수에 저장합니다.
    경로 = ThisWorkbook.Path & "\Image\"                            ⑤
    파일 = 사번 & ".jpg"                                            ⑥

    If Dir(경로 & 파일) = "" Then 파일 = "Default.jpg"              ⑦

'4단계 : 사원의 이미지를 표시합니다.
    With Image1                                                     ⑧
        .Picture = LoadPicture(Filename:=경로 & 파일)                ⑨
        .PictureAlignment = fmPictureAlignmentCenter                ⑩
        .PictureSizeMode = fmPictureSizeModeZoom                    ⑪
    End With

End Sub
```

❶ ListBox1_Click 이벤트는 Label1 컨트롤의 항목을 선택할 때 실행됩니다.

❷ Range 형식의 '직원' 개체변수와 String 형식의 '사번', '경로', '파일' 변수를 선언합니다.

❸ '직원' 개체변수에 C3셀부터 C열의 마지막 데이터 입력 위치까지의 범위(C3:C11)를 할당합니다.

❹ '사번' 변수에 ListBox1에서 선택한 직원의 사번을 저장하기 위해, '직원' 개체변수에 할당된 범위에서 ListBox1 컨트롤의 선택 값(이름)을 찾아, 찾은 위치의 왼쪽 셀 값을 저장합니다.

❺ '경로' 변수에 현재 파일의 경로와 '\Image\' 문자열을 연결해 저장합니다. 이렇게 하면 현재 파일의 Image 하위 폴더 경로가 '경로' 변수에 저장됩니다.

❻ '파일' 변수에 '사번' 변수에 저장된 값과 '.jpg' 문자열을 연결해 저장합니다. 이렇게 하면 '사번.jpg' 형식의 문자열이 파일 변수에 저장됩니다.

❼ '경로'와 '파일' 변수를 연결해 Dir 함수로 해당 파일이 존재하는지 확인해, 빈 문자이면(파일이 없으면) '파일' 변수에 'Default.jpg' 문자열을 저장합니다. 이렇게 하면 '사번.jpg' 형식의 파일이 존재하지 않을 때 'Default.jpg' 파일이 Image1 컨트롤에 표시되도록 할 수 있습니다.

❽ Image1 컨트롤에 With 문을 사용해 여러 명령(❾-⓫)을 처리합니다.

❾ Image1 컨트롤의 Picture 속성에 LoadPicture 함수를 사용해 지정된 '경로', '파일' 변수에 저장된 파일을 삽입합니다. 이렇게 하면 ListBox1 컨트롤에서 선택한 직원의 사번에 맞는 이미지가 Image1 컨트롤에 나타납니다.

❿ mage1 컨트롤의 PictureAlignment 속성을 이용해 이미지가 Image1 컨트롤의 가운데에 나타나도록 설정합니다. 참고로 PictureAlignment 속성에 사용할 수 있는 내장 상수는 다음과 같습니다.

내장 상수	설명
fmPictureAlignmentBottomLeft	이미지를 좌측 하단에 맞춰 표시합니다.
fmPictureAlignmentBottomRight	이미지를 우측 하단에 맞춰 표시합니다.
fmPictureAlignmentCenter	이미지를 가운데에 맞춰 표시합니다.
fmPictureAlignmentTopLeft	이미지를 좌측 상단에 맞춰 표시합니다.
fmPictureAlignmentTopRight	이미지를 우측 상단에 맞춰 표시합니다.

⓫ Image1 컨트롤의 PictureSizeMode 속성을 이용해 이미지를 비율에 맞게 확대(또는 축소)해서 표시합니다. PictureSizeMode 속성에 사용할 수 있는 내장 상수는 다음과 같습니다.

내장 상수	설명
fmPictureSizeModeClip	이미지의 일부분이 컨트롤보다 크면 컨트롤의 크기에 맞춰 잘라냅니다.
fmPictureSizeModeStretch	이미지를 확대/축소해서 컨트롤의 크기에 딱 맞춥니다. 이 과정에서 이미지의 비율이 왜곡될 수 있습니다.
fmPictureSizeModeZoom	이미지의 비율을 유지하면서 확대/축소해 표시합니다.

06 마지막으로 〈선택 해제〉 버튼을 클릭했을 때 기본 이미지를 표시하는 작업을 진행합니다. 코드 창의 개체 목록에서 CommandButton1 컨트롤을 선택해 CommandButton1_Click 이벤트 프로시저를 생성하고 다음 코드를 입력합니다.

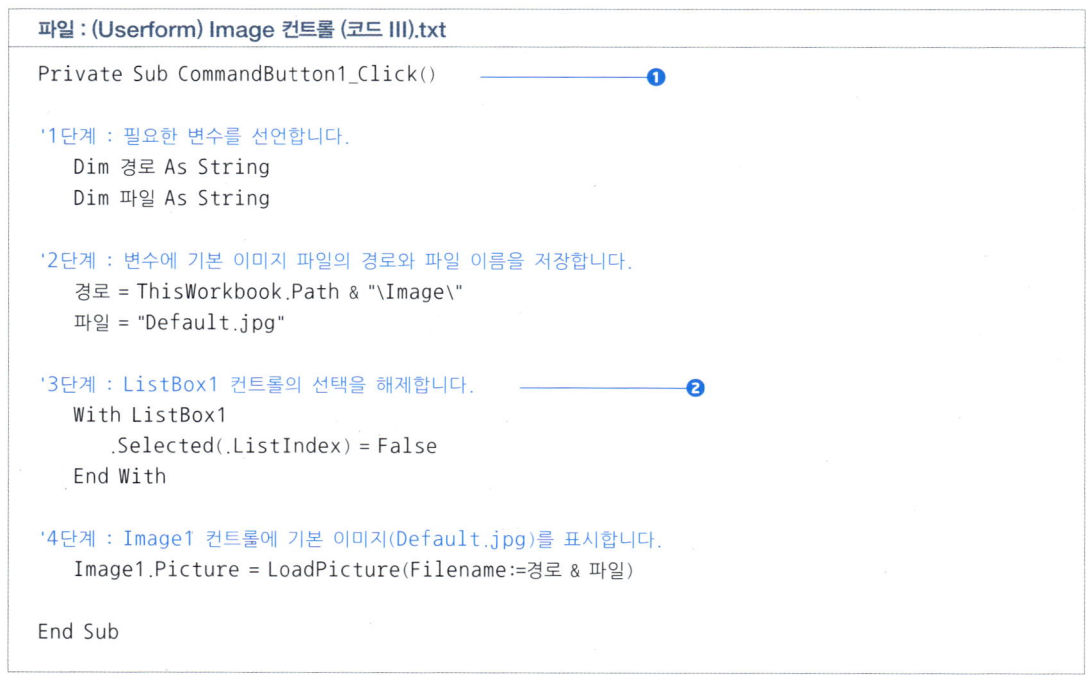

파일 : (Userform) Image 컨트롤 (코드 III).txt

```
Private Sub CommandButton1_Click()                    ①

'1단계 : 필요한 변수를 선언합니다.
    Dim 경로 As String
    Dim 파일 As String

'2단계 : 변수에 기본 이미지 파일의 경로와 파일 이름을 저장합니다.
    경로 = ThisWorkbook.Path & "\Image\"
    파일 = "Default.jpg"

'3단계 : ListBox1 컨트롤의 선택을 해제합니다.          ②
    With ListBox1
        .Selected(.ListIndex) = False
    End With

'4단계 : Image1 컨트롤에 기본 이미지(Default.jpg)를 표시합니다.
    Image1.Picture = LoadPicture(Filename:=경로 & 파일)

End Sub
```

① CommandButton1_Click 이벤트는 〈선택 해제〉 버튼을 클릭할 때 실행됩니다.

② ListBox1 컨트롤의 ListIndex 속성은 선택한 항목의 인덱스 번호를 반환하며 Selected 속성은 인수로 전달된 인덱스 번호 위치의 선택 여부를 의미하는 True, False 값을 반환하므로, Selected 속성에 ListIndex 속성을 전달해 사용하면 선택한 항목의 선택 여부를 조정할 수 있습니다. 이 값을 False로 지정하면 사용자가 선택한 항목이 해제됩니다.

07 단축키 Alt + F11 을 눌러 엑셀 창으로 전환한 다음 〈폼 실행〉 버튼을 클릭해 개발한 폼을 화면에 표시합니다. ListBox1 컨트롤에서 직원을 선택하면, 'Image' 폴더에 저장해 놓은 이미지 파일이 Image1 컨트롤에 표시됩니다. 〈선택 해제〉 버튼을 클릭하면 직원 선택이 해제되면서 기본 이미지인 'Default.jpg'가 Image1 컨트롤에 표시됩니다.

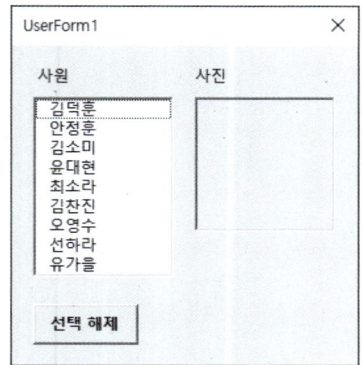

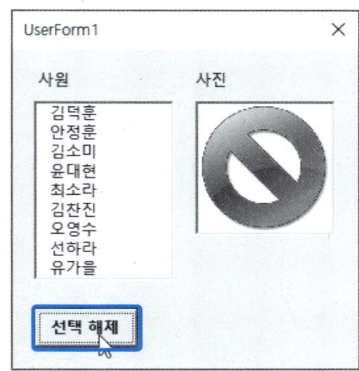

RefEdit 컨트롤을 이용해 범위 참조하기

251

폼에서 매크로가 동작할 작업 대상 범위를 직접 선택하도록 하려면 RefEdit 컨트롤을 사용하면 됩니다. RefEdit 컨트롤은 TextBox 컨트롤과 대화상자 축소 단추(📷)가 결합된 컨트롤로, 마우스로 원하는 대상 범위를 드래그해 선택할 수 있어, 매크로를 동작시킬 대상 범위가 일정하지 않을 때 사용하면 매우 편리합니다. 이번에는 RefEdit 컨트롤을 사용하는 방법에 대해 알아보겠습니다.

예제 파일 PART 03 \ (Userform) RefEdit 컨트롤.xlsm

01 예제 파일을 열고 〈폼 실행〉 버튼을 클릭하면 화면과 같은 폼이 열립니다. 폼의 RefEdit1 컨트롤에서 원하는 대상 범위를 선택하고 〈자동 요약〉 버튼을 클릭하면 좌측 하단의 Label2 컨트롤(합계 :)에 선택된 범위의 합계 값이 표시되는 기능을 개발해 보겠습니다.

Plus⁺ 폼에 삽입된 컨트롤

폼에는 다음과 같은 컨트롤 네 개가 추가되어 있습니다.

컨트롤 이름	Caption
Label1	집계를 원하는 범위를 아래에서 선택하세요!
RefEdit1	
Label2	합계 :
CommandButton1	자동 요약

CHAPTER 17 | 사용자 정의 폼 / **833**

02 열려 있는 폼을 닫기 단추(❌)를 클릭해 닫은 다음, 단축키 Alt + F11 을 누르고 프로젝트 탐색기 창에서 UserForm1 개체를 더블클릭합니다. 〈자동 요약〉 버튼을 더블클릭해 CommandButton1_Click 이벤트 프로시저를 생성하고 다음 코드를 입력합니다.

파일 : (Userform) RefEdit 컨트롤 (코드).txt

```
Private Sub CommandButton1_Click()                    ❶

'1단계 : 필요한 변수를 선언합니다.
    Dim 선택범위 As Range                              ❷
    Dim 합계 As Double                                 ❸

'2단계 : RefEdit 컨트롤에서 제대로 된 범위를 선택했는지 판단합니다.
    On Error Resume Next                              ❹
        Set 선택범위 = Range(RefEdit1.Text)            ❺

        If Err.Number <> 0 Then Exit Sub              ❻
    On Error GoTo 0                                   ❼

'3단계 : 선택한 범위의 합계를 Label 컨트롤에 표시합니다.
    합계 = WorksheetFunction.Sum(선택범위)             ❽

    Label2.Caption = "합계 : " & Format(합계, "#,###") ❾

    RefEdit1.SetFocus                                 ❿

End Sub
```

---

❶ CommandButton1_Click 이벤트는 〈자동 요약〉 버튼을 클릭할 때 실행됩니다.

❷ Range 형식의 '선택범위' 개체변수를 선언합니다.

❸ Double 형식의 '합계' 변수를 선언합니다.

❹ On Error Resume Next 명령을 사용해 ❺에서 에러가 발생해도 코드 실행을 중단하지 않고 다음 코드를 계속해서 실행하도록 설정합니다.

❺ '선택범위' 개체변수에 RefEdit1 컨트롤에서 선택한 주소에 해당하는 범위를 할당합니다. 만약 RefEdit1 컨트롤에 잘못된 주소가 입력되어 있다면 이 부분에서 에러가 발생합니다.

❻ 에러가 발생했는지 판단해, 에러가 발생했으면 Exit Sub 명령을 사용해 이벤트를 종료합니다.

❼ ❹의 On Error 문 설정을 해제합니다. 이후 코드에서 에러가 발생하면 디버그 창이 표시되면서 코드 실행이 중단됩니다.

❽ '합계' 변수에 워크시트 함수인 SUM 함수를 사용해 '선택범위' 개체변수에 할당된 범위 내 숫자 값의 합계를 저장합니다.

❾ Label2 컨트롤에 '합계 :' 문자열과 '합계' 변수의 값을 연결해 표시합니다. 이때 '합계' 변수의 값은 Format 함수를 사용해 정수 부분만 천 단위 구분 기호를 넣어 표시합니다.

❿ 계속해서 다른 범위를 선택할 수 있도록 RefEdit1 컨트롤에 포커스를 설정합니다.

03 RefEdit1 컨트롤을 선택할 때 Label2 컨트롤에 '선택 중…'이라는 메시지를 표시하는 기능을 개발합니다. 코드 창 상단의 개체 목록에서 RefEdit1 컨트롤을 선택하고, 프로시저 목록에서는 Change 이벤트를 선택한 다음, RefEdit1_Change 이벤트 프로시저에 다음 코드를 입력합니다.

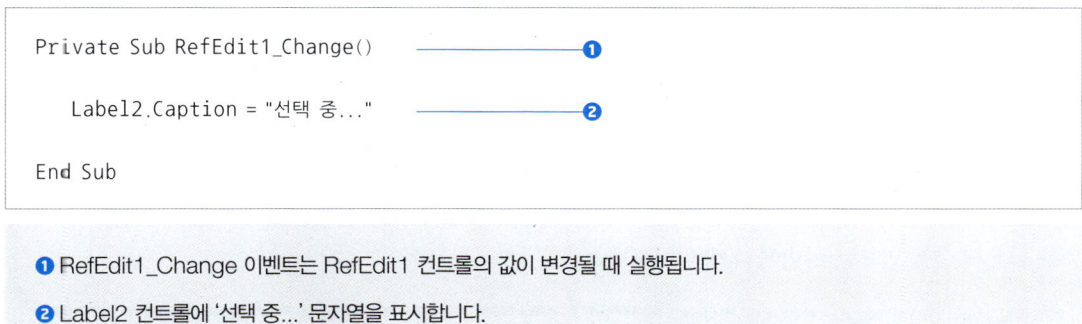

```
Private Sub RefEdit1_Change()        ―❶

    Label2.Caption = "선택 중..."      ―❷

End Sub
```

❶ RefEdit1_Change 이벤트는 RefEdit1 컨트롤의 값이 변경될 때 실행됩니다.

❷ Label2 컨트롤에 '선택 중…' 문자열을 표시합니다.

04 단축키 Alt + F11 을 눌러 엑셀 창으로 전환한 다음, 〈폼 실행〉 버튼을 클릭해 개발한 폼을 화면에 표시합니다. RefEdit1 컨트롤에서 원하는 범위를 선택하고 〈자동 요약〉 버튼을 클릭하면 해당 범위의 합계 값이 Label2 컨트롤에 표시됩니다.

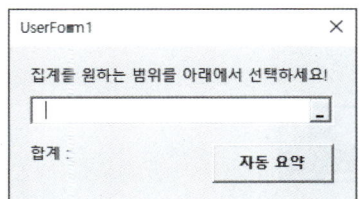 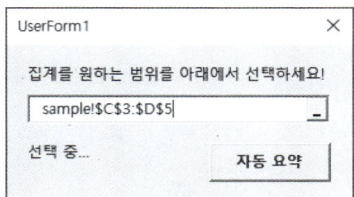 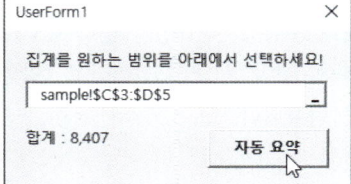

RefEdit 컨트롤의 참조 단추 대신 엑셀 참조 단추 사용하기

252

폼에서 사용하는 RefEdit 컨트롤의 대화 상자 축소 단추( )의 모양은 엑셀의 다른 대화상자에서 표시되는 모습( )과 다릅니다. 이것은 RefEdit 컨트롤이 오피스 공용 컨트롤로 엑셀의 내장 컨트롤과는 차이가 있기 때문입니다. 그렇기 때문에 대화 상자 축소 단추를 엑셀의 다른 대화상자와 동일하게 표시하고 싶다면, 엑셀의 대화상자 시트를 이용해 폼을 개발해야 합니다. 이번에는 Excel 5.0 대화상자 시트를 이용해 폼을 만드는 방법에 대해 알아보겠습니다.

예제 파일 PART 03 \ (Dialog) RefEdit 컨트롤.xlsm

대화 상자 시트 삽입

01 시트 탭에서 마우스 오른쪽 버튼을 클릭한 다음 [삽입] 메뉴를 선택합니다.

02 '삽입' 대화상자에서 'MS Excel 5.0 대화 상자' 시트를 선택하고 〈확인〉 버튼을 클릭합니다.

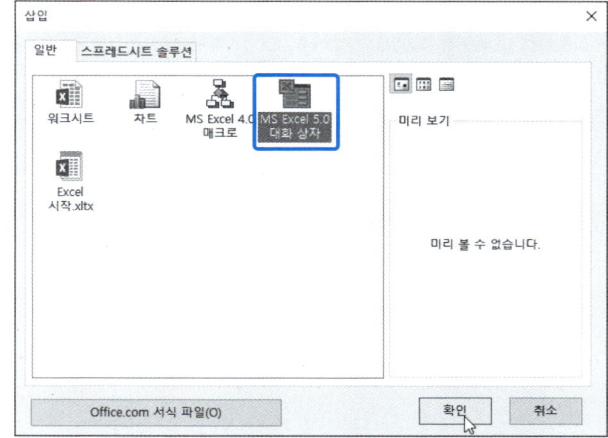

TIP MS Excel 5.0 대화상자 시트는 2010 버전까지는 MS Excel 5.0 Dialog 시트로 불렸습니다.

대화상자 시트에서 폼 구성

01 '대화 상자1' 시트가 추가되면 폼이 시트에 표시됩니다.

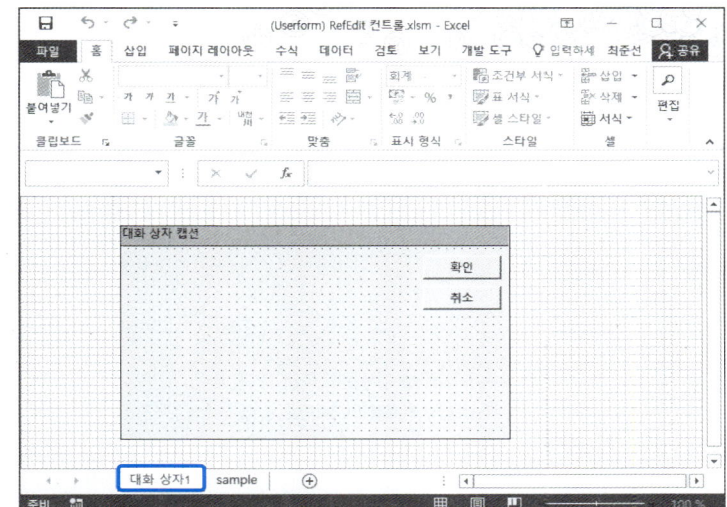

TIP 〈확인〉, 〈취소〉 버튼은 사용하지 않으므로, 선택하고 Delete 키를 눌러 삭제합니다.

02 리본 메뉴의 [개발 도구] 탭-[컨트롤] 그룹-[삽입] 명령(🔲)을 클릭해 [양식 컨트롤] 그룹의 컨트롤을 삽입해 화면과 같은 폼을 구성합니다.

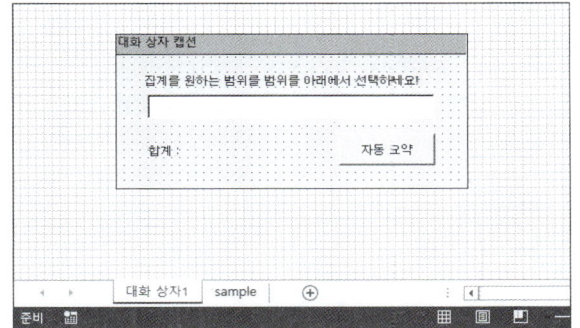

Plus⁺ 대화상자에 삽입된 컨트롤

대화상자에는 다음과 같은 양식 컨트롤 네 개가 추가되었습니다.

컨트롤 이름	컨트롤	Caption
레이블 4	가가	집계를 원하는 범위를 아래에서 선택하세요!
텍스트 필드 5	가나	
레이블 6	가가	합계 :
단추 7	▢	자동 요약

03 '텍스트 필드 5' 컨트롤을 참조 가능한 컨트롤로 변경하기 위해 마우스 오른쪽 버튼으로 클릭해 선택하고, 단축 메뉴에서 [컨트롤 서식] 메뉴를 선택합니다. '컨트롤 서식' 대화상자에서 '컨트롤' 탭의 '유효한 형식' 그룹 옵션을 '참조'로 변경하고 〈확인〉 버튼을 클릭합니다.

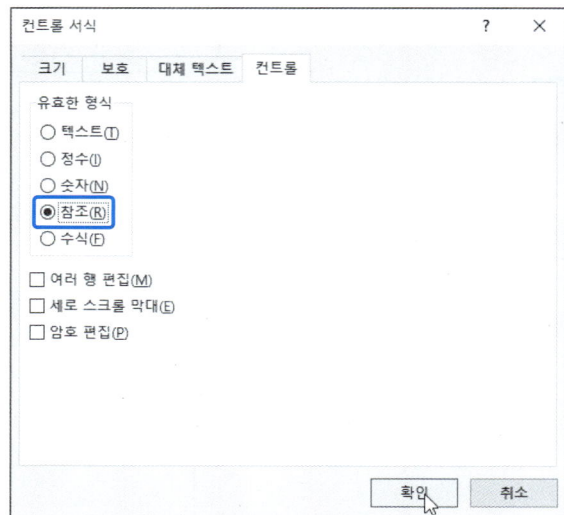

TIP 대화상자 시트의 폼에서는 RefEdit 컨트롤이 따로 없고 입력란 컨트롤이 옵션에 따라 TextBox 컨트롤과 RefEdit 컨트롤의 역할을 수행합니다.

폼 개발

01 폼이 동작하도록 기능을 개발합니다. 단축키 Alt + F11 을 눌러 VB 편집기를 엽니다. [삽입]-[모듈] 메뉴를 선택해 모듈 개체를 하나 삽입하고 해당 개체의 코드 창에 다음 코드를 입력해 프로시저 두 개를 개발합니다.

파일 : (Dialog) RefEdit 컨트롤 (코드 I).txt

```
Sub 폼실행()                                    ①

    With Sheets("대화 상자1")                    ②

        .EditBoxes(1).Text = ""                 ③
        .Labels(2).Caption = "합계 :"            ④
        .Show                                   ⑤

    End With

End Sub
```

① '대화 상자1' 시트의 대화상자 폼을 실행할 '폼실행' 매크로를 선언합니다.

② '대화 상자1' 시트에 With 문을 사용해 여러 명령을 처리합니다. 이때, '대화 상자1' 시트는 Worksheet가 아니라 Dialog 시트이므로 Worksheets 컬렉션 대신 Sheets 컬렉션을 이용합니다.

③ 첫 번째 텍스트 필드 컨트롤의 값을 빈 문자(" ")로 처리합니다. 이 작업은 이전에 입력(또는 선택)된 주소를 지우는 역할을 합니다.

④ 두 번째 레이블의 표시 값을 '합계 :' 문자열로 설정합니다. 이 작업은 이전에 표시된 합계 값을 삭제하고 기본 문자열을 다시 표시하는 역할을 합니다.

⑤ Show 메서드를 이용해 대화상자 폼을 화면에 표시합니다.

파일 : (Dialog) RefEdit 컨트롤 (코드 II).txt

```
Sub 자동요약()                     ❶

'1단계 : 필요한 변수를 선언합니다.
    Dim 선택범위 As Range
    Dim 합계 As Double

'2단계 : 텍스트 필드 컨트롤에서 선택된 범위의 숫자 합계를 레이블 컨트롤에 표시합니다.
    With Sheets("대화 상자1")

        If .EditBoxes(1).Text <> "" Then              ❷

            Set 선택범위 = Range(.EditBoxes(1).Text)

            합계 = WorksheetFunction.Sum(선택범위)

            .Labels(2).Caption = "합계 : " & Format(합계, "#,###")

        End If

    End With

End Sub
```

❶ 대화상자 폼의 〈자동 요약〉 버튼을 클릭했을 때 실행할 매크로를 선언합니다.

❷ 대화상자 폼의 첫 번째 텍스트 필드 컨트롤의 값이 빈 문자(" ")가 아닐 경우에만, 즉 값이 입력된 경우에만 아래 코드를 실행합니다.

> TIP 이 매크로는 기본적으로 SECTION 251(833쪽)에서 사용한 매크로와 유사하므로 같은 부분은 설명을 생략했습니다.

02 단축키 Alt + F11 을 눌러 엑셀 창을 실행한 다음, 개발된 매크로를 대화상자에 연결하는 작업을 진행합니다. '대화 상자1' 시트를 선택하고 〈자동 요약〉 버튼을 마우스 오른쪽 버튼으로 클릭하여 [매크로 지정] 메뉴를 선택합니다. '자동요약' 매크로를 선택하고 〈확인〉 버튼을 클릭합니다.

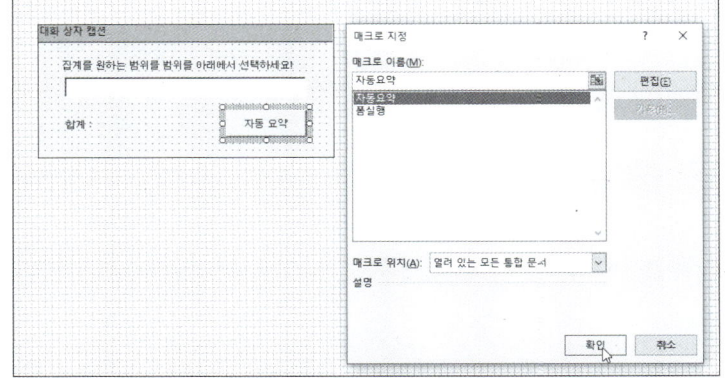

03 'sample' 시트 탭을 선택하고 〈폼 실행〉 버튼을 마우스 오른쪽 버튼으로 클릭하여 [매크로 지정] 메뉴를 선택합니다. '폼실행' 매크로를 선택하고 〈확인〉 버튼을 클릭합니다.

04 이제 〈폼 실행〉 버튼을 클릭하면 다음과 같은 대화상자가 표시됩니다. 이전과 마찬가지로 범위를 선택하고 〈자동 요약〉 버튼을 클릭하면 '레이블 6' 컨트롤에 선택한 범위의 합계 값이 표시됩니다.

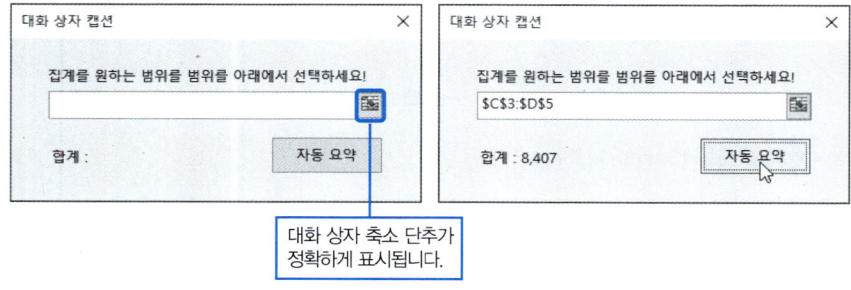

대화 상자 축소 단추가 정확하게 표시됩니다.

TreeView 컨트롤 I
– 컨트롤 등록 및 폼 구성

253

여러 항목을 탐색기에서처럼 트리 구조를 사용해 표시하고 싶다면 TreeView 컨트롤을 사용할 수 있습니다. 다만 TreeView 컨트롤은 기본 컨트롤이 아니기 때문에 사용 전에 먼저 등록해야 하며, TreeView 컨트롤에 이미지를 사용하고 싶다면 ImageList 컨트롤을 추가로 사용해야 합니다. 이번에는 TreeView와 ImageList 컨트롤을 사용하기 위해 컨트롤을 추가하고 폼을 구성하는 방법에 대해 알아보겠습니다.

예제 파일 PART 03 \ (Userform) TreeView 컨트롤 I.xlsm

01 예제 파일을 열면 화면과 같은 표를 확인할 수 있습니다. 표에 입력된 직원 데이터를 직위별로 분류해 선택하고, 선택된 직원의 입사일을 표시하는 폼을 개발해 보겠습니다.

02 개발하려는 폼 화면을 미리 보면 다음과 같습니다.

❶ 직원을 직위별로 트리 구조로 요약해 표시합니다.

❷ 선택된 직원이 속한 직위의 직원 수를 표시합니다.

❸ 선택된 직원의 입사일을 표시합니다.

03 새 폼을 만들기 위해 단축키 Alt + F11 을 눌러 VB 편집기를 호출하고 [삽입]-[사용자 정의 폼] 메뉴를 선택해 폼 개체를 하나 삽입합니다. TreeView와 ImageList 컨트롤을 사용하기 위해 도구 상자 창에서 컨트롤이 표시되지 않은 빈 영역을 마우스 오른쪽 버튼으로 클릭한 다음 [추가 컨트롤] 메뉴를 선택합니다.

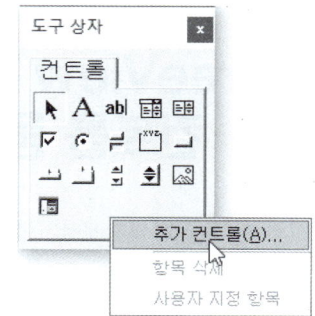

04 '추가 컨트롤' 대화상자가 표시되면 다음 두 개의 컨트롤을 목록에서 찾아 체크하고 〈확인〉 버튼을 클릭합니다.

- Microsoft ImageList Control, version 6.0
- Microsoft TreeView Control, version 6.0

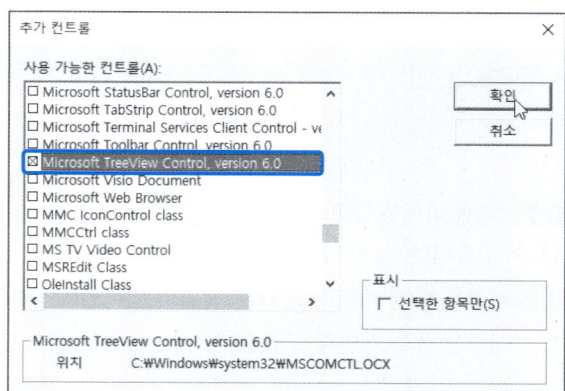

> **Plus⁺ IMAGELIST와 TREEVIEW 컨트롤이 나타나지 않는 경우**
>
> ImageList 컨트롤과 TreeView 컨트롤은 외부 컨트롤로 MSCOMCTL.OCX 파일이 설치되어 있어야 사용할 수 있습니다. 만약 목록에 이 두 컨트롤이 없다면 오피스가 전체 설치되지 않은 것이므로 오피스 CD를 넣고 다시 전체 설치를 해야 합니다.

05 도구 상자 창에 추가된 아이콘 두 개가 표시됩니다. 왼쪽이 ImageList 컨트롤이고 오른쪽이 TreeView 컨트롤입니다.

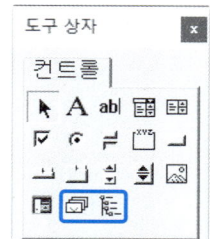

> **Plus⁺ 도구 상자 창 크기 조정하기**
>
> 컨트롤을 추가하면 도구 상자 창 크기가 모든 컨트롤을 표시하기에 불편할 수 있습니다. 이럴 때는 도구 상자 창의 테두리 영역을 마우스로 드래그해 도구 상자 창 크기를 조절하면 됩니다.

06 화면을 참고해 폼 개체에 다음과 같은 컨트롤을 추가합니다.

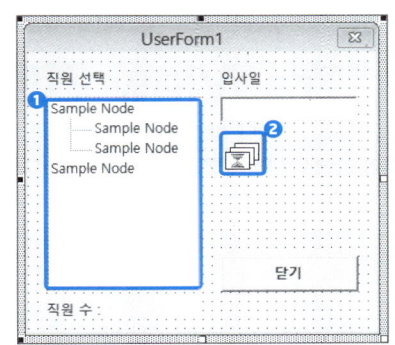

Plus 폼에 삽입된 컨트롤

폼에는 다음과 같은 컨트롤 일곱 개가 추가되어 있습니다.

컨트롤 이름	Caption	컨트롤 이름	Caption
Label1	직원 선택	TextBox1	
❶ TreeView1		❷ ImageList1	
Label2	직원 수 :	CommandButton1	닫기
Label3	입사일		

Plus⁺ 추가로 폼에 적용할 작업

- TextBox1 컨트롤 : 속성 창에서 TextAlign 속성을 '2-fmTextAlignCenter'로 변경해 텍스트 값을 가운데 정렬합니다.
- CommandButton1 컨트롤 : 속성 창에서 Font 속성에서 글꼴 이름을 선택한 후 대화상자 표시 단추(…)를 클릭하고, 글꼴 스타일을 굵게 설정합니다.

07 F5 키(또는 표준 도구 모음의 'Sub/사용자 정의 폼' 단추(▶))를 클릭해 폼을 실행하면 화면과 같은 폼을 확인할 수 있습니다.

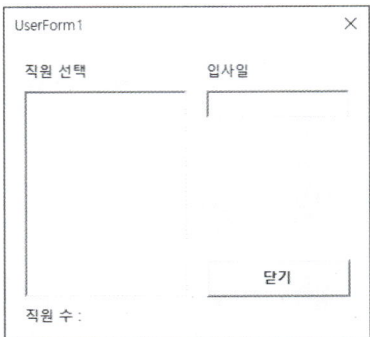

Plus 폼에 삽입된 컨트롤

폼을 실행하면 화면에 ImageList 컨트롤은 나타나지 않습니다. ImageList 컨트롤은 여러 이미지를 내장할 수 있는 컨트롤로, 폼 화면에는 표시되지 않습니다. 이번 폼에서 추가된 ImageList 컨트롤은 TreeView 컨트롤에서 사용할 아이콘 이미지를 관리하기 위한 용도로 사용됩니다.

TreeView 컨트롤 II
– 컨트롤 설정

254

폼에 삽입된 TreeView 컨트롤과 ImageList 컨트롤을 제대로 사용하기 위해서는 ImageList에 이미지를 등록하는 방법, TreeView 컨트롤을 설정하고 ImageList 컨트롤과 연결하는 방법, TreeView 컨트롤에 Node를 추가하는 방법 등 다양한 방법을 이해해야 합니다. 이번에는 폼에 삽입된 ImageList 컨트롤에 TreeView 컨트롤에서 사용할 이미지를 등록하고, TreeView 컨트롤에 데이터를 추가한 다음 두 컨트롤을 연동하는 방법에 대해 알아보겠습니다.

예제 파일 PART 03 \ (Userform) TreeView 컨트롤 II.xlsm, tag-top.jpg, tag-sub.jpg

TIP 예제를 열 때, '안전하지 않을 수 있는 Active-X 컨트롤' 관련 에러가 발생하면 첨부된 예제 중 'VBA Security.reg' 파일과 'office Security.reg' 파일을 더블클릭해 레지스트리에 추가한 다음 작업합니다.

01 예제 파일을 열고 폼에 추가된 ImageList와 TreeView 컨트롤을 설정하는 작업을 진행합니다. 단축키 Alt + F11 을 눌러 VB 편집기를 호출한 다음, 프로젝트 탐색기 창에서 UserForm1 개체를 더블클릭하고 [코드 보기] 명령(□)을 클릭합니다.

02 폼을 실행할 때 ImageList 컨트롤에 이미지를 등록하고 TreeView 컨트롤에 연결되도록 폼의 Initialize 이벤트를 개발합니다. 코드 창 상단의 개체 목록에서 UserForm1을 선택하고 프로시저 목록에서 Initialize 이벤트를 선택한 다음, 아래 코드를 입력합니다.

```
파일 : (Userform) TreeView 컨트롤 II (코드 I).txt
Private Sub UserForm_Initialize()                    ①

'1단계 : 이미지 파일 경로를 저장할 변수를 선언하고 이미지 파일 경로를 저장합니다.
    Dim 경로 As String                               ②

    경로 = ThisWorkbook.Path                         ③

'2단계 : ImageList 컨트롤에 이미지를 추가합니다.
    With ImageList1.ListImages                       ④

        .Add Key:="Image1", Picture:=LoadPicture(Filename:=경로 & "\tag-top.jpg")    ⑤
        .Add Key:="Image2", Picture:=LoadPicture(Filename:=경로 & "\tag-sub.jpg")    ⑥

    End With

'3단계 : TreeView 컨트롤을 설정하고 ImageList 컨트롤과 연결합니다.
    With TreeView1                                   ⑦
```

```
            .Indentation = 14                        ⑧
            .BorderStyle = ccFixedSingle             ⑨
            .LineStyle = tvwRootLines                ⑩

        Set .ImageList = ImageList1                  ⑪

    End With

Erd Sub
```

❶ UserForm_Initialize 이벤트는 폼을 실행할 때 자동으로 실행됩니다.

❷ String 형식 '경로' 변수를 선언합니다.

❸ '경로' 변수에 현재 파일의 경로를 저장합니다.

❹ ImageList1 컨트롤에 이미지를 추가하려면 ListImages 속성을 이용합니다. 여러 이미지를 등록하기 위해 With 문을 사용합니다.

❺ Add 메서드를 이용해 첫 번째 이미지를 등록합니다. LoadPicture 함수를 사용해 현재 파일 경로으 'tag-top.jpg' 파일을 등록하며, Key 속성을 이용해 키 값을 'Image1'로 설정합니다. 참고로 다른 이미지를 사용하려면 16×16 크기의 jpg 파일이나 gif 파일을 사용합니다.

❻ Add 메서드를 이용해 두 번째 이미지를 등록합니다. 이번에는 'tag-sub.jpg' 파일을 등록하며, 키 값은 'Image2'로 설정합니다.

❼ TreeView1 컨트롤의 설정 작업을 진행합니다. 여러 설정을 변경하기 위해 With 문을 사용합니다.

❽ TreeView 컨트롤에 표시되는 항목을 어느 정도 떨어뜨려 표시할 것인지를 설정합니다. 구분을 위해 Indentation을 14로 설정했을 때와 20으로 설정했을 때의 차이를 화면으로 표시합니다.

[Indentation 14]   [Indentation 20]

 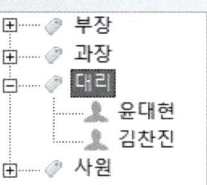

TIP Indentation 값이 클수록 점선이 길어집니다.

❾ TreeView1 컨트롤의 BorderStyle 속성을 이용해 컨트롤 주변에 실선 테두리를 표시합니다.

❿ TreeView1 컨트롤의 항목을 연결할 때 사용하는 선 스타일을 설정합니다. LineStyle 속성 값으로는 tvwRootLines나 tvwTreeLines 중 하나를 설정할 수 있습니다. 두 설정 값의 차이는 다음과 같습니다.

[tvwRootLines]   [tvwTreeLines]

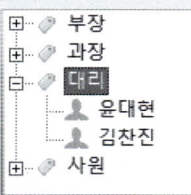 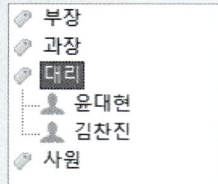

⓫ TreeView1 컨트롤의 ImageList 속성에 ImageList1 컨트롤을 연결합니다. 이렇게 하면 ImageList1 컨트롤에 등록된 이미지를 TreeView 컨트롤에서 사용할 수 있습니다.

03 F5 키를 눌러 폼을 실행해 봅니다. 아무 에러가 발생하지 않으면 다음 과정을 계속 진행합니다. 만약 에러가 발생한다면 해당 부분에 오타가 있거나 이미지가 잘못된 것은 아닌지 확인합니다.

04 이제 TreeView 컨트롤에 직위와 직원 항목을 추가합니다. 기존 UserForm_Initialize 이벤트 프로시저를 다음과 같이 수정합니다. 글꼴이 굵게 지정된 코드 부분만 추가하거나, 제공된 코드 파일을 이용해 UserForm_Initialize 이벤트를 다시 입력합니다.

파일 : (Userform) TreeView 컨트롤 II (코드 II).txt

```
Private Sub UserForm_Initialize()

'1단계 : 필요한 변수를 선언합니다.
    Dim 경로 As String
    Dim 직원 As Range, 셀 As Range                    ①

'2단계 : 변수의 초기 값을 설정합니다.
    경로 = ThisWorkbook.Path
    Set 직원 = Range("C3", Cells(Rows.Count, "C").End(xlUp))       ②

'3단계 : ImageList 컨트롤에 이미지를 등록합니다.
    With ImageList1.ListImages

        .Add Key:="Image1", Picture:=LoadPicture(Filename:=경로 & "\tag-top.jpg")
        .Add Key:="Image2", Picture:=LoadPicture(Filename:=경로 & "\tag-sub.jpg")

    End With

'4단계 : TreeView 컨트롤을 설정하고 ImageList 컨트롤과 연결합니다.
    With TreeView1

        .Indentation = 20
        .BorderStyle = ccFixedSingle
        .LineStyle = tvwTreeLines

        Set .ImageList = ImageList1

    End With

'5단계 : TreeView 컨트롤에 직위와 직원 데이터를 등록합니다.
    With TreeView1.Nodes                ③

        .Add Key:="부장", Text:="부장", Image:="Image1"      ④
        .Add Key:="과장", Text:="과장", Image:="Image1"
```

```
                .Add Key:="대리", Text:="대리", Image:="Image1"
                .Add Key:="사원", Text:="사원", Image:="Image1"

            For Each 셀 In 직원                    ─────────❺

                .Add Relative:=셀.Offset(, 1).Value, _
                    Relationship:=tvwChild, _
                    Text:=셀.Value, _
                    Image:="Image2"         ─────────❻

            Next

        End With

    End Sub
```

❶ Range 형식의 '직원' 개체변수와 '셀' 개체변수를 선언합니다.

❷ '직원' 개체변수에 직원 이름이 입력되어 있는 C3셀부터 C열의 마지막 데이터 입력 위치까지의 범위를 할당합니다.

❸ TreeView1 컨트롤의 Nodes 속성을 이용해 항목을 추가합니다. 여러 항목을 추가해야 하므로 With 문을 사용합니다.

❹ Add 메서드를 이용해 '부장'부터 '사원'까지 네 개의 직위를 등록합니다. Key 매개변수와 Text 매개변수 값은 동일하게 설정하고, Image 매개변수에는 'Image1'을 설정합니다. 참고로 Key 매개변수에는 중복 값을 입력할 수 없으며, Image 매개변수에서 사용한 Image1은 ImageList1 컨트롤에 등록된 키 값으로 예제에서는 'tag-top.jpg' 파일의 이미지를 의미합니다.

❺ For Each … Next 문을 사용해 '직원' 변수에 할당된 범위 내 셀을 하나씩 '셀' 변수에 할당합니다.

❻ Add 메서드를 이용해 '직위' 항목 하위에 직원 이름을 등록합니다. Add 메서드에서 사용한 매개변수에는 각각 다음과 같은 의미가 있습니다.
- Relative 매개변수 : 하위 항목을 추가할 때 사용하며, '셀' 변수에 할당된 셀의 오른쪽 셀은 직위 값이 입력되어 있으므로, ❹에서 먼저 등록된 직위 아래에 등록합니다.
- Relationship 매개변수 : 등록된 항목을 자식 항목으로 설정합니다.
- Text 매개변수 : TreeVeiw 컨트롤에 표시할 항목을 '셀' 개체변수에 할당된 셀 값으로 합니다.
- Image 매개변수 : ImageList1 컨트롤의 키 값인 'Image2'로 설정해 'tag-sub.jpg' 파일의 이미지를 표시합니다.

05 F5 키를 눌러 다음과 같은 폼 화면이 에러 없이 정상적으로 표시되는지 확인합니다.

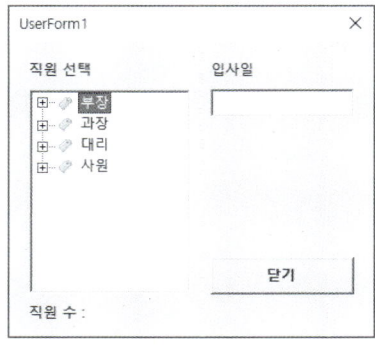

TIP TreeView1 컨트롤의 항목이 이미지와 함께 정확하게 표시되는지 확인하고, 직위 항목을 펼쳐 직원 이름이 제대로 표시되는지 확인합니다.

TreeView 컨트롤 III
– 다른 컨트롤과의 연동

255

TreeView 컨트롤의 선택 항목에 따라 다른 컨트롤과 연동을 하려면, 최상위 항목을 선택했는지 자식 항목을 선택했는지 파악하는 부분이 중요합니다. 이번에는 직위(또는 직원)를 선택할 때 해당 직위의 직원이 몇 명 있는지 확인하고, 선택된 직원의 입사일을 TextBox1 컨트롤에 표시하는 작업을 진행합니다.

예제 파일 PART 03 \ (Userform) TreeView 컨트롤 III.xlsm

01 예제 파일을 열고 폼의 다른 컨트롤(Label, TextBox)과 연동하는 기능을 개발해 보겠습니다. 단축키 Alt + F11 을 눌러 VB 편집기를 호출한 다음, 프로젝트 탐색기 창에서 UserForm1 개체를 선택하고 [코드 보기] 명령(▣)을 클릭합니다.

02 먼저, 폼이 화면에 표시될 때 Label2 컨트롤에 선택한 직원 수를 표시하는 작업을 진행합니다. 코드 창 상단의 개체 목록에서 UserForm 개체를 선택하고 프로시저 목록에서 Activate 이벤트를 선택한 다음, 아래 코드를 입력합니다.

파일 : (Userform) TreeView 컨트롤 III (코드 I).txt

```
Private Sub UserForm_Activate()                              ①

'1단계 : 자식 항목을 선택했으면 해당 항목이 속한 부모의 자식 수를 세어 직원 수를 표시합니다.
    If Not TreeView1.SelectedItem.Parent Is Nothing Then     ②

        Label2.Caption = "직원 수 : " & TreeView1.SelectedItem.Parent.Children    ③

    End If

'2단계 : 부모 항목을 선택했으면 자식 수를 세어 직원 수를 표시합니다.
    If Not TreeView1.SelectedItem.Child Is Nothing Then      ④

        Label2.Caption = "직원 수 : " & TreeView1.SelectedItem.Children           ⑤

    End If

End Sub
```

❶ UserForm_Activate 이벤트는 폼이 활성화될 때 실행됩니다.

❷ TreeView1 컨트롤의 선택 항목(SelectedItem)의 부모 항목(Parent)이 존재하는지 확인합니다. 부모 항목이 존재하 건 선택한 항목이 자식 항목입니다. 이 경우 ❸의 코드를 실행합니다.

❸ Label2 컨트롤에 TreeView1 컨트롤의 선택 항목이 속한 부모 항목의 자식 개수를 표시합니다. 참고로 Children 속성은 항목의 개수를 반환합니다.

❹ TreeView1 컨트롤의 선택 항목의 자식 항목(Child)이 존재하는지 판단합니다. 자식 항목이 존재하면 선택한 항목이 부모 항목이므로, ❺의 코드를 실행합니다.

❺ Label2 컨트롤에 TreeView1 컨트롤의 선택 항목의 자식 개수를 표시합니다.

03 TreeView1 컨트롤 내의 항목을 클릭할 때 동작할 내용을 개발합니다. 코드 창 상단의 개체 목록에서 TreeView1 컨트롤을 선택하고 프로시저 목록에서 NodeClick 이벤트 프로시저를 선택한 다음, 아래 코드를 입력합니다.

파일 : (Userform) TreeView 컨트롤 III (코드 II).txt

```
Private Sub TreeView1_NodeClick(ByVal Node As MSComctlLib.Node)        ❶

'1단계 : 필요한 변수를 선언합니다.
    Dim 직원 As Range        ❷

'2단계 : 변수에 직원 데이터 범위를 할당합니다.
    Set 직원 = Range("C3", Cells(Rows.Count, "C").End(xlUp))        ❸

'3단계 : 자식 항목을 선택했다면, 직원의 입사일을 표시합니다.
    If Not Node.Parent Is Nothing Then        ❹

        TextBox1.Value = 직원.Find(What:=Node.Text).Offset(, 2).Value        ❺
        Label2.Caption = "직원 수 : " & Node.Parent.Children        ❻

    End If

'4단계 : 부모 항목을 선택했다면, 입사일은 초기화합니다.
    If Not Node.Child Is Nothing Then        ❼

        TextBox1.Value = ""        ❽
        Label2.Caption = "직원 수 : " & Node.Children        ❾

    End If

End Sub
```

❶ TreeView1_NodeClick 이벤트는 TreeView1 컨트롤의 항목을 클릭할 때 실행됩니다. 참고로 이벤트에 전달되는 Node 매개변수에는 사용자가 선택한 항목을 의미하는 Node 개체가 할당됩니다.

❷ Range 형식의 '직원' 개체변수를 선언합니다.

❸ '직원' 개체변수에 직원 이름이 입력된 C3셀부터 C열의 마지막 데이터 입력 위치까지의 범위를 할당합니다.

❹ Node 매개변수에 할당된 항목이 자식 항목인지 확인하기 위해 부모 항목이 있는지 판단하여 자식 항목이라면 ❺-❻의 코드를 실행합니다.

❺ '직원' 개체변수에 할당된 범위에서 Node 매개변수의 텍스트 값을 찾아, 오른쪽 두 번째 셀(입사일)의 값을 TextBox1 컨트롤에 입력합니다.

❻ Label2 컨트롤에 Node 매개변수에 할당된 선택된 항목의 부모의 자식 항목 개수를 표시합니다. 이 작업은 UserForm_Activate 이벤트에서 처리했는데, 해당 이벤트는 폼이 화면에 표시될 때만 동작하므로 항목을 선택할 때마다 폼에 현재 직위의 직원 수를 다시 계산할 필요가 있어 진행합니다.

❼ Node 매개변수에 할당된 항목이 부모 항목인지 알기 위해 자식 항목이 있는지 판단하여 부모 항목이라면 ❽-❾의 코드를 실행합니다.

❽ TextBox1 컨트롤의 값을 지우기 위해 빈 문자(" ")를 입력합니다.

❾ Label2 컨트롤에 Node 매개변수에 할당된 항목의 자식 항목 개수를 표시합니다.

04 〈닫기〉 버튼을 눌렀을 때 폼이 종료되도록 합니다. 코드 창의 개체 목록에서 CommandButton1 컨트롤을 선택해 CommandButton1_Click 이벤트 프로시저를 생성하고 다음 코드를 입력합니다.

```
Private Sub CommandButton1_Click()          ❶

    Unload Me          ❷

End Sub
```

❶ CommandButton1_Click 이벤트는 〈닫기〉 버튼을 클릭할 때 실행됩니다.

❷ Unload 명령을 이용해 자신을 닫습니다. 여기서 Me 키워드는 현재 코드 창의 개체인 UserForm1 개체를 가리킵니다. 이 명령은 다음과 같이 폼 이름을 직접 입력하는 방식과 동일합니다.

```
Unload UserForm1
```

05 폼 실행을 위한 매크로를 개발합니다. VB 편집기에서 [삽입]-[모듈] 메뉴를 선택해 새 모듈 개체를 삽입한 다음, Module1 개체의 코드 창에 다음 매크로를 개발합니다.

```
Sub 폼실행()          ❶

    UserForm1.Show          ❷

End Sub
```

❶ 개발한 폼 개체를 실행할 '폼실행' 매크로를 선언합니다.

❷ UserForm1 개체를 실행합니다.

06 개발된 '폼실행' 매크로를 실행하면 폼이 화면에 표시됩니다. 이제 직위(또는 직원 이름)을 선택하면 TreeView1 컨트롤 하단에 해당 직원 수가 표시되며, 직원 이름을 선택하면 해당 직원의 입사일이 TextBox1 컨트롤에 표시되는 것을 확인할 수 있습니다.

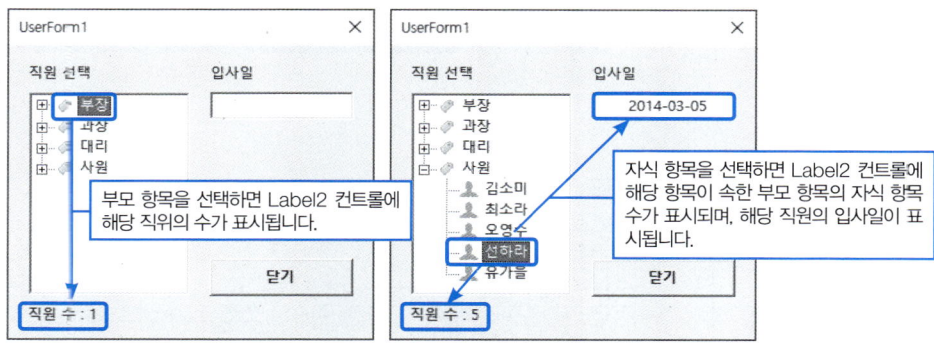

TreeView 컨트롤 IV
– 추가 속성 익히기

256

SECTION 253~255의 내용을 통해 TreeView 컨트롤과 ImageList 컨트롤을 사용하는 방법에 대해 어느 정도 감을 잡았을 겁니다. 이번에는 앞에서 생략된 TreeView 컨트롤의 몇 가지 속성을 추가로 조작하는 방법을 알아보겠습니다. 이번에 설명하는 내용은 자식 항목이 있는 부모 항목을 필요에 따라 자동으로 확장시키는 방법과 필요에 따라 항목을 삭제하는 방법입니다.

예제 파일 PART 03 \ (Userform) TreeView 컨트롤 IV.xlsm

01 예제 파일을 열고 〈폼 실행〉 버튼을 클릭하면 다음과 같은 폼을 확인할 수 있습니다. 이 폼은 이전까지 만들던 폼에 〈퇴사 처리〉 버튼이 추가된 것입니다.

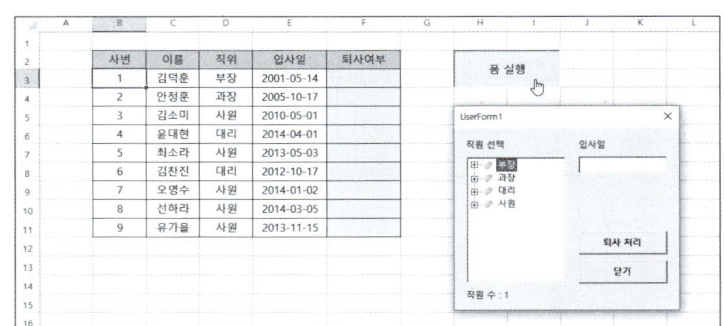

Plus⁺ 폼에 삽입된 컨트롤

기존 폼에서 다음과 같은 컨트롤이 한 개 추가되었습니다.

컨트롤 이름	Caption
CommandButton2	퇴사 처리

02 TreeView 컨트롤에서 직원을 선택하고 〈퇴사 처리〉 버튼을 클릭하면 해당 직원의 F열에 문자 'O'를 표시하고 TreeView 컨트롤에서 삭제하는 기능을 추가해 보겠습니다. 먼저 폼의 〈닫기〉 버튼을 클릭해 폼을 닫습니다.

03 단축키 Alt + F11 을 눌러 VB 편집기를 호출한 다음, 프로젝트 탐색기 창에서 UserForm1 개체를 더블클릭해 선택합니다. 〈퇴사 처리〉 버튼을 더블클릭해 CommandButton2_Click 이벤트 프로시저를 생성하고 다음 코드를 입력합니다.

파일 : (Userform) TreeView 컨트롤 IV (코드 II).txt

```
Private Sub CommandButton2_Click()                          ❶

'1단계 : 필요한 변수를 선언합니다.
    Dim 직원 As Range                       ❷
    Dim 선택항목 As Node                     ❸

'2단계 : 변수의 초기 값을 할당합니다.
    Set 직원 = Range("C3", Cells(Rows.Count, "C").End(xlUp))    ❹
    Set 선택항목 = TreeView1.SelectedItem            ❺

'3단계 : 선택한 직원을 퇴사 처리합니다.
    If Not 선택항목.Parent Is Nothing Then            ❻
    
        If MsgBox("정말 퇴사했습니까?", vbYesNo) = vbYes Then      ❼
        
            직원.Find(What:=선택항목.Text).Offset(, 3).Value = "O"    ❽
            선택항목.Parent.Selected = True              ❾
            TextBox1.Value = ""                ❿
            
            TreeView1.Nodes.Remove 선택항목.Index          ⓫
            
            Label2.Caption = "직원 수 : " & TreeView1.SelectedItem.Children    ⓬
            
        End If
        
    End If
    
Enc Sub
```

❶ CommandButton2_Click 이벤트는 〈퇴사 처리〉 버튼을 클릭할 때 실행됩니다.

❷ Range 형식의 '직원' 개체변수를 선언합니다.

❸ TreeView 컨트롤의 개별 항목을 의미하는 Node 형식의 '선택항목' 개체변수를 선언합니다.

❹ '직원' 개체변수에 직원 이름이 입력되어 있는 C3셀부터 C열의 마지막 데이터 입력 위치까지의 범위를 할당합니다.

❺ '선택항목' 개체변수에 TreeView1 컨트롤의 선택 항목(SelectedItem)을 할당합니다.

❻ '선택항목' 개체변수에 할당된 Node 개체가 자식 항목(직원)인 경우에만 퇴사 처리를 할 수 있도록, 선택한 항목의 부모가 존재하는지 판단해 자식 항목인 경우에만 ❼의 작업을 진행합니다.

❼ MsgBox 함수를 사용해 '정말 퇴사했습니까?'라는 메시지 내용을 〈예〉, 〈아니오〉 버튼과 함께 메시지 창에 표시한 다음, 〈예〉 버튼을 클릭한 경우에만 ❽-⓬의 코드를 실행합니다.

❽ '직원' 개체변수에 할당된 범위에서 '선택항목' 개체변수의 값(직원) 위치를 찾은 다음, 오른쪽 세 번째 셀에 문자 'O'를 입력합니다. 이렇게 하면, 퇴사된 직원의 F열(퇴사여부)에 문자 'O'가 나타납니다.

❾ TeeView1 컨트롤에서 선택된 항목을 삭제하면 선택 항목의 위치가 변경되므로, 항상 안정적인 처리를 위해 선택 위치를 부모 항목(직위)으로 옮깁니다.

❿ TextBox1 컨트롤(입사일)의 값에 빈 문자(" ")를 넣어 초기화합니다.

⑪ TreeView1 컨트롤의 Nodes 컬렉션의 Remove 메서드를 이용해 선택 항목을 삭제합니다. 이때 선택된 항목의 Index 속성을 이용해 몇 번째 항목인지 지정해 줘야 합니다.

⑫ TreeView1 컨트롤의 선택 항목을 지웠으므로 Label2 컨트롤의 직원 수를 다시 계산합니다. 이때 직원 수는 ❾에서 선택 항목 위치를 부모 항목으로 옮겼으므로 TreeView1 컨트롤의 선택 항목의 자식 항목 수를 세어 반환합니다.

04 단축키 Alt + F11을 눌러 엑셀 창으로 전환한 다음 〈폼 열기〉 버튼을 클릭해 폼을 실행합니다. 직원 중에서 '선하라' 사원을 선택하고 〈퇴사 처리〉 버튼을 클릭하면 다음과 같은 결과를 얻을 수 있습니다.

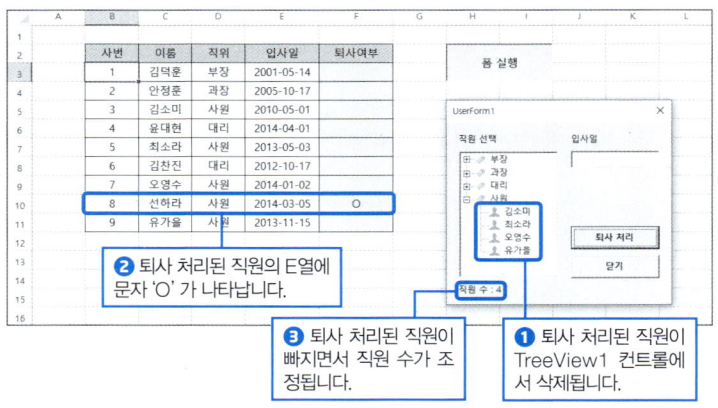

05 하지만 폼을 닫고 다시 열면 퇴사한 직원이 다시 나타나는 것을 확인할 수 있습니다. 이것은 폼이 실행될 때 직원 데이터를 다시 읽어 TreeView 컨트롤을 구성하기 때문입니다. 퇴사된 직원은 TreeView 컨트롤에 추가되지 않도록 해야 합니다.

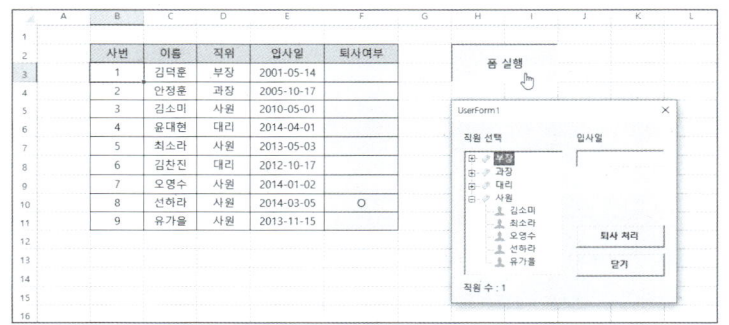

06 다시 단축키 Alt + F11을 누르고 프로젝트 탐색기 창에서 'UserForm1' 폼 개체를 선택합니다. [코드 보기] 명령(□)을 클릭하고 UserForm_Initialize 이벤트를 다음 코드를 참고해 수정합니다.

파일 : (Userform) TreeView 컨트롤 IV (코드 III).txt

```
Private Sub UserForm_Initialize()

'1단계 : 필요한 변수를 선언합니다.
    …


'2단계 : 변수의 초기 값을 설정합니다.
    …


'3단계 : ImageList 컨트롤에 이미지를 등록합니다.
```

```
    …

'4단계 : TreeView 컨트롤을 설정하고 ImageList 컨트롤과 연결합니다.  ———————①
    …

'5단계 : TreeView 컨트롤에 직위와 직원 데이터를 등록합니다.
    With TreeView1.Nodes

        .Add Key:="부장", Text:="부장", Image:="Image1"
        .Add Key:="과장", Text:="과장", Image:="Image1"
        .Add Key:="대리", Text:="대리", Image:="Image1"
        .Add Key:="사원", Text:="사원", Image:="Image1"

        For Each 셀 In 직원

            If 셀.Offset(, 3).Value <> "O" Then  ———————②

                .Add Relative:=셀.Offset(, 1).Value, _
                    Relationship:=tvwChild, _
                    Text:=셀.Value, _
                    Image:="Image2"

            End If

        Next

    End With

    With TreeView1.Nodes("사원")  ———————③
        .Selected = True  ———————④
        .Expanded = True  ———————⑤
    End With

End Sub
```

① 이 부분까지는 코드가 동일하므로 수정할 필요가 없습니다.

② '셀' 변수에 할당된 셀 위치에서 오른쪽 세 번째 셀(퇴사여부)의 값이 'O'가 아닌 경우에만 바로 아래 등록 작업을 진행합니다.

③ TreeView1 컨트롤의 항목 중 '사원' 항목에 여러 설정 작업을 하기 위해 With 문을 사용합니다.

④ TreeView1 컨트롤에서 사원 항목이 선택되도록 Selected 속성을 True로 설정합니다.

⑤ TreeView1 컨트롤의 사원 항목이 모두 펼쳐 표시되도록 Expanded 속성을 True로 설정합니다.

06 추가된 코드의 동작을 확인하기 위해 단축키 Alt + F11을 눌러 엑셀 창으로 전환하고, 폼을 실행합니다. 자동으로 사원 항목이 선택되고 자식 항목이 펼쳐져 표시되는데, 이전에 퇴사한 직원은 더 이상 폼에 표시되지 않는 것을 확인할 수 있습니다.

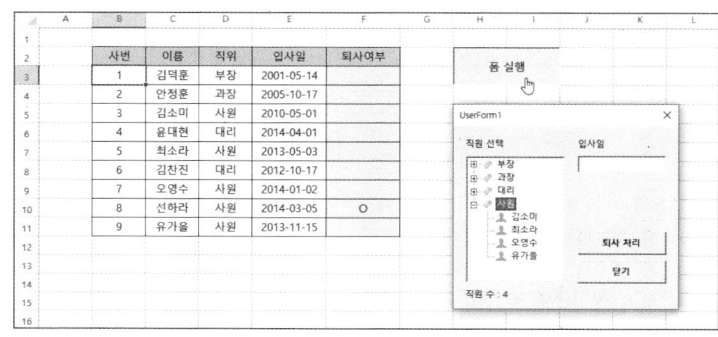

ListView 컨트롤 I
– 등록 및 폼 구성

257

폼에서 가장 많이 사용되는 컨트롤 중 하나인 ListBox 컨트롤은 유용하지만 몇 가지 단점이 있습니다. 더리글 표시 부분이 깔끔하지 않으며 머리글을 사용하기 위해서는 RowSource 속성을 사용해 데이터 범위를 원본으로 지정해야 하고 목록 내 항목을 정렬하기가 어려운 점 등 여러 가지 불편한 점이 많습니다. 이런 불편한 점을 보강하려면 ListView 컨트롤을 사용하면 됩니다. 그런데 ListView 컨트롤은 TreeView 컨트롤과 마찬가지로 기본 제공되지 않으므로 사용자가 추가해야 합니다. 이번에는 ListView 컨트롤을 도구 상자 창에 등록하고 ListView 컨트롤을 사용하는 폼을 구성하는 방법에 대해 알아보겠습니다.

예제 파일 PART 03 \ (Userform) ListView 컨트롤 I.xlsm

01 예제 파일을 열면 화면과 같은 표를 확인할 수 있습니다. ListView 컨트롤을 이용해 표를 폼에 넣은 다음, 자유롭게 정렬할 수 있고 선택한 값 위치를 표에 표시하는 기능이 있는 폼을 개발해 보겠습니다.

02 개발 예정인 폼 화면을 미리 보면 다음과 같습니다.

ListView 컨트롤의 모습입니다. ListView 컨트롤은 ListBox 컨트롤과 매우 유사하지만, 열 머리글이 표시되는 영역이 ListBox 컨트롤과는 달리 ListView 컨트롤의 상단에 위치합니다. 상단의 머리글 부분을 클릭할 때 해당 열이 오름차순, 내림차순으로 자동으로 정렬되는 기능을 개발합니다.

03 위와 같은 폼을 구성하기 위해 단축키 Alt + F11 을 눌러 VB 편집기를 호출하고 [삽입]-[사용자 정의 폼] 메뉴를 선택해 폼 개체를 하나 삽입합니다. ListView 컨트롤을 추가해야 하므로 도구 상자 창에서 컨트롤이 표시되지 않은 빈 영역을 마우스 오른쪽 버튼으로 클릭하고 [추가 컨트롤] 메뉴를 선택합니다.

04 '추가 컨트롤' 대화상자가 표시되면 다음 컨트롤을 체크하고 〈확인〉 버튼을 클릭합니다.

- Microsoft ListView Control, version 6.0

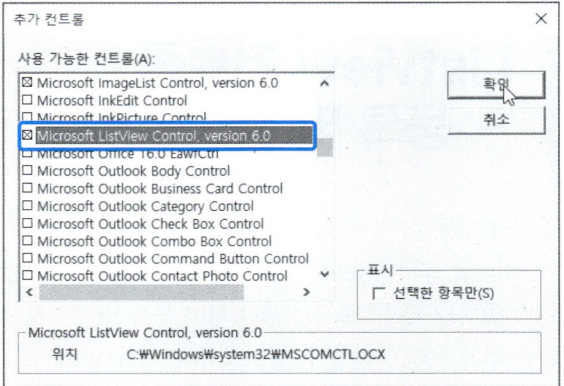

05 그러면 도구 상자 창에 아이콘이 하나 표시되는데, 이 컨트롤이 바로 ListView 컨트롤입니다.

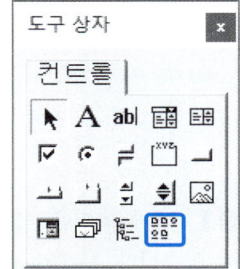

TIP 새로 추가된 컨트롤을 더 이상 사용하지 않으려면 도구 상자 창에서 해당 컨트롤을 마우스 오른쪽 버튼으로 클릭하고 [ListView 삭제] 메뉴를 클릭하면 됩니다.

06 폼 개체에 다음과 같은 컨트롤을 추가해 화면과 같이 구성합니다.

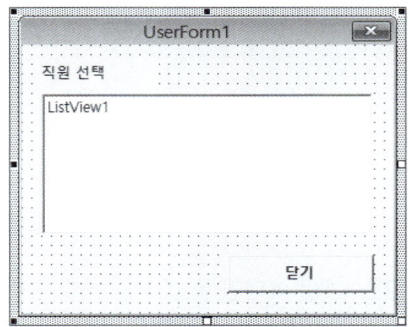

Plus⁺ 폼에 삽입된 컨트롤

기존 폼에 다음과 같은 컨트롤 세 개가 추가되었습니다.

컨트롤 이름	Caption
Label1	직원 선택
ListView1	
CommandButton1	닫기

ListView 컨트롤 II
– 컨트롤 설정

258

ListView 컨트롤은 ListBox 컨트롤과 비슷하게 생겼지만 데이터를 표시하는 방법은 전혀 다릅니다. ListView 컨트롤은 머리글 영역을 구분해 따로 표시할 수 있어 편리하지만, 개발 방법은 ListBox 컨트롤에 비해 다소 복잡한 단점이 있습니다. 이번에는 ListBox 컨트롤을 보기 좋게 설정하고 원하는 데이터를 추가하는 방법에 대해 알아보겠습니다.

예제 파일 PART 03 \ (Userform) ListView 컨트롤 II.xlsm

TIP 예제를 열 때, '안전하지 않을 수 있는 Active-X 컨트롤' 관련 에러가 발생하면 첨부된 예제 중 'VBA Security.reg' 파일과 'office Security.reg' 파일을 더블클릭해 레지스트리에 추가한 다음 작업합니다.

01 예제 파일을 열고 단축키 Alt + F11 을 눌러 VB 편집기를 호출합니다. 프로젝트 탐색기 창에서 UserForm1 개체를 더블클릭해 선택하고 [코드 보기] 명령(□)을 클릭해 코드 창을 엽니다.

02 폼이 실행될 때 ListVeiw 컨트롤의 기본 설정을 원하는 방식으로 변경하는 작업을 진행합니다. 코드 창 상단의 개체 목록에서 UserForm1을 선택하고 프로시저 목록에서 Initialize 이벤트를 선택한 다음, 아래 코드를 입력합니다.

파일 : (Userform) ListView 컨트롤 II (코드 I).txt

```
Private Sub UserForm_Initialize()           ❶

    With ListView1                          ❷
        .View = lvwReport                   ❸
        .AllowColumnReorder = True          ❹
        .FullRowSelect = True               ❺
        .Gridlines = True                   ❻
        .HideSelection = False              ❼
        .LabelEdit = lvwManual              ❽
    End With

End Sub
```

❶ UserForm_Initialize 이벤트는 폼을 실행할 때 자동으로 실행됩니다.

❷ ListView1 컨트롤에 여러 설정 작업을 진행하기 위해 With 문을 사용합니다.

❸ ListView 컨트롤의 View 속성은 ListView 컨트롤의 표시 방법을 결정하는 옵션으로 다음과 같은 네 가지 내장 상수 값 중 하나를 선택할 수 있습니다. 이번 예제에서는 lvwReport로 설정해 워크시트의 표를 그대로 ListView 컨트롤에 표시합니다.

내장 상수	설명
lvwIcon	큰 아이콘을 이용해 항목을 표시하고 아이콘은 ImageList 컨트롤을 사용해 표시합니다.
lvwList	하나의 열의 값만 표시할 때 사용합니다.
lvwReport	여러 개의 열을 머리글과 함께 표시할 때 사용합니다.
lvwSmallIcon	작은 아이콘을 이용해 항목을 표시하고 아이콘은 ImageList 컨트롤을 사용해 표시합니다.

❹ AllowColumnReorder 속성은 엑셀의 워크시트처럼 열 너비를 마우스로 드래그해 조정할 수 있도록 할지 여부를 결정하는 옵션으로, 이번 예제에서는 True로 설정해 열 너비를 조정할 수 있도록 합니다.

❺ FullRowSelect 속성은 ListView 컨트롤에 여러 열이 존재할 때 항목 하나를 선택하면 행 전체가 선택되도록 할 수 있는 옵션으로, True로 설정해 행 전체가 선택되도록 합니다.

❻ Gridlines 속성은 눈금선을 표시할 지 여부를 설정하는 속성으로, True로 설정해 눈금선이 표시되도록 합니다. 03 과정의 폼 화면을 참고하면 이해하기 쉽습니다.

❼ HideSelection 속성은 다른 컨트롤로 포커스가 옮겨질 때 ListView 컨트롤의 선택 부분을 숨길지 여부를 설정하는 옵션으로, False로 설정해 선택 부분이 계속해서 표시되도록 합니다.

❽ LabelEdit 속성은 ListView 컨트롤의 항목을 수정하는 방법을 설정하는 옵션으로, lvwManual 내장 상수를 사용하면 F2 키와 같은 별도의 키를 할당해 수정을 하도록 할 수 있으며 lvwAutomatic 내장 상수는 마우스로 항목을 클릭해 수정할 수 있습니다. 단, VBA에서는 lvwManual 내장 상수를 설정해도 별도의 키를 할당할 수 없으므로, 마우스로 항목을 수정하지 못하도록 할 때만 사용합니다. 이번에도 lvwManual 내장 상수를 사용해 마우스로 항목을 수정하지 못하도록 설정합니다.

03 F5 키를 눌러 폼을 실행하면 다음과 같은 폼이 화면에 표시됩니다.

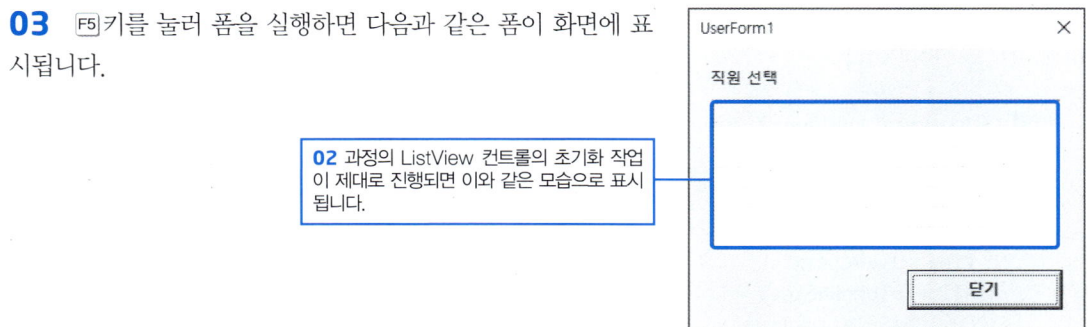

02 과정의 ListView 컨트롤의 초기화 작업이 제대로 진행되면 이와 같은 모습으로 표시됩니다.

04 ListView 컨트롤에 표 데이터를 추가하는 작업을 위해, UserForm_Initialize 이벤트 프로시저를 다음과 같이 수정합니다.

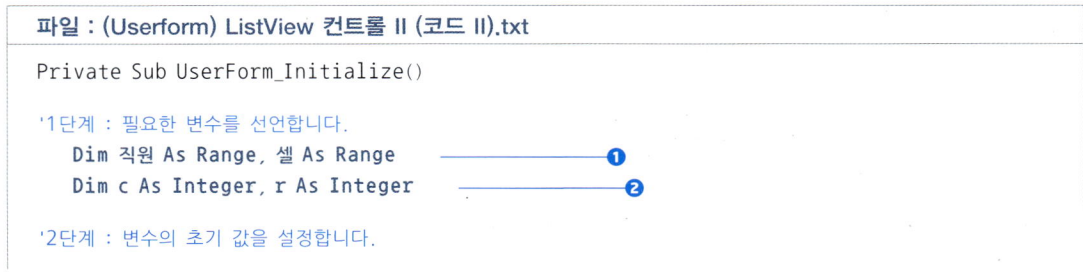

```
        Set 직원 = Range("C3", Cells(Rows.Count, "C").End(xlUp))            ―❸

'3단계 : ListView 컨트롤을 보기 좋게 설정합니다.
    With ListView1
        .View = lvwReport
        .AllowColumnReorder = True
        .FullRowSelect = True
        .Gridlines = True
        .HideSelection = False
        .LabelEdit = lvwManual
    End With

'4단계 : ListView1 컨트롤의 머리글을 설정합니다.
    With ListView1.ColumnHeaders            ―❹
        .Add Key:="사번", Text:="사번", Width:=35, Alignment:=lvwColumnLeft        ―❺
        .Add Key:="이름", Text:="이름", Width:=45, Alignment:=lvwColumnCenter
        .Add Key:="직위", Text:="직위", Width:=35, Alignment:=lvwColumnCenter
        .Add Key:="입사일", Text:="입사일", Width:=70, Alignment:=lvwColumnCenter
    End With

'5단계 : ListView1 컨트롤의 본문 데이터를 추가합니다.
    With ListView1            ―❻

        For Each 셀 In 직원            ―❼

            .ListItems.Add Text:=셀.Offset(, -1).Value            ―❽
            r = r + 1            ―❾

            For c = 1 To 3            ―❿
                .ListItems(r).SubItems(c) = 셀.Offset(, c - 1).Value            ―⓫
            Next

        Next

    End With

End Sub
```

❶ Range 형식의 '직원'와 '셀' 개체변수를 각각 선언합니다.

❷ 결과 행 번호를 저장하고, 사용할 Integer 형식의 c, r 변수를 각각 선언합니다.

❸ '직원' 개체변수에 직원 이름이 입력된 전체 범위를 할당합니다.

❹ ListView1 컨트롤에 열 머리글을 추가할 때는 ColumnHeaders 속성을 사용합니다. 여러 개의 열 머리글을 추가하기 위해 With 문을 사용합니다. 참고로 ColumnHeaders 속성은 열 머리글 전체를 의미하는 ColumnHeaders 컬렉션을 반환합니다.

❺ 열 머리글을 추가하기 위해 Add 메서드를 이용합니다. Add 메서드의 매개변수에 대한 설명은 아래를 참고합니다.

매개변수	설명	주의
Key	해당 열을 의미하는 키 값입니다.	키 값은 중복할 수 없습니다.
Text	열 머리글에 표시할 텍스트 값입니다.	

Width	열 너비를 의미합니다.	
Alignment	열 머리글을 왼쪽, 가운데, 오른쪽에 맞춰 표시합니다.	첫 번째 열은 반드시 왼쪽 맞춤이어야 합니다.

Add 메서드를 네 번 사용해 열 머리글 네 개를 각각 추가한 다음 폼을 실행하면 다음과 같은 화면을 확인할 수 있습니다.

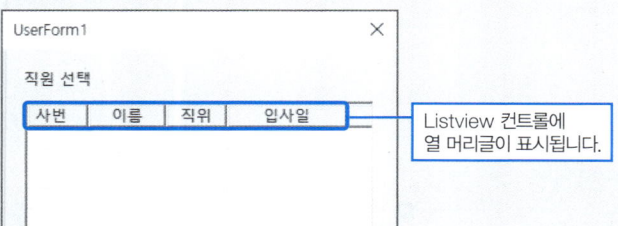

Listview 컨트롤에 열 머리글이 표시됩니다.

❻ 각각의 열에 데이터를 입력하는 작업을 진행합니다. 여러 데이터를 입력해야 하므로 ListView1 컨트롤에 With 문을 사용합니다.

❼ For Each … Next 순환문을 사용해 '직원' 개체변수에 할당된 범위 내 셀을 '셀' 개체변수에 할당하면서 작업합니다.

❽ ListView1 컨트롤에 데이터를 추가할 때는 먼저 기준이 되는 첫 번째 열의 항목을 추가하고 다른 열은 첫 번째 열의 하위 항목으로 추가하는 방법을 사용해야 합니다. 먼저 기준 열(사번)의 항목을 추가하고 ListItems 속성의 Add 메서드를 사용해 '셀' 개체변수에 할당된 셀(이름)의 왼쪽 셀 값을 ListView1 컨트롤에 추가합니다.

❾ r 변수는 ListView1 컨트롤의 행 번호를 지정하기 위한 것인데, 사번이 하나씩 등록될 때마다 1씩 증가시킵니다.

❿ For … Next 순환문을 사용해 c 변수를 1에서 3까지 증가시킵니다. 참고로 c 변수는 ListView1 컨트롤의 열 번호를 지정할 변수로 ListView1 컨트롤의 열은 네 개인데 ❽에서 첫 번째 열인 사번 열은 값을 입력했으므로 오른쪽 세 개 열의 항목만 추가하면 됩니다. 그렇기 때문에 c 변수를 1부터 3까지 증가시키는 것입니다.

⓫ ListView1 컨트롤의 사번 옆에 하위 항목을 세 개 추가합니다. ListItems(r)은 ❽에서 추가한 사번을 의미하며, SubItems(c) 속성을 이용해 순서대로 세 개의 하위 항목(이름, 직위, 입사일)을 추가합니다. 이 코드는 순환문을 사용하지 않으면 다음과 같은 코드로 대체할 수 있습니다.

```
.ListItems(r).SubItems(1) = "김덕훈"
.ListItems(r).SubItems(2) = "부장"
.ListItems(r).SubItems(3) = "2001-05-14"
```

TIP 글꼴이 굵게 설정된 코드 부분만 추가하거나, 첨부된 코드 파일로 대체합니다.

05 한번 더 F5 키를 눌러 다음과 같은 폼 화면이 에러 없이 정상적으로 표시되는지 확인합니다.

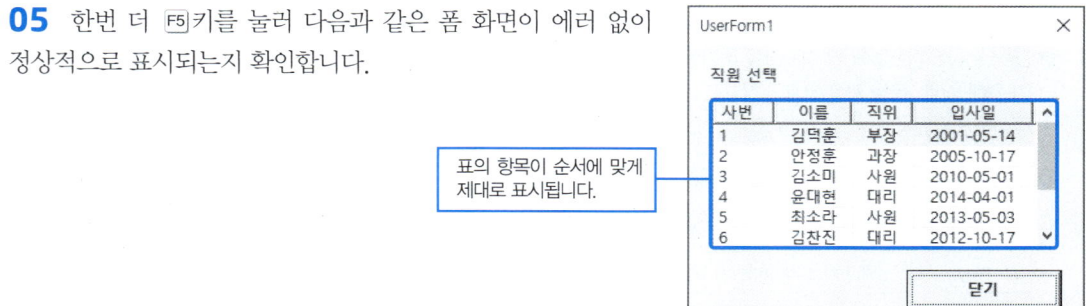

표의 항목이 순서에 맞게 제대로 표시됩니다.

ListView 컨트롤 III - 정렬

259

ListView 컨트롤은 ListBox 컨트롤과는 달리 ListView 컨트롤에 등록된 데이터를 자체적으로 정렬하는 방법을 제공합니다. ListView 컨트롤의 열 머리글 부분을 클릭할 때 오름차순이나 내림차순으로 정렬하는 방법이 가장 일반적인데, ListView 컨트롤의 머리글 부분을 클릭할 때는 ColumnClick 이벤트가 발생하므로 해당 이벤트를 이용하는 코드를 개발해 정렬 작업을 처리하는 방법을 알아보겠습니다.

예제 파일 PART 03 \ (Userform) ListView 컨트롤 III.xlsm

01 예제 파일을 열고 단축키 Alt + F11을 눌러 VB 편집기를 호출합니다. 프로젝트 탐색기 창에서 UserForm1 개체를 더블클릭해 선택하고 [코드 보기] 명령(□)을 클릭해 코드 창을 표시합니다.

02 ListView 컨트롤의 열 머리글 영역을 클릭할 때 정렬 작업이 진행되도록 해 보겠습니다. 코드 창 상단의 개체 목록에서 ListView1 컨트롤을 선택하고 프로시저 목록에서 ColumnClick 이벤트를 선택한 다음, 아래 코드를 입력합니다.

파일 : (Userform) ListView 컨트롤 III (코드).txt

```
Private Sub ListView1_ColumnClick(ByVal ColumnHeader As MSComctlLib.ColumnHeader)    ❶

    With ListView1    ❷
        .SortKey = ColumnHeader.Index - 1    ❸
        .SortOrder = IIf(.SortOrder = lvwAscending, lvwDescending, lvwAscending)    ❹
        .Sorted = True    ❺
    End With

End Sub
```

❶ ListView1_ColumnClick 이벤트는 ListView1 컨트롤의 열 머리글 영역을 클릭할 때 실행됩니다. 이번 이벤트에서는 사용자가 클릭한 열 머리글이 ColumnHeader 매개변수를 통해 전달됩니다.

❷ ListView1 컨트롤에 여러 설정 작업을 하기 위해 With 문을 사용합니다.

❸ ListView1 컨트롤의 SortKey 속성은 정렬할 열의 인덱스 번호를 지정할 수 있습니다. SortKey 속성을 사용할 때는 ListView 컨트롤의 열 인덱스 번호는 왼쪽 첫 번째 열이 1번 열이 되는데, SortKey 속성의 열 인덱스 번호는 왼쪽 첫 번째 열이 0번 열이 된다는 점에 주의해야 합니다. 그렇기 때문에 매개변수로 전달된 ColumnHeader의 인덱스 값에서 1을 빼는 연산을 통해 클릭한 열을 정렬 대상 열로 지정합니다.

❹ SortOrder 속성은 정렬 방식을 설정합니다. lvwAscending 내장 상수는 오름차순을 의미하며, lvwDescending 내장 상수는 내림차순을 의미합니다. 그러므로 열을 클릭할 때마다 정렬 방식이 오름차순과 내림차순으로 번갈아 변경되도록 하기 위해 IIf 함수를 사용해 SortOrder 속성 값을 확인하고 그 반대 방법으로 정렬되도록 합니다. SortOrder 속성의 기본 값은 오름차순이기 때문에 처음 열 머리글을 클릭하면 무조건 내림차순으로 정렬되며, 다음 번 클릭할 때 오름차순으로 정렬됩니다.

❺ Sorted 속성은 정렬 작업이 실제 진행됐는지 여부를 알려 주는 속성으로, 이 속성 값을 True로 설정해야 정렬 작업이 진행됩니다.

03 정렬이 제대로 되는지 확인하기 위해 F5 키를 눌러 폼을 실행합니다. 아무 열 머리글이나 클릭하면 해당 열이 먼저 내림차순으로 정렬되며, 다시 한번 더 클릭하면 오름차순으로 정렬됩니다.

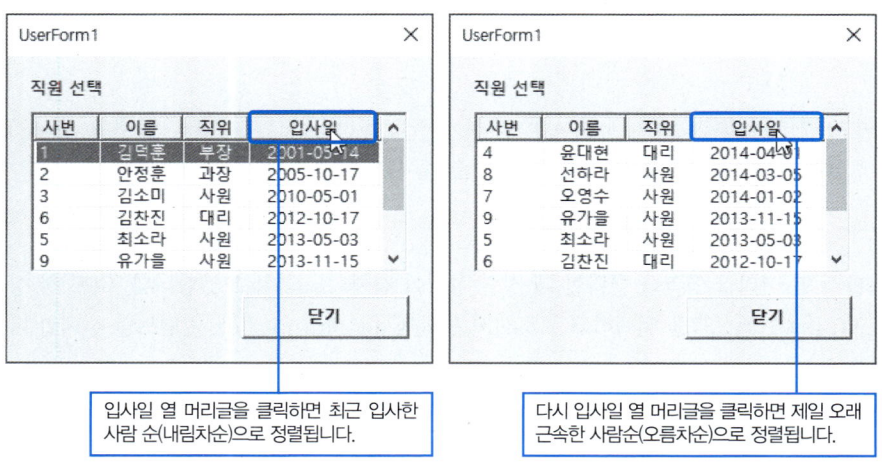

입사일 열 머리글을 클릭하면 최근 입사한 사람 순(내림차순)으로 정렬됩니다.

다시 입사일 열 머리글을 클릭하면 제일 오래 근속한 사람순(오름차순)으로 정렬됩니다.

ListView 컨트롤 IV - 표 연동

260

ListView 컨트롤의 항목 중 하나를 선택할 때 워크시트 표의 동일한 데이터에 특정 작업을 처리하고 싶다면, ListView 컨트롤의 SelectedItem 속성 값을 이용하는 코드를 개발하면 됩니다. SelectedItem 속성은 TreeView 컨트롤에서도 사용할 수 있으며 선택된 항목을 모두 반환합니다. 이번에는 ListView 컨트롤에서 선택한 항목과 동일한 위치의 표 데이터에 배경색을 지정하는 방법에 대해 알아보겠습니다.

예제 파일 PART 03 \ (Userform) ListView 컨트롤 IV.xlsm

01 예제 파일을 열고 단축키 Alt + F11 을 눌러 VB 편집기를 호출합니다. 프로젝트 탐색기 창에서 UserForm1 개체를 더블클릭해 선택하고, [코드 보기] 명령(■)을 클릭합니다.

02 ListView 컨트롤에서 선택한 항목과 동일한 데이터 위치에 배경색을 표시합니다. 코드 창 상단의 개체 목록에서 ListView1 컨트롤을 선택하고 프로시저 목록에서 Click 이벤트를 선택한 다음, 아래 코드를 입력합니다.

파일 : (Userform) ListView 컨트롤 IV (코드).txt

```
Private Sub ListView1_Click()                    ①

'1단계 : 필요한 변수를 선언합니다.
    Dim 표 As Range                              ②
    Dim 찾은위치 As Range                         ③
    Dim 선택항목 As ListItem                      ④

'2단계 : 변수의 초기 값을 지정합니다.
    Set 표 = Range("B3", Cells(Rows.Count, "E").End(xlUp))    ⑤
    Set 선택항목 = ListView1.SelectedItem                      ⑥
    Set 찾은위치 = 표.Columns(1).Find(What:=선택항목.Text)      ⑦

'3단계 : 표 범위의 서식을 초기화합니다.
    With 표                                       ⑧
        .Interior.ColorIndex = 0                  ⑨
        .Font.ColorIndex = 1                      ⑩
    End With

'4단계 : ListView 컨트롤에서 선택한 데이터를 표 범위에서 서식을 지정합니다.
    With Intersect(표, 찾은위치.EntireRow)         ⑪
        With .Interior                            ⑫
```

```
            .ThemeColor = xlThemeColorLight2          ⓭
            .TintAndShade = 0.4                       ⓮
        End With

            .Font.ColorIndex = 2                      ⓯

    End With

End Sub
```

❶ ListView1_Click 이벤트는 ListView1 컨트롤 내의 항목을 클릭할 때 실행됩니다.

❷ Range 형식의 '표' 개체변수를 선언합니다.

❸ Range 형식의 '찾은위치' 개체변수를 선언합니다.

❹ ListItem 형식의 '선택항목' 개체변수를 선언합니다. 참고로 ListItem 개체는 ListView 컨트롤의 항목을 의미하는 개체입니다.

❺ '표' 개체변수에 B3셀부터 E열의 마지막 데이터 입력 위치까지의 범위를 할당합니다. 이 범위는 표에서 제목 행을 제외한 나머지 데이터 입력 범위입니다.

❻ '선택항목' 개체변수에 ListView1 컨트롤의 선택된 항목(SelectedItem)을 할당합니다.

❼ '표' 개체변수에 할당된 범위의 첫 번째 열에서, '선택항목' 변수에 할당된 항목의 텍스트 값을 찾아 찾은 셀을 '찾은위치' 개체변수에 할당합니다.

❽ '표' 개체변수에 할당된 범위에 여러 작업을 처리하기 위해 With 문을 사용합니다.

❾ '표' 개체변수에 할당된 범위의 배경색을 '채우기 없음'으로 설정해 모두 지웁니다. 이 코드는 다음과 같이 이해하기 쉬운 코드로 변경해도 됩니다.

```
.Interior.ColorIndex = xlColorIndexNone
```

❿ '표' 개체변수에 할당된 범위 내 글꼴 색을 '검정'으로 설정합니다. 이 코드는 색상을 의미하는 내장 상수를 사용해 다음과 같은 코드로 수정할 수 있습니다.

```
.Font.Color = vbBlack
```

⓫ Intersect 메서드를 이용해 '표' 개체변수에 할당된 범위와 '찾은위치' 개체변수에 할당된 셀이 속한 행의 교집합 범위를 With 문을 사용해 처리합니다. 참고로 이 범위는 ListView 컨트롤에서 선택한 항목이 속한 행 범위입니다.

⓬ ⓫에서 참조한 범위에 서식을 설정하기 위해 With 문을 사용합니다.

⓭ ⓫에서 참조한 범위에 ThemeColor 속성을 이용해 배경색을 xlThemeColorLight2 색으로 설정합니다. 참고로 ThemeColor와 TintAndShade 속성에 대한 자세한 설명은 SECTION 122(405쪽)을 참고합니다.

⓮ ⓫에서 참조한 범위에 적용된 색상의 TintAndShade 속성 값을 0.4로 설정해 40% 더 밝게 설정합니다.

⓯ ⓫에서 참조한 범위의 글꼴 색을 흰색으로 지정합니다. 이 코드는 다음과 같이 변경할 수 있습니다.

```
.Font.Color = vbWhite
```

03 동작을 테스트해 보기 위해, F5 키를 눌러 폼을 실행합니다. ListView 컨트롤에서 아무 항목이나 선택했을 때 표의 해당 부분에 지정된 서식이 표시되면 제대로 개발이 된 것입니다.

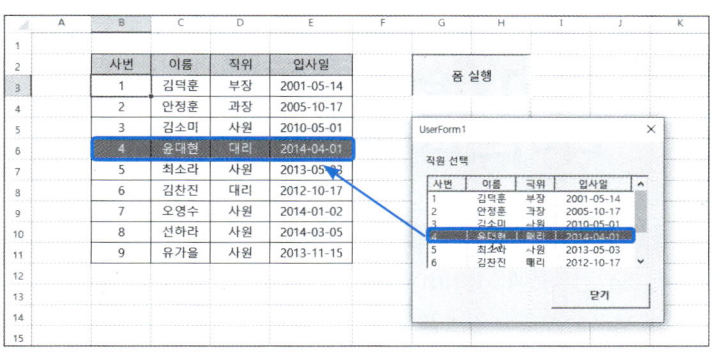

MonthView 컨트롤 I
– 라이브러리 등록

261

폼 개발을 하다 보면 날짜를 쉽게 입력할 수 있는 컨트롤이 필요한데, 엑셀에는 날짜와 관련된 Calendar 컨트롤과 MonthView 컨트롤이 있습니다. 다만 Calendar 컨트롤은 2007 버전까지만 지원되며 MonthView 컨트롤은 2010 버전까지만 지원되어 2013 버전부터는 두 컨트롤을 모두 사용할 수 없습니다. 그렇기 때문에 2013 버전 이후 버전에서 달력 컨트롤을 사용하려면 먼저 컨트롤을 PC에 등록해야 합니다. 이번에는 MonthView 컨트롤을 사용하기 위해 PC에 해당 컨트롤을 등록하는 방법에 대해 알아보겠습니다.

예제 파일 PART 03 \ MSCOMCT2.OCX

라이브러리 파일 복사

라이브러리(Library)는 여러 프로그램에서 사용할 수 있는 개체, 컨트롤, 또는 프로시저의 집합체입니다. 특정 PC에서 필요한 기능을 담고 있는 라이브러리를 사용하면 해당 라이브러리 내에 속한 기능을 활용할 수 있습니다. 예제인 'MSCOMCT2.OCX' 파일은 MonthView 컨트롤을 포함하는 라이브러리 파일입니다. MonthView 컨트롤을 사용하기 위해서는 먼저 자신의 운영체제 버전에 맞는 폴더로 예제 파일을 복사해 넣어야 합니다.

운영체제	경로
32bit	C:\Windows\System32
64bit	C:\Windows\SysWow64

라이브러리 등록

사용자가 임의로 추가한 라이브러리는 파일만 복사하면 바로 사용할 수 있는 것이 아니라, PC에 등록하는 과정을 거쳐야 사용할 수 있습니다. 다음 과정을 참고해 라이브러리를 등록합니다.

01 먼저 아래 표를 참고해 운영체제별로 '명령 프롬프트'를 관리자 권한으로 실행합니다.

운영체제	방법
윈도우 Vista, 7	윈도우 작업 표시줄에서 '윈도우' 버튼을 클릭한 다음, [모든 프로그램]-[보조 프로그램]-[명령 프롬프트]를 마우스 오른쪽 버튼으로 클릭한 다음 [관리자 권한으로 실행] 메뉴를 선택합니다.
윈도우 8, 8.1	❶ 윈도우 바탕 화면에서 단축키 ⊞+Q 를 누른 다음, '검색' 란에 'cmd'를 입력하고 Enter 키를 눌러 검색합니다.

❷ '명령 프롬프트' 앱을 마우스 오른쪽 버튼으로 클릭하고 하단 메뉴에서 [관리자 권한으로 실행] 메뉴를 클릭합니다.

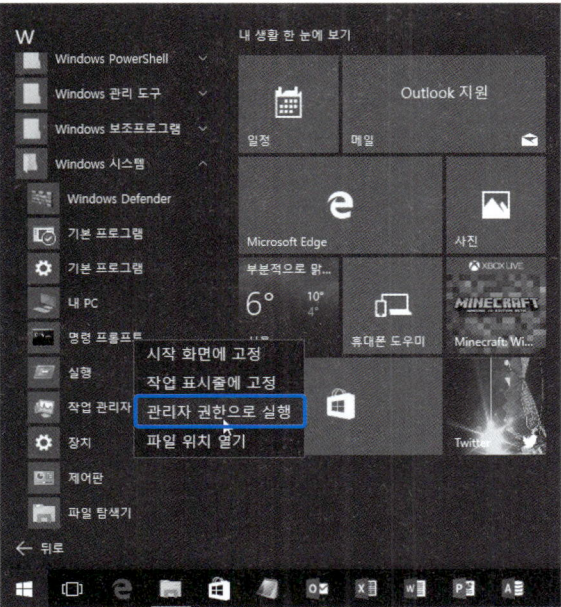

❸ '사용자 계정 컨트롤' 대화상자가 표시되면 〈예〉 버튼을 클릭합니다.

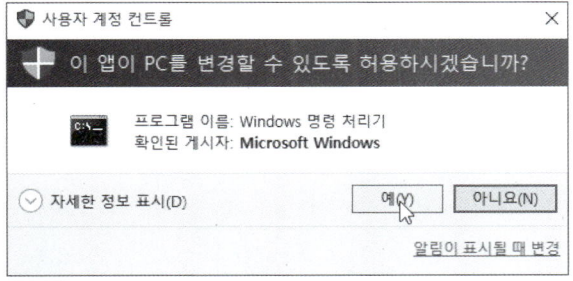

02 '명령 프롬프트' 창이 표시되면 다음 명령을 순서대로 입력합니다.

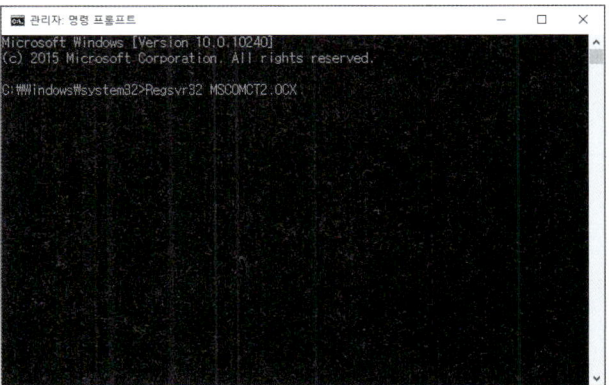

```
cd \Windows\System32

Regsvr32 MSCOMCT2.OCX
```

TIP 윈도우 64bit 사용자는 첫 번째 명령을 'cd \Windows\SysWow64'와 같이 입력해야 합니다.

05 다음과 같은 메시지 창이 표시되면 라이브러리가 제대로 등록된 것입니다.

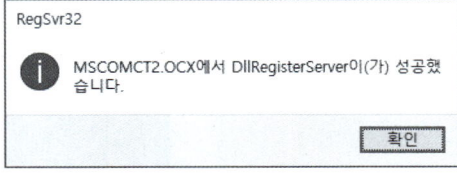

MonthView 컨트롤 II
– 폼 및 컨트롤 구성

262

MonthView 컨트롤은 폼에 등록하고 사용하는 것이 좋습니다. MonthView 컨트롤을 사용할 때는 폼에 다른 컨트롤이 거의 사용되지 않으므로, MonthView 컨트롤만 설정하는 부분만 알면 손쉽게 폼을 완성할 수 있습니다. 이번에는 폼에 MonthView 컨트롤을 등록하고 속성 값을 변경해 원하는 레이아웃을 구성하는 방법에 대해 알아보겠습니다.

예제 파일 PART 03 \ (Userform) MonthView 컨트롤 II.xlsm

01 예제 파일을 열면 다음과 같은 표를 확인할 수 있습니다. E:F열의 날짜 값을 입력하거나 수정할 때, MonthView 컨트롤을 사용하는 작업을 진행해 보겠습니다.

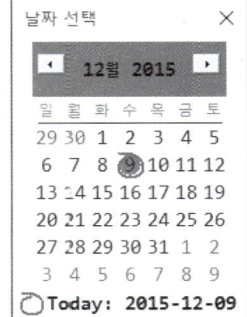

02 완성할 날짜 입력 폼은 다음과 같습니다.

03 위 폼을 만들기 위해 단축키 Alt + F11 을 눌러 VB 편집기를 실행하고 [삽입]-[사용자 정의 폼] 메뉴를 선택해 폼 개체를 하나 삽입합니다. 도구 상자 창에 MonthView 컨트롤을 등록하기 위해 도구 상자 창 빈 영역에서 마우스 오른쪽 버튼을 클릭하고 [추가 컨트롤] 메뉴를 선택합니다.

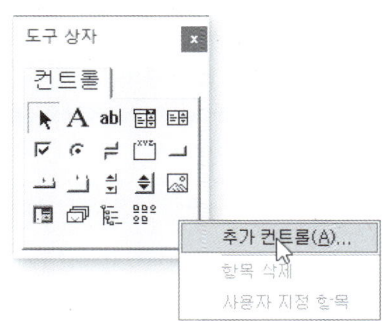

04 '추가 컨트롤' 대화상자가 표시되면 다음 컨트롤을 체크하고 〈확인〉 버튼을 클릭합니다.

- Microsoft MonthView Control 6.0 (SP6)

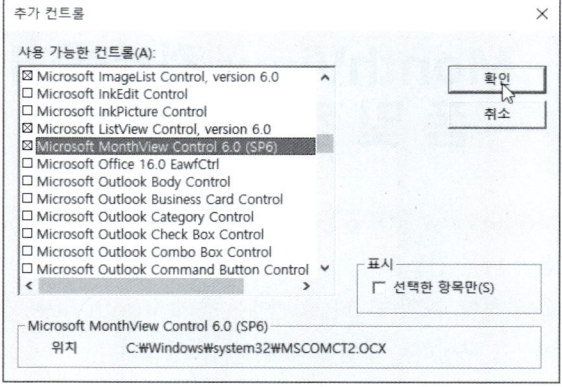

05 도구 상자 창에 MonthView 컨트롤 아이콘이 추가됩니다. 폼 개체에 MonthView 컨트롤을 추가해 다음과 같이 구성합니다.

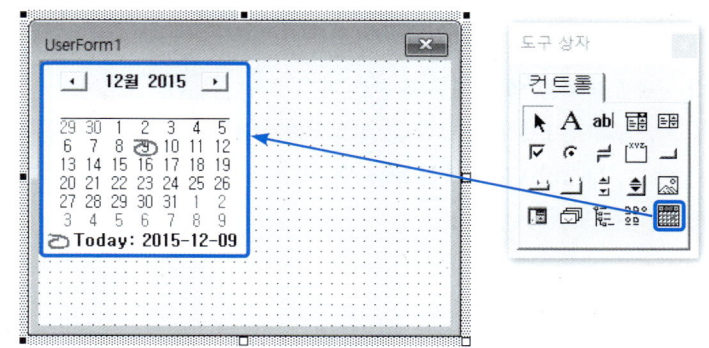

06 폼에 삽입된 MonthView 컨트롤을 선택하고 속성 창에서 다음 속성을 변경합니다.

속성	초기 값	변경 값
Appearance	0 - cc23D	0 - cc2Flat
BackColor	&H8000000F&	창 배경(&H80000005&)
Font	굴림	Consolas, 11
TitleBackColor	&H8000000F&	반전(&H8000000D&)

Plus⁺ MONTHVIEW 컨트롤의 변경된 속성에 대한 설명

MonthView 컨트롤의 속성 중 변경된 속성은 다음과 같습니다.
- Appearance : MonthView 컨트롤의 시각 효과와 관련한 속성으로, cc23D를 cc2Flat으로 바꾸면 3D 효과가 2D로 변경됩니다.
- BackColor : 배경색을 지정하는 부분으로, 회색에서 흰색으로 변경합니다.
- Font : MonthView 컨트롤의 글꼴 부분으로, 달력에 표시될 숫자나 요일의 글꼴과 크기를 변경합니다.
- TitleBackColor : MonthView 컨트롤 상단의 월, 연도 부분의 배경색을 의미하는 곳으로, 파랑으로 변경합니다.

07 Font 속성을 변경하면 MonthView 컨트롤의 크기가 달라집니다. 폼 개체를 MonthView 컨트롤에 맞춰 조정한 다음, F5 키를 누르거나 표준 도구 모음의 [Sub/사용자 정의 폼] 버튼(▶)을 클릭해 폼을 실행합니다. 다음과 같은 폼을 확인할 수 있습니다.

MonthView 컨트롤 III
– 날짜 선택해 입력하기

263

모든 데이터를 입력하는 방법이 그렇듯, 날짜를 입력해야 하는 경우에도 기존 날짜 값을 수정해야 하는 경우와 처음부터 새로 입력해야 하는 경우가 있습니다. 그러므로 완성된 달력 폼을 실행할 때 셀에 날짜 값이 있으면 해당 날짜 값 위치가 달력에 표시되고, 그렇지 않은 경우라면 오늘 날짜가 달력에 표시되어 날짜 입력을 손쉽게 처리하도록 만들어 주는 것이 편리합니다. 이번에는 완성된 폼이 원하는 방식으로 동작하도록 개발하는 작업을 진행해 보겠습니다.

예제 파일 PART 03 \ (Userform) MonthView 컨트롤 III.xlsm

01 예제 파일을 열고 단축키 Alt + F11 을 눌러 VB 편집기를 호출합니다. 프로젝트 탐색기 창에서 UserForm1 개체를 더블클릭해 선택하고 [코드 보기] 명령(▥)을 클릭해 코드 창을 엽니다.

02 폼이 실행될 때 폼 제목 표시줄과 MonthView 컨트롤에서 표시할 달력을 설정하는 작업을 진행합니다. 코드 창 상단의 개체 목록에서 UserForm1을 선택하고 프로시저 목록에서 Initialize 이벤트를 선택한 다음, 아래 다음 코드를 입력합니다.

```
Private Sub UserForm_Initialize()                    ①

'1단계 : 폼 개체의 제목을 설정합니다.
    Me.Caption = "날짜 선택"

'2단계 : 활성 셀 값에 따라 MonthView 컨트롤의 달력이 표시되도록 합니다.
    If IsDate(ActiveCell.Value) Then                 ②

        MonthView1.Value = ActiveCell.Value

    Else                        ③

        MonthView1.Value = Date

    End If

End Sub
```

❶ UserForm_Initialize 이벤트는 폼이 실행될 때 자동으로 실행됩니다.
❷ 활성 셀 값이 날짜 값인 경우에 MonthView1 컨트롤의 값을 해당 날짜 값으로 설정합니다.
❸ 활성 셀 값이 날짜 값이 아닌 경우에는 MonthView1 컨트롤의 값을 오늘 날짜 값으로 설정합니다.

03 MonthView 컨트롤에서 선택한 날짜를 바로 셀에 반환하도록 합니다. 코드 창의 개체 목록에서 MonthView1 컨트롤을 선택하고 프로시저 목록에서 DateClick 이벤트를 선택한 다음, 아래 코드를 입력합니다.

```
Private Sub MonthView1_DateClick(ByVal DateClicked As Date)    ❶

    ActiveCell.Value = DateClicked    ❷

End Sub
```

❶ MonthView1_DateClick 이벤트는 MonthView 컨트롤에서 날짜를 클릭했을 때 자동으로 실행됩니다. 참고로 DateClicked 매개변수에는 사용자가 선택한 날짜 값이 저장됩니다.

❷ 활성 셀에 MonthView1 컨트롤에서 선택한 날짜 값을 입력합니다.

04 제대로 동작이 되는지 확인하기 위해 테스트를 진행합니다. 단축키 Alt + F11 을 눌러 엑셀 창의 E3셀(날짜 값이 입력된 셀)을 선택하고, 다시 단축키 Alt + F11 을 누르고 Userform1 개체를 선택한 다음, F5 키를 눌러 폼을 실행합니다. 그러면 화면과 같은 대화상자가 표시됩니다.

05 표시된 '날짜 선택' 대화상자에서 원하는 날짜를 선택하면 E3셀의 값이 선택한 날짜로 변경됩니다.

MonthView 컨트롤 IV
– 단축 메뉴에서 폼 호출하기   264

MonthView 컨트롤을 사용하는 폼은 폼 자체의 기능보다 얼마나 편리하게 호출할 수 있는지가 더 중요합니다. 날짜 데이터를 입력할 때마다 매크로를 실행해 폼을 호출하는 방법은 매우 불편하기 때문입니다. 이번에는 마우스 오른쪽 버튼을 클릭할 때 표시되는 단축 메뉴에 [날짜 선택]과 같은 메뉴를 추가하는 방법과 단축키를 이용해 달력 폼을 호출해 사용하는 방법에 대해 알아보겠습니다.

예제 파일 PART 03 \ (Userform) MonthView 컨트롤 IV.xlsm

01 예제 파일을 열고, 폼을 호출할 매크로를 개발합니다. 단축키 Alt + F11 을 눌러 VB 편집기를 호출하고 [삽입]-[모듈] 메뉴를 선택해 새 모듈 개체를 추가한 다음, 코드 창에 아래 코드를 입력합니다.

```
Sub 달력표시()   ①

    UserForm1.Show   ②

End Sub
```

① '달력표시' 매크로를 개발합니다.
② UserForm1 폼 개체를 실행합니다.

02 단축 메뉴에 새 메뉴를 추가하려면 파일이 열릴 때 새 메뉴를 추가하는 동작을 개발해야 합니다. Workbook_Open 이벤트를 이용하기 위해 프로젝트 탐색기 창에서 '현재_통합_문서' 개체를 더블클릭해 코드 창을 연 다음, 개체 목록에서 Workbook 개체를 선택하고 다음 코드를 입력합니다.

파일 : (Userform) MonthView 컨트롤 IV (코드).txt

```
Private Sub Workbook_Open()   ①

'1단계 : 사용할 변수를 선언합니다.
    Dim 단축메뉴 As CommandBar
    Dim 새명령 As CommandBarControl

    On Error Resume Next

'2단계 : 단축키를 설정합니다.
        Application.OnKey "+^{D}", "달력표시"   ②

'3단계 : 단축 메뉴에 달력 폼을 호출하는 메뉴를 추가합니다.
```

```
            Set 단축메뉴 = Application.CommandBars("Cell")

            With 단축메뉴                              ❸
                .Reset
                Set 새명령 = .Controls.Add(Type:=msoControlButton)
            End With

            With 새명령                                ❹
                .Caption = "날짜 선택(&D)..."
                .OnAction = "달력표시"
                .BeginGroup = True
            End With

End Sub
```

❶ Workbook_Open 이벤트는 파일이 열릴 때 실행됩니다. 참고로 단축 메뉴에 새 메뉴를 추가하는 방법은 SECTION 189(613쪽)에서 설명했으므로, 이번에는 차이가 있는 부분만 설명합니다.

❷ 단축키를 설정하기 위해 OnKey 이벤트를 활용합니다. Ctrl(^)+Shift(+)+D 키를 누르면 달력 폼을 호출합니다.

❸ '단축메뉴' 개체변수에 할당된 단축 메뉴를 설정합니다. Reset 명령을 이용해 이전에 추가된 부분을 모두 제거한 다음, 새 메뉴를 하나 추가하고 추가된 메뉴를 '새명령' 개체변수에 할당합니다.

❹ '새명령' 개체변수에 할당된 메뉴의 텍스트 부분은 Caption 속성으로 설정하고 OnAction 속성에 실행할 매크로 이름을 지정한 다음, 그룹이 시작되도록 BeginGroup 속성 값을 True로 설정합니다. BeginGroup 속성을 사용하면 새로 추가된 메뉴와 기존 메뉴 사이에 구분선이 표시됩니다.

03 파일이 닫힐 때 새로 추가된 메뉴를 삭제하기 위해 코드 창의 프로시저 목록에서 BeforeClose 이벤트를 선택하고 다음 코드를 입력합니다.

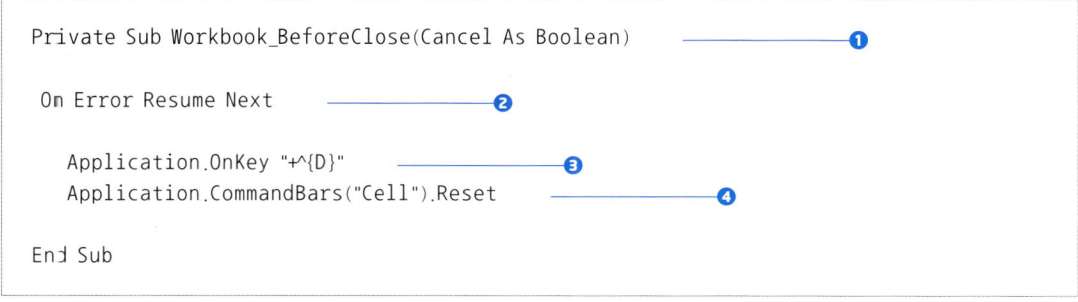

```
Private Sub Workbook_BeforeClose(Cancel As Boolean)         ❶

 On Error Resume Next                      ❷

    Application.OnKey "+^{D}"              ❸
    Application.CommandBars("Cell").Reset              ❹

End Sub
```

❶ Workbook_BeforeClose 이벤트는 파일을 닫으려 할 때 실행됩니다. 이 이벤트는 파일을 닫을 때 단축키 설정과 단축 메뉴에 추가된 메뉴를 초기화하는 역할을 합니다.

❷ ❸-❹에서 에러가 발생해도 코드 실행을 중단하지 않도록 합니다.

❸ Ctrl+Shift+D 단축키에 설정된 매크로 연결을 해제합니다.

❹ 셀 단축 메뉴에 사용자가 추가한 메뉴를 제거합니다.

04 파일을 저장하고 닫은 다음 다시 엽니다. E3셀을 선택한 다음 마우스 오른쪽 버튼을 클릭하면 단축 메뉴 하단에 [날짜 선택(D)…] 메뉴가 추가된 것을 확인할 수 있습니다. 선택하면 개발된 '날짜 선택' 폼이 화면에 표시되고, 날짜를 변경하면 E3셀의 날짜 값이 변경됩니다.

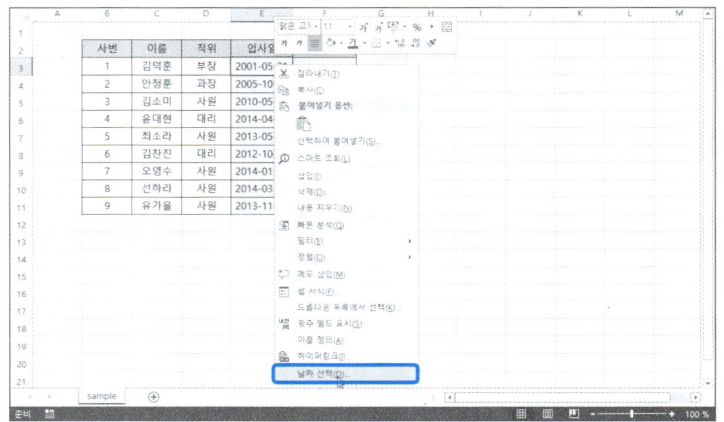

Plus⁺ MONTHVIEW 컨트롤을 조작하는 다양한 방법

MonthView 컨트롤은 다양한 방식으로 조작할 수 있습니다. 자세한 방법은 다음 화면과 설명을 참고합니다.

오늘 날짜를 선택

하단의 Today 부분을 클릭하면 오늘 날짜 부분으로 달력이 빠르게 이동하면서 빨간색 테두리 부분과 파란색 선택 부분이 일치하게 됩니다.

다른 날짜를 선택

빨간색 테두리 부분은 오늘 날짜를 의미하며, 사용자가 선택한 날짜가 파란색 배경으로 표시됩니다. 파란색 배경은 MonthView 컨트롤의 TitleBackColor 속성 값에 따른 것으로, 다른 색으로 변경하려면 해당 속성 값을 변경합니다.

월 변경 (1)

MonthView 컨트롤의 달력을 빠르게 변경하려면 상단 제목 표시줄의 오른쪽(또는 왼쪽) 버튼을 클릭하면 됩니다. 그러면 한 달씩 변경된 달력이 MonthView 컨트롤에 표시됩니다.

월 변경 (2)

MonthView 컨트롤 제목 표시줄의 월 부분을 클릭하면 월 선택 메뉴가 표시됩니다. 이곳에서 클릭하면 빠르게 원하는 월로 이동할 수 있습니다.

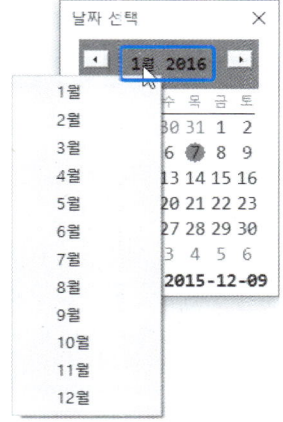

연도 변경

MonthView 컨트롤 제목 표시줄의 연도 부분을 클릭하면 연도만 조절할 수 있는 위/아래 화살표 단추가 나타납니다. 이 컨트롤을 클릭하면 연도가 증가하거나 감소합니다.

폼의 삽입된 컨트롤의 글꼴 설정을 한 번에 설정하기 265

사용자 정의 폼의 기본 글꼴은 '굴림'입니다. '굴림' 글꼴을 좋아하시는 분도 있겠지만, 오피스의 기본 글꼴인 '맑은 고딕'을 선호하는 분도 있을 겁니다. 폼에 추가되는 모든 컨트롤의 글꼴은 기본적으로 폼의 기본 글꼴로 적용되므로 폼 컨트롤의 글꼴을 하나로 통일하려면 폼에 컨트롤을 추가하기 전에 먼저 폼의 기본 글꼴을 변경할 필요가 있습니다. 다만 아쉽게도 폼의 기본 글꼴을 변경하는 옵션이 제공되지 않으므로 폼을 개발할 때마다 이 작업을 선행해야 합니다.

예제 파일 없음

폼의 기본 글꼴 변경

사용자 정의 폼을 추가하고 속성 창의 Font 속성을 보면 '굴림'으로 글꼴이 설정되어 있습니다. 이 상태에서 컨트롤을 추가하면 추가된 컨트롤의 기본 글꼴이 모두 굴림체가 됩니다. 폼의 기본 글꼴을 변경하려면 속성 창의 Font 속성을 선택하고 대화상자 표시 단추(...)를 클릭합니다.

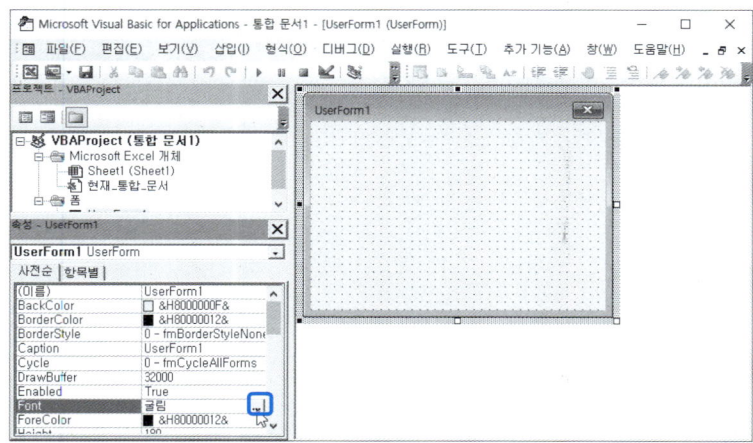

'글꼴' 대화상자에서 원하는 글꼴(예제에서는 '맑은 고딕'으로 설정한다고 가정)로 변경한 다음 폼에 컨트롤을 추가하면 추가된 모든 컨트롤에는 변경된 폼의 글꼴이 적용됩니다.

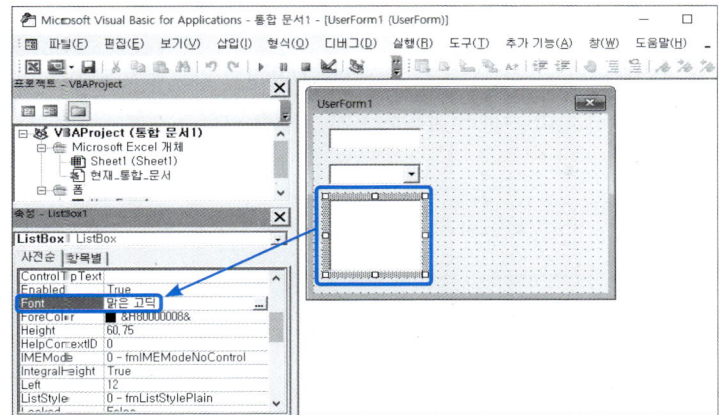

TIP 컨트롤을 추가하고 속성 창의 Font 속성을 확인하면 변경된 폼의 기본 글꼴이 적용되어 있습니다.

원하는 컨트롤만 글꼴 변경

원하는 몇 개의 컨트롤만 빠르게 글꼴을 변경하려면 글꼴을 변경할 컨트롤만 선택하고 속성 창의 Font 속성의 글꼴을 변경하면 됩니다.

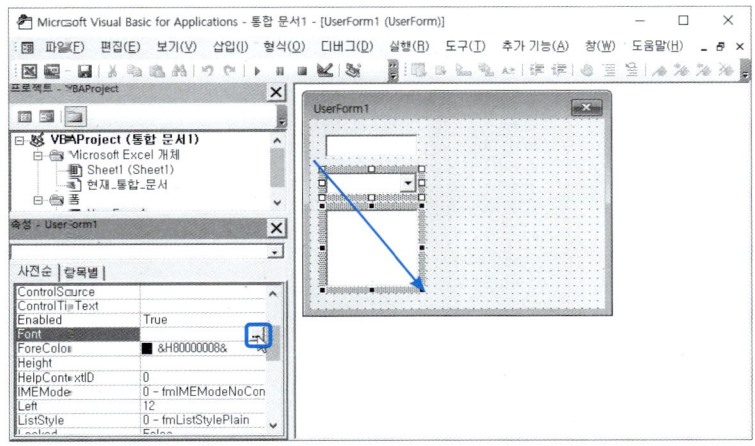

Plus⁺ 컨트롤 선택 방법

여러 컨트롤을 선택할 때는 마우스로 여러 컨트롤이 모두 포함되도록 드래그해 선택하거나 Shift 키를 누르고 컨트롤을 하나씩 클릭합니다.

여러 컨트롤을 그룹으로 선택하면 속성 창에 선택된 컨트롤의 공통 속성만 표시됩니다. 속성 창의 Font 속성의 대화 상자 표시 단추(...)를 클릭해 글꼴을 변경하면 여러 컨트롤의 글꼴을 빠르게 변경할 수 있습니다.

기본 글꼴을 변경해 놓은 폼을 저장하고 불러 사용하기

매번 폼의 기본 글꼴을 변경하는 작업은 불편합니다. 그러므로 '굴림' 글꼴을 사용하지 않으려면 글꼴을 변경해 놓은 폼을 별도 파일로 저장해 뒀다가 필요할 때마다 불러 사용하는 것이 좋습니다.

01 폼의 기본 글꼴을 변경하고 [파일]-[파일 내보내기] 메뉴를 선택합니다.

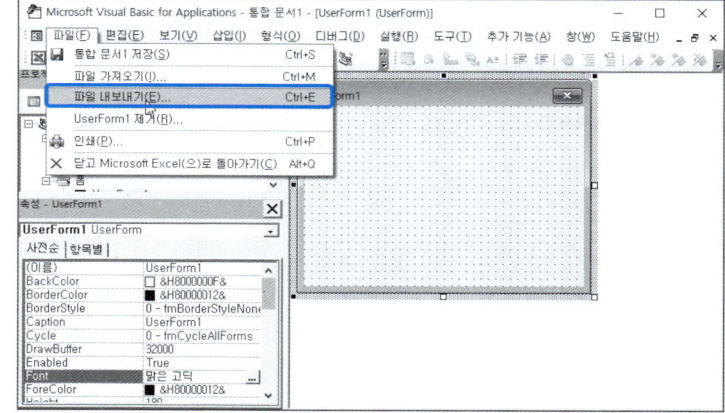

TIP 폼 개체에 아무 컨트롤도 삽입하지 않은 상태에서 Font 속성만 변경한 다음 작업합니다.

02 '파일 내보내기' 대화상자가 표시되면 '파일 이름'에 원하는 이름을 입력하고 폴더를 지정해 저장합니다.

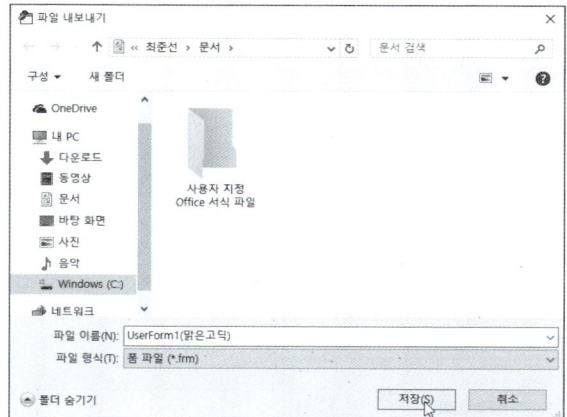

Plus⁺ 폼 개체 파일 이해하기

폼 개체를 저장하면 frm, frx 이렇게 두 개의 확장자를 갖는 파일이 생성되는데, 각 파일에 대한 설명은 다음과 같습니다.

- frm 파일 : 폼 개체 및 폼에 삽입된 컨트롤에 대한 설정을 포함한 파일
- frx 파일 : 폼에 존재하는 이진 데이터 파일(이미지, 아이콘) 등의 정보를 포함한 파일

---

03 이제 VB 편집기에서 [파일]-[파일 가져오기] 메뉴를 선택해 저장해 놓은 폼 개체를 읽어 들이면 글꼴 설정이 변경된 폼을 빠르게 불러 사용할 수 있습니다.

여러 컨트롤의 위치를 손쉽게 맞추는 방법 266

폼에 컨트롤을 여러 개 삽입해 사용하는 경우에는 컨트롤의 크기나 위치를 서로 맞추는 작업을 할 필요가 있습니다. 간단해 보이는 이런 작업도 생각 외로 많은 시간이 소요됩니다. 이런 경우 VB 편집기에서 제공하는 컨트롤 위치를 조정하는 명령이나 컨트롤의 Left, Top 속성 값을 조정하는 방법 중 하나를 알고 있다면 손쉽게 컨트롤 위치를 조정할 수 있습니다.

예제 파일 PART 03 \ 폼 컨트롤 위치.xlsm

[형식] 메뉴를 활용하는 방법

01 예제 파일을 열고 단축키 Alt + F11 을 클릭해 VB 편집기를 호출합니다. UserForm1 개체를 더블클릭해 선택하면 화면과 같은 폼을 확인할 수 있습니다. 이 폼의 TextBox 컨트롤의 간격을 일정하게 조정하고 크기 역시 동일하게 설정하는 작업을 진행해보겠습니다.

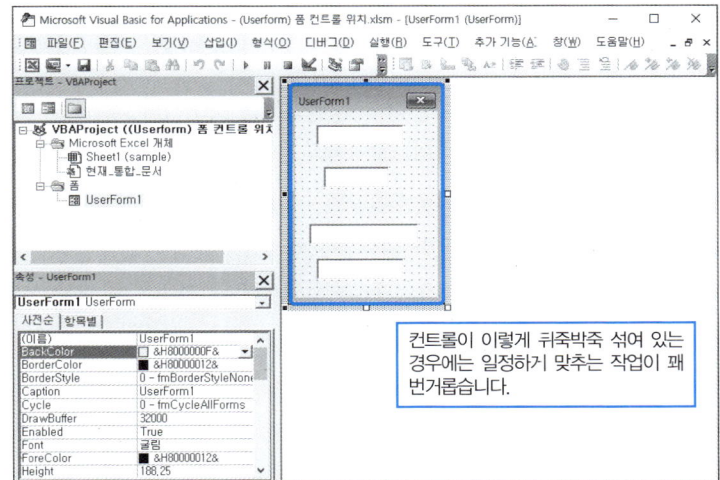

컨트롤이 이렇게 쥐죽박죽 섞여 있는 경우에는 일정하게 맞추는 작업이 꽤 번거롭습니다.

02 폼 내부의 컨트롤 네 개를 모두 선택합니다. 컨트롤을 선택할 때는 폼을 선택하고 단축키 Alt + A 를 누르거나, 마우스로 드래그해 선택하거나, Shift 키를 누른 상태에서 하나씩 선택하는 방법을 사용합니다.

03 다음 메뉴를 순서대로 한 번씩 클릭해 컨트롤을 정렬합니다.

- [형식]–[같은 크기로]–[너비] 메뉴 : 선택된 컨트롤의 가로 너비를 동일하게 변경합니다.
- [형식]–[수직 간격 조정]–[모두 같게] 메뉴 : 선택된 컨트롤의 세로 간격을 동일하게 변경합니다.
- [형식]–[맞춤]–[왼쪽] 메뉴 : 선택된 컨트롤 중 제일 왼쪽에 있는 컨트롤의 위치에 맞춰 표시됩니다.

04 다음과 같이 컨트롤이 정렬됩니다.

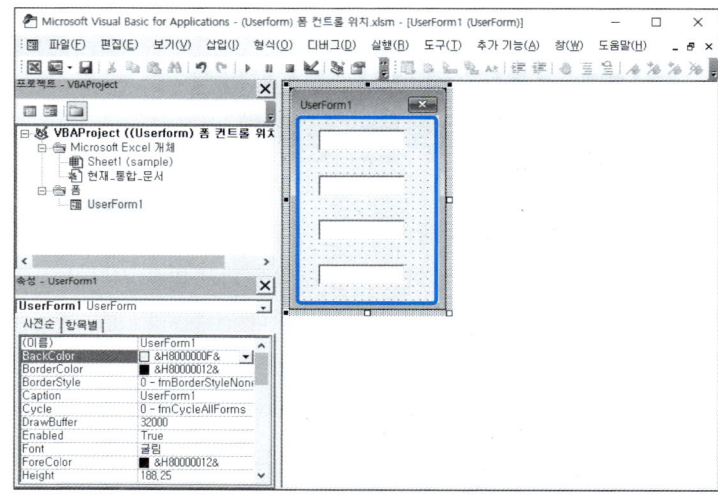

속성 창의 Left, Top 속성 값을 조정하는 방법

위와 같은 방법으로 컨트롤을 일정하게 위치를 맞추거나 크기를 조정하기가 쉽지 않은 경우가 있습니다. 이런 경우에는 조정할 컨트롤을 선택하고 속성 창에서 Left, Top 속성 값을 변경합니다.

Left 속성은 컨트롤이 폼 왼쪽으로부터 얼마나 떨어져 있는지를 표시하는 속성으로, 이 값을 맞추고자 하는 컨트롤의 값으로 변경하면 됩니다. 또한 Top 속성은 컨트롤이 폼 상단으로부터 얼마나 떨어져 있는지를 표시하는 속성입니다. Left와 Top 속성 값을 조정하면 미세한 컨트롤 위치까지도 모두 맞춰 조정할 수 있습니다.

컨트롤의 탭 순서 조정하기 267

폼에 삽입된 컨트롤을 선택하거나 조작할 때는 마우스를 사용하는 것이 편리하지만, 키보드만 이용해 다른 컨트롤로 이동할 수도 있습니다. 다른 컨트롤로 이동하는 키는 Tab 입니다. Tab 키를 누를 때마다 컨트롤이 어디서 어디로 이동할지 정하는 방법이 바로 탭 순서입니다. 탭 순서는 폼에 삽입된 순서로 정해지지만, 필요하다면 사용자가 원하는 순서로 얼마든지 조정할 수 있습니다. 이번에는 탭 순서를 조정하는 방법에 대해 알아보겠습니다.

예제 파일 PART 03 \ 탭 순서.xlsm

탭 순서 이해하고 조정하기

01 예제 파일을 열고 〈폼 실행〉 버튼을 클릭하면 화면과 같은 폼을 확인할 수 있습니다. Tab 키를 눌러 보면 다음 화살표의 순서대로 이동합니다.

TIP Label 컨트롤은 Tab 키로 이동할 때 선택되지 않습니다.

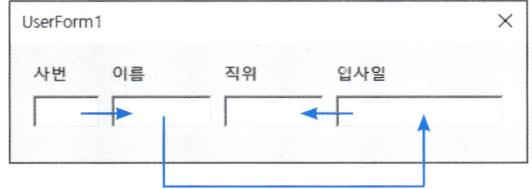

Plus 폼에 삽입된 컨트롤

폼에는 다음과 같은 컨트롤 여덟 개가 추가되어 있습니다.

컨트롤 이름	Caption	컨트롤 이름	Caption
Label1	사번	Label4	직위
txt사번		txt직위	
Label2	이름	Label3	입사일
txt이름		txt입사일	

02 폼을 닫고 단축키 Alt + F11 을 눌러 VB 편집기를 호출한 다음 프로젝트 탐색기 창에서 UserForm1 개체를 더블클릭해 선택합니다. 탭 순서를 확인하고 변경하기 위해 [보기]-[탭 순서] 메뉴를 선택합니다.

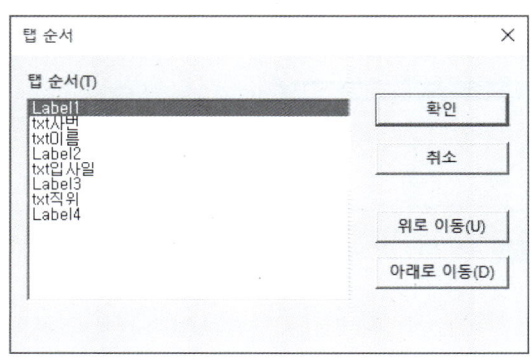

03 Label 컨트롤(Label1 ~ Label4)은 Tab 키나 마우스로 모두 선택할 수 없으므로 탭 순서를 조정할 때는 신경 쓰지 않아도 됩니다. 'txt직위' 컨트롤은 'txt입사일' 컨트롤보다 먼저 선택되어야 합니다. '탭 순서' 리스트에서 'txt직위' 컨트롤을 선택하고 〈위로 이동〉 버튼을 두 번 클릭해 'txt입사일' 컨트롤 위로 위치를 조정합니다.

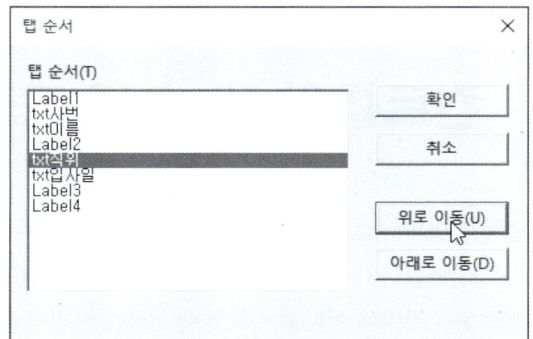

> **Plus⁺ 여러 컨트롤의 탭 순서를 한 번에 조정하기**
>
> 탭 순서를 변경할 때, 여러 컨트롤을 동시에 선택해 이동할 수 있습니다. Ctrl 또는 Shift 키를 누른 상태에서 선택하면 됩니다.

04 〈확인〉 버튼을 클릭해 '탭 순서' 대화상자를 닫습니다. 이제 폼을 실행하고 Tab 키를 눌러 보면 사번 → 이름 → 직위 → 입사일 순으로 이동하는 것을 확인할 수 있습니다.

Tab 키를 눌렀을 때 컨트롤이 선택되지 않도록 하기

만약 Tab 키를 눌러 이동할 때 건너뛰었으면 하는 컨트롤이 있다면, 해당 컨트롤을 선택하고 속성 창에서 TabStop 속성 값을 False로 변경하면 됩니다. 테스트를 위해 'txt직위' 컨트롤을 선택하지 않도록 TabStop 속성 값을 False로 변경합니다.

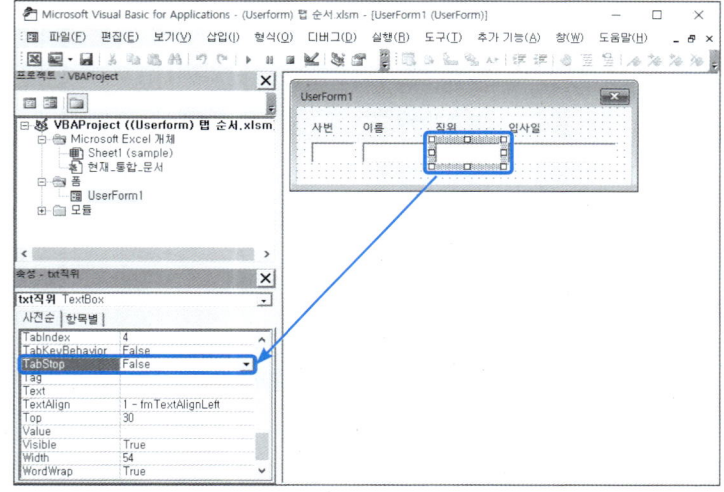

TIP 폼을 실행하고 Tab 키를 눌러 '직위' 컨트롤(txt직위)을 건너뛰는지 확인해 봅니다.

단축키를 이용해 특정 컨트롤로 빠르게 이동하기 268

엑셀 프로그램에서 단축키를 이용해 원하는 명령을 빠르게 실행하듯, 폼에서도 단축키를 이용해 특정 컨트롤 위치로 빠르게 이동할 수 있습니다. 단축키를 사용하려면 컨트롤의 Accelerator 속성을 설정하면 되는데, 별도의 레이블을 사용할 수 없는 컨트롤(TextBox, ComboBox, ListBox 등)은 Accelerator 속성을 사용할 수 없습니다. Accelerator 속성을 사용할 수 없는 컨트롤의 경우 Label 컨트롤을 이용해 해당 위치로 이동하도록 할 수 있습니다. 이번에는 단축 접근자를 사용하는 방법에 대해 알아보겠습니다.

예제 파일 PART 03 \ (Userform) Accelerator 속성.xlsm

단축 접근자(Accelerator) 이해하기

엑셀을 실행하고 단축키 Ctrl + F 를 누르면 '찾기 및 바꾸기' 대화상자가 표시됩니다.

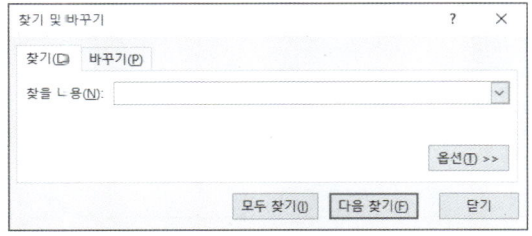

위 대화상자의 레이블 값에는 밑줄이 쳐진 영문자가 포함되어 있습니다. 예를 들어 Page 컨트롤의 탭을 보면 '찾기(D)'와 '바꾸기(P)'와 같이 탭 이름 옆에 영문자가 밑줄로 표시됩니다. 해당 영문자를 Alt 키와 함께 누르면 그 탭을 선택하는 것과 같은 효과를 얻을 수 있습니다. 이때 이 영문자를 '단축 접근자(Accelerator)'라고 합니다.

위 대화상자에 있는 단축 접근자는 Page 컨트롤의 탭에 표시된 D와 P, Label 컨트롤의 N, CommandButton 컨트롤의 T, I, F 등입니다. 예를 들어 Alt + P 를 누르면 '바꾸기' 탭으로 바로 이동합니다.

우리가 개발하는 폼에서도 같은 방법으로 단축 접근자를 설정할 수 있습니다. 방법은 다음과 같습니다.

첫째, 단축 접근자를 설정할 컨트롤의 Caption 속성 값에 원하는 영문자를 '(영문자)'와 같은 형식으로 입력합니다. 이때 TextBox나 ComboBox 컨트롤과 같이 별도의 레이블을 입력할 수 없는 컨트롤은 Label 컨트롤을 이용하면 됩니다. 이 경우 탭 순서가 중요한데, Label 컨트롤 뒤에는 바로 이동할 TextBox, ComboBox, ListBox와 같은 컨트롤이 위치해야 합니다.

둘째, 컨트롤의 Acceerator 속성에는 Caption 속성에 설정한 영문자만 입력합니다.

폼에서 단축 접근자 설정하기

예제를 이용해 단축 접근자를 설정하는 방법을 구체적으로 확인해 보겠습니다.

01 예제 파일을 열고 단축키 Alt + F11 을 눌러 VB 편집기를 호출한 다음, 프로젝트 탐색기 창에서 UserForm1 개체를 더블클릭해 폼을 선택합니다. 참고로 예제의 폼에 삽입된 컨트롤은 구분을 쉽게 하기 위해 미리 변경해 놓았습니다.

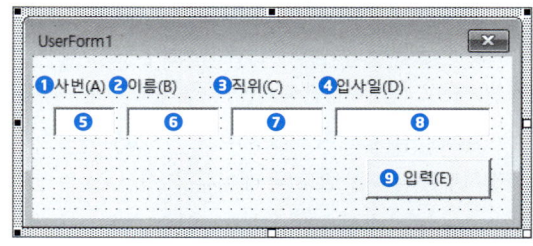

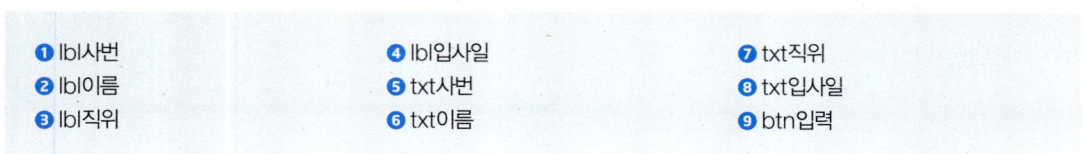

❶ lbl사번
❷ lbl이름
❸ lbl직위
❹ lbl입사일
❺ txt사번
❻ txt이름
❼ txt직위
❽ txt입사일
❾ btn입력

02 탭 순서를 확인하기 위해 [보기]-[탭 순서] 메뉴를 선택합니다. 다음과 같은 순서로 컨트롤이 정렬되어 있어야 합니다. 〈확인〉 버튼을 클릭해 '탭 순서' 대화상자를 닫습니다.

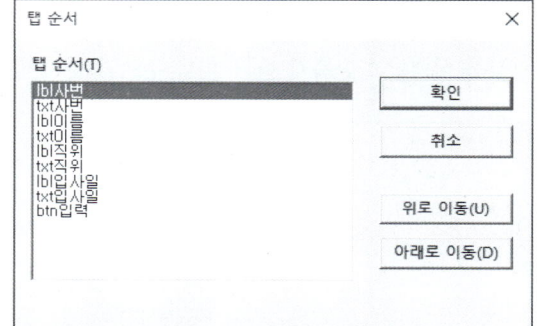

> **Plus⁺ 폼의 탭 순서 이해하기**
>
> 탭 순서를 보면, Label 컨트롤 다음에 바로 TextBox 컨트롤이 나타납니다. TextBox 컨트롤은 앞에서 설명한 것과 같이 입력 컨트롤이기 때문에 Accelerator 속성을 설정할 수 없습니다. 그렇기 때문에 Label 컨트롤을 이용하는데, Label 컨트롤은 Accelerator 속성을 설정할 수는 있지만 폼에서 선택할 수는 없으므로 다음 탭 순서의 컨트롤이 선택됩니다.

03 폼 개체에서 'lbl입사일' 컨트롤을 선택하고 속성 창에서 Accelerator 속성 값에 'D'를 입력합니다. 참고로 영문자 D는 'lbl입사일' 컨트롤의 Caption 속성에 입력된 영문자이며, 만약 동일한 영문자가 여러 개 있다면, 첫 번째 영문자에만 Accelerator 속성 값이 적용됩니다.

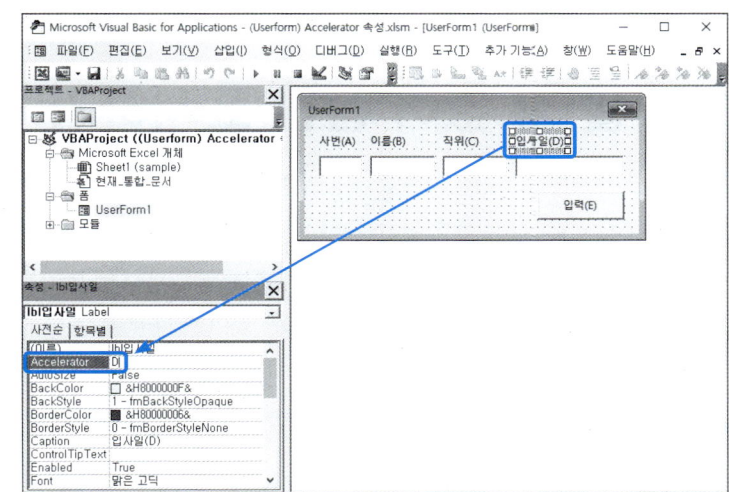

04 설정을 변경한 다음 단축키 Alt + F11 을 누르고 〈폼 실행〉 버튼을 눌러 폼을 실행합니다. 단축키 Alt + D 를 누르면 'txt사번' 컨트롤에서 'txt입사일' 컨트롤로 바로 이동합니다.

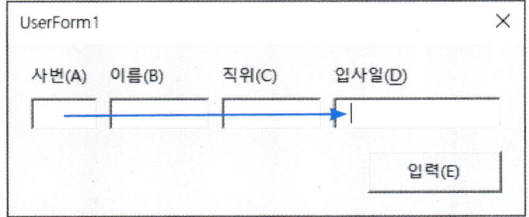

> **TIP** 'lbl입사일' 컨트롤의 Accelerator 속성에 입력한 영문자 D 아래에 밑줄이 나타납니다.

엑셀 창 없이 폼만 표시하기 269

엑셀 파일을 열 때, 엑셀 창은 표시되지 않고 폼만 표시되도록 하고 싶은 경우가 있습니다. 그렇게 하려면 Workbook_Open 이벤트를 이용해 엑셀 창을 숨기고 폼 개체를 실행하면 됩니다. 하지만 이 경우 주의해야 할 점은 엑셀 프로그램이 종료된 것이 아니라 잠시 화면에 표시되지 않도록 한 것이라는 점입니다. 그러므로 폼을 종료할 때 엑셀 창을 화면에 표시하거나 파일을 함께 닫아야 합니다.

예제 파일 PART 03 \ (Userform) 폼만 표시.xlsm

폼만 표시하기 위해 참고할 사항

파일을 열 때 엑셀 창 대신 폼만 표시하려면 다음과 같은 작업이 필요합니다.

1단계 : 파일을 열 때 엑셀 창을 숨기고 폼을 표시합니다.

2단계 : 폼을 닫을 때 현재 파일을 함께 닫습니다.

3단계 : 파일을 닫을 때 열려 있는 파일 수에 따라 엑셀 창을 표시하거나 엑셀 프로그램을 종료합니다.

폼만 표시하도록 개발하기

폼만 표시하려고 하는 파일을 열고, 단축키 Alt + F11 을 눌러 VB 편집기를 호출합니다. 프로젝트 탐색기 창에서 '현재_통합_문서' 개체를 더블클릭한 다음, 아래의 두 이벤트를 생성합니다.

파일 : (Userform) 폼만 표시 (코드).txt

```
Private Sub Workbook_Open()                    ❶

    Application.Visible = False                ❷
    UserForm1.Show                             ❸

End Sub

Private Sub Workbook_BeforeClose(Cancel As Boolean)   ❹

    If Workbooks.Count > 1 Then                ❺

        Application.Visible = True

    Else                                       ❻

        Application.Quit
```

```
    End If

End Sub
```

❶ Workbook_Open 이벤트는 파일이 열릴 때 자동으로 실행됩니다. 이 이벤트가 제대로 동작하지 않으면 회사 내 DRM 소프트웨어 때문일 가능성이 높으므로, 해당 이벤트를 Module 개체의 코드 창에 Auto_Open 이름을 갖는 Sub 프로시저로 선언해 사용합니다.

❷ 엑셀 프로그램의 화면 표시 여부를 설정하는 Visible 속성 값을 False로 지정해 숨깁니다.

❸ UserForm1 폼을 실행합니다.

❹ Workbook_BeforeClose 이벤트는 파일이 닫히기 전에 자동으로 실행됩니다. 이 이벤트를 통해 엑셀 창의 표시 여부를 판단합니다.

❺ 파일이 몇 개 열려 있는지 확인하기 위해 Workbooks 컬렉션의 개수가 두 개 이상인지 판단합니다. 두 개 이상이면 파일을 닫고 엑셀 창을 화면에 표시합니다.

❻ ❺의 코드에서 판단한 결과가 False라면 파일이 하나만 열려 있는 경우이므로 엑셀 창을 표시하지 않고 엑셀 프로그램을 종료합니다.

폼 개체에도 폼을 닫을 때의 동작을 지정해야 합니다. 프로젝트 탐색기 창에서 폼 개체를 선택하고 [코드 보기] 명령(▣)을 클릭한 다음, 아래 이벤트를 생성합니다.

```
Private Sub UserForm_Terminate()                    ──❶

    ThisWorkbook.Close SaveChanges:=True            ──❷

End Sub
```

❶ UserForm_Terminate 이벤트는 폼이 닫힌 다음 실행됩니다.

❷ 폼을 닫은 경우에 현재 파일도 함께 저장하고 닫습니다. False라면 파일이 하나만 열려 있는 경우이므로 엑셀 창을 표시하지 않고 엑셀 프로그램을 종료합니다.

코드가 제대로 동작하는지 확인하려면 예제 파일을 열어 보면 됩니다. 그러면 엑셀이 실행되면서 엑셀 창은 숨겨지고 다음과 같은 폼만 화면에 표시됩니다.

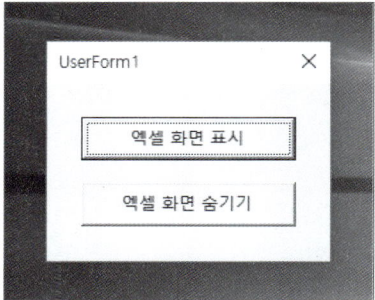

| Plus | 폼에 삽입된 컨트롤 |

폼에는 다음과 같은 컨트롤 두 개가 추가되어 있습니다.

컨트롤 이름	Caption
CommandButton1	엑셀 화면 표시
CommandButton2	엑셀 화면 숨기기

폼에 삽입된 두 개의 CommandButton 컨트롤에 개발된 코드를 확인하려면 앞의 화면에서 단축키 Ctrl + Break 를 눌러 매크로 실행을 강제로 중단합니다. VB 편집기가 표시되면 표준 도구 모음의 [재설정] 명령 (■)을 클릭해 중단 모드를 해제합니다. 프로젝트 탐색기 창에서 UserForm1 폼을 더블클릭해 선택하고 [코드 보기] 명령(■)을 클릭하면 다음과 같은 코드를 확인할 수 있습니다.

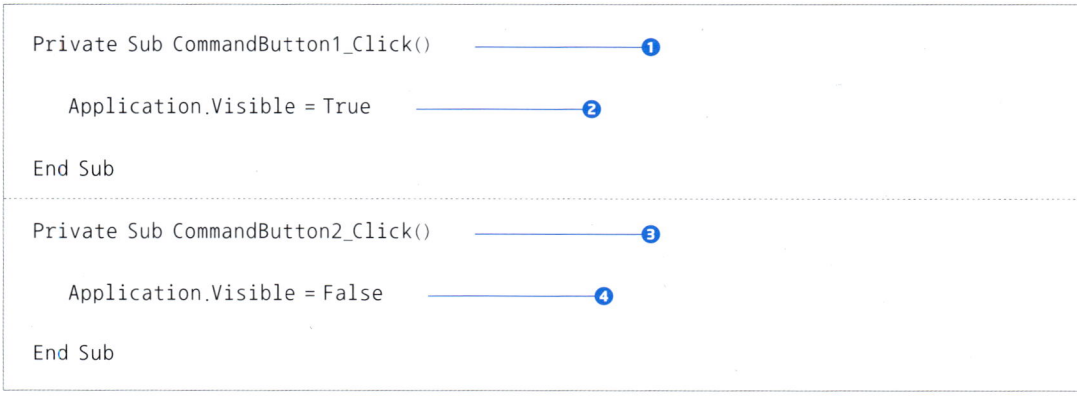

❶ CommandButton1_Click 이벤트는 〈엑셀 화면 표시〉 버튼을 클릭할 때 실행됩니다.

❷ 엑셀 프로그램을 화면에 표시합니다.

❸ CommandButton2_Click 이벤트는 〈엑셀 화면 숨기기〉 버튼을 클릭할 때 실행됩니다.

❹ 엑셀 프로그램을 화면에서 숨깁니다.

폼을 닫는 방법을 제한하거나 응용하기 270

폼은 여러 가지 방법을 사용해 닫을 수 있습니다. 우측 상단의 닫기 단추(※)을 클릭하거나, 단축키 Alt + F4 를 누르거나, 〈닫기〉 또는 〈취소〉와 같은 버튼을 만들어 동작시킬 수 있습니다. 하지만 이런 여러 가지 닫기 방법은 폼을 개발하는 개발자 입장에서는 불편합니다. 어떤 동작을 하고 있는지 정확하게 알아야 사용자가 폼을 완전하게 제어할 수 있기 때문입니다. 이번에는 폼을 닫는 방법에 대해 이해하고, 이를 정확하게 제어하는 방법에 대해 알아보겠습니다.

예제 파일 PART 03 \ (Userform) 닫기.xlsm

폼을 닫는 방법 이해하기

폼을 닫는 세 가지 패턴은 다음과 같습니다.

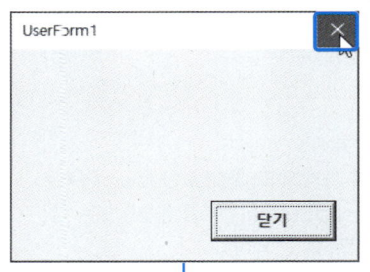
우측 상단의 닫기 단추를 클릭합니다.

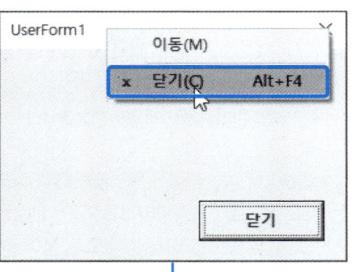
단축키 Alt + F4 를 누르거나, 제목 표시줄에서 마우스 오른쪽 버튼을 클릭한 다음 단축 메뉴에서 [닫기] 메뉴를 선택합니다.

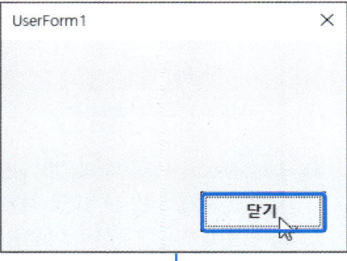
별도의 CommandButton 컨트롤을 이용해 닫기 작업을 진행합니다.

위 세 가지 방법 중에서 제일 컨트롤하기 쉬운 방법은 CommandButton 컨트롤을 이용하는 것입니다. 예를 들어 입력 폼에서 특정 항목이 입력되지 않았을 때는 폼을 닫지 않도록 하고자 하는 경우 CommandButton 컨트롤을 이용하면 해당 컨트롤 이벤트에 해당 항목이 입력됐는지 여부를 점검하는 기능을 추가하면 되지만, 닫기 단추를 클릭하거나 단축키 Alt + F4 를 눌렀을 때 등의 경우를 모두 처리하려면 사용자의 동작에 따른 코드를 추가로 일일이 개발해야 합니다.

폼을 닫는 방법을 제어하기

사용자가 폼을 닫는 방식을 확인해 처리하려면 UserForm 개체의 QueryClose 이벤트를 이용하면 됩니다. QueryClose 이벤트는 폼을 닫기 전에 발생하는데, 사용자가 폼을 닫는 방법을 매개변수를 통해 알려 줍니다. 다음은 사용자가 〈닫기〉 또는 〈취소〉 버튼을 클릭하지 않고 다른 방법으로 폼을 닫으려고 할 때,

닫지 못하도록 QueryClose 이벤트를 구성하는 방법입니다.

```
Private Sub UserForm_QueryClose(Cancel As Integer, CloseMode As Integer)  ──①

    If CloseMode <> vbFormCode Then  ──②

        MsgBox "폼의 <닫기> 버튼을 눌러 폼을 종료하세요!"  ──③
        Cancel = True  ──④

    End If

End Sub
```

① UserForm_QueryClose 이벤트는 사용자가 폼을 닫으려고 할 때 실행됩니다. 이 이벤트는 Workbook 개체의 BeforeClose 이벤트와 유사합니다. 참고로 QueryClose 이벤트는 다음과 같은 두 개의 매개변수를 사용합니다.

- Cancel : 닫는 작업의 취소 여부를 결정하는 매개변수로, 이 변수의 값이 True면 닫기 작업을 취소합니다.
- CloseMode : 사용자가 폼을 닫는 방법을 전달하는 매개변수로, 다음과 같은 네 개의 내장 상수를 사용합니다.

내장 상수	설명
vbFormControlMenu	닫기 명령(Alt+F4 또는 창 닫기 단추)을 이용해 폼을 닫습니다.
vbFormCode	Unload 명령을 이용해 폼을 닫습니다.
vbAppWindows	윈도우가 종료되어 엑셀을 종료합니다.
vbAppTaskManager	윈도우 작업 관리자에서 엑셀을 종료합니다.

② CloseMode 매개변수의 값이 vbFormCode가 아닌 경우에만 ③-④의 코드를 실행합니다. 참고로 Unload 명령은 개발자가 폼을 닫을 목적으로 사용하는 코드이므로 이 명령이 사용되면 CommandButton 컨트롤(<닫기> 또는 <취소> 버튼)을 이용한 것이고, 이 명령이 사용되지 않았으면 다른 방법으로 폼이 닫히고 있다는 의미입니다.

③ MsgBox 함수를 사용해 <닫기> 버튼을 눌러 종료하라는 안내 메시지 창을 표시합니다.

④ Cancel 매개변수의 값을 True로 설정해 닫기 작업을 취소합니다.

위와 같은 방법으로 폼의 닫기 작업을 제어했다면 폼에 <닫기> 버튼이 존재해야 합니다. 보통 <닫기> 버튼을 눌렀을 때의 동작은 다음과 같은 방식을 사용합니다.

```
Private Sub CommandButton1_Click()  ──①

    If MsgBox(Prompt:="정말 종료하겠습니까?", Buttons:=vbYesNo) = vbYes Then  ──②

        Unload Me

    End If

End Sub
```

❶ CommandButton1_Click 이벤트는 CommandButton1 컨트롤(〈닫기〉 버튼)을 클릭했을 때 실행됩니다.

❷ MsgBox 함수를 사용해 종료 여부를 묻는 메시지 창을 표시하고, 〈예〉 버튼을 누른 경우에만 Unload Me 명령을 이용해 폼을 닫습니다. 이때 Me 키워드는 현재 코드 창의 UserForm 개체를 의미합니다.

위에서 설명한 코드의 동작을 확인하려면 예제 파일을 열고 다음과 같이 작업합니다.

첫째, 〈폼 실행〉 버튼을 클릭하고, 단축키 Alt + F11 를 누르거나 닫기 단추(✕)를 클릭해 폼을 닫습니다. 그러면 다음과 같은 안내 메시지 창만 나타나고 폼은 닫히지 않습니다.

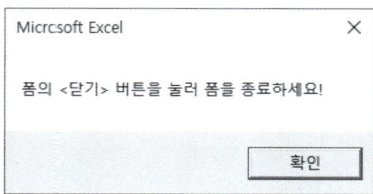

둘째, 폼의 〈닫기〉 버튼을 클릭하면 다음과 같이 종료 여부를 묻는 안내 메시지 창이 나타납니다. 〈예〉 버튼을 클릭하면 폼이 닫힙니다.

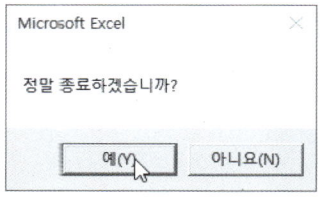

CHAPTER

18

실무 활용 폼

앞에서 배운 내용을 통해 폼과 관련된 기본적인 사항을 0 해할 수 있었을 겁니다.
배운 내용을 응용하면 다양한 폼을 개발할 수 있습니다. 다만, 폼을 개발해 본 경험이 적은 사용자일수록
어떤 것을 만들 수 있는지, 어떻게 만들어야 하는지 고민이 될 수 있습니다.
그래서 여기서는 앞에서 배운 내용을 응용해 실무에서 가장 많이 사용하는
몇 가지 폼을 개발하는 작업을 진행하고자 합니다.

이번 장에서 진행할 예제들은 모두 폼 개발에서 자주 만드는 것입니다.
그러므로 이번 예제를 통해 폼 개발 작업의 방법론을 이해할 수 있을 겁니다.
덧붙이자면, 창조를 위해서는 모방이, 모방을 넘어서기 위해서는 응용이 필요합니다.
응용하는 단계에 이르러야 비로소 창의적인 개발 작업을 진행할 수 있습니다.
이번 예제들을 단순히 복사하는 데 그치지 말고 열심히 변형해 원하는 폼을 구성해 본다면
폼 개발 방법에 대한 이해의 폭을 넓힐 수 있을 것입니다.

입력 폼 만들기 I - 폼 구성

271

폼 개체를 이용해 가장 많이 만드는 폼은 데이터를 입력하는 작업에 사용되는 입력 폼입니다. 입력 폼이 수행해야 하는 기능은, 구성된 컨트롤에 값을 입력하면 입력된 값을 검증해 문제가 없는지 확인하고 없으면 표에 데이터를 추가하는 것입니다. 이제부터 간단한 입력 폼을 구성하는 작업을 몇 개의 과정으로 나눠 진행할 것입니다. 그중 이번에 알아볼 내용은 입력 폼을 구성하는 방법입니다.

예제 파일 PART 03\(Project) 입력 폼 I.xlsm

01 예제 파일의 표에 새로운 직원 데이터를 입력할 수 있는 폼을 개발하는 작업을 진행해 보겠습니다. 참고로 B, F, G, H열의 값은 수식으로 계산된 결과로, 폼에서도 자동으로 계산 결과가 반환되도록 합니다.

02 완성할 폼은 다음과 같습니다. 폼에 새 직원 데이터를 입력하고 〈입력〉 버튼을 클릭하면, 표 하단에 입력된 직원 데이터가 추가되고 폼은 초기화되도록 할 것입니다.

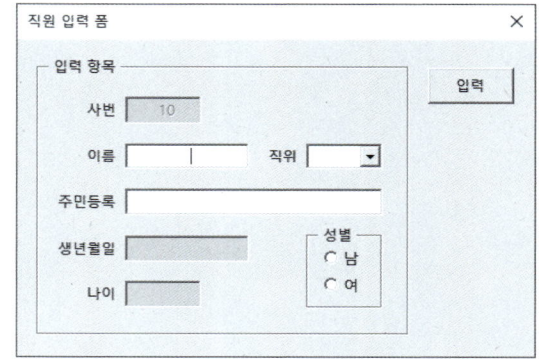

03 폼 개발을 위해 리본 메뉴의 [개발 도구] 탭-[코드] 그룹-[Visual Basic] 명령(　)을 클릭하거나 단축키 Alt + F11 을 눌러 VB 편집기를 엽니다. [삽입]-[사용자 정의 폼] 메뉴를 선택해 폼 개체를 하나 삽입하고, 크기 조정 핸들을 드래그해 적당한 크기로 키웁니다.

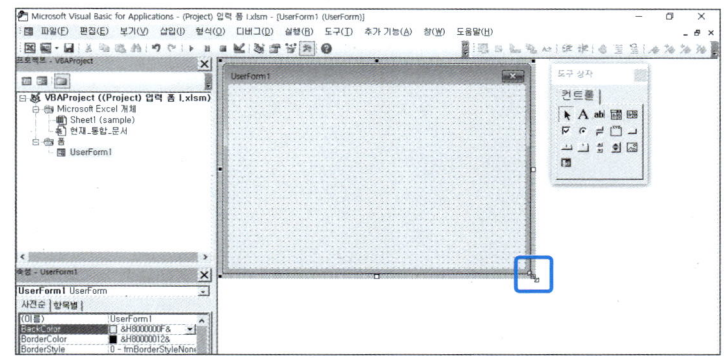

04 도구 상자 창에서 프레임 컨트롤과 명령 단추 컨트를을 화면과 같은 위치에 각각 삽입합니다.

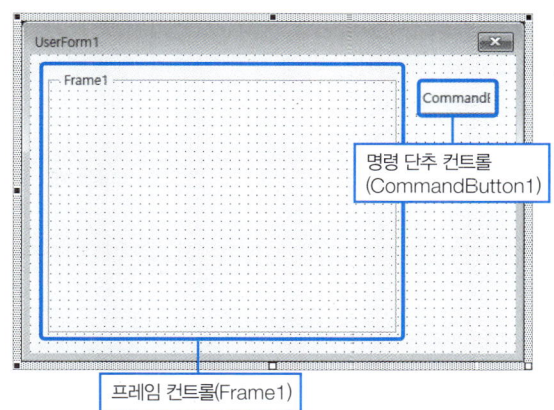

05 추가된 Frame1 컨트롤을 선택하고, 속성 창에서 다음 두 속성 값을 변경합니다.

- (이름) : fra입력
- Caption : 입력 항목

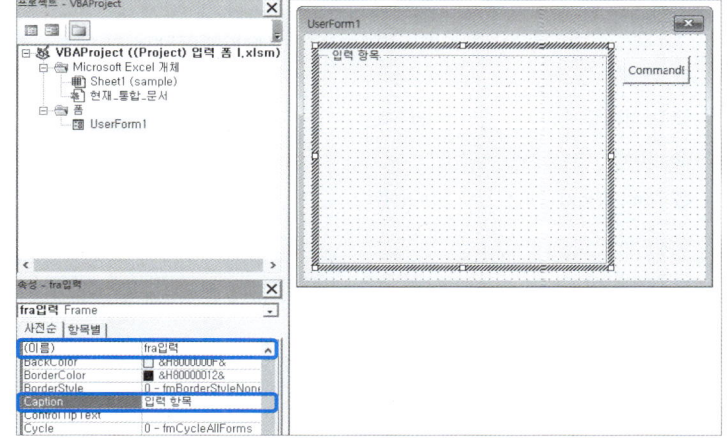

06 CommandButton1 컨트롤의 이름과 버튼 레이블 값을 수정합니다. CommandButton1 컨트롤을 선택하고 속성 창에서 다음 두 속성 값을 변경합니다.

- (이름) : btn입력
- Caption : 입력

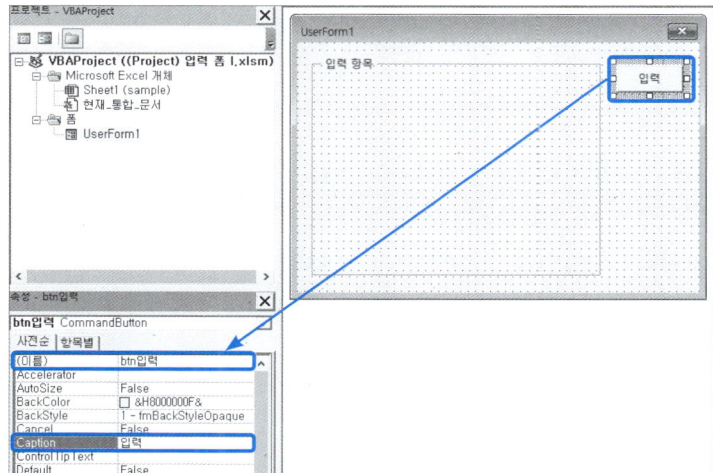

07 이제 다음 화면을 참고해 'fra입력' 컨트롤 안에 컨트롤을 삽입하고, 아래 표를 참고해 속성 창의 속성 값을 변경합니다.

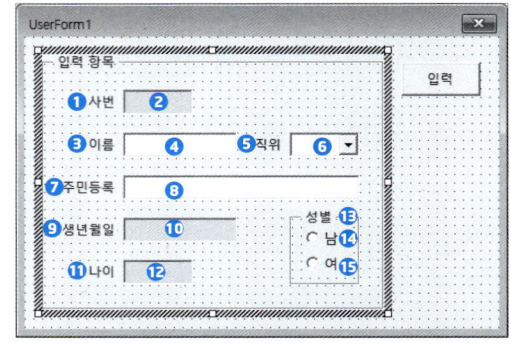

컨트롤	속성	(이름)	BackColor	Caption	TextAlign
❶ Label1				사번	
❷ TextBox1		txt사번	색상표의 3열 1행 색 (&H00C0E0FF&)		2-fmTextAlignCenter
❸ Label2				이름	
❹ TextBox2		txt이름			2-fmTextAlignCenter
❺ Label3				직위	
❻ ComboBox1		cmb직위			2-fmTextAlignCenter
❼ Label4				주민등록	
❽ TextBox3		txt주민등록			2-fmTextAlignCenter
❾ Label5				생년월일	
❿ TextBox4		txt생년월일	비활성 테두리		2-fmTextAlignCenter
⓫ Label6				나이	
⓬ TextBox5		txt나이	비활성 테두리		2-fmTextAlignCenter
⓭ Frame1		fra성별		성별	
⓮ OptionButton1		opt남			
⓯ OptionButton2		opt여			

08 'fra입력' 컨트롤을 선택하고, VB 편집기의 [보기]-[탭 순서] 메뉴를 선택한 다음, 다음 화면과 같이 txt사번 → txt이름 → cmb직위 → txt주민등록 → txt생년월일 → txt나이 → txt성별 순으로 탭 순서를 조정하고 〈확인〉 버튼을 클릭합니다.

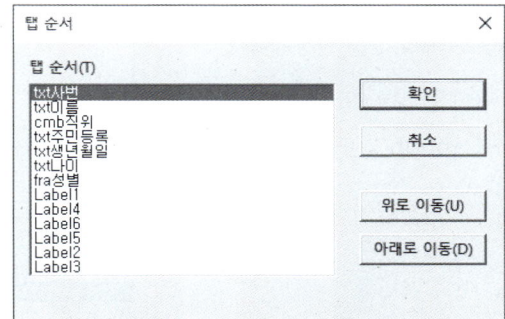

> **Plus⁺ Label 컨트롤의 위치**
>
> Label 컨트롤은 탭 순서와 무관하므로 어디에 위치해도 상관 없습니다.

입력 폼 만들기 II
– 폼 초기화 작업과 폼 실행하기

272

입력 폼의 구성이 끝났다면, 폼을 실행하기 위한 준비 작업과 폼을 실행했을 때의 초기 작업 설정을 해야 합니다. 폼을 실행하기 전에는 반드시 폼 이름을 변경해야 하며, 폼을 실행하는 매크로를 개발할 필요도 있습니다. 폼을 실행할 때 필요한 초기화 작업은 대개 폼의 Initialize 이벤트 프로시저를 통해 설정합니다.

예제 파일 PART 03 \ (Project) 입력 폼 II.xlsm

01 예제 파일을 열고 단축키 Alt + F11 을 눌러 VB 편집기를 호출합니다. 프로젝트 탐색기 창에서 UserForm1 개체를 더블클릭해 선택하고 속성 창의 (이름) 속성 값을 'frm입력'으로 변경합니다.

02 폼을 실행할 때 처리할 몇 가지 동작을 개발합니다. 프로젝트 탐색기 상단의 [코드 보기] 명령(▣)을 클릭해 코드 창을 표시합니다. 코드 창 상단의 개체 목록에서 UserForm을 선택하고 프로시저 목록에서 Initialize 이벤트를 선택한 다음, 아래 코드를 입력합니다.

파일 : (Project) 입력 폼 II (코드).txt

```
Private Sub UserForm_Initialize()                    ①

'1단계 : 제목 표시줄에 원하는 제목을 설정합니다.
    Me.Caption = "직원 입력 폼"                        ②

'2단계 : 새 직원의 사번을 자동으로 계산합니다.
    With txt사번                                      ③
        .Value = Cells(Rows.Count, "B").End(xlUp).Value + 1    ④
        .Enabled = False                             ⑤
    End With

'3단계 : '직위' 콤보 상자의 값을 등록합니다.
    With cmb직위                                      ⑥
        .AddItem "부장"                               ⑦
        .AddItem "과장"
        .AddItem "대리"
        .AddItem "사원"
        
        .ColumnWidths = .Width                       ⑧
        .ListWidth = .Width
    End With

End Sub
```

❶ UserForm_Initialize 이벤트는 폼을 실행할 때 자동으로 실행됩니다.

❷ 'frm입력' 폼의 제목 표시줄에 표시될 제목을 설정합니다.

❸ 'txt사번' 컨트롤에 With 문을 사용해 여러 명령을 동시에 처리합니다.

❹ 사번은 1씩 증가하는 일련번호 방식으로 되어 있으므로, 'txt사번' 컨트롤의 값은 표에 사용된 마지막 사번 값에 1을 더하면 됩니다. B열 마지막 입력 위치의 값에 1을 더한 값을 'txt사번' 컨트롤에 저장합니다.

❺ 'txt사번' 컨트롤의 값은 자동으로 계산하고, 사용자가 폼에서 수정할 수 없도록 설정합니다. 그러기 위해 Enabled 속성을 False로 지정합니다.

❻ 'cmb직위' 컨트롤에 With 문을 사용해 여러 직위를 등록합니다.

❼ 'cmb직위' 컨트롤의 목록에 AddItem 메서드를 이용해 '부장'부터 '사원'까지 추가합니다. 만약 표의 D3:D11 범위에서 중복 값을 제외하고 콤보 상자에 등록하려면 SECTION 237(776쪽)을 참고합니다.

❽ 'cmb직위' 컨트롤의 목록 너비를 콤보 상자 컨트롤의 너비와 일치시키기 위해 열 너비와 목록 너비를 모두 콤보 상자 컨트롤의 너비와 일치시킵니다.

03 폼을 실행해 **02** 과정에서 개발한 코드가 제대로 동작하는지 확인합니다. 코드 창에서 F5 키를 눌러 폼을 실행합니다.

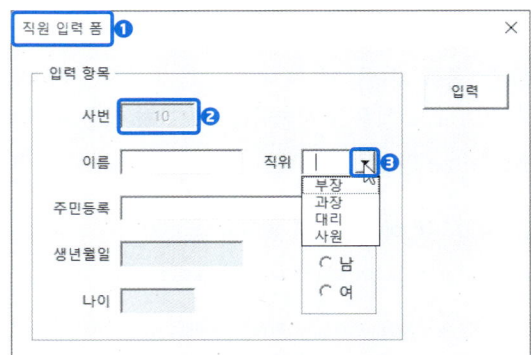

❶ 폼의 제목 표시줄에 지정한 '직원 입력 폼' 문자열이 나타나는지 확인합니다.

❷ 'txt사번' 컨트롤에 사번이 자동으로 지정되고 사용자가 수정할 수 없도록 설정합니다.

❸ 'cmb직위' 컨트롤에 직원의 직위(부장, 과장, 대리, 사원)를 등록합니다.

04 닫기 단추(❌)을 클릭해 폼을 닫은 후 폼을 실행하는 매크로를 개발합니다. VB 편집기의 [삽입]-[모듈] 메뉴를 선택해 Module 개체를 삽입하고, Module1 개체의 코드 창에 다음 코드를 입력합니다.

❶ 개발된 폼을 실행하는 '폼실행' 매크로를 선언합니다.

❷ 'frm입력' 폼 개체를 실행합니다.

05 04 과정에서 개발한 매크로를 간추 컨트롤에 연결해 실행할 준비를 합니다. 단축키 Alt + F11 을 눌러 엑셀 창으로 전환합니다. 리본 메뉴의 [개발 도구] 탭-[컨트롤] 그룹-[삽입] 명령(🔲)을 클릭하고 [양식 컨트롤]-[단추] 컨트롤을 J2:K3 범위에 삽입한 다음 '폼실행' 매크로를 연결합니다.

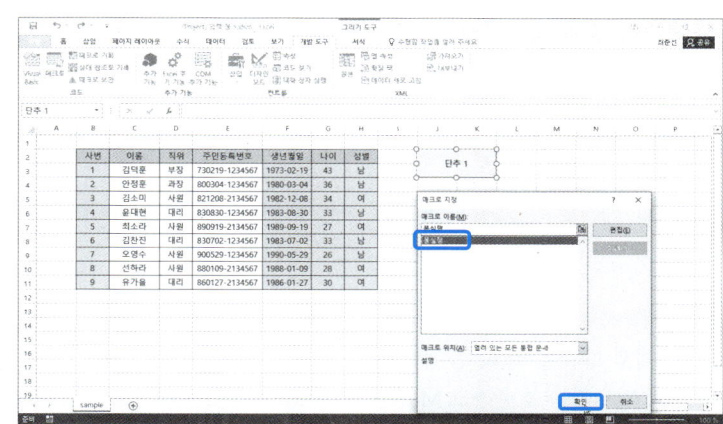

06 삽입된 〈단추 1〉 버튼의 레이블 값을 '입력'으로 변경합니다. 빈 셀을 선택하고 〈입력〉 버튼을 클릭해 폼이 실행되는지 확인합니다.

입력 폼 만들기 III
– 입력 기능 개발하기

273

폼의 기본적인 구성과 실행 준비가 모두 끝났다면, 폼에서 실행할 전체 기능을 개발합니다. 이 부분은 표가 어떻게 구성되어 있느냐에 따라 다르기 때문에 모든 입력 폼을 만들 때 100% 적용하는 것은 불가능하지만, 전체적인 흐름과 코드의 구성 방법은 일반적이기 때문에 다양한 입력 폼에 적용할 수 있습니다.

예제 파일 PART 03 \ (Project) 입력 폼 III.xlsm

01 예제 파일을 열고, 폼에 모든 값이 입력됐는지 여부를 확인하는 사용자 정의 함수를 개발해 보겠습니다. VB 편집기를 호출하고 Module1 개체의 코드 창을 연 다음, 아래 코드를 입력합니다.

파일 : (Project) 입력 폼 III (코드 I).txt

```
Function 입력완료(폼 As MSForms.UserForm) As Boolean       ❶

'1단계 : 변수를 선언하고, 변수의 초기 값을 설정합니다.
    Dim 컨트롤 As MSForms.Control       ❷
    Dim 체크 As Boolean                 ❸

    체크 = True                         ❹

'2단계 : 폼 컨트롤을 모두 확인하면서 입력이 완료됐는지 여부를 확인합니다.
    For Each 컨트롤 In 폼.Controls       ❺

        Select Case TypeName(컨트롤)     ❻

            Case "TextBox", "ComboBox"  ❼

                If Len(컨트롤.Value) = 0 Then    ❽
                    체크 = False
                    Exit For
                End If

            Case Else                   ❾

        End Select

    Next

'3단계 : 확인된 결과를 함수에 반환합니다.
    입력완료 = 체크                      ❿

End Function
```

❶ '입력완료' 함수를 Function 프로시저로 선언합니다. '입력완료' 함수는 매개변수로 전달된 '폼' 개체변수에 저장된 폼의 TextBox, ComboBox 컨트롤에 모두 값이 입력(또는 선택)됐는지 여부를 True, False로 반환합니다.

❷ 폼 Control 형식의 '컨트롤' 개체변수를 선언합니다.

❸ 입력이 완료됐는지 여부를 저장할 Boolean 형식의 '체크' 변수를 선언합니다.

❹ '체크' 변수의 기본 값을 True로 저장합니다. True 값은 모든 컨트롤의 값이 입력됐다는 것을 가정한 것으로, 값이 입력되지 않은 컨트롤을 확인할 때 '체크' 변수의 값을 False로 변경해 '입력완료' 함수에 반환하도록 합니다.

❺ For Each … Next 문을 사용해 '폼' 개체변수에 할당된 폼 개체의 모든 컨트롤(Controls 컬렉션)을 순환하면서 하나씩 '컨트롤' 개체변수에 할당합니다.

❻ '컨트롤' 개체변수에 할당된 컨트롤의 형식을 확인하기 위해 TypeName 함수를 사용합니다. 컨트롤 형식을 구분하기 위해 Select Case 문을 사용합니다.

❼ '컨트롤' 개체변수에 할당된 컨트롤 형식이 TextBox나 ComboBox 컨트롤일 때만 ❽의 코드를 실행합니다.

❽ '컨트롤' 개체변수에 할당된 컨트롤의 값을 Len 함수에 전달해 반환 값이 0인지 판단합니다. Len 함수의 반환 값이 0이라면 컨트롤에 입력(또는 선택)된 값이 없다는 의미이므로, '체크' 변수의 값을 False로 변경하고 Exit For 명령을 사용해 For Each … Next 순환문을 빠져 나갑니다.

❾ '컨트롤' 개체변수에 할당된 형식이 TextBox나 ComboBox 컨트롤이 아닌 경우에 처리할 명령을 등록할 수 있습니다. 이번 폼은 TextBox, ComboBox 컨트롤 위주이므로 별다른 처리 명령이 필요하지 않아 생략합니다.

❿ '입력완료' 함수에 '체크' 변수에 저장된 값을 반환합니다.

02 개발된 '입력완료' 함수가 제대로 동작하는지 확인하기 위해, 폼의 〈입력〉 버튼을 클릭할 때의 이벤트를 개발합니다. 코드 창 상단의 개체 목록에서 'btn입력' 컨트롤을 선택해 'btn입력_Click' 이벤트 프로시저를 생성하고 다음 코드를 입력합니다.

```
Private Sub btn입력_Click()              ❶

    MsgBox 입력완료(frm입력)            ❷

End Sub
```

❶ 'btn입력_Click' 이벤트는 〈입력〉 버튼을 클릭할 때 실행됩니다.

❷ MsgBox 함수를 이용해 '입력완료' 함수의 반환 값을 메시지 창에 표시합니다.

03 테스트를 위해 코드 창에서 F5 키를 눌러 폼을 실행합니다. 화면과 같이 값을 모두 입력하지 않은 상태에서 〈입력〉 버튼을 클릭해 보고, 값을 모두 입력한 다음 〈입력〉 버튼을 클릭해 반환 값이 올바로 나타나는지 확인합니다.

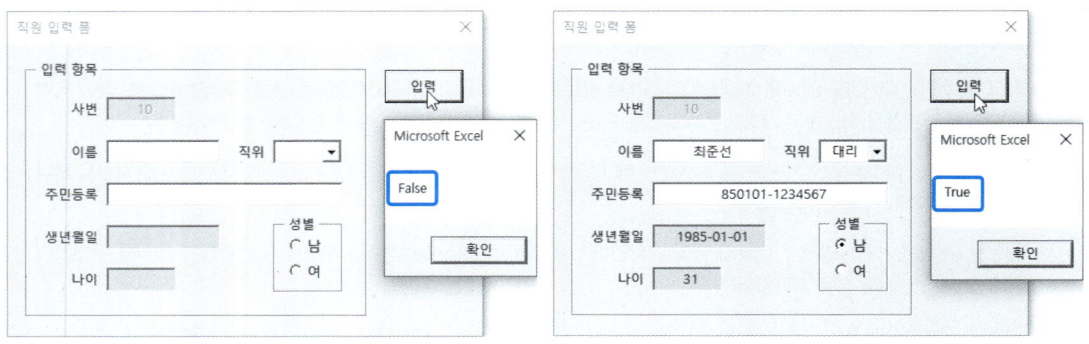

04 폼을 닫고, 〈입력〉 버튼을 클릭했을 때 처리할 동작을 제대로 개발합니다. 코드 창에서 'btn입력_Click' 이벤트 프로시저를 다음과 같이 수정합니다.

파일 : (Project) 입력 폼 III (코드 II).txt

```
Private Sub btn입력_Click()                    ①

'1단계 : 필요한 변수를 선언합니다.
    Dim 입력위치 As Range                      ②

'2단계 : 모든 컨트롤의 입력이 완료됐다면 컨트롤 내용을 표에 등록합니다.
    If 입력완료(Me) = True Then                ③

        Set 입력위치 = Cells(Rows.Count, "B").End(xlUp).Offset(1)    ④

'2-1단계 : 폼 컨트롤 내용을 표에 등록합니다.
        With 입력위치                          ⑤

            .Offset(0, 0).Value = Int(txt사번.Value)
            .Offset(0, 1).Value = txt이름.Value
            .Offset(0, 2).Value = cmb직위.Value
            .Offset(0, 3).Value = txt주민등록.Value
            .Offset(0, 4).Value = DateValue(txt생년월일.Value)
            .Offset(0, 5).Value = Int(txt나이.Value)
            .Offset(0, 6).Value = IIf(opt남.Value, "남", "여")

'2-2단계 : 표 서식을 위와 일치시킵니다.
            .Offset(-1).Resize(1, 7).Copy                           ⑥
            .Resize(1, 7).PasteSpecial xlPasteFormats               ⑦
            .Select                                                 ⑧

            Application.CutCopyMode = False                         ⑨

        End With

    End If

End Sub
```

❶ 'btn입력_Click' 이벤트 프로시저는 〈입력〉 버튼을 클릭할 때 실행됩니다.

❷ Range 형식의 '입력위치' 개체변수를 선언합니다.

❸ '입력완료' 함수의 반환값이 True인지 판단해, True인 경우(모든 컨트롤에 데이터가 입력된 경우)에 ❺-❾의 코드를 실행합니다.

❹ '입력위치' 변수에 B열의 마지막 데이터가 입력된 셀의 아래 셀을 할당합니다. 참고로 이 위치가 폼에 입력된 값을 저장할 위치가 됩니다.

❺ '입력위치' 변수에 할당된 셀을 포함한 열 방향으로 데이터를 하나씩 입력하기 위해 With 문을 사용합니다. 아래 순서대로 다음과 같은 값이 입력됩니다.

위치	저장할 값	설명
.Offset(0, 0)	사번	'txt사번' 컨트롤의 값을 Int 함수로 숫자로 변환해 저장합니다.
.Offset(0, 1)	이름	'txt이름' 컨트롤의 값을 저장합니다.
.Offset(0, 2)	직위	'cmb직위' 컨트롤의 값을 저장합니다.
.Offset(0, 3)	주민등록번호	'txt주민등록' 컨트롤의 값을 저장합니다.
.Offset(0, 4)	생년월일	'txt생년월일' 컨트롤의 값을 DateValue 함수를 이용해 날짜 값으로 변환해 저장합니다.
.Offset(0, 5)	나이	'txt나이' 컨트롤의 값을 Int 함수를 이용해 숫자로 변환해 저장합니다.
.Offset(0, 6)	성별	'opt남' 컨트롤의 값이 True면 '남'을, 아니면 '여'를 저장합니다.

❻ ❺의 코드로 표에 값을 추가하면 값만 입력될 뿐 표의 상단 서식은 적용되지 않습니다. 그러므로 값을 입력한 바로 위 행의 서식을 그대로 입력된 위치에 복사해야 합니다. '입력위치' 개체변수에 할당된 셀의 바로 위 셀(Offset(-1))에서 Resize 속성을 이용해 범위(B:H)를 1행×7열로 조정한 다음 복사합니다.

❼ '입력위치' 변수에 할당된 셀에서 Resize 속성을 이용해 범위를 1행×7열로 조정한 다음, ❻에서 복사된 범위의 서식만 붙여 넣습니다.

❽ 복사해서 붙여 넣는 작업을 진행하면 붙여 넣어진 전체 범위가 선택되므로, 첫 번째 셀이 선택되도록 Select 메서드를 사용합니다.

❾ ❿의 명령으로 복사 모드가 활성화되었으므로, 이를 해제합니다.

05 이번에는 주민등록번호가 입력되면 생년월일, 나이, 성별이 자동으로 입력되도록 해 보겠습니다. 코드 창 상단의 개체 목록에서 'txt주민등록' 컨트롤을 선택하고 프로시저 목록에서 Exit 이벤트를 선택한 다음, 아래 코드를 입력합니다.

파일 : (Project) 입력 폼 III (코드 III).txt

```
Private Sub txt주민등록_Exit(ByVal Cancel As MSForms.ReturnBoolean)    ❶

'1단계 : 필요한 변수를 선언하고 초기 값을 저장합니다.
    Dim 주민번호 As String     ❷
    Dim 연대 As String
    
    주민번호 = txt주민등록.Value     ❸
```

```
'2단계 : 주민등록번호가 올바로 입력되면, 생년월일, 나이, 성별을 자동 계산해 넣습니다.
    If Len(주민번호) = 14 And Mid(주민번호, 7, 1) = "-" Then                    ④

        Select Case Mid(주민번호, 8, 1)                    ⑤
            Case 1, 2: 연대 = "19"
            Case 3, 4: 연대 = "20"
        End Select

        txt생년월일.Value = 연대 & Format(Left(주민번호, 6), "00-00-00")

        txt나이.Value = Year(Date) - Year(DateValue(txt생년월일.Value)) + 1    ⑥

        If Mid(주민번호, 8, 1) Mod 2 Then                    ⑦
            opt남.Value = True
        Else
            opt여.Value = True
        End If

'3단계 : 주민등록번호가 올바로 입력되지 않았다면 다시 입력하도록 초기화합니다.
    Else                    ⑧

        If Len(주민번호) > 0 Then                    ⑨

            txt주민등록.Value = vbNullString
            Cancel = True

        End If

    End If

End Sub
```

❶ 'txt주민등록_Exit' 이벤트 프로시저는 'txt주민등록' 컨트롤의 값을 입력하고 다른 컨트롤로 포커스를 넘기기 바로 전에 실행됩니다. TextBox 컨트롤에 값을 입력하면 BeforeUpdate(값을 업데이트 하기 전) → AfterUpdate(값을 업데이트한 후) → Exit (다음 컨트롤로 이동하기 바로 전) 순으로 이벤트가 발생합니다.

❷ String 형식의 '주민번호' 변수와 '연대' 변수를 선언합니다.

❸ '주민번호' 변수에 'txt주민등록' 컨트롤의 값을 저장합니다.

❹ 주민등록번호가 제대로 입력됐는지 확인하기 위해 14개 문자로 구성되어 있는지 여부와 7번째 문자가 '-' 인지 여부를 확인합니다. 제대로 입력됐다면 ❺~❼의 코드를 실행합니다.

❺ 주민등록번호의 하이픈 뒤에 입력되는 첫 번째 숫자가 1 또는 2이면 '연대' 변수에 '19'를, 3 또는 4면 '20'을 저장합니다. 그런 다음, 주민등록번호의 앞 6자리를 Format 함수로 00-00-00 형식으로 변환하고, '연대' 변수와 연결해 'txt사번' 컨트롤에 저장합니다.

❻ 나이를 계산하는 수식은 '= 올해연도 - 출생연도 + 1' 입니다. 올해 연도는 Year(Date) 부분이며, 출생 연도는 'txt생년월일' 컨트롤의 값을 DateValue 함수를 이용해 날짜 값으로 변환한 다음 Year 함수로 연도 값을 빼면 됩니다. 이렇게 계산된 값을 'txt나이' 컨트롤에 저장합니다.

❼ 주민등록번호의 하이픈 뒤 첫 번째 숫자 값을 2로 나눠 1(홀수)이면 'opt남' 컨트롤을 선택하고, 0(짝수)이면 'opt여' 컨

트롤을 선택합니다.

❽ ❹에서 판단한 결과가 False일 때(주민등록번호가 올바른 형식으로 입력되지 않았다면) 동작을 처리합니다.

❾ '주민번호' 변수에 저장된 문자가 있을 때만 'txt주민등록' 컨트롤의 값을 비우고 Cancel 매개변수를 True로 설정해 Exit 이벤트를 취소합니다. 이렇게 하면 다른 컨트롤로 포커스가 이동되지 않으므로, 주민등록번호를 다시 입력하도록 하는 효과를 얻습니다.

06 제대로 개발이 됐는지 테스트하기 위해 F5 키를 눌러 폼을 실행합니다. 이름, 직위, 주민등록번호까지 입력하고 Tab 키를 누르면 생년월일, 나이, 성별이 자동으로 입력됩니다. 〈입력〉 버튼을 클릭하면 추가된 직원 데이터가 표 하단에 정확하게 입력되는 것을 확인할 수 있습니다.

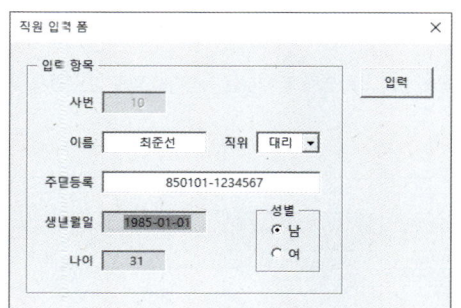

07 입력이 끝난 다음에는 폼 컨트롤의 값을 모두 초기화하도록 하겠습니다. 닫기 단추를 클릭해 폼을 닫은 다음, 폼 개체의 〈입력〉 버튼을 더블클릭하고 다음 코드를 추가합니다.

```
Private Sub btn입력_Click()

    Dim 입력위치 As Range
    
    If 입력완료(Me) = True Then
        Set 입력위치 = Cells(Rows.Count, "B").End(xlUp).Offset(1)
        With 입력위치
            …
        End With
        
        Unload Me                ────❶
        frm입력.Show              ────❷
        
    End If

Enc Sub
```

❶ 입력이 완료됐다면 현재 폼(Me)을 닫습니다. 그러면 모든 컨트롤의 값이 초기화되는 효과를 얻습니다.

❷ 'frm입력' 폼을 다시 실행합니다. 이 코드에서 'frm입력' 폼은 Me 키워드를 사용할 수 없으므로 주의합니다.

데이터 검색/편집 폼 I – 폼 구성 274

표에 입력된 데이터를 직접 수정하는 것은 매우 간단한 작업이지만, 폼에서 수정하려면 먼저 검색 폼을 만들어 표에 입력된 데이터를 검색하고, 검색된 데이터를 폼에 모두 표시한 다음 사용자가 수정한 내용을 표에 다시 반영하는 방식으로 개발을 해야 합니다. 이번에는 검색 폼과 데이터를 수정하는 편집 폼 두 개를 서로 연동하면서 필요한 작업을 처리하는 개발 작업에 대해 알아보겠습니다.

예제 파일 PART 03 \ (Project) 검색.편집 폼 I.xlsm

TIP 이번 예제에서는 SECTION 271 ~ 273에서 생성한 입력 폼을 이용해 작업을 진행하므로, 입력 폼 부분을 학습하지 않은 분은 먼저 앞의 내용을 참고할 것을 권장합니다.

01 예제를 열면 다음과 같은 표와 〈편집〉 버튼을 확인할 수 있습니다. 〈편집〉 버튼을 클릭하면 아직 개발되지 않은 폼이 하나 열립니다. 이 폼을 검색 폼으로 개발하여 직원 데이터를 검색하고 그 결과를 표시하도록 해 보겠습니다.

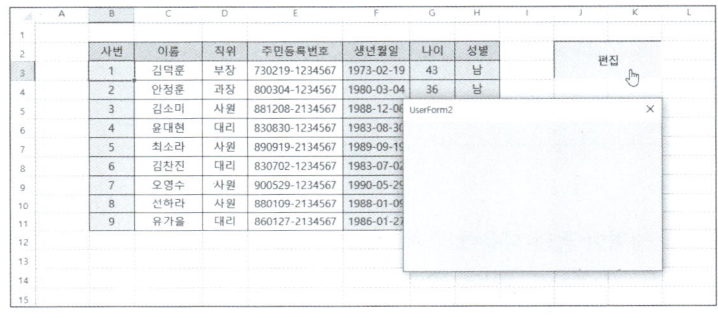

02 폼 개체를 닫고, 단축키 Alt + F11 을 눌러 VB 편집기를 호출합니다. 프로젝트 탐색기 창에서 'frm편집' 폼 개체를 더블클릭합니다. 기존 폼에서 변경된 사항은 다음의 화면 설명을 참고합니다.

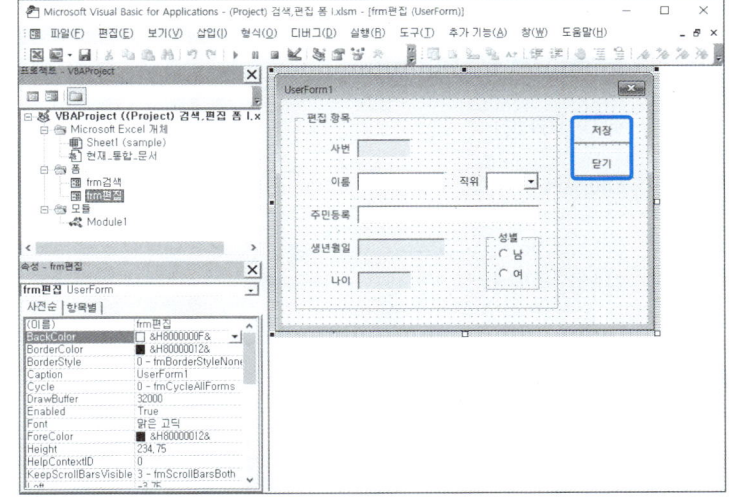

Plus⁺ 기존 입력 폼에서 변경된 사항

- Frame 컨트롤의 Caption이 '입력 항목'에서 '편집 항목'으로 변경됐습니다.
- 〈입력〉 버튼이 삭제되고, 〈저장〉과 〈닫기〉 버튼이 추가되었습니다. 각 버튼의 컨트롤 이름은 다음과 같습니다.

버튼 이름	컨트롤 타입	이름
저장	CommandButton	btn저장
닫기	CommandButton	btn닫기

03 'frm검색' 폼을 더블클릭한 다음, 화면을 참고해 다음과 같이 구성합니다.

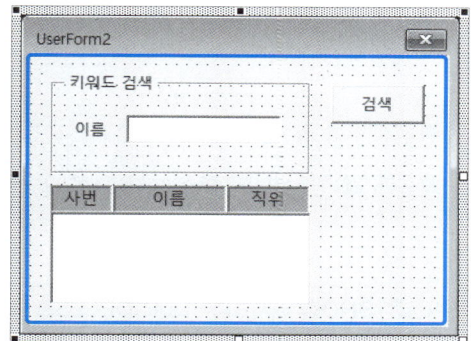

Plus⁺ 추가된 컨트롤

폼 개체에 추가된 컨트롤은 다음과 같습니다.

컨트롤	컨트롤 이름	Caption	추가 작업
Frame	fra검색	키워드 검색	
Label		이름	Frame 컨트롤 안에 추가
TextBox	txt검색		
Label		사번	• BackColor : 활성 테두리(&H8000000A&) • SpecialEffect : 2 - fmSpecialEffectSunken
Label		이름	
Label		직위	
ListBox	lst결과		
CommandButton	btn검색	검색	

04 폼을 실행하는 방식을 변경하기 위해 기존의 '폼실행' 매크로를 수정합니다. 프로젝트 탐색기 창에서 Module1 개체를 더블클릭한 다음 '폼실행' 매크로를 다음과 같이 수정합니다.

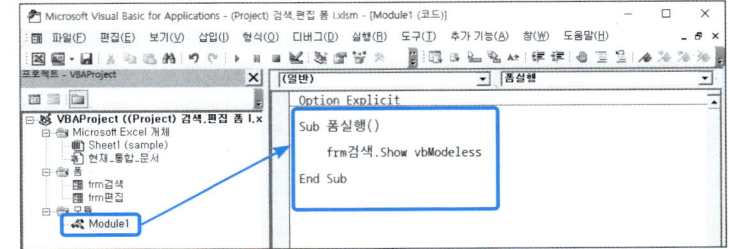

```
Sub 폼실행()        ①

    frm검색.Show vbModeless    ②

End Sub
```

❶ '폼실행' 매크로는 워크시트의 〈편집〉 버튼과 연결되어 있습니다.
❷ 폼을 실행하는 방법을 vbModeless 내장 상수를 사용해 변경합니다.

Plus⁺ SHOW 메서드의 VBMODELESS 내장 상수의 의미

폼을 호출하는 Show 메서드는 Modal 매개변수를 사용할 수 있습니다. Modal 매개변수에는 다음과 같은 두 개의 내장 상수를 사용할 수 있습니다.

내장 상수	값	설명
vbModal	1	기본 값으로, 사용하지 않으면 모달 방식으로 폼을 엽니다. 그러면 프로그램의 모든 제어권을 폼이 가지며, 폼이 종료되기 전까지는 다른 작업을 할 수 없습니다.
vbModeless	0	모달리스 방식으로 폼을 여는데, 이 경우 폼에서 프로그램의 제어권을 독점하지 않아 다른 작업을 처리할 수 있습니다. 그러므로 여러 개의 폼을 가지고 작업할 때는 모달리스 방식으로 열어야 합니다.

데이터 검색/편집 폼 II
– 검색 폼 기능 개발하기
275

완성된 검색 폼이 동작하도록 하기 위해, TextBox 컨트롤에 입력된 키워드로 검색된 결과를 ListBox 컨트롤에 표시한 다음 ListBox 컨트롤에서 선택한 직원 데이터를 편집 폼에 표시하도록 합니다. 이렇게 두 폼을 연동하는 방법은 다른 여러 폼을 만들 때도 자주 사용할 수 있는 방법이므로 잘 이해해 두기 바랍니다.

예제 파일 PART 03 \ (Project) 검색,편집 폼 II.xlsm

01 예제를 열고, 검색 기능을 개발하는 작업을 진행합니다. 단축키 Alt + F11 을 눌러 VB 편집기를 열고 프로젝트 탐색기 창에서 'frm검색' 폼 개체를 더블클릭해 선택한 다음 [코드 보기] 명령(🔲)을 클릭합니다.

02 검색 폼이 실행될 때, 폼의 제목 표시줄에 폼 제목을 표시하도록 합니다. 코드 창 상단의 개체 목록에서 UserForm을, 프로시저 목록에서 Initialize 이벤트를 선택하고 다음 코드를 입력합니다.

```
Private Sub UserForm_Initialize()          ①

    Me.Caption = "검색 폼"                  ②

End Sub
```

❶ UserForm_Initialize 이벤트는 검색 폼을 열 때 자동으로 실행됩니다.
❷ 현재 폼의 제목 표시줄에 '검색 폼'이라는 문자열을 표시합니다.

03 〈검색〉 버튼을 클릭했을 때의 동작을 개발합니다. 개체 목록에서 'btn검색' 컨트롤을 선택하고 추가된 'btn검색_Click' 이벤트 프로시저에 다음 코드를 입력합니다.

파일 : (Project) 검색,편집 폼 II (코드 I).txt

```
Private Sub btn검색_Click()                ①

'1단계 : 필요한 변수를 선언합니다.            ②
    Dim 이름 As Range
    Dim 찾은이름 As Range
    Dim 직원레코드 As Range, 셀 As Range
    Dim 행 As Integer, 열 As Integer
    Dim 키워드 As String
```

```
        Dim 첫번째위치 As String
        Dim 리스트() As Variant

'2단계 : 입력된 키워드로 검색한 결과를 ListBox 컨트롤에 반환합니다.
        키워드 = txt검색.Value                          ❸

        If Len(키워드) > 0 Then                        ❹

            Set 이름 = Range("B2").CurrentRegion.Columns(2)      ❺
            Set 찾은이름 = 이름.Find(What:=키워드, LookAt:=xlPart)   ❻

            If Not 찾은이름 Is Nothing Then              ❼

                첫번째위치 = 찾은이름.Address              ❽

                Do                                  ❾

                    ReDim Preserve 리스트(3, 행)        ❿
                    Set 직원레코드 = 찾은이름.Offset(, -1).Resize(1, 3)   ⓫

                    For Each 셀 In 직원레코드              ⓬
                        리스트(열, 행) = 셀.Value
                        열 = 열 + 1
                    Next

                    행 = 행 + 1                        ⓭
                    열 = 0

                    Set 찾은이름 = 이름.FindNext(찾은이름)    ⓮

                Loop Until 찾은이름 Is Nothing Or 찾은이름.Address = 첫번째위치   ⓯

                With lst결과                           ⓰
                    .ColumnCount = 3
                    .ColumnWidths = "1.7cm;2.1cm;1.2cm"
                    .Column = 리스트
                End With

            Else                                    ⓱

                MsgBox "검색 결과가 존재하지 않습니다."
                lst결과.Clear

            End If

        End If

End Sub
```

❶ 'btn검색_Click' 이벤트 프로시저는 〈검색〉 버튼을 클릭할 때 실행됩니다.

❷ 이번 프로시저에서 사용할 변수를 선언합니다.

변수 이름	형식	설명
이름	Range	워크시트의 표 범위에서 '이름' 열(C열) 범위를 할당합니다.
찾은이름	Range	'이름' 범위에서 키워드로 찾은 셀을 할당합니다.
직원레코드	Range	키워드 검색으로 찾은 직원 데이터 범위를 할당합니다.
셀	Range	For Each … Next 순환문에서 사용할 개체변수입니다.
행, 열	Integer	ListBox에 저장할 데이터 위치에 해당하는 행과 열 번호를 저장합니다.
키워드	String	'txt검색' 컨트롤의 값을 저장합니다.
첫번째위치	String	키워드로 찾은 첫 번째 셀 주소를 저장합니다.
리스트( )	Variant	ListBox 컨트롤에 저장할 직원 데이터를 임시 저장합니다.

❸ '키워드' 변수에 'txt검색' 컨트롤의 값을 저장합니다.

❹ '키워드' 변수에 저장된 값이 있는 경우에만 ❺-⓱의 코드를 실행합니다.

❺ '이름' 개체변수에 B2셀부터 연속된 표 범위의 두 번째 열(이름) 범위를 할당합니다.

❻ '찾은이름' 개체변수에 '이름' 개체변수에 할당된 범위에서 '키워드' 변수의 값이 부분 일치하는 첫 번째 셀을 할당합니다.

❼ '찾은이름' 개체변수가 비어 있지 않다면(찾은 값이 존재한다면) ❽-⓰의 코드를 실행합니다.

❽ '첫번째위치' 변수에 '찾은이름' 개체변수에 할당된 셀 주소를 저장합니다.

❾ Do … Loop 순환문을 사용해 계속해서 '키워드' 변수에 저장된 값을 찾습니다.

❿ '리스트' 배열변수의 크기를 ReDim 문을 사용해 조정합니다. '리스트' 배열변수는 찾은 직원 데이터의 사번, 이름, 직위를 저장하기 위해, '행' x 3 행렬의 크기로 조정하는데, Preserve 키워드가 사용됐으므로 다음 순환문에 의해 크기가 조정될 때도 이전 값이 그대로 유지됩니다. 참고로 배열변수를 사용할 때 ReDim 문으로 크기를 조정할 수 있는 것은 마지막 차원의 것만 가능하므로, 2차원 배열을 저장할 때 열은 1차원에 고정된 값으로 조정하고, 2차원에는 행 위치의 값을 저장하는 것이 일반적입니다.

⓫ '직원레코드' 개체변수에 '찾은이름' 개체변수의 할당된 셀에서 왼쪽으로 한 칸 이동한 다음, 1×3 행렬 크기로 범위를 조절합니다. 일단 '찾은이름' 개체변수에 할당된 셀은 C열 범위로 왼쪽으로 한 칸 이동하면 B열 범위로 옮겨지며, 다시 1×3 행렬 크기로 조정하면 B:D열 범위가 할당됩니다. 이 범위가 표에서 사번, 이름, 직위가 입력된 위치입니다.

⓬ For Each … Next 순환문을 사용해, '직원레코드' 개체변수에 할당된 범위 내 셀을 하나씩 순환하면서 '셀' 개체변수에 할당합니다. 그런 다음, '리스트' 배열변수에 '셀' 개체변수에 할당된 셀의 값을 하나씩 저장합니다. 이때, '열' 변수의 값을 1씩 증가시켜 배열의 열 위치가 오른쪽으로 한 칸씩 이동하면서 저장되도록 합니다.

⓭ 첫 번째로 찾은 직원 데이터를 '리스트' 배열변수에 모두 저장했으므로, '행' 변수의 값을 1 증가시키고 '열' 위치는 다시 처음부터 입력되도록 0으로 초기화합니다.

⓮ '찾은이름' 개체변수에 '이름' 범위에서 키워드와 부분 일치하는 다음 셀을 할당합니다.

⓯ Do … Loop 순환문은 '찾은이름' 개체변수에 할당된 것이 더 이상 없거나 또는 '찾은이름' 개체변수에 할당된 셀의 주소가 '첫번째위치' 변수에 저장된 값과 동일하면 멈추고, 그렇지 않으면 계속해서 찾는 동작을 반복합니다.

⓰ Do … Loop 순환문이 종료되면 다 찾은 것이므로 'lst결과' 컨트롤에 찾은 값을 표시합니다. 먼저 'lst결과' 컨트롤의 열은 세 개로 각각의 너비를 조정한 다음, Column 속성을 사용해 '리스트' 배열변수에 저장된 값을 그대로 표시합니다. '리스트' 배열변수의 값은 열×행 방식으로 데이터가 저장됐으므로 Column 속성에 전달하는 것이 맞고, 만약 행×열 방식으로 저장됐다면 List 속성에 전달합니다.

⓱ ❼의 판단이 False인 경우이므로, 키워드로 검색된 값이 없다는 의미입니다. 그렇다면 MsgBox 함수를 사용해 간단한 안내 메시지를 출력하고, 'lst결과' 컨트롤의 값을 모두 지웁니다.

04 코드가 제대로 실행되는지 확인하기 위해 F5 키를 눌러 폼을 실행합니다. 'txt검색' 컨트롤에 키워드로 '김'을 입력하고 〈검색〉 버튼을 클릭해 검색이 제대로 되는지 확인합니다.

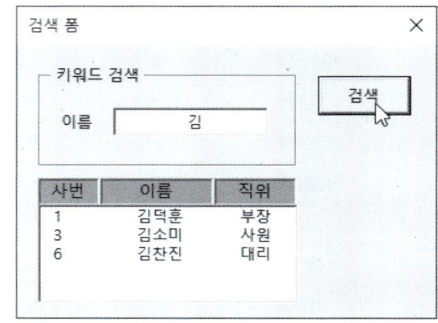

05 폼을 닫고 'lst결과' 컨트롤에서 직원 중 한 명을 선택하면, 선택된 직원 데이터가 편집 폼으로 전달되도록 하겠습니다. 프로젝트 탐색기 창에서 [코드 보기] 명령(□)을 클릭하고 개체 목록에서 'lst결과' 컨트롤을 선택한 다음, 'lst결과_Click' 이벤트 프로시저에 다음 코드를 입력합니다.

파일 : (Project) 검색,편집 폼 II (코드 II).txt

```
Private Sub lst결과_Click()            ❶

'1단계 : 필요한 변수를 선언합니다.        ❷
    Dim 선택 As Integer
    Dim 사번 As Range
    Dim 직원레코드 As Range

'2단계 : ListBox 컨트롤에서 선택한 데이터를 편집 폼에 표시합니다.
    선택 = lst결과.ListIndex            ❸

    If 선택 > -1 Then                  ❹

        Set 사번 = Range("B2").CurrentRegion.Columns(1)       ❺
        Set 직원레코드 = 사번.Find(What:=lst결과.Value).Resize(1, 7)   ❻

        Me.Hide                       ❼

        With frm편집                   ❽

            .Show vbModeless          ❾

            .txt사번.Value = 직원레코드(1)          ❿
            .txt이름.Value = 직원레코드(2)
            .cmb직위.Value = 직원레코드(3)
            .txt주민등록.Value = 직원레코드(4)
            .txt생년월일.Value = 직원레코드(5)
            .txt나이.Value = 직원레코드(6)

            If 직원레코드(7) = "남" Then
                .opt남.Value = True
            Else
                .opt여.Value = True
            End If

        End With
```

```
        End If

End Sub
```

① 'lst결과_Click' 이벤트 프로시저는 키워드로 검색된 결과가 표시되는 ListBox 컨트롤의 항목을 클릭할 때 실행됩니다.
② 프로시저에서 사용할 변수를 다음과 같이 선언합니다.

변수 이름	형식	설명
선택	Integer	ListBox 컨트롤의 선택 번호를 저장합니다.
사번	Range	워크시트의 표 범위에서 '사번' 열(B열) 범위를 할당합니다.
직원레코드	Range	사번과 일치하는 직원 데이터 범위를 할당합니다.

③ '선택' 변수에 'lst결과' 컨트롤의 인덱스 번호를 저장합니다. 이 값을 통해 항목을 선택했는지 여부를 확인할 수 있습니다.
④ '선택' 변수에 저장된 값이 -1보다 큰지 여부를 판단해, 큰 경우에만 ⑤-⑩의 코드를 실행합니다. 참고로 ListBox 컨트롤에서 아무 값도 선택하지 않으면 ListIndex 속성은 -1이 반환되므로 -1보다 크면 선택된 값이 있다는 의미입니다. 그래서 ListBox 컨트롤 내의 항목을 선택했는지 여부를 판단할 때 이런 식으로 코드를 작성합니다.
⑤ '사번' 개체변수에 B2셀부터 연속된 범위의 첫 번째 열(B열의 사번) 범위를 할당합니다.
⑥ '직원레코드' 개체변수에 '사번' 범위에서 'lst결과' 컨트롤의 값(선택한 직원의 사번)과 동일한 위치를 찾고 범위를 1×7 행렬 크기(B:H 열 범위)로 조정합니다. 이렇게 하면 선택한 직원의 전체 데이터 범위가 '직원레코드' 개체변수에 할당됩니다.
⑦ 현재 폼(frm검색)을 화면에서 숨깁니다.
⑧ 'rm편집' 폼을 대상으로 With 문을 사용해 여러 작업을 처리합니다.
⑨ 'rm편집' 폼을 모달리스 방식으로 실행합니다.
⑩ 'rm편집' 폼의 'txt사번' 컨트롤에 '직원레코드' 개체변수에 할당된 범위 내 첫 번째 셀 값(사번)을 입력합니다. 생략된 부분을 모두 표시하면 다음과 같습니다.

```
    .txt사번.Value = 직원레코드.Cells(1)
```

이후 코드는 모두 동일한 방식으로 구성되어 있습니다. 설명은 다음 표를 참고합니다.

컨트롤	입력 값	설명
txt이름	직원레코드(2)	'직원레코드' 개체변수에 할당된 두 번째 셀 값(이름)
cmb직위	직원레코드(3)	'직원레코드' 개체변수에 할당된 세 번째 셀 값(직위)
txt주민등록	직원레코드(4)	'직원레코드' 개체변수에 할당된 네 번째 셀 값(주민등록번호)
txt생년월일	직원레코드(5)	'직원레코드' 개체변수에 할당된 다섯 번째 셀 값(생년월일)
txt나이	직원레코드(6)	'직원레코드' 개체변수에 할당된 여섯 번째 셀 값(나이)
opt남	직원레코드(7)	'직원레코드' 개체변수에 할당된 일곱 번째 값이 '남'이면 'opt남' 컨트롤을 선택하고, 아니면 'opt여' 컨트롤을 선택
opt여	직원레코드(7)	

06 개발된 결과를 확인하기 위해 F5 키를 눌러 폼을 실행한 다음, 키워드로 '김'을 '이름' 텍스트 박스에 입력하고 〈검색〉 버튼을 클릭합니다. 검색된 결과 중에서 하나를 선택하면 편집 폼에 선택한 직원 데이터가 표시됩니다.

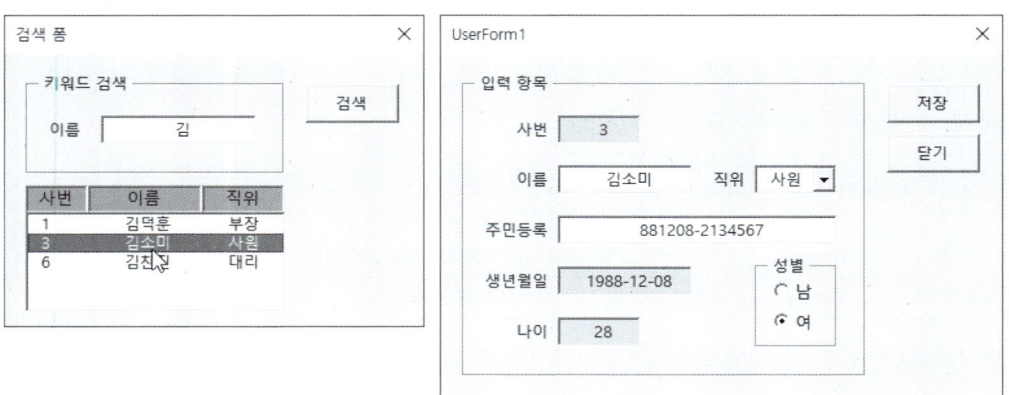

07 이제 편집 폼의 닫기 단추(⊠)를 클릭해 폼을 닫습니다. 이 상태에서는 아무 폼도 화면에 나타나지 않지만 '검색' 폼은 닫힌 상태가 아니라 숨겨진 상태이므로 다시 표시하고 닫는 작업을 진행해야 합니다. 엑셀 창의 〈편집〉 버튼을 클릭하면 '검색' 폼이 다시 나타납니다. 우측 상단의 닫기 단추(⊠)를 클릭해 폼을 닫습니다.

데이터 검색/편집 폼 III
– 편집 폼 기능 개발하기

276

이제 편집 폼에 전달된 데이터를 수정하고 〈저장〉 버튼을 클릭했을 때 수정된 데이터가 표에 반영되도록 하면 개발 작업이 마무리됩니다. 이때 주의할 점은, 편집 폼을 닫을 때 숨겨 놓은 검색 폼을 화면에 다시 표시해 사용자가 다른 직원을 선택하거나 검색 폼을 닫을 수 있도록 해야 한다는 것입니다. 이번 마무리 작업을 통해 검색 폼과 편집 폼을 함께 다루는 방식을 이해할 수 있을 것입니다.

예제 파일 PART 03 \ (Project) 검색,편집 폼 III.xlsm

01 예제를 열고 편집 폼의 동작과 관련한 기능을 개발합니다. 단축키 Alt + F11 을 눌러 VB 편집기를 호출하고 프로젝트 탐색기 창에서 'frm편집' 폼 개체를 더블클릭해 선택합니다. 그리고 프로젝트 탐색기 창 상단의 [코드 보기] 명령(🔲)을 클릭해 코드 창을 표시합니다.

02 먼저 편집 폼을 열 때 처리할 몇 가지 설정 작업을 진행합니다. 코드 창 상단의 개체 목록에서 User-Form 개체를 선택하고 프로시저 목록에서 Initialize 이벤트를 선택한 다음 아래 코드를 입력합니다.

파일 : (Project) 검색,편집 폼 III (코드 I).txt

```
Private Sub UserForm_Initialize()                    ❶
'1단계 : 폼의 제목을 설정합니다.
    Me.Caption = "직원 편집 폼"                      ❷

'2단계 : 폼 컨트롤을 목적에 맞게 설정합니다.
    txt사번.Enabled = False                          ❸

    With cmb직위                                     ❹

        .AddItem "부장"                              ❺
        .AddItem "과장"
        .AddItem "대리"
        .AddItem "사원"

        .ColumnWidths = .Width                       ❻
        .ListWidth = .Width

    End With

End Sub
```

❶ UserForm_Initialize 이벤트는 'frm편집' 폼을 실행할 때 자동으로 실행됩니다.

❷ 폼의 제목 표시줄에 표시할 제목을 설정합니다.

❸ 'txt사번' 컨트롤의 값은 사번이므로, 사용자가 수정할 수 없도록 설정합니다.

❹ 'cmb직위' 컨트롤에 With 문을 사용해 여러 작업을 처리합니다.

❺ 'cmb직위' 컨트롤에 '부장', '과장', '대리', '사원'의 직위를 등록합니다.

❻ 'cmb직위' 컨트롤의 목록 상자 너비를 ComboBox 컨트롤의 너비와 일치시킵니다.

03 이번에는 〈저장〉 버튼을 클릭하면 수정된 데이터가 원본 표에 적용되는 코드를 개발합니다. 개체 목록에서 'btn저장' 컨트롤을 선택해 'btn저장_Click' 이벤트 프로시저를 추가하고 다음 코드를 입력합니다.

파일 : (Project) 검색,편집 폼 III (코드 II).txt

```
Private Sub btn저장_Click()                    ❶

'1단계 : 필요한 변수를 선언하고 초기 값을 설정합니다.
    Dim 사번 As Range                          ❷
    Dim 직원레코드 As Range

    Set 사번 = Range("B3", Cells(Rows.Count, "B").End(xlUp))    ❸
    Set 직원레코드 = 사번.Find(What:=txt사번.Value).Resize(1, 7) ❹

'2단계 : 수정된 내용을 표에 덮어씁니다.
    With 직원레코드                            ❺
        .Cells(1).Value = Int(txt사번.Value)
        .Cells(2).Value = txt이름.Value
        .Cells(3).Value = cmb직위.Value
        .Cells(4).Value = txt주민등록.Value
        .Cells(5).Value = DateValue(txt생년월일.Value)
        .Cells(6).Value = Int(txt나이.Value)
        .Cells(7).Value = IIf(opt남.Value = True, "남", "여")
    End With

'3단계 : 수정이 완료된 다음, 폼을 닫습니다.
    Unload Me                                  ❻

End Sub
```

❶ 'btn저장_Click' 이벤트 프로시저는 〈저장〉 버튼을 클릭할 때 실행됩니다.

❷ Range 형식의 '사번'과 '직원레코드' 개체변수를 선언합니다.

❸ '사번' 개체변수에 B3셀부터 B열의 마지막 데이터 위치까지의 범위를 할당합니다.

❹ '직원레코드' 개체변수에 할당된 범위에서 'txt사번' 컨트롤의 값을 찾아, 찾은 위치에서 1×7 행렬(B:H)로 범위를 조정합니다. 이렇게 하면 '직원레코드' 개체변수에 편집 폼에서 수정된 사번에 해당하는 직원 데이터 범위가 할당됩니다.

❺ '직원레코드' 개체변수에 할당된 범위 내 셀에 순서대로 편집 폼(frm편집)의 개별 컨트롤 값을 저장합니다. 이 방법은 입력 폼 예제를 진행할 때 모두 설명한 내용이므로, 코드 설명은 907쪽을 참고합니다.

❻ 현재 폼(frm편집)을 닫습니다.

04 이번에는 〈닫기〉 버튼을 클릭했을 때 실행할 코드를 개발합니다. 개체 목록에서 'btn닫기' 컨트롤을 선택해 'btn닫기_Click' 이벤트 프로시저를 추가하고 다음 코드를 입력합니다.

```
Private Sub btn닫기_Click()     ❶

    Unload Me     ❷

End Sub
```

❶ 'btn닫기_Click' 이벤트 프로시저는 〈닫기〉 버튼을 클릭할 때 실행됩니다.

❷ Unload Me 명령을 이용해 현재 폼을 닫습니다.

05 마지막으로 편집 폼이 닫혔을 때 검색 폼을 다시 화면에 표시하는 작업을 진행합니다. 개체 목록에서 UserForm 개체를 선택하고 프로시저 목록에서 Terminate 이벤트를 선택한 다음, 아래 코드를 입력합니다.

```
Private Sub UserForm_Terminate()     ❶

    frm검색.Show vbModeless     ❷

End Sub
```

❶ UserForm_Terminate 이벤트는 편집 폼이 완전히 닫힌 후에 실행됩니다.

❷ frm검색 폼을 다시 실행합니다. Hidden으로 숨긴 폼을 다시 표시할 때도 Show 메서드를 사용합니다. 이 동작을 제대로 이해하려면 VBA가 UserForm 개체를 어떻게 조작하고 있는지 정확하게 알아야 합니다. 이때 사용되는 명령은 다음 네 가지입니다.

명령	설명	사용 예
Load	폼을 메모리에 올리며, 화면에 표시하진 않습니다.	Load UserForm1
Show	메모리에 올려진 폼을 화면에 표시합니다. 만약 폼이 메모리에 올려져 있지 않으면 자동으로 폼을 메모리에 올린 후 화면에 표시합니다.	UserForm1.Show
Hide	폼을 화면에서 숨깁니다.	UserForm1.Hide
Unload	폼을 메모리에서 내립니다. 이렇게 하면 폼이 닫히게 됩니다.	Unload UserForm1

그러므로 원래 폼을 화면에 표시할 때는 다음 두 개의 명령을 순서대로 사용해야 합니다.

```
Load UserForm1
UserForm1.Show
```

다만 Load 명령은 생략해도 Show 메서드가 Load 명령의 역할을 대신 수행하기 때문에 지금까지는 Show 메서드만 사용한 것입니다. 그러므로 Hide 메서드로 숨긴 폼을 화면에 다시 표시할 때는 Show 메서드를 사용하는 것이 당연합니다.

06 이제 개발이 모두 끝났으므로 테스트를 합니다. 단축키 Alt + F11 을 눌러 엑셀 창으로 전환하고 〈편집〉 버튼을 클릭해 검색 폼을 호출한 다음, '이름' 텍스트상자(txt검색)에 '라'를 입력하고 〈검색〉 버튼을 클릭합니다. 검색된 리스트에서 '선하라' 직원의 항목을 클릭해 편집 폼이 뜨면 직위를 '대리'로 수정하고 〈저장〉 버튼을 클릭합니다.

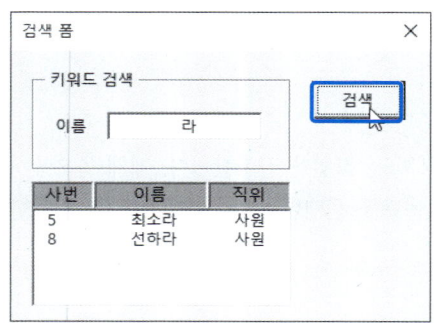 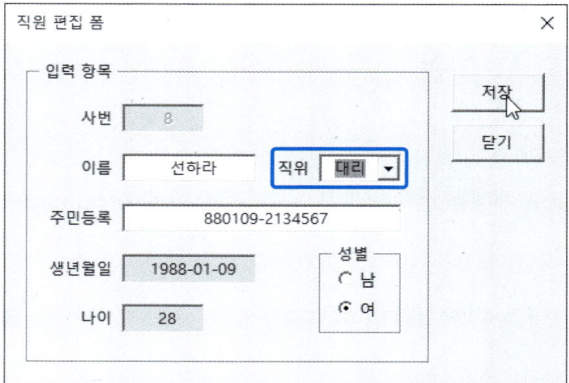

07 검색 폼을 닫고 표를 확인하면 화면과 같이 '선하라' 직원의 직위가 사원에서 대리로 변경되어 있습니다.

Plus⁺ 편집 폼을 닫고 검색 폼으로 전환할 때, 'LST결과' 리스트를 자동으로 수정하는 방법

눈썰미가 있는 분은 이번 예제를 따라 할 때, 편집 폼을 닫은 다음 수정된 결과는 검색 폼의 'lst결과' 컨트롤에 반영되지 않는 것을 확인할 수 있을 겁니다. 이런 문제를 해결하려면 검색 폼의 Activate 이벤트에서 다음 코드를 입력하면 됩니다.

```
Private Sub UserForm_Activate()         ❶

    If Len(txt검색.Value) > 0 Then btn검색_Click         ❷

End Sub
```

❶ UserForm_Activate 이벤트는 검색 폼이 활성화될 때 실행됩니다.

❷ 'txt검색' 컨트롤에 입력된 값이 있다면, 'btn검색_Click' 이벤트 프로시저를 실행합니다. 이렇게 하면 편집 폼에서 검색 폼으로 넘어 왔을 때 'txt검색' 컨트롤의 값으로 재검색된 결과가 'lst결과' 컨트롤에 표시되어, 사용자가 수정한 결과가 그대로 나타나게 됩니다.

작업 진행 표시(Label 컨트롤) 폼 I
- 폼 구성

277

매크로가 동작하는 진행 상태를 표시하고 싶다면, 기본 컨트롤 중에서 Label 컨트롤을 사용해 진행 상황을 표시하는 폼을 개발하면 됩니다. Label 컨트롤은 진행 상태를 표시하는 것과 무관할 것 같지만, Label 컨트롤을 두 개 사용해 Label 컨트롤의 너비를 조정하는 작업을 하면 꽤 그럴듯하게 작업 진행 상태를 표시하는 폼을 개발할 수 있습니다. 이번에는 전체 기능을 개발하기 이전에 Label 컨트롤을 폼에 추가해 진행 상태를 표시할 수 있도록 폼을 구성해 보겠습니다.

예제 파일 PART 03 \ (Project) 작업 진행 폼 I.xlsm

01 예제를 열면 화면과 같은 표를 확인할 수 있습니다. 표의 분류 열(E열) 값에 따라 개별 워크시트를 생성하고 데이터를 개별 시트로 분리하는 작업을 진행해 보겠습니다.

02 이번 예제에서 완성할 폼은 다음과 같습니다. 매크로가 진행되는 과정이 가로 막대와 백분율을 이용해 표시됩니다.

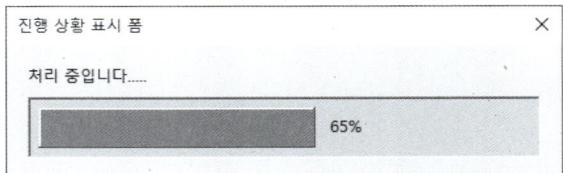

03 폼 개발을 위해 단축키 Alt + F11 을 눌러 VB 편집기를 실행합니다. [삽입]-[사용자 정의 폼] 메뉴를 선택해 폼 개체를 삽입하고 크기 조정 핸들을 드래그해 화면과 같이 가로로 길쭉한 폼을 하나 구성합니다.

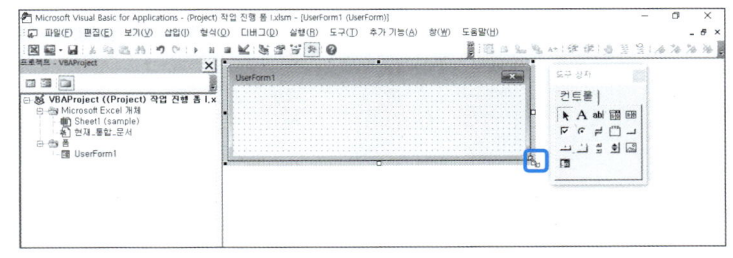

04 도구 상자 창에서 Label 컨트롤을 두 개 삽입한 다음, 두 번째 Label 컨트롤의 크기를 화면과 같이 전체 폼 너비 정도로 조정합니다.

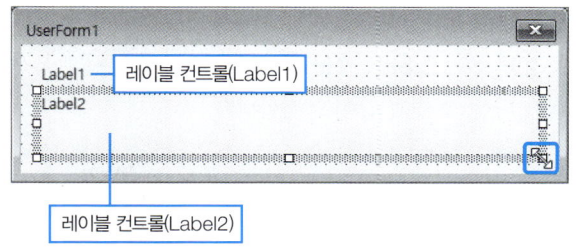

05 두 번째 Label 컨트롤은 진행 과정을 표시하는 표의 배경 역할을 할 것입니다. Label2 컨트롤이 선택된 상태로 속성 창에서 BackColor 속성의 아래 화살표 단추를 클릭한 다음, '색상표' 탭을 클릭하고 1열 2행의 색상을 클릭합니다.

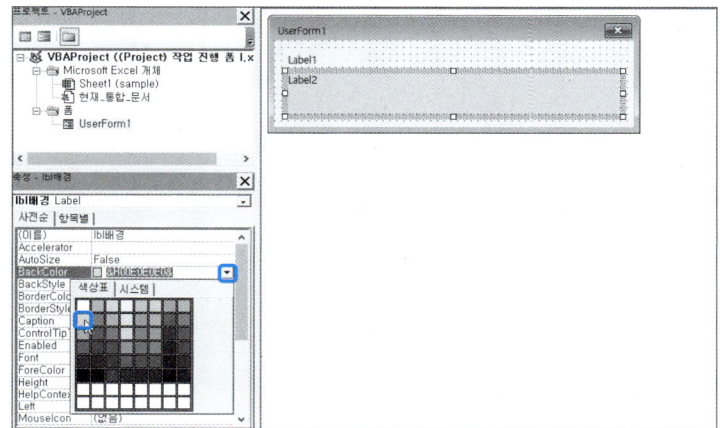

06 Label2 컨트롤이 오목하게 표시되도록 설정합니다. 속성 창에서 SpecialEffect 속성 값을 '2-fmSpecialEffectSunken'으로 조정하면 Label2 컨트롤에 오목한 3D 효과가 적용됩니다.

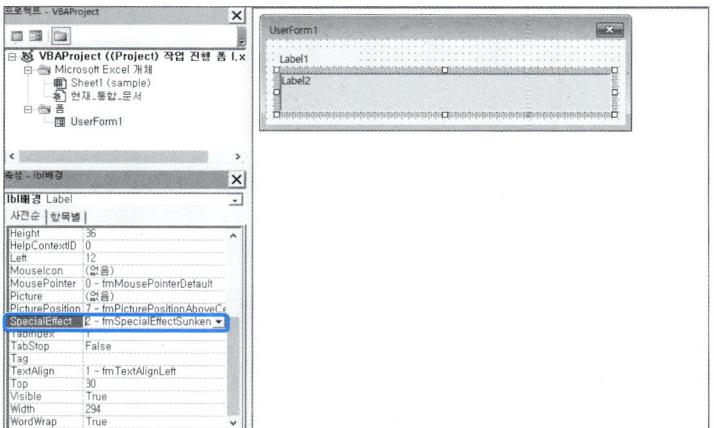

07 Label 컨트롤에 표시되는 텍스트 문구를 조정합니다. Label1, Label2 컨트롤을 각각 선택한 다음, 화면과 같이 조정합니다.

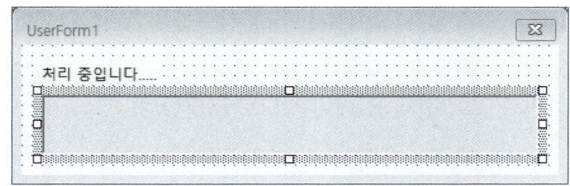

Label1 컨트롤은 문자열을 변경하고, Label2 컨트롤은 문자열을 삭제합니다.

- Label1 : 처리 중입니다……
- Label2 :

08 Label 컨트롤 두 개를 화면과 같은 위치에 비슷한 크기로 추가합니다.

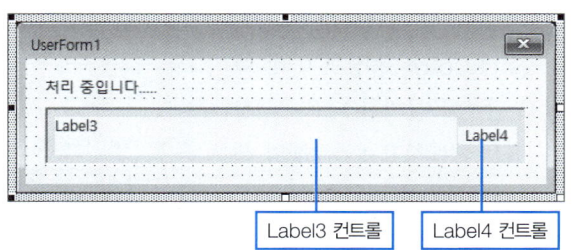

09 폼에 삽입된 Label 컨트롤 네 개의 이름을 다음과 같이 수정하고, Label3, Label4 컨트롤의 속성을 설정합니다.

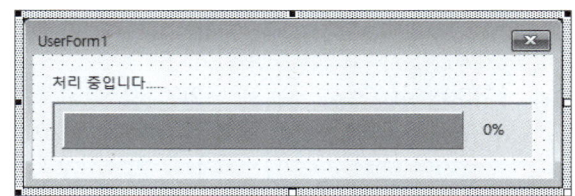

Plus⁺ 변경할 컨트롤

추가된 컨트롤 네 개를 순서대로 다음과 같이 설정합니다.

컨트롤 \ 속성	(이름)	BackColor	Caption	SpecialEffect
Label1				
Label2	lbl배경			
Label3	lbl진행바	&H008080FF&		1 - fmSpecialEffectRaise
Label4	lbl백분율	&H00E0E0E0&	0%	

Label3 컨트롤의 BackColor 속성은 **05** 과정에서 선택한 색상의 오른쪽 색상이며, Label4 컨트롤의 BackColor 속성은 **05** 과정에서 선택한 색상과 동일합니다. 또한 Label3 컨트롤의 문자열은 삭제해야 하므로 Caption 속성 값이 빈 문자열이 되도록 기존 Label3 문자열을 삭제합니다.

10 마지막으로 폼 이름을 변경합니다. 속성 창의 '(이름)' 입력란에서 'frm진행상황'으로 이름을 변경합니다.

작업 진행 표시(Label 컨트롤) 폼 II
– 시트 분할 매크로

278

폼 레이아웃 구성이 끝났으면, 이제 예제에서 사용할 매크로를 개발합니다. 이 매크로가 정상적으로 동작하도록 한 다음, 앞에서 개발한 폼과 연결해 진행 상황을 표시하도록 하면 됩니다. 이번에 개발할 매크로는 분류별 시트를 새로 생성하고 분류에 맞는 제품 데이터를 개별 시트로 복사해 넣는 작업을 처리할 것입니다.

예제 파일 PART 03 \ (Project) 작업 진행 폼 II.xlsm

01 예제를 엽니다. 이번에 개발할 매크로에서는 분류별 시트를 생성합니다. 그런데 시트를 생성할 때는 동일한 이름의 시트가 존재하는지 여부를 판단할 필요가 있으므로, 시트가 이미 존재하는지 여부를 판단하는 함수를 먼저 개발하겠습니다. 단축키 Alt + F11 을 눌러 VB 편집기를 실행하고 [삽입]-[모듈] 메뉴를 선택해 Module1 개체를 추가한 다음, 코드 창에 아래 함수를 입력합니다.

파일 : (Project) 작업 진행 폼 II (코드 I).txt
```
Function IsSheet(시트명 As String) As Boolean          ❶

    Dim 시트 As Worksheet

    On Error Resume Next

        Set 시트 = Worksheets(시트명)

        IsSheet = (Err.Number = 0)

End Function
```

❶ 워크시트가 존재하는지 여부를 True, False로 반환하는 ISSHEET 함수는 SECTION 132(434쪽)에서 자세하게 설명하고 있으니 참고합니다.

02 이제 분류별로 제품을 다른 시트로 분할하는 매크로를 개발합니다. 코드 창에 다음 매크로를 입력합니다.

파일 : (Project) 작업 진행 폼 II (코드 II).txt
```
Sub 분류별시트()

'1단계 : 필요한 변수를 선언하고 초기 값을 설정합니다.
    Dim 현재시트 As Worksheet               ❶
```

```
        Dim 분류 As Range, 셀 As Range
        Dim 제품레코드 As Range, 복사위치 As Range
        Dim 시트이름 As String

        Set 현재시트 = ActiveSheet                              ❷
        Set 분류 = Range("E3", Cells(Rows.Count, "E").End(xlUp))               ❸

'2단계 : 분류 열의 셀을 하나씩 순환하면서, 해당 시트로 데이터를 옮깁니다.
        For Each 셀 In 분류                     ❹

            시트이름 = 셀.Value                  ❺

'2-1단계 : 분류명에 맞는 시트가 없으면 새로 생성하고, 머리글을 복사해 놓습니다.
            If Not IsSheet(시트이름) Then            ❻

                Worksheets.Add After:=Sheets(Sheets.Count)            ❼
                ActiveSheet.Name = 시트이름

                With 현재시트                  ❽

                    .Range("B2:E2").Copy             ❾
                    Range("B2").PasteSpecial xlPasteAll             ❿
                    Range("B2").PasteSpecial xlPasteColumnWidths

                    Range("B3").Select             ⓫

                    Application.CutCopyMode = False            ⓬

                    .Activate              ⓭

                End With

            End If

'2-2단계 : 품번이 없는 제품만 해당 분류명 시트로 복사합니다.
            With Worksheets(시트이름)             ⓮

                If .Columns(2).Find(셀.Offset(0, -3)) Is Nothing Then             ⓯

                    Set 제품레코드 = 셀.Offset(0, -3).Resize(1, 4)             ⓰
                    Set 복사위치 = .Cells(Rows.Count, "B").End(xlUp).Offset(1)             ⓱

                    제품레코드.Copy 복사위치             ⓲

                End If

            End With

        Next

End Sub
```

❶ 매크로 동작에 필요한 변수를 다음과 같이 선언합니다.

변수 이름	형식	설명
현재시트	Worksheet	원본 데이터가 존재하는 시트를 할당합니다.
분류	Range	워크시트의 표 범위에서 '분류' 열(E열) 범위를 할당합니다.
셀	Range	For Each … Next 순환문에서 사용할 개체변수입니다.
제품레코드	Range	워크시트의 표 범위에서 복사할 B:E 열의 한 개 행 범위를 할당합니다.
복사위치	Range	복사할 새 시트의 복사할 데이터 범위를 할당합니다.
시트이름	String	새로 생성할 시트 이름을 저장합니다.

❷ '현재시트' 개체변수에 현재 화면의 시트(sample)를 할당해 놓습니다.

❸ '분류' 개체변수에 E3셀부터 E열의 마지막 데이터 입력 위치까지의 범위를 할당합니다.

❹ For Each … Next 순환문을 사용해 '분류' 개체변수에 할당된 범위 내 셀을 하나씩 '셀' 개체변수에 할당합니다.

❺ '시트이름' 변수에 '셀' 개체변수에 할당된 셀의 값을 저장합니다.

❻ ISSHEET 함수를 사용해 '시트이름' 변수에 저장된 값과 동일한 시트가 존재하지 않는 경우에 ❼-❸의 코드를 실행합니다. 이 코드는 Not 연산자를 사용하지 않고 다음과 같이 변경할 수 있습니다.

```
If ISSHEET(시트이름) = False Then
```

❼ 워크시트를 새로 추가합니다. 추가하는 위치는 마지막 위치로 지정합니다. 추가된 시트가 화면에 표시되므로, ActiveSheet의 이름을 '시트이름' 변수에 저장된 값으로 변경합니다. 이 두 줄의 코드는 다음과 같이 한 줄로 변경할 수 있습니다.

```
Worksheets.Add(After:=Sheets(Sheets.Count)).Name = 시트이름
```

❽ '현재시트' 개체변수에 할당된 시트를 With 문으로 설정합니다.

❾ 'sample' 시트의 B2:E2 범위에 있는 머리글을 복사합니다.

❿ 새로 추가된 시트의 B2셀에 붙여 넣기(xlPasteAll)한 다음, 열 너비(xlPasteColumnWidths)만 추가로 붙여 넣습니다.

⓫ 붙여 넣기를 한 다음, 첫 번째 셀이 선택되도록 B3셀을 선택합니다.

⓬ 복사 모드를 해제합니다.

⓭ 'sample' 시트를 다시 활성화시킵니다.

⓮ 새로 추가된 시트를 With 문으로 설정합니다.

⓯ 두 번째 열(B열)에서 '셀' 개체변수에 할당된 셀의 왼쪽 세 번째 셀(품번)을 찾아, 없는 경우에만 ⓰-⓲의 코드를 실행합니다. 이번 줄의 코드 때문에 품번을 기준으로 추가된 데이터만 분리된 시트로 보낼 수 있습니다.

⓰ '제품레코드' 개체변수에 '셀' 개체변수에 할당된 셀의 왼쪽 세 번째 셀부터 1×4 행렬(B:E)에 해당하는 범위를 할당합니다. 이렇게 하면 복사할 전체 행 데이터를 '제품레코드' 개체변수에 할당할 수 있습니다.

⓱ '복사위치' 개체변수에 새로 추가된 시트 B열의 마지막 데이터 입력 위치의 바로 아래 셀을 할당합니다.

⓲ '제품레코드' 개체변수에 할당된 범위를 복사해, '복사위치' 개체변수에 할당된 셀에 붙여 넣습니다.

03 개발된 매크로가 정상 동작하는지 확인합니다. VB 편집기를 닫고, 리본 메뉴의 [개발 도구] 탭-[컨트롤] 그룹-[삽입]-[양식 컨트롤]-[단추] 컨트롤을 클릭해 G2:H3 범위에 삽입한 다음 '분류별시트' 매크로를 연결합니다.

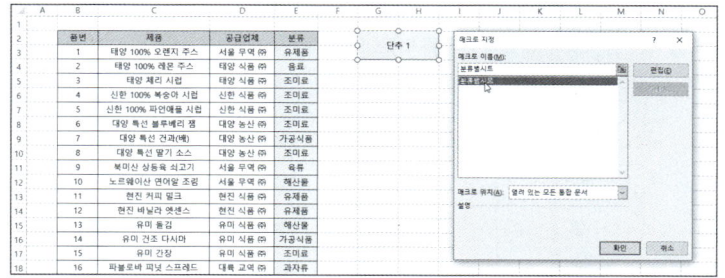

04 단추 컨트롤의 이름을 '분류별시트'로 변경하고 클릭해 매크로를 실행합니다. 정상적으로 실행되면 다음과 같은 결과를 얻을 수 있습니다.

TIP 분류별 시트가 모두 생성되며, 개별 워크시트를 선택해 보면 'sample' 시트의 제품이 분류에 맞게 복사된 것을 확인할 수 있습니다.

작업 진행 표시(Label 컨트롤) 폼 III – 폼 연동 279

매크로 개발이 끝났으면, 매크로가 진행되고 있는 상황과 기존에 만들어 놓은 폼을 연동해 표시하도록 합니다. 매크로와 폼이 연동하도록 하려면 매크로가 실행되는 과정에서 폼을 호출하고 폼의 값을 변경시키면서 진행 상황이 폼에 나타나도록 하면 됩니다. 이번에는 매크로가 실행되는 동안에 작업 진행 상태를 나타내는 폼을 표시하는 방법을 알아보겠습니다.

예제 파일 PART 03 \ (Project) 작업 진행 폼 III.xlsm

01 먼저 구성된 'frm작업진행' 폼이 열렸을 때 폼 전체 구성을 초기화합니다. 예제를 열고, 단축키 Alt + F11 을 눌러 VB 편집기를 실행합니다. 프로젝트 탐색기 창에서 'frm작업진행' 폼을 더블클릭해 선택하고, [코드 보기] 명령(📄)을 클릭합니다. 개체 목록에서 UserForm 개체를, 프로시저 목록에서 Initialize 이벤트를 선택하고 다음 코드를 입력합니다.

파일 : (Project) 작업 진행 폼 III (코드 I).txt

```
Private Sub UserForm_Initialize()            ①

    Me.Caption = "진행 상황 표시 폼"           ②

    lbl진행바.Width = 0                       ③

    With lbl백분율                            ④
        .Left = lbl진행바.Left + lbl진행바.Width   ⑤
        .Caption = "0%"                      ⑥
    End With

End Sub
```

① UserForm_Initialize 이벤트는 진행 상황 폼이 화면에 표시될 때 실행됩니다.

② 폼 개체의 제목 표시줄에 '진행 상황 표시 폼'이라는 문자열을 표시합니다.

③ 'lbl진행바' 컨트롤의 너비(Width)를 0으로 조정합니다. 이러면 'lbl진행바' 레이블 컨트롤이 화면에 표시되지 않는데, 이것은 이전에 실행되다가 에러로 종료가 되었을 때를 대비한 것입니다.

④ 'lbl백분율' 컨트롤에 With 문을 사용해 몇 가지 설정 작업을 진행합니다.

⑤ 'lbl백분율' 컨트롤의 왼쪽 위치를 설정하기 위해 'lbl진행바' 컨트롤의 왼쪽 위치에서 너비를 더한 값 위치로 조정합니다. 이렇게 해야 'lbl백분율' 컨트롤 위치가 'lbl진행바' 컨트롤 오른쪽에 붙어서 표시됩니다.

⑥ 'lbl백분율' 컨트롤에 '0%' 문자열을 표시합니다.

02 이번에는 매크로가 끝나면 자동으로 폼이 닫히도록 폼을 닫는 매크로를 개발해 놓습니다. 프로젝트 탐색기 창에서 Module1 개체를 더블클릭한 다음, '폼닫기' 매크로를 다음과 같이 개발합니다.

```
Sub 폼닫기()                    ①

    Unload frm진행상황           ②

End Sub
```

❶ '폼닫기' 매크로를 선언합니다.
❷ Unload 명령을 이용해 'frm진행상황' 폼 개체를 닫습니다.

03 준비가 모두 끝났으므로, 실행할 메인 매크로에 'frm진행상황' 폼과 연동하도록 기능을 추가합니다. 코드 창의 프로시저 목록에서 '분류별시트'를 선택한 다음, 아래 설명 부분의 코드를 추가합니다.

파일 : (Project) 작업 진행 폼 III (코드 II).txt

```
Sub 분류별시트()

'1단계 : 필요한 변수를 선언하고 초기 값을 설정합니다.
    Dim 현재시트 As Worksheet
    Dim 분류 As Range, 셀 As Range
    Dim 제품레코드 As Range, 복사위치 As Range
    Dim 시트이름 As String
    Dim 전체건수 As Long                    ①
    Dim 진행바너비 As Integer
    Dim 처리건수 As Long
    Dim 진행율 As Single

    Set 현재시트 = ActiveSheet
    Set 분류 = Range("E3", Cells(Rows.Count, "E").End(xlUp))

'2단계 : 진행 상황을 표시하는 폼을 표시합니다.
    전체건수 = 분류.Count                   ②
    진행바너비 = 245                        ③

    frm진행상황.Show vbModeless             ④

    Application.ScreenUpdating = False     ⑤

'3단계 : 분류 열의 셀을 하나씩 순환하면서, 해당 시트로 데이터를 옮깁니다.
        For Each 셀 In 분류

            시트이름 = 셀.Value

'3-1단계 : 분류명에 맞는 시트가 없으면 새로 생성하고, 머리글을 복사해 놓습니다.
            If Not IsSheet(시트이름) Then
```

```
                ...
                End If

'3-2단계 : 품번이 없는 제품만 해당 분류명 시트로 복사합니다.
            With Worksheets(시트이름)

                If .Columns(2).Find(셀.Offset(0, -3)) Is Nothing Then

                    Set 제품레코드 = 셀.Offset(0, -3).Resize(1, 4)
                    Set 복사위치 = .Cells(Rows.Count, "B").End(xlUp).Offset(1)

                    제품레코드.Copy 복사위치

                End If

            End With

'3-3단계 : 진행 상황 폼에 현재 작업 진행 현황을 표시합니다.
            처리건수 = 처리건수 + 1                        ──────⑥
            진행율 = 처리건수 / 전체건수                    ──────⑦

            With frm진행상황                              ──────⑧

                .lbl진행바.Width = 진행율 * (진행바너비)      ──────⑨
                .lbl백분율.Caption = Format(진행율, "0%")    ──────⑩
                .lbl백분율.Left = .lbl진행바.Left + .lbl진행바.Width  ──────⑪

            End With

            DoEvents                                   ──────⑫

        Next

'4단계 : 작업이 완료되면 1초 뒤 진행 상황 폼을 닫습니다.
        Application.ScreenUpdating = True              ──────⑬
        Application.OnTime Now + TimeSerial(0, 0, 1), "폼닫기"  ──────⑭

Enc Sub
```

❶ 진행 상황을 표시하기 위해 필요한 네 개의 변수를 다음과 같이 추가로 선언합니다.

변수 이름	형식	설명
전체건수	Long	전체 작업 건수를 저장합니다.
진행바너비	Integer	'lbl진행바' 컨트롤의 전체 너비를 저장해 놓습니다.
처리건수	Long	매크로로 처리된 건수를 저장합니다.
진행율	Single	매크로 진행 상황을 백분율로 계산한 결과를 저장합니다.

❷ '전체건수' 변수에 '분류' 열의 셀 개수를 저장합니다. 이번 매크로는 '분류' 열의 값에 따라 시트를 생성해 저장하므로, '분류' 열의 셀 개수가 이번 매크로에서 처리할 전체 작업 건수가 됩니다.

❸ '진행바너비' 변수에 245값을 저장합니다. 245값은 'lbl진행바' 컨트롤의 너비를 최대로 표시했을 때의 가로 너비 값입니다. 이 값은 'frm진행상황' 폼에서 'lbl진행바' 컨트롤을 선택하고 속성 창에서 확인할 수 있는 Width 속성 값과 동일합니다. 그러므로 이 부분은 다음 코드와 동일합니다.

```
진행바너비 = frm진행상황.lbl진행바.Width
```

그런데 위와 같은 코드를 사용하는 것보다는 이번과 같이 너비 값을 숫자로 직접 지정하는 것이 좋습니다. 이유는 매크로 실행 중 에러가 발생해 'lbl진행바' 컨트롤의 너비가 변경된 상태에서 종료되면 'lbl진행바' 컨트롤의 너비가 잘못 계산되어 진행 상황이 잘못 표시될 수 있기 때문입니다.

❹ 'frm진행상황' 폼을 화면에서 모달리스 방식으로 표시합니다.

❺ 이후 매크로로 처리되는 작업이 화면에 표시되지 않도록, 엑셀 프로그램의 ScreenUpdate 속성을 해제합니다.

❻ For Each … Next 순환문 내에서 '처리건수' 변수의 값을 1씩 증가시킵니다. 이렇게 하면 현재 매크로가 전체에서 몇 번째 작업을 처리하고 있는지 알 수 있습니다.

❼ '진행율' 변수에 '처리건수' 변수의 값을 '전체건수' 변수의 값으로 나눈 값을 저장합니다. 이렇게 하면 현재 매크로가 진행되고 있는 상태가 전체의 몇 %에 해당하는지 확인할 수 있습니다.

❽ 'frm진행상황' 폼에 With 문을 사용해 ❾-⓫의 작업을 처리합니다.

❾ 'lbl진행바' 컨트롤의 너비를 '진행율' 변수의 값과 '진행바너비' 변수의 값을 곱한 값으로 설정합니다. 이렇게 하면 매크로가 진행되는 동안 '진행율' 변수의 값의 비율로 '진행바너비' 변수의 값이 계산되어 표시되므로, 'lbl진행바' 컨트롤의 너비가 0에서 100%(245) 크기로 표시됩니다. 여기가 바로 진행 상황 폼에서 가로 막대가 증가되는 부분이 됩니다.

❿ 'lbl백분율' 컨트롤에 '진행율' 변수의 값을 Format 함수로 백분율로 변환해 표시합니다.

⓫ 'lbl백분율' 컨트롤의 왼쪽 위치를 'lbl진행바' 컨트롤의 왼쪽 위치에 너비를 더한 값으로 조정합니다. 이렇게 하면 'lbl백분율' 컨트롤의 위치가 항상 'lbl진행바' 컨트롤의 오른쪽에 붙어 표시됩니다.

⓬ VBA는 동시에 여러 작업을 처리할 수 없습니다. 예를 들어 이번과 같이 매크로가 실행되면서 폼 개체를 조작하는 등의 작업을 처리할 수는 없습니다. 그러므로 DoEvents 명령을 사용해 매크로에 종속된 프로세스의 제어권을 시스템에게 넘겨 폼 개체의 작업을 처리하도록 합니다. 만약 DoEvents 명령을 사용하지 않으면 폼 개체의 'lbl진행바' 컨트롤의 너비가 변화하는 것을 표시하지 못하므로 주의해야 합니다.

⓭ ❺에서 조정한 화면 갱신 속성(ScreenUpdating)을 다시 설정합니다.

⓮ OnTime 메서드를 이용해 현재 시각(Now)으로부터 1초 뒤에 '폼닫기' 매크로를 실행해 진행 상태 폼을 닫습니다.

04 개발이 모두 완료됐으면, VB 편집기를 닫고 〈분류별 시트〉 버튼을 클릭해 매크로를 실행합니다. 실행되는 동안 진행 상황을 표시하는 폼이 함께 나타나는 것을 확인할 수 있습니다.

작업 진행 표시(Progress 컨트롤) 폼 I - 폼 구성

280

앞에서 진행했던 레이블 컨트롤을 이용하는 방법은 사실 트릭에 가까운 방법입니다. 원래 진행 과정을 표시할 때 사용하는 컨트롤은 ProgressBar 컨트롤입니다. 다만 이 컨트롤은 외부 컨트롤이어서 등록을 한 후에 사용해야 합니다. 이번에는 ProgressBar 컨트롤을 이용해 진행 과정을 표시하는 폼을 개발하는 방법을 알아보겠습니다.

예제 파일 PART 03 \ (Project) ProgressBar 컨트롤 I.xlsm

01 예제를 열면 다음과 같은 표를 확인할 수 있습니다.

02 다른 시트를 확인하면 다음과 같은 표가 있습니다. 이렇게 개별 시트로 나뉘어 있는 데이터를 'sample' 시트로 합치는 작업을 해 보겠습니다.

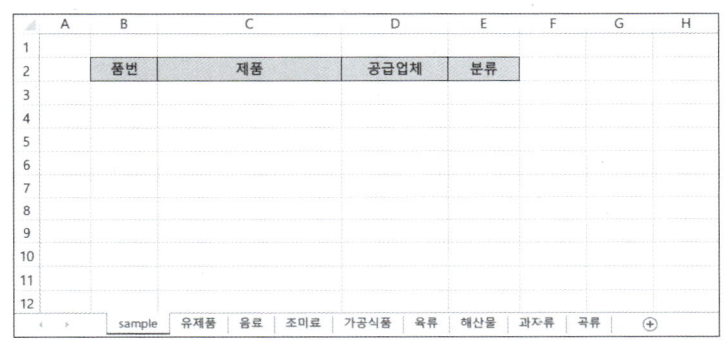

03 이번 과정을 통해 개발할 폼은 다음과 같은 ProgressBar 컨트롤을 사용합니다.

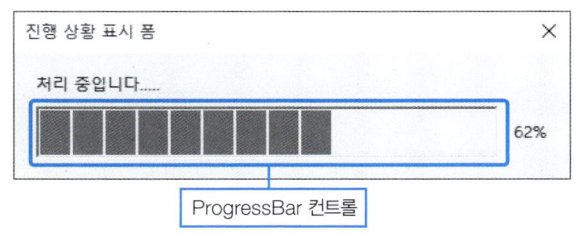

04 예제를 열고, 폼 개발을 위해 단축키 Alt + F11 을 눌러 VB 편집기를 호출합니다. [삽입]-[사용자 정의 폼] 메뉴를 선택해 폼 개체를 삽입한 다음, 크기 조정 핸들을 드래그해 가로로 길쭉한 폼을 하나 구성합니다.

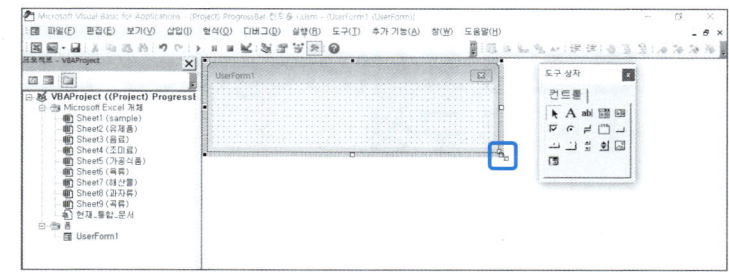

05 ProgressBar 컨트롤을 추가하기 위해 도구 상자 창의 빈 영역에서 마우스 오른쪽 버튼을 클릭한 다음 [추가 컨트롤] 메뉴를 선택합니다. '추가 컨트롤' 대화상자가 표시되면 다음 컨트롤을 체크하고 〈확인〉 버튼을 클릭합니다.

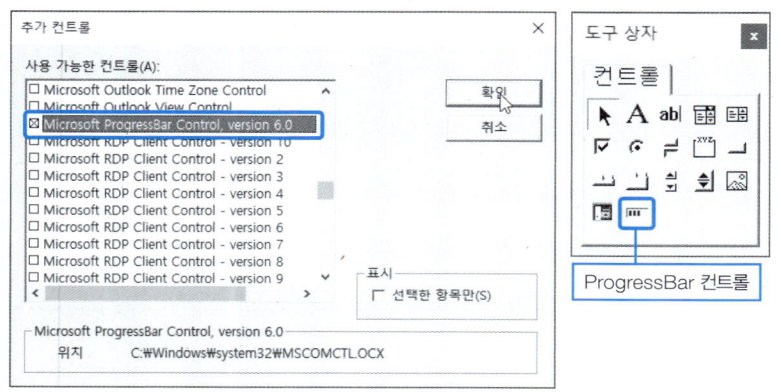

06 ProgressBar 컨트롤을 추가했으면, 먼저 삽입해 놓은 폼에 다음과 같은 컨트롤을 순서대로 추가합니다.

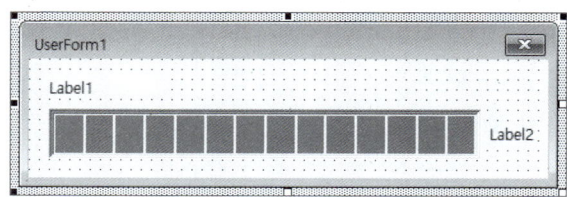

> **Plus⁺ 폼에 삽입된 컨트롤**
>
> 폼에는 다음과 같은 컨트롤 세 개가 추가되었습니다.
>
> | 종류 | 컨트롤 |
> | --- | --- |
> | 레이블 | Label1 |
> | ProgressBar | ProgressBar1 |
> | 레이블 | Label2 |

07 Label1, Label2 컨트롤의 다음 속성을 속성 창에서 찾아 변경합니다.

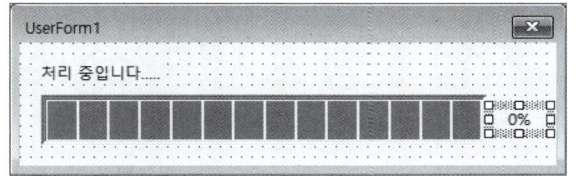

> **Plus⁺ 변경할 컨트롤**
>
> 속성 창에서 다음 컨트롤의 속성을 변경합니다.
>
> | 컨트롤 \ 속성 | (이름) | Caption |
> |---|---|---|
> | Label1 | | 처리 중입니다…… |
> | Label2 | lbl백분율 | 0% |

작업 진행 표시(Progress 컨트롤) 폼 II - 통합 매크로 281

폼 레이아웃 구성이 끝났으면, 이제 예제에서 사용할 매크로를 개발합니다. 이번에 개발할 매크로는 여러 시트에 나뉘어 있는 데이터를 하나의 시트로 합치는 작업을 합니다. 이전과 동일하게 품번을 기준으로 하여 동일한 품번의 데이터는 빼고 새 품번 데이터만 합치도록 개발합니다. 이번 매크로를 개발하고 테스트하여 제대로 동작하면, 앞에서 개발해 놓은 폼과 연결하는 작업을 하면 됩니다.

예제 파일 PART 03 \ (Project) ProgressBar 컨트롤 II.xlsm

01 예제를 열고, 여러 시트의 데이터를 합치는 매크로를 개발합니다. 단축키 Alt + F11 을 눌러 VB 편집기를 실행하고 [삽입]-[모듈] 메뉴를 선택해 Module1 개체를 추가한 다음, 코드 창에 아래 코드를 입력합니다.

파일 : (Project) ProgressBar 컨트롤 II (코드).txt

```
Sub 통합()

'1단계 : 필요한 변수를 선언합니다.                ①
    Dim 시트 As Worksheet
    Dim 사번 As Range, 셀 As Range
    Dim 제품레코드 As Range
    Dim 복사위치 As Range

'2단계 : 모든 시트를 순환하면서 데이터를 'sample' 시트로 취합합니다.
    For Each 시트 In Worksheets               ②

        If 시트.Name <> ActiveSheet.Name Then         ③

            Set 사번 = 시트.Range("B3", 시트.Cells(Rows.Count, "B").End(xlUp))    ④

            For Each 셀 In 사번               ⑤

                If Columns(2).Find(What:=셀.Value, LookAt:=xlWhole) Is Nothing Then   ⑥

                    Set 제품레코드 = 셀.Resize(1, 4)      ⑦
                    Set 복사위치 = Cells(Rows.Count, "B").End(xlUp).Offset(1)   ⑧

                    제품레코드.Copy 복사위치           ⑨

                End If

            Next

        End If
```

```
    Next

'3단계 : 'sample' 시트의 표 범위에 있는 품번을 오름차순으로 정렬해 표시합니다.
    Range("B2").CurrentRegion.Sort Key1:=Range("B3"), Order1:=xlAscending, Header:=xlYes         ─⑩

End Sub
```

❶ 매크로 동작에 필요한 변수를 다음과 같이 선언합니다.

변수 이름	형식	설명
시트	Worksheet	For Each … Next 순환문에서 개별 시트를 할당할 개체변수입니다.
사번	Range	개별 워크시트의 표 범위에서 '사번' 열(B열) 범위를 할당합니다.
셀	Range	For Each … Next 순환문에서 '사번' 열의 셀을 할당할 개처변수입니다.
제품레코드	Range	개별 워크시트의 표 범위에서 복사할 B:E 열의 한 개 행 범위를 할당합니다.
복사위치	Range	'sample' 시트에 데이터를 붙여 넣을 위치를 할당할 개체변수입니다.

❷ For Each … Next 문으로 전체 워크시트를 순환하면서 하나씩 '시트' 개체변수에 할당합니다.

❸ '시트' 개체변수에 할당된 Worksheet 개체의 이름이 현재 시트와 다른 경우에만 ❹-❾의 코드를 실행합니다.

❹ '사번' 개체변수에 '시트' 개체변수에 할당된 Worksheet 개체의 B3셀부터 B열의 마지막 데이터 입력 위치까지의 범위를 할당합니다. 이렇게 하면 순환문 내에서 각 시트의 B열의 데이터 범위가 '사번' 개체변수에 할당됩니다.

❺ For Each … Next 순환문을 사용해 '사번' 개체변수에 할당된 범위 내 셀을 하나씩 '셀' 개체변수에 할당합니다.

❻ 현재 시트의 B열에서 '셀' 개체변수에 할당된 셀 값과 정확하게 일치하는 위치를 찾아 찾는 값이 없는지 판단한 다음, 없는 이 경우에만 ❼-❾의 코드를 실행합니다. 이 작업은 사번이 중복되지 않은 것만 가져오기 위한 것으로, 단순하게 합치는 작업만 하려면 ❹-❾의 코드를 다음과 같이 수정합니다.

```
Set 복사위치 = Cells(Rows.Count, "B").End(xlUp).Offset(1)

시트.Range("B3", 시트.Cells(Rows.Count, "E").End(xlUp)).Copy 복사위치
```

❼ '제품레코드' 개체변수에 '셀' 개체변수에 할당된 셀 위치에서 1×4 행렬 크기의 범위를 할당합니다. 이렇게 하면 '셀' 개체변수에 할당된 셀이 포함된 B, C, D, E열의 데이터 범위가 '제품레코드' 개체변수에 할당됩니다.

❽ '복사위치' 개체변수에 현재 시트 B열의 마지막 데이터 입력 위치 바로 아래 셀을 할당합니다.

❾ '제품레코드' 개체변수에 할당된 범위를 복사해 '복사위치' 개체변수에 할당된 셀 위치에 붙여 넣습니다.

❿ 현재 시트의 B2셀에서 연속된 전체 데이터 범위를 B3셀(사번) 위치에서 오름차순으로 정렬합니다. 이번 코드에 대한 설명은 688쪽의 ❼에 좀 더 상세하게 되어 있으니 참고합니다.

02 개발된 매크로를 테스트하기 위해, 단축키 Alt + F11 을 눌러 엑셀 창으로 전환한 다음 리본 메뉴의 [개발 도구] 탭-[컨트롤] 그룹-[삽입]-[양식 컨트롤]-[단추] 컨트롤을 클릭한 다음 G2:H3 범위 내에 드래그해 삽입합니다. 개발된 '통합' 매크로와 연결합니다.

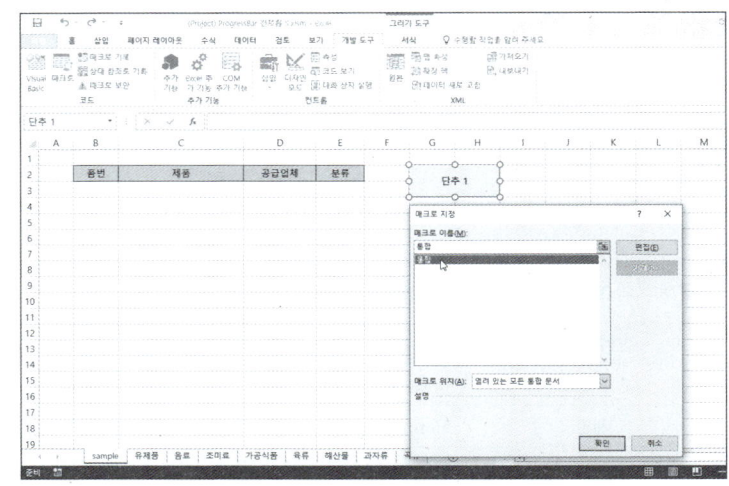

03 단추 컨트롤의 레이블 명칭을 '통합'으로 변경한 다음, 빈 셀을 클릭합니다. 〈통합〉 버튼을 클릭하면 여러 시트에 있는 데이터가 하나로 취합됩니다.

작업 진행 표시(Progress 컨트롤) 폼 III - 폼 연동

282

이제 개발한 매크로를 폼과 연결해 매크로 진행 상황을 표시하겠습니다. 매크로를 폼과 연동하는 방법은 SECTION 279와 유사하지만, 매크로에 따라 그에 맞는 방법으로 코드를 수정할 수 있어야 합니다. 이번에는 Progress 컨트롤을 사용하는 폼에 매크로 진행 상황을 전달하고, 매크로가 종료되면 해당 폼도 함께 종료되도록 하는 방법에 대해 알아보겠습니다.

예제 파일 PART 03 \ (Project) ProgressBar 컨트롤 III.xlsm

01 예제를 열고, 진행 상황을 표시할 폼을 호출했을 때의 동작을 개발합니다. 단축키 Alt + F11 을 누른 다음 프로젝트 탐색기 창에서 'frm진행상황' 폼을 더블클릭해 선택합니다. [코드 보기] 명령(📄)을 클릭해 코드 창을 열고, 개체 목록에서 UserForm 개체를, 프로시저 목록에서 Initialize 이벤트를 선택한 다음 아래 코드를 입력합니다.

파일 : (Project) ProgressBar 컨트롤 II (코드).txt

```
Private Sub UserForm_Initialize()                    ①

    Me.Caption = "진행 상황 표시 폼"                    ②

End Sub
```

① UserForm_Initialize 이벤트는 폼을 실행할 때 자동으로 실행됩니다.
② 폼의 제목 표시줄에 '진행 상황 표시 폼'이라는 문자열을 표시합니다.

02 이번에는 매크로가 종료될 때 폼을 종료할 매크로를 개발합니다. 프로젝트 탐색기 창에서 'Module1' 개체를 더블클릭하고 코드 창에 다음 코드를 입력합니다.

파일 : (Project) ProgressBar 컨트롤 II (코드).txt

```
Sub 폼닫기()

    Unload frm진행상황                    ①

End Sub
```

① 'frm진행상황' 폼을 닫습니다.

03 기존에 개발해 놓은 '통합' 매크로를 폼과 연동하도록 다음 코드를 추가합니다.

파일 : (Project) ProgressBar 컨트롤 III (코드).txt

```
Sub 통합()

'1단계 : 필요한 변수를 선언합니다.
    Dim 시트 As Worksheet
    Dim 사번 As Range, 셀 As Range
    Dim 제품레코드 As Range
    Dim 복사위치 As Range
    Dim 전체건수 As Long                    ❶
    Dim 처리건수 As Long
    Dim 진행율 As Single

'2단계 : 매크로로 처리할 전체 데이터 건수를 셉니다.
    For Each 시트 In Worksheets              ❷
    
        If 시트.Name <> ActiveSheet.Name Then   ❸
        
            전체건수 = 전체건수 + 시트.Range("B2").CurrentRegion.Rows.Count - 1   ❹
        
        End If
    
    Next

'3단계 : 모든 시트의 데이터를 'sample' 시트로 취합합니다.

'3-1단계 : 상태 진행 표시 폼을 화면에 표시합니다.
    frm진행상황.Show vbModeless              ❺
    
    For Each 시트 In Worksheets
    
        If 시트.Name <> ActiveSheet.Name Then

'3-2단계 : 각 시트의 데이터 범위를 복사해 'sample' 시트에 붙여 넣습니다.
            Set 사번 = 시트.Range("B3", 시트.Cells(Rows.Count, "B").End(xlUp))
            
            For Each 셀 In 사번
            
                If Columns(2).Find(What:=셀.Value, LookAt:=xlWhole) Is Nothing Then
                
                    Set 제품레코드 = 셀.Resize(1, 4)
                    Set 복사위치 = Cells(Rows.Count, "B").End(xlUp).Offset(1)
                    
                    제품레코드.Copy 복사위치
                
                End If

'3-3단계 : 진행 상황 폼에 현재 작업 진행 상황을 표시합니다.
                처리건수 = 처리건수 + 1           ❻
                진행율 = 처리건수 / 전체건수        ❼
```

```
            With frm진행상황                    ⑧
                .ProgressBar1.Value = 진행율 * 100
                .lbl백분율.Caption = Format(진행율, "0%")
            End With

            DoEvents                    ⑨

        Next

    End If

Next

'4단계 : 작업을 마무리하고 폼을 닫습니다.
    Range("B2").CurrentRegion.Sort Key1:=Range("B3"), Order1:=xlAscending, Header:=xlYes

    Application.OnTime Now + TimeSerial(0, 0, 1), "폼닫기"          ⑩

End Sub
```

❶ 다음 변수를 추가합니다.

변수 이름	형식	설명
전체건수	Long	전체 작업 건수를 저장합니다.
처리건수	Long	매크로로 처리된 건수를 저장합니다.
진행율	Single	매크로 진행 상황을 백분율로 계산한 결과를 저장합니다.

❷ 처리할 전체 데이터 건수를 세기 위해, For Each … Next 순환문을 사용해 전체 시트를 순환하면서 하나씩 '시트' 개체 변수에 할당합니다.

❸ 현재 시트는 제외하고 ❹의 코드가 실행되도록 합니다.

❹ '전체건수' 변수에 순환 중인 시트 B2셀의 연속된 범위의 행 수에서 1(머리글 행)을 뺀 수를 누적해서 더합니다.

❺ 'frm진행상황' 폼을 화면에 표시합니다.

❻ '처리건수' 변수의 값을 1씩 증가시켜, 매크로에서 처리한 데이터 건수를 셉니다.

❼ '진행율' 변수에 '처리건수' 변수의 값을 '전체건수' 변수의 값으로 나눈 값을 저장합니다.

❽ 'frm진행상황' 폼의 ProgressBar1 컨트롤의 값을 '진행율' 변수의 값에 100을 곱해 전달하고, 'lbl백분율' 컨트롤의 표시 값을 '진행율' 변수의 값에 백분율 스타일을 적용해 표시합니다.

❾ 폼 개체의 진행 상황이 제대로 표시될 수 있도록 DoEvents 명령을 사용합니다.

❿ 모든 작업이 끝나고 1초 뒤에 '폼닫기' 매크로를 호출합니다.

TIP 글꼴이 굵게 설정된 부분이 새로 추가된 코드입니다.

LINK 이번 작업은 938~939쪽의 코드와 유사하므로, 해당 설명을 함께 참고합니다.

04 매크로가 폼과 제대로 연동되는지 확인하기 위해 단축키 Alt + F11 을 눌러 엑셀 창으로 전환한 다음, 〈통합〉 버튼을 클릭합니다. 매크로가 진행되면서 진행 상황이 폼에 표시됩니다.

차트 표시 폼 I – 폼 구성

283

폼에 차트를 표시하고 싶어 하는 경우가 종종 있는데, 폼에는 차트 개체를 컨트롤할 수 있는 기능이 따로 제공되지 않으므로 폼에서 차트를 직접 제어할 수 있는 방법은 없습니다. 하지만 그렇다고 폼에 차트를 표시할 수 없는 것은 아닙니다. 차트를 표시하고 싶다면, 워크시트에서 차트를 생성하고 해당 차트의 이미지를 이미지 컨트롤을 이용해 폼에 표시하는 방법을 사용하면 됩니다.

예제 파일 PART 03 \ (Project) 차트 표시 폼 I.xlsm

01 예제를 열면 다음과 같은 표를 확인할 수 있습니다. 폼을 이용해 영업사원의 월별 실적 차트를 표시하는 작업을 해 보겠습니다.

02 이번에 완성할 폼의 모습은 다음과 같습니다.

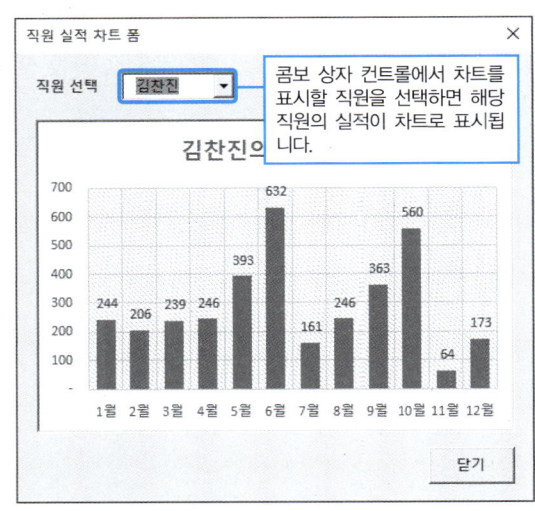

콤보 상자 컨트롤에서 차트를 표시할 직원을 선택하면 해당 직원의 실적이 차트로 표시됩니다.

03 먼저 폼 개체를 추가하기 위해 단축키 Alt + F11 을 눌러 VB 편집기를 호출한 다음, [삽입]-[사용자 정의 폼] 메뉴를 선택해 폼 개체를 추가합니다.

04 폼 개체에 다음과 같은 컨트롤을 각각 삽입합니다.

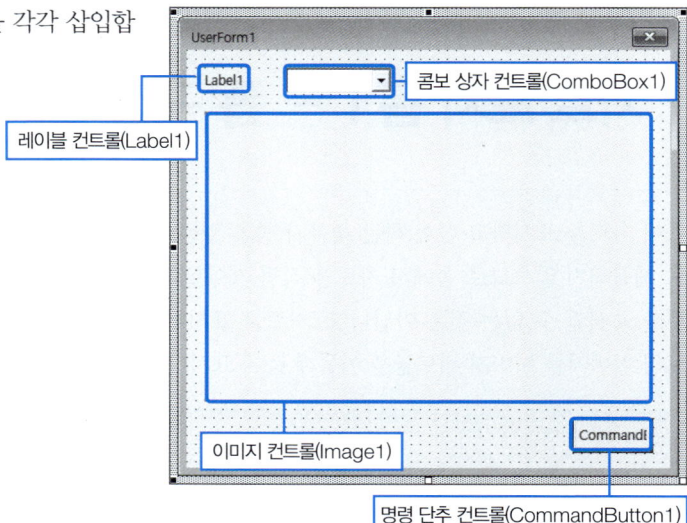

> **Plus⁺ 컨트롤을 삽입할 때 주의할 점**
>
> 폼에 추가된 Image 컨트롤은 차트를 표시할 것이기 때문에 되도록 차트의 크기와 동일하게 설정할 필요가 있습니다. 이번 예제에서는 차트의 크기를 가로 300, 세로 200으로 생성할 것이므로 Image 컨트롤의 크기도 동일하게 설정합니다. Image 컨트롤의 크기를 정확하게 설정하려면 속성 창을 이용하면 편리합니다. Image 컨트롤을 선택하고 속성 창에서 다음 속성 값을 조정하면 됩니다.
> - Height : 200
> - Width : 300

05 삽입된 컨트롤을 각각 선택하고 다음 표를 참고해 속성을 변경합니다.

컨트롤 \ 속성	(이름)	Caption	SpecialEffect
Label1		직원 선택	
ComboBox1	cmb직원		
Image1	img차트		2-fmSpecialEffectSunken
CommandButton1	btn닫기	닫기	

06 설정이 완료되면 다음과 같은 폼 개체를 확인할 수 있습니다.

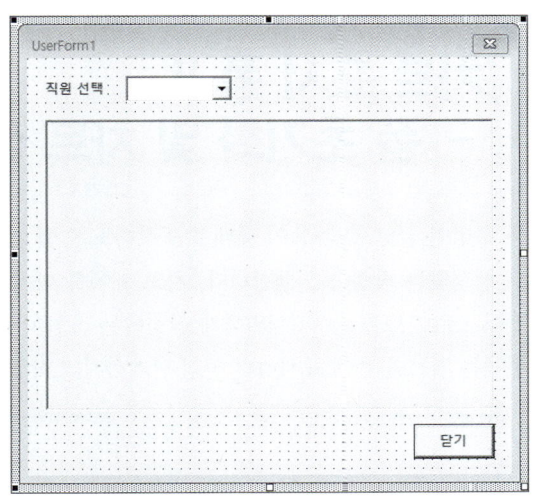

07 폼 개체가 선택된 상태로 속성 창에서 '(이름)' 속성의 값을 'frm차트'로 변경합니다.

차트 표시 폼 II
– 폼 초기화 및 차트 생성

284

폼 구성이 끝났으면, 폼이 제대로 동작하도록 몇 가지 기능을 개발하고 차트를 생성한 뒤 이미지 파일로 생성하는 작업을 진행합니다. 차트 개체를 다루는 방법은 뒤의 CHAPTER 19에서 자세하게 다룰 것이므로 차트를 좀 더 세밀하게 설정하는 작업이 필요한 분은 CHAPTER 19를 참고하면 됩니다. 이번에는 차트를 폼에 표시하기 이전 단계까지의 작업을 진행하는 방법에 대해 알아보겠습니다.

예제 파일 PART 03 \ (Project) 차트 표시 폼 II.xlsm

01 예제를 열고, 구성된 폼이 제대로 동작하도록 몇 가지 기능을 추가합니다. 단축키 Alt + F11 을 누르고 VB 편집기의 프로젝트 탐색기 창에서 UserForm1 폼 개체를 더블클릭해 선택한 다음, [코드 보기] 명령(▣)을 클릭해 코드 창을 엽니다.

02 폼에 추가된 ComboBox 컨트롤에 직원 이름을 추가합니다. 개체 목록에서 UserForm 개체를 선택하고 프로시저 목록에서 Initialize 이벤트를 선택한 다음, 아래 코드를 입력합니다.

```
Private Sub UserForm_Initialize()                    ❶

'1단계 : 필요한 변수를 선언하고, 초기 값을 설정합니다.
    Dim 직원 As Range                                ❷

    Set 직원 = Range("C2", Range("C2").End(xlToRight))    ❸

'2단계 : 콤보 상자 컨트롤에 데이터를 추가합니다.
    cmb직원.Column = 직원.Value                       ❹

'3단계 : 폼의 제목 표시줄을 설정합니다.
    Me.Caption = "직원 실적 차트 폼"                   ❺

End Sub
```

❶ UserForm_Initialize 이벤트는 폼이 실행될 때 자동으로 실행됩니다.

❷ Range 형식의 '직원' 개체변수를 선언합니다.

❸ '직원' 개체변수에 직원 이름이 입력되어 있는 C2셀부터 2행의 오른쪽 마지막 데이터 입력 위치까지의 범위(C2:K2)를 할당합니다. 만약 중간에 빈 셀이 포함될 수 있다면, 코드를 다음과 같이 수정합니다.

```
Set 직원 = Range("C1", Cells(1, Columns.Count).End(xlToLeft))
```

❹ 'cmb직원' 컨트롤의 Column 속성을 이용해 직원 데이터를 등록합니다. '직원' 개체변수에 할당된 범위가 열 방향으로 구성되어 있어 Column 속성을 이용했지만, 행 방향으로 구성된 경우라면 List 속성을 이용해 다음 코드를 입력합니다.

```
cmb직원.List = 직원.Value
```

❺ 현재 폼 개체의 제목 표시줄에 '직원 실적 차트 폼' 문자열을 표시합니다.

03 개발된 코드가 제대로 동작하는지 확인하기 위해 F5 키를 눌러 폼을 실행합니다. ComboBox 컨트롤의 화살표를 클릭하면 화면과 같이 직원 이름이 표시됩니다.

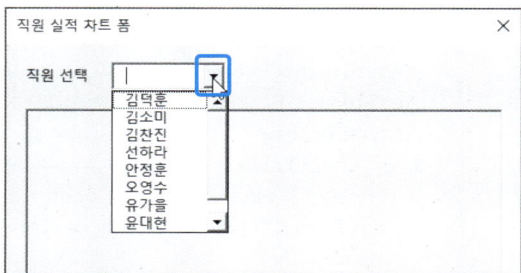

04 결과를 확인했다면 폼의 닫기 단추(■)를 클릭해 닫습니다. 이번에는 폼의 〈닫기〉 버튼을 클릭했을 때의 동작을 개발합니다. 폼 개체의 〈닫기〉 버튼을 더블클릭해 'btn닫기_Click' 이벤트 프로시저를 생성하고 다음 코드를 입력합니다.

```
Private Sub btn닫기_Click()        ─────❶

    Unload Me        ─────❷

End Sub
```

❶ 'btn닫기_Click' 이벤트는 폼의 〈닫기〉 버튼을 클릭할 때 실행됩니다.

❷ 현재 폼(Me)을 닫습니다.

05 이제 차트를 생성하는 작업을 진행합니다. 차트는 **03** 단계에서와 같이 직원을 선택하면 선택된 직원에 해당하는 범위를 참고해 생성해야 합니다. 그러므로 직원 이름을 매개변수로 받아 차트를 생성하는 매크로를 개발할 필요가 있습니다. VB 편집기의 [삽입]-[모듈] 메뉴를 선택하고 다음 코드를 참고해 '차트 생성' 매크로를 개발합니다.

파일 : (Project) 차트 표시 폼 II (코드 I).txt

```
Sub 차트생성(선택직원 As String)        ─────❶

'1단계 : 필요한 변수를 선언합니다.        ─────❷
    Dim 직원 As Range, c As Integer
    Dim 원본범위 As Range
```

```
'2단계 : 변수에 초기 값을 설정합니다.
    Set 직원 = Range("C2", Range("C2").End(xlToRight))        ─────────❸
    c = WorksheetFunction.Match(선택직원, 직원, 0)               ─────────❹
    Set 원본범위 = Range("B2").CurrentRegion.Columns(1)         ─────────❺
    Set 원본범위 = Union(원본범위, 원본범위.Offset(, c))         ─────────❻

'3단계 : 차트를 생성하고, 몇 가지 설정을 변경합니다.
    ActiveSheet.Shapes.AddChart(Width:=300, Height:=200).Select  ─────────❼
    With ActiveChart
        .SetSourceData Source:=원본범위                  ─────────❽
        .ChartType = xlColumnClustered                   ─────────❾
        .ChartStyle = 208                                ─────────❿
        .ChartGroups(1).GapWidth = 80                    ─────────⓫
        .SetElement Element:=msoElementDataLabelOutSideEnd ───────⓬
        .Legend.Delete                                   ─────────⓭
        With .ChartTitle                                 ─────────⓮
            If 원본범위.Areas.Count > 1 Then
                .Text = 원본범위.Areas(2).Cells(1).Value & "의 판매 실적"
            Else
                .Text = 원본범위.Columns(2).Cells(1).Value & "의 판매 실적"
            End If

End Sub
```

❶ '차트생성' 매크로를 선언합니다. '차트생성' 매크로는 '선택직원' 변수에 ComboBox 컨트롤에서 선택한 직원 이름을 전달 받아 해당 직원 데이터로 차트를 생성합니다.

❷ 이번 매크로에서 사용할 다음과 같은 변수를 선언합니다.

변수 이름	형식	설명
직원	Range	직원 이름이 입력된 범위를 할당합니다.
c	Integer	선택한 직원 위치의 열 인덱스 번호를 저장합니다.
원본범위	Range	차트 원본 데이터 범위를 할당합니다.

❸ '직원' 개체변수에 C2셀부터 2행의 오른쪽 마지막 데이터 입력 위치까지의 범위를 할당합니다.

❹ c 변수에 '선택직원' 매개변수에 저장된 값을 '직원' 개체변수에 할당된 범위에서 찾은 인덱스 값을 저장합니다.

❺ '원본범위' 개체변수에 B2셀부터 연속된 전체 데이터 범위의 첫 번째 열 범위를 할당합니다. 이렇게 하면 차트의 X축에 표시될 항목 범위를 '원본범위' 개체변수에 할당할 수 있습니다.

❻ 차트에 표시될 Y축 범위를 추가하기 위해 Union 메서드를 이용합니다. 추가될 범위는 인덱스 변수에 저장된 값만큼 '원본범위' 변수에 할당된 범위에서 오른쪽으로 이동한 범위입니다. 이렇게 하면 '원본범위' 변수에 차트의 X축과 Y축 범위가 할당됩니다.

❼ 차트를 새로 생성합니다. 폼 개체에 생성된 차트를 표시할 것이므로 생성된 차트의 가로 너비와 세로 길이가 폼의 이미지 컨트롤과 동일하도록 AddChart 메서드의 Width(가로)와 Height(세로) 매개변수의 값을 300×200으로 설정해 차트를 생성합니다. 그런 다음, 쉽게 조작할 수 있도록 Select 메서드를 이용해 차트를 선택합니다.

❽ 선택된 차트의 원본 범위를 '원본범위' 개체변수에 할당된 범위로 설정합니다.

⑨ 차트 종류는 세로 막대형 차트로 설정합니다. 참고로 ChartType 속성은 Chart 개체의 차트 종류를 설정할 때 쓰며, xlColumnClustered는 2차원 세로 막대형 차트의 '묶은 세로 막대형' 차트를 의미합니다.

⑩ 차트 레이아웃을 '차트 스타일 8'로 변경합니다.

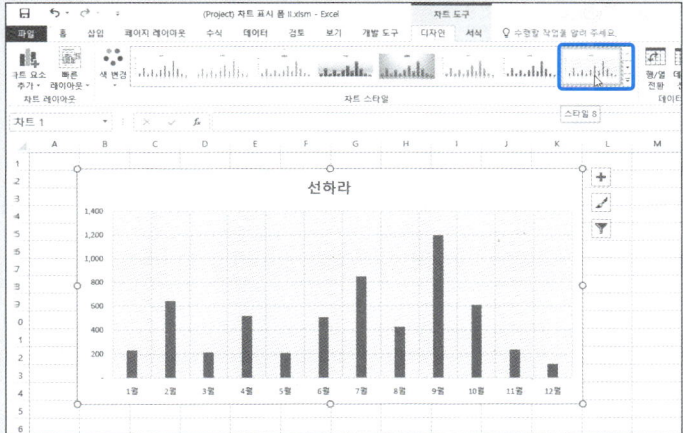

'208'과 같은 차트 스타일 번호는 차트에 스타일을 적용하는 과정을 매크로 기록기로 기록해 보면 쉽게 알아낼 수 있습니다.

⑪ 막대 그래프 사이의 간격 너비(GapWidth)를 219%에서 80%로 조정합니다. 이렇게 하면 막대 그래프 사이의 간격이 좁아져, 막대 그래프가 더 두껍게 표시됩니다.

⑫ 데이터 레이블을 표시하며, 데이터 레이블의 위치를 '바깥쪽 끝에'(msoElementDataLabelOutSiceEnd)로 설정합니다. 이렇게 하면 막대 그래프의 값이 표시됩니다.

⑬ Legend 개체는 차트의 범례입니다. Delete 메서드를 사용해 범례를 삭제합니다.

⑭ 차트 제목을 'xxx의 판매 실적'으로 변경합니다. xxx는 선택한 데이터의 직원 이름으로 '원본범위' 개체변수에 할당된 범위의 두 번째 범위(Y축 범위)의 첫 번째 셀 값과 동일합니다. 차트 제목의 글꼴 크기를 14로 조정합니다.

06 '차트생성' 매크로가 제대로 동작되는지 확인하기 위해 직접 실행 창에 다음과 같은 코드를 입력합니다. 단축키 Alt + F11 을 눌러 엑셀 창으로 전환하면 입력된 직원의 차트가 오른쪽 화면과 같이 생성되어 있어야 합니다.

```
차트생성 "최소라"
```

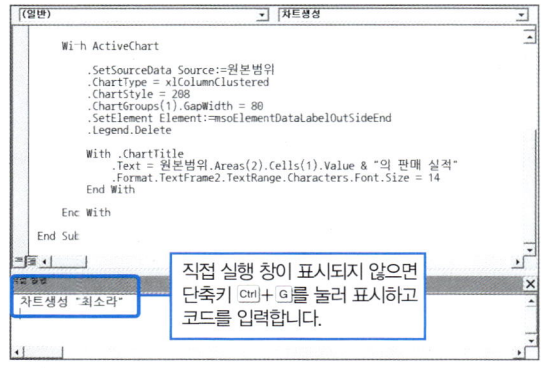
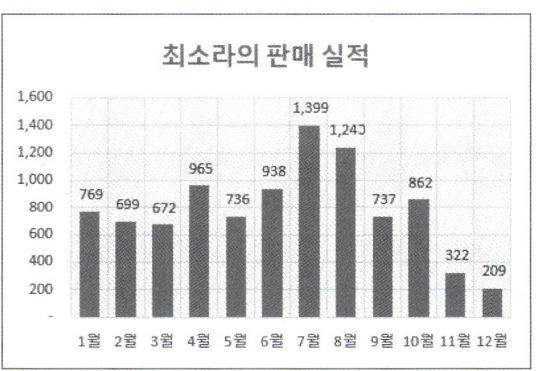

07 확인이 끝났으면 생성된 차트를 선택하고 지웁니다. 이제 생성된 차트를 이미지로 저장하고 지우는 코드를 '차트생성' 매크로에 추가합니다. 단축키 Alt + F11 을 눌러 VB 편집기로 전환하고 Module1 개체의 코드 창에서 '차트생성' 매크로를 다음을 참고해 수정합니다.

파일 : (Project) 차트 표시 폼 II (코드 II).txt

```
Sub 차트생성(선택직원 As String)

'1단계 : 필요한 변수를 선언합니다.
    Dim 직원 As Range, c As Integer
    Dim 원본범위 As Range
    Dim 경로 As String               ①
    Dim 파일 As String

'2단계 : 변수에 초기 값을 설정합니다.
    Set 직원 = Range("C2", Range("C2").End(xlToRight))
    c = WorksheetFunction.Match(선택직원, 직원, 0)

    경로 = ThisWorkbook.Path & "\"    ②
    파일 = "chart.gif"

    Set 원본범위 = Range("B2").CurrentRegion.Columns(1)
    Set 원본범위 = Union(원본범위, 원본범위.Offset(, c))

'3단계 : 차트를 생성하고, 몇 가지 설정을 변경합니다.
    ActiveSheet.Shapes.AddChart(Width:=300, Height:=200).Select

    With ActiveChart

        .SetSourceData Source:=원본범위
        .ChartType = xlColumnClustered
        .ChartStyle = 208
        .ChartGroups(1).GapWidth = 80
        .SetElement Element:=msoElementDataLabelOutSideEnd
        .Legend.Delete

        With .ChartTitle
            .Text = 원본범위.Areas(2).Cells(1).Value & "의 판매 실적"
            .Format.TextFrame2.TextRange.Characters.Font.Size = 14
        End With

'4단계 : 생성된 차트를 이미지 파일로 저장하고, 차트는 삭제합니다.
        If Dir(경로 & 파일) <> "" Then Kill PathName:=경로 & 파일    ③

        .Export Filename:=경로 & 파일, FilterName:="GIF"    ④

        .Parent.Delete    ⑤

    End With

End Sub
```

❶ 다음 변수를 추가합니다.

변수 이름	형식	설명
경로	String	차트 이미지 파일을 저장할 경로를 저장합니다.
파일	String	차트 이미지 파일의 이름을 저장합니다.

❷ '경로' 변수에 현재 파일(ThisWorkbook)의 경로와 경로 구분자(\)를 연결한 문자열을 저장하고, '파일' 변수에는 생성된 차트를 저장할 파일 이름인 'chart.gif'을 저장합니다.

❸ '경로'와 '파일' 변수를 연결한 파일(기존 차트 이미지 파일)이 존재하는지 확인하기 위해 Dir 함수를 사용합니다. Dir 함수의 반환 값이 빈 문자(" ")가 아니라면 기존 파일이 있다는 의미이므로 Kill 함수를 사용해 파일을 삭제합니다.

❹ Chart 개체의 Export 메서드를 이용하면 차트를 다른 파일로 저장할 수 있습니다. 파일 이름(Filename 매개변수)은 '경로'와 '파일' 변수를 연결한 문자열로 하고, 파일 종류(FilterName 매개변수)는 GIF로 설정합니다.

❺ 워크시트에 삽입된 차트는 필요하지 않으므로 삭제합니다. 차트를 삭제하려면 Chart 개체가 포함된 도형(Shape) 개체(ChartObject 개체)를 삭제해야 합니다. 차트를 생성할 때 ActiveSheet.Shapes.AddChart와 같은 명령을 사용한 것을 기억하면 쉽게 이해할 수 있습니다. 그러므로 차트의 상위 개체를 반환하는 Parent 속성을 이용해 Delete 메서드를 이용해 삭제합니다.

08 코드 추가 작업을 완료한 다음 **06** 과정을 참고해 동일한 테스트를 합니다. 엑셀 창에는 차트가 표시되지 않고 예제 파일이 있는 폴더에 'chart.gif' 파일이 생성됩니다.

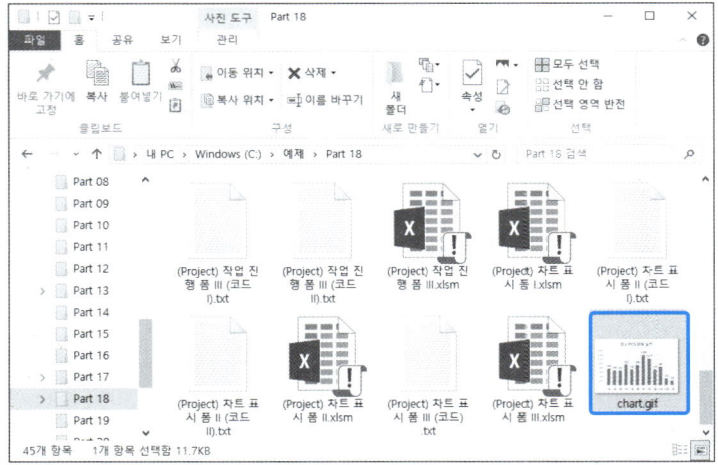

차트 표시 폼 III - 폼 완성

285

차트 이미지 파일이 생성되도록 했으니, 이번에는 폼에 해당 이미지를 표시하는 작업을 진행합니다. 폼의 ComboBox 컨트롤에서 선택한 직원에 따라 Image 컨트롤에 생성된 'chart.gif' 파일을 표시하고, 폼을 닫을 때 'chart.gif' 파일을 삭제하도록 하면 됩니다. 차트를 폼에 표시하는 것과 같이 직접 지원되지 않는 기능도 Image 개체를 활용하면 폼에 표시할 수 있습니다. 그러므로 이 방법을 잘 기억해두면 여러 가지로 활용할 수 있습니다.

예제 파일 PART 03 \ (Project) 차트 표시 폼 III.xlsm

01 예제를 열고 폼 개체의 ComboBox 컨트롤에서 직원을 선택했을 때의 동작을 개발합니다. 단축키 Alt + F11 을 눌러 VB 편집기를 호출합니다. 프로젝트 탐색기 창에서 'frm차트' 폼 개체를 더블클릭해 선택하고 'cmb직원' 콤보 상자 컨트롤을 더블클릭합니다. 'cmb직원_Change' 이벤트 프로시저가 코드 창에 생성되면, 다음 코드를 입력합니다.

파일 : (Project) 차트 표시 폼 III (코드).txt

```
Private Sub cmb직원_Change()                          ①

    If cmb직원.MatchFound = True Then                 ②

        차트생성 cmb직원.Value                          ③
        img차트.Picture = LoadPicture(Filename:=ThisWorkbook.Path & "\chart.gif")    ④

    Else                        ⑤

        img차트.Picture = LoadPicture("")

    End If

End Sub
```

① 'cmb직원_Change' 이벤트 프로시저는 'cmb직원' 컨트롤의 값을 변경할 때 실행됩니다.

② 'cmb직원' 컨트롤의 값이 'cmb직원' 컨트롤의 목록 값 중 하나인지 판단하기 위해 MatchFound 속성의 값을 확인합니다. 이 값이 True면 목록의 값 중 하나라는 의미입니다. 이런 코드가 필요한 이유는 ComboBox 컨트롤은 값을 목록에서 선택할 수도 있지만 직접 입력하는 것도 가능하기 때문입니다.

③ '차트생성' 매크로를 호출해 실행합니다. '선택직원' 매개변수에 'cmb직원' 컨트롤의 값을 전달합니다. 좀 더 정확한 의미 전달을 위해 코드를 다음과 같이 수정할 수 있습니다.

```
차트생성 선택직원:=cmb직원.Value

또는

Call 차트생성(선택직원:=cmb직원.Value)
```

❹ 'img차트' 컨트롤에 생성된 차트 이미지(chart.gif)를 LoadPicture 함수를 사용해 표시합니다.

❺ 'cmb직원' 컨트롤의 값이 목록 내 값이 아니라면, 'img차트' 컨트롤에 아무것도 표시하지 않기 위해 LoadPicture 함수에 빈 문자(" ")를 전달합니다.

02 차트가 제대로 표시되는지 확인하기 위해 F5 키를 눌러 폼을 실행합니다. ComboBox 컨트롤에서 목록 내 값을 한 명 선택해 보고, 한 번은 자신의 이름을 입력해 화면과 동일한 결과가 나타나는지 확인합니다.

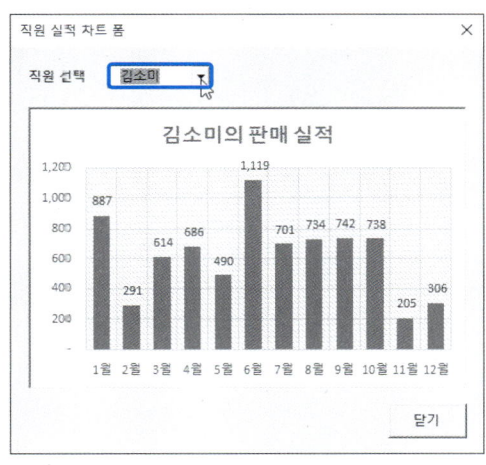
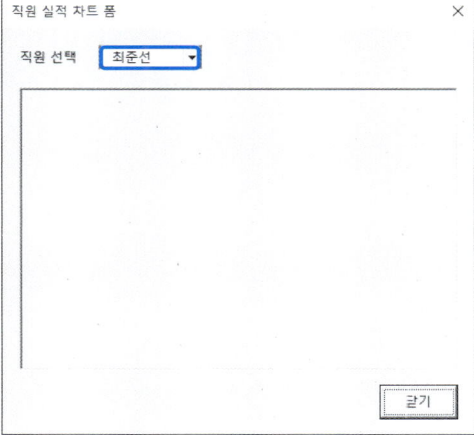

03 닫기 단추를 클릭해 폼을 닫고, 폼을 닫을 때 생성된 chart.gif 파일을 삭제하는 기능을 추가해 보겠습니다. 프로젝트 탐색기 창에서 'frm차트' 폼 개체를 더블클릭해 선택하고 [코드 보기] 명령(▣)을 클릭합니다. 개체 목록에서는 UserForm 개체를, 프로시저 목록에서는 Terminate 이벤트를 선택한 다음, 아래 코드를 입력합니다.

```
Private Sub UserForm_Terminate()         ────────❶

    Kill ThisWorkbook.Path & "\chart.gif"    ────────❷

End Sub
```

❶ UserForm_Terminate 이벤트 프로시저는 폼을 닫은 다음 실행합니다.

❷ 현재 파일 경로의 'chart.gif' 파일을 삭제합니다.

04 폼을 실행하는 '폼실행' 매크로를 Module1 개체의 코드 창에 다음 코드를 입력해 개발합니다.

```
Sub 폼실행()
    frm차트.Show  ————————①
End Sub
```

① 'frm차트' 폼 개체를 실행합니다.

05 이제 매크로 개발이 모두 끝났습니다. 단축키 Alt + F11 을 눌러 엑셀 창으로 전환한 다음 리본 메뉴의 [개발 도구] 탭-[컨트롤] 그룹-[삽입]-[양식 컨트롤]-[단추] 명령을 클릭해 단추 컨트롤을 삽입하고 '폼실행' 매크로를 연결해 사용합니다.

마법사 폼 I - 폼 구성 286

폼 개체는 크기가 한정되어 있기 때문에 한 화면에 많은 것을 설정하기가 어렵습니다. 설정할 항목이 많을 경우, 단계별로 할 일을 구분해 폼 화면을 구성할 수 있다면 폼 구성 방법이 좀 더 다양해질 수 있습니다. 이렇게 단계별로 폼 설정을 구분해 처리할 수 있는 폼을 마법사 폼이라고 합니다. 마법사 폼은 MultiPage 컨트롤을 사용해 개발하면 됩니다. 이번에는 마법사 폼을 구성하는 방법에 대해 알아보겠습니다.

예제 파일 PART 03 \ (Project) 마법사 폼 I.xlsm

01 이번 예제에서 개발할 마법사 폼은 다음과 같은 3단계로 구성됩니다. 그림 파일을 지정된 위치에 삽입하는 마법사 폼을 만들어 보겠습니다.

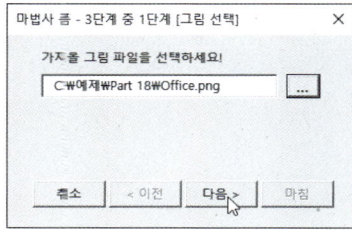
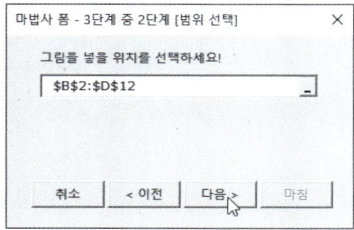
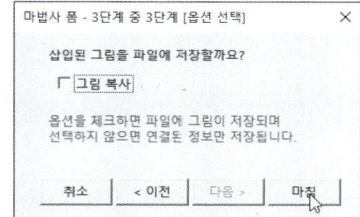

02 예제를 열고 마법사 폼을 구성하기 위해 단축키 Alt + F11 을 눌러 VB 편집기를 호출합니다. [삽입]-[사용자 정의 폼] 메뉴를 선택해 폼 개체를 삽입하고 다음과 같은 컨트롤을 추가합니다.

다중 페이지 컨트롤(MultiPage1)
명령 단추 컨트롤 네 개(CommandButton1 ~ CommandButton4)

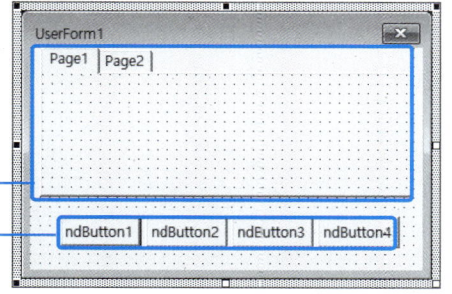

03 MultiPage 컨트롤의 각 페이지는 마법사의 각 단계별 화면으로 사용합니다. 이번 예제에서는 총 3단계로 구성된 마법사 폼을 개발할 것이므로 세 번째 페이지를 추가할 필요가 있습니다. MultiPage 컨트롤의 탭을 마우스 오른쪽 버튼으로 클릭하고 단축 메뉴에서 [새 페이지] 메뉴를 선택합니다.

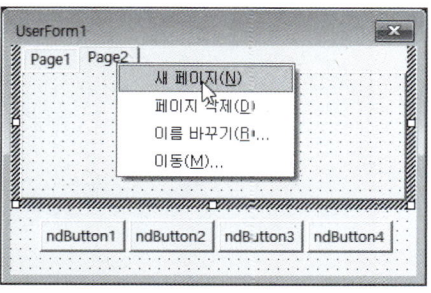

04 이제 삽입된 컨트롤 중에서 CommandButton 컨트롤을 각각 선택하고, 다음 표를 참고해 속성 창에서 컨트롤의 속성을 변경합니다.

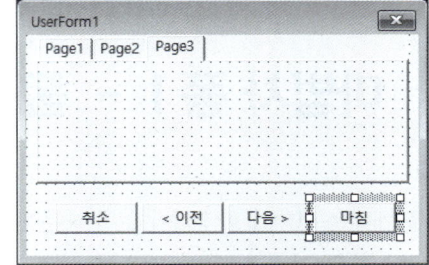

컨트롤속성	(이름)	Caption
CommandButton1	btn취소	취소
CommandButton2	btn이전	〈 이전
CommandButton3	btn다음	다음 〉
CommandButton4	btn마침	마침

마법사 폼 II
– 페이지별 컨트롤 구성

287

마법사 폼은 MultiPage 컨트롤의 개별 페이지 부분에 마법사의 각 단계별 화면을 구성하면 됩니다. 이번에는 각각의 페이지를 선택하고 필요한 컨트롤을 추가하는 작업을 진행합니다. 그런 다음, MultiPage 컨트롤의 탭을 표시하지 않도록 설정하면 마법사 폼의 기본 구성 작업을 끝낼 수 있습니다.

예제 파일 PART 03 \ (Project) 마법사 폼 II.xlsm

01 예제를 열고 단축키 Alt + F11 을 누른 다음 프로젝트 탐색기 창에서 UserForm1 개체를 더블클릭해 선택합니다. MultiPage1 컨트롤의 'Page1' 부분에 삽입할 그림 파일을 선택할 수 있도록 다음 세 개의 컨트롤을 추가합니다.

02 추가한 컨트롤을 각각 선택하고, 속성 창에서 다음과 같이 속성을 각각 수정합니다.

컨트롤 \ 속성	(이름)	Caption
Label1		가져올 그림 파일을 선택하세요!
TextBox1	txt파일	
CommandButton1	btn선택	...

03 이번에는 그림 파일을 넣을 위치를 선택할 수 있도록 두 번째 페이지에 컨트롤을 추가합니다. MultiPage1 컨트롤 내의 Page2를 선택하고 다음 컨트롤 두 개를 추가합니다.

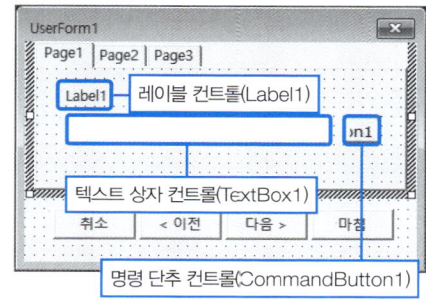

CHAPTER 18 | 실무 활용 폼 / **959**

04 추가한 컨트롤을 각각 선택하고 속성 창에서 다음 속성을 각각 수정합니다.

컨트롤 \ 속성	(이름)	Caption
Label2		그림을 넣을 위치를 선택하세요!
RefEdit1	ref범위	

05 그림을 저장할 것인지 여부를 선택할 수 있도록 세 번째(마지막) 페이지를 설정합니다. MultiPage1 컨트롤 내의 Page3를 선택하고 다음 컨트롤 세 개를 추가합니다.

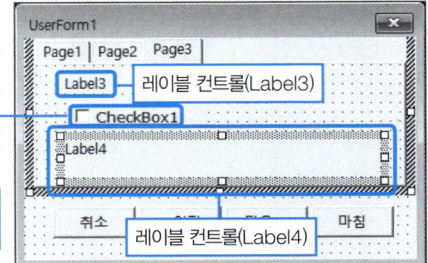

06 추가한 컨트롤을 각각 선택하고 속성 창에서 다음 속성을 각각 수정합니다.

컨트롤 \ 속성	(이름)	Caption	ForeColor
Label3		삽입된 그림을 파일에 저장할까요?	
CheckBox1	chk그림	그림 복사	
Label4		옵션을 체크하면 파일에 그림이 저장되며, 선택하지 않으면 연결된 정보만 저장됩니다.	사용할 수 없는 텍스트 (&H80000011&)

07 이제 MultiPage1 컨트롤의 페이지별 구성이 끝났으므로 탭을 숨깁니다. MultiPage1 컨트롤을 선택해야 하는데, MultiPage1 컨트롤은 여러 장의 페이지 컨트롤이 하나로 구성되어 있어 선택하는 것이 쉽지 않습니다. 그러므로 속성 창 상단의 콤보 상자에서 MultiPage1 컨트롤을 선택하고 Style 속성을 '2-fmTabStyleNone'으로 변경합니다. 그러면 탭 컨트롤이 더 이상 화면에 표시되지 않습니다.

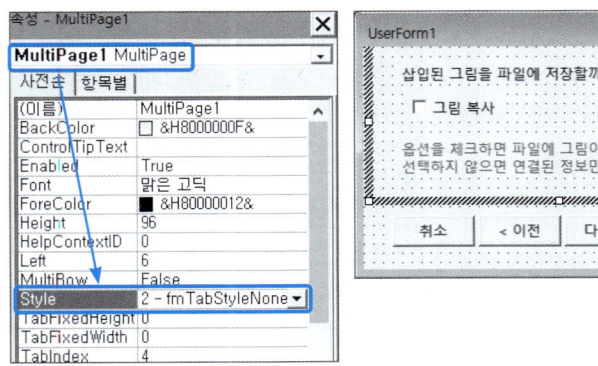

08 마지막으로 마법사 폼을 선택하고 속성 창의 '(이름)' 속성 값을 'frm마법사'로 변경해 폼 이름을 수정합니다.

마법사 폼 III
– 기본 컨트롤 기능 개발하기

288

이제 마법사 폼이 제대로 동작하도록 폼 기능을 개발할 차례입니다. 마법사 폼의 MultiPage 컨트롤 내에 삽입된 여러 컨트롤을 제어하는 것도 중요하지만, 기본적으로는 MultiPage 컨트롤 하단에 삽입된 여러 CommandButton 컨트롤을 조작하는 부분을 먼저 설정하는 것이 좋습니다. 이번에는 마법사 폼 하단의 여러 CommandButton 컨트롤을 이용해 마법사 폼을 단계별로 조작할 수 있도록 설정하는 방법에 대해 알아보겠습니다.

예제 파일 PART 03 \ (Project) 마법사 폼 III.xlsm

---

01 예제를 열고 마법사 폼을 열었을 때의 동작을 개발합니다. 단축키 Alt + F11 을 누른 다음 프로젝트 탐색기 창에서 'frm마법사' 폼 개체를 더블클릭해 선택하고, [코드 보기] 명령(▣)을 클릭해 코드 창을 엽니다. 코드 창의 개체 목록에서 UserForm을 선택하고, 프로시저 목록에서 Initialize 이벤트를 선택한 다음, 아래 코드를 입력합니다.

파일 : (Project) 마법사 폼 III (코드 I).txt

```
'마법사 폼에서 사용할 전역변수를 선언합니다.
Private 폼이름 As String                       ❶

Private Sub UserForm_Initialize()              ❷

'1단계 : 변수의 초기 값을 저장합니다.
    폼이름 = "마법사 폼"                        ❸

'2단계 : MultiPage 컨트롤의 초기 설정 작업을 진행합니다.
    With MultiPage1                            ❹
        .Value = 0                             ❺
        Me.Caption = 폼이름 & " - 3단계 중 1단계 [그림 선택]"    ❻
    End With

'3단계 : 마법사 폼의 버튼 컨트롤의 설정 작업을 진행합니다.
    btn이전.Enabled = False                    ❼
    btn마침.Enabled = False                    ❽
    btn다음.Enabled = True                     ❾

End Sub
```

❶ String 형식의 '폼이름' 변수를 선언합니다. 폼의 다른 이벤트 프로시저에서 함께 사용할 수 있도록 Private 키워드로 선언합니다.

❷ UserForm_Initialize 이벤트는 폼을 실행할 때 자동으로 실행됩니다.

❸ '폼이름' 변수에 '마법사 폼' 문자열을 저장합니다.

❹ MultiPage1 컨트롤에 With 문을 사용해 몇 가지 설정 작업을 한 번에 처리합니다.

❺ 폼을 실행할 때 항상 MultiPage1 컨트롤의 첫 번째 페이지가 표시되도록 Value 속성 값을 0으로 설정합니다. 참고로 MultiPage 컨트롤의 Value 속성 값은 현재 화면에 표시된 탭 페이지를 의미합니다. 첫 번째 탭부터 순서대로 0, 1, 2, …와 같은 값이 할당되므로, Value 속성 값을 0으로 설정하면 항상 첫 번째 탭이 표시됩니다.

❻ 폼의 제목 표시줄에 '폼이름' 변수에 저장된 값과 단계를 설명하는 문자열(– 3단계 중 1단계 [그림 선택])을 연결해 표시합니다.

❼ 〈이전〉 버튼(btn이전)은 사용하지 못하도록 사용 여부 속성(Enabled)을 False로 지정합니다.

❽ 〈다음〉 버튼(btn다음)은 사용하도록 Enabled 속성을 True로 지정합니다.

❾ 〈마침〉 버튼(btn마침)은 사용하지 못하도록 Enabled 속성을 False로 지정합니다.

02 Initialize 이벤트가 제대로 동작하는지 확인하기 위해 코드 창에서 F5 키를 눌러 폼 개체를 실행합니다. 다음과 같은 폼 화면을 확인할 수 있습니다.

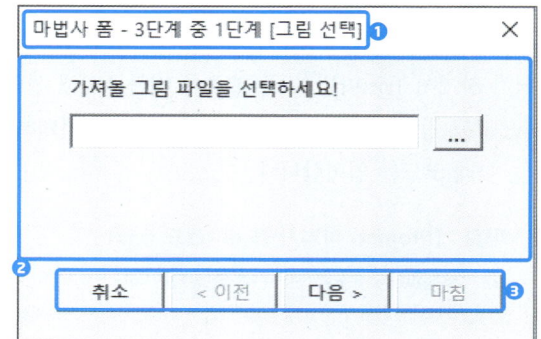

❶ 폼의 제목과 단계, 페이지별 소제목을 확인합니다.

❷ '다중 페이지' 컨트롤의 첫 번째 페이지가 표시되는지 확인합니다.

❸ 〈취소〉와 〈다음〉 버튼만 활성화되고, 〈이전〉과 〈마침〉 버튼은 사용할 수 없는 것을 확인합니다.

03 닫기 단추(×)를 클릭해 폼을 닫고 마법사 폼 하단의 〈다음〉 버튼을 클릭했을 때의 동작을 개발합니다. 프로젝트 탐색기 창의 [코드 보기] 명령(□)을 클릭해 코드 창을 열고 코드 창 상단의 개체 목록에서 'btn다음' 컨트롤을 클릭해 'btn다음_Click' 이벤트 프로시저를 삽입하고 다음 코드를 입력합니다.

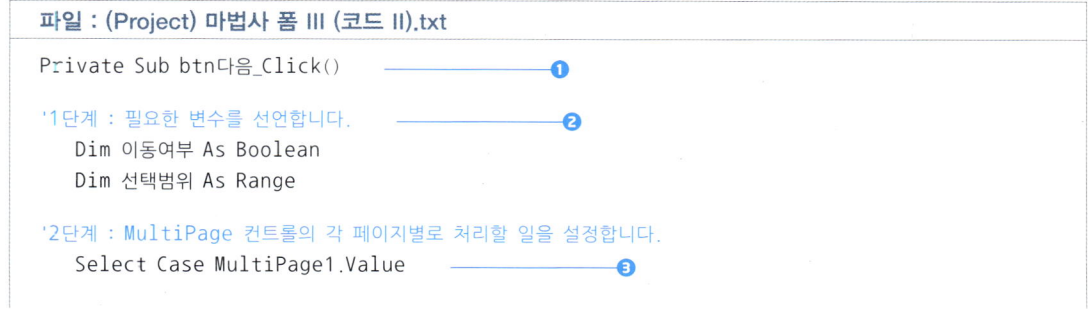

```
            Case 0                          ④
                If Dir(txt파일.Value) <> "" Then 이동여부 = True        ⑤
            Case 1                     ⑥
                On Error Resume Next              ⑦
                    Set 선택범위 = Range(ref범위.Value)        ⑧
                    If Err.Number = 0 Then 이동여부 = True      ⑨
                On Error GoTo 0           ⑩
        End Select

    '3단계 : 준비가 끝나면 다음 페이지로 이동합니다.
        If 이동여부 = True Then MultiPage1.Value = MultiPage1.Value + 1        ⑪

End Sub
```

① 'btn다음_Click' 이벤트 프로시저는 〈다음〉 버튼을 클릭할 때 실행됩니다.

② 이번 이벤트에서 사용할 다음과 같은 변수를 선언합니다.

변수 이름	형식	설명
이동여부	Boolean	다음 페이지로 이동할지 여부를 판단합니다.
선택범위	Range	사용자가 'ref범위' 컨트롤에서 선택한 범위를 할당합니다.

③ 다음 페이지로 이동하기 위해 각 페이지의 설정 작업이 제대로 종료됐는지 여부를 확인할 수 있도록 MultiPage1 컨트롤의 값을 Select Case 문으로 처리합니다.

④ MultiPage1 컨트롤의 값이 0이면 첫 번째 탭입니다. 이 경우 ⑤의 코드를 점검합니다.

⑤ 'txt파일' 컨트롤의 값을 Dir 함수에 전달해 빈 문자(" ")가 아닌지 판단합니다. 빈 문자가 아니라면 정확한 경로의 파일을 선택했다는 의미이므로, 이 경우에만 '이동여부' 변수의 값을 True로 설정합니다. ⑪에서 '이동여부' 변수의 값이 True인 경우에만 다음 페이지로 이동하므로, 'txt파일' 컨트롤에 파일의 전체 경로가 정확하게 들어 있는지 확인해 다음 페이지로 이동할 수 있도록 하기 위해서입니다.

⑥ MultiPage1 컨트롤의 값이 1이면 두 번째 탭입니다. 이 경우 ⑦-⑩의 코드를 점검합니다.

⑦ On Error Resume Next 명령을 사용해 ⑧의 코드에서 에러가 발생해도 디버그 창을 띄우지 않고 다음 줄을 계속 실행합니다.

⑧ Range 개체에 'ref범위' 컨트롤의 값을 전달한 다음, 해당 범위를 '선택범위' 변수에 할당합니다. 만약 'ref범위' 컨트롤의 값이 제대로 된 셀 주소가 아니라면 이 코드에서 에러가 발생합니다.

⑨ ⑧에서 에러가 발생하지 않은 경우에만 '이동여부' 변수의 값을 True로 설정합니다. 에러가 발생하면 'ref범위' 컨트롤에 주소가 아닌 잘못된 값이 입력된 경우라고 판단되므로, 다음 페이지로 이동할 수 없도록 합니다.

⑩ ⑦의 On Error Resume Next 문을 취소합니다.

⑪ '이동여부' 변수의 값이 True일 경우에만 MultiPage1 컨트롤의 Value 속성 값을 1 증가시킵니다. 이렇게 하면 〈다음〉 버튼을 클릭할 때마다 MultiPage1 컨트롤의 페이지가 Page1 → Page21 → Page3로 이동하게 됩니다. 다만

Page3에서는 더 이상 이동할 페이지가 없기 때문에 계속 클릭하면 에러가 발생합니다. 이 문제는 나중에 별도의 이벤트에서 〈다음〉 버튼을 더 클릭하지 못하도록 설정하는 방법을 통해 해결합니다.

04 〈이전〉 버튼을 클릭할 때 이전 페이지로 이동하는 코드를 개발합니다. 코드 창 상단의 개체 목록에서 'btn이전' 컨트롤을 선택해 'btn이전_Click' 이벤트 프로시저를 삽입하고 다음 코드를 입력합니다.

```
Private Sub btn이전_Click()                    ①

    MultiPage1.Value = MultiPage1.Value - 1    ②

End Sub
```

① 'btn이전_Click' 이벤트 프로시저는 〈이전〉 버튼을 클릭할 때 실행됩니다.

② MultiPage1 컨트롤의 Value 속성 값을 1 감소시킵니다. 이렇게 하면 〈이전〉 버튼을 클릭할 때마다 MultiPage1 컨트롤이 이전 페이지로 이동합니다. 그런데 Page1에서는 이전 페이지가 없기 때문에 에러가 발생합니다. 이 문제 역시 〈다음〉 버튼과 마찬가지로 별도의 이벤트에서 〈이전〉 버튼을 클릭하지 못하도록 설정해 해결합니다.

05 〈다음〉, 〈이전〉 버튼을 클릭했을 때의 폼의 제목이나 버튼 활성화 여부 등의 기능을 〈다음〉, 〈이전〉 버튼에 개발하면 너무 복잡해지므로, MultiPage1 컨트롤의 페이지가 변경될 때 자동으로 설정되도록 하는 것이 좋습니다. 코드 창의 개체 목록에서 MultiPage1 컨트롤을 선택해 MultiPage1_Change 이벤트 프로시저를 삽입하고 다음 코드를 입력합니다.

파일 : (Project) 마법사 폼 III (코드 III).txt

```
Private Sub MultiPage1_Change()                ①

'1단계 : 필요한 변수를 선언합니다.
    Dim 단계별제목 As String                    ②

'2단계 : 페이지별 설정 작업을 진행합니다.
    Select Case MultiPage1.Value               ③

        Case 0                                 ④

            btn이전.Enabled = False
            btn다음.Enabled = True
            btn마침.Enabled = False

            단계별제목 = "그림 선택"

        Case 1                                 ⑤

            btn이전.Enabled = True
```

```
                btn다음.Enabled = True
                btn마침.Enabled = False

                단계별제목 = "범위 선택"

                If TypeName(Selection) = "Range" Then                    ❻

                    ref범위.Value = Selection.Address

                End If

            Case 2                        ❼

                btn이전.Enabled = True
                btn다음.Enabled = False
                btn마침.Enabled = True

                단계별제목 = "옵션 선택"

        End Select

    '3단계 : 각 페이지별 제목을 설정합니다.
        With MultiPage1

            Me.Caption = 폼이름 & " - " & _
                        .Pages.Count & "단계 중 " & .Value + 1 & "단계 " & _
                        "[" & 단계별제목 & "]"                   ❽

        End With

End Sub
```

❶ MultiPage1_Change 이벤트는 다중 페이지 컨트롤의 페이지가 변경될 때 실행됩니다.

❷ String 형식의 '단계별제목' 변수를 선언합니다.

❸ MultiPage1 컨트롤의 페이지별로 원하는 설정 작업을 진행하기 위해 With 문을 사용합니다.

❹ MultiPage1 컨트롤의 Value 속성 값이 0이면 첫 번째 페이지로, 마법사 1단계 화면을 의미합니다. 이 경우 다음 설정 작업을 진행합니다.
- 〈이전〉, 〈마침〉 버튼을 사용할 수 없도록 설정합니다.
- 〈다음〉 버튼은 사용할 수 있도록 설정합니다.
- '단계별제목' 변수에 문자열 '그림 선택'을 저장합니다.

❺ MultiPage1 컨트롤의 Value 속성 값이 1이면 두 번째 페이지로, 마법사 2단계 화면을 의미합니다. 이 경우 다음 설정 작업을 진행합니다.
- 〈이전〉, 〈다음〉 버튼을 사용할 수 있도록 설정합니다.
- 〈마침〉 버튼을 사용할 수 없도록 설정합니다.
- '단계별제목' 변수에 문자열 '범위 선택'을 저장합니다.

❻ 선택된 개체(Selection)가 Range 개체이면, ref범위 컨트롤의 값을 선택된 범위의 주소로 설정합니다.

❼ MultiPage1 컨트롤의 Value 속성 값이 2이면 세 번째 페이지로, 마법사 3단계 화면을 의미합니다. 이 경우 다음 설정 작업을 진행합니다.
- 〈이전〉, 〈마침〉 버튼을 사용할 수 있도록 설정합니다.
- 〈다음〉 버튼을 사용할 수 없도록 설정합니다.
- '단계별제목' 변수에 문자열 '옵션 선택'을 저장합니다.

❽ 현재 폼의 제목 표시줄에 '폼이름' 전역변수의 값과 '단계별제목' 변수의 값을 연결한 문자열을 표시합니다. 이때 마법사의 각 단계를 '3단계 중 x단계'와 같이 표시하기 위해, 총 단계는 MultiPage1 컨트롤의 페이지 수를 세고(.Pages.Count), 현재 단계는 현재 페이지의 값(.Value)에 1을 더해 계산합니다.

06 이번에는 〈취소〉 버튼을 클릭할 때 마법사 폼을 닫는 코드를 추가합니다. 코드 창의 개체 목록에서 'btn취소' 컨트롤을 선택해 'btn취소_Click' 이벤트 프로시저를 삽입하고 다음 코드를 입력합니다.

파일 : (Project) 마법사 폼 III (코드 IV).txt

```
Private Sub btn취소_Click()                    ❶

    Dim 메시지 As String                        ❷

    메시지 = 폼이름 & "를 취소하시겠습니까?"      ❸

    If MsgBox(메시지, vbQuestion + vbYesNo, 마법사이름) = vbYes Then   ❹

        Unload Me

    End If

End Sub
```

❶ 'btn취소_Click' 이벤트 프로시저는 〈취소〉 버튼을 클릭할 때 실행됩니다.
❷ String 형식의 '메시지' 변수를 선언합니다.
❸ '메시지' 변수에 메시지 창에 표시될 문자열을 저장합니다. 이때, 전역변수로 선언된 '폼이름' 변수에 저장된 값을 사용합니다.
❹ MsgBox 함수를 사용해 '메시지' 변수의 내용을 화면에 표시하고, 〈예〉 버튼을 클릭했을 경우에만 현재 폼을 닫습니다.

07 마법사 폼을 사용할 때는 폼의 〈취소〉 버튼이나 〈마침〉 버튼을 클릭해 종료하도록 해야 합니다. 그래야 어느 단계에서 사용자가 폼을 닫는지 확인할 수 있기 때문입니다. 이번에는 닫기 단추(✖)를 클릭해 폼을 닫지 못하도록 기능을 설정합니다. 코드 창의 개체 목록에서 UserForm 개체를 프로시저 목록에서 QueryClose 이벤트를 선택하고 다음 코드를 입력합니다.

파일 : (Project) 마법사 폼 III (코드 V).txt

```
Private Sub UserForm_QueryClose(Cancel As Integer, CloseMode As Integer)   ①

    Dim 메시지 As String   ②

    If CloseMode <> vbFormCode Then   ③

        메시지 = "종료하시려면 폼의 [취소] 또는 [마침] 버튼을 누르셔야 합니다."   ④

        MsgBox 메시지, vbExclamation, 마법사이름   ⑤
        Cancel = True   ⑥

    End If

End Sub
```

① UserForm_QueryClose 이벤트는 폼을 닫으려고 할 때 실행됩니다.

② String 형식의 '메시지' 변수를 선언합니다.

③ CloseMode 매개변수에는 폼을 닫는 방법이 저장되는데, vbFormCode 내장 상수와 다르다는 것은 Unload 명령을 이용해 폼을 닫지 않았다는 의미입니다. 이것은 사용자가 수동으로 닫은 것이 아니라 닫기 단추나 단축키 Alt + F4 를 누르는 등의 방법을 사용했다는 의미이므로, 이 경우에는 닫기 작업을 취소하도록 ④~⑥의 코드를 실행합니다. CloseMode 매개변수에서 반환하는 내장 상수 값은 894쪽에 자세하게 설명되어 있으니 참고합니다.

④ '메시지' 변수에 사용자에게 안내할 문자열을 저장합니다.

⑤ MsgBox 함수를 사용해 '메시지' 변수의 내용을 메시지 창으로 표시합니다. 이때, 메시지 창의 제목에 전역변수인 '폼이름' 변수의 값을 이용합니다.

⑥ Cancel 매개변수의 값을 True로 설정해 폼을 닫는 작업을 취소합니다.

08 이제 〈마침〉 버튼을 제외한 모든 버튼에 대한 설정 작업이 끝났습니다. 지금까지의 개발 작업이 제대로 동작하는 확인하기 위해 F5 키를 눌러 폼을 실행하고 동작 여부를 확인합니다. 폼이 실행되면 〈다음〉 버튼을 클릭해 2단계 페이지로 넘어가는지 확인하고, 〈취소〉 버튼을 클릭해 마법사 폼이 제대로 종료되는지 확인합니다.

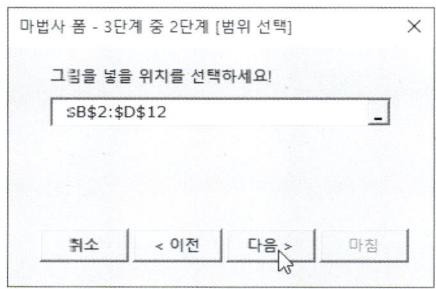
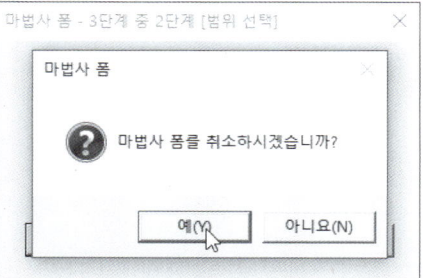

마법사 폼 IV
– 마법사 폼으로 그림 삽입하기

289

이제 마법사 폼이 모습을 갖췄습니다. 이제 개별 페이지별로 필요한 기능을 개발하고, 〈마침〉 버튼을 클릭했을 때 설정된 모든 컨트롤 값을 읽어 그림을 지정된 위치에 삽입하고 마법사 폼 개발 작업을 마무리합니다. 마법사 폼은 단계별로 개발해야 할 사항도 많고 복잡한 여러 설정 작업을 해야 하지만, 일단 개발해 두면 사용하기에 매우 편리합니다.

예제 파일 PART 03 \ (Project) 마법사 폼 IV.xlsm

01 예제를 열고 마법사 폼을 완성해 보겠습니다. 그림을 삽입하는 기능을 개발하기 위해 단축키 Alt + F11 을 누른 다음 프로젝트 탐색기 창에서 'frm마법사' 폼 개체를 더블클릭해 선택하고 [코드 보기] 명령(▣)을 클릭해 폼 개체의 코드 창을 엽니다.

02 마법사 1단계에서 〈…〉 버튼을 클릭했을 때의 이미지를 선택합니다. 코드 창 상단의 개체 목록에서 'btn선택' 컨트롤을 클릭해 'btn선택_Click' 이벤트 프로시저를 생성하고 다음 코드를 입력합니다.

파일 : (Project) 마법사 폼 IV (코드 I).txt

```
Private Sub btn선택_Click()                         ❶

'1단계 : 필요한 변수를 선언합니다.                    ❷
    Dim 파일형식 As String
    Dim 선택파일 As Variant

'2단계 : '열기' 대화상자를 열고, 삽입할 그림 파일을 선택합니다.
    파일형식 = "그림 파일(*.jpg;*.png), *.jpg;*.png"    ❸

    선택파일 = Application.GetOpenFilename(FileFilter:=파일형식, Title:="그림 선택")    ❹

    If 선택파일 <> False Then                         ❺

        txt파일.Value = 선택파일

    End If

End Sub
```

❶ 'btn선택_Click' 이벤트는 〈…〉 버튼을 클릭할 때 실행됩니다.

❷ 이번 이벤트에서 사용할 다음 변수를 선언합니다.

변수 이름	형식	설명
파일형식	String	가져올 그림 형식을 지정할 문자열을 저장합니다.
선택파일	Variant	GetOpenFilename 메서드로 열리는 '열기' 대화상자에서 선택한 파일의 Fullname을 저장합니다.

❸ '파일형식' 변수에 가져올 그림 파일 형식을 jpg와 png 형식으로 구성합니다. 이렇게 하면 '열기' 대화상자에서 해당 확장자를 갖는 그림 파일만 나타납니다.

❹ GetOpenFilename 메서드를 이용해 '열기' 대화상자를 호출한 다음, 사용자가 선택한 파일의 이름(Fullname)을 '선택파일' 변수에 저장합니다. 만약 〈취소〉 버튼을 클릭하거나 파일을 선택하지 않고 닫으면 False 값이 저장됩니다.

❺ '선택파일' 변수에 저장된 값이 False가 아니라면 'txt파일' 컨트롤에 '선택파일' 변수에 저장된 값을 전달합니다.

03 마지막으로 〈마침〉 버튼을 클릭했을 때의 동작을 개발합니다. 코드 창에서 'btn마침' 컨트롤을 선택해 'btn마침_Click' 이벤트 프로시저를 생성하고 다음 코드를 입력합니다.

파일 : (Project) 마법사 폼 IV (코드 II).txt

```
Private Sub btn마침_Click()                    ❶

'1단계 : 필요한 변수를 선언합니다.              ❷
    Dim 삽입범위 As Range
    Dim 그림 As Picture

'2단계 : 그림을 넣을 셀(또는 범위)이 병합된 셀인지에 따라 정확하게 범위를 설정합니다.
    Set 삽입범위 = Range(ref범위.Value)         ❸
    
    If 삽입범위.Count = 1 Then                  ❹
    
        If 삽입범위.MergeCells Then
        
            If 삽입범위.Address <> 삽입범위.MergeArea.Address Then
            
                Set 삽입범위 = 삽입범위.MergeArea    ❺
                
            End If
            
        End If
        
    End If

'3단계 : 선택한 그림을 삽입하며, 'chk그림' 컨트롤의 값에 따라 그림으로 복사해 넣습니다.
    Set 그림 = ActiveSheet.Pictures.Insert(txt파일.Value)    ❻
    
    If chk그림 = True Then                      ❼
    
        그림.Copy
        ActiveSheet.Pictures.Paste.Select
```

```
        그림.Delete

        Set 그림 = Selection

    End If

    With 그림                    ⑧
        .ShapeRange.LockAspectRatio = msoFalse
        .Top = 삽입범위.Top
        .Left = 삽입범위.Left
        .Height = 삽입범위.Height
        .Width = 삽입범위.Width
    End With

'4단계 : 폼을 닫습니다.
    Unload Me                    ⑨

End Sub
```

❶ 'btn마침_Click' 이벤트 프로시저는 〈마침〉 버튼을 클릭할 때 실행됩니다.

❷ 이번 이벤트에서 사용할 다음 변수를 선언합니다.

변수 이름	형식	설명
삽입범위	Range	그림을 넣을 셀(또는 범위)를 할당합니다.
그림	Picture	삽입된 그림 개체를 할당합니다.

❸ '삽입범위' 개체변수에 'ref범위' 컨트롤에 입력된 데이터 범위를 할당합니다.

❹ 이번 줄을 포함한 세 줄의 If 문을 순서대로 읽으면서, '삽입범위' 개체변수에 할당된 셀 개수가 하나이고, 병합된 셀이면서, '삽입범위' 개체변수에 할당된 셀 주소와 '삽입범위' 개체변수에 할당된 셀이 포함된 병합된 셀 주소와 다른지를 판단합니다. 이렇게 하는 이유는 RefEdit 컨트롤에서 병합된 셀을 선택하면 병합된 첫 번째 셀 주소만 기록되기 때문입니다. 예를 들어 A1:A10 범위가 병합되어 있고 이 셀을 RefEdit 컨트롤에서 선택하면 A1셀 주소만 기록됩니다. 이 경우에는 선택된 그림이 병합된 셀 전체에 맞춰지지 않으므로, 이 경우를 판단해 '삽입범위' 개체변수에 할당된 셀 범위를 조정할 필요가 있는 것입니다. 이 조건이 모두 만족되면 ❺의 코드를 실행합니다.

❺ '삽입범위' 개체변수에 할당된 셀의 병합된 셀 범위로 재할당합니다.

❻ 'txt파일' 컨트롤에 저장된 그림 파일을 현재 시트에 삽입한 다음 '그림' 개체변수에 할당합니다.

❼ 'chk그림' 컨트롤이 체크되었다면 If 문 블록 안의 명령을 순서대로 실행합니다.
- '그림' 개체변수에 할당된 그림을 복사합니다.
- 현재 시트에 그림으로 붙여 넣고, 복사된 그림 파일을 선택합니다.
- '그림' 개체변수에 할당된 그림을 삭제합니다.
- '그림' 개체변수에 선택된 개체를 할당합니다.

이 과정이 정상적으로 수행되면, 삽입된 그림이 그림으로 복사된 후 먼저 삽입된 그림은 삭제되고 새로 복사된 그림이 '그림' 개체변수에 할당됩니다.

❽ '그림' 개체변수에 할당된 그림을 지정된 범위에 맞추기 위해 With 문을 사용해 다음 명령을 순서대로 실행합니다.
- '그림' 개체변수에 할당된 그림의 '가로 세로 비율 고정' 옵션(LockAspectRatio)을 해제합니다. 이렇게 해야 그림의 크기가 지정된 범위에 맞게 조정됩니다.

- '그림' 개체의 상단(Top) 위치를 '삽입범위' 개체변수에 할당된 범위의 상단과 일치시킵니다.
- '그림' 개체의 왼쪽(Left) 위치를 '삽입범위' 개체변수에 할당된 범위의 왼쪽과 일치시킵니다.
- '그림' 개체의 세로(Height) 높이를 '삽입범위' 개체변수에 할당된 범위의 세로 높이와 일치시킵니다.
- '그림' 개체의 가로(Width) 너비를 '삽입범위' 개체변수에 할당된 범위의 가로 너비와 일치시킵니다.

❾ 폼을 닫습니다.

04 이제 마법사 폼을 실행할 매크로를 Module 개체에 추가합니다. VB 편집기 창의 [삽입]-[모듈] 메뉴를 선택한 다음, 삽입된 Module1 개체의 코드 창에 다음 매크로를 입력합니다.

```
Sub 폼실행()

    frm마법사.Show

End Sub
```

05 새로 추가된 '폼실행' 매크로를 버튼에 연결하기 위해 단축키 Alt + F11 을 눌러 엑셀 창으로 전환합니다. 리본 메뉴의 [개발 도구] 탭-[컨트롤] 그룹-[삽입]-[양식 컨트롤]-[단추] 명령을 클릭하고 J2:K3 범위에 단추 컨트롤을 삽입한 다음 '폼실행' 매크로를 연결합니다.

06 이제 새로 추가된 단추를 클릭해 마법사 폼을 실행합니다. 마법사 폼이 표시되면 1단계에서 다음 설명을 참고해 삽입할 그림을 선택하고 〈다음〉 버튼을 클릭합니다.

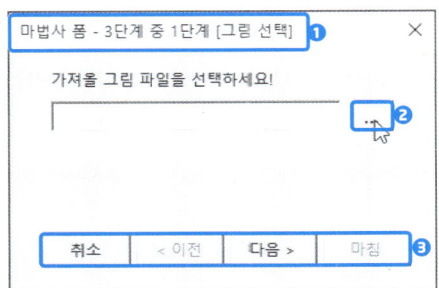

❶ 폼의 제목과 단계, 페이지별 소제목이 나타납니다.

❷ 버튼을 클릭해 삽입할 이미지를 선택합니다.

❸ 〈취소〉와 〈다음〉 버튼만 활성화되고, 〈이전〉과 〈마침〉 버튼은 사용할 수 없습니다.

07 2단계에서는 선택한 그림을 삽입할 셀(또는 범위)을 선택하고 〈다음〉 버튼을 클릭합니다.

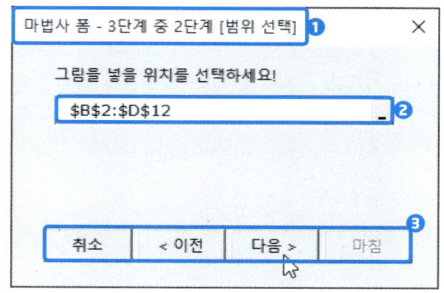

❶ 폼의 제목과 단계, 페이지별 소제목이 나타납니다.

❷ 마법사 폼을 실행하기 전에 선택했던 범위 주소가 자동으로 나타납니다. 다른 곳에 그림을 삽입하려면 RefEdit 컨트롤을 선택하고 삽입할 위치를 마우스로 클릭합니다.

❸ 1단계로 돌아갈 수 있는 〈이전〉 버튼을 추가로 사용할 수 있습니다.

08 3단계에서는 그림을 복사해 넣을지 여부를 선택하고 〈마침〉 버튼을 클릭합니다.

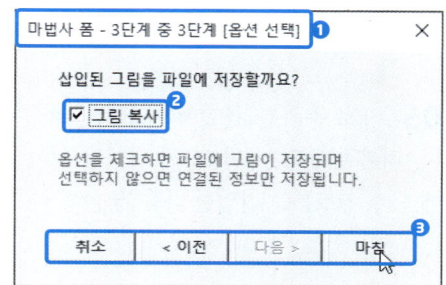

❶ 폼의 제목과 단계, 페이지별 소제목이 올바로 나타납니다.

❷ '그림 복사' 옵션을 결정합니다.

❸ 마법사를 종료하는 〈마침〉 버튼을 사용할 수 있으며, 마지막 단계이므로 〈다음〉 버튼은 사용할 수 없습니다.

09 다음 화면과 같이 선택한 그림이 지정한 위치에 삽입되는 것을 확인할 수 있습니다.

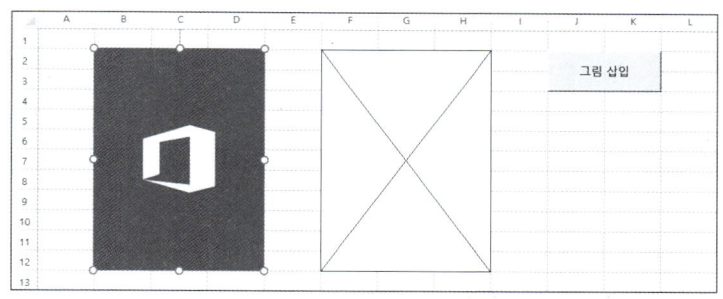

Plus⁺ '그림 복사' 옵션의 체크 여부에 따른 차이

'그림 복사' 옵션을 체크하면 삽입된 그림이 파일에 저장되어, 다른 PC에서 열어도 그대로 보이게 됩니다. 하지만 '그림 복사' 옵션을 체크하지 않으면, 다른 PC에서 열거나 그림 파일의 위치가 변경되면 다음 오른쪽 화면과 같이 그림이 깨져 보입니다.

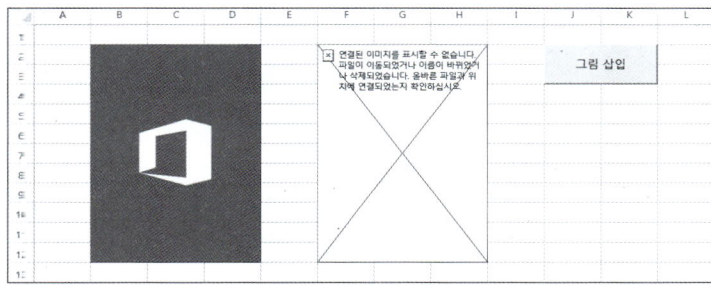

PART 04

엑셀 2016 매크로 & VBA 바이블

자주 사용하는 기능 컨트롤하기

VBA 언어는 그 자체로는 매우 간단한 언어입니다. 이 사실에 동감하지 못하는 분도 있겠지만, 아마 프로그래밍 언어를 많이 경험하지 않아서일 것입니다. 프로그래밍 언어에 대한 경험이 있는 분들은 VBA라는 언어가 매우 단순하다는 사실에는 동의할 수 있을 거라 생각합니다. 하지만 그분들도 역시 매크로를 개발하는 작업은 쉽지 않다고 느끼는 경우가 많을 겁니다. 매크로가 어렵게 느껴지는 원인은 VBA 언어로 필요한 기능을 개발하려면 엑셀 프로그램에 대한 이해 수준이 꽤 높아야 하기 때문입니다.

매크로를 개발한다는 것은 VBA 언어를 이용해 프로그램(엑셀)을 제어한다는 의미이기도 합니다. 그러기 위해서는 매우 복잡한 프로그램 중의 하나인 엑셀을 제대로 이해해야 하는데, 그 역시 수월한 일이 아니므로 매크로를 개발하는 작업이 어렵게 느껴지는 겁니다.

그래서 이번 PART 04에서는 엑셀에서 자주 사용되는 기능들을 VBA로 제어해 원하는 매크로를 만드는 여러 방법에 대해 설명하고자 합니다. 이 기회를 통해 엑셀의 주요 기능을 VBA 언어로 제어하는 방법을 이해할 수 있길 바랍니다.

CHAPTER

19

차트, 스파크라인

숫자를 다루는 프로그램인 엑셀에는
숫자를 시각적으로 표현할 수 있는 다양한 차트 기능이 제공됩니다.
특히 엑셀 2007 버전부터는 차트가 이전 버전에 비해 크게 변화되었는데,
이것은 단순히 시각적으로 화려해졌다는 것뿐 아니라
차트를 생성하는 다양한 방식에 변화가 생겼음을 의미합니다.
그러므로 VBA를 이용해 차트를 만들고자 하는 사용자는
엑셀 2003 이하 버전과 2007 이상 버전의 차트 생성 방법이 어떻게 다른지 분명히 인식할 필요가 있습니다.
또한 2016 버전부터는 폭포, 트리맵, 다이어그램 차트 등과 같은 새로운 종류의 차트가 제공되므로,
VBA에서도 이런 차트를 생성할 때 사용할 수 있는 명령이 추가되었습니다.
CHAPTER19에서는 엑셀의 차트와 스파크라인을 다루는 방법에 대해 알아보겠습니다.

차트 개체 모델 이해하기 290

차트는 주로 워크시트에 삽입되며, ChartObject 개체입니다. 차트는 생성한 다음 원하는 모습으로 구성을 변경하는 작업을 많이 하기 때문에, 매크로를 이용해 차트를 조작하려면 차트가 어떻게 구성되어 있는지 잘 알고 있어야 합니다. 그렇기 때문에 차트를 조작하는 매크로를 개발하기에 앞서 차트의 개체 모델에 대해 먼저 설명하고자 합니다. 차트를 구성하는 핵심 개체의 관계를 엑셀 개체 모델을 통해 알아보겠습니다.

예제 파일 없음

차트 개체 모델 이해하기

차트는 여러 요소가 결합되어 있으므로, 원하는 방식으로 조작하려면 차트를 구성하고 있는 여러 개체의 관계를 먼저 이해해야 합니다. 다음 다이어그램을 참고합니다.

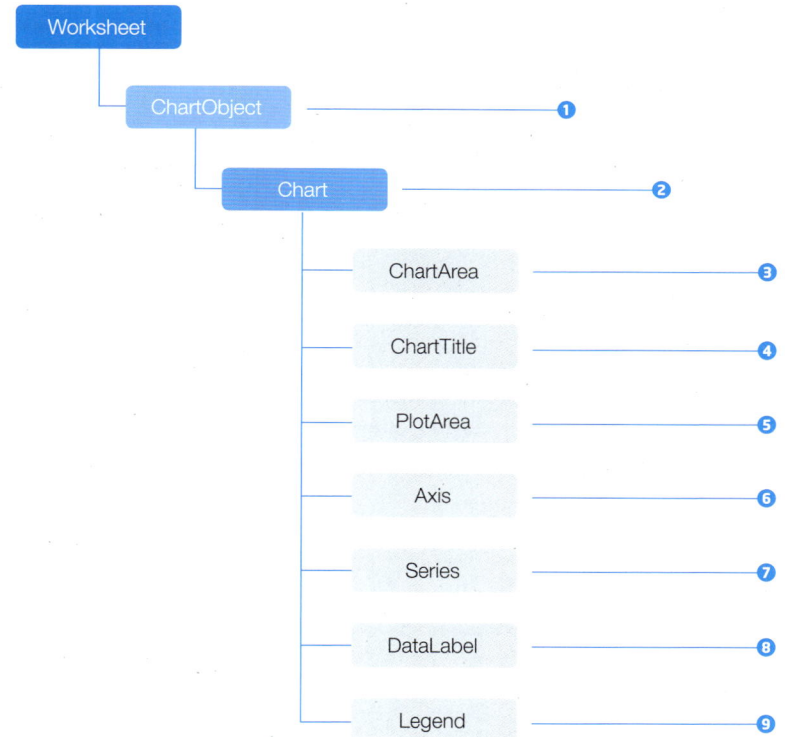

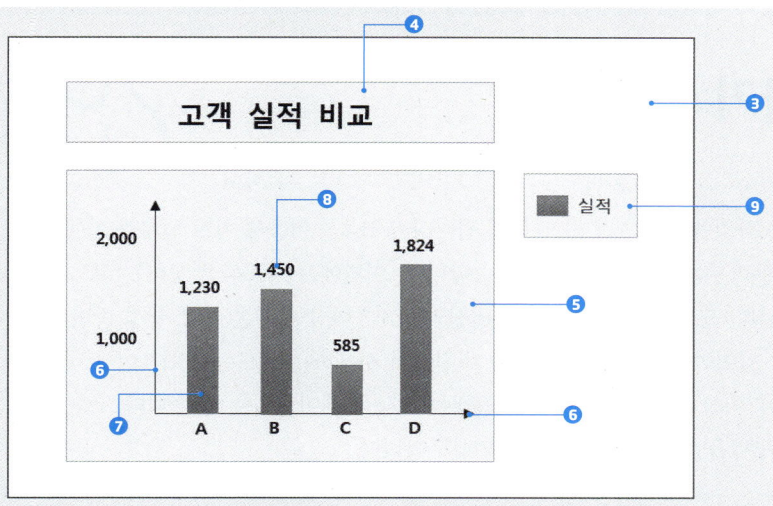

❶ ChartObject
Chart 개체를 담고 있는 도형 개체입니다.

❷ Chart
차트 개체로, 보통 ActiveChart 단축 접근자가 반환하는 대상입니다.

❸ ChartArea
차트의 전체 흰색 배경 영역인 차트 영역 개체입니다.

❹ ChartTitle
차트의 제목이 표시되는 개체입니다.

❺ PlotArea
차트의 X축, Y축을 포함하는 영역인 그림 영역 개체입니다.

❻ Axis
차트의 축을 의미하는 개체로, Axis 개체의 컬렉션은 Axes입니다. Axes 컬렉션을 이용해 X축, Y축에 접근할 수 있습니다. 예를 들어 Axes(xlValue)라고 하면 값 축인 Y축을 의미하며, Axes(xlCategory)라고 하면 항목 축인 X축을 의미합니다.

❼ Series
차트의 막대(선) 그래프에 해당하는 데이터 계열 개체로, Series 개체의 컬렉션은 SeriesCollection입니다. 예를 들어 첫 번째 데이터 계열은 SeriesCollection(1) 또는 계열 이름을 이용해 SeriesCollection("안정훈")과 같이 구성하면 됩니다.

❽ DataLabel
데이터 계열(Series)의 값, 항목, 계열 이름을 표시하는 데이터 레이블 개체입니다.

❾ Legend
계열 이름이 표시되는 차트의 범례 개체입니다.

차트 생성하기   291

엑셀에서는 차트를 생성하는 작업을 매우 빈번하게 하게 됩니다. VBA를 이용해 차트 업무를 자동화하려는 사용자라면 차트 개체를 다루는 작업을 잘 이해해야 합니다. 이번에는 차트를 생성하는 코드 작성 방법에 대해 알아보고자 합니다. 또한 엑셀 2003 이하 버전과 2007 이상 버전은 차트 생성 방법이 다르므로 둘의 차이를 잘 알고 있어야 합니다. 2003 이하 버전에서 사용하는 코드는 2007 이상 버전에서도 사용할 수 있지만, 2007 이상 버전의 차트에서 제공하는 기능을 제어할 수는 없습니다. 그러므로 항상 사용하는 버전에 맞는 명령을 이용해 매크로를 개발해야 합니다.

예제 파일 PART 04 \ (Shapes) AddChart 속성.xlsm

엑셀 2007 이상 버전의 차트 생성

예제를 열면 다음과 같은 표를 확인할 수 있습니다.

	A	B	C
1	담당	판매수량	
2	김덕훈	5,915	
3	김소미	7,513	
4	김찬진	3,527	
5	선하라	5,775	
6	안정훈	3,036	
7	오영수	4,560	
8	유가을	2,670	
9	윤대현	7,852	
10	최소라	9,548	
11			

위 표의 데이터로 차트를 생성하려면 다음과 같은 매크로를 사용합니다.

```
Sub 차트생성1()

    ActiveSheet.Shapes.AddChart             ❶

End Sub
```

❶ 엑셀 2007 이상 버전부터는 차트가 도형 내에 생성되므로, Shapes 컬렉션의 AddChart 메서드를 이용해 차트를 생성할 수 있습니다. 이 코드에는 차트의 원본 범위를 지정하는 방법이 없는데, 이 경우 Selection 위치를 기준으로 한 연속된 범위(Selection.CurrentRegion)를 대상으로 차트가 생성됩니다. 참고로, AddChart 메서드는 엑셀 2007 버전에서 새로 추가된 메서드로, 엑셀 2003 버전을 포함한 하위 버전에서는 사용할 수 없습니다.

다음과 같은 차트가 생성됩니다.

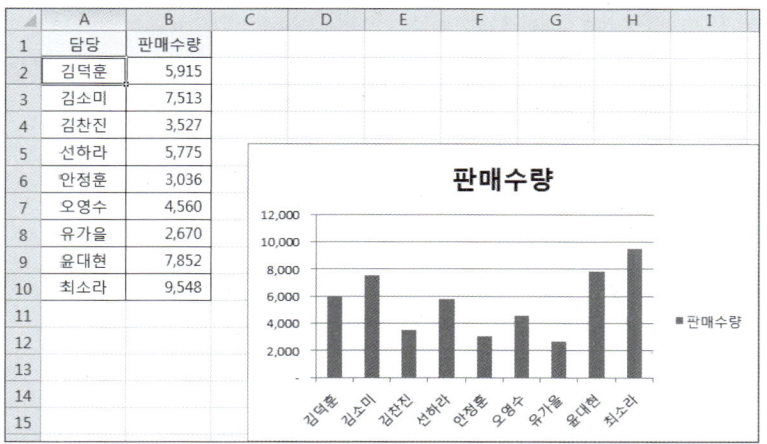

TIP 차트 종류를 지정하지 않으면 기본 차트로 생성되며, 엑셀의 기본 차트는 '세로 막대형 차트'입니다.

위에서 사용한 매크로는 어떤 셀을 선택하고 실행했느냐에 따라 결과를 제대로 반환하지 못할 수 있습니다. 우 화면과 같이 차트를 생성할 표 내부의 셀을 선택하고 매크로를 실행하면 에러 없이 실행되지만, 다음과 같이 E1셀 등의 빈 셀을 선택하고 실행하면 빈 차트가 생성됩니다.

선택 위치와 무관하게 차트가 제대로 생성하도록 하려면 Chart 개체의 SetSourceData 메서드를 이용해 차트의 원본 표 범위를 지정하면 됩니다.

```
Sub 차트생성2()
    ActiveSheet.Shapes.AddChart.Select                              ①
    ActiveChart.SetSourceData Source:=Range("B2").CurrentRegion     ②
End Sub
```

❶ 현재 시트에 새 차트를 생성하고 생성된 차트를 Select 메서드를 이용해 선택합니다. Select 메서드를 이용해 차트를 생성하고 싶지 않다면 다음과 같이 개체변수를 선언해 작업하면 됩니다.

```
Dim 차트 As Shape

Set 차트 = ActiveSheet.Shapes.AddChart

차트.Chart.SetSourceData Source:=Range("B2").CurrentRegion
```

❷ Chart 개체의 SetSourceData 메서드를 이용해 B2셀부터 연속된 데이터 범위를 차트 범위로 설정합니다. 이때, 다른 워크시트의 범위를 참고해 차트가 생성되도록 하려면 Sheets 컬렉션을 이용해 다음과 같이 대상 시트를 설정하면 됩니다.

```
ActiveChart.SetSourceData Source:=Sheets("sample").Range("B2").CurrentRegion
```

좀더 정확하게 원하는 차트 종류를 지정하려면, Chart 개체의 ChartType 속성을 사용해 다음과 같이 매크로를 생성하면 됩니다.

```
Sub 차트생성3()

    ActiveSheet.Shapes.AddChart.Select          ❶

    With ActiveChart          ❷
        .SetSourceData Source:=Range("B2").CurrentRegion          ❸
        .ChartType = xlLineMarkers          ❹
    End With

End Sub
```

❶ 현재 시트에 새 차트를 생성하고, 생성된 차트를 Select 메서드를 이용해 선택합니다.

❷ 생성된 차트 개체에 With 문을 사용해 여러 가지 작업을 처리합니다.

❸ Chart 개체의 SetSourceData 메서드를 이용해 B2셀부터 연속된 데이터 범위를 차트 범위로 설정합니다.

❹ Chart 개체의 ChartType 속성을 통해 차트 종류를 알아내거나 설정할 수 있습니다. xlLineMarkers는 '표식이 있는 꺾은선형' 차트입니다.

엑셀 2016 이상 버전에 새로 추가된 차트 생성 방법 이해하기

엑셀 2016 버전에서 새롭게 추가된 히스토그램, 폭포, 선버스트 등의 차트를 생성하려면 Shapes 컬렉션의 AddChart2 메서드를 사용해야 합니다. 참고로 AddChart2 메서드는 2013 버전부터 지원되는 명령으로, 2010 버전까지는 사용할 수 없습니다.

```
Sub 차트생성4()

    Range("B3").Select ─────────────── ❶

    ActiveSheet.Shapes.AddChart2 Style:=-1, XlChartType:=xlTreemap ─── ❷

End Sub
```

❶ 차트 원본 데이터 범위를 선택합니다. B3셀을 선택하는 동작은 정확하게 Range("B3").CurrentRegion.Select와 동일한 명령입니다.

❷ 현재 시트에 새로운 차트를 추가하는데, 차트 종류는 트리맵으로, 스타일은 기본 스타일(-1)로 설정합니다. 참고로 2016 버전에서 새로 추가된 차트의 내장 상수 값은 다음과 같습니다.

내장 상수	값	설명
xlTreemap	117	트리맵
xlHistogram	118	히스토그램
xlWaterfall	119	폭포
xlSunburst	120	선버스트
xlBoxwhisker	121	상자 수염 그림
xlPareto	122	파레토

이 매크로를 실행하면 다음과 같은 차트가 생성됩니다.

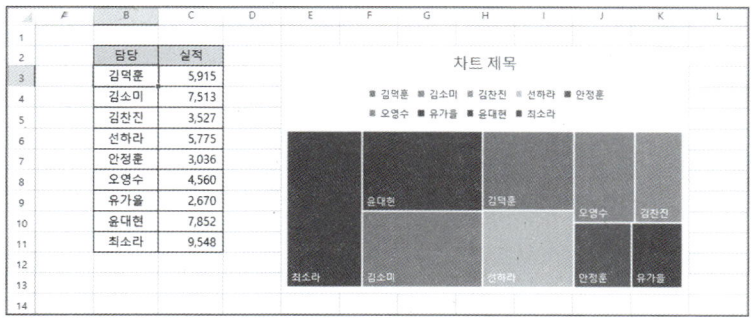

엑셀 2003 이하 버전의 차트 생성 방법 이해하기

앞에서 설명했듯이 Shapes 컬렉션의 AddChart 메서드를 이용해 차트를 생성하는 방법은 엑셀 2007 버전 이후부터 사용할 수 있습니다. 엑셀 2003 버전을 포함한 이전 버전에서는 다음과 같은 방법으로 차트를 생성합니다. 참고로 이 매크로는 엑셀 2007 이후 버전에서도 정상 동작합니다.

```
Sub 차트생성5()

    Charts.Add ───────────────❶

    With ActiveChart ─────────❷
        .SetSourceData Source:=Worksheets("sample").Range("B2").CurrentRegion ──❸
        .ChartType = xlColumnClustered ──────❹
        .Location Where:=xlLocationAsObject, Name:="sample" ──────❺
    End With

End Sub
```

❶ Charts 컬렉션은 차트 시트의 컬렉션입니다. 그러므로 Charts.Add 명령은 다음과 같이 차트 시트를 생성합니다. 단 표 범위 내의 셀이 선택되지 않았다면 빈 차트 시트가 생성될 수도 있습니다.

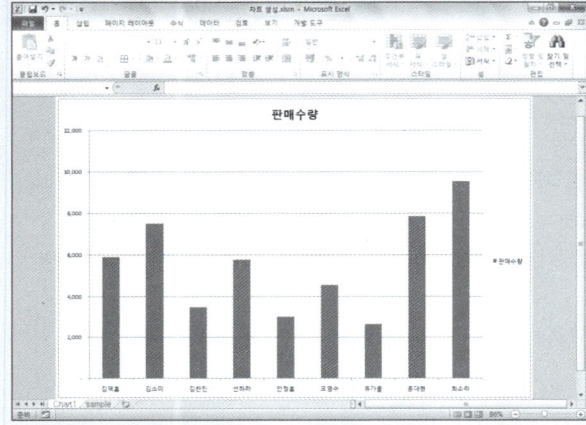

❷ 현재 시트에 여러 설정을 하기 위해 With … End With 문을 사용합니다.

❸ Chart 개체의 원본 범위를 설정합니다. Shapes.AddChart 명령을 이용할 때는 같은 워크시트 내 Chart 개체로 생성해서 SetSourceData 메서드를 설정할 때 워크시트를 생략할 수도 있지만, 이와 같은 경우는 차트 시트가 생성되면서 다른 워크시트에 원본 범위가 있게 되므로 반드시 워크시트를 지정해야 합니다.

❹ ChartType 속성을 이용해 '묶은 세로 막대형 차트'로 설정합니다.

❺ 차트 시트에 생성된 차트를 'sample' 워크시트로 이동합니다. Location 속성은 [차트 이동] 메뉴를 이용하는 것과 동일합니다. Location 속성의 Where 매개변수는 아래 대화상자에서 '워크시트에 삽입' 옵션을 선택하는 것과 동일하며, Name 매개변수는 이동할 워크시트의 이름(sample)입니다.

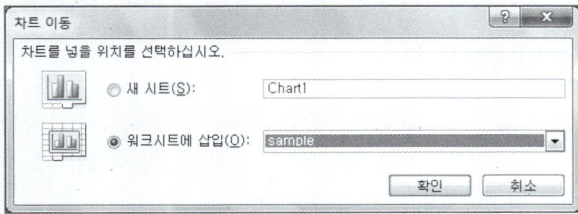

또는 ChartObject 개체를 이용해 차트를 추가하는 다음과 같은 코드를 사용할 수 있습니다.

```
Sub 차트생성6()

    ActiveSheet.ChartObjects.Add(Left:=200, Top:=100, Width:=400, Height:=250).Select       ─── ①

    With ActiveChart
        .SetSourceData Source:=Range("B2").CurrentRegion
        .ChartType = xlLineMarkers
    End With

End Sub
```

① 차트를 생성할 때 Chart 개체의 상위 개체인 ChartObjects 컬렉션의 Add 메서드를 이용할 수 있습니다. 이번에 사용된 코드처럼 Add 메서드는 Left, Top, Width, Height와 같은 네 개의 매개변수를 지정해야 합니다.

- Left : 차트가 위치할 좌표로, A1셀의 왼쪽 테두리부터 떨어진 거리(단위는 포인트)를 설정합니다.
- Top : 차트가 위치할 좌표로, A1셀의 상단 테두리부터 떨어진 거리를 설정합니다.
- Width : 차트의 너비를 설정합니다.
- Height : 차트의 길이를 설정합니다.

차트 종류 변경하기 292

차트를 생성할 때 차트 종류를 원하는 유형으로 선택하거나, 생성된 차트의 종류를 변경할 수 있습니다. 차트 종류를 변경하려면 Chart 개체의 ChartType 속성을 이용하면 되는데, 차트의 일부 계열만 다른 차트 종류로 변경하는 것도 가능하므로, 이 경우에는 Series 개체의 ChartType 속성을 이용해야 합니다. 이번에는 차트의 종류를 변경하는 방법에 대해 알아보겠습니다.

예제 파일 PART 04 \ (Chart) ChartType 속성.xlsm

ChartType 속성 이해하기

차트를 생성할 때 ChartType 속성을 이용해 차트의 종류를 선택할 수 있습니다. ChartType 속성에서 사용할 수 있는 내장 상수의 값은 다음과 같습니다.

차트 종류	내장 상수	값	설명
세로 막대형	xlColumnClustered	51	묶은 세로 막대형
	xlColumnStacked	52	누적 세로 막대형
	xlColumnStacked100	53	100% 기준 누적 세로 막대형
꺾은선형	xlLine	4	꺾은선형
	xlLineStacked	63	누적 꺾은선형
	xlLineStacked100	64	100% 기준 누적 꺾은선형
	xlLineMarkers	65	표식이 있는 꺾은선형
	xlLineMarkersStacked	66	표식이 있는 누적 꺾은선형
	xlLineMarkersStacked100	67	표식이 있는 100% 기준 누적 꺾은선형
원형	xlPie	5	원형
	xlPieExploded	69	쪼개진 원형
	xl3DPieExploded	70	쪼개진 3차원 원형
	xlPieOfPie	68	원형 대 원형
	xlBarOfPie	71	원형 대 가로 막대형
가로 막대형	xlBarClustered	57	묶은 가로 막대형
	xlBarStacked	58	누적 가로 막대형
	xlBarStacked100	59	100% 기준 누적 가로 막대형
영역형	xlArea	1	영역형
	xlAreaStacked	76	누적 영역형
	xlAreaStacked100	77	100% 기준 누적 영역형
분산형	xlXYScatter	−4169	분산형
	xlXYScatterLines	74	직선 및 표식이 있는 분산형

	xlXYScatterLinesNoMarkers	75	직선이 있는 분산형
분산형	xlXYScatterSmooth	72	곡선 및 표식이 있는 분산형
	xlXYScatterSmoothNoMarkers	73	곡선이 있는 분산형

위에서 설명한 종류 이외에 다른 차트의 내장 상수 값을 알려면 해당 차트를 생성하는 과정을 '매크로 기록기'로 기록해 보거나 '도움말'에서 ChartType 속성에 대한 부분을 참고합니다.

차트 종류 변경하기

예제를 열면 화면과 같은 표와 차트를 확인할 수 있습니다.

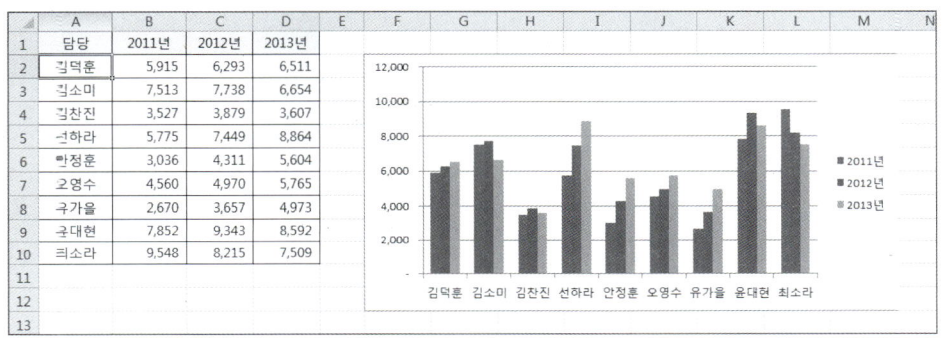

생성된 차트의 종류를 변경하려면 다음과 같이 Chart 개체의 ChartType 속성을 이용합니다.

```
Sub 차트종류변경()

    ActiveSheet.ChartObjects(1).Chart.ChartType = xlLineMarkers    ──❶

End Sub
```

❶ 현재 워크시트에 있는 첫 번째 차트의 차트 종류를 '표식이 있는 꺾은선형' 차트로 변경합니다.

차트가 다음과 같이 세로 막대형 차트에서 꺾은선형 차트로 변경됩니다.

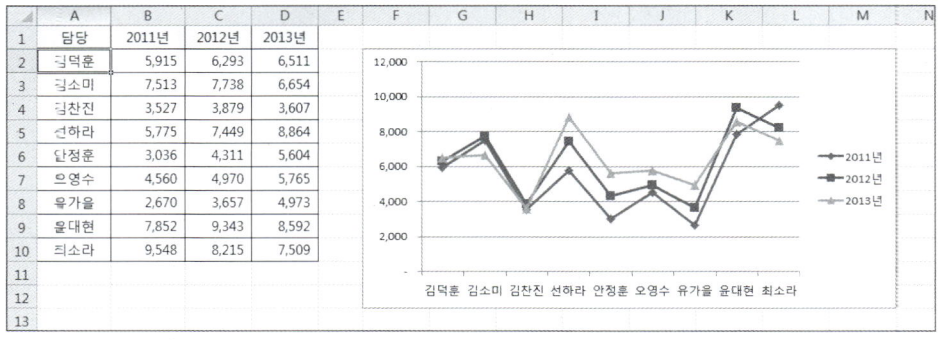

만약, 차트의 계열 중에서 하나만 차트 종류를 변경하려면, 차트의 데이터 계열을 의미하는 Series 개체를 이용하면 됩니다.

```
Sub 혼합형차트()
    Dim 차트 As Chart                                    ❶
    Set 차트 = ActiveSheet.ChartObjects(1).Chart          ❷
    차트.SeriesCollection("2016년").ChartType = xlColumnClustered  ❸
End Sub
```

❶ Chart 형식의 '차트' 개체변수를 선언합니다.
❷ '차트' 개체변수에 현재 시트의 첫 번째 차트를 할당합니다.
❸ '차트' 개체변수에 할당된 차트의 '2016년' 계열의 차트 형식을 '세로 막대형 차트'로 변경합니다.

위 매크로를 실행하면 2016년 계열의 차트가 세로 막대형 차트로 변경되면서 두 차트가 혼합된 형식으로 표시됩니다.

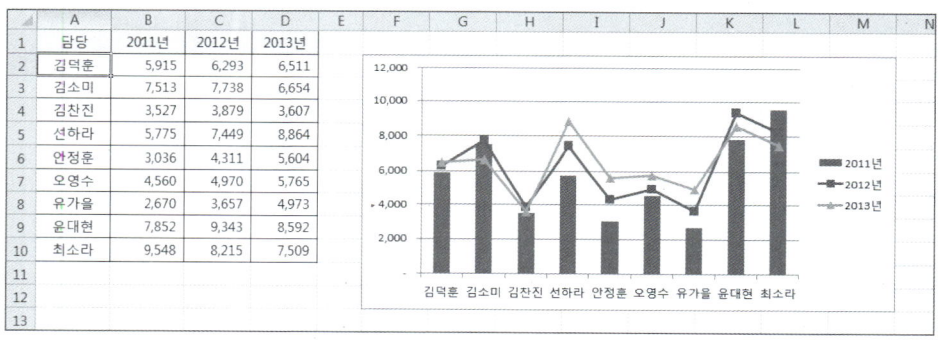

참고로 데이터 계열을 의미하는 개체의 이름은 Series인데, 마지막 문자가 s여서 컬렉션 이름으로 혼동하는 사용자가 많습니다. Series 개체는 하나의 데이터 계열을 의미하며, 모든 데이터 계열에 해당하는 컬렉션은 SeriesCollection입니다. 또한 축을 의미하는 Axis 개체의 컬렉션은 Axes입니다. 이렇게 차트는 다른 개체와는 달리 개체 이름과 컬렉션 이름에 차이가 있는 것들이 많으므로 개체와 컬렉션 이름에 주의할 필요가 있습니다.

생성된 차트를 원하는 위치에 표시하기

293

차트를 생성하면 항상 화면 중앙에 삽입됩니다. 차트를 삽입할 위치를 지정하고 싶다면 ChartObject 개체의 Left, Top 속성을 이용하면 됩니다. 또한 차트의 크기를 설정하고 싶다면 동일한 개체의 Width, Height 속성을 이용하면 됩니다. 이번에는 원하는 크기의 차트를 원하는 위치에 생성하는 방법에 대해 알아보겠습니다.

예제 파일 PART 04 \ (ChartObject) 위치.xlsm

예제를 열면 다음과 같은 표를 확인할 수 있습니다.

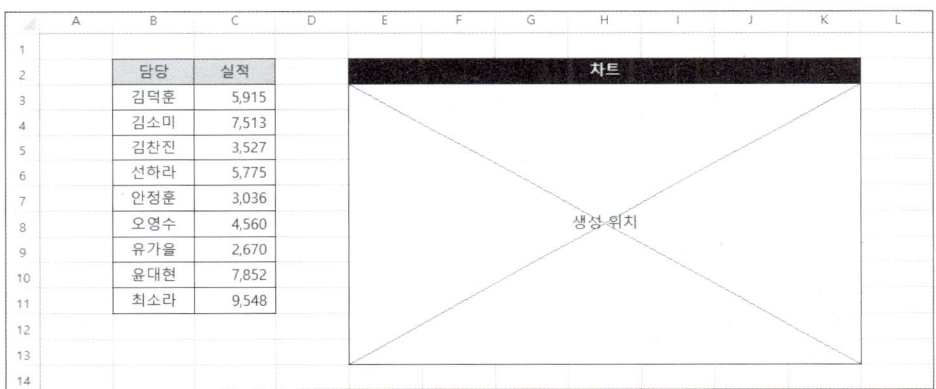

차트를 E3:K13 병합 셀 위치에 생성하려면 다음과 같은 매크로를 사용합니다.

```
Sub 차트생성()

'1단계 : 필요한 변수를 선언합니다.  ――――――――― ❶
    Dim 차트생성위치 As Range
    Dim 차트 As Chart

'2단계 : 변수에 초기 값을 할당합니다.
    Set 차트생성위치 = Range("E3").MergeArea  ――――― ❷
    Set 차트 = ActiveSheet.Shapes.AddChart.Chart  ――― ❸

'3단계 : 차트를 생성합니다.
    With 차트  ―――――――――― ❹
        .SetSourceData Source:=Range("B3").CurrentRegion  ――― ❺
        .ChartType = xlColumnClustered  ――――― ❻

'4단계 : 차트의 위치와 크기를 조정합니다.
        With .Parent  ――――― ❼
```

```
                .Left = 차트생성위치.Left
                .Top = 차트생성위치.Top
                .Width = 차트생성위치.Width
                .Height = 차트생성위치.Height
            End With
        
        End With
    
    End Sub
```

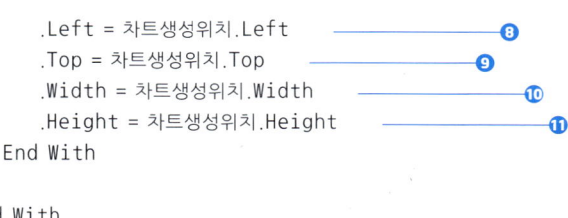

❶ 매크로 실행에 필요한 Range 형식의 '차트생성위치' 개체변수와 Chart 형식의 '차트' 개체변수를 선언합니다.

❷ '차트생성위치' 개체변수에 E3셀이 속한 병합된 전체 셀 범위(E3:K13)를 할당합니다.

❸ 현재 시트에 새 차트를 생성한 후, Chart 개체를 '차트' 개체변수에 할당합니다.

❹ 활성화된 차트에 여러 작업을 하기 위해 With … End With 문을 사용합니다.

❺ SetSourceData 메서드를 이용해 차트 원본 범위를 B3셀부터 연속된 데이터 범위로 설정합니다.

❻ 생성된 차트 종류는 '묶은 세로 막대형' 차트로 설정합니다.

❼ 차트의 위치와 크기를 조정하기 위해서는 Chart 개체의 부모 개체인 ChartObject 개체를 대상으로 작업해야 합니다. '차트' 개체변수에 할당된 Chart 개체의 Parent 속성을 사용해 ChartObject 개체를 반환 받은 다음, With 문을 사용해 ❽-⓫의 작업을 처리합니다.

❽ ChartObject 개체의 Left 속성 값을 '차트생성위치' 개체변수에 할당된 Range 개체의 Left 속성 값으로 변경합니다. 이렇게 하면 차트의 왼쪽이 E열의 왼쪽 테두리 위치에 맞춰집니다.

❾ ChartObject 개체의 Top 속성 값을 '차트생성위치' 개체변수에 할당된 Range 개체의 Top 속성 값으로 변경합니다. 이렇게 하면 차트의 상단이 3행의 상단 테두리 위치에 맞춰집니다.

❿ ChartObject 개체의 Width 속성 값을 '차트생성위치' 개체변수에 할당된 Range 개체의 Width 속성 값으로 변경합니다. 이렇게 하면 차트의 가로 너비가 E:K 열 범위의 가로 너비와 동일하게 조정됩니다.

⓫ ChartObject 개체의 Height 속성 값을 '차트생성위치' 변수에 할당된 Range 개체의 Height 속성 값으로 변경합니다. 이렇게 하면 차트의 세로 길이가 3:13 행 범위의 세로 길이와 동일하게 조정됩니다.

TIP 2013 이상 버전에서만 사용할 수 있는 AddChart2 메서드를 이용하는 매크로를 개발하는 방법은 예제 파일 '차트생성_2013'으로 제공됩니다.

위 매크로가 실행되면 다음과 같이 E3:K13 범위에 차트가 생성됩니다.

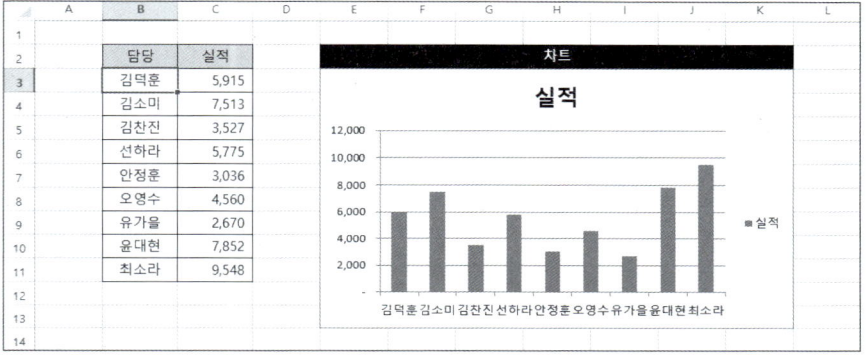

차트 삭제하기 294

생성된 차트가 더 이상 필요하지 않으면 삭제할 수 있습니다. 하지만 차트 작업을 할 때 주로 사용하는 ActiveChart에 Delete 메서드를 사용하면 차트가 삭제되지는 않고 에러가 발생합니다. 이것은 ActiveChart 접근자가 Chart 개체를 의미하며, Chart 개체는 ChartObject 개체에 속한다는 사실을 이해하면 쉽게 납득할 수 있습니다. 그러므로 차트를 삭제하려면 항상 Chart 개체를 담고 있는 ChartObject 개체를 삭제하도록 코드를 구성해야 합니다. 이번에는 차트를 삭제하는 몇 가지 코드 작성 방법에 대해 알아보겠습니다.

\예제 파일 없음

원하는 차트 하나만 삭제

차트를 삭제하려면 다음과 같은 명령을 이용합니다.

```
ActiveSheet.ChartObjects(1).Delete          ❶

또는

ActiveSheet.ChartObjects("차트 1").Delete    ❷

또는

ActiveSheet.Shapes("차트 1").Delete          ❸

또는

ActiveChart.Parent.Delete                    ❹
```

❶ 현재 시트의 첫 번째 차트를 삭제합니다.

❷ 현재 시트에서 이름이 '차트 1'인 차트를 삭제합니다.

❸ 현재 시트의 도형 중에서 이름이 '차트 1'인 도형을 삭제합니다. AddChart 또는 AddChart2 메서드로 생성된 차트는 이 명령을 사용해 삭제해야 합니다.

❹ 현재 차트의 부모 개체(ChartObject)를 삭제합니다.

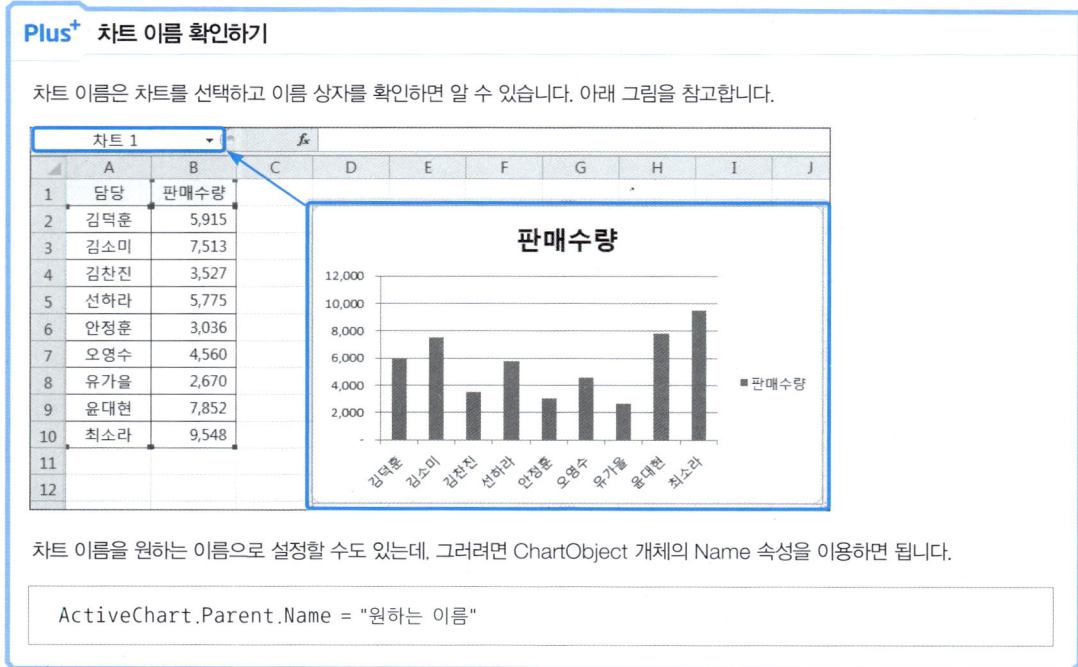

현재 시트의 모든 차트 삭제

현재 시트의 모든 차트를 삭제하려면 다음과 같은 코드를 사용합니다.

```
ActiveSheet.ChartObjects.Delete
```

ChartObjects 컬렉션은 도형을 의미하는 Shapes 컬렉션으로도 제어가 가능하지만, 모든 도형 개체를 의미하는 Shapes 컬렉션은 Delete 메서드를 제공하지 않으므로 다음과 같은 코드는 사용할 수 없습니다.

```
ActiveSheet.Shapes.Delete
```

만약 현재 파일의 모든 차트를 삭제하려면 다음과 같은 매크로를 사용해야 합니다.

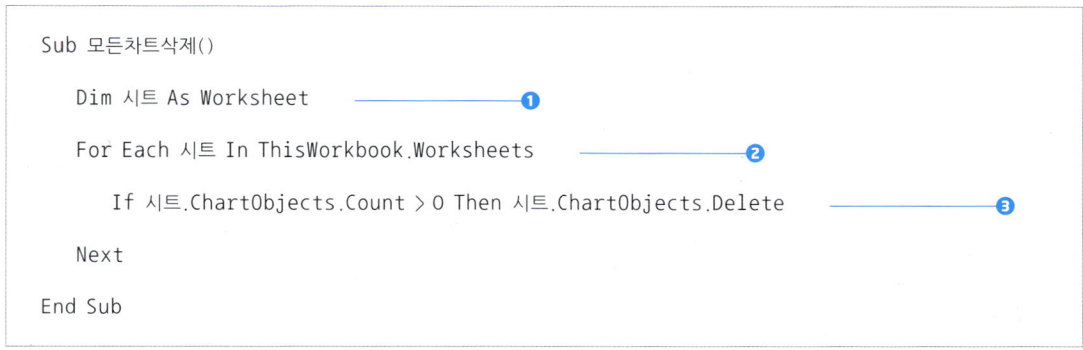

❶ Worksheet 형식의 '시트' 개체변수를 선언합니다.

❷ For Each … Next 순환문을 사용해 현재 파일의 모든 워크시트를 하나씩 '시트' 개체변수에 할당하면서 순환합니다.

❸ '시트' 개체변수에 할당된 Worksheet 개체 내에 차트가 하나라도 존재하면 모두 삭제합니다. 만약 속도를 중시한다면 If 문을 제거하고, ❶-❷ 사이에 다음 코드를 삽입해도 됩니다.

```
On Error Resume Next
```

차트의 원본 범위 수정하기 295

차트의 원본 범위를 수정하려면 Chart 개체의 SetSourceData 속성을 이용하면 됩니다. 기본적으로 SetSourceData 속성에는 차트에 표시될 데이터 범위가 Range 개체로 전달되므로, 원하는 범위를 정확하게 Range 개체로 설정할 수만 있다면 차트의 원본 범위도 적절하게 수정할 수 있습니다. 이번에는 차트의 원본 범위를 수정하는 몇 가지 방식에 대해 알아보겠습니다.

예제 파일 PART 04 \ (Chart) SetSourceData 속성.xlsm

행/열 방향 전환

차트를 생성한 다음, 계열과 항목이 원하는 방식으로 설정되지 않는다면, 차트의 '행/열 전환' 기능을 이용해 계열과 항목이 인식하는 데이터 범위를 전환할 수 있습니다. 예제를 열어 다음과 같은 표와 차트를 확인합니다.

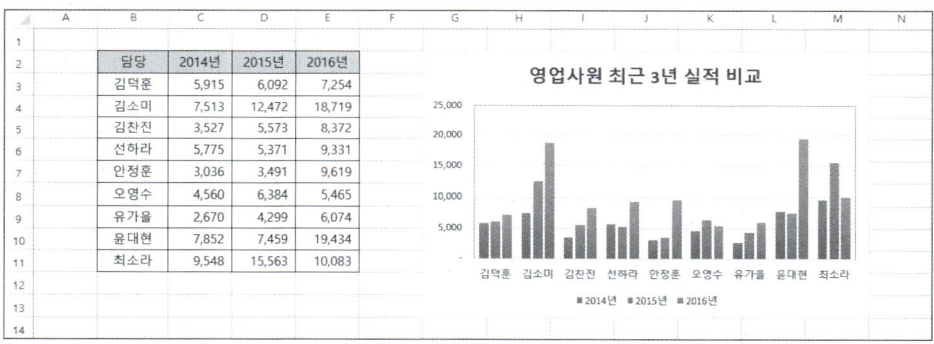

차트는 기본적으로 열 데이터를 계열로, 행 데이터를 항목으로 인식합니다. 만약 원본 데이터 범위는 그대로 두고, 열 데이터를 항목으로, 행 데이터를 계열로 인식하도록 하려면 다음과 같은 매크로를 사용합니다.

```
Sub 열데이터_항목()

    ActiveSheet.ChartObjects(1).Chart.PlotBy = xlRows    ❶

End Sub
```

❶ Chart 개체의 PlotBy 속성은 차트를 생성할 때 데이터 계열을 열 방향으로 인식할지, 행 방향으로 인식할지 여부를 반환하거나 설정합니다. 기본 값은 열 방향이므로 행 방향으로 바꾸는 작업을 진행합니다.

매크로가 실행되면 다음 화면의 차트와 같이 계열과 항목이 서로 바뀝니다.

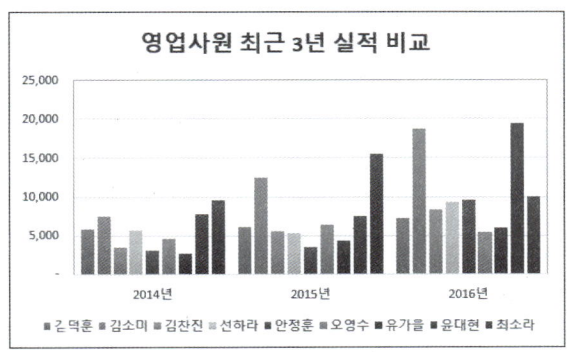

이 매크로는 단순하게 열 데이터를 항목으로 변경하는 작업만 합니다. 만약 리본 메뉴의 [디자인] 탭-[데이터] 그룹-[행/열 전환] 명령(￼)을 클릭한 것처럼 실행할 때마다 행과 열이 전환되도록 하려면 다음과 같은 매크로를 사용합니다.

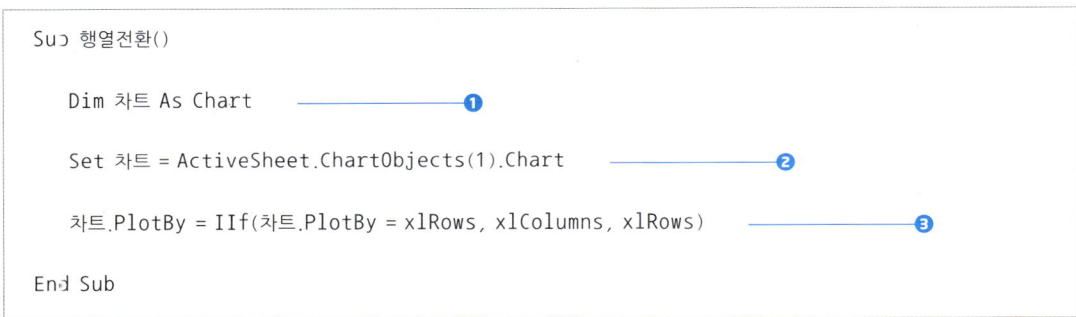

❶ Chart 형식의 '차트' 개체변수를 선언합니다.
❷ '차트' 개체변수에 현재 시트의 첫 번째 차트를 할당합니다.
❸ '차트' 변수에 할당된 Chart 개체의 PlotBy 속성 값을 읽어 행 방향이면 열 방향으로, 열 방향이면 행 방향으로 표 방향을 전환해 인식하도록 합니다.

차트 범위 조정하기

만약 차트를 생성한 다음 원본 범위를 조정할 필요가 있다면 차트에 표시할 데이터 범위를 차트 개체의 SetSourceData 메서드의 Source 매개변수에 전달하면 됩니다. 이때, 연속되지 않은 떨어진 범위를 차트 범위로 설정해야 할 때는 Union 함수를 사용해 X축 범위와 Y축 범위를 연결하면 됩니다. 다음 매크로는 예제에서 2015년 계열만 표시하도록 데이터 범위를 조정하는 역할을 합니다.

```
Sub 범위조정()
    '1단계 : 필요한 변수를 선언합니다.          ❶
    Dim X축 As Range
```

```
    Dim 원본범위 As Range

'2단계 : 차트의 원본 데이터 범위를 '원본범위' 개체변수에 할당합니다.
    Set X축 = Range("B2", Cells(Rows.Count, "B").End(xlUp))         ―――❷
    Set 원본범위 = Union(X축, X축.Offset(, 2))                       ―――❸

'3단계 : 차트 범위를 조정합니다.
    ActiveSheet.ChartObjects(1).Chart.SetSourceData Source:=원본범위    ―――❹

End Sub
```

❶ Range 형식의 'X축'과 '원본범위' 개체변수를 선언합니다.

❷ 'X축' 개체변수에 B2셀부터 B열의 마지막 데이터 입력 위치까지의 범위를 할당합니다.

❸ Union 함수를 사용해 'X축' 개체변수에 할당된 범위(B2:B11)와 'X축' 개체변수에 할당된 범위에서 오른쪽으로 두 칸 떨어진 범위(D2:D11)를 모두 포함하는 범위를 '원본범위' 개체변수에 할당합니다. Union 메서드의 역할을 잘 이해하려면 Ctrl 키를 이용해 떨어진 범위를 선택한다고 생각하면 쉽습니다.

❹ 현재 시트 내 첫 번째 차트의 원본 대상 범위를 '원본범위'에 할당된 데이터 범위로 변경합니다.

'범위조정' 매크로가 실행되면, 세 계열 중 하나의 계열로만 데이터 범위가 제한됩니다.

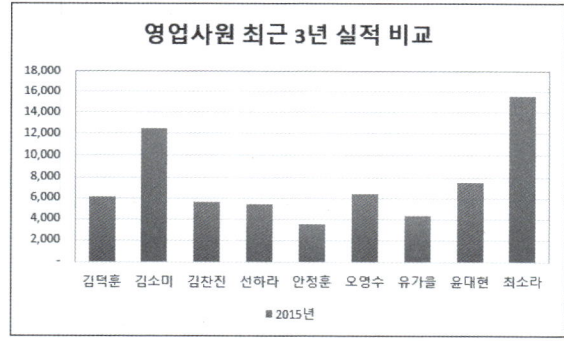

필터 기능을 이용해 원하는 계열(또는 항목)만 표시하기   296

차트는 항상 전체 표 범위의 데이터를 표시하며, 숨기기, 자동 필터 등의 기능을 이용해 화면에 표시하지 않는 데이터만 숨길 수 있었습니다. 하지만 엑셀 2013 버전부터는 차트에 필터 기능이 적용되어, 화면에 모든 데이터를 표시하면서 차트에는 일부 계열이나 항목만 표시할 수 있습니다. 이러한 새로운 기술이 적용되면 엑셀의 개체 모델에도 FullSeriesCollection이나 ChartCategory, FullCategoryCollection 등의 개체가 추가되는데, 2013 이상 버전을 사용한다면 새로운 차트의 필터 기능을 이용해 차트에서 원하는 부분만 표시할 수 있습니다. 이번에는 2013 버전에 새로 추가된 필터 기능을 이용해 차트에 원하는 계열과 항목만 표시하는 방법에 대해 알아보겠습니다.

예제 파일   PART 03 \ (Chart) FullSeriesCollection 속성.xlsm

계열 필터하기

엑셀 2013 버전부터는 차트를 선택하고 오른쪽의 [차트 필터] 단추를 클릭하면 차트에 표시할 계열이나 항목을 선택할 수 있습니다.

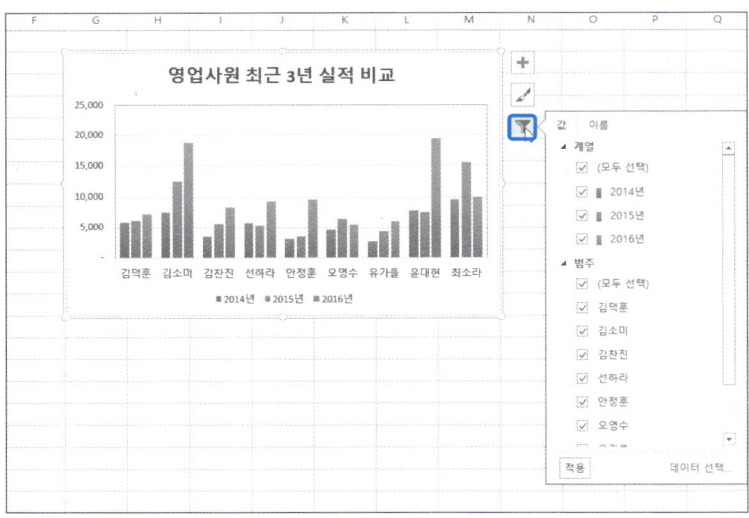

예제 파일의 계열 중에서 2015년 실적만 표시하도록 하는 작업을 차트 필터 기능을 이용해 처리하려면 다음과 같은 코드를 구성합니다.

```
Sub 차트필터_계열()

    '1단계 : 필요한 변수를 선언합니다.                      ❶
        Dim 차트 As Chart
        Dim 계열 As Series
```

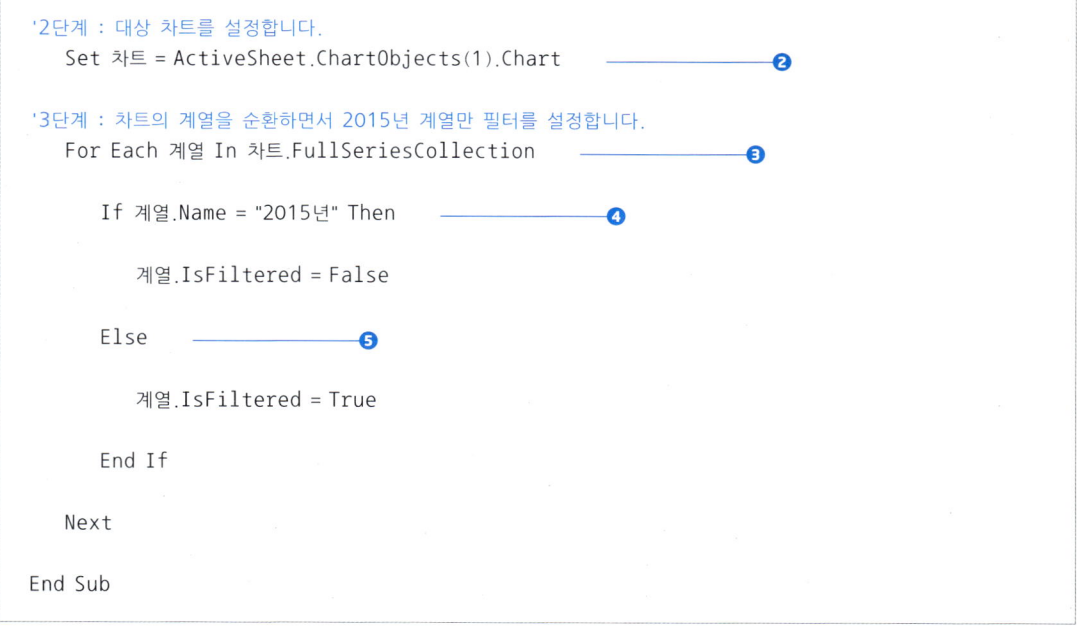

① 매크로 동작에 필요한 Chart 형식의 '차트' 개체변수와 Series 형식의 '계열' 개체변수를 선언합니다.

② '차트' 개체변수에는 현재 시트의 첫 번째 차트 개체를 할당합니다.

③ For Each … Next 순환문을 사용해 '차트' 개체변수에 할당된 Chart 개체의 FullSeriesCollection 컬렉션 내의 계열을 하나씩 '계열' 개체변수에 할당하면서 순환합니다. 이렇게 하면 차트의 모든 계열을 하나씩 제어할 수 있습니다. 참고로 FullSeriesCollection 개체는 차트 필터 기능을 위해 2013 버전부터 추가되었으며, 화면 표시 여부와 상관 없이 전체 계열을 담고 있는 컬렉션입니다. 필터가 설정되어 있지 않은 경우에는 FullSeriesCollection과 SeriesCollection 컬렉션은 모두 동일한 계열(Series) 개체를 반환하므로 이번 경우는 '차트.FullSeriesCollection' 부분을 '차트.SeriesCollection'으로 수정해도 됩니다.

④ '계열' 개체변수에 할당된 Series 개체의 이름이 '2015년'이라면 IsFiltered 속성을 False로 지정합니다. IsFiltered 속성은 차트에 표시할지 여부를 True, False로 설정할 수 있는데, False는 표시하며, True는 표시하지 않습니다.

⑤ ④ 의 조건이 False면 '계열' 개체변수에 할당된 Series 개체를 화면에 표시하지 않습니다.

위 매크로를 실행하면 다음과 같이 '2015년' 계열만 화면에 표시되며, 차트의 원본 데이터 역시 모두 화면에 표시됩니다.

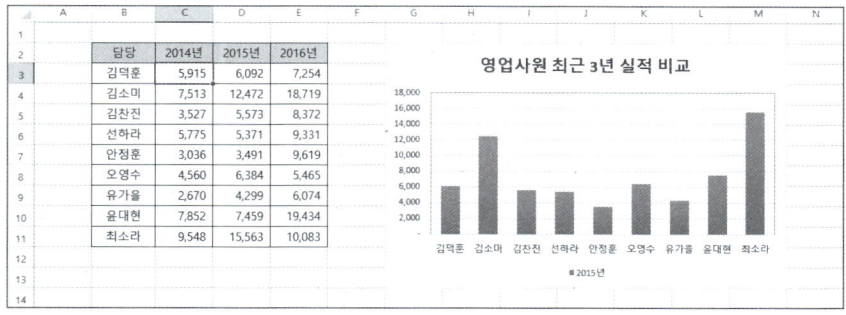

설정된 필터를 모두 해제하려면 다음과 같은 매크로를 사용합니다.

```
Sub 차트필터_계열_해제()

    Dim 차트 As Chart
    Dim 계열 As Series

    Set 차트 = ActiveSheet.ChartObjects(1).Chart

    For Each 계열 In 차트.FullSeriesCollection            ❶

        계열.IsFiltered = False              ❷

    Next

End Sub
```

❶ For Each … Next 순환문을 사용해 차트의 모든 계열을 '계열' 개체변수에 하나씩 할당하면서 순환합니다. 이때 필터가 이미 적용된 경우라면 FullSeriesCollection 대신 SeriesCollection 컬렉션을 사용할 수 없다는 점에 주의해야 합니다. 이것으로 FullSeriesCollection과 SeriesCollection 컬렉션의 차이를 보다 분명하게 이해할 수 있습니다.

❷ '계열' 개체변수에 할당된 Series 개체의 IsFiltered 속성을 False로 지정해 차트에 모두 표시합니다.

항목 필터하기

차트 필터 기능을 이용하면 계열뿐만 아니라 항목도 원하는 만큼만 표시할 수 있습니다. 이 경우 FullCategoryCollection 컬렉션 개체를 이용해야 하는데, 이 컬렉션은 ChartCategory 개체의 컬렉션입니다. ChartCategory 개체와 FullCategoryCollection 컬렉션은 모두 엑셀 2013 버전부터 제공됩니다. 참고로 ChartCategory 개체는 Chart 개체의 하위 개체로 제공되지 않고 차트의 전체 요소를 의미하는 ChartGroup 개체의 하위 개체로 제공되며, FullCategoryCollection 컬렉션은 For Each … Next 순환문을 사용할 수 없어 계열을 필터할 때보다 코드 구성이 좀 더 복잡합니다. 다음 매크로는 차트 항목 중에서 지정된 몇몇 인원의 데이터만 차트에 표시합니다.

```
Sub 차트필터_항목()

'1단계 : 필요한 변수를 선언합니다.            ❶
    Dim 차트 As Chart
    Dim 항목 As ChartCategory
    Dim i As Integer

'2단계 : 필요한 변수를 선언합니다.
    Set 차트 = ActiveSheet.ChartObjects(1).Chart           ❷

'3단계 : 차트의 항목 수만큼 순환하면서 원하는 항목만 필터를 설정합니다.
    For i = 1 To 차트.ChartGroups(1).FullCategoryCollection.Count           ❸
```

```
            Set 항목 = 차트.ChartGroups(1).FullCategoryCollection(i)            ④
            Select Case 항목.Name            ⑤
                Case "김소미", "선하라", "안정훈", "윤대현"            ⑥
                    항목.IsFiltered = False
                Case Else            ⑦
                    항목.IsFiltered = True
            End Select
        Next
End Sub
```

❶ 매크로 동작에 필요한 Chart 형식의 '차트' 개체변수와 ChartCategory 형식의 '항목' 개체변수, 그리고 Integer 형식의 i 변수를 선언합니다.

❷ '차트' 개체변수에 현재 시트의 첫 번째 차트를 할당합니다.

❸ For … Next 순환문을 사용해 i 변수를 1부터 전체 항목 수만큼 1씩 증가시키면서 순환합니다. 전체 항목 수를 세기 위해 '차트' 개체변수에 할당된 Chart 개체의 ChartGroups 컬렉션의 첫 번째 ChartGroup 개체에서 FullCategory Collection 컬렉션의 전체 항목 수를 셉니다. ChartGroups 컬렉션이 반환하는 ChartGroup 개체는 차트에서 동일한 서식을 사용해 표시된 하나 이상의 계열을 모두 포함하는 개체인데, 이번 예제를 통해 쉽게 이해할 수 있습니다. 이번 예제의 첫 번째 차트에는 하나의 ChartGroup 개체만 존재하지만, 계열 중 하나를 다른 차트 종류로 변경해 혼합형 차트를 생성하면 ChartGroup 개체는 두 개가 됩니다. 일단 항목은 보조 축을 사용하지 않는 한 모든 계열이 동일한 항목을 사용하므로, 첫 번째 ChartGroup 내 항목(ChartCategory)의 컬렉션(FullCategory Collection)의 개수를 세면 됩니다.

❹ '차트' 개체변수에 할당된 Chart 개체의 첫 번째 ChartGroup 개체의 i번째 ChartCategory 개체를 '항목' 개체변수에 할당합니다. 이렇게 하면 X축 항목이 하나씩 '항목' 개체변수에 할당됩니다.

❺ '항목' 개체변수의 이름을 Select Case 문으로 구분해 처리합니다.

❻ '항목' 개체변수에 할당된 ChartCategory 개체의 이름이 '김소미', '선하라', '안정훈', '윤대현'일 때 IsFiltered 속성 값을 False로 설정해 차트에 표시합니다.

❼ ❻에서 설정하지 않은 기타 항목은 IsFiltered 속성 값을 True로 설정해 차트에 표시하지 않습니다.

개발된 매크로를 실행하면 다음과 같은 결과를 얻을 수 있습니다.

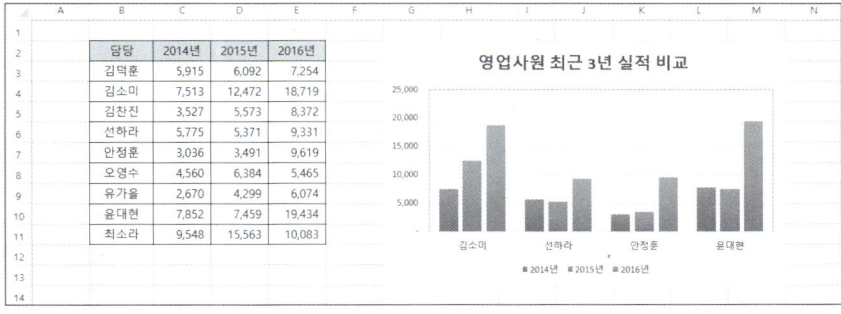

차트 제목 설정하기

297

차트 제목을 표시하고 원하는 제목으로 설정하는 작업 자체는 어렵지 않습니다. 그런데, 2007 버전부터 차트 제목을 설정하는 방법이 달라졌으므로 버전에 맞게 코드를 구성할 수 있어야 합니다. 또한 차트 제목은 상황에 따라 여러 줄에 나눠 입력하는 경우가 있는데, 이런 경우를 매크로로 처리하려면 차트 제목 안의 텍스트 값 중 일부에만 원하는 서식을 지정하는 방법을 알아야 합니다. 이번에는 차트 제목을 설정하는 다양한 방법에 대해 알아보겠습니다.

예제 파일 PART 04 \ (Chart) ChartTitle 속성.xlsm

차트 제목 설정하기

예제를 열면 화면과 같은 표와 차트를 확인할 수 있습니다.

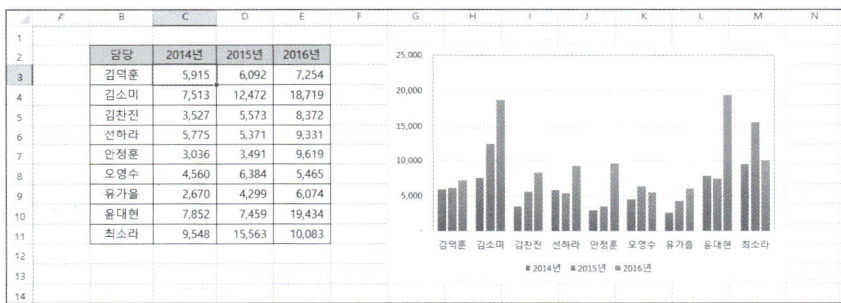

TIP 예제에는 차트 제목이 표시되지 않습니다.

차트 제목을 표시하는 매크로를 엑셀의 모든 버전에서 동작하도록 하려면 다음과 같이 구성하면 됩니다.

```
Sub 차트제목표시()                    ❶

    With ActiveSheet.ChartObjects(1).Chart        ❷

        .HasTitle = True                 ❸

        With .ChartTitle                   ❹
            .Text = "영업사원 최근 3년 실적 비교"      ❺
            .Format.TextFrame2.TextRange.Font.Size = 16    ❻
        End With

    End With

Enc Sub
```

❶ 이 매크로는 엑셀의 버전과 무관하게 동작합니다.

❷ 현재 시트의 첫 번째 차트를 대상으로 작업합니다.

❸ 차트 제목을 표시할지 여부를 결정하는 HasTitle 속성 값을 True로 설정합니다. 차트 제목이 표시되지 않을 경우에만 차트 제목을 표시하도록 하려면 이 부분을 다음과 같이 변경합니다.

```
If .HasTitle = False Then .HasTitle = True
```

❹ Chart 개체의 ChartTitle 하위 개체에 With 문을 설정해 아래 작업을 진행합니다.

❺ '차트 제목'을 설정합니다.

❻ '차트 제목'의 글꼴 크기를 16으로 설정합니다.

개발된 매크로를 실행하면 다음과 같은 결과를 얻을 수 있습니다.

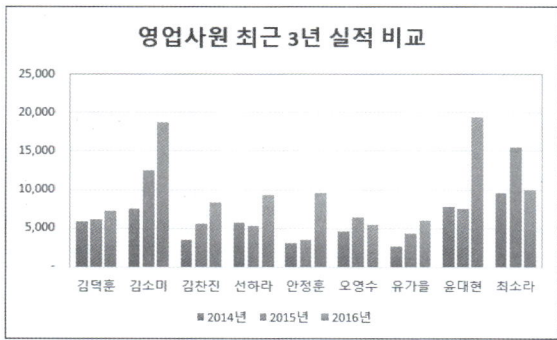

여러 줄로 차트 제목 설정하기

차트 제목을 여러 줄에 입력하는 것은 어렵지 않지만, 줄마다 서로 다른 서식을 지정하려면 조금 복잡한 작업이 필요합니다. 엑셀 2007 버전부터 제공된 SetElement 메서드를 이용해 차트 제목을 설정하는 방법으로 매크로를 개발하면 다음과 같은 코드를 구성할 수 있습니다.

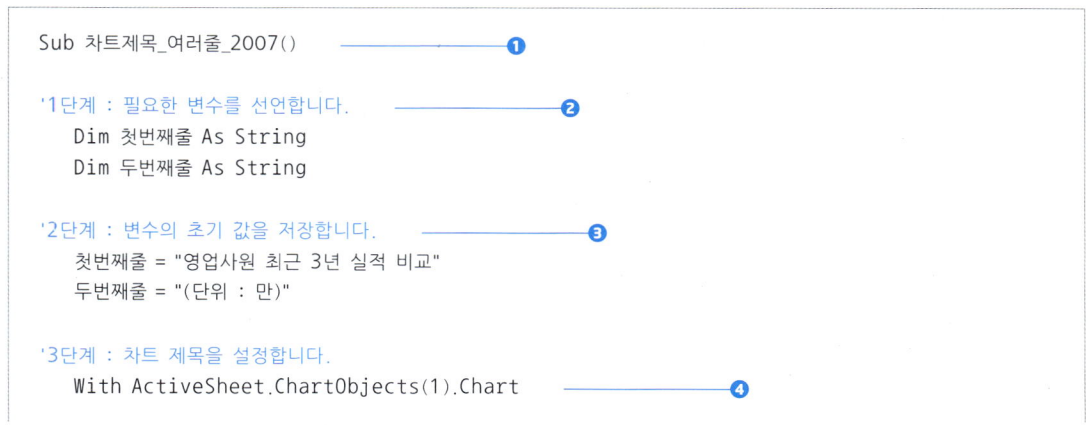

```
                .SetElement msoElementChartTitleAboveChart            ⑤
            With .ChartTitle                     ⑥
                .Text = 첫번째줄 & vbCr & 두번째줄         ⑦
'4단계 : 차트 제목 부분의 서식을 지정합니다.
            With .Format.TextFrame2.TextRange.Characters(1, Len(첫번째줄))      ⑧
                .Font.Size = 16
            End With
            With .Format.TextFrame2.TextRange.Characters(Len(첫번째줄) + 2, Len(두번째줄))   ⑨
                .Font.Size = 10
                .Font.Fill.ForeColor.RGB = RGB(0, 112, 192)
            End With
        End With
    End With
End Sub
```

❶ 이 매크로는 엑셀 2007 이상 버전에서 정상 동작합니다. 정확한 이유는 ❺의 코드 때문으로, 2003 이하 버전과 호환성을 유지하려면 ❺의 코드를 다음과 같이 변경해야 합니다.

```
.HasTitle = True
```

❷ 매크로 실행에 필요한 String 형식의 '첫번째줄'과 '두번째줄' 변수를 선언합니다.

❸ '첫번째줄'과 '두번째줄' 변수에 차트 제목에 표시할 내용을 각각 저장합니다.

❹ With 문을 사용해 현재 시트의 첫 번째 차트를 대상으로 작업합니다.

❺ Chart 개체의 SetElement 메서드를 이용해 차트 제목을 차트 영역 상단에 표시합니다. SetElement 메서드는 2007 버전 이후의 차트를 제어하기 위해 제공된 명령으로, [차트 요소] 단추를 클릭했을 때 표시되는 항목들을 제어할 때 사용합니다.

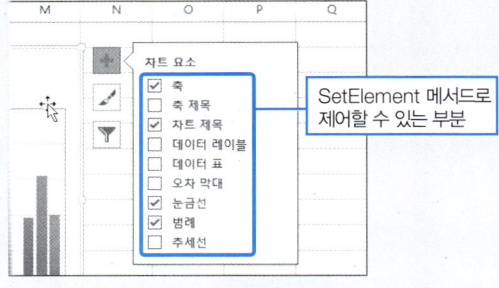

TIP [차트 요소] 부분은 엑셀 2007, 2010 버전에서는 리본 메뉴의 [레이아웃] 탭에 있습니다.

[차트 제목]의 하위에서는 다음과 같이 세 개의 하위 메뉴 중에서 선택해 차트 제목을 설정할 수 있습니다. 이 부분을 SetElement 메서드로 설정하려면 아래 표의 내장 상수를 사용하면 됩니다.

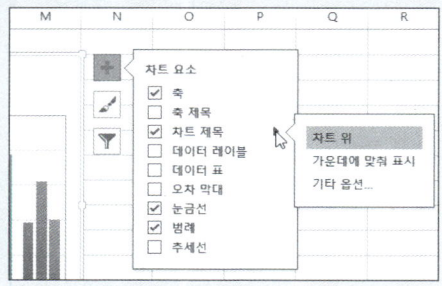

내장 상수	값	설명
msoElementChartTitleNone	0	없음(체크 해제)
msoElementChartTitleAboveChart	2	차트 위
msoElementChartTitleCenteredOverlay	1	가운데에 맞춰 표시

❻ With 문을 사용해 차트 제목을 설정합니다.

❼ ChartTitle 개체의 Text 속성에 '첫번째줄'과 '두번째줄' 변수의 값을 vbCr 내장 상수로 연결해 전달합니다. 이렇게 하면 vbCr은 줄을 바꿔 주는 역할을 하므로 두 줄로 차트 제목이 입력됩니다.

❽ ChartTitle 개체의 도형 서식(Format)에서 텍스트 입력 부분(TextFrame2)의 문자(Characters) 중 첫 번째 문자부터 '첫번째줄' 변수에 저장된 문자 개수만큼의 범위에는 글꼴 사이즈를 16으로 설정합니다.

❾ ❽과 동일한 방법으로, '첫번째줄' 문자 개수보다 두 번째 뒤부터 '두번째줄' 문자 개수만큼의 문자 범위에 글꼴 사이즈를 10으로 설정하고, 글꼴 색을 파랑으로 설정합니다. 왜 2를 더하는지 이해가 되지 않을 수 있는데, 첫 번째 줄에 문자가 16개 있다면 17번째는 줄 바꿈 문자(vbCr)가 들어가고 18번째부터 두 번째 줄의 문자가 시작되므로, 첫 번째 문자 개수보다 두 번째 이후 문자부터 두 번째 줄이 시작하는 것입니다.

개발된 매크로를 실행하면 다음과 같은 결과를 얻을 수 있습니다.

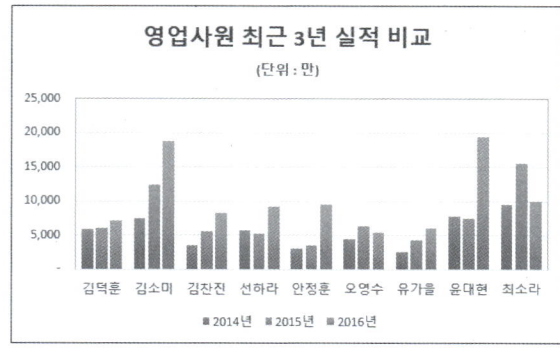

범례를 원하는 방식으로 설정하기 298

범례는 차트에서 계열의 이름이 표시되는 곳으로, 주로 차트 영역의 오른쪽이나 아래에 표시됩니다. 범례는 단순해 보이지만, 차트에서 조정할 필요가 많이 발생하는 부분이기도 합니다. 그래서 이번에는 범례를 표시하는 간단한 방법과 범례를 처리할 때 주로 발생하는 다양한 매크로를 개발하는 방법에 대해 알아보겠습니다.

예제 파일 PART 04 \ (Chart) Legend 속성.xlsm

범례 원하는 위치에 표시하기

범례는 기본적으로 차트 오른쪽에 표시되지만, 차트의 어떤 영역에도 표시할 수 있습니다. 예제를 열면 범례가 없는 차트를 확인할 수 있습니다.

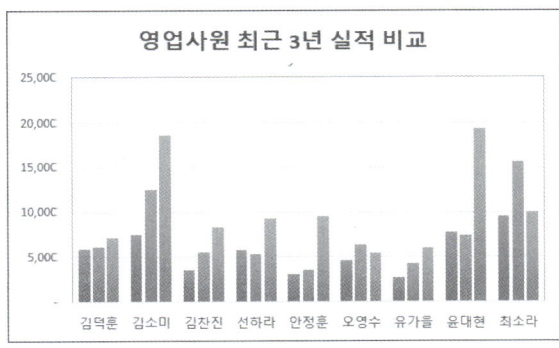

위 차트에서 범례를 차트 아래에 표시하려면 다음 매크로를 사용합니다.

```
Sub 범례표시()    ❶

    With ActiveSheet.ChartObjects(1).Chart    ❷

        .HasLegend = True    ❸
        .Legend.Position = xlLegendPositionTop    ❹

    End With

End Sub
```

❶ 이 매크로는 엑셀 버전과 무관하게 동작하며, 주로 2003 이하 버전에서 사용하던 코드로 개발됩니다.
❷ 현재 시트의 첫 번째 차트를 대상으로 작업합니다.

❸ 범례를 표시할지 여부를 설정할 HasLegend 속성을 True로 설정해 범례를 차트에 표시합니다. 참고로 범례가 표시되지 않은 경우에만 범례를 표시하는 코드는 다음과 같습니다.

```
If .HasLegend = False Then .HasLegend = True
```

❹ Legend 개체의 Position 속성 값을 이용해 범례 위치를 차트 위로 변경합니다. Position 속성에 사용할 수 있는 내장 상수는 다음 표에 정리되어 있습니다.

내장 상수	값	설명
xlLegendPositionBottom	-4107	차트 아래
xlLegendPositionCorner	2	차트 오른쪽 위 모서리
xlLegendPositionCustom	-4161	사용자 지정 위치
xlLegendPositionLeft	-4131	차트 왼쪽
xlLegendPositionRight	-4152	차트 오른쪽
xlLegendPositionTop	-4160	차트 위

개발된 매크로를 실행하면 다음과 같은 결과를 얻을 수 있습니다.

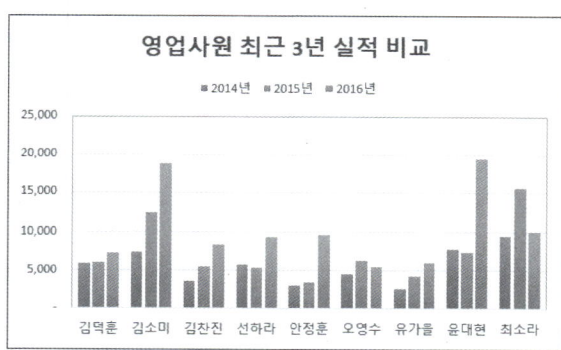

위 매크로를 SetElement 메서드를 사용하도록 하면 다음과 같이 수정할 수 있습니다.

```
Sub 범례표시_2007()  ———————————— ❶

    With ActiveSheet.ChartObjects(1).Chart  ———————— ❷
        .SetElement msoElementLegendBottom  ———————— ❸
    End With

End Sub
```

❶ 이 매크로는 엑셀 2007 이상 버전에서만 정상 동작합니다.

❷ 현재 시트의 첫 번째 차트를 대상으로 작업합니다.

❸ Chart 개체의 SetElement 메서드를 이용해 범례를 아래에 표시하도록 설정합니다. SetElement 메서드를 사용하면

HasLegend 속성을 사용할 필요가 없습니다. 참고로 [차트 요소]-[범례] 하위 메뉴에 표시되는 옵션은 다음과 같습니다.

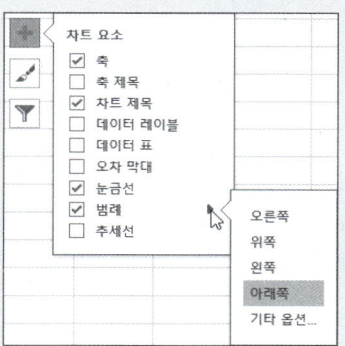

SetElement 메서드에서 사용하는 범례를 설정하는 내장 상수는 다음과 같습니다.

내장 상수	값	설명
msoElementLegendNone	100	없음
msoElementLegendRight	101	오른쪽
msoElementLegendTop	102	위쪽
msoElementLegendLeft	103	왼쪽
msoElementLegendBottom	104	아래쪽
msoElementLegendRightOverlay	105	우측에 범례 표시(그림 영역 변동 없음)
msoElementLegendLeftOverlay	106	좌측에 범례 표시(그림 영역 변동 없음)

수정된 매크로를 동작시키면 범례가 차트 아래에 표시됩니다.

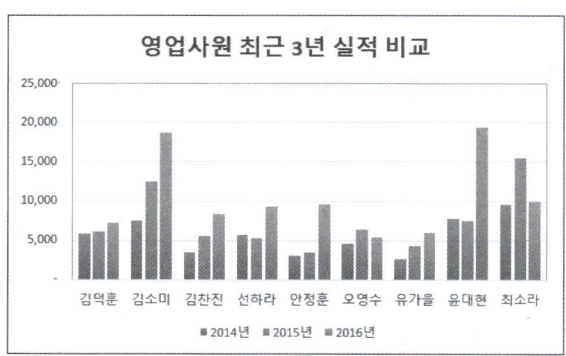

범례에 표시되는 계열 이름 변경하기

범례에 표시되는 계열 이름은 보통 원본 표의 열 머리글이 됩니다. 하지만 원본 표의 열 머리글과 무관하게 사용자가 임의로 이름을 변경할 수 있습니다. 다음 매크로는 '2016년' 계열의 이름을 '금년'으로 변경합니다.

```
Sub 범례이름변경()

    With ActiveSheet.ChartObjects(1).Chart                    ①
        .SeriesCollection("2016년").Name = "금년"              ②
    End With

End Sub
```

❶ With 문을 사용해 현재 시트의 첫 번째 차트를 대상으로 합니다.
❷ 2016년 계열의 이름을 '금년'으로 변경합니다. 계열의 이름을 변경하면 범례에도 변경된 이름이 표시됩니다.

개발된 매크로를 실행하면 다음과 같은 결과를 얻을 수 있습니다.

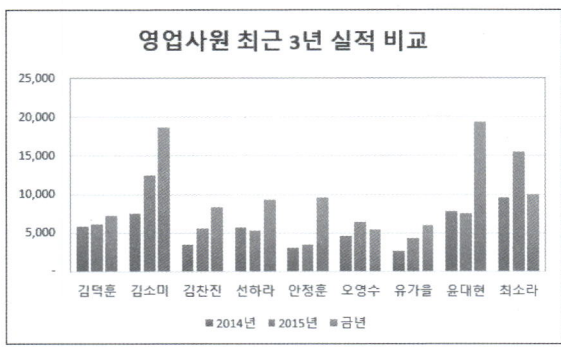

범례에 표시되는 순서 변경하기

범례는 기본적으로 표의 왼쪽 열부터 표시하며, 혼합형 차트의 경우에는 세로 막대형, 꺾은선형 순으로 계열 이름을 표시합니다. 이 순서는 사용자가 임의로 조정할 수 없지만, 계열의 표시 순서를 변경하면 범례에 표시되는 계열의 순서도 변경됩니다. 다음 매크로는 예제의 차트에서 '금년' 계열을 제일 처음 표시하는 작업을 합니다.

```
Sub 범례순서변경()

    With ActiveSheet.ChartObjects(1).Chart                    ①
        .SeriesCollection("금년").PlotOrder = 1                ②
    End With

End Sub
```

❶ With 문을 사용해 현재 시트의 첫 번째 차트를 대상으로 합니다.
❷ '금년' 계열의 표시 순서를 첫 번째로 조정합니다.

개발된 매크로를 실행하면 다음과 같은 결과를 얻을 수 있습니다.

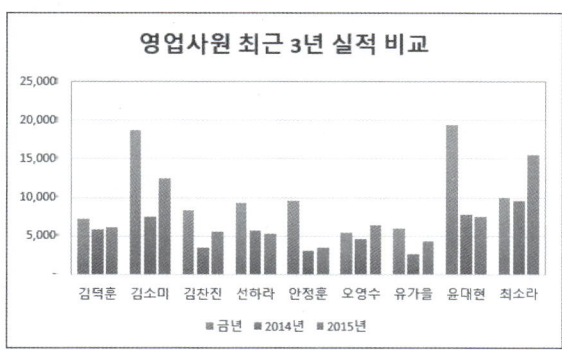

범례에 감추고 싶은 계열 이름 삭제하기

차트를 작성하다 보면 범례에 표시하고 싶지 않은 계열이 있습니다. 이런 경우에는 범례에서 해당 계열 이름만 삭제할 수 있습니다. 다만 이렇게 삭제한 계열은 다시 추가할 수 없기 때문에 신중하게 작업을 진행해야 합니다. 다음 매크로는 범례의 첫 번째 계열 이름을 삭제합니다.

```
Sub 불필요한범례삭제()

    With ActiveSheet.ChartObjects(1).Chart        ①
        .Legend.LegendEntries(1).Delete           ②
    End With

End Sub
```

❶ With 문을 사용해 현재 시트의 첫 번째 차트를 대상으로 합니다.
❷ 범례의 항목 중 첫 번째 항목을 삭제합니다. LegendEntries 속성에는 Index 번호만 사용할 수 있고 이름 값을 사용할 수 없으므로 주의합니다.

개발된 매크로를 실행하면 다음과 같은 결과를 확인할 수 있습니다.

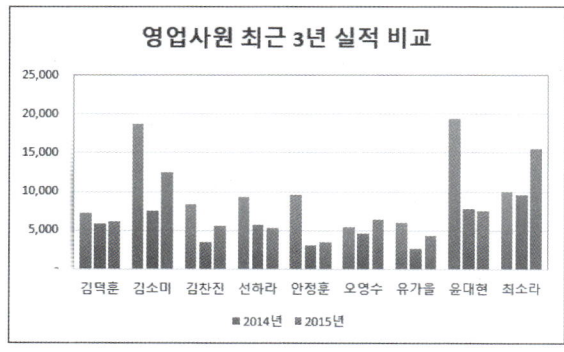

차트의 Y축을 원하는 값 범위로 설정하기 299

차트의 X축과 Y축은 모두 원본 데이터 범위의 값을 참고해 자동으로 축 값을 설정합니다. 하지만 숫자 값을 표시하는 Y축의 경우는 기본 설정 외의 방식으로 설정하고 싶은 경우가 종종 있습니다. 예를 들면 숫자 값이 너무 커서 단위를 변경하고 싶다거나, 축의 시작 값이나 끝 값을 원하는 값으로 변경하고 싶을 수 있습니다. 이번에는 Y축을 원하는 방식으로 변경하는 방법에 대해 알아보겠습니다.

예제 파일 PART 04 \ (Chart) Axes 속성.xlsm

Y축 단위 변경하기

예제를 열면 화면과 같은 차트를 확인할 수 있습니다.

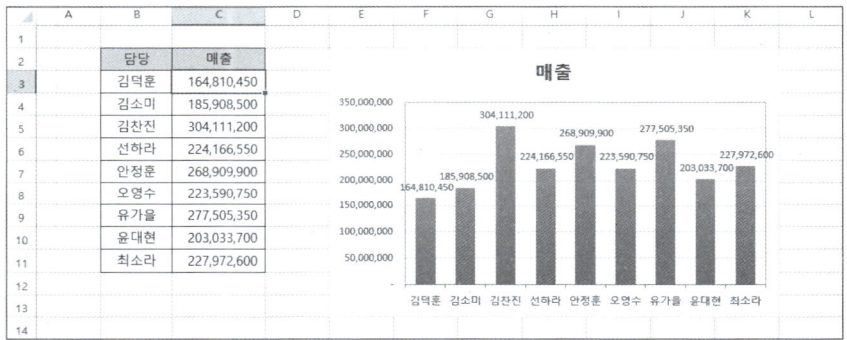

차트에 표시되는 숫자 값의 단위를 '원'에서 '만원'으로 변경하는 작업을 처리하려면 다음과 같은 매크로를 사용하면 됩니다.

```
Sub Y축단위()                                    ❶

    With ActiveSheet.ChartObjects(1).Chart       ❷

        With .Axes(xlValue)                      ❸

            .DisplayUnit = xlTenThousands        ❹
            .HasDisplayUnitLabel = True          ❺

            .DisplayUnitLabel.Format.TextFrame2.TextRange.Characters.Text = "단위 : 만"   ❻

        End With

    End With

End Sub
```

❶ 이 매크로는 버전 상관 없이 정상 동작합니다.

❷ With 문을 사용해 현재 시트의 첫 번째 차트를 대상으로 작업합니다.

❸ With 문을 중첩해 Chart 개체의 값 축(xlValue)을 대상으로 작업합니다. Axes는 축의 컬렉션으로, xlValue 또는 xlCategory 내장 상수를 사용해 X축과 Y축에 해당하는 Axis 개체를 반환합니다.

❹ Y축을 의미하는 Axis 개체의 DisplayUnit 속성을 이용해 축의 표시 단위를 '만'으로 설정합니다. DisplayUnit 속성에 사용할 수 있는 단위 내장 상수는 다음 표를 참고합니다.

내장 상수	값	단위
xlMillionMillions	-10	조
xlThousandMillions	-9	십억
xlHundredMillions	-8	억
xlTenMillions	-7	천만
xlMillions	-6	백만
xlHundredThousands	-5	십만
xlTenThousands	-4	만
xlThousands	-3	천
xlHundreds	-2	백

❺ Y축의 HasDisplayUnitLabel 속성을 이용해 Y축의 단위 레이블을 표시합니다. 이렇게 하면 Y축 왼쪽에 'x10000'으로 축의 단위가 표시됩니다.

❻ Y축의 단위 레이블을 원하는 표시 값(단위 : 만)으로 변경합니다.

개발된 매크로를 실행하면 다음과 같은 결과를 얻게 됩니다.

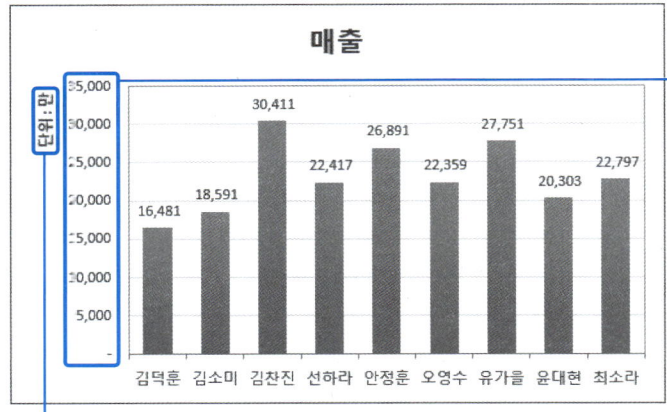

DisplayUnit 속성을 이용해 축의 단위를 조정하면 데이터 레이블의 단위도 함께 변경됩니다.

DisplayUnitLabel 속성 값을 조정해 원하는 단위를 표시합니다.

Y축 단위 조정하기 (2007 이상)

단위만 조정하는 작업이라면, 2007 이상 버전에서 사용할 수 있는 SetElement 메서드를 사용할 수도 있습니다. 다음 매크로는 SetElement 메서드를 이용해 Y축의 숫자 단위를 '천' 단위로 변경하는 방법입니다.

```
Sub Y축단위_2007()                    ❶

    With ActiveSheet.ChartObjects(1).Chart         ❷

        .SetElement msoElementPrimaryValueAxisThousands      ❸

    End With

End Sub
```

❶ 이 매크로는 엑셀 2007 이상 버전에서만 동작합니다.

❷ With 문을 사용해 현재 시트의 첫 번째 차트를 대상으로 작업합니다.

❸ SetElement 메서드를 이용해 Y축의 단위를 '천'으로 조정합니다. 이번에 사용된 내장 상수 값 이외에도 다음과 같은 내장 상수를 추가로 사용할 수 있습니다.

내장 상수	값	단위
msoElementPrimaryValueAxisNone	352	없음
msoElementPrimaryValueAxisShow	353	기본 축 표시
msoElementPrimaryValueAxisThousands	354	천 단위로 축 표시
msoElementPrimaryValueAxisMillions	355	백만 단위로 축 표시
msoElementPrimaryValueAxisBillions	356	십억 단위로 축 표시
msoElementPrimaryValueAxisLogScale	357	로그 눈금을 사용하여 축 표시

SetElement 메서드를 사용해 다음과 같은 내장 상수를 사용해 X축의 설정도 변경할 수 있습니다.

내장 상수	값	단위
msoElementPrimaryCategoryAxisNone	348	없음
msoElementPrimaryCategoryAxisHorizontal	349	왼쪽에서 오른쪽으로 축 표시
msoElementPrimaryCategoryAxisTitleNone	350	레이블 없이 축 표시
msoElementPrimaryCategoryAxisReverse	351	오른쪽에서 왼쪽으로 축 표시

위에서 설명한 방법 외에도 더 다양한 내장 상수 값이 제공되므로, 도움말이나 개체 탐색기에서 SetElement 메서드에 대해 검색해 봅니다.

위 매크로를 실행하면 다음과 같은 차트를 얻게 됩니다.

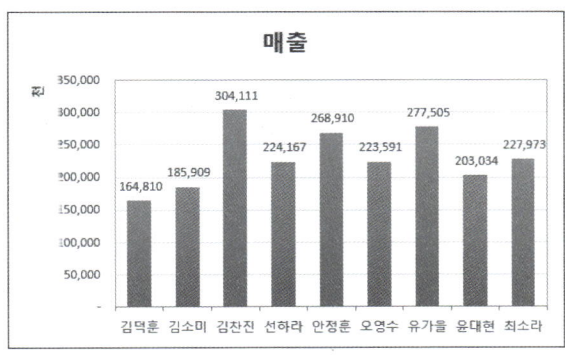

Y축 눈금의 최소, 최대값 설정하기

Y축의 눈금은 항상 0부터 시작하는데, 상황에 따라서는 이 값을 조정할 필요가 있습니다. 이런 때는 다음과 같은 매크로를 사용하면 됩니다.

```
Sub Y축눈금조정()

    With ActiveSheet.ChartObjects(1).Chart         ①

        With .Axes(xlValue)                        ②

            .MinimumScale = 10000 * (10 ^ 4)       ③
            .MaximumScaleIsAuto = True             ④
            .MajorUnit = 5000 * (10 ^ 4)           ⑤

        End With

    End With

End Sub
```

① With 문을 사용해 현재 시트의 첫 번째 차트를 대상으로 작업합니다.

② With 문을 사용해 값(Y) 축을 대상으로 작업합니다.

③ Y축의 최솟값을 1억으로 설정합니다. 10000*(10^4)는 이해를 돕기 위해 입력한 방식이므로, 100000000 또는 10^8 등으로 입력해도 됩니다. 이 값은 다른 셀에서 전달받아 사용할 수 있습니다. 다음 코드는 A1셀의 값을 Y축의 최솟값으로 설정합니다.

```
.MinimumScale = Range("A1").Value
```

④ Y축의 최댓값을 자동으로 설정합니다.

⑤ 주 단위 간격을 5천만으로 설정합니다.

개발된 매크로를 실행하면 다음과 같이 Y축의 시작 값이 0이 아니라 1억으로 변경됩니다.

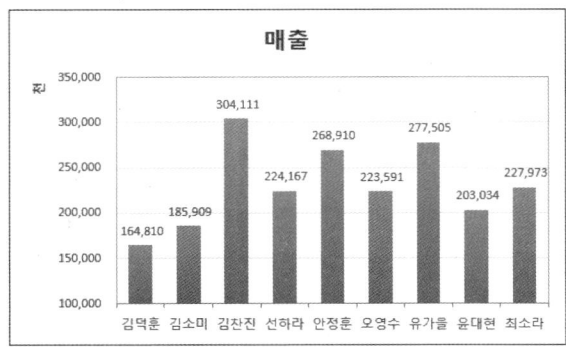

차트의 데이터 레이블 설정하기

차트를 만들 때 빠지지 않고 진행되는 작업 중 하나가 바로 데이터 레이블을 표시하는 일입니다. 차트 종류에 따라 계열 값, 백분율(원형 차트, 도넛형 차트), 항목 이름, 계열 이름 등을 데이터 레이블로 사용할 수 있으며, 2013 버전부터는 원하는 위치의 셀 값을 데이터 레이블에 표시할 수 있습니다. 데이터 레이블은 DataLabel 개체인데, 이 개체는 계열(Series 개체)이나 요소(Point 개체)의 하위에서 사용할 수 있습니다. 이번에는 데이터 레이블을 다루는 여러 방법에 대해 알아보겠습니다.

예제 파일 PART 04 \ (Chart) Datalabel 속성.xlsm

데이터 레이블 표시하기

예제를 열면 화면과 같은 표와 차트를 확인할 수 있습니다.

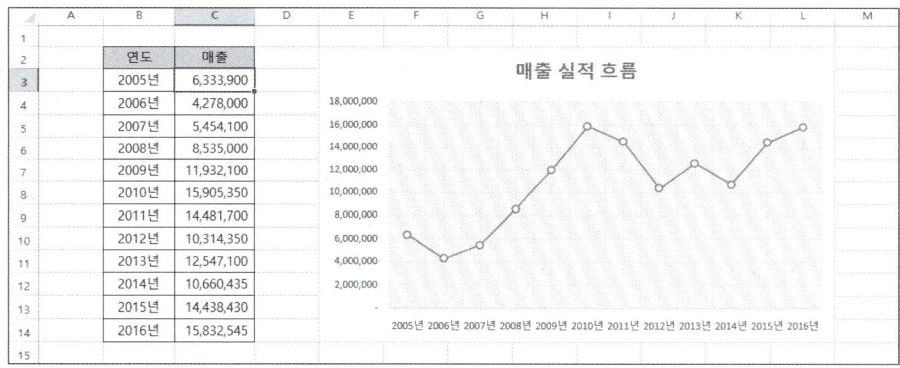

데이터 레이블을 표시하고, 계열 요소의 위쪽에 표시하려면 다음과 같은 코드를 사용합니다.

```
Sub 데이터레이블표시()                    ──①

    With ActiveSheet.ChartObjects(1).Chart    ──②

        With .SeriesCollection(1)             ──③

            .HasDataLabels = True             ──④

            With .DataLabels                  ──⑤

                .Position = xlLabelPositionAbove    ──⑥
                .NumberFormat = "#,###,"            ──⑦

            End With
```

```
        End With

    End With

End Sub
```

❶ 이 매크로는 모든 버전에서 정상적으로 동작합니다.

❷ With 문을 사용해 현재 시트의 첫 번째 차트를 대상으로 작업합니다.

❸ With 문을 사용해 첫 번째 계열을 대상으로 작업합니다.

❹ HasDataLabels 속성 값을 True로 설정해 데이터 레이블을 차트에 표시합니다.

❺ With 문을 사용해 표시된 데이터 레이블을 대상으로 작업합니다.

❻ 데이터 레이블 위치를 표식 위에 나타나도록 합니다. Position 속성에 사용할 수 있는 내장 상수는 다음과 같습니다.

내장 상수	값	설명
xlLabelPositionAbove	0	계열 요소 바로 위에 표시합니다.
xlLabelPositionBelow	1	계열 요소 바로 아래에 표시합니다.
xlLabelPositionOutsideEnd	2	막대형(또는 원형) 그래프의 바깥쪽 끝에 표시합니다.
xlLabelPositionInsideEnd	3	막대형(또는 원형) 그래프의 안쪽 끝에 표시합니다.
xlLabelPositionInsideBase	4	막대형(또는 원형) 그래프의 축에 가깝게 표시합니다.
xlLabelPositionBestFit	5	엑셀에서 데이터 레이블 위치를 자동 조정합니다.
xlLabelPositionMixed	6	계열 요소의 여러 위치에 표시합니다.
xlLabelPositionCustom	7	사용자가 수정한 위치에 표시합니다.
xlLabelPositionCenter	−4108	막대형(또는 원형) 그래프의 가운데에 표시합니다.
xlLabelPositionLeft	−4131	계열 요소 왼쪽에 표시합니다.
xlLabelPositionRight	−4152	계열 요소 오른쪽에 표시합니다.

TIP 위 내장 상수는 차트 종류에 따라 사용할 수 있는 것이 제한됩니다.

❼ 데이터 레이블의 표시 형식을 '#,###,'으로 설정해 숫자 값을 '원' 단위에서 '천' 단위로 조정해 표시되도록 합니다.

개발된 매크로를 실행하면 다음과 같은 결과를 확인할 수 있습니다.

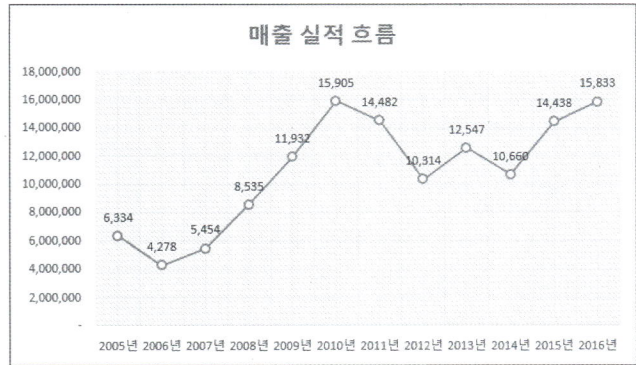

엑셀 2007 이상의 버전에서는 Chart 개체의 SetElement 메서드를 이용해 데이터 레이블을 표시할 수 있습니다. SetElement 메서드를 사용하는 매크로는 다음과 같습니다.

```
Sub 데이터레이블표시_2007()      ①

    With ActiveSheet.ChartObjects(1).Chart      ②

        .SetElement msoElementDataLabelBottom      ③

    End With

End Sub
```

① 이 매크로는 2007 이상 버전에서만 정상 동작합니다.

② With 문을 사용해 현재 시트의 첫 번째 차트 시트를 대상으로 작업합니다.

③ SetElement 메서드를 사용해 데이터 레이블을 표식 아래에 표시합니다. SetElement 메서드를 이용해 데이터 레이블을 조정할 경우, 다음과 같은 내장 상수를 사용할 수 있습니다.

내장 상수	값	설명
msoElementDataLabelNone	200	데이터 레이블을 표시하지 않습니다.
msoElementDataLabelShow	201	데이터 레이블을 표시합니다.
msElementDataLabelCenter	202	데이터 레이블을 가운데에 표시합니다.
msoElementDataLabelInsideEnd	203	데이터 레이블을 안쪽 끝에 표시합니다.
msoElementDataLabelInsideBase	204	데이터 레이블을 축에 가깝게 표시합니다.
msoElementDataLabelOutSideEnd	205	데이터 레이블을 바깥쪽 끝에 표시합니다.
msoElementDataLabelLeft	206	데이터 레이블을 표식 왼쪽에 표시합니다.
msoElementDataLabelRight	207	데이터 레이블을 표식 오른쪽에 표시합니다.
msoElementDataLabelTop	208	데이터 레이블을 표식 위에 표시합니다.
msoElementDataLabelBottom	209	데이터 레이블을 표식 아래에 표시합니다.
msoElementDataLabelBestFit	210	데이터 레이블 위치를 자동 조정합니다.

위 매크로를 실행하면 데이터 레이블이 표식 아래에 위치하게 됩니다.

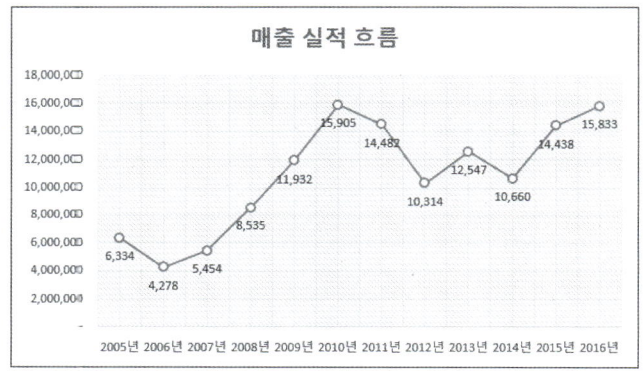

데이터 레이블 종류 선택해 표시하기

데이터 레이블에 별도의 설정 없이 표시 위치만 설정하면 항상 데이터 계열의 값만 표시가 됩니다. 그런데 데이터 레이블로는 계열 값 외에도 백분율이나 항목 이름, 그리고 계열 이름을 함께 표시할 수가 있습니다. 이렇게 원하는 데이터 레이블 종류를 직접 선택해 작업하려면 다음 매크로를 사용하면 됩니다.

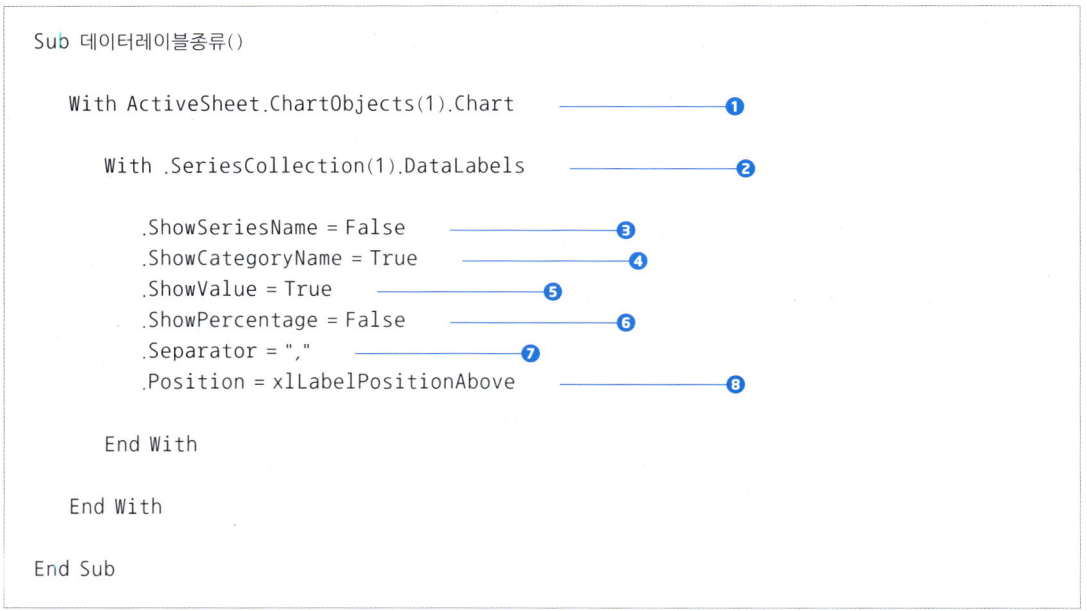

```
Sub 데이터레이블종류()

    With ActiveSheet.ChartObjects(1).Chart                ❶

        With .SeriesCollection(1).DataLabels              ❷

            .ShowSeriesName = False                       ❸
            .ShowCategoryName = True                      ❹
            .ShowValue = True                             ❺
            .ShowPercentage = False                       ❻
            .Separator = ","                              ❼
            .Position = xlLabelPositionAbove              ❽

        End With

    End With

End Sub
```

❶ With 문을 사용해 현재 시트의 첫 번째 차트를 대상으로 작업합니다.

❷ With 문을 중첩해 첫 번째 계열의 데이터 레이블을 대상으로 작업합니다.

❸ 계열 이름을 표시하지 않도록 설정합니다.

❹ 항목 이름을 표시하도록 설정합니다.

❺ 계열 값을 표시하도록 설정합니다. 차트의 데이터 레이블은 이렇게 옵션을 별도로 분리해 놓아 데이터 레이블에 표시될 종류를 선택하려면 ❸-❺의 코드가 삽입되어야 하는 것이 일반적입니다. 이렇게 하지 않고 하나만 사용하면 이전에 표시하도록 설정한 옵션이 해제되지 않습니다. 예를 들어 이전 매크로에서 항목 이름(ShowCategoryName)을 표시하도록 했는데, 다른 매크로에서 계열 값만 표시하도록 ShowValue 속성만 True로 설정하면 항목 이름과 계열 값이 동시에 표시됩니다.

❻ 백분율을 표시하지 않도록 설정합니다. 백분율은 원형 차트와 도넛형 차트에서만 사용할 수 있습니다.

❼ 여러 개의 값을 데이터 레이블로 표시할 때 값을 서로 구분할 구분 문자를 지정합니다. 지정하지 않으면 기본 값은 쉼표(,)이고, 다른 구분 문자를 사용하려면 Separator 속성 값을 변경합니다.

❽ 데이터 레이블이 표식 위에 위치하도록 합니다.

개발된 매크로를 실행하면 다음과 같은 차트를 확인할 수 있습니다.

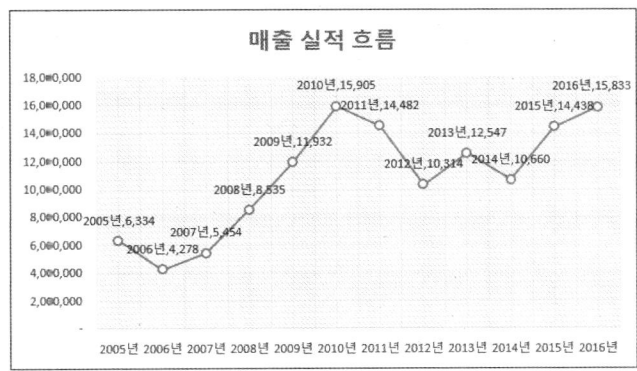

데이터 레이블에 다른 범위 내 셀 값을 표시하기 301

데이터 레이블은 원래 차트를 생성할 때 지정한 원본 데이터 범위 내 값만 표시할 수 있습니다. 하지만 차트에서 사용되지 않은 다른 범위 내 셀 값을 데이터 레이블로 표시해야 하는 경우도 있습니다. 이런 경우에는 2013 버전에서 새롭게 추가된 '셀 값' 옵션을 사용해 원하는 데이터 범위를 선택하도록 하면 되는데, 2010 이하 버전에서는 '셀 값' 옵션을 사용할 수 없으므로, 직접 하나씩 원하는 값으로 데이터 레이블을 수정하는 작업을 해야 합니다. 이번에는 데이터 레이블에 원하는 범위 내 셀 값을 표시하는 방법에 대해 알아보겠습니다.

예제 파일 PART 04 \ (DataLabel) ShowRange 속성.xlsm

엑셀 2013 버전 이상 사용자를 위한 방법

예제를 열면 화면과 같은 표와 차트를 확인할 수 있습니다.

담당	판매수량	매출
김덕훈	3,915	164,810,450
김소미	7,513	185,908,500
김찬진	2,527	54,111,200
선하라	6,775	124,166,550
안정훈	4,036	68,909,900
오영수	4,560	123,590,750
유가을	1,670	77,505,350
윤대현	7,852	223,033,700
최소라	9,548	227,972,600

분산형 차트는 기본적으로 숫자 값 범위만 선택해 차트를 생성하므로, 데이터 레이블에 X축, Y축의 숫자와 계열 이름만 표시할 수 있습니다. 만약 B열의 사원 이름을 데이터 레이블에 표시하려면 2013 버전부터 지원된 '셀 값' 옵션을 사용해 처리해야 합니다. 매크로를 사용하려면 다음과 같은 코드가 구성됩니다.

```
Sub 데이터레이블_셀값_2013()    ①

'1단계 : 필요한 변수를 선언합니다.    ②
    Dim 레이블범위 As Range
    Dim 셀주소 As String

'2단계 : 변수에 초기 값을 저장합니다.
    Set 레이블범위 = Range("B3", Cells(Rows.Count, "B").End(xlUp))    ③
    셀주소 = ActiveSheet.Name & "!" & 레이블범위.Address    ④

'3단계 : 데이터 레이블의 '셀 값' 옵션을 이용해 데이터 레이블을 지정된 위치의 값으로 변경합니다.
```

```
            With ActiveSheet.ChartObjects(1).Chart                    ⑤
                With .SeriesCollection(1)                    ⑥
                    .ApplyDataLabels                    ⑦
                    With .DataLabels                    ⑧
                        .ShowValue = False                    ⑨
                        .ShowRange = True                    ⑩
                        With .Format.TextFrame2.TextRange                    ⑪
                            .InsertChartField ChartFieldType:=msoChartFieldRange, _
                                Formula:="=" & 셀주소                    ⑫
                        End With
                        .AutoText = True                    ⑬
                        .Position = xlLabelPositionAbove                    ⑭
                    End With
                End With
            End With
End Sub
```

❶ 이 매크로는 2013 버전부터 정상 동작합니다.

❷ 매크로 동작에 필요한 Range 형식의 '레이블범위' 개체변수와 String 형식의 '셀주소' 변수를 선언합니다.

❸ '레이블범위' 개체변수에 B3셀부터 B열의 마지막 데이터 입력 위치까지의 범위를 할당합니다.

❹ '셀주소' 변수에 현재 시트의 이름과 '레이블범위' 개체변수에 할당된 범위의 주소를 구분 문자 !를 사용해 연결해 저장합니다. 이렇게 하면 '셀주소' 변수에 sample!$B$3:$B$11과 같은 문자열이 저장됩니다.

❺ With 문을 사용해 현재 시트의 첫 번째 차트를 대상으로 작업합니다.

❻ With 문을 중첩해 차트의 첫 번째 계열을 대상으로 작업합니다.

❼ ApplyDataLabels 메서드를 이용해 데이터 계열의 레이블을 화면에 표시합니다. 이 작업은 보통 차트에서 데이터 계열을 선택하고 '데이터 레이블'을 표시하는 작업과 동일합니다.

❽ With 문을 중첩해 추가된 데이터 레이블을 대상으로 작업합니다.

❾ ShowValue 속성 값을 False로 지정해 기본 옵션으로 설정된 계열 값이 화면에 나타나지 않도록 합니다.

⑩ ShowRange 속성 값을 True로 설정해 '셀 값' 옵션을 사용합니다.

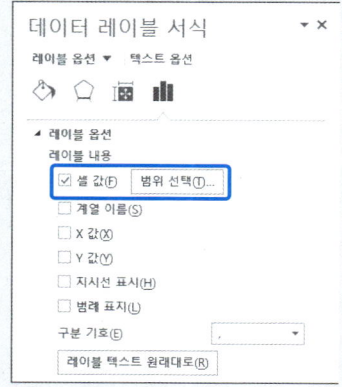

⑪ With 문을 중첩해 추가되어 있는 데이터 레이블의 도형 서식의 텍스트 추가 범위를 대상으로 작업합니다.

⑫ InsertChartField 메서드를 이용해 '셀 값'을 선택하고 〈범위 선택〉 버튼을 클릭해 데이터 레이블에 표시할 범위 주소를 전달합니다. Formula 매개변수에 '셀주소' 변수에 저장된 값을 '='와 연결해 전달합니다.

⑬ AutoText 속성을 True로 설정해 ⑩의 화면에 있는 〈레이블 텍스트 원래대로〉 버튼을 클릭하는 동작을 진행합니다.

⑭ 데이터 레이블의 위치를 표식 위로 설정합니다.

개발된 매크로를 실행하면 다음과 같은 결과를 확인할 수 있습니다.

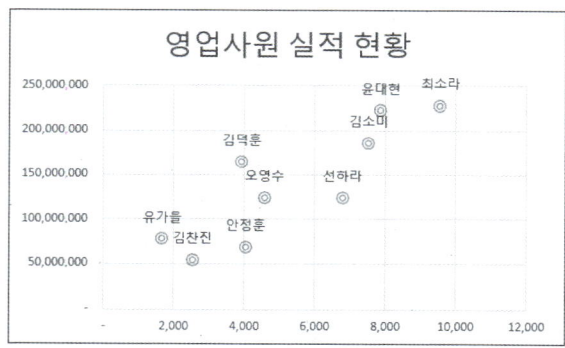

사람 이름을 수정하면 수정된 값이 데이터 레이블에 표시됩니다.

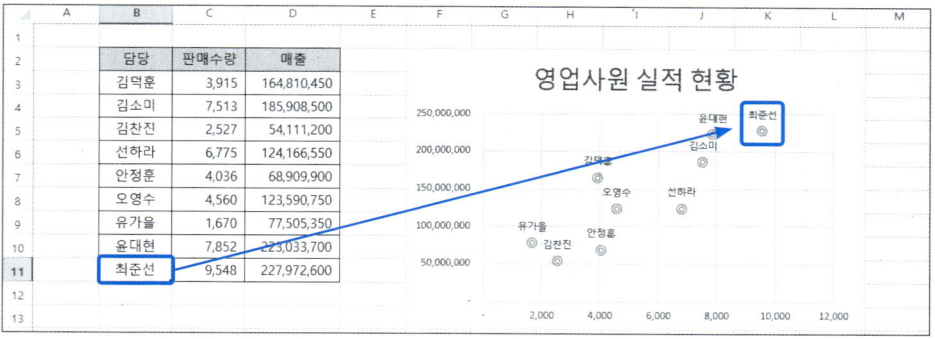

TIP B3:B11 범위 내 값을 수정해 차트의 데이터 레이블에 제대로 표시되는지 확인합니다.

엑셀 2010 이하 버전에서 사용 방법

엑셀 2010 이하 버전에서는 '셀 값' 옵션이 따로 제공되지 않으므로, 다른 범위 내 값을 데이터 레이블에 표시하려면 일일이 데이터 레이블의 값을 하나씩 수정해야 합니다. 이런 작업을 처리하는 매크로는 다음과 같습니다.

```
Sub 데이터레이블_셀값()                    ❶

'1단계 : 필요한 변수를 선언합니다.
    Dim 레이블범위 As Range
    Dim 요소 As Point                      ❷
    Dim i As Integer                       ❸

'2단계 : '레이블범위' 변수에 B열의 데이터 범위를 할당합니다.
    Set 레이블범위 = Range("B3", Cells(Rows.Count, "B").End(xlUp))

'3단계 : 차트의 데이터 레이블을 해제합니다.
    With ActiveSheet.ChartObjects(1).Chart

        With .SeriesCollection(1)

            .HasDataLabels = False         ❹

'4단계 : 차트의 요소별로 데이터 레이블을 표시하고, B열의 값으로 하나씩 수정합니다.
            For Each 요소 In .Points       ❺

                요소.HasDataLabel = True    ❻

                With 요소.DataLabel         ❼

                    i = i + 1              ❽
                    .Text = 레이블범위.Cells(i).Value              ❾
                    .Format.TextFrame2.TextRange.Font.Size = 8    ❿
                    .Position = xlLabelPositionBelow              ⓫

                End With

            Next

        End With

    End With

End Sub
```

❶ 이 매크로는 엑셀 버전에 무관하게 동작합니다.

❷ Point 형식의 '요소' 개체변수를 선언합니다. Point 개체는 계열의 항목을 의미하며, 우리말로는 '요소'로 번역됩니다.

❸ Integer 형식의 i 변수를 선언합니다.

❹ 첫 번째 계열의 HasDataLabels 속성을 False로 변경해 데이터 레이블을 표시하지 않습니다.

❺ For Each … Next 순환문을 사용해 첫 번째 계열의 Points 컬렉션을 순환하면서 하나씩 '요소' 변수에 할당합니다.

❻ '요소' 개체변수에 할당된 Point 개체의 HasDataLabel 속성을 True로 설정해 데이터 레이블을 표시합니다.

❼ With 문을 사용해 '요소' 개체변수에 할당된 Point 개체의 데이터 레이블을 대상으로 작업합니다.

❽ i 변수를 1씩 증가시킵니다. 이렇게 하면 순환할 때마다 1, 2, 3, … 순으로 일련번호가 i 변수에 저장됩니다.

❾ Text 속성을 이용해 데이터 레이블에 '레이블범위' 개체변수에 할당된 범위 내 i 번째 셀 값을 넣습니다.

❿ 데이터 레이블에 입력된 문자열의 글꼴 사이즈를 8로 설정합니다.

⓫ 데이터 레이블의 위치를 표식 하단에 위치하도록 설정합니다.

개발된 매크로를 실행하면 다음과 같이 제대로 된 결과를 확인할 수 있습니다.

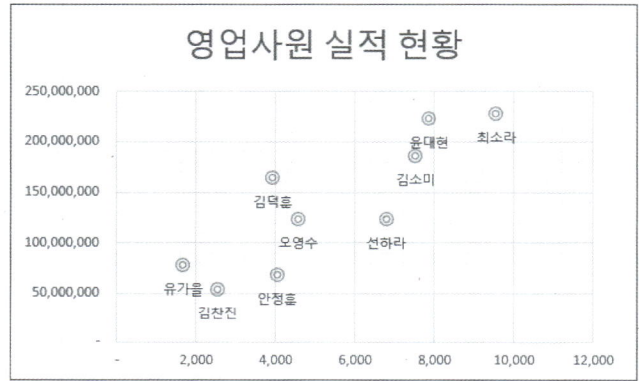

다만 이 방법은 데이터 레이블을 하나씩 직접 수정했기 때문에 원본 표와 연동되지 않습니다. 그렇기 때문에 값을 수정할 때마다 매크로를 다시 실행해야 합니다. '셀 값' 옵션처럼 원본 표를 수정할 때 데이터 레이블에 바로 반영되도록 하려면 워크시트의 Change 이벤트를 사용하면 됩니다.

```
Private Sub Worksheet_Change(ByVal Target As Range)     ❶

    Dim 레이블범위 As Range     ❷

    Set 레이블범위 = Range("B3", Cells(Rows.Count, "B").End(xlUp))     ❸

    If Intersect(Target, 레이블범위) Is Nothing Then Exit Sub     ❹

    Call 데이터레이블_셀값     ❺

End Sub
```

❶ Worksheet_Change 이벤트는 셀 값을 수정할 때 실행됩니다.

❷ Range 형식의 '레이블범위' 개체변수를 선언합니다.

❸ '레이블범위' 개체변수에 B3셀부터 B열의 마지막 데이터 입력 위치까지의 범위를 할당합니다.

❹ 수정한 셀(또는 범위)이 할당된 Target 매개변수와 '레이블범위' 개체변수에 할당된 범위가 중복되지 않으면(값을 고친 위치가 '레이블범위' 개체변수에 할당된 범위가 아니면) Sub 프로시저를 종료합니다.

❺ '데이터레이블_셀값' 매크로를 호출해 실행합니다.

TIP 'sample' 시트 탭을 마우스 오른쪽 버튼으로 클릭하고 [코드 보기] 메뉴를 선택한 다음, 이 코드를 코드 창에 입력하면 됩니다.

꺾은선 그래프의 최대/최저점 표시하기

302

꺾은선 차트는 데이터의 추이를 볼 수 있어 좋지만, 사용자가 원하는 부분을 따로 표시할 수가 없어 시각적인 면에서는 조금 아쉬운 점이 있습니다. 이번에는 이런 꺾은선 차트의 단점을 보완하고자, 스파크라인과 같이 최대/최저점 표식을 별도의 색으로 표시하는 매크로를 개발하는 방법을 알아보겠습니다.

예제 파일 PART 04 \ (Chart) Max, Min.xlsm

예제를 열면 다음과 같은 표와 차트를 확인할 수 있습니다.

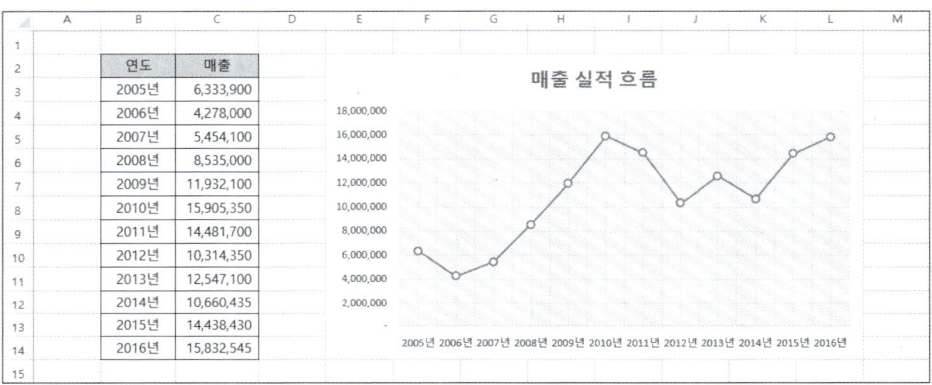

오른쪽 차트에 최댓값, 최솟값 위치를 표시하고 싶다면 다음과 같은 매크로를 사용하면 됩니다.

```
Sub 최고최저점표시()

'1단계 : 필요한 변수를 선언합니다.
    Dim 차트 As Chart, 계열 As Series, 요소 As Point          ①
    Dim i As Integer                                      ②
    Dim 매출범위 As Range                                   ③
    Dim 최대값 As Long, 최소값 As Long                       ④

'2단계 : 변수의 초기 값을 할당합니다.
    Set 차트 = ActiveSheet.ChartObjects(1).Chart           ⑤
    Set 계열 = 차트.SeriesCollection(1)                     ⑥
    Set 매출범위 = Range("C3", Cells(Rows.Count, "C").End(xlUp))   ⑦

    최대값 = WorksheetFunction.Max(매출범위)                ⑧
    최소값 = WorksheetFunction.Min(매출범위)                ⑨

'3단계 : 차트의 계열 중 최솟값, 최댓값 표식에 별도의 서식과 데이터 레이블을 설정합니다.
    계열.HasDataLabels = False                            ⑩
```

```
    For Each 요소 In 계열.Points          ⑪

        i = i + 1                      ⑫

        If 계열.Values(i) = 최대값 Or 계열.Values(i) = 최소값 Then     ⑬

            With 요소                   ⑭

                .MarkerBackgroundColor = RGB(255, 0, 0)    ⑮
                .MarkerForegroundColor = RGB(255, 0, 0)    ⑯
                .Format.Line.Weight = 1.75                 ⑰

                .HasDataLabel = True                       ⑱

                With .DataLabel                            ⑲

                    .ShowSeriesName = False                ⑳
                    .ShowCategoryName = True               ㉑
                    .ShowValue = False                     ㉒

                    If 계열.Values(i) = 최대값 Then          ㉓

                        .Position = xlLabelPositionAbove

                    Else                                   ㉔

                        .Position = xlLabelPositionBelow

                    End If

                End With

            End With

        Else                                               ㉕

            With 요소

                .MarkerBackgroundColor = RGB(255, 255, 255)
                .MarkerForegroundColor = RGB(91, 155, 213)
                .Format.Line.Weight = 1.75

            End With

        End If

    Next

Enc Sub
```

❶ 차트를 제어하는 데 필요한 Chart 형식의 '차트' 개체변수와 Series 형식의 '계열' 개체변수, 그리고 Point 형식의 '요소' 개체변수를 선언합니다.

❷ Integer 형식의 i 변수를 선언합니다.

❸ Range 형식의 '매출범위' 개체변수를 선언합니다.

❹ Long 형식의 '최대값', '최소값' 변수를 선언합니다.

❺ '차트' 개체변수에 현재 시트의 첫 번째 차트를 할당합니다.

❻ '계열' 개체변수에 '차트' 개체변수에 할당된 차트의 첫 번째 계열을 할당합니다.

❼ '매출범위' 개체변수에 C3셀부터 C열의 마지막 데이터 입력 위치까지 범위(C3:C14)를 할당합니다.

❽ '최대값' 변수에 Max 함수를 사용해 '매출범위' 개체변수에 할당된 범위 내 가장 큰 값을 저장합니다.

❾ '최소값' 변수에 Min 함수를 사용해 '매출범위' 개체변수에 할당된 범위 내 가장 작은 값을 저장합니다.

❿ '계열' 개체변수에 할당된 계열의 HasDataLabels 속성 값을 False로 설정해 데이터 레이블을 표시하지 않도록 설정합니다.

⓫ For Each … Next 순환문을 사용해 '계열' 개체변수에 할당된 데이터 계열 내 Points 컬렉션 내 요소 개체를 하나씩 '요소' 개체변수에 할당합니다.

⓬ i 변수를 1씩 증가시킵니다.

⓭ '계열' 개체변수에 할당된 데이터 계열의 i번째 값이 '최대값'이나 '최소값' 변수에 저장된 값과 동일한지 판단합니다. 동일한 경우에만 ⓮-⓴의 작업을 진행합니다. 참고로 Point 개체는 해당 요소의 값에 접근할 수 있지 않아, Values 속성을 이용해 데이터 계열의 i번째 값을 확인해 해당 요소의 값을 확인합니다. 여기서 Values 속성은 해당 데이터 계열의 Y축 범위의 값을 담고 있어 1, 2, 3, …과 같은 인덱스 번호를 전달하면 데이터 계열의 왼쪽부터 순서대로 요소의 값을 확인할 수 있습니다.

⓮ With 문을 사용해 '요소' 개체변수에 할당된 Point 개체를 대상으로 작업합니다.

⓯ 현재 요소의 표식의 배경색을 빨강으로 변경합니다.

⓰ 현재 요소의 표식의 테두리색을 빨강으로 변경합니다.

⓱ 현재 요소의 선 두께를 1.75로 설정합니다.

⓲ 현재 요소의 HasDataLabel 속성 값을 True로 설정해 데이터 레이블을 표시합니다.

⓳ With 문을 중첩해 삽입된 데이터 레이블을 대상으로 작업합니다.

⓴ ShowSeriesName 속성을 False로 설정해 계열 이름이 표시되지 않도록 합니다.

㉑ ShowCategoryName 속성을 True로 설정해 항목 이름이 표시되도록 합니다.

㉒ ShowValue 속성을 False로 설정해 계열 값이 표시되지 않도록 합니다.

㉓ '계열' 개체변수에 할당된 데이터 계열의 i번째 값이 '최대값' 변수에 저장된 값과 동일하면 바로 아래 줄의 코드를 실행해 데이터 레이블이 표식 위에 표시되도록 합니다.

㉔ ㉓의 판단이 False라면 최솟값임을 의미하므로, 데이터 레이블을 표식 아래에 표시합니다.

㉕ ⓭의 판단이 False라면, 현재 요소의 값이 최댓값이나 최솟값이 아니라는 의미입니다. 그러므로 표식의 배경색(흰색)이나 테두리 색(파랑)을 원래대로 복원합니다.

개발된 매크로를 실행하면 다음과 같은 결과를 얻을 수 있습니다.

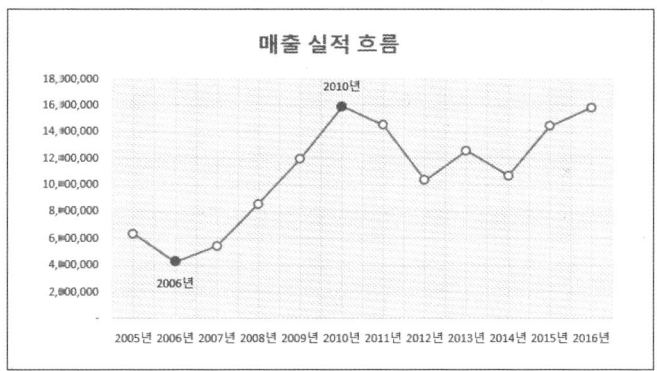

보조 축 사용하는 이중 축(콤보형) 차트 만들기 303

여러 개의 데이터 계열이 존재하는 차트에서 계열 간의 값의 차이가 크거나 계열 간의 비교가 필요할 경우에는 특정 계열을 보조 축에 표시하는 것이 가능합니다. 이렇게 보조 축을 사용하는 차트를 '이중 축 차트'라고 하는데, 2013 버전부터는 '콤보형 차트'라고 부릅니다. 일단 보조 축을 사용하는 차트를 생성하는 방법은 모든 버전에서 동일하며, 데이터 계열이 속할 축을 설정할 때 보조 축을 선택하면 이중 축(콤보형) 차트가 완성됩니다. 이번에는 이중 축 차트를 생성하는 매크로를 개발하는 방법에 대해 알아보겠습니다.

예제 파일 PART 04 \ (Series) AxisGroup 속성.xlsm

예제를 열면 화면과 같은 차트를 확인할 수 있습니다.

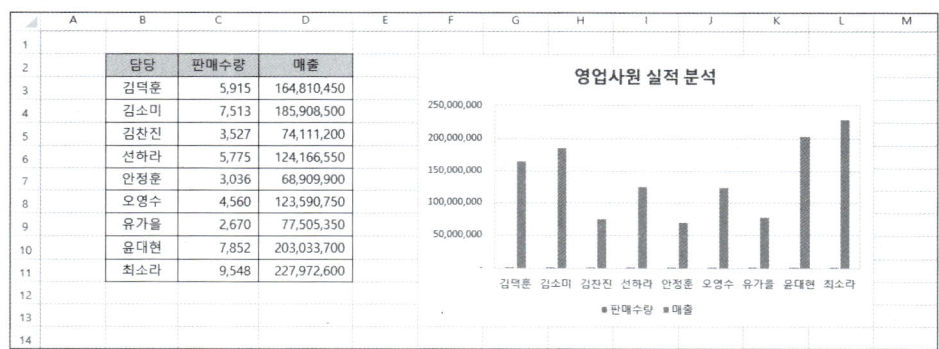

차트의 범례에 '판매수량'과 '매출'이 있는데, 막대 그래프가 하나만 표시된 것처럼 보이는 이유는 '판매수량' 계열의 값과 '매출' 계열의 값 차이가 너무 커서 '판매수량' 계열의 막대 그래프가 제대로 보이지 않기 때문입니다.

'판매수량' 계열이 차트에서 구분될 수 있도록 '판매수량' 계열을 보조 축으로 설정하는 매크로는 다음과 같습니다.

```
Sub 콤보형차트()

    With ActiveSheet.ChartObjects(1).Chart                    ❶

        With .SeriesCollection("판매수량")                     ❷

            .AxisGroup = xlSecondary   'xlPrimary              ❸
            .ChartType = xlLineMarkers                         ❹

        End With
```

```
    End With

End Su
```

❶ With 문을 사용해 현재 시트의 첫 번째 차트를 대상으로 작업합니다.

❷ With 문을 중첩해 '판매수량' 계열을 대상으로 작업합니다.

❸ '판매수량' 계열의 축을 보조 축으로 설정합니다. AxisGroup 속성이 바로 계열이 속할 축을 설정할 수 있는 옵션으로 xlSecondary 내장 상수 값을 사용하면 보조 축으로, xlPrimary 내장 상수 값을 사용하면 기본 축으로 설정합니다.

❹ '판매수량' 계열의 차트 종류를 '표식이 있는 꺾은선형' 차트로 변경합니다.

위 매크로를 실행하면 화면과 같이 '판매수량' 계열이 보조 축에 표시되며, 그래프는 세로 막대에서 꺾은선 그래프로 변경됩니다.

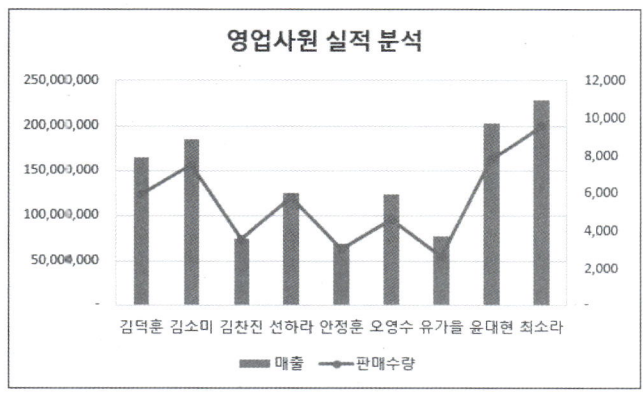

만약 기본 축과 보조 축을 서로 바꾸고 싶다면, 다음과 같은 매크로를 사용해 한 번에 차트 내 모든 계열의 기본 축과 보조 축을 변경할 수 있습니다.

```
Sub 기본축보조축변경()

    Dim 계열 As Series                              ❶

    With ActiveSheet.ChartObjects(1).Chart          ❷

        For Each 계열 In .SeriesCollection          ❸

            If 계열.AxisGroup = xlPrimary Then      ❹

                계열.AxisGroup = xlSecondary

            Else                                    ❺

                계열.AxisGroup = xlPrimary
```

```
            End If
        Next
    End With
End Sub
```

❶ Series 형식의 '계열' 개체변수를 선언합니다.

❷ With 문을 사용해 현재 시트의 첫 번째 차트를 대상으로 작업합니다.

❸ For Each … Next 순환문을 사용해 차트 내 모든 계열을 순환하면서 하나씩 '계열' 개체변수에 할당합니다.

❹ '계열' 개체변수에 할당된 데이터 계열의 축이 기본 축(xlPrimary)에 속해 있다면 보조 축(xlSecondary)으로 변경합니다.

❺ ❹와는 반대로 축이 보조 축이면 기본 축으로 변경합니다.

개발된 매크로를 실행하면 다음과 같은 결과를 얻을 수 있습니다.

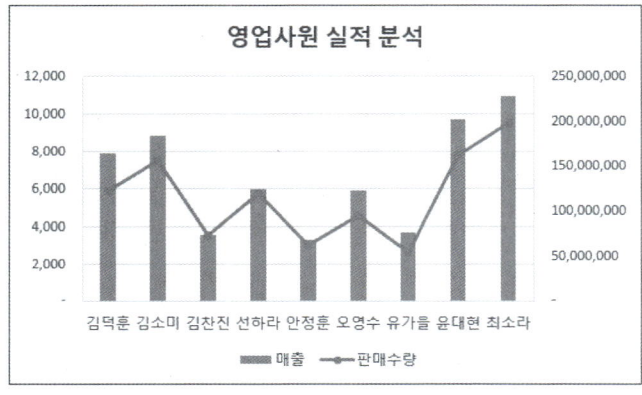

평균선 표시하기 304

차트를 생성한 다음, 특정 위치를 선으로 그어 표시하고 싶은 경우가 있습니다. 가장 대표적인 작업이 바로 평균선입니다. 평균선을 표시하는 방법은 매우 다양하지만, 사용자 입장에서 가장 간편한 것이 바로 계열을 추가하는 방법입니다. 이번에는 사용자가 직접 표에 데이터를 등록하지 않고 평균선을 계열로 등록한 후 표시하는 방법에 대해 알아보겠습니다.

예제 파일 PART 04 \ (Chart) Average Line.xlsm

예제를 열면 다음과 같은 표와 차트가 있습니다.

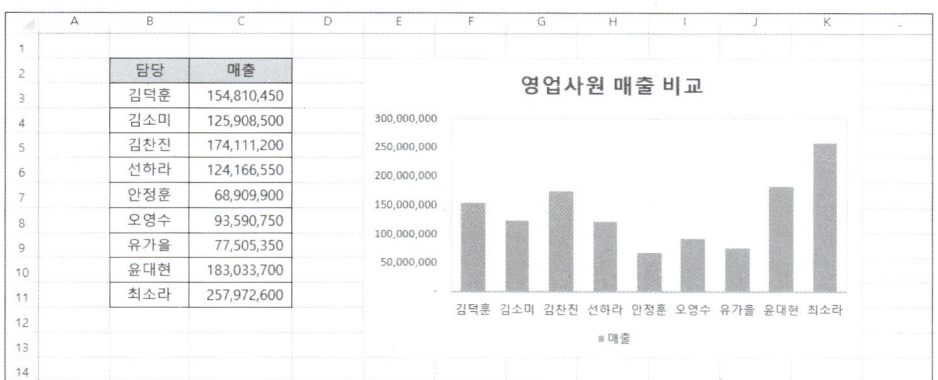

이런 차트에서 매출의 평균선을 표시하고자 할 때 사용할 수 있는 매크로는 다음과 같습니다.

```
Sub 평균선표시()

    '1단계 : 필요한 변수를 선언합니다.
        Dim 차트 As Chart, 평균선 As Series          ❶
        Dim 매출범위 As Range                        ❷
        Dim i As Integer                            ❸
        Dim 평균 As Single, 계열값 As String          ❹

    '2단계 : 필요한 변수를 선언합니다.
        Set 차트 = ActiveSheet.ChartObjects(1).Chart                          ❺
        Set 매출범위 = Range("D3", Cells(Rows.Count, "D").End(xlUp))          ❻

        평균 = WorksheetFunction.Average(매출범위)                             ❼

    '3단계 : 계열 내 Y축 값을 저장합니다.
        For i = 1 To 매출범위.Count                   ❽

            계열값 = 계열값 & IIf(i > 1, ",", "") & 평균    ❾
```

```
    Next

'4단계 : 평균 계열을 추가합니다.
    On Error Resume Next                    ⑩

        차트.SeriesCollection("평균").Delete      ⑪

    On Error GoTo 0              ⑫

    Set 평균선 = 차트.SeriesCollection.NewSeries        ⑬

    With 평균선                   ⑭

        .Name = "평균"              ⑮
        .Values = "={" & 계열값 & "}"      ⑯

        .ChartType = xlLine              ⑰
        .AxisGroup = xlSecondary          ⑱

    End With

'5단계 : 차트의 가로 보조축을 설정해, 평균 계열을 Y축부터 출발하도록 합니다.
    차트.SetElement msoElementSecondaryCategoryAxisShow            ⑲

    With 차트.Axes(xlCategory, xlSecondary)           ⑳
        .AxisBetweenCategories = False            ㉑
        .MajorTickMark = xlNone             ㉒
        .TickLabelPosition = xlNone           ㉓
    End With

'6단계 : 차트의 세로 보조 축 값을 세로 기본 축과 동일하게 설정합니다.
    With 차트.Axes(xlValue, xlSecondary)           ㉔
        .MaximumScale = 차트.Axes(xlValue, xlPrimary).MaximumScale       ㉕
        .TickLabelPosition = xlNone           ㉖
    End With

End Sub
```

❶ 차트를 제어할 때 사용할 Chart 형식의 '차트' 개체변수와 Series 형식의 '계열' 개체변수를 선언합니다.

❷ Range 형식의 '매출범위' 개체변수를 선언합니다.

❸ 순환문에서 사용할 Integer 형식의 i 변수를 선언합니다.

❹ Single 형식의 '평균' 변수와 String 형식의 '계열값' 변수를 선언합니다.

❺ '차트' 개체변수에 현재 시트의 첫 번째 차트를 할당합니다.

❻ '매출범위' 개체변수에 C3셀부터 C열의 마지막 데이터 입력 위치까지의 범위(C3:C11)를 할당합니다.

❼ '평균' 변수에 Average 함수를 사용해 '매출범위' 개체변수에 할당된 범위 내 평균 값을 저장합니다.

❽ For … Next 순환문을 사용해 i 변수를 1부터 '매출범위' 개체변수에 할당된 범위 내 셀 개수만큼 순환합니다.

❾ '계열값' 변수에 '평균' 변수의 값을 '매출범위' 개체변수에 할당된 셀 개수만큼 쉼표(,) 구분 문자를 이용해 연결합니다.
워크시트에 별도의 평균 값을 입력하지 않고 차트에 계열을 추가하기 위한 부분입니다.

⑩ On Error 문을 사용해 ⑪의 코드에서 에러가 발생해도 멈추지 않고 바로 다음 줄이 정상 실행되도록 합니다.

⑪ '차트' 개체변수에 할당된 차트 개체의 '평균' 계열을 삭제합니다. 이 부분은 나중에 평균선이 변경될 경우를 감안한 것으로 이전 '평균' 계열을 삭제하는 역할을 합니다.

⑫ On Error 문을 사용해 ⑩의 에러 처리를 취소합니다. 그러면 이후에 에러가 발생할 경우 디버그 창이 표시됩니다. 이렇게 해야 On Error Resume Next 코드가 정확하게 ⑪의 코드에만 적용됩니다.

⑬ '차트' 개체변수에 할당된 차트에 새 계열을 하나 추가한 다음, '평균선' 개체변수에 할당합니다.

⑭ With 문을 사용해 '평균선' 개체변수에 할당된 데이터 계열을 대상으로 작업합니다.

⑮ 추가된 데이터 계열의 이름을 '평균'으로 설정합니다.

⑯ 추가된 데이터 계열의 Y축 값은 등호(=)와 '계열값' 변수의 값을 중괄호({)로 묶은 값을 연결해 전달합니다.

⑰ 추가된 데이터 계열의 차트 종류는 표식이 없는 '꺾은선형'으로 변경합니다. 그래야 계열로 보이지 않고 선을 그어 표시한 것으로 나타납니다.

⑱ 추가된 데이터 계열을 AxisGroup 속성 값을 xlSecondary로 변경해 보조 축에 표시합니다.

⑲ '차트' 개체변수에 할당된 차트의 보조 가로 축을 사용하도록 설정합니다.

⑳ With 문을 사용해 '차트' 개체변수에 할당된 차트의 보조 가로 축을 대상으로 작업합니다.

㉑ AxisBetweenCategories 속성을 False로 변경해 보조 가로 축의 축 위치를 '눈금 사이'로 변경합니다. 이렇게 하면 보조 축에 속한 '평균' 계열이 Y축부터 표시됩니다.

㉒ 보조 가로 축의 눈금을 표시하지 않도록 설정합니다.

㉓ 보조 가로 축의 축 레이블을 표시하지 않도록 설정합니다.

㉔ With 문을 사용해 '차트' 개체변수에 할당된 차트의 보조 세로 축을 대상으로 작업합니다.

㉕ 보조 세로 축의 최댓값을 기본 세로 축의 최댓값으로 변경합니다. 이렇게 해야 평균선의 위치가 정확하게 표시됩니다.

㉖ 보조 세로 축의 축 레이블을 표시하지 않도록 설정합니다.

이 매크로를 이해하기 위해서는 차트를 원하는 방식으로 조작하는 방법을 잘 알고 있어야 합니다. 만약 차트 관련 작업이 아직 익숙하지 않다면, 엑셀 바이블 도서 등을 먼저 참고하거나, 매크로를 한 번에 실행시키지 않고 코드 창에서 F8 키를 눌러 한 줄씩 실행하면서 차트가 변화되는 모습을 확인해 보기 바랍니다.

개발된 매크로를 실행하면 다음과 같이 차트에 평균선이 표시됩니다.

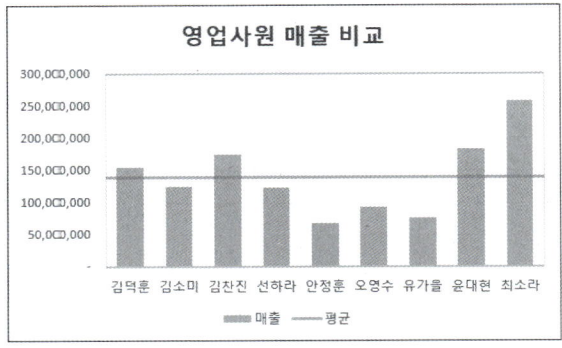

차트를 이미지로 저장하기 305

생성된 차트를 다른 프로그램에서 사용하려면 이미지 파일로 저장해 사용하는 것이 좋습니다. 그런데 엑셀의 리본 메뉴에는 차트를 이미지 파일로 저장할 수 있는 명령이 제공되지 않습니다. 하지만 VBA에서는 Chart 개체에 차트를 외부 파일로 내보낼 수 있는 Export 메서드가 제공됩니다. 차트를 이미지로 저장할 때도 Export 메서드를 이용하면 됩니다. 이번에는 엑셀 파일의 차트를 이미지로 저장하는 매크로를 개발하는 방법에 대해 알아보겠습니다.

예제 파일 PART 04 \ (Chart) Export 메서드.xlsm

예제를 열면 화면과 같은 차트를 확인할 수 있습니다.

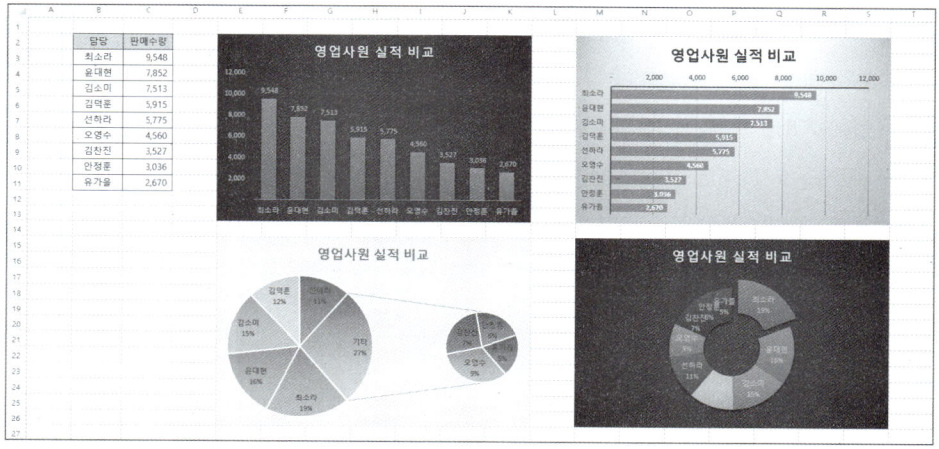

선택한 차트만 이미지로 저장하기

전체 차트 중에서 특정 차트만 이미지로 저장하고 싶다면, 선택된 차트만 이미지로 저장하는 매크로를 개발할 수 있습니다. 다음과 같은 매크로를 개발해 사용합니다.

```
Sub 선택한차트_이미지로()

    Dim 경로 As String                                    ①

    If ActiveChart Is Nothing Then Exit Sub               ②

    경로 = ThisWorkbook.Path & "\"                        ③
```

```
        ActiveChart.Export Filename:=경로 & ActiveChart.Name & ".gif"         ❹

End Sub
```

❶ String 형식의 '경로' 변수를 선언합니다.
❷ ActiveChart에서 반환되는 개체가 Nothing이면 차트를 선택하지 않은 것이므로 매크로를 종료합니다.
❸ '경로' 변수에 현재 파일의 경로와 경로 구분 문자(\)를 연결해 저장합니다.
❹ 현재 차트를 Export 메서드를 이용해 '경로' 변수에 저장된 폴더에 차트 이름으로 저장합니다.

개발된 매크로를 사용하려면 이미지로 저장할 차트를 선택하고 매크로를 실행하면 됩니다. 그러면 예제 폴더에 차트 이미지 파일이 생성됩니다.

현재 시트의 모든 차트를 이미지로 저장하기

선택한 차트뿐만 아니라 현재 시트의 모든 차트를 이미지로 저장하고 싶다면, 앞의 매크로를 다음과 같이 수정해 사용하면 됩니다.

```
Sub 현재시트_모든차트_이미지로()

'1단계 : 필요한 변수를 선언합니다.
    Dim 차트개체 As ChartObject         ❶
    Dim 차트 As Chart
    Dim 경로 As String

'2단계 : 변수의 초기 값을 설정합니다.
    경로 = ThisWorkbook.Path & "\"

'3단계 : 현재 시트의 모든 차트를 순환하면서 이미지 파일로 저장합니다.
    For Each 차트개체 In ActiveSheet.ChartObjects         ❷

        Set 차트 = 차트개체.Chart         ❸

        차트.Export Filename:=경로 & 차트.Name & ".gif"         ❹

    Next
End Sub
```

❶ ChartObject 형식의 '차트개체' 개체변수를 선언합니다.
❷ For Each ··· Next 순환문을 사용해 현재 시트의 전체 차트 개체를 하나씩 '차트개체' 개체변수에 할당합니다.
❸ '차트개체' 개체변수에 할당된 차트 개체를 '차트' 개체변수에 할당합니다.
❹ '차트' 개체변수에 할당된 개체를 이미지 파일로 내보냅니다.

이 매크로는 차트의 선택 유무와 상관 없이 현재 시트의 모든 차트를 이미지 파일로 생성합니다.

파일 내 모든 차트를 이미지로 저장하기

파일 내 모든 시트의 차트를 한 번에 이미지로 저장하려면 다음과 같은 매크로를 사용하면 됩니다.

```
Sub 파일내_모든차트_이미지로()

'1단계 : 필요한 변수를 선언합니다.
    Dim 시트 As Worksheet                    ——————————— ❶
    Dim 차트개체 As ChartObject
    Dim 차트 As Chart
    Dim 경로 As String

'2단계 : 변수의 초기 값을 저장합니다.
    경로 = ThisWorkbook.Path & "\"

'3단계 : 파일 내 모든 워크시트를 순환하면서 해당 시트의 차트를 이미지 파일로 저장합니다.
    For Each 시트 In ThisWorkbook.Worksheets    ——————————— ❷

        For Each 차트개체 In 시트.ChartObjects   ——————————— ❸

            Set 차트 = 차트개체.Chart

            차트.Export Filename:=경로 & 시트.Name & "_" & 차트.Name & ".gif"

        Next

    Next

End Sub
```

❶ Worksheet 형식의 '시트' 개체변수를 선언합니다.

❷ For Each … Next 순환문을 사용해 현재 파일의 워크시트를 하나씩 '시트' 개체변수에 할당합니다.

❸ For Each … Next 순환문을 사용해 '시트' 개체변수에 할당된 워크시트 내 차트 개체를 하나씩 '차트개체' 개체변수에 할당합니다.

차트를 원하는 위치로 정렬하기

생성된 차트는 기본적으로 워크시트에 삽입되며, 셀 위에 뜬 상태로 표시되기 때문에 깔끔하게 정리하기가 쉽지는 않습니다. 그렇기 때문에 차트 정렬 작업은 어렵진 않지만 불편한 작업이 됩니다. 만약 차트를 원하는 위치나 원하는 정렬 방법에 맞게 정렬해 주는 기능이 있다면 매우 편리할 것입니다. 이번에는 생성된 차트를 정렬하는 가장 보편적인 두 가지 방법에 대해 알아보겠습니다.

예제 파일 PART 04 \ (Chart) 정렬.xlsm

사용자가 원하는 위치로 차트 정렬하기

예제를 열고 'sample1' 시트를 보면 다음과 같은 표와 차트를 확인할 수 있습니다.

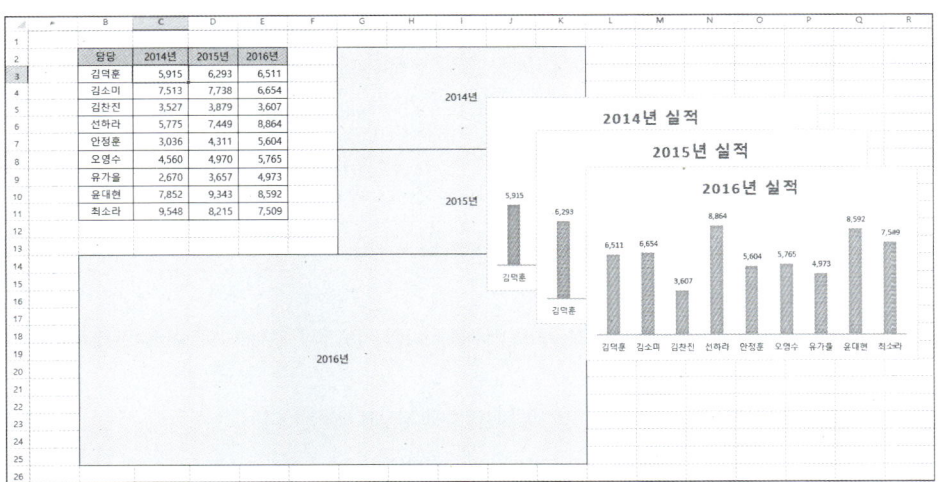

눈에 보이는 세 개의 차트를 지정된 위치(F2:L6, F8:L12, F14:L18)로 옮기고 크기를 맞추는 작업을 하려면 다음과 같은 코드를 사용합니다.

```
Sub 차트정렬_지정된위치로()

    '1단계 : 필요한 변수를 선언합니다.
        Dim 차트개체 As ChartObject          ①
        Dim 차트위치 As Range                ②
        Dim i As Integer                    ③

    '2단계 : 차트를 삽입할 범위를 설정합니다.
        Set 차트위치 = Range("G2:K7, G8:K13, B14:K25")    ④

    '3단계 : 현재 시트의 모든 차트를 순환하면서 위치를 조정합니다.
```

```
For Each 차트개체 In ActiveSheet.ChartObjects                    ⑤

    i = i + 1                              ⑥

    With 차트개체                           ⑦

        .Width = 차트위치.Areas(i).Width         ⑧
        .Height = 차트위치.Areas(i).Height       ⑨
        .Left = 차트위치.Areas(i).Left           ⑩
        .Top = 차트위치.Areas(i).Top             ⑪

    End With

    If i < ActiveSheet.ChartObjects.Count Then          ⑫

        차트개체.Chart.ChartTitle.Format.TextFrame2.TextRange.Font.Size = 14   ⑬

    End If

Next

End Sub
```

❶ ChartObject 형식의 '차트개체' 개체변수를 선언합니다.

❷ Range 형식의 '차트위치' 개체변수를 선언합니다.

❸ Integer 형식의 i 변수를 선언합니다.

❹ '차트위치' 개체변수에 차트를 위치시킬 데이터 범위를 할당합니다.

❺ For Each … Next 순환문을 사용해 현재 시트의 모든 차트 개체를 하나씩 '차트개체' 개체변수에 할당하면서 작업합니다.

❻ i 변수를 순환문 내에서 1씩 증가시켜 1부터 순환 횟수만큼의 일련번호를 저장해 사용합니다.

❼ With 문을 사용해 '차트개체' 개체변수에 할당된 차트 개체를 대상으로 작업합니다.

❽ 차트 개체의 가로 너비를 '차트위치' 개체변수에 할당된 범위의 i번째 영역(순서대로 G2:K7, G8:K13, B14:K25)의 가로 너비와 일치시킵니다.

❾ 차트 개체의 세로 길이를 '차트위치' 개체변수에 할당된 범위의 i번째 영역의 세로 길이와 일치시킵니다. ❽-❾의 동작으로 차트의 가로×세로가 지정된 범위의 가로×세로와 동일하게 변경됩니다.

❿ 차트 개체의 왼쪽 위치를 '차트위치' 개체변수에 할당된 범위의 i번째 영역의 왼쪽 위치와 일치시킵니다.

⓫ 차트 개체의 상단 위치를 '차트위치' 개체변수에 할당된 범위의 i번째 영역의 상단 위치와 일치시킵니다. ❿-⓫의 동작으로 차트의 왼쪽 상단 모서리와 지정된 범위의 왼쪽 상단 모서리 위치가 일치하게 됩니다.

⓬ i 변수의 값이 현재 시트의 차트 개체의 수보다 작은지 판단합니다. 이 작업은 마지막 차트 개체를 뺀 나머지 차트에만 원하는 작업을 설정하기 위한 판단 조건입니다.

⓭ '차트개체' 변수에 할당된 차트 제목의 글꼴 크기를 14로 조절합니다.

개발된 매크로를 실행하면 다음과 같은 결과를 얻게 됩니다.

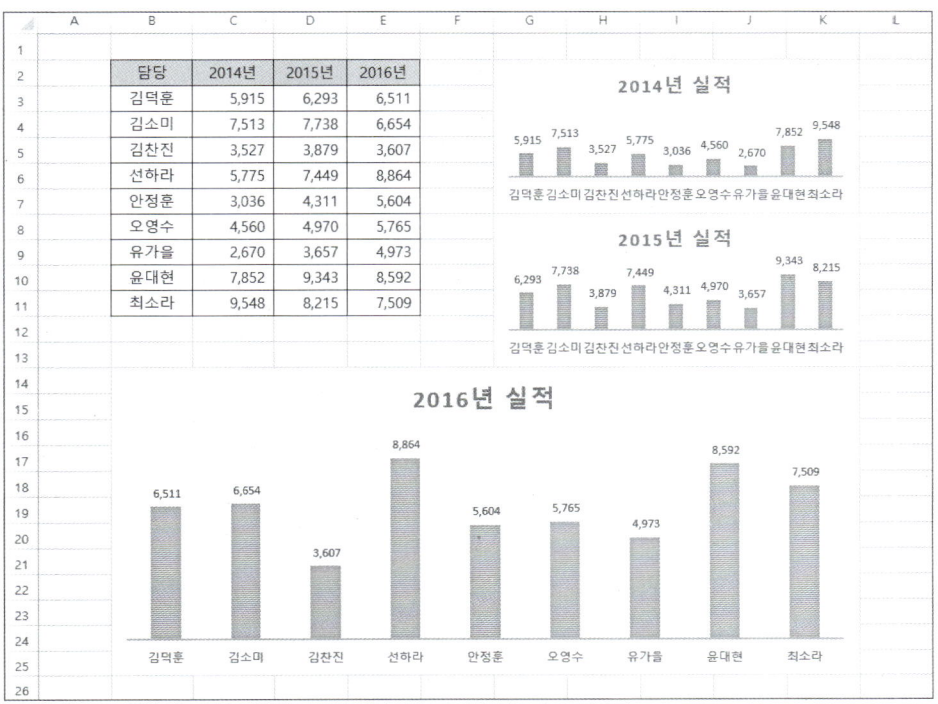

차트를 MxN 행렬 방식으로 정렬하기

'sample2' 시트를 선택하면 다음과 같은 영업사원별 차트를 볼 수 있습니다.

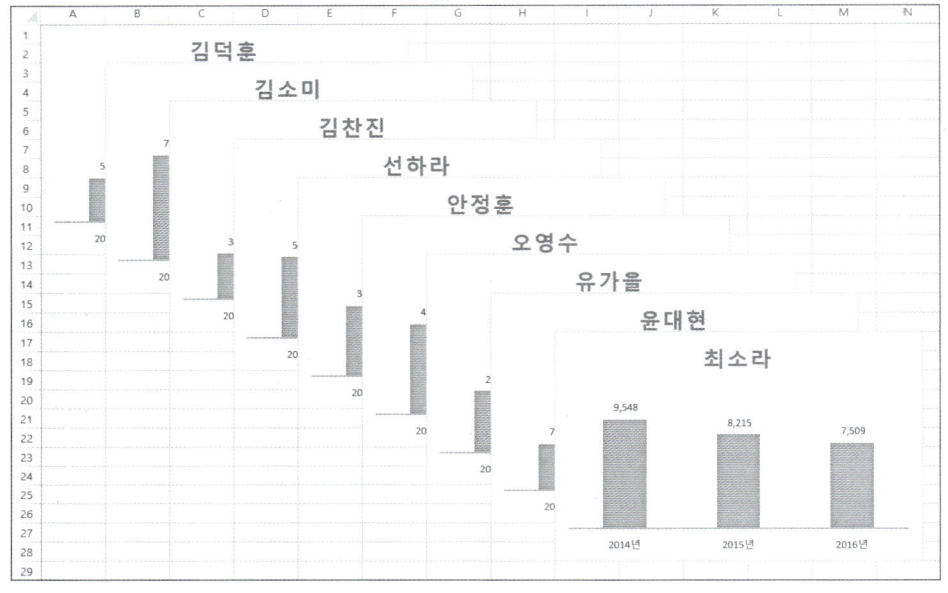

해당 차트를 MxN 행렬과 같이 순서대로 정렬하려면 다음과 같은 매크로를 구성해 사용하면 됩니다.

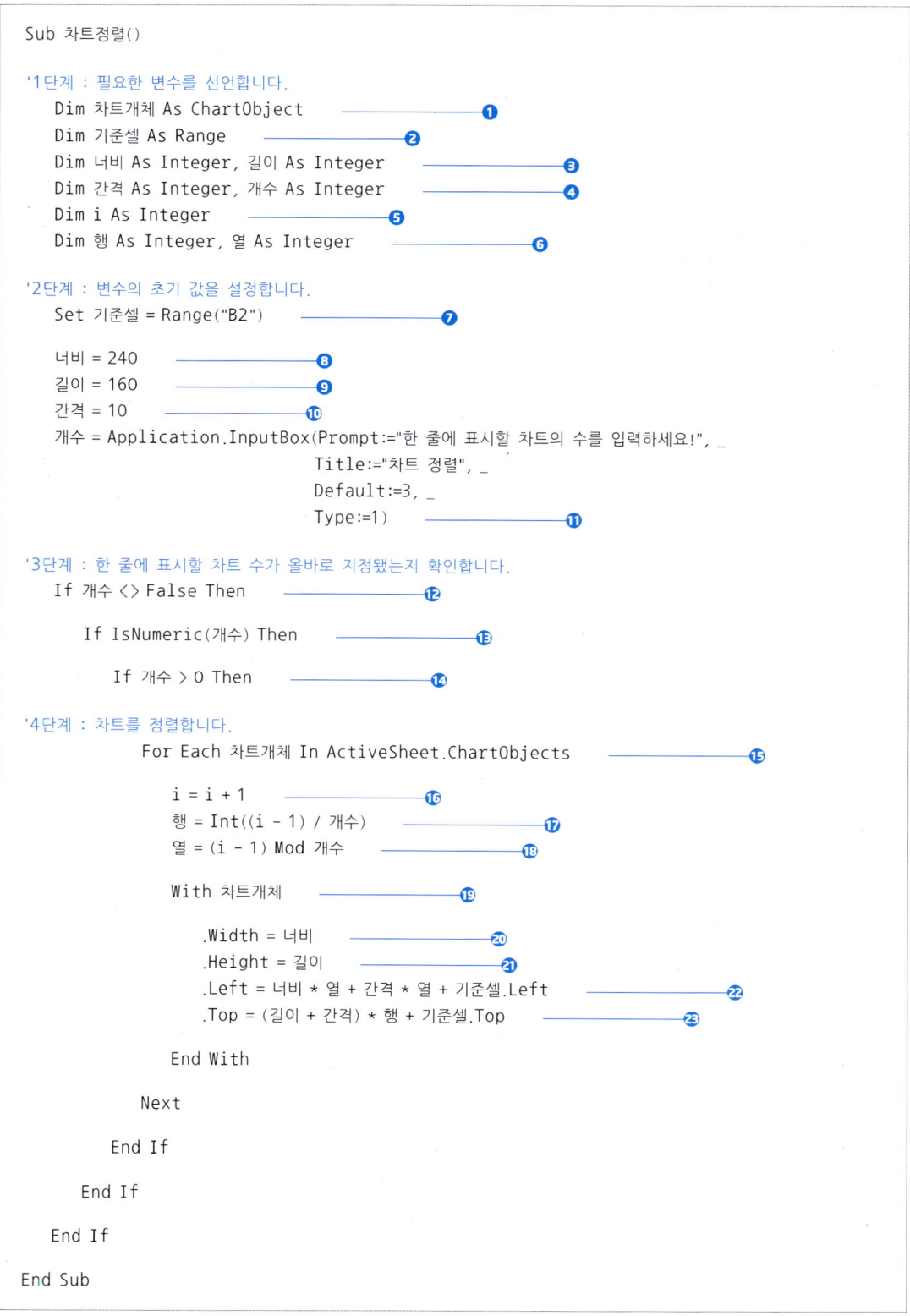

❶ ChartObject 형식의 '차트개체' 개체변수를 선언합니다.

❷ Range 형식의 '기준셀' 개체변수를 선언합니다.

❸ 차트의 기본 가로×세로 값을 값을 저장할 Integer 형식의 '너비', '길이' 변수를 선언합니다.

❹ 차트 간의 간격이나 한 줄에 표시할 차트 개수 값을 저장할 Integer 형식의 '간격', '너비' 변수를 선언합니다.

❺ Integer 형식의 i 변수를 선언합니다.

❻ Integer 형식의 '행', '열' 변수를 선언합니다.

❼ '기준셀' 개체변수에 B2셀을 할당합니다. 이 셀은 정렬될 차트의 왼쪽 상단 첫 번째 셀 위치로, A열과 1행을 비워두기 위해 B2셀로 설정합니다.

❽ '너비' 변수에는 240을 입력합니다. 이 값은 차트의 가로 너비를 의미합니다.

❾ '길이' 변수에는 160을 입력합니다. 이 값은 차트의 세로 길이를 의미합니다.

❿ '간격' 변수에는 10을 입력합니다. 이 값은 차트와 차트 사이의 간격을 의미합니다.

⓫ '개수' 변수에 Application 개체의 InputBox 메서드를 이용해 한 줄로 표시할 차트 개수를 입력 받아 저장합니다. 기본값(Defalut)은 3이며, 저장 형식(Type)은 숫자(1)로 설정합니다. Application 개체의 InputBox 메서드에 대한 자세한 설명은 265쪽을 참고합니다.

⓬ '개수' 변수에 저장된 값이 False가 아닌 경우에만 정렬 작업을 진행합니다. Application 개체의 InputBox 메서드를 이용할 때 표시되는 입력 창에서 〈취소〉 버튼을 클릭하면 False 값이 반환되므로 〈취소〉 버튼을 클릭하지 않은 경우에만 정상 동작하도록 하기 위한 판단 조건입니다.

⓭ '개수' 변수에 저장된 값이 숫자인 경우에만 정렬 작업을 진행합니다.

⓮ '개수' 변수의 값이 0을 초과하는 경우(1, 2, 3, …)에만 정렬 작업을 진행합니다. ⓬~⓮를 다음과 같이 And 연산자를 사용해 한 줄로 구성할 수도 있습니다.

```
If 개수 <> False And IsNumeric(개수) And 개수 > 0 Then
```

다만 이번 예제 코드와 같이 하나씩 나눠 처리하는 것이 속도 면에서 유리합니다.

⓯ For Each … Next 순환문을 사용해 현재 시트의 모든 차트 개체를 하나씩 '차트개체' 개체변수에 할당하면서 작업합니다.

⓰ i 변수를 1씩 증가시킵니다. 이렇게 하면 순환할 때마다 1, 2, 3, …과 같은 인덱스 번호가 저장됩니다.

⓱ '행' 변수에 차트가 몇 번째 행 위치에 표시되어야 하는지 계산해 넣습니다. i 변수에서 1을 뺀 값을 '개수' 변수에 저장된 값으로 나누고 정수 값만 '행' 변수에 저장합니다. 예를 들어 '개수' 변수의 값이 3인 경우 '행' 변수에는 0, 0, 0, 1, 1, 1, 2, 2, 2, …와 같이 값이 세 개씩 연속해 저장됩니다.

⓲ '열' 변수에 차트가 몇 번째 열 위치에 표시되어야 하는지 계산해 넣습니다. i 변수에서 1을 뺀 값을 '개수' 변수에 저장된 값으로 나누고 남은 나머지 값만 '열' 변수에 저장합니다. 만약 '개수' 변수의 값이 3이라면 '열' 변수에는 0, 1, 2, 0, 1, 2, 0, 1, 2, …와 같은 값이 순차적으로 저장됩니다.

⓳ With 문을 사용해 '차트개체' 개체변수에 할당된 차트 개체를 대상으로 작업합니다.

⓴ 차트 개체의 가로 너비(Width)를 '너비' 변수의 값으로 변경합니다.

㉑ 차트 개체의 세로 길이(Height)를 '길이' 변수의 값으로 변경합니다.

㉒ 차트 개체의 왼쪽 위치를 다음 계산식으로 계산된 위치로 변경합니다.
'너비 * 열 + 간격 * 열 + 기준셀.Left' 계산식을 적용하면 첫 번째 차트는 '240 * 0 + 10 * 0 + 기준셀.Left'가 되므로

'기준셀' 개체변수의 왼쪽 위치와 동일하게 되며, 두 번째 차트는 '240 * 1 + 10 * 1 + 기준셀.Left'가 되어 '기준셀' 개체변수의 왼쪽에서 250포인트 떨어진 위치에, 세 번째 차트는 '240 * 2 + 10 * 2 + 기준셀.Left'가 되어 기준셀' 개체변수의 왼쪽에서 500포인트 떨어진 위치에 놓이게 됩니다.

㉕ 차트 개체의 상단 위치를 다음 계산식으로 계산된 위치로 변경합니다.
'(길이 + 간격) * 행 + 기준셀.Top' 계산식을 적용하면 처음 세 개의 차트는 '(160 + 10) * 0 + 기준셀.Top'이 되어 '기준셀' 개체변수의 상단 위치와 동일하게 되며, 다음 세 개(4~6번째)의 차트는 '(160 + 10) * 1 + 기준셀.Top'이 되어 '기준셀' 개체변수의 상단에서 170포인트 떨어진 위치에 놓이며, 다음 세 개(7~9번째)의 차트는 '기준셀' 개체변수의 상단에서 240포인트 떨어진 위치에 놓입니다.

개발된 매크로를 실행하면 다음과 같은 입력 창이 표시됩니다. 이 창에 한 줄로 표시할 차트 개수를 입력하고 〈확인〉 버튼을 클릭하면 됩니다.

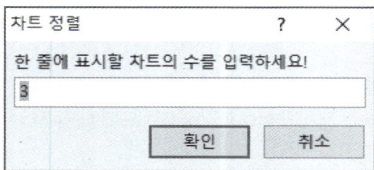

다음 화면은 위 대화상자에 '4'를 입력한 결과 화면입니다.

차트의 이벤트 활용하기

307

이벤트를 이용해 원하는 동작을 처리할 수 있다면 버튼을 일일이 누르는 불편함에서 벗어날 수 있습니다. 하지만 앞에서 소개한 이벤트는 Worksheet, Workbook, Application, UserForm 등의 개체에서만 사용할 수 있고, 차트와 관련된 이벤트는 없었습니다. 엑셀에 차트와 관련된 이벤트가 제공되긴 하지만 모두 차트 시트에 있는 차트를 대상으로 하고 있어 차트 관련한 이벤트 처리가 가능하다는 사실을 모르는 분이 많습니다. 이번에는 차트와 관련된 이벤트 관리 방법에 대해 알아보겠습니다.

예제 파일 PART 04 \ (Chart) 이벤트.xlsm

Chart 시트로 차트 이동시키기

이벤트를 이용하려면 차트 개체를 차트 시트로 이동해야 합니다. 예제를 열면 다음과 같은 표와 차트를 확인할 수 있습니다. 차트를 선택하고 마우스 오른쪽 버튼을 클릭하여 [차트 이동] 메뉴를 선택하거나, 차트를 선택하고 리본 메뉴의 [디자인] 탭-[위치] 그룹-[차트 이동] 명령을 클릭합니다.

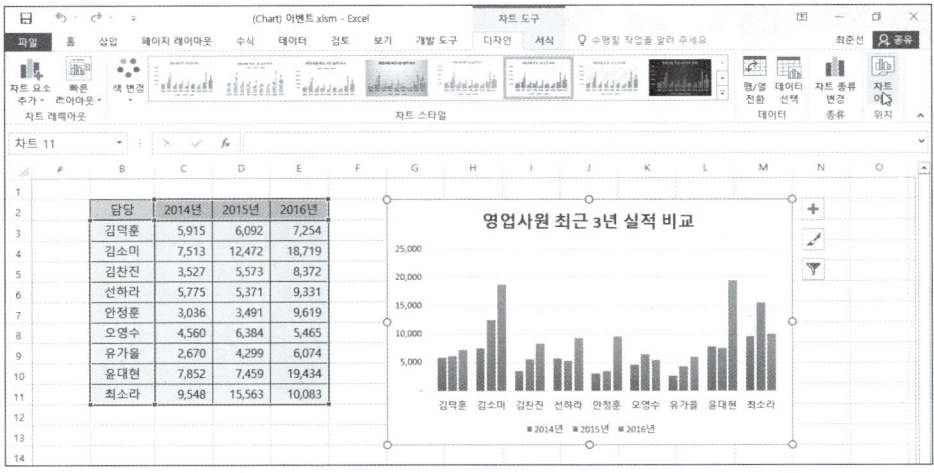

그러면 다음과 같은 '차트 이동' 대화상자가 표시됩니다. '새 시트' 옵션 단추를 선택하고 〈확인〉 버튼을 클릭합니다.

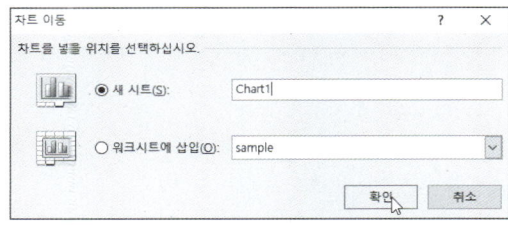

TIP 오른쪽 입력 상자에서 차트 시트의 이름을 수정할 수 있습니다.

차트가 차트 시트로 이동됩니다.

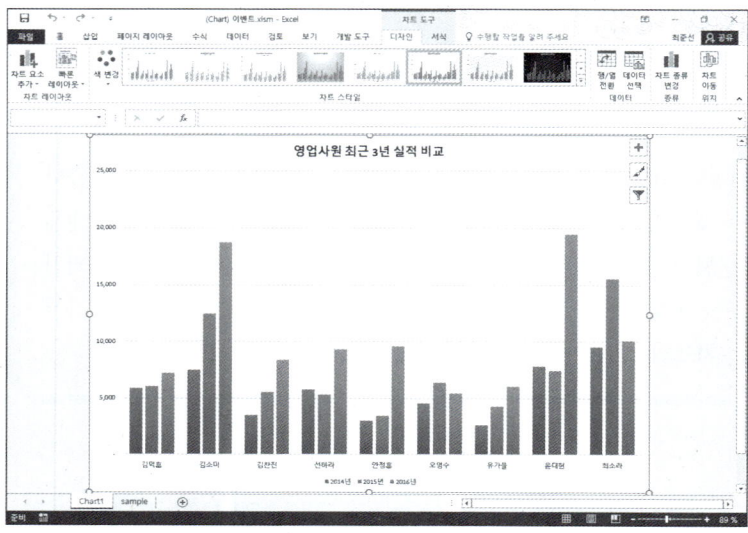

Chart 시트의 주요 이벤트

Chart 이벤트는 다음 표에서 확인할 수 있습니다.

이벤트 프로시저	설명
Activate	차트가 선택되어 작업 대상이 될 때 발생합니다.
Deactivate	차트가 비활성화될 때 발생합니다.
BeforeDoubleClick	차트를 더블클릭할 때 발생합니다. 기본 동작이 실행되기 전에 먼저 실행됩니다.
BeforeRightClick	차트에서 마우스 오른쪽 버튼을 클릭할 때 발생합니다. 기본 동작인 단축 메뉴를 표시되기 전에 실행됩니다.
Calculate	차트에 새 데이터가 추가되거나 데이터가 변경될 때 발생합니다.
MouseDown	차트에서 마우스를 클릭할 때 발생합니다.
MouseMove	차트에서 마우스 포인터 위치가 이동할 때 발생합니다.
MouseUp	차트에서 마우스 단추를 놓을 때 발생합니다. 차트에서 마우스를 클릭하면 MouseDown 이벤트가 발생하고 단추에서 손이 떨어질 때 MouseUp 이벤트가 발생합니다.
Resize	차트의 크기를 조정할 때 발생합니다.
Select	차트 요소 중 하나를 선택할 때 발생합니다.
SeriesChange	2003 이하 버전과의 호환성 때문에 제공되며, 차트에서 데이터 막대의 크기를 변경해 데이터 값을 변경할 때 발생합니다.

Chart 개체의 이벤트 생성 방법

Chart 시트 탭에서 마우스 오른쪽 버튼을 클릭하고 [코드 보기] 메뉴를 선택하면 해당 Chart 시트의 코드 창이 표시됩니다.

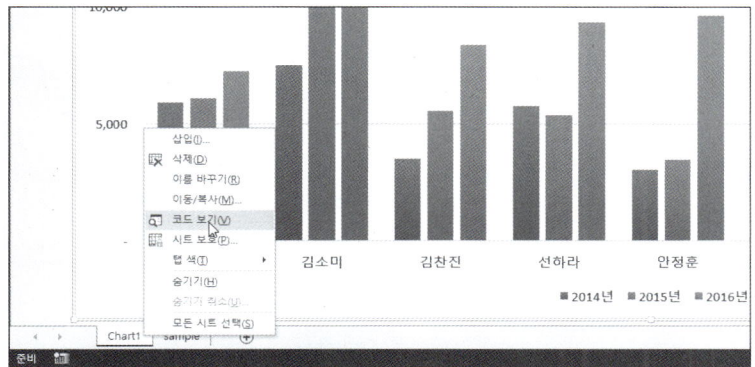

TIP 단축키 Alt + F11 을 누르고, 프로젝트 탐색기 창에서 Chart1 개체를 더블클릭해도 됩니다.

코드 창의 개체 목록에서 Chart를 선택하고, 프로시저 목록에서 원하는 Chart 이벤트를 선택하면 됩니다.

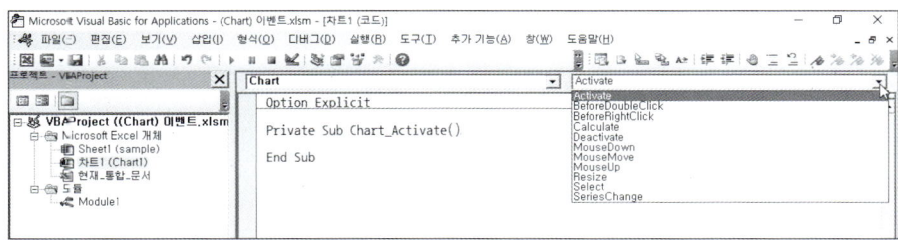

TIP Chart 개체의 기본 이벤트는 Activate 이벤트입니다.

Chart 이벤트의 ElementID 매개변수 이해하기

Worksheet 개체의 Change 이벤트에는 Target 매개변수가 있어 사용자가 수정한 셀(또는 범위)을 Target 매개변수에 담아 두므로 사용자가 값을 고친 위치를 개발자가 알 수 있습니다. Chart 개체의 이벤트에도 이와 유사한 매개변수가 있습니다. 바로 ElementID 매개변수인데, 이 매개변수는 사용자가 선택한 요소를 의미합니다.

다음은 BeforeDoubleClick 이벤트와 Select 이벤트 프로시저의 화면입니다. ElementID, Arg1, Arg2 매개변수가 전달되는 것을 확인할 수 있습니다.

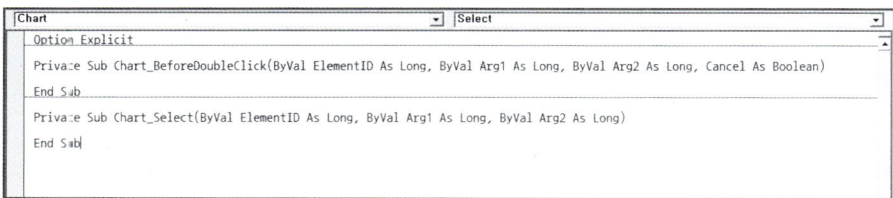

ElementID 매개변수는 사용자가 차트에서 선택한 요소를 의미하며, Arg1과 Arg2는 선택된 상세 요소를 의미하는 값이 저장됩니다. 다음은 ElementID 매개변수에서 반환하는 내장 상수 값입니다.

ElementID	값	Arg1	Arg2	설명
xlChartArea	2			차트 영역
xlChartTitle	4			차트 제목
xlPlotArea	19			그림 영역
xlLegend	24			범례
xlDataTable	7			데이터 표
xlSeries	3	SeriesIndex	PointIndex	계열
xlDataLabel	0	SeriesIndex	PointIndex	데이터 레이블
xlTrendline	8	SeriesIndex	TrendLineIndex	추세선
xlErrorBars	9	SeriesIndex		오차막대
xlXErrorBars	10	SeriesIndex		가로 오차 막대
xlYErrorBars	11	SeriesIndex		세로 오차 막대
xlLegendEntry	12	SeriesIndex		범례 항목
xlLegendKey	13	SeriesIndex		범례
xlAxis	21	AxisIndex	AxisType	축
xlMajorGridlines	15	AxisIndex	AxisType	주 눈금선
xlMinorGridlines	16	AxisIndex	AxisType	보조 눈금선
xlAxisTitle	17	AxisIndex	AxisType	축 제목
xlDisplayUnitLabel	30	AxisIndex	AxisType	축 단위 레이블
xlUpBars	18	GroupIndex		양선
xlDownBars	20	GroupIndex		음선
xlSeriesLines	22	GroupIndex		계열선
xlHiLoLines	25	GroupIndex		최고/최저값 연결선
xlDropLines	26	GroupIndex		하강선
xlRadarAxisLabels	27	GroupIndex		방사형 차트 축 레이블
xlShape	14	ShapeIndex		도형
xlPivotChartFieldButton	31	DropZoneType	PivotFieldIndex	피벗 차트 필드 버튼
xlPivotChartDropZone	32	DropZoneType		피벗 차트 영역
xlFloor	23			3차원 차트 밑면
xlWalls	5			3차원 차트 옆면
xlCorners	6			3차원 차트 모서리
xlNothing	28			

참고로 ElementID는 Chart 개체의 GetElementID 메서드를 이용해 알아낼 수도 있습니다.

마우스 커서가 위치한 꺾은선형의 그래프만 굵게 표시하기

308

차트 이벤트를 이용하면 차트를 원하는 방식으로 제어할 수 있습니다. 예를 들면 막대 차트를 생성하고 특정 각대 그래프를 선택하면 다른 막대 그래프와는 다른 서식이 적용되도록 할 수도 있고, 꺾은선형 차트에서 마우스 커서가 위치한 선 그래프만 굵게 표시할 수도 있습니다. 이번에는 이런 방법으로 차트를 제어하는 작업에 대해 알아보겠습니다.

예제 파일 PART 04 \ (Chart) MouseMove 이벤트.xlsm

예제를 열면 'sample' 시트에는 차트를 생성할 표가 있고, 'chart' 시트에는 꺾은선형 차트가 있습니다.

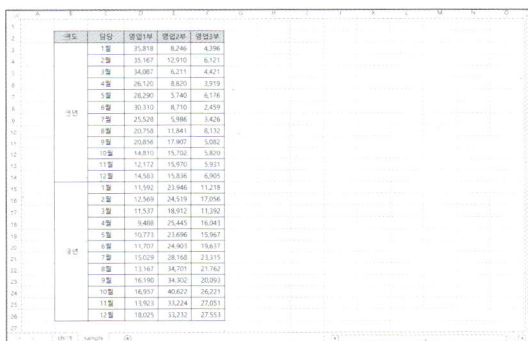 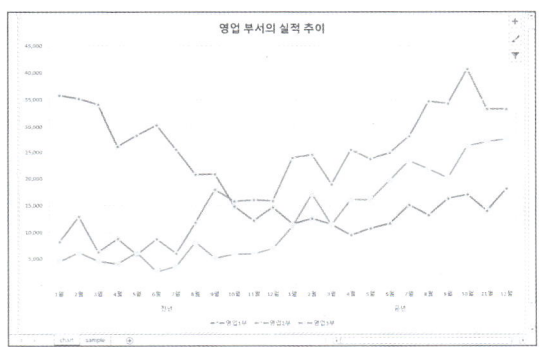

꺾은선형 차트에는 세 개의 데이터 계열이 있습니다. 마우스 커서로 특정 데이터 계열에 접근하면 해당 계열의 선 그래프만 굵게 표시하는 이벤트를 개발하려면 Chart 개체의 MouseMove 이벤트를 이용하면 됩니다.

차트 개체의 코드 창에 다음과 같은 MouseMove 이벤트를 개발해 사용합니다.

파일 : (Chart) MouseMove 이벤트 (코드).txt

```
Private Sub Chart_MouseMove(ByVal Button As Long, ByVal Shift As Long, ByVal x As Long, ByVal y As Long)                                ①

'1단계 : 필요한 변수를 선언합니다.
    Dim 계열 As Series, 선택계열 As Series              ②
    Dim 차트요소 As Long                                ③
    Dim 계열번호 As Long, 계열요소번호 As Long          ④

'2단계 : 현재 차트 요소를 변수에 저장합니다.
    ActiveChart.GetChartElement x, y, 차트요소, 계열번호, 계열요소번호    ⑤

'3단계 : 데이터 계열 위치에 있다면, 해당 계열만 굵게 설정하고 데이터 레이블을 표시합니다.
    If 차트요소 = xlSeries Then                         ⑥
```

```
            Set 선택계열 = ActiveChart.SeriesCollection(계열번호)                    ❼

            For Each 계열 In ActiveChart.SeriesCollection                          ❽

                If 계열.Name <> 선택계열.Name Then                                 ❾

                    계열.Format.Line.Weight = 2.5                                  ❿
                    계열.HasDataLabels = False                                     ⓫

                Else                                                              ⓬

                    계열.Format.Line.Weight = 5                                    ⓭
                    계열.HasDataLabels = True                                      ⓮
                    계열.DataLabels.Position = xlLabelPositionAbove                ⓯

                End If

            Next

        End If

End Sub
```

❶ Chart_MouseMove 이벤트는 차트 위에서 마우스 커서를 움직일 때 자동으로 실행되며, 다음과 같은 네 개의 매개변수에 다음 값을 전달합니다.
  • Button : 이벤트가 발생했을 때 클릭한 마우스 버튼입니다.
  • Shift : 이 이벤트가 발생했을 때 눌려 있는 Ctrl, Shift, Alt 키의 상태 값입니다.
  • x : 차트 개체에서 마우스 커서의 X 좌표 값입니다.
  • y : 차트 개체에서 마우스 커서의 Y 좌표 값입니다.

❷ Series 형식의 '계열'과 '선택계열' 개체변수를 선언합니다.

❸ Long 형식의 '차트요소' 변수를 선언합니다.

❹ Long 형식의 '계열번호'와 '계열요소번호' 변수를 선언합니다.

❺ 현재 차트의 GetChartElement 메서드를 이용해 현재 마우스 커서가 있는 좌표 위치의 차트 요소를 변수에 저장합니다. GetChartElement 메서드는 다음과 같은 매개변수를 사용할 수 있습니다.

```
Chart.GetChartElement(x, y, ElementID, Arg1, Arg2)
```

GetChartElement 메서드는 x, y 두 매개변수에 값을 받아, 해당 좌표의 차트 요소를 ElementID, Arg1, Arg2 매개변수 위치의 변수에 값을 저장합니다. 그러므로 ElementID 값은 '차트요소' 변수에, Arg1 값은 '계열번호' 변수에, Arg2 값은 '계열요소번호' 변수에 각각 저장됩니다.

❻ '차트요소' 변수에 저장된 값이 xlSeries 내장 상수 값과 동일한 경우에(현재 마우스 커서 위치의 차트 요소가 데이터 계열인 경우) ❼-⓯를 실행합니다.

❼ '선택계열' 개체변수에 현재 차트의 데이터 계열 중 '계열번호' 변수에 저장된 번호에 해당하는 계열을 할당합니다. 이렇게 하면 현재 마우스 커서 위치의 데이터 계열이 '선택계열' 개체변수에 할당됩니다.

❽ For Each … Next 순환문을 사용해 현재 차트의 전체 데이터 계열을 순환하면서 하나씩 '계열' 개체변수에 할당합니다.

- ❾ '계열' 개체변수에 할당된 데이터 계열의 이름과 '선택계열' 개체변수에 할당된 데이터 계열의 이름이 다른 경우에 ❿-⓫을 처리합니다.
- ❿ '계열' 개체변수에 할당된 데이터 계열의 선 두께를 2.5포인트(기본 두께)로 조정합니다.
- ⓫ '계열' 개체변수에 할당된 데이터 계열의 데이터 레이블을 표시하지 않도록 설정합니다.
- ⓬ ❾의 판단이 False(마우스 커서가 위치한 데이터 계열)면 ⓭-⓯의 작업을 처리합니다.
- ⓭ '계열' 개체변수에 할당된 데이터 계열의 선 두께를 5포인트로 조정합니다.
- ⓮ '계열' 개체변수에 할당된 데이터 계열의 데이터 레이블을 표시합니다.
- ⓯ 표시된 데이터 레이블이 표식 위에 위치하도록 설정합니다.

이제 차트의 데이터 계열에 마우스 커서를 가져다 놓으면 다음과 같이 해당 데이터 계열이 굵게 표시되면서 데이터 레이블이 표시됩니다.

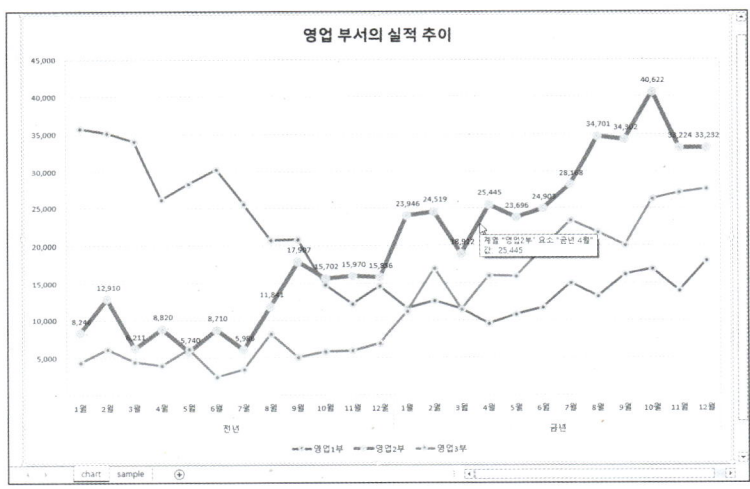

스파크라인 추가하기

엑셀 2010 버전부터 셀 안에 차트를 넣어 사용할 수 있는데, 이 차트의 명칭이 바로 스파크라인(Sparkline)입니다. 스파크라인은 차트에 비해 적은 공간을 사용하며, 간단하게 데이터 흐름을 표시할 수 있어 상황에 따라 유용하게 사용할 수 있습니다. 스파크라인은 차트와는 다른 개체이며, 하나의 스파크라인 그룹을 의미하는 SparklineGroup 개체에 단일 스파크라인을 의미하는 Sparkline 개체가 하위 개체로 사용됩니다. 이번에는 스파크라인을 추가하는 방법에 대해 알아보겠습니다.

예제 파일 PART 04 \ (SparklineGroup) Add 메서드.xlsm

예제 파일을 열면 다음과 같은 표를 확인할 수 있습니다. B열의 직원별 12개월의 실적을 C3:C11 범위에 스파크라인을 이용해 표시합니다.

직원	스파크라인	1월	2월	3월	4월	5월	6월	7월	8월	9월	10월	11월	12월
김덕훈		410	104	550	430	372	494	482	394	641	594	221	223
김소미		887	291	614	686	490	1,119	701	734	742	738	205	306
김찬진		244	206	239	246	393	632	661	246	363	560	464	373
선하라		232	646	216	518	213	508	848	430	1,200	609	238	317
안정훈		377	150	188	451	274	251	344	276	345	200	247	523
오영수		226	261	612	227	232	649	513	473	498	1,216	155	998
유가을		294	398	393	280	222	107	311	297	454	341	529	365
윤대현		266	474	309	566	681	746	1,146	1,321	771	778	508	586
최소라		769	699	672	965	736	938	1,399	1,240	737	862	322	409

C3:C11 범위에 꺾은선형 스파크라인을 이용해 12개월 동안의 실적을 표시하려면 다음과 같은 코드를 개발합니다.

```
Sub 스파크라인추가()

'1단계 : 필요한 변수를 선언합니다.
    Dim 스파크라인 As SparklineGroup          ①
    Dim 셀차트범위 As Range                    ②
    Dim 데이터범위 As Range                    ③

'2단계 : 변수의 초기 값을 설정하고 스파크라인을 생성할 준비를 합니다.
    Set 셀차트범위 = Range("B3", Cells(Rows.Count, "B").End(xlUp)).Offset(, 1)     ④
    Set 데이터범위 = 셀차트범위.Offset(, 1).Resize(, 12)                             ⑤

    셀차트범위.SparklineGroups.ClearGroups                                          ⑥

'3단계 : 스파크라인을 추가합니다.
```

```
            Set 스파크라인 = 셀차트범위.SparklineGroups.Add(Type:=xlSparkColumn, _
                                    SourceData:=데이터범위.Address)              ——— ❼

    '4단계 : 스파크라인의 설정 작업을 진행합니다.
            With 스파크라인 ——————————— ❽

                With .Points ——————————— ❾

                    .Highpoint.Visible = True ——————— ❿
                    .Highpoint.Color.Color = RGB(255, 0, 0) ——————— ⓫
                    .Lowpoint.Visible = True ——————— ⓬
                    .Lowpoint.Color.Color = RGB(255, 0, 0) ——————— ⓭

                End With

            End With

    End Sub
```

❶ SparklineGroup 형식의 '스파크라인' 개체변수를 선언합니다.

❷ Range 형식의 '셀차트범위' 개체변수를 선언합니다.

❸ Range 형식의 '데이터범위' 개체변수를 선언합니다.

❹ '셀차트범위' 개체변수에 B3셀부터 B열의 마지막 데이터 입력 위치까지의 범위(B3:B11)에서 오른쪽 한 칸 옆에 있는 데이터 범위(C3:C11)를 할당합니다. 이 범위가 스파크라인을 생성할 범위입니다.

❺ '데이터범위' 개체변수에 '셀차트범위' 개체변수에 할당된 범위에서 오른쪽 한 칸 옆에 있는 데이터 범위(D3:D11)부터 오른쪽으로 12개 열이 포함하는 전체 데이터 범위(D3:O11)를 할당합니다. 이 범위가 스파크라인의 원본 데이터 범위입니다.

❻ '셀차트범위' 개체변수에 할당된 범위 내 스파크라인를 삭제합니다. 이 작업은 스파크라인이 생성되어 있을 때, C3:C11 범위를 선택하고 리본 메뉴의 [디자인] 탭-[그룹] 그룹-[지우기]-[선택한 스파크라인 그룹 지우기] 명령을 클릭하는 작업과 동일합니다.

❼ '데이터범위' 개체변수에 할당된 숫자 값을 참고해 막대 그래프로 스파크라인을 '셀차트범위' 개체변수에 할당된 범위에 생성한 다음 '스파크라인' 개체변수에 할당합니다. 참고로 Add 메서드에서 사용하는 Type과 SourceData 매개변수에 대한 설명은 아래를 참고합니다.

• Type : 스파크라인의 종류를 의미하며 다음과 같은 내장 상수를 사용할 수 있습니다.

내장 상수	값	설명
xlSparkLine	1	꺾은선형
xlSparkColumn	2	열
xlSparkColumnStacked100	3	승패

• SourceData : 스파크라인에서 사용하는 원본 데이터 범위의 주소를 지정합니다.

❽ With 문을 사용해 생성된 스파크라인을 대상으로 작업합니다.

❾ With 문을 사용해 생성된 스파크라인 계열 요소를 대상으로 작업합니다.

⑩ 스파크라인의 최고점을 표시합니다.

⑪ 최고점의 막대 색상을 RGB 함수를 사용해 빨강으로 표시합니다.

⑫ 스파크라인의 최저점을 표시합니다.

⑬ 최저점의 막대 색상 역시 RGB 함수를 사용해 빨강으로 표시합니다.

개발된 매크로를 실행하면 스파크라인이 지정된 위치(C3:C11)에 나타납니다.

	A	B	C	D	E	F	G	H	I	J	K	L	M	N	O	P
1																
2		직원	스파크라인	1월	2월	3월	4월	5월	6월	7월	8월	9월	10월	11월	12월	
3		김덕훈		410	104	550	430	372	494	482	394	641	594	221	223	
4		김소미		887	291	614	686	490	1,119	701	734	742	738	205	306	
5		김찬진		244	206	239	246	393	632	661	246	363	560	464	373	
6		선하라		232	646	216	518	213	508	848	430	1,200	609	238	317	
7		안정훈		377	150	188	451	274	251	344	276	345	200	247	523	
8		오영수		226	261	612	227	232	649	513	473	498	1,216	155	998	
9		유가을		294	398	393	280	222	107	311	297	454	341	529	365	
10		윤대현		266	474	309	566	681	746	1,146	1,321	771	778	508	586	
11		최소라		769	699	672	965	736	938	1,399	1,240	737	862	322	409	
12																

스파크라인은 지정된 범위 내 최소-최고점을 기준으로 작성되므로, 스파크라인에서 가장 작은 막대는 항상 해당 범위 내 최솟값을 의미합니다. 또한 해당 범위 내 최고점으로 스파크라인이 표시되므로, 차트로 치면 생성된 차트의 Y축이 일정하지 않아 막대 그래프의 크기로 숫자를 가늠할 수 없는 문제가 있습니다. 이런 문제를 해결하려면 생성된 스파크라인의 Y축을 0부터 출발하도록 하고 최고점도 모두 일치시키는 작업을 하면 됩니다.

기존 매크로를 수정하기 위해 단축키 Alt + F11 을 누른 다음, Module1 개체의 코드 창에 있는 '스파크라인 추가' 매크로에 몇 가지 코드를 추가합니다.

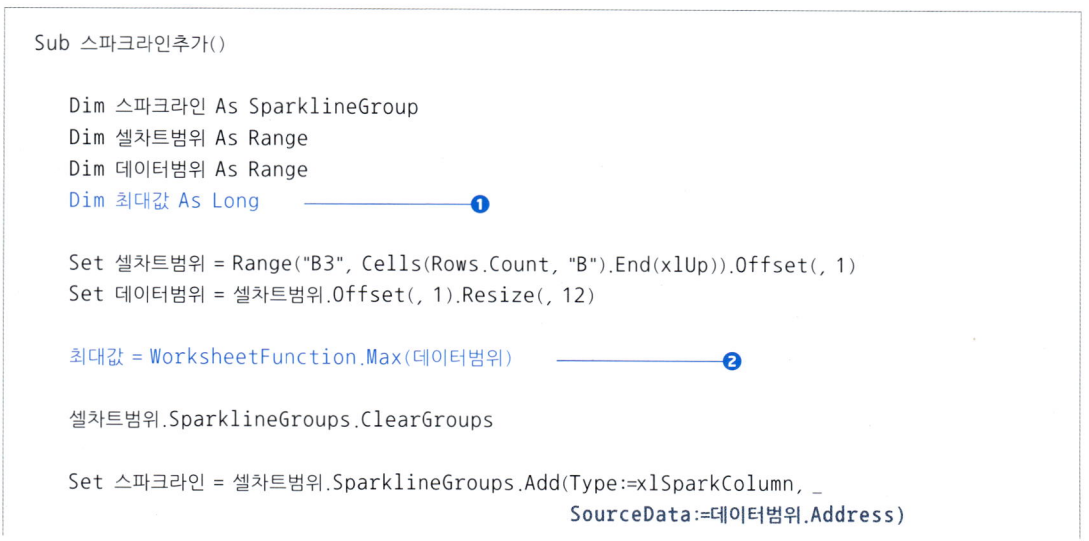

```
    With 스파크라인

        .LineWeight = 1.5

        With .Points

            .Highpoint.Visible = True
            .Highpoint.Color.Color = RGB(255, 0, 0)
            .Lowpoint.Visible = True
            .Lowpoint.Color.Color = RGB(0, 0, 255)

        End With

        With .Axes.Vertical ──────────── ❸

            .MinScaleType = xlSparkScaleCustom ──────── ❹
            .CustomMinScaleValue = 0 ──────── ❺
            .MaxScaleType = xlSparkScaleCustom ──────── ❻
            .CustomMaxScaleValue = 최대값 ──────── ❼

        End With

    End With

End Sub
```

❶ Long 형식의 '최대값' 변수를 선언합니다.

❷ '최대값' 변수에 Max 함수를 사용해 '데이터범위' 개체변수에 할당된 범위 내 가장 큰 값을 저장합니다.

❸ With 문을 사용해 스파크라인의 세로 축을 대상으로 작업합니다.

❹ 세로 축 최솟값 옵션을 사용자 지정 값으로 설정합니다. MinScaleType 속성에서는 다음과 같은 내장 상수를 사용할 수 있습니다.

내장 상수	값	설명
xlSparkScaleGroup	1	그룹 내 스파크라인에 모두 동일하게 설정
xlSparkScaleSingle	2	그룹 내 개별 스파크라인이 자동으로 설정
xlSparkScaleCustom	3	사용자 지정 값

❺ 세로 축 최솟값을 0으로 설정합니다.

❻ 세로 축 최댓값 옵션을 사용자 지정 값으로 설정합니다. MaxScaleType 속성 역시 MinScaleType 속성과 동일한 내장 상수를 사용해 설정할 수 있습니다.

❼ 세로 축 최댓값을 '최대값' 변수의 값으로 변경합니다.

수정된 매크로를 실행하면 다음과 같은 결과를 얻을 수 있습니다. 스파크라인의 막대 그래프가 이전에 비해 전체적으로 줄어든 것을 확인할 수 있습니다.

직원	스파크라인	1월	2월	3월	4월	5월	6월	7월	8월	9월	10월	11월	12월
김덕훈		410	104	550	430	372	494	482	394	641	594	221	223
김소미		887	291	614	686	490	1,119	701	734	742	738	205	306
김찬진		244	206	239	246	393	632	661	246	363	560	464	373
선하라		232	646	216	518	213	508	848	430	1,200	609	238	317
안정훈		377	150	188	451	274	251	344	276	345	200	247	523
오영수		226	261	612	227	232	649	513	473	498	1,216	155	998
유가을		294	398	393	280	222	107	311	297	454	341	529	365
윤대현		266	474	309	566	681	746	1,146	1,321	771	778	508	586
최소라		769	699	672	965	736	938	1,399	1,240	737	862	322	409

CHAPTER

20

피벗 테이블

엑셀은 스프레드시트 프로그램으로 분류되며,
스프레드시트(Spreadsheet)는 여러 가지 표를 쉽게 계산할 수 있는 프로그램입니다.
이런 프로그램의 특성을 가장 잘 발휘하는 기능이 바로 피벗 테이블입니다.
피벗 테이블은 엑셀에서 가장 강력하고 효율적인 기능으로서, 엑셀 사용자는 피벗 테이블을 이용해
대량의 데이터를 효과적으로 요약하거나 새로운 정보를 얻을 수 있습니다.
이번 장에서는 VBA를 이용해 피벗 테이블을 생성하고 조작하는 매크로를 생성하는 방법에 대해 알아봅니다.
사용자가 직접 피벗 테이블을 조작해 원하는 결과 보고서를 얻을 수도 있지만,
반복적인 작업을 매크로를 이용해 개선하거나 자동화할 수도 있습니다.

피벗 테이블 보고서 만들기   310

매번 비슷한 피벗 테이블 보고서를 생성하는 작업을 하고 있다면, 피벗 테이블 보고서를 생성하는 작업을 자동화할 수 있습니다. 피벗 테이블 보고서는 원본 표에서 바로 만들어지는 것이 아니라, 피벗 캐시가 먼저 생성되고 피벗 캐시에서 피벗 테이블 보고서를 생성하는 방법으로 만들어집니다. 이처럼 VBA를 이용해 매크로를 만들다 보면, 프로그램의 기능들이 어떻게 동작하는지 보다 잘 이해할 수 있는 부분이 많습니다. 이번에는 피벗 테이블 보고서를 매크로로 생성하는 방법에 대해 알아보겠습니다.

예제 파일 PART 04 \ (PivotCache) CreatePivotTable 메서드 I.xlsm

예제를 열면 화면과 같은 표를 확인할 수 있습니다.

사번	이름	직위	성별	연령대	입사일	근속년수		피벗	
1	김덕훈	부장	남	40대	2001-05-14	10년 이상			
2	안정훈	과장	남	30대	2005-10-17	6년~9년			
3	김소미	과장	여	30대	2010-05-01	3년~5년			
4	윤대현	대리	남	30대	2014-04-01	3년 미만			
5	최소라	사원	여	20대	2013-05-03	3년 미만			
6	김찬진	대리	남	30대	2012-10-17	3년 미만			
7	오영수	사원	남	20대	2014-01-02	3년 미만			
8	선하라	사원	여	20대	2014-03-05	3년 미만			
9	유가을	사원	여	20대	2013-11-15	3년 미만			

연령대(E열)별 직원 수를 집계하는 피벗 테이블 보고서를 생성하는 작업을 매크로로 개발해야 한다면 다음과 같이 작업할 수 있습니다.

```
Sub 직원분석보고서()

'1단계 : 필요한 변수를 선언합니다.
    Dim 피벗캐시 As PivotCache          ──①
    Dim 피벗 As PivotTable              ──②
    Dim 원본범위 As Range                ──③
    Dim 생성위치 As Range                ──④
    Dim 피벗이름 As String               ──⑤

'2단계 : 피벗 테이블 보고서를 생성하기 위한 준비 작업을 진행합니다.
    피벗이름 = "피벗보고서"              ──⑥
    
    On Error Resume Next                ──⑦
        ActiveSheet.PivotTables(피벗이름).TableRange2.Delete  ──⑧
    On Error GoTo 0                     ──⑨
```

```
        Set 원본범위 = Range("A2").CurrentRegion                    ⑩
        Set 생성위치 = Range("K2")                                  ⑪

'3단계 : 피벗 테이블을 생성합니다.
        Set 피벗캐시 = ThisWorkbook.PivotCaches.Create(SourceType:=xlDatabase, _
                                       SourceData:=원본범위)                        ⑫

        Set 피벗 = 피벗캐시.CreatePivotTable(TableDestination:=생성위치, _
                                       TableName:=피벗이름)           ⑬

'4단계 : 피벗 테이블을 원하는 방식으로 구성합니다.
        With 피벗                       ⑭

            .ManualUpdate = True                ⑮
            .HasAutoFormat = False              ⑯

            .AddFields RowFields:="연령대", ColumnFields:="성별"          ⑰
            .AddDataField Field:=.PivotFields("이름"), _
                          Caption:="인원수", _
                          Function:=xlCount          ⑱

            .ManualUpdate = False               ⑲

        End With

End Sub
```

❶ PivotCache 형식의 '피벗캐시' 개체변수를 선언합니다. 피벗 테이블은 원본 테이블에서 바로 생성되지 않고 별도의 Cache 영역에 데이터를 보관하고, 생성된 Cache를 기반으로 보고서가 생성되는 방식을 사용합니다.

❷ PivotTable 형식의 '피벗' 개체변수를 선언합니다.

❸ Range 형식의 '원본범위' 개체변수를 선언합니다.

❹ Range 형식의 '생성위치' 개체변수를 선언합니다.

❺ String 형식의 '피벗이름' 변수를 선언합니다.

❻ 피벗이름' 변수에 생성할 피벗 테이블 보고서의 이름을 저장합니다.

❼ On Error 문을 사용해 ❽에서 에러가 발생해도 디버그 창을 띄우지 않고 다음 줄로 이동시킵니다.

❽ 현재 시트의 '피벗이름' 변수에 저장된 이름을 갖는 피벗 테이블 보고서를 삭제합니다. 이전에 생성된 피벗 테이블을 삭제해, 새로 생성할 피벗 테이블 보고서가 오류 없이 생성되도록 하기 위한 작업입니다. 피벗 테이블 보고서는 셀에 삽입되므로, PivotTable 개체를 바로 삭제하지 않고 TableRange2 속성을 사용해 피벗 테이블 보고서가 삽입된 전체 범위를 반환 받아 삭제해야 합니다.

❾ On Error 문을 사용해 ❼의 On Error 문 설정을 취소합니다.

❿ '원본범위' 개체변수에 A2셀부터 연속된 전체 데이터 범위(A2:G11)를 할당합니다.

⑪ '생성위치' 개체변수에 K2셀을 할당합니다. 이 위치가 바로 피벗 테이블 보고서를 생성할 위치입니다.

⑫ 현재 파일에 피벗 캐시를 새로 생성한 다음 '피벗캐시' 개체변수에 할당합니다. Create 메서드를 사용할 때 SourceType과 SourceData 매개변수를 사용했는데, 피벗 테이블을 생성할 때 표시되는 다음 대화상자와 연결해 생

각하면 이해하기 쉽습니다.

> SourceType 매개변수에서 설정하는 부분으로 다음과 같은 내장 상수를 사용합니다.
> • xlDatabase : 표 또는 범위 선택
> • xlExternal : 외부 데이터 원본 사용

> SourceData 매개변수는 '표/범위'에 표시되는 원본 데이터 범위로 '원본범위' 개체변수를 전달하면 됩니다.

⓭ '피벗캐시' 개체변수에 할당된 피벗 캐시에서 CreatePivotTable 메서드를 활용해 피벗 테이블 보고서를 새로 생성하고 '피벗' 개체변수에 할당합니다. CreatePivotTable 메서드에서는 TableDestination과 TableName 매개변수를 사용하는데, TableDestination 매개변수에는 ⓬의 '피벗 테이블 만들기' 대화상자에서 피벗 테이블 보고서를 넣을 위치를 전달하면 되고, TableName 매개변수에는 생성된 피벗 테이블 보고서의 이름을 설정하면 됩니다.

⓮ With 문을 사용해 '피벗' 개체변수에 할당된 피벗 테이블 보고서를 대상으로 작업합니다.

⓯ 피벗 테이블 보고서를 구성할 때 자동으로 레이아웃이 구성되지 않도록 수동으로 업데이트 옵션을 True로 설정합니다. 이번과 같이 데이터가 많지 않은 경우에는 이런 작업을 할 필요가 없지만, 대량의 데이터를 다루는 경우에는 이 옵션을 켜고, 피벗 테이블 구성이 끝난 다음 업데이트하는 방식을 사용하는 것이 피벗 테이블 구성에 드는 시간을 단축하는 방법입니다. 참고로 이 작업은 피벗 테이블 필드 작업 창 하단의 '나중에 레이아웃 업데이트' 옵션을 체크하는 것과 동일합니다.

⓰ 피벗 테이블 보고서를 구성할 때 적용되는 '열 자동 맞춤' 옵션을 해제합니다. 이 옵션을 해제하지 않으면 피벗 테이블 보고서가 구성된 다음에 자동으로 열 너비가 조정되어 피벗 테이블이 깔끔하게 나타나지 않습니다. 이 코드의 동작을 정확하게 이해하려면 이번 줄을 주석으로 처리하고 매크로를 실행해 봅니다.

⓱ AddFields 메서드를 이용해 피벗 테이블 보고서에 필드를 추가합니다. AddFields 메서드는 RowFields, ColumnFields, PageFields 매개변수를 사용해 각각 행 영역, 열 영역, 필터 영역에 필드를 추가할 수 있습니다. 한 번에 여러 필드를 추가하려면 Array 함수를 사용하면 됩니다.

```
.AddFields RowFields:=Array("연령대", "직위")
```

AddFields 메서드를 이용하지 않고, PivotField 개체를 이용해 필드를 삽입하려면 다음과 같이 코드를 수정하면 됩니다.

```
.PivotFields("연령대").Orientation = xlRowField
.PivotFields("성별").Orientation = xlColumnField
```

PivotField 개체의 Orientation 속성에서 사용할 수 있는 내장 상수는 다음과 같습니다.

내장 상수	값	설명
xlHidden	0	숨김
xlRowField	1	행
xlColumnField	2	열
xlPageField	3	필터
xlDataField	4	값

⑱ AddDataField 메서드를 사용해 값 영역에 필드를 추가합니다. Field 매개변수는 삽입할 필드를, Caption 매개변수는 삽입한 필드의 머리글을, Function 매개변수는 집계 방법을 설정합니다. AddDataField 메서드는 한 번에 하나의 필드만 추가할 수 있으며 Function 매개변수에 사용할 수 있는 내장 상수는 다음과 같습니다.

내장 상수	값	설명
xlAverage	-4106	평균
xlCount	-4112	개수
xlCountNums	-4113	숫자 값 개수
xlDistinctCount	11	고유 항목 개수
xlMax	-4136	최댓값
xlMin	-4139	최솟값
xlProduct	-4149	곱하기
xlStDev	-4155	표본 표준편차
xlStDevP	-4156	모집단 표준편차
xlSum	-4157	합계
xlVar	-4164	표본 분산
xlVarP	-4165	모집단 분산

TIP xlDistinctCount 내장 상수는 엑셀 2013 버전부터 추가되었습니다.

⑲ 피벗 테이블 보고서가 모두 구성되었으므로, 피벗 테이블 보고서를 업데이트하기 위해 ManualUpdate 속성을 취소(=alse)합니다.

TIP 이 매크로는 예제의 〈피벗〉 버튼에 연결되어 있습니다.

개발된 매크로를 실행하면 K2셀 위치에 다음과 같은 피벗 테이블 보고서가 나타납니다.

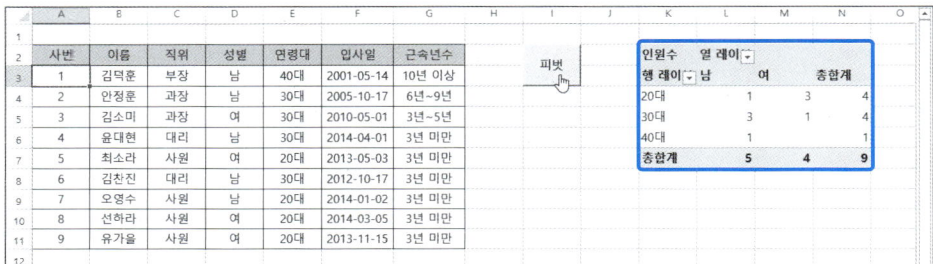

여러 개의 분석용 피벗 테이블 보고서 생성하기

311

하나의 원본 테이블에서 여러 개의 피벗 테이블 보고서를 만들어야 하는 경우가 종종 있습니다. 이런 경우 피벗 테이블 보고서를 하나씩 만들 수도 있지만, 일정한 규칙만 있다면 매크로를 사용해 한 번에 여러 개를 생성할 수도 있습니다. 이번에는 하나의 피벗 테이블에서 다양한 피벗 테이블 보고서를 생성하는 매크로 개발 방법에 대해 알아보겠습니다.

예제 파일 PART 04 \ (PivotCache) CreatePivotTable 메서드 II.xlsm

예제를 열면 다음과 같은 표를 확인할 수 있습니다.

사번	이름	직위	성별	연령대	입사일	근속년수
1	김덕훈	부장	남	40대	2001-05-14	10년 이상
2	안정훈	과장	남	30대	2005-10-17	6년~9년
3	김소미	과장	여	30대	2010-05-01	3년~5년
4	윤대현	대리	남	30대	2014-04-01	3년 미만
5	최소라	사원	여	20대	2013-05-03	3년 미만
6	김찬진	대리	남	30대	2012-10-17	3년 미만
7	오영수	사원	남	20대	2014-01-02	3년 미만
8	선하라	사원	여	20대	2014-03-05	3년 미만
9	유가을	사원	여	20대	2013-11-15	3년 미만

위 표에서 다음과 같은 네 개의 피벗 테이블 보고서를 생성해 보겠습니다.

직원 현황 (직위)

직위	인원수	비율	순위
부장	1	11.1%	3
과장	2	22.2%	2
대리	2	22.2%	2
사원	4	44.4%	1
총합계	9	100.0%	

직원 현황 (근속년수)

근속년수	인원수	비율	순위
10년 이상	1	11.1%	2
6년~9년	1	11.1%	2
3년~5년	1	11.1%	2
3년 미만	6	66.7%	1
총합계	9	100.0%	

직원 현황 (연령대)

연령대	인원수	비율	순위
20대	4	44.4%	1
30대	4	44.4%	1
40대	1	11.1%	2
총합계	9	100.0%	

직원 현황 (성별)

성별	인원수	비율	순위
남	5	55.6%	1
여	4	44.4%	2
총합계	9	100.0%	

다음은 원본 표에서 필요한 네 개의 피벗 테이블 보고서를 지정된 위치에 생성하는 매크로입니다.

```
Sub 직원현황분석보고서()

'1단계 : 필요한 변수를 선언합니다.
    Dim 피벗캐시 As PivotCache                    ❶
    Dim 피벗 As PivotTable                        ❷
    Dim 원본범위 As Range                         ❸
    Dim 생성위치 As Range                         ❹
    Dim 이름 As String                            ❺
    Dim 행머리글 As Variant                       ❻
    Dim i As Integer, j As Integer               ❼
    Dim 행 As Integer, 열 As Integer              ❽

'2단계 : 변수의 초기 값을 설정하고, 피벗 보고서를 생성할 준비 작업을 진행합니다.
    이름 = "피벗보고서"                           ❾

    Set 원본범위 = Range("A2").CurrentRegion      ❿
    행머리글 = Array("직위", "근속년수", "연령대", "성별")    ⓫

    Set 피벗캐시 = ThisWorkbook.PivotCaches.Create(SourceType:=xlDatabase, _
                                SourceData:=원본범위)
                                Version:=xlPivotTableVersion15)    ⓬

    On Error Resume Next                          ⓭
        Application.DisplayAlerts = False         ⓮
            Worksheets(이름).Delete               ⓯
        Application.DisplayAlerts = True          ⓰
    On Error GoTo 0                               ⓱

    Worksheets.Add.Name = 이름                    ⓲

'3단계 : 피벗 테이블 보고서를 생성합니다.
    For i = 1 To 4                                ⓳

        행 = Int((i - 1) / 2) * 10                ⓴
        열 = ((i - 1) Mod 2) * 5                  ㉑

        Set 생성위치 = Range("A3").Offset(행, 열)   ㉒

        With 생성위치.Offset(-1)                   ㉓
            .Value = "직원 현황 (" & 행머리글(i - 1) & ")"    ㉔
            .Font.Size = 14                       ㉕
            .Font.Bold = True                     ㉖
        End With

        Set 피벗 = 피벗캐시.CreatePivotTable(TableDestination:=생성위치, _
                            TableName:=이름 & i)    ㉗

'4단계 : 피벗 테이블 보고서의 행 영역에 필드를 추가합니다.
        With 피벗                                 ㉘
```

```
            .HasAutoFormat = False                    ㉙

            .AddFields RowFields:=행머리글(i - 1)      ㉚

'5단계 : 피벗 테이블 보고서의 값 영역에 계산할 필드를 삽입하고 원하는 방식으로 설정합니다.
            For j = 1 To 3                            ㉛

                .AddDataField Field:=.PivotFields("이름"), Function:=xlCount   ㉜

            Next j

            .PivotFields("개수 : 이름").Caption = "인원수"              ㉝

            With .PivotFields("개수 : 이름2")           ㉞
                .Caption = "비율"                       ㉟
                .Calculation = xlPercentOfColumn       ㊱
                .NumberFormat = "0.0%"                 ㊲
            End With

            With .PivotFields("개수 : 이름3")           ㊳
                .Caption = "순위"                       ㊴
                .Calculation = xlRankDecending         ㊵
                .BaseField = 행머리글(i - 1)             ㊶
            End With

            생성위치.Offset(1).Value = 행머리글(i - 1)    ㊷

'6단계 : 피벗 테이블 보고서의 행 영역의 필드를 정렬합니다.
            Select Case i                              ㊸

                Case 1                                 ㊹

                    With .PivotFields("직위")           ㊺

                        .PivotItems("부장").Position = 1
                        .PivotItems("과장").Position = 2
                        .PivotItems("대리").Position = 3
                        .PivotItems("사원").Position = 4

                    End With

                Case 2                                 ㊻

                    With .PivotFields("근속년수")       ㊼

                        .PivotItems("10년 이상").Position = 1
                        .PivotItems("6년~9년").Position = 2
                        .PivotItems("3년~5년").Position = 3
                        .PivotItems("3년 미만").Position = 4

                    End With
```

```
                End Select

'7단계 : 피벗 테이블 보고서의 타일을 설정합니다.
            .TableStyle2 = "PivotStyleMedium" & i + 1           ──────── ㊽
            .TableRange2.HorizontalAlignment = xlCenter         ──────── ㊾

        End With

    Next i

'8단계 : 피벗 테이블 보고서의 열 너비와 행 길이를 넉넉하게 조절합니다.
    Columns("A:H").ColumnWidth = Columns("A:H").ColumnWidth * 1.2  ──── ㊿
    Cells.RowHeight = 20                    ────────── ㉛

End Sub
```

❶ PivotCache 형식의 '피벗캐시' 개체변수를 선언합니다.

❷ PivotTable 형식의 '피벗' 개체변수를 선언합니다.

❸ 피벗 테이블 보고서의 원본 데이터 범위를 할당할 Range 형식의 '원본범위' 개체변수를 선언합니다.

❹ 피벗 테이블 보고서 생성 위치를 할당할 Range 형식의 '생성위치' 개체변수를 선언합니다.

❺ 피벗 테이블 보고서 이름을 저장할 String 형식의 '이름' 변수를 선언합니다.

❻ 행 영역에 추가할 필드 이름을 저장할 Variant 형식의 '행머리글' 변수를 선언합니다.

❼ 순환문에서 사용할 Integer 형식의 i, j 변수를 선언합니다.

❽ 생성할 피벗 테이블 보고서 위치를 계산할 Integer 형식의 '행', '열' 변수를 선언합니다.

❾ '이름' 변수에 '피벗보고서' 문자열을 저장합니다.

❿ '원본범위' 개체변수에 A2셀부터 연속된 데이터 범위를 할당합니다.

⓫ '행머리글' 변수에 Array 함수를 사용해 '직위', '근속년수', '연령대', '성별' 필드 이름을 저장합니다.

⓬ 현재 파일에 피벗 캐시를 새로 생성합니다. SourceData 매개변수에 '원본범위' 개체변수를 할당해 '원본범위' 개체변수에 할당된 데이터 범위를 피벗 캐시로 생성한 다음, '피벗캐시' 개체변수에 할당합니다. 참고로 Version 매개변수에 xlPivotTableVersion15를 전달해 2013 버전 형식으로 생성되도록 합니다. 이렇게 하는 이유는 피벗 테이블 보고서의 '값' 영역 레이블이 표시되지 않고 한 줄로 머리글이 나열되도록 하기 위해서입니다. 각 Version에서 사용할 수 있는 내장 상수는 다음과 같습니다.

내장 상수	값	설명
xlPivotTableVersion10	1	2002 버전의 피벗 테이블
xlPivotTableVersion11	2	2003 버전의 피벗 테이블
xlPivotTableVersion12	3	2007 버전의 피벗 테이블
xlPivotTableVersion14	4	2010 버전의 피벗 테이블
xlPivotTableVersion15	5	2013 이상 버전의 피벗 테이블
xlPivotTableVersionCurrent	-1	현재 버전의 피벗 테이블

⑬ ⑮의 코드에서 에러가 발생해도 매크로 실행을 중단하지 않고, 그 다음 줄이 그대로 실행되도록 On Error 문을 설정합니다.

⑭ DisplayAlerts 옵션을 False로 설정해 경고 메시지 창이 표시되지 않도록 합니다.

⑮ '이름' 변수에 저장된 문자열에 해당하는 워크시트를 삭제합니다. 이 부분은 기존에 생성된 보고서를 삭제하는 역할을 하는데, 생성된 보고서가 없다면 에러가 발생합니다. 하지만 ⑬의 코드 때문에 에러가 발생해도 매크로가 중단되지 않고 다음 줄이 바로 실행됩니다.

⑯ DisplayAlerts 옵션을 다시 True로 설정해 경고 메시지 창이 정상적으로 표시되도록 합니다.

⑰ ⑬에서 설정한 On Error 문을 취소합니다. 이렇게 해야 ⑬의 코드가 정확하게 ⑮에만 적용됩니다.

⑱ 빈 워크시트를 하나 추가하고, 추가된 워크시트 이름을 '이름' 변수의 값으로 지정합니다. 이 코드는 다음과 같은 두 줄의 코드를 한 줄로 입력해 놓은 것입니다.

```
Worksheets.Add
ActiveSheet.Name = 이름
```

⑲ 피벗 테이블 보고서를 네 개 생성하기 위해 For … Next 순환문을 사용해 i 변수를 1부터 4까지 순환하도록 합니다.

⑳ 피벗 테이블 보고서가 위치할 셀의 행 번호를 계산해 '행' 변수에 저장합니다. 계산식은 i 변수의 값에서 1을 뺀 값을 2로 나눈 정수 값에 10을 곱하는 것입니다. 이렇게 하면 i 변수가 1과 2일 때는 0이, 3과 4일 때는 10이 저장됩니다.

㉑ 피벗 테이블 보고서가 위치할 셀의 열 번호를 계산해 '열' 변수에 저장합니다. 계산식은 i 변수의 값에서 1을 뺀 값을 2로 나눈 나머지 값에 5를 곱하는 것입니다. 이렇게 하면 i 변수가 1과 3일 때는 0이, 2와 4일 때는 5가 저장됩니다.

㉒ A3셀에서 Offset 속성을 사용해 '행', '열' 변수에 저장된 값 위치로 이동한 다음, 해당 위치를 '생성위치' 개체변수에 할당합니다. 다음은 i 변수의 값이 1부터 4인 경우의 '생성위치' 개체변수에 할당되는 셀 위치입니다.

i 변수	코드	셀 주소
1	Range("A3").Offset(0, 0)	A3
2	Range("A3").Offest(0, 5)	F3
3	Range("A3").Offset(10, 0)	A13
4	Range("A3").Offset(10, 5)	F13

㉓ 피벗 테이블의 제목을 표시하기 위해 With 문을 사용해 '생성위치' 개체변수에 할당된 셀의 바로 윗 셀을 대상으로 작업합니다.

㉔ 셀 값을 '직원 현황 (xxx)'으로 입력합니다. 괄호 안에는 '행머리글' 변수에 저장된 값 중 i-1번째 값을 표시합니다.

㉕ 셀의 글꼴 사이즈를 14로 설정합니다.

㉖ 셀의 글꼴 굵기 서식을 설정합니다.

㉗ '피벗캐시' 개체변수에 할당된 피벗 캐시에서 피벗 테이블 보고서를 생성합니다. TableDestination 매개변수에 '생성위치' 개체변수에 할당된 셀을 전달해 피벗 테이블 보고서의 생성 위치를 설정하고, TableName 매개변수에 '이름' 변수에 저장된 문자열에 i 변수 값을 연결해 피벗 테이블 보고서의 이름을 설정합니다. 이렇게 하면 피벗 테이블 보고서가 생성될 때마다 피벗 테이블 보고서 이름이 '피벗보고서1', '피벗보고서2', …와 같이 설정됩니다.

㉘ With 문을 사용해 생성된 피벗 테이블 보고서의 설정 작업을 진행합니다.

㉙ 피벗 테이블 보고서의 자동 서식 옵션을 해제(False)합니다.

㉚ 행 영역에 '행머리글' 변수의 i-1번째 값에 해당하는 필드를 삽입합니다.

㉛ 값 영역에 동일한 필드를 세 번 넣기 위해 For … Next 순환문을 사용해 j 변수의 값을 1부터 3까지 1씩 증가시키면서 순환합니다.

㉜ '이름' 필드를 값 영역에 추가하고, 요약 방법은 개수를 세도록 합니다. 이렇게 하면 동일한 '이름' 필드의 건수를 세는 필드가 세 개 값 영역에 추가됩니다.

㉝ '개수 : 이름' 필드의 이름을 '인원수'로 변경합니다.

㉞ With 문을 사용해 '개수 : 이름2' 필드의 설정을 변경합니다.

㉟ 필드 이름을 '비율'로 변경합니다.

㊱ 값 표시 형식을 이용해 '열 합계 비율(xlPercentOfColumn)'로 변경합니다. 이렇게 하면 개수가 전체 대비 비율로 표시됩니다.

㊲ 숫자 서식을 '0.0%'로 설정합니다.

㊳ With 문을 사용해 '개수 : 이름3' 필드의 설정을 변경합니다.

㊴ 필드 이름을 '순위'로 변경합니다.

㊵ 값 표시 형식을 이용해 '내림차순 순위(xlRankDecending)'로 변경합니다. 이 설정은 엑셀 2010 버전부터 지원되므로, 하위 버전에서는 사용할 수 없습니다.

㊶ 순위를 표시할 때 기준이 되는 필드는 '행머리글' 변수의 i-1번째 값으로 설정합니다.

㊷ '생성위치' 개체변수에 할당된 셀 값을 '행머리글' 변수의 i-1번째 값으로 수정합니다. 이렇게 하면 피벗 테이블 보고서의 '행 레이블' 문자열이 행 영역에 삽입된 필드 이름으로 수정됩니다.

㊸ Select Case 문을 사용해 i 변수의 값에 따른 작업을 진행합니다.

㊹ i 변수가 1일 때(첫 번째 피벗 테이블 보고서) 아래 작업을 진행합니다.

㊺ '직위' 필드를 대상으로 원하는 순서로 정렬합니다.

㊻ i 변수가 2일 때(두 번째 피벗 테이블 보고서) 아래 작업을 진행합니다.

㊼ '근속년수' 필드를 대상으로 원하는 순서로 정렬합니다.

㊽ 피벗 테이블의 스타일을 변경합니다.

㊾ 피벗 테이블 영역의 값을 모두 가운데로 정렬합니다.

㊿ 피벗 테이블 보고서가 위한 모든 열의 너비를 현재 너비의 20% 증가시킵니다.

(51) 전체 행 높이를 20포인트로 변경합니다.

TIP 이 매크로는 예제 파일의 〈피벗 보고서〉 버튼에 연결되어 있습니다.

관계 설정해 피벗 테이블 생성하기

312

엑셀 2013 버전부터는 여러 표를 관계로 연결해 피벗 테이블 보고서를 생성할 수 있습니다. 이 작업 역시 매크로로 개발할 수 있지만, 일반 피벗 테이블 보고서를 만드는 방법과 차이가 나는 부분이 꽤 있습니다. 그러므로 관계를 이용해 피벗 테이블 보고서를 만들던 분이라면, 이번에 설명하는 매크로 개발 방법을 참고해 그동안의 작업을 자동화할 수 있습니다. 이번에는 관계로 표를 연결하여 연결된 표로 피벗 테이블 보고서를 만드는 매크로 개발 방법에 대해 알아보겠습니다.

예제 파일 PART 04 \ (ModelRelationships) Add 메서드.xlsm

예제를 열면 '직원' 시트에서 다음과 같은 엑셀 표를 확인할 수 있습니다.

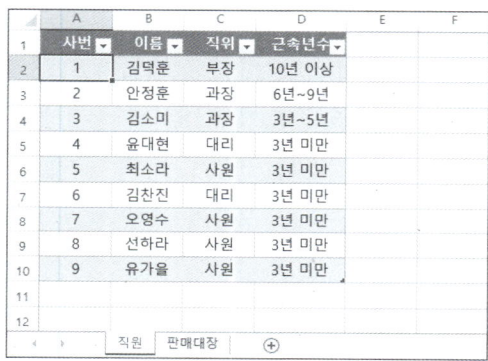

TIP 관계를 이용하려면 표가 반드시 엑셀 표로 등록되어 있어야 합니다. 표 범위를 선택하고 리본 메뉴의 [디자인] 탭-[표 속성] 그룹에서 [표 이름]란을 보면 이 표의 이름이 워크시트 탭 이름과 동일한 '직원'인 것을 확인할 수 있습니다.

'판매대장' 시트에서는 다음과 같은 엑셀 표를 확인할 수 있습니다. 이 표의 이름도 워크시트 탭 이름과 동일하게 '판매대장'입니다.

두 표를 연결해 다음과 같은 피벗 테이블 보고서를 생성하는 작업을 진행하겠습니다.

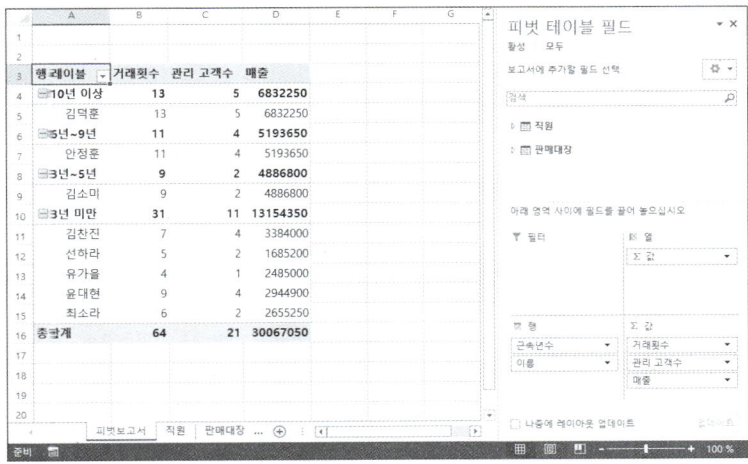

관계로 연결된 표로 피벗 테이블 보고서를 생성하려면 먼저 표를 연결 테이블로 등록해야 합니다. 이 작업은 항상 두 개의 표를 등록하게 되므로, 별도의 매크로를 생성해 연결 테이블을 만드는 것이 좋습니다. 다음 매크로는 표를 연결하는 작업을 합니다.

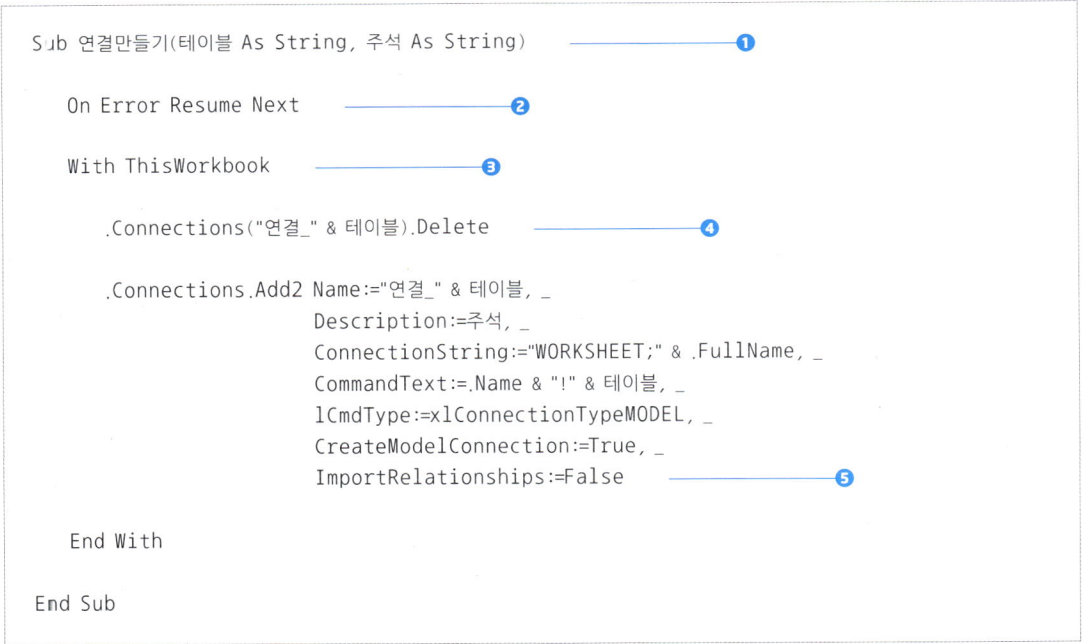

① '연결만들기' 매크로를 Sub 프로시저로 선언합니다. 이 매크로는 다음 두 개의 매개변수를 사용합니다.

매개변수	설명
테이블	String 형식의 변수로 연결할 표 이름을 저장합니다.
주석	String 형식의 변수로 표에 대한 설명 문장(주석)을 저장합니다.

② On Error 문을 사용해 ④에서 에러가 발생해도 중단하지 않고 계속 실행되도록 합니다.

❸ With 문을 사용해 현재 파일을 대상으로 작업합니다.

❹ 기존 연결 중에서 '테이블' 매개변수에 전달되는 표 이름과 동일한 연결을 삭제합니다. 이번 매크로에서 생성하는 연결은 앞에 '연결_' 문자열이 접두어로 붙고 뒤에 표 이름이 연결되는 방식의 이름을 사용합니다.

❺ Connections 컬렉션의 Add2 메서드를 사용해 연결 테이블을 등록합니다. Add2 메서드는 다음과 같은 매개변수를 사용해 설정합니다.

매개변수	설명
Name	연결 테이블 이름으로, '연결_' 문자열과 '테이블' 매개변수의 값을 연결해 설정합니다.
Description	연결 테이블의 주석으로, '주석' 매개변수의 값을 설정합니다.
ConnectionString	연결 문자열로, 'WORKSHEET;' 문자열과 현재 파일(ThisWorkbook)의 경로와 파일 이름을 연결해 설정합니다.
CommandText	연결 테이블의 명령어로, 현재 파일의 이름에 ! 문자열을 연결하고 '테이블' 매개변수의 값을 연결해 설정합니다.
lCmdType	연결 테이블 형식을 설정하는데, 데이터 모델에 사용할 형식으로 설정합니다.
CreateModelConnection	연결 테이블을 데이터 모델에 추가할지 여부를 설정하는데, True로 설정합니다.
ImportRelationships	설정된 관계 정보를 가져올지 여부를 설정하는데, False로 설정을 해제합니다.

이제 표를 연결 테이블로 등록하고 관계를 설정한 다음, 피벗 테이블 보고서를 생성하는 작업을 진행합니다. 다음 매크로를 이용해 피벗 테이블 보고서를 생성합니다.

```
Sub 관계설정해피벗만들기()

'1단계 : 필요한 변수를 선언합니다.
    Dim 직원 As ModelTable, 판매 As ModelTable                ❶
    Dim 피벗캐시 As PivotCache                                ❷
    Dim 피벗 As PivotTable                                    ❸

'2단계 : 엑셀 표를 연결 테이블로 등록해 데이터 모델을 생성합니다.
    Call 연결만들기("직원", "메인")                           ❹
    Call 연결만들기("판매대장", "서브")                       ❺

'3단계 : 피벗 테이블 보고서에서 사용할 표를 관계로 연결합니다.
    With ThisWorkbook                                         ❻

        Set 직원 = .Model.ModelTables("직원")                ❼
        Set 판매 = .Model.ModelTables("판매대장")            ❽

        .Model.ModelRelationships.Add ForeignKeyColumn:=판매.ModelTableColumns("담당"), _
                    PrimaryKeyColumn:=직원.ModelTableColumns("이름")                      ❾

'4단계 : 피벗 테이블 보고서를 생성합니다.
        Set 피벗캐시 = .PivotCaches.Create(SourceType:=xlExternal, _
                        SourceData:=.Connections("ThisWorkbookDataModel"), _
                        Version:=xlPivotTableVersion15)                                    ❿
```

```
        End With

        On Error Resume Next                    ⓫

            Application.DisplayAlerts = False           ⓬
                Worksheets("피벗보고서").Delete          ⓭
            Application.DisplayAlerts = True            ⓮

        On Error GoTo 0                 ⓯

        Worksheets.Add.Name = "피벗보고서"              ⓰

        Set 피벗 = 피벗캐시.CreatePivotTable(TableDestination:=Range("A3"), _
                                TableName:="피벗보고서")                   ⓱

'5단계 : 피벗 테이블 보고서를 구성합니다.
        With 피벗.CubeFields("[직원].[근속년수]")        ⓲

            .Orientation = xlRowField            ⓳

        End With

        피벗.CubeFields("[직원].[이름]").Orientation = xlRowField        ⓴

End Sub
```

❶ ModelTable 형식의 '직원', '판매' 개체변수를 선언합니다.

❷ PivotCache 형식의 '피벗캐시' 개체변수를 선언합니다.

❸ PivotTable 형식의 '피벗' 개체변수를 선언합니다.

❹ Call 문을 사용해 '연결만들기' 매크로를 호출해 실행합니다. '연결만들기' 매크로의 '테이블' 매개변수에는 엑셀 표 이름인 '직원'을 전달하고, '주석' 매개변수에는 '메인' 문자열을 저장합니다. 이렇게 하면 '직원' 엑셀 표가 연결 테이블로 생성됩니다.

❺ Call 문을 사용해 '연결만들기' 매크로를 호출해 '판매대장' 엑셀 표를 연결 테이블로 등록합니다. 이렇게 해서 생성된 연결 테이블은 리본 메뉴의 [데이터] 탭-[연결] 그룹-[연결] 명령을 클릭해 확인할 수 있습니다.

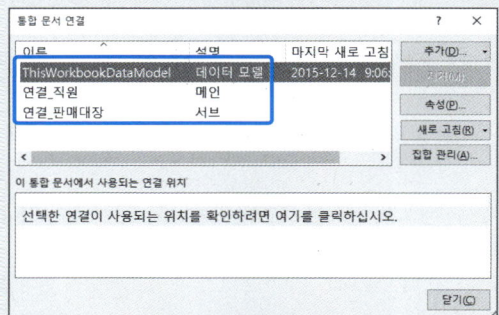

'통합 문서 연결' 대화 상자의 목록에 '연결_직원'과 '연결_판매대장'이 등록되어 있으며, 등록된 모델은 'ThisWorkbookDataModel' 이름의 데이터 모델로 관리가 됩니다. 'ThisWorkbookDataModel' 이름은 엑셀에서 자동으로 부여하는 이름으로 사용자가 수정할 수 없습니다.

❻ With 문을 사용해 현재 파일을 대상으로 작업합니다.

❼ '직원' 개체변수에 현재 파일의 모델 테이블 중에서 '직원' 엑셀 표를 할당합니다.

❽ '판매' 개체변수에 현재 파일의 모델 테이블 중에서 '판매대장' 엑셀 표를 할당합니다.

❾ 현재 파일의 모델에 새로운 관계를 추가합니다. '판매' 개체변수에 할당된 '판매대장' 엑셀 표의 '담당' 필드와 '직원' 개체변수에 할당된 '직원' 엑셀 표의 '이름' 필드로 두 테이블을 관계로 연결합니다. 이렇게 하면 '직원' 엑셀 표와 '판매대장' 엑셀 표가 '1:다' 관계로 연결됩니다.

❿ 피벗 보고서를 만들기 위해 현재 파일에 새로운 피벗 캐시를 생성하고 '피벗캐시' 개체변수에 할당합니다. Create 메서드에는 다음 세 개의 매개변수가 설정되어 있으며, 각각의 설명은 아래를 참고합니다.

매개변수	설명
SourceType	피벗 캐시의 형식으로 외부 데이터 원본을 사용하도록 합니다.
SourceData	원본 데이터 형식을 현재 파일의 데이터 모델로 사용하도록 합니다. 모델은 ❹-❺ 코드에 의해 생성된 ThisWorkbookDataModel 데이터 모델입니다.
Version	피벗 캐시 버전은 관계를 이용해야 하므로, 반드시 2013 버전 형식으로 생성해야 합니다.

⓫ ⓫-⓰은 '피벗보고서' 이름의 시트가 존재하면 삭제하는 역할을 하는 코드입니다. 이번 줄은 On Error 문을 사용해 에러가 발생해도 코드 실행을 중단하지 않고 다음 줄을 계속해서 실행하도록 합니다.

⓬ Excel 옵션 중 '경고 메시지 창 표시' 옵션을 해제합니다.

⓭ '피벗보고서' 이름의 워크시트를 삭제합니다.

⓮ '경고 메시지 창 표시' 옵션을 다시 설정합니다.

⓯ On Error Goto 0 명령을 통해 ⓫의 On Error 문 설정을 취소합니다.

⓰ 빈 워크시트를 하나 추가하고 이름을 '피벗보고서'로 명명합니다.

⓱ '피벗캐시' 개체변수에 할당된 PivotCache에서 새 피벗 테이블 보고서를 A3셀 위치에 생성하고, 피벗 테이블 보고서 이름을 '피벗보고서'로 명명합니다.

⓲ 피벗 테이블 보고서를 구성합니다. 데이터 모델을 이용해 생성된 피벗 테이블 보고서는 PivotField 개체가 아니라 CubeField 개체로 필드를 제어합니다. With 문을 사용해 '직원' 테이블의 '근속년수' 필드를 대상으로 작업합니다. 두 개의 표를 연결해 피벗 테이블을 만들었으므로, 개별 표의 필드를 설정할 때는 '[표 이름].[열 머리글]'과 같은 형식으로 필드 이름을 사용해야 합니다.

⓳ '직원' 테이블의 '근속년수' 필드의 삽입 위치를 행(xlRowField) 영역으로 삽입합니다.

⓴ '직원' 테이블의 '이름' 필드를 행 영역에 삽입합니다.

개발된 매크로를 실행하면 다음과 같은 피벗 테이블 보고서를 확인할 수 있습니다.

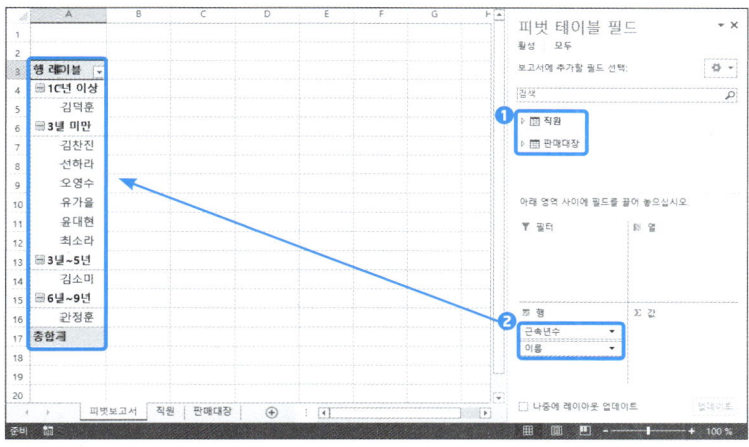

❶ 피벗 테이블 필드 작업 창에 '직원'과 '판매대장' 두 개의 표가 표시됩니다.

❷ 행 영역에 '근속년수'와 '이름' 필드가 삽입되어 있으며, 피벗 테이블 보고서의 행 머리글이 구성됩니다.

행 영역의 '근속년수' 필드의 항목을 큰 값 순으로 정렬해 표시하려면, '관계설정해피벗만들기' 매크로에 다음 코드를 추가합니다.

❶ CubeField 개체에는 항목을 정렬하는 명령이 없으므로, With 문을 사용해 PivotField 개체를 대상으로 작업합니다. CubeField 내 PivotField 개체의 필드 이름을 지정할 때는 CubeField 개체의 필드 이름([표 이름].[열 머리글])과 PivotField 개체의 필드 이름([열 머리글])을 연결해 사용해야 한다는 점에 주의합니다.

❷ 개별 항목 중에 [6년~9년] 항목을 두 번째 순서로 조정합니다. 항목 이름을 지정할 때도 CubeField 개체의 필드 이름과 항목 이름을 & 연산자로 연결해 사용합니다.

❸ 개별 항목 중에 [3년~5년] 항목을 세 번째 순서로 조정합니다.

수정된 매크로를 실행해, '행' 영역의 '근속년수' 필드가 제대로 표시되는지 확인합니다. 마지막으로 '값' 영역에 원하는 계산 값을 추가하기 위해 측정 값을 사용합니다. 관계로 연결된 표를 피벗 테이블 보고서로 만든 경우에는 측정 값을 사용해 '값' 영역에 계산 결과를 표시해야 합니다. 측정 값을 여러 개 만들어 사용하기 위해, 다음과 같이 측정 값 필드를 생성하는 매크로를 먼저 개발합니다.

```
Sub 측정값만들기(피벗 As PivotTable, 필드 As String, 집계함수 As Long, 필드명 As String)   ──❶

    Dim 측정값 As CubeField   ──❷

    Set 측정값 = 피벗.CubeFields.GetMeasure(Attributehierarchy:=필드, _
                                        Function:=집계함수, _
                                        Caption:=필드명)   ──❸

    피벗.AddDataField Field:=측정값, Caption:=필드명   ──❹

End Sub
```

❶ 값 영역에 추가할 측정 값 필드를 만드는 매크로를 Sub 프로시저로 선언합니다. 매개변수는 다음과 같은 세 개를 사용합니다.

매개변수	설명
피벗	PivotTable 개체 형식의 매개변수로, 측정 값 필드를 삽입할 피벗 테이블입니다.
필드	String 형식의 매개변수로, 측정 값 필드의 집계 대상 필드 이름입니다.
집계함수	Long 형식의 매개변수로, 측정 값 필드의 집계 함수를 가리키는 숫자 값입니다.
필드명	String 형식의 매개변수로, 생성할 측정 값 필드의 이름입니다.

❷ CubeField 형식의 '측정값' 개체변수를 선언합니다.

❸ '피벗' 매개변수에 할당된 피벗 테이블에 측정 값 필드를 추가한 다음, '측정값' 개체변수에 할당합니다. GetMeasure 메서드의 세 개 매개변수에 '측정값만들기' 매크로의 세 개 매개변수('필드', '집계함수', '필드명')를 전달해 측정 값 필드를 생성합니다.

❹ '피벗' 매개변수에 할당된 피벗 테이블의 값 영역에 '측정값' 개체변수에 할당된 필드를 추가합니다.

개발한 '측정값만들기' 매크로를 피벗 테이블 보고서를 생성하는 '관계설정해피벗만들기' 매크로에서 호출해 '측정값' 필드를 생성합니다. '관계설정해피벗만들기' 매크로에 다음 코드를 추가합니다.

```
Sub 관계설정해피벗만들기()

    …

    피벗.CubeFields("[직원].[이름]").Orientation = xlRowField

    Call 측정값만들기(피벗, "[판매대장].[고객]", xlCount, "거래횟수")           ―①
    Call 측정값만들기(피벗, "[판매대장].[고객]", xlDistinctCount, "관리 고객수") ―②
    Call 측정값만들기(피벗, "[판매대장].[판매]", xlSum, "매출")                ―③

End Sub
```

① '측정값만들기' 매크로를 호출해 '거래횟수' 필드를 값 영역에 추가합니다. '거래횟수' 필드는 '판매대장' 엑셀 표의 '고객' 필드의 항목 건수를 세어 집계합니다.

② '측정값만들기' 매크로를 호출해 '관리 고객수' 필드를 값 영역에 추가합니다. '관리 고객수' 필드는 '판매대장' 엑셀 표의 '고객' 필드의 고유한 항목 건수를 세어 집계합니다. 이렇게 하면 중복된 값을 배제하고 고유한 항목 수간 셀 수 있습니다. xlDistinctCount 내장 상수는 중복 값을 제외하고 집계할 때 사용하는데, 일반 피벗 테이블에서는 사용할 수 없고 데이터 모델을 원본으로 생성하는 피벗 테이블이나 파워 피벗에서만 사용할 수 있습니다.

③ '측정값만들기' 매크로를 호출해 '매출' 필드를 값 영역에 추가합니다. '매출' 필드는 '판매대장' 엑셀 표의 '판매' 필드의 합계 값을 집계합니다.

이제 개발된 매크로를 실행하면 앞에서 확인한 피벗 테이블 보고서를 확인할 수 있습니다.

슬라이서 창을 이용하는 피벗 테이블 보고서 만들기

313

엑셀 2010 버전부터 피벗 테이블 보고서에 슬라이서 기능이 추가되었습니다. 슬라이서는 피벗 테이블의 '필터' 영역에 추가하는 필드를 시각화하는 도구로, 슬라이서 창을 사용하는 매크로를 사용하면 더 쉽고 간편하게 피벗 테이블을 제어할 수 있습니다. 이번에는 슬라이서를 추가하고 삭제하며 슬라이서에서 필요한 항목을 선택하고, 필터를 해제하는 매크로 개발 방법에 대해 알아보겠습니다.

예제 파일 PART 04 \ (Slicers) Add 메서드.xlsm

다음은 예제를 연 화면입니다. '피벗 테이블 필드' 작업 창을 보면 피벗 테이블 보고서에서 사용 가능한 필드 목록을 확인할 수 있습니다.

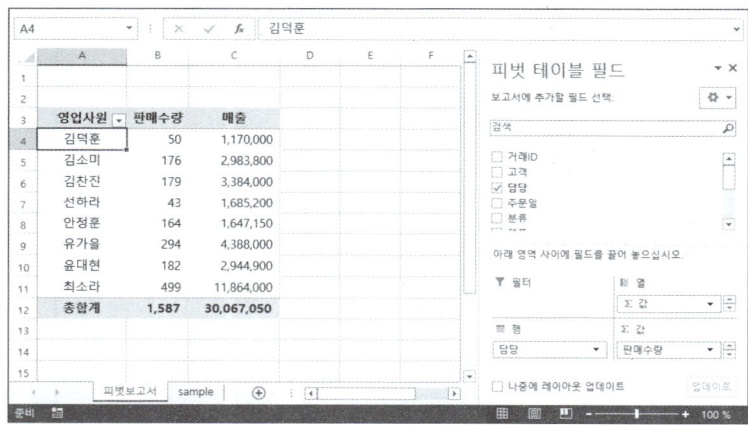

'고객' 필드를 슬라이서 창에 표시하는 매크로를 다음과 같이 개발합니다.

```
Sub 슬라이서추가()

'1단계 : 필요한 변수를 선언합니다.
    Dim 슬라이서캐시 As SlicerCache                    ①
    Dim 슬라이서 As Slicer                            ②
    Dim 피벗범위 As Range                             ③
    Dim 슬라이서창위치 As Range                        ④

'2단계 : 슬라이서를 삽입하기 전 준비 작업을 진행합니다.
    Set 피벗범위 = ActiveSheet.PivotTables(1).TableRange2        ⑤

    With 피벗범위                      ⑥

        Set 슬라이서창위치 = .Offset(, 2).Cells(1, .Columns.Count)    ⑦

    End With
```

```
'3단계 : 슬라이서 캐시를 생성합니다.
    On Error Resume Next                    ⑧

        Set 슬라이서캐시 = ThisWorkbook.SlicerCaches("분류_캐시")           ⑨

        If Err.Number <> 0 Then            ⑩

            Set 슬라이서캐시 = ThisWorkbook.SlicerCaches.Add(Source:=피벗범위.PivctTable, _
                                                         SourceField:="분류", _
                                                         Name:="분류_캐시")        ⑪

        End If

    On Error GoTo 0            ⑫

'4단계 : 슬라이서 창을 추가합니다.
    Set 슬라이서 = 슬라이서캐시.Slicers.Add(SlicerDestination:=ActiveSheet, _
                                         Name:="분류_슬라이서", _
                                         Caption:="분류 선택", _
                                         Top:=슬라이서창위치.Top, _
                                         Left:=슬라이서창위치.Left)       ⑬

    With 슬라이서            ⑭

        .NumberOfColumns = 2            ⑮
        .Width = .Width * 1.2           ⑯
        .Height = .Height * (2 / 3)     ⑰

    End With

End Sub
```

❶ SlicerCache 형식인 '슬라이서캐시' 개체변수를 선언합니다. 슬라이서 역시 피벗 테이블과 마찬가지로 Cache가 먼저 만들어지고, 생성된 Cache를 대상으로 슬라이서가 만들어집니다.

❷ Slicer 형식인 '슬라이서' 개체변수를 선언합니다.

❸ Range 형식인 '피벗범위' 개체변수를 선언합니다.

❹ Range 형식인 '슬라이서창위치' 개체변수를 선언합니다.

❺ '피벗범위' 개체변수에 현재 시트의 첫 번째 피벗 테이블의 데이터 범위를 할당합니다. 참고로 피벗 테이블 보고서의 TableRange1 속성은 필터 영역을 제외한 데이터 범위를 반환하고, TableRange2 속성은 필터 영역을 포함한 데이터 범위를 반환합니다.

❻ With 문을 사용해 '피벗범위' 개체변수에 할당된 데이터 범위를 대상으로 작업합니다.

❼ '슬라이서창위치' 개체변수에 슬라이서 창을 위치시킬 왼쪽 상단 첫 번째 셀 위치를 할당합니다. 셀 위치가 항상 피벗 테이블 보고서의 오른쪽 두 번째 열 위치에 해당하도록 Offset 속성과 Cells 속성을 사용해 셀 위치를 계산합니다. 먼저 Offset(, 2) 속성은 피벗 테이블 데이터 범위에서 오른쪽으로 두 칸 이동시키는 역할을 하는데, 원본 데이터 범위가 A3:C10이면 이동시킨 위치는 C3:E10 범위가 됩니다. 이동된 범위에서 Cells 속성을 이용해 첫 번째 행과 원본 데이터 범위의 열 개수에 해당하는 열 위치의 셀을 가리키는데, 예로 든 C3:E10 범위에서 Cells(1, 3) 위치의 셀은 E3셀이 됩니다. 이런 계산 방법을 이용하면 생성된 슬라이서 창을 항상 피벗 테이블 우측에 깔끔하게 표시할 수 있습니다.

❽ On Error 문을 사용해 ❾에서 에러가 발생해도 다음 줄로 바로 이동시킵니다.

❾ '슬라이서캐시' 개체변수에 현재 파일의 슬라이서 캐시 중 '분류_캐시' 이름을 갖는 캐시를 할당합니다.

❿ ❾에서 에러가 발생했는지 확인하기 위해 Err 개체의 Number 속성 값을 확인해 0이 아닌지 확인합니다. 만약 0이 아니라면 ❾에서 에러가 발생한 것이고, 에러가 발생했다면 '분류_캐시'라는 이름의 캐시 영역이 생성되지 않은 것으로 판단할 수 있습니다. 0 경우 ⓫의 코드를 실행해 '분류_캐시' 이름을 갖는 슬라이서 캐시 영역을 생성합니다.

⓫ 현재 피벗 테이블 보고서의 '분류' 필드를 원본으로 하는 슬라이서 캐시를 생성하고, 생성된 캐시 이름을 '분류_캐시'로 명명한 다음 '슬라이서캐시' 개체변수에 할당합니다.

⓬ On Error Goto 0 명령을 사용해 ❽에서 설정한 에러 제어 방법을 취소합니다.

⓭ '슬라이서캐시' 개체변수에 할당된 '분류_캐시'에서 슬라이서 창을 새로 생성한 다음, '슬라이서' 개체변수에 할당합니다. 슬라이서 창을 새로 추가할 때 사용하는 Slicers 컬렉션의 Add 메서드는 다음과 같은 매개변수를 사용할 수 있습니다. 이번과 같이 Top, Left 매개변수의 값을 '슬라이서창위치' 개체변수에 할당된 Range 개체의 Top, Left 속성과 일치시키면 생성될 슬라이서 창이 지정된 셀의 왼쪽 상단 모서리에 맞춰집니다.

매개변수	설명
SlicerDestination	슬라이서 창을 놓을 워크시트를 설정합니다.
Name	슬라이서 창의 이름을 설정합니다. 슬라이서 창의 이름은 이름 상자에서 확인할 수 있습니다.
Caption	슬라이서 창의 제목 표시줄에 표시될 문자열을 설정합니다.
Top	슬라이서 창의 상단 테두리 위치를 설정합니다.
Left	슬라이서 창의 왼쪽 테두리 위치를 설정합니다.
Width	슬라이서 창의 가로 너비를 설정합니다.
Height	슬라이서 창의 세로 길이를 설정합니다.

⓮ With 문을 설정해 '슬라이서' 개체변수에 할당된 슬라이서 창을 대상으로 작업합니다.

⓯ 슬라이서 창의 항목 표시 열을 2열로 설정합니다.

⓰ 슬라이서 창의 가로 너비를 기존 너비의 120%로 설정합니다. ⓯에서 열을 2열로 늘렸으므로 창의 가로 너비를 늘립니다.

⓱ 슬라이서 창의 세로 길이를 기존 길이의 66%로 설정합니다. ⓯에서 열을 2열로 늘렸으므로 창의 세로 길이는 줄입니다.

개발된 매크로를 실행하면 화면과 같이 고객 슬라이서 창이 피벗 테이블 보고서의 오른쪽 빈 열에 표시됩니다.

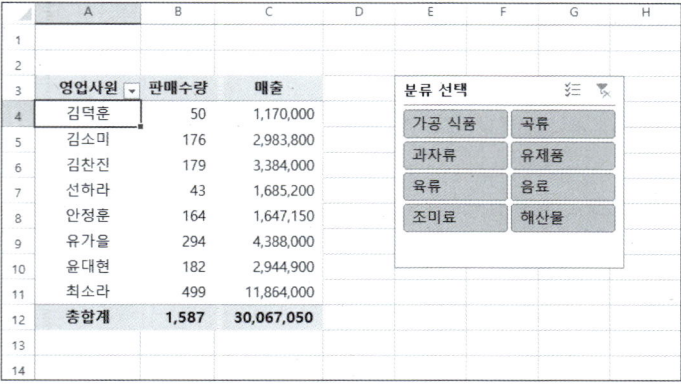

TIP 생성된 슬라이서 창의 이름은 슬라이서 창을 선택하고 이름 상자를 확인하면 알 수 있습니다.

생성된 슬라이서 창을 삭제하려면 다음과 같은 매크로를 사용합니다.

```
Sub 슬라이서삭제()

    ThisWorkbook.SlicerCaches("분류_캐시").Slicers("분류_슬라이서").Delete ———————①

End Sub
```

① 현재 파일의 슬라이서 캐시 중 '분류_캐시'에 속한 '분류_슬라이서'라는 이름의 슬라이서 창을 삭제합니다. 만약 현재 슬라이서 창을 선택하고 있다면 다음과 같은 코드를 사용해도 됩니다.

```
ThisWorkbook.ActiveSlicer.Delete
```

TIP 위 코드의 ThisWorkbook 접근자는 ActiveWorkbook 접근자로 변경할 수 있으며, 생략할 수는 없습니다.

시간 표시 막대 추가

엑셀 2013 버전부터 날짜/시간 데이터 형식에 최적화된 시간 표시 막대가 추가되었습니다. 시간 표시 막대는 슬라이서 창의 한 분류로, 슬라이서 창을 만드는 방법과 동일합니다. 동일한 예제에서 날짜 값을 갖는 '주문일' 필드를 시간 표시 막대로 표시하는 매크로를 다음과 같이 개발합니다.

```
Sub 시간표시막대추가()

'1단계 : 필요한 변수를 선언합니다.
    Dim 슬라이서캐시 As SlicerCache
    Dim 시간표시막대 As Slicer                  ———————①
    Dim 피벗범위 As Range
    Dim 시간표시막대창위치 As Range

'2단계 : 슬라이서를 삽입하기 전 준비 작업을 진행합니다.
    Set 피벗범위 = ActiveSheet.PivotTables(1).TableRange2

    With 피벗범위

        Set 시간표시막대창위치 = .Offset(, 2).Cells(1, .Columns.Count)

    End With

'3단계 : 슬라이서 캐시를 생성합니다.
    Set 슬라이서캐시 = ThisWorkbook.SlicerCaches.Add2(Source:=피벗범위.PivotTable, _
                                    SourceField:="주문일", _
                                    Name:="주문일_캐시", _
                                    SlicerCacheType:=xlTimeline) ———————②

'4단계 : 시간 표시 막대 창을 추가합니다.
```

```
            Set 시간표시막대 = 슬라이서캐시.Slicers.Add(SlicerDestination:=ActiveSheet, _
                                                    Name:="주문일_슬라이서", _
                                                    Caption:="날짜 선택", _
                                                    Top:=시간표시막대창위치.Top, _
                                                    Left:=시간표시막대창위치.Left)

            시간표시막대.TimelineViewState.Level = xlTimelineLevelQuarters                         ③

End Sub
```

① Slicer 형식의 '시간표시막대' 개체변수를 선언합니다. 엑셀 2013 버전부터 제공된 시간 표시 막대 기능은 슬라이서 창의 변종으로 VBA에서는 Slicer 개체입니다.

② SlicerCaches 컬렉션의 Add2 메서드를 사용해 슬라이서 캐시를 생성합니다. Add2 메서드는 '슬라이서추가' 매크로에서 캐시를 생성할 때 사용한 Add 메서드에 시간 표시 막대 형식을 지정할 수 있는 SlicerCacheType 매개변수가 추가된 메서드로 2013 버전부터 사용할 수 있습니다. 생성된 슬라이서 캐시는 피벗 테이블 보고서의 '주문일' 필드를 대상으로 생성하며, 캐시 이름은 '주문일_캐시'로 명명합니다.

③ 생성된 '시간표시막대' 슬라이서 창의 TimelineViewState 속성의 Level 속성 값을 분기 설정으로 변경합니다. 이 부분은 다음 시간 표시 막대의 우측 상단 영역을 설정하는 작업과 동일하며, TimelineViewState 개체는 2013 버전부터 지원되고 시간 표시 막대의 설정을 변경하는 데 사용됩니다.

참고로 Level 속성에는 다음 네 개의 내장 상수 값을 사용할 수 있습니다.

내장 상수	값	설명
xlTimelineLevelYears	0	년
xlTimelineLevelQuarters	1	분기
xlTimelineLevelMonths	2	월
xlTimelineLevelDays	3	일

TIP '슬라이서추가' 매크로와 다른 부분만 설명합니다.

개발된 매크로를 실행하면 다음과 같은 시간 표시 막대가 표시됩니다.

TIP 시간 표시 막대에서 원하는 월을 선택해 피벗 테이블 보고서가 그에 맞는 값만 표시하는지 확인합니다. 참고로 예제에는 1, 2월 데이터만 있습니다.

슬라이서 창 필터

슬라이서 창을 추가하고 바로 특정 항목을 선택하도록 하려면 다음과 같은 매크로를 사용하면 됩니다.

```
Sub 슬라이서창_필터()

    '1단계 : 필요한 변수를 선언합니다.
        Dim 슬라이서캐시 As SlicerCache          ❶
        Dim 항목 As SlicerItem                  ❷

    '2단계 : 슬라이서 창을 생성합니다.
        Call 슬라이서추가                        ❸

        Set 슬라이서캐시 = ThisWorkbook.SlicerCaches("분류_캐시")     ❹

    '3단계 : 슬라이서 창 항목 중 원하는 항목만 선택합니다.
        For Each 항목 In 슬라이서캐시.SlicerItems          ❺

            Select Case 항목.Name               ❻

                Case "가공 식품", "음료", "조미료"         ❼

                    항목.Selected = True

                Case Else                       ❽

                    항목.Selected = False

            End Select

        Next

End Sub
```

❶ SlicerCache 형식의 '슬라이서캐시' 개체변수를 선언합니다.

❷ SlicerItem 형식의 '항목' 개체변수를 선언합니다.

❸ '슬라이서추가' 매크로를 호출해 '분류' 필드를 대상으로 하는 슬라이서 창을 생성합니다.

❹ 생성된 '분류_캐시' 이름을 갖는 슬라이서 캐시를 '슬라이서캐시' 개체변수에 할당합니다.

❺ For Each … Next 순환문을 사용해 '항목' 개체변수에 '슬라이서캐시' 개체변수에 할당된 슬라이서 캐시 내 개별 항목을 하나씩 할당합니다. 이런 구조는 다음 슬라이서의 개체 모델을 이해하면 어렵지 않게 이해할 수 있습니다.

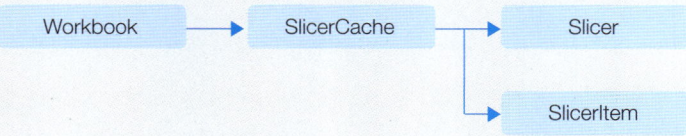

❻ '항목' 개체변수에 할당된 SlicerItem 개체의 이름을 Select Case 문으로 구분해 처리합니다.

❼ 항목 이름이 '가공 식품', '음료', '조미료'인 경우에는 '항목' 개체변수에 할당된 SlicerItem 개체를 선택합니다.

❽ ❼번 이외에는 선택하지 않습니다.

개발된 매크로를 실행하면 슬라이서 창이 추가되면서 '가공 식품', '음료', '조미료' 항목만 선택됩니다.

	A	B	C	D	E	F	G	H
1								
2								
3	영업사원	판매수량	매출		분류 선택			
4	김덕훈	20	240,000		가공 식품	곡류		
5	김소미	140	2,409,000		과자류	유제품		
6	김찬진	84	2,376,000		육류	음료		
7	선하라	27	523,200		조미료	해산물		
8	안정훈	36	219,000					
9	유가을	84	628,000					
10	윤대현	74	1,048,000					
11	최소라	127	2,347,750					
12	총합계	592	9,790,950					
13								
14								

슬라이서 창의 필터 조건을 해제해 모든 항목이 선택되도록 하려면 다음과 같은 매크로를 사용합니다.

```
Sub 슬라이서창_필터해제()

    ThisWorkbook.SlicerCaches("분류_캐시").ClearManualFilter        ❶

End Sub
```

❶ 현재 파일의 슬라이서 캐시 중 '분류_캐시' 이름을 갖는 슬라이서의 필터 조건을 해제합니다.

피벗 테이블 항목 정렬하기 314

피벗 테이블 보고서의 항목은 기본적으로 원본 표의 항목을 순서대로 표시하는 방법을 사용하므로, 피벗 테이블 보고서에 표시된 결과가 마음에 들지 않을 수 있습니다. 이런 경우에는 오름차순, 내림차순 정렬 방식이나 사용자 지정 목록을 사용하는 정렬을 이용할 수 있습니다. 이런 정렬 방식들이 모두 적합하지 않다면 원하는 순서를 직접 입력해 놓고 입력된 값 순서로 피벗 테이블 보고서를 정렬하도록 할 수도 있습니다. 이번에는 피벗 테이블 보고서 내의 항목을 원하는 방식으로 정렬하는 방법에 대해 알아보겠습니다.

예제 파일 PART 04 \ (PivotField) AutoSort 메서드.xlsm

오름차순/내림차순 정렬하기

가장 정통적인 정렬 방식은 오름차순, 내림차순 방식입니다. 이런 방식은 피벗에서도 당연히 지원되며, 필드별로 정렬할 수 있습니다. 다만 값 영역에 집계된 필드는 정렬할 수 없으며, 모든 정렬 작업은 행 영역이나 열 영역에 표시된 머리글을 기준으로 할 수 있습니다.

예제를 열면 다음과 같은 피벗 테이블 보고서를 확인할 수 있습니다.

	A	B	C	D	E	F	G	H	I	J
1										
2										
3	영업사원	판매수량	매출		오름차순 정렬			부서	이름	
4	김덕훈	50	1,170,000						김덕훈	
5	유가을	294	4,388,000		내림차순 정렬			영업1팀	김찬진	
6	김찬진	179	3,384,000						유가을	
7	최소라	499	11,864,000		매출순 정렬				김소미	
8	김소미	176	2,983,800						최소라	
9	안정훈	164	1,647,150		사용자 지정 정렬			영업2팀	안정훈	
10	윤대현	182	2,944,900						윤대현	
11	선하라	43	1,685,200						선하라	
12	총합계	1,587	30,067,050							
13										

행 영역에 추가된 '담당' 필드를 오름차순으로 정렬하려면 다음과 같은 매크로를 사용합니다.

```
Sub 오름차순정렬()

    With ActiveSheet.PivotTables(1).PivotFields("담당")        ❶

        .AutoSort Order:=xlAscending, Field:="담당"            ❷

    End With

End Sub
```

❶ With 문을 사용해 현재 시트의 첫 번째 피벗 테이블의 '담당' 필드를 대상으로 작업합니다.

❷ AutoSort 메서드를 이용해 '담당' 필드를 기준으로 오름차순으로 정렬합니다. Field 매개변수는 정렬의 기준이 되는 필드(열)를 지정합니다. 이번에는 담당 필드의 머리글 항목을 기준으로 정렬하도록 합니다.

TIP 이 매크로는 예제의 〈오름차순 정렬〉 버튼에 연결되어 있습니다.

다음은 내림차순으로 정렬하는 매크로입니다.

```
Sub 내림차순정렬()

    With ActiveSheet.PivotTables(1).PivotFields("담당")

        .AutoSort Order:=xlDescending, Field:="담당"      ❶

    End With

End Sub
```

❶ AutoSort 메서드를 이용해 '담당' 필드를 내림차순으로 정렬합니다.

TIP 이 매크로는 예제의 〈내림차순 정렬〉 버튼에 연결되어 있습니다.

'담당' 필드를 정렬할 때, 값 영역의 집계 값을 기준으로 정렬하려면 다음과 같은 매크로를 사용합니다.

```
Sub 매출순정렬()

    With ActiveSheet.PivotTables(1).PivotFields("담당")

        .AutoSort Order:=xlDescending, Field:="매출"      ❶

    End With

End Sub
```

❶ AutoSort 메서드를 이용해 '담당' 필드를 '매출' 필드의 값을 기준으로 내림차순으로 정렬합니다. 피벗 테이블은 값 영역의 필드를 정렬할 수 없으므로, 행 영역의 필드나 열 영역의 필드를 정렬해야 합니다.

개발된 매크로를 실행하기 위해 〈매출순 정렬〉 버튼을 클릭하면, 다음과 같은 정렬 결과를 확인할 수 있습니다.

원하는 순서로 정렬하기

앞에서도 몇 차례 코드가 소개되었지만, 필드 항목을 오름차순, 내림차순 외에 원하는 순서로 정렬하려면 PivctItem 개체의 Position 속성을 이용합니다. 하나씩 개별 항목별로 Position를 지정하는 방법은 코드를 너무 길게 만드는 단점이 있으므로, 별도 범위에 정렬할 항목을 순서대로 입력해 놓고 입력된 순서로 정렬하는 방법이 편리합니다. 다음과 같은 매크로를 사용합니다.

```
Sub 사용자지정정렬()

'1단계 : 필요한 변수를 선언합니다.
    Dim 정렬순서범위 As Range                ①
    Dim 피벗 As PivotTable                  ②
    Dim 필드 As PivotField                  ③
    Dim 항목 As PivotItem                   ④

'2단계 : 변수의 초기 값을 설정합니다.
    Set 정렬순서범위 = Range("I4", Cells(Rows.Count, "I").End(xlUp))   ⑤
    Set 피벗 = ActiveSheet.PivotTables(1)                              ⑥
    Set 필드 = 피벗.PivotFields("담당")                                 ⑦

'3단계 : 정렬할 필드의 정렬 순서를 변경합니다.
    On Error Resume Next                   ⑧

    For Each 항목 In 필드.PivotItems        ⑨

        항목.Position = WorksheetFunction.Match(항목.Name, 정렬순서범위, 0)   ⑩

        If Err.Number <> 0 Then            ⑪

            항목.Position = 필드.PivotItems.Count    ⑫
            Err.Clear                      ⑬
```

```
      End If
   Next
End Sub
```

❶ Range 형식의 '정렬순서범위' 개체변수를 선언합니다.

❷ PivotTable 형식의 '피벗' 개체변수를 선언합니다.

❸ PivotField 형식의 '필드' 개체변수를 선언합니다.

❹ PivotItem 형식의 '항목' 개체변수를 선언합니다.

❺ '정렬순서범위' 개체변수에 I4셀부터 I열의 마지막 데이터 입력 위치까지의 범위를 할당합니다.

❻ '피벗' 개체변수에 현재 시트의 첫 번째 피벗 테이블 보고서를 할당합니다.

❼ '필드' 개체변수에 피벗 테이블 보고서의 '담당' 필드를 할당합니다.

❽ On Error문을 사용하여 아래 코드에서 에러가 발생할 경우 코드 실행을 중단하지 않고 다음 줄을 계속해서 실행하도록 합니다. 필드 내 항목이 지정된 범위에 없는 경우를 처리하기 위한 부분입니다.

❾ For Each … Next 순환문을 사용해 '피벗' 개체변수에 할당된 피벗 테이블 보고서의 '담당' 필드의 전체 항목을 하나씩 '항목' 개체변수에 할당합니다.

❿ Match 함수를 사용해 '항목' 개체변수의 순서를 '정렬순서범위'에서 찾아 정렬합니다.

⓫ 에러가 발생했는지 Err 개체의 Number 속성을 확인해 판단합니다. 0이 아니면 에러가 발생한 것인데, 이 경우는 ❿의 찾는 동작에 문제가 생겼다고 생각하면 됩니다.

⓬ 에러가 발생했다면 '항목' 개체변수의 정렬 순서를 필드 내 항목의 마지막 위치로 변경합니다.

⓭ 발생한 에러를 초기화하기 위해 Err 개체의 Clear 메서드를 이용합니다. 발생한 에러를 초기화하지 않으면 계속해서 에러가 발생했다고 인식하므로, 정상적인 동작이 이뤄지지 않습니다.

개발된 매크로를 실행하면 다음과 같은 결과를 확인할 수 있습니다.

	A	B	C	D	E	F	G	H	I	J
1										
2										
3	영업사원	판매수량	매출		오름차순 정렬			부서	이름	
4	김덕훈	50	1,170,000					영업1팀	김덕훈	
5	김찬진	179	3,384,000		내림차순 정렬				김찬진	
6	유가을	294	4,388,000						유가을	
7	김소미	176	2,983,800		매출순 정렬				김소미	
8	최소라	499	11,864,000					영업2팀	최소라	
9	안정훈	164	1,647,150		사용자 지정 정렬				안정훈	
10	윤대현	182	2,944,900						윤대현	
11	선하라	43	1,685,200						선하라	
12	총합계	1,587	30,067,050							
13										
14										

값 영역 필드의 요약 기준이 개수인 것을 합계로 변경하기　315

피벗 테이블 보고서를 만들다 보면, 값 영역에 필드를 삽입할 때 어떤 경우에는 합계로 집계가 되지만 어떤 경우에는 개수로 집계가 됩니다. 이유는 간단합니다. 원본 표의 필드 내 항목 값이 모두 숫자가 아닌 경우에는 값 영역에 필드를 삽입할 때 '개수'로 집계가 이뤄지는 것입니다. 이 경우, '개수'를 다시 '합계'로 집계 방법을 변경해야 하는 경우가 많은데, 이 작업은 은근히 불편하기 때문에 매크로를 개발해 처리하는 것이 편리합니다.

예제 파일 없음

값 영역에 추가된 필드의 요약 기준이 '개수'인 경우 '합계'로 일괄 변경하는 동작을 수행하는 매크로는 다음과 같습니다.

파일 : 개수를 합계로 (코드 I).txt

```vb
Sub 개수를합계로()

'1단계 : 필요한 변수를 선언합니다.
    Dim 시트 As Worksheet                  ❶
    Dim 피벗 As PivotTable                 ❷
    Dim 필드 As PivotField                 ❸

'2단계 : 파일 내 모든 피벗 테이블의 값 영역 필드의 '개수' 집계 방법을 '합계'로 변경합니다.
    For Each 시트 In ActiveWorkbook.Worksheets              ❹

        For Each 피벗 In 시트.PivotTables                   ❺

            피벗.ManualUpdate = True                        ❻

            For Each 필드 In 피벗.DataFields                ❼

                If 필드.Function = xlCount Then             ❽

                    필드.Function = xlSum

                End If

            Next

            피벗.ManualUpdate = False                       ❾

        Next

    Next

End Sub
```

❶ Worksheet 형식의 '시트' 개체변수를 선언합니다.

❷ PivotTable 형식의 '피벗' 개체변수를 선언합니다.

❸ PivotField 형식의 '필드' 개체변수를 선언합니다.

❹ For Each … Next 순환문을 사용해 현재 파일 내 모든 시트를 순환하면서 하나씩 '시트' 개체변수에 할당합니다.

❺ '피벗' 개체변수에 '시트' 개체변수에 할당된 워크시트의 피벗 테이블 보고서를 하나씩 할당합니다.

❻ '피벗' 개체변수에 할당된 피벗 테이블 보고서의 수동 업데이트 옵션을 켭니다.

❼ '피벗' 개체변수에 할당된 피벗 테이블 보고서의 값 영역에 추가된 필드를 하나씩 '필드' 개체변수에 할당합니다.

❽ '필드' 개체변수에 할당된 필드의 집계 방법이 개수(xlCount)인지 판단해, 개수이면 합계(xlSum)로 변경합니다.

❾ 피벗 테이블 보고서의 수동 업데이트 옵션을 해제합니다. 그러면 자동으로 피벗 테이블 보고서가 자동으로 업데이트됩니다.

이렇게 특정 파일을 대상으로 하지 않는 매크로는 추가 기능 파일 등에 넣어 사용하는 것이 편리합니다. 추가 기능 파일을 만드는 방법은 217쪽을 참고합니다.

특정 파일에서만 이런 동작이 이뤄지길 원한다면, 다음과 같은 이벤트를 '현재_통합_문서' 개체의 코드 창에 넣어 사용하면 됩니다.

파일 : 개수를 합계로 (코드 II).txt

```
Private Sub Workbook_SheetPivotTableUpdate(ByVal Sh As Object, ByVal Target As PivotTable)   ❶

'1단계 : 필요한 변수를 선언합니다.
    Dim 필드 As PivotField       ❷
    Dim 총합계 As Double          ❸

'2단계 : 피벗 테이블 보고서의 새로 추가된 필드의 집계 방식이 '개수'인 경우 '합계'로 변경합니다.
    For Each 필드 In Target.DataFields       ❹

        If 필드.Function = xlCount Then       ❺

            Application.EnableEvents = False       ❻

            필드.Function = xlSum       ❼

            With Target.DataBodyRange       ❽

                총합계 = .Cells(.Count).Value       ❾

                If 총합계 = 0 Then 필드.Function = xlCount       ❿

            End With

            Application.EnableEvents = True       ⓫

        End If

    Next

End Sub
```

❶ SheetPivotTableUpdate 이벤트는 현재 파일의 피벗 테이블 보고서가 업데이트될 때 자동으로 실행됩니다. 이 이벤트의 Sh 매개변수에는 해당 이벤트가 발생한 시트 개체가 저장되어 있고, Target 매개변수에는 업데이트된 피벗 테이블 개체가 저장됩니다.

❷ PivotField 형식의 '필드' 개체변수를 선언합니다.

❸ Double 형식의 '총합계' 변수를 선언합니다.

❹ For Each … Next 순환문을 사용해, 업데이트된 피벗 테이블의 값 영역 필드를 하나씩 '필드' 개체변수에 할당합니다.

❺ '필드' 개체변수에 할당된 피벗 필드의 요약 방법이 개수인지 판단해, 맞으면 ❻-⓫의 코드를 실행합니다.

❻ 엑셀의 이벤트 감지를 해제합니다. 이 작업은 ❼에서 요약 방법을 변경할 때 이벤트가 다시 동작하지 않도록 하기 위해 실행합니다.

❼ '필드' 개체변수에 할당된 피벗 필드의 요약 방법을 '합계'로 변경합니다.

❽ With 문을 사용해 현재 피벗 테이블 보고서의 값 영역 범위를 대상으로 작업을 진행합니다.

❾ '총합계' 변수에 값 영역 범위의 마지막 셀 값을 저장합니다. 이렇게 하면 값 영역에 새로 추가한 필드의 합계 값을 '총합계' 변수에 저장할 수 있습니다.

❿ 총합계' 변수에 저장된 값이 0이면, '개수'를 '합계'로 돌렸을 때 집계된 결과가 없다는 의미이므로 '필드' 개체변수에 할당된 피벗 필드의 요약 방법을 개수로 다시 복원합니다.

⓫ 엑셀 프로그램에서 다시 이벤트 감지를 하도록 설정합니다.

원본 표에서 삭제된 항목 중 피벗 테이블에 계속해서 표시되는 항목 제거하기 316

피벗 테이블 보고서를 사용하다 보면, 원본 표에서 분명히 삭제했는데도 피벗 테이블에 여전히 나타나는 경우가 있습니다. 이런 문제는 피벗 테이블이 원본 표에서 바로 생성되지 않고 피벗 캐시를 통해 생성된다는 점을 이해한다면 원인을 파악할 수 있습니다. 지워진 항목이 계속해서 피벗 테이블에 나타나는 이유는 원본 표에서는 지워졌지만 피벗 캐시 영역에는 여전히 존재하기 때문입니다. 그러므로 이런 문제를 해결하려면 존재하지 않는 항목을 확인하고 삭제하는 작업을 진행해야 합니다. 이번에는 원본 표에서 삭제한 항목을 피벗 캐시 영역에서 제거하는 매크로 작성 방법에 대해 알아보겠습니다.

예제 파일 없음

피벗 항목을 확인하고 삭제하기

다음 매크로는 현재 파일의 전체 피벗 테이블 보고서에서 더 이상 사용하지 않는 항목을 찾아 삭제합니다.

파일 : 삭제된 항목 제거 (코드 I).txt

```
Sub 삭제된항목제거1()

    '1단계 : 필요한 변수를 선언합니다.
    Dim 피벗 As PivotTable                    ❶
    Dim 필드 As PivotField                    ❷
    Dim 항목 As PivotItem                     ❸
    Dim 메시지 As String                       ❹
    Dim i As Integer                         ❺

    '2단계 : 매크로 실행에 필요한 준비 작업을 진행합니다.
    Set 피벗 = ActiveSheet.PivotTables(1)      ❻

    On Error Resume Next                     ❼

    '3단계 : 피벗 테이블 내의 항목 중 존재하지 않는 항목을 찾아 삭제합니다.
    For Each 필드 In 피벗.PivotFields          ❽

        For Each 항목 In 필드.PivotItems       ❾

            If 항목.DataRange Is Nothing Then  ❿

                항목.Delete                   ⓫
                i = i + 1                    ⓬

            End If
```

```
        Next
    Next
    피벗.RefreshTable                    ―⓭

'4단계 : 처리 결과를 메시지 창에 표시합니다.
    메시지 = "존재하지 않는 항목을 " & i & " 개 찾아 삭제했습니다."    ―⓮

    MsgBox 메시지, vbInformation, "유령 항목 삭제"    ―⓯

Enc Sub
```

❶ PivotTable 형식의 '피벗' 개체변수를 선언합니다.

❷ PivotField 형식의 '필드' 개체변수를 선언합니다.

❸ PivotItem 형식의 '항목' 개체변수를 선언합니다.

❹ String 형식의 '메시지' 변수를 선언합니다.

❺ Integer 형식의 i 변수를 선언합니다.

❻ '피벗' 개체변수에 현재 시트의 첫 번째 피벗 테이블 보고서를 할당합니다.

❼ On Error Resume Next 명령을 사용해 ❽-⓯를 실행할 때 에러가 발생해도 매크로를 중단하지 않고 다음 줄을 계속해서 실행하도록 합니다.

❽ For Each … Next 순환문을 중첩해 '피벗' 개체변수에 할당된 피벗 테이블의 필드를 하나씩 '필드' 개체변수에 할당합니다.

❾ For Each … Next 순환문을 중첩해 '필드' 개체변수에 할당된 필드 내 항목을 하나씩 '항목' 개체변수에 할당합니다.

❿ '항목' 개체변수에 할당된 항목의 원본 데이터 범위가 존재하는지 판단합니다. 원본 표에 존재하는 항목이라면 DataRange 속성에 의해 해당 범위가 반환되지만, 삭제됐다면 아무것도 반환되지 않으므로 DataRange 속성에서 반환하는 값이 Nothing이 됩니다. 그러므로 DataRange 속성에서 Nothing을 반환하면 해당 항목이 원본 표에 존재하지 않는다고 판단할 수 있으며 이 경우 ⓫-⓬의 코드를 실행합니다.

⓫ '항목' 개체변수에 할당된 항목을 삭제합니다.

⓬ i 변수의 값을 1씩 증가시킵니다. 증가된 i 변수의 값은 삭제된 항목의 수와 같습니다.

⓭ 피벗 테이블 내의 모든 필드 항목을 점검했다면, 피벗 테이블 보고서를 새로 고칩니다. 이번에 사용된 RefreshTable 메서드는 원본 테이블의 데이터 범위를 새로 지정하는 방법과 동일하게 동작합니다.

⓮ '메시지' 변수에 메시지 창에 표시될 메시지 내용을 저장합니다.

⓯ MsgBox 함수를 사용해 '메시지' 변수에 저장된 내용을 메시지 창으로 표시합니다.

TIP 이 매크로를 필요한 파일의 모듈(Module) 개체의 코드 창에 넣어 사용합니다.

피벗 캐시 영역을 조정해 삭제하기

개발된 매크로는 이해하기 쉽지만 코드가 너무 길고 특정 피벗 테이블만 대상으로 한다는 단점이 있습니다. 피벗 테이블은 모두 피벗 캐시로부터 만들어지며, 하나의 피벗 캐시로 여러 개의 피벗 테이블 보고서를 만들게 되므로, 피벗 캐시 영역을 수정하는 방식으로 매크로를 수정하면 더 효율적인 처리를 할 수 있습니다. 아래 매크로는 삭제된 항목이 몇 개인지는 알 수 없지만, 보다 짧은 코드로 동일한 결과를 얻을 수 있습니다.

파일 : 삭제된 항목 제거 (코드 II).txt

```
Sub 삭제된항목제거2()
    Dim 피벗캐시 As PivotCache                              ❶
    On Error Resume Next                                   ❷
    For Each 캐시 In ThisWorkbook.PivotCaches               ❸
        피벗캐시.MissingItemsLimit = xlMissingItemsNone     ❹
        피벗캐시.Refresh                                    ❺
    Next
End Sub
```

❶ PivotCache 형식의 '피벗캐시' 개체변수를 선언합니다.

❷ On Error Resume Next 명령을 사용해 ❸-❺의 코드에서 에러가 발생해도 계속해서 매크로가 실행되도록 설정합니다.

❸ For Each … Next 문을 사용해 현재 파일의 PivotCache 개체를 순환하면서 하나씩 '피벗캐시' 개체변수에 할당합니다.

❹ '피벗캐시' 개체변수에 할당된 PivotCache 개체의 MissingItemsLimit 속성 값을 xlMissingItemsNone으로 변경합니다. MissingItemsLimit 속성은 데이터가 삭제된 경우에도 보관할 필드의 고유 항목 수를 설정하는 옵션으로 다음과 같은 내장 상수를 사용할 수 있습니다.

내장 상수	값	설명
xlMissingItemsDefault	-1	기본 값을 유지합니다.
xlMissingItemsMax	32500	최대 허용치인 32,500개까지 항목을 보관합니다.
xlMissingItemsNone	0	아무것도 보관하지 않습니다.

❺ '피벗캐시' 개체변수에 할당된 PivotCache 개체를 새로 고칩니다. PivotCache 개체를 새로 고치면, PivotCache 개체에 연결된 피벗 테이블 보고서가 새로 고쳐집니다.

TIP 이 매크로를 필요한 파일의 모듈(Module) 개체의 코드 창에 넣어 사용합니다.

피벗 테이블을 자동으로 새로 고치기 317

피벗 테이블 보고서는 원본 표의 값이 수정됐다고 해도 바로 고쳐지지 않습니다. 그렇기 때문에 수정된 사항을 보고서에 반영하려면 피벗 테이블 보고서에서 [새로 고침] 명령을 사용해야 합니다. 엑셀 창에서는 이런 작업이 하나의 명령으로 처리되지만, 매크로에서는 이 명령을 좀 더 세분화해서 처리합니다. 이번에는 생성한 피벗 테이블 보고서를 새로 고치는 다양한 방법에 대해 알아보겠습니다.

예제 파일 PART 04 \ (PivotCache) Refresh 메서드.xlsm

피벗 테이블 새로 고침하기

예제를 열고 '직원' 시트를 선택하면 화면과 같은 표와 피벗 테이블을 확인할 수 있습니다.

원본 표와 피벗 테이블 보고서가 하나의 워크시트에 존재할 때, 원본 표의 수정 사항이 바로 피벗 테이블 보고서에 반영되도록 하려면 Worksheet 개체의 Change 이벤트에 다음과 같은 코드를 입력해 처리합니다.

```
Private Sub Worksheet_Change(ByVal Target As Range)        ―❶

    If Not Intersect(Target, Range("A1").CurrentRegion) Is Nothing Then   ―❷

        ActiveSheet.PivotTables(1).PivotCache.Refresh       ―❸

    End If

End Sub
```

❶ 워크시트의 값을 고칠 때 자동으로 실행하는 Worksheet_Change 이벤트 프로시저를 선언합니다.

❷ If Not Intersect(…) Is Nothing Then 코드를 사용해 값을 수정한 범위(Target 매개변수)가 A1셀에서 연속된 범위의 표 내부인지를 판단합니다.

❸ A1셀에서 연속된 데이터 범위 내 셀이 수정된 것이 맞다면, 현재 시트의 첫 번째 피벗 테이블의 캐시를 새로 고쳐 읽어 들입니다.

TIP 이 코드는 '직원' 시트 탭에서 마우스 오른쪽 버튼을 클릭하고 [코드 보기] 메뉴를 선택한 다음 코드 창에 넣어 사용합니다.

이벤트 개발 후, 정상 동작하는지 확인하기 위해 C6셀의 직위를 '사원'에서 '주임'으로 변경하면 오른쪽 피벗 테이블에 '주임' 직위가 바로 표시됩니다.

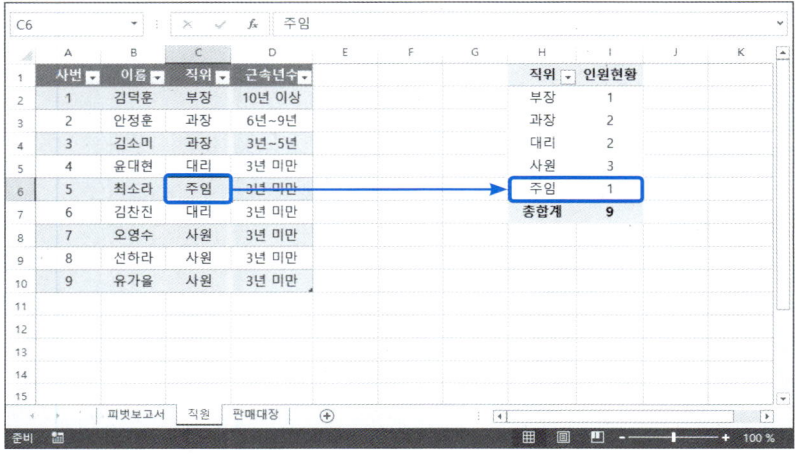

관계로 연결된 피벗 테이블 새로 고침하기

이번에는 '판매대장' 시트를 확인하면 다음과 같은 판매내역을 확인할 수 있습니다.

'피벗보고서' 시트를 선택하면, '직원' 시트의 표와 '판매대장' 시트의 표를 관계로 연결해 만든 피벗 테이블 보고서를 확인할 수 있습니다.

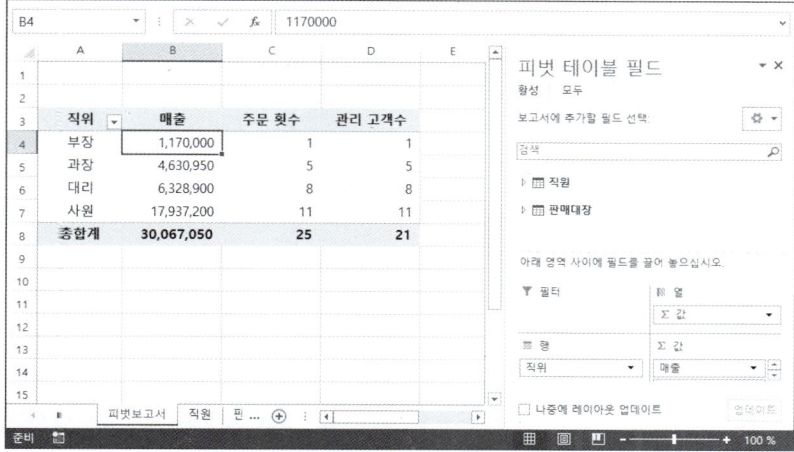

앞에서와 같은 방법으로 피벗 테이블 보고서를 갱신하는 작업을 이벤트로 처리합니다. '피벗보고서' 시트 탭을 마우스 오른쪽 버튼으로 클릭한 다음 [코드 보기] 메뉴를 선택하고 다음 이벤트를 코드 창에 입력합니다.

❶ 워크시트가 화면에 표시될 때 자동으로 실행되는 Worksheet_Activate 이벤트 프로시저를 선언합니다.
❷ 현재 시트의 첫 번째 피벗 테이블을 새로 고쳐 표시합니다.

'직원' 시트를 화면에 표시했다가 다시 '피벗보고서' 시트로 이동해 봅니다. 앞에서 수정한 '주임'이 피벗 테이블 보고서에는 나타나지 않을 겁니다. 관계로 연결된 여러 표를 원본으로 생성한 피벗 테이블 보고서에서는 PivotCache 개체를 새로 고치는 방법은 제대로 동작하지 않습니다.

Worksheet_Activate 이벤트를 다음과 같이 수정합니다.

❶ 워크시트가 화면에 표시될 때 자동으로 실행되는 Worksheet_Activate 이벤트 프로시저를 선언합니다.

이제, '직원' 시트로 이동했다가 다시 '피벗보고서' 시트로 돌아오면 '주임' 직위를 확인할 수 있습니다.

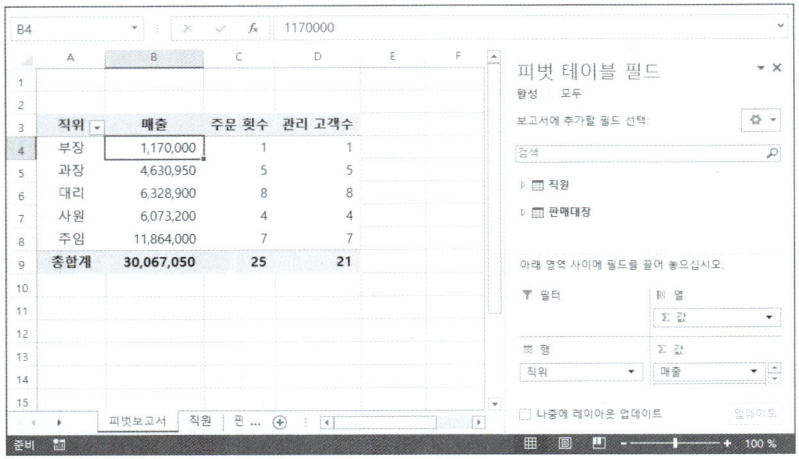

전체 파일 내 피벗 테이블 보고서 갱신하기

피벗 테이블 보고서가 많은 파일을 사용하는 경우에는 원본 표의 데이터를 수정하면 파일 내 모든 피벗 테이블 보고서가 한 번에 갱신되도록 하는 것이 좋습니다. 이런 경우라면 다음과 같은 매크로를 개발해 사용하면 됩니다.

❶ 현재 파일의 외부 데이터 범위 참조와 피벗 테이블 보고서를 새로 고칩니다.

앞서 추가한 이벤트를 모두 제거한 다음, '직원' 표의 직위를 수정하고 위에서 개발한 '새로고침' 매크로를 실행해 봅니다. 일반 피벗 테이블 보고서와 관계를 이용해 생성된 피벗 테이블 보고서 양쪽 모두 새로 고쳐지는 것을 확인할 수 있습니다.

피벗 테이블 보고서 내의 다양한 범위 참조하기 318

PivotTable 개체에는 피벗 테이블 보고서 내의 다양한 범위를 반환하는 속성이 여럿 있습니다. 피벗 테이블 보고서로 생성된 보고서에서 특정 범위만 참조하고 싶다면 PivotTable 개체에서 제공하는 이런 속성이 정확하게 피벗 테이블 보고서 내의 어느 범위를 반환하는지 제대로 이해해야 합니다. 이번에는 TableRange1, TableRange2, PageRange, DataLabelRange, DataBodyRange, LabelRange, DataRange와 같은 다양한 속성과 PivotSelect 메서드가 반환하는 범위에 대해 알아보겠습니다.

예제 파일 PART 04 \ (PivotTable) PivotSelect 메서드.xlsm

피벗 테이블 보고서 전체 범위 선택하기

예제를 열면 다음과 같은 피벗 테이블 보고서를 확인할 수 있습니다.

생성된 피벗 테이블 보고서 범위를 선택하려면 다음과 같은 코드를 사용합니다.

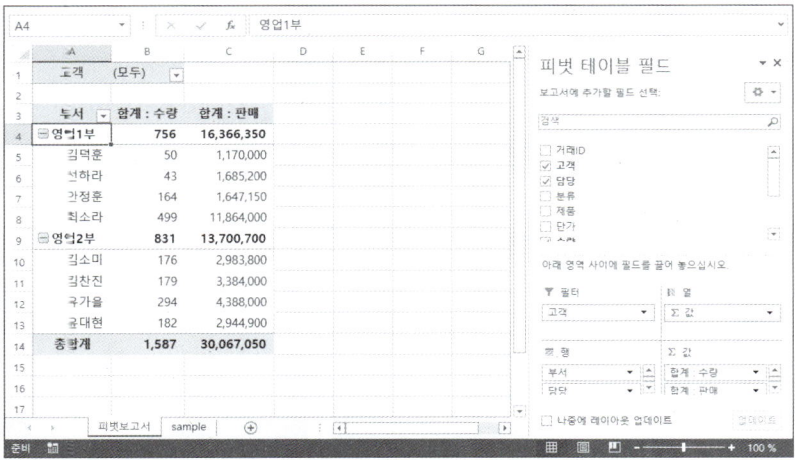

```
ActiveSheet.PivotTables(1).TableRange2.Select
```

현재 시트의 첫 번째 피벗 테이블 보고서의 TableRange2 속성을 사용해 보고서 전체 범위를 선택합니다.

TIP 이 코드는 직접 실행 창에 입력해 확인합니다.

필터 영역을 제외한 범위를 선택하려면 TableRange2 속성 대신 TableRange1 속성을 사용합니다.

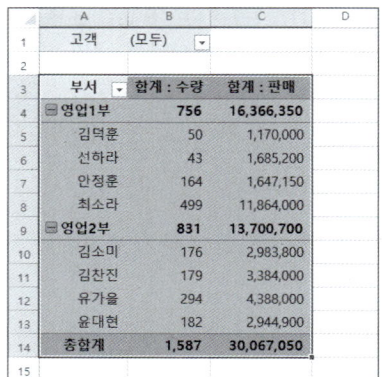

```
ActiveSheet.PivotTables(1).TableRange1.Select
```

TableRange1 속성을 이용해 피벗 테이블 보고서에서 필터 영역을 제외한 전체 표 범위를 선택합니다.

만약 필터 영역에 아무 필드를 추가하지 않았다면 TableRange1과 TableRange2 속성은 정확하게 동일한 범위를 반환합니다.

피벗 테이블 보고서의 영역별 범위 선택하기

생성된 피벗 테이블 보고서의 영역별 범위를 선택할 수 있습니다. 먼저 필터 영역만 선택하려면 다음과 같은 코드를 사용합니다.

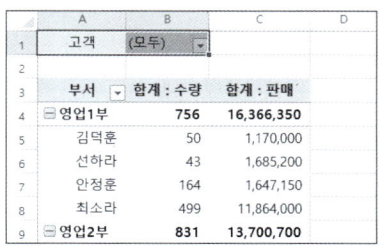

```
ActiveSheet.PivotTables(1).PageRange.Select
```

PageRange 속성을 사용해 필터 영역 내 범위를 모두 선택합니다.

행 영역이나, 열 영역을 선택하려면 RowRange 속성이나 ColumnRange 속성을 사용합니다.

```
ActiveSheet.PivotTables(1).RowRange.Select         ①

ActiveSheet.PivotTables(1).ColumnRange.Select      ②
```

① 현재 시트의 첫 번째 피벗 테이블 보고서의 행 영역 범위를 선택합니다.

② 현재 시트의 첫 번째 피벗 테이블 보고서의 열 영역 범위를 선택합니다. 열 영역에는 현재 필드가 추가되어 있지 않지만, 값 영역에 집계된 두 개 필드의 머리글이 표시되므로 해당 범위가 선택됩니다.

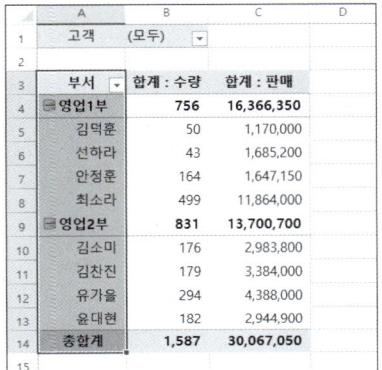

값 영역은 집계 값이 표시되는 범위와 머리글 범위를 따로 선택할 수 있습니다.

```
ActiveSheet.PivotTables(1).DataBodyRange.Select    ①

ActiveSheet.PivotTables(1).DataLabelRange.Select   ②
```

① 현재 시트의 첫 번째 피벗 테이블 보고서의 값 영역의 집계 값 범위를 선택합니다.

② 현재 시트의 첫 번째 피벗 테이블 보고서의 값 영역의 머리글 범위를 선택합니다. 이번 예제는 열 영역에 별도의 필드가 삽입되어 있지 않아 이번에 사용한 DataLabelRange 속성과 ColumnRange 속성이 동일한 범위를 반환하지만, 열 영역에 별도의 필드가 삽입되면 두 속성에서 반환되는 범위가 서로 달라집니다.

피벗 테이블 보고서의 필드 내 범위 선택하기

피벗 테이블 보고서 내의 특정 범위만 선택하고 싶다면 2010 버전부터 새로 추가된 PivotSelect 메서드를 이용해 원하는 범위를 선택할 수 있습니다. 다음은 특정 필드의 범위를 선택하는 코드의 사용 예입니다.

```
Activesheet.PivotTables(1).PivotSelect Name:="부서", Mode:=xlDataAndLabel     ❶
Activesheet.PivotTables(1).PivotSelect Name:="부서", Mode:=xlLabelOnly        ❷
```

❶ 피벗 테이블의 PivotSelect 메서드를 이용해 '부서' 필드의 레이블과 데이터 범위를 함께 선택합니다. PivotSelect 메서드는 Name과 Mode 매개변수를 사용해 조작하며, Mode 매개변수에는 다음과 같은 내장 상수를 사용할 수 있습니다.

내장 상수	값	설명
xlBlanks	4	공백
xlButton	15	단추
xlDataAndLabel	0	데이터 및 레이블
xlDataOnly	2	데이터
xlFirstRow	256	첫 번째 행
xlLabelOnly	1	레이블
xlOrigin	3	원본

❷ 피벗 테이블의 PivotSelect 메서드를 이용해 '부서' 필드의 레이블 범위를 선택합니다. 참고로 이 코드는 다음과 같은 PivotField 개체의 DataRange 속성을 사용하는 것과 동일합니다.

```
Activesheet.PivotTables(1).PivotFields("부서").DataRange.Select
```

참고로 PivotField 개체의 DataRange 속성은 지정된 필드의 데이터 범위를 반환합니다.

피벗 테이블 필드의 부분합 범위만 선택하고자 한다면 다음과 같은 코드를 사용할 수 있습니다.

```
Activesheet.PivotTables(1).PivotSelect Name:="부서", Mode:=xlFirstRow          ①

Activesheet.PivotTables(1).PivotSelect Name:="부서[영업1부]", Mode:=xlFirstRow   ②
```

① 피벗 테이블 보고서의 '부서' 필드의 첫 번째 행 데이터 범위만 선택합니다.

② 피벗 테이블 보고서의 '부서' 필드 내 '영업1부' 항목의 첫 번째 행 데이터 범위만 선택합니다.

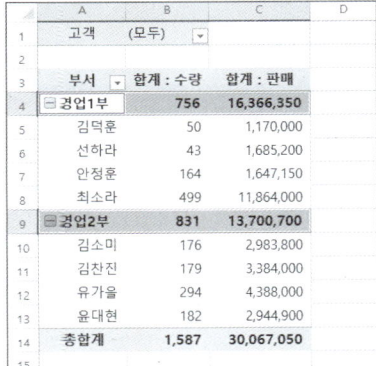

값 영역의 필드나 총합계 행(또는 열) 범위를 선택하려면 다음과 같은 코드를 사용합니다.

```
Activesheet.PivotTables(1).PivotSelect Name:="합계 : 판매", Mode:=xlDataAndLabel   ①

Activesheet.PivotTables(1).PivotSelect Name:="열 총합계", Mode:=xlDataAndLabel     ②
```

① 피벗 테이블 보고서의 '합계 : 판매' 필드의 데이터 범위와 레이블 범위를 모두 선택합니다. 이 코드를 PivotField 개체를 사용하도록 수정하면 다음과 같은데, 아래 코드를 사용하면 C3셀과 C14셀 범위는 선택되지 않습니다.

```
Activesheet.PivotTables(1).PivotFields("합계 : 판매").DataRange.Select
```

② 피벗 테이블 보고서의 열 총합계 범위를 선택합니다.

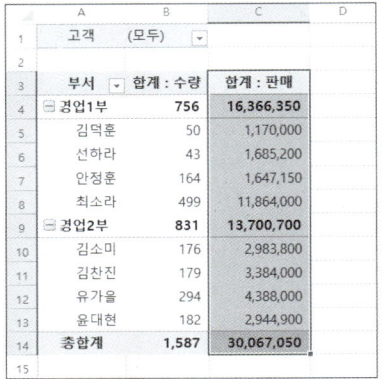

피벗 테이블 표시 형식을 원본 표와 동기화하기 319

피벗 테이블 보고서를 사용할 때 불편한 점 중의 하나는 바로 원본 표에 적용된 표시 형식이 반영되지 않아 피벗 테이블 보고서 구성 후에 표시 형식을 매번 변경해야 한다는 점입니다. 이런 점이 불편했다면, 원본 표의 표시 형식을 확인해 피벗 테이블 보고서에 적용하는 매크로를 개발해 사용하면 됩니다. 참고로 원본 표와 피벗 테이블의 표시 형식을 항상 일정하게 관리하려면 워크시트의 PivotTableUpdate 이벤트를 활용해 자동으로 표시 형식을 동기화할 수 있습니다.

예제 파일 PART 04 \ (PivotField) NumberFormat 속성.xlsm

먼저 예제 파일의 'sample' 시트와 '피벗보고서' 시트를 확인합니다.

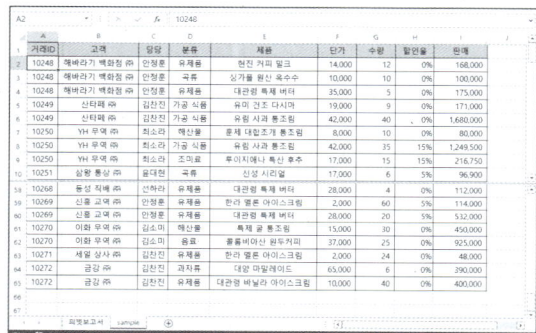 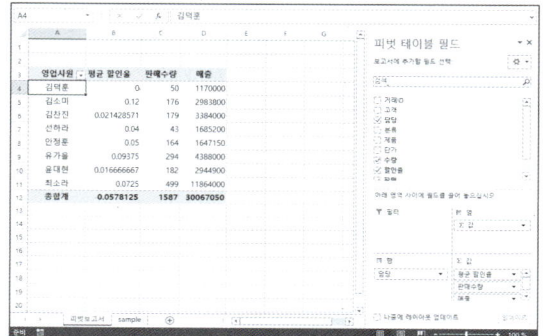

'피벗보고서' 시트의 피벗 테이블 보고서의 값 영역에 삽입된 필드는 모두 표시 형식이 아직 반영되어 있지 않은데, 피벗 테이블 보고서를 새로 고침할 때 자동으로 원본 표의 데이터 표시 형식을 그대로 적용하려면 다음과 같은 이벤트를 개발해 사용합니다.

파일 : (PivotField) NumberFormat 속성 (코드).txt

```
Private Sub Worksheet_PivotTableUpdate(ByVal Target As PivotTable)   ❶

    Dim 피벗 As PivotTable         ❷
    Dim 필드 As PivotField         ❸
    Dim 열머리글 As Range           ❹

    Application.EnableEvents = False     ❺

    Set 피벗 = Target                    ❻

    Set 열머리글 = Sheets("sample").Range("A1").CurrentRegion.Rows(1)   ❼

    For Each 필드 In 피벗.DataFields    ❽
```

```
            With 열머리글.Find(What:=필드.SourceName)                    ——————⑨
                필드.NumberFormat = .Offset(1).NumberFormat              ——————⑩
            End With
        Next
        Application.EnableEvents = True                ——————⑪
End Sub
```

❶ Worksheet_PivotTableUpdate 이벤트는 현재 워크시트의 피벗 테이블 보고서를 새로 고침할 때 자동으로 실행됩니다.

❷ PivotTable 형식의 '피벗' 개체변수를 선언합니다.

❸ PivotField 형식의 '필드' 변수를 선언합니다.

❹ Range 형식의 '열머리글' 변수를 선언합니다.

❺ 엑셀의 이벤트 감지 옵션을 해제합니다. ⑩에서 피벗 테이블 보고서를 수정할 때 다시 이 이벤트가 동작하지 않도록 하기 위한 동작입니다.

❻ '피벗' 개체변수에 Target 매개변수에 저장된 PivotTable 개체를 할당합니다. Target 매개변수에는 새로 고쳐진 피벗 테이블 개체가 할당되어 있습니다.

❼ '열머리글' 변수에 'sample' 워크시트의 A1셀에서 연속된 데이터 범위의 첫 번째 행 범위를 할당합니다.

❽ For Each … Next 순환문을 사용해 '피벗' 개체변수에 할당된 피벗 테이블의 값 영역 내 필드를 순환하면서 '필드' 개체변수에 하나씩 할당합니다. 이렇게 하면 수정된 피벗 테이블 보고서의 값 영역 내 필드를 모두 순환하면서 작업할 수 있습니다.

❾ '열머리글' 개체변수에 할당된 범위에서 '필드' 개체변수에 할당된 필드명(SoruceName 속성)을 찾습니다.

❿ '필드' 개체변수에 할당된 필드의 표시 형식을 ❾에서 찾은 위치의 바로 아래 셀의 표시 형식과 동일하게 설정합니다.

⓫ 엑셀의 이벤트 감지 기능을 다시 켭니다.

TIP '피벗보고서' 시트 탭을 마우스 오른쪽 버튼으로 클릭하고 [코드 보기] 메뉴를 선택한 다음, 이 이벤트를 우측 코드 창에 넣어 사용합니다.

이벤트가 제대로 동작하는지 확인하려면 피벗 테이블 보고서를 선택하고 리본 메뉴의 [분석] 탭-[데이터] 그룹-[새로 고침] 명령을 클릭합니다. 그러면 아래와 같이 피벗 테이블 보고서의 표시 형식이 원본 표와 동기화된 결과를 확인할 수 있습니다.

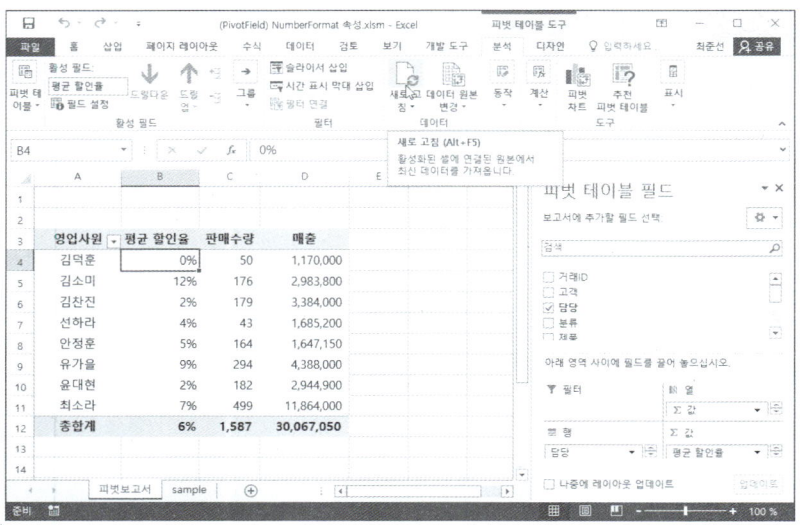

정확한 작동 방식을 확인하기 위해 'sample' 시트로 이동한 다음 표시 형식을 변경합니다. H2셀을 선택하고, 리본 메뉴의 [홈] 탭-[표시 형식] 그룹-[자릿수 늘림] 명령( )을 클릭해 소수점 첫째 자리까지 표시하도록 변경합니다.

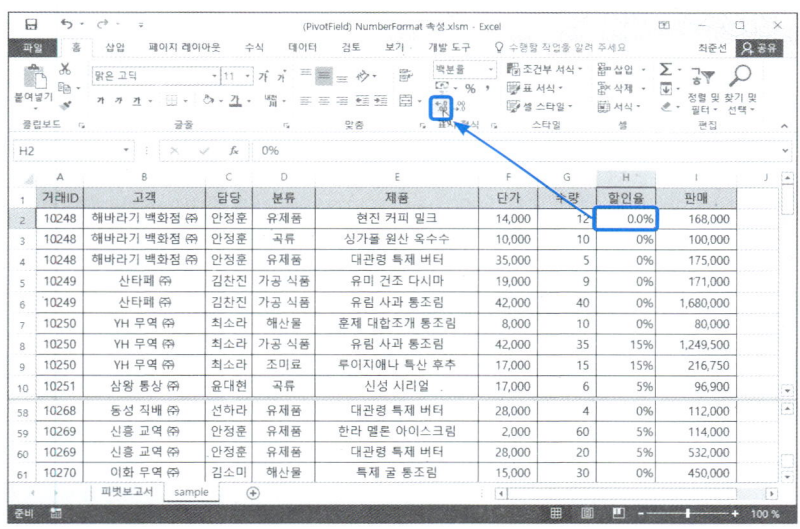

TIP 이벤트를 개발할 때, 각 열의 첫 번째 데이터가 입력된 셀을 읽어 표시 형식을 동기화하므로 2행의 데이터 부분만 변경해도 제대로 동작하도록 해야 합니다.

그런 다음 '피벗보고서' 시트로 이동하고 [새로 고침] 명령을 클릭해 보고서를 새로 고치면 표시 형식이 자동으로 수정되는 것을 확인할 수 있습니다.

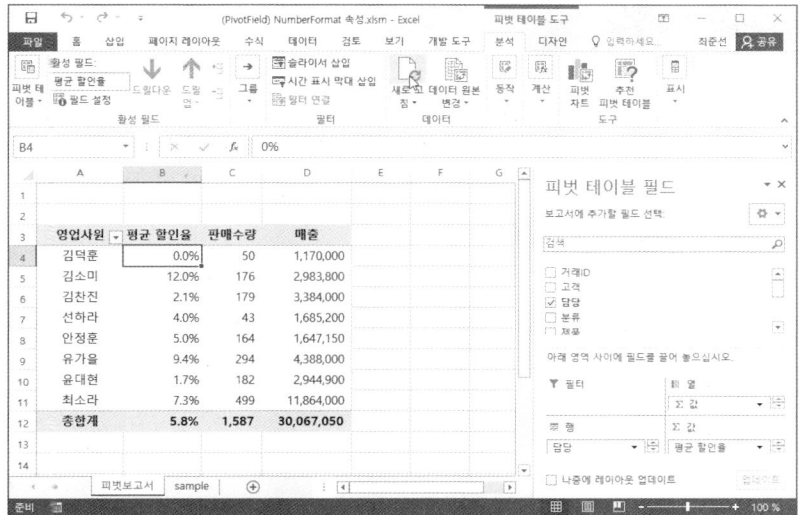

전체 피벗 테이블의 필터 조건 동기화시키기 320

여러 개의 피벗 테이블 보고서를 사용 중일 때, '필터' 영역에 동일한 필드가 삽입된 경우 한 쪽 피벗 테이블에서 필드의 조건을 변경하면 다른 피벗 테이블의 조건도 함께 변경됐으면 하는 경우가 있습니다. 이런 옵션은 따로 제공되지 않으므로, 필요하면 매크로를 개발해 처리하면 됩니다. 다만 자동으로 이런 작업이 이뤄지길 원한다면 이벤트를 개발해 처리하는 것이 편리합니다.

\ 예제 파일 PART 04 \ (PivotField) CurrentPage 속성.xlsm

예제를 열고, '피벗보고서' 시트를 보면 여러 개의 피벗 테이블 보고서를 확인할 수 있습니다.

세 보고서 모두 필터 영역에 '연도'와 '월' 필드를 삽입해 사용하고 있습니다. 어느 쪽 보고서의 '연도'와 '월'을 변경할 경우 다른 쪽도 모두 동일한 항목으로 변경되도록 하려면 다음과 같은 이벤트를 사용해 처리합니다.

```
Private Sub Worksheet_PivotTableUpdate(ByVal Target As PivotTable)  ──①

    Dim 피벗 As PivotTable  ──②
    Dim 필드 As PivotField, 수정필드 As PivotField  ──③
    Dim 항목 As PivotItem  ──④
    Dim 다중선택여부 As Boolean  ──⑤

    On Error Resume Next  ──⑥

    Application.EnableEvents = False  ──⑦

    For Each 수정필드 In Target.PageFields  ──⑧

        다중선택여부 = 수정필드.EnableMultiplePageItems  ──⑨

        For Each 피벗 In ActiveSheet.PivotTables  ──⑩

            If 피벗.Name <> Target.Name Then  ──⑪

                피벗.ManualUpdate = True  ──⑫

                Set 필드 = 피벗.PivotFields(수정필드.Name)  ──⑬

                With 필드  ──⑭

                    .ClearAllFilters  ──⑮

                    If 다중선택여부 = False Then  ──⑯
```

```
                                .CurrentPage = 수정필드.CurrentPage.Value ─────────── ⓱
                            Else ──────── ⓲
                                .CurrentPage = "(모두)" ─────────── ⓳
                                For Each 항목 In 수정필드.PivotItems ─────────── ⓴
                                    .PivotItems(항목.Name).Visible = 항목.Visible ─────────── ㉑
                                Next
                                .EnableMultiplePageItems = 다중선택여부 ─────────── ㉒
                            End If
                        End With
                        피벗.ManualUpdate = False ─────────── ㉓
                    End If
                Next
            Next
            Application.EnableEvents = True ─────────── ㉔
End Sub
```

❶ Worksheet_PivotTableUpdate 이벤트는 현재 워크시트의 피벗 테이블 보고서를 업데이트할 때 실행됩니다.

❷ PivotTable 형식의 '피벗' 개체변수를 선언합니다.

❸ PivotField 형식의 '필드', '수정필드' 개체변수를 선언합니다.

❹ PivotItem 형식의 '항목' 개체변수를 선언합니다.

❺ Boolean 형식의 '다중선택여부' 변수를 선언합니다.

❻ On Error Resume Next 명령을 통해 아래 코드를 실행할 때 에러가 발생해도 매크로 실행을 중단하지 않도록 설정합니다.

❼ 엑셀 프로그램의 이벤트 감지를 해제합니다.

❽ For Each … Next 순환문을 사용해 업데이트된 피벗 테이블의 필터 영역 내 필드를 하나씩 '수정필드' 개체변수에 할당합니다.

❾ '다중선택여부' 변수에 '수정필드' 개체변수에 할당된 필드의 항목이 여러 개가 선택됐는지 여부를 True, False 값으로 저장합니다.

❿ For Each … Next 순환문을 사용해 현재 시트의 피벗 테이블을 하나씩 '피벗' 개체변수에 할당합니다.

⓫ '피벗' 개체변수에 할당된 피벗 테이블 이름과 업데이트된 피벗 테이블 보고서의 이름이 다른 경우에만 아래 코드를 실행합니다. 이렇게 해야 업데이트한 필드의 설정을 다른 피벗 테이블 보고서에 반영할 수 있습니다.

⓬ '피벗' 개체변수에 할당된 피벗 테이블 보고서의 '수동 업데이트' 옵션을 켭니다.

⓭ '필드' 개체변수에 '피벗' 개체변수에 할당된 피벗 테이블 보고서의 필드 중 '수정필드' 개체변수에 할당된 필드의 이름과 동일한 필드를 할당합니다.

⓮ With 문을 사용해 '필드' 개체변수에 할당된 필드를 대상으로 작업합니다.

⓯ ClearAllFilters 메서드를 이용해 해당 필드에 적용된 필터 조건을 모두 해제합니다.

⓰ '다중선택여부' 변수에 할당된 변수의 값이 False면 하나의 항목만 선택한 것이므로 ⓱의 코드를 실행합니다.

⓱ 해당 필드의 선택 항목을 '수정필드' 개체변수에 할당된 필드의 선택 항목으로 변경합니다. 이 동작으로 필터 영역의 필드 조건이 동일하게 변경됩니다.

⓲ '다중선택여부' 변수에 할당된 값이 True면 여러 항목이 동시에 선택된 것이므로 ⓳-㉒의 코드를 실행합니다.

⓳ 해당 필드의 항목을 '(모두)'로 선택해 모든 항목이 표시되도록 합니다.

⓴ For Each … Next 순환문을 사용해 '수정필드' 개체변수에 할당된 필드 내 항목을 하나씩 '항목' 개체변수에 할당합니다. 선택된 항목을 확인해 현재 필드에 동일하게 적용하기 위한 작업입니다.

㉑ 현재 필드의 항목 중 '항목' 개체변수에 할당된 항목의 이름과 동일한 항목의 표시 여부를 '항목' 개체변수에 할당된 표시 여부와 일치시킵니다. 이렇게 하면 다중 선택된 경우의 항목 조건을 동일하게 설정할 수 있습니다.

㉒ 현재 필드의 EnableMultiplePageItems 옵션을 '다중선택여부' 변수의 값으로 설정합니다.

㉓ '피벗' 개체변수에 할당된 피벗 테이블 보고서의 수동 업데이트 설정을 해제해 보고서가 업데이트되도록 합니다.

㉔ 엑셀 프로그램의 이벤트 감지 기능을 다시 활성화합니다.

이벤트가 제대로 동작하는지 확인하기 위해 피벗 테이블 보고서 하나를 선택해 '연도'나 '월' 필드의 조건을 변경합니다. 그러면 다음 화면과 같이 모든 피벗 테이블 보고서에 동일한 필터 조건이 설정됩니다.

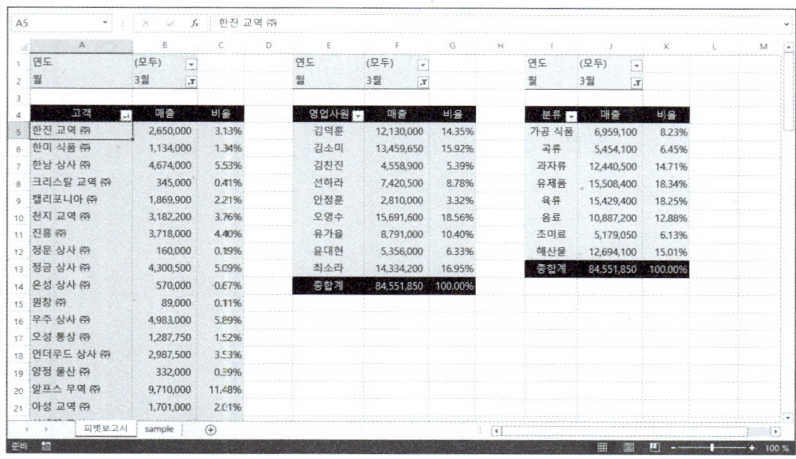

피벗 테이블 단계별로 보호하기

321

피벗 테이블 보고서는 사용자가 필드의 위치를 얼마든지 변경할 수 있기 때문에 보고용으로는 적합하지 않습니다. 보고용으로 파일 전체를 공유할 때 최종 사용자가 임의로 구성을 변경하면 원 보고서의 구성이 변경될 수 있기 때문입니다. 그래서 피벗 테이블 보고서를 구성한 후에는 다른 사람이 수정할 수 없도록 설정하고 싶어하는 사용자가 많습니다. 이번에는 피벗 테이블 보고서를 보호하는 몇 가지 방법에 대해 알아보겠습니다.

예제 파일 PART 04 \ (PivotTable) 보호.xlsm

필터 / 행 / 열 영역의 자동 필터 기능 비활성화하기

예제 파일을 열면 다음과 같은 피벗 테이블 보고서를 확인할 수 있습니다.

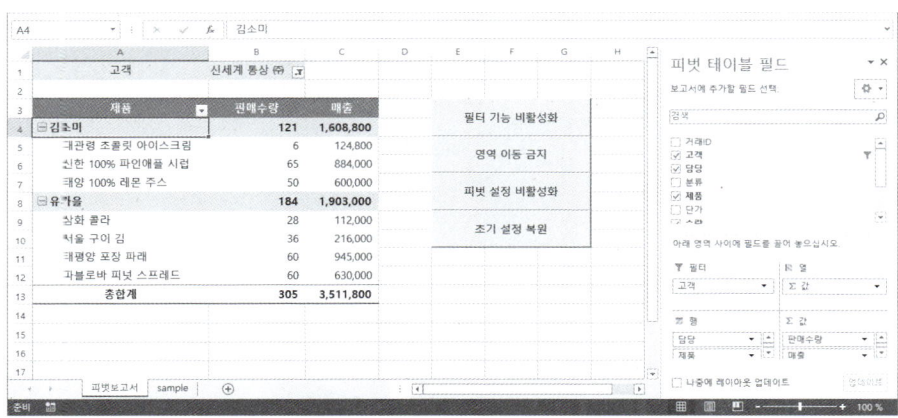

피벗 테이블의 필터, 열, 행 영역에 아래 화살표 단추를 표시하지 않도록 설정해, 필드 내 항목을 선택하거나 필터 조건을 지정하거나 정렬 등의 임의 변경 작업을 하지 못하도록 하려면 다음과 같은 매크로를 사용하면 됩니다.

```
Sub 필터비활성화()

    Dim 피벗 As PivotTable          ─①
    Dim 필드 As PivotField          ─②

    Set 피벗 = ActiveSheet.PivotTables(1)   ─③

    For Each 필드 In 피벗.PivotFields      ─④

        필드.EnableItemSelection = False   ─⑤
```

```
        Next

End Sub
```

❶ PivotTable 형식의 '피벗' 개체변수를 선언합니다.

❷ PivotField 형식의 '필드' 개체변수를 선언합니다.

❸ '피벗' 개체변수에 현재 시트의 첫 번째 피벗 테이블을 할당합니다.

❹ For Each … Next 순환문을 사용해 '피벗' 개체변수에 할당된 피벗 테이블 보고서의 필드를 하나씩 '필드' 개체변수에 할당합니다.

❺ '필드' 개체변수에 할당된 필드의 항목 선택 옵션을 끕니다. EnableItemSelection 속성을 False로 설정하면 항목을 선택할 수 없게 되어, 피벗 테이블의 필터, 행, 열 영역의 아래 화살표 단추가 사라지게 됩니다.

> **TIP** 이 매크로는 〈필터 기능 비활성화〉 버튼에 연결되어 있습니다.

개발한 매크로를 실행하기 위해 〈필터 기능 비활성화〉 버튼을 클릭하면 피벗 테이블 보고서 내의 필터 기능이 비활성화되어 화면과 같이 B1, A3셀의 아래 화살표 단추가 표시되지 않습니다.

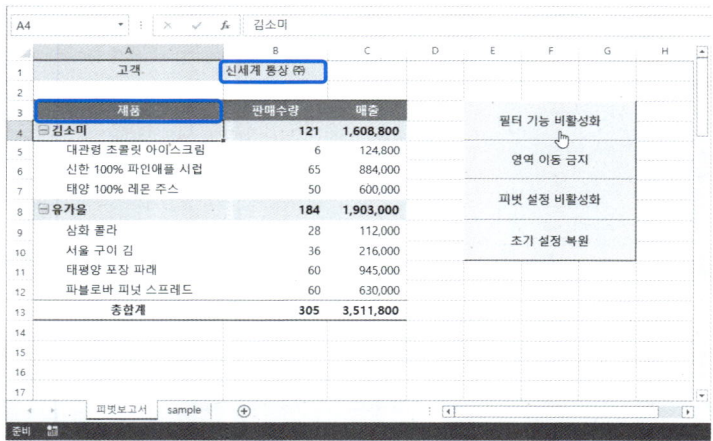

필드 위치를 변경하지 못하도록 설정하기

피벗 테이블 보고서는 필드의 위치를 영역별로 이동시켜 보고서의 레이아웃을 변경할 수 있는데, 필드의 삽입 위치를 변경하지 못하도록 하려면 다음과 같은 매크로를 사용합니다.

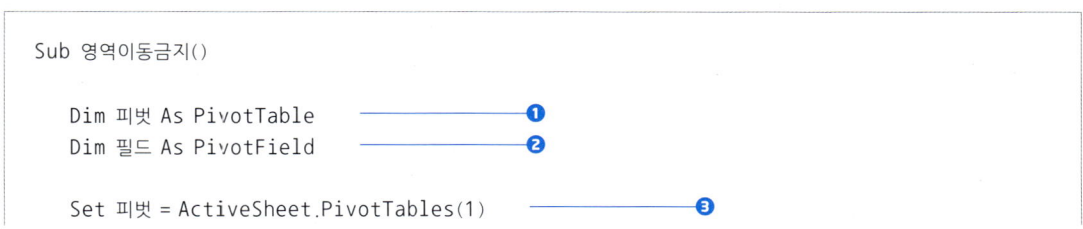

```
        On Error Resume Next                    ④

        For Each 필드 In 피벗.PivotFields        ⑤

            With 필드                            ⑥

                .DragToPage = False              ⑦
                .DragToRow = False               ⑧
                .DragToColumn = False            ⑨
                .DragToData = False              ⑩
                .DragToHide = False              ⑪

            End With

        Next

End Sub
```

❶ PivotTable 형식의 '피벗' 개체변수를 선언합니다.

❷ PivotField 형식의 '필드' 개체변수를 선언합니다.

❸ '피벗' 개체변수에 현재 시트의 첫 번째 피벗 테이블 보고서를 할당합니다.

❹ On Error Resume Next 명령을 사용해 아래 코드에서 에러가 발생해도 코드 실행을 중단하지 않고, 다음 코드를 계속해서 실행하도록 설정합니다. 이 코드가 필요한 이유는 값 영역에 두 개 이상의 필드가 삽입될 때 표시되는 '값' 버튼은 필터나 값 영역으로 옮길 수 없어 ❼, ❿에서 에러가 발생할 수 있기 때문에, 이런 부분을 무시하고 처리하기 위해서입니다.

❺ For Each … Next 순환문을 사용해 '피벗' 개체변수에 할당된 피벗 테이블 보고서의 필드를 하나씩 '필드' 개체변수에 할당합니다.

❻ With 문을 사용해 '필드' 개체변수에 할당된 필드를 대상으로 작업합니다.

❼ 현재 필드를 필터 영역으로 옮길 수 없도록 DragToPage 속성을 False로 설정합니다.

❽ 현재 필드를 행 영역으로 옮길 수 없도록 DragToRow 속성을 False로 설정합니다.

❾ 현재 필드를 열 영역으로 옮길 수 없도록 DragToColumn 속성을 False로 설정합니다.

❿ 현재 필드를 값 영역으로 옮길 수 없도록 DragToData 속성을 False로 설정합니다.

⓫ 현재 필드를 피벗 테이블 밖으로 옮길 수 없도록 DragToHide 속성을 False로 설정합니다.

TIP ㅇ 매크로는 〈영역 이동 금지〉 버튼에 연결되어 있습니다.

위 매크로를 실행하면, 피벗 테이블 보고서의 외형은 변함 없지만, 피벗 테이블 필드 작업 창에서 필드를 다른 영역으로 옮길 수 없게 되어, 피벗 테이블의 구성을 변경하는 것이 불가능합니다. 예제에서 〈영역 이동 금지〉 버튼을 클릭한 다음, 화면과 같이 행 영역 내 필드를 열 영역으로 옮기려고 해 보면 다음 화면과 같이 마우스 커서에 필드 이동이 불가능하다는 표시가 나타납니다.

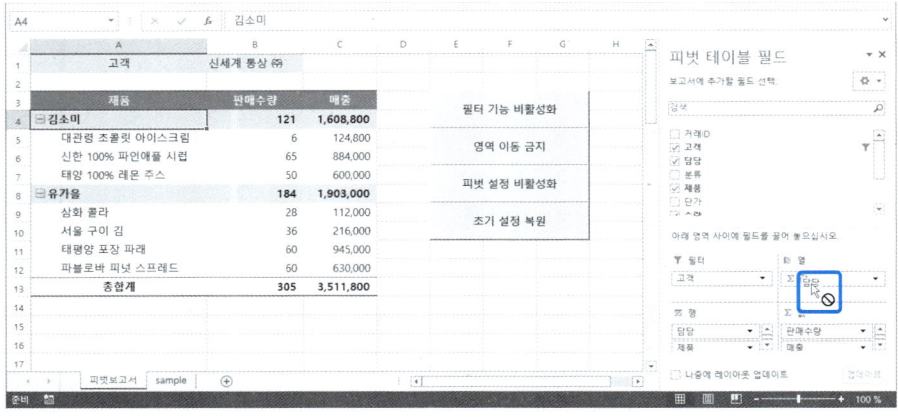

피벗 테이블 보고서의 설정 변경하지 못하도록 제한하기

세 번째 방법은 다른 일반 표 보고서와 마찬가지로 피벗 테이블 보고서에서 관련 설정 작업을 할 수 없도록 보호하는 방법입니다.

```
Sub 피벗설정비활성화()

    Dim 피벗 As PivotTable                            ①

    Set 피벗 = ActiveSheet.PivotTables(1)             ②

    With 피벗                                         ③

        .EnableWizard = False                         ④
        .EnableDrilldown = False                      ⑤
        .EnableFieldList = False                      ⑥
        .EnableFieldDialog = False                    ⑦
        .PivotCache.EnableRefresh = False             ⑧

    End With

End Sub
```

① PivotTable 형식의 '피벗' 개체변수를 선언합니다.

② '피벗' 개체변수에 현재 시트의 첫 번째 피벗 테이블 보고서를 할당합니다.

③ With 문을 사용해, '피벗' 개체변수에 할당된 피벗 보고서를 대상으로 작업합니다.

④ 피벗 테이블 보고서 마법사 기능을 활성화시키는 옵션을 끕니다. 엑셀 2007 이상 버전에서 이 옵션을 끄면, 리본 메뉴의 [피벗 테이블 도구] 그룹의 [분석], [디자인] 확장 탭이 화면에 표시되지 않습니다.

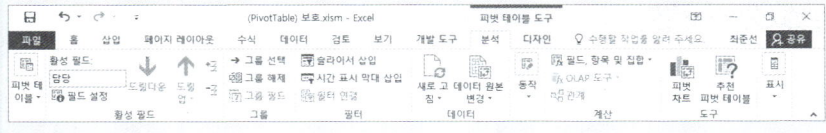

❺ 하위 수준 필드의 표시 여부 설정 옵션을 끕니다.

❻ 피벗 테이블 필드 작업 창의 표시 여부 설정 옵션을 끕니다. 이렇게 하면 피벗 테이블 보고서를 선택할 때 표시되는 '피벗 테이블 필드' 작업 창이 숨겨집니다.

❼ 피벗 테이블 보고서에서 필드를 더블클릭할 때 표시되는 '필드 속성' 대화상자를 표시할지 여부를 설정하는 옵션을 끕니다.

❽ 피벗 캐시를 새로 고침하지 못하도록 옵션을 끕니다. 이렇게 하면 '새로 고침' 작업을 할 수가 없습니다.

개발된 매크로를 실행하기 위해 〈피벗 설정 비활성화〉 버튼을 클릭합니다.

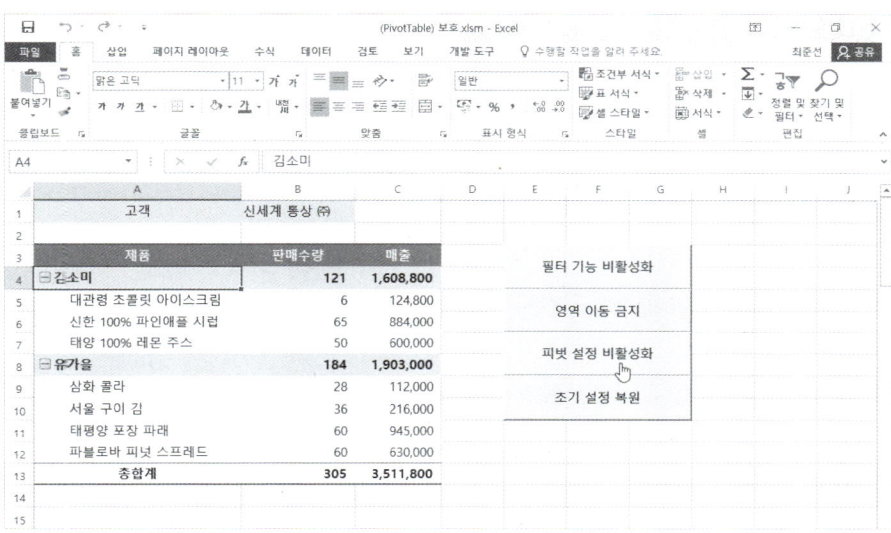

그러면 화면 상에서 피벗 테이블 보고서의 여러 기능을 설정할 수 있는 [피벗 테이블 도구] 그룹의 확장 탭이 리본 메뉴에 더 이상 표시되지 않습니다.

피벗 테이블 초기 설정으로 복원하기

앞에서 피벗 테이블 보고서를 보호하기 위해 변경된 모든 설정을 다시 원래대로 복원하려면 다음 매크로를 사용합니다.

```
Sub 초기설정복원()

    Dim 피벗 As PivotTable
    Dim 필드 As PivotField

    Set 피벗 = ActiveSheet.PivotTables(1)

    With 피벗
```

```
            .EnableDrilldown = True
            .EnableFieldList = True
            .EnableFieldDialog = True
            .PivotCache.EnableRefresh = True
            
        End With
        
        On Error Resume Next
        
            For Each 필드 In 피벗.PivotFields
            
                With 필드
                
                    .DragToPage = True
                    .DragToRow = True
                    .DragToColumn = True
                    .DragToData = True
                    .DragToHide = True
                    
                    .EnableItemSelection = True
                    
                End With
                
            Next
            
End Sub
```

> **TIP** 이 매크로는 앞에서 변경한 매크로의 옵션을 다시 원래대로 복원시키는 작업이므로, 코드 설명은 앞의 매크로를 참고합니다.

개발된 매크로를 클릭하면 앞에서 변경한 모든 설정이 다시 원래대로 복원됩니다.

CHAPTER

21

기타 유용한 기능 조작 방법

엑셀에는 차트와 피벗 테이블 이외에도 필터, 정렬, 조건부 서식,
메모와 같은 다양한 기능이 있습니다. 이 책에서 엑셀의 모든 기능을 조작하는 방법을
자세하게 설명하기에는 한계가 있으므로, 업무에 많이 활용되는 기능 위주로 소개하고자 합니다.
이번 장에서도 언급하지 않는 다른 기능들에 대해서는 앞에서 소개한 것처럼
매크로 기록기를 이용해 여러분의 동작을 기록해 보면
해당 기능을 컨트롤하는 데 필요한 정보를 얻을 수 있습니다.
특히 도움말에 실려 있는 수많은 예제 코드를 적극적으로 활용하면
원하는 기능을 조작하는 데 필요한 많은 도움을 얻을 수 있습니다.

자동 필터의 아래 화살표 단추를 원하는 열에만 표시하기 322

표에 자동 필터를 적용하면 열마다 아래 화살표 단추가 표시됩니다. 만약 특정 열에만 필터 조건을 설정할 수 있도록 하려면, 원하는 열에만 아래 화살표 단추를 표시하면 됩니다. 그런데 이렇게 하려면 해당 열을 선택하고 자동 필터를 설정해야 하는데, 이런 방식은 조금 번거로우므로 매크로를 사용해 원하는 열에만 자동 필터를 적용하도록 설정하는 것이 편리합니다. 이번에는 원하는 열에만 아래 화살표 단추가 나타나도록 자동 필터를 적용하고 해제하는 방법에 대해 알아보겠습니다.

예제 파일 PART 04 \ (AutoFilter) VisibleDropDown.xlsm

예제를 열면 다음과 같이 자동 필터가 적용된 표를 확인할 수 있습니다.

사번	이름	직위	주민등록번호	성별	나이	입사일
1	김덕훈	부장	730219-1234567	남	43	2001-05-14
2	안정훈	과장	800304-1234567	남	36	2005-10-17
3	김소미	사원	821208-2134567	여	34	2010-05-01
4	윤대현	대리	850830-1234567	남	31	2014-04-01
5	최소라	사원	890919-2134567	여	27	2013-05-03
6	김찬진	대리	850702-1234567	남	31	2012-10-17
7	오영수	사원	900529-1234567	남	26	2014-01-02
8	선하라	사원	920109-2134567	여	24	2014-03-05
9	유가을	사원	910127-2134567	여	25	2013-11-15

위 표에 자동 필터 기능을 적용하면서, D열의 '직위' 열에만 아래 화살표 단추가 표시되도록 하려면 다음과 같은 매크로를 사용합니다.

```
Sub 아래화살표_일부표시()

'1단계 : 필요한 변수를 선언합니다.
    Dim 표 As Range, 열 As Range         ①
    Dim i As Integer                      ②

'2단계 : 매크로를 실행에 필요한 준비 작업을 진행합니다.
    Set 표 = Range("B2").CurrentRegion    ③

    If ActiveSheet.AutoFilterMode = False Then   ④

        표.AutoFilter                     ⑤

    End If

'3단계 : 표의 각 열을 순환해 직위 열을 제외한 모든 열의 아래 화살표 단추를 숨깁니다.
```

```
    For Each 열 In 표.Columns ────────────────⑥

        i = i + 1 ────────────────⑦

        If 열.Cells(1).Value <> "직위" Then ────────⑧

            표.AutoFilter Field:=i, VisibleDropdown:=False ────⑨

        End If

    Next

End Sub
```

❶ Range 형식의 '표', '열' 개체변수를 선언합니다.

❷ Integer 형식의 i 변수를 선언합니다.

❸ '표' 개체변수에 B2셀부터 연속된 데이터 범위를 할당합니다.

❹ 현재 워크시트에 자동 필터가 설정되지 않았다면 ❺의 코드를 실행합니다.

❺ '표' 개체변수에 할당된 데이터 범위에 자동 필터를 설정합니다.

❻ For Each … Next 순환문을 사용해 '표' 개체변수에 할당된 범위 내 열을 하나씩 '열' 개체변수에 할당하고 ❼-❾의 코드를 반복 실행합니다.

❼ i 변수의 값을 1씩 증가시킵니다. 이렇게 하면 순환할 때마다, 1, 2, 3, …과 같은 일련번호 값을 갖게 됩니다. 이 값은 정확하게 표의 열 인덱스 번호와 동일합니다.

❽ '열' 개체변수에 할당된 범위 내 첫 번째 셀 값이 '직위'와 다른지 판단한 다음, ❾의 코드를 실행합니다. 이번 매크로는 '직위' 열에만 아래 화살표 단추를 표시할 것이므로, '직위' 열인지 아닌지 판단을 해야 합니다.

❾ '직위' 열을 제외한 모든 열의 아래 화살표 단추를 숨깁니다. AutoFilter 메서드의 Field 매개변수는 자동 필터 설정을 변경할 열 인덱스 번호를, VisibleDropdown 매개변수는 아래 화살표 단추의 표시 여부를 설정하면 됩니다. 그러므로 Field 매개변수에는 i 변수의 값을 전달하고, VisibleDropdown 매개변수는 False로 설정합니다.

개발된 매크로를 실행하면 D2셀에만 아래 화살표 단추가 나타나고 다른 열에는 표시되지 않는 것을 확인할 수 있습니다. 자동 필터 조건을 D열의 '직위'에만 적용할 수 있는 것입니다.

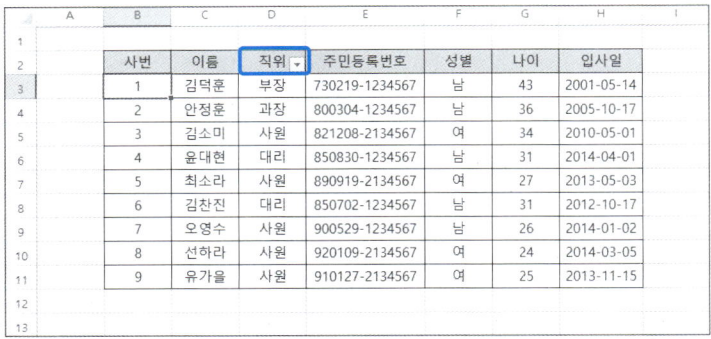

'직위' 열에 필터 조건을 지정하면 정확하게 표 전체에 필터 조건이 적용됩니다.

	A	B	C	D	E	F	G	H	I
1									
2		사번	이름	직위	주민등록번호	성별	나이	입사일	
6		4	윤대현	대리	850830-1234567	남	31	2014-04-01	
8		6	김찬진	대리	850702-1234567	남	31	2012-10-17	
12									
13									

다시 원래대로 전체 열에 아래 화살표 단추가 나타나도록 하려면 다음과 같은 매크로를 사용합니다.

```
Sub 아래화살표_모두표시1()

    Dim 표 As Range                                        ❶

    Set 표 = Range("B2").CurrentRegion                      ❷

    If ActiveSheet.AutoFilterMode Then 표.AutoFilter        ❸

    표.AutoFilter                                           ❹

End Sub
```

❶ Range 형식의 '표' 개체변수를 선언합니다.
❷ '표' 개체변수에 B2셀부터 연속된 데이터 범위를 모두 할당합니다.
❸ 현재 시트에 자동 필터가 설정되어 있다면 '표' 개체변수에 할당된 데이터 범위의 자동 필터를 해제합니다. AutoFilterMode 속성이 True면 워크시트에 자동 필터가 설정되어 있는 것이고, 자동 필터가 설정된 시트에서 다시 AutoFilter 메서드를 사용하면 자동 필터가 해제됩니다. 이것은 리본 메뉴의 [데이터] 탭-[정렬 및 필터] 그룹-[필터] 명령을 사용하는 것과 정확하게 일치합니다.
❹ '표' 개체변수에 할당된 데이터 범위에 자동 필터를 설정합니다.

개발된 매크로는 간단하지만 자동 필터를 다시 설정해 모든 열에 아래 화살표 단추가 표시되게 합니다. 하지만 이 방법의 단점은 이전에 설정된 필터 조건이 해제된다는 점입니다. 만약 이전에 설정된 필터 조건은 유지하면서 아래 화살표 단추가 나타나도록 하려면 처음에 개발한 매크로에서 VisibleDropDown 매개변수의 값만 반대로 변경하면 됩니다. 다음과 같은 매크로를 사용합니다.

```
Sub 아래화살표_모두표시2()

  Dim 표 As Range, 열 As Range
  Dim i As Integer

  Set 표 = Range("B2").CurrentRegion

  If ActiveSheet.AutoFilterMode = False Then

    표.AutoFilter
```

```
    End If

    For Each 열 In 표.Columns

        i = i + 1

        If 열.Cells(1).Value <> "직위" Then

            표.AutoFilter Field:=i, VisibleDropdown:=True

        End If

    Next

End Sub
```

TIP 이 매크로는 '아래화살표_일부표시' 매크로와 동일하므로, 설명은 생략합니다.

개발된 '아래화살표_모두표시1', '아래화살표_모두표시2' 매크로의 차이를 이해하려면 '직위' 열의 '대리' 항목만 필터한 상태에서 두 매크로를 각각 실행해 봅니다.

자동 필터로 선택된 항목 새 시트로 옮기기

323

자동 필터로 추출된 데이터를 다른 시트로 옮기는 작업을 자동으로 처리하고 싶다면 매크로를 이용하는 것이 편리합니다. 이 작업을 하려면 추출된 데이터 범위를 복사하는 방법을 잘 이해하고 있어야 합니다. 자동 필터로 추출된 데이터 범위를 복사할 경우 파일에 따라 숨겨진 데이터가 함께 복사될 수 있으니, 안전하게 화면에 표시된 데이터 범위로 제한해 복사 작업이 이뤄지도록 '이동' 명령을 이용해야 합니다. 이번에는 자동 필터로 추출된 데이터 범위를 새로운 시트를 생성해 복사하는 매크로를 개발하는 방법에 대해 알아보겠습니다.

예제 파일 PART 04 \ (Autcfilter) 선택 항목.xlsm

예제를 열면 화면과 같은 표를 확인할 수 있습니다. E열의 '분류' 열에는 필터 조건이 걸려 있습니다.

품번	품명	공급업체	분류	단가
1	태양 100% 오렌지 주스	서울 무역	유제품	18,000
11	현진 커피 밀크	현진 식품 ㈜	유제품	21,000
12	현진 바닐라 엣센스	현진 식품 ㈜	유제품	13,800
31	대관령 바닐라 아이스크림	대관령 유업 ㈜	유제품	12,000
32	대관령 초콜릿 아이스크림	대관령 유업 ㈜	유제품	32,000
33	한라 멜론 아이스크림	한라 유업 ㈜	유제품	2,000
59	대길 포장 치즈	대일 유업 ㈜	유제품	55,000
60	대열 파메쌍 치즈	대일 유업 ㈜	유제품	34,000
69	한라 분유	한라 유업 ㈜	유제품	36,000
71	한라 연유	한라 유업 ㈜	유제품	21,000
72	대관령 특제 버터	대관령 유업 ㈜	유제품	34,000

이렇게 추출된 데이터를 새로운 시트로 복사해 작업하려면 다음과 같은 매크로를 사용합니다.

```
Sub 선택항목_새시트로()

'1단계 : 필요한 변수를 선언합니다.
    Dim 자동필터 As AutoFilter                        ①
    Dim 복사데이터 As Range                           ②
    Dim 시트명 As String                              ③

'2단계 : 매크로 실행 전에 자동 필터 적용 여부와 선언된 변수에 초기 값을 할당합니다.
    If ActiveSheet.AutoFilterMode = False Then Exit Sub    ④

    Set 자동필터 = ActiveSheet.AutoFilter              ⑤
    Set 복사데이터 = 자동필터.Range.SpecialCells(Type:=xlCellTypeVisible)  ⑥

'3단계 : 필터 조건이 설정됐는지 확인하고, 조건이 설정되지 않았으면 매크로를 종료합니다.
```

```
        On Error Resume Next                      ⓻

            시트명 = Mid(자동필터.Filters(4).Criteria1, 2)        ⓼

            If Err.Number <> 0 Then                ⓽

                MsgBox "분류를 먼저 선택해야 합니다."
                Exit Sub

            End If

'4단계 : 추출된 데이터를 새 시트로 복사합니다.
        Application.DisplayAlerts = False          ⑩
            Worksheets(시트명).Delete               ⑪
        Application.DisplayAlerts = True           ⑫

        Worksheets.Add.Name = 시트명                ⑬

    On Error GoTo 0                                ⑭

    복사데이터.Copy                                 ⑮

    With Range("B2")                               ⑯
        .PasteSpecial Paste:=xlPasteColumnWidths   ⑰
        .PasteSpecial Paste:=xlPasteAll            ⑱
        .CurrentRegion.RowHeight = 복사데이터.Cells(1).RowHeight   ⑲
        .Select                  ⑳
    End With

    Application.CutCopyMode = False                ㉑

End Sub
```

❶ AutoFilter 형식의 '자동필터' 개체변수를 선언합니다.

❷ Range 형식의 '복사데이터' 개체변수를 선언합니다.

❸ String 형식의 '시트명' 변수를 선언합니다.

❹ 현재 시트에 자동 필터가 적용됐는지 확인할 수 있는 AutoFilterMode 속성 값을 확인해, 필터가 적용되지 않았다면 매크로를 종료합니다.

❺ '자동필터' 개체변수에 현재 시트의 AutoFilter 개체를 할당합니다.

❻ '복사데이터' 개체변수에 '자동필터' 개체변수에 할당된 자동 필터 범위에서 화면에 보이는 셀만 할당합니다. SpecialCells 속성은 '이동' 명령을 의미하는데, 이 부분은 원래는 생략하고 다음과 같이 구성해도 동일한 결과를 얻을 수 있습니다.

```
Set 복사데이터 = 자동필터.Range
```

다만 이렇게 하면 파일에 따라 숨겨진 데이터 범위가 함께 복사될 수 있어 매크로가 안전하게 동작하도록 '이동' 명령 (SpecialCells)을 추가한 것입니다.

❼ On Error Resume Next 명령을 이용해, 다음 줄의 코드를 실행할 때 에러가 발생해도 멈추지 않고 계속해서 실행되

도록 합니다.

❽ '자동필터' 개체변수에 할당된 자동 필터 개체에서 네 번째 열('분류' 열)에 적용된 조건을 반환 받은 다음, Mid 함수를 사용해 이 값에서 두 번째 이후 문자만 '시트명' 변수에 저장합니다. 참고로 Criteria1 속성은 해당 열에 적용된 조건을 '=분류명'과 같이 반환하므로, 등호 다음의 문자가 해당 열에 선택된 항목을 의미합니다.

❾ ❽에서 에러가 발생했는지 확인하기 위해 Err 개체의 번호가 0이 아닌지 판단합니다. 0이 아니라면(에러가 발생했다면) MsgBox 함수로 지정된 메시지 내용을 화면에 표시하고 매크로를 종료합니다. ❽에서 에러가 발생하면 필터 조건이 설정되지 않았다는 의미입니다.

❿ 엑셀의 경고 메시지 창 표시 여부를 해제합니다.

⓫ '시트명' 변수에 저장된 이름의 워크시트를 삭제합니다. 만약 해당 이름의 시트가 없더라도 ❼의 설정에 따라 에러가 발생하지 않고 계속해서 다음 줄이 실행됩니다.

⓬ 엑셀의 경고 메시지 창 표시 여부를 다시 설정합니다.

⓭ 빈 워크시트를 하나 추가하고, 이름을 '시트명' 변수에 저장된 값으로 변경합니다.

⓮ ❼의 On Error 문 설정을 취소합니다.

⓯ '복사데이터' 개체변수에 할당된 데이터 범위를 복사합니다.

⓰ With 문을 사용해, 새로 추가된 시트의 B2셀을 대상으로 작업합니다. 이 셀에 복사된 데이터를 붙여 넣고 몇 가지 처리 작업을 하기 위해 With 문을 사용합니다.

⓱ 해당 셀에 '열 너비를 동일하게' 옵션으로 붙여 넣습니다. 이 과정에서 열 너비가 원본 표와 동일하게 설정됩니다.

⓲ 해당 셀에 모든 값을 붙여 넣습니다.

⓳ 복사된 전체 데이터 범위를 CurrentRegion 속성으로 참조하고, 해당 범위의 행 높이를 '복사데이터' 개체변수에 할당된 데이터 범위의 첫 번째 셀의 행 높이와 일치시킵니다.

⓴ 해당 셀을 선택합니다. 복사하여 붙여 넣기 작업을 하면 붙여 넣은 범위가 모두 선택되므로, 첫 번째 셀만 선택되도록 하기 위해서 하는 작업입니다.

㉑ ⓯의 코드에 의해 활성화된 복사 모드를 해제합니다.

TIP 이 매크로는 예제에 포함되어 있습니다.

개발된 매크로를 실행하면 다음과 같이 해당 분류명의 시트가 새로 생성되면서 'sample' 시트의 추출된 데이터만 별도의 표로 제공됩니다.

품번	품명	공급업체	분류	단가
1	태양 100% 오렌지 주스	서울 무역 ㈜	유제품	18,000
11	현진 커피 밀크	현진 식품 ㈜	유제품	21,000
12	현진 바닐라 엣센스	현진 식품 ㈜	유제품	13,800
31	대관령 바닐라 아이스크림	대관령 유업 ㈜	유제품	12,000
32	대관령 초콜릿 아이스크림	대관령 유업 ㈜	유제품	32,000
33	한라 멜론 아이스크림	한라 유업 ㈜	유제품	2,000
59	대일 포장 치즈	대일 유업 ㈜	유제품	55,000
60	대일 파메쌍 치즈	대일 유업 ㈜	유제품	34,000
69	한라 분유	한라 유업 ㈜	유제품	36,000
71	한라 연유	한라 유업 ㈜	유제품	21,000
72	대관령 특제 버터	대관령 유업 ㈜	유제품	34,000

자동 필터가 설정된 특정 열의 항목별 시트 생성하기

324

자동 필터가 설정된 표에서 특정 열의 항목별 데이터를 별도의 시트로 생성해 처리하고 싶다면 매크로를 이용하면 됩니다. 이런 매크로를 만들기 위해서는 조건을 설정할 열에서 고유 항목을 얻는 방법을 이용하고, 얻어진 고유 항목으로 항목별 필터 조건을 설정하고 화면에 추출된 데이터를 복사해 처리하면 됩니다. 말로는 간단하지만, 코드로 구성하면 약간 길어질 수 있습니다. 이번에는 이런 동작을 처리하는 매크로를 개발하는 방법에 대해 알아보겠습니다.

예제 파일 PART 04 \ (AutoFilter) 모든 항목.xlsm

예제를 열면 다음과 같은 데이터가 있는 표를 확인할 수 있습니다.

이 표의 '분류' 열(E열)의 항목별 시트를 새로 생성하고 데이터를 옮기는 작업을 처리하고 싶다면 다음과 같은 매크로를 사용합니다.

```
Sub 모든항목_새시트로()

'1단계 : 필요한 변수를 선언합니다.
    Dim 표 As Range                                    ①
    Dim 조건열 As Range, i As Long                      ②
    Dim 고유항목 As New Collection, 항목 As Variant      ③
    Dim 자동필터 As AutoFilter                           ④
    Dim 복사데이터 As Range                              ⑤
    
    Const 열번호 As Integer = 4                         ⑥

'2단계 : 매크로 실행에 필요한 변수 초기화와 준비 작업을 진행합니다.
```

```
    Set 표 = Range("B2").CurrentRegion                    ⑦
    Set 조건열 = 표.Columns(열번호)                         ⑧

    If ActiveSheet.AutoFilterMode = False Then 표.AutoFilter    ⑨

    Set 자동필터 = ActiveSheet.AutoFilter                  ⑩

'3단계 : 자동 필터의 조건 열의 고유 항목만 추립니다.
    On Error Resume Next                                  ⑪

      For i = 2 To 조건열.Cells.Count                      ⑫

        고유항목.Add Item:=조건열.Cells(i), Key:=CStr(조건열.Cells(i))    ⑬

      Next i

'4단계 : 기존 워크시트를 삭제합니다.
    For Each 항목 In 고유항목                              ⑭

        Application.DisplayAlerts = False                 ⑮
          Worksheets(CStr(항목)).Delete                    ⑯
        Application.DisplayAlerts = True                  ⑰

'5단계 : 필터 조건을 설정하고, 데이터를 복사하여 붙여 넣습니다.
        표.AutoFilter Field:=열번호, Criteria1:=항목        ⑱
        Set 복사데이터 = 자동필터.Range.SpecialCells(xlCellTypeVisible)    ⑲

        복사데이터.Copy                                    ⑳

        Worksheets.Add.Name = 항목                         ㉑

        With Range("B2")                                  ㉒
          .PasteSpecial Paste:=xlPasteColumnWidths         ㉓
          .PasteSpecial Paste:=xlPasteAll                  ㉔
          .CurrentRegion.RowHeight = 복사데이터.Cells(1).RowHeight    ㉕
          .Select                                          ㉖
        End With

        Application.CutCopyMode = False                   ㉗

    Next

    자동필터.ShowAllData                                   ㉘

End Sub
```

❶ Range 형식의 '표' 개체변수를 선언합니다.

❷ Range 형식의 '조건열' 개체변수와 Long 형식의 i 변수를 선언합니다.

❸ Collection 형식의 '고유항목' 개체변수와 Variant 형식의 '항목' 변수를 선언합니다.

❹ AutoFilter 형식의 '자동필터' 개체변수를 선언합니다.

❺ Range 형식의 '복사데이터' 변수를 선언합니다.

❻ Integer 형식의 '열번호' 상수를 선언하고, 4 값을 저장합니다. 예제 표에서 조건을 지정할 열인 '분류' 열이 표의 네 번째 열이므로, 이 값을 저장해 놓고 사용하기 위해서입니다.

❼ '표' 개체변수에 B2셀부터 연속된 데이터 범위를 할당합니다.

❽ '조건열' 개체변수에 '표' 개체변수에 할당된 범위에서 '열번호' 변수에 저장된 열 인덱스 번호에 해당하는 열 범위를 할당합니다.

❾ 현재 시트에 자동 필터가 설정되어 있지 않으면, '표' 개체변수에 할당된 데이터 범위에 자동 필터를 설정합니다.

❿ '자동필터' 개체변수에 현재 시트의 자동 필터 개체를 할당합니다.

⓫ On Error Resume Next 명령을 사용해 아래 코드에서 에러가 발생해도 멈추지 말고 다음 줄을 계속해서 실행하도록 합니다.

⓬ '분류' 열에서 고유 항목 이름만 추출하기 위해, For … Next 순환문을 사용해 i 변수가 2부터 '조건열' 개체변수에 할당된 셀 개수만큼 순환하도록 작업합니다. i 변수의 값을 2부터 순환하는 이유는 '조건열' 개체변수에 할당된 범위가 E2:E79 범위이므로 첫 번째 셀인 E2셀을 제외하기 위해서입니다.

⓭ '고유항목' 개체변수에 할당된 Collection 개체에 새 개체를 추가합니다. Item 매개변수와 Key 매개변수에 모두 '조건열' 개체변수에 할당된 i번째 셀 값을 저장합니다. 단, Key 매개변수에는 String 형식의 값이 전달되어야 하므로, CStr 함수로 셀 값을 String 형식으로 변환해 저장합니다. 이렇게 하면 '고유항목' 개체변수에 할당된 Collection 개체에 중복되지 않은 고유 항목 값이 저장됩니다. Collection 개체를 사용하는 방법은 SECTION 237(776쪽)에 자세하게 설명되어 있습니다.

⓮ For Each … Next 순환문을 사용해 '고유항목' 개체변수에 할당된 값을 하나씩 꺼내 '항목' 변수에 저장합니다.

⓯ 엑셀 프로그램의 경고 메시지 창 표시 여부를 해제합니다.

⓰ '항목' 변수에 저장된 값을 CStr 함수로 String 형식으로 변환하고, 해당 이름의 시트를 삭제합니다.

⓱ 엑셀 프로그램의 경고 메시지 창 표시 여부를 설정합니다.

⓲ '표' 개체변수에 할당된 데이터 범위에 자동 필터 조건을 설정합니다. Field 매개변수는 '열번호' 상수에 저장된 값을 사용하고, Criteria1 매개변수에 '항목' 변수에 저장된 값을 사용합니다. 이렇게 하면 네 번째 열('분류' 열)에 '항목' 변수에 저장된 값으로 필터가 설정됩니다.

⓳ '복사데이터' 개체변수에 '자동필터' 개체변수에 할당된 AutoFilter 개체의 범위 중 화면에 보이는 범위만 할당합니다.

⓴ '복사데이터' 개체변수에 할당된 범위를 복사합니다.

㉑ 빈 워크시트를 하나 삽입하고, 워크시트의 이름을 '항목' 변수에 저장된 값으로 변경합니다.

㉒ With 문을 사용해 새로 추가된 시트의 B2셀을 대상으로 작업합니다.

㉓ 복사된 범위의 열 너비만 B2셀에 붙여 넣습니다.

㉔ 복사된 범위를 B2셀에 붙여 넣습니다.

㉕ 붙여 넣은 범위의 행 높이를 원본 표의 첫 번째 셀의 행 높이와 동일하게 설정합니다.

㉖ B2셀을 선택합니다.

㉗ ⓴에서 사용된 코드로 복사 모드가 설정되는데, 설정된 복사 모드를 해제합니다.

㉘ '자동필터' 개체변수에 할당된 AutoFilter 개체의 전체 데이터를 모두 표시합니다. 이렇게 하면 원본 표의 필터 조건이 모두 해제됩니다.

TIP 이 매크로는 예제 파일이 포함되어 있습니다.

LINK 이 매크로를 익히기 전에 SECTION 323(1118쪽)의 매크로를 먼저 참고하는 것이 좋습니다.

개발된 매크로를 실행하면 다음과 같이 항목별 시트가 새로 생성됩니다.

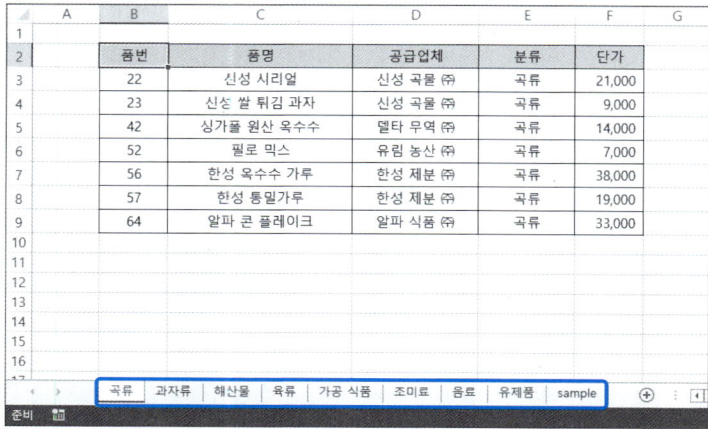

자동 필터로 추출된 표에 원하는 값 붙여 넣기

325

자동 필터를 자주 사용하는 분들은 필터 조건이 설정된 표에 데이터를 복사해 붙여 넣어 본 적이 있을 겁니다. 해 본 분들은 알겠지만, 이 작업은 기대한 것만큼의 결과를 되돌려 주진 않습니다. 이유는 [복사] 명령과 [붙여넣기] 명령의 차이 때문입니다. [복사] 명령은 떨어진 영역을 선택해 복사하는 것이 가능하지만, [붙여넣기] 명령은 연속된 범위에만 붙여 넣을 수 있습니다. 그렇기 때문에 이런 작업이 필요하다면 해당 동작을 처리하는 매크로를 개발해 처리해야 합니다.

예제 파일 PART 04 \ (AutoFilter) 붙여넣기.xlsm

예제를 열고 'sample' 시트를 보면, D열의 공급업체 중에서 '서울 무역 ㈜' 회사만 필터된 표를 확인할 수 있습니다.

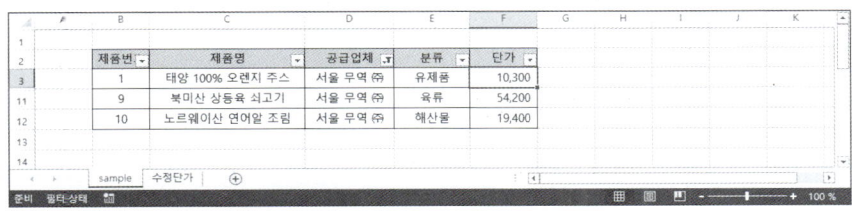

'수정단가' 시트로 이동하면 다음 화면과 같은 표를 확인할 수 있습니다.

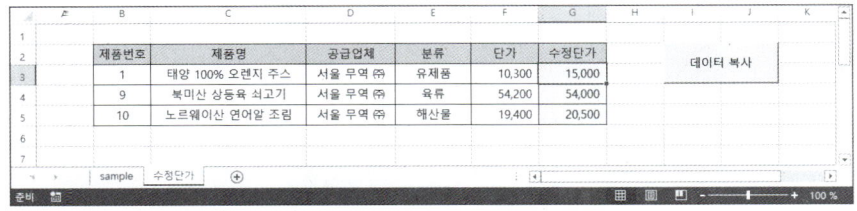

'수정단가' 시트의 G열인 '수정단가' 열의 데이터(G3:G5)를 복사한 다음, 'sample' 시트의 표에서 F3:F12 범위를 선택하고 붙여 넣는 작업을 하면, 다음과 같은 경고 메시지 창이 표시되면서 데이터가 붙여 넣어지지 않습니다.

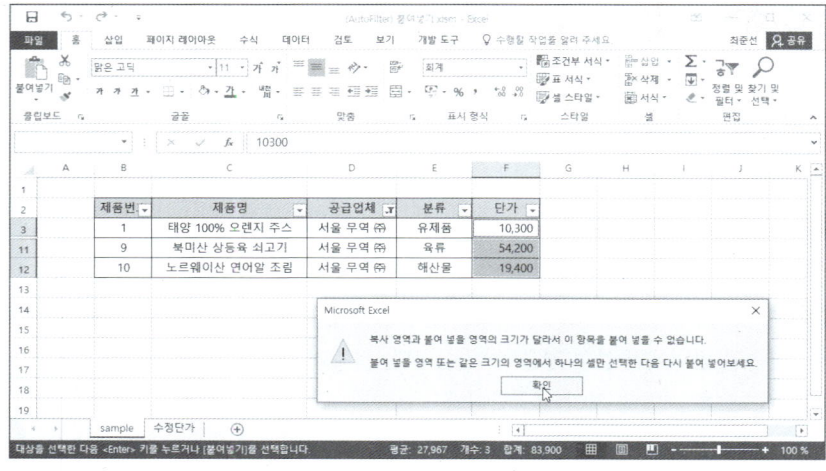

이렇게 일반 표 데이터 범위를 복사해 자동 필터가 설정된 범위로 복사해서 붙여 넣는 작업은 처리할 수가 없습니다. 그렇기 때문에 이런 작업이 필요하다면 다음과 같은 매크로를 사용해야 합니다.

```
Sub 자동필터영역으로붙여넣기()

    '1단계 : 필요한 변수를 선언합니다.
        Dim 복사범위 As Range                                        ❶
        Dim 붙여넣을범위 As Range, 영역 As Range, 셀 As Range          ❷
        Dim i As Long                                               ❸

    '2단계 : 복사할 범위와 붙여 넣을 범위를 선택합니다.
        On Error Resume Next                                        ❹

            With Application                                        ❺

                Set 복사범위 = .InputBox("복사할 범위를 선택하세요!", Type:=8)      ❻
                Set 붙여넣을범위 = .InputBox("붙여 넣을 범위를 선택하세요!", Type:=8)  ❼

            End With

            If Err.Number <> 0 Then                                 ❽

                MsgBox "범위가 제대로 설정되지 않았습니다."
                Exit Sub

            End If

        On Error GoTo 0                                             ❾

    '3단계 : 복사할 범위와 붙여 넣을 범위의 셀 개수가 일치하는지 확인합니다.
        Set 붙여넣을범위 = 붙여넣을범위.SpecialCells(xlCellTypeVisible)    ❿

        If 복사범위.Count <> 붙여넣을범위.Count Then                    ⑪

            MsgBox "복사할 범위와 붙여 넣을 범위의 셀 개수가 일치하지 않습니다."
```

```
            Exit Sub

        End If

'4단계 : 자동 필터가 설정된 범위로 데이터를 복사해 붙여 넣습니다.
    For Each 영역 In 붙여넣을범위.Areas                    ⑫

        For Each 셀 In 영역.Cells                        ⑬

            i = i + 1                        ⑭
            복사범위.Cells(i).Copy Destination:=셀            ⑮

        Next

    Next

End Sub
```

❶ Range 형식의 '복사범위' 개체변수를 선언합니다.

❷ Range 형식의 '붙여넣을범위', '영역', '셀' 개체변수를 선언합니다.

❸ Long 형식의 i 변수를 선언합니다.

❹ 에러가 발생해도 계속해서 다음 줄의 코드가 실행되도록 On Error 문을 설정합니다.

❺ With 문을 사용해 Application 개체를 대상으로 작업합니다. ❻-❼에서 InputBox 메서드를 줄여 입력하기 위한 부분입니다.

❻ InputBox 메서드를 이용해 '입력' 대화상자를 띄우고, 사용자가 선택한 범위를 '복사범위' 개체변수에 할당합니다.

❼ InputBox 메서드를 이용해 '입력' 대화상자를 띄우고, 사용자가 선택한 범위를 '붙여넣을범위' 개체변수에 할당합니다.

❽ 에러가 발생했는지 판단합니다. 에러가 발생했다면 ❻-❼의 범위가 제대로 선택되지 않은 것이므로 MsgBox 함수로 해당 내용을 화면에 띄우고 매크로를 종료합니다.

❾ ❹에서 설정한 On Error 문의 설정을 취소합니다.

❿ '붙여넣을범위' 개체변수에 할당된 데이터 범위를 화면에 표시된 범위만으로 재할당합니다.

⓫ '복사범위' 개체변수에 할당된 범위 내 셀 개수와 '붙여넣을범위' 개체변수에 할당된 범위 내 셀 개수가 일치하지 않으면 MsgBox 함수를 사용해 해당 내용을 안내하고 매크로를 종료합니다.

⓬ '붙여넣을범위' 개체변수에 할당된 범위는 여러 셀(또는 범위)로 영역이 나뉘어 있으므로, For Each … Next 순환문을 사용해 순환합니다. '붙여넣을범위' 개체변수에 할당된 범위에서 떨어진 범위를 하나씩 '영역' 개체변수에 할당합니다.

⓭ For Each … Next 순환문을 중첩해 '영역' 개체변수에 할당된 범위 내 셀을 하나씩 '셀' 변수에 할당합니다.

⓮ i 변수의 값을 1씩 증가시킵니다. 이 값은 복사할 범위 내 n번째 셀을 하나씩 지정하기 위해 사용합니다.

⓯ '복사범위' 개체변수에 할당된 범위의 i번째 셀을 복사해 '셀' 개체변수에 할당된 위치에 붙여 넣습니다.

TIP 이 매크로는 '수정단가' 시트의 〈데이터 복사〉 버튼에 연결되어 있습니다.

개발된 매크로를 테스트하기 위해 '수정단가' 시트의 〈데이터 복사〉 버튼을 클릭하면 첫 번째 '입력' 대화상자가 표시됩니다. G3:G5 범위를 선택하고 〈확인〉 버튼을 클릭합니다.

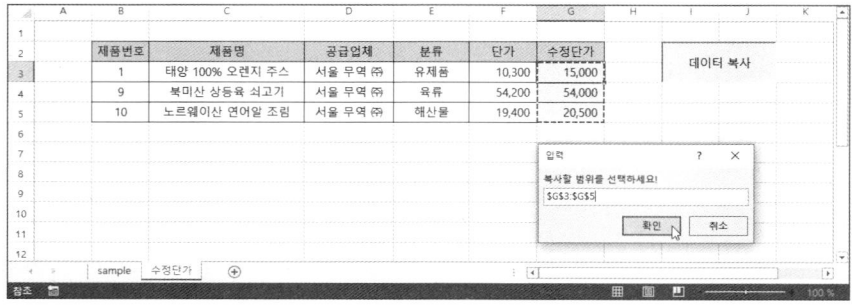

두 번째 '입력' 대화상자가 표시되면 'sample' 시트를 선택하고 F3:F12 범위를 선택한 다음 〈확인〉 버튼을 클릭합니다.

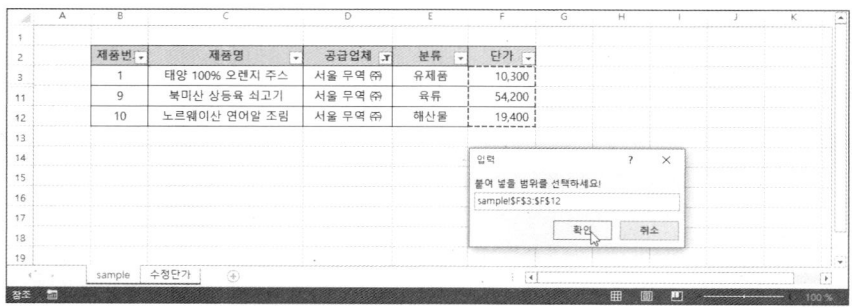

그러면 다음과 같이 선택된 범위로 데이터가 붙여지는 것을 확인할 수 있습니다.

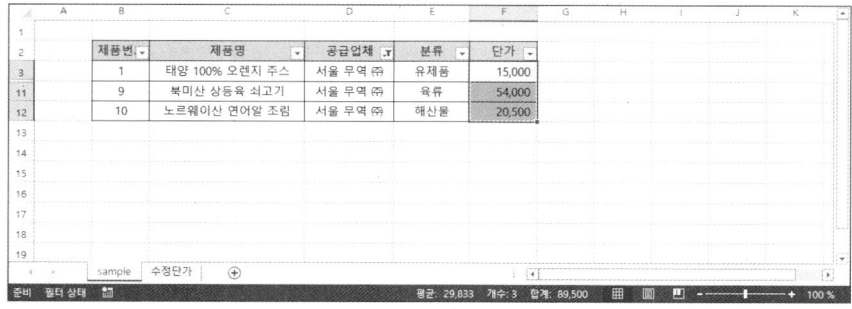

326 자동 필터가 설정된 열을 색상으로 표시하기

자동 필터는 유용한 기능이지만 필터가 설정된 열이 시각적으로 한눈에 보이지는 않습니다. 그래서 자동 필터를 사용할 때 어느 열에 필터가 설정됐는지 확인하는 것이 쉽지는 않습니다. 만약 필터 조건이 설정된 열에 별도의 색상이 지정되어 있다면, 조건이 어디에 설정되어 있는지 보다 쉽게 파악할 수 있을 것입니다. 이번에는 필터 조건이 설정된 열에 조건부 서식을 이용해 별도의 색상 효과가 나타나도록 설정하는 방법에 대해 알아보겠습니다.

예제 파일 PART 04 \ (AutoFilter) 필터 열 표시.xlsm

예제를 열면 화면과 같은 표를 확인할 수 있습니다.

품번	품명	공급업체	분류	단가
1	태양 100% 오렌지 주스	서울 무역	유제품	18,000
2	태양 100% 레몬 주스	태양 식품	음료	19,000
3	태양 체리 시럽	태양 식품	조미료	10,000
4	신한 100% 복숭아 시럽	신한 식품	조미료	22,000
5	신한 100% 파인애플 시럽	신한 식품	조미료	21,000
6	대양 특선 블루베리 잼	대양 농산	조미료	25,000
73	원양 순 상어알	원양 수산	해산물	35,000
74	서울 구이 김	서울 무역	가공 식품	10,000
75	알파인 맥주	알파 식품	음료	24,000
76	미왕 초콜릿 드링크	미왕 식품	음료	3,000
77	알파 샐러드 드레싱	알파 식품	조미료	13,000

이 표의 필터 조건을 설정하는 열에 별도의 서식이 자동으로 지정되도록 하려면 다음 매크로를 사용합니다.

```
Sub 필터열표시()

'1단계 : 필요한 변수를 선언합니다.
    Dim 자동필터 As AutoFilter          ①
    Dim 필터열 As Range                 ②
    Dim i As Integer                    ③

'2단계 : 필터가 설정되어 있지 않으면 매크로를 종료합니다.
    If ActiveSheet.AutoFilterMode = False Then    ④

        Cells.FormatConditions.Delete             ⑤
        Exit Sub                                  ⑥

    End If
```

```
        '3단계 : 필터가 설정된 열에 조건부 서식을 이용해 서식을 지정합니다.
        Set 자동필터 = ActiveSheet.AutoFilter                        ●

        For i = 1 To 자동필터.Filters.Count                          ●

            If 자동필터.Filters(i).On Then                            ●

                Set 필터열 = 자동필터.Range.Columns(i)                 ●

                If 필터열.FormatConditions.Count = 0 Then             ●

                    With 필터열                    ●

                        .FormatConditions.Add Type:=xlExpression, Formula1:="=TRUE"    ●

                        With .FormatConditions(1).Interior              ●
                            .ThemeColor = xlThemeColorAccent4           ●
                            .TintAndShade = 0.8              ●
                        End With

                    End With

                End If

            Else              ●

                On Error Resume Next              ●

                자동필터.Range.Columns(i).FormatConditions.Delete        ●

            End If

        Next

End Sub
```

❶ AutoFilter 형식의 '자동필터' 개체변수를 선언합니다.

❷ Range 형식의 '필터열' 개체변수를 선언합니다.

❸ Integer 형식의 i 변수를 선언합니다.

❹ 현재 시트에 자동 필터가 적용되어 있지 않은지 판단해, 적용되지 않았다면 ❺-❻의 코드를 실행합니다.

❺ 현재 시트의 모든 조건부 서식을 삭제합니다.

❻ 매크로를 종료합니다.

❼ '자동필터' 개체변수에 현재 시트에 적용된 자동 필터를 할당합니다.

❽ For … Next 순환문을 사용해 i 변수의 값을 1부터 '자동필터' 개체변수에 할당된 자동 필터의 수만큼 순환합니다. 이렇게 하면 표에서 자동 필터가 적용된 열을 대상으로 필터 조건이 설정됐는지 확인할 수 있습니다.

❾ '자동필터' 개체변수에 할당된 자동 필터의 i번째 필터에 필터 조건이 설정됐는지 On 속성 값을 가지고 판단합니다. 설정된 경우에만 ❿-⓰의 코드를 실행합니다.

❿ '필터열' 개체변수에 '자동필터' 개체변수에 할당된 자동 필터 개체의 범위 중 i번째 열 범위를 할당합니다. 이렇게 하면 필터 조건이 설정된 열 범위가 '필터열' 개체변수에 할당됩니다.

⑪ '필터열' 개체변수에 할당된 범위 내 조건부 서식이 적용된 것이 없는지 판단해, 적용되지 않은 경우에만 ⑫-⑯의 코드를 실행합니다. 이 판단은 조건부 서식이 이미 설정된 열인 경우에는 중복해 설정하지 않도록 하기 위한 것입니다.

⑫ With 문을 사용해 '필터열' 개체변수에 할당된 범위를 대상으로 작업합니다.

⑬ 해당 범위에 조건부 서식을 수식 조건으로 추가하는데, 수식 조건은 True로 설정합니다. 이렇게 하면 무조건 설정된 범위에 조건부 서식의 서식 조건이 나타납니다.

⑭ With 문을 사용해 해당 범위에 적용된 첫 번째 조건부 서식의 조건이 만족될 경우의 서식(Interior)을 설정합니다.

⑮ 테마색을 xlThemeColorAccent4로 설정합니다.

> **LINK** 테마색을 지정하는 방법은 406~407쪽에 자세하게 설명되어 있습니다.

⑯ 테마색을 80% 더 밝게 설정합니다.

⑰ ⑨에서 확인한 조건이 False인 경우이므로, 해당 열에 필터가 설정되지 않았을 때의 동작을 ⑱-⑲를 실행해 처리합니다.

⑱ 에러가 발생해도 매크로 실행을 중단하지 않고 다음 줄이 계속해서 실행되도록 On Error 문을 설정합니다.

⑲ '자동필터' 개체변수에 할당된 자동 필터 개체가 적용된 범위 내 i번째 열의 조건부 서식을 삭제합니다.

> **TIP** 이 매크로는 예제 파일에 포함되어 있습니다.

다만 필터 조건을 수정함과 동시에 지정된 서식이 적용되는 것은 아니므로, 매크로를 항상 실행해야 합니다. 이런 불편함을 해소하려면 이벤트에서 이 매크로를 호출하도록 작업해야 합니다.

하지만 자동 필터와 연동되는 이벤트가 따로 제공되는 것은 아니므로, 자동 필터와 연관되는 수식을 사용한 다음 Worksheet 개체의 Calculate 이벤트를 활용합니다. 워크시트의 H2셀에 다음 수식을 입력합니다.

```
=Subtotal(2, B3:B79)
```

> **TIP** Calculate 이벤트를 동작시키기 위한 수식이므로, H2셀 외의 빈 셀 어디에 입력해도 상관 없습니다.

SubTotal 함수는 화면에 표시된 데이터만을 대상으로 지정된 함수의 결과를 반환하는 함수이므로, 자동 필터로 조건을 변경하면 수식이 자동으로 재계산됩니다. 수식이 계산될 때 Calculate 이벤트가 동작하므로, 이렇게 바로 지원되는 이벤트가 없다면 이런 방법을 이용할 수 있습니다.

시트 탭에서 마우스 오른쪽 버튼을 클릭하고 [코드 보기] 메뉴를 선택한 다음, Worksheet_Calculate 이벤트를 다음과 같이 설정합니다.

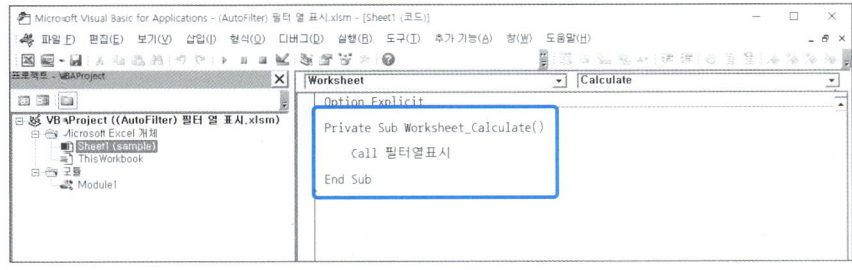

이제, 예제에서 필터 조건을 변경하면 다음과 같이 조건이 설정된 열에 지정된 서식이 표시됩니다.

품번	품명	공급업체	분류	단가
1	태양 100% 오렌지 주스	서울 무역 ㈜	유제품	18,000
11	현진 커피 밀크	현진 식품 ㈜	유제품	21,000
12	현진 바닐라 엣센스	현진 식품 ㈜	유제품	13,800
31	대관령 바닐라 아이스크림	대관령 유업 ㈜	유제품	12,000
32	대관령 초콜릿 아이스크림	대관령 유업 ㈜	유제품	32,000
33	한라 멜론 아이스크림	한라 유업 ㈜	유제품	2,000
59	대일 포장 치즈	대일 유업 ㈜	유제품	55,000
60	대일 파메쌍 치즈	대일 유업 ㈜	유제품	34,000
69	한라 분유	한라 유업 ㈜	유제품	36,000
71	한라 연유	한라 유업 ㈜	유제품	21,000
72	대관령 특제 버터	대관령 유업 ㈜	유제품	34,000

H2셀의 수식: =SUBTOTAL(2, B3:B79), 값: 11

TIP H2셀에는 앞에서 설명한 수식이 입력되어 있습니다.

TIP 다른 열에 필터 조건을 설정하거나 필터 조건을 모두 해제해 이벤트가 제대로 동작하는지 확인합니다.

고급 필터를 이용해
대용량 데이터 검색 시스템 만들기   327

많은 데이터를 효율적으로 관리해야 하는 경우에는 전체 데이터를 빠르게 검색할 수 있으면 편리합니다. 이 경우 엑셀에서 가장 유용한 기능이 바로 고급 필터입니다. 고급 필터는 입력된 조건에 맞는 데이터를 화면에 표시하거나 필요한 위치로 복사하려고 할 때 가장 좋은 기능입니다. 이번에는 대량의 데이터에서 필요한 조건에 맞는 데이터를 검색하는 방법에 대해 알아보겠습니다.

예제 파일 PART 04 \ (AdvancedFilter) 검색.xlsm

예제 파일을 열면 다음과 같은 화면을 확인할 수 있습니다.

	A	B	C	D	E	F	G	H
1								
2		고객 조회						
3		회사	담당자	직위	도시	전화번호	검색	
4								
5							초기화	
6								
7								
8		회사	담당자	직위	도시	전화번호		
91		천지 교역 ㈜	한민정	과장	서울	(070)2742-8514		
92		삼왕 통상 ㈜	최지한	사원	인천	(032)358-1984		
93		해바라기 백화점 ㈜	채송아	과장	서울	(070)5288-6930		
94		언더우드 상사 ㈜	정승화	사원	서울	(02)4132-3845		
95		이화 무역 ㈜	홍현아	과장	성남	(031)4557-1934		
96		금화 유통 ㈜	강미란	과장	부산	(070)8514-6684		
97		신흥 교역 ㈜	천동석	차장	서울	(070)4649-1028		
98		미주 상사 ㈜	박준심	부장	서울	(070)9431-9255		
99		프랑소아 백화점 ㈜	이화란	차장	제주	(070)6773-8108		
100								

TIP 이 표의 F4:F6 범위에는 '표시 형식'이 '텍스트'로 지정되어 있으므로 '070'과 같은 숫자를 입력할 수 있습니다.

TIP E9셀에는 '틀고정' 기능이 적용되어 있어 아래로 스크롤할 때 8행까지 고정된 상태로 데이터를 확인할 수 있습니다.

B4:F5 범위에 입력된 조건에 맞는 데이터만 검색해 표시하려면 다음과 같은 매크로를 사용합니다.

```
Sub 검색()

'1단계 : 필요한 변수를 선언합니다.
    Dim 조건표 As Range, 셀 As Range ──────── ❶
    Dim 원본표 As Range ──────── ❷

'2단계 : 조건표에 입력된 조건을 확인해 조건표 범위를 설정합니다.
    For Each 셀 In Range("B4:F6") ──────── ❸

        If Len(셀.Value) > 0 Then ──────── ❹

            If Left(셀.Value, 1) <> "*" Then ──────── ❺
```

CHAPTER 21 | 기타 유용한 기능 조작 방법 / **1133**

```
            If TypeName(셀.Value) = "String" Then                    ⑥

                셀.Value = "*" & 셀.Value & "*"                       ⑦

            End If

        End If

        Set 조건표 = Range(Range("B3"), 셀)                            ⑧

    End If

Next

'3단계 : 조건표에 조건이 입력됐는지 확인해, 고급 필터를 사용해 데이터를 추출합니다.
    If 조건표 Is Nothing Then                                         ⑨

        MsgBox "검색 조건을 먼저 입력해야 합니다."

    Else                                                             ⑩

        Set 원본표 = Range("B8").CurrentRegion                         ⑪

        원본표.AdvancedFilter Action:=xlFilterInPlace, _
                             CriteriaRange:=조건표, _
                             Unique:=False                           ⑫

    End If

End Sub
```

❶ Range 형식의 '조건표'와 '셀' 개체변수를 선언합니다.

❷ Range 형식의 '원본표' 개체변수를 선언합니다.

❸ 조건 표의 데이터 입력 부분인 B4:F6 범위를 For Each … Next 문으로 순환하면서 하나씩 '셀' 개체변수에 할당합니다.

❹ '셀' 개체변수에 할당된 셀의 값이 입력되었는지 Len 함수로 판단해, 입력된 값이 있으면 ❺-❼의 코드를 실행합니다. 조건표에 데이터가 입력된 위치까지만 조건표 범위로 설정하기 위한 작업입니다. 그리고 텍스트 값은 입력된 값 왼쪽과 오른쪽에 와일드 카드 문자(*)를 붙여 입력된 값이 포함된 단어를 모두 검색하도록 합니다.

❺ '셀' 개체변수에 할당된 셀 값 중 첫 번째 문자가 *가 아닌 경우에만 ❻-❼의 코드를 실행합니다. 기존에 입력된 조건인지 여부를 판단하는 부분입니다.

❻ '셀' 개체변수에 할당된 셀 값이 텍스트 형식인지 TypeName 함수로 판단해 ❼의 코드를 실행합니다.

❼ '셀' 개체변수의 할당된 셀 값의 왼쪽과 오른쪽에 와일드 카드 문자(*)를 붙여 해당 단어가 포함된 모든 값을 검색하도록 합니다. 이런 부분이 불필요하면 ❺-❼의 코드를 삭제합니다.

❽ '조건표' 개체변수에 B3셀부터 '셀' 개체변수에 할당된 셀까지의 범위를 할당합니다.

❾ '조건표' 개체변수에 할당된 범위가 없다면 MsgBox 함수를 사용해 사용 방법을 안내합니다.

⓾ '조건표' 개체변수에 할당된 범위가 있다면 조건이 입력된 것이므로, ⓫-⓬의 코드를 실행합니다.

⓫ '원본표' 개체변수에 B8셀부터 연속된 데이터 범위를 할당합니다.

⓬ '원본표' 개체변수에 할당된 데이터 범위에 고급 필터를 적용해 조건에 맞는 데이터를 화면에 표시합니다. AdvancedFilter 메서드에서 사용된 매개변수의 의미는 다음 표를 참고합니다.

매개변수	설명
Action	고급 필터로 실행할 동작을 설정합니다. xlFilterInPlace 내장 상수는 '현재 위치에 필터' 옵션을 의미합니다. '다른 장소에 복사' 옵션을 선택하려면 xlFilterCopy 내장 상수를 사용하면 됩니다.
CriteriaRange	조건을 입력한 데이터 범위로 머리글 범위가 포함되어야 합니다.
Unique	'동일한 레코드는 하나만' 옵션의 사용 여부를 의미합니다.

참고로 '고급 필터' 대화상자는 다음과 같으며, 각 위치의 매개변수는 위 표와 함께 이해합니다.

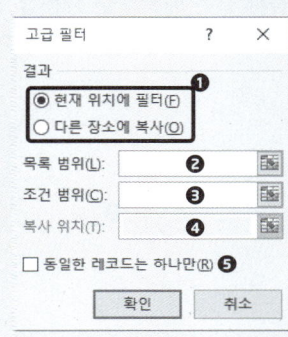

❶ Action1
❷ 원본표
❸ CriteriaRange
❹ CopyToRange : 이 매개변수는 이번에는 사용하지 않습니다. Action 매개변수에서 xlFilterCopy 내장 상수를 사용한 경우에 이 매개변수에 원하는 범위를 선택해, 조건에 맞는 데이터를 지정된 범위로 복사할 수 있습니다.
❺ Unique

TIP 이 매크로는 예제의 〈검색〉 버튼에 연결되어 있습니다.

〈검색〉 버튼에 연결된 매크로를 테스트하기 위해 담당자 중에서 성이 '김'이고, 연락처가 '070'으로 시작하는 고객을 검색해 봅니다. C4셀에 '김'을, F4셀에 '070'을 입력하고 〈검색〉 버튼을 클릭하면 다음과 같은 결과가 조회됩니다.

	A	B	C	D	E	F	G	H
1								
2		고객 조회						
3		회사	담당자	직위	도시	전화번호	검색	
4			*김*	*과장*	*인천*			
5							초기화	
6								
7								
8		회사	담당자	직위	도시	전화번호		
85		신성 식품 ㈜	김혜령	과장	인천	(032)545-1846		
100								
101								

TIP C4셀과 F4셀의 와일드 카드 문자(*)는 따로 입력하지 않아도 됩니다.

원하는 데이터가 검색되지 않았을 경우에는 조건을 변경하고 〈검색〉 버튼을 다시 클릭하면 다음과 같은 결과를 얻을 수 있습니다.

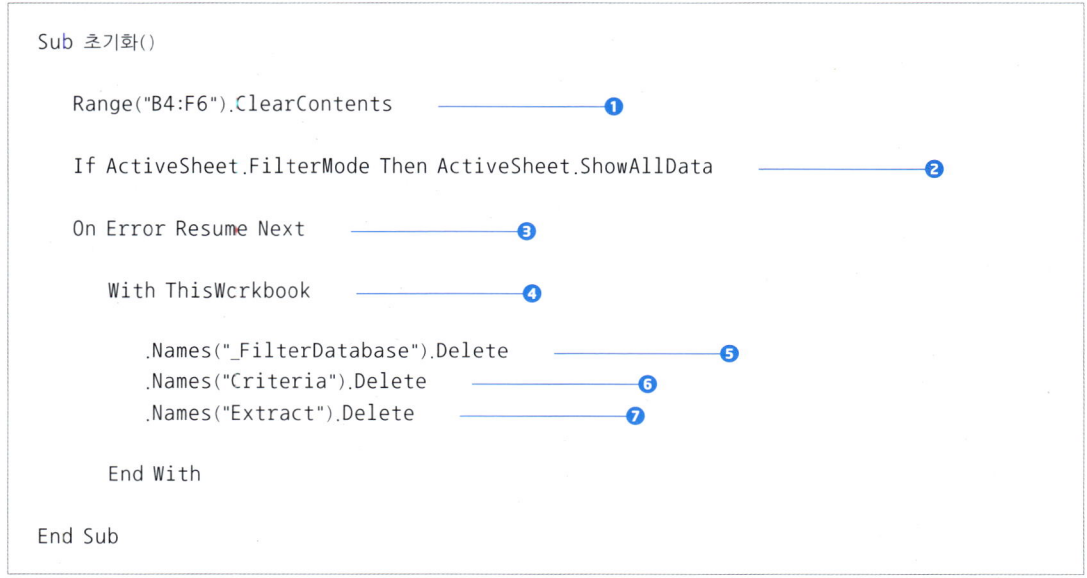

TIP F4셀의 조건을 삭제하고, D4:E4 범위에 '과장'과 '인천'을 입력합니다.

조건 표에 입력된 조건을 모두 초기화하는 작업을 자동으로 처리하려면 다음과 같은 매크로를 사용합니다.

```
Sub 초기화()

    Range("B4:F6").ClearContents                                    ①

    If ActiveSheet.FilterMode Then ActiveSheet.ShowAllData          ②

    On Error Resume Next                                            ③

    With ThisWorkbook                                               ④

        .Names("_FilterDatabase").Delete                            ⑤
        .Names("Criteria").Delete                                   ⑥
        .Names("Extract").Delete                                    ⑦

    End With

End Sub
```

① B4:F6 범위의 값만 지웁니다.

② 현재 시트에 필터가 설정되어 있다면 모든 데이터를 표시합니다.

③ 다음 줄을 실행할 때 에러가 발생해도 멈추지 않고 계속해서 매크로가 실행되도록 On Error 문을 설정합니다.

④ With 문을 사용해 현재 파일을 대상으로 작업합니다.

⑤ 정의된 이름 중 '_FilterDatabase'를 삭제합니다. 이 이름은 '고급 필터' 기능을 실행할 때 '목록 범위'에 설정되는 범위로, 한 번 고급 필터가 실행되면 이 이름이 자동으로 정의됩니다.

⑥ 정의된 이름 중 'Criteria'를 삭제합니다. 이 이름은 '고급 필터' 대화상자의 '조건 범위'에 설정된 범위를 참조합니다.

⑦ 정의된 이름 중 'Extract'를 삭제합니다. 이 이름은 '고급 필터' 대화상자의 '복사 위치'에 설정된 범위를 참조합니다. ⑤-⑦의 코드가 실행되면, '고급 필터' 대화상자가 초기화됩니다.

TIP 이 매크로는 예제 파일에 포함되어 있습니다.

개발된 매크로가 제대로 동작하는지 확인하기 위해 〈초기화〉 버튼을 클릭합니다. 조건표의 조건이 모두 삭제되고, 전체 데이터가 표시되는 것을 확인할 수 있습니다.

	회사	담당자	직위	도시	전화번호	
	고객 조회					
	회사	담당자	직위	도시	전화번호	검색
						초기화
	회사	담당자	직위	도시	전화번호	
91	천지 교역 ㈜	한민정	과장	서울	(070)2742-8514	
92	삼왕 통상 ㈜	최지한	사원	인천	(032)358-1984	
93	해바라기 백화점 ㈜	채송아	과장	서울	(070)5288-6930	
94	언더우드 상사 ㈜	정승화	사원	서울	(02)4132-3845	
95	이화 무역 ㈜	홍현아	과장	성남	(031)4557-1934	
96	금화 유통 ㈜	강미란	과장	부산	(070)8514-6684	
97	신흥 교역 ㈜	천동석	차장	서울	(070)4649-1028	
98	미주 상사 ㈜	박준심	부장	서울	(070)9431-9255	
99	프랑소아 백화점 ㈜	이화란	차장	제주	(070)6773-8108	

'초기화' 매크로의 나머지 동작을 확인하려면 조건을 입력하고 〈검색〉 버튼을 클릭한 다음, 리본 메뉴의 [데이터] 탭-[정렬 및 필터] 그룹-[고급] 명령을 클릭해 대화상자를 확인합니다. 〈초기화〉 버튼을 클릭한 다음 다시 [고급] 명령을 클릭해 대화상자를 확인해 봅니다.

표의 머리글을 더블클릭하면 해당 열 정렬하기

328

표를 정렬하는 작업은 아주 빈번하게 해야 하는 일 중의 하나입니다. 엑셀은 기본적으로 오름차순과 내림차순 정렬을 제공하고 있지만 자동이 아니어서 수동으로 정렬 방식을 지정해야 합니다. 만약 표의 머리글을 클릭할 때마다 오름차순과 내림차순 정렬 방법이 순환하면서 적용되도록 하고 싶다면 Worksheet 개체의 SelectionChange 이벤트를 이용해 기능을 개발할 수 있습니다.

예제 파일 PART 04 \ (Sort) 정렬.xlsm

예제를 열면 다음과 같은 표를 확인할 수 있습니다.

사번	이름	직위	주민등록번호	성별	나이	입사일
1	김덕훈	부장	730219-1234567	남	43	2001-05-14
2	안정훈	과장	800304-1234567	남	36	2005-10-17
3	김소미	사원	821208-2134567	여	34	2010-05-01
4	윤대현	대리	850830-1234567	남	31	2014-04-01
5	최소라	사원	890919-2134567	여	27	2013-05-03
6	김찬진	대리	850702-1234567	남	31	2012-10-17
7	오영수	사원	900529-1234567	남	26	2014-01-02
8	선하라	사원	920109-2134567	여	24	2014-03-05
9	유가을	사원	910127-2134567	여	25	2013-11-15

이 표의 열 머리글 범위(B2:H2)를 더블클릭할 때 자동으로 오름차순과 내림차순으로 정렬되도록 하려면 해당 워크시트의 BeforeDoubleClick 이벤트를 이용해 처리하면 됩니다.

```
'0단계 : 전역 변수를 선언합니다.
Private 열(1 To 7) As Integer                                              ❶
Private Sub Worksheet_BeforeDoubleClick(ByVal Target As Range, Cancel As Boolean)   ❷

'1단계 : 필요한 변수를 선언합니다.
    Dim 표 As Range                     ❸
    Dim 머리글 As Range                  ❹
    Dim 정렬방법 As Integer               ❺
    Dim i As Integer                    ❻

'2단계 : 변수의 초기 값을 설정합니다.
    Set 표 = Range("B2").CurrentRegion   ❼
    Set 머리글 = 표.Rows(1)               ❽
    i = Target.Column - 1                ❾

'3단계 : 머리글 범위 내 셀을 더블클릭했는지 확인합니다.
    If Intersect(Target, 머리글) Is Nothing Then Exit Sub    ❿
```

```
    '4단계 : 정렬 방법을 결정합니다.
        If 열(i) = 0 Then ───────────⑪

            정렬방법 = xlAscending

        Else ──────────⑫

            정렬방법 = IIf(열(i) = xlAscending, xlDescending, xlAscending)

        End If

    '5단계 : 정렬하고, 해당 열의 정렬 방법을 저장합니다.
        표.Sort Key1:=Target, Order1:=정렬방법, Header:=xlYes ─────────⑬

        열(i) = 정렬방법 ──────────⑭

        Cancel = True ──────────⑮

End Sub
```

❶ nteger 형식의 '열' 배열변수를 전역변수로 선언합니다. 이 배열변수는 열별로 정렬된 방법(오름차순, 내림차순)을 저장하기 위해 총 일곱 개의 값을 저장할 수 있도록 선언되며, 전역변수이므로 저장된 값이 이벤트 종료와 함께 초기화되지 않아 이전에 정렬된 방법을 알 수 있습니다.

❷ Worksheet_BeforeDoubleClick 이벤트는 워크시트 내 셀을 더블클릭할 때 실행되며, 더블클릭한 셀은 Target 매개변수에 저장되고, 더블클릭 동작을 취소할 수 있는 Cancel 매개변수가 제공됩니다.

❸ Range 형식의 '표' 개체변수를 선언합니다.

❹ Range 형식의 '머리글' 개체변수를 선언합니다.

❺ nteger 형식의 '정렬방법' 변수를 선언합니다.

❻ nteger 형식의 i 변수를 선언합니다. 이 변수는 '열' 배열변수의 인덱스 값을 저장하는 데 사용합니다.

❼ 표' 개체변수에 B2셀부터 연속된 데이터 범위를 할당합니다.

❽ 머리글' 개체변수에 '표' 개체변수에 할당된 데이터 범위 내 첫 번째 행 범위를 할당합니다.

❾ 변수에 더블클릭한 셀의 열 번호에서 1을 뺀 값을 저장합니다. i 변수에는 '열' 배열변수의 인덱스 값이 저장되어야 하는데, 배열변수는 1부터 7까지의 번호를 사용하고 예제의 표는 B열(2)부터 H열(8)까지 사용하므로, 열 번호에서 1을 뺀 값이 배열변수의 인덱스 번호가 됩니다.

❿ Target 매개변수에 저장된 셀은 더블클릭한 셀이므로, 이 셀이 '머리글' 개체변수에 할당된 데이터 범위 내 셀인지 ntersect 메서드로 판단합니다. '머리글' 개체변수에 할당된 셀을 더블클릭하지 않았다면 이벤트를 종료합니다.

⑪ '열' 배열변수에 i번째 저장된 값이 0이면 아직 정렬 작업이 진행되지 않은 것입니다. 이 부분에서는 숫자형 변수는 선언 후 값을 저장하지 않으면 항상 0이 된다는 사실을 기억할 필요가 있습니다. 이전에 저장된 값이 없다면, '정렬방법' 변수에 오름차순(xlAscending) 값을 저장합니다.

⑫ ⑪의 코드가 False면 저장된 값이 있다는 의미이므로, '열' 배열변수의 i번째 값이 오름차순이면 내림차순으로, 내림차순이면 오름차순으로 '정렬방법' 변수에 저장합니다. 이렇게 하면 이전에 정렬된 방법을 기억했다가 다음에는 반대 방법으로 정렬하게 됩니다.

⑬ 표' 개체변수에 할당된 전체 범위를 더블클릭한 셀을 기준으로 '정렬방법' 변수에 저장된 방법으로 정렬합니다.

⑭ 정렬 방법을 저장해 두기 위해, '열' 배열변수의 i번째 위치에 '정렬방법' 변수의 값을 저장합니다.

⑮ 셀을 더블클릭하면 셀이 편집 상태가 되므로, 정렬 작업을 마친 후 편집 상태가 되지 않도록 더블클릭한 동작을 취소합니다.

이제 표의 B2:H2 범위 내 정렬할 열의 머리글 셀을 더블클릭하면, 오름차순과 내림차순이 교차되면서 정렬됩니다. 테스트를 위해 G2셀을 더블클릭하면 데이터가 나이순으로 정렬됩니다.

	A	B	C	D	E	F	G	H	I
1									
2		사번	이름	직위	주민등록번호	성별	나이	입사일	
3		8	선하라	사원	920109-2134567	여	24	2014-03-05	
4		9	유가을	사원	910127-2134567	여	25	2013-11-15	
5		7	오영수	사원	900529-1234567	남	26	2014-01-02	
6		5	최소라	사원	890919-2134567	여	27	2013-05-03	
7		4	윤대현	대리	850830-1234567	남	31	2014-04-01	
8		6	김찬진	대리	850702-1234567	남	31	2012-10-17	
9		3	김소미	사원	821208-2134567	여	34	2010-05-01	
10		2	안정훈	과장	800304-1234567	남	36	2005-10-17	
11		1	김덕훈	부장	730219-1234567	남	43	2001-05-14	
12									

워크시트 정렬하기

329

시트를 여러 개 사용할 때 보기 좋게 하기 위해 시트 탭 순서를 조정하는 경우가 종종 있습니다. 이런 작업을 간편하게 하면 좋겠지만 시트를 정렬하는 별도의 기능은 없으므로 어쩔 수 없이 시트 탭을 일일이 수작업으로 이동해야 합니다. 이런 작업이 반복적으로 발생한다면, 시트를 정렬하는 매크로를 개발해 사용하는 것이 편리합니다. 이번에는 시트 탭을 정렬하는 몇 가지 매크로를 개발하는 방법에 대해 알아보겠습니다.

예제 파일 PART 04 \ (Sort) 시트.xlsm

시트 탭 정렬

예제를 열면 다음과 같이 정렬되어 있지 않은 시트 12개를 확인할 수 있습니다.

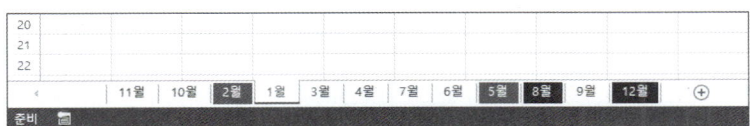

정렬 작업에는 기준이 있어야 합니다. 시트 탭을 오름차순으로 정렬하려면 다음과 같은 매크로를 사용합니다.

```
Sub 시트탭정렬1()

    Dim i As Integer, j As Integer ────────❶

    For i = 1 To Sheets.Count - 1 ─────────❷

        For j = i + 1 To Sheets.Count ─────❸

            If Sheets(i).Name > Sheets(j).Name Then ────❹

                Sheets(j).Move Before:=Sheets(i) ───❺

            End If

        Next j

    Next i

End Sub
```

❶ Integer 형식의 i, j 변수를 선언합니다.

❷ For … Next 순환문을 사용해 i 변수의 값을 1부터 전체 시트 수보다 하나 작은 값까지 순환합니다.

❸ For … Next 순환문을 사용해 j 변수의 값을 i 변수 값보다 1 큰 값에서 전체 시트 수만큼 순환합니다. 이렇게 하면 i가 1이면 j는 2~12까지, i가 2이면 j는 3~12까지의 값을 순환합니다. i 와 j 변수는 모두 Sheet 개체의 인덱스 번호로 사용할 것이기 때문에, 항상 자신보다 오른쪽에 위치한 시트 탭과 비교 작업을 하도록 설정할 수 있습니다.

❹ i번째 시트와 j번째 시트의 이름을 비교해, i번째 시트의 이름이 큰 경우에만 ❺의 코드를 실행합니다. 참고로 시트 탭 이름에 영문자가 있다면, 소문자 a와 대문자 A는 같은 값이 아니라고 판단하므로, 다음과 같이 UCase 함수를 사용해 대문자로 값을 변환해 비교해야 올바른 정렬 결과를 얻을 수 있습니다.

```
If UCase(Sheets(i).Name) > UCase(Sheets(j).Name) Then
```

❺ j번째 시트를 i번째 시트의 왼쪽으로 이동시킵니다. 이번과 같이 작은 값이 왼쪽으로 나열되면, 큰 값은 오른쪽에 나열되므로 마치 시트를 정렬한 것과 같은 효과를 얻을 수 있습니다.

TIP 이 매크로는 예제에 포함되어 있습니다.

개발된 매크로를 실행하면 다음과 같이 정렬됩니다.

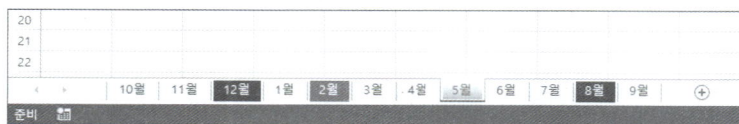

위 화면은 만족스런 결과는 아닐 겁니다. 이것은 코드 구성에 문제가 있어서라기보다는 숫자와 텍스트 값이 혼용된 경우여서 숫자 방식으로 정렬이 되지 않아 나타나는 현상입니다. 시트 이름이 한글이나 영어로 구성된 경우라면 제대로 오름차순으로 정렬이 됩니다.

예제와 같은 경우를 처리하려면 시트 이름에서 '월' 값을 뺀 나머지 숫자로만 시트 탭을 정렬할 필요가 있습니다. 아래 설명 부분을 참고해, 새 함수를 Function 프로시저로 생성하고 매크로를 수정합니다.

```
Sub 시트탭정렬()

    Dim i As Integer, j As Integer

    For i = 1 To Sheets.Count - 1

        For j = i + 1 To Sheets.Count

            If 시트명변경(Sheets(i).Name, "월") > 시트명변경(Sheets(j).Name, "월") Then         ───❶

                Sheets(j).Move Before:=Sheets(i)

            End If

        Next j
```

```
    Next i

End Sub

Function 시트명변경(현재시트명 As String, 지울문자열 As String) As Integer    ❷

    시트명변경 = Val(Replace(현재시트명, 지울문자열, ""))    ❸

End Function
```

❶ '시트명변경' 함수를 이용해 비교할 시트 이름에서 '월' 문자를 삭제하고, 숫자를 두 자리로 통일합니다. 그런 다음, i번째 시트가 j번째 시트보다 큰 값인지 판단해, 맞으면 j번째 시트를 i번째 시트 왼쪽으로 위치를 옮깁니다.

❷ '시트명변경' Function 프로시저를 선언합니다. 이 함수는 다음 두 개의 매개변수에 값을 받아 String 형식의 값을 반환합니다.
  - 현재시트명 : 변경할 시트 이름을 String 형식으로 받습니다.
  - 지울문자열 : 시트 이름에서 삭제할 문자열을 String 형식으로 받습니다.

❸ Replace 함수를 사용해 '현재시트명' 매개변수에 저장된 값에서 '지울문자열' 변수에 저장된 값을 찾아 빈 문자(" ")로 변경합니다. 이렇게 하면 '현재시트명' 변수의 값에서 '지울문자열' 변수의 값이 삭제되어 숫자 값만 남습니다. 이 값은 String 형식이므로, 숫자로 변환하기 위해 Val 함수를 사용합니다. Val 함수는 String 형식의 숫자 값을 숫자 형식으로 변환하는 함수입니다. 이번 줄은 수식에서와 같이 마이너스(-) 기호를 앞에 두 번 붙이는 다음 코드로 변경할 수 있습니다.

```
    시트명변경 = --Replace(현재시트명, 지울문자열, "")
```

수정된 매크로를 실행하면 10월, 11월, 12월 시트가 정상적으로 뒤에 나열되는 것을 확인할 수 있습니다.

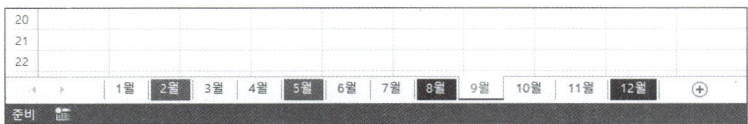

시트 탭 색상별 정렬

시트의 이름이 아니라 시트 탭에 적용된 색상별로 시트를 정렬하고 싶은 경우도 있을 겁니다. 이 경우 기존 매크로의 코드 구성과 동일하지만 비교하는 방법을 시트 탭 색으로 설정하면 됩니다. 다음과 같이 매크로를 수정합니다.

```
Sub 시트탭정렬()

    Dim i As Integer, j As Integer

    For i = 1 To Sheets.Count - 1
```

```
        For j = i + 1 To Sheets.Count

            If Sheets(i).Tab.Color > Sheets(j).Tab.Color Then         ──────①

                Sheets(j).Move Before:=Sheets(i)

            End If

        Next j

    Next i

End Sub
```

① i번째 시트의 탭 색상 값이 j번째 시트의 탭 색상 값보다 크다면, j번째 시트를 i번째 시트의 왼쪽에 위치시킵니다. 이렇게 하면 시트 탭 색상이 적용된 시트가 시트 탭 오른쪽에 정렬됩니다. 만약 시트 탭 색상이 적용된 시트를 시트 탭 왼쪽에 정렬되도록 하고 싶다면, 비교 연산자 방향을 크다(>)에서 작다(<)로 변경하면 됩니다.

수정된 매크로를 실행하면, 다음과 같이 색상이 적용된 시트 탭이 우측에 따로 정렬되는 것을 확인할 수 있습니다.

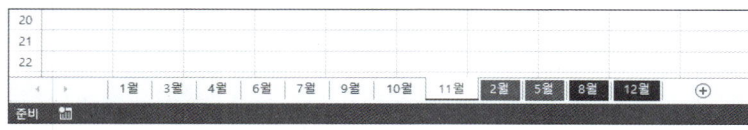

조건부 서식의 수식 조건을 수정하기

330

조건부 서식의 조건을 수식으로 설정해 사용하다 보면, 수식 조건을 변경하고 싶은 경우가 종종 있습니다. 물론 수작업으로 조건부 서식의 조건을 변경하면 되지만, 변경 작업이 빈번하다면 매크로를 만들어 처리하는 것도 좋은 방법입니다. 이번에는 특정 범위에 적용된 조건부 서식의 조건을 변경하는 방법에 대해 알아보겠습니다.

예제 파일 PART 04 \ (FormatCondition) Formula1 속성.xlsm

예제를 열면 화면과 같은 표를 확인할 수 있습니다.

표에는 조건부 서식이 설정되어 있으며, B3:F12 범위에는 다음과 같은 수식 조건이 설정되어 있습니다.

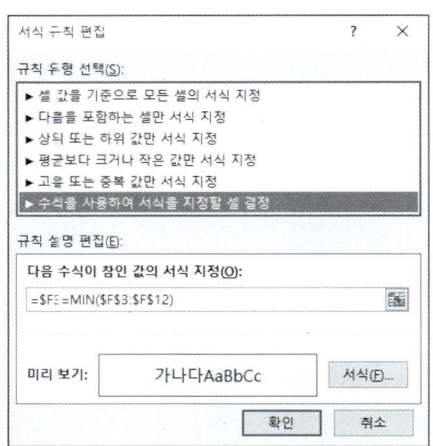

TIP 이 대화상자를 확인하려면 B3:F12 범위를 선택하고 리본 메뉴의 [홈] 탭-[스타일] 그룹-[조건부 서식]-[규칙 관리] 명령을 클릭한 다음, 〈규칙 편집〉 버튼을 클릭하면 됩니다.

설정된 조건부 서식의 조건을 Min 함수에서 Max 함수로 변경하면 단가 중에서 가장 큰 금액의 위치가 표시됩니다. 매크로를 실행할 때마다 Min 함수와 Max 함수를 번갈아 적용되도록 하려면 다음과 같은 매크로를 사용합니다.

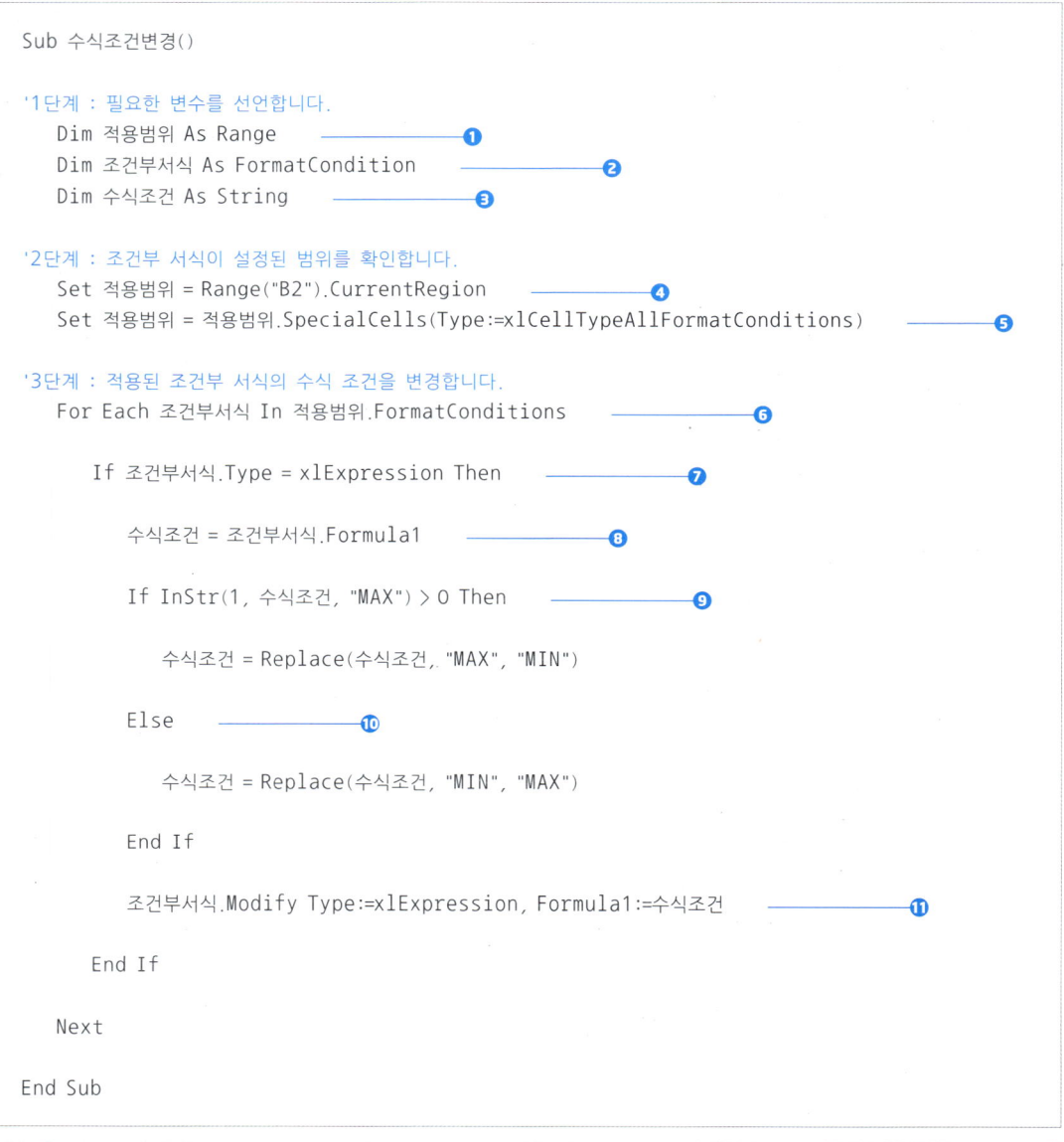

```
Sub 수식조건변경()

'1단계 : 필요한 변수를 선언합니다.
    Dim 적용범위 As Range                              ❶
    Dim 조건부서식 As FormatCondition                  ❷
    Dim 수식조건 As String                             ❸

'2단계 : 조건부 서식이 설정된 범위를 확인합니다.
    Set 적용범위 = Range("B2").CurrentRegion           ❹
    Set 적용범위 = 적용범위.SpecialCells(Type:=xlCellTypeAllFormatConditions)   ❺

'3단계 : 적용된 조건부 서식의 수식 조건을 변경합니다.
    For Each 조건부서식 In 적용범위.FormatConditions   ❻

        If 조건부서식.Type = xlExpression Then         ❼

            수식조건 = 조건부서식.Formula1              ❽

            If InStr(1, 수식조건, "MAX") > 0 Then       ❾

                수식조건 = Replace(수식조건, "MAX", "MIN")

            Else                                        ❿

                수식조건 = Replace(수식조건, "MIN", "MAX")

            End If

            조건부서식.Modify Type:=xlExpression, Formula1:=수식조건   ⓫

        End If

    Next

End Sub
```

❶ Range 형식의 '적용범위' 개체변수를 선언합니다.

❷ FormulaCondition 형식의 '조건부서식' 개체변수를 선언합니다.

❸ String 형식의 '수식조건' 변수를 선언합니다.

❹ '적용범위' 개체변수에 B2셀부터 연속된 데이터 범위를 할당합니다.

❺ '적용범위' 개체변수에 할당된 범위에서 조건부 서식이 적용된 범위만 다시 '적용범위' 개체변수에 할당합니다. 이렇게 하면 조건부 서식이 설정되지 않은 범위는 제외됩니다.

❻ For Each … Next 순환문을 사용해 '적용범위' 개체변수에 할당된 범위에 설정된 조건부 서식을 하나씩 '조건부서식' 개체변수에 할당합니다.

❼ '조건부서식' 개체변수에 할당된 조건부 서식의 형식이 수식 조건인지 판단해 맞는 경우에만 ❽-⓫의 코드를 실행합니다.

❽ '수식조건' 변수에 '조건부서식' 개체변수에 할당된 조건부 서식의 수식 조건(Formula1)을 저장합니다. 이렇게 하면, '=$F3=MIN($F$3:$F$12)'와 같은 수식 조건이 '수식조건' 변수에 저장됩니다.

❾ InStr 함수를 사용해, '수식조건' 변수에 저장된 값에서 'MAX' 문자열이 있는지 판단합니다. 해당 문자열이 포함된 경우에는 Replace 함수를 사용해 'MAX' 문자열을 'MIN' 문자열로 수정해 '수식조건' 변수에 저장합니다. 이 과정에서 조건부 서식의 수식 조건의 함수 이름이 'Max'에서 'Min'으로 변경됩니다.

❿ ❾의 판단이 False면 수식 조건 내에 Max 함수가 존재하지 않는 것이므로 'MIN' 문자열을 'MAX' 문자열로 변경합니다.

⓫ '조건부서식'에 할당된 조건부 서식의 수식 조건을 '수식조건' 변수에 저장된 수식으로 변경합니다.

개발된 매크로를 실행하기 위해 〈최소 <-> 최대〉 버튼을 클릭하면 단가가 최대인 6번 제품에 색상이 적용됩니다.

품번	제품	공급업체	분류	단가
1	태양 100% 오렌지 주스	서울 무역 ㈜	유제품	45,000
2	태양 100% 레몬 주스	태양 식품 ㈜	음료	32,000
3	태양 체리 시럽	태양 식품 ㈜	조미료	21,000
4	신한 100% 복숭아 시럽	신한 식품 ㈜	조미료	40,000
5	신한 100% 파인애플 시럽	신한 식품 ㈜	조미료	22,000
6	대양 특선 블루베리 잼	대양 농산 ㈜	조미료	85,000
7	대양 특선 건과(배)	대양 농산 ㈜	가공 식품	76,000
8	대양 특선 딸기 소스	대양 농산 ㈜	조미료	84,000
9	북미산 상등육 쇠고기	서울 무역 ㈜	육류	52,000
10	노르웨이산 연어알 조림	서울 무역 ㈜	해산물	60,000

서로 다른 표에 동일한 데이터 막대 효과 적용하기

331

엑셀 2007 버전부터 추가된 조건부 서식의 데이터 막대 서식은 매우 편리한 기능입니다. 그런데 2007 버전과 2010 버전에는 작지만 큰 차이가 있습니다. 데이터 막대를 표시하는 방법의 차이인데, 2007 버전에서는 최솟값~최댓값 방식을 사용하고, 2010 버전에서는 0~최댓값 방식을 사용합니다. 그러므로 항상 일정하게 데이터 막대가 표시되도록 하고 싶다면 매크로를 사용하는 것도 좋은 방법입니다.

예제 파일 PART 04 \ 데이터 막대.xlsm

예제를 열면, 다음과 같이 데이터 막대 효과가 적용된 표 세 개를 확인할 수 있습니다.

각각의 표에 적용된 데이터 막대는 모두 표의 숫자 값 범위를 기준으로 적용되어 있어, 데이터 막대 크기가 일정하지 않습니다. 예를 들어 C11셀의 데이터 막대와 I5셀의 데이터 막대는 크기는 동일하지만 숫자는 차이가 납니다.

적용된 데이터 막대의 크기를 모두 동일하게 설정하기 위해, 최솟값과 최댓값을 0에서 500 사이의 값으로 변경하려면 다음과 같은 매크로를 사용합니다.

```
Sub 데이터막대()

'1단계 : 필요한 변수를 선언합니다.
    Dim 적용범위 As Range                ①
    Dim 월범위 As Range                 ②
    Dim 데이터막대 As Databar             ③

'2단계 : 변수에 초기 값을 설정하고, 기존 조건부 서식 조건을 삭제합니다.
    Set 적용범위 = Range("C4:C11, F4:F10, I4:I11")      ④

    적용범위.FormatConditions.Delete           ⑤

'3단계 : 지정된 범위에 데이터 막대 효과를 0~500 사이의 범위로 적용합니다.
    For Each 월범위 In 적용범위.Areas           ⑥
```

```
        Set 데이터막대 = 월범위.FormatConditions.AddDatabar                    ⓻

    With 데이터막대                              ⓼

        .MaxPoint.Modify newtype:=xlConditionValueNumber, newvalue:=500       ⓽
        .MinPoint.Modify newtype:=xlConditionValueNumber, newvalue:=0         ⓾

        .BarColor.Color = RGB(255, 80, 80)            ⑪
        .BarFillType = xlDataBarFillSolid             ⑫

    End With

  Next
End Sub
```

❶ Range 형식의 '적용범위' 개체변수를 선언합니다.

❷ Range 형식의 '월범위' 개체변수를 선언합니다.

❸ Databar 형식의 '데이터막대' 개체변수를 선언합니다.

❹ '적용범위' 개체변수에 떨어진 세 개의 표 데이터 범위를 할당합니다.

❺ '적용범위' 개체변수에 할당된 범위 내 조건부 서식을 삭제합니다. 이 동작은 리본 메뉴의 [홈] 탭-[스타일] 그룹-[조건부 서식]-[규칙 지우기]-[선택한 셀의 규칙 지우기] 명령을 클릭한 것과 동일합니다.

❻ For Each … Next 순환문을 사용해 '적용범위' 개체변수에 할당된 범위에서 떨어진 범위를 하나씩 '월범위' 개체변수에 할당합니다. 이렇게 하면 순환할 때마다 '월범위' 개체변수에 C4:C11, F4:F10, I4:I11 범위가 순서대로 할당됩니다.

❼ '월범위' 개체변수에 할당된 데이터 범위에 조건부 서식의 데이터 막대 서식을 적용하고, 적용된 데이터 막대 효과를 '데이터막대' 개체변수에 할당합니다.

❽ With 문을 사용해 '데이터막대' 개체변수에 할당된 데이터 막대 효과 설정을 변경합니다.

❾ 데이터 막대의 최댓값 설정을 '숫자'로, 값은 500으로 설정합니다.

❿ 데이터 막대의 최솟값 설정을 '숫자'로, 값은 0으로 설정합니다.

⑪ 데이터 막대의 색상을 RGB 함수를 사용해 지정합니다.

⑫ 데이터 막대의 효과로 단색 채우기를 적용합니다.

TIP 이 매크로는 〈데이터 막대〉 버튼에 연결되어 있습니다.

개발된 매크로를 실행하기 위해 〈데이터 막대〉 버튼을 클릭하면 다음과 같이 세 개의 표에 동일한 크기의 데이터 막대가 표시됩니다.

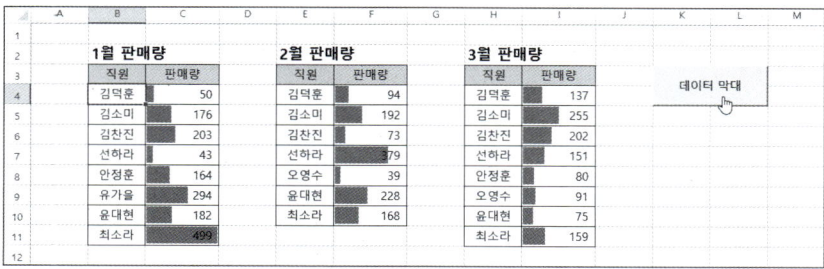

사용하지 않는 셀 스타일 삭제하기 332

워크시트를 복사해 사용하는 작업을 반복하다 보면, 기존 워크시트에서 사용한 이름과 셀 스타일이 중복 복사되는 문제가 발생할 수 있습니다. 이런 현상은 대개 처음에는 큰 문제가 되지 않지만, 복사 작업을 계속 반복하면 저장 한계치를 넘겨 파일을 더 이상 열지 못하거나 새로운 서식을 설정하지 못하는 문제가 발생할 수 있습니다. 그러므로 가급적 시트 복사 작업은 자제하는 것이 좋으며, 어쩔 수 없다면 불필요하게 복사된 셀 스타일은 그때그때 삭제하는 것이 좋습니다. 이번에는 엑셀 파일의 초기 셀 스타일을 제외한 나머지 셀 스타일을 모두 삭제하는 매크로를 만드는 방법에 대해 알아보겠습니다.

예제 파일 PART 04 \ (Style) Delete.xlsm

엑셀 작업을 하다 보면 다음과 같은 에러 메시지 창을 만날 수 있습니다.

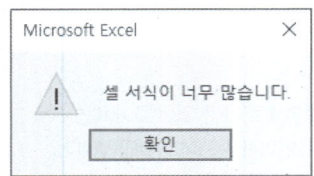

예제를 열고, 리본 메뉴의 [홈] 탭-[스타일] 그룹-[셀 스타일] 명령()을 클릭해 보면, 다음과 같이 사용하지 않는 셀 스타일을 확인할 수 있습니다.

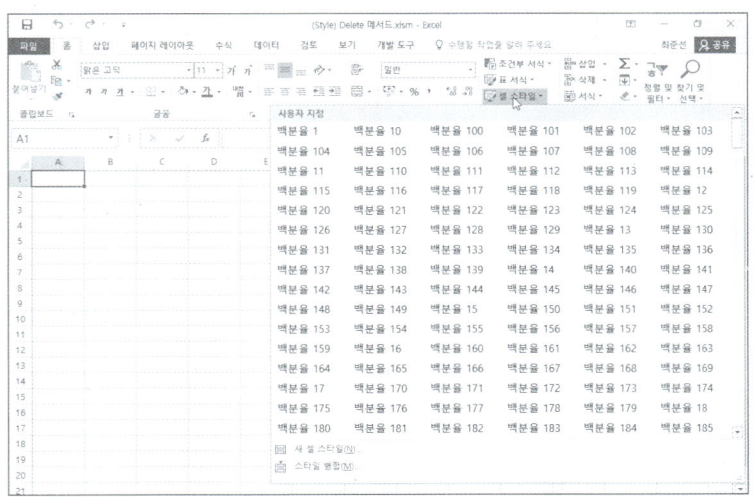

이런 경고 메시지 창이 표시되면 더 이상 새로운 셀 서식을 생성할 수 없으며 기존의 파일 서식이 모두 삭제되는 등의 문제가 발생합니다. 더불어 파일 크기가 과도하게 커지는 문제도 생깁니다. 그러므로 이런 경우에는 다음 매크로를 사용해 불필요한 셀 스타일을 모두 삭제할 필요가 있습니다.

```
Sub 셀스타일초기화()

'1단계 : 필요한 변수를 선언합니다.
    Dim 스타일 As Style                    ❶
    Dim i As Long                          ❷

'2단계 : 파일 내 셀 스타일을 모두 확인해 불필요한 셀 스타일을 삭제합니다.
    On Error Resume Next                   ❸
        For Each 스타일 In ThisWorkbook.Styles    ❹
            If 스타일.BuiltIn = False Then         ❺
                스타일.Delete                     ❻
                If Err.Number = 0 Then i = i + 1  ❼
            End If
        Next
    On Error GoTo 0                        ❽

'3단계 : 작업 결과를 화면에 표시합니다.
    MsgBox "총 " & i & "개의 스타일을 삭제했습니다."   ❾

End Sub
```

❶ Style 형식의 '스타일' 개체변수를 선언합니다.

❷ Long 형식의 i 변수를 선언합니다.

❸ On Error Resume Next 명령을 사용해, 에러가 발생해도 다음 줄을 계속 실행하도록 설정합니다. 이번 코드는 ❻의 코드에 대응하기 위해 삽입된 명령입니다.

❹ For Each … Next 순환문을 사용해 현재 파일의 셀 스타일을 하나씩 '스타일' 개체변수에 할당합니다.

❺ '스타일' 개체변수에 할당된 셀 스타일이 엑셀 파일에 초기에 제공되는 셀 스타일인지 확인해, 아니면 ❻-❼의 코드를 실행합니다. 이렇게 하면 새로 추가된 셀 스타일을 구별할 수 있습니다.

❻ '스타일' 개체변수에 할당된 셀 스타일을 삭제합니다. 이 과정에서 삭제가 되지 않아 에러가 발생하는 경우가 있습니다.

❼ 에러가 발생하지 않은 경우에만 i 변수의 값을 1씩 증가시킵니다. 이렇게 하면 삭제된 셀 스타일 개수를 모두 확인할 수 있습니다.

❽ ❸에서 설정한 On Error 문의 설정을 취소합니다.

❾ MsgBox 함수를 사용해 삭제된 셀 스타일 개수를 화면에 메시지 창으로 표시합니다.

TIP 이 매크로는 예제 파일에 첨부되어 있습니다.

개발된 매크로를 실행하면, 사용하지 않는 불필요한 스타일이 삭제되고 다음과 같은 메시지 창이 화면에 표시됩니다.

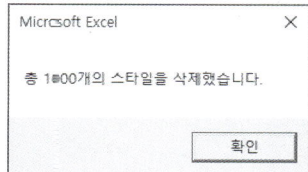

이 매크로는 사용자가 항상 수동으로 실행해야 합니다. 특정 파일에서 시트를 복사하는 작업을 자주 한다면 이벤트를 이용해 자동으로 시트를 복사할 때마다 개발된 매크로가 실행되도록 하여 불필요하게 복사되는 스타일을 삭제하는 것이 좋습니다.

이벤트를 사용하려면 '현재_통합_문서' 개체의 코드 창에 다음 코드를 입력합니다.

파일 : (Style) Delete 메서드 (코드).txt

```
'0단계 : 전역 변수를 선언합니다.
Private 이전시트수 As Integer                      ①

Private Sub Workbook_SheetActivate(ByVal Sh As Object)    ②

'1단계 : 워크시트 수가 변동되면 '셀스타일초기화' 매크로를 호출해 실행합니다.
    If 이전시트수 > 0 Then                          ③

        If 이전시트수 < Worksheets.Count Then        ④

            Call 셀스타일초기화                      ⑤

        End If

    End If

'2단계 : 현재 워크시트 수를 저장해 놓습니다.
    이전시트수 = Worksheets.Count                  ⑥

End Sub
```

① Integer 형식의 '이전시트수' 변수를 Private 문으로 전역변수로 선언합니다.

② Workbook_SheetActivate 이벤트는 현재 파일의 특정 시트가 활성화될 때마다 실행됩니다.

③ '이전시트수' 변수의 값은 파일을 열 경우에는 항상 0입니다. 이때는 실행되지 않도록 하기 위해 0보다 큰지 여부를 판단해, 큰 경우에만 ④–⑤의 코드를 실행합니다.

④ '이전시트수' 변수의 값보다 현재 워크시트 수가 더 많은지 판단해, 많은 경우에는 워크시트가 추가된 것이므로 ⑤의 코드를 실행합니다.

⑤ '셀스타일초기화' 매크로를 호출해 실행합니다.

⑥ '이전시트수' 변수의 값을 현재 워크시트 수로 대체합니다.

> **TIP** 이 이벤트는 '셀스타일초기화' 매크로가 모듈에 저장되어 있어야 제대로 동작합니다.

SheetActivate 이벤트는 파일 내 워크시트가 활성화될 때마다 실행되며, 워크시트 수에 변화가 있을 때만 동작하므로, 새 워크시트를 생성하거나 복사할 때 자동으로 '셀스타일초기화' 매크로가 동작됩니다.

내 PC의 자동 고침 목록을 다른 PC와 동기화하기

333

긴 문자열을 짧게 입력하고 싶은 경우, 자동 고침 목록에 여러 개의 값을 추가해 사용하면 편리합니다. 다만, 새로 추가된 항목은 등록된 PC에서만 사용할 수 있으며 다른 PC에서 해당 항목을 사용하려면 다시 등록을 해야 합니다. 그렇기 때문에 여러 대의 PC를 사용하는 경우나 PC를 포맷하고 다시 컴퓨터를 설정해 사용하려는 경우에는 매우 불편합니다. 자동 고침 기능을 자주 사용한다면, 변경된 자동 고침 목록을 저장해 뒀다가 필요한 PC에서 동기화 작업을 하면 매우 편리합니다. 이번에는 이런 작업을 하는 매크로를 개발하는 방법에 대해 알아보겠습니다.

예제 파일 PART 04 \ (AutoCorrect) ReplacementList.xlsm

자동 고침 목록을 파일이나 워크시트로 따로 내보내는 기능은 제공되지 않으므로, 수정된 자동 고침 목록을 별도의 워크시트에 저장해야 합니다. 다음과 같은 매크로를 사용합니다.

```
Sub 자동고침목록저장()

'1단계 : 필요한 변수를 선언합니다.
    Dim 자동고침목록 As Variant                         ❶

'2단계 : 자동 고침 목록을 배열에 저장합니다.
    자동고침목록 = Application.AutoCorrect.ReplacementList    ❷

'3단계 : '자동고침목록' 시트가 존재하면 삭제합니다.
    On Error Resume Next                              ❸

        Application.DisplayAlerts = False             ❹

        Worksheets("자동고침목록").Delete                ❺

        Application.DisplayAlerts = True              ❻

    On Error GoTo 0                                   ❼

'4단계 : ' 자동고침목록 ' 시트를 생성하고, 해당 시트에 배열에 저장된 목록을 저장합니다.
    Worksheets.Add.Name = "자동고침목록"                 ❽

    Range("A1").Resize(UBound(자동고침목록), 2) = 자동고침목록   ❾
    Columns("A:B").AutoFit                            ❿

End Sub
```

❶ Variant 형식의 '자동고침목록' 변수를 선언합니다.

❷ '자동고침목록' 변수에 엑셀 프로그램의 자동 고침 목록을 저장합니다. 이렇게 하면 '자동고침목록'에는 2차원 배열로 값이 저장됩니다.

❸ 에러가 발생해도 매크로가 계속 실행되도록 On Error 문을 설정합니다.

❹ 엑셀 프로그램의 경고 메시지 창 표시 옵션을 잠시 비활성화합니다.

❺ 이름이 '자동고침목록'인 워크시트가 있으면 삭제합니다.

❻ 엑셀 프로그램의 경고 메시지 창 표시 옵션을 다시 활성화시킵니다.

❼ ❸의 On Error 문의 설정을 취소합니다.

❽ 빈 워크시트를 하나 추가하고 이름을 '자동고침목록'으로 변경합니다.

❾ 배열변수 내 값을 셀 범위에 한 번에 저장하기 위해, A1셀에서 Resize 명령을 이용해 선택 범위를 조정합니다. Resize 속성에서 행 방향으로 포함할 셀 개수는 '자동고침목록' 변수의 마지막 행 인덱스 번호와 동일하게 하며, 열 방향으로 포함할 셀 개수는 두 개로 합니다. 이렇게 하면 정확하게 '자동고침목록' 변수에 저장된 값 범위만큼의 데이터 범위로 범위가 확장되며, 데이터 범위와 '자동고침목록' 변수의 크기가 동일하므로, 한 번에 값을 전달할 수 있습니다.

❿ A, B열의 열 너비를 자동으로 조정합니다.

TIP 이 매크로는 예제의 〈워크시트로 저장〉 버튼에 연결되어 있습니다.

예제를 열면 다음과 같은 화면을 확인할 수 있습니다. 〈워크시트로 저장〉 버튼을 클릭해 개발된 매크로를 실행하면 다음과 같이 '자동고침목록' 시트가 새로 생성되며, 엑셀 프로그램의 자동 고침 목록이 A:B열에 저장됩니다.

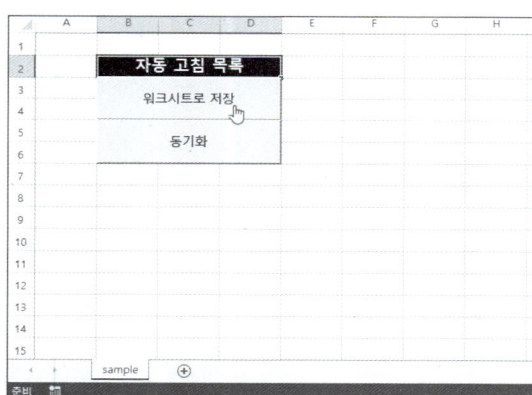 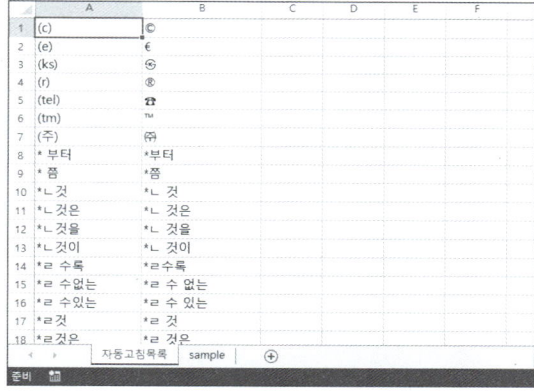

이제 생성된 '자동고침목록' 시트의 데이터를 이용해 원하는 PC에 자동 고침 목록을 새로 등록할 수 있습니다. 다음과 같은 매크로를 사용합니다.

```
Sub 동기화()

'1단계 : 필요한 변수를 선언합니다.
    Dim 목록 As Range          ❶
    Dim 셀 As Range            ❷
```

```
'2단계 : '자동고침목록' 시트가 존재하는지 확인합니다.
    On Error Resume Next                                         ③
        Worksheets("자동고침목록").Activate                          ④

        If Err.Number <> 0 Then                                  ⑤
            MsgBox "[자동고침목록] 시트가 존재하지 않습니다."         ⑥
            Exit Sub                                             ⑦

        End If

    On Error GoTo 0                                              ⑧

'3단계 : '자동고침목록' 시트의 항목을 자동 고침의 목록에 추가합니다.
    Set 목록 = Range("A1").CurrentRegion                          ⑨
        For Each 셀 In 목록.Columns(1).Cells                       ⑩
            Application.AutoCorrect.AddReplacement What:=셀.Value, _
                                  Replacement:=셀.Offset(, 1).Value  ⑪

    Next

End Sub
```

❶ Range 형식의 '목록' 개체변수를 선언합니다.

❷ Range 형식의 '셀' 개체변수를 선언합니다.

❸ 아래 코드를 실행하는 중에 에러가 발생해도 멈추지 말고, 다음 줄을 계속해서 실행하도록 On Error 문을 설정합니다.

❹ '자동고침목록' 시트를 화면에 표시합니다. 이번 매크로는 '자동고침목록' 시트가 생성되어 있지 않으면 동작하지 못하므로, 해당 시트를 화면에 표시하는 작업은 해당 시트가 존재하는지 확인하는 용도로 유용합니다.

❺ ❹의 코드가 실행될 때 에러가 발생했는지 확인해, 에러가 발생했다면 ❻-❼의 코드를 실행합니다.

❻ MsgBox 함수를 사용해 사용자에게 '자동고침목록' 시트가 존재하지 않음을 알립니다.

❼ 매크로를 종료합니다.

❽ ❸의 On Error 문의 설정을 취소합니다.

❾ 매크로가 종료되지 않고 이번 줄이 정상적으로 실행된다면 '자동고침목록' 시트가 존재한다는 의미입니다. '목록' 개체변수에 A1셀부터 연속된 데이터 범위를 할당합니다.

❿ For Each … Next 순환문을 사용해 '목록' 개체변수에 할당된 데이터 범위 중 첫 번째 열의 셀을 하나씩 '셀' 변수에 할당합니다.

⓫ 자동 고침 목록에 AddReplacement 메서드를 이용해 새 항목을 추가합니다. 참고로 이 작업에서 기존 목록에 있는 것과 동일한 것이 있다면 덮어 씌워집니다. AddReplacement 메서드는 What과 Replacement 두 개의 매개변수를 사용하며, What 매개변수는 입력된 값을, Replacement 매개변수는 입력된 값을 수정할 결과 값을 전달해 작업합니다.

TIP 이 매크로는 예제의 〈동기화〉 버튼에 연결되어 있습니다.

예제 파일을 다른 PC로 복사한 다음 〈동기화〉 버튼을 클릭해 개발된 매크로를 실행하면, 추가된 자동 고침 목록이 그대로 등록되어 해당 PC에서도 수정된 자동 고침 목록을 사용할 수 있게 됩니다.

전체 메모를 한 번에 원하는 방식으로 변경하기

334

메모는 편리한 기능이지만, 세부 설정이나 옵션 등을 세세하게 관리하기에는 불편한 점이 많습니다. 특히 전체 메모를 한 번에 컨트롤할 수 있는 방법이 제공되지 않는다는 점이 가장 불편한 점일 겁니다. 그래서, VBA를 이용해 전체 메모를 한 번에 원하는 방법으로 조작할 수 있는 몇 가지 방법을 알아보겠습니다.

예제 파일 PART 04 \ (Comment) Shape.xlsm

메모 도형 크기 자동 조정하기

예제를 열면 다양한 메모가 삽입된 다음과 같은 표를 확인할 수 있습니다.

삽입된 메모의 크기가 일정하지 않고, 입력된 내용에 비해 너무 큽니다. 입력된 텍스트에 맞춰 메모의 크기를 자동으로 조정하려면 다음과 같은 매크로를 사용합니다.

```
Sub 메모크기자동조정()

    Dim 메모 As Comment                          ①

    For Each 메모 In ActiveSheet.Comments        ②

        메모.Shape.TextFrame.AutoSize = True     ③

    Next

End Sub
```

① Comment 형식의 '메모' 개체변수를 선언합니다.

② For Each … Next 순환문을 사용해 현재 시트의 모든 메모를 하나씩 '메모' 개체변수에 할당합니다.

③ '메모' 개체변수에 할당된 메모의 도형 서식에서 '자동 크기' 조정 옵션을 체크합니다.

TIP 이 매크로는 예제에 포함되어 있습니다.

개발된 매크로를 실행하면 메모의 크기가 입력된 텍스트에 맞게 자동으로 조정됩니다.

메모 위치 표 우측 열로 일괄 조정하기

그런데 메모가 이렇게 여기저기 흩어져 있으면, 메모 내용을 파악하는 것이 불편할 수 있습니다. 여러 열에 분산되어 있는 메모를 맨 우측의 G열로 일괄적으로 옮기는 작업을 처리하고 싶다면 다음과 같은 코드를 사용합니다.

```
Sub 메모옮기기()

    '1단계 : 필요한 변수를 선언합니다.
        Dim 메모 As Comment              ①
        Dim 셀 As Range                  ②
        Dim 메모내용 As String            ③

    '2단계 : 기존 메모 내용을 기록하고 메모를 삭제합니다.
        For Each 메모 In ActiveSheet.Comments      ④

            Set 셀 = 메모.Parent          ⑤
            메모내용 = 메모.Text           ⑥

            메모.Delete                   ⑦

    '3단계 : 새 위치에 메모를 추가합니다.
            With 셀.Offset(0, 6 - 셀.Column + 1)    ⑧
```

```
            .AddComment Text:=메모내용                         ——⑨
              .Comment.Shape.TextFrame.AutoSize = True         ——⑩

        End With

    Next

'4단계 : 메모를 화면에 표시합니다.
    Application.DisplayCommentIndicator = xlCommentAndIndicator   ——⑪

End Sub
```

❶ Comment 형식의 '메모' 개체변수를 선언합니다.

❷ Range 형식의 '셀' 개체변수를 선언합니다.

❸ String 형식의 '메모내용' 변수를 선언합니다. 이 변수에 메모의 내용을 기록해 놓고 메모 위치를 옮기는 작업을 진행합니다.

❹ For Each … Next 순환문을 사용해 현재 시트의 모든 메모를 하나씩 '메모' 개체변수에 할당합니다.

❺ '셀' 개체변수에 '메모' 개체변수에 할당된 메모의 부모 개체인 셀이 할당됩니다.

❻ '메모내용' 변수에 '메모'에 기록된 문자열을 그대로 저장합니다.

❼ '메모' 개체변수에 할당된 메모를 삭제합니다.

❽ With 문을 사용해 '셀' 개체변수에 할당된 셀에서 오른쪽으로 '6 − 셀.Column + 1' 계산식의 결과만큼 이동한 위치를 대상으로 작업합니다. '6 − 셀.Column + 1' 계산식에서 6은 표의 열 개수를 의미하며, 1은 예제의 표가 B열부터 시작해 왼쪽에 한 개의 열이 비어 있다는 의미로 이해하면 됩니다. 예를 들어 현재 열 번호가 2(B열)이면 표의 마지막 열은 '6 − 2 + 1' (결과는 5)칸 이동하면 됩니다.

❾ 해당 위치에 메모를 새로 삽입하며, 메모에는 '메모내용' 변수에 저장된 값을 입력합니다.

❿ 추가된 메모의 도형 서식에서 도형의 크기를 자동으로 조정합니다.

⓫ 모든 메모를 화면에 표시하도록 설정합니다. 이 동작은 리본 메뉴의 [검토] 탭–[메모] 그룹–[메모 모두 표시] 명령을 클릭한 것과 같습니다.

TIP 이 매크로는 예제에 포함되어 있습니다.

개발된 매크로를 실행하면, 메모가 모두 표의 마지막 열(G)로 이동합니다.

메모가 이동하면 메모의 글꼴이 자동으로 엑셀의 기본 글꼴인 '맑은 고딕'으로 변경됩니다. 원하는 글꼴로 변경하는 방법은 아래 서식 변경 작업에서 따로 설명합니다.

메모가 겹쳐서 표시되지 않도록 조정하기

메모를 조정하면 가까운 메모의 도형이 서로 겹쳐 제대로 표시되지 않는 문제가 생길 수 있습니다. 이 경우 메모의 크기에 맞게 다른 메모의 위치를 조정할 필요가 있습니다. 이런 작업을 자동으로 처리하려면 다음과 같은 매크로를 사용합니다.

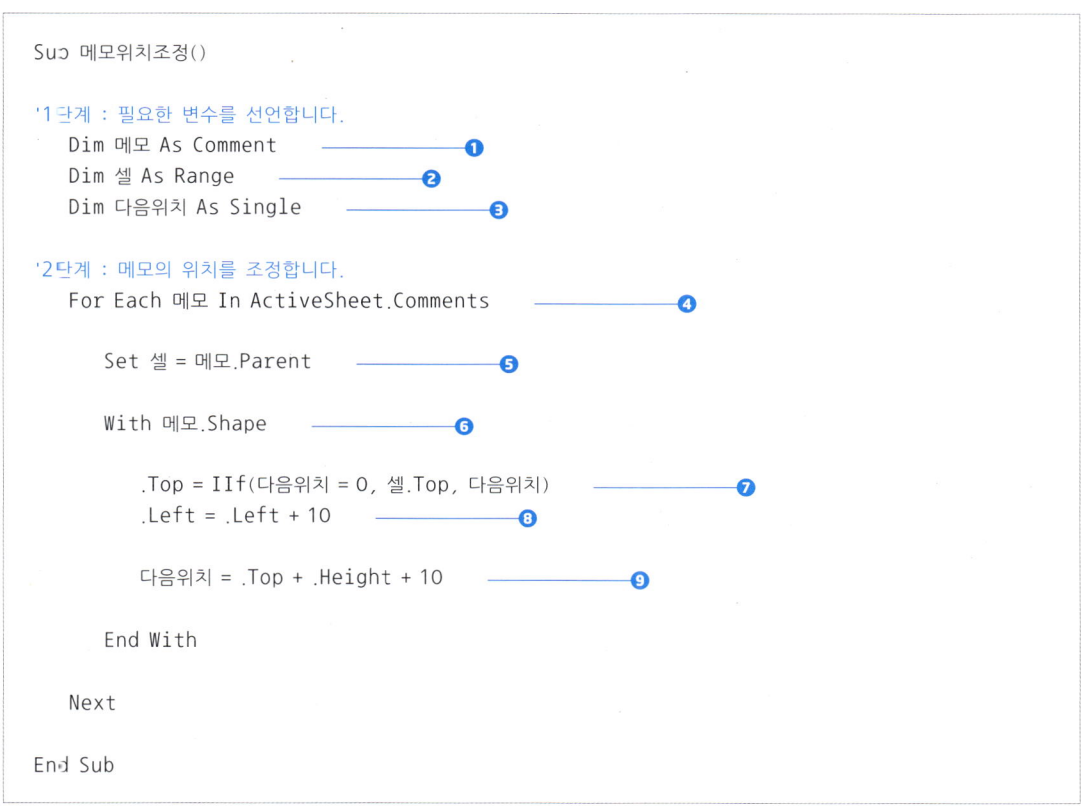

❶ Comment 형식의 '메모' 개체변수를 선언합니다.

❷ Range 형식의 '셀' 개체변수를 선언합니다.

❸ Single 형식의 '다음위치' 변수를 선언합니다. 이 변수는 메모의 다음 시작 위치 값을 저장하기 위한 목적으로 사용하는데, 메모의 크기 단위는 포인트이며, Single 값을 사용하므로 동일한 형식을 사용합니다.

❹ For Each … Next 순환문을 사용해 현재 시트의 모든 메모를 하나씩 '메모' 개체변수에 할당합니다.

❺ '셀' 개체변수에 '메모' 개체변수에 할당된 메모 개체의 부모 개체를 할당합니다. 메모 개체의 부모 개체는 메모가 속한 셀 개체이므로, 메모가 삽입된 셀이 '셀' 개체변수에 할당됩니다.

❻ With 문을 사용해 '메모' 개체변수에 할당된 메모의 도형을 대상으로 작업합니다.

❼ 메모의 상단 위치를 '다음위치' 변수의 값에 따라 차등 조정합니다. '다음위치' 변수 값이 0이면 변수가 선언된 이후 아무

값도 저장되지 않은 상태이므로, 첫 번째 메모를 의미합니다. 이 경우에는 '셀' 개체변수에 할당된 셀의 상단 값으로 조정하며, '다음위치' 변수 값이 0이 아니면 '다음위치' 변수에 저장된 값으로 조정합니다.

❽ 메모의 왼쪽 위치를 현재 위치에서 10포인트 오른쪽으로 이동시킵니다.

❾ '다음위치' 변수에 현재 메모의 상단 위치에 메모의 세로 길이를 더하고 10포인트를 추가로 더한 값을 저장합니다. 10포인트는 메모와 메모 사이의 간격을 의미하므로 결과를 보고 이 값을 더 작게(또는 크게) 조정합니다.

TIP 이 매크로는 예제에 포함되어 있습니다.

개발된 매크로를 실행하면 다음과 같이 메모가 겹치지 않고 일정한 간격으로 표시됩니다.

품번	품명	공급업체	분류	단가	재고량	
1	태양 100% 오렌지 주스	서울 무역 ㈜	유제품	10,300	39	최준선: 코스모스 무역 ㈜과 추가 논의 중 3월중 업체 확정
2	태양 100% 레몬 주스	태양 식품 ㈜	음료	11,900	17	
3	태양 체리 시럽	태양 식품 ㈜	조미료	5,800	13	
4	신한 100% 복숭아 시럽	신한 식품 ㈜	조미료	13,400	53	
5	신한 100% 파인애플 시럽	신한 식품 ㈜	조미료	13,700	-	최준선: 가격 조정 필요
6	대양 특선 블루베리 잼	대양 농산 ㈜	조미료	14,600	120	
7	대양 특선 건과(배)	대양 농산 ㈜	가공 식품	18,100	15	최준선: 단종
8	대양 특선 딸기 소스	대양 농산 ㈜	조미료	24,400	6	
9	북미산 상등육 쇠고기	서울 무역 ㈜	육류	54,200	29	최준선: 품절
10	노르웨이산 연어알 조림	서울 무역 ㈜	해산물	19,400	31	

참고로, 메모의 내용이 추가되거나 설정이 변경되면 메모가 다시 겹칠 수 있는데, 이 경우 매크로를 다시 실행해야 합니다.

메모 글꼴 변경하기

메모의 글꼴을 원하는 글꼴로 한 번에 변경하려면 다음 매크로를 사용합니다.

```
Sub 메모글꼴변경()

    Dim 메모 As Comment                                    ❶

    For Each 메모 In ActiveSheet.Comments                  ❷

        With 메모.Shape.TextFrame.Characters.Font          ❸

            .Name = "굴림"                                 ❹
            .Size = 11                                     ❺

        End With

    Next

End Sub
```

❶ Comment 형식의 '메모' 개체변수를 선언합니다.

❷ For Each … Next 순환문을 사용해 현재 시트의 모든 메모를 하나씩 '메모' 개체변수에 할당합니다.

❸ With 문을 사용해 '메모' 개체변수에 할당된 메모의 도형 서식에서 문자의 글꼴 서식을 변경하는 작업을 진행합니다.

❹ 메모의 글꼴을 '굴림'으로 설정합니다.

❺ 메모의 글꼴 크기를 '11'로 변경합니다.

> **TIP** 이 매크로는 예제에 포함되어 있습니다.

개발된 매크로를 실행하면 메모의 글꼴이 다음과 같이 변경됩니다.

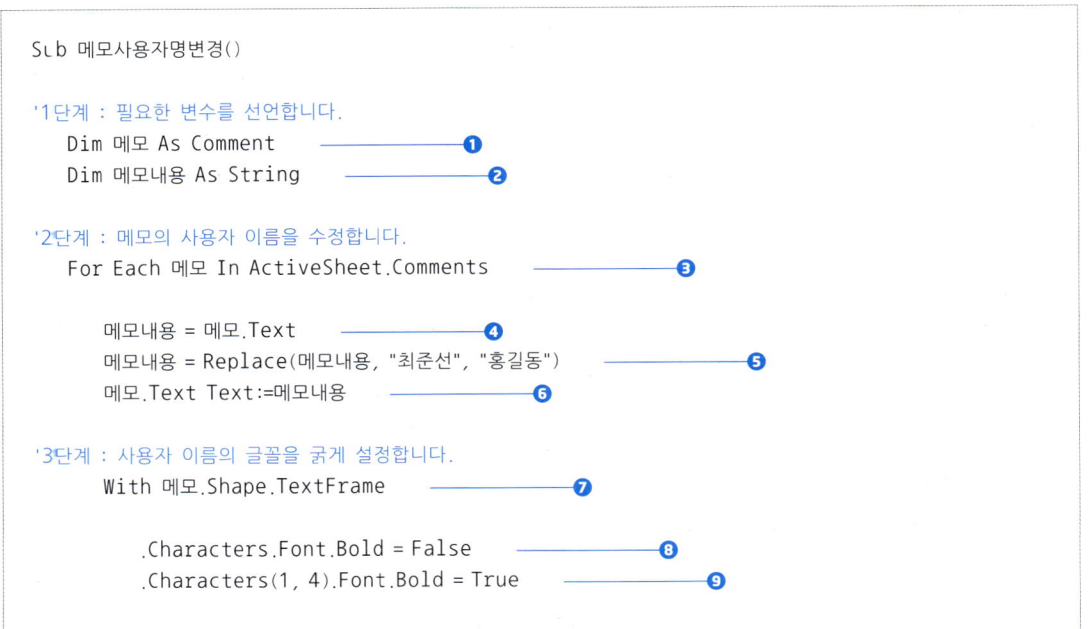

메모 사용자 이름 변경하기

메모를 삽입하면 사용자 이름이 메모 상단에 나타납니다. 이 이름은 컴퓨터 사용자 이름으로, 한번에 다른 이름으로 수정하려면 다음과 같은 매크로를 사용합니다.

```
Sub 메모사용자명변경()

'1단계 : 필요한 변수를 선언합니다.
    Dim 메모 As Comment          ❶
    Dim 메모내용 As String        ❷

'2단계 : 메모의 사용자 이름을 수정합니다.
    For Each 메모 In ActiveSheet.Comments    ❸

        메모내용 = 메모.Text                    ❹
        메모내용 = Replace(메모내용, "최준선", "홍길동")    ❺
        메모.Text Text:=메모내용                ❻

'3단계 : 사용자 이름의 글꼴을 굵게 설정합니다.
        With 메모.Shape.TextFrame              ❼

            .Characters.Font.Bold = False       ❽
            .Characters(1, 4).Font.Bold = True  ❾
```

```
        End With

    Next

End Sub
```

❶ Comment 형식의 '메모' 개체변수를 선언합니다.

❷ String 형식의 '메모내용' 변수를 선언합니다.

❸ For Each … Next 순환문을 사용해 현재 시트의 모든 메모를 하나씩 '메모' 개체변수에 할당합니다.

❹ '메모' 개체변수에 할당된 메모에 작성된 문자열을 '메모내용' 변수에 저장합니다.

❺ '메모내용' 변수에 저장된 문자열에서 Replace 함수를 사용해 기존 이름(최준선)을 새 이름(홍길동)으로 변경합니다.

❻ '메모' 개체변수에 할당된 메모의 내용을 '메모내용' 변수의 값으로 대체합니다.

❼ 이름 부분만 글꼴을 굵게 설정하기 위해 With 문을 사용해 '메모' 개체변수에 할당된 메모의 도형 서식을 대상으로 작업합니다.

❽ 메모의 모든 문자의 글꼴 굵기를 가늘게 설정합니다.

❾ 메모의 앞 네 자리(이름과 콜론(:) 부분)의 글꼴 굵기를 굵게 설정합니다.

TIP 이 매크로는 예제에 포함되어 있습니다.

개발된 매크로를 실행하면 다음과 같이 사용자 이름이 변경되며, 사용자 이름의 글꼴만 굵게 설정됩니다.

품번	품명	공급업체	분류	단가	재고량	
1	태양 100% 오렌지 주스	서울 무역 ㈜	유제품	10,300	39	홍길동: 코스모스 무역 ㈜과 추가 논의 중 3월중 업체 확정
2	태양 100% 레몬 주스	태양 식품 ㈜	음료	11,900	17	
3	태양 체리 시럽	태양 식품 ㈜	조미료	5,800	13	
4	신한 100% 복숭아 시럽	신한 식품 ㈜	조미료	13,400	53	홍길동: 가격 조정 필요
5	신한 100% 파인애플 시럽	신한 식품 ㈜	조미료	13,700	-	
6	대양 특선 블루베리 잼	대양 농산 ㈜	조미료	14,600	120	
7	대양 특선 건과(배)	대양 농산 ㈜	가공 식품	18,100	15	홍길동: 단종
8	대양 특선 딸기 소스	대양 농산 ㈜	조미료	24,400	6	
9	북미산 상등육 쇠고기	서울 무역 ㈜	육류	54,200	29	홍길동: 품절
10	노르웨이산 연어알 조림	서울 무역 ㈜	해산물	19,400	31	

원하는 위치에 도형을 이용해 표시하기 335

도형을 이용해 셀의 특정 데이터 위치를 표시하고자 하는 경우가 간혹 있지만, 그런 기능은 엑셀에서 제공되지 않으므로 직접 개발해서 사용하는 수밖에 없습니다. 이번에는 특정 조건에 맞는 값이 입력될 때 도형을 이용해 해당 셀에 도형을 삽입하고, 값이 삭제되면 도형도 자동으로 삭제되는 기능을 개발해 보겠습니다.

예제 파일 PART 04 \ (Shape) AddShape.xlsm

예제를 열면 화면과 같은 표를 확인할 수 있습니다.

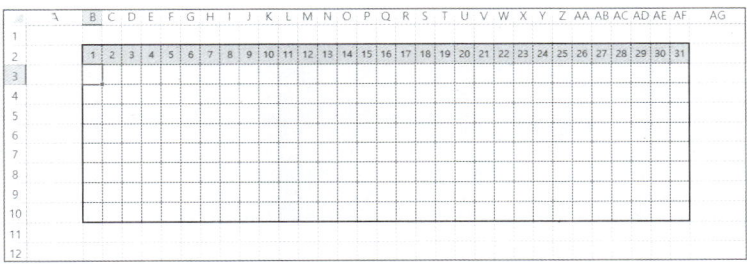

B3:AF10 범위에 영문자 'o'(대/소문자를 구별하므로 소문자로 입력해야 합니다. 대/소문자를 구별하지 않도록 하려면 코드를 수정해야 하는데, 그 방법은 코드 설명 부분에서 따로 다룹니다.)를 입력하면 다음과 같이 빨간색 원 도형이 나타나는 기능을 개발해 보겠습니다.

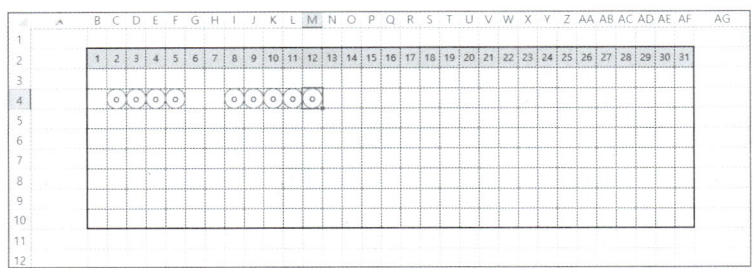

이런 작업은 입력된 값에 따라 자동으로 동작해야 하므로, Worksheet 개체의 Change 이벤트 프로시저를 이용해 도형이 자동으로 표시되도록 해야 합니다. 하지만 그에 앞서, 값을 고친 셀의 이전 값이 무엇인지 알아야 합니다. 그래야만 이전에 영문자 'o'를 입력한 다음 지우는 경우를 인식해 삽입된 도형을 지울 수 있기 때문입니다.

그래서 다음과 같이 먼저 Worksheet 개체의 SelectionChange 이벤트를 생성해 선택된 위치의 값을 보관하도록 코드를 구성합니다.

```
'0단계 : 전체 프로시저에서 사용할 전역 변수를 선언합니다.
Private 이전값 As Variant                    ①
Private 기록위치 As Range                    ②


Private Sub Worksheet_SelectionChange(ByVal Target As Range)    ③

'1단계 : 전역변수의 초기 값을 설정합니다.
    Set 기록위치 = Range("B3").Resize(8, 31)     ④

'2단계 : 이벤트를 진행할지 여부를 판단합니다.
    If Target.Count > 1 Then Exit Sub            ⑤
    If Intersect(Target, 기록위치) Is Nothing Then Exit Sub    ⑥

'3단계 : 현재 값을 기록해 둡니다.
    이전값 = Target.Value                        ⑦

End Sub
```

① Variant 형식의 '이전값' 변수를 Private 문을 사용해 현재 워크시트의 코드 창에 있는 모든 프로시저에서 사용할 수 있도록 전역변수로 선언합니다.

② Range 형식의 '기록위치' 개체변수를 전역변수로 선언합니다.

③ Worksheet_SelectionChange 이벤트는 사용자가 워크시트에서 셀을 선택할 때마다 실행됩니다.

④ '기록위치' 개체변수에 B3셀부터 행 방향으로 8개, 열 방향으로 31개의 셀을 모두 포함하는 데이터 범위를 할당합니다. 예제의 표에서는 행이 3:10행까지 존재하므로 총 8개이고 열은 일별로 31개가 있으므로, 이렇게 하면 범위를 보다 쉽게 설정할 수 있습니다.

⑤ 사용자가 선택한 범위(Target)가 둘 이상의 셀이면 이벤트를 종료합니다.

⑥ 사용자가 선택한 셀이 '기록위치' 개체변수에 할당된 데이터 범위 내가 아니면 이벤트를 종료합니다.

⑦ '이전값' 변수에 사용자가 선택한 셀 값을 저장합니다. 이렇게 하면 사용자가 셀을 선택할 때마다 값을 '이전값' 변수에 저장하므로, 셀 값을 수정하거나 지우더라도 이전 값이 무엇인지 알 수 있습니다.

TIP 이 코드는 예제에 포함되어 있습니다.

이제 셀에 문자 'o'를 입력하거나 값을 지울 때의 동작을 개발합니다. Worksheet 개체의 Change 이벤트를 이용해 다음과 같이 이벤트를 구성합니다.

```
Private Sub Worksheet_Change(ByVal Target As Range)    ①

'1단계 : 필요한 변수를 선언합니다.
    Dim 도형 As Shape                            ②

'2단계 : 여러 개의 셀을 동시에 수정했을 때의 동작을 처리합니다.
    If Target.Count > 1 Then                     ③

        Call 새로고침                             ④
        Exit Sub                                 ⑤
```

```
            End If

'3단계 : 셀을 하나만 수정했을 때의 동작을 처리합니다.
        If Intersect(Target, 기록위치) Is Nothing Then Exit Sub      ⑥

        If Target.Value = "o" Then      ⑦

            Call 도형삽입(삽입위치:=Target)

        Else      ⑧

            If 이전값 = "o" Then      ⑨

                Call 도형삭제(삭제위치:=Target)

            End If

        End If

End Sub
```

① Worksheet_Change 이벤트는 셀 값을 수정할 때 실행됩니다.

② Shape 형식의 '도형' 개체변수를 선언합니다.

③ 두 셀 이상을 동시에 수정했다면 ④-⑤의 코드를 실행합니다.

④ 셀 값에 따라 도형을 추가하거나 기존 도형을 삭제하는 '새로고침' 매크로를 호출합니다. '새로고침' 매크로는 뒤에서 개발합니다.

⑤ 이벤트를 종료합니다.

⑥ 값을 수정된 셀이 '기록위치' 개체변수에 할당된 데이터 범위가 아니라면 이벤트를 종료합니다.

⑦ 수정된 값이 소문자 'o'가 맞다면 '도형삽입' 매크로를 호출해 수정된 셀 위치에 도형을 삽입합니다. '도형삽입' 매크로는 뒤에서 개발합니다. 참고로 대/소문자 구별 없이 작업하도록 하려면 코드를 다음과 같이 수정합니다.

```
If UCase(.Value) = "O" Then
```

⑧ ⑦의 판단이 False면, 즉 수정된 값이 소문자 'o'가 아니면 ⑨를 다시 판단합니다.

⑨ '이전값' 변수에 저장된 값이 소문자 'o'인지 확인해, 맞으면 소문자 'o'를 다른 값으로 수정한 것이므로 기존 도형을 삭제하기 위해 '도형삭제' 매크로를 호출합니다.

TIP 이 코드는 예제에 포함되어 있습니다.

Worksheet_Change 이벤트가 제대로 동작하도록 하기 위해, '새로고침', '도형삽입', '도형삭제' 매크로를 순서대로 개발합니다. 동일한 코드 창에서 개발하면 되고, 여러 셀을 동시에 수정할 때 동작할 '새로고침' 매크로는 다음과 같습니다.

```
Sub 새로고침()                        ①

'1단계 : 필요한 변수를 선언합니다.
    Dim 셀 As Range                  ②
    Dim 도형셀 As Range              ③
    Dim 도형 As Shape                ④

'2단계 : 셀 값을 고쳤을 때 기존에 삽입된 도형이 존재하면 삭제합니다.
    For Each 도형 In ActiveSheet.Shapes           ⑤

        Set 도형셀 = 도형.TopLeftCell             ⑥

        If 도형.AutoShapeType = msoShapeOval Then  ⑦

            If Len(도형셀.Value) = 0 Then 도형.Delete  ⑧

            If 도형셀.Value = "o" Then            ⑨

                If Not Intersect(도형셀, Selection) Is Nothing Then  ⑩

                    도형.Delete

                End If

            End If

        End If

    Next

'3단계 : 셀 값이 소문자 'o'일 경우에 도형을 새로 삽입합니다.
    For Each 셀 In Selection.Cells               ⑪

        If 셀.Value = "o" Then                   ⑫

            Call 도형삽입(삽입위치:=셀)

        End If

    Next

End Sub
```

❶ '새로고침' 매크로를 개발합니다. '새로고침' 매크로는 여러 개의 셀 값을 수정했을 때 소문자 'o'가 입력되면 도형을 삽입하고 그 외에는 삽입된 도형을 삭제하는 역할을 수행합니다.

❷ Range 형식의 '셀' 개체변수를 선언합니다.

❸ Range 형식의 '도형셀' 개체변수를 선언합니다.

❹ Shape 형식의 '도형' 개체변수를 선언합니다.

❺ For Each … Next 순환문을 사용해 현재 시트의 도형을 하나씩 '도형' 개체변수에 할당합니다.

❻ '도형셀' 개체변수에 '도형' 개체변수에 할당된 도형이 위치한 왼쪽 상단 셀을 할당합니다. 이렇게 하면 '도형셀' 개체변수에 도형이 위치한 셀이 할당됩니다.

❼ '도형' 개체변수에 할당된 도형이 타원형인지 판단해, 맞으면 ❽-❿의 코드를 실행합니다. 소문자 'o'가 입력될 때 삽입하는 도형이 타원형이므로, 다른 도형은 제외하기 위해 이번 판단 작업을 진행합니다.

❽ '도형셀' 개체변수에 할당된 셀 값이 없다면 '도형' 개체변수에 할당된 도형을 삭제합니다.

❾ '도형셀' 개체변수에 할당된 셀 값이 소문자 'o'인지 판단해, 맞으면 ❿의 판단 작업을 진행합니다.

❿ '도형셀' 개체변수에 할당된 셀이 선택된 범위에 있는지 판단해, 맞으면 '도형' 개체변수에 할당된 도형을 삭제합니다. 수정된 셀 값이 소문자 'o'이면 어차피 도형이 삽입되므로, 기존에 삽입된 도형이 있으면 지워서 중복으로 삽입되는 문제를 예방하기 위해서입니다.

⓫ For Each … Next 순환문을 사용해 선택된 범위 내 셀을 하나씩 '셀' 개체변수에 할당합니다.

⓬ '셀' 개체변수에 할당된 셀 값이 소문자 'o'이면 '도형삽입' 매크로를 호출해 해당 위치에 도형을 삽입합니다.

TIP 이 코드는 예제에 포함되어 있습니다.

동일한 코드 창에 계속해서 새 도형을 삽입할 때 사용할 '도형삽입' 매크로를 개발합니다.

```
Sub 도형삽입(삽입위치 As Range)                    ❶

'1단계 : 필요한 변수를 선언합니다.
    Dim 도형 As Shape                             ❷

'2단계 : 지정된 위치에 도형을 삽입합니다.
    With 삽입위치                                  ❸

        Set 도형 = ActiveSheet.Shapes.AddShape(msoShapeOval, .Left, .Top, .Width, .Height)   ❹

'3단계 : 도형의 서식을 설정합니다.
        With 도형                                 ❺

            .Visible = msoTrue                    ❻
            .Fill.Visible = msoFalse              ❼
            .Line.ForeColor.RGB = RGB(255, 0, 0)  ❽

        End With

    End With

End Sub
```

❶ '도형삽입' 매크로를 개발합니다. '도형삽입' 매크로는 Range 형식의 '삽입위치' 매개변수에 할당된 셀에 빨간 테두리 선을 갖는 타원 도형을 삽입하는 동작을 처리합니다.

❷ Shape 형식의 '도형' 개체변수를 선언합니다.

❸ With 문을 사용해 '삽입위치' 매개변수에 할당된 셀을 대상으로 작업합니다.

❹ 현재 시트에 새 도형을 삽입하고, 삽입한 도형을 '도형' 개체변수에 할당합니다. 도형은 타원형 도형(msoShapeOval)이며, 왼쪽, 상단, 길이, 너비 등을 모두 '삽입위치' 개체변수에 할당된 셀에 맞춥니다.

❺ 삽입된 도형 서식을 변경하기 위해 With 문을 사용합니다.

❻ 도형의 Visible 속성 값을 변경해, 도형을 화면에 표시합니다.

❼ 도형의 배경색을 채우기 없음(msoFalse)으로 설정해 배경을 투명하게 설정합니다.

❽ 도형의 선 색을 빨강으로 설정합니다.

TIP 이 코드는 예제에 포함되어 있습니다.

동일한 코드 창에 계속해서 기존 도형을 삭제할 때 사용할 '도형삭제' 매크로를 개발합니다.

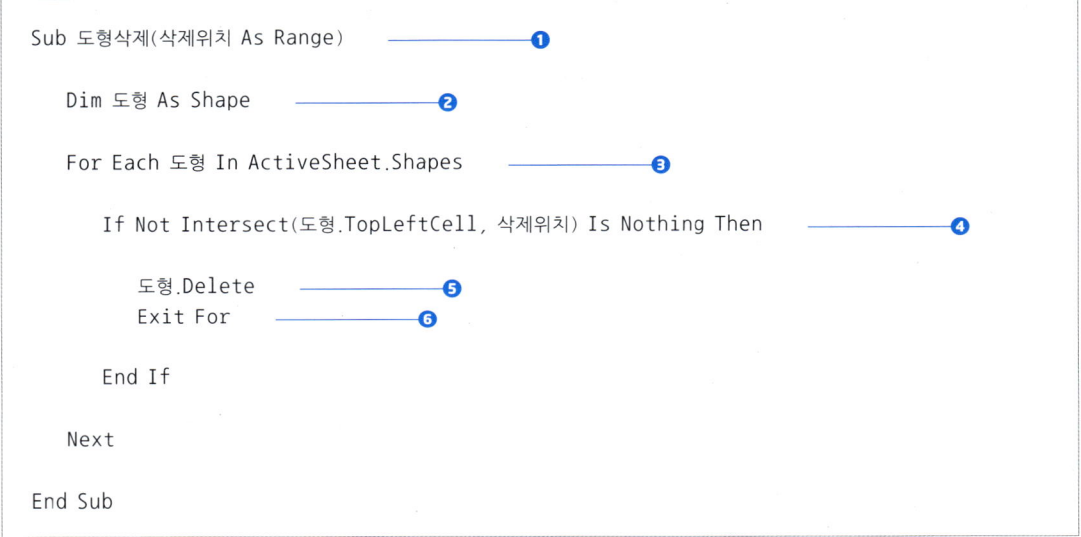

❶ '도형삭제' 매크로를 개발합니다. '도형삭제' 매크로는 Range 형식의 '삭제위치' 매개변수에 할당된 셀에 삽입된 도형을 삭제하는 동작을 처리합니다.

❷ Shape 형식의 '도형' 개체변수를 선언합니다.

❸ For Each … Next 순환문을 사용해 현재 시트의 도형을 하나씩 '도형' 개체변수에 할당합니다. 값이 수정된 셀에 삽입된 도형을 Range 개체에서 바로 확인할 수 없으므로, 전체 도형을 하나씩 뒤져 찾아야 합니다.

❹ '도형' 개체변수에 할당된 도형의 왼쪽 상단 셀이 '삭제위치' 매개변수의 할당된 셀인지 판단합니다. 맞으면 ❺-❻의 코드를 실행합니다.

❺ '도형' 개체변수에 할당된 도형을 삭제합니다.

❻ For Each … Next 순환문을 종료합니다. 이 명령은 Exit Sub 명령으로 대체할 수 있습니다.

TIP 이 코드는 예제에 포함되어 있습니다.

제대로 동작하는지 확인하기 위해 B3:AF10 범위 내 여러 위치에 소문자 'o'를 입력해 봅니다. 그러면 소문자 'o'가 입력된 위치에는 빨간 타원 도형이 삽입되며, 다른 문자를 입력하면 도형이 삽입되지 않습니다. 또한, B3:AF10 범위 외의 다른 위치에는 소문자 'o'를 입력해도 도형이 삽입되지 않습니다.

목표값 찾기를 이용해 계산 결과 수정하기

336

엑셀에는 계산 결과 값이 원하는 결과가 아닐 때, 원하는 결과를 찾아주는 '목표값 찾기' 기능이 있습니다. '목표값 찾기' 기능은 원하는 결과를 얻기 위해 계산에서 사용한 값 중 하나를 변경할 수 있는데, 한 번에 하나의 값만 지정할 수 있어 활용도가 약간 떨어지는 것이 사실입니다. 하지만 매크로를 이용하면 동시에 여러 값을 변경할 수 있습니다. 이번에는 '목표값 찾기' 기능을 이용해 원하는 결과를 얻을 수 있는 매크로를 개발하는 방법에 대해 알아보겠습니다.

예제 파일 PART 04 \ (GoalSeek) Goal.xlsm

예제를 열면 다음과 같은 견적서 서식을 확인할 수 있습니다.

번호	품명	수량	단가	할인	공급가액	세액
1	트로피컬 칵테일	20	20,000	0%	400,000	40,000
2	헌진 바닐라 엣센스	30	25,500	5%	726,750	72,675
3	보스톤산 게살 통조림	30	15,000	5%	427,500	42,750
4	대일 포장 치즈	60	45,000	10%	2,430,000	243,000
5	미왕 초콜릿 드링크	20	32,000	0%	640,000	64,000
	계				4,624,250	462,425

총 액 (공급가액 + 세액): 5,086,675 — 목표값 찾기

F2:K3 병합 셀에는 입력된 수식의 결과로 5,086,675라는 계산 결과 값이 나와 있습니다. K5:K9 범위 내 할인율을 최대 10%까지 변경해 이 값을 5,000,000이라는 결과로 바꾸고 싶다면 다음과 같은 매크로를 사용할 수 있습니다.

```
Sub 목표값찾기()

    '1단계 : 필요한 변수와 상수를 선언합니다.
    Dim 수식셀 As Range                              ①
    Dim 할인율범위 As Range, 셀 As Range              ②
    Dim 최대할인율 As Double                          ③
    Dim 현재할인율 As Variant                         ④
    Dim i As Integer                                ⑤
    Dim 메시지 As String                              ⑥
    
    Const 목표값 As Long = 5000000                    ⑦
```

```
'2단계 : 변수의 초기 값을 설정합니다.
    Set 수식셀 = Range("F2")                                          ⑧

    Set 할인율범위 = Range("K5")                                      ⑨
    Set 할인율범위 = Range(할인율범위, 할인율범위.End(xlDown))        ⑩

    현재할인율 = 할인율범위.Value                                     ⑪

'3단계 : 할인율을 1%에서 10%까지 조정하면서 목표 값에 도달했는지 확인합니다.
    For i = 1 To 10                            ⑫

        최대할인율 = i / 100                    ⑬

        For Each 셀 In 할인율범위               ⑭

            If 셀.Value < 최대할인율 Then       ⑮

                수식셀.GoalSeek Goal:=목표값, ChangingCell:=셀        ⑯

                If 셀.Value > 최대할인율 Then                         ⑰

                    셀.Value = 최대할인율       ⑱

                End If

            End If

        Next

        If 수식셀.Value = 목표값 Then Exit For                        ⑲

    Next i

'4단계 : 처리 결과를 화면에 표시합니다.
    If 수식셀.Value = 목표값 Then               ⑳

        메시지 = "목표한 값을 찾았습니다."

    Else                       ㉑

        메시지 = "목표한 값을 찾지 못했습니다."
        할인율범위.Value = 현재할인율

    End If

    MsgBox 메시지              ㉒

End Sub
```

❶ Range 형식의 '수식셀' 개체변수를 선언합니다.

❷ Range 형식의 '할인율범위'와 '셀' 개체변수를 선언합니다.

❸ Double 형식의 '최대할인율' 변수를 선언합니다.

❹ Variant 형식의 '현재할인율' 변수를 선언합니다.

❺ Integer 형식의 i 변수를 선언합니다.

❻ String 형식의 '메시지' 변수를 선언합니다.

❼ Long 형식의 '목표값' 상수를 선언하고 5,000,000을 저장합니다. 이 값이 F2:K3 병합 셀의 수식에서 얻고 싶은 값입니다.

❽ '수식셀' 개체변수에는 F2셀을 할당합니다.

❾ '할인율범위' 개체변수에 K5셀을 할당합니다.

❿ '할인율범위' 개체변수를 K5셀부터 K5셀에서 아래 방향으로 연속된 마지막 셀(K9셀)까지의 범위로 수정합니다. ❾-❿의 코드는 다음과 같이 한 줄로 수정할 수 있습니다.

```
Set 할인율범위 = Range("K5", Range("K5").End(xlDown))
```

⓫ '현재할인율' 변수에 '할인율범위' 개체변수에 할당된 데이터 범위(K5:K9)의 값을 저장합니다. 이렇게 하면 '현재할인율' 변수는 5×1 행렬의 2차원 배열로 값을 저장합니다.

⓬ For … Next 순환문을 사용해 i 변수의 값을 1부터 10까지 1씩 증가시키면서 순환합니다. 할인율은 최대 10%까지라고 했으니, 1%부터 10%까지 바꾸면서 목표값 찾기 기능을 실행할 필요가 있으므로 이번과 같이 순환문을 사용하는 것이 편리합니다.

⓭ '최대할인율' 변수에 i 변수의 값을 100으로 나눈 값을 저장합니다. 그러면 '최대할인율' 변수에 1%부터 10% 사이의 값이 순환할 때마다 변경됩니다.

⓮ For Each … Next 순환문을 사용해 '할인율범위' 개체변수에 할당된 데이터 범위 내 셀을 하나씩 '셀' 변수에 할당합니다.

⓯ '셀' 개체변수에 할당된 셀 값(기존 할인율)이 '최대할인율' 변수의 값보다 작다면 ⓰-⓲의 코드를 실행합니다. 기존 할인율이 최대 할인율보다 작을 때 목표값 찾기 기능을 이용해 기존 할인율 값을 조정하도록 하기 위해서입니다.

⓰ '수식셀' 개체변수에 할당된 셀에서 목표값 찾기 작업을 진행합니다. 목표값 찾기 명령인 GoalSeek 메서드는 Goal(찾는 값)과 ChangingCell(값을 바꿀 셀) 매개변수를 사용할 수 있으며, 이 부분은 다음과 같은 '목표값 찾기' 대화상자의 각 부분과 동일합니다.

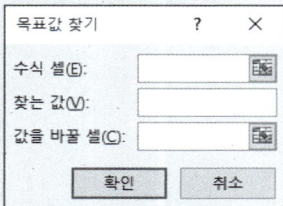

⓱ ⓰의 목표값 찾기가 실행되어 '셀' 개체변수에 할당된 셀의 값이 변경됩니다. 이 값이 '최대할인율' 변수의 값보다 큰지 판단해, 크면 ⓲의 코드를 실행합니다.

⓲ '셀' 개체변수에 할당된 셀 값을 '최대할인율' 값으로 변경합니다. 목표값 찾기에 의해 변경된 할인율 값이 '최대할인율' 변수의 값보다 크다면 원하는 값이 아니므로 '최대할인율' 변수의 값으로 할인율을 조정합니다. 이렇게 하면 1%, 2%, 3%, …, 10%와 같이 할인율 값을 조정하면서 목표한 값에 도달할 수 있는지 확인할 수 있습니다.

⓳ '수식셀' 개체변수에 할당된 셀 값이 '목표값' 변수의 값과 동일하면 더 이상 순환하지 않고, For Each … Next 순환문을 종료합니다.

- ⑳ '수식셀' 개체변수에 할당된 셀 값이 '목표값' 변수의 값과 동일하다면 '메시지' 변수에 해당 내용을 기록합니다.

- ㉑ ⑳의 판단이 False면 목표한 값을 찾지 못한 것이므로, '메시지' 변수에 해당 내용을 기록하고 '할인율범위' 개체변수의 값을 '현재할인율' 변수의 값으로 대체해 할인율 값을 원래 값으로 복구합니다.

- ㉒ MsgBox 함수를 사용해 '메시지' 변수의 값을 메시지 창에 표시합니다.

> **TIP** 이 매크로는 예제의 〈목표값 찾기〉 버튼에 연결되어 있습니다.

계산돈 매크로를 실행하기 위해 L2:O3 범위 내 〈목표값 찾기〉 버튼을 클릭하면 다음과 같은 결과를 얻을 수 있습니다.

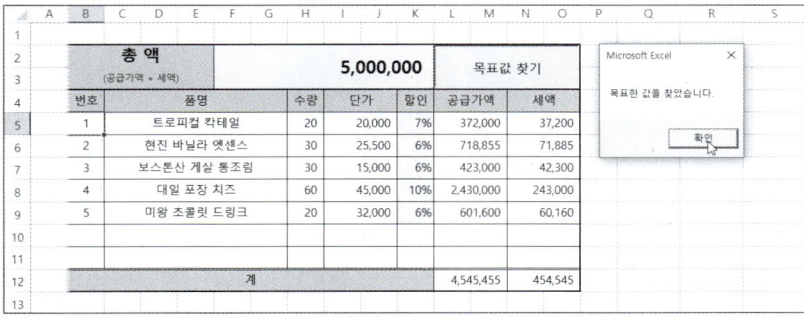

이벤트 프로시저를 생성(또는 삭제)하는 매크로 만들기 337

필요하다면, VB 편집기나 개발에서 사용하는 VBA쪽 개체를 조작하는 매크로를 개발해 사용할 수 있습니다. 이 작업은 위험 부담이 있는 방법이므로 엑셀에서는 기본적으로는 이런 방식을 사용할 수 없게 되어 있지만, 필요한 경우에는 사용자가 옵션을 해제해 원하는 개발 작업을 할 수 있습니다. 이 방법은 잘 사용하면 여러모로 편리한 부분이 있습니다. 이번에는 이벤트를 제어하는 방법을 처리하는 매크로를 개발하는 방법에 대해 알아보겠습니다.

예제 파일 PART 04 \ (VBProject) Event.xlsm

VB 편집기를 조작하기 위한 환경 설정

매크로를 이용해 매크로나 이벤트 프로시저 등을 생성하거나 삭제하는 작업은 이용하기에 따라 사용자의 의도와 무관하게 개발자의 의도를 강제할 수 있는 방법입니다. 이런 방식의 대표적인 프로그램이 바로 매크로 바이러스입니다. 이런 개발 방법은 보안에 매우 취약한 작업이기 때문에, 작업을 시작하기 전에 다음 두 가지 설정을 변경해야 합니다.

첫째, 개발자용 옵션을 변경해야 합니다. 이 작업은 한 번만 하면 됩니다.

예제를 열고 리본 메뉴의 [개발 도구] 탭-[코드] 그룹-[매크로 보안] 명령(🔺)을 클릭한 다음, '보안 센터' 대화상자에서 '매크로 설정' 카테고리의 'VBA 프로젝트 개체 모델에 안전하게 액세스할 수 있음' 옵션에 체크합니다.

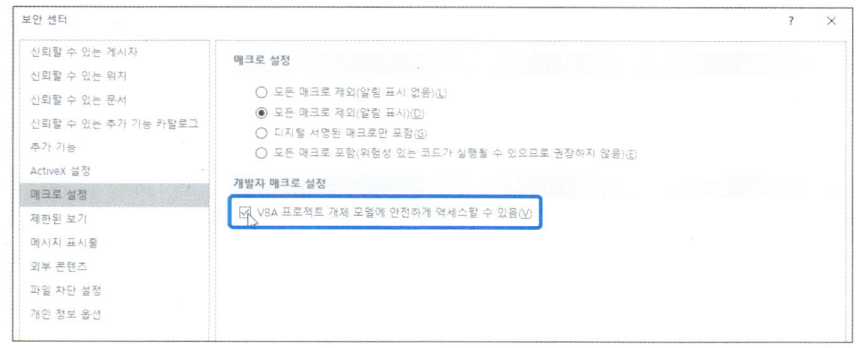

이 옵션이 체크되어 있지 않으면, VBA쪽 개체를 조작하는 매크로를 실행할 때 다음과 같은 에러 메시지 창이 나타납니다.

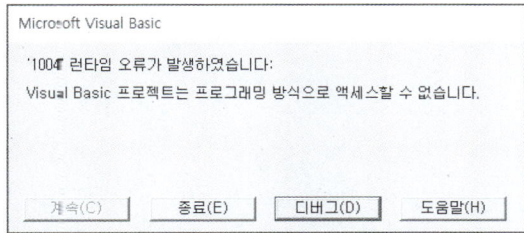

둘째, 개발에 필요한 라이브러리를 참조합니다. 이 작업은 파일마다 반복해서 진행해야 합니다.

VB 편집기에서 [도구]-[참조] 메뉴를 선택한 다음, 'Microsoft Visual Basic for Applications Extensibility 5.3' 라이브러리를 체크하고 〈확인〉 버튼을 클릭합니다.

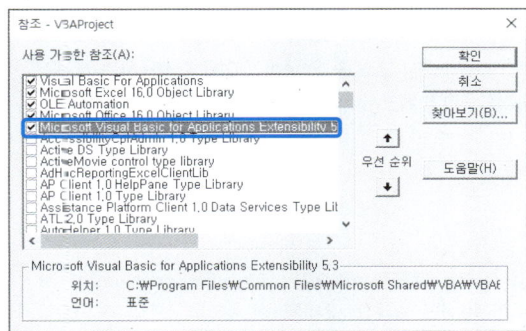

이벤트 생성하는 매크로 개발

매크로를 이용해 이벤트를 등록하는 작업을 하려면 다음과 같은 매크로를 개발해야 합니다.

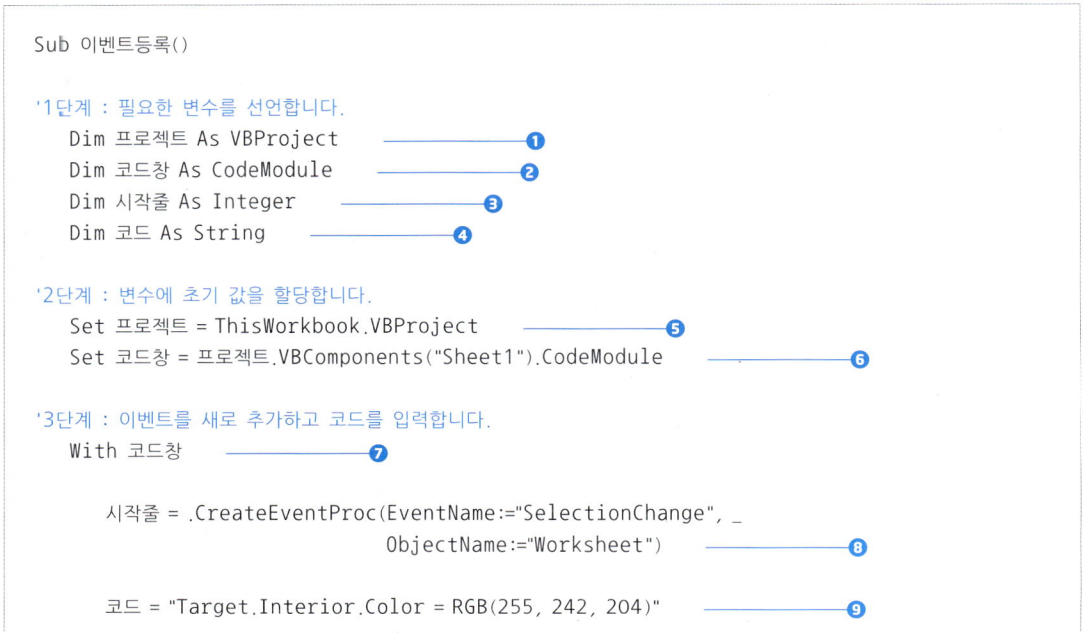

```
            .InsertLines Line:=시작줄 + 2, String:=vbTab & 코드 & vbCr         ⑩

    End With

End Sub
```

❶ VBProject 형식의 '프로젝트' 개체변수를 선언합니다.

❷ CodeModule 형식의 '코드창' 개체변수를 선언합니다.

❸ Integer 형식의 '시작줄' 변수를 선언합니다.

❹ String 형식의 '코드' 변수를 선언합니다.

❺ '프로젝트' 개체변수에 현재 파일의 VBProject 개체를 할당합니다.

❻ '코드창' 개체변수에 '프로젝트' 개체변수에 할당된 VBProejct 개체의 구성 요소 중 'Sheet1' 이름을 사용하는 개체의 CodeModule 개체를 할당합니다. 여기서 'Sheet1'은 이벤트를 추가할 워크시트의 코드 이름으로, VB 편집기의 프로젝트 탐색기 창에서 확인할 수 있습니다.

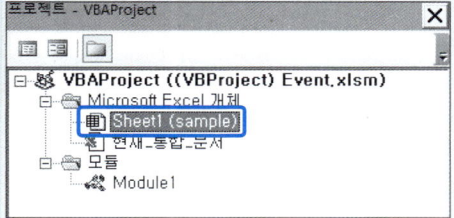

TIP 워크시트 이름은 VBA에서 부르는 이름(CodeName)과 사용자가 부여하는 워크시트 탭 이름(Name)으로 구분됩니다. 프로젝트 탐색기 창의 이름에서 괄호 안의 이름이 Name으로 워크시트 탭에서 사용자가 부여할 수 있는 이름입니다.

❼ '코드창' 개체변수에 할당된 CodeModule 개체에 이벤트 등록 작업을 처리하기 위해 With 문을 사용합니다.

❽ 코드 창에 새 이벤트 프로시저를 추가하기 위해 CodeModule 개체의 CreateEventProc 메서드를 이용합니다. CreateEventProc 메서드의 이벤트 이름(EventName)은 SelectionChange로, 개체(ObjectName)는 Worksheet를 전달해 Worksheet_SelectionChange 이벤트 프로시저를 생성합니다. CreateEventProc 메서드는 이렇게 생성된 이벤트 프로시저의 코드 창 내의 줄 번호를 반환하므로, 반환된 줄 번호를 '시작줄' 변수에 저장해 놓습니다.

❾ '코드' 변수에 SelectionChange 이벤트에 추가할 코드를 저장합니다. 코드는 선택된 셀(또는 범위)의 배경색을 황금색으로 변경합니다.

❿ 코드를 입력할 위치는 '시작줄' 변수에 저장된 두 줄 아래로, vbTab 내장 상수를 이용해 네 칸 들여쓰기를 한 다음 '코드' 변수에 저장된 코드를 입력하고 Enter 키를 누르는 동작(vbCr)을 진행합니다.

TIP 이 매크로는 예제의 〈이벤트 등록〉 버튼에 연결되어 있습니다.

개발된 매크로를 동작시켜 보기 위해, 엑셀 창에서 먼저 빈 셀을 몇 개 클릭해 선택합니다. 아무 반응이 없는 것을 확인하고, 〈이벤트 등록〉 버튼을 클릭합니다.

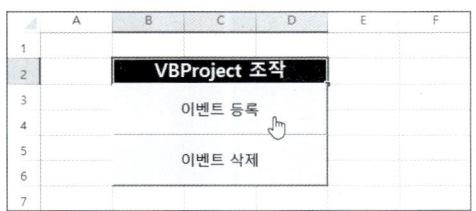

SelectionChange 이벤트가 등록됩니다. 다시 빈 셀을 몇 개 클릭하면 화면과 같이 선택된 셀들의 배경색이 황금색으로 변경됩니다.

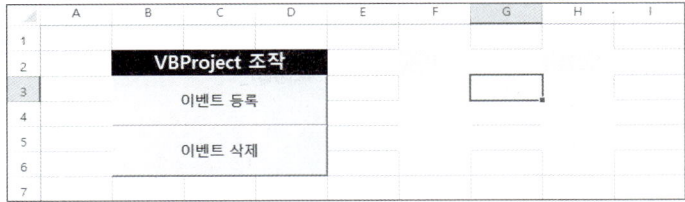

등록된 이벤트를 확인하기 위해 단축키 Alt + F11 을 누르고 프로젝트 탐색기 창에서 'Sheet1 (sample)' 시트 개체의 코드 창을 확인해 봅니다.

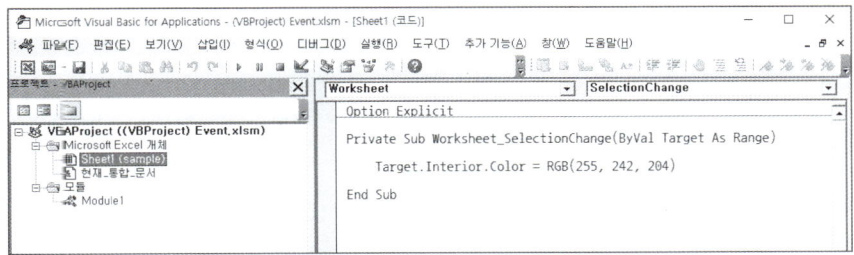

이벤트를 삭제하는 매크로 개발

등록된 이벤트 역시 매크로를 개발해 삭제할 수 있습니다. 새로 추가된 SelectionChange 이벤트 프로시저를 삭제하는 매크로는 다음과 같습니다.

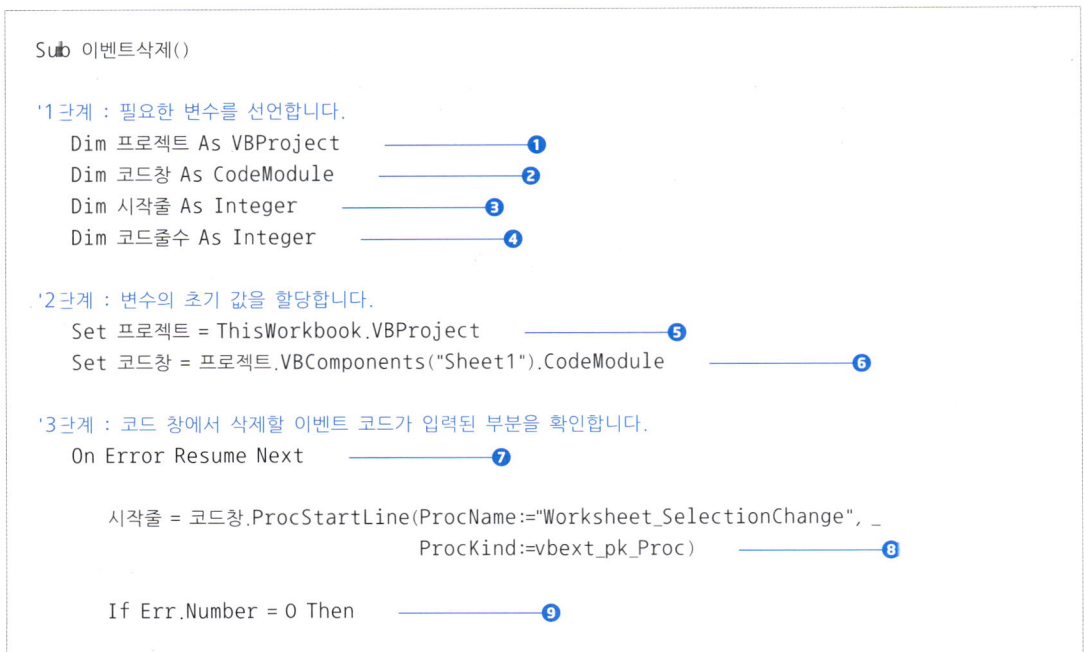

```
            코드줄수 = 코드창.ProcCountLines(ProcName:="Worksheet_SelectionChange", _
                                ProcKind:=vbext_pk_Proc)                    ⑩

    '4단계 : 이벤트를 삭제합니다.
            코드창.DeleteLines StartLine:=시작줄, Count:=코드줄수            ⑪

        End If

    On Error GoTo 0                        ⑫

End Sub
```

❶ VBProject 형식의 '프로젝트' 개체변수를 선언합니다.

❷ CodeModule 형식의 '코드창' 개체변수를 선언합니다.

❸ Integer 형식의 '시작줄' 변수를 선언합니다.

❹ Integer 형식의 '코드줄수' 변수를 선언합니다.

❺ '프로젝트' 개체변수에 현재 파일의 VBProject 개체를 할당합니다.

❻ '코드창' 개체변수에 '프로젝트' 개체변수에 할당된 VBProject 개체의 구성원 중 'Sheet1' 이름을 사용하는 개체의 CodeModule 개체를 할당합니다.

❼ 아래 줄에서 코드가 실행될 때 에러가 발생해도 매크로가 중단되지 않도록 On Error 문을 설정합니다.

❽ 코드 창에서 Worksheet_SelectionChange 이벤트 프로시저의 시작 위치를 찾아 '시작줄' 변수에 저장합니다. 시작 위치를 찾을 때 CodeModule 개체의 ProcStartLine 메서드를 이용하면 되는데, ProcName 매개변수는 프로시저의 이름을, ProcKind 매개변수는 프로시저의 종류를 지정합니다.

❾ ❽에서 에러가 발생하지 않았다면 SelectionChange 이벤트 프로시저가 존재하는 것이므로, ⑩-⑪의 코드를 실행합니다.

⑩ SelectionChange 이벤트 프로시저가 몇 줄에 걸쳐 입력됐는지, 코드 창(CodeModule)의 ProcCountLines 메서드로 확인해 '코드줄수' 변수에 저장합니다. 참고로 ProcCountLines 메서드는 기본적으로 ProcStartLine 메서드와 사용 방법이 유사합니다.

⑪ 코드 창(CodeModule)에서 '시작줄' 변수에 저장된 줄 번호부터 '코드줄수' 변수에 저장된 줄 행수만큼 삭제합니다.

⑫ ❼의 에러 처리 설정을 해제합니다.

> **TIP** 이 매크로는 예제의 〈이벤트 삭제〉 버튼에 연결되어 있습니다.

개발된 매크로를 테스트하기 위해 〈이벤트 삭제〉 버튼을 클릭합니다. 그런 다음 빈 셀을 클릭하면 더 이상 선택된 셀의 배경색이 변경되지 않습니다. 또한 VB 편집기를 열고 'Sheet1 (sample)' 시트의 코드 창에서 SelectionChange 이벤트 프로시저가 삭제됐는지 확인합니다.

모듈 자동 업데이트하기 338

매크로가 포함된 파일을 다른 사람에게 배포한 경우, 나중에 매크로만 업데이트하기가 쉽지 않습니다. 파일을 재배포하려고 해도 파일 내 데이터를 갱신한 경우에는 일일이 변경된 매크로 코드 부분만 복사하여 붙여 넣는 작업을 해야 하므로 불편합니다. 이 경우에는 모듈만 자동으로 업데이트하는 매크로를 개발해 사용하면 됩니다. 이번에는 매크로가 포함된 파일에서 매크로 코드만 자동으로 갱신할 수 있는 Workbook_Open 이벤트를 구성하는 방법에 대해 알아보겠습니다.

예제 파일 PART 04 \ (VBProject) 자동 업데이트.xlsm, modMain.bas

TIP 이번 작업을 위해서는 SECTION 337(1174쪽)에서 설명한 엑셀 보안 옵션 변경 및 라이브러리의 참조 작업이 선행되어야 합니다.

예제를 열어 보면 다음과 같이 현재 엑셀 버전을 확인할 수 있는 버튼이 있습니다.

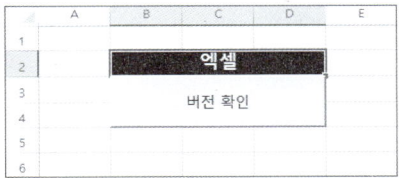

〈버전 확인〉 버튼에 연결된 매크로를 확인하기 위해 VB 편집기를 연 다음, 프로젝트 탐색기 창의 '모듈' 폴더에서 modMain 개체를 더블클릭합니다.

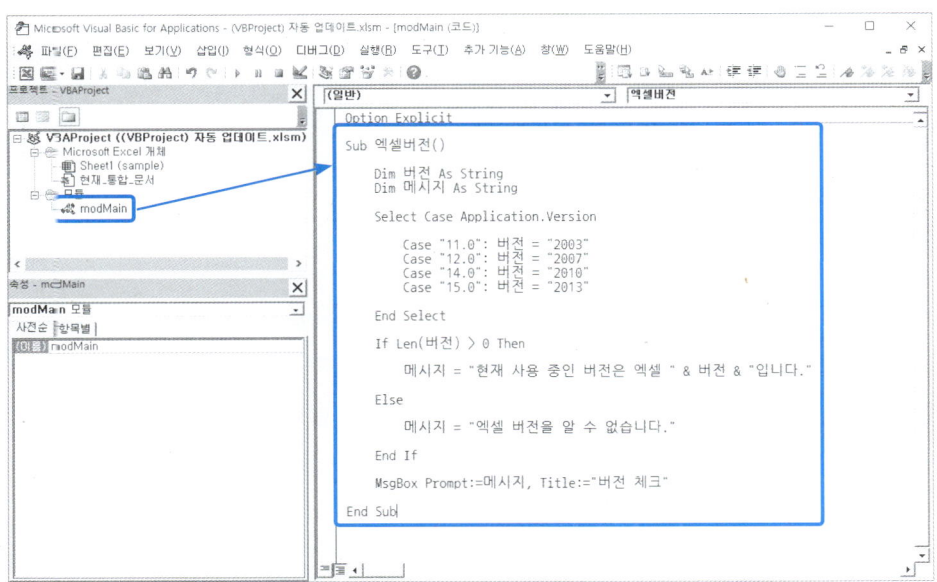

코드를 보면 Select Case 문을 사용해 프로그램의 버전별로 사용자가 인식할 수 있는 버전으로 변환한 다음, 메시지 창에 해당 버전을 표시하도록 되어 있습니다. 버전은 2003부터 2013까지 구분할 수 있도록 되어 있습니다.

엑셀 2016 버전에서 〈버전 확인〉 버튼을 클릭하면 화면과 같이 버전을 알 수 없다는 메시지 창이 표시됩니다.

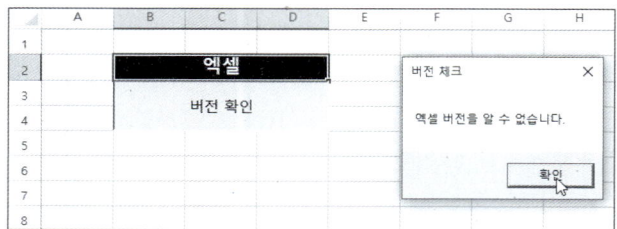

TIP 엑셀 2003 ~ 2013 버전을 사용하는 경우 버전 정보가 제대로 표시됩니다.

예제 폴더에 있는 'modMain.bas' 파일을 메모장 등을 이용해 열어 보면 다음과 같은 코드를 확인할 수 있습니다.

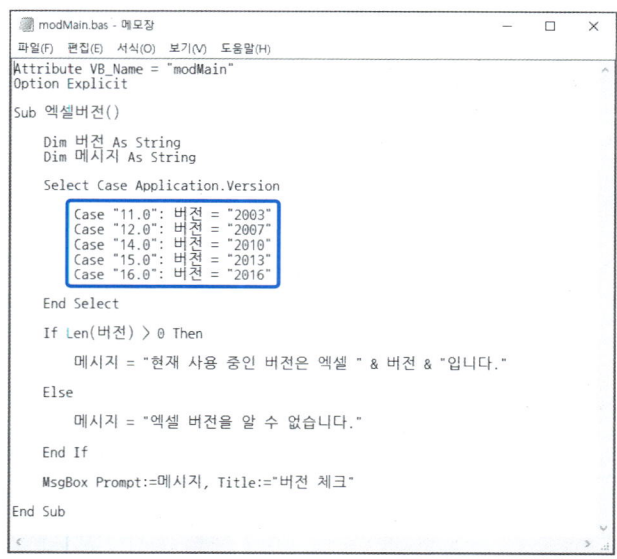

TIP 이 파일은 개발된 modMain 모듈을 내보내기한 파일입니다.

2016 버전까지 확인할 수 있도록 코드가 업그레이드되어 있음을 확인할 수 있습니다. 이렇게 내보낸 모듈(modMain.bas) 파일을 예제 파일에서 자동 업그레이드하는 작업을 진행해 보겠습니다.

예제 파일에서 VB 편집기의 '현재_통합_문서' 개체의 코드 창을 열고 다음과 같이 Workbook_Open 이벤트를 개발합니다.

파일 : (VBProject) 자동 업데이트 (코드).txt

```
Private Sub Workbook_Open()                    ①

'1단계 : 필요한 변수를 선언합니다.
    Dim 프로젝트 As VBProject                  ②
    Dim 경로 As String                          ③
    Dim 모듈 As String                          ④
    Dim 모듈파일 As String                      ⑤
    Dim 메시지 As String                        ⑥

'2단계 : 변수에 초기 값을 저장합니다.
    경로 = ThisWorkbook.Path & "\"             ⑦
    모듈 = "modMain"                            ⑧
    모듈파일 = 경로 & 모듈 & ".bas"             ⑨

'3단계 : 업데이트할 파일이 존재하는지 확인합니다.
    If Dir(모듈파일) <> "" Then                 ⑩

        메시지 = "새로운 업데이트가 발견되었습니다." & vbCr & vbCr
        메시지 = 메시지 & "업데이트 할까요?"    ⑪

'4단계 : 업데이트 여부를 묻고, 모듈을 업데이트합니다.
        If MsgBox(메시지, vbYesNo, "자동업데이트") = vbYes Then   ⑫

            Set 프로젝트 = ThisWorkbook.VBProject               ⑬

            With 프로젝트.VBComponents                           ⑭

                .Remove 프로젝트.VBComponents(모듈)              ⑮
                .Import Filename:=모듈파일                       ⑯

            End With

            Kill 모듈파일                                         ⑰

        End If

    End If

End Sub
```

❶ Workbook_Open 이벤트는 파일을 열 때 실행됩니다.

❷ VBProject 형식의 '프로젝트' 개체변수를 선언합니다.

❸ String 형식의 '경로' 변수를 선언합니다.

❹ String 형식의 '모듈' 변수를 선언합니다.

❺ String 형식의 '모듈파일' 변수를 선언합니다.

❻ String 형식의 '메시지' 변수를 선언합니다.

❼ '경로' 변수에 현재 파일의 경로와 경로 구분자(\)를 연결해 저장합니다. 이 경로는 업그레이드할 모듈 파일이 존재하는 경로입니다.

❽ '모듈' 변수에 업그레이드할 모듈 개체 이름을 저장합니다.

❾ '모듈파일' 변수에 '경로'와 '모듈' 변수, 그리고 '.bas' 문자열을 연결해 저장합니다. 이렇게 하면 업그레이드할 모듈 파일의 경로와 파일 이름이 모두 포함된 전체 문자열이 저장됩니다.

❿ '모듈파일' 변수에 저장된 파일이 있는지 Dir 함수를 사용해 확인합니다. Dir 함수의 반환 값이 빈 문자(" ")가 아니면 파일이 존재하는 것이므로, 업그레이드 작업을 진행하기 위해 ⓫-⓱의 코드를 실행합니다.

⓫ '메시지' 변수에 사용자에게 안내할 문자열을 저장합니다.

⓬ MsgBox 함수를 사용해 '메시지' 변수의 내용을 메시지 창으로 표시한 다음, 사용자가 〈예〉 버튼을 클릭했다면 ⓭-⓱의 코드를 실행합니다.

⓭ '프로젝트' 개체변수에 현재 파일의 VBProject 개체를 할당합니다.

⓮ '프로젝트' 개체변수에 할당된 VBProject 개체의 VBComponents 컬렉션을 대상으로 작업하기 위해 With 문을 사용합니다.

⓯ VBComponents 컬렉션의 Remove 메서드를 사용해 이름이 modMain인 모듈을 삭제합니다.

⓰ VBComponents 컬렉션의 Import 메서드를 사용해 '모듈파일' 변수의 파일을 가져옵니다.

⓱ Kill 함수를 사용해 '모듈파일' 변수에 저장된 파일을 삭제합니다.

개발된 이벤트가 제대로 동작하는지 확인하기 위해 파일을 저장하고 닫은 다음 다시 열면 다음과 같은 메시지 창이 표시됩니다. 〈예〉 버튼을 클릭합니다.

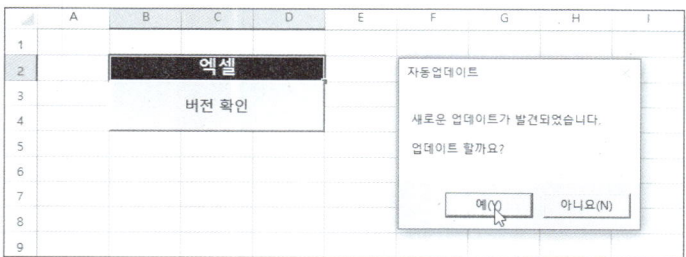

TIP 이 작업을 하면 modMain.bas 파일의 코드가 예제 파일의 modMain 모듈로 대체됩니다.

제대로 업그레이드가 됐는지 확인하기 위해 〈버전 확인〉 버튼을 클릭하면 이전과 달리 사용 중인 엑셀 버전이 정확하게 표시됩니다.

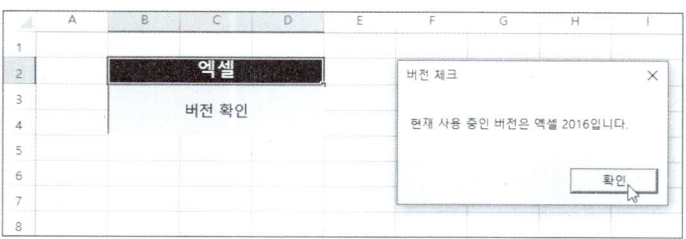

파일 내 VBA 코드와 VBA 개체를 한 번에 삭제하기 339

특정 파일에서 더 이상 매크로를 사용하고 싶지 않은 경우에는 파일을 'Excel 통합 문서(xlsx)' 형식으로 저장하면 되지만, 파일 형식을 변경하지 않으면서 기존에 개발된 코드만 모두 지우고 싶다면 해당 작업을 실행하는 매크로를 개발하면 됩니다. 이런 개발 방법은 이번 작업처럼 매크로를 지우는 용도 외에도 VBProject 개체 내 모든 개발용 개체를 어떻게 순환하면서 작업할 수 있는지를 알려 주므로 잘 이해해 둘 필요가 있습니다. 이번에는 파일 내 VBA 코드를 모두 제거하는 작업을 진행하는 매크로를 개발하는 방법에 대해 알아보겠습니다.

예제 파일 PART 04 \ (VBProject) 코드 삭제.xlsm

TIP 이번 작업을 위해서는 SECTION 337(1174쪽)에서 설명한 엑셀 보안 옵션 변경 및 라이브러리의 참조 작업이 선행되어야 합니다.

현재 파일에 포함된 모든 VBA 코드를 삭제하려면 다음과 같은 매크로를 사용하면 됩니다.

```
Sub 모든코드삭제()

'1단계 : 필요한 변수를 선언합니다.
    Dim 프로젝트 As VBProject                    ①
    Dim 콤포넌트 As VBComponent                  ②
    Dim 코드창 As CodeModule                     ③

'2단계 : 변수의 초기 값을 할당합니다.
    Set 프로젝트 = ThisWorkbook.VBProject        ④

    For Each 콤포넌트 In 프로젝트.VBComponents   ⑤

'3단계 : Microsoft 엑셀 개체 폴더 내 개체는 코드를 지웁니다.
        If 콤포넌트.Type = vbext_ct_Document Then    ⑥

            Set 코드창 = 콤포넌트.CodeModule         ⑦

            With 코드창                              ⑧
                .DeleteLines StartLine:=1, Count:=.CountOfLines   ⑨
            End With

'4단계 : 모듈, 폼, 클래스 모듈 개체는 삭제합니다.
        Else                                    ⑩

            프로젝트.VBComponents.Remove 콤포넌트    ⑪

        End If
```

```
Next

End Sub
```

❶ VBProject 형식의 '프로젝트' 개체변수를 선언합니다.

❷ VBComponent 형식의 '콤포넌트' 개체변수를 선언합니다.

❸ CodeModule 형식의 '코드창' 개체변수를 선언합니다.

❹ '프로젝트' 개체변수에 현재 파일의 VBProject 개체를 할당합니다.

❺ For Each … Next 순환문을 사용해 '프로젝트' 개체변수에 할당된 VBProject 내의 개별 구성 요소를 순환하면서 하나씩 '콤포넌트' 개체변수에 할당합니다. 이렇게 하면 VB 편집기의 프로젝트 탐색기 창에 있는 개체들이 하나씩 '콤포넌트' 개체변수에 할당됩니다.

❻ '콤포넌트' 개체변수에 할당된 VBComponent 개체 형식이 'Microsoft Excel 개체'인지 판단해, 맞는 경우 ❼-❾의 코드를 실행합니다. 참고로 Type 속성에서 반환하는 VBComponent 개체 형식은 다음과 같습니다.

내장 상수	값	설명
vbext_ct_StdModule	1	표준 모듈
vbext_ct_ClassModule	2	클래스 모듈
vbext_ct_MSForm	3	사용자 정의 폼
vbext_ct_ActiveXDesigner	11	ActiveX 디자이너
vbext_ct_Document	100	Microsoft Excel 개체

❼ '코드창' 개체변수에 '콤포넌트' 개체변수에 할당된 VBComponent 개체의 CodeModule 개체를 할당합니다.

❽ With 문을 사용해 '코드창' 개체변수에 할당된 CodeModule 개체를 대상으로 작업합니다.

❾ '코드창' 개체변수에 할당된 코드 창의 모든 코드를 삭제합니다. 코드를 삭제할 때 첫 번째 줄부터 사용된 총 줄 수만큼 지우므로, 코드 창 전체의 코드를 지우게 됩니다.

❿ ❻의 판단이 False면 '콤포넌트' 개체모델에 할당된 VBComponent 개체가 Microsoft Excel 개체가 아니라는 의미이므로 모듈이나 폼 개체입니다. 이 경우 ⓫의 코드를 실행합니다.

⓫ '콤포넌트' 개체변수에 할당된 VBComponent 개체를 삭제합니다. Microsoft Excel 개체는 시트, '현재_통합_문서'와 같이 내부적으로 사용되는 개체이므로 삭제하면 안 되지만, 모듈이나 폼 개체는 VBA를 사용하지 않으면 필요하지 않은 개체이므로 삭제합니다.

TIP 이 매크로는 예제의 〈모든 코드 삭제〉 버튼에 연결되어 있습니다.

개발된 매크로가 제대로 동작하는지 확인하기 위해 예제를 열면 사용자 이름이 메시지 창에 표시됩니다.

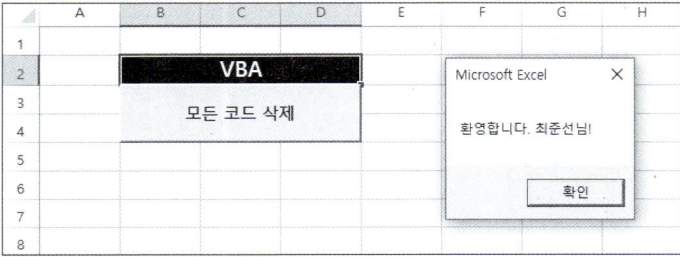

예제어 사용된 VBA 코드를 확인하기 위해 VB 편집기를 호출한 다음 '현재_통합_문서'의 코드 창을 보면 Workbook_Open 이벤트에 코드가 입력되어 있습니다.

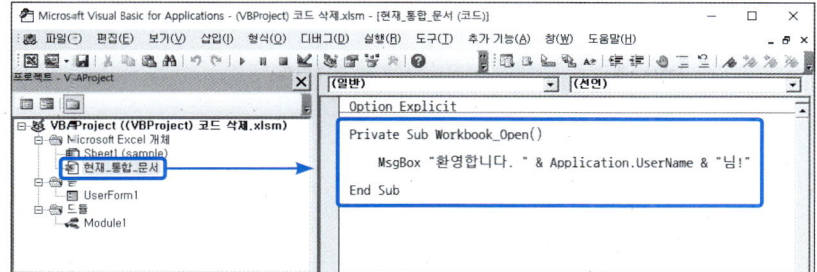

그 외에도 매크로 코드가 포함된 Module1 개체와 UserForm1 폼 개체를 확인할 수 있습니다. VB 편집기를 닫고 〈모든 코드 삭제〉 버튼을 클릭합니다. 다시 VB 편집기를 열어 보면, '현재_통합_문서' 개체 코드 창의 코드가 지워지고, Module1 개체와 UserForm1 폼 개체도 모두 삭제된 것을 확인할 수 있습니다.

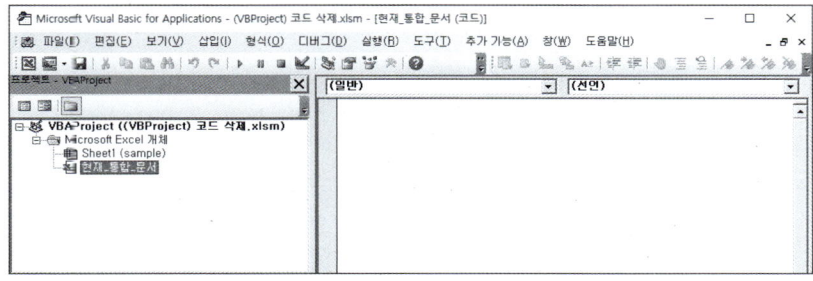

PART 05

엑셀 2016 매크로 & VBA 바이블

기타 유용한 개발 방법론

PART 05에서는 앞에서 설명하지 않은 텍스트 파일 처리 작업, 레지스트리, ADO, 오피스 프로그램 이용 방법 등에 대해 설명합니다. VBA를 이용해 매크로를 개발하는 것은 혼자 사용하기 위해서라기보다는, 다양한 사람들이 엑셀을 이용해 보다 편리한 작업을 할 수 있도록 하기 위해서일 것입니다. 그렇다면 좀 더 많은 작업을 편리하게 처리할 수 있도록 해 주는 이런 방법들이 유용합니다.

PART 05에서 설명하는 내용은 엑셀에서 자주 쓰는 다른 프로그램이나 파일을 다루는 기술에 대한 것입니다. CHAPTER 23에서 설명하는 ADO의 경우는 SQL이란 별도의 언어를 학습할 필요가 있는데, 이 책에서는 사용자가 자주 처리하는 작업에 대해서 자세하게 소개하고 있습니다. 만약 이러한 부분을 많이 사용하는 분들이라면 SQL에 대해 추가로 학습할 필요가 있습니다.

새로운 내용이 나오기 때문에 걱정이 될 수도 있지만, 프로그램을 조작하는 방법은 기본적으로 크게 다르지 않으니 그리 우려하지 않아도 됩니다. 앞에서 공부했던 내용과 함께 이해하고자 한다면 어렵지 않게 넘어갈 수 있으니, 부담보다는 호기심을 갖고 접근해 보기 바랍니다.

CHAPTER

22

텍스트 파일 및 레지스트리

매크로를 개발할 때 엑셀 파일 이외에 가장 많이 사용하는 파일 형식을 하나 꼽으라면 텍스트 파일일 것입니다.

텍스트 파일은 행 제한이 없고 다른 기종 간에도 호환에 문제가 없기 때문에 많이 활용되는 형식입니다.

엑셀에서 자주 사용하는 CSV 형식도 결국 텍스트 파일입니다.

또한 윈도우 사용자의 경우 운영체제의 정보를 담고 있는 레지스트리(Registry)를 사용할 수 있으며,

오피스 개발자 역시 이 저장 공간에 자신만의 정보를 담아 처리할 수 있습니다.

이런 방법을 이용하면 여러 파일 간의 정보를 한 곳에 기록하고, 이를 공유해 작업하도록 할 수 있습니다.

텍스트 파일에서 필요한 정보를 확인하기

340

사용자가 다루는 데이터는 엑셀뿐만 아니라, 텍스트, 데이터베이스 등 다양한 형식으로 존재합니다. 특히 데이터베이스에 바로 접속할 수 있는 권한이 없거나 외부 회사와 데이터 교류를 하는 업무가 많은 경우에는 텍스트 파일을 다루는 일이 빈번하게 발생합니다. 이번에는 VLOOKUP 함수와 같이 엑셀에 입력된 값을 텍스트 파일에서 찾아 텍스트 파일에서 필요한 정보를 엑셀 파일에 입력해 주는 매크로를 개발하는 방법에 대해 알아보겠습니다.

예제 파일 PART 05 \ (Text) Open.xlsm, 직원.txt

텍스트 파일 조작에 필요한 VBA 문법 이해하기

텍스트 파일을 열고, 내용을 확인하고, 파일을 닫는 기본 작업에 각각 Open, Line Input, EOF, Close 등의 명령과 함수를 사용할 수 있어야 합니다.

Open 문

텍스트 파일을 열 때 사용하며, 다음과 같은 문법을 사용합니다.

Open pathname [For mode] As [#]filenumber

❶ pathname : 열려고 하는 파일의 FullName입니다.

❷ For mode : mode는 파일을 여는 방식을 구성하며 다음과 같은 값 중 하나를 사용할 수 있습니다.

키워드	설명
Append	새 데이터를 추가할 수 있는 상태로 열며, 해당 파일이 존재하지 않으면 파일을 새로 생성합니다.
Binary	데이터 읽기 및 쓰기를 위해 바이너리 방식으로 열며, 해당 파일이 존재하지 않으면 파일을 새로 생성합니다.
Input	데이터를 읽을 수 있도록 열며, 파일이 존재하지 않으면 에러가 발생합니다.
Output	데이터를 다른 위치로 출력할 수 있는 상태로 엽니다.
Random	한 줄 단위로 데이터를 입력하거나 출력할 수 있도록 텍스트 파일을 여는데, For 명령 뒤에 키워드를 생략하면 이 모드라고 이해하면 됩니다.

❸ As [#]filenumber : As 뒤에는 연 파일의 번호를 1에서 511 사이의 숫자로 붙일 수 있으며, # 기호는 생략할 수 있습니다. 다만 동시에 여러 개의 파일을 열 때 파일 번호를 중복해서 사용할 수는 없습니다. 번호 여러 개를 중복되지 않게 입력하는 방식이 어렵다면 FreeFile 함수를 사용해 함수 번호를 받아 처리할 수 있습니다.

Line Input

열린 파일에서 한 줄씩 데이터를 읽을 때 사용하며, 다음과 같은 구문을 사용합니다.

Line Input #filenumber, varname

❶ #filenumber : 열린 파일의 파일 번호로, # 기호는 생략할 수 없습니다.
❷ varname : 읽어들인 데이터를 기록할 String 또는 Variant 형식의 변수입니다.

EOF

열린 파일의 끝 부분에 도달했는지를 True, False로 반환하는 함수로, 다음과 같은 구문을 사용합니다.

EOF [#]filenumber

❶ filenumber : 열린 파일의 파일 번호입니다.

Close 문

Open 문을 사용해 연 파일을 닫을 때 사용합니다. 다음과 같은 구문을 사용합니다.

Close [#]filenumber1, [#]filenumber2, …

❶ filenumber : 닫으려고 하는 파일 번호로, 생략하면 Open 문으로 연 모든 파일을 닫습니다.

텍스트 파일에서 필요한 정보를 읽어 처리하기

'직원.txt' 예제를 메모장 등을 이용해 열어 보면 다음 데이터를 확인할 수 있습니다.

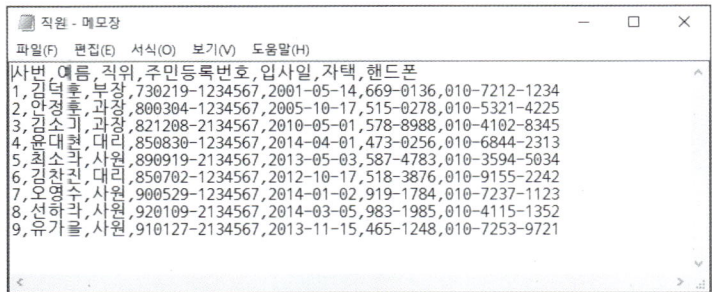

위 화면에서 볼 수 있듯이 '직원.txt' 파일은 직원 데이터 정보를 담고 있으며, 각 열은 쉼표(,)로 구분되어 있습니다. 이제 텍스트 파일은 닫고, '(Text)Open.xlsm' 파일을 열면 다음 화면을 확인할 수 있습니다.

	A	B	C	D	E	F	G
1							
2		이름				전화번호 찾기	
3		전화번호					
4							

TIP C2셀에는 유효성 검사의 목록 기능이 적용되어 있어, 직원 이름을 목록에서 선택할 수 있습니다.

C2셀에 직원 이름을 입력하고 〈전화번호 찾기〉 버튼을 클릭하면, '직원.txt'에서 해당 직원의 이름을 찾아 오른쪽에 있는 핸드폰 전화번호를 C3셀에 반환하도록 하겠습니다. 다음과 같은 매크로를 사용합니다.

```
Sub 전화번호찾기()

'1단계 : 필요한 변수를 선언합니다.
    Dim 경로 As String                    ❶
    Dim 파일 As String                    ❷
    Dim 파일번호 As Integer                ❸
    Dim 찾을이름 As String                 ❹
    Dim 찾기여부 As Boolean                ❺
    Dim 한줄 As String                    ❻
    Dim 배열 As Variant                   ❼

'2단계 : 변수에 초기 값을 저장합니다.
    경로 = ThisWorkbook.Path & "\"        ❽
    파일 = "직원.txt"                     ❾

    찾을이름 = Range("C2").Value          ❿

    파일번호 = FreeFile                   ⓫

'3단계 : 파일을 열고, 필요한 정보를 반환합니다.
    Open 경로 & 파일 For Input As #파일번호    ⓬

    Do Until EOF(파일번호)                 ⓭

        Line Input #파일번호, 한줄          ⓮

        배열 = Split(한줄, ",")            ⓯

        If 배열(1) = 찾을이름 Then          ⓰

            Range("C3").Value = 배열(6)    ⓱
            찾기여부 = True                ⓲
            Exit Do                       ⓳

        End If

    Loop

    Close #파일번호                        ⓴

    If 찾기여부 = False Then Range("C3").Value = CVErr(xlErrNA)    ㉑

End Sub
```

❶ String 형식의 '경로' 변수를 선언합니다.

❷ String 형식의 '파일' 변수를 선언합니다.

❸ Integer 형식의 '파일번호' 변수를 선언합니다.

❹ String 형식의 '찾을이름' 변수를 선언합니다.

❺ Boolean 형식의 '찾기여부' 변수를 선언합니다.

❻ String 형식의 '한줄' 변수를 선언합니다.

❼ Variant 형식의 '배열' 변수를 선언합니다.

❽ '경로' 변수에 현재 파일의 경로에 경로 구분 문자(\)를 연결해 저장합니다.

❾ '파일' 변수에 열려고 하는 텍스트 파일의 이름을 확장자를 포함해 저장합니다.

❿ '찾을이름' 변수에 C2셀의 값을 저장합니다. C2셀에는 찾으려고 하는 직원의 이름이 입력됩니다.

⓫ '파일번호' 변수에 FreeFile 함수의 반환 값을 저장합니다. FreeFile 함수는 텍스트 파일을 열 때 사용 가능한 파일 번호를 자동으로 계산하는 함수로, 여기서는 텍스트 파일을 한 개만 열기 때문에 FreeFile 함수 대신 1을 부여해도 되지만 여러 개의 텍스트 파일을 열 때는 FreeFile 함수의 반환 값을 받아 사용하는 것이 안전합니다.

⓬ Open 문을 사용해 '경로'와 '파일' 변수의 값에 해당하는 파일을 읽기 모드(For Input)로 열고, 연 파일에 '파일번호' 변수에 저장된 번호가 부여됩니다. 참고로 Open 문을 사용할 때 열려고 하는 파일이 존재하지 않으면 에러가 발생하므로, 파일이 존재하는지 확인할 필요가 있으면 이런 작업은 Dir 함수로 쉽게 처리할 수 있습니다. 필요하면 이번 줄 앞에 다음 코드를 추가해서 사용하면 됩니다.

```
If Dir(경로 & 파일) = "" Then Exit Sub
```

⓭ Do … Loop 순환문을 이용해 텍스트 파일의 처음부터 끝까지 순차적으로 읽습니다. 순환문의 종료 조건은 EOF 함수의 값이 True가 될 때까지인데, EOF 함수는 파일을 한 줄씩 읽다가 끝 부분에 도달하면 True를 반환하므로 텍스트 파일을 처음부터 끝까지 읽으려고 할 때의 조건으로 적합합니다.

⓮ Line Input 명령을 사용해 파일 번호에 해당하는 텍스트 파일의 데이터를 한 줄씩 읽어 '한줄' 변수에 저장합니다.

⓯ '한줄' 변수에 저장된 데이터를 Split 함수를 사용해 쉼표(,) 구분 문자로 구분한 다음, '배열' 변수에 저장합니다.

⓰ '배열' 변수에 저장된 두 번째 값이 '찾을이름' 변수의 값과 동일한지 판단해, 맞으면 ⓱–⓳의 코드를 실행합니다. '배열' 변수는 0번부터 인덱스 값을 사용하므로, 배열(1)은 '배열' 변수에 저장된 두 번째 값을 의미하며, 텍스트 파일에서는 쉼표(,)로 구분된 두 번째 값입니다.

⓱ C3셀에 '배열' 변수의 저장된 값 중 일곱 번째 값을 입력합니다. 텍스트 파일에서 일곱 번째 값이 핸드폰 값입니다.

⓲ '찾기여부' 변수의 값을 True로 변경합니다. '찾기여부' 변수는 ❺에서 선언과 동시에 False 값이 저장되며, 값을 찾은 다음에만 이번 줄에서 True 값을 가지게 됩니다. 이렇게 하면 텍스트 파일에서 필요한 값을 찾았는지 여부를 판단할 수 있습니다.

⓳ Do … Loop 순환문을 종료합니다.

⓴ Close 문을 사용해 파일 번호에 맞는 텍스트 파일을 닫습니다.

㉑ '찾기여부' 변수의 값이 False면 C3셀의 값에 #N/A 오류를 반환합니다.

TIP 이 매크로는 예제의 〈전화번호 찾기〉 버튼에 연결되어 있습니다.

개발된 매크로가 제대로 동작하는지 확인하기 위해, C2셀에 아무 직원 이름이나 선택한 다음 〈전화번호 찾기〉 버튼을 클릭하면 다음과 같이 해당 직원의 연락처가 C3셀에 반환됩니다.

텍스트 파일을 엑셀로 가져오기   341

텍스트 파일의 데이터를 매번 엑셀 파일로 가져와 작업해야 한다면, 외부 데이터 가져오기 명령을 사용하거나, 텍스트 파일을 열고 데이터를 엑셀로 복사해 붙여 넣는 작업을 해야 합니다. 그런데 이런 작업은 불편하고 번거로운 면이 있습니다. SECTION 340에서 개발한 매크로의 코드를 조금만 수정하면 엑셀로 데이터를 한 번에 가져오도록 할 수 있습니다. 또한 엑셀에서 텍스트 파일을 직접 열 수도 있으며 해당 작업에 대한 명령도 따로 제공됩니다. 설명된 방법을 모두 사용해 텍스트 파일을 엑셀로 가져오는 방법에 대해 알아보겠습니다.

예제 파일 PART 05 \ (Text) OpenText.xlsm, 직원.txt

제공된 엑셀 예제 파일을 열면 다음과 같은 화면을 확인할 수 있습니다.

TIP '직원.txt' 파일은 SECTION 340(1188쪽)에서 작업했던 파일을 그대로 사용합니다.

먼저 텍스트 파일을 다루는 전통적인 Open 문을 사용해 B2:H11 범위에 텍스트 파일의 데이터를 가져오려면 다음과 같은 매크로를 사용합니다.

```
Sub Open으로가져오기()

'1단계 : 필요한 변수를 선언합니다.
    Dim 경로 As String
    Dim 파일 As String
    Dim 파일번호 As Integer
    Dim 시작셀 As Range          ❶
    Dim 한줄 As String
    Dim 배열 As Variant
    Dim i As Integer             ❷

'2단계 : 변수에 초기 값을 설정하고, 기존 데이터 영역의 값을 지웁니다.
    경로 = ThisWorkbook.Path & "\"
    파일 = "직원.txt"
```

```
            파일번호 = FreeFile

            Set 시작셀 = Range("B2")                    ❸

            시작셀.CurrentRegion.ClearContents          ❹
        '3단계 : 파일을 열고, 한 줄씩 데이터를 기록합니다.
            Open 경로 & 파일 For Input As #파일번호

            Do Until EOF(파일번호)

                Line Input #파일번호, 한줄

                배열 = Split(한줄, ",")

                With 시작셀.Offset(i)                   ❺
                    .Resize(1, UBound(배열) + 1).Value = 배열   ❻
                End With

                i = i + 1                              ❼

            Loop

        '4단계 : 파일을 닫고, 열 너비를 맞춥니다.
            Close #파일번호

            시작셀.CurrentRegion.Columns.AutoFit        ❽

        End Sub
```

❶ Range 형식의 '시작셀' 개체변수를 선언합니다.

❷ Integer 형식의 i 변수를 선언합니다.

❸ '시작셀' 개체변수에 B2셀을 할당합니다. B2셀은 텍스트 파일의 데이터를 가져올 왼쪽 상단 첫 번째 셀입니다.

❹ '시작셀' 개체변수에 할당된 B2셀부터 연속된 데이터 범위의 값을 지웁니다. 이전에 가져온 데이터가 있으면 삭제하기 위한 작업입니다.

❺ With 문을 사용해 '시작셀' 개체변수에 할당된 B2셀부터 행 방향으로 i번째 셀을 대상으로 작업합니다.

❻ Resize 속성을 이용해 ❺의 위치에서 행 방향으로 셀을 하나(행은 하나), 열 방향으로 '배열' 변수의 마지막 인덱스 번호에서 1을 더한 값만큼의 셀을 포함한 범위로 크기를 조정합니다. '배열' 변수의 크기와 워크시트 내 값을 입력할 범위의 크기를 맞춰, '배열' 변수의 값을 한 번에 전달하기 위한 작업입니다.

❼ i 변수의 값을 1 증가시킵니다. 이렇게 하면 값을 기록할 위치가 한 칸씩 아래로 이동합니다.

❽ '시작셀' 개체변수에 할당된 B2셀부터 연속된 데이터 범위의 열 너비를 자동 조정합니다.

TIP 이 매크로는 예제의 〈Open〉 버튼에 연결되어 있습니다.

TIP 이 매크로는 SECTION 340(1188쪽)의 코드와 유사하므로, 동일한 코드 부분에 대한 설명은 생략되어 있습니다.

개발된 매크로가 제대로 동작하는지 확인하기 위해 〈Open〉 버튼을 클릭하면 텍스트 파일의 데이터가 정확하게 B2:H11 범위로 가져와집니다.

동일한 작업을 하는데, Open 문 대신 OpenText 메서드를 사용하려면 다음과 같은 매크로를 사용합니다.

```
Sub OpenText로가져오기()

'1단계 : 필요한 변수를 선언합니다.
    Dim 경로 As String                          ①
    Dim 파일 As String                          ②
    Dim 시작셀 As Range                         ③

'2단계 : 변수에 초기 값을 설정하고, 기존 데이터 영역의 값을 지웁니다.
    경로 = ThisWorkbook.Path & "\"              ④
    파일 = "직원.txt"                           ⑤

    Set 시작셀 = Range("B2")                    ⑥

    시작셀.CurrentRegion.ClearContents          ⑦

'3단계 : 텍스트 파일을 열고, 값을 복사한 다음 파일을 닫습니다.
    Application.ScreenUpdating = False          ⑧

        Workbooks.OpenText Filename:=경로 & 파일, Comma:=True    ⑨

        Range("A1").CurrentRegion.Copy 시작셀   ⑩

        ActiveWorkbook.Close SaveChanges:=False ⑪

    Application.ScreenUpdating = True           ⑫

'4단계 : 열 너비를 맞춥니다.
    시작셀.CurrentRegion.Columns.AutoFit        ⑬

End Sub
```

❶ String 형식의 '경로' 변수를 선언합니다.

❷ String 형식의 '파일' 변수를 선언합니다.

❸ Range 형식의 '시작셀' 개체변수를 선언합니다.

❹ '경로' 변수에 현재 파일의 경로와 경로 구분 문자(\)를 연결해 저장합니다.

❺ '파일' 변수에 가져올 텍스트 파일 이름을 저장합니다.

❻ '시작셀' 개체변수에 B2셀을 할당합니다.

❼ '시작셀' 개체변수에 할당된 B2셀부터 연속된 데이터 범위 내 값을 지웁니다.

❽ 텍스트 파일을 열고 닫는 과정을 화면에 표시하지 않기 위해, 화면 갱신 옵션을 해제합니다. 이렇게 하면 ⓬에서 다시 화면 갱신 옵션을 설정할 때까지, ❾-⓫의 코드를 실행하는 과정이 화면에 표시되지 않습니다.

❾ Workbooks 컬렉션의 OpenText 메서드를 이용해 텍스트 파일을 엽니다. 여는 파일은 '경로'와 '파일' 변수에 각각 저장된 값을 연결해 확인하며, 구분 문자는 Comma 매개변수를 True로 설정해 쉼표(,)로 열을 구분하도록 합니다. 이렇게 하면 새 파일이 열리면서 해당 파일로 텍스트 파일의 데이터가 표시됩니다.

❿ 새로 열린 파일의 A1셀부터 연속된 범위를 복사해, '시작셀' 개체변수에 할당된 셀에 붙여 넣습니다.

⓫ 새로 열린 파일을 저장하지 않고 닫습니다. 이 과정에서 텍스트 파일은 닫힙니다.

⓬ 화면 갱신 옵션을 다시 설정해 화면을 새로 고칩니다.

⓭ '시작셀' 개체변수에 할당된 셀부터 연속된 데이터 범위 내 열 너비를 자동으로 조정합니다.

> **TIP** 이 매크로는 예제의 〈OpenText〉 버튼에 연결되어 있습니다.

개발된 매크로를 테스트해 보려면 〈OpenText〉 버튼을 클릭하면 됩니다. 결과는 이전과 동일합니다.

표 데이터를 텍스트 파일로 내보내기 342

엑셀 데이터를 텍스트 파일로 내보내려면 셀 값을 순환하면서 읽어 텍스트 파일에 기록하면 됩니다. 이때, 생성하려는 목적에 맞게 Write 명령과 Print 명령을 구분해 사용할 수 있어야 합니다. Print 명령은 탭으로 열을 구분하려고 할 때 사용하고, Write 명령은 쉼표(,)를 이용해 열을 구분하고자 할 때 사용합니다. 이외에도 두 명령을 사용하는 방법에는 약간의 차이가 있으므로, 이런 방법을 잘 이해해야 매크로를 개발할 때 원하는 결과를 정확하게 얻을 수 있습니다.

예제 파일 PART 05 \ (Text) Write, Print.xlsm

텍스트 파일에 값을 쓰기 위한 VBA 문법 이해하기

텍스트 파일에 데이터를 기록하려면 Write 명령이나 Print 명령을 사용하면 됩니다.

Write 문

Open 문으로 연 텍스트 파일(For Append, For Output)에 새 문자열을 기록합니다. 주로 구분 문자로 값을 구별해 기록하려고 할 때 사용하며 구문은 다음과 같습니다.

> **Write** #filenumber, outputlist
>
> ❶ #filenumber : 새 문자열을 기록할 파일 번호입니다.
> ❷ outputlist : 기록할 문자열로, 쉼표로 값을 구분하며 생략하면 빈 텍스트 파일이 생성됩니다.

Write 문에서는 특정 텍스트 형식의 값은 큰따옴표(")로 묶어 처리하며, 논리값이나 날짜/시간 값은 # 기호로 묶어 처리합니다. 값이 없는 부분은 Empty 키워드를 사용하면 텍스트 파일에도 해당 위치의 값이 비어 있게 됩니다.

Print 문

열린 파일에 새 문자열을 기록합니다. 고정 폭의 텍스트 파일을 만들 때 주로 사용하며, 텍스트 형식의 값을 큰따옴표(")로 묶지 않습니다.

> **Print** #filenumber, outputlist
>
> ❶ #filenumber : 새 문자열을 기록할 파일 번호입니다.
> ❷ outputlist : 기록할 문자열로, 생략하면 빈 텍스트 파일이 생성됩니다. outputlist에 값과 값 사이를 쉼표(,)로 구분하면 하나의 열에 14문자(고정폭)로 기록되며, 세미콜론(;)은 열을 구분할 때 사용합니다. 다음과 같은 키워드를 사용할 수

있습니다.

키워드	설명
Spc(n)	n개 개수만큼의 공백 문자를 사용합니다.
Tab(n)	n개 개수만큼의 열을 건너뛸 수 있습니다.

표 데이터를 텍스트 파일로 내보내기

예제를 열면 화면과 같은 표를 확인할 수 있습니다.

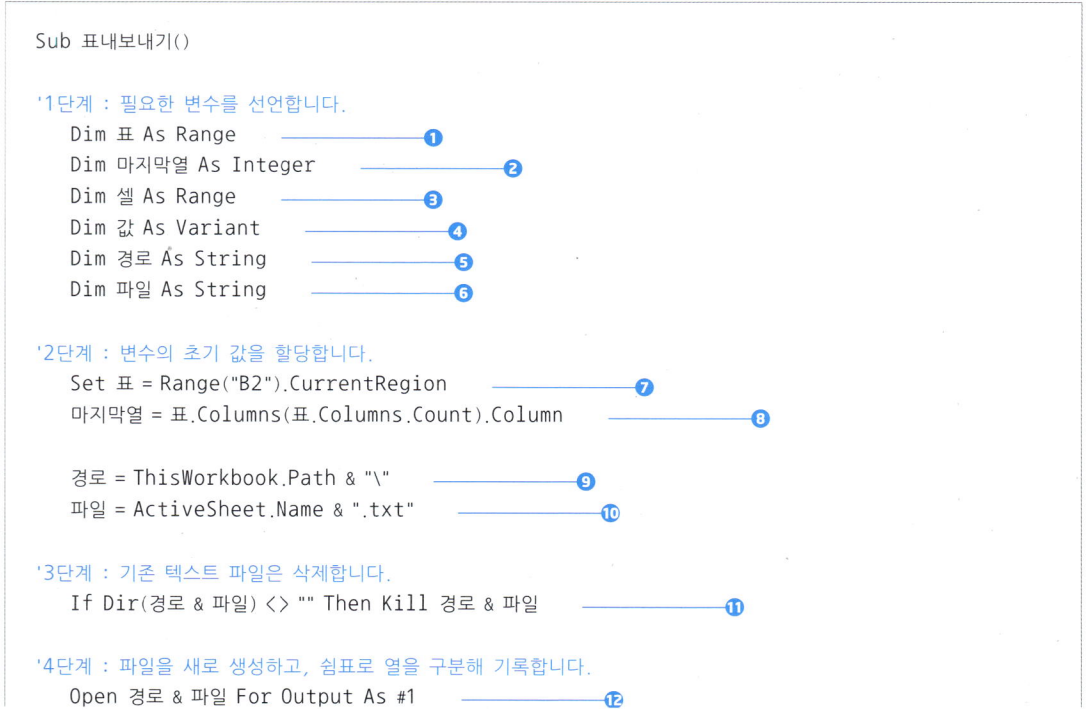

TIP G9:G10 범위는 빈 셀입니다.

위 표의 데이터를 쉼표로 열을 구분해 텍스트 파일로 내보내려면 다음과 같은 매크로를 사용합니다.

```
Sub 표내보내기()

'1단계 : 필요한 변수를 선언합니다.
    Dim 표 As Range                    ①
    Dim 마지막열 As Integer             ②
    Dim 셀 As Range                    ③
    Dim 값 As Variant                  ④
    Dim 경로 As String                 ⑤
    Dim 파일 As String                 ⑥

'2단계 : 변수의 초기 값을 할당합니다.
    Set 표 = Range("B2").CurrentRegion          ⑦
    마지막열 = 표.Columns(표.Columns.Count).Column    ⑧

    경로 = ThisWorkbook.Path & "\"              ⑨
    파일 = ActiveSheet.Name & ".txt"            ⑩

'3단계 : 기존 텍스트 파일은 삭제합니다.
    If Dir(경로 & 파일) <> "" Then Kill 경로 & 파일    ⑪

'4단계 : 파일을 새로 생성하고, 쉼표로 열을 구분해 기록합니다.
    Open 경로 & 파일 For Output As #1           ⑫
```

```
        For Each 셀 In 표                    ─────⑬
        
            값 = 셀.Value                    ─────⑭
            
            If 셀.Column <> 마지막열 Then    ─────⑮
            
                Write #1, 값;
                
            Else                              ─────⑯
            
                Write #1, 값
                
            End If
            
        Next
        
'5단계 : 파일을 닫습니다.
        Close #1                              ─────⑰
        
End Sub
```

❶ Range 형식의 '표' 개체변수를 선언합니다.

❷ Integer 형식의 '마지막열' 변수를 선언합니다.

❸ Range 형식의 '셀' 변수를 선언합니다.

❹ Variant 형식의 '값' 변수를 선언합니다.

❺ String 형식의 '경로' 변수를 선언합니다.

❻ String 형식의 '파일' 변수를 선언합니다.

❼ '표' 개체변수에 B2셀부터 연속된 데이터 범위를 할당합니다.

❽ '마지막열' 변수에 '표' 개체변수에 할당된 데이터 범위에서 마지막 열의 열 번호를 저장합니다. 텍스트 파일에 데이터를 쓸 때 언제 줄을 바꿔 기록해야 하는지를 알고 있어야 하므로, 마지막 열 번호를 기록해 뒀다가 사용하기 위한 작업입니다. 이 코드는 다음 코드로 대체할 수 있습니다.

```
마지막열 = 표.Cells(1).Column + 표.Columns.Count - 1
```

❾ '경로' 변수에 현재 파일의 경로와 경로 구분 문자(\)를 연결해 저장합니다.

❿ '파일' 변수에 현재 시트의 이름과 '.txt' 문자열을 연결해 저장합니다. 이 변수에 저장된 이름으로 텍스트 파일을 생성하므로, 원하는 다른 이름이 있다면 해당 이름을 이 변수에 저장해 놓고 사용합니다.

⓫ Dir 함수를 사용해 저장할 텍스트 파일이 있는지 확인하고, 있다면 Kill 함수를 사용해 해당 파일을 지웁니다.

⓬ Open 문을 사용해 새로운 데이터를 출력(For Output)할 파일을 하나 열고 파일 번호를 1로 설정합니다. 이렇게 하면 빈 텍스트 파일이 하나 생성됩니다.

⓭ 텍스트 파일에 데이터를 기록하기 위해, For Each … Next 순환문을 사용해 '표' 개체변수에 할당된 데이터 범위 내 셀을 하나씩 '셀' 개체변수에 할당합니다.

⓮ '값' 변수에 '셀' 개체변수에 할당된 셀 값을 저장합니다. '값' 변수는 Variant 형식이므로 '셀' 개체변수에 할당된 셀 값이

비어 있으면 Empty 값을 갖고, 숫자, 날짜/시간, 텍스트 형식의 값을 구분해 저장합니다.

⓯ '셀' 개체변수에 저장된 셀의 열 번호가 '마지막열' 변수와 다르면 Write 문을 사용해 1번 파일에 '값' 변수의 값을 기록하고 세미콜론(;)으로 열을 구분합니다. 이렇게 하면 Write 문을 사용했으므로 쉼표(,)로 열이 구분됩니다.

⓰ ⓯의 판단이 False면 텍스트 파일에 쓸 값이 마지막 열의 값이므로, Write 문을 사용해 1번 파일에 '값' 변수의 값을 기록합니다. 이때 '값' 변수 우측에 세미콜론(;)이 없으므로 줄 바꿈 문자가 삽입되어 다음부터는 줄이 구분되어 입력됩니다.

⓱ 1번 파일을 닫습니다.

TIP 이 매크로는 예제의 〈쉼표로 구분〉 버튼에 연결되어 있습니다.

개발된 매크로를 실행하기 위해 〈쉼표로 구분〉 버튼을 클릭한 다음, 예제 폴더에서 'sample.txt' 파일을 열어 보면 다음과 같은 결과를 확인할 수 있습니다.

```
"사번","이름","직위","주민등록번호","입사일","자택","핸드폰"
1,"김덕훈","부장","730219-1234567",#2001-05-14#,"669-0136","010-7212-1234"
2,"안정훈","과장","800304-1234567",#2005-10-17#,"515-0278","010-5321-4225"
3,"김소라","과장","821208-2134567",#2010-05-01#,"578-8988","010-4102-8345"
4,"윤대현","대리","850830-1234567",#2014-04-01#,"473-0256","010-6844-2313"
5,"최소라","사원","890919-2134567",#2013-05-03#,"587-4783","010-3594-5034"
6,"김찬진","대리","850702-1234567",#2012-10-17#,"518-3876","010-9155-2242"
7,"오영수","사원","900529-1234567",#2014-01-02#,,"010-7237-1123"
8,"선하라","사원","920109-2134567",#2014-03-05#,,"010-4115-1352"
9,"유가을","사원","910127-2134567",#2013-11-15#,"465-1248","010-7253-9721"
```

텍스트 파일에 쓰여진 데이터를 보면, 텍스트 값은 큰따옴표(")로 묶여 있고, 숫자는 큰따옴표(")가 생략되며, 날짜/시간(입사일)인 경우에는 샵(#) 문자로 값이 묶인 것을 확인할 수 있습니다. 이렇게 Write 문을 사용하면 데이터 형식에 따라 텍스트 파일에 기록되는 형식에 차이가 발생합니다. 또한 빈 셀이 들어 있는 '오영수', '선하라' 직원의 '자택' 전화번호 위치는 동일하게 비어 있게 됩니다.

동일한 텍스트 파일을 생성하려고 하지만, 큰따옴표(") 없이 고정된 폭(열 너비)으로 텍스트 파일을 생성하려면 다음과 같은 매크로를 사용합니다.

```vb
Sub 표내보내기_고정폭()

'1단계 : 필요한 변수를 선언합니다.
    Dim 표 As Range
    Dim 마지막열 As Integer
    Dim 셀 As Range
    Dim 값 As Variant
    Dim 경로 As String
    Dim 파일 As String

'2단계 : 변수에 초기 값을 할당합니다.
    Set 표 = Range("B2").CurrentRegion
    마지막열 = 표.Columns(표.Columns.Count).Column

    경로 = ThisWorkbook.Path & "\"
```

```
            파일 = ActiveSheet.Name & ".txt"

'3단계 : 기존 텍스트 파일은 삭제합니다.
        If Dir(경로 & 파일) <> "" Then Kill 경로 & 파일

'4단계 : 파일을 새로 생성하고, 고정 폭으로 열을 구분해 기록합니다.
        Open 경로 & 파일 For Output As #1

            For Each 셀 In 표

                값 = 셀.Value                    ①

                If 셀.Column <> 마지막열 Then     ②

                    Print #1, 값, ;              ③

                Else                             ④

                    Print #1, 값                 ⑤

                End If

            Next

'5단계 : 파일을 닫습니다.
        Close #1

End Sub
```

❶ '값' 변수에 '셀' 개체변수에 할당된 셀 값을 저장합니다.

❷ '셀' 개체변수에 할당된 셀의 열 번호와 '마지막열' 변수의 값이 다르면 ❸의 코드를 실행합니다.

❸ Print 문을 사용해 1번 파일에 '값' 변수의 값을 기록하고 쉼표(,) 연산자를 사용해 한 열을 14개의 문자에 맞춰 기록합니다. 마지막에 세미콜론(;)을 사용해 다음 열에 값이 기록될 수 있도록 합니다.

❹ ❷의 판단이 False면 마지막 열의 데이터이므로 ❺의 코드를 실행합니다.

❺ Print 문을 사용해 1번 파일에 '값' 변수의 값을 기록합니다. '값' 변수 우측에 아무 기호도 사용되지 않았으므로, 다음 데이터는 새 줄에 기록합니다.

TIP 이 매크로는 〈고정폭〉 버튼에 연결되어 있습니다.

TIP 앞의 매크로와 동일한 부분은 설명을 생략했습니다.

개발된 매크로를 실행하기 위해 〈고정폭〉 버튼을 클릭한 다음, 예제 폴더에서 'sample.txt' 파일을 열어 보면 다음과 같은 결과를 확인할 수 있습니다.

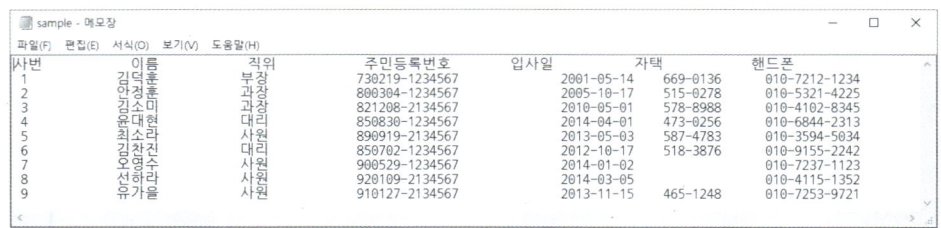

텍스트 파일의 열 너비를 방향키로 하나씩 움직이며 살펴보면 하나의 열이 14개의 문자로 구성되어 있다는 것을 확인할 수 있습니다. 참고로 주민등록번호와 같이 14자리를 모두 차지하는 경우에는 14자리가 더 사용되어 열이 구분되어 있습니다.

만약 열 하나의 문자 개수를 14개가 아니라 사용자가 원하는 개수로 설정하고 싶다면 위 매크로에서 다음 부분을 수정하면 됩니다.

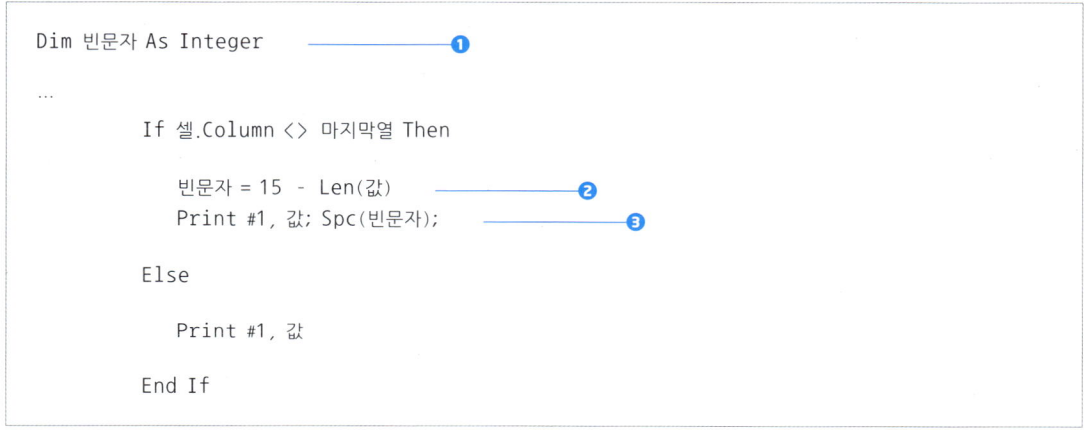

❶ Integer 형식의 '빈문자' 변수를 추가로 선언합니다.

❷ 마지막 열이 아닐 때 표에 데이터를 기록하는 방식을 수정합니다. 먼저 '빈문자' 변수에 15에서 '값' 변수에 저장된 문자 개수를 뺀 값을 저장합니다. 여기에서 15는 한 열의 총 문자 개수를 의미합니다.

❸ Print 문을 사용해 1번 파일에 '값' 변수의 값을 세미콜론(;)으로 열을 구분해 입력하는데, 한 열을 구성하는 문자를 Spc 키워드를 사용해 '빈문자' 변수의 값만큼 공백을 추가해 처리합니다.

코드를 수정했다면 다시 〈고정폭〉 버튼을 클릭하고 'sample.txt' 파일을 열어 봅니다. 다음과 같은 결과를 확인할 수 있습니다.

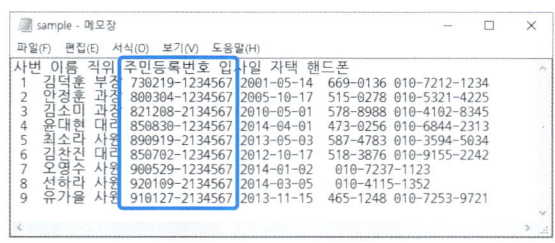

TIP 주민등록번호 열이 이전과는 달리 총 15개의 문자로 구성되어 있는 것을 확인할 수 있습니다.

열과 열 사이가 너무 떨어져 있다고 생각하면 다음 부분을 수정하면 됩니다.

```
If 셀.Column <> 마지막열 Then

    Print #1, 값; " ";                    ①

Else

    Print #1, 값

End If
```

① Print 문으로 1번 파일에 '값' 변수에 저장된 값을 세미콜론(;)을 사용해 열을 구분해 입력합니다. 이때 중간에 공백 문자를 하나 입력하고 다시 열을 구분하는 세미콜론(;)을 사용합니다. 이 코드는 다음과 같이 수정할 수 있습니다.

```
Print #1, 값; Spc(1);
```

코드를 수정했으면 다시 〈고정폭〉 버튼을 클릭하고 'sample.txt' 파일을 열어 봅니다. 다음과 같이 데이터가 기록된 것을 확인할 수 있습니다.

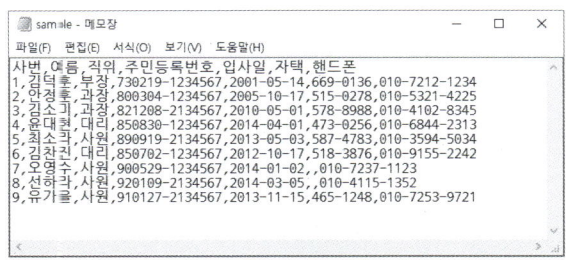

위 화면을 보면 숫자나 날짜/시간 값을 갖는 열(사번, 입사일)의 경우에는 값의 앞 뒤로 공백 문자가 포함되어 열과 열 사이가 한 개의 공백 문자로 구분되지 않은 것을 확인할 수 있습니다. 모든 것을 동일하게 구분하고 데이터 형식을 구분하지 않도록 하려면 데이터 형식을 String으로 변경해 작업하면 됩니다. 다음은 쉼표(,)로 열을 구분해 표시하는 텍스트 파일을 반환하려고 할 때 수정할 코드입니다.

```
값 = CStr(셀.Value)                       ①

If 셀.Column <> 마지막열 Then

    Print #1, 값; ",";                    ②

Else

    Print #1, 값

End If
```

❶ '값' 변수에는 '셀' 변수에 할당된 셀 값을 CStr 함수로 String 형식으로 변환한 다음 저장합니다.

❷ Print 문으로 1번 파일에 '값' 변수의 내용을 기록할 때 열과 열 사이에 쉼표(,)를 삽입합니다.

다시 〈고정폭〉 버튼을 클릭해 매크로를 실행한 다음 'sample.txt' 파일을 열어 보면 다음과 같은 결과를 확인할 수 있습니다.

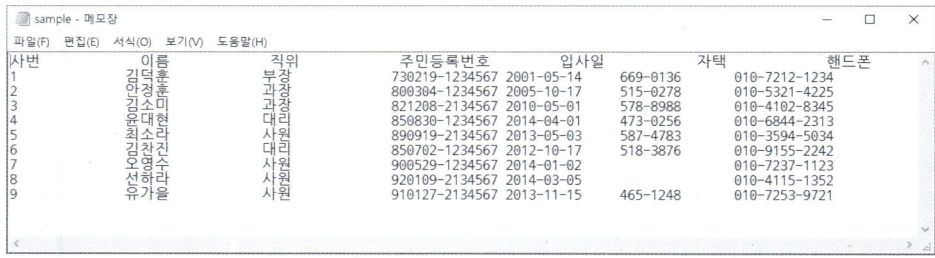

텍스트 파일에서 조건에 맞는 데이터만 추려 새 텍스트 파일 만들기 343

텍스트 파일에 기록된 데이터 중 조건에 맞는 일부 데이터만 추려 새 텍스트 파일로 써야 하는 경우, 엑셀로 데이터를 가져와 필터 등으로 추출한 다음 복사하고 텍스트 파일로 저장하는 불편한 작업을 해야 합니다. 이때 VBA를 이용하면 텍스트 파일에서 다른 텍스트 파일로 바로 작업할 수 있어 편리합니다. 이번에는 조건에 맞는 데이터를 새 텍스트 파일로 만들어 저장하는 코드를 개발하는 방법에 대해 설명합니다.

예제 파일 PART 05 \ (Text) Split.xlsm, 직원.txt

제공된 예제 파일 중에서 엑셀 파일을 열면 다음과 같은 화면을 확인할 수 있습니다.

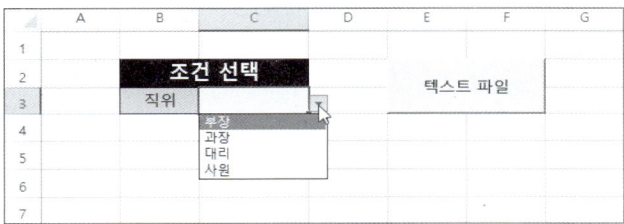

C3셀에서 직위를 선택하고 매크로를 실행하면 '직위.txt' 파일에서 조건에 맞는 데이터만 별도의 텍스트 파일로 저장하는 작업이 필요하다면 다음과 같은 코드를 개발해 사용합니다.

```
Sub 텍스트파일분할()

    '1단계 : 필요한 변수를 선언합니다.
    Dim 직위 As String                            ①
    Dim 경로 As String                            ②
    Dim 읽는파일 As String                         ③
    Dim 쓰는파일 As String                         ④
    Dim 한줄 As String, i As Integer              ⑤
    Dim 배열 As Variant                           ⑥
    Dim 생성여부 As Boolean                        ⑦

    '2단계 : 직위를 선택했는지 여부를 판단합니다.
    직위 = Range("C3").Value                      ⑧

    If Len(직위) = 0 Then                         ⑨

        MsgBox "직위를 선택하세요!"
        Exit Sub
```

```
            End If

'3단계 : 변수에 초기 값을 할당합니다.
        경로 = ThisWorkbook.Path & "\"                    ⑩
        읽는파일 = "직원.txt"                  ⑪
        쓰는파일 = "직원 (" & 직위 & ").txt"           ⑫

'4단계 : 생성할 파일이 존재하면 삭제합니다.
        If Dir(경로 & 쓰는파일) <> "" Then Kill 경로 & 쓰는파일        ⑬

'5단계 : 원본 텍스트 파일을 읽고, 조건에 맞는 값을 새 텍스트 파일에 기록합니다.
        Open 경로 & 읽는파일 For Input As #1             ⑭
        Open 경로 & 쓰는파일 For Output As #2            ⑮

        Do Until EOF(1)                     ⑯

            i = i + 1                  ⑰

            Line Input #1, 한줄              ⑱

            배열 = Split(한줄, ",")            ⑲

            If i = 1 Or 배열(2) = 직위 Then          ⑳

                Print #2, 한줄           ㉑

                If i > 1 Then 생성여부 = True         ㉒

            End If

        Loop

        Close #1         ㉓
        Close #2         ㉔

        If 생성여부 = False Then Kill 경로 & 쓰는파일        ㉕

End Sub
```

❶ String 형식의 '직위' 변수를 선언합니다.

❷ String 형식의 '경로' 변수를 선언합니다.

❸ String 형식의 '읽는파일' 변수를 선언합니다.

❹ String 형식의 '쓰는파일' 변수를 선언합니다.

❺ String 형식의 '한줄' 변수와 Integer 형식의 i 변수를 선언합니다.

❻ Variant 형식의 '배열' 변수를 선언합니다.

❼ Boolean 형식의 '생성여부' 변수를 선언합니다.

❽ '직위' 변수에 C3셀의 값을 저장합니다.

❾ '직위' 변수에 입력된 값이 없다면, MsgBox 함수를 이용해 내용을 표시하고 매크로를 종료합니다.

❿ '경로' 변수에 현재 파일의 경로와 경로 구분 문자(\)를 연결해 저장합니다.

⓫ '읽는파일' 변수에 원본 데이터를 갖고 있는 텍스트 파일 이름을 저장합니다.

⓬ '쓰는파일' 변수에 새롭게 생성할 텍스트 파일 이름을 저장합니다.

⓭ '쓰는파일' 변수에 저장된 파일이 지정된 경로에 있는지 Dir 함수로 확인해, 있다면 Kill 함수를 사용해 해당 파일을 삭제합니다.

⓮ '읽는파일' 변수에 저장된 파일을 Open 문으로 읽기 모드(For Input)로 연 다음, 파일 번호를 1로 설정합니다.

⓯ '쓰는파일' 변수에 저장된 파일을 Open 문으로 쓰기 모드(For Output)로 생성한 다음, 파일 번호를 2로 설정합니다.

⓰ Do … Loop 순환문을 사용해 1번 파일의 처음부터 끝까지 작업합니다.

⓱ i 변수의 값을 1씩 증가시킵니다. 이 변수의 값을 통해 1번 파일의 줄 번호를 알 수 있습니다.

⓲ Line Input 명령을 이용해 1번 파일의 데이터를 한 줄 읽은 다음, '한줄' 변수에 저장합니다.

⓳ '한줄' 변수에 저장된 문자열을 Split 함수를 사용해 쉼표(,) 구분 문자로 구분해 '배열' 변수에 저장합니다.

⓴ i 변수의 값이 1이거나 또는 '배열' 변수에 저장된 세 번째 요소 값이 '직위' 변수에 저장된 값과 동일한지 판단해, 맞으면 ㉑~㉒의 코드를 실행합니다. 이 과정은 원본 텍스트 파일에서 추출할 데이터인지를 판단하는 부분으로, i 변수의 값이 1이 된 것은 첫 번째 행(제목 행)을 복사하기 위해서이고, 세 번째 요소 값이 '직위' 변수 값과 같은지 판단하는 것은 사용자가 선택한 직위에 맞는 행을 복사하기 위해서입니다.

㉑ Print 문을 사용해 2번 파일에 '한줄' 변수의 값을 저장합니다.

㉒ i 변수가 1을 초과하면 '생성여부' 변수의 값을 True로 변경합니다. i 변수가 1인 경우는 제목 행이므로, 1을 초과하는 경우에만 조건에 맞는 데이터가 복사된 것이라고 판단할 수 있습니다. 데이터가 복사된 것이 있는지를 '생성여부' 변수로 확인하기 위해 이 경우에만 '생성여부' 변수의 값을 변경합니다.

㉓ 1번 파일을 닫습니다.

㉔ 2번 파일을 닫습니다.

㉕ '생성여부' 변수의 값이 False면 복사한 데이터가 없다는 의미이므로 '쓰는파일' 변수에 저장된 파일을 삭제합니다.

> **TIP** 이 매크로는 예제의 〈텍스트 파일〉 버튼에 연결되어 있습니다.

C3셀에서 '대리'를 선택하고 〈텍스트 파일〉 버튼을 클릭하면 예제 폴더에 다음과 같이 '직원 (대리).txt' 파일이 생성되며, 전체 직원 데이터 중 대리 데이터만 확인할 수 있습니다.

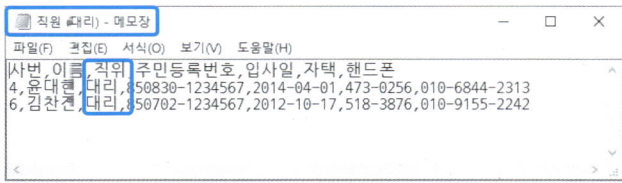

표 데이터를 한 행씩 텍스트 파일로 저장하기

344

엑셀 파일의 데이터를 한 줄씩 텍스트 파일로 만들어야 하는 경우가 있는데, 전체 데이터를 한 번에 텍스트 파일로 저장할 수는 있지만 한 줄씩 텍스트 파일로 저장하는 작업은 지원되지 않습니다. 하지만 수작업으로 처리하기에는 너무 번거롭기 때문에, 가능하다면 매크로를 이용해 처리하는 것이 좋습니다. 이번에는 엑셀의 표에서 한 줄씩 텍스트 파일을 생성하는 매크로를 개발하는 방법에 대해 알아보겠습니다.

예제 파일 PART 05 \ (Text) 내보내기.xlsm

예제를 열면 다음과 같은 고객 명단이 기록된 표를 확인할 수 있습니다.

회사명	담당자	직위	주소	전화번호	사업자등록번호
신영상사	한석규	영업사원	경상북도 상주시 가장동 78-3	(051)575-5776	005-62-08515
원창	황영순	대표이사	서울특별시 서초구 방배동 883-11	(02)681-6889	002-22-08595
동광통상	조차룡	대표이사	서울특별시 강서구 내발산동 318	(02)989-9889	004-37-02912
경성트레이딩	구재석	영업사원	인천광역시 남구 연수동 208-16	(031)576-4568	001-92-08443
정금상사	최영희	영업과장	대전광역시 서구 도마동 110-6	(041)3292-3778	002-50-08958
협우상사	손미선	영업사원	서울특별시 서대문구 남가좌 1동 121	(02)211-1234	005-04-08209
베네디스유통	장선희	마케팅2과장	서울특별시 영등포구 당산동 3가 16	(02)811-2954	002-23-05954
삼화상사	정영일	대표이사	부산광역시 부산진구 당감 3동 611-3	(051)424-1945	001-04-06181
서주무역	문익한	대표이사	서울특별시 용산구 갈월동 116-7	(02)497-4896	006-79-01788
태강교역	문흥미	경리과장	부산광역시 사하구 신평동 701-29	(051)451-9483	006-77-03807
월드링크	이강무	영업사원	경상남도 김해시 구산동 17-111	(051)342-3333	002-28-05282
혜성백화점	박광준	영업사원	서울특별시 강남구 대치동 315-11	(02)431-4486	005-09-08192
진주백화점	홍성주	마케팅1과장	인천광역시 남동구 간석 3동 270-8	(031)424-3687	005-71-01690
동남상사	강태준	대표이사	서울특별시 강남구 청담동 115	(02)934-5897	002-27-06132
대진상사	천용만	영업사원	서울특별시 노원구 공릉동 178	(02)878-9174	004-04-08004

위 표에서 고객별 텍스트 파일을 쉼표(,)로 열을 구분해 생성해야 한다면 다음과 같은 매크로를 사용합니다.

```
Sub 텍스트파일내보내기()

'1단계 : 필요한 변수를 선언합니다.
    Dim 표 As Range, 회사셀 As Range          ①
    Dim 행 As Range, 셀 As Range              ②
    Dim 마지막열 As Integer                    ③
    Dim i As Integer                          ④
    Dim 경로 As String                         ⑤
    Dim 파일 As String                         ⑥

'2단계 : 변수의 초기 값을 할당합니다.
    Set 표 = Range("B2").CurrentRegion         ⑦
    Set 표 = 표.Offset(1).Resize(표.Rows.Count - 1)   ⑧

    마지막열 = 표.Columns(표.Columns.Count).Column    ⑨
```

```
            경로 = ThisWorkbook.Path & "\Text\"                    ⑩

'단계 : 회사를 하나씩 순환하면서 텍스트 파일을 생성합니다.
    For Each 회사셀 In 표.Columns(1).Cells                          ⑪

        i = i + 1                               ⑫

        Set 행 = 표.Rows(i)                      ⑬

        행.Interior.Color = RGB(255, 242, 204)                     ⑭

        파일 = 회사셀.Value & ".txt"                                 ⑮

        Open 경로 & 파일 For Output As #1                            ⑯

            For Each 셀 In 행.Cells                                 ⑰

                If 셀.Column < 마지막열 Then                          ⑱

                    Print #1, 셀.Value; ",";

                Else                            ⑲

                    Print #1, 셀.Value

                End If

            Next

        Close #1                                ⑳

        Application.Wait Now + TimeSerial(0, 0, 1)                 ㉑
        행.Interior.Color = xlNone                                  ㉒

    Next

End Sub
```

❶ Range 형식의 '표'와 '회사셀' 개체변수를 선언합니다.

❷ Range 형식의 '행'과 '셀' 개체변수를 선언합니다.

❸ Integer 형식의 '마지막열' 변수를 선언합니다.

❹ Integer 형식의 i 변수를 선언합니다.

❺ String 형식의 '경로' 변수를 선언합니다.

❻ String 형식의 '파일' 변수를 선언합니다.

❼ '표' 개체변수에 B2셀부터 연속된 데이터 범위를 할당합니다.

❽ '표' 개체변수에 할당된 범위에서 머리글 범위를 제외한 데이터 범위만 재할당합니다.

⓽ '마지막열' 변수에 '표' 개체변수에 할당된 데이터 범위의 마지막 열의 열 번호를 저장합니다.

⓾ '경로' 변수에 현재 파일의 경로와 Text 하위 폴더를 경로 구분 문자(\)로 연결해 저장합니다. 만약 Text 하위 폴더가 없는 경우 Text 폴더를 생성하도록 하려면 아래 줄에 다음 코드를 추가합니다.

```
If Dir(경로, vbDirectory) = "" Then MkDir 폴더
```

TIP MkDir 함수는 인수로 전달된 위치의 폴더를 새로 만들어 주는 함수입니다.

⓫ For Each … Next 순환문을 사용해 '표' 개체변수에 할당된 데이터 범위의 첫 번째 열 범위 내 셀을 하나씩 '회사셀' 개체변수에 할당합니다.

⓬ i 변수의 값을 1씩 증가시킵니다. 이 값으로 현재 몇 번째 행을 작업하는지 확인할 수 있습니다.

⓭ '행' 개체변수에 '표' 개체변수에 할당된 데이터 범위 내 i번째 행 범위를 할당합니다.

⓮ '행' 개체변수에 할당된 데이터 범위의 배경색을 황금색으로 변경합니다. 텍스트 파일을 만드는 데 필요한 작업은 아니지만, 몇 번째 행 데이터를 텍스트 파일로 만들고 있는지 시각적으로 확인할 수 있게 해 줍니다.

⓯ '파일' 변수에 '회사셀' 개체변수에 할당된 셀 값과 텍스트 파일 확장자(.txt)를 연결해 저장합니다.

⓰ Open 문을 사용해 '파일' 변수에 저장된 텍스트 파일을 '경로' 변수 위치에 새로 생성하고 파일 번호를 1로 할당합니다.

⓱ For Each … Next 순환문을 사용해 '행' 개체변수에 할당된 데이터 범위 내 셀을 하나씩 '셀' 개체변수에 할당합니다.

⓲ '셀' 개체변수에 할당된 셀의 열 번호가 '마지막열' 변수에 저장된 값보다 작으면 마지막 열이 아니므로 열을 구분해 텍스트 파일에 데이터를 기록합니다. Print 문을 사용해 1번 파일에 '셀' 개체변수에 할당된 셀 값을 기록하고 열과 열 사이를 쉼표(,)로 구분합니다.

⓳ ⓲의 판단이 False면 마지막 열이므로, 셀 값을 텍스트 파일에 기록할 때 열을 구분하지 않아 다음부터는 아래 줄에 데이터를 기록할 수 있도록 합니다.

⓴ 1번 파일을 닫습니다.

㉑ Application 개체의 Wait 메서드를 사용해 1초 대기합니다. 이 작업은 ⓮에서 텍스트 파일을 생성하는 위치를 표시하는 작업을 시각적으로 사용자에게 잘 전달하기 위한 것이므로, 처리 시간을 줄이고 싶다면 ⓮와 이번 줄, 그리고 ㉒를 삭제합니다.

㉒ '행' 개체변수에 할당된 데이터 범위 내 배경색을 '색 없음'으로 설정합니다.

개발된 매크로가 제대로 동작하는지 확인하기 위해 〈내보내기〉 버튼을 클릭합니다. 텍스트 파일을 생성한 행의 배경색이 다음 화면과 같이 변경됩니다.

모든 작업이 끝난 다음 예제 폴더로 이동하면, 'Part22' 폴더 하위에 있는 'Text' 폴더에 고객별 텍스트 파일이 생성된 것을 확인할 수 있습니다.

아무 텍스트 파일이나 열어 보면, 엑셀 파일에 들어 있는 데이터가 텍스트 파일에 기록되어 있습니다.

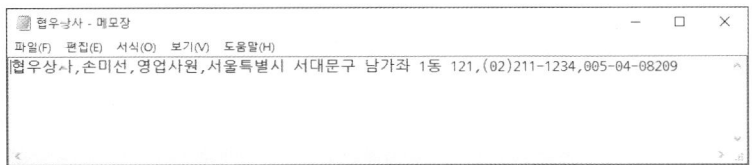

특정 폴더 내 텍스트 파일을 엑셀 파일로 합치기

345

특정 폴더 내 텍스트 파일을 모두 열어 하나의 엑셀 파일로 합치는 작업을 해야 한다면, 폴더 내 파일을 모두 확인하는 방법을 알아야 합니다. VBA에서는 이런 작업을 할 수 있는 Dir 함수를 제공합니다. 이 함수를 사용해 특정 폴더 내 파일을 모두 확인하고 파일을 연 다음 지정된 엑셀 파일로 데이터를 가져오는 작업을 진행하면 됩니다. 이 방법은 텍스트 파일뿐만 아니라 엑셀 등 다른 형식의 파일을 처리할 때도 동일하게 사용할 수 있습니다.

예제 파일 PART 05 \ (Text) 통합.xlsm

TIP 이번 작업을 진행하기 위해서는 SECTION 344(1208쪽)를 먼저 진행해야 합니다.

예제 파일을 열면 다음과 같은 표를 확인할 수 있습니다.

	회사명	담당자	직위	주소	전화번호	사업자등록번호		Text 합치기

이 표에 예제 폴더의 하위 폴더인 'Text' 폴더 내의 텍스트 파일을 모두 엑셀로 가져오는 작업을 해 보겠습니다. 이런 작업을 하려면 폴더 내 파일을 순환하는 방법을 이해하고 있어야 하는데, Dir 함수를 사용해 다음과 같은 매크로를 사용해야 합니다.

```
Sub 폴더내Text합치기()

'1단계 : 필요한 변수를 선언합니다.
    Dim 경로 As String                ①
    Dim 파일확장자 As String           ②
    Dim 파일 As String                ③
    Dim 한줄 As String                ④
    Dim 배열 As Variant               ⑤
    Dim 기록위치 As Range              ⑥

'2단계 : 변수에 필요한 값을 저장합니다.
    경로 = ThisWorkbook.Path & "\Text\"   ⑦
    파일확장자 = "*.txt"                   ⑧

    파일 = Dir(경로 & 파일확장자)          ⑨

'3단계 : 지정된 폴더 내 텍스트 파일을 하나씩 열고 엑셀로 데이터를 가져옵니다.
    Do While 파일 <> ""                   ⑩
```

```
            Open 경로 & 파일 For Input As #1           ⓫

                Line Input #1, 한줄              ⓬

                    배열 = Split(한줄, ",")       ⓭

                    Set 기록위치 = Cells(Rows.Count, "B").End(xlUp).Offset(1)    ⓮
                    기록위치.Resize(, UBound(배열) + 1).Value = 배열              ⓯

            Close #1             ⓰

            파일 = Dir            ⓱

        Loop

End Sub
```

❶ String 형식의 '경로' 변수를 선언합니다.

❷ String 형식의 '파일확장자' 변수를 선언합니다.

❸ String 형식의 '파일' 변수를 선언합니다.

❹ String 형식의 '한줄' 변수를 선언합니다.

❺ Variant 형식의 '배열' 변수를 선언합니다.

❻ Range 형식의 '기록위치' 개체변수를 선언합니다.

❼ '경로' 변수에 현재 파일 경로의 'Text' 하위 폴더와 경로 구분 문자(\)를 연결해 저장합니다.

❽ '파일확장자' 변수에 검색할 파일 확장자를 와일드 카드 문자(*)와 함께 저장합니다.

❾ '파일' 변수에 Dir 함수로 '경로'와 '파일확장자' 변수의 연결 값을 전달한 결과를 저장합니다.

❿ Do … Loop 순환문을 사용해 '파일' 변수의 값이 빈 문자(" ")가 아닌 경우에 계속해서 실행되도록 합니다.

⓫ Open 문을 사용해 '경로'와 '파일' 변수의 값을 연결한 텍스트 파일을 열고 파일 번호를 1로 지정합니다.

⓬ - 번 파일의 한 줄 데이터를 '한줄' 변수에 저장합니다.

⓭ Split 함수를 사용해 '한줄' 변수에 저장된 값을 쉼표(,)로 구분해 '배열' 변수에 저장합니다. 텍스트 파일의 데이터를 열 별로 구분하기 위한 작업입니다.

⓮ '기록위치' 개체변수에 B열의 마지막 데이터 입력 위치에서 한 칸 아래 셀을 할당합니다.

⓯ '기록위치' 개체변수에 할당된 셀을 Resize 속성을 사용해 열을 '배열' 변수에 저장된 항목 수보다 하나 더 큰 범위로 조정한 다음, '배열' 변수의 값을 그대로 저장합니다.

⓰ - 번 파일을 닫습니다.

⓱ '파일' 변수에 다음 텍스트 파일의 이름을 Dir 함수로 전달받아 저장합니다.

개발된 매크로가 제대로 동작하는지 확인하기 위해 〈Text 합치기〉 버튼을 클릭하면 다음과 같은 결과를 얻을 수 있습니다.

회사명	담당자	직위	주소	전화번호	사업자등록번호		
경성트레이딩	구재석	영업사원	인천광역시 남구 연수동 208-16	(031)576-4568	001-92-08443		Text 합치기
대진상사	천용만	영업사원	서울특별시 노원구 공릉동 178	(02)878-9174	004-04-08004		
동광통상	조자룡	대표이사	서울특별시 강서구 내발산동 318	(02)989-9889	004-37-02912		
동남상사	강태준	대표이사	서울특별시 강남구 청담동 115	(02)934-5897	002-27-06132		
베네디스유통	장선희	마케팅2과장	서울특별시 영등포구 당산동 3가 16	(02)811-2954	002-23-05954		
삼화상사	정영일	대표이사	부산광역시 부산진구 당감 3동 611-3	(051)424-1945	001-04-06181		
서주무역	문익한	대표이사	서울특별시 용산구 갈월동 116-7	(02)497-4896	006-79-01788		
신영상사	한석규	영업사원	경상북도 상주시 가장동 78-3	(051)575-5776	005-62-08515		
원창	황영순	대표이사	서울특별시 서초구 방배동 883-11	(02)681-6889	002-22-08595		
월드링크	이강주	영업사원	경상남도 김해시 구산동 17-111	(051)342-3333	002-28-05282		
정금상사	최영희	영업과장	대전광역시 서구 도마동 110-6	(041)3292-3778	002-50-08958		
진주백화점	홍성주	마케팅1과장	인천광역시 남동구 간석 3동 270-8	(031)424-3687	005-71-01690		
태강교역	문흥미	경리과장	부산광역시 사하구 신평동 701-29	(051)451-9483	006-77-03807		
협우상사	손미선	영업사원	서울특별시 서대문구 남가좌 1동 121	(02)211-1234	005-04-08209		
혜성백화점	박광준	영업사원	서울특별시 강남구 대치동 315-11	(02)431-4486	005-09-08192		

특정 폴더 내 하위 폴더를 모두 검색해 작업하기

346

SECTION 345에서 작성한 매크로는 특정 폴더를 대상으로 하지만, 그 하위에 또 다른 폴더가 있다면 해당 폴더 내 파일은 열지 못합니다. Dir 함수는 특정 폴더를 대상으로 작업하도록 할 수 있지만, 그 아래 하위 폴더가 더 있는 경우는 처리하기 어렵습니다. 이 경우에는 Microsoft Scripting Runtime 라이브러리를 이용하면 하위 폴더를 모두 검색하는 매크로를 만들 수 있습니다. 이번에는 지정된 폴더의 하위 폴더를 모두 검색해 작업하는 매크로 개발 방법에 대해 알아보겠습니다.

예제 파일 PART 05 \ (FileSystemObject) GetFolder.xlsm

TIP 이번 작업을 진행하기 위해서는 SECTION 344(1208쪽)를 먼저 진행해야 합니다.

Microsoft Scripting Runtime 라이브러리 참조

선택한 폴더의 하위 폴더까지 모두 검색하려면 Microsoft Scripting Runtime 라이브러리를 이용하는 것이 편리합니다. 해당 라이브러리를 사용하려면 VB 편집기에서 [도구]-[참조] 메뉴를 선택한 다음, 아래와 같이 Microsoft Scripting Runtime 라이브러리를 참조하고 〈확인〉 버튼을 클릭합니다.

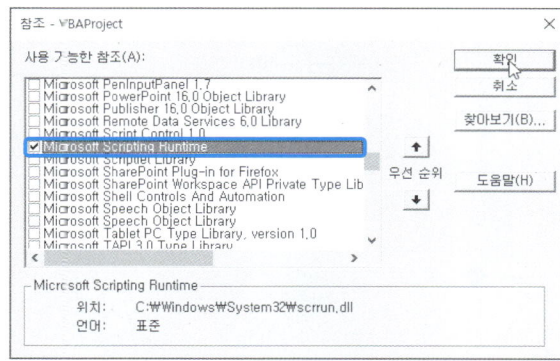

폴더 내 하위 폴더 모두 검색하기

예제를 열면 다음과 같은 화면을 확인할 수 있습니다.

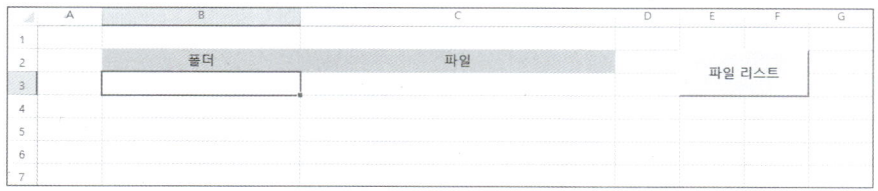

다음은 〈파일 리스트〉 버튼을 클릭한 다음 폴더를 선택하면 선택한 폴더의 하위 폴더까지 모두 검색해 왼쪽 표 하단에 검색된 파일의 폴더와 파일 이름을 출력해 주는 매크로입니다.

```
Sub 파일검색()

'1단계 : 필요한 변수를 선언합니다.
    Dim FSO As New FileSystemObject            ❶
    Dim 폴더 As Folder              ❷
    Dim 경로 As Variant              ❸
    Dim 파일확장자 As String           ❹

'2단계 : 기존 검색 내역을 삭제합니다.
    If Range("B2") CurrentRegion.Rows.Count > 1 Then        ❺

        Range("B3", Cells(Rows.Count, "C").End(xlUp)).ClearContents      ❻

    End If

'3단계 : 검색할 폴더를 선택합니다.
    On Error Resume Next            ❼

        With Application.FileDialog(msoFileDialogFolderPicker)           ❽

            .Show               ❾

            경로 = .SelectedItems(1)          ❿

        End With

        If Err.Number <> 0 Or 경로 = False Then Exit Sub         ⑪

    On Error GoTo 0             ⑫

'4단계 : 선택한 폴더를 검색합니다.
    파일확장자 = "*.xls*"            ⑬

    Call 파일목록만들기(경로, 파일확장자)          ⑭

'5단계 : 하위 폴더를 검색합니다.
    Set 폴더 = FSO.GetFolder(경로)            ⑮

    Call 하위폴더찾기(폴더, 파일확장자)          ⑯

End Sub
```

❶ FileSystemObject 형식의 FSO 개체변수를 선언합니다. FileSystemObject 개체는 Microsoft Scripting Runtime 라이브러리의 개체로, 해당 라이브러리가 참조되어 있지 않으면 이 줄에서 에러가 발생합니다. New 키워드는 라이브러리를 메모리에 로딩하는 역할을 수행하며, 처음 한 번만 실행하면 됩니다.

❷ Folder 형식의 '폴더' 개체변수를 선언합니다. Folder 개체 역시 Microsoft Scripting Runtime 라이브러리의 개체입니다.

❸ Variant 형식의 '경로' 변수를 선언합니다. '경로' 변수에는 ❽의 코드처럼 폴더 선택 대화상자의 반환 값을 저장할 것이기 때문에 Boolean 형식과 String 형식의 값을 모두 입력 받을 수 있도록 Variant 형식으로 변수를 선언합니다.

❹ String 형식의 '파일확장자' 변수를 선언합니다.

❺ B2셀부터 연속된 데이터 범위의 행 수를 세어 1보다 큰지 여부를 판단합니다. 이러면 기존 검색 결과가 워크시트에 입력되어 있는지 확인할 수 있습니다. 이 경우에만 ❻의 코드를 실행합니다.

❻ B3셀부터 C열의 마지막 데이터 입력 셀까지의 범위 내 값을 모두 지웁니다. 이렇게 하면 기존 검색 결과가 지워집니다.

❼ ❿의 코드를 실행할 때 에러가 발생해도 매크로가 중단되지 않도록 On Error 문을 설정합니다.

❽ 폴더 선택 대화상자를 대상으로 작업하기 위해 With 문을 설정합니다.

❾ 폴더 선택 대화상자를 화면에 표시합니다.

❿ '경로' 변수에 폴더 선택 대화상자의 선택 값을 저장합니다. 이 과정에서 폴더가 선택되지 않으면 SelectedItems에서 반환할 값이 없으므로 에러가 발생할 수 있습니다.

⓫ Err 개체의 번호가 0이 아니어서 에러가 발생하거나 '경로' 변수의 값이 False면 매크로를 종료합니다.

⓬ ❼의 On Error 문 설정을 취소합니다.

⓭ '파일확장자' 변수에 엑셀 파일 확장자를 저장합니다. *.xls*와 같이 설정하면 xls, xlsx, xlsm 등의 엑셀 파일을 대상으로 검색할 수 있습니다.

⓮ '파일목록만들기' 매크로를 호출해 선택된 폴더 내 파일 목록을 생성합니다. '파일목록만들기' 매크로에는 '경로' 변수와 '파일확장자' 변수의 값을 인수로 전달합니다.

⓯ '폴더' 변수에 FSO 개체변수에 할당된 FileSystemObject 개체의 GetFolder 메서드를 사용해 인수로 전달된 '경로' 변수에 저장된 위치의 폴더를 할당합니다.

⓰ '하위폴더찾기' 매크로를 호출해 현재 폴더 내 하위 폴더에서 파일을 계속해서 찾습니다. '하위폴더찾기' 매크로에는 '폴더' 개체변수와 '파일확장자' 변수의 값을 인수로 전달합니다.

TIP 이 매크로는 〈파일 리스트〉 버튼에 연결되어 있습니다.

'파일검색' 매크로가 제대로 동작하도록 하려면 검색된 파일을 목록에 추가해 주는 '파일목록만들기' 매크로를 추가로 개발해야 합니다.

```
Sub 파일목록만들기(경로 As Variant, 확장자 As String)            ❶

'1단계 : 필요한 변수를 선언합니다.
    Dim 파일 As String                       ❷
    Dim 기록위치 As Range                     ❸

'2단계 : 변수의 초기 값을 저장합니다.
    파일 = Dir(경로 & "\" & 확장자)            ❹

'3단계 : 폴더 내 파일을 찾아, 검색 결과를 지정된 위치에 기록합니다.
    Do While 파일 <> ""                       ❺

        Set 기록위치 = Cells(Rows.Count, "B").End(xlUp).Offset(1)      ❻

        기록위치.Value = 경로                  ❼
```

```
            기록위치.Offset(, 1).Value = 파일          ——— ❽

       파일 = Dir          ——— ❾

    Loop

'4단계 : 열 너비를 자동 조정합니다.
    Columns("B:C").AutoFit          ——— ❿

End Sub
```

❶ '파일목록만들기' 매크로를 Sub 프로시저 형식으로 선언합니다. 이 매크로는 다음 두 개의 매개변수에 값을 받아 동작합니다.

매개변수	설명
경로	String 형식의 변수로, 검색할 폴더의 전체 경로가 저장됩니다.
확장자	String 형식의 변수로, 폴더에서 검색할 파일의 확장자가 저장됩니다.

❷ String 형식의 '파일' 변수를 선언합니다.

❸ Range 형식의 '기록위치' 개체변수를 선언합니다.

❹ Dir 함수에 '경로'와 '확장자' 매개변수를 경로 구분 문자(\)로 연결해 전달한 다음, 반환 값을 '파일' 변수에 저장합니다.

❺ Do … Loop 순환문을 사용해 '파일' 변수에 저장된 값이 빈 문자("")가 아닌 경우에 계속해서 ❻-❾의 코드를 반복해서 실행합니다.

❻ '기록위치' 개체변수에 B열의 마지막으로 데이터가 입력된 셀의 바로 아래 셀을 할당합니다. 이 위치가 검색된 파일에 대한 데이터를 입력할 위치입니다.

❼ '기록위치' 개체변수에 할당된 셀에 '경로' 변수의 값을 입력합니다.

❽ '기록위치' 개체변수에 할당된 셀의 오른쪽 셀에 '파일' 변수의 값을 입력합니다.

❾ '파일' 변수에 Dir 함수의 반환 값을 저장합니다. Dir 함수는 다음 파일 이름을 반환합니다.

❿ B:C열의 열 너비를 자동으로 조정합니다.

TIP 이 매크로는 예제에 포함되어 있습니다.

이제 검색한 폴더의 하위 폴더에서 파일을 검색하는 '하위폴더찾기' 매크로를 개발합니다.

```
Sub 하위폴더찾기(폴더 As Folder, 확장자 As String)          ——— ❶

'1단계 : 필요한 변수를 선언합니다.
    Dim 하위폴더 As Folder          ——— ❷

'2단계 : 선택한 폴더의 하위 폴더를 검색해 폴더 내 파일을 지정한 위치에 기록합니다.
    On Error Resume Next          ——— ❸

        For Each 하위폴더 In 폴더.SubFolders          ——— ❹
```

```
            If 하위폴더.Files.Count > 0 Then                    ─⑤

                Call 파일목록만들기(경로:=하위폴더.Path, 확장자:=확장자)   ─⑥

            End If

            If 하위폴더.SubFolders.Count > 0 Then                ─⑦

                Call 하위폴더찾기(폴더:=하위폴더, 확장자:=확장자)       ─⑧

            End If

        Next

Enc Sub
```

❶ '하위폴더찾기' 매크로를 Sub 프로시저 형식으로 선언합니다. 이 매크로는 다음 두 개의 매개변수에 값을 받아 동작합니다.

매개변수	설명
경로	Folder 형식의 개체변수로, 하위 폴더를 검색할 대상 폴더가 할당됩니다.
확장자	String 형식의 변수로, 폴더에서 검색할 파일의 확장자 정보가 저장됩니다

❷ Folder 형식의 '하위폴더' 개체변수를 선언합니다.

❸ 다래 코드에서 에러가 발생해도 매크로가 중단되지 않도록 On Error 문을 설정합니다.

❹ For Each … Next 순환문을 사용해 '폴더' 개체변수에 할당된 Folder 개체의 하위 폴더를 하나씩 '하위폴더' 개체변수 데 할당합니다.

❺ '하위폴더' 개체변수에 할당된 폴더 내 파일이 존재하는지 판단합니다. 존재하는 경우에만 ❻의 코드를 실행합니다.

❻ '파일목록만들기' 매크로를 호출해, 폴더 내 파일 목록을 표에 추가합니다. '파일목록만들기' 매크로의 '경로' 매개변수에는 '하위폴더' 개체변수에 할당된 폴더의 경로(Path)를 전달하고, '확장자' 매개변수에는 '확장자' 변수를 전달합니다.

❼ '하위폴더' 개체변수에 할당된 폴더의 하위 폴더가 존재하는지 판단합니다. 존재하는 경우에 ❽의 코드를 실행합니다.

❽ '하위폴더찾기' 매크로를 호출해, 하위 폴더 내 파일을 검색합니다. 이렇게 자신을 다시 호출하는 방식을 재귀 호출이라고 합니다. 폴더 내 파일을 검색하는 것은 쉽지만, 폴더 내 하위 폴더에는 계속해서 하위 폴더가 존재할 수 있으므로 이렇게 별도의 매크로를 만들어 호출하는 방식이 편리합니다.

TIP 이 매크로는 예제에 포함되어 있습니다.

개발된 매크로가 제대로 동작하는지 확인하기 위해 엑셀 창에서 〈파일 리스트〉 버튼을 클릭합니다. 파일을 검색할 폴더를 선택할 '찾아보기' 대화상자가 표시되면 검색할 폴더를 선택하고 〈확인〉 버튼을 클릭합니다.

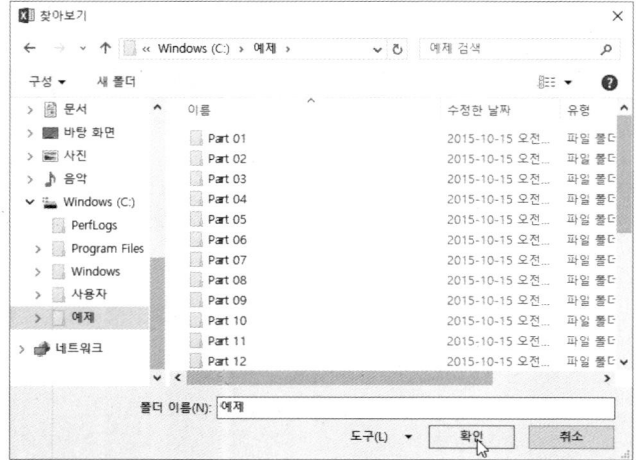

TIP 화면에서는 이 책의 예제 폴더가 선택되어 있습니다.

그러면, 선택한 폴더를 포함한 전체 하위 폴더 내 엑셀 파일이 모두 검색되어 왼쪽 표에 명단이 출력됩니다.

매크로 실행 결과를 로그 파일에 기록하기

347

매크로 실행 과정에서 확인해야 할 내용이 있다면, 메시지 창을 이용하거나 직접 실행 창에 해당 내용을 출력해 보는 것이 일반적입니다. 하지만 메시지 창은 너무 자주 표시되면 오히려 매크로 동작을 방해하는 측면이 있고, 직접 실행 창은 최대 200줄까지만 결과를 표시할 수 있으므로 그보다 많은 결과가 출력되는 경우에는 적합하지 않습니다. 이런 경우 텍스트 파일에 확인할 내용을 기록해 사용하면 매크로 실행 중에 확인해야 할 사항을 기록하는 로그 파일로 활용할 수 있습니다. 이번에는 매크로 실행 과정에서 확인해야 할 내용을 로그 파일로 기록하는 방법에 대해 알아보겠습니다.

예제 파일 PART 05 \ ((Text) Log 파일.xlsm

예제를 열면 다음과 같은 화면을 확인할 수 있습니다. B5:O18 범위 내에서 값이 80 이상인 셀과 그 점수를 확인하고 싶을 때 해당 내용을 텍스트 파일로 출력하는 작업을 해 보겠습니다.

	A	B	C	D	E	F	G	H	I	J	K	L	M	N	O	P
1																
2			로그 파일 생성													
3																
4																
5		39	57	12	61	33	60	70	34	52	94	98	89	51	21	
6		75	59	87	66	87	10	37	55	82	13	45	30	86	83	
7		82	17	62	97	48	75	96	44	77	90	15	59	36	64	
8		59	43	60	52	36	40	99	20	54	34	80	47	59	98	
9		23	87	34	54	24	31	78	51	19	33	60	31	34	64	
10		40	37	74	56	23	13	98	75	43	37	49	72	20	44	
11		79	10	60	56	94	78	37	17	14	67	44	46	93	39	
12		80	94	78	55	78	86	65	22	95	63	84	32	31	65	
13		99	33	76	23	40	16	67	27	41	60	27	30	74	27	
14		68	70	53	42	50	28	27	67	70	49	73	60	67	92	
15		46	54	23	93	54	55	16	24	70	20	53	69	57	88	
16		36	97	18	15	36	83	41	51	81	62	37	65	45	37	
17		77	32	90	77	41	80	85	87	79	91	90	80	18	81	
18		78	54	91	77	29	74	85	95	71	38	55	54	17	90	
19																

먼저 전체 데이터에서 값이 80 이상인 셀을 확인하는 매크로를 다음과 같이 구성합니다.

```
Sub 데이터체크()

    '1단계 : 필요한 변수를 선언합니다.
        Dim 경로 As String              ①
        Dim 파일 As String              ②
        Dim r As Integer, c As Integer  ③
        Dim 내용 As String              ④

    '2단계 : 변수에 초기 값을 저장합니다.
        경로 = ThisWorkbook.Path & "\"  ⑤
        파일 = "log.txt"                ⑥
```

```
    '3단계 : 지정된 범위를 순환하면서 조건에 맞는 값만 추려 텍스트 파일에 기록합니다.
        For c = 2 To 15                                        ❼

            For r = 5 To 18                                    ❽

                If Cells(r, c).Value >= 80 Then                ❾

                    내용 = "셀 주소 : " & Cells(r, c).Address(False, False) & vbTab    ❿
                    내용 = 내용 & "값 : " & Cells(r, c).Value      ⓫

                    Call 로그기록(경로 & 파일, 내용)                 ⓬

                End If

            Next r

        Next c

    End Sub
```

❶ String 형식의 '경로' 변수를 선언합니다.

❷ String 형식의 '파일' 변수를 선언합니다.

❸ Integer 형식의 r, c 변수를 각각 선언합니다. r은 행 번호를, c는 열 번호를 저장할 변수입니다.

❹ String 형식의 '내용' 변수를 선언합니다.

❺ '경로' 변수에 현재 파일의 경로와 경로 구분 문자(\)를 연결해 저장합니다.

❻ '파일' 변수에 저장할 로그 파일 이름을 저장합니다.

❼ For … Next 순환문을 사용해 c 변수의 값을 2(B열)에서 15(O열)까지 순환합니다.

❽ For … Next 순환문을 중첩해 사용하면서 r 변수의 값을 5부터 18까지 순환합니다. 이렇게 하면 B5, B6, …, O18셀까지 한 셀씩 순환하면서 작업할 수 있습니다.

❾ Cells 속성을 사용해 r, c 위치의 셀 값이 80 이상인지 판단하고, 맞는 경우에만 ❿-⓬의 코드를 실행합니다.

❿ '내용' 변수에 80 이상의 값을 갖는 셀 주소를 '셀 주소 : ' 문자열과 연결해 저장합니다. 마지막의 vbTab 상수는 ⓫의 내용을 추가할 때 값과 값 사이를 구분해 표시하기 위해 사용합니다.

⓫ '내용' 변수에 셀 값을 '값 : ' 문자열과 연결해 추가합니다.

⓬ '내용' 변수의 값을 텍스트 파일에 기록하기 위해 '로그기록' 매크로를 호출합니다. 이때 '로그기록' 매크로에 '경로' 변수와 '파일' 변수를 연결한 텍스트 파일의 FullName과 '내용' 변수의 값을 각각 전달합니다.

TIP 이 매크로는 예제의 〈로그 파일 생성〉 버튼에 연결되어 있습니다.

개발된 매크로에서 호출해 사용하려고 하는 '로그기록' 매크로는 다음과 같이 구성합니다.

```
Sub 로그기록(파일 As String, 내용 As String)               ❶

    '1단계 : 로그 파일이 존재하지 않으면 새로 만들고, 존재하면 추가 모드로 엽니다.
        If Dir(파일) <> "" Then                           ❷
```

```
            Open 파일 For Append As #1              ❸

        Else                              ❹

            Open 파일 For Output As #1              ❺

        End If

    '2단계 : 내용을 기록하고 파일을 닫습니다.
        Print #1, 내용                    ❻
        Close #1                          ❼

Enc Sub
```

❶ '로그기록' 매크로를 Sub 프로시저로 선언합니다. 이 매크로는 다음의 두 매개변수를 사용합니다.

- 파일 : String 형식의 변수로, 로그 파일의 전체 FullName을 받아 저장합니다.
- 내용 : String 형식의 변수로, 로그 파일에 기록할 문자열을 받아 저장합니다.

❷ '파일' 매개변수의 값을 Dir 함수로 해당 위치에 파일이 존재하는지 확인합니다. 로그 파일이 존재할 때는 ❸의 코드를 실행합니다.

❸ Open 문을 사용해 '파일' 매개변수의 텍스트 파일을 추가 모드(For Append)로 열고 파일 번호를 1로 설정합니다.

❹ ❷의 판단이 False면 로그 파일이 존재하지 않는 것이므로 새로 생성하기 위해 ❺의 코드를 실행합니다.

❺ Open 문을 사용해 '파일' 매개변수의 텍스트 파일을 출력 모드(For Output)로 새로 생성하고 파일 번호를 1로 설정합니다.

❻ Print 문으로 1번 파일에 '내용' 변수의 값을 입력(또는 추가)합니다.

❼ Close 문으로 1번 파일을 닫습니다.

개발된 매크로를 실행하기 위해 〈로그 파일 생성〉 버튼을 클릭하면 예제 폴더에 'log.txt' 파일이 생성됩니다. 생성된 파일을 열어 보면 다음과 같이 80 이상의 값을 갖고 있는 셀 주소와 값을 확인할 수 있습니다.

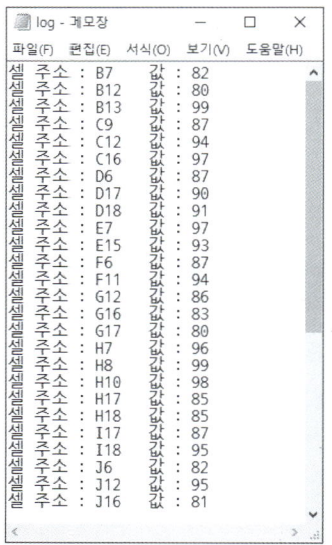

엑셀에서 레지스트리에 데이터 기록하고 사용하는 방법 348

윈도우에는 별도의 시스템 설정 값을 보관하는 레지스트리(Registry)라는 장소가 있습니다. 레지스트리에는 다양한 정보가 보관됩니다. VBA에서도 레지스트리에 필요한 정보를 저장해 놓거나, 저장된 데이터를 읽고 삭제할 수 있는 방법이 제공됩니다. 레지스트리를 이용하면 특정 정보를 파일 간에 공유하거나, 작업 내용을 기록해 뒀다가 다음에 다시 읽는 방법 등을 통해 작업의 연속성을 보장받을 수 있습니다.

예제 파일 PART 05 \ 레지스트리.xlsm

VBA에서 사용하는 레지스트리 경로

레지스트리는 다양한 경로에 다양한 정보를 기록하고 있습니다. VBA에 할당된 레지스트리의 경로는 다음과 같습니다.

```
HKEY_CURRENT_USER \ Software \ VB and VBA Program Settings
```

지정된 폴더 이외의 다른 폴더를 사용하려면 API를 사용해야 하며, VBA에서 사용하는 모든 명령은 위 폴더를 대상으로 작업합니다.

레지스트리 편집에 사용되는 VBA 함수

VBA에는 레지스트리에 값을 기록하고 읽거나 삭제하는 등의 작업을 하는 데 필요한 여러 함수가 제공됩니다.

GetSetting

GetSetting 함수는 레지스트리의 값을 하나 읽을 때 사용하는 함수로 구문은 다음과 같습니다.

GETSETTING (appname, section, key, default)

❶ appname : 'VB and VBA Program Settings' 폴더의 하위 폴더로, 파일에서 사용하는 최상위 폴더입니다.

❷ section : appname 폴더의 하위 폴더로, 파일에서 저장할 각종 값의 분류를 의미합니다.

❸ key : section 폴더에서 값을 읽을 항목입니다.

❹ default : key 값이 없을 때 반환할 값입니다.

GetAllSetting

GetAllSetting 함수는 특정 섹션 하위의 Key 값을 배열로 반환하는 함수로, 구문은 다음과 같습니다.

GETALLSETTING (appname, section)

❶ appname : 'VB and VBA Program Settings' 폴더의 하위 폴더입니다.

❷ section : appname 폴더의 하위 폴더입니다.

SaveSetting

SaveSetting 함수는 레지스트리에 값을 저장하는 함수로, 구문은 다음과 같습니다.

SAVESETTING (appname, section, key, setting)

❶ appname : 값을 저장할 'VB and VBA Program Settings' 폴더의 하위 폴더입니다.

❷ section : 값을 저장할 appname 폴더의 하위 폴더입니다.

❸ key : 값을 저장할 section 폴더 내 항목입니다.

❹ setting : key에 저장할 값입니다.

DeleteSetting

DeleteSetting 함수는 레지스트리의 값을 지울 때 사용하는 함수로, 구문은 다음과 같습니다.

DELETESETTING (appname, section, key)

❶ appname : 값을 삭제할 'VB and VBA Program Settings' 폴더의 하위 폴더입니다.

❷ section : 값을 삭제할 appname 폴더의 하위 폴더입니다.

❸ key : 값을 삭제할 section 폴더 내 항목입니다.

레지스트리 이용 사례

예제를 열면 다음과 같은 표를 확인할 수 있습니다.

	영업부				재무부			레지스트리	
	사번	이름	직위		사번	이름	직위	사번 등록	
	1	김덕훈	부장		2	서태진	부장		
	4	안정훈	과장		3	안재혁	차장	새 사번 확인	
	6	김소미	사원		5	김종설	과장		
	7	윤대현	대리		8	조규현	대리	레지스트리 삭제	
	15	최소라	사원		10	김명석	대리		
	11	김찬진	대리		6	허청일	주임		
	13	오영수	사원		12	황영신	사원		
	14	선하라	사원						
	9	유가을	사원						

TIP B열과 F열에 사번이 입력되어 있으며, 마지막 사번은 B8셀의 15번입니다.

여러 개의 표에서 사원 데이터를 등록한다고 가정합니다. 예제는 화면 표시를 위해 하나의 워크시트에 여러 개의 표를 사용했지만, 이런 작업이 워크시트별로 구분될 수도 있고, 파일별로 구분될 수도 있을 겁니다. 그러므로 어디서 작업을 해도 항상 새로 등록된 직원의 사번을 알려 주는 매크로를 개발해 보겠습니다.

먼저, 현재 워크시트 내에 마지막으로 사용된 사번의 값을 레지스트리에 기록하는 매크로를 개발합니다.

```
Sub 사번등록()

'1단계 : 필요한 변수를 선언합니다.
    Dim 사번범위 As Range                            ❶
    Dim 마지막사번 As Integer                        ❷
    Dim 사번 As Integer                              ❸

'2단계 : 변수에 초기 값을 할당합니다.
    Set 사번범위 = Range("B4", Range("B4").End(xlDown))                    ❹
    Set 사번범위 = Union(사번범위, Range("F4", Range("F4").End(xlDown)))   ❺

'3단계 : 워크시트에 사용한 마지막 사번과 레지스트리의 사번을 확인합니다.
    마지막사번 = WorksheetFunction.Max(사번범위)                           ❻

    사번 = GetSetting(Appname:=ThisWorkbook.Name, _
                     Section:=ActiveSheet.Name, _
                     Key:="사번", _
                     Default:=0)                                           ❼

'4단계 : 조건을 판단해, 레지스트리에 사번을 기록해 놓습니다.
    If 사번 = 0 Or 사번 < 마지막사번 Then                                   ❽

        SaveSetting Appname:=ThisWorkbook.Name, _
                    Section:=ActiveSheet.Name, _
                    Key:="사번", _
                    Setting:=마지막사번                                     ❾

        MsgBox "사번이 정상 등록되었습니다.", Title:="사번 등록"             ❿

    End If

End Sub
```

❶ Range 형식의 '사번범위' 개체변수를 선언합니다.

❷ Integer 형식의 '마지막사번' 변수를 선언합니다.

❸ Integer 형식의 '사번' 변수를 선언합니다.

❹ '사번범위' 개체변수에 B4셀부터 B열의 마지막 입력 위치까지의 범위를 할당합니다.

❺ '사번범위' 개체변수에 할당된 범위에, F4셀부터 F열의 마지막 입력 위치까지의 범위를 합쳐 '사번범위' 개체변수에 재할당합니다.

❻ '마지막사번' 변수에 Max 함수를 사용해 '사번범위' 개체변수에 할당된 범위에서 가장 큰 숫자를 저장합니다. 이 값이 워크시트에서 가장 마지막에 사용된 사번이 됩니다.

❼ GetSetting 함수를 사용해 레지스트리의 다음 경로 값을 참조해 '사번' 변수에 저장합니다.

HKEY_CURRENT_USER\Software\VB and VBA Program Settings\레지스트리.xlsm\sample\사번

만약 해당 레지스트리가 없다면 GetSetting 함수의 Default 매개변수의 값이 '사번' 변수에 저장됩니다.

❽ '사번' 변수의 값이 0이거나(레지스트에 저장된 정보가 없거나), '사번' 변수의 값이 '마지막사번' 변수의 값보다 작으면 ❾ 의 코드를 실행합니다.

❾ SaveSetting 함수를 사용해 아래 경로의 Key 값을 '마지막사번' 변수의 값으로 대체합니다.

HKEY_CURRENT_USER\Software\VB and VBA Program Settings\레지스트리.xlsm\sample\사번

❿ MsgBox 함수를 사용해 사번이 정상 등록됐음을 화면에 표시합니다.

TIP 이 매크로는 예제의 〈사번 등록〉 버튼에 연결되어 있습니다.

개발된 매크로를 테스트하기 위해 〈사번 등록〉 버튼을 클릭하면 매크로가 실행되면서 레지스트리에 사번이 기록됩니다. 레지스트리 편집기를 실행해 기록된 데이터를 확인합니다.

윈도우 바탕화면에서 단축키 ▦+R 을 눌러 '실행' 대화상자가 표시되면, 'regedit' 명령을 입력하고 Enter 키를 누릅니다. '레지스트리 편집기' 프로그램이 실행되면 다음 경로를 확인합니다.

HKEY_CURRENT_USER\Software\VB and VBA Program Settings\레지스트리.xlsm\sample

'사번' Key에 15 값이 입력되어 있는 것을 확인할 수 있습니다.

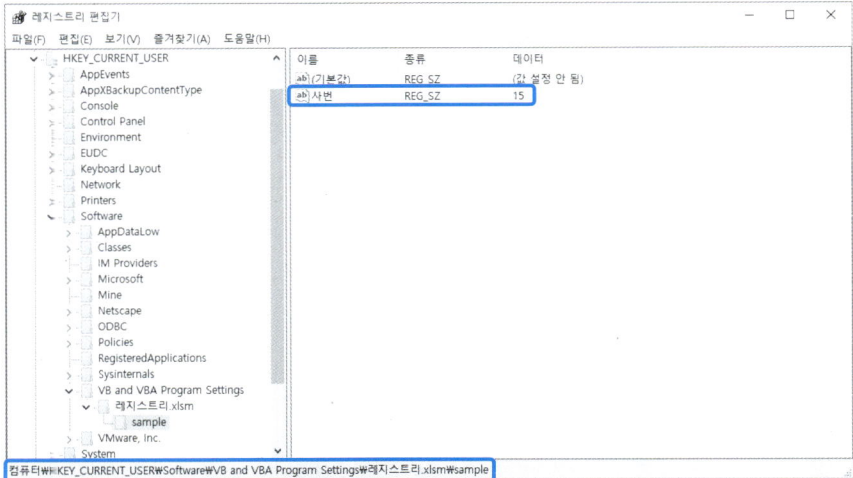

이번에는 레지스트리에 입력된 '사번' Key 값을 읽어 새로운 사번을 알려주는 매크로를 개발합니다.

```
Sub 사번확인()

'1단계 : 필요한 변수를 선언합니다.
    Dim 사번 As Integer                    ①

'2단계 : 레지스트리에서 사번을 확인하고, 새 사번을 계산합니다.
    사번 = GetSetting(Appname:=ThisWorkbook.Name, _
                     Section:=ActiveSheet.Name, _
                     Key:="사번", _
                     Default:=0)           ②

    사번 = 사번 + 1                        ③

'3단계 : 사번을 메시지 창에 표시합니다.
    MsgBox "새 사번은 " & 사번 & " 입니다.", Title:="사번 확인"    ④

End Sub
```

❶ Integer 형식의 '사번' 변수를 선언합니다.

❷ GetSetting 함수를 사용해 아래 경로의 값을 읽어 '사번' 변수에 저장합니다. 해당 경로가 없으면 0이 저장됩니다.

> HKEY_CURRENT_USER\Software\VB and VBA Program Settings\레지스트리.xlsm\sample\사번

❸ '사번' 변수의 값을 1 증가시킵니다.

❹ MsgBox 함수를 사용해 '사번' 변수의 값을 메시지 창으로 표시합니다.

TIP 이 매크로는 예제의 〈새 사번 확인〉 버튼에 연결되어 있습니다.

개발된 매크로가 제대로 동작하는지 확인하기 위해 〈새 사번 확인〉 버튼을 클릭하면 화면과 같이 새 사번 정보가 메시지 창에 표시됩니다.

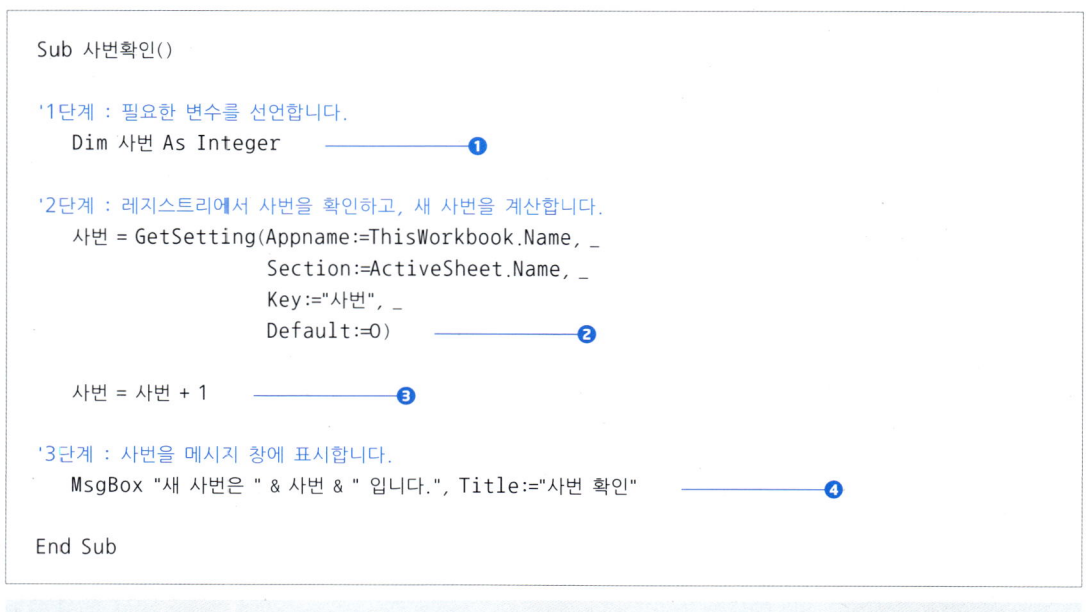

레지스트리에 기록된 값이 더 이상 필요 없다면 모두 지울 수 있습니다. 다음과 같은 매크로를 사용합니다.

```
Sub 레지스트리삭제()

    DeleteSetting Appname:=ThisWorkbook.Name ─────①

Erd Sub
```

① DeleteSetting 함수를 사용해 현재 파일 이름에 해당하는 하위 폴더를 포함한 Key 값을 모두 삭제합니다.

TIP 이 매크로는 〈레지스트리 삭제〉 버튼에 연결되어 있습니다.

개발된 매크로가 제대로 동작하는지 확인하기 위해 〈레지스트리 삭제〉 버튼을 클릭합니다. 그런 다음, 레지스트리 편집기 프로그램을 다시 실행하고 다음 경로를 확인합니다.

```
HKEY_CURRENT_USER\Software\VB and VBA Program Settings
```

화면과 같이 해당 폴더 하위에 아무런 정보도 없는 것을 확인할 수 있습니다.

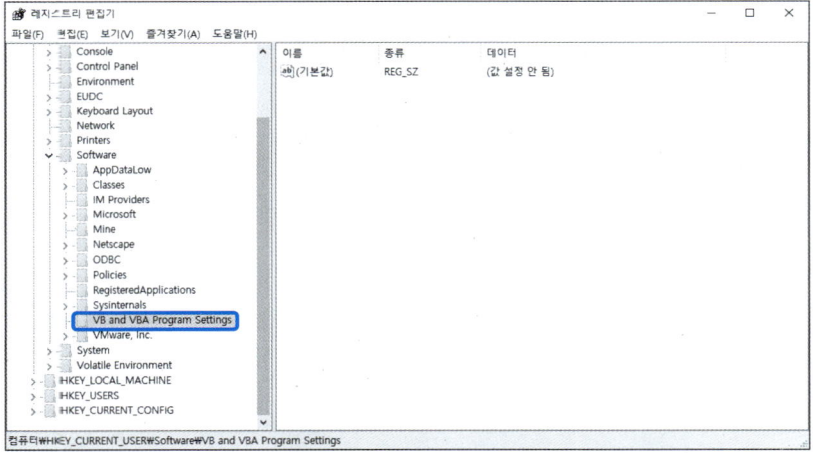

CHAPTER 23

ADO

ADO는 ActiveX Data Objects의 약어로, 데이터가 어디에 있든 보다 손쉽게 사용자가 처리할 수 있도록 지원하는 기술 인터페이스를 의미합니다. 그러므로 엑셀 사용자 관점에서 ADO를 사용하면 엑셀 파일 바깥에 존재하는 다양한 종류의 데이터(데이터베이스, 다른 엑셀 파일, 텍스트 파일 등)를 연결해 원하는 방식으로 가공할 수 있습니다.

굳이 ADO를 사용하지 않아도 처리할 수 있는 방법은 있지만 ADO는 ADO만의 장점이 있습니다. 간단하게 설명하자면, 파일을 열지 않고도 파일 안의 데이터를 원하는 방식으로 가공할 수 있으며, 데이터를 조작하는 데 SQL(Structured Query Language)이라는 언어를 사용해 VBA만 사용할 때보다 더욱 편리하게 데이터를 가공할 수 있습니다. 단점이 있다면, 사용자가 새로운 기술인 ADO와 SQL에 대해 학습하고, 이 방식으로 데이터를 조작하는 방식에 익숙해져야 한다는 점입니다.

이번 장에서는 ADO와 SQL을 이용해 외부 데이터베이스의 데이터를 다루는 다양한 방법에 대해 알아보겠습니다.

외부 엑셀 파일 연결하기 349

ADO는 ActiveX Data Objects의 약어로, 외부 데이터에 연동해 작업할 수 있는 개체를 의미합니다. 엑셀에서 ADO를 이용하면 다양한 외부 데이터에 연결해 데이터를 가져오거나 편집하는 등의 작업을 할 수 있습니다. 특히 엑셀 파일의 경우는 파일을 열지 않고 작업할 수 있어 편리합니다. ADO를 사용하려면 필요한 데이터베이스에 연결할 수 있는 방법을 먼저 이해해야 합니다. ADO에서는 외부 데이터와 연결할 때 ODBC나 OLEDB와 같은 연결 기술을 사용합니다. 이번에는 ADO를 사용하기 위해 참조해야 하는 외부 라이브러리에 대해 살펴보고, 외부 데이터에 연결하는 방법을 알아보겠습니다.

예제 파일 PART 05 \ (ADO) 데이터 연결.xlsm, dbSample1.xlsx

Microsoft ActiveX Data Objects 6.1 Library 참조

ADO를 사용하려면, 먼저 ADO 개체를 담고 있는 라이브러리를 참조해야 합니다. ADO 라이브러리는 ADO를 사용하려는 파일마다 참조해 줘야 합니다. 사용하려는 파일을 열고 단축키 Alt + F11 을 눌러 VB 편집기를 실행합니다. [도구]-[참조] 메뉴를 선택하고 다음 화면과 같이 Microsoft ActiveX Data Objects 6.1 Library 라이브러리에 체크한 다음 〈확인〉 버튼을 클릭합니다.

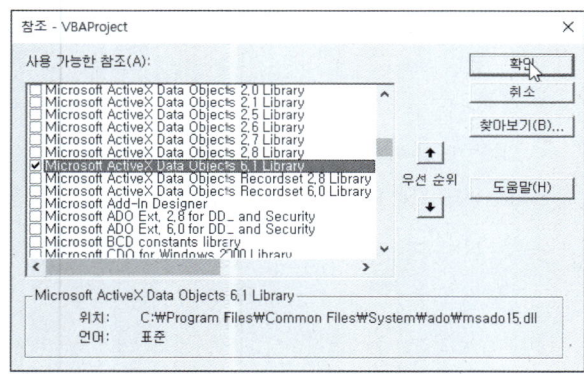

라이브러리를 등록했다면, ADO를 사용할 수 있는 환경 구성은 모두 끝났습니다. ADO를 외부 데이터베이스에 연결하려면 ODBC(주로 SQL Server, Oracle, Access 등의 데이터베이스만 연결할 수 있습니다.)와 OLEDB(데이터베이스뿐만 아니라, 텍스트, 엑셀 파일 등 다양한 외부 데이터와 연결할 수 있습니다.) 연결 기술을 사용해야 합니다. 그런데 ODBC는 OLEDB보다 과거 기술이며, OLEDB가 ODBC보다 장점이 많기 때문에 되도록이면 OLEDB를 이용해 데이터베이스에 연결하도록 구성하는 것이 좋습니다. 다음은 OLEDB를 이용해 외부 데이터에 연결할 때 프로그램과 확장자별로 사용하는 연결 문자열을 정리해 놓은 표입니다.

프로그램	확장자	OLEDB 연결 문자열
엑셀	xls	"Provider=Microsoft.Jet.OLEDB.4.0;Data Source='경로₩파일명.xls';Extended Properties=""Excel 8.0;HDR=Yes;IMEX=1"";"
	xlsx, xlsm	"Provider=Microsoft.Ace.OLEDB.12.0;Data Source='경로₩파일명.xlsx';Extended Properties=""Excel 12.0 Xml;HDR=YES"";"
액세스	mdb	"Provider=Microsoft.Jet.OLEDB.4.0;Data Source='경로₩파일명.mdb';User Id=admin;Password=;"
	accdb	"Provider=Microsoft.Ace.OLEDB.12.0;Data Source='경로₩파일명.accdb';User Id=admin;Password=;"

ADO를 사용한 외부 데이터베이스 연결

ADO를 사용해 다른 엑셀 파일에 연결하려면 다음과 같은 매크로를 사용합니다.

```
Sub 연결테스트()

'1단계 : 필요한 변수를 선언합니다.
    Dim 연결 As ADODB.Connection          ──①
    Dim OLEDB As String                   ──②
    Dim 경로 As String                    ──③
    Dim DB As String                      ──④

'2단계 : 변수에 초기 값을 저장합니다.
    경로 = ThisWorkbook.Path & "\"        ──⑤
    DB = "dbSample1.xlsx"                 ──⑥

    OLEDB = "Provider=Microsoft.ACE.OLEDB.12.0;" & _
            "Data Source='" & 경로 & DB & "';" & _
            "Extended Properties=""Excel 12.0 Xml;HDR=YES"";"   ──⑦

'3단계 : 'dbSample1.xlsx' 파일에 연결하고 연결 결과를 메시지 창에 표시합니다.
    Set 연결 = New ADODB.Connection       ──⑧
    연결.Open OLEDB                       ──⑨

    If 연결.State = adStateOpen Then      ──⑩

        MsgBox "연결됐습니다."

    Else                                  ──⑪

        MsgBox "연결되지 않았습니다."

    End If

'4단계 : 연결을 끊습니다.
    연결.Close                            ──⑫
```

```
        Set 연결 = Nothing                    ⓭

End Sub
```

❶ ADODB 개체의 Connection 형식의 '연결' 개체변수를 선언합니다.

❷ String 형식의 OLEDB 변수를 선언합니다.

❸ String 형식의 '경로' 변수를 선언합니다.

❹ String 형식의 DB 변수를 선언합니다.

❺ '경로' 변수에 현재 파일의 경로와 경로 구분 문자(\)을 연결해 저장합니다.

❻ DB 변수에 'dbSample1.xlsx' 파일 이름을 저장합니다.

❼ OLEDB 변수에 연결할 파일 형식(XLSX)에 맞는 데이터 연결 문자열을 저장합니다.

❽ New 키워드를 사용해 ADODB 개체의 Connection 개체를 생성하고 '연결' 개체변수에 할당합니다. 이번 줄은 ❶의 코드를 다음과 같이 수정하면 생략할 수 있습니다.

```
Dim 연결 As New ADODB.Connection
```

❾ '연결' 개체변수에 할당된 Connection 개체의 Open 메서드를 이용해 OLEDB 변수에 저장된 문자열로, 'xlSample1.xlsx' 파일에 연결합니다.

❿ '연결' 개체변수에 할당된 Connection 개체의 State 속성 값을 확인하면 ❾의 연결 작업이 제대로 됐는지 확인할 수 있습니다. State 속성 값이 adStateOpen이면 제대로 연결된 것이므로 메시지 창을 이용해 연결됐음을 표시합니다.

⓫ ❿의 판단이 False면 연결되지 않은 것이므로 해당 내용을 메시지 창을 이용해 표시합니다.

⓬ '연결' 개체변수에 할당된 Connection 개체의 Close 메서드를 이용해 데이터 연결을 끊습니다.

⓭ '연결' 개체변수를 Nothing 상태로 초기화해 개체변수에서 사용하던 메모리를 반환합니다. 변수를 초기화하는 작업은 매크로가 종료되면 자동으로 이뤄지지만, 코드 내에서 습관적으로 처리하면 보다 효율적으로 관리할 수 있습니다.

TIP 이 매크로는 예제의 〈cbSample1.xlsx〉 버튼에 연결되어 있습니다.

개발된 매크로를 테스트하기 위해 〈dbSample1.xlsx〉 버튼을 클릭하면 다음과 같은 메시지 창을 확인할 수 있습니다.

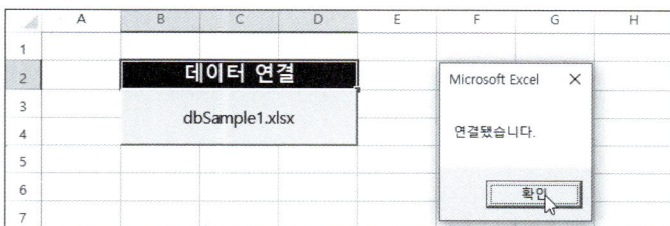

액세스 데이터 가져오기 350

ADO를 이용해 외부 데이터베이스에 연결하고, 연결된 파일 내 데이터를 조작하려면 RecordSet 개체를 이용하거나 SQL 문을 이용해야 합니다. 이번에는 Recordset 개체를 이용해 액세스 데이터를 엑셀로 가져오는 작업을 진행합니다. 참고로 엑셀에서 외부 데이터를 가져올 때는 QueryTable 개체를 이용하거나 엑셀 표(ListObject)를 이용해야 하는데, 이번에는 QueryTable 개체를 이용하는 방법을 사용합니다. ADO를 이용해 액세스 데이터를 엑셀로 가져오는 매크로를 개발하는 방법에 대해 알아보겠습니다.

예제 파일 PART 05 \ (ADO) 액세스 가져오기.xlsm, dbSample.accdb

예제 중에서 'dbSample.accdb' 액세스 파일을 열고, 왼쪽 탐색 창에서 '직원' 테이블을 더블클릭해 열면 다음과 같은 데이터를 확인할 수 있습니다.

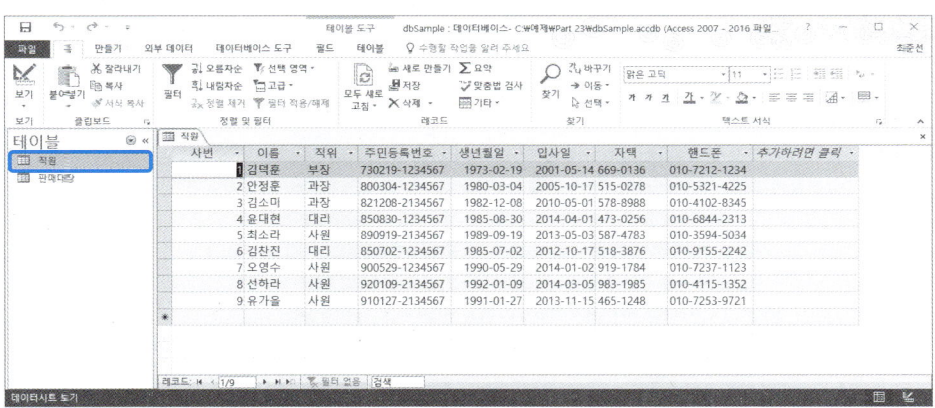

'dbSample.accdb' 데이터베이스의 '직원' 테이블을 연결해 데이터를 엑셀 파일로 가져오는 작업을 하려면 다음과 같은 매크로를 사용합니다.

```
Sub 액세스가져오기()

    '1단계 : 필요한 변수를 선언합니다.
    Dim 연결 As New ADODB.Connection         ①
    Dim 레코드셋 As New ADODB.Recordset       ②
    Dim OLEDB As String                      ③
    Dim 경로 As String                       ④
    Dim DB As String                         ⑤
    Dim 메시지 As String                     ⑥
    Dim 반환위치 As Range                     ⑦

    '2단계 : 변수의 초기 값을 저장합니다.
```

```
        경로 = ThisWorkbook.Path & "\"              ⑧
        DB = "dbSample.accdb"              ⑨

'3단계 : 기존에 가져온 데이터가 있으면 삭제합니다.
        Set 반환위치 = Range("B2")              ⑩

        If Len(반환위치.Value) > 0 Then              ⑪

            반환위치.CurrentRegion.Delete Shift:=xlUp
            Set 반환위치 = Range("B2")

        End If

'4단계 : 액세스 데이터베이스에 연결하고, 가져올 데이터를 갖고 있는 테이블을 레코드셋으로 엽니다.
        OLEDB = "Provider=Microsoft.Ace.OLEDB.12.0;" & _
                "Data Source='" & 경로 & DB & "';" & _
                "User Id=admin;Password=;"              ⑫

        연결.Open OLEDB              ⑬
        레코드셋.Open Source:="직원", _
                    ActiveConnection:=연결, _
                    CursorType:=adOpenStatic, _
                    LockType:=adLockReadOnly, _
                    Options:=adCmdTable              ⑭

'5단계 : 액세스 데이터베이스의 데이터를 엑셀로 가져오고 표 서식을 설정합니다.
        메시지 = "직원 테이블에 연결되었습니다." & vbCr
        메시지 = 메시지 & "총 " & 레코드셋.RecordCount & "건의 데이터가 있습니다." & vbCr & vbCr
        메시지 = 메시지 & "가져올까요?"              ⑮

        If MsgBox(메시지, vbYesNo) = vbYes Then              ⑯

            With ActiveSheet.QueryTables.Add(Connection:=레코드셋, _
                                             Destination:=반환위치)              ⑰
                .Refresh              ⑱

                With .ResultRange              ⑲

                    .BorderAround LineStyle:=xlContinuous              ⑳
                    .HorizontalAlignment = xlCenter              ㉑

                    With .Rows(1).Interior              ㉒
                        .ThemeColor = xlThemeColorDark1
                        .TintAndShade = -0.15
                    End With

                End With

            End With

        End If
```

```
'6단계 : 레코드셋을 닫고, 연결을 끊습니다.
    레코드셋.Close ─────────㉓
    연결.Close ──────────㉔

End Sub
```

❶ ADODB 개체의 Connection 개체를 New 키워드를 이용해 생성하고, 선언된 '연결' 개체변수에 할당합니다.

❷ ADODB 개체의 Recordset 개체를 새로 생성하고, 선언된 '레코드셋' 개체변수에 할당합니다.

❸ String 형식의 OLEDB 변수를 선언합니다.

❹ String 형식의 '경로' 변수를 선언합니다.

❺ String 형식의 DB 변수를 선언합니다.

❻ String 형식의 '메시지' 변수를 선언합니다.

❼ Range 형식의 '반환위치' 개체변수를 선언합니다.

❽ '경로' 변수에 현재 파일의 경로와 경로 구분 문자(\)을 연결해 저장합니다.

❾ DB 변수에 연결할 액세스 데이터베이스 파일 이름을 저장합니다.

❿ '반환위치' 개체변수에 B2셀을 할당합니다. 이 위치에 액세스에서 가져온 데이터를 반환합니다.

⓫ '반환위치' 개체변수에 할당된 셀 값이 있는지 판단해, 있으면 기존에 가져온 데이터가 있다는 것이므로 연속된 범위를 삭제하고 '반환위치' 개체변수에 B2셀을 재할당합니다. B2셀을 재할당하는 이유는 연속된 범위를 삭제하면 기존의 B2셀도 함께 삭제되어 새로운 셀을 다시 할당해야 변수를 계속 사용할 수 있기 때문입니다.

⓬ OLEDB 변수에 액세스 데이터베이스 파일에 연결할 방법을 의미하는 연결 문자열을 저장합니다.

> **LINK** 이 문자열은 SECTION 349(1232쪽)에 잘 설명되어 있습니다.

⓭ '연결' 개체변수에 할당된 Connection 개체의 Open 메서드를 이용해 액세스 데이터베이스에 연결합니다. 연결 방법은 OLEDB 변수에 저장된 방법을 사용합니다.

⓮ '레코드셋' 개체변수에 할당된 Recordset 개체의 Open 메서드를 이용해 직원 테이블을 엽니다. 다음 표는 Recordset 개체의 Open 메서드에서 사용하는 매개변수에 대한 설명입니다.

매개변수	설명		
Source	필수이며, 연결할 테이블이나 쿼리 이름입니다.		
ActiveConnection	연결할 때 사용할 Connection 개체입니다.		
CursorType	레코드셋을 여는 방법을 지정할 수 있으며, 다음 내장 상수를 사용할 수 있습니다.		
	내장 상수	값	설명
	adOpenForwardOnly	0	기본 값으로 읽기만 가능한 상태로 열리며, 다음 레코드로만 이동이 가능합니다.
	adOpenKeyset	1	읽기/쓰기가 가능한 상태로 열리며, 다음 레코드와 이전 레코드로 모두 이동이 가능합니다. 다만 연 다음에 원본 테이블에 추가되거나 삭제된 사항은 알 수 없으며, 수정된 사항만 레코드셋에 반영됩니다.
	adOpenDynamic	2	adOpenKeyset 모드와 동일하며, 항상 동기화를 통해 원본 테이블의 모든 수정 사항이 레코드셋에 반영됩니다.
	adOpenStatic	3	adOpenKeyset 모드와 동일하지만, 연 다음에 원본 테이블의 변경 사항을 모두 알 수는 없습니다.

LockType	여러 명이 동시에 접속해 동일한 레코드에 접근할 때 처리 방법을 지정할 수 있으며, 다음 내장 상수를 사용할 수 있습니다.		
	내장 상수	값	설명
	adLockReadOnly	1	읽기 전용으로, 수정할 수 없습니다.
	adLockPessimistic	2	편집 시작 순간부터 잠급니다.
	adLockOptimistic	3	편집이 끝나고 저장하는 순간에 잠급니다.
	adLockBatchOptimistic	4	여러 개의 레코드를 동시에 업데이트할 때 사용하며, 여러 레코드의 값을 실제로 업데이트할 때 잠급니다.
Options	Source 매개변수에 지정된 개체 형식으로, 다음 두 개를 주로 사용합니다.		
	내장 상수	값	설명
	adCmdText	1	Source에 SQL 문을 사용합니다.
	adCmdTable	2	Source에 테이블이나 쿼리를 지정할 때 사용합니다.

⑮ '메시지' 변수에 연결 정보와 데이터 건수를 표시하고 데이터를 가져올지 여부를 묻는 문자열을 저장합니다.

⑯ MsgBox 함수를 사용해 '메시지' 변수의 내용을 메시지 창에 표시하고 〈예〉 버튼을 클릭했는지 판단해, 〈예〉 버튼을 클릭했다면 ⑭-⑯의 코드를 실행해 데이터를 가져옵니다. 메시지 창의 내용은 다음과 같습니다.

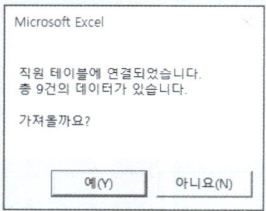

⑰ QueryTables 컬렉션의 Add 메서드를 이용해 현재 시트에 새 쿼리 테이블을 추가한 다음, 몇 가지 추가 설정을 위해 With 문을 사용합니다. Add 메서드의 매개변수에 대한 설명은 다음과 같습니다.

매개변수	설명
Connection	쿼리 테이블로 가져올 Recordset 개체를 전달합니다.
Destination	쿼리 테이블을 생성할 워크시트 내 위치(셀)를 전달합니다.

⑱ 추가된 쿼리 테이블을 새로 고쳐 연결된 Recordset 개체에서 데이터를 가져옵니다.

⑲ 추가된 쿼리 테이블 범위에 서식을 지정하기 위해 ResultRange 개체 범위를 With 문으로 설정합니다.

⑳ 전체 범위의 테두리에 실선을 설정합니다.

㉑ 전체 범위에 가운데 맞춤을 설정합니다.

㉒ 전체 범위 중 첫 번째 범위(머리글 범위)의 배경색을 흰색보다 15% 어둡게 설정합니다.

㉓ '레코드셋' 개체변수에 할당된 Recordset 개체를 닫습니다.

㉔ '연결' 개체변수에 할당된 Connection 개체를 닫아, 액세스 프로그램과의 연결을 끊습니다.

> **TIP** 이 매크로는 예제의 〈dbSample.accdb〉 버튼에 연결되어 있습니다.

TIP 이 매크로가 실행되려면 SECTION 349(1232쪽)의 Microsoft ActiveX Data Objects 6.1 Library 참조가 선행되어야 합니다.

개발된 매크로를 실행해서 액세스 데이터를 엑셀로 가져옵니다. 예제의 〈dbSample.accdb〉 버튼을 클릭하면 다음과 같이 엑셀 파일로 데이터가 가져와진 것을 확인할 수 있습니다.

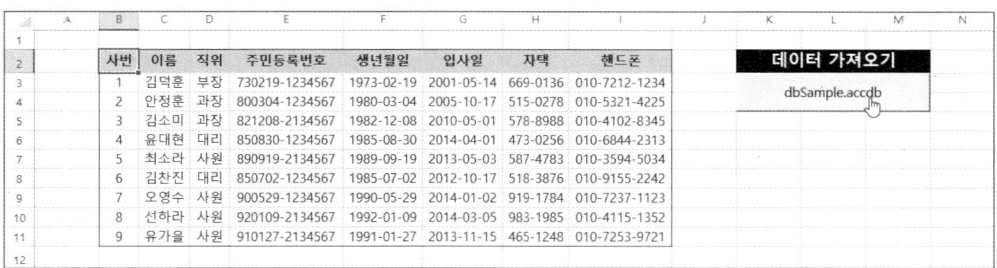

다른 엑셀 파일의 데이터 가져오기 351

다른 엑셀 파일의 데이터를 현재 파일로 가져오는 것은 앞에서 배운 방법만으로도 가능합니다. 그럼에도 불구하고 ADO을 이용해 가져오려고 하는 이유는 해당 파일을 열지 않고도 데이터를 가져올 수 있기 때문입니다. ADO을 이용하는 방법은 SECTION 350의 액세스 데이터를 엑셀로 가져오는 방법과 유사합니다. 다만, 엑셀에는 액세스의 테이블이라는 개념이 존재하지 않기 때문에 이 부분을 어떻게 처리할 것인지만 이해하면 됩니다. 이번에는 다른 엑셀 파일의 데이터를 ADO을 이용해 가져오는 매크로 개발 방법에 대해 알아보겠습니다.

예제 파일 PART 05 \ (ADO) 엑셀 가져오기 I.xlsm, dbSample1.xlsx

예제에서 'dbSample1.xlsx' 파일을 열면 다음과 같은 표를 확인할 수 있습니다.

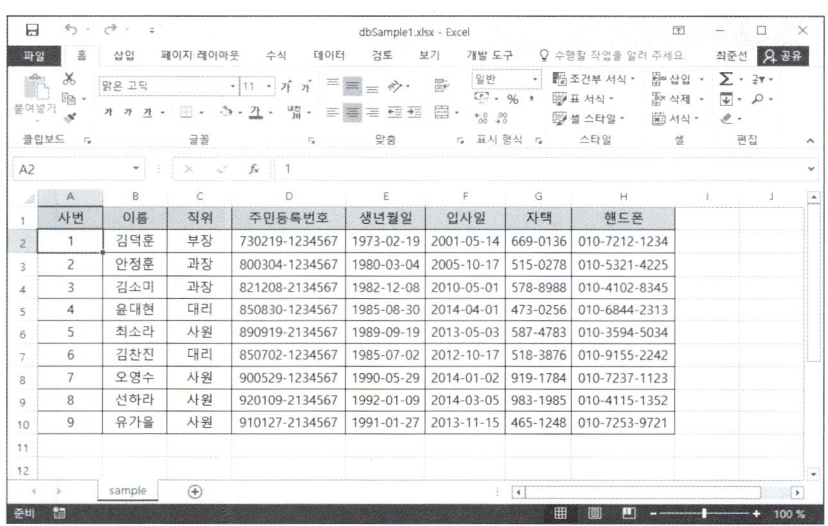

위 화면의 데이터를 다른 엑셀 파일에서 가져와 보겠습니다. 가져올 표 데이터는 'sample' 워크시트에 A1 셀부터 연속된 범위에 기록되어 있는 것을 확인할 수 있습니다. 다른 엑셀 파일에서 데이터를 가져올 때는 워크시트 이름과 셀 주소를 사용하므로, 위 화면에서 워크시트 이름(sample)이 무엇인지 잘 기억하고 있어야 합니다.

'dbSample1.xlsx' 파일을 닫고, '(ADO) 엑셀 가져오기 I.xlsm' 파일을 열면 다음과 같은 화면을 확인할 수 있습니다.

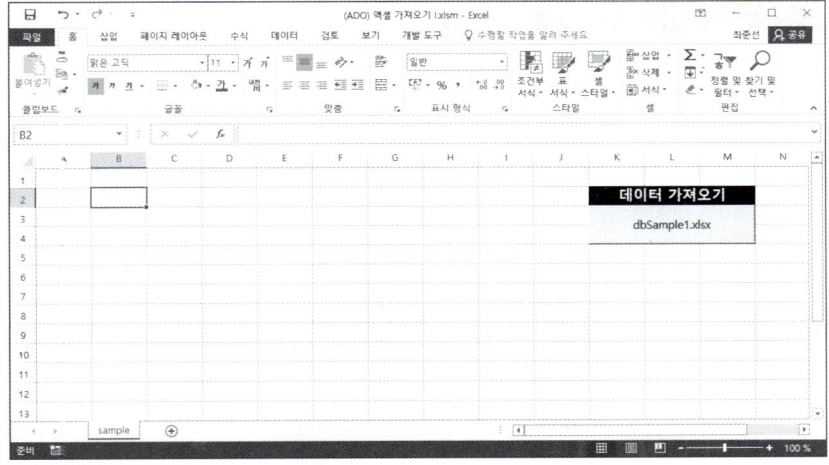

이 파일의 B2셀에 'dbSample1.xlsx' 파일의 표 데이터를 가져오는 작업을 ADO를 이용해 처리하려면 다음과 같은 매크로를 사용합니다.

```
Sub 엑셀가져오기()

'1단계 : 필요한 변수를 선언합니다.
    Dim 연결 As New ADODB.Connection
    Dim 레코드셋 As New ADODB.Recordset
    Dim OLEDB As String
    Dim 경로 As String
    Dim DB As String
    Dim 메시지 As String
    Dim 반환위치 As Range

'2단계 : 변수의 초기 값을 저장합니다.
    경로 = ThisWorkbook.Path & "\"
    DB = "dbSample1.xlsx"                    ①

'3단계 : 기존에 가져온 데이터가 있으면 삭제합니다.
    Set 반환위치 = Range("B2")

    If Len(반환위치.Value) > 0 Then

        반환위치.CurrentRegion.Delete Shift:=xlUp
        Set 반환위치 = Range("B2")

    End If

'4단계 : 엑셀 파일에 연결하고, 가져올 데이터가 있는 워크시트를 레코드셋으로 엽니다.
    OLEDB = "Provider=Microsoft.Ace.OLEDB.12.0;" & _
            "Data Source='" & 경로 & DB & "';" & _
            "Extended Properties=""Excel 12.0 Xml;HDR=YES"";"     ②

    연결.Open OLEDB
    레코드셋.Open Source:="[sample$]", _
```

```
                    ActiveConnection:=연결, _
                    CursorType:=adOpenStatic, _
                    LockType:=adLockReadOnly, _
                    Options:=adCmdTable                    ③

'5단계 : 연결된 엑셀 파일의 데이터를 가져옵니다.
    메시지 = "dbSample1.xlsx 파일에 연결되었습니다." & vbCr
    메시지 = 메시지 & "총 " & 레코드셋.RecordCount & "건의 데이터가 있습니다." & vbCr & vbCr
    메시지 = 메시지 & "가져올까요?"

    If MsgBox(메시지, vbYesNo) = vbYes Then

        With ActiveSheet.QueryTables.Add(Connection:=레코드셋, _
                                        Destination:=Range("B2"))
            .Refresh

            With .ResultRange

                .BorderAround LineStyle:=xlContinuous
                .HorizontalAlignment = xlCenter

                With .Rows(1).Interior
                    .ThemeColor = xlThemeColorDark1
                    .TintAndShade = -0.15
                End With

            End With

        End With

    End If

'6단계 : 레코드셋을 닫고, 연결을 끊습니다.
    레코드셋.Close
    연결.Close

End Sub
```

❶ DB 변수에 가져올 데이터가 있는 엑셀 파일 이름을 저장합니다.

❷ OLEDB 변수에 엑셀 파일을 연결하기 위한 문자열을 저장합니다. SECTION 349(1232쪽)에 정리되어 있는 연결 문자열을 참고해 사용합니다.

❸ '레코드셋' 개체변수에 할당된 Recordset 개체의 Open 메서드를 이용해 파일을 여는데, 이때 'sample' 워크시트의 표 데이터를 가져오기 위해 대괄호([) 안에 워크시트 이름과 $ 문자를 연결해 전달합니다. 이와 같은 방법으로 데이터를 가져오려면, 가져올 데이터가 해당 시트의 A1셀부터 연속적으로 입력되어 있어야 합니다. 그렇지 않은 경우라면 다음과 같이 가져올 데이터 범위를 지정하면 됩니다.

```
Source:="[sanple$B2:I100]"
```

TIP 이 매크로는 예제의 〈dbSample1.xlsx〉 버튼에 연결되어 있습니다.

TIP 이 매크로에서 설명되지 않은 부분은 SECTION 349, 350의 매크로를 참고합니다.

개발틸 매크로가 제대로 동작하는지 확인하기 위해 〈dbSample1.xlsx〉 버튼을 클릭하면 다음과 같은 결과를 얻을 수 있습니다.

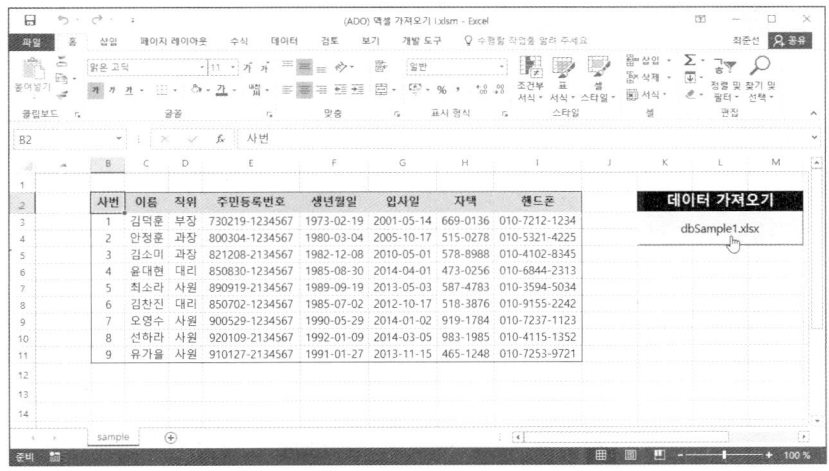

다른 파일의 지정한 범위 데이터만 가져오기

352

엑셀은 액세스와는 달리 하나의 워크시트에 여러 개의 표를 만들어 사용할 수 있습니다. 원하는 표를 다른 파일에서 가져오려면 앞에서 설명한 셀 주소를 사용하는 것보다 해당 범위를 이름으로 정의해 정의된 이름을 사용하는 것이 편리합니다. 이번에는 워크시트 내에 표가 여러 개 있을 때, 특정 표 범위의 데이터만 가져오는 매크로 개발 방법에 대해 알아보겠습니다.

예제 파일 PART 05 \ (ADO) 엑셀 가져오기 II.xlsm, dbSample2.xlsx

예제 중에서 'dbSample2.xlsx' 파일을 열면 다음과 같은 표 두 개를 확인할 수 있습니다.

두 표 중에서 우측 J2:K6 범위의 표 데이터를 다른 파일로 가져가는 작업을 한다고 하면, 먼저 화면과 같이 표 범위(J2:K6)를 선택하고 이름 상자에 '보너스지급비율표'와 같은 이름을 입력해 정의해 놓는 것이 좋습니다.

이제 'dbSample2.xlsx' 파일은 닫고, '(ADO) 엑셀 가져오기 II.xlsm' 파일을 연 다음, 이름으로 정의된 '보너스지급비율표'를 B2셀 위치에 가져오는 작업을 진행합니다.

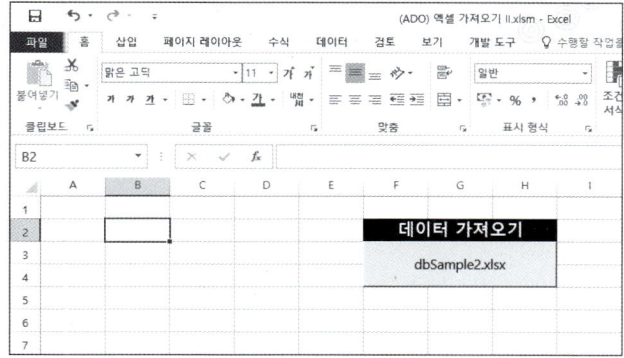

이름으로 정의된 외부 데이터 범위를 현재 파일로 가져오려면 다음과 같은 매크로를 사용합니다.

```
Sub 엑셀가져오기()

'1단계 : 필요한 변수를 선언합니다.
    Dim 연결 As New ADODB.Connection
    Dim 레코드셋 As New ADODB.Recordset
    Dim OLEDB As String
    Dim 경로 As String
    Dim DB As String
    Dim 메시지 As String
    Dim 반환위치 As Range

'2단계 : 변수의 초기 값을 저장합니다.
    경로 = ThisWorkbook.Path & "\"
    DB = "dbSample2.xlsx"                    ❶

'3단계 : 기존에 가져온 데이터가 있으면 삭제합니다.
    Set 반환위치 = Range("B2")

    If Len(반환위치.Value) > 0 Then

        반환위치.CurrentRegion.Delete Shift:=xlUp
        Set 반환위치 = Range("B2")

    End If

'4단계 : 엑셀 파일에 연결하고, 가져올 데이터를 갖고 있는 이름 범위를 레코드셋으로 엽니다.
    OLEDB = "Provider=Microsoft.Ace.OLEDB.12.0;" & _
            "Data Source='" & 경로 & DB & "';" & _
            "Extended Properties=""Excel 12.0 Xml;HDR=YES"";"

    연결.Open OLEDB
    레코드셋.Open Source:="[보너스지급비율표]", _
                ActiveConnection:=연결, _
```

```
                    CursorType:=adOpenStatic, _
                    LockType:=adLockReadOnly, _
                    Options:=adCmdTable                    ❷
'5단계 : 엑셀 파일의 데이터를 가져옵니다.
    메시지 = "보너스지급비율 표에 연결되었습니다." & vbCr
    메시지 = 메시지 & "총 " & 레코드셋.RecordCount & "건의 데이터가 있습니다." & vbCr & vbCr
    메시지 = 메시지 & "가져올까요?"

    If MsgBox(메시지, vbYesNo) = vbYes Then

        With ActiveSheet.QueryTables.Add(Connection:=레코드셋, _
                                        Destination:=반환위치)
            .Refresh

            With .ResultRange

                .BorderAround LineStyle:=xlContinuous
                .HorizontalAlignment = xlCenter

                With .Rows(1).Interior
                    .ThemeColor = xlThemeColorDark1
                    .TintAndShade = -0.15
                End With

            End With

        End With

    End If

'6단계 : 레코드셋을 닫고, 연결을 끊습니다.
    레코드셋.Close
    연결.Close

End Sub
```

❶ DB 변수에 예제로 제공된 'dbSample2.xlsx' 파일 이름을 저장합니다.

❷ '레코드셋' 개체변수에 할당된 Recordset 개체의 Open 메서드를 이용해 이름으로 정의된 데이터 범위를 연결합니다. 정의된 이름 범위를 지정할 때는 Source 매개변수에 정의된 이름인 '보너스지급비율표'를 대괄호([ ) 안에 입력해 사용합니다. 참고로 Source 매개변수에 가져올 테이블을 지정할 때, 엑셀에서는 워크시트 이름을 의미하는 $ 문자를 테이블 이름 뒤에 붙이지만, 정의된 이름을 사용하는 경우에는 $ 문자를 생략합니다.

TIP 이 매크로는 예제의 〈dbSample2.xlsx〉 버튼에 연결되어 있습니다.

TIP 이 매크로에서 설명되지 않은 부분은 SECTION 349, 350의 매크로를 참고합니다.

개발한 매크로가 제대로 동작하는지 확인하기 위해 〈dbSample2.xlsx〉 버튼을 클릭합니다. 다음과 같이 B2셀 위치로 이름 정의된 데이터가 가져와집니다.

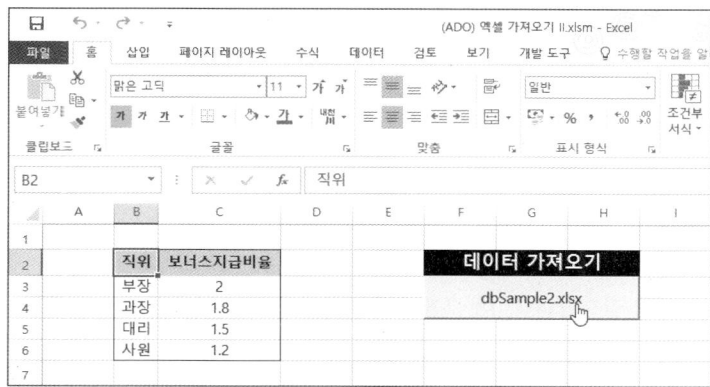

TIP C3:C6 범위에서 확인할 수 있듯이 ADO로 데이터를 가져오면 표시 형식은 가져오지 못합니다. 그러므로 표시 형식은 데이터를 가져온 다음에 다시 설정해야 합니다.

레코드셋을 제대로 닫는 방법 353

ADO를 이용해 작업을 한 후에는 열려 있는 Recordset 개체와 Connection 개체를 닫아야 합니다. 그런데 Connection 개체를 닫을 때 에러가 발생할 수 있습니다. 에러가 발생하는 대표적인 이유는 하위 개체인 Recordset 개체가 제대로 닫히지 않은 상태에서 상위 개체인 Connection 개체를 닫으려고 해서입니다. 이런 문제는 Recordset 개체의 데이터가 너무 많은 경우에 주로 발생하며, 이 경우 Recordset 개체가 닫히는 데 약간의 시간이 필요합니다. 이 문제를 해결하려면 Recordset 개체가 정확하게 닫혔는지 확인하고 Connection 개체를 닫는 코드를 구성할 수 있어야 합니다. 이번에는 이런 방법으로 매크로를 구성하는 방법에 대해 알아보겠습니다.

예제 파일 없음

ADO를 이용해 외부 데이터와 연결하는 매크로는 보통 마지막에 다음과 같은 코드가 입력됩니다.

```
레코드셋.Close         ①
연결.Close             ②
```

① '레코드셋' 개체변수에 할당된 Recordset 개체를 닫습니다.
② '연결' 개체변수에 할당된 Connection 개체를 닫아 연결을 끊습니다.

②의 코드에서 에러가 발생한다면 아직 Recordset 개체가 완전히 닫히지 않은 경우가 대부분입니다. VBA는 이전 명령의 종료 여부와 무관하게 순차적으로 명령을 실행하므로 Recordset 개체가 완전히 닫히기 전에 메모리를 반환하거나 Connection 개체를 닫으려고 하면 안 됩니다.

이런 문제를 해결하려면 코드 구성을 다음과 같이 변경합니다.

```
Do While 레코드셋.State = adStateOpen      ①
    레코드셋.Close                          ②
Loop
연결.Close
```

❶ Do … Loop 순환문을 사용해 '레코드셋' 개체변수에 할당된 Recordset 개체의 상태(State)를 확인하고 열려 있는 동안 ❷의 코드를 반복해서 실행합니다.

❷ '레코드셋' 개체변수에 할당된 Recordset 개체를 닫습니다.

위와 같이 구성하면 작동은 정상적으로 하지만 Recordset 개체가 열려 있는 동안 반복해서 닫기 명령을 실행하므로 불필요한 부하가 일어납니다. 이를 좀 더 유연하게 동작하도록 구성하려면 다음을 참고합니다.

```
Dim 현재시간 As Date                            ❶

Do While 레코드셋.State = adStateOpen           ❷

    현재시간 = Now                              ❸

    Do While DateAdd("s", 1, 현재시간) > Now    ❹

        DoEvents                               ❺

    Loop

    레코드셋.Close                              ❻

Locp

연결.Close
```

❶ Date 형식의 '현재시간' 변수를 선언합니다.

❷ Do … Loop 순환문을 이용해 '레코드셋' 개체변수에 할당된 Recordset 개체가 열려 있는 동안 ❸-❻의 코드를 반복해서 실행합니다.

❸ '현재시간' 변수에 Now 함수의 반환 값(오늘 날짜와 현재 시간)을 기록합니다.

❹ Do … Loop 순환문을 중첩 구성해 1초 동안 대기합니다. DateAdd 함수는 '현재시간' 변수에 저장된 시간 값에서 1 초 뒤 시간을 반환하므로, 이 시간이 Now 함수보다 큰 동안 계속해서 반복되도록 하면 1초 이내에는 다른 작업을 처리하지 않습니다.

❺ 대기하는 동안 매크로 이외의 다른 작업 처리가 가능하도록 DoEvents 함수를 사용해 제어권을 시스템으로 넘깁니다.
❹-❺의 구성은 다음과 같이 변경할 수도 있습니다.

```
Application.Wait Now+TimeSerial(0, 0, 1)
```

다만 이렇게 고치면, 대기 시간 동안 다른 작업을 처리할 수 없습니다.

❻ '레코드셋' 개체변수에 할당된 Recordset 개체를 닫습니다.

SQL을 사용해 조건에 맞는 데이터만 가져오기   354

ADO를 사용해 데이터를 가져올 때, 표의 모든 데이터를 다 가져오지 않고 조건에 맞는 데이터만 가져와야 한다면 데이터베이스를 조작할 때 사용하는 SQL 언어를 사용할 수 있어야 합니다. 언어라고 하면 매우 복잡하게 생각하는 분들이 많겠지만 SQL은 구조가 매우 간단해서 그리 어렵지 않습니다. 이번에는 SQL에서 가장 많이 사용하는 SELECT 문을 이용해 필요한 조건에 맞는 데이터만 선별해 가져오는 방법에 대해 알아보겠습니다.

예제 파일 PART 05 \ (ADO) SELECT문.xlsm, dbSample.accdb

SELECT 문

SQL은 Strurctured Query Language의 약어로, 우리말로 옮기면 '구조화된 질의어'입니다. SQL은 데이터베이스에서 사용자가 필요한 데이터를 조회, 요약하거나 수정, 삭제할 때 사용할 수 있는 언어입니다. 초기에는 관계형 데이터베이스에서만 사용했지만, 현재는 특정 데이터베이스 시스템에 국한되지 않고 엑셀을 포함한 다양한 데이터베이스에서 사용할 수 있어 널리 쓰이고 있습니다. SQL에는 데이터베이스를 처리하는 다양한 문법이 있는데, 이번에 설명하는 Select 문은 SQL의 가장 기본적인 문법으로, 데이터베이스에서 필요한 데이터를 조회 또는 요약할 때 사용합니다. Select 문의 기본 문법은 다음과 같습니다.

```
SELECT 필드         ①
FROM 테이블         ②
WHERE 조건식        ③
```

① **SELECT** : 전체 테이블 열(필드) 중에서 조회하려는 필드를 입력하며, 여러 개의 필드를 조회하려면 쉼표(,) 구분 문자를 이용해 필드를 나열할 수 있습니다. 만약 전체 필드의 데이터를 모두 조회하려면 필드 대신 *를 사용합니다.

② **FROM** : 조회하려는 테이블 이름을 입력합니다.

③ **WHERE** : 테이블에서 필요한 데이터를 추출할 조건식으로, 필드와 비교 연산자, 값을 이용해 구성합니다. 예를 들어, '직위' 열의 '대리' 데이터만 추출하고 싶다면 다음과 같이 구성합니다.

```
WHERE 직위="대리"
```

TIP SQL은 이 책의 주제와는 조금 거리가 있으므로 가장 기본적인 사용 방법만 설명합니다. 좀 더 세밀하게 공부하고 싶다면 SQL에 대해 따로 학습해야 합니다.

SELECT 문을 사용해 조건에 맞는 데이터만 가져오기

예제 중에서 'dbSample.accdb' 액세스 파일을 열고 탐색 창에서 '직원' 테이블을 더블클릭해 열면 다음과 같은 데이터를 확인할 수 있습니다.

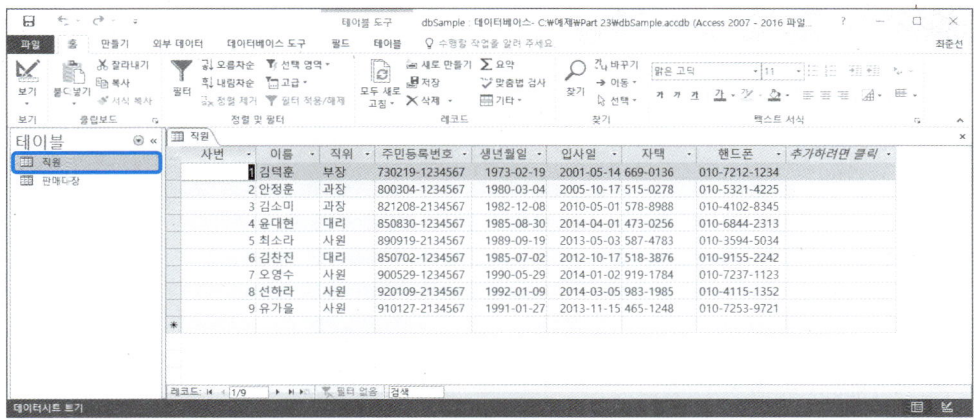

'직원' 테이블에서 직위가 '사원'인 직원의 사번, 이름, 입사일 데이터만 조회하려면 다음과 같은 SQL 문을 사용합니다.

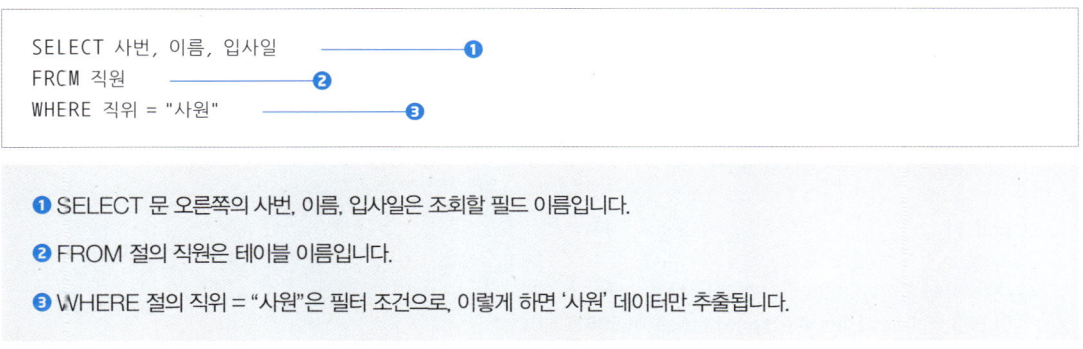

❶ SELECT 문 오른쪽의 사번, 이름, 입사일은 조회할 필드 이름입니다.

❷ FROM 절의 직원은 테이블 이름입니다.

❸ WHERE 절의 직위 = "사원"은 필터 조건으로, 이렇게 하면 '사원' 데이터만 추출됩니다.

위 SQL 문에서 WHERE 절의 조건 부분을 엑셀에서 입력해 조건에 맞는 데이터만 가져오려고 한다면, '직위'를 선택할 수 있도록 구성해 놓는 것이 좋습니다. 엑셀에서 이런 작업을 할 때 가장 손쉬운 방법 중 하나가 바로 유효성 검사의 목록 기능을 이용하는 것입니다.

예제 중에서 '(ADO) SELECT문.xlsm' 파일을 열어 B3셀의 아래 화살표 단추를 클릭하면 직위를 선택할 수 있습니다.

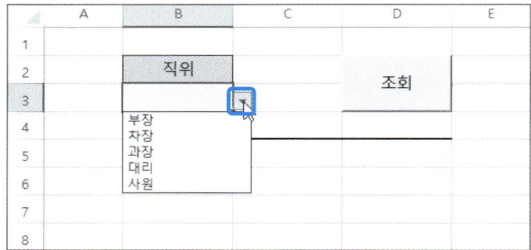

B3셀에서 원하는 직위를 선택하고 오른쪽의 〈조회〉 버튼을 클릭하면 해당 직위의 데이터만 액세스의 '직원' 테이블에서 가져오도록 하겠습니다. 다음과 같이 매크로를 구성합니다.

```
Sub 데이터조회()

'1단계 : 필요한 변수를 선언합니다.
    Dim 연결 As New ADODB.Connection
    Dim 레코드셋 As New ADODB.Recordset
    Dim OLEDB As String
    Dim 경로 As String
    Dim DB As String
    Dim SQL As String            ───────────①
    Dim 직위 As String            ───────────②
    Dim 반환위치 As Range

'2단계 : 변수의 초기 값을 저장합니다.
    경로 = ThisWorkbook.Path & "\"
    DB = "dbSample.accdb"

    직위 = Range("B3").Value      ───────────③

'3단계 : 기존에 가져온 데이터가 있으면 삭제합니다.
    Set 반환위치 = Range("B5")

    If Len(반환위치.Value) > 0 Then

        반환위치.CurrentRegion.Delete Shift:=xlUp
        Set 반환위치 = Range("B5")

    End If

'4단계 : 액세스 데이터베이스에 연결합니다.
    OLEDB = "Provider=Microsoft.Ace.OLEDB.12.0;" & _
            "Data Source='" & 경로 & DB & "';" & _
            "User Id=admin;Password=;"

    연결.Open OLEDB

'5단계 : 직위를 선택했으면, 해당 직위에 맞는 데이터를 레코드셋으로 열고 데이터를 가져옵니다.
    If Len(직위) > 0 Then         ───────────④

        SQL = SQL & "SELECT 사번, 이름, 입사일 "
        SQL = SQL & "FROM 직원 "
        SQL = SQL & "WHERE 직위 = '" & 직위 & "'"   ───────────⑤

        레코드셋.Open Source:=SQL, _
                    ActiveConnection:=연결, _
                    CursorType:=adOpenStatic    ───────────⑥

        If 레코드셋.RecordCount > 0 Then   ───────────⑦
```

```
            With ActiveSheet.QueryTables.Add(Connection:=레코드셋, _
                                            Destination:=반환위치)        ────⑧
                .AdjustColumnWidth = False           ────⑨
                .Refresh BackgroundQuery:=True       ────⑩

                With .ResultRange

                    .BorderAround LineStyle:=xlContinuous
                    .HorizontalAlignment = xlCenter

                    With .Rows(1).Interior
                        .ThemeColor = xlThemeColorDark1
                        .TintAndShade = -0.15
                    End With

                End With

            End With

        Else          ────⑪

            MsgBox "가져올 데이터가 없습니다."

        End If

        레코드셋.Close

    End If

'6단계 : 데이터베이스 연결을 끊습니다.
    연결.Close

End Sub
```

❶ String 형식의 SQL 변수를 선언합니다.

❷ String 형식의 '직위' 변수를 선언합니다.

❸ '직위' 변수에 B3셀의 값을 저장합니다. B3셀에서 선택한 직위 조건만 필요하므로, String 형식으로 선언하고 값만 저장합니다.

❹ Len 함수를 사용해 '직위' 변수에 저장된 값이 있는 경우(B3셀에서 직위를 선택한 경우)에만 데이터베이스의 데이터를 조회하도록 구성합니다.

❺ SQL 변수에 데이터를 추출할 SQL 문을 저장합니다. 여기서 사용된 SQL 문은 앞에서 설명한 SQL 쿼과 동일하며, 다단 SQL 변수에 넣기 위해 한 줄 뒤에 각각 공백 문자를 넣었다는 점과 '직위' 변수에 저장된 값을 사용해 조건을 지정하는 것이 다릅니다. 코드는 보기 좋도록 세 줄에 나눠 입력했지만, 다음과 같이 한 줄로 입력해도 됩니다.

```
SQL = "SELECT 사번, 이름, 입사일 FROM 직원 WHERE 직위 = '" & 직위 & "'"
```

❻ '레코드셋' 개체변수에 할당된 Recordset 개체의 Open 메서드를 이용해 데이터를 가져올 테이블에 연결하는데, Source 매개변수에 SQL 변수에 저장된 SQL 문을 전달해 처리합니다.

❼ '레코드셋' 개체변수에 할당된 Recordset 개체의 데이터 수를 세기 위해 RecordCount 속성 값을 확인해 데이터가 존재할 경우에만 데이터를 가져오는 작업을 진행합니다.

❽ 쿼리 테이블을 '반환위치' 개체변수에 할당된 위치에 '레코드셋' 개체변수에 할당된 Recordset 개체에 연결해 추가합니다.

❾ 추가된 쿼리 테이블의 열 너비 조정 옵션을 해제합니다. 이렇게 하면 데이터를 가져올 때마다 열 너비가 자동으로 조정되지 않아 워크시트의 열 너비가 그대로 유지됩니다.

❿ 쿼리 테이블의 데이터를 새로 고쳐 데이터를 가져옵니다. BackgroundQuery 매개변수의 값을 True로 설정해, 쿼리를 데이터베이스에 전송하고 바로 프로시저에 제어권을 넘기도록 설정합니다.

⓫ ❼의 판단이 False면 데이터가 존재하지 않는 것이므로 안내 메시지 창을 띄웁니다.

TIP 이 매크로는 예제의 〈조회〉 버튼에 연결되어 있습니다.

TIP 이 매크로에서 설명되지 않은 부분은 SECTION 349, 350의 매크로를 참고합니다.

개발된 매크로가 제대로 동작하는지 확인하기 위해, B3셀에서 원하는 직위를 선택하고 〈조회〉 버튼을 클릭하면 다음과 같은 결과를 얻을 수 있습니다.

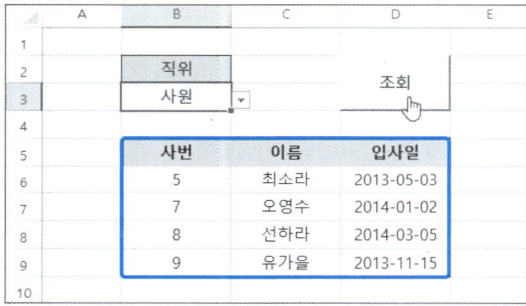

외부 데이터를 엑셀 표로 가져오기 355

외부 데이터를 쿼리 테이블로 가져오면 나중에 표 서식을 일일이 지정해야 합니다. 그러므로 깔끔한 표 서식을 원한다면 쿼리 테이블을 엑셀 표로 변환해 작업하는 것이 좋습니다. 쿼리 테이블을 이용해 외부 데이터를 가져올 때는 연결 → 레코드셋 → 쿼리 테이블과 같은 단계를 거치지 않고 OLEDB 연결을 이용해 바로 쿼리 테이블에 외부 데이터를 넣을 수 있습니다. 다만 레코드셋을 이용하지 않으면 데이터 형식이 제외된 값만 가져오므로, 데이터 형식을 별도로 지정해야 합니다. 이번에는 외부 데이터를 가져올 때 엑셀 표로 데이터가 반환되는 매크로를 개발하는 방법에 대해 알아보겠습니다.

예제 파일 PART 05 \ (ADO) 엑셀 표.xlsm, dbSample.accdb

예제 중에서 '(ADO) 엑셀 표.xlsm' 파일을 열면 다음 화면과 같은 표를 확인할 수 있습니다. B3셀에 적용된 유효성 검사의 목록에서 선택된 직위에 해당하는 데이터를 가져오도록 구성되어 있습니다.

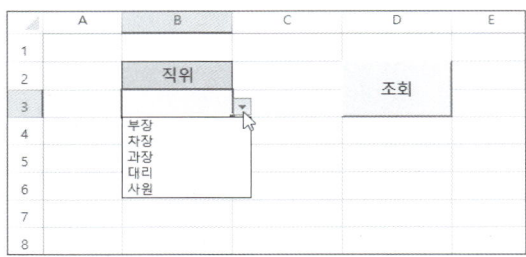

액세스 데이터를 가져오는 작업 자체는 이전과 동일하지만, 이번에는 쿼리 테이블에 데이터를 가져온 다음, 엑셀 표로 변환하는 작업을 처리합니다. 다음과 같은 매크로를 사용합니다.

```
Sub 엑셀표로가져오기()

    '1단계 : 필요한 변수를 선언합니다.
    Dim 엑셀표 As ListObject           ──①
    Dim OLEDB As String                ──②
    Dim 경로 As String                 ──③
    Dim DB As String                   ──④
    Dim SQL As String                  ──⑤
    Dim 직위 As String                 ──⑥
    Dim 반환위치 As Range               ──⑦

    '2단계 : 변수의 초기 값을 저장합니다.
    경로 = ThisWorkbook.Path & "\"     ──⑧
    DB = "dbSample.accdb"              ──⑨

    직위 = Range("B3").Value           ──⑩
```

```
'3단계 : 기존에 가져온 데이터를 갖고 있는 엑셀 표는 삭제합니다.
    On Error Resume Next                    ⓫

        ActiveSheet.ListObjects("직원").Delete        ⓬
        Set 반환위치 = Range("B5")            ⓭

    On Error GoTo 0              ⓮

'4단계 : 직위가 선택되었다면 엑셀 표를 추가하고, 엑셀 표에 데이터를 가져옵니다.
    If Len(직위) > 0 Then                ⓯

        OLEDB = "OLEDB;Provider=Microsoft.Ace.OLEDB.12.0;" & _
                "Data Source='" & 경로 & DB & "';" & _
                "User Id=admin;Password=;"           ⓰

        Set 엑셀표 = ActiveSheet.ListObjects.Add(SourceType:=xlSrcExternal, _
                                                Source:=OLEDB, _
                                                Destination:=반환위치)        ⓱

        SQL = SQL & "SELECT 사번, 이름, 입사일 "
        SQL = SQL & "FROM 직원 "
        SQL = SQL & "WHERE 직위 = '" & 직위 & "'"        ⓲

        With 엑셀표              ⓳

            With .QueryTable          ⓴

                .CommandType = xlCmdSql       ㉑
                .CommandText = SQL            ㉒
                .Refresh          ㉓

            End With

'5단계 : 엑셀 표의 이름과 데이터 형식에 맞는 서식을 적용합니다.
            .Name = "직원"            ㉔
            .ListColumns(3).Range.NumberFormat = "yyyy-mm-dd"         ㉕

            With .Range           ㉖
                .Columns.ColumnWidth = "11.88"
                .Rows.RowHeight = "19.5"
            End With

        End With

    End If

End Sub
```

❶ ListObject 형식의 '엑셀표' 개체변수를 선언합니다.

❷ String 형식의 OLEDB 변수를 선언합니다.

❸ String 형식의 '경로' 변수를 선언합니다.

❹ String 형식의 DB 변수를 선언합니다.

❺ String 형식의 SQL 변수를 선언합니다.

❻ String 형식의 '직위' 변수를 선언합니다.

❼ Range 형식의 '반환위치' 개체변수를 선언합니다.

❽ '경로' 변수에 현재 파일의 경로와 경로 구분 문자(\)를 연결해 저장합니다.

❾ DB 변수에 데이터를 가져올 액세스 데이터베이스 파일 이름을 저장합니다.

❿ '직위' 개체변수에 B3셀의 선택 값을 저장합니다.

⓫ ⓬에서 에러가 발생해도 코드 실행을 중단하지 않도록 On Error 문을 설정합니다.

⓬ 현재 시트의 엑셀 표 중 이름이 '직원'인 표를 삭제합니다. 이전에 가져온 데이터를 삭제하기 위한 작업입니다.

⓭ '반환위치' 개체변수에 B5셀을 할당합니다. 이 위치로 액세스 데이터를 가져옵니다.

⓮ ⓫의 On Error 문 설정을 취소합니다.

⓯ '직위' 변수에 저장된 값이 있는 경우에만 데이터를 가져오는 작업을 ⓰–㉖의 코드를 실행해 처리합니다.

⓰ OLEDB 변수에 액세스 파일에 연결할 때 사용하는 OLEDB 연결 문자열을 저장합니다.

⓱ 현재 시트에 새 엑셀 표를 추가하고 '엑셀표' 개체변수에 할당합니다. 엑셀 표를 추가할 때 사용하는 ListObjects 컬렉션 Add 메서드의 매개변수에 대한 설명은 아래 표를 참고합니다.

매개변수	설명			
SourceType	데이터 원본 종류로, 다음 두 개의 내장 상수를 주로 사용합니다.			
		내장 상수	값	설명
		xlSrcExternal	0	외부 데이터 원본
		xlSrcRange	1	범위
Source	데이터 원본을 가리키며, SourceType 매개변수의 값이 xlSrcRange면 Source는 워크시트 내 데이터 범위가 되며, xlSrcExternal이면 외부 데이터 연결 문자열을 사용합니다.			
Destination	엑셀 표를 생성할 표 왼쪽 상단 첫 번째 셀 위치입니다.			

⓲ SQL 변수에 액세스 데이터에서 가져올 데이터를 조회할 SQL 문을 저장합니다.

⓳ '엑셀표' 개체변수에 할당된 엑셀 표를 대상으로 작업하기 위해 With 문을 사용합니다.

⓴ 엑셀 표의 QueryTable 개체 설정을 위해 With 문을 사용합니다.

㉑ QueryTable 개체의 데이터를 가져오기 위한 명령 형식을 xlCmdSql 내장 상수로 설정해 SQL 문을 사용해 데이터를 가져오도록 합니다. CommandType에는 다음과 같은 내장 상수를 사용할 수 있습니다.

내장 상수	값	설명
xlCmdSql	2	SQL 문을 사용해 데이터를 가져옵니다.
xlCmdTable	3	테이블이나 쿼리 결과를 모두 가져옵니다.

㉒ QueryTable 개체의 명령어를 CommandText 속성에 SQL 변수의 값을 전달해 처리합니다.

㉓ QueryTable 개체의 Refresh 메서드를 이용해 연결된 조건에 맞는 데이터를 엑셀로 가져옵니다.

㉔ 엑셀 표 이름을 '직원'으로 설정합니다. 이 작업은 ⑫와 연관이 있으므로, 고치려면 두 줄의 이름을 모두 수정해야 합니다.

㉕ 엑셀 표의 세 번째 열은 '입사일'인데, 쿼리 테이블로 데이터를 가져오면 값만 가져와지므로 날짜 서식을 따로 지정하지 않으면 38642와 같은 날짜 일련번호 값이 셀에 표시됩니다. 그러므로 날짜 서식으로 변경하는 작업을 진행합니다.

㉖ 엑셀 표 범위의 열과 행 높이를 각각 설정합니다.

> **TIP** 이 매크로는 예제의 〈조회〉 버튼에 연결되어 있습니다.

> **TIP** 이 매크로에서 설명되지 않은 부분은 SECTION 350, 354의 매크로를 참고합니다.

개발된 매크로가 정상적으로 동작하는지 확인하기 위해 B3셀의 직위를 선택하고 〈조회〉 버튼을 클릭하면, 다음과 같이 액세스 데이터가 엑셀 표로 가져와집니다.

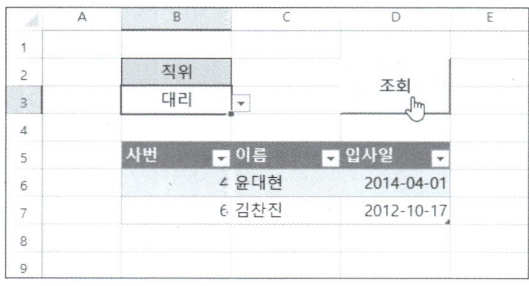

조건에 맞는 데이터만 쉼표(,)로 연결해 반환 받기

356

데이터를 가져오는 기존의 방법은 모두 엑셀의 쿼리 테이블을 이용하므로 항상 리스트 형식의 표로만 데이터가 표시됩니다. 이렇게 리스트 형식으로 가져오고 싶지 않다면, 레코드셋을 순환하면서 데이터를 가공한 다음 원하는 위치에 넣는 것도 가능합니다. 이번에는 레코드셋을 순환하면서 작업하는 방법에 대해 설명합니다.

예제 파일 PART 05 \ (ADO) 한 셀.xlsm, dbSample.accdbx

예제 파일을 열면 다음과 같은 화면을 확인할 수 있습니다. B3셀에서 선택한 직위에 해당하는 직원 이름을 B6:E7 병합 셀에 쉼표(,) 구분 문자로 연결해 반환하도록 해 보겠습니다.

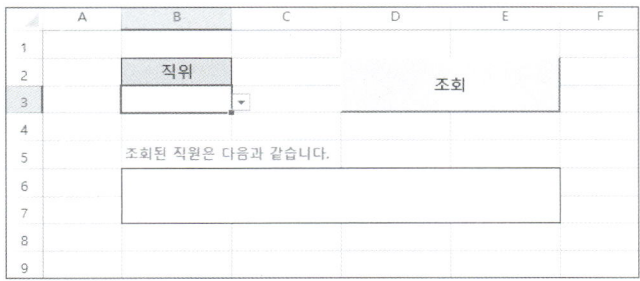

데이터베이스에서 조회된 데이터를 그대로 반환하지 않고 원하는 방식으로 편집해 반환하려면 Recordset 개체의 필드를 순환하면서 작업할 필요가 있습니다. 다음과 같은 매크로를 사용합니다.

```
Sub 한셀에반환()

'1단계 : 필요한 변수를 선언합니다.
    Dim 연결 As New ADODB.Connection
    Dim 레코드셋 As New ADODB.Recordset
    Dim OLEDB As String
    Dim 경로 As String
    Dim DB As String
    Dim SQL As String
    Dim 직위 As String
    Dim 반환위치 As Range              ———————①
    Dim 직원명단 As String             ———————②

'2단계 : 변수의 초기 값을 저장합니다.
    경로 = ThisWorkbook.Path & "\"
    DB = "dbSample.accdb"

'3단계 : 기존에 반환 값이 있다면 지웁니다.
```

```
        Set 반환위치 = Range("B6").MergeArea          ③

        반환위치.ClearContents          ④

'4단계 : 직위가 선택되었다면 데이터베이스에 연결하고, 조건에 맞는 레코드셋을 생성합니다.
        직위 = Range("B3").Value

    If Len(직위) > 0 Then

        OLEDB = "Provider=Microsoft.Ace.OLEDB.12.0;" & _
                "Data Source='" & 경로 & DB & "';" & _
                "User Id=admin;Password=;"

        연결.Open OLEDB

        SQL = SQL & "SELECT 이름 "
        SQL = SQL & "FROM 직원 "
        SQL = SQL & "WHERE 직위 = '" & 직위 & "'"

        레코드셋.Open Source:=SQL, _
                    ActiveConnection:=연결, _
                    CursorType:=adOpenStatic

'5단계 : 해당 직위의 직원이 존재하면 이름을 하나로 연결해 반환합니다.
        If 레코드셋.RecordCount > 0 Then

            Do Until 레코드셋.EOF          ⑤

                If Len(직원명단) > 0 Then 직원명단 = 직원명단 & ", "          ⑥

                직원명단 = 직원명단 & 레코드셋.Fields("이름")          ⑦
                레코드셋.MoveNext          ⑧

            Loop

            반환위치.Value = 직원명단          ⑨

        Else

            MsgBox "가져올 데이터가 없습니다."

        End If

        레코드셋.Close

    End If

    연결.Close

End Sub
```

❶ Range 형식의 '반환위치' 개체변수를 선언합니다.

❷ String 형식의 '직원명단' 변수를 선언합니다.

❸ '반환위치' 개체변수에 B6셀이 포함된 병합된 셀 범위를 할당합니다.

❹ '반환위치' 개체변수에 할당된 병합 셀의 값을 지웁니다.

❺ Do … Loop 순환문을 사용해 '레코드셋' 개체변수에 할당된 Recordset 개체의 마지막까지 순환합니다.

❻ '직원명단' 변수에 저장된 값이 있으면 '직원명단' 변수의 값에 쉼표(,)를 연결합니다.

❼ '직원명단' 변수의 값과 '레코드셋' 개체변수에 할당된 Recordset 개체의 필드 중 '이름' 필드의 값을 연결한 다음 '직원명단' 변수에 저장합니다.

❽ '레코드셋' 개체변수에 할당된 Recordset 개체의 MoveNext 메서드를 이용해 다음 행으로 이동합니다.

❾ '반환위치' 개체변수에 할당된 병합 셀에 '직원명단' 변수의 값을 저장합니다.

> **TIP** 이 매크로는 예제의 〈조회〉 버튼에 연결되어 있습니다.

> **TIP** 이 매크로는 SECTION 354(1250쪽)의 매크로와 유사하며, 설명되지 않은 코드는 앞의 매크로를 참고합니다.

개발된 매크로는 〈조회〉 버튼에 연결되어 있습니다. 원하는 직위를 선택하고 〈조회〉 버튼을 클릭하면 다음과 같은 결과를 확인할 수 있습니다.

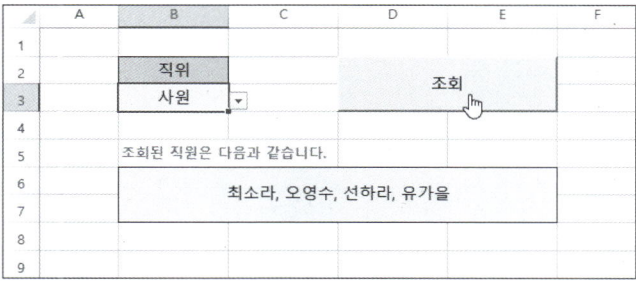

SQL 문으로 데이터를 요약해 가져오기

357

SQL 언어 중 SELECT 문은 데이터를 조회하는 데 주로 사용하지만, 데이터를 요약(집계)할 수도 있습니다. SELECT 문에 GROUP BY와 HAVING 절의 문법을 사용해 데이터를 요약할 수 있으며, 요약할 때 사용하는 SUM, COUNT, AVG와 같은 집계 함수도 제공됩니다. 데이터를 요약해 가져오면 가져올 데이터의 개수를 줄일 수 있고 엑셀에서 별도의 집계 작업을 하지 않아도 되므로, 간단한 집계 작업이라면 SELECT 문의 데이터 요약 방법을 사용하는 것이 편리합니다. 이번에는 SELECT 문을 사용해 데이터를 요약해 가져오는 방법에 대해 알아보겠습니다.

예제 파일 PART 05 \ (ADO) GROUP BY.xlsm, dbSample.accdb

SELECT 문의 구성

SELECT 문의 GROUP BY 절과 HAVING 절은 WHERE 절 아래에 다음과 같이 구성하면 됩니다.

```
SELECT 필드, 함수(필드) As 별명          ①
FROM 테이블
WHERE 조건식                            ②
GROUP BY 필드                           ③
HAVING 조건식                           ④
```

① SELECT : 표시할 테이블 필드로, 다음 두 가지 방식으로 구성됩니다.

구분	설명
필드	GROUP BY 절에서 사용한 기준 필드로, GROUP BY 절에서 사용하지 않은 필드는 SELECT 문에서 사용할 수 없습니다.
함수(필드)	요약할 필드로, 함수를 사용해 집계할 수 있습니다. 이렇게 집계된 필드의 머리글은 **Expr1004**와 같은 필드 이름을 사용하므로 As 절을 사용해 원하는 별명으로 필드 이름을 적용할 수 있습니다. 참고로 SELECT 문에서 사용할 수 있는 집계 함수는 다음과 같습니다. | 내장 상수	설명 | | --- | --- | | SUM | 합계 | | AVG | 평균 | | COUNT | 건수 | | MAX | 최대 | | MIN | 최소 |

② WHERE : 테이블에 적용할 필터 조건입니다.

❸ GROUP BY : 집계할 기준 필드로, 예를 들어 직위별로 집계를 하려면 '직위' 필드가 기준 필드이며 여러 개의 필드를 쉼표(,)로 구분해 사용할 수 있습니다.

❹ HAVING : 집계된 표에 적용할 필터 조건입니다.

데이터 요약 사례

예제 파일 중에서 엑셀 파일을 열면 화면과 같은 표를 확인할 수 있습니다. B3:F6 병합 셀에 원하는 SQL 문을 구성한 다음 〈실행〉 버튼을 클릭하면 I2셀에 해당 결과가 반환되도록 구성되어 있습니다.

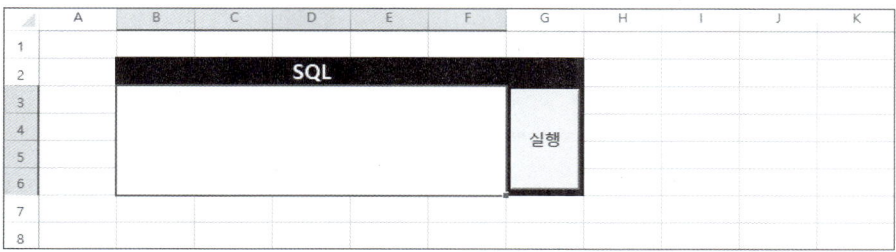

TIP 〈실행〉 버튼에 연결된 매크로는 SECTION 354(1250쪽)와 동일하며, SQL 문의 B3:F6 병합 셀에 읽어 오는 부분만 차이가 있으니 매크로에 대한 설명은 해당 단원을 참고합니다.

Group By 절에 사용된 필드는 고유한 항목으로 묶이게 됩니다. Group By 절의 사용 방법을 이해하기 위해, 다음과 같은 SQL 문을 B3:F6 병합 셀에 입력하고 〈실행〉 버튼을 클릭합니다.

```
SELECT 직위
FROM 직원
GROUP BY 직위
```

Group By 절에 직위 필드를 입력했으면, Select 문에도 직위 필드를 입력해야 반환된 데이터에서 직위 필드의 내용을 확인할 수 있습니다. 다만 Group By 절에서 직위 필드를 묶긴 했지만 별도의 집계 작업은 하지 않았으므로, 다음과 같이 중복되지 않은 직위 필드의 내용을 I2:I6 범위에서 확인할 수 있습니다.

TIP B3:F6 병합 셀에 SQL을 입력할 때 줄 바꿈은 Alt + Enter 키를 눌러 진행합니다.

Group By 절을 사용해 묶은 필드를 이용해 집계하려면 Select 문에 SUM(필드)과 같은 함수를 사용해 원하는 필드를 요약하면 됩니다. 요약된 필드 이름은 As 키워드를 사용해 원하는 이름으로 설정합니다.

```
SELECT 직위, COUNT(사번) As 직원수
FROM 직원
GROUP BY 직위
```

위 SQL 문을 B3:F6 병합 셀에 입력하고 〈실행〉 버튼을 클릭하면, I2:J6 범위에 해당 결과를 확인할 수 있습니다.

직위	직원수
과장	2
대리	2
부장	1
사원	4

Group By 절을 사용할 때 함께 사용할 수 있는 Having 절에는 조건을 지정할 수 있습니다. 그런데 Select 문의 Where 절과의 차이점을 이해하기가 쉽지만은 않을 것입니다. Where 절은 테이블에 적용될 필터 조건으로 원본 데이터의 수를 제한합니다. 그와 달리 Having 절은 Group By 절로 요약된 데이터에 적용될 필터 조건으로 요약된 결과를 제한할 수 있습니다.

예를 들어, 전체 직원 테이블의 사원 데이터만을 대상으로 인원을 세는 작업을 SQL로 구성하면 다음과 같습니다.

```
SELECT 직위, COUNT(사번) As 직원수
FROM 직원
WHERE 직위 = "사원"
GROUP BY 직위
```

위 SQL 문은 전체 테이블에서 사원 데이터 네 개 행만 추출한 다음, 집계 작업을 진행합니다. B3:F6 병합 셀에 입력하고 〈실행〉 버튼을 클릭하면 다음과 같은 결과를 확인할 수 있습니다.

직위	직원수
사원	4

Having 절을 이용해 동일한 결과를 돌려받으려면 SQL 문을 다음과 같이 구성할 수 있습니다.

```
SELECT 직위, COUNT(사번) As 직원수
FROM 직원
GROUP BY 직위
HAVING 직위 = "사원"
```

위 SQL 문을 B3:F6 병합 셀에 입력하고 〈실행〉 버튼을 클릭하면 이전과 동일한 결과를 돌려받을 수 있습니다. 하지만 이 SQL 문은 전체 아홉 건의 데이터를 요약한 다음 사원 데이터만 화면에 표시하는 차이가 있습니다. 그러므로 이 경우에는 원본 테이블에서 집계할 데이터를 제한하는 것이 더 효율적입니다.

그와 달리 요약된 데이터에서 직원 수가 두 명 이상인 경우의 결과만 반환받으려면 SQL을 다음과 같이 구성해야 합니다.

```
SELECT 직위, COUNT(사번) As 직원수
FROM 직원
GROUP BY 직위
HAVING COUNT(사번) > 1
```

위 SQL 문을 B3:F6 병합 셀에 입력하고 〈실행〉 버튼을 클릭하면 다음과 같은 결과를 확인할 수 있습니다.

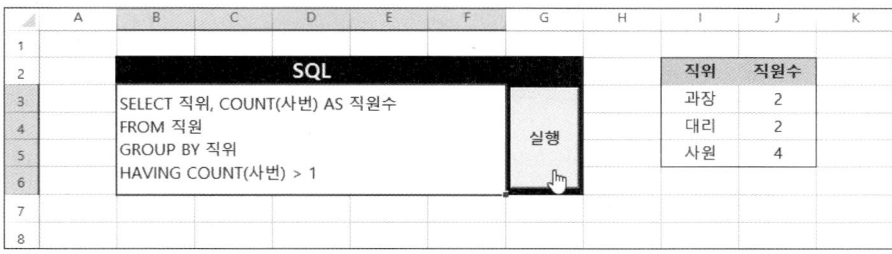

액세스 데이터베이스를 연결해 피벗 테이블로 바로 분석하기 358

ADO로 연결된 데이터를 워크시트에 반환하지 않고 피벗 테이블에 연결해 바로 데이터를 요약할 수 있습니다. ADO를 이용해 외부 데이터를 연결하는 방법은 이전과 동일하지만, 피벗 테이블을 만들려면 PivotCache 개체에 Recordset 개체를 연결한 다음 피벗 테이블 보고서를 생성해야 합니다. 이후에 피벗 테이블 보고서를 구성하는 방법은 앞에서 설명한 피벗 테이블 조작 방법과 동일합니다. 이번에는 액세스 데이터베이스의 테이블을 바로 피벗에 연결해 피벗 테이블 보고서를 구성하는 방법에 대해 알아보겠습니다.

예제 파일 PART 05 \ 〈ADO⊃피벗 테이블.xlsm, dbSample.accdb〉

예제 파일을 열면 화면과 같은 구성을 확인할 수 있습니다.

〈만들기〉 버튼을 클릭했을 때, 'dbSample.accdb' 데이터베이스의 '직원' 테이블에 바로 연결해 직위별 직원 수를 세는 피벗 테이블 보고서를 생성해야 한다면 다음과 같은 매크로를 사용합니다.

```
Sub 피벗만들기()

'1단계 : 필요한 변수를 선언합니다.
    Dim 연결 As New ADODB.Connection
    Dim 레코드셋 As New ADODB.Recordset
    Dim OLEDB As String
    Dim 경로 As String
    Dim DB As String
    Dim 피벗캐시 As PivotCache          ❶
    Dim 피벗테이블 As PivotTable        ❷

'2단계 : 변수의 초기 값을 저장합니다.
    경로 = ThisWorkbook.Path & "\"
    DB = "dbSample.accdb"

'3단계 : 기존에 생성된 피벗 테이블 보고서는 삭제합니다.
    On Error Resume Next               ❸
```

```
            ActiveSheet.PivotTables(1).TableRange2.Delete Shift:=xlUp          ④

    On Error GoTo 0                   ⑤

'4단계 : 데이터베이스에 연결하고 직원 테이블을 레코드셋으로 생성합니다.
    OLEDB = "Provider=Microsoft.Ace.OLEDB.12.0;" & _
            "Data Source='" & 경로 & DB & "';" & _
            "User Id=admin;Password=;"

    연결.Open OLEDB
    레코드셋.Open Source:="직원", _
                ActiveConnection:=연결, _
                CursorType:=adOpenStatic, _
                LockType:=adLockReadOnly, _
                Options:=adCmdTable

'5단계 : 데이터가 존재하면 피벗 테이블 보고서를 생성합니다.
    If 레코드셋.RecordCount > 0 Then

        Set 피벗캐시 = ThisWorkbook.PivotCaches.Create(SourceType:=xlExternal)    ⑥
        Set 피벗캐시.Recordset = 레코드셋                    ⑦
        Set 피벗테이블 = 피벗캐시.CreatePivotTable(TableDestination:=Range("B3"))  ⑧

        With 피벗테이블             ⑨

            .AddFields RowFields:="직위"           ⑩
            .AddDataField Field:=.PivotFields("사번"), _
                    Caption:="직원 수", _
                    Function:=xlCount             ⑪
        End With

    End If

'6단계 : 레코드셋을 닫고, 데이터베이스와의 연결을 끊습니다.
    레코드셋.Close
    연결.Close

End Sub
```

❶ PivotCache 형식의 '피벗캐시' 개체변수를 선언합니다.

❷ PivotTable 형식의 '피벗테이블' 개체변수를 선언합니다.

❸ ❹에서 에러가 발생해도 매크로를 중단하지 않도록 On Error 문을 설정합니다.

❹ 현재 시트 첫 번째 피벗 테이블의 보고서 범위를 삭제합니다. 이 작업은 이전에 생성된 피벗 테이블 보고서를 삭제하는 역할을 합니다.

❺ ❸의 On Error 문 설정을 취소합니다.

❻ '피벗캐시' 개체변수에 현재 파일의 새로운 피벗 캐시를 생성해 할당합니다. 생성된 피벗 캐시는 Create 메서드의 SourceType 매개변수에 xlExternal 내장 상수를 사용해 외부 데이터를 사용하도록 설정합니다.

❼ '피벗캐시' 개체변수에 할당된 PivotCache 개체의 Recordset 속성에 '레코드셋' 개체변수에 할당된 Recordset 개체를 전달해 피벗 캐시의 원본 데이터를 연결된 외부 데이터의 '직원' 테이블을 사용하도록 합니다.

❽ '피벗캐시' 개체변수에 할당된 PivotCache 개체의 CreatePivotTable 메서드를 이용해 새 피벗 테이블을 B3셀 위치에 삽입한 다음, 피벗테이블' 개체변수에 할당합니다.

❾ '피벗테이블' 개체변수에 할당된 피벗 테이블 보고서를 구성하기 위해 With 문을 사용합니다.

❿ '행' 영역에 '직위' 필드를 삽입합니다.

⓫ 값 영역에 '사번' 필드를 삽입하고, 필드 이름은 '직원 수'로, 집계 방법은 개수를 세도록 변경합니다.

TIP 이 매크로는 예제의 〈만들기〉 버튼에 연결되어 있습니다.

TIP 이 매크로에서 설명되지 않은 부분은 SECTION 350, 354의 매크로를 참고합니다.

개발된 매크로가 정상적으로 동작하는지 확인하기 위해 〈만들기〉 버튼을 클릭합니다. B3셀 위치에 피벗 테이블 보고서가 생성됩니다.

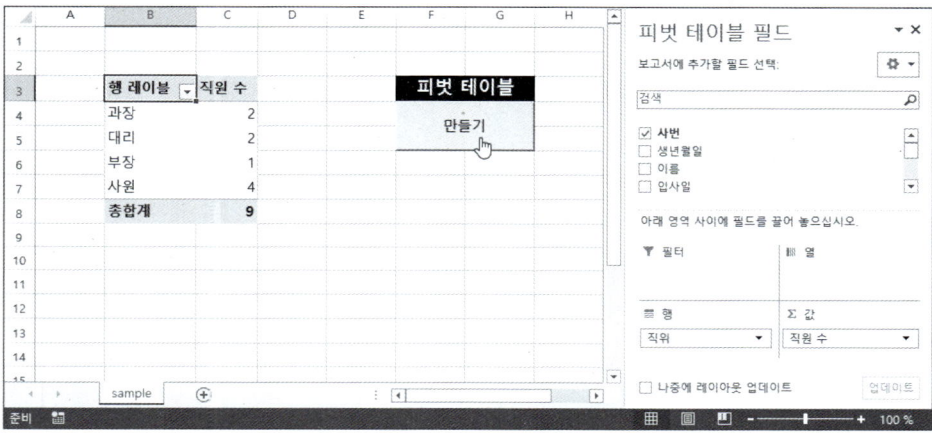

SQL로 다른 엑셀 파일의 데이터 수정하기

359

ADO로 연결된 데이터는 바로 수정할 수 있습니다. SQL의 Update 문을 사용할 수도 있고, Recordset 개체를 이용해 원하는 필드의 데이터를 직접 수정할 수도 있습니다. 이런 방법은 매우 편리하지만, 데이터를 고치면 이전으로 복원할 수 없기 때문에 신중해야 합니다. 특히 SQL을 사용할 경우 구문을 잘못 구성하면 의도하지 않은 데이터가 수정되어 버립니다. 그러므로 이 작업을 위해서는 구문에 대한 이해도를 높이거나, SELECT 문의 결과를 확인한 다음 데이터를 수정할 수 있도록 할 필요가 있습니다.

예제 파일 PART 05 \ (ADO) UPDATE문.xlsm, dbSample1.xlsx

UPDATE 문 이해하기

UPDATE 문은 SQL에서 데이터를 수정할 때 사용할 수 있는 명령으로, 문법 구성은 간단하지만 뛰어난 처리 결과를 얻을 수 있습니다. UPDATE 문은 엑셀의 '바꾸기' 기능에 조건이 추가되어 조건에 맞는 데이터를 한 번에 수정할 수 있다고 생각하면 이해하기 쉽습니다. 구문은 다음과 같습니다.

❶ UPDATE : 데이터를 수정할 테이블 이름을 입력합니다.

❷ SET : 데이터를 수정할 필드와 수정할 값을 입력합니다.

❸ WHERE : 테이블의 필터 조건을 설정하며, UPDATE 문에서 사용하면 고칠 데이터를 추출하는 필터 조건입니다. 전체 데이터를 수정하려면 WHERE 절은 생략할 수 있습니다.

UPDATE 문을 사용한 외부 데이터 수정

UPDATE 문을 사용해 데이터를 수정하기 위해 예제 파일 중에서 'dbSample1.xlsx' 파일을 열어 데이터를 확인합니다. 파일을 열면 다음과 같은 직원 데이터를 확인할 수 있습니다.

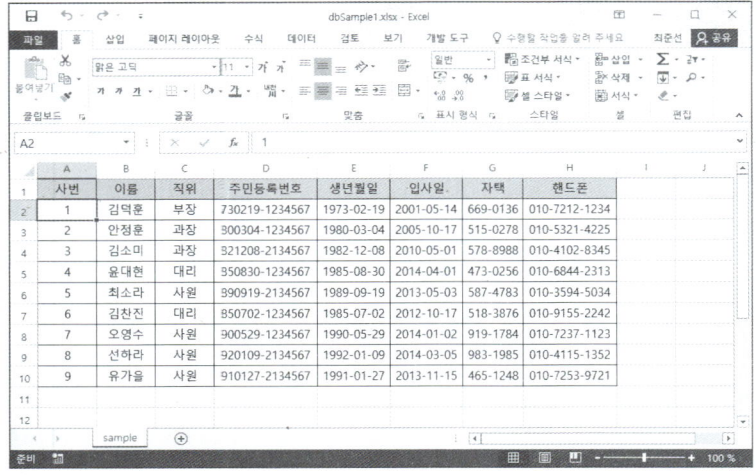

직원 중에서 사원 몇 명을 주임으로 승진시키는데, 승진 대상자는 2014년 1월 1일 이전 입사자로 제한합니다. 이런 경우를 UPDATE 문을 사용하는 SQL로 처리하려면 다음과 같이 구성할 수 있습니다.

```
UPDATE [sample$]
SET 직위 = "주임"
WHERE 직위 = "사원" AND 입사일 < #2014-01-01#
```

확인된 UPDATE 문을 사용해 데이터를 직접 수정합니다. 'dbSample1.xlsx' 파일은 닫고, '(ADO) UPDATE문.xlsx' 파일을 엽니다.

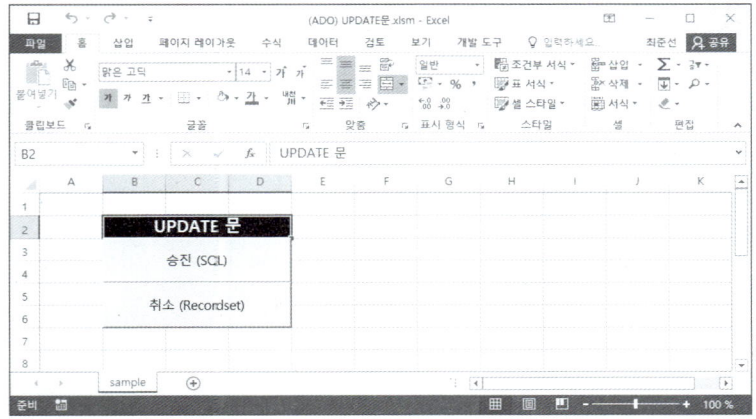

SQL을 이용해 'dbSample1.xlsx' 파일의 직원을 승진시키는 매크로는 다음과 같습니다.

```
Sub 승진처리()

'1단계 : 필요한 변수를 선언합니다.
    Dim 연결 As New ADODB.Connection
    Dim OLEDB As String
```

```
    Dim 경로 As String
    Dim DB As String
    Dim SQL As String

'2단계 : 변수의 초기 값을 저장합니다.
    경로 = ThisWorkbook.Path & "\"
    DB = "dbSample1.xlsx"                           ❶

'3단계 : 데이터를 수정할 엑셀 파일에 연결합니다.
    OLEDB = "Provider=Microsoft.Ace.OLEDB.12.0;" & _
            "Data Source='" & 경로 & DB & "';" & _
            "Extended Properties=""Excel 12.0 Xml;HDR=YES"";"    ❷

    연결.Open OLEDB

'4단계 : 연결된 엑셀 파일에 사용할 Update 문을 구성하고 실행합니다.
    SQL = SQL & "UPDATE [sample$] "
    SQL = SQL & "SET 직위 = '주임' "
    SQL = SQL & "WHERE 직위 = '사원' AND 입사일 < #" & DateSerial(2014, 1, 1) & "#"   ❸

    연결.Execute CommandText:=SQL          ❹

'5단계 : 외부 데이터 연결을 끊습니다.
    연결.Close

End Sub
```

❶ DB 변수에 데이터를 수정할 엑셀 파일 이름(dbSample1.xlsx)을 저장합니다.

❷ OLEDB 변수에 XLSX 형식의 엑셀 파일에 연결할 수 있는 연결 문자열을 저장합니다.

❸ SQL 변수에 데이터를 수정할 UPDATE 문을 사용하는 SQL을 저장합니다.

❹ '연결' 개체변수에 할당한 Connection 개체의 Execute 메서드를 이용해 SQL 변수에 저장된 SQL 문을 실행합니다.

TIP ο 매크로는 예제의 〈승진 (SQL)〉 버튼에 연결되어 있습니다.

TIP ο 매크로에서 설명되지 않은 부분은 SECTION 349(1232쪽)의 매크로를 참고합니다.

매크로가 제대로 동작하는지 확인하기 위해 〈승진 (SQL)〉 버튼을 클릭한 다음 다시 'dbSample1.xlsx' 파일을 열어 보면, 6행과 10행의 직원이 '사원'에서 '주임'으로 승진된 것을 확인할 수 있습니다. 두 직원은 모두 2014-1-1 이전 입사자입니다.

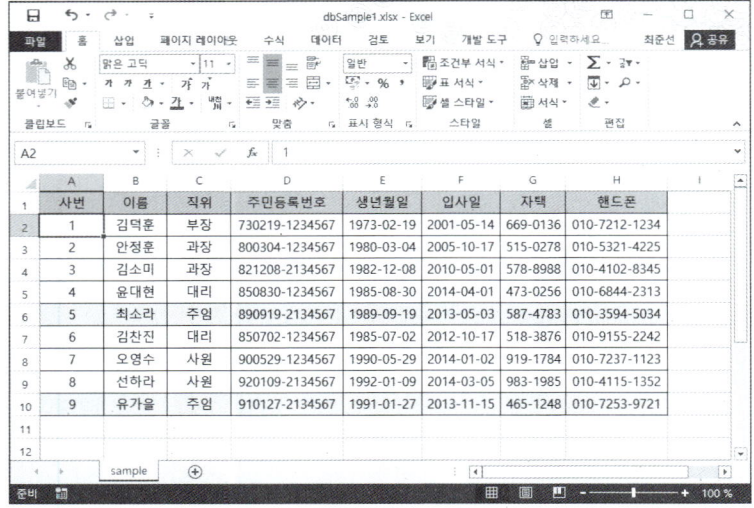

TIP 데이터가 고쳐진 위치의 배경 색상은 구분을 쉽게 하기 위해 넣은 것으로, 매크로 실행과 무관합니다.

Recordset 개체를 이용한 외부 데이터 수정

SQL을 이용하지 않고도 외부 데이터를 수정할 수 있습니다. 이번에는 Recordset 개체를 이용해 승진된 사원 두 명을 다시 사원으로 변경하는 작업을 처리해 보겠습니다. 이 작업을 처리하는 매크로는 다음과 같습니다.

```
Sub 승진취소()

'1단계 : 필요한 변수를 선언합니다.
    Dim 연결 As New ADODB.Connection
    Dim 레코드셋 As New ADODB.Recordset
    Dim OLEDB As String
    Dim 경로 As String
    Dim DB As String
    Dim SQL As String

'2단계 : 변수의 초기 값을 저장합니다.
    경로 = ThisWorkbook.Path & "\"
    DB = "dbSample1.xlsx"

'3단계 : 데이터를 수정할 엑셀 파일에 연결합니다.
    OLEDB = "Provider=Microsoft.Ace.OLEDB.12.0;" & _
            "Data Source='" & 경로 & DB & "';" & _
            "Extended Properties=""Excel 12.0 Xml;HDR=YES"";"

    연결.Open OLEDB

'4단계 : 수정할 대상 데이터만 레코드셋으로 엽니다.
    SQL = SQL & "SELECT * "
    SQL = SQL & "FROM [sample$] "
```

```
        SQL = SQL & "WHERE 직위 = '주임'"                    ―❶

        레코드셋.Open Source:=SQL, _
                   ActiveConnection:=연결, _
                   CursorType:=adOpenKeyset, _
                   LockType:=adLockOptimistic              ―❷

'5단계 : 레코드셋에서 2014년 이전 입사자만 골라 직위를 수정합니다.
        Do Until 레코드셋.EOF                               ―❸

            If 레코드셋.Fields("입사일") < "#" & DateSerial(2014, 1, 1) & "#" Then    ―❹

                레코드셋.Fields("직위") = "사원"              ―❺
                레코드셋.Update                             ―❻

            End If

            레코드셋.MoveNext                               ―❼

        Loop

'6단계 : 레코드셋을 닫고, 연결을 끊습니다.
        레코드셋.Close
        연결.Close

End Sub
```

❶ SQL 변수에 'sample' 시트의 데이터 중에서 '직위' 필드의 값이 '주임'인 데이터를 조회할 수 있는 SQL을 저장합니다.

❷ Recordset 개체의 Open 메서드를 이용해 SQL 변수에 저장된 SQL 문으로 조회된 데이터를 '레코드셋' 개체변수에 할당합니다. Recordset 개체를 열 때, CursorType 매개변수는 adOpenKeyset으로 설정해 데이터 읽기/쓰기가 가능하도록 합니다. 이렇게 하지 않으면 데이터를 수정할 수 없습니다. LockType 매개변수는 adLockOptimistic으로 설정해 여러 레코드를 동시에 수정할 수 있도록 합니다.

> **LINK** CusorType과 LockType 매개변수에 대한 설명은 SECTION 350(1235쪽)에 자세하게 되어 있습니다.

❸ Do … Loop 순환문을 사용해 '레코드셋' 개체변수에 할당된 Recordset 개체 내 데이터를 끝까지 순환하도록 구성합니다.

❹ '입사일' 필드의 값이 2014-1-1 이전인지 판단하고, 이 조건이 True인 경우에만 ❺-❻의 코드를 실행합니다.

❺ '직위' 필드의 값을 '사원'으로 수정합니다.

❻ 수정된 사항을 적용하기 위해, Recordset 개체를 업데이트합니다.

❼ 다음 레코드로 이동합니다.

> **TIP** 이 매크로는 예제의 〈취소 (Recordset)〉 버튼에 연결되어 있습니다.

> **TIP** 이 매크로에서 설명되지 않은 부분은 SECTION 350, 354의 매크로를 참고합니다.

개발된 매크로가 제대로 동작하는지 확인하기 위해 〈취소 (Recordset)〉 버튼을 클릭합니다. 그런 다음 이전과 동일하게 'dbSample1.xlsx' 파일을 열어 확인합니다.

이번과 같이 레코드셋을 이용해 데이터를 수정하는 방법은 전체 레코드셋을 한 행씩 순환하면서 작업하기 때문에 처리할 데이터가 많은 경우에는 SQL을 사용하는 방법보다 효율이 떨어집니다. 그러므로 빠른 처리 속도가 필요하다면 UPDATE 문을 사용하는 SQL을 사용하는 것이 좋습니다.

SQL로 다른 엑셀 파일에 데이터 추가하기 360

ADO로 연결된 외부 엑셀 파일에 SQL을 이용해 새 데이터를 추가할 수 있습니다. SQL에는 외부 데이터에 새 데이터를 추가할 수 있는 INSERT INTO 문이 제공됩니다. INSERT INTO 문은 데이터를 한 건씩 추가하거나 여러 건의 데이터를 동시에 추가할 수 있습니다. 엑셀에는 이런 작업을 하기에 적합한 기능이 없습니다. INSERT INTO 문을 사용하면 필요한 데이터를 원하는 표로 추가하는 작업을 편리하게 처리할 수 있습니다. 이번에는 여러 개의 시트로 분할되어 있는 데이터를 하나의 엑셀 파일로 합치는 매크로를 개발하는 방법에 대해 알아보겠습니다.

예제 파일 PART 05 \ (ADO) INSERT문 I.xlsm, dbSample1.xlsx

INSERT INTO 문

INSERT INTO 문은 SQL에서 지정된 테이블에 특정 데이터를 추가할 때 사용하는 명령으로, 다음과 같은 구문을 사용합니다.

```
INSERT INTO 테이블 (필드1, 필드2, …)    ❶
SELECT 필드1, 필드2, …                  ❷
FROM 테이블
WHERE 조건식
```

❶ **INSERT INTO** : 데이터를 추가할 테이블과 필드 이름을 입력합니다. FROM 절의 테이블과 구조가 동일하다면 괄호 안의 필드 이름은 생략할 수 있습니다.

❷ **SELECT** : FROM 절의 테이블에서 추가할 데이터를 갖는 필드 이름을 입력합니다. INSERT INTO 문에서 지정한 테이블과 FROM 절의 테이블의 구조가 동일하면 필드 이름 대신 와일드 카드 문자(*)만 입력해 사용할 수 있습니다.

TIP FROM 절, WHERE 절을 구성하는 방법은 SELECT 문과 동일합니다.

INSERT INTO 문을 사용하려면 데이터를 추가하려는 표와 데이터가 있는 표, 이렇게 두 개의 표가 필요합니다. 두 표의 구조(열 구성과 열 머리글 이름)가 동일하다면, 다음과 같이 INSERT INTO 문을 구성할 수 있습니다.

```
INSERT INTO 표1
SELECT *
FROM 표2
WHERE 조건식
```

TIP WHERE 절의 조건식은 표2에서 표1로 추가할 데이터를 추출할 조건으로, 생략할 수 있습니다.

하지만 표의 구조가 동일하지 않으면 다음과 같이 필드 이름을 지정해야 합니다. 필드 이름이 일치하지 않을 경우에는 As 키워드를 사용해 필드 이름을 일치시켜야 합니다.

```
INSERT INTO 표1 (필드1, 필드2, 필드3)
SELECT 필드 As 필드1, 필드2, 필드3
FROM 표2
WHERE 조건식
```

INSERT INTO 문을 사용해 엑셀 파일에 데이터 추가

INSERT INTO 문을 사용해 보기 위해 예제 중 '(ADO) INSERT문 I.xlsm' 파일을 열면 다음과 같은 표를 확인할 수 있습니다.

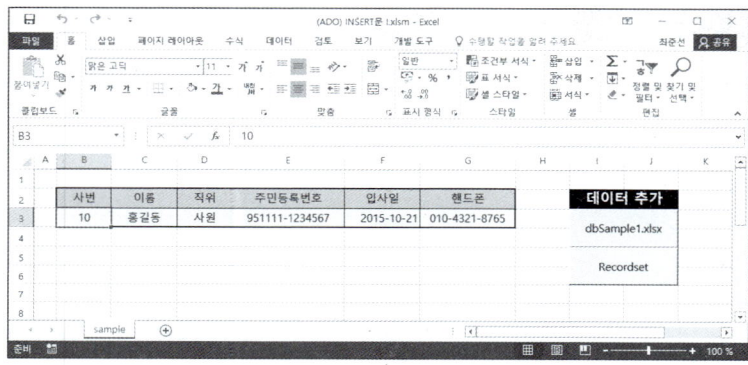

B3:G3 범위에 입력된 데이터를 'dbSample1.xlsx' 파일의 'sample' 시트에 있는 표에 추가하는 작업을 INSERT INTO 문으로 처리하는 작업을 진행하겠습니다. 다음은 'dbSample1.xlsx' 파일을 연 화면입니다.

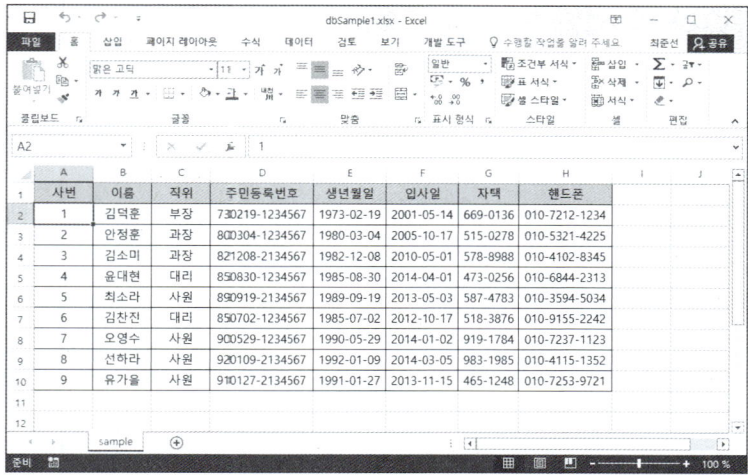

'dbSample1.xlsx' 파일에는 A:H열까지 여덟 개의 열이 있고, '(ADO) INSERT문 I.xlsm' 파일에는 여섯 개의 열만 있는 것을 확인합니다. 이제 'dbSample1.xlsx' 파일을 닫고, '(ADO) 데이터 추가.xlsm' 파일에서 데이터를 추가하는 작업을 진행합니다. 다음과 같은 매크로를 사용합니다.

```
Sub 다른파일에추가()

'1단계 : 필요한 변수를 선언합니다.
    Dim 연결 As New ADODB.Connection
    Dim OLEDB As String
    Dim 경로 As String
    Dim DB As String
    Dim SQL As String
    Dim 현재파일 As String          ―――――――❶

'2단계 : 변수의 초기 값을 저장합니다.
    경로 = ThisWorkbook.Path & "\"
    DB = "dbSample1.xlsx"          ―――――❷

    현재파일 = ThisWorkbook.FullName  ―――――❸

'3단계 : 데이터를 추가할 엑셀 파일에 연결합니다.
    OLEDB = "Provider=Microsoft.Ace.OLEDB.12.0;" & _
        "Data Source='" & 경로 & DB & "';" & _
        "Extended Properties=""Excel 12.0 Xml;HDR=YES"";"

    연결.Open OLEDB

'4단계 : 연결된 파일에 현재 파일의 데이터를 추가합니다.
    SQL = "INSERT INTO [sample$] (사번, 이름, 직위, 주민등록번호, 입사일, 핸드폰) "
    SQL = SQL & "SELECT * "
    SQL = SQL & "FROM [" & 현재파일 & "].[sample$B2:G3]"  ―――❹

    연결.Execute CommandText:=SQL   ―――――❺

'5단계 : 엑셀 파일과의 연결을 끊습니다.
    연결.Close

Erd Sub
```

❶ String 형식의 '현재파일' 변수를 선언합니다.

❷ DB 변수에 데이터를 추가할 파일 이름을 저장합니다.

❸ '현재파일' 변수에 현재 파일의 경로와 파일 이름이 모두 포함된 문자열을 저장합니다.

❹ SQL 변수에 INSERT INTO 문을 사용하는 SQL 문을 저장합니다. 이 SQL 문에는 두 개의 파일에 대한 정보를 각각 삽입해야 하는데, INSERT INTO 문에는 연결된 외부 엑셀 파일의 시트 이름(sample$)과 데이터가 저장될 필드 이름을 괄호 안에 입력하고, FROM 절 뒤에는 현재 파일의 데이터 범위를 다음과 같은 형식으로 대괄호 안에 정확하게 입력합니다.

```
FROM [전체 경로 \ 파일명.xlsx].[워크시트 명 $ 범위주소]
```

이때 조심해야 하는 것은 '범위주소'를 지정할 때 B3:G3과 같이 데이터가 입력된 범위뿐만 아니라 머리글이 입력된 2행이 포함되도록 B2:G3과 같은 주소를 사용해야 한다는 점입니다.

❺ '연결' 개체변수에 할당된 Connection 개체의 Execute 메서드를 이용해 SQL 변수에 저장된 SQL 문을 실행해 데이터를 추가합니다.

TIP 이 매크로는 예제의 〈dbSample1.xlsx〉 버튼에 연결되어 있습니다.

TIP 이 매크로에서 설명되지 않은 부분은 SECTION 350(1235쪽)의 매크로를 참고합니다.

개발된 매크로를 확인하기 위해 예제 파일의 〈dbSample1.xlsx〉 버튼을 클릭한 다음 'dbSample1.xlsx' 파일을 열면 11행에 데이터가 제대로 추가된 것을 볼 수 있습니다.

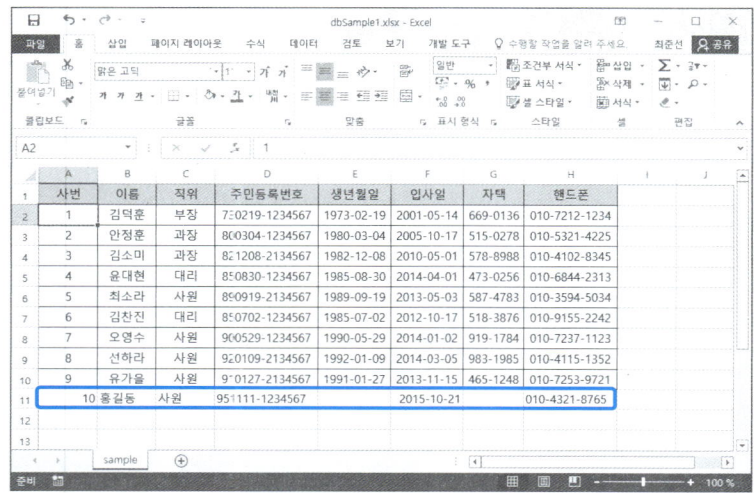

TIP ADO를 이용해 데이터를 추가하면 값만 전달되므로, 표 서식은 따로 구성해야 합니다.

Recordset 개체를 이용해 엑셀 파일에 데이터 추가

SQL을 사용하지 않고 Recordset 개체를 이용해 외부 파일에 데이터를 추가할 수 있습니다. 다음과 같은 매크로를 사용합니다.

```
Sub 레코드셋을이용()

'1단계 : 필요한 변수를 선언합니다.
    Dim 연결 As New ADODB.Connection
    Dim 레코드셋 As New ADODB.Recordset
    Dim OLEDB As String
    Dim 경로 As String
    Dim DB As String

'2단계 : 변수의 초기 값을 저장합니다.
```

```
        경로 = ThisWorkbook.Path & "\"
        DB = "dbSample1.xlsx"

'3단계 : 데이터를 추가할 엑셀 파일에 연결합니다.
        OLEDB = "Provider=Microsoft.Ace.OLEDB.12.0;" & _
                "Data Source='" & 경로 & DB & "';" & _
                "Extended Properties=""Excel 12.0 Xml;HDR=YES"";"

        연결.Open OLEDB

'4단계 : 데이터를 추가할 레코드셋을 열고 새 데이터를 추가합니다.
        레코드셋.Open Source:="[sample$]", _
                    ActiveConnection:=연결, _
                    CursorType:=adOpenKeyset, _
                    LockType:=adLockOptimistic, _
                    Options:=adCmdTable                  ①

        With 레코드셋                          ②

            .AddNew                           ③

            .Fields("사번").Value = Range("B3").Value    ④
            .Fields("이름").Value = Range("C3").Value
            .Fields("직위").Value = Range("D3").Value
            .Fields("주민등록번호").Value = Range("E3").Value
            .Fields("입사일").Value = Range("F3").Value
            .Fields("핸드폰").Value = Range("G3").Value

            .Update                           ⑤

        End With

'5단계 : 레코드셋을 닫고, 엑셀 파일과의 연결을 끊습니다.
        레코드셋.Close
        연결.Close

End Sub
```

① 레코드셋 변수에 할당된 Recordset 개체의 Open 메서드를 이용해 연결된 'dbSample1.xlsx' 파일의 'sample' 워크시트에 있는 표에 연결합니다.

② 레코드셋 변수에 할당된 Recordset 개체에 여러 작업을 진행하기 위해 With … End With 문을 사용합니다.

③ Recordset 개체의 AddNew 메서드를 이용해 새 레코드를 입력합니다.

④ 이름, 직위, 주민등록번호, 입사일, 핸드폰 필드에 데이터가 입력된 B3, C3, D3, E3, F3셀의 값을 각각 순서대로 입력합니다.

⑤ Recordset 개체를 업데이트합니다.

TIP ㅇ 매크로는 예제의 〈Recordset〉 버튼에 연결되어 있습니다.

TIP ㅇ 매크로에서 설명되지 않은 부분은 SECTION 350, 354의 매크로를 참고합니다.

개발된 매크로를 확인하기 위해 예제 파일의 〈Recordset〉 버튼을 클릭한 다음 'dbSample1.xlsx' 파일을 열면 12행에 데이터가 추가된 것을 볼 수 있습니다.

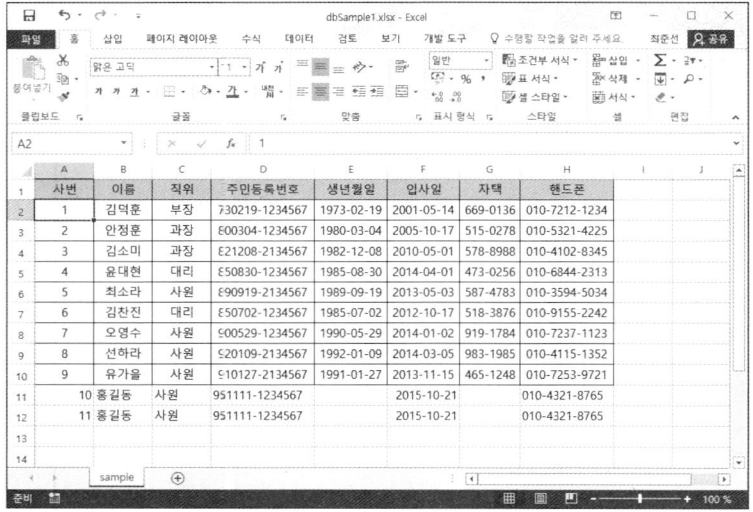

TIP 사번은 원래 10이 나오는 것이 정상이지만 두 사례를 구분하기 위해서 원본의 사본을 11로 변경한 후 실행했습니다.

SQL로 액세스 데이터베이스에 데이터 추가하기 361

다른 엑셀 파일에 데이터를 추가하는 INSERT INTO 문은 엑셀의 경우 서식까지 전달되지 않으므로 불편합니다. 하지만 액세스와 같은 외부 데이터베이스에 데이터를 추가해야 하는 경우에는 이런 부분이 단점으로 여겨지지 않습니다. 다만, 다른 엑셀 파일로 데이터를 추가할 때는 전달되는 데이터의 형식(텍스트, 숫자, 날짜/시간)에 대해 고민할 필요가 없지만, 액세스와 같은 데이터베이스에 데이터를 추가할 때는 추가할 데이터의 형식이 일치하지 않으면 에러가 발생할 수 있으므로 주의해야 합니다. 이번에는 INSERT INTO 문을 사용해 데이터베이스에 데이터를 추가하는 방법에 대해 알아보겠습니다.

예제 파일 PART 05 \ (ADO) INSERT문 II.xlsm, dbSample.accdb

INSERT INTO 문 이해하기

INSERT INTO 문은 이전에 설명한 문법 외에 VALUES 절을 사용해 필드에 값을 직접 넣을 수 있습니다. 구문은 다음과 같습니다.

```
INSERT INTO 테이블 (필드1, 필드2, 필드3, …)
VALUES (값1, 값2, 값3, …)         ❶
```

❶ VALUES : INSERT INTO 문에서 지정한 테이블의 각 필드에 값을 하나씩 넣을 때 사용합니다.

INSERT INTO 문을 사용해 액세스에 데이터 추가

INSERT INTO 문을 사용해 액세스에 데이터를 추가합니다. 예제 중 '(ADO) INSERT문 II.xlsm' 파일을 열어 보면 다음과 같은 표를 확인할 수 있습니다.

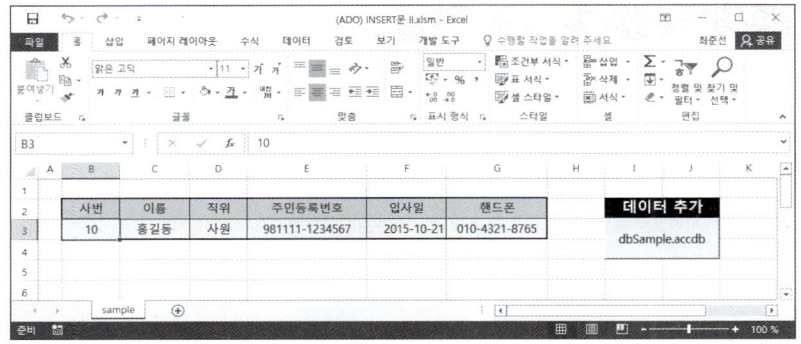

'dbSample.accdb' 파일을 열고 탐색 창에서 '직원' 테이블을 더블클릭해 데이터를 확인합니다.

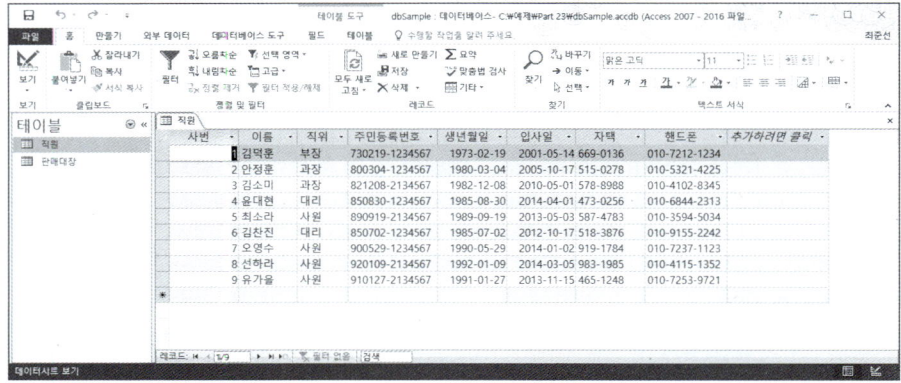

액세스 테이블에는 여덟 개의 필드가 있고 엑셀 파일의 표는 여섯 개의 열로만 구성되어 있습니다. 액세스는 닫고, 엑셀의 데이터를 액세스로 추가하기 위해 다음과 같은 매크로를 사용합니다.

```
Sub 액세스에추가()

    '1단계 : 필요한 변수를 선언합니다.
    Dim 연결 As New ADODB.Connection
    Dim OLEDB As String
    Dim 경로 As String
    Dim DB As String
    Dim SQL As String
    Dim 추가범위 As Range                    ①
    Dim 새레코드 As String                   ②

    '2단계 : 변수의 초기 값을 저장합니다.
    경로 = ThisWorkbook.Path & "\"
    DB = "dbSample.accdb"                    ③

    '3단계 : 데이터베이스에 추가할 데이터를 하나의 문자열로 연결합니다.
    Set 추가범위 = Range("B3:G3")            ④

    새레코드 = 문자열연결(추가범위)          ⑤

    '4단계 : 데이터베이스 파일과 연결합니다.
    OLEDB = "Provider=Microsoft.Ace.OLEDB.12.0;" & _
            "Data Source='" & 경로 & DB & "';" & _
            "User Id=admin;Password=;"

    연결.Open OLEDB

    '5단계 : INSERT INTO 문을 사용해 엑셀 데이터를 액세스 데이터베이스에 추가합니다.
    SQL = SQL & "INSERT INTO 직원(사번, 이름, 직위, 주민등록번호, 입사일, 핸드폰) "
    SQL = SQL & "VALUES (" & 새레코드 & ")"  ⑥

    연결.Execute CommandText:=SQL            ⑦
```

```
'6단계 : 데이터베이스와의 연결을 끊습니다.
    연결.Close

End Sub
```

❶ Range 형식의 '추가범위' 개체변수를 선언합니다.

❷ String 형식의 '새레코드' 변수를 선언합니다.

❸ DB 변수에 데이터를 추가할 액세스 데이터베이스 파일 이름을 저장합니다.

❹ '추가범위' 개체변수에 B3:G3 범위를 할당합니다. 이 범위에 추가할 데이터가 존재해야 하며, VALUES 절을 이용할 것이기 때문에 머리글 범위는 필요하지 않고 데이터 범위만 할당합니다.

❺ Function 프로시저로 새로 만들 '문자열연결' 함수에 '추가범위' 개체변수를 전달해, '추가범위' 개체변수에 할당된 데이터 범위 내 값을 모두 쉼표(,) 구분 문자로 연결하고 그 값을 '새레코드' 변수에 저장합니다.

❻ SQL 변수에 INSERT INTO 문을 사용하는 SQL 문을 저장합니다. '직원' 테이블에서 값을 입력할 필드를 괄호 안에 나열한 다음, VALUES 절 뒤에 괄호로 '새레코드' 변수의 값을 전달합니다.

❼ '연결' 개체변수에 할당된 Connection 개체의 Execute 메서드를 사용해 SQL 변수에 저장된 SQL 문을 실행합니다.

> **TIP** ○ 매크로는 예제의 〈dbSample.accdb〉 버튼에 연결되어 있습니다.

> **TIP** ○ 매크로에서 설명되지 않은 부분은 SECTION 350(1235쪽)의 매크로를 참고합니다.

개발된 매크로에서 사용하는 '문자열연결' 함수를 Function 프로시저로 다음과 같이 개발합니다.

```
Function 문자열연결(데이터범위 As Range) As String            ❶

'1단계 : 필요한 변수를 선언합니다.
    Dim 셀 As Range                     ❷
    Dim 임시 As String                   ❸

'2단계 : 데이터 범위 내 셀 값을 데이터 형식에 맞게 하나씩 임시 변수에 연결해 저장합니다.
    For Each 셀 In 데이터범위                       ❹

        If Len(임시) > 0 Then 임시 = 임시 & ","              ❺

        Select Case TypeName(셀.Value)                   ❻

            Case "String"                        ❼

                임시 = 임시 & "'" & 셀.Value & "'"

            Case "Date"                          ❽

                임시 = 임시 & "#" & 셀.Value & "#"

            Case Else                            ❾
```

```
                임시 = 임시 & 셀.Value

            End Select

        Next

    '3단계 : 임시 변수에 연결된 값을 함수에서 반환합니다.
        문자열연결 = 임시                    ❿

End Function
```

❶ '문자열연결' 함수를 Function 프로시저로 선언합니다. '문자열연결' 함수는 '데이터범위' 매개변수에 전달된 데이터 범위 내 값을 쉼표로 연결한 다음 연결한 값을 String 형식으로 반환하는 함수입니다.

❷ Range 형식의 '셀' 개체변수를 선언합니다.

❸ String 형식의 '임시' 변수를 선언합니다.

❹ For Each … Next 순환문을 사용해 '데이터범위' 매개변수에 할당된 데이터 범위를 순환하면서 한 셀씩 '셀' 개체변수에 할당합니다.

❺ '임시' 변수에 저장된 값이 있으면 '임시' 변수에 쉼표(,) 문자를 연결해 저장합니다. 이전 값이 있을 때 다음 값을 연결하도록 구분 문자(,)를 연결하기 위한 작업입니다.

❻ '셀' 개체변수에 할당된 셀 값의 데이터 형식을 TypeName 함수로 반환받고 이 값을 Select Case 문을 통해 구분해 처리합니다.

❼ '셀' 개체변수에 할당된 셀 값이 텍스트(String)이면, '셀' 개체변수에 할당된 셀 값을 '임시' 변수에 연결할 때 작은따옴표(')를 앞뒤에 붙입니다.

❽ '셀' 개체변수에 할당된 셀 값이 날짜/시간(Date)이면, '셀' 개체변수에 할당된 셀 값을 '임시' 변수에 연결할 때 샵(#)을 앞뒤에 붙입니다.

❾ '셀' 개체변수에 할당된 셀 값이 텍스트나 날짜/시간이 아니면 논리 값이나 숫자 값이므로, '임시' 변수에 셀 값을 그대로 연결합니다.

❿ '문자열연결' 함수에 '임시' 변수의 값을 반환합니다.

개발된 매크로를 확인하기 위해 〈dbSample.accdb〉 버튼을 클릭하고 액세스 데이터베이스 파일을 연 다음 '직원' 테이블을 더블클릭해 열면, 맨 아래에 추가된 직원 데이터를 확인할 수 있습니다.

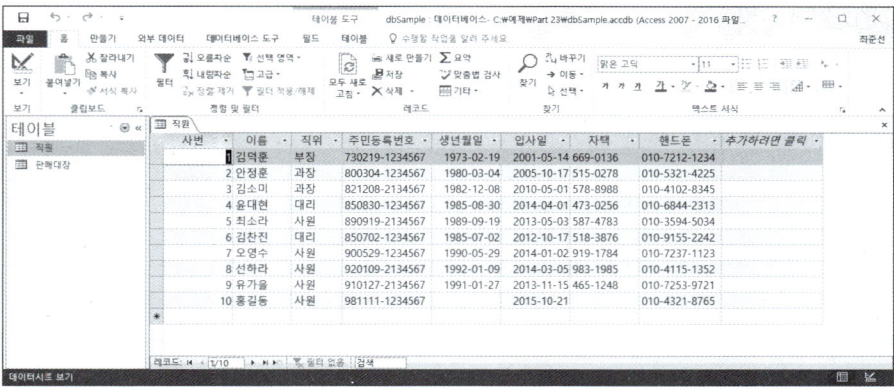

SQL로 여러 시트의 데이터를 데이터베이스로 통합하기

362

INSERT INTO 문은 데이터를 다른 엑셀 파일이나 액세스와 같은 외부 데이터베이스에 추가하기에 적합합니다. 이 명령을 사용하면 여러 개의 엑셀 파일로 분산되어 있거나 여러 시트에 있는 데이터를 한곳으로 빠르게 통합시킬 수 있습니다. 다만 이 경우에 통합할 대상 파일은 엑셀 파일코다는 액세스와 같은 데이터베이스를 사용하는 것이 좋습니다. 그 이유는 엑셀 파일은 데이터 형식을 분류해 처리하기가 쉽지 않으므로 통합해 보면 텍스트 형식으로 데이터가 합쳐지는 경우가 많지만, 액세스는 데이터 형식을 구분해 처리할 수 있어 편리하기 때문입니다. 이번에는 여러 시트에 분산되어 있는 데이터를 INSERT INTO 문을 사용해 액세스 데이터베이스로 통합하는 매크로를 개발하는 방법에 대해 알아보겠습니다.

예제 파일 PART 05 \ (ADO) INSERT문 III.xlsm, dbSample.accdb

'(ADO) INSERT문 III.xlsm' 파일을 열고 'sample' 시트를 보면 다음과 같이 데이터 통합 작업에 사용할 버튼이 하나 추가되어 있습니다.

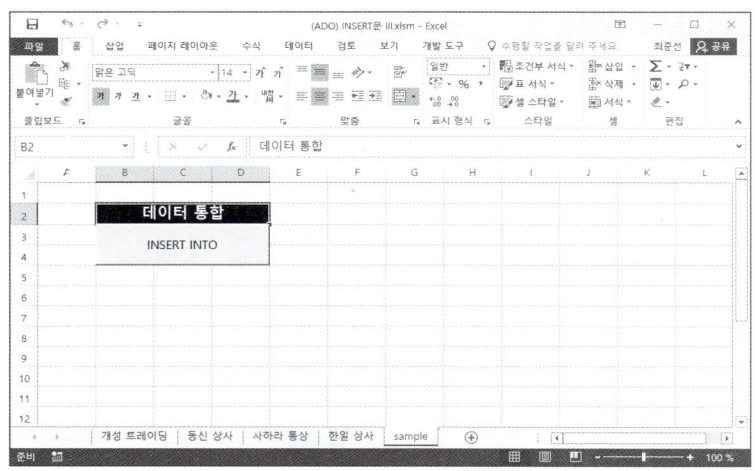

시트 탭을 보면 여러 업체별 시트를 확인할 수 있습니다. 시트 탭을 하나씩 선택해 보면 다음 화면과 같이 해당 업체와 거래한 내역이 입력되어 있으며 데이터 개수는 시트마다 차이가 있는 것을 알 수 있습니다.

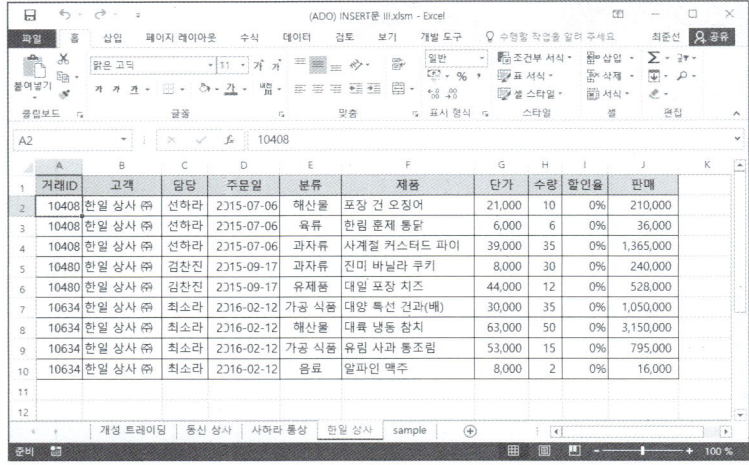

TIP 다른 시트의 데이터도 모두 확인합니다.

시트별로 분산된 데이터를 액세스 데이터베이스 파일에 넣기 위해 'dbSample.accdb' 파일을 열고 탐색 창에서 '판매대장' 테이블을 더블클릭하면 다음과 같은 화면을 확인할 수 있습니다.

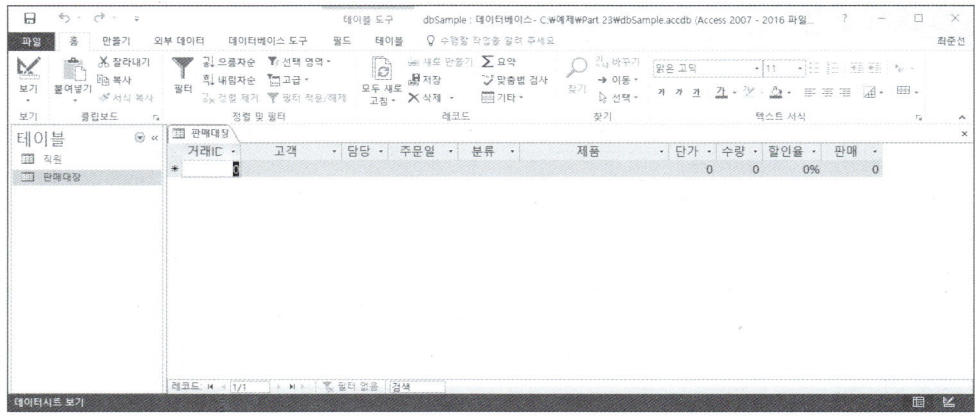

'판매대장' 테이블에 데이터는 없지만, 테이블 구조는 엑셀 시트의 열 구조와 정확하게 일치합니다. 이제 엑셀에서 INSERT INTO 문을 사용해 액세스 '판매대장' 테이블에 데이터를 한 번에 통합하는 작업을 매크로를 개발해 처리하겠습니다.

'dbSample.accdb' 데이터베이스 파일은 닫고, 엑셀 파일에서 다음과 같은 매크로를 개발해 작업합니다.

```
Sub 데이터베이스로통합()

'1단계 : 필요한 변수를 선언합니다.
    Dim 연결 As New ADODB.Connection
    Dim OLEDB As String
    Dim 경로 As String
    Dim DB As String
    Dim SQL As String
    Dim 시트 As Worksheet                    ①
```

```
        Dim 데이터범위 As Range, 레코드 As Range                    ❷

'2단계 : 변수의 초기 값을 저장합니다.
    경로 = ThisWorkbook.Path & "\"
    DB = "dbSample.accdb"                                        ❸

'3단계 : 데이터를 추가할 데이터베이스에 연결합니다.
    OLEDB = "Provider=Microsoft.Ace.OLEDB.12.0;" & _
            "Data Source='" & 경로 & DB & "';" & _
            "User Id=admin;Password=;"

    연결.Open OLEDB

'4단계 : 워크시트를 순환하면서 현재 시트를 제외한 모든 데이터를 데이터베이스에 추가합니다.
    For Each 시트 In ThisWorkbook.Worksheets                      ❹

        If 시트.Name <> ActiveSheet.Name Then                    ❺

            Set 데이터범위 = 시트.Range("A1").CurrentRegion        ❻
            Set 데이터범위 = 데이터범위.Offset(1).Resize(데이터범위.Rows.Count - 1)  ❼

            For Each 레코드 In 데이터범위.Rows                     ❽

                SQL = "INSERT INTO [판매대장] "
                SQL = SQL & "VALUES (" & 문자열연결(레코드.Cells) & ")"  ❾

                연결.Execute CommandText:=SQL                    ❿

            Next

        End If

    Next

'5단계 : 데이터베이스와의 연결을 끊습니다.
    연결.Close

End Sub
```

❶ Worksheet 형식의 '시트' 개체변수를 선언합니다.

❷ Range 형식의 '데이터범위'와 '레코드' 개체변수를 선언합니다.

❸ DB 변수에 데이터를 추가할 액세스 데이터베이스 파일 이름을 저장합니다.

❹ For Each … Next 순환문을 사용해 현재 파일의 모든 시트를 순환하면서 하나씩 '시트' 개체변수에 할당합니다.

❺ '시트' 개체변수의 이름이 현재 시트의 이름과 다른 경우에만 ❻-❿의 작업을 진행합니다. 이 매크로는 'sample' 시트의 〈INSERT INTO〉 버튼을 클릭했을 때 실행되도록 할 예정이므로 'sample' 시트에서 통합 작업을 진행하지 말라는 조건이 됩니다.

❻ '시트' 개체변수에 할당된 워크시트의 A1셀부터 연속된 데이터 범위를 '데이터범위' 개체변수에 할당합니다.

❼ '데이터범위' 개체변수에 할당된 데이터 범위에서 머리글을 제외한 데이터 범위만 '데이터범위' 개체변수에 재할당합니다.

❽ For Each … Next 순환문을 사용해 '데이터범위' 개체변수에 할당된 데이터 범위에서 행을 하나씩 '레코드' 개체변수에 할당합니다.

❾ SQL 변수에 INSERT INTO 문을 사용하는 SQL 문을 저장하는데, VALUES 절에 '문자열연결' 함수의 반환 값을 연결해 사용합니다. '문자열연결' 함수에는 '레코드' 개체변수에 할당된 행 범위를 전달해 행 범위 내 값을 하나의 문자열로 연결합니다. '문자열연결' 함수는 SECTION 361(1281쪽)에서 개발한 것으로, 코드 설명은 해당 단원을 참고합니다.

❿ '연결' 개체변수에 할당된 Connection 개체의 Execute 메서드를 사용해 SQL 변수에 저장된 SQL 문을 실행합니다.

TIP 이 매크로는 예제의 〈INSERT INTO〉 버튼에 연결되어 있습니다.

TIP 예제 파일에는 '문자열연결' 함수 코드가 저장되어 있습니다.

TIP 이 매크로에서 설명되지 않은 부분은 SECTION 350(1235쪽)의 매크로를 참고합니다.

개발된 매크로가 제대로 동작하는지 확인하기 위해 엑셀 파일에서 〈INSERT INTO〉 버튼을 클릭한 다음 'dbSample.accdb' 파일을 열고 '판매대장' 테이블을 더블클릭해 열어 봅니다. 화면과 같이 엑셀의 데이터가 액세스 데이터베이스로 제대로 통합된 결과를 확인할 수 있습니다.

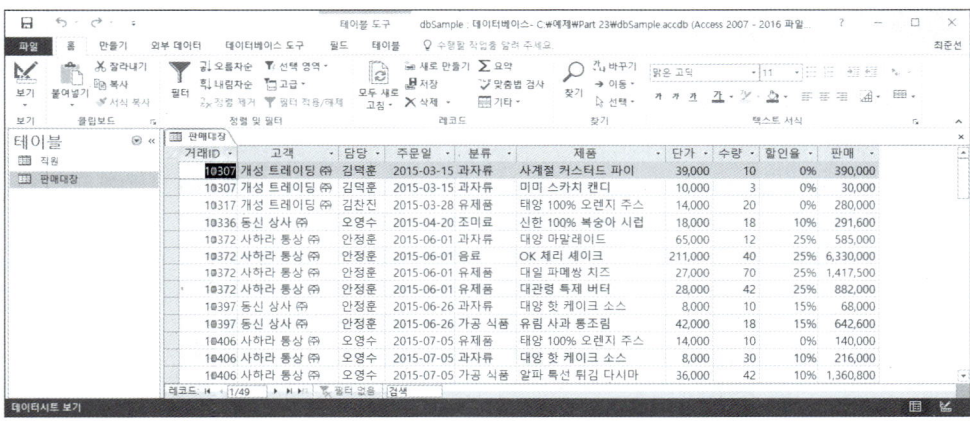

SQL문을 사용해 액세스의 불필요한 데이터 삭제하기 363

ADO로 연결된 데이터베이스에서 더 이상 필요 없는 데이터는 SQL의 DELETE 문을 이용해 삭제할 수 있습니다. UPDATE 문을 사용할 때도 신중해야 한다고 언급했지만, 데이터를 삭제하는 DELETE 문은 이전으로 되돌릴 수 없고 조건을 잘못 지정할 경우에는 데이터가 손상될 가능성이 매우 크므로 더욱 신중하게 사용해야 합니다. 참고로 DELETE 문은 엑셀 파일에는 사용할 수 없고, 액세스와 같은 외부 데이터베이스 파일에만 사용할 수 있습니다. 이번에는 DELETE 문을 사용해 데이터베이스에서 불필요한 데이터를 일괄 삭제하는 매크로를 개발하는 방법에 대해 알아보겠습니다.

예제 파일 PART 05 \ (ADO) 데이터 삭제.xlsm, dbSample.accdb

DELETE 문 이해하기

DELETE 문은 SQL에서 데이터를 삭제할 때 사용하며, 구문은 다음과 같습니다.

```
DELETE            ①
FROM 테이블
WHERE 조건식
```

① DELETE : 레코드를 삭제하는 명령으로, DELETE 문 뒤에 필드는 나열할 수 없습니다.

DELETE 문은 기본적으로 SELECT 문의 구성과 동일하며, 차이가 있는 부분은 DELETE 문 다음에 필드를 나열하지 않는다는 것 정도입니다. DELETE 문에서 필드를 적지 않는 이유는 DETETE 문이 레코드(행)를 삭제하는 명령이기 때문이며, 특정 필드(열)만 지정해 삭제할 수는 없습니다.

DELETE 문을 사용해 액세스의 데이터 삭제

먼저 삭제할 데이터를 확인하기 위해 'dbSample.accdb' 파일을 열고 '직원' 테이블을 엽니다.

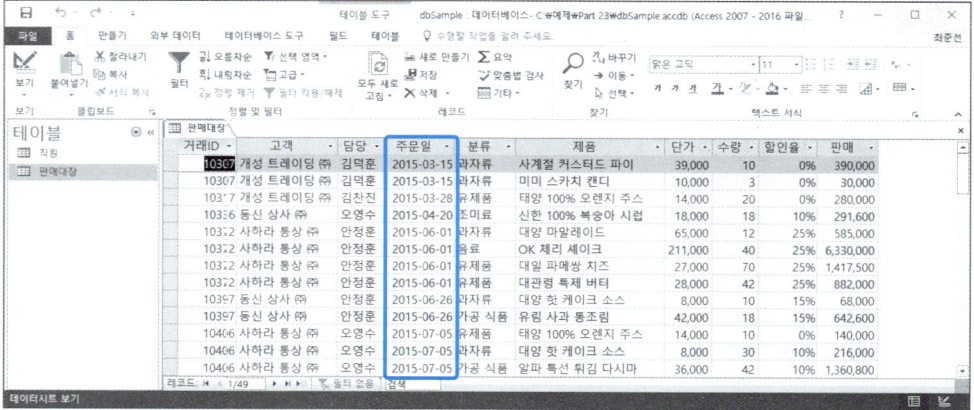

TIP 이번 작업을 하기 전에 먼저 SECTION 362(1285쪽) 예제를 진행해야 데이터를 확인할 수 있습니다.

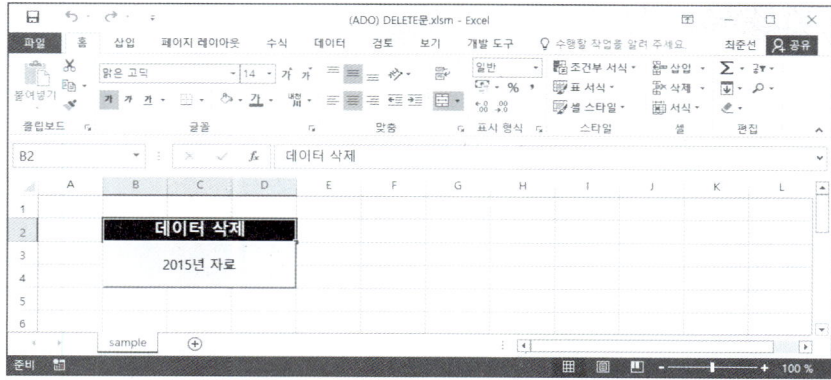

위 데이터에서 2015년 데이터를 삭제해야 한다면 다음과 같은 코드를 개발해 사용하면 됩니다.

```
Sub 데이터삭제()

'1단계 : 필요한 변수를 선언합니다.
    Dim 연결 As New ADODB.Connection
    Dim 레코드셋 As New ADODB.Recordset
    Dim OLEDB접속 As String
    Dim 경로 As String
    Dim DB As String
    Dim SQL As String
    Dim 메시지 As String

'2단계 : 변수의 초기 값을 저장합니다.
    경로 = ThisWorkbook.Path & "\"
    DB = "dbSample.accdb"                    ❶

'3단계 : 데이터를 삭제할 데이터베이스에 연결합니다.
    OLEDB접속 = "Provider=Microsoft.Ace.OLEDB.12.0;" & _
               "Data Source='" & 경로 & DB & "';" & _
               "User Id=admin;Password=;"
```

```
    연결.Open OLEDB접속

'4단계 : 삭제할 조건에 맞는 데이터만 레코드셋으로 엽니다.
    SQL = SQL & "SELECT * "
    SQL = SQL & "FROM 판매대장 "
    SQL = SQL & "WHERE YEAR(주문일) = 2015"                    ❷

    레코드셋.Open Source:=SQL, _
              ActiveConnection:=연결, _
              CursorType:=adOpenKeyset, _
              LockType:=adLockOptimistic                     ❸

'5단계 : 데이터가 존재하면, 해당 데이터를 삭제합니다.
    If 레코드셋.EOF = False Then                              ❹

        메시지 = "데이터베이스에 " & 레코드셋.RecordCount & "건의 데이터를 확인했습니다."
        메시지 = 메시지 & vbCr & vbCr & "삭제하시겠습니까?"        ❺

        If MsgBox(메시지, vbYesNo) = vbYes Then                 ❻

            SQL = Replace(SQL, "SELECT *", "DELETE")            ❼
            연결.Execute CommandText:=SQL                        ❽

        End If

    Else                      ❾

        MsgBox "삭제할 데이터가 없습니다."

    End If

'6단계 : 레코드셋을 닫고, 데이터베이스와의 연결을 끊습니다.
    레코드셋.Close
    연결.Close

End Sub
```

❶ DB 변수에 데이터를 삭제할 데이터베이스 파일 이름을 저장합니다.

❷ SQL 변수에 지울 조건에 해당하는 레코드를 조회할 SELECT 문을 SQL 문으로 작성해 저장합니다. 이 작업은 삭제할 데이터가 데이터베이스에 있는지, 있다면 얼마나 있는지 확인하는 구문을 처리하기 위한 것으로, '주문일' 필드의 연도(YEAR)가 2015년인 데이터를 조회하도록 구성합니다.

❸ '레코드셋' 개체변수에 할당된 Recordset 개체의 Open 메서드를 이용해 작업할 테이블을 새로 엽니다. 작업할 테이블은 SQL 변수에 저장된 SQL 문으로 반환된 결과를 사용합니다.

❹ '레코드셋' 개체변수에 할당된 Recordset 개체의 EOF 속성 값이 False인지 확인해, False인 경우에만 데이터 삭제 작업을 진행합니다. Recordset 개체를 열자마자 EOF 속성 값이 True라면 데이터가 존재하지 않는 것이므로 삭제 작업을 하지 않습니다. 이번 줄은 레코드 행 수를 반환하는 RecordCount 속성을 이용하는 다음과 같은 코드로 수정할 수 있습니다.

```
If 레코드셋.RecordCount > 0 Then
```

❺ '메시지' 변수에 사용자에게 삭제할지 여부를 물을 내용을 저장합니다. 이때 Recordset 개체의 RecordCount 속성을 이용해 삭제할 데이터가 몇 건인지 나타나도록 합니다.

❻ MsgBox 함수를 사용해 '메시지' 변수의 내용을 화면에 표시하고 〈예〉 버튼을 클릭했는지 판단합니다. 〈예〉 버튼을 클릭한 경우에만 데이터 삭제 작업을 진행합니다. 이번 줄이 실행되면 다음과 같은 메시지 창이 화면에 표시됩니다.

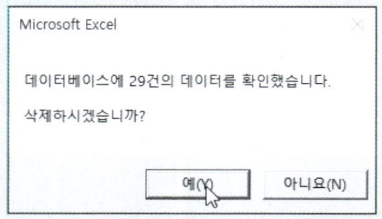

❼ SQL 변수의 문장 중에서 'SELECT *' 부분을 'DELETE'로 REPLACE 함수를 사용해 변경합니다. SELECT 문과 DELETE 문은 문법 구조가 동일하므로, 이렇게 하면 SELECT 문을 사용하는 SQL이 DELETE 문을 사용하는 삭제 쿼리로 변경됩니다.

❽ '연결' 개체변수에 할당된 Recordset 개체의 Execute 메서드를 사용해 SQL 변수에 저장된 SQL 문을 실행합니다.

❾ ❹의 결과가 False면 조건에 맞는 데이터가 존재하지 않는 것이므로, 해당 메시지를 화면에 표시하고 매크로를 종료합니다.

TIP 이 매크로는 예제의 〈2015년 자료〉 버튼에 연결되어 있습니다.

TIP 이 매크로에서 설명되지 않은 부분은 SECTION 350, 354의 매크로를 참고합니다.

개발된 매크로를 확인하기 위해 〈2015년 자료〉 버튼을 클릭하고 'dbSample.accdb' 파일을 더블클릭해 열어 봅니다. '판매대장' 테이블을 보면, 화면과 같이 2015년 데이터가 모두 삭제된 것을 확인할 수 있습니다.

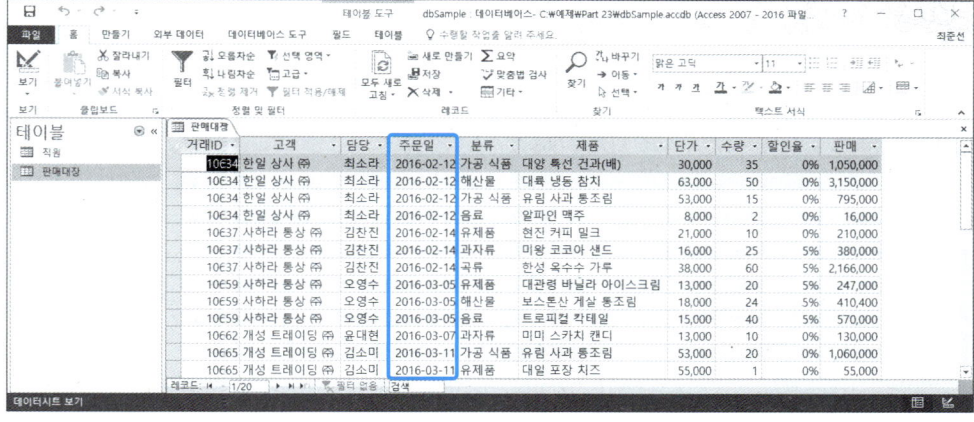

CHAPTER

24

오피스의 다른 프로그램 제어

VBA는 엑셀뿐만 아니라 오피스 내의 다른 프로그램을 제어하는 데 사용할 수 있습니다.
그러기 위해서는 해당 프로그램에서 제공되는 기능을 제대로 알고 있어야 하며,
프로그램이 어떻게 구성되었는지에 대한 개략적인 개체 모델에 대해서도 이해할 필요가 있습니다.

오피스 프로그램에서 가장 많이 사용하는 프로그램은 파워포인트, 아웃룩, 워드 등의 프로그램일
것입니다. 이런 프로그램은 자체적으로 VBA를 활용해 매크로를 개발해 사용할 수 있지만,
각각 다른 오피스 프로그램을 제어할 수도 있습니다.

이번 장에서는 엑셀에서 파워포인트, 워드, 아웃룩 등의 프로그램을 이용해
원하는 동작을 처리하는 매크로를 개발하는 방법에 대해 알아보겠습니다.

SendMail 메서드를 이용해 현재 파일을 메일로 발송하기

364

엑셀에는 아웃룩 프로그램을 이용해 메일을 발송하는 명령이 Workbook 개체에 제공됩니다. Workbook 개체의 SendMail 메서드는 해당 파일을 첨부하여 메일을 발송할 때 사용할 수 있습니다. 그런데 SendMail 메서드는 설치된 이메일 프로그램의 계정을 이용해 메일을 발송하므로, 아웃룩 프로그램을 이메일 클라이언트 프로그램으로 사용 중이라면 반드시 이메일 계정을 하나 등록해 놓아야 합니다. 이번에는 현재 파일을 첨부하여 원하는 상대에게 이메일을 발송하는 매크로를 개발하는 방법에 대해 알아보겠습니다.

예제 파일 PART 05 \ (Outlook) 파일첨부발송.xlsm

예제를 열면 다음 화면과 같이 '거래내역서' 시트와 'sample' 시트를 확인할 수 있습니다. 'sample' 시트의 〈현재 파일〉 버튼을 클릭하면 'sample' 시트를 제외한 전체 시트를 첨부 파일로 발송하는 매크로를 개발해 보겠습니다.

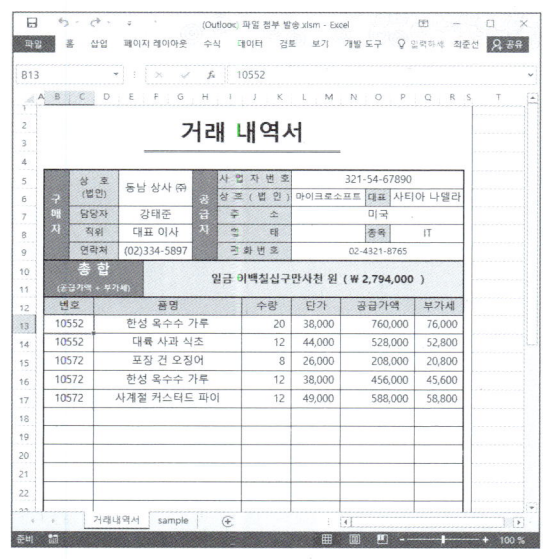 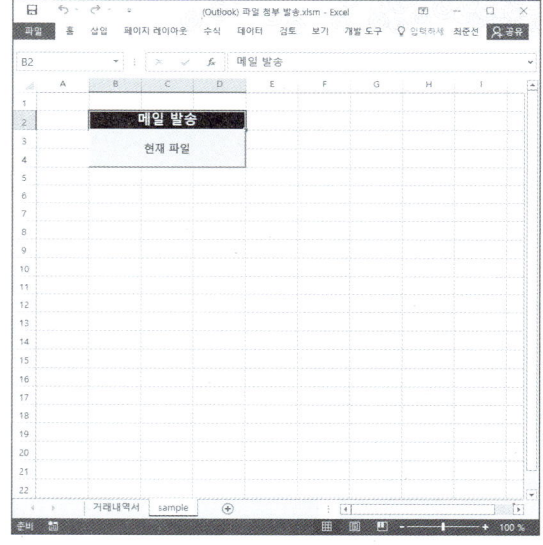

엑셀에는 현재 파일을 첨부 파일로 하여 메일을 발송할 때 사용할 수 있는 명령이 있습니다. 이 명령은 간편하게 사용할 수 있어, 아웃룩 개체를 직접 조정하지 않아도 메일을 발송할 수 있기 때문에 편리합니다. 다만 SendMail 메서드를 사용하면 현재 파일의 'sample' 시트와 같이 불필요한 시트와 매크로도 포함된 상태로 발송되므로, 불필요한 시트를 포함하지 않도록 매크로를 개발할 필요가 있습니다.

다음 매크로는 이런 설명에 부합하는 매크로로, 'sample' 시트를 제외한 전체 시트를 새 파일로 만들어 메일을 발송하는 작업을 처리합니다.

```
Sub 첨부파일로발송()

    '1단계 : 필요한 변수를 선언합니다.
        Dim 받는사람 As String              ①
        Dim 첨부파일 As Workbook            ②
        Dim 시트 As Worksheet               ③
        Dim 경로 As String                  ④
        Dim 파일 As String                  ⑤

    '2단계 : 변수에 초기 값을 저장합니다.
        받는사람 = "xxxxx@naver.com"        ⑥
        경로 = ThisWorkbook.Path & "\"      ⑦
        파일 = "거래내역서.xlsx"             ⑧

    '3단계 : 기존 첨부 파일이 있다면 삭제합니다.
        If Dir(경로 & 파일) <> "" Then Kill 경로 & 파일   ⑨

    '4단계 : 새 첨부 파일을 생성합니다.
        Set 첨부파일 = Workbooks.Add        ⑩

        For Each 시트 In ThisWorkbook.Worksheets    ⑪

            If 시트.Name <> "sample" Then           ⑫

                시트.Copy After:=첨부파일.Sheets(1)

            End If

        Next

        Application.DisplayAlerts = False           ⑬

            첨부파일.Sheets(1).Delete               ⑭

        Application.DisplayAlerts = True            ⑮

        첨부파일.SaveAs Filename:=경로 & 파일        ⑯

    '5단계 : 메일을 발송합니다.
        On Error Resume Next                        ⑰

            첨부파일.SendMail Recipients:=받는사람, _
                        Subject:="요청하신 거래내역서 보내드립니다.", _
                        ReturnReceipt:=True         ⑱

            If Err.Number <> 0 Then                 ⑲

                MsgBox "메일 발송에 실패했습니다." & vbCr & 받는사람

            End If

        On Error GoTo 0                             ⑳
```

```
'6단계 : 메일 발송 작업 후 첨부 파일은 삭제합니다.
    첨부파일.Close SaveChanges:=False          ㉑
    Kill 경로 & 파일                          ㉒

End Sub
```

❶ String 형식의 '받는사람' 변수를 선언합니다.

❷ Workbook 형식의 '첨부파일' 개체변수를 선언합니다.

❸ Worksheet 형식의 '시트' 개체변수를 선언합니다.

❹ String 형식의 '경로' 변수를 선언합니다.

❺ String 형식의 '파일' 변수를 선언합니다.

❻ '받는사람' 변수에 받을 사람의 이메일 주소를 저장합니다. 매크로 동작 테스트를 할 경우에는 이곳에 확인 가능한 이메일 주소를 입력합니다.

❼ '경로' 변수에 현재 파일의 경로와 경로 구분 문자(\)를 연결해 저장합니다. 임시로 사용할 첨부 파일이 저장될 경로입니다.

❽ '파일' 변수에 첨부 파일 이름(거래내역서.xlsx)을 저장합니다.

❾ Dir 함수를 사용해 이전 첨부 파일이 존재하는지 확인하고, 있다면 Kill 함수를 사용해 삭제합니다.

❿ 빈 통합 문서 파일을 하나 생성하고, '첨부파일' 개체변수에 할당합니다.

⓫ For Each … Next 순환문을 사용해 현재 파일의 시트를 하나씩 '시트' 개체변수에 할당합니다.

⓬ '시트' 개체변수에 저장된 이름이 'sample'이 아닌 경우에 시트를 복사해 '첨부파일' 개체변수에 할당된 빈 통합 문서의 시트 탭 끝에 붙여 넣습니다.

⓭ 경고 메시지 창을 도시하지 않도록 옵션을 변경합니다.

⓮ '첨부파일' 개체변수에 할당된 빈 통합 문서의 첫 번째 시트를 삭제합니다. 빈 통합 문서를 만들 때 자동으로 생성되는 첫 번째 빈 워크시트를 삭제하는 작업입니다.

⓯ 경고 메시지 창이 다시 정상적으로 표시되도록 합니다.

⓰ '첨부파일' 개체변수에 할당된 파일을 '경로' 변수와 '파일' 변수의 값 위치에 저장합니다.

⓱ 메일 발송 작업에서 에러가 발생해도 매크로가 중단되지 않도록 On Error 문을 설정합니다.

⓲ '첨부파일' 개체변수에 할당된 파일을 SendMail 메서드를 이용해 메일로 발송합니다. SendMail 메서드에서 사용하는 세 개의 매개변수에 대한 설명은 아래 표를 참고합니다.

매개변수	설명
Recipients	메일을 받을 사람의 이메일 주소를 지정합니다. 적어도 한 명의 이메일 주소를 지정해야 하며 여러 명에게 동시에 발송하려면 String 형식의 배열변수로 이메일 주소를 전달하면 됩니다.
Subject	메일 제목을 지정합니다. 생략하면 발송될 파일 이름이 사용됩니다.
ReturnReceipt	메일 수신 확인 여부를 설정할 수 있으며, True면 확인 메일이 발송되고, False면 그냥 발송만 합니다.

⓳ ⓲에서 에러가 발생했는지 확인합니다. 에러가 발생했다면 MsgBox 함수를 사용해 간단한 메시지를 화면에 표시합니다.

⓴ ❶의 에러 설정을 취소합니다.

㉑ '첨부파일' 개체변수에 할당된 파일을 저장하지 않고 닫습니다.

㉒ Kill 함수를 사용해 첨부 파일로 생성된 '거래내역서.xlsx' 파일을 삭제합니다.

TIP 이 매크로는 예제의 'sample' 시트에 있는 〈현재 파일〉 버튼에 연결되어 있습니다.

개발된 매크로가 제대로 동작하는지 확인하려면 〈현재 파일〉 버튼을 클릭합니다. 아웃룩을 사용하는 경우에는 다음과 같은 보안 경고 메시지 창이 나타날 수 있습니다.

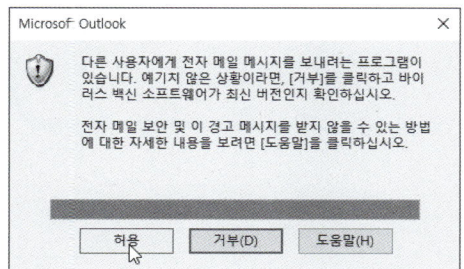

TIP 이 메시지 창을 표시하지 않는 방법은 SECTION 365(1300쪽)을 참고합니다.

화면의 Progress Bar가 모두 지난 다음 〈허용〉 버튼을 클릭하면 아웃룩에 메일이 전달되며, 아웃룩에 의해 메일이 발송됩니다. 메일을 받은 사람이 첨부 파일을 열어 보면 다음과 같은 화면을 확인할 수 있습니다.

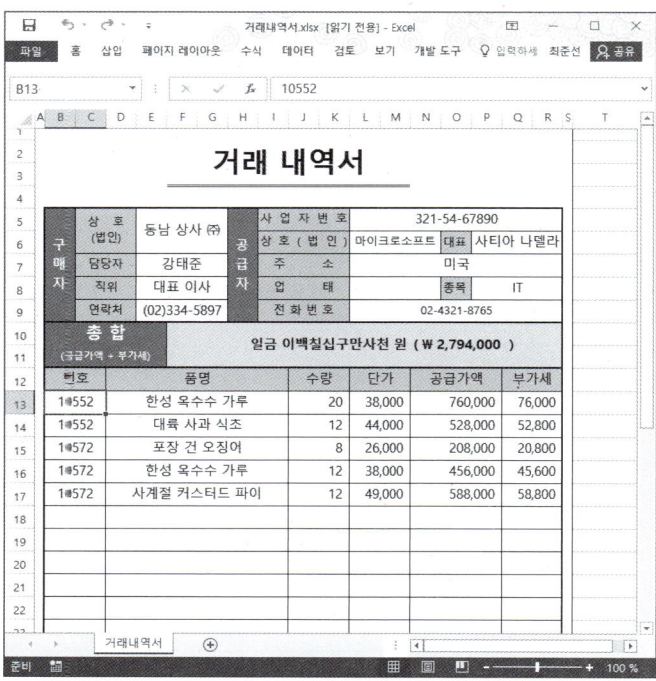

TIP 예제의 'sample' 워크시트는 없고, '거래내역서' 시트만 있습니다.

아웃룩의 보안 메시지 창이 나타나지 않도록 설정하는 방법 365

다른 프로그램에서 아웃룩을 이용해 메일을 발송하면 보안 설정 문제로 보안 메시지 창이 계속 표시되어 불편합니다. 그러므로 아웃룩을 메일 발송 클라이언트로 사용하려면 보안 설정을 변경해 보안 메시지 창이 나타나지 않도록 설정하는 것이 좋습니다. 이번에는 아웃룩 프로그램의 설정을 변경해 엑셀에서 아웃룩을 이용해 메일을 발송할 때 보안 메시지 창이 나타나지 않도록 하는 방법에 대해 알아보겠습니다.

예제 파일 PART 05 \ Outlook 2007.reg, Outlook 2010.reg, Outlook 2013.reg, Outlook 2016.reg

보안 설정 변경

01 아웃룩을 관리자 권한으로 실행하기 위해, 아웃룩 바로가기를 마우스 오른쪽 버튼으로 클릭하고 [관리자 권한으로 실행] 메뉴를 선택합니다. 만약 윈도우 작업 표시줄에 바로가기를 등록해 놓고 사용 중이라면 Shift 키를 누른 상태에서 마우스 오른쪽 버튼을 클릭합니다.

02 'Outlook 옵션' 대화상자가 표시되면 '보안 센터' 범주를 선택하고 〈보안 센터 설정〉 버튼을 클릭합니다.

03 '보안 센터' 대화상자가 표시되면 '프로그래밍 방식 액세스' 범주를 선택하고 '의심스러운 작업이 있는 경우 경고 메시지 표시 안 함(권장 안 함)' 옵션을 선택한 후 〈확인〉 버튼을 클릭합니다.

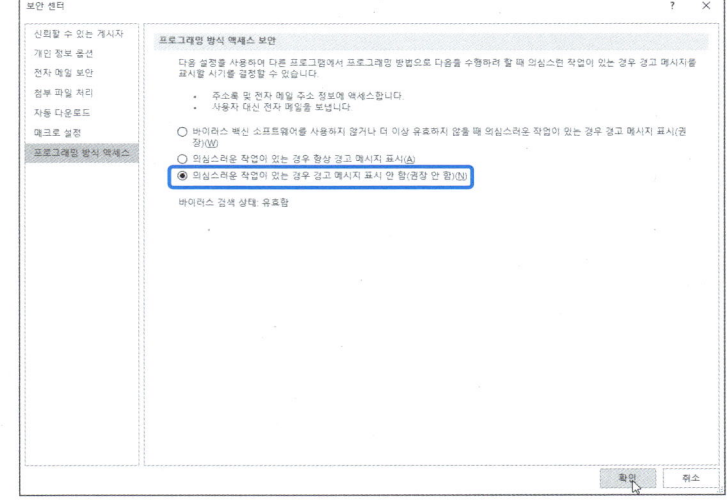

04 옵션을 적용하기 위해, 아웃룩 프로그램을 종료했다가 다시 실행합니다.

보안 설정을 변경하지 못할 때 해결 방법

2007 이상 버전을 사용하는 경우에 다음과 같이 '프로그래밍 방식 액세스' 카테고리의 옵션을 변경하지 못하는 경우가 있습니다.

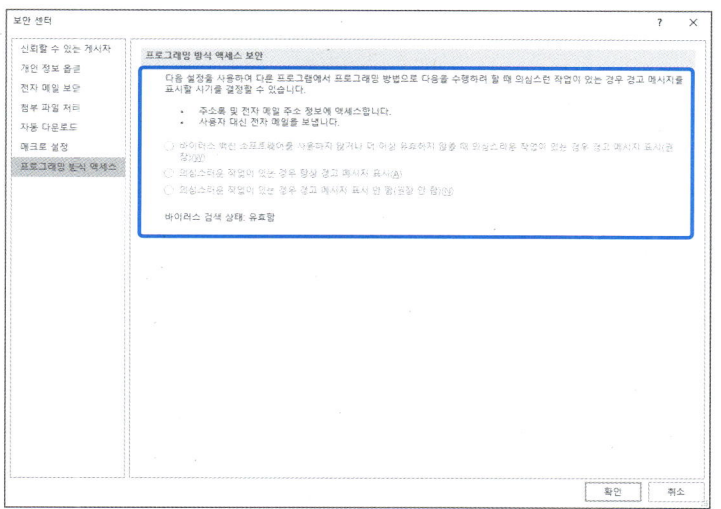

이 경우는 윈도우 바탕화면에서 단축키 ⊞+R 을 눌러 '실행' 대화상자를 열고 'regedit' 명령을 입력한 다음, Enter 키를 눌러 레지스트리 편집기를 실행하고 다음 경로에 아래 키 항목을 새로 생성하면 해결됩니다.

오피스 2016

HKEY_LOCAL_MACHINE\SOFTWARE\Microsoft\Office\16.0\Outlook\Security

DWORD(32비트) 값	값
ObjectModelGuard	2

HKEY_CURRENT_USER\Software\Policies\Microsoft\Office\16.0\outlook\security

DWORD(32비트) 값	값
PromptOOMSend	2
AdminSecurityMode	3

오피스 버전이 다를 경우에는 경로에서 16.0 부분을 아래 표를 참고해 수정합니다.

오피스 버전	내부 버전
2007	12.0
2010	14.0
2013	15.0
2016	16.0

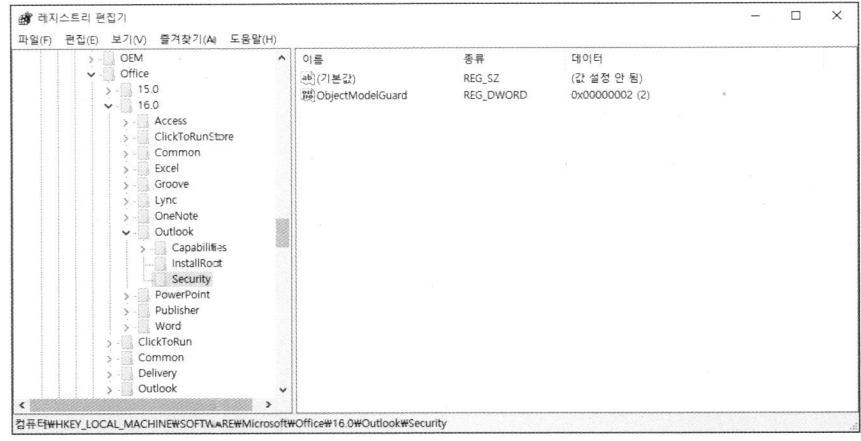

TIP 이 화면은 오피스 2016 버전에서의 경로입니다.

위와 같은 레지스트리 키 값을 변경하는 작업이 불편하다면, 예제로 제공된 'Outlook 2016.reg' 파일이나 사용자 버전에 맞는 파일을 탐색기 창에서 더블클릭한 후, 메시지 창이 표시되면 〈예〉 버튼을 클릭합니다. 그러면 위에서 설명된 레지스트리에 키를 생성하는 작업이 자동으로 진행됩니다. 다시 보안 설정을 변경하는 작업을 진행하면 됩니다.

특정 시트만 첨부 파일로 아웃룩을 이용해 메일 발송하기 366

특정 시트만 첨부해 메일로 발송하려면 해당 워크시트만 별도의 파일로 저장하여 첨부 파일로 발송하면 됩니다. 그러면 앞의 방법과 동일하게 SendMail 메서드를 이용할 수도 있지만, SendMail 메서드를 이용하면 본문 내용을 입력할 수 없고 첨부 파일이 엑셀 파일로 제한됩니다. 그러므로 이번에는 직접 아웃룩에 메일을 새로 생성해 발송해 보겠습니다. 이번 예제에서는 특정 시트만 보내는 작업을 하지만, 파일을 PDF 등으로 저장해 첨부하면 좀 더 다양한 방식으로 메일을 발송할 수 있습니다.

예제 파일 PART 05 \ (Outlook) 시트 첨부 발송.xlsm

Microsoft Outlook 16.0 Object Library 참조

아웃룩을 엑셀에서 매크로로 제어하려면, 아웃룩 프로그램 개체가 담겨 있는 Outlook 라이브러리를 참조해야 합니다. 아웃룩을 제어할 매크로를 개발하는 파일의 VB 편집기에서 [도구]-[참조] 메뉴를 선택한 다음, 화면과 같이 'Microsoft Outlook 16.0 Object Library'를 찾아 체크하고 〈확인〉 버튼을 클릭합니다.

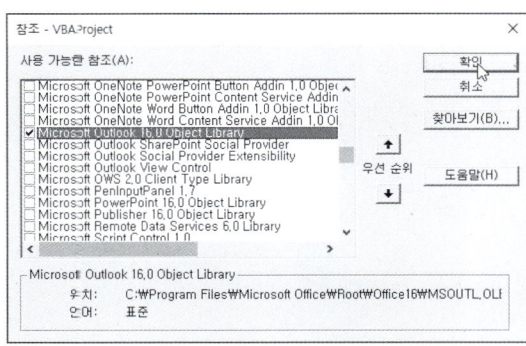

라이브러리 이름은 보통 회사명, 제품명, 버전 등의 순서로 구성되어 있습니다. 참고로 이렇게 매크로 실행 전에 매크로에서 사용할 프로그램 라이브러리를 먼저 참조하는 방식을 초기 바인딩이라고 하는데, 제어할 프로그램의 개체 모델을 잘 모를 때 사용합니다. 이와 달리 매크로에서 직접 사용할 프로그램의 라이브러리를 참조할 수 있는 방법이 있습니다. 바로 CreateObject, GetObject 문을 사용하는 방식인데, 이런 방식은 후기 바인딩이라고 하며, 프로그램의 개체 모델을 잘 이해하고 있을 때 사용할 수 있습니다.

특정 시트를 첨부 파일로 아웃룩을 이용해 발송

예제의 '거래내역서' 시트를 아웃룩을 이용해 발송하는 매크로는 다음과 같습니다.

```
Sub 거래내역서시트발송()

'1단계 : 필요한 변수를 선언합니다.
    Dim 아웃룩 As Outlook.Application          ①
    Dim 메일 As MailItem                       ②
    Dim 받는사람 As String
    Dim 본문 As String
    Dim 경로 As String
    Dim 파일 As String

'2단계 : 변수에 초기 값을 저장합니다.
    받는사람 = "xxxxx@naver.com"               ③

    경로 = ThisWorkbook.Path & "\"
    파일 = "거래내역서.xlsx"

'3단계 : 원하는 시트를 첨부 파일로 제공하기 위해 새 파일로 생성합니다.
    If Dir(경로 & 파일) <> "" Then Kill 경로 & 파일

    Worksheets("거래내역서").Copy               ④
    ActiveWorkbook.SaveAs Filename:=경로 & 파일  ⑤

'4단계 : 아웃룩을 새로 실행할지 기존에 실행된 아웃룩을 활용할지 결정합니다.
    On Error Resume Next                      ⑥

    Set 아웃룩 = GetObject("", "Outlook.Application")   ⑦

        If Err.Number <> 0 Then               ⑧

            Set 아웃룩 = New Outlook.Application    ⑨

        End If

    On Error GoTo 0                           ⑩

'5단계 : 메일을 작성하고 발송합니다.
    Set 메일 = 아웃룩.CreateItem(olMailItem)    ⑪

    본문 = 본문 & "안녕하세요" & vbCr & vbCr
    본문 = 본문 & "거래내역서 보내드립니다." & vbCr
    본문 = 본문 & "확인할 사항은 마케팅팀의 김대리에게 연락 주세요!" & vbCr & vbCr
    본문 = 본문 & "수고하세요!"                 ⑫

    With 메일                                  ⑬
        .Recipients.Add 받는사람                ⑭
        .Subject = "요청하신 거래내역서 보내드립니다."  ⑮
        .Body = 본문                           ⑯
        .Attachments.Add ActiveWorkbook.FullName    ⑰
```

```
            .Send                    ⑱
        End With

'6단계 : 파일을 닫고, 첨부 파일을 삭제합니다.
    ActiveWorkbook.Close SaveChanges:=False

    Kill 경로 & 파일

'7단계 : 아웃룩에 할당된 메모리를 반환합니다.
    Set 메일 = Nothing              ⑲
    Set 아웃룩 = Nothing            ⑳

Enc Sub
```

❶ Outlook 프로그램 형식의 '아웃룩' 개체변수를 선언합니다.

❷ MailItem 형식의 '메일' 개체변수를 선언합니다.

❸ '받는사람' 변수에 받을 사람의 이메일 주소를 저장합니다. 이 부분은 필요에 따라 셀에서 읽어 올 수 있도록 구성합니다.

```
받는사람 = Range("A1").Value
```

❹ '거래내역서' 시트를 복사합니다. Copy 메서드 뒤에 아무 것도 지정하지 않으면 해당 시트를 빈 통합 문서로 복사합니다.

❺ 생성된 빈 통합 문서를 '경로'와 '파일' 변수에 저장된 값 위치에 저장합니다.

❻ ❼ 이 실행될 때 에러가 발생해도 매크로가 중단되지 않도록 On Error 문을 설정합니다.

❼ '아웃룩' 개체변수에 GetObject 문을 사용해 실행된 아웃룩 프로그램을 할당합니다. 만약 아웃룩 프로그램이 실행되고 있다면 '아웃룩' 개체변수에 할당되며, 실행되고 있지 않다면 에러가 발생합니다.

❽ ❼에서 에러가 발생했는지 판단해 에러가 발생했다면 ❾의 코드를 실행합니다.

❾ New 키워드를 사용해 아웃룩 프로그램을 실행하고, '아웃룩' 개체변수에 할당합니다.

❿ ❻의 On Error 문 설정을 취소합니다.

⓫ '아웃룩' 개체변수에 할당된 아웃룩 프로그램에서 새 메일을 하나 생성하고 '메일' 개체변수에 할당합니다.

⓬ 메일 본문에 작성될 부분을 '본문' 변수에 작성합니다. 이 부분 역시 필요에 따라 셀에서 읽어 올 수 있도록 구성합니다.

```
본문 = Range("A2").Value
```

⓭ '메일' 개체변수에 할당된 메일을 작성하기 위해 With 문을 사용합니다.

⓮ 작성 중인 메일의 '받는 사람' 부분에 '받는사람' 변수의 값을 입력합니다.

⓯ 작성 중인 메일의 '제목' 부분에 원하는 내용을 작성합니다.

⓰ 작성 중인 메일의 '본문' 부분에 '본문' 변수의 값을 입력합니다.

⓱ 작성 중인 메일의 '첨부 파일' 부분에 새로 생성된 파일의 경로와 파일 이름이 포함된 FullName을 전달해 해당 파일을 첨부합니다.

⓲ 작성 중인 메일을 발송하기 위해 〈보내기〉 버튼을 클릭합니다. 이렇게 작성된 메일은 다음과 같은 구조를 갖게 됩니다.

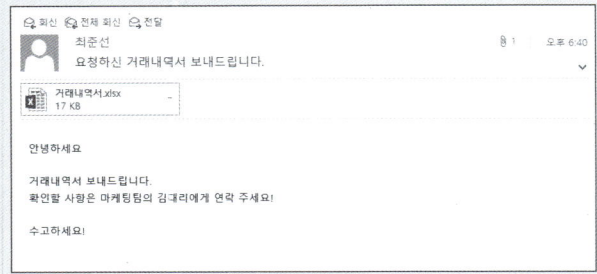

⓳ '메일' 개체변수를 비워 할당된 메모리를 반환합니다.

⓴ '아웃룩' 개체변수를 비워 할당된 메모리를 반환합니다. ⓳-⓴의 이 작업은 원래 매크로가 종료되면 자동으로 이뤄지지만 효율적으로 메모리가 반환되지 않을 수 있으므로, 매크로 종료 전에 메모리를 반환하도록 구성합니다.

> TIP 이 매크로는 예제의 'sample' 시트에 있는 〈거래내역서〉 버튼에 연결되어 있습니다.

> TIP 이 매크로는 SECTION 364(1294쪽)와 유사하므로 겹치는 부분에 대한 설명은 생략되어 있습니다.

매크로가 제대로 동작하는지 확인하기 위해 예제의 〈거래내역서〉 버튼을 클릭하면 '거래내역서' 시트를 첨부 파일로 하는 메일이 발송됩니다.

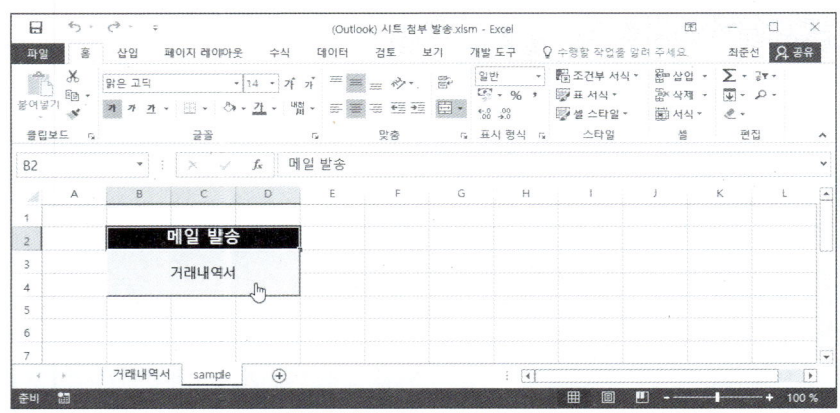

엑셀에 작성된 일정을 아웃룩에 자동 등록하기 367

요즘은 스마트폰이나 태블릿 등을 이용해 일정 관리를 하는 경우가 많습니다. 일정 관리는 여러 기기를 통해 다양한 방식으로 진행하고, 동기화 작업을 통해 데이터를 공유하는 것이 일반적입니다. 그러므로 아웃룩을 메인으로 일정 관리를 해서 다른 기기와 동기화하는 방법을 사용하면 일정을 놓치는 일은 없을 겁니다. 이번에는 엑셀에 작성된 일정을 아웃룩에 자동 등록하는 매크로를 개발하는 방법에 대해 알아보겠습니다.

예제 파일 PART 05 \ (Outlook) 일정 등록.xlsm

예제를 열어 보면 다음과 같은 화면을 확인할 수 있습니다. 표에 작성된 일정을 아웃룩에 등록하는 작업을 진행하겠습니다.

일자	요일	시작시간	종료시간	안건	회의실	주관부서	주관자
1월 4일	월	10:00 AM	11:00 AM	데이터마이닝 세부 협의	203호	전산실	심영국
1월 4일	월	2:00 PM	4:00 PM	부서 커뮤니케이션	501호	인재개발	배한석
1월 5일	화	3:00 PM	5:00 PM	부서 예산 협의	202호	재무	한민정
1월 6일	수	8:00 AM	9:00 AM	프로젝트 진행 현황	1002호	전략기획	최지한
1월 6일	수	11:00 AM	12:00 PM	PGI 개발 협의	305호	전산실	채송아
1월 6일	수	2:30 PM	5:00 PM	불량률 감소 대책 협의	801호	생산	정승화
1월 7일	목	1:30 PM	2:30 PM	자동화 업무 지원 방법	205호	전산실	홍현아
1월 7일	목	3:00 PM	5:00 PM	WD SMS 증진 방안	201호	전략기획	강미란
1월 8일	금	9:00 AM	11:00 AM	아이디어 전략 회의	504호	마케팅	천동석
1월 8일	금	4:30 PM	5:30 PM	주간 업무 회의	301호	마케팅	박준심

아웃룩을 제어해 일정을 등록하는 매크로는 다음과 같습니다.

```
Sub 일정등록()

    '1단계 : 필요한 변수를 선언합니다.
    Dim 아웃룩 As Outlook.Application          ①
    Dim 네임스페이스 As Namespace              ②
    Dim 일정폴더 As Folder                     ③
    Dim 일정 As AppointmentItem                ④
    Dim 시작일 As Date                         ⑤
    Dim 시작시간 As Date, 종료시간 As Date      ⑥
    Dim 안건 As String                         ⑦
    Dim 회의실 As String                       ⑧
    Dim 회의계획 As Range, 셀 As Range         ⑨

    '2단계 : 변수의 초기 값을 할당합니다.
    Set 회의계획 = Range("B3", Cells(Rows.Count, "I").End(xlUp))    ⑩

    '3단계 : 아웃룩을 새로 실행할지 기존에 실행된 아웃룩을 활용할지 결정합니다.
```

```
    On Error Resume Next

        Set 아웃룩 = GetObject("", "Outlook.Application")

        If Err.Number <> 0 Then

            Set 아웃룩 = New Outlook.Application

        End If

    On Error GoTo 0

'4단계 : 아웃룩의 일정 폴더를 변수에 할당합니다.
    Set 네임스페이스 = 아웃룩.GetNamespace("MAPI")                    ⓫
    Set 일정폴더 = 네임스페이스.GetDefaultFolder(olFolderCalendar)    ⓬

'5단계 : 회의 표를 순환하면서 일정을 하나씩 등록합니다.
    For Each 셀 In 회의계획.Columns(1).Cells            ⓭

        시작일 = 셀.Value                   ⓮
        시작시간 = 셀.Offset(, 2).Value     ⓯
        종료시간 = 셀.Offset(, 3).Value     ⓰
        안건 = 셀.Offset(, 4).Value         ⓱
        회의실 = 셀.Offset(, 5).Value       ⓲

        Set 일정 = 일정폴더.Items.Add(olAppointmentItem)    ⓳

        With 일정                           ⓴

            .Subject = 안건                          ㉑
            .Start = 시작일 + 시작시간               ㉒
            .End = 시작일 + 종료시간                 ㉓
            .Location = 회의실                       ㉔

            .ReminderMinutesBeforeStart = 30        ㉕
            .ReminderSet = True                     ㉖

            .Categories = "회의"                    ㉗

            .Save                                   ㉘

        End With

    Next

'6단계 : 아웃룩을 종료하고 변수에 할당된 메모리를 반환합니다.
    아웃룩.Quit

    Set 일정 = Nothing
    Set 일정폴더 = Nothing
    Set 네임스페이스 = Nothing
    Set 아웃룩 = Nothing

End Sub
```

❶ Outlook 프로그램 형식의 '아웃룩' 개체변수를 선언합니다.

❷ Namespace 형식의 '네임스페이스' 개체변수를 선언합니다. Namespace는 프로그램의 구성 요소 중에서 동일한 클래스나 개체, 구성 요소들을 사용해도 충돌되지 않도록 관리하는 기능을 담당하는 개체입니다. 아웃룩은 메일이나 연락처, 일정, 작업 등의 다양한 기능을 제공하므로, Namespace 영역이 필수적으로 필요합니다.

❸ Folder 형식의 '일정폴더' 개체변수를 선언합니다. 아웃룩의 연락처, 일정, 작업은 모두 폴더로 구분해 관리됩니다.

❹ AppointmentItem 형식의 '일정' 개체변수를 선언합니다.

❺ Date 형식의 '시작일' 변수를 선언합니다.

❻ Date 형식의 '시작시간'과 '종료시간' 변수를 선언합니다.

❼ String 형식의 '안건' 변수를 선언합니다.

❽ String 형식의 '회의실' 변수를 선언합니다.

❾ Range 형식의 '회의계획'과 '셀' 개체변수를 선언합니다.

❿ '회의계획' 개체변수에 B3셀부터 I열의 마지막 데이터 입력 위치까지의 범위를 할당합니다. 이 코드는 다음 코드와 동일합니다.

```
Set 회의계획 = Range("B3").CurrentRegion
Set 회의계획 = 회의계획.Offset(1).Resize(회의계획.Rows.Count - 1)
```

⓫ '아웃룩' 개체변수에 할당된 Outlook 프로그램의 MAPI(Mail API)라는 이름의 Namespace 개체를 '네임스페이스' 개체변수에 할당합니다. MAPI Namespace 개체는 아웃룩의 여러 기능이 동일한 구성 요소를 사용해도 충돌하지 않도록 관리하는 개체입니다. 일정, 연락처, 작업 등을 VBA로 처리하려면 Namespace를 거쳐야 합니다.

⓬ '일정폴더' 개체변수에 '네임스페이스' 개체변수에 할당된 Namespace 개체의 하위 폴더 중 기본 일정 폴더를 할당합니다.

⓭ For Each … Next 순환문을 사용해 '회의계획' 개체변수에 할당된 데이터 범위 내 첫 번째 열의 셀을 하나씩 '셀' 개체변수에 할당합니다. 이렇게 하면 '셀' 개체변수는 예제의 B3:B12 범위 내 셀을 하나씩 참조하게 됩니다.

⓮ '시작일' 변수에 '셀' 개체변수에 할당된 셀 값을 저장합니다.

⓯ '시작시간' 변수에 '셀' 개체변수에 할당된 셀의 오른쪽 두 번째 셀 값을 저장합니다.

⓰ '종료시간' 변수에 '셀' 개체변수에 할당된 셀의 오른쪽 세 번째 셀 값을 저장합니다.

⓱ '안건' 변수에 '셀' 개체변수에 할당된 셀의 오른쪽 네 번째 셀 값을 저장합니다.

⓲ '회의실' 변수에 '셀' 개체변수에 할당된 셀의 오른쪽 다섯 번째 셀 값을 저장합니다.

⓳ '일정폴더' 개체변수에 할당된 일정 폴더에 새 일정을 하나 추가하고, 추가된 일정을 '일정' 개체변수에 할당합니다.

⓴ '일정' 개체변수에 할당된 새 일정에 여러 설정 작업을 진행하기 위해 With 문을 사용합니다.

㉑ 일정 제목을 '안건' 변수에 값으로 입력합니다.

㉒ 일정 시작 시각을 '시작일'과 '시작시간' 변수의 값을 더해 설정합니다.

㉓ 일정 종료 시각을 '시작일'과 '종료시간' 변수의 값을 더해 설정합니다.

㉔ 일정 위치에 '회의실' 변수의 값을 입력합니다.

㉕ 일정 미리 알림 시간을 30분 전으로 설정합니다.

㉖ 일정 미리 알림을 설정합니다.

㉗ 일정 카테고리를 '회의'로 설정합니다.

㉘ 일정을 저장합니다.

TIP 이 매크로는 예제의 〈일정 등록〉 버튼에 연결되어 있습니다.

TIP 이 매크로에서 설명되지 않은 부분은 SECTION 366(1301쪽)의 매크로 설명을 참고합니다.

개발된 매크로가 제대로 동작하는지 확인하기 위해, 예제에서 〈일정 등록〉 버튼을 클릭한 다음 아웃룩을 실행합니다. 2016년 1월 달력을 보면 다음과 같이 엑셀 표에 입력된 내용이 등록되어 있습니다.

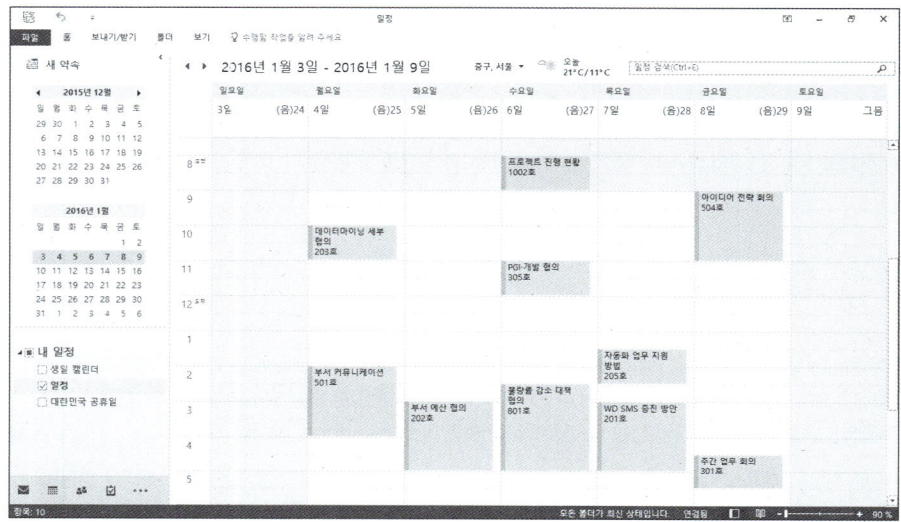

세부 일정을 확인하기 위해 아무 일정이나 더블클릭해 열면 다음과 같은 약속 창이 열립니다. 이 화면에서 카테고리와 미리 알림 일정이 제대로 등록된 것을 확인할 수 있습니다.

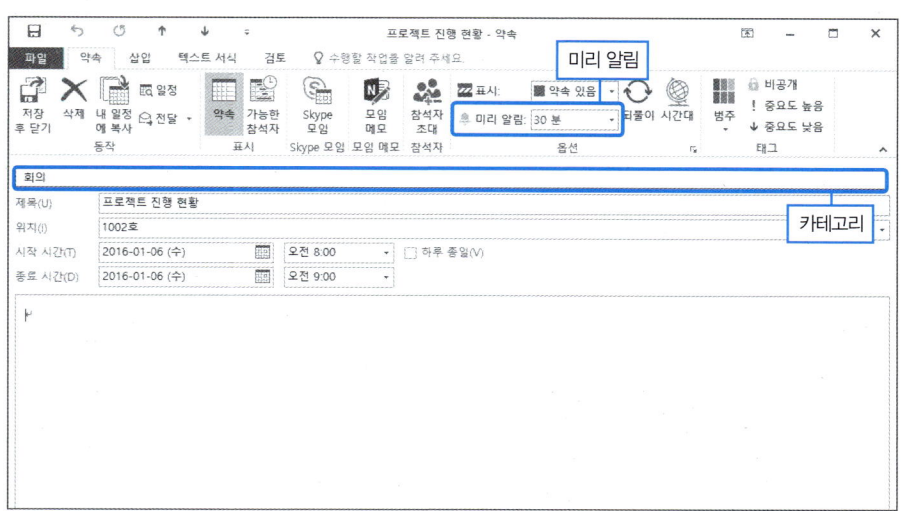

중복 일정 등록 방지와 일정 삭제하기

368

앞에서 개발한 일정 등록 매크로는 제대로 동작은 하지만, 버튼을 여러 번 클릭하면 일정이 중복해서 등록됩니다. 그러므로, 일정을 매크로로 등록해 사용하려면 중복된 일정이 등록되지 않도록 하고 잘못 등록된 일정은 삭제하는 매크로를 추가로 개발할 필요가 있습니다. 이번에는 중복된 일정이 등록되지 않도록 하거나 기존에 등록된 일정을 삭제하는 매크로를 개발하는 방법에 대해 알아보겠습니다.

예제 파일 PART 05 \ (Outlook) 중복 일정.xlsm

다음 화면은 아웃룩에 일정이 중복 등록된 상태를 보여줍니다.

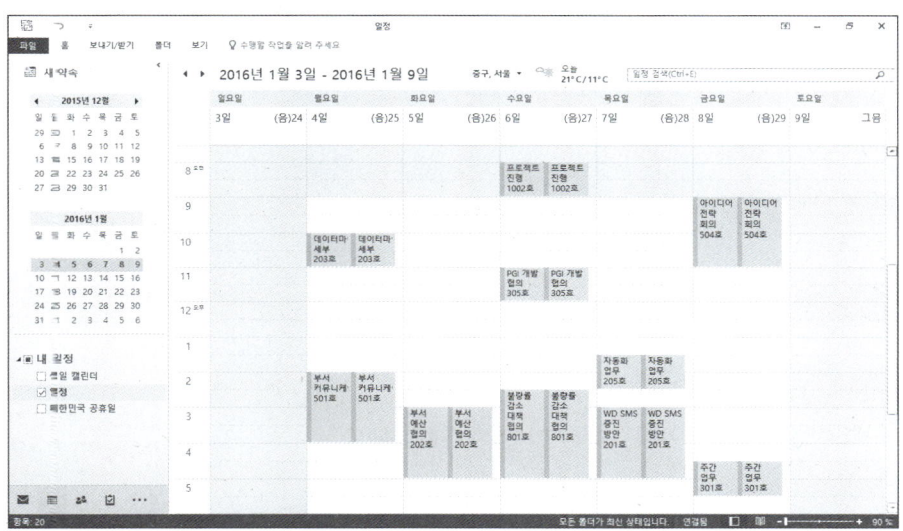

TIP 이 화면은 SECTION 367(1305쪽) 예제의 〈일정 등록〉 버튼을 두 번 클릭한 결과입니다.

예제를 열면 화면과 같은 표를 확인할 수 있습니다. 이번 예제에서는 중복된 일정이 등록되지 않도록 '일정 등록' 매크로를 수정하고, 등록된 일정을 삭제하는 '일정삭제' 매크로를 개발하는 작업을 진행합니다.

일자	요일	시작시간	종료시간	안건	회의실	주관부서	주관자
1월 4일	월	10:00 AM	11:00 AM	데이터마이닝 세부 협의	203호	전산실	심영국
1월 4일	월	2:00 PM	4:00 PM	부서 커뮤니케이션	501호	인재개발	배한석
1월 5일	화	3:00 PM	5:00 PM	부서 예산 협의	202호	재무	한민정
1월 6일	수	8:00 AM	9:00 AM	프로젝트 진행 현황	1002호	전략기획	최지한
1월 6일	수	11:00 AM	12:00 PM	PGI 개발 협의	305호	전산실	채송아
1월 6일	수	2:30 PM	5:00 PM	불량률 감소 대책 협의	801호	생산	정승화
1월 7일	목	1:30 PM	2:30 PM	자동화 업무 지원 방법	205호	전산실	홍현아
1월 7일	목	3:00 PM	5:00 PM	WD SMS 증진 방안	201호	전략기획	강미란
1월 8일	금	9:00 AM	11:00 AM	아이디어 전략 회의	504호	마케팅	천동석
1월 8일	금	4:30 PM	5:30 PM	주간 업무 회의	301호	마케팅	박준심

일정 등록

일정 삭제

먼저 등록된 일정을 삭제하는 '일정삭제' 매크로는 다음과 같이 구성합니다.

```
Sub 일정삭제()

'1단계 : 필요한 변수를 선언합니다.
    Dim 아웃룩 As Outlook.Application
    Dim 네임스페이스 As Namespace
    Dim 일정폴더 As Folder
    Dim 일정 As AppointmentItem
    Dim 시작일 As Date
    Dim 시작시간 As Date
    Dim 안건 As String
    Dim 필터조건 As String                    ①
    Dim 회의계획 As Range, 셀 As Range

'2단계 : 변수의 초기 값을 할당합니다.
    Set 회의계획 = Range("B3", Cells(Rows.Count, "I").End(xlUp))

'3단계 : 아웃룩을 새로 실행할지 기존에 실행된 아웃룩을 활용할지 결정합니다.
    On Error Resume Next

        Set 아웃룩 = GetObject("", "Outlook.Application")

        If Err.Number <> 0 Then

            Set 아웃룩 = New Outlook.Application

        End If

    On Error GoTo 0

'4단계 : 아웃룩의 일정 폴더를 변수에 할당합니다.
    Set 네임스페이스 = 아웃룩.GetNamespace("MAPI")
    Set 일정폴더 = 네임스페이스.GetDefaultFolder(olFolderCalendar)

'5단계 : 회의 표를 순환하면서 해당 일정이 등록되어 있는지 확인하고 모두 삭제합니다.
    For Each 셀 In 회의계획.Columns(1).Cells

        시작일 = 셀.Value
        시작시간 = 셀.Offset(, 2).Value
        안건 = 셀.Offset(, 4).Value

        필터조건 = "[Start]='" & Format(시작일 + 시작시간, "YYYY-MM-DD H:NN AMPM") & "' " & _
            "And [Subject] = '" & 안건 & "'"                    ②

        Set 일정 = 일정폴더.Items.Find(필터조건)                    ③

        Do Until 일정 Is Nothing                    ④

            일정.Delete                    ⑤

            Set 일정 = 일정폴더.Items.Find(필터조건)                    ⑥
        Loop

    Next
```

```
'6단계 : 아웃룩을 종료하고 변수에 할당된 메모리를 반환합니다.
    아웃룩.Quit

    Set 일정 = Nothing
    Set 일정폴더 = Nothing
    Set 네임스페이스 = Nothing
    Set 아웃룩 = Nothing

End Sub
```

❶ String 형식의 '필터조건' 변수를 선언합니다.

❷ '필터조건' 변수에 일정 시작 시각(Start)이 '시작일'과 '시작시간' 변수의 값을 더한 값과 동일하고, 제목(Subject)이 '안건' 변수의 값과 동일한지 판단하는 조건을 설정합니다. 이 두 개가 동일하면 동일한 일정이 등록되어 있다고 판단합니다. 참고로 '시작일'과 '시작시간' 변수의 값을 더한 값을 Format 함수를 사용해 '2016-01-01 9:00 AM'과 같은 형식으로 변환합니다.

❸ '일정폴더' 개체변수에 할당된 기본 일정 폴더에서, 등록된 일정 중에 '필터조건'에 맞는 일정을 찾아 '일정' 개체변수에 할당합니다.

❹ Do … Loop 순환문을 사용해 '일정' 개체변수가 비어 있을 때까지 순환하면서 ❺-❻의 코드를 반복 실행합니다.

❺ '일정' 개체변수에 할당된 일정을 삭제합니다.

❻ ❸의 코드를 다시 실행하면서 '일정' 개체변수에 찾은 일정을 할당합니다.

TIP 이 매크로는 예제의 〈일정 삭제〉 버튼에 연결되어 있습니다.

TIP 이 매크로에서 설명되지 않은 부분은 SECTION 367(1305쪽)의 매크로 설명을 참고합니다.

개발된 매크로가 제대로 동작하는지 확인하기 위해 〈일정 삭제〉 버튼을 클릭한 다음 아웃룩을 실행합니다. 2016년 1월 일정을 확인하면 다음과 같이 기존에 등록된 일정이 모두 삭제된 것을 볼 수 있습니다.

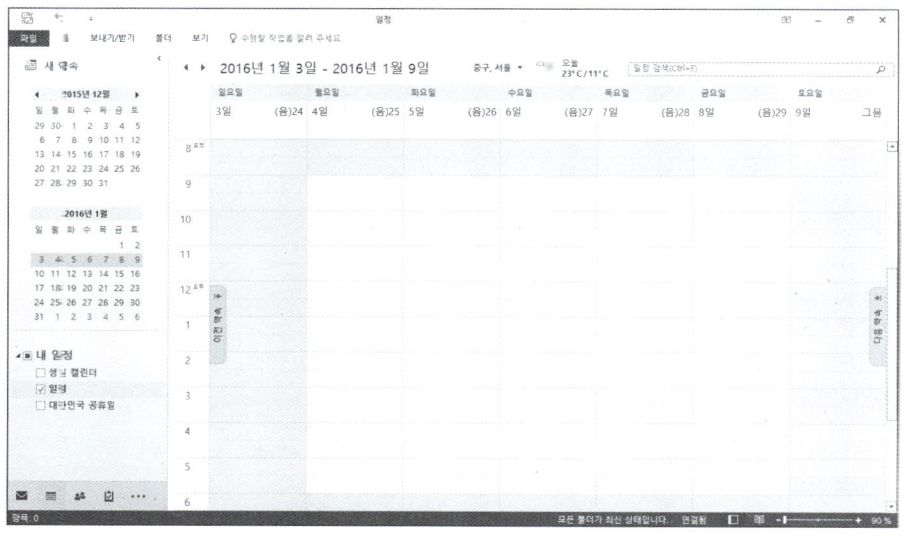

이제 일정을 등록하는 매크로에 중복된 일정은 등록되지 않도록 하는 기능을 추가합니다. 수정된 '일정등록' 매크로는 다음과 같습니다.

```vb
Sub 일정등록()

'1단계 : 필요한 변수를 선언합니다.
    Dim 아웃룩 As Outlook.Application
    Dim 네임스페이스 As Namespace
    Dim 일정폴더 As Folder
    Dim 일정 As AppointmentItem
    Dim 시작일 As Date
    Dim 시작시간 As Date, 종료시간 As Date
    Dim 안건 As String
    Dim 회의실 As String
    Dim 필터조건 As String                    ─①
    Dim 회의계획 As Range, 셀 As Range

'2단계 : 변수의 초기 값을 할당합니다.
    Set 회의계획 = Range("B3", Cells(Rows.Count, "I").End(xlUp))

'3단계 : 아웃룩을 새로 실행할지 기존에 실행된 아웃룩을 활용할지 결정합니다.
    On Error Resume Next

        Set 아웃룩 = GetObject("", "Outlook.Application")

        If Err.Number <> 0 Then

            Set 아웃룩 = New Outlook.Application

        End If

    On Error GoTo 0

'4단계 : 아웃룩의 일정 폴더를 변수에 할당합니다.
    Set 네임스페이스 = 아웃룩.GetNamespace("MAPI")
    Set 일정폴더 = 네임스페이스.GetDefaultFolder(olFolderCalendar)

'5단계 : 회의 표를 순환하면서 일정을 하나씩 등록합니다.
    For Each 셀 In 회의계획.Columns(1).Cells

        시작일 = 셀.Value
        시작시간 = 셀.Offset(, 2).Value
        종료시간 = 셀.Offset(, 3).Value
        안건 = 셀.Offset(, 4).Value
        회의실 = 셀.Cffset(, 5).Value

        필터조건 = "[Start]='" & Format(시작일 + 시작시간, "YYYY-MM-DD H:NN AMPM") & "' " & _
                  "And [Subject] = '" & 안건 & "'"           ─②

        Set 일정 = 일정폴더.Items.Find(필터조건)           ─③
```

```
            If 일정 Is Nothing Then                    ❹

                Set 일정 = 일정폴더.Items.Add(olAppointmentItem)

                With 일정

                    .Subject = 안건
                    .Start = 시작일 + 시작시간
                    .End = 시작일 + 종료시간
                    .Location = 회의실

                    .ReminderMinutesBeforeStart = 30
                    .ReminderSet = True

                    .Categories = "회의"

                    .Save

                End With

            End If

        Next

    '6단계 : 아웃룩을 종료하고 변수에 할당된 메모리를 반환합니다.
        아웃룩.Quit

        Set 일정 = Nothing
        Set 일정폴더 = Nothing
        Set 네임스페이스 = Nothing
        Set 아웃룩 = Nothing

End Sub
```

❶ String 형식의 '필터조건' 변수를 선언합니다.

❷ '필터조건' 변수에 확인할 필터 조건을 문자열로 구성합니다. 이 부분에 대한 설명은 '일정삭제' 매크로를 참고합니다.

❸ '일정폴더' 개체변수에 할당된 기본 일정 폴더에서 '필터조건' 변수에 저장된 조건에 해당하는 일정을 찾아 '일정' 개체변수에 할당합니다.

❹ '일정' 개체변수에 등록된 일정이 없을 경우에만 다음 줄에서 일정 등록 작업을 진행합니다.

TIP 이 매크로는 예제의 〈일정 등록〉 버튼에 연결되어 있습니다.

TIP 이 매크로에서 설명되지 않은 부분은 SECTION 367(1305쪽)의 매크로 설명을 참고합니다.

개발된 매크로를 테스트하려면 〈일정 등록〉 버튼을 클릭하고 아웃룩을 실행해 일정이 어떻게 등록되는지 확인합니다. 또한 여러 번 버튼을 클릭하거나 아웃룩에서 등록된 일정 중 하나를 삭제하고 버튼을 클릭해, 빠진 일정만 제대로 등록되는지 확인해 봅니다.

생성된 차트를 파워포인트의 원하는 슬라이드 위치에 삽입하기 369

엑셀과 파워포인트를 연동해 작업할 때 가장 많이 하는 일은 아마 엑셀 차트를 파워포인트 문서로 옮기는 작업일 겁니다. 이때 생성된 차트를 파워포인트 문서의 몇 번째 슬라이드에 어떤 사이즈로 넣을지 안다면 매크로로 쉽게 처리할 수 있습니다. 참고로 파워포인트 문서는 개체 모델이 엑셀과 유사하며, Application – Presentation(Workbook) – Slide(Worksheet) – Shape(Range)와 같은 개체 모델을 사용합니다. 이런 부분만 잘 이해하고 있다면 파워포인트를 제어하는 매크로를 비교적 수월하게 만들 수 있습니다.

예제 파일 PART 05 \ (Powerpoint) 차트.xlsm, (Powerpoint) 차트.pptx

Microsoft PowerPoint 16.0 Object Library 참조

엑셀을 이용해 파워포인트 프로그램을 제어하려면 해당 라이브러리를 먼저 참조해야 합니다. 파워포인트를 제어할 파일의 VB 편집기에서 [도구]-[참조] 메뉴를 선택한 다음, 화면과 같이 'Microsoft Powerpoint 16.0 Object Library'를 찾아 체크하고 〈확인〉 버튼을 클릭합니다.

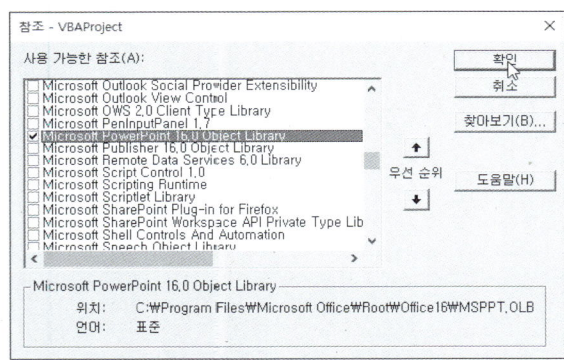

이 라이브러리를 참조하지 않고, CreateObject 함수를 사용해 추기 바인딩 방식으로 매크로를 개발할 수도 있습니다. 이 부분은 SECTION 371(1323쪽)에서 확인할 수 있습니다.

엑셀 차트를 파워포인트로 복사

예제 파일 중 엑셀 파일을 열면 다음 화면과 같은 표와 2016 버전에 새롭게 추가된 폭포 차트를 확인할 수 있습니다. 이 차트를 예제의 파워포인트로 전송하는 작업을 해 보겠습니다.

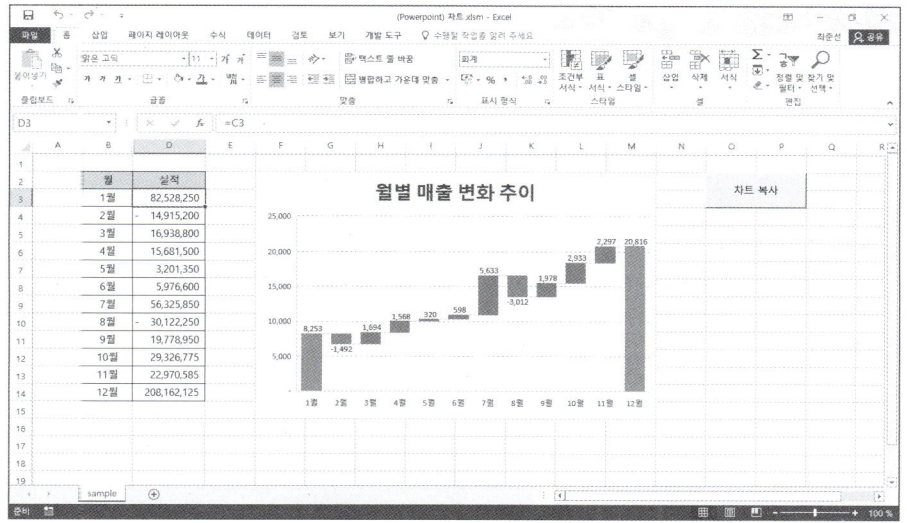

파워포인트 예제를 열어 구성을 확인합니다. 다음 화면과 같이 두 번째 슬라이드에 차트가 표시될 영역을 도형으로 표시해 두었습니다. 이 위치로 엑셀 파일의 차트를 복사하는 작업을 진행합니다.

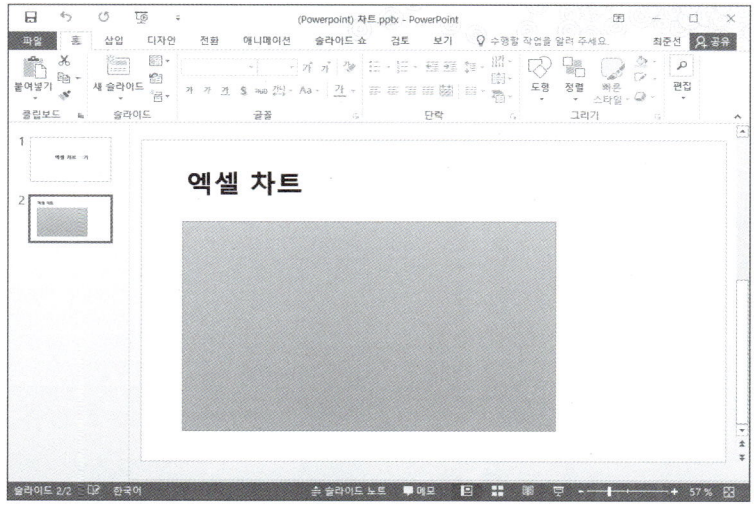

파워포인트 예제는 확인 후 닫고, 엑셀 파일에서 다음과 같은 매크로를 개발해 차트를 복사하는 작업을 진행합니다.

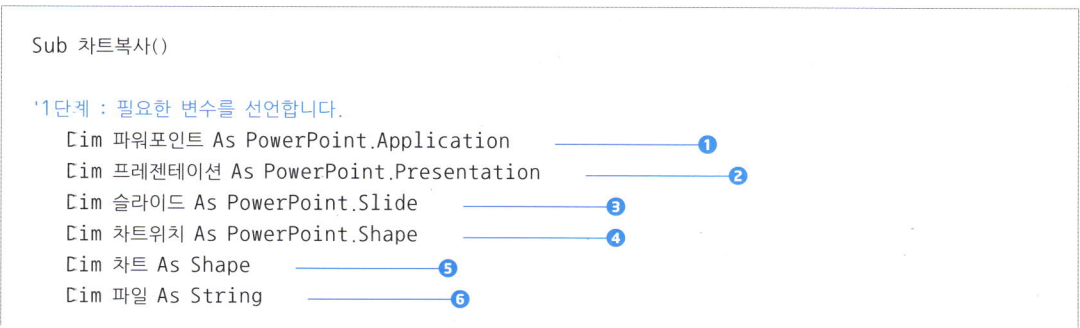

```
'2단계 : 변수의 초기 값을 할당합니다.
    Set 차트 = ActiveSheet.Shapes(1)            ——❼

    파일 = Replace(ThisWorkbook.FullName, "xlsm", "pptx")    ——❽

'3단계 : 파워포인트가 실행되어 있는지 여부를 확인해 파워포인트 변수에 할당합니다.
    On Error Resume Next           ——❾

        Set 파워포인트 = GetObject("", "Powerpoint.Application")    ——❿

        If Err.Number <> 0 Then        ——⓫

            Set 파워포인트 = New PowerPoint.Application    ——⓬
            Err.Clear       ——⓭

        End If

'4단계 : 파일이 열려 있는지 확인해 프레젠테이션 변수에 할당합니다.
        Set 프레젠테이션 = 파워포인트.Presentations(Dir(파일))    ——⓮

        If Err.Number <> 0 Then        ——⓯

            Set 프레젠테이션 = 파워포인트.Presentations.Open(파일)    ——⓰

        End If

    On Error GoTo 0        ——⓱

'5단계 : 파워포인트 프로그램을 화면에 표시합니다.
    With 파워포인트        ——⓲
        .Visible = msoTrue
        .Activate
    End With

'6단계 : 차트를 복사해 두 번째 슬라이드에 붙여 넣습니다.
    Set 슬라이드 = 프레젠테이션.Slides(2)    ——⓳
    Set 차트위치 = 슬라이드.Shapes(2)        ——⓴

    차트.Copy        ——㉑
    슬라이드.Shapes.Paste        ——㉒

    With 슬라이드.Shapes(슬라이드.Shapes.Count)    ——㉓
        .Top = 차트위치.Top
        .Left = 차트위치.Left
        .Width = 차트위치.Width
        .Height = 차트위치.Height
    End With

'7단계 : 파일을 저장하고, 파워포인트를 제어할 때 사용한 변수에 할당된 메모리를 반환합니다.
    프레젠테이션.Save        ——㉔

    Set 차트위치 = Nothing        ——㉕
```

```
        Set 슬라이드 = Nothing              ㉖
        Set 프레젠테이션 = Nothing          ㉗
        Set 파워포인트 = Nothing            ㉘

End Sub
```

❶ Powerpoint의 Application 형식의 '파워포인트' 개체변수를 선언합니다.

❷ Powerpoint의 Presentation 형식의 '프레젠테이션' 개체변수를 선언합니다. Presentation 개체는 파워포인트 파일을 의미하는 개체입니다. 개체 이름(Presentation)이 엑셀의 개체 이름과 중복되지 않으므로 다음과 같이 선언해도 됩니다.

```
Dim 프레젠테이션 As Presentation
```

다만, Shape와 같이 개체 이름이 중복되는 경우에는 개체 이름 앞에 Powerpoint 프로그램을 명확하게 지정하는 것이 좋습니다.

❸ Powerpoint의 Slide 형식의 '슬라이드' 개체변수를 선언합니다.

❹ Powerpoint의 Shape 형식의 '차트위치' 개체변수를 선언합니다.

❺ Shape 형식의 '차트' 개체변수를 선언합니다.

❻ String 형식의 '파일' 변수를 선언합니다.

❼ '차트' 개체변수에 현재 시트의 첫 번째 도형에 있는 차트 개체를 할당합니다. 2007 이후 버전부터 차트는 도형 내에 삽입되고, 예제에 추가된 폭포 차트는 Shapes 컬렉션의 AddChart2 메서드로 추가됩니다. 이 경우 Shape 개체 안에 차트가 포함되므로 ChartObject 개체 대신 Shape 개체를 이용해야 합니다.

❽ '파일' 변수에 차트를 저장할 프레젠테이션 파일 이름을 저장합니다. 제공된 예제의 엑셀 파일과 파워포인트 파일은 확장자만 다르므로, Replace 함수를 사용해 현재 파일의 FullName에서 확장자 xlsm을 pptx로 변경해 '파일' 변수에 저장합니다.

❾ ❿ ⓮에서 에러가 발생해도 매크로 실행이 중단되지 않도록 On Error 문을 설정합니다.

❿ '파워포인트' 개체변수에 현재 실행된 파워포인트 프로그램을 할당합니다.

⓫ ❿에서 에러가 발생했는지 확인해, 에러가 발생한 경우에 ⓬–⓭의 코드를 실행합니다. ❿에서 에러가 발생했다면 파워포인트 프로그램이 실행되지 않은 것입니다.

⓬ New 키워드를 사용해 파워포인트를 실행하고, 실행된 프로그램을 '파워포인트' 개체변수에 할당합니다.

⓭ 발생된 에러를 해제합니다.

⓮ 파워포인트에서 열린 파일 중 '파일' 변수에 저장된 파일 이름을 사용하는 것을 '프레젠테이션' 개체변수에 할당합니다.

⓯ ⓮에서 에러가 발생했는지 확인합니다. 에러가 발생했다면, 차트를 저장할 파일이 열려 있지 않다는 의미입니다. 이 경우에 ⓰을 실행합니다.

⓰ '파일' 변수에 저장된 파일을 파워포인트에서 열고, 연 파일을 '프레젠테이션' 개체변수에 할당합니다.

⓱ ❾의 On Error 문 설정을 해제합니다.

⓲ '파워포인트' 개체변수에 할당된 프로그램을 화면에 표시하고, 창을 전면에 표시합니다.

⓳ '슬라이드' 개체변수에 '프레젠테이션' 개체변수에 할당된 파일의 두 번째 슬라이드를 할당합니다.

⓴ '차트위치' 개체변수에 '슬라이드' 개체변수에 할당된 슬라이드의 두 번째 도형을 할당합니다.

㉑ '차트' 개체변수에 할당된 엑셀 차트를 복사합니다.

㉒ '슬라이드' 개체변수에 할당된 슬라이드로 복사된 차트를 붙여 넣습니다.

㉓ 붙여 넣은 차트의 위치를 조정하기 위해 해당 슬라이드의 마지막 도형을 With 문을 사용해 조작합니다. 상단(Top)과 좌측(Left) 위치, 그리고 가로 너비(Width)와 세로 높이(Height)를 '차트위치' 개체변수에 할당된 도형과 동일하게 설정합니다.

㉔ '프레젠테이션' 개체변수에 할당된 파워포인트 문서를 저장합니다. 파일과 프로그램을 종료하려면 이번 줄 하단에 다음 명령을 추가합니다.

```
프레젠테이션.Close
파워포인트.Quit
```

㉕ '차트위치' 개체변수에 할당된 메모리를 반환합니다.

㉖ '슬라이드' 개체변수에 할당된 메모리를 반환합니다.

㉗ '프레젠테이션' 개체변수에 할당된 메모리를 반환합니다.

㉘ '파워포인트' 개체변수에 할당된 메모리를 반환합니다.

TIP 이 매크로는 예제의 〈차트 복사〉 버튼에 연결되어 있습니다.

개발된 매크로가 제대로 동작하는지 확인하기 위해 〈차트 복사〉 버튼을 클릭해 봅니다. 다음 화면과 같이 파워포인트 프로그램이 실행되고 예제 파일의 두 번째 슬라이드 위치에 정확하게 차트가 복사됩니다.

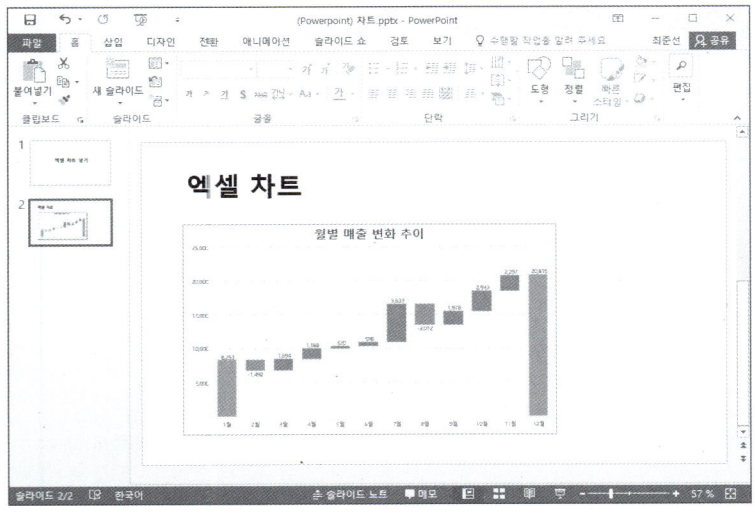

엑셀 표와 구조가 동일한
파워포인트 표에 데이터 바로 쓰기

370

엑셀의 데이터를 복사하여 붙여 넣는 방법이 아니라, 엑셀 표의 데이터를 파워포인트 문서의 표에 직접 써서 넣어야 하는 경우가 있을 수 있습니다. 차트 복사에 비하면 꽤 골치 아픈 일이지만 불가능한 작업은 아닙니다. 참고로 엑셀에서는 표나 셀을 구분하지 않고 모두 Range 개체로 다룰 수 있습니다. 그러나 파워포인트에서 표는 Table 개체로 표 내부의 칸(Cell)은 Shape 개체로 다루므로, 이런 차이점을 잘 이해하고 있어야 합니다. 이번에는 엑셀의 표 데이터를 파워포인트 문서 내 표에 직접 쓰는 매크로 개발 방법에 대해 알아보겠습니다.

예제 파일 PART 05 \ (Powerpoint) 표.xlsm, (Powerpoint) 표.pptx

예제 중에서 엑셀 파일인 '(Powerpoint) 표.xlsm' 파일을 열면 다음과 같이 11행(2:12행)과 6열(B:G열)로 구성된 표를 확인할 수 있습니다.

	A	B	C	D	E	F	G	H	I	J	K
1											
2		담당	1사분기	2사분기	3사분기	4사분기	총합계				
3		김덕훈	20,166,000	37,062,850	57,855,500	87,249,955	202,334,305		파워포인트에 쓰기		
4		김소미	45,539,700	60,349,600	55,264,800	42,930,910	204,085,010				
5		김찬진	14,535,100	27,576,300	14,105,800	78,974,475	135,191,675				
6		선하라	25,765,100	26,291,100	53,419,450	38,167,145	143,642,795				
7		안정훈	15,122,050	23,903,450	22,040,250	68,103,350	129,169,100				
8		오영수	28,310,950	15,776,500	42,961,550	91,150,415	178,199,415				
9		유가을	14,636,250	14,976,400	34,176,450	65,689,590	129,478,690				
10		윤대현	18,681,150	44,972,800	93,623,750	79,861,160	237,138,860				
11		최소라	51,936,850	62,170,350	83,298,450	48,446,960	245,852,510				
12		총합계	234,693,150	313,079,350	456,745,900	600,573,960	1,605,092,360				
13											

예제 중 파워포인트 파일인 '(Powerpoint) 표.pptx' 파일을 열고 두 번째 슬라이드를 보면, 엑셀 표와 동일한 구조(11행×6열)의 빈 표를 확인할 수 있습니다. 엑셀 파일의 데이터를 이 표에 기록하는 매크로를 개발해 보겠습니다.

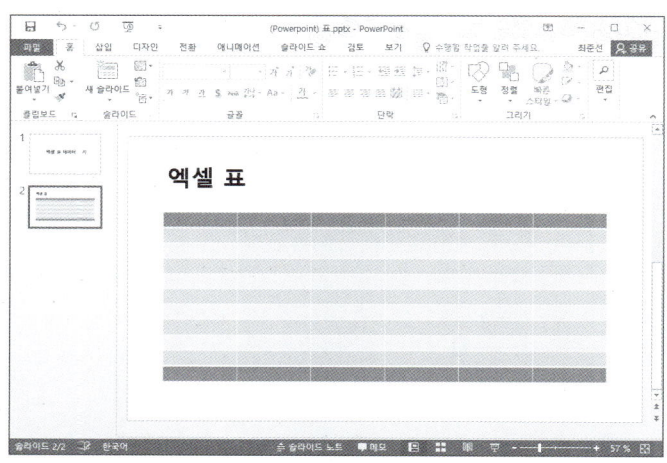

파워포인트 파일은 닫고, 엑셀 파일에서 다음과 같은 매크로를 개발합니다.

```
Sub 파워포인트표에기록()

'1단계 : 필요한 변수를 선언합니다.
    Dim 파워포인트 As PowerPoint.Application
    Dim 프레젠테이션 As PowerPoint.Presentation
    Dim 슬라이드 As PowerPoint.Slide
    Dim 표 As PowerPoint.Table                    ❶
    Dim 파일 As String
    Dim 엑셀표 As Range, 셀 As Range                ❷
    Dim r As Integer, c As Integer                ❸

'2단계 : 변수의 초기 값을 할당합니다.
    파일 = Replace(ThisWorkbook.FullName, "xlsm", "pptx")

    Set 엑셀표 = Range("B2").CurrentRegion         ❹

'3단계 : 파워포인트가 실행되어 있는지 여부를 확인해 파워포인트 변수에 할당합니다.
    On Error Resume Next

        Set 파워포인트 = GetObject("", "Powerpoint.Application")

        If Err.Number <> 0 Then

            Set 파워포인트 = New PowerPoint.Application
            Err.Clear

        End If

'4단계 : 파일이 열려 있는지 확인해, 프레젠테이션 변수에 할당합니다.
        Set 프레젠테이션 = 파워포인트.Presentations(Dir(파일))

        If Err.Number <> 0 Then

            Set 프레젠테이션 = 파워포인트.Presentations.Open(파일)

        End If

    On Error GoTo 0

'5단계 : 파워포인트 프로그램을 화면에 표시합니다.
    With 파워포인트
        .Visible = msoTrue
        .Activate
    End With

'6단계 : 엑셀 표의 내용을 위치에 맞게 파워포인트의 표에 기록합니다.
    Set 슬라이드 = 프레젠테이션.Slides(2)           ❺
    Set 표 = 슬라이드.Shapes(2).Table              ❻

    For Each 셀 In 엑셀표                          ❼
```

```
            r = 셀.Row - 1                        ⑧
            c = 셀.Column - 1                     ⑨

            If r > 1 And c > 1 Then               ⑩

                With 표.Cell(r, c).Shape.TextFrame.TextRange    ⑪
                    .Text = Format(셀.Value, "#,###")           ⑫
                    .ParagraphFormat.Alignment = ppAlignRight   ⑬
                End With

            Else                                  ⑭

                With 표.Cell(r, c).Shape.TextFrame.TextRange    ⑮
                    .Text = 셀.Value                            ⑯
                    .ParagraphFormat.Alignment = ppAlignCenter  ⑰
                End With

            End If

        Next

    '7단계 : 파일을 저장하고, 파워포인트를 제어할 때 사용한 변수에 할당된 메모리를 반환합니다.
        프레젠테이션.Save

        Set 표 = Nothing
        Set 슬라이드 = Nothing
        Set 프레젠테이션 = Nothing
        Set 파워포인트 = Nothing

    Enc Sub
```

❶ Powerpoint의 Table 형식의 '표' 개체변수를 선언합니다.

❷ Range 형식의 '엑셀표'와 '셀' 개체변수를 선언합니다.

❸ Integer 형식의 r, c 변수를 선언합니다. 이 두 변수는 파워포인트의 표에서 값을 기록할 행(r)과 열(c) 번호를 기록하는 역할을 수행합니다.

❹ '엑셀표' 개체변수에 B2셀부터 연속된 데이터 범위를 할당합니다.

❺ '슬라이드' 개체변수에 '프레젠테이션' 개체변수에 할당된 예제 파일의 두 번째 슬라이드를 할당합니다.

❻ '표' 개체변수에 '슬라이드' 개체변수에 할당된 슬라이드의 두 번째 도형의 Table 개체를 할당합니다.

❼ For Each … Next 순환문을 사용해 '엑셀표' 개체변수에 할당된 범위 내 셀을 하나씩 '셀' 개체변수에 할당합니다.

❽ r 변수에 '셀' 개체변수에 할당된 셀의 행 번호에서 1을 뺀 값을 저장합니다. 엑셀에서 표는 B2셀부터 기록되어 있으므로, r 변수가 1부터 n행까지의 값을 가지려면 1을 뺀 값을 저장해야 합니다.

❾ c 변수에 '셀' 개체변수에 할당된 셀의 열 번호에서 1을 뺀 값을 저장합니다. 엑셀 표는 B2셀부터 기록되어 있으므로, 열 번호 역시 1을 뺀 값을 저장해야 합니다.

❿ r 변수와 c 변수가 모두 1을 초과했는지 판단합니다. 엑셀 표를 보면 첫 번째 행(2행)과 왼쪽 열(B열)에는 텍스트 값이 입력되어 있지만 C3:G12 범위는 모두 숫자이므로, 파워포인트 표에 입력할 때 천 단위 구분 기호와 오른쪽 맞춤을 적

용하기 위해 r 변수와 c 변수의 값을 판단합니다. 맞는 경우에만 ⑪-⑬의 코드를 실행합니다.

⑪ '표' 개체변수에 할당된 파워포인트의 표에서 r, c 위치의 셀에 있는 도형의 텍스트 값 범위에 여러 작업을 하기 위해 With 문을 사용합니다.

⑫ 도형 내 텍스트 값(Text)은 '셀' 개체변수에 할당된 셀 값에 Format 함수를 사용해 천 단위 구분 기호(,)를 적용해 저장합니다.

⑬ 도형 내 텍스트 값을 오른쪽으로 맞춥니다. 파워포인트는 엑셀과 달리 데이터 형식을 구분할 수 없으므로, 이런 식의 보정 작업을 해야 엑셀과 유사하게 표시됩니다.

⑭ ⑩의 판단이 False면 '셀' 개체변수에 할당된 셀의 위치가 B열이나 2행이라는 의미이므로, 이 경우에는 ⑮-⑰의 코드를 실행합니다.

⑮ '표' 개체변수에 할당된 파워포인트의 표에서 r, c 위치의 셀에 있는 도형의 텍스트 값 범위에 여러 작업을 하기 위해 With 문을 사용합니다.

⑯ 도형 내 텍스트 값(Text)은 '셀' 개체변수에 할당된 셀 값을 그대로 저장합니다.

⑰ 도형 내 텍스트 값을 중앙에 맞춥니다.

> **TIP** 이 매크로는 예제의 〈다워포인트에 쓰기〉 버튼에 연결되어 있습니다.

> **TIP** 이 매크로에서 설명되지 않은 부분은 SECTION 369(1314쪽)의 매크로 설명을 참고합니다.

개발된 매크로가 제대로 동작하는지 확인하기 위해 〈파워포인트에 쓰기〉 버튼을 클릭합니다. 파워포인트가 자동으로 실행되면서 두 번째 슬라이드의 표에 엑셀 파일과 동일한 데이터가 기록됩니다.

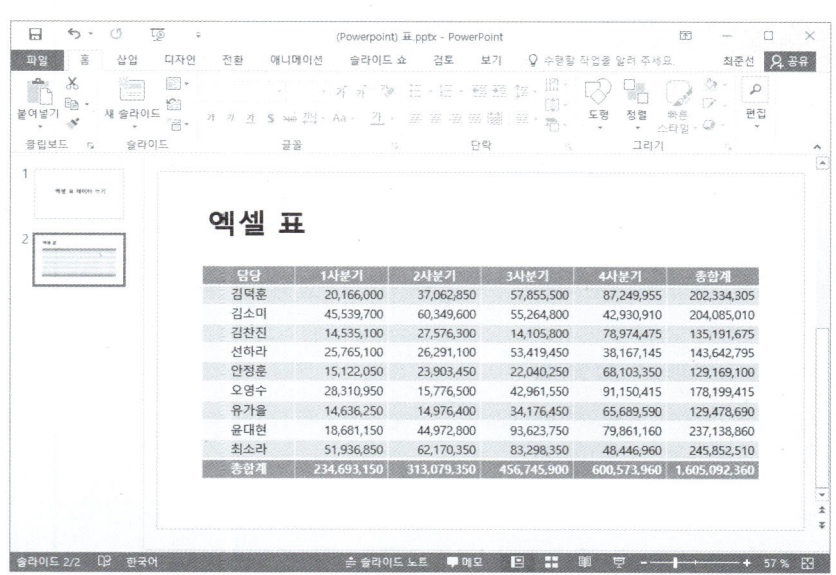

참고로, 개발된 매크로는 파워포인트 표에 값을 덮어씌우는 방식으로 동작하므로 엑셀 파일에서 값을 고치고 〈파워포인트에 쓰기〉 버튼을 클릭하면 파워포인트 문서에서도 값이 변경됩니다.

엑셀 문서를 파워포인트 문서로 변환하기

371

엑셀 문서를 아예 파워포인트 문서로 변환하고 싶은 경우가 있습니다. 이때 표와 차트를 일일이 파워포인트 문서로 옮기려고 하면 너무 복잡한 작업이 되므로, 복사해서 그림으로 붙여 넣는 것이 편리합니다. 이 때 엑셀 문서가 한 페이지씩 딱 맞아 떨어지도록 구성되어 있다면 상관이 없지만, 그렇지 않은 경우에는 그림을 축소해서 한 페이지에 맞도록 작업을 해야 합니다. 이번에는 엑셀 문서를 파워포인트 문서로 변환하는 매크로를 개발하는 방법에 대해 알아보겠습니다.

예제 파일 PART 05 \ (Powerpoint) 엑셀2파워포인트.xlsm

예제 파일을 열고 '실적 분석' 시트를 선택하면 다음과 같은 화면을 확인할 수 있습니다.

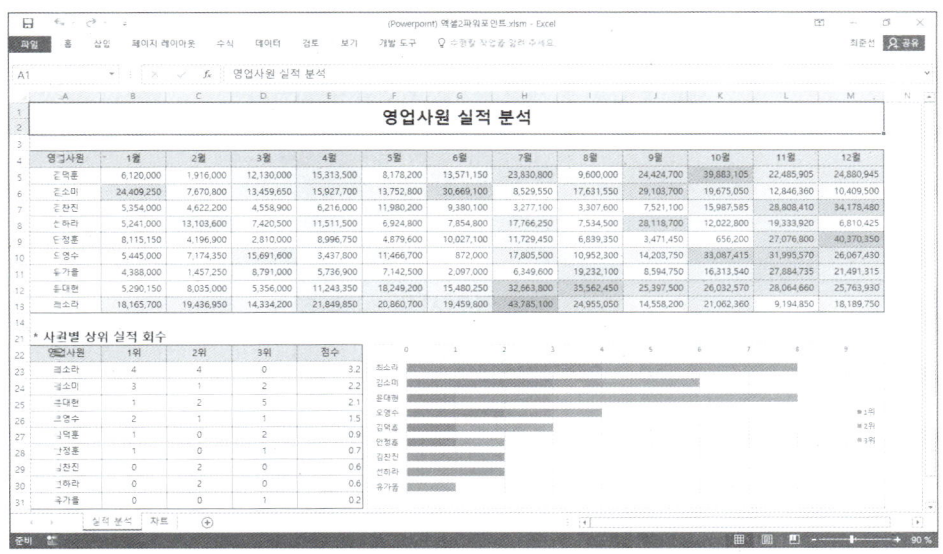

TIP 이 시트의 A4:M31 범위는 '슬라이드01'로 이름 정의되어 있습니다.

'차트' 시트 탭을 선택하면, 다음과 같은 화면을 확인할 수 있습니다.

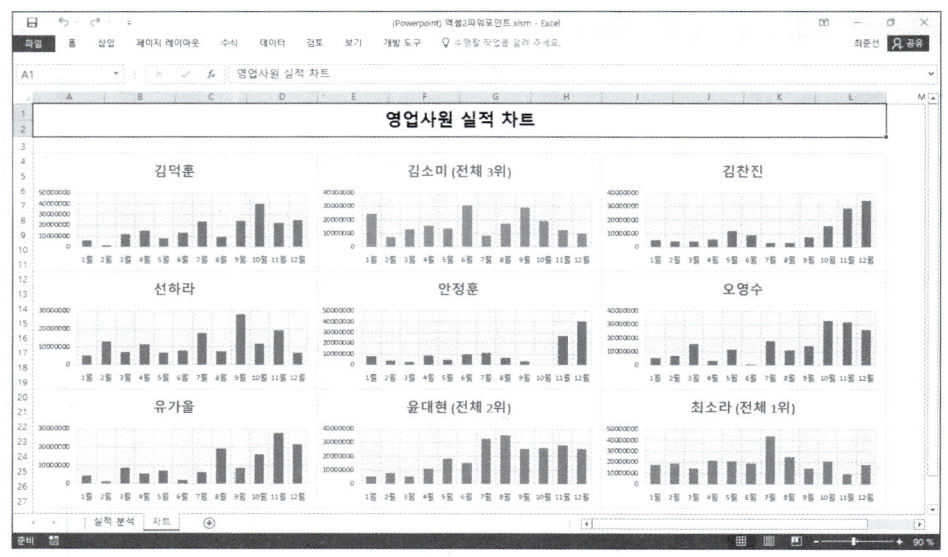

TIP 이 시트의 A4:L27 범위는 '슬라이드02'로 이름 정의되어 있습니다.

이름 상자의 아래 화살표를 클릭하면 다음과 같은 두 개의 이름을 확인할 수 있습니다.

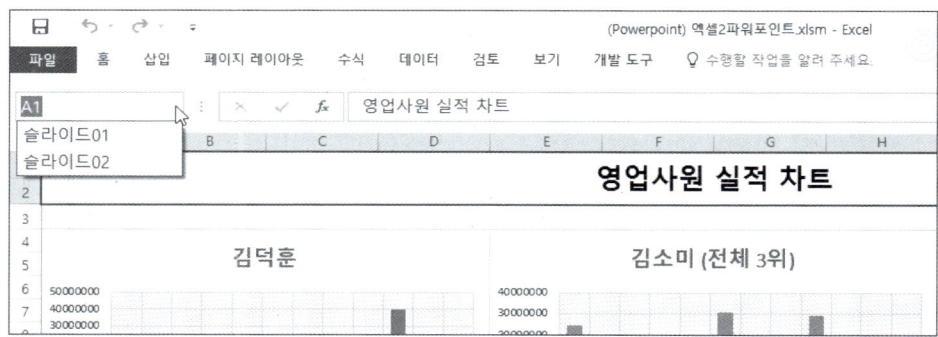

TIP 이름을 각각 선택해 범위를 확인합니다.

각 시트에서 이름 정의된 부분을 파워포인트 문서의 슬라이드로 바로 변환하려면 다음과 같은 매크로를 사용합니다.

```
'0단계 : 매크로 동작에 필요한 전역 변수를 선언합니다.
Private 파워포인트 As Object ────────①
Private 프레젠테이션 As Object ──────②
Private 슬라이드 As Object ──────────③
Private 타이틀 As Object ────────────④

Sub 파워포인트로변환() ──────────────⑤

    '1단계 : 매크로 동작에 필요한 변수를 선언하고 초기 값을 저장합니다.
    Dim 축소기본값 As Single ────────⑥
```

```
        축소기본값 = 0.9                    ⑦

'2단계 : 파워포인트 프로그램이 실행되어 있는지 여부를 확인해 파워포인트 변수에 할당합니다.
        On Error Resume Next              ⑧

            Set 파워포인트 = GetObject(, "Powerpoint.Application")     ⑨

            If Err.Number <> 0 Then       ⑩

                Set 파워포인트 = CreateObject("Powerpoint.Application")  ⑪

            End If

        On Error GoTo 0                   ⑫

'3단계 : 새 프레젠테이션 문서를 하나 생성합니다.
        Set 프레젠테이션 = 파워포인트.Presentations.Add     ⑬

'4단계 : 파워포인트 프로그램을 화면에 표시합니다.
        With 파워포인트                    ⑭
            .Visible = True
            .Activate
        End With

'5단계 : 엑셀 시트의 내용을 파워포인트 슬라이드로 변환합니다.
        페이지변환 "슬라이드01", Sheets(1).Range("A1").Value, 축소기본값, 축소기본값   ⑮
        페이지변환 "슬라이드02", Sheets(2).Range("A1").Value, 0.95, 0.95             ⑯

'6단계 : 파워포인트 프로그램을 제어할 때 사용한 변수의 메모리를 모두 반환합니다.
        Set 타이틀 = Nothing              ⑰
        Set 슬라이드 = Nothing            ⑱
        Set 프레젠테이션 = Nothing        ⑲
        Set 파워포인트 = Nothing          ⑳

End Sub
```

❶ Object 형식의 '파워포인트' 개체변수를 전역변수로 선언합니다. 먼저 Object 형식으로 선언한 것은 ⑪에서 CreateObject 함수를 사용하는 후기 바인딩 방식의 라이브러리 참조를 이용할 예정이기 때문이며, 전역변수로 선언한 것은 이번 작업을 처리하기 위해 매크로를 두 개 이용할 것이기 때문입니다. 참고로 SECTION 369(1314쪽)의 라이브러리를 참조한 경우라면, 이번 변수는 다음과 같이 선언해야 합니다.

```
Private 파워포인트 As Powerpoint.Application
```

❷ Object 형식의 '프레젠테이션' 개체변수를 전역변수로 선언합니다.

❸ Object 형식의 '슬라이드' 개체변수를 전역변수로 선언합니다.

❹ Object 형식의 '타이틀' 개체변수를 전역변수로 선언합니다. 참고로 이 변수에는 파워포인트 슬라이드의 제목을 의미하는 Shape 도형 개체를 할당할 예정입니다.

❺ '파워포인트로변환' 매크로를 Sub 프로시저로 선언합니다.

❻ Single 형식의 '축소기본값' 변수를 선언합니다.

❼ '축소기본값' 변수에는 0.9 값(90%)을 저장합니다.

❽ ❾에서 에러가 발생해도 중단하지 않도록 On Error 문을 설정합니다.

❾ '파워포인트' 개체변수에 실행된 파워포인트 프로그램을 할당합니다.

❿ ❾에서 에러가 발생했는지 확인하고, 에러가 발생한 경우에 ⓫의 코드를 실행합니다.

⓫ 파워포인트를 새로 실행하고 '파워포인트' 개체변수에 실행된 파워포인트 프로그램을 할당합니다.

⓬ ❽의 On Error 문 설정을 취소합니다.

⓭ 빈 프레젠테이션 파일을 하나 생성하고 '프레젠테이션' 개체변수에 할당합니다.

⓮ '파워포인트' 개체변수에 할당된 파워포인트 프로그램을 화면 전면에 표시합니다.

⓯ '페이지변환' 매크로를 호출하고, '슬라이드01' 이름으로 정의된 범위를 가로×세로 90% 비율로 축소해 본문에 배치한 다음, 첫 번째 시트의 A1셀 값을 제목으로 갖는 슬라이드를 생성합니다.

⓰ '페이지변환' 매크로를 호출하고, '슬라이드02' 이름으로 정의된 범위를 가로×세로 95% 비율로 축소해 본문에 배치한 다음, 두 번째 시트의 A1셀 값을 제목으로 갖는 슬라이드를 생성합니다.

⓱ '타이틀' 개체변수에 할당된 메모리를 반환합니다.

⓲ '슬라이드' 개체변수에 할당된 메모리를 반환합니다.

⓳ '프레젠테이션' 개체변수에 할당된 메모리를 반환합니다.

⓴ '파워포인트' 개체변수에 할당된 메모리를 반환합니다.

> **TIP** 이 매크로는 SECTION 369(1314쪽)에서 설명한 라이브러리 참조 작업이 필요하지 않습니다..

> **TIP** 이 매크로는 예제 파일에 포함되어 있습니다.

위 매크로 동작에 필요한 하위 '페이지변환' 매크로를 다음과 같이 개발합니다.

```
Sub 페이지변환(본문범위 As String, 제목 As String, 가로비율 As Single, 세로비율 As Single)    ❶

'1단계 : 매크로 실행에 필요한 변수를 선언합니다.
    Dim 번호 As Integer    ❷

'2단계 : 슬라이드를 추가하고 제목을 설정합니다.
    Set 슬라이드 = 프레젠테이션.Slides.Add(프레젠테이션.Slides.Count + 1, 11)    ❸
    Set 타이틀 = 슬라이드.Shapes.Title    ❹

    타이틀.TextFrame.TextRange.Text = 제목    ❺

'3단계 : 엑셀의 이름 정의 범위를 복사해 파워포인트에 붙여 넣고 위치를 조정합니다.
    ThisWorkbook.Names(본문범위).RefersToRange.CopyPicture    ❻
    슬라이드.Shapes.Paste    ❼

    번호 = 슬라이드.Shapes.Count    ❽

    With 슬라이드.Shapes(번호)    ❾
```

```
            .ScaleWidth 가로비율, 1                    ⑩
            .ScaleHeight 세로비율, 1                   ⑪
            .Left = 타이틀.Left                        ⑫
            .Top = 타이틀.Top + 타이틀.Height + 5      ⑬
        End With

End Sub
```

① '페이지변환' 매크로를 Sub 프로시저 형식으로 선언합니다. '페이지변환' 매크로는 다음과 같은 네 개의 매개변수를 사용합니다.

매개변수	형식	설명
본문범위	String	슬라이드 본문에 넣을 데이터 범위를 가리키는 이름입니다.
제목	String	슬라이드 제목에 넣을 문자열 값입니다.
가로비율	Single	슬라이드 본문에 넣을 데이터 범위를 축소할 가로 비율입니다.
세로비율	Single	슬라이드 본문에 넣을 데이터 범위를 축소할 세로 비율입니다.

② Integer 형식의 '번호' 변수를 선언합니다.

③ '프레젠테이션' 개체변수에 할당된 새 프레젠테이션 파일에 슬라이드를 하나 추가한 다음, '슬라이드' 개체변수에 할당합니다. Add 메서드의 첫 번째 인수(Index)는 슬라이드 번호로, 기존 슬라이드 수보다 1 큰 수로 조정합니다. 슬라이드 형식은 11번 슬라이드로, 제목만 있는 슬라이드를 생성합니다. 11번은 파워포인트 내장 상수로는 ppLayout TitleOnly를 의미합니다. 이 코드는 다음 명령을 클릭한 것과 동일한 결과를 가져옵니다.

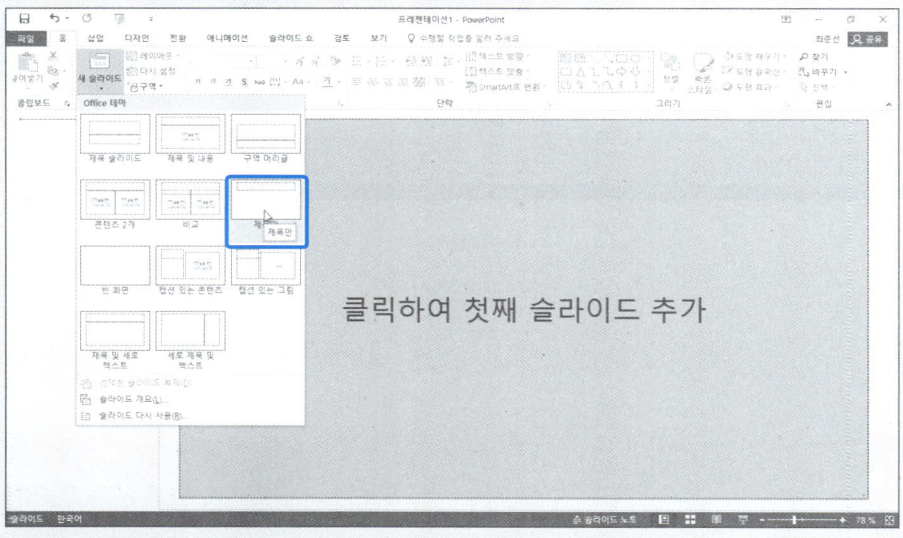

④ '슬라이드' 개체변수에 할당된 슬라이드의 도형 중 제목을 '타이틀' 개체변수에 할당합니다.

⑤ '타이틀' 개체변수에 할당된 제목 도형에 '제목' 매개변수의 값을 입력합니다.

⑥ 엑셀 파일의 이름 중 '본문범위' 변수에 저장된 이름 범위를 그림으로 복사합니다.

⑦ '슬라이드' 개체변수에 할당된 슬라이드에 도형으로 붙여 넣습니다.

⑧ ⑥에서 붙여 넣은 도형을 컨트롤하기 위해 '슬라이드' 개체변수에 할당된 슬라이드의 도형 개수를 세어 '번호' 변수에 저장합니다. ⑦에서 슬라이드에 도형으로 붙여 넣었기 때문에 마지막 도형이 그림으로 복사된 도형입니다.

❾ 그림으로 복사된 본문의 크기와 위치를 조정하기 위해 With 문을 사용합니다.

❿ 도형의 가로 너비 비율을 '가로비율' 매개변수의 값으로 조정합니다.

⓫ 도형의 세로 높이 비율을 '세로비율' 매개변수의 값으로 조정합니다.

⓬ 도형의 왼쪽 위치를 '타이틀' 개체변수의 왼쪽 위치와 동일하게 조정합니다.

⓭ 도형의 상단 위치를 '타이틀' 개체변수의 상단에 세로 높이를 더한 값에 5를 더한 값으로 조정합니다. 이렇게 하면 제목 도형에서 약간 떨어진 위치에서 본문이 나타나도록 할 수 있습니다.

단축키 Alt + F8 을 눌러 예제에 포함된 '파워포인트로변환' 매크로를 실행하면 다음과 같이 파워포인트 문서가 자동으로 생성되며, 두 개의 시트에 있는 내용이 그대로 파워포인트 문서로 저장됩니다.

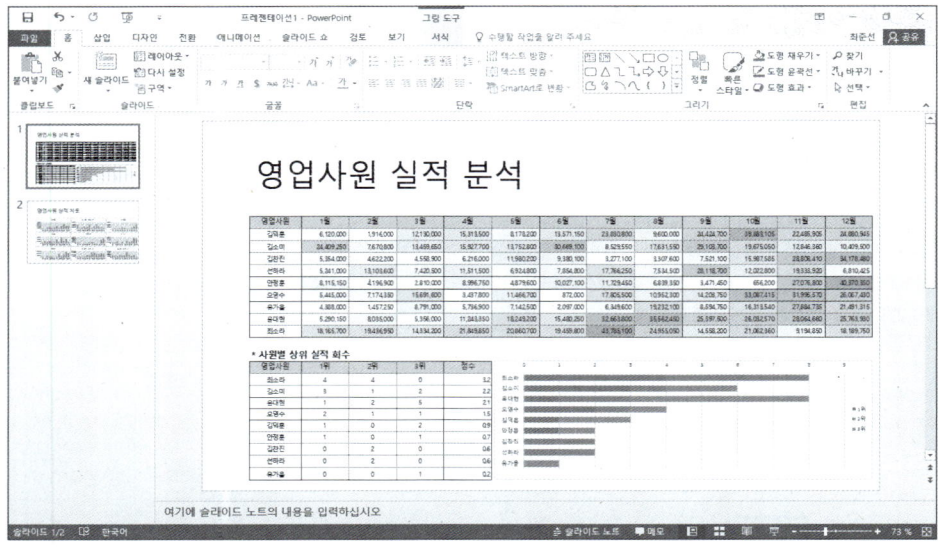

엑셀 파일을 지정된 형식에 맞게 워드 문서로 변환하기

372

MS 워드도 많이 사용하는 프로그램이긴 하지만, 엑셀과 비교하면 불편한 작업이 많습니다. 만약 엑셀 문서의 데이터를 지정된 형식에 맞게 그대로 워드 문서로 타이핑해서 옮겨야 한다면 골치 아픈 업무가 아닐 수 없습니다. 이런 작업이 필요한 경우, 엑셀에서 워드 문서를 제어하는 매크로를 개발할 수 있다면 간단하게 문제를 해결할 수 있습니다. 워드는 Application – Document – Range와 같은 개체 모델을 사용하는데, 워드의 Range와 엑셀의 Range 개체는 다릅니다. 이 차이를 제대로 이해해야 이번 매크로를 개발하는 데 어려움을 겪지 않을 수 있습니다.

예제 파일 PART 05 \ (Word) 엑셀2워드.xlsm

Microsoft Word 16.0 Object Library 참조

엑셀을 이용해 워드 프로그램을 제어하려면 해당 라이브러리를 먼저 참조해야 합니다. 워드를 제어할 파일의 VB 편집기에서 [도구]-[참조] 메뉴를 선택한 다음, 화면과 같이 'Microsoft Word 16.0 Object Library'를 찾아 체크하고 〈확인〉 버튼을 클릭합니다.

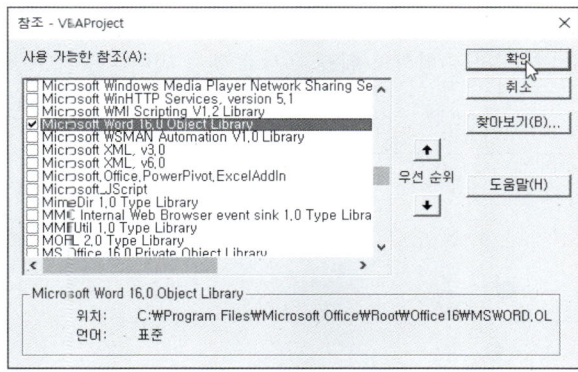

엑셀 파일을 워드 문서에 지정된 형식으로 변환하기

예제 파일을 열면 다음과 같은 표를 확인할 수 있습니다.

회사명	주소	전화번호	사업자등록번호
신영상사	경상북도 상주시 가장동 78-3	(051)575-5776	005-62-08515
원창	서울특별시 서초구 방배동 883-11	(02)681-6889	002-22-08595
동광 통상	서울특별시 강서구 내발산동 318	(02)989-9889	004-37-02912
경성 트레이딩	인천광역시 남구 연수동 208-16	(031)576-4568	001-92-08443
정금 상사	대전광역시 서구 도마동 110-6	(041)3292-3778	002-50-08958
협우 상사	서울특별시 서대문구 남가좌 1동 121	(02)211-1234	005-04-08209
베네디스 유통	서울특별시 영등포구 당산동 3가 16	(02)811-2954	002-23-05954
삼화 상사	부산광역시 부산진구 당감 3동 611-3	(051)424-1945	001-04-06181
해바라기 백화점	서울특별시 도봉구 창 1동 218-16	(02)222-2243	006-39-00924
언더우드 상사	서울특별시 강서구 오쇠동 124-7	(02)6132-3845	001-98-09037
이화 무역	경기도 성남시 야탑동 77	(031)457-1934	001-53-07731
금화 유통	부산광역시 부산진구 양정 1동 462-77	(051)555-5111	006-99-08352
신흥 교역	서울특별시 동대문구 신설동 721-11	(02)822-1113	002-79-07002
미주 상사	서울특별시 용산구 동자동 181-7	(02)2112-4864	006-67-06736
프랑소아 백화점	제주도 제주시 건입동 111-16	(061)643-2871	005-06-08158

위 표의 데이터를 다음과 같은 형식으로 워드 문서에 기록해 보겠습니다.

```
번호 : 회사명
★ 사업자 등록번호 :
★ 전화번호 :
★ 주소 :
```

엑셀 파일에서 다음과 같은 매크로를 개발해 사용하면 원하는 형식의 워드 문서로 엑셀 데이터를 내보낼 수 있습니다.

```
Sub 워드로내보내기()

'1단계 : 필요한 변수를 선언합니다.
    Dim 워드 As Word.Application         ①
    Dim 새문서 As Word.Document          ②
    Dim 커서위치 As Word.Selection       ③
    Dim 일련번호 As Long                  ④
    Dim 표 As Range, 셀 As Range          ⑤
    Dim 책갈피이름 As String               ⑥

'2단계 : 워드로 보낼 표 범위를 참조합니다.
    Set 표 = Range("B2").CurrentRegion   ⑦
    
    With 표                               ⑧
        Set 표 = .Offset(1).Resize(.Rows.Count - 1)
    End With

'3단계 : 워드 프로그램이 실행됐는지 여부를 판단해 '워드' 개체변수에 할당합니다.
    On Error Resume Next                  ⑨
```

```
        Set 워드 = GetObject(, "Word.Applilcation")         ⑩

        If Err.Number <> 0 Then            ⑪

            Set 워드 = New Word.Application       ⑫

        End If

    On Error GoTo 0           ⑬

'4단계 : 새 문서를 하나 생성하고, 선택 영역 위치를 변수에 할당합니다.
    Set 새문서 = 워드.Documents.Add       ⑭
    Set 커서위치 = 워드.Selection         ⑮

'5단계 : 워드 프로그램을 화면에 표시합니다.
    With 워드          ⑯
        .Visible = True
        .Activate
    End With

'6단계 : 엑셀의 표 데이터를 워드 문서에 기록합니다.
    For Each 셀 In 표.Columns(1).Cells      ⑰

        With 커서위치         ⑱

'6-1단계 : 일련번호와 회사명을 기록하고 책갈피를 설정합니다.
            With .Font        ⑲
                .Bold = True
                .Size = 16
            End With

            책갈피이름 = Replace(Replace(셀.Value, "㈜", ""), " ", "")      ⑳

            새문서.Bookmarks.Add Range:=.Range, Name:=책갈피이름        ㉑

            일련번호 = 셀.Row - 2      ㉒
            .TypeText Text:=일련번호 & " : " & 셀.Value        ㉓

'6-2단계 : 사업자등록번호, 전화번호, 주소를 입력합니다.
            With .Font         ㉔
                .Bold = False
                .Size = 10
            End With

            .TypeParagraph       ㉕
            .TypeText Text:="* 사업자등록번호 : " & 셀.Offset(, 3).Value    ㉖
            .TypeParagraph
            .TypeText Text:="* 전화번호 : " & 셀.Offset(, 2).Value       ㉗
            .TypeParagraph
            .TypeText Text:="* 주소 : " & 셀.Offset(, 1).Value        ㉘
            .TypeParagraph
            .TypeParagraph
```

```
            .TypeParagraph

        End With

    Next

'7단계 : 워드 프로그램을 제어하기 위해 사용된 변수의 메모리를 반환합니다.
    Set 커서위치 = Nothing            ——㉙
    Set 새문서 = Nothing              ——㉚
    Set 워드 = Nothing                ——㉛

End Sub
```

❶ Word 프로그램의 Application 형식의 '워드' 개체변수를 선언합니다.

❷ Word 프로그램의 Document 형식의 '새문서' 개체변수를 선언합니다.

❸ Word 프로그램의 Selection 형식의 '커서위치' 개체변수를 선언합니다.

❹ Long 형식의 '일련번호' 변수를 선언합니다.

❺ Range 형식의 '표', '셀' 개체변수를 선언합니다.

❻ String 형식의 '책갈피이름' 변수를 선언합니다.

❼ '표' 개체변수에 B2셀부터 연속된 데이터 범위(B2:E93)를 할당합니다.

❽ '표' 개체변수에 할당된 데이터 범위에서 머리글 범위를 제외한 범위(B3:E93)로 조정합니다.

❾ ❿에서 에러가 발생해도 매크로가 중단되지 않도록 On Error 문을 설정합니다.

❿ GetObject 함수를 사용해 실행 중인 워드 프로그램을 '워드' 개체변수에 할당합니다.

⓫ ❿에서 에러가 발생했다면, 실행 중인 워드 프로그램이 없는 것이므로 ⓬의 코드를 실행합니다.

⓬ 워드 프로그램을 실행하고, 실행된 워드 프로그램을 '워드' 개체변수에 할당합니다.

⓭ ❾의 On Error 문 설정을 취소합니다.

⓮ 실행된 워드 프로그램에서 빈 문서를 하나 생성하고, 생성된 문서를 '새문서' 개체변수에 할당합니다.

⓯ '워드' 프로그램에 할당된 워드 프로그램의 Selection 개체가 반환하는 위치를 '커서위치' 개체변수에 할당합니다. 보통 빈 문서가 하나 생성된 다음의 문서 내 데이터 입력 위치가 Selection 개체가 반환하는 위치입니다.

⓰ '워드' 개체변수에 할당된 워드 프로그램을 화면에 표시합니다.

⓱ For Each … Next 순환문을 사용해 '표' 개체변수에 할당된 데이터 범위 내 첫 번째 열 범위(B3:B93) 내 셀을 하나씩 '셀' 개체변수에 할당합니다.

⓲ '커서위치' 개체변수에 할당된 문서 위치에 여러 작업을 하기 위해 With 문을 사용합니다.

⓳ 워드 문서의 기록 위치에 번호와 회사명을 입력하기 전에 글꼴 크기를 16으로 설정하고, 글꼴에 굵게 효과를 적용합니다.

⓴ 회사 명 부분에 책갈피를 설정하기 위해, '셀' 개체변수에 할당된 셀 값(회사명)을 편집해 '책갈피이름'에 저장합니다. 정확하게는 Replace 함수를 사용해 '㈜' 특수문자를 삭제하고, 공백문자(" ")도 지웁니다. 참고로 책갈피 이름에는 공백과 특수 문자가 포함될 수 없습니다.

㉑ '사문서' 개체변수에 할당된 문서에 책갈피를 추가합니다. 위치는 현재 커서 위치로 설정하고, 이름은 '책갈피이름' 변수의 값으로 처리합니다.

㉒ 회사 이름 앞에 표시할 번호를 계산하기 위해, '셀' 개체변수에 할당된 셀 번호에서 2를 뺀 값을 '일련번호' 변수에 저장합니다. 이 부분은 다음과 같이 변경해도 됩니다.

```
일련번호 = 일련번호 + 1
```

㉓ Selection 개체의 TypeText 메서드를 이용해 값을 입력합니다. '일련번호' 변수의 값과 '셀' 개체변수에 할당된 셀 값을 콜론(:) 문자로 연결해 입력합니다.

㉔ 다음 입력 값의 글꼴을 조정해 놓습니다. 글꼴 굵게 효과는 취소하고, 글꼴 크기는 10으로 조정합니다.

㉕ TypeParagraph 메서드를 이용해 Enter 키를 눌러 줄을 바꿉니다.

㉖ 새 줄에 '* 사업자등록번호 : ' 문자열과 '셀' 개체변수에 할당된 셀의 오른쪽 세 번째 셀 값을 연결해 입력합니다. 그런 다음, 아랫줄 코드에서 Enter 키를 눌러 줄을 바꿉니다.

㉗ 새 줄에 '* 전화번호 : ' 문자열과 '셀' 개체변수에 할당된 셀의 오른쪽 두 번째 셀 값을 연결해 입력합니다. 그런 다음, 아랫줄 코드에서 Enter 키를 눌러 줄을 바꿉니다.

㉘ 새 줄에 '* 주소 : ' 문자열과 '셀' 개체변수에 할당된 셀의 오른쪽 첫 번째 셀 값을 연결해 입력합니다. 그런 다음, 아랫줄 코드에서 Enter 키를 세 번 입력해 다음 단락까지 여백 두 줄을 새로 삽입합니다.

㉙ '커서위치' 개체변수를 초기화해, 변수에 할당된 메모리를 반환합니다.

㉚ '사문서' 개체변수를 초기화해, 변수에 할당된 메모리를 반환합니다.

㉛ '워드' 개체변수를 초기화해, 변수에 할당된 메모리를 반환합니다.

TIP 이 매크로는 예제의 〈워드로 내보내기〉 버튼에 연결되어 있습니다.

개발된 매크로가 제대로 동작하는지 확인하기 위해 〈워드로 내보내기〉 버튼을 클릭합니다. 워드가 실행되고 새 문서가 하나 생성되면서 엑셀 데이터가 지정된 형식에 맞게 쓰여집니다.

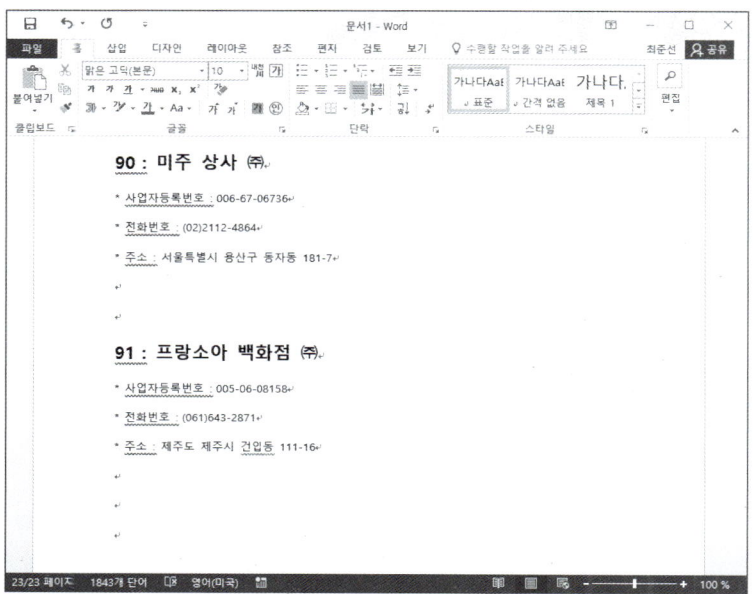

워드 프로그램에 책갈피가 제대로 등록됐는지 확인하기 위해, 리본 메뉴의 [삽입] 탭-[링크] 그룹-[책갈피] 명령을 클릭합니다. 다음과 같이 모두 제대로 등록된 것을 볼 수 있습니다.

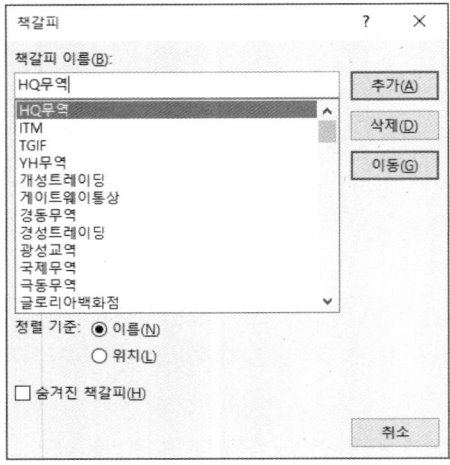

TIP 아무 책갈피나 선택하고 〈이동〉 버튼을 클릭하면 해당 업체 위치로 바로 이동합니다.

엑셀 표와 구조가 동일한 워드 표에 데이터 바로 쓰기

373

엑셀에서 구성한 표를 워드의 동일한 표에 그대로 옮길 수 있을지 고민해 본 적이 있다면 이번에 소개하는 마크로가 도움이 될 것입니다. 이번에 소개하는 매크로는 엑셀에서 작성된 표 데이터를 워드의 표 데이터로 옮겨 쓰는 방법에 대한 것입니다. 예제의 표처럼 구조가 동일하면 개발하기가 더 쉽지만, 동일하지 않은 경우에도 이런 식의 매크로를 개발해 처리할 수 있습니다. 이번에는 워드의 표를 의미하는 Table 개체에 엑셀의 값을 입력하는 방법에 대해 알아보겠습니다.

예제 파일 PART 05 \ (Word) 견적서.xlsm

예제 파일 중에서 엑셀 파일을 열면 다음과 같은 표를 확인할 수 있습니다.

워드 파일을 열어 보면, 표 구조는 동일하지만 데이터는 없는 빈 표를 확인할 수 있습니다.

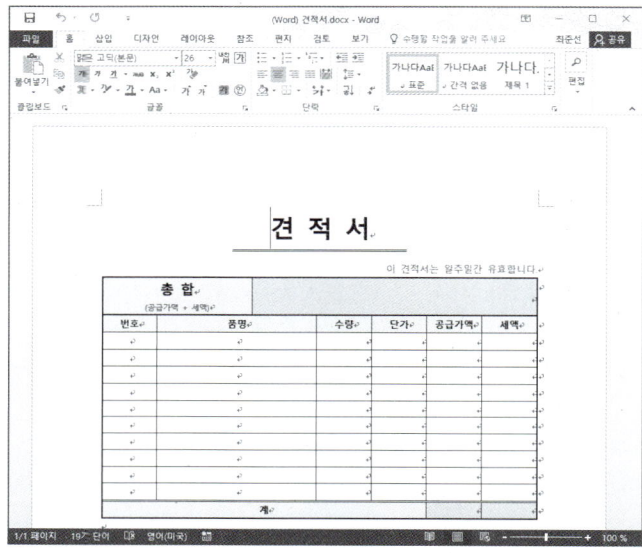

엑셀 파일의 데이터를 워드의 표(Table)에 전송하는 매크로를 개발해 보겠습니다. 워드 파일은 닫고, 엑셀에서 다음과 같은 매크로를 개발합니다.

```vba
Sub 워드표에쓰기()

'1단계 : 필요한 변수를 선언합니다.
    Dim 워드 As Word.Application
    Dim 견적서파일 As Word.Document
    Dim 견적서양식 As Word.Table
    Dim 파일 As String
    Dim r As Integer, c As Integer
    Dim 견적시트 As Worksheet
    Dim 견적내용 As Range, 셀 As Range
    Dim 입력열 As Variant

'2단계 : 변수에 초기 값을 저장합니다.
    Set 견적시트 = ActiveSheet
    Set 견적내용 = Range("B8").Resize(7, 15)
    입력열 = Array(2, 3, 9, 10, 12, 15)
    파일 = Replace(ThisWorkbook.FullName, "xlsm", "docx")

'3단계 : 워드 프로그램을 실행하고 워드 파일을 엽니다.
    On Error Resume Next

    Set 워드 = GetObject(, "Word.Application")

    If Err.Number <> 0 Then
        Set 워드 = New Word.Application
        Err.Clear
    End If

    Set 견적서파일 = 워드.Documents(Dir(파일))

    If Err.Number <> 0 Then
        Set 견적서파일 = 워드.Documents.Open(파일)
    End If

    On Error GoTo 0

'4단계 : 워드 프로그램을 화면에 표시합니다.
    With 워드
        .Visible = True
        .Activate
    End With

'5단계 : 엑셀 파일의 값을 읽어, 워드 표에 입력합니다.
    Set 견적서양식 = 견적서파일.Tables(1)
    견적서양식.Cell(1, 2).Range.Text = Format(견적시트.Range("F5").Value, "#,###")

    For Each 셀 In 견적내용
```

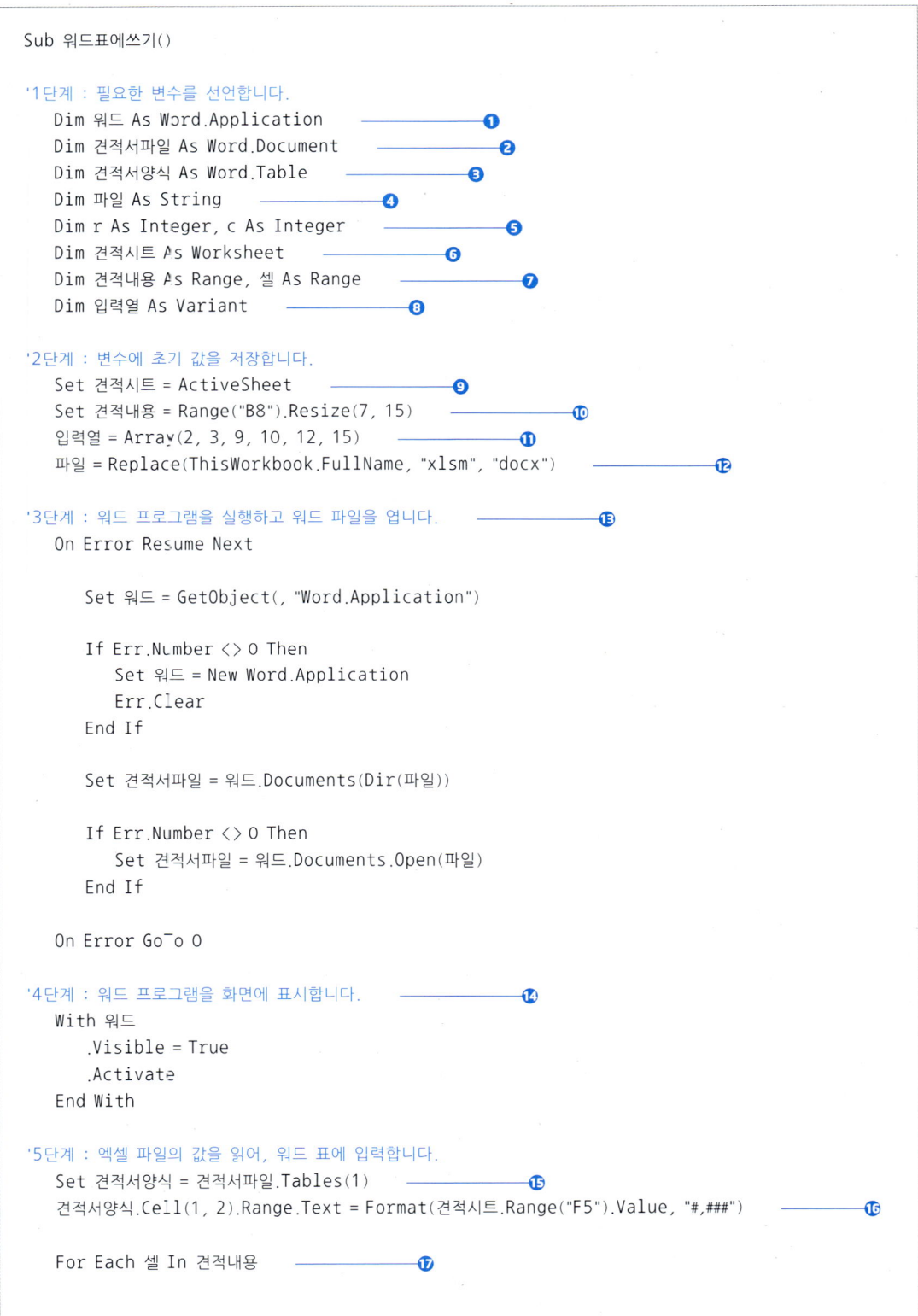

```
            If Len(셀.Value) > 0 Then                    ⓲
                c = WorksheetFunction.Match(셀.Column, 입력열, 0)       ⓳
                r = 셀.Row - 5           ⓴
                견적서양식.Cell(r, c).Range.Text = IIf(c > 2, Format(셀.Value, "#,###"), 셀.Value)   ㉑
            End If

        Next

        견적서양식.Cell(13, 2).Range.Text = Format(견적시트.Range("L15").Value, "#,###")     ㉒
        견적서양식.Cell(13, 3).Range.Text = Format(견적시트.Range("O15").Value, "#,###")     ㉓
        견적서파일.Save           ㉔

    '6단계 : 워드 프로그램을 제어할 때 사용한 변수에 할당된 메모리를 반환합니다.
        Set 견적서양식 = Nothing         ㉕
        Set 견적서파일 = Nothing         ㉖
        Set 워드 = Nothing              ㉗

End Sub
```

❶ Word 프로그램의 Application 형식의 '워드' 개체변수를 선언합니다.

❷ Word 프로그램의 Document 형식의 '견적서파일' 개체변수를 선언합니다.

❸ Word 프로그램의 Table 형식의 '견적서양식' 개체변수를 선언합니다.

❹ String 형식의 '파일' 변수를 선언합니다.

❺ Integer 형식의 r, c 변수를 선언합니다.

❻ Worksheet 형식의 '견적시트' 개체변수를 선언합니다.

❼ Range 형식의 '견적내용'과 '셀' 개체변수를 선언합니다.

❽ Variant 형식의 '입력열' 변수를 선언합니다.

❾ '견적시트' 개체변수에 현재 시트를 할당합니다.

❿ '견적내용' 개체변수에 B8셀부터 행 방향으로 7개, 열 방향으로 15개의 셀을 모두 포함하는 데이터 범위(B8:P14)를 할당합니다. 이 코드는 다음과 같이 수정할 수 있습니다.

```
Set 견적내용 = Range("B8:P14")
```

⓫ '입력열' 변수에 Array 함수를 사용해 2, 3, 9, 10, 12, 15 숫자 값을 1차원 배열로 저장합니다. 이 값은 B8:P14 범위에서 값이 입력된 열(B, C, I, J, L, O)의 열 번호입니다.

⓬ '파일' 변수에 현재 엑셀 파일의 전체 이름 중 확장자만 xlsm에서 docx로 변경합니다. 이 파일이 열 워드 파일의 전체 이름입니다.

⓭ '워드' 개체변수에 워드 프로그램을 할당하고, '견적서파일'에 예제로 제공된 워드 파일을 열어 할당합니다. 이런 코딩 방법은 SECTION 369(1314쪽)에서 파워포인트 문서를 조작할 때 자세하게 설명해 놓았으니 해당 매크로를 참고합니다.

⓮ '워드' 개체변수에 할당된 워드 프로그램을 화면에 표시합니다.

⓯ '견적서파일' 개체변수에 할당된 워드 문서의 표 중 첫 번째 표를 '견적서양식' 개체변수에 할당합니다.

⓰ '견적서양식' 개체변수에 할당된 표의 1행 2열 위치의 범위에 '견적시트' 개체변수에 할당된 시트의 F5셀 값을 입력합니다. 이때 천 단위 구분 기호(,)를 Format 함수로 넣습니다. 이 코드로 총합의 값이 워드 문서로 입력됩니다.

⓱ 견적 내용을 워드 문서에 입력하기 위해 For Each … Next 순환문을 사용해 '견적내용' 개체변수에 할당된 범위 내 셀을 하나씩 '셀' 개체변수에 할당합니다.

⓲ '셀' 개체변수에 할당된 셀에 값이 입력된 경우에만 ⓳-㉑의 코드를 실행해 견적서 내용을 입력합니다.

⓳ 워드 견적서 표에서 값을 입력할 열 위치를 계산합니다. Match 함수를 사용해 '셀' 개체변수에 할당된 셀의 열 번호를 '입력열' 배열에서 찾아, 반환된 값을 c 변수에 저장합니다. 이렇게 하면 엑셀의 2, 3, 9, 10, 12, 15열이 1, 2, 3, 4, 5, 6열로 변경되어 값을 써야 될 열 위치가 정확하게 변환됩니다.

⓴ 워드 견적서 표에서 값을 입력할 행 위치를 계산합니다. '셀' 개체변수에 할당된 셀의 행 번호에서 5를 뺀 값을 저장합니다. '셀' 개체변수에 할당된 셀은 B8셀부터 값이 입력되어 있고, 워드의 표는 3행부터 값이 입력되어야 하므로, 이렇게 해야 정확하게 값을 써야 될 행 번호를 찾을 수 있습니다.

㉑ '견적서양식' 개체변수에 할당된 워드 표의 r, c 변수 위치에 견적 내용을 입력합니다. c 변수의 값이 2보다 크면 수량, 단가, 공급가액, 세액이므로 '셀' 개체변수에 할당된 셀 값에 천 단위 구분 기호(,)를 넣어 입력하고, 1, 2일 때는 번호, 품명이므로 그냥 셀 값을 입력합니다.

㉒ '견적서양식' 개체변수에 할당된 워드 표의 마지막 행에 있는 (합)계 값 중 공급가액의 총액을 입력합니다. '견적시트' 개체변수에 할당된 워크시트의 L15셀 값을 천 단위 구분 기호(,)를 넣어 입력합니다.

㉓ '견적서양식' 개체변수에 할당된 워드 표의 마지막 행에 있는 (합)계 값 중 세액의 총액을 입력합니다. '견적시트' 개체변수에 할당된 워크시트의 O15셀 값을 천 단위 구분 기호(,)를 넣어 입력합니다.

㉔ '견적서파일' 개체변수에 할당된 워드 파일을 저장합니다.

㉕ '견적서양식' 개체변수를 초기화해, 변수에 할당된 메모리를 반환합니다.

㉖ '견적서파일' 개체변수를 초기화해, 변수에 할당된 메모리를 반환합니다.

㉗ '워드' 개체변수를 초기화해, 변수에 할당된 메모리를 반환합니다.

> **TIP** 이 매크로는 엑셀 파일의 〈워드에 쓰기〉 버튼에 연결되어 있습니다.

개발된 매크로가 제대로 동작하는지 확인하기 위해, 엑셀 파일의 〈워드에 쓰기〉 버튼을 클릭합니다. 워드 파일이 열리면서, 견적서 양식에 엑셀 파일의 데이터가 그대로 쓰여집니다.

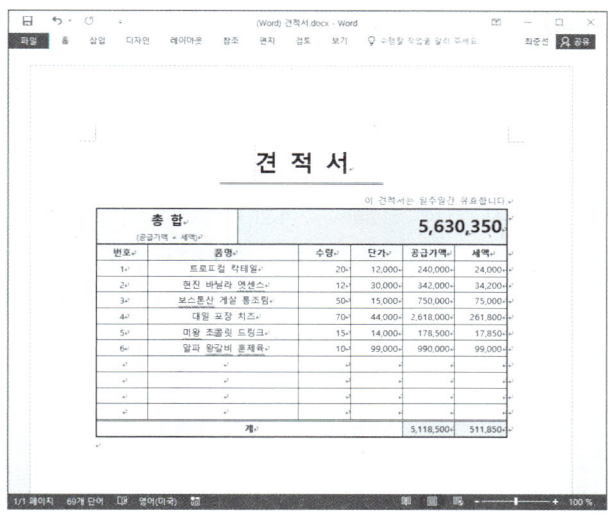

FAQ

매크로에 대해 자주 묻는 질문

여러 사람을 만나다 보면, 매크로 개발과 관련해 많이 문의를 받는 내용이 있습니다.
물론 이 책에는 대부분의 내용이 소개되어 있지만,
빠르게 해당 내용만 확인할 수 있도록 간단하게 정리해 두었습니다.

FAQ : 매크로에 대해 자주 묻는 질문

> 공부

Q1 매크로를 독학할 수 있나요?

현재 매크로 전문가들은 책을 통해 독학으로 학습한 경우가 많습니다. 그러니 이 질문에 대해서는 언제나 "가능하다"고 답을 할 수 있습니다. 매크로 개발을 위해 이 책에서 배우는 VBA는 프로그래밍 언어를 경험해 보지 않은 일반 사용자 입장에서는 부담스럽게 느껴지는 것이 당연합니다. 하지만 스크립트 언어로 분류되는 VBA는 하고 싶은 일을 순서대로 간편하게 구성만 하면 원하는 동작을 그대로 수행하는 구조를 갖고 있는 단순한 형태의 언어입니다. 필요는 발명의 어머니라는 표현도 있듯이, 매크로가 필요한 업무를 하고 있거나 불필요한 업무를 없애고자 한다면 이 책을 통해 자연스럽게 매크로를 개발해 나갈 수 있을 겁니다. 어렵거나 이해되지 않는 부분이 있을 때는 저자가 운영하고 있는 '엑셀..하루에 하나씩' 카페(http://cafe.naver.com/excelmaster)에 문의하면 도움을 받을 수 있습니다.

Q2 어떤 방식으로 공부하는 것이 좋나요?

매크로를 많이 만들어 보는 것이 좋습니다. 내가 직접 만들 수 있으면 좋겠지만, 책의 예제나 인터넷에 올라와 있는 코드 등 어떤 것도 상관이 없습니다. 다만 궁극적으로는 내가 원하는 매크로를 스스로 만들 수 있어야 하므로 VBA에 익숙해지기 위해 노력해야 합니다. VBA에 빨리 익숙해지려면 단순히 Copy-Paste를 하는 것보다는 직접 입력해 보는 것이 좋고, 하나하나의 명령이 어떻게 엑셀을 구동시키는지 이해하면서 학습을 진행해야 합니다. 그러기 위해서는 책에 입력된 코드를 모두 입력해 보고, F8 키를 누르면서 실행 과정을 하나씩 확인해 보면서 자신의 업무에 응용할 만한 코드를 차용해 원하는 매크로를 하나씩 개발해 나가는 과정이 중요합니다.

Q3 매크로가 무엇인지, 그리고 매크로로 무엇을 자동화할 수 있는지 모르겠습니다.

엑셀을 이용해 업무를 하고 있다면, 해당 업무를 모두 매크로를 통해 자동화할 수 있습니다. 매크로는 리본 메뉴에서 제공되는 다른 명령처럼 엑셀을 원하는 방식으로 실행해 주는 실행 명령이라고 생각하면 됩니다.

Q4 공부를 해도 실력이 늘지 않아 걱정입니다.

일단 실력을 늘리려면 다양한 경험이 필요합니다. 자신의 업무만 놓고 본다면 자동화할 수 있는 업무가 그렇게 많지 않을 것입니다. 그러므로 같은 부서의 다른 업무나 다른 부서의 업무도 경험하고 자동화해 본다면 그 경험들을 통해 매크로 개발 능력이 더 향상될 것입니다. 이런 부분이 쉽지 않다면, 저자가 운영하고 있는 '엑셀..하루에 하나씩' 카페의 '질문/답변' 게시판에 매일 올라오는 사례를 가지고 고민해 볼 것을 추천합니다. 다른 사람의 파일을 열어 해결 방법을 고민하고 풀어해 본다면, 다양한 업종의 업무를 해결하는 방법을 익혀 나갈 수 있습니다.

매크로

Q5 매크로가 실행되지 않습니다.

파일을 열 때 '보안 경고' 메시지 줄이 표시되었다면 반드시 〈콘텐츠 사용〉 버튼을 클릭해야 합니다. 이 내용은 SECTION 005(31쪽)에 잘 설명되어 있습니다. '보안 경고' 메시지 줄에서 〈콘텐츠 사용〉 버튼을 클릭했는데도 매크로가 정상 실행되지 않는다면, 실행하려는 매크로가 Module 개체의 코드 창이 아니라, Sheet(또는 현재_통합_문서)의 코드 창에 들어 있는지 확인할 필요가 있습니다. 이 경우, 매크로 코드를 Module 개체의 코드 창으로 옮겨 놓고 다시 실행합니다.

Q6 오피스를 업그레이드했는데 매크로가 실행되지 않습니다.

오피스를 업그레이드하면 이전 버전에서 자주 사용하던 명령을 더 이상 사용할 수 없게 되는 경우도 있습니다. 이 경우에는 새 버전에 맞는 방식으로 코드를 개선할 필요가 생기는데, 이런 부분은 사용자가 일일이 확인하고 처리하기가 쉽지 않습니다. 저자가 운영하고 있는 '엑셀..하루에 하나씩' 카페의 '질문/답변' 게시판에 파일과 함께 올리면 어떤 부분 때문에 문제가 발생했는지 확인하고 개선 방법을 조언해 드리겠습니다.

FAQ : 매크로에 대해 자주 묻는 질문

Q7 매크로로 실행된 작업 결과를 취소하고 싶습니다.

불가능합니다. 매크로가 실행되어 데이터가 편집된 경우에는 [실행 취소] 명령(Ctrl+Z)을 사용할 수 없습니다. 그러므로 매크로 동작을 취소하려면 별도의 취소 매크로를 만들어 작업해야 합니다. SECTION 207(681쪽)을 참고합니다.

Q8 매크로를 중간에 중단시키려면 어떻게 해야 하나요?

매크로 실행 중에 Esc 키를 누르면 실행이 중단됩니다. 메시지 창이 열려 있는 경우라면 단축키 Ctrl+Pause 를 누르면 실행이 중단됩니다. 다만 순환문을 사용해 빠르게 동작을 처리하는 경우라면 실행 중단 키를 눌러도 반응을 보이지 않을 수 있습니다. 이런 경우에는 SECTION 184(597쪽)를 참고해 매크로를 개발하면 됩니다.

Q9 다른 사람이 개발해 놓은 매크로를 어떻게 쉽게 이해할 수 있나요?

VB 편집기의 코드 창에서 F8 키를 누르면 매크로가 한 줄씩 실행됩니다. 엑셀 창과 VB 편집기를 각각 다른 모니터에 표시해 놓고, F8 키를 누르면서 매크로가 동작되는 과정을 살펴본 다음, 각 줄에 주석을 달아 분석하는 방법이 좋습니다. 물론 들여쓰기와 내어쓰기를 적절하게 구성할수록 코드의 가독성이 높아진다는 사실도 잊지 말아야 합니다.

Q10 매크로(Alt+F8) 목록에 개발된 매크로가 표시되지 않습니다.

'매크로' 대화상자의 목록에는 매개변수를 사용하지 않는 Sub 프로시저 형식으로 개발된 매크로만 표시됩니다. 그러므로 다음과 같이 매개변수를 사용하는 매크로는 대화상자에 표시되지 않는 것이 정상입니다.

```
Sub 매크로(매개변수 As 형식)
```

Q11 엑셀 프로그램이 설치되지 않은 곳에서 매크로를 실행할 수 있나요?

엑셀 매크로는 프로그램에 종속되므로, 반드시 엑셀 프로그램이 설치되어 있어야 합니다.

Q12 매크로(Alt+F8) 목록에 매크로를 표시하지 않도록 할 수 있나요?

사용하지 않는 매개변수를 하나 추가하면 됩니다.

```
Sub 매크로(Optional 매개변수 As 형식)
```

TP 매개변수는 사용하지 않을 것이므로 Optional 키워드로 생략 가능하도록 설정합니다.

또는 다음과 같이 Private 키워드를 Sub 문 앞에 입력해도 됩니다.

```
Private Sub 매크로()
```

Q13 시트 보호가 되어 있는 경우, 매크로를 실행할 수 있나요?

실행하는 것은 문제가 되지 않지만, 시트 보호가 설정된 워크시트 내 셀 값을 수정하거나 변경할 수 없습니다. 만약 시트 보호를 유지한 상태에서 매크로가 실행되도록 하려면 다음과 같이 구성해야 합니다.

```
Sub 매크로()

    ActiveSheet.UnProtect Password:=패스워드

    '워크시트 편집 작업

    Activesheet.Protect Password:=패스워드

End Sub
```

TP 이와 같은 매크로를 구성하는 방법에 대해서는 SECTION 140(458쪽)을 참고합니다.

FAQ : 매크로에 대해 자주 묻는 질문

Q14 매크로에서 다른 매크로를 실행할 수 있나요?

Call 문을 이용해 호출하여 사용하면 됩니다.

```
Call 매크로이름
```

> **TIP** Call 문은 생략할 수 있습니다.

다른 모듈 내에 있는 매크로도 위와 같은 명령으로 실행할 수 있지만, 보다 직관적으로 코드를 구성하려면 다음과 같이 매크로 이름 앞에 모듈 이름을 입력해도 됩니다.

```
Call Module1.매크로이름
```

Q15 다른 파일의 매크로를 어떻게 실행하나요?

다른 파일의 매크로를 실행하려면 다음과 같은 방식으로 코드를 실행하면 됩니다.

```
Application.Run "Personal.xlsb!매크로이름"
```

> **TIP** 'Personal.xlsb' 파일은 '개인용 매크로 통합 문서' 파일입니다

Q16 개인용 매크로 통합 문서는 어디에 저장되어 있나요?

개인용 매크로 통합 문서를 사용하고 있다면, 직접 실행 창(Ctrl+G)에서 다음 코드를 입력하고 Enter 키를 누르면 해당 파일이 저장된 경로가 반환됩니다.

```
? Application.StartupPath
```

반환된 경로를 복사한 다음, 윈도우의 탐색기 주소 창에 입력하고 Enter 키를 누르면 해당 경로로 바로 이동할 수 있습니다.

Q17 매크로를 버튼 클릭 없이 자동으로 실행되도록 할 수 있나요?

가능합니다. 이벤트를 이용하거나 매크로 이름을 Auto_Open과 같이 수정하면 됩니다. 이벤트를 이용하는 방법은 CHAPTER 16을 참고하세요!

오류

Q18 매크로 실행할 때 오류가 발생하는데 어떻게 수정해야 하죠?

매크로 동작에 문제가 생기는 원인은 여러 가지입니다.

간단하게 분류하자면, 첫 번째는 VBA 구문(문법) 오류입니다. 이 경우 VB 편집기에서 [디버그]-[VB 프로젝트 컴파일] 메뉴를 선택하면 문제가 있는 구문을 정확하게 확인할 수 있습니다. 도구를 이용해 문제를 해결하는 방법은 SECTION 070~071에서 자세하게 설명하고 있으니 참고합니다.

두 번째는 코드 구문에는 문제가 없는데, 엑셀 파일 구조 및 표 구조가 매크로 코드와 매칭되지 않는 경우입니다. 이런 문제를 스스로 해결하기 어려우면 저자가 운영하는 '엑셀..하루에 하나씩' 카페의 '질문/답변' 게시판에 파일과 함께 올리면 문제를 확인하고 해결 방법을 조언해 드리겠습니다. 반드시 파일과 함께 올려야 확인이 가능합니다.

보안

Q19 다른 사람이 내 매크로 코드를 보거나 수정하지 못하도록 하고 싶습니다.

VB 프로젝트를 읽기 전용으로 잠그면 됩니다. SECTION 026(91쪽)을 참고합니다.

FAQ : 매크로에 대해 자주 묻는 질문

Q20 내 파일의 VB 프로젝트 암호를 잊어 버렸습니다. 어떻게 하죠?

암호를 분실했다면, 암호를 알기 전까지는 파일의 VBA 코드를 보거나 수정할 수 없습니다. 엑셀에는 암호를 복원시켜 주는 기능은 없으므로, 암호를 해제하는 외부 프로그램을 사용해야 합니다. 다만 이런 프로그램은 모두 암호를 매칭해서 찾아주는 방식을 사용하기 때문에 암호가 길게 설정되어 있거나 복잡한 방식(영문자＋숫자＋특수 문자 조합)으로 구성된 경우에는 찾는 데 많은 시간이 소요될 수 있습니다.

> 함수

Q21 MsgBox 함수를 사용할 때, 언제 괄호를 사용하고 언제 괄호를 사용하지 않는지 잘 이해가 되지 않습니다.

VBA 함수는 반환 값이 있고, 이를 다른 변수(또는 개체)에 전달할 경우에만 괄호를 사용합니다. 예를 들어 다음과 같이 단순하게 메시지 창을 표시하는 MsgBox 함수에는 괄호를 사용하지 않습니다.

```
MsgBox "반갑습니다."
```

하지만 다음과 같이 메시지 창의 반환 값을 확인할 필요가 있을 경우에는 괄호를 사용해야 합니다.

```
If MsgBox("이해가 되셨나요?", vbYesNo) = vbYes Then
```

Q22 개발한 사용자 정의 함수를 '함수 마법사'의 새 카테고리를 생성해 표시할 수 있나요?

가능합니다. 다음과 같은 코드를 사용하는 매크로를 개발해 등록하면 됩니다.

```
Application.MacroOptions Macro:="함수", Category:="회사명"
```

Q23 WorksheetFucntion.Sum과 Application.Sum의 차이는 뭔가요?

둘 다 워크시트 함수를 실행할 때 사용하는 코드인데, 실행 결과를 반환하는 부분에서 약간의 차이가 있습니다. SECTION 098(326쪽)에 자세하게 설명되어 있습니다.

순환문

Q24 For … Next와 For Each … Next 중 어떤 것이 더 좋나요?

당연히 For Each … Next 순환문이 더 좋은 선택입니다. 일단 For Each … Next 순환문은 컬렉션 내의 개체를 하나씩 변수에 담아 놓고 처리하므로 For … Next 순환문보다 효율적입니다.

Q25 매크로를 실행하면 응답 없음으로 멈추는데 해결 방법이 있나요?

너무 많은 데이터를 순환하면서 작업할 경우에는 처리 시간이 꽤 걸리므로 응답 없음 메시지 창을 만날 수 있습니다. 이때, 1000번 작업할 때 1초씩 쉬게 해 주는 식으로 코드를 구성하면 응답 없음 메시지 창을 만나지 않게 됩니다.

```
Sub 매크로()

    Dim i As Long

    For i = 1 To 100000

        If i Mod 1000 = 0 Then Application.Wait Now+Timeserial(0, 0, 1)   ❶

        '순환문 내에서 처리할 코드

    Next I

End Sub
```

❶ i Mod 1000에서 1000 값이 1000번 실행됐는지 여부를 판단하는 부분입니다. 상황이 개선되지 않으면 500번이나 300번 실행 후 1초 쉬도록 1000 값을 500이나 300으로 낮춰 코드를 구성합니다.

FAQ : 매크로에 다해 자주 묻는 질문

Q26 매크로가 실행되는 동안 다른 작업을 하고 싶습니다.

순환문 내에 다음 코드를 입력하면 됩니다.

```
DoEvents
```

순환문

Q27 배열을 왜 사용해야 하나요?

배열은 메모리 공간에 생성되며, 셀과 같이 값을 저장하고 계산하는 모든 과정을 처리할 수 있습니다. 컴퓨터 부품 중 가장 빠른 속도를 내는 것 중의 하나가 메모리이므로, 빠른 처리 속도가 필요하다면 배열을 적극적으로 활용할 필요가 있습니다.

참고로 매크로를 개발할 때는 엑셀 프로그램의 개체 모델을 사용할 수밖에 없는데, 개체에 대한 접근은 개체를 메모리로 불렀다가 다시 반환하는 과정이 반복되므로 속도를 떨어트립니다. 그러므로 개체에 대한 접근을 최소로 하기 위해 개체의 값(데이터)을 배열로 저장해 놓고 작업한 다음, 결과 값만 다시 개체에 반환하는 식으로 코드를 구성하는 것이 좋습니다.

Q28 배열이 1번부터 시작되도록 할 수 있나요?

가능합니다. 코드 창 상단에 다음과 같은 배열을 하면 항상 1번부터 값을 저장합니다.

```
Option Base 1
```

만약 특정 배열만 1번부터 시작되도록 하려면 다음과 같이 To 키워드를 사용하면 됩니다.

```
Dim 배열변수(1 To 10) As 데이터형식
```

Q29 배열에 범위 내 셀 값을 한 번에 넣으려면 어떻게 할 수 있나요?

배열변수를 Variant 형식으로 선언한 다음, 범위 내 값을 배열변수에 바로 전달할 수 있습니다. 그러면 배열변수는 2차원 배열로 저장됩니다.

```
Dim 배열변수 As Variant

배열변수 = Range("A1:A10").Value         ──── ❶
```

❶ '배열변수'는 A1:A10 범위의 값이 저장되면서 A1:A10 범위에 해당하는 10×1 행렬 크기에 닿는 배열로 조정됩니다. 이 경우 배열의 index 번호는 0이 아니라 1부터 시작됩니다. 이 코드는 다음과 같은 크기로 배열변수를 선언한 것과 동일합니다.

```
Dim 배열변수(1 To 10, 1 To 1) As Variant
```

배열변수 내 값은 다음과 같이 저장됩니다.

```
배열변수(1, 1) = Range("A1").Value
배열변수(2, 1) = Range("A2").Value
...
배열변수(3, 1) = Range("A10").Value
```

Q30 배열에 저장된 값을 한 번에 지울 수 있나요?

가능합니다. Erase 문을 사용하면 됩니다.

```
Erase 배열변수
```

만약 배열 변수에 저장할 값 개수가 정해져 있는 경우라면 ReDim 문을 사용해도 됩니다.

```
ReDim 배열변수(10)
```

FAQ : 매크로에 대해 자주 묻는 질문

> 범위

Q31 Range, Cells, Rows, Columns 등이 혼동됩니다.

엑셀의 워크시트는 모두 셀로 구성되어 있으며, 셀은 엑셀의 개체 모델에서 Range 개체에 해당합니다. Range 개체는 엑셀의 데이터가 보관되는 매우 중요한 장소입니다. Range 개체는 Range("A1") 또는 Range("A1:A10")와 같이 셀 주소를 통해 셀에 접근할 수 있습니다. 이 방법은 간단하지만 사용자의 모든 데이터 범위를 조작하기에는 약간 불편한 점이 많습니다.

그래서 편의에 다라 접근할 수 있는 방법이 여럿 제공되는데, 범위 내 셀 전체 또는 하나만 대상으로 할 때는 Cells라는 속성을 사용해 셀 개체(Range)에 접근할 수 있도록 합니다. Cells 속성은 Worksheet 개체와 Range 개체에서 모두 사용할 수 있으며 행 번호와 열 번호를 사용합니다.

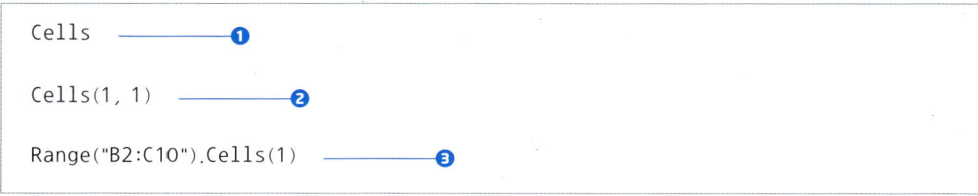

❶ ActiveSheet.Cells의 약어로, 현재 시트의 모든 셀을 의미합니다.
❷ Activesheet.Cells(1, 1)의 약어로, 1행 1열의 셀을 의미하므로 현재 시트의 A1셀을 의미합니다.
❸ B2:C10 범위 내 첫 번째 셀을 의미하므로 B2셀을 의미합니다.

Cells는 행 번호와 열 번호를 사용할 수 있으므로, 보통 순환문에서 많이 사용합니다. 행 범위 전체나 특정 행 범위를 조작할 때는 Rows 속성을 이용할 수 있으며, 열 범위 전체나 특정 열 범위를 조작할 때는 Columns 속성을 이용할 수 있습니다.

Q32 Cells 속성을 사용하면 Range 개체를 사용할 때와 달리 구성원 목록이 표시되지 않습니다. 나타나게 할 수 있는 방법은 있나요?

아쉽지만 Cells 속성은 Range 개체를 반환하는 속성이므로 Range 개체 구성원이 자동으로 표시되지는 않습니다. 직접 실행 창에 다음과 같은 명령을 입력해 보면 차이를 이해할 수 있을 겁니다.

```
Range("A1").
Cells(1, 1).
```

이런 경우에 가장 좋은 방법은 다음과 같은 개체 변수를 사용해 Cells 속성을 할당한 후 코드를 개발하는 것입니다.

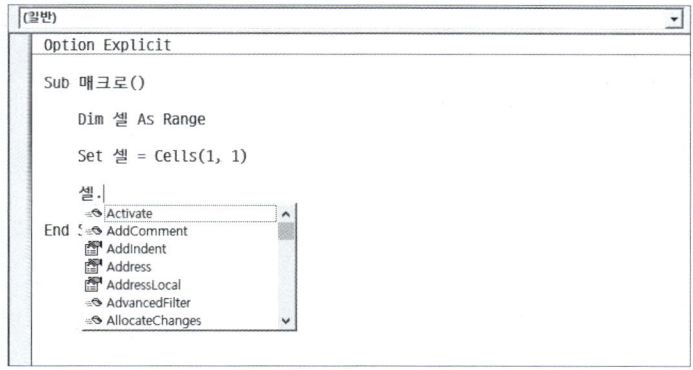

○ 방법은 Cells뿐만 아니라, Activesheet와 같은 속성에도 동일하게 적용할 수 있습니다.

Q33 Range("A1") 과 [A1]은 무슨 차이가 있나요?

[A1]은 Application 개체의 Evaluate 메서드를 사용한 방식을 축약한 표현으로 [A1]은 Application.Evaluate("A1")과 동일한 표현입니다. Range("A1")과 같은 표현에 비해 [A1]은 매우 축약된 형태여서 이런 표현식을 사용해 대상 셀(또는 범위)을 지정하는 경우가 많은데, 속도 면에서는 Range("A1")과 같은 방식이 더 효율적입니다. 이 부분에 대한 설명은 SECTION 174(563쪽)에서 확인할 수 있습니다.

Q34 Cells(Rows.Count, "A").End(xlUp).Offset(1)과 Cells(Rows.Count, "A").End(3)(2)는 무슨 차이가 있나요?

End 속성에서 사용한 xlUp과 같은 표현식은 내장 상수라고 하는데, Excel 프로그램에서 개별 옵션에 할당한 숫자를 이해하기 쉽게 상수로 선언해 놓은 것입니다. 그러므로 해당 상수와 동일한 숫자를 대체해 사용할 수 있습니다. 다음은 End 속성에서 사용하는 내장 상수와 숫자 값을 정리해 놓은 것입니다.

내장 상수	숫자
xlToLeft	1
xlToRight	2
xlUp	3
xlDown	4

그러므로 End(xlUp)과 End(3)은 동일한 코드입니다. 처리 속도는 숫자를 바로 쓰는 경우가 더 빠르지만, 이해하기에는 내장 상수를 쓰는 표현이 더 좋습니다. 그리고 Offset(1)은 End로 이동한 위치에서 한 칸 아래를 의미하는데, (2)는 Item 속성을 이용한 방식으로 End로 이동한 위치에서 자신을 포함해 두 번째 셀을 의미합니다.

	End			

위 화면에서 End가 입력된 셀을 Offset으로 가리키면 Offset(0)이 되며, 바로 아래 셀이 Offset(1)이 됩니다. 하지만 Item 속성으로 하면 End가 입력된 셀은 Item(1)이 되고, 바로 아래 셀이 Item(2)가 됩니다. Item 속성은 생략하고 사용할 수 있어 빠르게 코드를 입력하려는 분들은 바로 (2)와 같이 입력해 사용합니다.

그러므로 두 표현식은 모두 같은 곳을 가리키는 명령입니다. 저는 개인적으로 이해하기 쉽게 내장 상수와 Offset 속성을 선호하지만, 숫자를 사용해 매크로를 개발하는 분들도 많으니 두 차이를 이해해 두면 편하게 작업할 수 있습니다.

Q35 특정 열에서 비워져 있는 첫 번째 셀 위치를 확인하고 싶습니다.

특정 열에 데이터를 입력하기 위해 빈 셀의 위치를 찾아야 하는 경우에는 다음과 같은 매크로를 사용합니다.

```
Sub 매크로()
    Dim 빈셀 As Range
    If WorksheetFunction.CountA(Columns(1).Cells) = 0 Then        ❶
        Set 빈셀 = Range("A1")
    Else        ❷
        Set 빈셀 = Columns(1).Find(What:="", LookAt:=xlWhole)
    End If
End Sub
```

❶ Columns(1)은 A열이므로 A열의 셀에서 값이 입력된 셀(CountA)이 없다면 빈 셀은 A1셀입니다.

❷ A열에서 빈 문자("")를 갖는 셀을 찾아 '빈셀' 개체변수에 할당합니다.

Q36 R1C1과 같은 주소를 셀 주소로 어떻게 이해해야 하나요?

매크로 기록기로 코드를 얻은 경우에는 셀 주소가 이전 Lotus 1-2-3 프로그램의 셀 주소인 R1C1 방식으로 표시됩니다. 이 주소를 엑셀의 셀 주소로 변환하려면 직접 실행 창에 다음과 같은 코드를 입력해 확인하면 됩니다.

```
? Application.ConvertFormula "R1C1", xlR1C1, xlA1
```

> FAQ : 매크로에 대해 자주 묻는 질문

> 개체

Q37 Top, Left, Width, Height 속성의 역할이 잘 이해가 되지 않습니다.

특정 개체(이미지, 차트, 도형, 컨트롤 등)를 조작하다 보면 Top, Left, Width, Height 속성 값을 조정하는 경우가 많습니다. 다음 그림을 보면 정확하게 어떤 의미인지 이해하기 쉬울 겁니다.

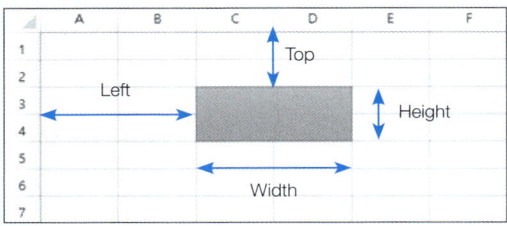

그러므로 개체의 위치를 조정할 때는 Left와 Top 속성 값을 조정하며, 개체의 크기를 조정할 때는 Width와 Height 속성 값을 조정합니다.

> 파일

Q38 파일을 닫을 때 SaveChanges 매개변수 값을 왜 False로 지정하나요?

엑셀 파일을 열면 파일 내 수식이 모두 재계산됩니다. 이 과정에서 파일의 수정 사항이 발생하는 경우가 있으므로, 데이터만 확인하고 닫는 경우에는 파일을 저장할 필요가 없습니다. 그러므로 파일을 닫을 때 저장 여부를 묻지 않도록 다음과 같은 코드를 사용해 파일을 닫는 것입니다.

```
ActiveWorkbook.Close SaveChanges:=False
```

또는 다음과 같은 코드를 파일을 닫기 전에 사용해도 됩니다.

```
ActiveWorkbook.Saved = False
```

Q39 작업하려는 폴더를 직접 선택할 수 있나요?

가능합니다. 다음과 같은 코드를 사용하면 됩니다.

```
Application.FileDialog(msoFileDialogFolderPicker)
```

위 코드를 사용하는 예제는 SECTION 155(503쪽)에서 확인할 수 있습니다.

인쇄

Q40 리본 메뉴에서 보는 화면 말고 이전의 인쇄 미리 보기 화면을 볼 수 있나요?

가능합니다. 다음과 같이 PrintPreview 메서드를 이용해 인쇄 작업을 진행하면 됩니다.

```
Activesheet.PrintPreview
```

Q41 현재 시트의 페이지 구분선을 없앨 수 있나요?

가능합니다. 다음과 같은 매크로를 개발하여 리본 메뉴나 빠른 실행 도구 모음에 등록해 사용하면 됩니다.

```
Sub 매크로()

    Activesheet.DisplayPageBreaks = False

End Sub
```

> **TIP** 리본 메뉴(또는 빠른 실행 도구 모음)에 매크로를 등록하는 방법은 SECTION 015(64쪽)를 참고합니다.

FAQ : 매크로에 대해 자주 묻는 질문

폼

Q42 폼에 차트를 넣고 싶습니다.

폼에 차트를 넣어 조작할 수는 없습니다. 하지만 차트를 이미지로 저장한 다음, 저장된 이미지를 Image 컨트롤에 연결해 표시하는 것은 가능합니다.

Q43 폼에서 범위를 선택할 수 있는 컨트롤은 무엇인가요?

도구 상자 창에 있는 컨트롤 중에서 RefEdit 컨트롤이 바로 범위를 참조할 수 있는 컨트롤입니다. SECTION 251(833쪽)를 참고합니다.

Q44 폼의 텍스트 상자에 숫자에 해당하는 문자만 입력하도록 하고 싶습니다.

폼의 TextBox 컨트롤의 KeyDown 이벤트에 다음과 같은 코드를 넣어 사용하면 됩니다.

```
Private Sub TextBox1_KeyDown(ByVal KeyCode As MSForms.ReturnInteger, _
                ByVal Shift As Integer)
    If Not (KeyCode >= 48 And KeyCode <= 57 Or KeyCode = 8) Then
        KeyCode = 0
    End If
End Sub
```

TIP 숫자를 의미하는 0부터 9까지의 문자는 49~57번이며, 백스페이스바는 8번입니다.

Q45 폼을 실행하면 셀을 선택할 수 없는데 셀을 선택하도록 만들 수 있을까요?

폼을 모달리스 방식으로 실행합니다. 폼 실행 매크로의 코드 뒤에 다음과 같이 작업합니다.

```
폼.Show vbModeless
```

TP 모달리스 방식은 폼이 실행된 상태에서 다른 작업을 할 수 있도록 해 줍니다.

Q46 폼의 Listbox 컨트롤 내 항목이 RemoveItem 명령을 사용해도 삭제되지 않습니다.

ListBox 컨트롤에 값을 추가할 때 RowSource 속성을 사용했다면, RemoveItem 메서드를 사용해 항목을 삭제할 수 없습니다. 이것은 표 데이터 범위가 ListBox 컨트롤에 연결되어 있기 때문으로, ListBox 컨트롤 내의 항목을 삭제하려면 표의 데이터 범위에서 불필요한 셀(또는 행)을 삭제하고 RowSource 속성을 사용해 범위를 다시 잡아야 합니다. RemoveItem 메서드를 사용해 ListBox 컨트롤 내의 항목을 삭제하려면 List, Column, AddItem과 같은 구성원을 사용해 목록을 추가해야 합니다.

효율

Q47 매크로 실행 과정이 화면에 표시되지 않았으면 좋겠습니다.

매크로에 다음과 같은 코드를 추가하면 중간의 실행 과정이 화면에 표시되지 않습니다.

```
Sub 매크로()

    Application.ScreenUpdating = False

    '화면에 표시하고 싶지 않은 코드

    Application.ScreenUpdating = True

End Sub
```

Q48 매크로 실행 시 경고 메시지 창이 표시되지 않았으면 좋겠습니다.

매크로에 메시지 창을 표시하는 코드의 위 아래에 다음과 같은 코드를 추가하면 중간의 실행 과정이 화면에 표시되지 않습니다.

```
Sub 매크로()

    Application.DisplayAlerts = False

        '경고 메시지 창을 표시하는 코드 (다른 이름으로 저장, 시트 삭제 명령 등)

    Application.DisplayAlerts = True

End Sub
```

Q49 파일을 열지 않고 다른 파일 내 데이터를 가져올 수 있을까요?

ADO나 Range 개체의 FormulaArray 속성을 사용해 처리하면 가능합니다. 이 두 방법은 이 책에서 모두 소개하고 있습니다. 그래도 파일을 열고 작업하는 방법이 더 이해하기 쉽습니다. 파일을 열고 닫는 과정이 보이는 것이 불편하다면 **Q48**에 소개한 ScreenUpdating 속성을 사용하는 것이 좋습니다. ADO를 사용하는 방법은 CHAPTER 23을 참고하고, Range개체의 FormulaArray 속성을 사용하는 방법은 SECTION 154(501쪽)를 참고합니다.

Q50 내 매크로의 속도를 좀 더 빠르게 처리하고 싶습니다.

여러 가지 방법이 있지만, 간단하게 적용할 수 있으면서 속도를 개선시킬 수 있는 방법은 엑셀의 옵션을 변경하는 것입니다. SECTION 075(252쪽)를 참고합니다.

Q51 특정 작업을 하기 전에 사용자에게 확인을 했으면 좋겠습니다.

MsgBox 함수를 사용하는 방법이 가장 편리합니다. 다음 코드를 참고합니다.

```
Sub 매크로()

    If MsgBox("아래 작업을 처리할까요?", vbYesNo + vbQuestion) = vbYes Then
    
    '진행할 작업
    
    End If

End Sub
```

버전

Q52 사용자의 엑셀 버전을 알 수 있나요?

가능합니다. 다음과 같은 코드를 입력해 보면 사용자의 엑셀 버전이 화면에 숫자로 표시됩니다.

```
MsgBox Application.Version
```

반환된 숫자는 각각 다음 버전을 의미합니다.

반환 값	엑셀 버전
11.0	엑셀 2003
12.0	엑셀 2007
14.0	엑셀 2010
15.0	엑셀 2013
16.0	엑셀 2016

INDEX

ㄱ

가져오기	073
값 영역	1085
개발 도구	029
개인용 매크로 통합 문서	057
개체	098
개체 모델	096
개체 찾아보기	103
개체변수	130
검색/편집 폼	910, 913, 919
고급 필터	1133
공유	537
관계	1066
교집합	566
구성원	101
그림 복사	368, 371
글로벌 개체	108

ㄴ ㄷ

내보내기	073
다른 이름으로 저장	514
단축 접근자	108, 887
닫힌 파일	501
데이터 레이블	1013
데이터 형식	123
도움말	215
동기화	1100, 1104
동적 배열변수	136
동적 범위	338

ㄹ ㅁ

라인 피드	283
레지스트리	1224
레코드셋	1248
로그 파일	1221
마법사	957, 959, 961, 968
매개변수	194
매크로	026
매크로 기록기	036
머리글	476
메모	1156
메서드	101
메일	702
목표값 찾기	1170

ㅂ

바닥글	476
바로 가기 키	050
배열변수	133
배포	217
백업	518, 705
범례	1003
변수	122
병합	388
보안 경고	031
보안 설정	1298
보안 수준	030
보호	1107

ㅅ

사용자 정의 데이터 형식	140
사용자 정의 탭	632
사용자 정의 폼	738
상대 참조	052
상수	128
상태 표시줄	593
새로 고침	1091
서식	405
선택하여 붙여넣기	360

셀 값	1018
셀 스타일	1150
속성	075, 101
수식	464
숨기기	455
스파크라인	1050
슬라이드	1314
슬라이서	1074
시간 표시 막대	1077
시트 보호	458
시트 분할	927
신뢰할 수 있는 문서	031
신뢰할 수 있는 위치	033
실선	707

ㅇ

아웃룩	1298, 1305, 1309
암호	091, 766
액세스	1235
업데이트	1179
에러	224
열기	484, 489
워드	1329, 1335
원본 범위	992
유효성 검사	663, 666
유효성 검사 목록	676
이름	339
이미지	371, 1034
이벤트	651, 1043
이벤트 프로시저	652
이중 축	1028
인코딩	648
일정	1309
입력 폼	898, 901, 904

ㅈ ㅊ

자동 고침	1153
자동 필터	1114, 1118, 1121, 1125, 1129
작업 진형 표시	924
저장	514
정렬	450, 687, 806, 1081, 1138, 1141
정적변수	145
조건부 서식	670
조사식	233
주석	117
중단점	236
중복된 항목 제거	418
중첩	180
지역	232
직접 실행	081, 234
차트	945, 948, 954, 976
차트 제목	999
차트 필터	995
찾기	395
처리 속도	248, 252
초기 바인딩	555
초기화	600
최근 파일	548
최대/최저점	1024
추가 기능	217, 560

ㅋ ㅌ

캐리지 리턴	283
컬렉션	098, 184
컴파일	227
코드	079
콤보형	1028
클래스 모듈	725
키워드 검색	796
탭 순서	885

텍스트 나누기	415
통합	497, 938, 1285

ㅍ ㅎ

파워포인트	1314, 1319, 1323
페이지 설정	475
편집 도구 모음	090
평균선	1031
포인트	412
표	421
표시 형식	354
프로시저	113
프로젝트 탐색기 창	071
프린터	591
피벗 테이블	1056, 1266
필터	1104
하이퍼링크	385, 446, 756
함수 마법사	213
합집합	566
행/열 바꿈	364
행/열 전환	992
형식 변환	288
후기 바인딩	555

A B

A1	563
Accelerator	887
Activate	432, 657
ActiveCell	108
ActivePrinter	591
ActiveSheet	108
ActiveWorkbook	108
Active-X 컨트롤	742
Add	437, 511, 982, 983
AddChart	978
Addins	560
AddItem	773
ADO	1232
And	152
AppActivate	553
Application	546
Array	313
Asc	282
Auto_Close	047, 542, 694
AutoFilter	1114
AutoFilterMode	1118
BeforeClose	697, 699, 702
BeforeDoubleClick	687, 1138
BeforePrint	707
BeforeSave	705
Boolean	123
BorderAround	408
Borders	408
BuiltIn	618, 1151
ByRef	210
ByVal	210

C

Calculation	252
Calendar	868
Call	120, 581
Caller	573
Cancel	656
Cells	181, 333
CEVALUATE	564
Change	676, 679, 681
ChartCategory	995
Charts	430
ChartTitle	999
ChartType	984
ChDir	494

INDEX

ChDrive	494
CheckBox	816
Chr	282
CHyperlink	387
CInt	288
Clear	375
ClearHyperlinks	385
Close	508, 1189
CodeModule	1175
ColLetter	285
ColNo	284
ColumnWidth	412
ComboBox	772, 779
CommandBar	613, 617
CommandBars	610
CommandButton	749
Comment	1156
Connections	1067
Const	128
Copy	357, 447
CopyPicture	368
CreateObject	555
CSplit	316
CStr	288
CurDir	494
CurrentRegion	338, 462
Custom UI	619
Cut	357
CutCopyMode	358
CVErr	204

D

Date	123, 195, 295
DateAdd	299
DateDiff	306
DatePart	302
DateSerial	297
DateValue	297
DeActivate	657
Delete	375, 441, 1289
DeleteSetting	1225
Dialogs	584
Dim	122
Dir	485, 497
DisplayAlerts	442
DisplayUnit	1009
Do ⋯ Loop	177
Double	122

E

ElementID	1045
ElseIf	159
Empty	277
EnableCancelKey	597
EnableEvents	252
End	340
Environ	505
EOF	1189
ESC	597
Evaluate	563
Event	651
ExecuteExcel4Macro	606
ExecuteMso	610
Exit	116
Export	1034
ExportAsFixedFormat	528

F

FileDialog	503
FileSystemObject	1216
Filter	798
Find	273, 395, 399
FindNext	396
Fix	288
FollowHyperlink	532
For ⋯ Next	168
For Each ⋯ Next	184
Format	291, 304
Formula	349, 351
FormulaArray	351, 501
FormulaHidden	464
Frame	822
FullCategoryCollection	995
FullSeriesCollection	995
Function	194

G H

GetAllSetting	1225
GetObject	555
GetOpenFileName	489, 492
GetSaveAsFilename	528
GetSetting	1224
GoTo	156, 577
GROUP BY	1262
HAVING	1262
Height	412, 987

I

If	148
IIf	154
Image	828
ImageList	841, 844
InputBox	261, 265
Insert	381
INSERT INTO	1275, 1281, 1285
InStr	273

InStrRev	273	Microsoft Word	1329	PDF	528, 532
Int	288	Mid	271	Personal.xlsb	057
Integer	122	Mod	191	PivotCache	1056
Interior	405	ModelRelationships	1068	PivotTable	1056
Intersect	566	MonthView	868, 871, 874, 876	PivotTableUpdate	1100, 1104
ISCOMPARE	391	Move	447	PlotBy	992
IsEmpty	276	MSCOMCT2.OCX	868	Preserve	137
ISFILE	246	MSDN	101	Print	1197
ISFILEEXIST	486	MsgBox	256	PrintOut	469, 473
ISFILEOPEN	486	MultiSelect	492, 792	PrintPreview	469, 473
IsNumber	201	Name	434	Private	142
ISSHEET	434	New Collection	777	Progress	935, 938, 941
		NewSheet	712	Property	101
		Not	153, 568	Protect	458
		Nothing	131, 277	Public	142
		Now	191, 295		
		Null	277		
		NumberFormat	354		

J K L

Join	319
Kill	371
Label	752, 756
Left	271, 987
Len	276
LIBRARY	555
Line Input	1189
ListBox	787, 800, 810
ListObject	421
ListView	857, 859, 863, 865
Long	122

O P

Offset	346		
OLEDB	1232		
On Error	238		
On Error Resume Next	241, 246		
OnKey	734		
OnTime	729, 732		
Open	484, 1188		
OpenText	534		
Option Explicit	084		
Optional	196		
OptionButton	819, 822		
Or	153		
PageSetup	475		
ParamArray	200		
Paste	357		
PasteSpecial	360		

Q R

QueryClose	893
QueryTable	1235
Range	330
RecentFiles	548
Recordset	1248
ReDim	136
RefEdit	833, 836
Refresh	1091
RefreshTable	1093
Regsvr	32 870
RemoveDuplicates	418
Replace	279, 402
Resize	346
RGB	754
Right	271
RmDir	371
RowHeight	412
Run	581

M N

Macro	026
MacroOptions	213
Merge	388
Method	101
Microsoft ActiveX Data Objects	1232
Microsoft Outlook	1301
Microsoft PowerPoint	1314
Microsoft Scripting Runtime	1215

INDEX

S

Save	514
SaveAs	514
SaveCopyAs	518
Saved	697
SaveSetting	1225
ScreenUpdating	252
ScrollArea	467
ScrollBar	825
Search	273
SELECT	1250
Select	432
Select Case	163
Selection	569
SelectionChange	660, 663, 666, 670
SendKeys	552, 555, 605
SendMail	1294
SetElement	1010
SetSourceData	992
SheetDeactivate	715
Sheets	430
Shell	552
ShowRange	1019
Single	122
Slicer	1074
SlicerCache	1074
Sparkline	1050
SparklineGroup	1050
SpecialCells	343, 1118
SpinButton	825
Split	316
SQL	1250
StartUpPath	059
Static	145
Statusbar	593
Step	171
Str	286
String	123, 269
Sub 프로시저	114
Substitute	279
Switch	161

T

TextBox	759
TextToColumns	415
ThisWorkbook	108
Time	208, 295
Timer	310
TimeSerial	192, 729
TintAndShade	407
Today	295
Top	987
Transpose	364
TreeView	841, 844, 848, 852
Type	140
TypeName	203, 569
TypeOf	570

U V

Union	334, 566
Unload	741
UnMerge	388
UnProtect	458
UPDATE	1269
UsedRange	462
UserForm	738
UTF-8	648
Val	286
Value	349
Value2	349
Variant	123
VB 편집기	068
VBA	026
VBProject	1175, 1181
Visible	455
Volatile	209
VSTO	604

W X Y

Wait	190
Width	412, 987
With	111
WithEvents	720
Workbook	482
Workbook_Open	694
Workbooks	482
Worksheet	430
WorksheetFunction	322, 326
Worksheets	430
Write	1197
XLS	522
XLSM	027
Year	195